比较政治访谈录

田雷 主编

Passion, Craft,
and Method
in
Comparative Politics

激情、
技艺与方法

比较政治访谈录

赫拉尔多·L.芒克
Gerardo L. Munck

理查德·斯奈德
Richard Snyder ——编著

汪卫华 ——译

当代世界出版社
THE CONTEMPORARY WORLD PRESS

© 2007 The Johns Hopkins University Press
All rights reserved. Published by arrangement with The Johns Hopkins University Press, Baltimore, Maryland

著作权合同登记号：图字 01-2021-6032 号

图书在版编目（CIP）数据

激情、技艺与方法：比较政治访谈录／（美）赫拉尔多·L.芒克，（美）理查德·斯奈德编著；汪卫华译．—北京：当代世界出版社，2022.1（2023.1 重印）
ISBN 978-7-5090-1613-8

Ⅰ.①激… Ⅱ.①赫…②理…③汪… Ⅲ.①比较政治学-文集 Ⅳ.①D0-53

中国版本图书馆 CIP 数据核字（2021）第 172554 号

书　　名：	激情、技艺与方法：比较政治访谈录
出版发行：	当代世界出版社
地　　址：	北京市地安门东大街 70-9 号
网　　址：	http://www.worldpress.org.cn
邮　　箱：	ddsjchubanshe@163.com
编务电话：	(010) 83907528
发行电话：	(010) 83908410
经　　销：	新华书店
印　　刷：	北京中科印刷有限公司
开　　本：	787 毫米×980 毫米　1/16
印　　张：	55
字　　数：	820 千字
版　　次：	2022 年 1 月第 1 版
印　　次：	2023 年 1 月第 2 次
书　　号：	978-7-5090-1613-8
定　　价：	198.00 元

如发现印装质量问题，请与承印厂联系调换。
版权所有，翻印必究；未经许可，不得转载！

献给这十五位因本书而接受我们采访的学者，

为了多年来他们的激励与教导，
提醒着我们以及众多同仁
为什么起初会被吸引到
对于比较政治的研究，

也为了他们与我们分享难忘的时光，
畅叙思想和生活。

序

汪卫华教授翻译了本奇特的书。奇特之处在于，作者向十五位本世纪初还活着的美国顶尖政治学学者提出了同样问题：什么让他们出色？这些学者在美国从事比较政治学研究，在美国比较政治学兴起和繁荣鼎盛时期成名。这个鼎盛时期延续了50年，大体与20世纪后半期重合。自21世纪始，走捷径，用数据库和数据处理软件取代对他国语言和历史文化亲身实地的艰苦学习，大概代表美国的比较政治学走向"科学"、走向堕落。计算机不是学问的救世主；若输入的是垃圾，输出的也是垃圾。

对政治学同行而言，阅读这本书如同读名人自传那样轻松、有吸引力。对我而言，这书更有亲切感。我见过书中大部分访谈对象，当年靠苦读他们的英文著述才修满了学分和通过了博士资格考试。那个时期在班上做读书报告，是从陌生到熟悉的痛苦经历。有多痛苦？在三个专业的博士资格考试里，只有比较政治学我考了第二次才通过，却是我后来从事的专业。在毕业典礼上，当我从这十五人之一的手上接过博士证书的瞬间——照片至今挂在我家墙壁上，我在咧嘴大笑。借卫华教授这本译著，我谈一点个人体会。

这十五位学者研究什么？

这十五位学者是政治学家，是"比较政治学"专业的学者，是美国研究外国政治并做出理论贡献的学者。美国的政治学分六个专业：本国政治、比较政治、国际政治、政治学方法论、政治哲学、行政管理。以跨时空实证比较的方法研究世界上的一切重大政治问题，就是"比较政治学"。换句话说，比较方法是"比较政治"名称的来源。"政治学方法论"就是研究比较方法的。

"行政管理"日渐脱离政治学,几乎可归于管理学范畴。管理学总结出的规律很少,讲很多案例让学生去比较,感受其实践意义;行政管理学院类似艺术性很强的商学院和法学院。除了"实力对比"这个简单规律,比较外国政治和本国政治也是"国际政治学"的基础。没有具体的比较几乎说不清任何国际关系。新西兰与澳大利亚比邻,同属原英国殖民地,同属"五眼联盟",但两国对华政策相当不同。国际关系有很强的艺术性,领导人、外交官、情报界,作用非常明显,所以会有国际关系学院。而今,"政治哲学"研究也不兴纯粹的逻辑思辨了,转而要求比较不同政治理论的缘由。

几乎所有国家大学的政治学系都以讲授"本国政治"的教员人数最多,次多的是讲授比较政治学的教员。讲述本国政治是学问,也是政治,承担在公众中为本国体制辩护的责任。在美国,"美国政治"专业的内容和功能有点类似我国大学里的公共政治课。但"美国政治"专业还有注重美式选票政治的特色,时髦用民调结果和仿真模型去"预测"输赢。

比较政治不包括"本国政治"是挺奇怪的事。不与外国比较怎么可能说明本国"特色"?美国比较政治学的研究对象不包含美国。但在其他国家的大学政治系里,美国政治是比较政治学的研究对象,正如中国政治在外国大学政治系里是比较政治学的研究对象。

集中研究外国政治是美国的发明。分区域研究外国政治是美国比较政治学的发明。比较政治学在美国出现的原因不是什么高深"学问",非常简单。二战后美国与苏联进行激烈的对抗和争夺,势力遍布全球,所以需要认真研究共产党的谱系以及不同地区的政治经济和社会历史文化。美帝国与英帝国性质不同,英帝国主要关心英国人的商业利益。

但中国特殊,中国研究在美国比较政治学内自成一体。美国比较政治学的著名学者里鲜有美国的中国事务专家,美国的中国事务专家对比较政治学的影响也非常有限。本书作者访谈的十五位比较政治顶尖学者里无一有中国研究背景。这是个引人深思的重要特点。

以比较方法命名的"比较政治学",处境其实挺尴尬。一方面,强调实证比较方法让政治学进化为社会科学的一部分,脱离了强调哲学思辨和历史描述的人文学科。另一方面，政治学里不使用实证比较方法的学者越来越少。于是，政治学就是比较政治学；比较政治学作为政治学独立学科的正当性越来越小。倘若比较政治学的重点是研究外国政治，那就该称为"世界政治"（world politics）；或者"后现代"一点，称为"全球政治"（global politics）。"世界"由人组成，而且有政府。"全球"则包含了非政府组织以及人与自然的关系，所以有"后现代"味道。我在北大开的课原先称为"世界政治"，后来因为与美国"接轨"，方便学生去美国留学，改称"比较政治学"。

这十五位学者何以出色？

这十五位学者都有理论贡献，至少美国政治学界公认他们做出了重要理论贡献。这本访谈书的重点不在于概括他们的理论贡献，而在探索他们何以杰出。本书作者在标题里已经给出了答案："激情、技艺、方法"。然而，读了这十五位学者的访谈录，我对答案的体会或表述有些不同。

首先是这些学者对改善政治现实的强烈渴望。他们生活经历丰富，要么来自比美国落后得多的国家，要么从战乱和被迫害之地进入和平繁荣之国，要么身为美国人经历了"美国世纪"，从西方文明边缘跻身西方文明核心甚至成为世界中心。他们都渴望找到减少贫穷、不受政府压迫、没有战火的社会科学道理。作为中国的社科工作者，我们很容易对他们丰富的经历和改变现实的渴望产生共鸣。但是，而今政治学已经成了个巨大学科，为很多学人提供谋生"饭碗"。无论在美国还是中国，大量专业人士缺乏研究的激情和动力，不过在鹦鹉学舌、重复印证前人的理论发现，或者为之做"技术性修补"。拿学问当饭碗甚至玩世不恭，是很令人沮丧的现象。用企业管理方式管理学者，更让学问丧失体面和尊严。

其次是这些学者对社科学问的热情和忠诚。他们执着地相信自己回答了重要的"为什么"，创造了有效、有用的因果理论。因为习惯于"强词夺理"和记述历史才是学问，我国学界迄今缺乏对社科学问的这种热情和忠诚，始终强调"十万个是什么"而非"十万个为什么"。20世纪80年代我在美国上课伊始，老师请博士生们讨论"政治科学"的定义，我当即发言说："与其说政治科学是科学，不如说是艺术"（more arts than science）。

老师和同学都错愕地看着我,最后老师问:"那你来这里做什么?"那是我刻骨铭心的尴尬时刻。政治当然有艺术性,但政治科学是理解政治的社会科学。我国学界至今缺乏对社会科学的信念。科学提出重要、有趣的"为什么",建构有一定说服力的"因果"答案,而非讨论"应然"。社会科学理论指的是简明的因果表述,并附带简要解释。因果关系都是主观建构的,可以被证伪,可以积累并在课堂上传承。理论层出不穷,比拼的是不同理论对古今中外现实的"解释力"。自古以来,我国的学问是通过记述历史来弘扬或否定某种价值观,是人文知识。因此,做学问就是讲历史,讲历史才是做学问。讲段西晋王后贾南风(公元257—300)残暴乱政的历史,就说明"家天下"不好,"民主"好。西晋王朝为什么短命?"贾南风、家天下、不民主",显然是浅薄的答案。皇帝有数百妻妾不乱政,贾皇后有几个男宠就乱政?同时代"民主"的罗马帝国有没有残暴乱政?价值观可能是重要原因,但绝非现代的"民主与专制"这两种,而今被文人津津乐道的"魏晋玄学"也是西晋王朝短命的原因之一。历史在演化,马上得天下未必能在马上治天下,过去的因果与今日的因果未必是一回事。苏共曾经辉煌,后来却崩溃了;革命成功的原因未必是建设成功的原因。社会科学极端排斥"例外",要求以横向和纵向的严谨比较去构建概念体系。提出有趣的"为什么"十分艰难,提出好问题已经是大成就,是解决问题的一半了。构建和仔细证明新颖的因果关系同样艰难。与自然科学理论不同,一切清晰的社科因果关系都可争议,也必然有争议。没争议马克思就不是马克思了。但历史记述强调"是什么",无可争议。贾南风的故事记载在史书上,怎么争议?"科学"不是"正确"的代名词。在"有争议"就是"不正确、不科学"的人文传统里,我国社科领域的学位论文趋于做很容易做的史学论文,否则有很高的"有争议、不通过"风险。如此,我国社科学位论文并不严格要求提出有趣的"为什么"。如此,社会科学理论成为西方译著的天下,形成了只有西方人有能力构建社科理论的错误认识。如果没有西方崇拜和英语崇拜,如果把西方社科名著翻译成通俗的中国话并假中国作者之名,那些西方社科译著大多通不过当代中国博士学位评审。在我国,建立起对社科理论的热情与忠诚,还有很长一段路要走。

最后是这些学者在"冷战"中"出色地"弘扬了西方主流的"自由"价值观。天赋人权的个人自由，结社组成私利集团的社会自由，不同私利集团结党并有序争夺政权的政治自由，是他们做学问的价值驱动力。他们坚定地相信：在全世界普及这种西式政治价值观，丑陋的世界会变得美好。我不知道"normative"这个词为什么会翻译成中文"规范的"，这个英文词的明显内涵是"价值限定"，不是中文里的"规范"。换言之，他们不敢超越西方价值体系"雷池"一步。更恐怖些说，正是他们设置了这"雷池"，以他们建构的精致理论为当代政治学制定了"普适规范"。符合这"规范"的政治是进步，不符合这"规范"的学问都是异端邪说并导致落后乃至悲惨的世界。因此，对西方政治学和西方政界而言，他们的理论贡献是杰出的。但也正因为他们太杰出了，美国的政治学知识进入鼎盛后就开始走向堕落。我国放开让中国知识界和中国社会了解这套政治价值体系，做得对。政治学的因果理论在比较中前进，在争论中进步。从他们那里，我们学会了建构精致理论的方法。以他们的理论解释体系为镜子，我们看到其严重缺陷，缺陷在于解释不了中国这个"例外"，解释不了中国为何能走向繁荣昌盛。所以，正是因为本书中的这些出色学者，因为他们设置了"规范"雷池，中国研究没法进入比较政治学的主流。

概括起来讲，出色的政治学学者需要有对现实痛苦的深切体验和改变现实的强烈渴望，需要对社会科学学问有坚定的信仰，还需要学者自己扎根于入流的"正确"政治价值观。

这十五位学者代表狭隘的知识

这十五位学者研究的主题有很大共性，集中在世界"民主化"这单一主题里。一方面，他们刻画的西方像面镜子，让我们知道中国长什么样子。另一方面，中国的镜像也是面镜子，让我们知道西方长什么样子。

由于起初没理解好他们关于"civil society"的论述，我考第二次才通过比较政治专业的博士资格考试。但那也促使我认真琢磨了那套莫名其妙的文献。中文对"civil society"的翻译至今没定型，是"市民社会"，是"公民社会"，还是"市民会社"、"文明会社"？

在欧洲的"文艺复兴"时期，商业城市开始崛起，于是有了大批"市民"。市民不是农奴，不是农民，而是自由市里的居民。他们脱离了对封建土地贵族的人身依附，成为文明的"民"，成为"civilian"，依"民法"即"civil code"生活。乡下是封建野蛮的，城市是文明的，即"civil"的。城市人分职业或阶层结社自治就是"文明会社"或"市民会社"。美国宪法修正案的第一条就是"结社自由"。结社自由是关键节点，下接天赋人权的"个人自由"，上承结党有序争夺政权的"政治自由"。

理论是简洁的因果表述。简洁地抽象上面的因果，就知道西方政治学家眼里全是"个人"和"社会"，几乎不理解"政治共同体"本身的生命逻辑，不理解"大一统"的生命逻辑。迄今，西方理解的"国家"只是"国民"，即"nation"。国家机器"state"是什么？在他们眼里，那只是国民之某个部分组党统治个人与社会的工具，甚至就是阶级压迫的工具。中国人对这段欧洲历史和价值观不陌生才怪。非常幸运，理解西方让我们理解中国，理解中国反过来又让我们理解西方。这恰是比较政治学的魅力所在。

为什么西人缺乏对政治共同体自身逻辑的理解？因为欧洲很晚才出现大型政治共同体"国家"，晚到清朝初年，晚到1648年。此前只有王公贵族的封建"领地"，即"kingdom"。马克思、恩格斯在1848年发表《共产党宣言》时，而今欧洲最大的国家德国要到二十余年后才诞生。他俩更没想到，先进的西方文明围绕这个"新兴国家"连续打了两次"世界大战"，还有与共产党的"冷战"。欧洲眼下还在艰难地迈向统一的政治共同体，无论是"欧罗巴合众国"还是"欧罗巴斯坦"，尚且"路漫漫其修远兮"。所以，在"先进、文明"的西方人眼里，3000年前中国形成的封建大一统和2240年前建成的郡县大一统，都只能是一无是处的"专制"。西方热衷个人、社会、政治的内斗，并合理化、制度化这些内斗。他们没法理解，中国因不太适应新生产方式而在短期内落后，很快又奋起直追，出现了令人瞠目结舌的"崛起"。

社会科学不是自然科学。政治学更不是自然科学，政治学依价值和立场分"学派"。哪怕只注重区区三、四十个国家间关系的国际关系学也分"学派"。国际关系行为显然受实力分布影响最大，但国际关系行为不仅被

目 次

I | 序 / 潘维
VIII | 前言

1 | 第一章 比较研究中人之向度
　　　　　　理查德·斯奈德

36 | 第二章 比较政治学的过去和现在
　　　　　　赫拉尔多·L. 芒克

66 | 第三章 结构功能主义与政治发展
　　　　　　——加布里埃尔·A. 阿尔蒙德访谈录

91 | 第四章 批判精神与比较历史分析
　　　　　　——巴林顿·摩尔访谈录

123 | 第五章 规范理论、经验研究与民主
　　　　　　——罗伯特·A. 达尔访谈录

164 | 第六章 政体与求知
　　　　　　——胡安·J. 林茨访谈录

230 | 第七章 全球视角中的秩序与冲突
　　　　　　——塞缪尔·P. 亨廷顿访谈录

256 | 第八章 政治制度、分裂社会与协合式民主
　　　　　　——阿伦·李帕特访谈录

298 | 第九章 民主化、政治参与和议程设置研究
　　　　　　——吉列尔莫·奥唐纳尔访谈录

334 | 第十章 法团主义、民主与概念迁移
　　　　　　——菲利普·C. 施密特访谈录

385 | 第十一章　农民、权力与反抗的艺术
　　　　　　　　——詹姆斯·C. 斯科特访谈录

434 | 第十二章　民主治理与基于个案的研究技艺
　　　　　　　　——阿尔弗雷德·斯捷潘访谈录

507 | 第十三章　资本主义、民主与科学
　　　　　　　　——亚当·普沃斯基访谈录

560 | 第十四章　市场、政治与选择
　　　　　　　　——罗伯特·H. 贝茨访谈录

619 | 第十五章　紧要关头、概念与方法
　　　　　　　　——大卫·科利尔访谈录

669 | 第十六章　文化、理性与学科追求
　　　　　　　　——大卫·D. 莱廷访谈录

723 | 第十七章　国家、革命与比较历史的想象力
　　　　　　　　——西达·斯考切波访谈录

787 | 附录　访谈时间与地点

788 | 参考文献

829 | 姓名索引

841 | 主题索引

854 | 译后记

线获取，网址为 www.brown.edu/polisci/people/snyder/。*

若干机构资助了我们的研究。伊利诺伊大学厄巴纳-香槟校区校园研究委员会为大多数采访的誊写提供了资金资助。此外，理查德·斯奈德对来自布朗大学人文学研究基金和哈佛国际与区域研究院的及时资助表示感谢。

更重要的是，我们非常感谢十五位受访者，感谢他们同意接受采访，感谢他们为这一项目付出的时间。为了表达我们的感激之情，同时也作为对他们对比较政治做出的重大贡献的认可，我们将本书献给他们。我们很遗憾，两位受访者，加布里埃尔·阿尔蒙德和巴林顿·摩尔，在成书前不幸辞世。

我们非常感谢罗伯特·怀廷（Robert Whiting），他完成了几乎所有采访内容誊写的艰巨任务。在约翰斯·霍普金斯大学出版社，我们与编辑亨利·汤姆（Henry Tom）愉快合作，并且受益于出版社三位匿名评审的建议。我们同样感谢克莱尔·麦凯布·坦布里诺（Claire McCabe Tamberino）的编辑协助以及本书的版面编辑玛莉亚·邓波儿（Maria denBoer）的认真工作。对以下学者就这一项目不同方面发表的建设性的评论意见，我们深表感谢：罗伯特·阿德考克（Robert Adcock），彼得·安德烈亚斯（Peter Andreas），杰森·布郎利（Jason Brownlee），莫雷妮·卡梅特（Melani Cammett），侯昌·且哈比（Houchang Chehabi），萨德·邓宁（Thad Dunning），肖恩·伊莱亚斯（Sean Elias），罗伯特·费什曼（Robert Fishman），约翰·盖林（John Gerring），安杰拉·霍肯（Angela Hawken），埃文·利伯曼（Evan Lieberman），詹姆斯·马奥尼（James Mahoney），斯科特·梅因沃林（Scott Mainwaring），迪特里希·鲁什迈尔（Dietrich Rueschemeyer），丹尼尔·斯莱特（Daniel Slater），蒂莫西·斯奈德（Timothy Snyder），朱迪思·滕德勒（Judith Tehdler），库尔特·韦兰（Kurt Weyland），以及艾伦·朱克曼（Alan Luckerman）。我们也对协助我们采访林茨的罗西奥·德·泰兰（Roció de Terán），协助我们采访斯捷潘的

---

* 原地址已失效，目前网址为 https://www.richardsnyder.net/uploads/9/7/9/2/97920532/glossary_moe.pdf（2018年12月20日访问）。——译者注

南希·利斯·斯捷潘（Nancy Leys Stepan）、参与采访奥唐纳尔的塞巴斯蒂安·马祖卡（Sebastián Mazzuca）表示感谢。

最后，赫拉尔多·芒克感谢自2001年年初以来令他的生活丰富多彩的朋友们。2001年年初回到伊利诺伊后，在与他们长时间的对话交流过程中，有关这个项目的想法最终成熟起来。他感谢这些朋友提醒自己注意：生活比思想观念重要得多。理查德·斯奈德感谢妻子玛格丽塔（Margarita）及父母玛格丽特和罗杰（Margaret and Roger），感谢他们的爱与支持。他也希望在本书即将完成时出生的艾伦·玛格丽塔·斯奈德（Ellen Margarita Snyder）有朝一日能饶有兴趣地读读它。

整名单。一些做出主要贡献的学者被忽略了，而另一些学者——包括那些从根本上影响和塑造了我们对世界政治的思考方式的社会学家和经济学家——也未能纳入其中。因此，毫无疑问，本书并未讲述美国比较政治学的全部故事，更不用说全世界了。〔2〕即便如此，本书还是讲出了这个故事中重要且具有启发性的一部分，因为本书聚焦的这十五位学者都是这一研究领域的领军人物。

在准备这些访谈时，我们联络了每位学者，确定了采访时间和地点。我们给每位学者发送了一份相同的、包含25个宽泛问题的问卷，涵盖5个方面：（1）思维形成与学术训练；（2）主要著作和思想；（3）研究技艺与工具；（4）同事、合作者与学生；以及（5）比较政治学的过去和未来。此外，在每次采访前，通过仔细阅读每位访谈对象已发表的全部成果和梳理我们所能找到的他或她的全部生平资料，我们还准备了一堆更加全面详尽的问题。

采访工作在2001年年中至2003年年中陆续完成，全在受访者家中或其办公室进行（参见附录）。采访通常持续3至12小时，有些则超过一天。我们对访谈做了数码录音，然后在研究助理的协助下誊写成文。把漫长的对话转化成结构紧凑、具有可读性的文件，过程令人生畏，涉及若干关键步骤：首先，我们逐字逐句仔细编辑整理了记录稿，对事实信息做了全面核查，并将材料重新分节编目，然后加上了标题、参考文献、注释，并且形成一套用以澄清疑点、弥补阙漏的跟进问题。接着，我们将编辑好的文本送返每位受访人，请他们对文稿进行修订，并对跟进问题给出书面答复。最后，我们把每位受访者的修订意见和跟进答复内容整合进去，形成终稿。与标准的学术写作不同，我们的目标是形成一份准确、完整、优雅的文本，使之保持生动活泼的交流特性，并且能够解答从面对面的对话中提炼出来的那些问题。

经此形成的最终访谈文本追踪了20世纪30年代以来比较政治学的演

---

〔2〕有关这些其他学者的著作和贡献，参见 Skocpol（1984），Swedberg（1990），Lipset（1996），Daalder（1997a），Merritt, Russett, and Dahl（2001），*Rivista Italiana di Scienza Politica*（2003），Pasquino（2005），and Velasco Grajales（2004）。

进过程。它们提供了不同世代的研究者珍贵的口述史，告诉我们融入那些比较政治研究领域赖以成型的关键大学和机构是何种感觉，那些催生出开创性著作的重要研究计划是如何孕育、完成的。这些文字也提供了一幅引人入胜的"比较政治在行动"的图景，使我们得以对那些本领域顶尖高手的工作方法一窥究竟。这些弥足珍贵的内容，远胜于课本上对如何进行比较政治研究的那些讨论。

除了基于采访形成的文本内容，本书还包括了界说访谈中所涉议题及介绍采访对象的有关材料。理查德·斯奈德所写的第一章讨论了从众篇访谈中呈现出来的这些领军学者在激情、技艺以及思维习惯等方面引人瞩目的成长和工作模式。这样也就阐明了比较政治的人之向度、人的因素，这是研究过程中一个至关重要、却很少被讨论到的方面。在第二章中，赫拉尔多·芒克围绕三大议题对美国比较政治学的起源与演进做了分析概述——本领域研究主题的界定、理论的作用以及方法的运用，并就该领域的现状得出了一些结论。随后的十五章的每一章都从概括介绍该学者主要学术贡献和职业生涯里程碑的引言开始，从而讲清楚为什么他或她是现代比较政治研究中的重要人物。这十五章依照采访对象序齿编排。

本书是赫拉尔多·芒克和理查德·斯奈德全程努力协作的成果，但亦有所分工。芒克采访了阿尔蒙德、科利尔、莱廷、李帕特、奥唐纳尔、普沃斯基以及施密特，并负责编辑他们的访谈录及撰写引言。斯奈德以同样的方式负责对贝茨、达尔、亨廷顿、林茨、摩尔、斯科特、斯考切波以及斯捷潘的访谈。除此之外，在马修·利伯（Matthew Lieber）和迈克尔·芬德利（Michael Findley）的协助下，斯奈德编纂了一份人名汇编，提供了访谈中提及的数百位社会科学家的关键信息。该汇编服务于双重目的：帮助那些不熟悉比较政治学历史的读者更轻松地理解这些访谈内容，同时也帮助读者给本书聚焦的十五位学者在更宽泛的社群处境（同事、学生、导师等，及其生活与工作的"无形的学院"）之中找准定位。这份汇编可以在

前　言

若想了解过去五十年间比较政治领域那些最伟大的思想，本书为您推开了一扇独特的窗户。本书包括了对现代比较政治学领域最有影响力、最重要的十五位学者的深入访谈。这些访谈录内容丰富、涉猎广泛，依照一套共同的主题与问题编排而成。它们涵盖了每位学者从研究生阶段到现在的全部学术生涯，谈论了他们的成长经历、智识影响以及良师益友。访谈录探讨了这些学者的主要著作和各自的科学观、研究策略以及方法论工具，并深入到他们与同事、学生之间的人际关系层面，最终呈现了这些学者对于当今比较政治中那些争论不休的关键理论和方法论议题的看法。

为选定这十五位访谈对象，我们首先决定聚焦于那些在美国大学中度过其大部分职业生涯的学者。然后，通过一项对比较政治领域研究生课程大纲的调查，我们确定了潜在的候选人，目的是找出那些在研究生培养训练中最广为阅读的著作的作者。[1] 这份名单比我们实际上能够采访的人数要多得多。通过将1950年设为最晚出生年份，我们按两条标准对名单进行了压缩：(1) 涵盖不同世代的学者，(2) 包括比较政治各种研究路径的资深学者。最终的访谈名单是：加布里埃尔·A. 阿尔蒙德、罗伯特·H. 贝茨、大卫·科利尔、罗伯特·A. 达尔、塞缪尔·P. 亨廷顿、大卫·D. 莱廷、阿伦·李帕特、胡安·J. 林茨、巴林顿·摩尔、吉列尔莫·奥唐纳尔、亚当·普沃斯基、菲利普·C. 施密特、詹姆斯·C. 斯科特、西达·斯考切波，以及阿尔弗雷德·斯捷潘。

最终的结果显然并非一份对现代比较政治学做出杰出贡献的学者的完

---

[1] 我们在2000年展开了调查，用以找出比较政治学中的"经典"著作和它们的作者，参见 España-Nájera, Márquez, and Vasquez (2003)。

实力分布塑造。参与塑造国际关系行为的国际价值观有无数种，而且彼此互动、经常更新。印度总理莫迪的观念忽然大变，深刻影响了印中关系。给塑造国际关系的国际价值观分类，几近徒劳。美国总统奥巴马与特朗普的国际价值观未必是一类。新西兰与澳大利亚分两类也未必贴切，换个总理就会不同。而且，人类群体处理与大自然关系的不同方式也明显在塑造国际关系行为。若连国际政治学都如此，政治学里存在不同"学派"是必然的。如此说来，不同学派之间应该"平视"彼此？现状是中学对西学的"仰视"和西学对中学"俯视"。

我国从美国引进了比较政治学，天然重视西学，并不狭隘。对我而言，本书作者访谈的这十五位学者是老师，教会了我西洋学问。我对这些老师们怀有永远的敬意。但是，我们兼修中西学问，他们却只信他们自己的、经由字母文字创造出的学问，他们比我们狭隘。所以，在他们的政治学知识面前，我丝毫不感到自卑。西方倘若继续蔑视14亿人的中国，不愿费力去钻研大一统政治共同体的生命逻辑，继续钻全世界"民主化"的牛角尖，那么美国的比较政治学就没有未来。

潘　维

第一章
比较研究中人之向度*
（理查德·斯奈德）

本书填补了比较政治研究中的一项空白——缺少用以描绘学术生涯中"人"这一向度**，以及展现实际研究过程错综复杂细节的著作。[1] 社会科学研究，正如专业出版物中呈现出来的那样，被"非人格化修辞"掩饰起来，模糊了那些实际从事研究工作的人们。[2] 当学生们阅读本领域的关键著作时，他们很少能了解到那些驱使学者们去解决研究问题的科学之外的目标和动机，很少能了解到同事、学生和合作者关系网（即所谓"无形的学院"）是如何影响研究的，以及一时间的高兴、惊厥、惊奇会不可避免地给现实的、平常的研究打上独特烙印。我们偶尔会在某本书的前言里惊鸿一瞥，看到此类表述，作者在那儿会小心翼翼地拉开"非人格性的窗帘"，有选择地透露些实际研究过程中的曲折与转机，或者他或她所在的

---

* 除非另作注明，本书后续章节中援引的材料均来自访谈。——作者注

** 本章中将 dimension 按照马尔库塞的《单向度的人》中译本的习惯译为"向度"，主要考虑到"人之维度"在中文语境中有些怪异。维，系也；引申，隅也。所以几何学里才译为"维度"，取其科学方法上外在、客观的意涵。而本章乃至本书所讲的，是这些学者鲜活的成长与研究经历，不是冷冰冰的客观、需测量的不同维度上的"变量"。所以本章译作"人之向度"。后续章节中再按照目前社科领域的通例译为"维度"。——译者注

[1] 总体而言，政治学中缺少此类文本（though see Baer et al. 1991）。大多数教材专注于工具和方法；或者围绕明显不同的理论研究路径和学派组织编排，且通常倡导某一特定理论研究路径。与聚焦于"学派和工具"的方式不同，本书聚焦于人（people），即从各种研究路径、学派、世代中选取的学者个人。相似研究可参见 Daalder（1997a），基于比较欧洲政治研究领域领军人物的学术自传描绘了该领域的基本面貌，其中也包括本书采访的十五位学者中的几位。

[2] "非人格化修辞"（*rhetoric of impersonality*）的说法源自 Berger（1990, xix）。关于对学者进行访谈能够突破"平常的修辞"（workaday rhetoric），参见 Swedberg（1990, 18）。另见 Klamer（1984），McCloskey（1986），及 Wolpert and Richards（1988）。

"无形的学院"发挥的作用。〔3〕但到他们大多数学生完成学业时，对那些生产出让他们花了好几年时光去讨论、欣赏、抨击的图书和文章的人们仍旧一无所知。这一领域那些领军著作的作者们，只不过是书籍护封上或者文章标题页上印出来的名字罢了。

这样有什么错吗？科学难道不是**被假定为**非人格化的吗？科学研究的价值与重要性当然不取决于做这件事的科学家是谁。尽管八卦小道消息浮上台面时，也会产生《人物周刊》式的刺激效果，但学生们已经有足够多的东西要去学了，因此聚焦于研究的"人之向度"，可说是挥霍稀缺的光阴。而且，聚焦在那些做研究的人物，尤其是极少数领军学者身上（就像这本书干的那样），或许会培养出某种有害的个人崇拜。那么，为何比较研究之中的"人之向度"是值得去了解的东西呢？

首先，聚焦于学术生涯的人之向度有助于戳破把那些将重要著作的作者们"奉若神明，不可轻易以常人视之"（Berger 1990, xvi）的唬人说法。了解这些人的生平经历能够让我们明白，这些最好的学者们的成就看起来是可以企及的，这比将他们视为高不可攀的奥林匹斯山上的耀眼明星更能鼓舞学生们努力向学。

其次，研究人之向度能揭示出实际的研究过程通常是五花八门的，远非方法论教科书以及最终发表的成品表现出来的那么千篇一律、千人一面。正如本书聚焦的十五位顶尖学者的亲身实践所示，真实的研究进程并非一帆风顺，而是充斥着各种失误、错误指导以及偶然发现的研究突破。抛开学术著作中的非人格化修辞，聚焦于人之向度能帮助学生更好地认识研究现实，调整研究期望。〔4〕

再次，聚焦于人之向度表明，从事比较政治研究远非只是掌握和运用研究技巧那么简单。学术职业生涯包括许多其他重要活动：教学；参与院系、大学社群以及专业团体事务；与同事、合作者、学生们互动；参加和组织学术会议及工作坊；寻求研究资助；决定是否以及如何与决策者和其他学术圈

---

〔3〕 期刊文章没有前言，因而比图书更加非人格化。
〔4〕 欲了解某位学者试图展现的"真实工作方式"，可参见 Mills (1959)。

以外的听众接触；以及在职业生涯与人生的不同阶段选取不同种类的研究计划来开展研究。除了教学之外，到底还有哪些要素组成了现代学术职业生涯的"全套包装"？学生们对此很少得到系统的指引。尽管某些研究生项目提供了有关该学科职业规划的研讨课——通常主要讨论发表技巧和求职策略，大多数学生多半还是从他们的老师那里非正式地晓得一些学术生涯中的非技术性要素。通过展现领军学者如何规划其职业生涯，以及他们如何在往往相互竞争的研究工作、教学工作以及自己的大学和专业性服务中保持平衡。本书深入呈现了现代政治学中丰富多样的职业道路发展空间，为人们提供了不少宝贵的洞见。

此间发表的这些访谈录阐明了探讨学术研究中"人之向度"的上述优点。这一章"导言"则强调了另一项优点：聚焦于"人之向度"揭示了那些在比较研究中导向卓越的技巧、品质以及思维习惯。尽管这些对过去半个世纪中十五位比较政治学领军人物的访谈显示，通往卓越的道路不止一条，成为顶尖学者也没有什么类似饼干切割器式的统一模板，但最优秀的研究者都具备三项重要特质：（1）丰富的生活**阅历**激发出他们对某些研究课题的浓厚兴趣，更重要的是，给了他们难以抗拒的理由去关注他们的研究问题；（2）研究**激情**，通常根植于其生活阅历和规范性承诺（normative commitments）；以及（3）乐意承担智识上和职业上的各种**风险**。而且，如今在学生与教师中，这些可贵品质日渐稀缺，本书采访的学者们对此都表达了强烈的忧虑。因此，聚焦于阅历、激情和风险不仅能帮助我们更好地理解过去五十年里比较政治领域这些最出色的学者所取得的成就，也向我们指出了进入 21 世纪后这个领域面临的迫在眉睫的重大挑战。

需要强调的是，阅历、激情与风险并不能视为比较研究中成就卓越的**充分**条件。这些领军学者身上具备的许多其他品质显然也有助于他们取得成功，包括聪明绝顶、自我约束、抱负远大、坚韧持久、创造力强、对政治与社会抱有广泛的好奇心、刻苦工作的非凡能力，甚至也许还包括好运气。[5]

---

[5] 较之研究质量，好运气在确定影响力方面显得更重要。当路易斯·巴斯德谈及他在研究中很走运时，他说："运气偏爱有准备的头脑。"参见 Wolpert and Richards（1988，6）。

正如访谈中展现的，每位学者也都有其独特的个性和智识风格。设若在比较研究者之中以随机抽样方式选取采访对象，而不是专注于顶尖高手，或许在那些不那么有名的甚至是平庸的学者中也能发现不少激情十足、阅历丰富的冒险分子。[6] 然而，阅历、激情与风险相结合，的确是这十五位学者醒目且重要的共性特征，由于余下章节中将一一展现每位学者的特色，这一共性特征特别要在此予以强调。

本章接下来的三节内容将说明聚焦于阅历、激情和风险，到底如何既能阐明这些最出色的学者与众不同的品质，又能揭示出当前比较政治研究面临的迫在眉睫的关键性挑战。第四节将讨论探索比较研究中的人之向度如何有助于我们更好地理解科学研究中最难以捉摸的方面之一：孕育产生思想的过程。最后，本章呼吁大家应当反对职业健忘症，那种声称我们这个研究领域不必在意前人的研究成果，它们业已过时、甚至是"前科学"阶段产物的倾向，无异于抹杀了我们追求卓越的有力榜样，削弱了我们对于在比较政治研究中取得成就的自信。因此我们需要强化专业记忆，去了解、教授我们领域的学术史，并从中汲取灵感。

阅历：丰富的生活经验

祝你活在有趣的时代。——据说是句中国的诅咒*

本书聚焦的这些学者的生活阅历和他们选择的研究问题之间存在着清

---

[6] 用更加技术化的语汇来说，本书的"研究个案"是依照因变量的某一取值慎重选取出来的，因为那些普通的和平均水平以下的学者没有被列为访谈对象。并且，设若采访更多的顶尖学者从而增加个案数量，我们或许会发现某些个案中缺少阅历、激情和冒险。尽管这三种特质也许既非成功的比较研究的必要条件，亦非充分条件，但它们的确是列为我们研究样本的这十五位领军学者的共同特征。

* May you live in interesting times. 这句习语看起来似乎是祝词（blessing），其实却是一句诅咒、骂人的话（curse），含义是"希望你在生活中经历更多混乱和麻烦"（May you experience much disorder and trouble in your life）。据说这是20世纪20—30年代某位英国外交官带入英语的"中国骂人的俗语"，1966年肯尼迪总统在演讲中曾加以引述并称其为"一句中国诅咒"（a Chinese curse），故而在英语世界中流传至今。实际上并不存在类似含义的中文习语，这多半是该英国外交官误听某言、以讹传讹所致。或谓此言可翻译为"宁为太平犬，不做乱世人"，此应属于网上字幕组的创作，不足为训。——译者注

4 激情、技艺与方法：比较政治访谈录

晰、明显的联系。有些学者讲述了他们对政治的研究兴趣是如何被大规模社会创伤（例如战争、经济危机或政治不稳定）激发出来的。另一些学者则提及卷入政治组织活动、军队服役经历或者国外旅行对他们也产生了类似的影响。总体而言，这些比较政治领军学者并非与世隔绝的书虫，而是积极介入现实世界、阅历丰富的活跃分子——尤其是在他们的成长期。这引出了一条刺激的假说：**一个人学术生涯的质量取决于其生活阅历的质量**。为什么阅历如此重要？阅历的质量如何能影响研究的质量？首先，阅历赋予研究以意义和目的。如果一个人生活在一个压抑的、非民主的政权统治之下——正如本书中受访的数位学者那样——那么解释这些政权的兴衰成败就不是一个抽象的智力难题，而是一个发自内心的善恶问题。因此生活阅历与研究问题之间的联系能够孕育责任感，化被动要求为主动追求。其次，阅历能够增加有关人类行为的范围与政治和社会世界如何运作的知识。扎根于生活阅历的知识，既是新思想的来源，也是检验及潜在地挑战普遍命题的基础。本书收录的访谈就此提供了丰富的证据，足以说明生活阅历如何激发了学者对研究问题的热情投入，同时又怎样成为得以从中提取新思想的知识仓库。

表1.1　本书中比较政治领军学者的出生年份与出生国家

加布里埃尔·A. 阿尔蒙德	b. 1911	美国
巴林顿·摩尔	b. 1913	美国
罗伯特·A. 达尔	b. 1915	美国
胡安·J. 林茨	b. 1926	德国（在西班牙长大）
塞缪尔·P. 亨廷顿	b. 1927	美国
阿伦·李帕特	b. 1936	荷兰
吉列尔莫·奥唐纳尔	b. 1936	阿根廷
菲利普·C. 施密特	b. 1936	美国（在欧洲和美国长大）
詹姆斯·C. 斯科特	b. 1936	美国

		续表
阿尔弗雷德·斯捷潘	b. 1936	美国
亚当·普沃斯基	b. 1940	波兰
罗伯特·H. 贝茨	b. 1942	美国
大卫·科利尔	b. 1942	美国
大卫·D. 莱廷	b. 1945	美国
西达·斯考切波	b. 1947	美国

根据他们的出生时间和出生地，我们可将十五位学者卓有成效地加以归类。[7] 正如表 1.1 所示，我们依照这些维度将十五位学者分为三组：(1) 1910 和 1920 年代间出生的老一辈美国人（阿尔蒙德、达尔、亨廷顿、摩尔）；(2) 1920 和 1930 年代出生的外国人（李帕特、林茨、奥唐纳尔、普沃斯基）[8]；(3) 1930 和 1940 年代出生的新一代美国人（贝茨、科利尔、莱廷、施密特、斯科特、斯考切波、斯捷潘）。第一组和第二组学者都经历过大规模社会创伤：四位出生于 1910 和 1920 年代的美国人在"大萧条"和第二次世界大战期间都刚成年或是青少年。战争期间，阿尔蒙德和达尔都在美军服役，摩尔则在政府情报部门工作［即"战略服务局"（OSS）］。[9] 三位于 1920 和 1930 年代出生的欧洲学者（林茨、李帕特、普沃斯基）都经历了因第二次世界大战导致的移民迁徙，[10] 出生在拉美的奥唐纳尔则亲身经历了 1950 和 1960 年代阿根廷的政治与经济动荡。与此相反，1930 和 1940 年代出生的七位美国学者并未直接经历大规模的社会瓦解。不过，受民权运动和越南战争的影响，在 1960 年代政治与社会大变动之际，他们刚好成年。正如访谈所示，这些经历往往对他们的学术生

---

[7] 本书十五位受访学者的选取标准在"前言"中做了讨论。
[8] 普沃斯基生于 1940 年。
[9] 战略服务局（OSS）是中央情报局（CIA）的前身。
[10] 关于 20 世纪上半期欧洲一系列创伤事件如何影响了整整一代流亡来美的老一辈社会科学家，参见 Coser (1984), Bendix (1986), Hirschman (1995, Part II), Gay (1998), and Dawidoff (2003)。

涯产生了深刻影响。

老一辈美国人和欧洲人：大萧条与二战的创伤

"大萧条"与第二次世界大战对老一辈美国人造成了较大的冲击。加布里埃尔·阿尔蒙德把他的学术生涯与"大萧条"时期他在位于芝加哥牲畜围栏的失业者救济服务处的工作经历清楚地联系起来："在我的成长过程中，一个麻烦接着一个麻烦，一场灾难接着一场灾难……我被这些失业的芝加哥工人打动了，他们走过来告诉你：'我的小孩连鞋都没有，冬天他们脚上都是湿漉漉的，还得了病。我能不能见见照看我的社工，让她帮我开张证明，拿去百货公司，让他们给我双鞋？'这就是那时候促使我成为一名持左翼政治立场的社会科学家的理由。"由于这些经历以及他此后在第二次世界大战快结束时在驻德美军中服役的经历的结果，阿尔蒙德说，他"总是认为政治学要去处理那些非常紧急的、明显的恶行与不幸，比如国内冲突、经济崩溃与贫穷，以及战争"（Almond 2002, 2-3）。[11]

罗伯特·达尔引人入胜地描述了第二次世界大战期间他在欧洲战场的亲身经历如何对其下决心成为学者造成了决定性影响："1944年11月到1945年5月间的某个时候，大概在法国或德国的某个地方，我清楚地意识到我最喜欢做的事情是阅读、写作和谈论思想。于是灵光一闪，我决定，如果我能活下来，我要成为一名学者。"此外，他的战时经历塑造了他学术生涯的中心主题——民主与其敌人——一个不得不带有规范性内容的议题。"对于像我这样的人来说，1930年和1940年代民主将走向终结、民主将遭到破坏，这种真切的威胁令我们这代人对民主的重要性印象深刻。我

---

[11] 在第3章中，阿尔蒙德进一步讨论了1930年和1940年代的历史背景如何影响了他对研究话题的选择："我总关心那些大问题，首先就是大萧条、新政、战争、国家社会主义和法西斯主义。拿德国来说，这个国家是社会科学高等教育的诞生地，第一份真正的社会科学期刊（马克斯·韦伯主编）出版的地方，居然成了纳粹国家。这让我快疯了。我觉得无论如何我都有义务去研究这些问题。"

们明白了民主制度的替代品更加糟糕。"

巴林顿·摩尔第二次世界大战期间在战略服务局当政府分析员,这让他得以接触一群逃离纳粹德国的非凡的德国知识分子,包括赫伯特·马尔库塞(Herbert Marcuse)、奥托·基希海默(Otto Kirchheimer)以及弗朗茨·诺伊曼(Franz Neumann)。[12] 通过与这些流亡学者的交往,摩尔学会了如何在历史分析中运用马克思主义理论,后来他卓有成效地将这一技巧运用到他最重要的著作《独裁与民主的社会起源》(Moore 1966)之中。因此,摩尔总结道,"在许多方面,那本书是我在战略服务局工作经历的产物"。

那些1920和1930年代出生的外国学者——林茨、李帕特、奥唐纳尔、普沃斯基——的研究兴趣深受他们在二战期间及生活在压制性威权政权统治下所经历的恐惧、不确定性以及经济苦难的影响。胡安·林茨在西班牙内战期间(1936—1939)还是个小孩子,照他的说法,"我先对社会问题感兴趣,后来则对政治感兴趣,这是生活的结果,尤其是童年以来经历的……从第一次世界大战结束后到佛朗哥政权时期,整个两次大战之间复杂的欧洲历史。"林茨将其西班牙背景与其最感兴趣的研究问题联系在一起:

> 忽视西班牙内战及其起源,或者忽视佛朗哥政权,对于像我这样对政治与社会科学感兴趣的西班牙年轻人来说是不可想象的。何况,谁能生活在20世纪70年代而无视民主转型呢?1974年葡萄牙的民主转型一开始,我就马上买了飞机票去了几趟,这样我才能跟踪民主化进程,参加政党会议和集会,与政治家们交谈。葡萄牙正在发生的一切或许与西班牙终将发生的事情不无关联,因为佛朗哥并非长生不死。因为你的生平经历,你在选择许多研究问题的时候,总归会有些个人兴趣和牵扯成为你的选题动机。

阿伦·李帕特生动地描述了二战期间他作为一个小孩子在荷兰所经历的恐惧与剥夺,回忆起他们小镇天上的空战、食物短缺,以及藏在他家的

---

[12] 参见Coser(1984)中有关马尔库塞和诺伊曼的有助益的小片段。

德国难民。在评估这些事件与其后续研究的关系时，李帕特总结道："二战期间我的亲身经历让我通常都反对暴力，对和平与民主等问题都特别有兴趣。"

吉列尔莫·奥唐纳尔 20 世纪 50 年代在阿根廷成长，在他参加的学生团体冲撞胡安·庇隆独裁统治的当口，他差点被捕。后来在 20 世纪 70 年代军人独裁政府统治阿根廷期间，奥唐纳尔曾是右翼与左翼军人群体共同的威胁目标。他认为这些恐吓经历与他作为一名社会科学家的工作有直接联系："我对那些来自现实的问题展开研究，而现实就是，在拉丁美洲，我们受到可怕的独裁政权统治——因为我更喜欢民主制度。"亚当·普沃斯基 20 世纪 40、50 年代在波兰成长，他回忆道，"国际的宏观政治事件渗透进每个人的日常生活。无事不政治"。和奥唐纳尔一样，普沃斯基最终因遇上麻烦，离开了自己的祖国。

作为他们成长经历的结果，这些学者聚焦的核心研究问题——为什么民主会崩溃？稳定的民主制度如何能建立起来？资本主义与民主有什么关系？——不仅仅是抽象理论，而且是触手可及的、在规范性层面充满情感的现实问题。

新一代美国人：1960 年代的骚动

成长于 1950 和 1960 年代美国的七位年轻一代美国学者（贝茨、科利尔、莱廷、施密特、斯科特、斯考切波以及斯捷潘）并未像他们的美国前辈和在外国出生的同龄人那样经历过经济危机、战争和压制性政权的苦难。他们太年轻，对"大萧条"没什么印象，亦未尝卷入二战。不过，几位年轻的美国学者还是述及 20 世纪 60 年代那些决定性的政治事件——民权运动与越南战争——激发了他们对比较政治的兴趣。詹姆斯·斯科特参加了学生权利运动，并作为全国学生联合会的领导人参与了数次民权示威。事实上，政治参与活动是他同耶鲁（他念博士的地方）政治系教师们产生摩擦的根源。据斯科特讲，"我念研究生时干的头一件事情就是试图通过一项反对'猪湾事件'的学生决议,这让老师们很恼火并试图加以阻止,因为他们觉得研究生是专业人士,不应在政治上站队。"斯考切波把自己描述为"反战运动的热切支持者",还谈论了她在大学期间作为志愿者在密西西比给非洲裔美国大学生支教的工作经历如何提供了"一条介入大规模社会变革的途径"。

在年轻一代的美国学者中,一些广泛的课外经历——去国外旅行和学习、在和平队服务、暑假在华盛顿特区实习、服兵役——塑造了他们变成社会科学家的最初决定以及此后对研究问题的选择。贝茨念高中时曾去非洲旅行,这成了他一生着迷于这个地区的起点,"决定去非洲是我一生做过的最重要的事情,并且我希望获得一份能让我时不时回非洲看看的工作"。大学暑期在美国国务院的实习经历更深化了他对非洲的迷恋。施密特对拉美的兴趣受其在墨西哥学习绘画经历的刺激。斯捷潘大学毕业后花了六个月时间环游世界,从而激起了他对政教关系问题上跨国差异的关注,这一主题数十年后在他的研究著作中占据重要地位。斯捷潘决定以巴西政治中军队扮演的角色作为他博士论文选题及他第一本书的主题。若非了解到他先前在美国海军陆战队服役,以及作为新闻工作者在拉美工作的经历(Stepan 1971),此事就很难理解了。作为和平队志愿者去索马里给莱廷提供了一段令人愉快的经历,提示他研究非洲的语言与政治等议题。这些课外经历让年轻一代美国学者开阔了眼界,对实质政治议题产生了热情。但是,这些经历与老一辈及在外国出生的同侪所经历的战争、镇压以及社会经济混乱带来的震撼相比,不过是创伤性较低的替代品。老一辈美国学者和在外国出生的学者们恰应了那句"中国诅咒"所言,生活在更"有趣的"时代。

你阅历丰富吗？

本书中这些受访的学者大都担心今天的学生们缺乏阅历。[13] 林茨观察到许多学生"往往是从好的高中升上好大学，取得好成绩，然后直接进研究生院，他们大学期间的主修专业就是他们研究生期间的工作领域。除了上大学他们从没干过别的，这也许是个缺点"。达尔注意到，"我的印象是，今天的研究生尽管大多接受了良好的教育，他们念完高中比我念完大学时知道的还要多，但他们缺乏与学术圈之外普通人相处的深入的人生阅历"。普沃斯基也表达了类似的关切：

> 越南战争期间进入研究生院的那些人，人生经历丰富。他们对于政治、文化和社会怀有强烈的感情。他们往往已经干过一些别的，通常是政治组织活动，然后回到校园反思他们的经历——通常看起来是失败的经历。他们往往不大好教，因为他们不相信"实证主义"，对严谨细致的方法怀有敌意……但他们真是关心政治，他们研究政治是因为他们想改变世界。今天的环境大不一样了。如今在念研究生的这些孩子们，他们真是孩子，总的来说他们是蜜罐里泡大的，在一个罕见的和平、繁荣、没有冲突纷争的时代成长起来。这些学生们很机灵，受到了良好教育，渴望被教点什么。但是他们缺乏激情或兴趣。教学内容以及所有的技巧都很容易被这些孩子们吸收，但当他们应该开始提问题的时候，他们啥也问不出来。

正像本书的访谈中揭示的，如果比较研究的质量部分取决于研究者生

---

[13] 这一小节奉行"指导的艺术"系列丛书的精神，该丛书由基础图书出版公司出版，第一本是莱纳·玛丽亚·里克尔（Rainer Maria Rilke）的《致一位青年诗人的信》，这套丛书邀请各个艺术和专业领域的领袖写一本"以塑造他们学科的未来为目的，给下一代以及后辈们的职业生涯鼓劲加油"的书。例如参见 Dershowitz (2001)。

活阅历的质量，那么林茨、达尔、普沃斯基注意到的当今学生的"阅历赤字"现象就难免令人担忧未来这个研究领域的活力了。对"阅历赤字"人们能做点什么吗？如何才能让那些抱负远大，但未尝经历过经济危机、战争或压制性政权，也就是说运气好、生活在相对"乏味无趣"的年代的学者们得以丰富他们的人生，从而能提升他们的工作质量呢？[14]

获取阅历的一个途径是避免在大学毕业后直接念研究生。离开大学后，先花点时间去旅行或工作，能给比较研究"开开胃"。遗憾的是，社会科学领域的博士项目招生委员会大概对课外经历强调得不够充分，却对直接从应届大学毕业生中选拔学生太过热情。MBA项目通常要求学生在入学之前具备数年的实际工作经验，社会科学博士项目或许也应该采纳类似的选拔标准。总之，教授们应该坚决地考虑建议那些想从事学术工作的本科毕业生们"放慢速度"！

旅行与从事非学术工作之余，其他开阔视野的途径包括学习语言，甚至阅读文学著作。这两样都能让我们接触到不一样的思维方式，而阅读文学著作更能帮助我们与人类行为中不同的变奏相协调。在别国开展研究是另一条克服"阅历赤字"的途径，尤其是对那些在完成本科学业后直接进入博士项目的学生更是如此。正如贝茨坦率指出的，"要治疗'扯淡'，就得实地调查。当你进行实地调查时，你才能从现实中发现研究问题。"在此，"放慢速度"的建议值得再次重申。今天的研究生往往面临在5年或者至多6年期间尽快念完博士的沉重压力。这一压力，也许主要源自于大学管理者节约成本的考虑，使得进行长期实地调查或者作为交换生在国外待一段时间变得愈发困难。根据本书揭示的生活阅历与比较研究优秀程度之间的关系，如果削减学生花在实地调查上的时间，导致他们阅历不足，那么缩短博士生培养时间的努力或许就得不偿失。

研究生毕业后，还得要不断寻求新鲜经历。正如施密特所言，"成为好的比较学者，你必须比比你自己。就是说，你必须得习惯让自己生活在不

---

[14] 当然，"9·11事件"之后的全球恐怖主义威胁也许证明了我们这个时代远不是那么"乏味无趣"的。

同文化背景中，生活在外面。你必须以比较的眼光安排你的生活，找各种机会去不同的国家。"追求丰富的人生阅历给我们的研究工作注入意义和目标，提供了新思想，深化了我们对人类行为范围的了解，这得作毕生的努力。

激情：研究的情感与规范性方面

我只是用脑，华生。身体其余的部分只不过是附件。*

——歇洛克·福尔摩斯（转引自 Grann 2004，62）

灵感在科学中所起的作用一点也不比它在艺术领域的作用更少。

——马克斯·韦伯（Weber 1946a，136）

当他声称自己就是个大脑时，歇洛克·福尔摩斯勾起了一种对科学研究的常见看法——科学研究就像是泡在福尔马林液里的大脑们所从事的不带感情的工作。从这个视角来看，情感、情绪以及其他人类本性中"热烈"的方面都是遮蔽"冷静"的理性判断的污垢，它们阻碍了科学进步。科学中没有激情的位置。

本书中的访谈挑战了把科学研究视为冰冷无情的事业的看法。相反，访谈中的证据支持了韦伯的断言，"灵感（inspiration）在科学中所起的作用一点也不比它在艺术领域的作用更少"。比较政治中这些最出色的学者对他们的工作充满激情。事实上，他们经常使用明显带有感情的语汇描述他们的研究。奥唐纳尔把自己看作那种"专门处理在我刮脸的时候还让我深感烦恼的那些现实世界中的问题"的人。他说，终其一生他都"执着地关注着"他的祖国阿根廷遭受的政治不幸。在反思到底是什么鼓舞着自己九

---

* 这里所引的原文出自《福尔摩斯新探案》中的《王冠宝石案》（The Adventure of the Mazarin Stone），但类似说法在福尔摩斯系列的第一篇《血字的研究》中就已出现。——译者注

十来岁了还劲头十足地做研究时，阿尔蒙德说，"解决问题是种享受。这让我激动不已"。达尔说："对最好的研究者来说，研究政治不仅占据了他们的头脑，也占据了他们整个肉体。这里有情绪、情感。"最后，在回顾他在一个马来西亚村庄为期两年的民族志实地调查时，斯科特总结道，"当你不分昼夜如此全神贯注于某项脑力劳动时是最高产的，你甚至会为这事白日做梦。这对产生思想很关键。"

甚或可以说，要产生杰出的研究著作，倾情投入是必须的（Zuckerman 1991, Ch. 6）。达尔提出了这条迷人的假说：我们工作的质量取决于我们有多享受它。这些访谈证明快乐在科学研究中很重要。林茨说，"每次我跟着感觉走而它又正好相符，这很有趣，令人心情舒畅。我学到了东西，并且很走运，社会回报给我自得其乐。"当被问到是什么鼓舞着他89岁高龄时仍持续工作，摩尔答道，"有不少理想主义式的好奇心，也有部分来自于要解决问题的智力上的压力"。斯捷潘描绘了他和林茨的合作经历，两人经常工作到半夜甚至凌晨3点钟，在林茨的起居室里留下散落一地的书籍、文章和地图，就跟小孩子刚做完游戏似的，一片狼藉。普沃斯基则干脆地说，"我就是喜欢做研究。"[15]

是什么驱使这些学者们对他们的研究充满热情？他们的兴奋部分来自于学术生涯中感到的压力。尽管如此，他们的研究激情往往根植于一些更深层次的东西：他们坚信自己所研究的问题在规范意义上很重要，坚信他们的工作对于现实世界中的政治、政策和公众舆论有影响。这种信念赋予研究事业以意义，而意义反过来引出了激情。

但是规范性动机与目的和科学兼容吗？对于当前政治学中有影响力的一个学派"实证政治经济学"而言，回答是"不"。事实上，这个学派部分地把他们的科学抱负维系于主张要研究事情是怎么成那样的，而不是它们应该成啥样，后者被视为非科学的规范性理论去研究的对象（Alt and Shepsle 1990）。[16] 这些访谈挑战了实证研究和规范理论应该各自画地为牢、

---

[15] 研究不总是"快乐和游戏"，普沃斯基甚至提到在紧跟方法论前沿研究进展的过程中，他感到很痛苦。总体上说，这些领军学者们展现出非凡的刻苦工作能力。

[16] 当然，科学应该保持"价值无涉"的观念源远流长。

井水不犯河水的看法：比较政治中一些最有影响力的学者自觉地兼顾实证研究与规范研究。达尔把自己描述为"自如地将政治学中规范性的、伦理的方面同政治学中经验的、因而是科学的方面结合在一起"。他哀叹"今天许多政治学家对把规范政治理论与经验性的、接地气的社会科学联系在一起感到不舒服，这很不幸，对双方都造成了损害……［因为］提出重要的研究问题是很困难的，除非你根据它们对人类的价值、根据你回答了这些问题将会有何不同来界定这些问题。"李帕特也以类似的讲法描述了自己的工作：

> 我把我的研究看作是从一个规范意义上的重要变量开始的——某个可以被描述为好或坏的事物，比如和平或暴力。然后我展开调查，看看是什么产生了不同的结果。最后，我下结论开药方，就是告诉大家那些能够产生我们想得到的结果的手段。在规范性关切和做科学研究的抱负之间，我看不出有什么紧张关系。实际上，我认为从最具经验性的关系中可以得出一个规范性的和规定性的结论。

正如这些例子所示，研究者确信能提出规范层面上重要且具有现实意涵的问题，这会使研究变得有意义，反过来又有助于研究者在学术生涯中产生和保持热情。进而，基于我们的价值观和道德承诺选取、聚焦某些研究问题，在寻求这些问题的答案时保持不偏不倚、精确严格、客观理智，把这两者结合起来是行得通的（Weber 1949, 49–112）。[17] 为了保证科学客观性，而在实证与规范理论之间努力高筑防火墙毫无必要；并且，由于这么做要冒着使激情从研究中逐渐消逝的风险，所以恰恰应避免这么做。

---

［17］ 关于韦伯的"社会科学事业中客观性与主观性的双重承诺"，参见 Fishman（2005）。另见 Schluchter（1979）。关于第二次世界大战之后包括罗伯特·达尔在内的顶尖社会科学家们如何将他们对自由主义的规范性承诺与客观的经验研究相结合，参见 Katznelson（2003）。

失去激情：专业主义铁笼

本书中的受访学者们都担心，如今无论教授还是学生，都对他们的工作缺乏激情。斯考切波观察到，"我和许多说自己感觉受到很大限制的研究生们交谈过。他们看上去不过是出于某种责任感选择研究问题，在一个特定主题上从事研究无非因为这是他们要达到职业生涯下一阶段必将要做的事。我不能肯定是否有足够多的人是循着他们的灵敏嗅觉，相信自己好奇心的指引，而找到一个有意义的研究问题的。"同样，达尔提到，"有时当我瞅一眼《美国政治科学评论》到底发表了些什么时，我问自己，'这个人真的为那事儿兴奋不已吗？'"斯科特担心太多的教授与学生"把学术当作一个职业，当作一份朝八晚五的工作"。[18]

对这些学者观察到的激情缺乏问题，我们到底能做点什么？首先，教授们需要更好地把他们对工作的热情传达给学生。如果教授都对研究表现得毫无激情并且暗示学术无非一份朝九晚五的工作，那么学生这么做也就没啥好责备的了。其次，教授们给学生布置功课时可以挑选那些真正在意自己研究的学者们写出的一流的研究著作，从而给学生们树立好榜样。贝茨经常在自己的课上给学生布置阅读格兰特·麦康奈尔（Grant McConnell）的著作《私人权力与美国民主》（1966），就是这种策略的体现。麦康奈尔的书明显传达了他对以公权谋私利的愤怒，正像贝茨所说，这给读者"一个在意的理由，一个火冒三丈的理由，还能分享作者追捕的乐趣"。

培育交互式社群，打破朝九晚五日常工作的限制，也能有助于在教授和学生中孕育和维持热情。施密特描述了他在芝加哥大学的大部分同事都在海德公园附近比邻而居，因而经常可以在工作场所之外看到彼此。这种互动交往引发了无休止的、此起彼伏的对话与争论，甚至在如何研究政治

---

〔18〕对社会科学中专业主义负面影响的担忧并不新鲜。参见 Gunnell（2004，264-266）对这个主题此前的相关研究的评论。

问题上立场相去甚远的同事之间也能争起来。这些对话使得教员们持续受到挑战，忙忙碌碌并兴奋不已。斯考切波提到她在念研究生时加入的研究团体也有类似的效果，后来在芝加哥大学和哈佛大学，她作为教员参与的每周举行的师生工作坊也是如此。这些例子提醒我们，要点燃比较政治学研究的激情，要求我们花更多的心思，以有助于催生研究兴奋度的方式去组织我们的学习社群。

最后，若想迸发出激情，要求我们认识到倾情投入、规范性承诺与在研究中取得卓越成绩绝不是互不相容的：许多杰出的学者明确认为他们同时受到了规范性与实证性关切的驱策。研究那些我们关心的问题不仅可行，也值得追求。然而，如果缺少丰富的生活阅历和规范性承诺，要充满激情地找到我们关心的研究主题，恐怕还是一个艰巨的任务。

风险：抓住机会

除了生活阅历和激情，本书受访学者的第三个共同品质是：胆识过人。比较政治学这些最杰出的研究者在三个关键问题上甘冒专业、智识、甚至个人层面的风险：（1）他们如何处理与老师的关系；（2）他们如何摆正自己与主流研究的关系；（3）他们研究的问题类型。

老师

处理我们与导师的关系通常是件棘手的事，因为我们试图以保持自主性和独立性，去平衡效仿甚至模仿某位受人钦佩的老师的冲动。另外，许多老师都期望得到学生的忠诚甚至服从，尽管或许他们没有意识到或者不承认这一点。因为导师的支持能在找工作时以及职业成功起步阶段发挥不可或缺的作用，挑战导师则是一项充满危险的、惊世骇俗的举动。尽管如此，对领军学者们的访谈还是提供了不少这类冒险的实例。

斯考切波的第一篇文章（Skocpol 1973）发表于她念研究生期间，是对她的老师巴林顿·摩尔的杰作《独裁与民主的社会起源》（1966）的批判性评论。斯捷潘选择不听从导师们反对他写一篇有关巴西军队的博士论文（Stepan 1971）的警告，尽管在导师们看来，这个主题太难写了。施密特和莱廷都够大胆，公开反对他们在加州大学伯克利分校的老师们。在西摩·马丁·李普塞特的一堂课上，施密特冒冒失失地指出李普塞特讲错了，他主张民主国家的政党是主要代表工具是不对的。相似的，当莱廷的导师恩斯特·哈斯在课堂上取笑卡尔·多伊奇力图为人类情感设计客观测量方案时，莱廷反对哈斯的批评意见，维护了多伊奇的观点。贝茨与普沃斯基则冒了另外一种风险：他们选择不要任何导师。普沃斯基在西北大学完成政治学博士学业时，他不算是任何人的学生。贝茨在麻省理工学院也有类似的情形，他说，"我基本上就是外出去非洲，做自己的事情，学业快结束时再把一堆论文稿摆到老师们桌上。"

当然，并非所有的受访学者都希望在处理与老师的关系时摆出一副自主的姿态。摩尔与斯科特描述了他们的学位论文和早期著作如何刻意模仿他们博士导师的工作。事后看来，两人都对他们早期的工作缺乏原创性表示了遗憾。在谈到他的学位论文以及在此基础上出版的书时，斯科特说他是盯着导师罗伯特·莱恩（Robert Lane）"亦步亦趋"，运用莱恩的理论框架去研究马来西亚的政治意识形态（Lane 1962；Scott 1968）。尽管他的第一本书让他的导师们感到高兴，但斯科特将之视为"廉价的成功"，因为它遭到了马来西亚研究专家们的尖锐批评，认为这本书在经验层面十分肤浅。因此斯科特认为他的第一本书"不值一读"。摩尔发表的第一篇学术论文是一项有关社会分层的跨国定量研究（Moore 1942），他同样对之评价甚低，"我在模仿我的老师乔治·彼得·默多克（George Peter Murdock）。如今我把那篇文章看作是个玩笑"。

这些例子并不是要建议研究生们跟他们的老师造反，或者跟导师愉快地一拍两散。不过，有意不同意老师的看法并保持独立性，的确是一些最出色的学者鲜明的特点。

主流

一流的研究者倾向于在第二个问题上冒险：在处理与主流研究工作的

关系上，如何找到自己恰当的定位。本书中数位受访学者表现出了追求自己研究兴趣和激情的坚定决心，甚至明知自己可能会在专业上被边缘化也不惜如此。20世纪70年代期间，贝茨发觉自己身处本研究领域的边缘地位，这不光是因为他关注的焦点是非洲地区，还因为他运用了理性选择理论，而彼时比较政治学中占据主导地位的是"非选择"研究路径，比如依附论和现代化理论。[19] 正如他自己描述的那样，"我觉得自己处在同行的边缘，我乐意在那儿待着。我的意思是，我是一位非洲专家。要进主流，就成不了非洲专家。"同样的，莱廷在他职业生涯的头十年的大部分时光纵情于研究索马里的政治文化，尽管他很清楚这个话题根本提不起别人的兴趣。莱廷辛辣地说，"我对同行的影响为零。事实上，在我职业生涯的头12年或者13年，我的研究甚至从未被人家做过内容方面的引用……唯一援引过我的研究的人大概是这么写的'索马里位于非洲的东岸，参见大卫·莱廷'。"作为一名年轻的助理教授，为了培养自己对东南亚的研究激情，斯科特选择请假一年去学习该地区的经典历史学和人类学著作。他回忆起一位同事对他摧毁性的批评教育，那人告诫他，"你是个傻瓜，斯科特。成为东南亚专家是在愚蠢地浪费时间，这不是政治学前进的方向，这是你职业生涯的终点。"

另一个在与学术主流关系上冒险的做法，涉及学者们如何对研究进行包装。本书中受访的学者们并不总是跟从优势策略去出版图书或在同行评审的期刊上发表论文。例如，林茨和斯捷潘都倾向于写作上百页的手稿，而这种东西要作为同行评审期刊论文发表就太长了，但出版成书又太短。如此一来，他们的不少研究成果都是以论文集中的篇章形式出现的，与图书和期刊论文相比，这种形式通常较少被人注意到。此外，林茨最有影响的论文之一，关于总统制民主的，多年来只能以地下出版物（*samizdat*）的方式看到，直到后来才终于发表了一个缩略版本（Linz 1990a）。[20]

---

[19] 直到20世纪90年代，理性选择理论才在比较政治研究中大行其道。

[20] 最终发表的论文见Linz（1994）。

问题

另一个领军学者们冒险的领域涉及他们提出的研究问题。在本书访谈的这些学者中,可以看到很多人企图回答大问题,这些大问题要求投入巨大的时间和精力,但回报却是不确定的。我们还能看到他们时常付出巨大的努力,从他们之前的研究立场转移到新问题上去。许多一流学者抱有无休无止的好奇心,这促使他们寻找新的研究问题和主题,而不是在他们业已取得成功的那些旧问题上安逸地坐享其成。

大问题。一些学者表现出乐于解决那些雄心勃勃的大问题的惊人意愿:为什么有些国家成了民主国家,其他的成不了?革命的原因是什么?什么可以解释经济发展?提这样的问题要具备异乎寻常的精力和耐心。

《独裁与民主的社会起源》(Moore 1966)分析了八个国家数百年的历史经验,十年磨一剑。在反思这本书时,摩尔表示"胆大妄为"促使他完成了这项令人生畏的研究项目:"实际上我是带着更加雄心勃勃的计划开始《社会起源》这项研究的,野心大了去了。我准备研究更多的国家,不仅是那些具有明显农业阶级结构的国家,还包括那些具有明显工业阶级结构的国家,或许甚至还包括一堆其他国家。"关于决定写一篇比较三场主要革命的博士论文,斯考切波说,"那时候一个研究生要写一篇囊括法国、俄国、中国三场大革命的毕业论文简直是闻所未闻。老师们指望我们好好学统计,去找一个聚焦的、'做得出来的'研究项目。"大卫·科利尔跟露丝·贝因斯·科利尔(Ruth Berins Collier)则一起写了一部长达 877 页的巨著《塑造政治舞台》(Collier and Collier 1991),考察了八个拉美国家现代政治体系的历史根源,当他解释为什么比较历史研究的成果往往发表为鸿篇巨制时,他强调处理大问题得有毅力:"写这本书是一项具有挑战性的事业,花了比我们预想的多得多的时间。我们在《塑造政治舞台》上干了十年……要对特定的国家板上钉钉地做出论证不过是多费些时间罢了。但我们的研究时间跨度大,涵盖了从 20 世纪第一个十年到 20 世纪 80 年代。于是我们最后做成了一项费时费心的分析……聚焦于这些国家在五六个不同历史阶段的演进过程。"

新问题。不同于在已经建立起自己信誉的自留地上安全地精耕细作，许多领军学者通过转向新的研究课题来挑战自我——在那些问题上他们的研究技巧和才能还没有经过测试。这种专业上的冒险可举亨廷顿为例，在过去50年间，他在政治学三个主要的经验研究领域均大有建树——美国政治、国际关系以及比较政治。拿亨廷顿的话说，"我从一个领域漫游到另一个领域"。在解释为何作此"逍遥游"时，亨廷顿指出实实在在的问题——而非方法、理论或者学科界限——是驱使他开展研究的核心动力："我喜欢提那些在我看来是重要的问题——既对现实世界重要，也在智力上重要的那些议题。所以我跟着那些问题和议题走，即便是要求我从一个领域转移到另一个领域也无所谓。"类似的处理新问题的冲动也可以在奥唐纳尔的研究演进经历中看到，他先是从对威权政体的研究转向对威权主义转型的研究，最近又转到了对民主质量的研究。奥唐纳尔这么来描述他总想提出新问题的"强迫症"："一些同事对我很生气，跟我说，刚花了不少时间读我的东西，转眼却发现我已经转到别的话题上去了。某种意义上，我想这是我的一个缺点。但我从来控制不了。当一个新的主题令我着迷时，这么说吧，我就把我的'孩子'丢给他们的叔叔伯伯们，自己轻装前进。那就是我脑子的工作方式。"斯考切波是另一个继续前进的例子。在创作了关于革命比较研究的一本重要著作和许多成功的文章之后，斯考切波转向了一个崭新的、截然不同的议题：美国社会政策。在解释这次转向时，她说，"《国家与社会革命》（Skocpol 1979）出版后不久，我就觉得我再也不想写革命了。作为学者，我的策略就是发掘内容丰富的现实问题，并把它们上升到理论层面，变成有待解决的谜题，我希望朝着新问题勇往直前。我不想成为一位只研究革命的专家。"最后，在作为一名成功的俄国问题专家度过了职业生涯的头十年之后，摩尔转型为一位视野更广阔的比较学者。当被问到是什么促使他作了这次转向时，摩尔说，"我不能满足于成为一名俄国问题专家……我对别的事情感兴趣。我的好奇心转向了那些最终呈现在《社会起源》（Moore 1966）中的问题：极权主义、自由主义以及激进革命的根源"。

当然，并不是所有的顶尖学者都会去冒转向研究新问题的风险。在李帕特的职业生涯中，他一成不变地聚焦于在多元和分裂的社会中实现稳定民主制度的各种挑战上。与之相似，莱廷的研究也始终以文化和政治的关系为中心。比较政治中大多数学者始终只聚焦于同一地区和国家，而莱廷的研究囊括多个地区，当被问及对此有何看法时，莱廷说，

> 我是一个视野很窄的人。在我从事政治学研究的这些年，我主要还是关注同一个狭窄研究领域的问题，基本上是关于文化和政治的关系，以及文化异质性对于政治的影响……不管我的研究对象是索马里、尼日利亚、加泰罗尼亚或者后苏维埃世界，你能发现同样的问题以不同的方式反复被提出来。我经常对别的比较学者说，他们高估了为去一个新的地方装备自己的成本，同时低估了待在同一个地方研究新问题的成本。

冒险的风险

就其本质而言，风险并非总能得到回报。尽管处于边缘的创新性研究偶尔也能打进主流，甚至改变主流，但处于边缘地位的工作通常的命运是被彻底边缘化。例如，贝茨的书《乡村对工业化的反应》（Bates 1976）出版后并没有受到广泛关注，他将部分原因归结为这本书对理性选择理论的倚重，导致本书置身理论主流之外："那时候，20世纪70年代中期，比较政治聚焦于依附论以及马克思主义对依附论的批判。我的书对此只字未提，远离理论时尚。这是该书未被广泛接纳的一个原因。"

其他形式的冒险也可能代价高昂。亨廷顿提到，当某人跨越研究领域时，比如像他自己做的那样，"一个领域的专家通常并不熟悉你在别的领域已经做过的事。比较政治圈里的人想起我，就是《变化社会中的政治秩序》（Huntington 1968）和《第三波》（Huntington 1991）。但他们对《军人与国家》（Huntington 1957）或者我写的关于美国政治的书（Huntington 1981b）一无所知。"林茨表示，他喜欢写作篇幅最适合作为论文集篇章发表的论

文,但这种嗜好或已削减了他的许多成果的曝光率和影响力。[21] 最后,施密特重新盘点了自己为了超越此前聚焦的巴西个案花了多少工夫,他跑去一个新的国家(阿根廷)做了大量内容充实的实地调查,结果什么也没发表。他把这个结果看成是他"重大的失败"之一。

即使是最出色的研究者也会因为冒险失败而经历沮丧和挫折,比较政治的历史垃圾箱里大概塞满了那些因冒险失败而基本无人知晓和被人遗忘的学者们的著作。

谨慎行事:我们是不是太不愿意承担风险了?

尽管冒险可能代价高昂,但本书中的受访学者们还是表达了对教授和学生们过于规避风险的忧虑。照普沃斯基的说法,

> 美国学术圈的整体激励结构阻碍我们去冒大的智识上和政治上的风险。研究生和助理教授们学会了把他们的学术雄心包装在能被少数期刊发表出来的文章里,并且回避一切看起来像是政治表态的东西。这种专业主义确实推进了某些"螺蛳壳里做道场"式的知识的进展,但我们没有把我们的知识传播到学术圈之外的论坛;事实上,我们相互之间甚至都不谈论政治。

林茨也附和这个观点,认为日益增加的使用标准化评价指标——比如在同行评审期刊上发表的文章数量——来衡量学术成就的做法降低了创新的可能性:"如今越来越倚重客观的、机械的标准,比如在同行评审期刊上的发表量,来决定谁能晋升和获得职位。既然这个领域变得越来越不带个人色彩,越来越官僚化,也就生产出了标准化的、可预期的产品,但这样的标准化给标新立异的人和创新者没留下多少施展空间。"[22] 亨廷顿观察到,研究生们"通常对阐述一个宽泛的命题犹豫不决"。他发现这种胆

---

[21] 参见第 6 章中林茨对他的论文《从原生主义到民族主义》(Linz 1985a)的讨论。如今在终身教职要求既定的情况下,不依惯例写作篇幅过长的论文差不多可以说是失败的秘诀,因而学生和还没拿到终身教职的教员们常被告诫不要这样做。

[22] 斯科特在讨论他称之为"过度专业化"(hyper-professionalism)的现象时也提出了类似看法。参见第 11 章。

怯心理使得教起研究生来远没有教本科生那么有趣。奥唐纳尔哀叹一个写大书、大胆写书的时代一去不复返了:"我担心在如今趋向方法论诡辩的潮流下,政治学已经失去写出伟大著作回答重大问题的野心和狂傲了。例如,在摩尔、达尔或者什穆埃尔·艾森斯塔特创作他们的巨著时,还有可能既在方法论上做到自觉,又能围绕重大议题开展重要的研究工作。我担心这种可能性正在消失。"

尽管存在这些忧虑,但包括本书采访的学者在内,几乎没有人会提出普遍的、没完没了的轻率研究计划:不是每个人都能够或者应该去做高风险研究。完全独立自主并不适合所有人;并且很多扎实的好研究也还是通过效仿甚至模仿导师们才做出来的。更何况,一个健全的学科也许实际上需要数量庞大的研究人员去做低风险的"常规"科学;如果有太多标新立异的人满怀打出"典范式"大满贯的希望打全垒打,也许会是一场灾难。[23]

还有,为了防止从众心态占据支配地位,步步自觉很有必要,从众心态足以让圈里人蜂拥到悬崖边(随时有掉下去的危险)。领军学者们提出了足以抵消群体思维霸权的实用建议。斯考切波力劝学生们多接触各种类型的教师:"各种变化都试试,这样才能给你自己更多的空间;不要只让自己从师一人或者效法一家,而要博采众长。从几个不同的人那儿学东西是一个创造新颖组合的好办法。"林茨建议,"不要总说'我是学政治哲学的,所以我不会选学比较政治领域的任何课程',或者'我是做比较政治的,因此我不会选任何关于政治哲学的课程'。得广泛用好系里最好的资源。"斯科特强调了广泛阅读的重要性:"就像健康食品推销员说的那样,'你吃什么是什么',你读的是谁的著作、跟谁在对话,你就像谁。并且如果你只读政治学,只跟政治学家交谈对话,这就好像你只吃一类食物一样偏食。如果恰好你就是这么干的,那么你就别指望做出任何新东西或有原创性的东西,你不过是在复制主流。如果你要正确地做政治学研究,那么

---

〔23〕关于"传统主义者"在推动科学进步过程中的关键作用参见 Kuhn (1977, 237)。他们与自觉的创新者不同,"更喜欢按照预先定好的规则玩错综复杂的游戏"。

你正在读的东西中至少三分之一就不可以是政治学的内容。"李帕特建议年轻学者一只脚锚定在主流之中，同时另一只脚跟别人一块儿跨到主流之外，通过这种方式对冲他们的赌注："窍门就是立足现有研究基础上搞研究，但又不要被它限制住；不仅得在范式之内干，而且得在范式以外想。"

最后，在拿到终身教职之后再冒险也许更合适，当然也更谨慎。就像摩尔挖苦说，"终身教职是个伟大的事物，它允许你尽人力之所及去变成一名该死的傻瓜。"一个研究领域被该死的傻瓜们统治当然不令人满意，在追求终身教职的同时，多花点功夫给智力冒险提供些不寻常的自由空间，将会使比较政治充满生机、令人兴奋。

激发比较的想象力：在比较研究中产生创造性假说

聚焦于人之向度揭示了科学研究中最难以捉摸的方面之一：产生思想的过程。方法论教科书与课程主要关注**检验**想法这件事，但通常不大重视其前置事项：某个人起初是如何**产生**那些值得加以检验的想法的。[24] 同样的，专业出版物也很少纳入关于想法如何出现的讨论。因为访谈的形式允许我们探讨领军学者们到底是如何开展研究的，本书中呈现的材料为领略形成出色思想的过程打开了一扇宝贵的窗户。正如上面讨论过的，这些访谈表明，丰富的人生阅历是产生新思想的沃土。但阅历并非取得比较研究洞察力的唯一途径。学者们花费很大一部分时间阅读，图书、期刊以及报纸都在思想发展过程中扮演了不可或缺的角色。此外，直接观察政治与社会互动也是产生创造性思想的重要工具。这些访谈突出强调了激发这些领军学者们比较想象力的五种方法：（1）"书目侦查"，也就是在图书馆和书店里寻找尚未被开发的原始资料；（2）追踪当下发生的事件；（3）与同时代的学者和著作进行批判性对话；（4）阅读、反复阅读政治与社会理论经

---

[24] 这种过分关注检验研究假说，而不重视产生研究假说的情形不只在政治学和社会学中存在。参见 McGuire（1997）。关于进行创造性社会科学研究的"生意经"，参见 Becker（1998）。

典；（5）实时观察政治行动。[25]

书目侦查，也就是在图书馆或书店中搜索，甚至是随意翻检，这可以引导我们偶然发现提供新洞见的著作。[26] 例如，在里约热内卢的一间旧书店里淘书时，施密特发现了一本名不见经传的、写于20世纪30年代的旧书，这启发了他把巴西的利益代表体系概念化为"法团主义"。[27] 与之相似，斯考切波发现了一本早就被人遗忘的1900年代早期有关美国社会保险的旧书，这本书认为内战抚恤金是一项导致美国在社会福利的公共供给方面迅速超越欧洲的重要社会政策。[28] 据斯考切波讲，"当我读到这本书时我很好奇，因为仅仅经验上就表明1913年大量政府的社会开支在持续增加，数额足以事实上抵消养老金方面的削减，这与将美国视为在社会供给领域落后的整套文献都显得格格不入。起初我对此表示怀疑……但我决定一探究竟，因为我预感从这件事当中也许能说点什么出来。"斯考切波的预感被证明是对的，她的探索得出了一个新的论点：美国其实是早熟的福利国家，而不是落在欧洲国家后面的落后者。这个论点反过来又在她的书《保护士兵和母亲》中发挥了关键枢纽作用。

通过阅读报纸杂志**追踪当下发生的事件**也能有助于启发新思想。亨廷顿说读一读"世界上正在发生的事情"在他的研究经历中发挥了基础性的作用。他讲到，20世纪60年代"当每个人都在谈论现代化和发展"的时候，他注意到蔓延于各个发展中国家的混乱局势、无政府状态和腐败现象，这一观察结果导致了他的独到见解："在那里政治衰败比政治发展多得多。于是我写了《变化社会中的政治秩序》。"阅读当下发生的事件可以与书目侦查串联起来，在新思想形成过程中发挥作用。施密特有一天在瑞士看报纸，读到一篇关于瑞士乳业生产者联合会在每年牛奶定价机制中的作用的

---

[25] 这不是一份详尽无遗的刺激比较想象力的策略清单。但是这份清单包含了本书中十五位学者讨论到的主要研究策略。

[26] 书目侦查可以越来越多地在互联网上进行。

[27] Manoïlesco（1934）。关于施密特对这次偶然发现的记述，参见 Schmitter（1997b, 289–290）。

[28] Rubinow（1968）。这本书初版于1913年。

文章。[29] 他注意到这种监管框架与他之前研究的巴西和葡萄牙的法团主义利益调解体系非常相似。意识到这一点后，他跑去图书馆翻查有关瑞士利益集团政治的资料，找到了一篇20世纪30年代的未公开发表的有关瑞士法团主义的博士论文。作为他受报纸启发跑去图书馆翻检的成果，施密特明白了法团主义的概念不仅可以用在威权主义国家，也可以用到民主国家身上。这一见解成为他影响深远的文章《仍旧是法团主义的世纪?》以及后续著作的根基（Schmitter 1974），在后续著作中他进一步完善了利益集团政治的法团主义模式，成为多元主义模式之外的一种替代解释。

与同时代学者及其成果的**批判性对话**是产生新思想的另一条途径。莱廷描述了哈里·埃克斯坦（Harry Eckstein）、亚伦·威尔达夫斯基（Aaron Wildavsky）和阿伦·李帕特（Arend Lijphart）关于文化与政治关系的研究如何为他提供了不得不与之对话的标靶，进而促使他发展和改进自己的思想："我从一开始就紧盯着哈里·埃克斯坦。我反对埃克斯坦的一致性理论，该理论假定，从一个领域——文化，到另一个领域——政治，存在某种直接映射关系（Eckstein 1966）。与之相反，我认为文化与其他领域之间，又比如说宗教与政治之间，并不存在必然的联系……我也反对李帕特的观点，我的看法与几乎所有研究文化的学者都不同。"莱廷对这些对话者著作的批判性考察有助于他明确表达自己的观点，他认为文化既塑造了政治选择，反过来也被各种政治选择所塑造。与之类似，斯考切波也说与"别人的错误"辩论在她的思想发展过程中发挥了关键作用："我总是通过批判别人的工作来厘清自己的想法。看到别人有些地方是对的，有些地方又是错的，这让我很兴奋……我的重大研究项目总是以辩论方式展开的，要么和那些被广为接受的定见辩论，要么就是同某位对话者辩论，尤其是那些做出令我敬重的工作的对手。"

另外一条激发比较想象力的途径关系到政治与社会理论**经典著作**。[30]

---

[29] 除了第10章之外，另可参见 Schmitter（1997b，291-292）。

[30] Merton（1996a）是一篇富有洞察力的讨论关于经典著作在现代社会科学中作用的文章。不过需要强调的是并非所有本书采访的学者都通过阅读经典获得灵感。事实上，一些人（比如莱廷和李帕特）说经典著作对他们研究的影响微乎其微。

这些经典著作在这些比较政治领军学者的精神生活中扮演了重要角色。达尔认为，他的职业生涯就好像在参与一场他称之为与柏拉图、卢梭以及马克思进行的"想象中的对话。"普沃斯基认为，"阅读政治理论经典著作对我极为重要。这是研究假说、历史信息以及伟大思想的源泉。"施密特指出："对我而言，接触经典几乎是无意识的。我一想到我想研究的问题的本质，就会问自己'谁就这个问题说了点什么吗？'一旦读过这些经典，它们就顺理成章地装进了你脑子里……遇到问题时我的本能反应就是在自己的记忆里翻查自己曾经读过的政治思想经典。"

最后，林茨指出，"当我开始做某项研究时，我通常会找找看韦伯就这个主题说过什么。"为了说明他如何从经典中汲取思想和灵感，林茨讲述了他如何运用韦伯的苏丹制（sultanism）概念去研究个人独裁，例如尼加拉瓜的安纳斯塔西奥·苏慕萨·德瓦伊莱（Anastasio Somoza Debayle）以及多米尼加共和国的拉斐尔·列奥尼达斯·特鲁希略（Rafael Leonidas Trujillo）。[31] 由于这些案例中，统治者任人唯亲、裙带关系和恣意滥权的程度如此极端，林茨感觉把它们与西班牙弗朗西斯科·佛朗哥（Francisco Franco）的统治和葡萄牙安东尼奥·萨拉查（Antonio Salazar）的统治归于一类并不妥当。据林茨讲，

> 韦伯在传统的世袭家产制合法形式与世袭家产制腐化为苏丹制之间做出了明确区分。当我重读韦伯关于世袭家产制的论述时，我想，"这不就是我想找的东西嘛！"然后我把韦伯的概念以现代方式加以改造，明确了苏丹制的指标，比如裙带关系、任人唯亲，以及权力与财富的公器私用。

你的脑子里有些问题想要提出来，有时候你正好读到某篇经典著作，就会说，"欸，这真是个有趣的见解，恰好道出了我正在摸索的东西。"所以，你读得越多、知道得越多，就越好。

对政治行动的**实时观察**是另一个产生新思想的技巧。斯科特描述了他

---

〔31〕 林茨有关苏丹式政体的最初表述见 Linz（1975）。另参见 Chehabi and Linz（1998a）。

在一个马来西亚乡村里两年的生活如何使他能够同农民进行反复访谈，帮助他认识到"在村庄平静的表面之下存在着各种反抗霸权的隐蔽方式，比如开小差、拖延窝工"。[32] 斯科特还强调"政治无处不在"，不只是存在于遥远的异国他乡"田野"背景之中，他举了一个有趣的例子——自己在搭火车从纽约市去华盛顿的旅程中观察旅客之间的政治互动。施密特也强调了观察的价值——他经常在与政治行动者的交谈中仔细倾听他们如何遣词造句来描述其所作所为，由此受到启发，从而下功夫形成新的概念。莱廷提到自己在巴塞罗那做实地考察时看了一场加泰罗尼亚的民族舞蹈萨达纳舞，这个例子特别生动地说明了观察如何能够有助于激发新思想：

> 当人们表演萨达纳舞时，他们把自己的小捆财物放在场地中间，围着它们跳。就这样，他们发展出来了一套城市舞蹈，保证他们能在舞蹈全程中照看好他们的财物。并且他们还得数着数量挺多的步数……尽管这不应该表现出来，得极力掩饰起来，我还是看见他们唇齿翕张，小声数着步点。
>
> 成千上万的游客们看过萨达纳舞，这里常有这样的舞蹈表演，舞蹈本身其实比较无聊。但对我来说它很有启发，我问了自己一个简单的问题："这儿是我住过的最布尔乔亚的城市，商业资产阶级来来往往，发展出来某种城市形式的文化，他们能一边跳舞一边照看财产。并且他们还在数数！计算是基本的商业功能。"然后我问："为什么人们会如此理性、如此精明地推动一场语言运动，不费吹灰之力地提高他们的交际能力？你或许认为加泰罗尼亚人应该搞一场轰轰烈烈的学英语运动，那对他们的商业交往来说应该有更加巨大的作用。为什么他们要推行这种加泰罗尼亚语？就算推广成功了，也不会让他们与比现在更多的人开展交流；推广这种语言明明没有任何交际回报可言，那为什么他们还要这么干？"接下来的两三天里，我像具僵尸似的在城里晃来荡去，一遍又一遍地问自己这个问题。

---

[32] 这项研究的成果发表为 Scott (1985)。

观看萨达纳舞使莱廷更容易看出博弈论分析工具,尤其是协调博弈的概念,为解释为何人们会参与并不能满足他们物质利益的语言运动提供了强大的、富有成效的途径。〔33〕莱廷总结道,"从巴塞罗那得到的启发在相当长的一个时期里朝着一个崭新的方向推进了我的研究。实地考察对我来说是如此令人兴奋的事。"

正如丰富的人生阅历、激情与冒险并不能确保让人成为一名领军学者,寻找冷僻旧书、精读报纸、与同时代作者展开批判性的对话、研读经典以及细致观察当然也不是形成重要思想的充分条件。毕竟,许多社会科学家读书看报追踪当下事件,但并没有多少人生产出像亨廷顿的《变化社会中的政治秩序》(1968)或施密特的《仍旧是法团主义的世纪?》(1974)这样有影响力的著作。同样,有许多人开展实地调查并做实时观察,但并没有多少人获得像斯科特的《弱者的武器》(1985)那种层次的洞见。再者,正如韦伯告诉我们的,"灵感只有在它们愿意的时候才会造访,并非我们希望它们来就会来。"〔34〕艰苦工作、学术训练、或许还有点运气,对发展出好的思想都是必要的。智力也很重要,尤其是识别出重大问题、困惑的能力,或是提出问题后加以引导的能力。

尽管诸如运气和智力这样的因素是难以控制的(如果不是不可能的话),还是存在一些提升发展新思想可能性的办法。访谈中提供的证据强调带着好奇心对各种令人吃惊的可能性都保持开放心态很重要,同样重要的还有信心以及跟着预感走的干劲。另外,掌握文献可能也会让我们牢牢抱着"传统观点"不放,所以我们还应该增强自己注意那些令人迷惑不解的新信息的能力。例如,假如斯考切波不了解把美国算作福利落后国家的标准看法,那么她也许就不会注意到她在书目侦查中偶然发现的书里提出了另一种与众不同的观点。假如她缺乏追踪这条线索的好奇心或者质疑定见的怀疑精神和自信心,那么即便她幸运地发现了这本书,也可能还是不

---

〔33〕关于协调博弈,参见 Schelling (1980)。

〔34〕韦伯(Weber 1946a, 136)进一步指出,"灵感之涌现,往往在我们最意想不到的当口,而不是在我们坐在书桌前苦苦思考的时候。然而,如果我们不曾在书桌前苦苦思索过,并且怀着一股献身的热情,灵感绝对不会来到我们脑中。"

会有什么结果。

虽然并没有什么激发比较研究想象力的魔法配方，但是本书中的访谈还是启发我们，丰富的人生阅历，以及这里讨论的各种形成创造性假说的方法，对于产生好的想法来说都很重要。

反对职业健忘症

尽管老旧的著作，尤其是经典著作，对一些杰出学者非常有启发意义，但比较政治这个研究领域仅有非常微弱的职业记忆。[35] 很少有描绘比较政治学历史的著作，而且学生们也很少被教授这段历史。[36] 事实上，研究生们往往被劝阻去阅读老旧的著作，它们通常被看作是过时的甚至"属于前科学阶段的"。为什么淡薄的职业记忆令人担忧呢？科学进步难道不正需要健忘症吗？正如韦伯所言（Weber 1946a, 138），"在科学工作中，我们每个人都知道，自己所成就的一切在十、二十、五十年内就会过时。这是科学研究必须面对的命运……科学工作上每一次'完满'都意味着提出了新的'问题'；科学工作要求被'超越'，要求'过时'"。克劳德·伯纳德（Claude Bernard）直言不讳地问："发掘那些没有运用适当的研究方法得出的落伍的理论或观察记录，对我们有啥用处？"怀特海（A. N. Whitehead）还提出了这么句格言，"不愿忘记其奠基人的科学是失败的。"[37]

从这个立场来看，比较政治的问题不是职业记忆太少，而是职业记忆太多了。这个学科太不愿意忘记它的奠基人，学生们在研讨班上和准备资

---

[35] 关于职业记忆的重要性以及其在比较政治学中的弱势，参见 Almond (1990, 23-29 and Part II)。

[36] 近期一项对研究生课程大纲和资格考试阅读书目清单的调查显示，在这个领域的权威著作中（亦即在样本里的32个政治系中被超过1/3的系布置到的那些著作），没有一项关于比较政治学历史的著作（España-Nájera, Márquez, and Vasquez 2003）。比较政治著作中有关领军学者生平与贡献的著作在事实上的缺乏是这个学科领域职业记忆淡薄的另一个迹象。与之相反，社会学和经济学更习惯于为本学科的奠基人和有影响力的学者们树碑立传。

[37] 伯纳德和怀特海的引语引自 Merton (1996a, 28 and 33)。相似的，托马斯·库恩认为"科学摧毁它的过去。"引自 Dryzek and Leonard (1988, 1249)。

格考试时花了大量的时间阅读那些20世纪60、70、80年代的过时"经典"。本学科的进步要求我们把这些过时的著作从课程中剔除,代之以最近的、前沿的研究成果。[38] 像本书这样集中回顾众多此类老旧著作的作者们,往好了说,对于一门科学史课程是有用的;往坏了说,则为科学进步设置了障碍。科学上不存在经典。[39] 忽略比较政治学的过去不仅仅是天赐福佑,这对于本学科的健康发展也是必需的。

本书强烈地不同意这种认为职业健忘症值得拥有的看法。首先,现代科学的一项基本原则是,科学家应该知晓并承认在他们的研究主题上前人所做的工作。据罗伯特·默顿(Robert Merton 1996a, 27)所言:"这么做的根本理由既清楚又熟悉:对过去工作的无知经常迫使科学家为他自己去发现别人已经知道的东西。"因此,职业健忘症是反科学的。达尔提供了一个职业健忘症带来风险的好例子,自从20世纪50年代他辨识了堪称政治学中核心主题的权力概念以来,这个研究领域毫无进步,对此他深感失望。"五十年之后,我发现人们在使用权力这个词语和概念时好像回到了起点处。甚至最基本的、可以追溯到马克斯·韦伯那里的区分——比如权力与权威或者正当化的权力之间的区分——似乎都被忘记了。因此,或许我们对权力的研究不仅毫无进展可言,事实上我们都已经倒退回去了。"职业健忘症还可能导致误定无知(misspecified ignorance),即识别出哪些虚假的知识空白等着填补,而一旦研究者彻底地回顾前人工作的话,所谓知识空白就会现出原形。[40] 职业健忘症对比较研究的进步造成了威胁,因为它妨碍了我们从过去的成就中获得好处,并且,既增加了重复过去错误的风险,又增加了重复发明出车轮的风险(Almond 1990, 7–8)。

---

[38] 这种历程的一个极端变体可见于奥古斯特·孔德(Auguste Comte)的"大脑卫生原则"(principle of cerebral hygiene)。正如默顿(Merton 1996a, 29)所述,"除了自己的想法外,[孔德]要把头脑清理一空,办法就是不去读与他的主题不相干的任何东西,哪怕轻微有关的也不读。"

[39] 一项对物理学和生物医学期刊中论文半衰期的研究发现,事实上几乎没有超过十年以上的文献被引用(Baum et al. 1976)。当然,职业健忘症并非总是被科学壮志驱策的。它常常是新一代学者对前辈们声称独立的结果。

[40] 关于默顿"指定的无知"(specified ignorance)——承认"为了追求知识的进步,目前尚不知道的事物需要被认识了解"——参见 Sztompka (1996, 11)。

其次，通过从课程中删掉经典著作，职业健忘症夺走了我们受到思想杰作榜样鼓舞的机会。阅读经典让我们得以看到伟大的头脑在工作。奥唐纳尔关于韦伯的描述说明了这一点："看看韦伯如何思考问题，领会他的思维方式，是非常有启发性的……他是我思维能力上的模范。"经典著作是培养品味标准和良好判断力不可或缺的工具（Merton 1996a, 31–32）。而且，正如访谈中强调的，阅读经典也是产生新思想的重要途径。

再次，通过生产出对比较政治业已取得的成就的无知，职业健忘症加剧了对这一研究领域的信任危机。莱廷令人信服地证明，政治学家应当为过去五十年里本学科所取得的众多成就感到更大的骄傲。[41] 这当然要求我们首先得了解这个学科领域到底取得了什么成就，如果没有牢固的职业记忆，这显然不可能。[42]

最后，尽管"一位严肃认真的物理学者……可以放心地忽略掉牛顿、法拉第和麦克斯韦的原著"，[43] 同样的，一个生物学家不必去读达尔文的《物种起源》，但没有任何严肃认真地研究政治秩序的学者能够忽略霍布斯和亨廷顿，没有任何严肃认真地研究民主的学者能够忽略亚里士多德、熊彼特、达尔以及李帕特，也没有任何严肃认真地研究革命的学者能够忽略托克维尔、摩尔以及斯考切波。比较政治在什么是值得了解的问题上具有基本的连续性，而这种连续性把社会科学与自然科学区分开来。在社会科学中，由这些常在问题与主题构成的内核赋予了经典著作持久的生命力。[44]

过去是我们的研究领域塑造身份认同的关键。如果职业健忘症隔绝了我们与我们学科领域历史的联系，那么比较政治学就会变得缺少灵魂，注定要永远羡慕和模仿那些在它们从哪里来以及它们是谁的问题上认识更加清醒的其他研究领域和学科。

---

[41] 参见第 16 章以及 Laitin（2004a）。

[42] 关于学术史与学科认同之间逃脱不掉的联系，参见 Dryzek and Leonard（1988）。

[43] M. M. Kessler, as cited in Merton (1996a, 24)。

[44] 比较政治学中存在一个持久的、由各种主题和问题构成的核心，这在第 5、6 章对达尔和莱廷各自的采访中都得到了特别地强调。

结 论

聚焦于人之向度揭示了比较研究的几个关键方面。它透露了杰出的研究者拥有丰富的生活阅历,对学者生涯充满激情,并敢于承担风险。它提供了关于如何产生新思想的新鲜见解。此外,它还阐明了比较政治面临的主要挑战。因为比较研究的质量一定程度上取决于研究者人生阅历的质量,领军学者们注意到当今学生中普遍存在"阅历赤字",这引起了人们对本领域未来研究活力的担忧。**应该采取一些步骤确保学生们,也包括教授们,经常走出象牙塔,找各种办法丰富他们的生活。**研究激情如今处于危险境地,因为教授们和学生们都把学术生涯仅仅视作一份朝九晚五的工作的倾向十分普遍。**为了避免这种专业主义铁笼,应当培养和奖励将研究视为"天职"的热情,这就要求承认倾情投入和规范性承诺与在科学研究中追求卓越是兼容的,甚至是必需的。**专业主义可能会压制冒险精神和创造性。**因此必须加强创新激励以防止从众心理大行其道。**最后,职业健忘症正在从我们这里夺走强有力的思想杰作榜样,并弱化我们对这个领域所取得的成就的自信。**我们需要通过了解并教授本领域的历史,并从中汲取灵感,以此来增强职业记忆。**

总而言之,从本书采访的十五位比较研究领军专家贡献的实例之中可以为有抱负的学者们总结出以下的建议:

1. 在你进入研究生院之前,离开学术轨道一段时间,通过工作或旅行积累现实生活阅历。这段经历将赋予你研究的意义与目的,使你成为更好的社会科学家。它也将为你提供一个更坚实的有关人类行为范围的知识根基,这不仅能成为新思想的来源,也能作为检验一般性命题的基础。

2. 如果环境不允许你在念研究生之前抽身一段时间,那么作一篇以实地调查为基础的博士论文也许是获取阅历的次优途径。要考虑尽可能多花时间泡在"田野"现场。实地调查为比较研究提供了不可或缺的经验基础,使之更接地气,也有助于磨炼观察技能。实地调查应被视为一项终身投资，在你的整个职业生涯中都能惠泽你的研究，哪怕你日后再也不做实地调查。

3. 跟随对自己的研究富有热情的、活跃的、不把学术生涯视为一份朝九晚五工作的老师学习。要乐在研究中，因为你从研究中获得的享受与快乐越多，你的研究或许就会越好。

4. 与别的同学以及你的老师们建立牢固的交互式社群，从而超越班级与正式学术训练的界限。在学习小组、工作坊甚至社交聚会中开展的课外互动都有助于增强你的研究热情。

5. 不要害怕让规范性承诺影响你对研究问题的选择，也不用担心探讨你研究工作的规范性意涵。这将培养你的研究激情。但是不要被规范性承诺一叶障目，使你对不支持你立场的"不愿面对的事实"视而不见。

6. 有分寸地冒险。选修那些让你感到兴奋的课程，哪怕它们是其他领域或者科系的教授开设的也无所谓。了解并掌握主流研究，但要设法一只脚踏在主流之外。不要跟着一位教授亦步亦趋，而要尽可能多接触不同视角的不同教师。一旦你取得了进步并获得了终身教职，你就有条件去冒更大的风险了。

7. 关注经典和老旧著作，注意从资深学者那里汲取智慧，这样才能超越专业潮流和时尚，放眼未来。把自己视作一个源远流长的研究领域的一分子。

结合近来学生方法论训练方面的重大进步，对阅历、激情、风险以及专业记忆投入更多的关注，足以保证新一代比较学者取得堪与他们杰出的前辈们分庭抗礼乃至远胜于前人的成就。

第二章
比较政治学的过去和现在
（赫拉尔多·L. 芒克）

19 世纪晚期，比较政治在美国作为政治学的一个独立研究领域应运而生。该领域此后的演进也主要由美国大学中的研究推动。美国学术界的影响力在第二次世界大战结束后的 20 年间达到顶峰，当然，此后其影响力逐渐减弱。事实上，迄至 20 世纪晚期，比较政治学研究已经成为一项真正的国际性事业。然而不管是在美国出生的还是在国外出生的学者的成果，抑或是世界各地受过美国训练的学者们做出的贡献，美国制造的学术影响仍旧无可置疑。比较政治研究的标准基本上是在美国制定的。总之，比较政治学的大部分故事过去是，以后还是会由那些在美国学术圈工作和接受过训练的学者们书写。[1]

本章聚焦于美国比较政治学的过去和现在，围绕三个议题组织讨论：本领域研究主题的界定，理论的作用，以及方法的运用。这三个议题是辨别比较政治学不同历史时期的基础，也是评估本领域现状的基础。我们也会关注比较政治与政治学中其他研究领域的关系、比较政治学与其他社会

---

[1] 政治学家写的美国政治学历史的基本参考书包括 Crick（1959），Somit and Tanenhaus（1967），Waldo（1975），Ricci（1984），Seidelman and Harpham（1985），Almond（1990，1996，2002），Farr and Seidelman（1993），Gunnell（1993，2004），Easton, Gunnell, and Stein（1995），Adcock（2003，2005），and Adcock, Bevir, and Stimson（2007）。关于政治学与其他姊妹学科的关系，参见 Lipset（1969），Ross（1991），and Doggan（1996）。关于美国政治学与其他国家的关系，参见 Easton, Gunnell, and Graziano（1991）。关于最近一段时期美国与西欧政治学研究的趋同和分歧，参见 Norris（1997），Schmitter（2002），and Moses, Rihoux, and Kittel（2005）。关于美国学者撰写的比较政治学概况，参见 Eckstein（1963）and Apter（1996）。关于欧洲学者撰写的该领域的概况，参见 Daalder（1993），Mair（1996），and Blondel（1999）。

科学学科的关系,还会简略地提及政治事件以及比较政治学者们秉持的价值观。

本章论点总结如下。自19世纪晚期政治学作为一个自主的学科建制以来,比较政治学的演进可以两场革命为界:行为主义革命,它在第二次世界大战结束后至20世纪60年代中期对比较政治学影响最大;以及第二次科学革命,大约从冷战终结时开始持续至今。这两次变革的动力都来自美国政治研究领域的发展,同时都以科学的名义加以辩护。然而,这两场革命推动的思想进步及产生的影响各不相同。行为主义革命主要从社会学中汲取营养;与之相反,第二次科学革命从经济学中借鉴了许多思想并高度强调方法论。不过,尽管每场革命的核心都涉及传统主义者和创新者之间的紧张对立,但当前这场革命发生在一个更加高度制度化的研究领域,并通过一个适应过程产生出一幅相对多元化的图景。

除了对比较政治学起源和演进的概述,本章还就本领域的现状得出了一些结论,另外,权当临别赠言,也就其未来提出了建议。就现状而言,本章强调比较政治学者们成绩斐然,为政治学贡献了大量知识,但由于存在一些严重的缺陷,仍旧未能达成将本领域发展为一套全球性政治学的使命。尤其是,缺乏一套广义的、或曰统一的政治理论,也未能就世界政治提出稳健的、广泛的经验概括。关于比较政治学的未来,本章提出比较政治学者当中潜藏的并行化或分散化的分裂局面妨碍了本学科的进步,只有当比较政治学者们既领会到比较政治学深深植根于人文主义传统之中,又认识到比较政治研究的科学抱负至关重要之时,才能最终克服这一障碍。

政治科学建章立制,1880—1920

在比较政治这个分支领域形成之前,政治学必须先构成一门独立学科。政治学可以将其起源追溯到许多个世纪之前写出的若干奠基文本。根据古希腊哲学家柏拉图[公元前427—347,《理想国》(公元前360)作者]和亚里士多德[公元前384—322,《政治学》(约公元前340)作者]的著作,政治学能把自己的诞生时间回溯到古代,因而它主张自己是最古老的社会科学学科。近代,政治学重要的里程碑包括意大利文艺复兴时期政治哲学家尼科洛·马基雅维利(1469—1527)的《君主论》(1515)以及法国启蒙时代政治思想家孟德斯鸠男爵(1689—1755)的《论法的精神》(1748)。更近一些,在工业主义和民族主义时代,创作了社会理论经典著作的欧洲思想家们进一步发展了政治分析(参见表2.1)。

表2.1 经典社会理论,1776—1923

国家	作者	若干主要著作
英国	亚当·斯密(1723—1790)	《国富论》(1776)
	大卫·李嘉图(1772—1823)	《政治经济学及赋税原理》(1817)
	约翰·斯图亚特·密尔(1806—1873)	《政治经济学原理》(1848) 《代议制政府》(1861)
法国	奥古斯特·孔德(1798—1857)	《实证哲学教程》(1830—1842)
	阿列克西·德·托克维尔(1805—1859)	《论美国的民主》(1835) 《旧制度与大革命》(1856)
	赫伯特·斯宾塞(1820—1903)	《社会学原理》(1876—1896)
	埃米尔·涂尔干(1858—1917)	《社会分工论》(1893) 《社会学方法的准则》(1895)
德国	卡尔·马克思(1818—1883)	《共产党宣言》(1848) 《路易·波拿巴的雾月十八日》(1852) 《资本论》(1867—1894)
	马克斯·韦伯(1864—1920)	《新教伦理与资本主义精神》(1905) 《经济与社会》(1914) 《经济通史》(1923)
意大利	维尔弗雷多·帕累托(1848—1923)	《普通社会学总论》(1915—1919)
	加埃塔诺·莫斯卡(1858—1941)	《统治阶级》(1923)
	罗伯特·米歇尔斯(1876—1936)*	《政党》(1915)

*尽管米歇尔斯出生于德国,但通常还是被看作意大利思想家。

美国作为一个新国家，其政治思想必定缺乏像欧洲学术那样的传统和宽宏。事实上，从亚历山大·汉密尔顿（1755—1804）、詹姆斯·麦迪逊（1751—1836）和约翰·杰伊（1745—1829）合著的《联邦党人文集》（1787—1788）到第一位美国政治学教授、德国侨民弗朗西斯·利伯（Francis Lieber 1800-1872）的著作，虽说是重大贡献，但不足以与卷帙浩繁的欧洲著作相匹敌。此外，美国的相对落后也体现在高等教育上。美国早期建立了许多教学型学院，最古老的哈佛学院建于1636年，但第一所研究型大学，约翰斯·霍普金斯大学直到1876年才成立。大量美国人去欧洲寻求社会科学训练，尤其是去德国的大学，1870—1900年间，那儿有世界上最先进的大学。然而，随着美国大学实施一系列的改革创新，美国将政治学作为一个独立学科加以建设，开辟了新天地，也为比较政治作为政治学的一个研究领域出现开辟了道路。

美国开创这一进程最明显的表现就是各种制度建设和发展，这为政治学的自主化提供了组织基础。一个新趋势就是独立设置的政治学系的数量不断增加。同样关键的还有研究生项目的出现。第一个研究生项目是约翰·W. 伯吉斯1880年在哥伦比亚大学建立的政治科学学院——这在政治学历史上是开创一个新时代的大事，从此，培养政治学家的博士项目在美国遍地开花。最后，这个学科的专业团体——美国政治科学协会（APSA）在1903年成立，这是一个关键事件。这些事件都是赋予这个新学科独特形象的重要步骤。

这一自主化的进程牵涉到政治学与历史学之间的分化，在美国政治学的早期岁月里，历史学是与其关系最紧密的学科。[2] 许多最早教授政治学的科系是合办的政治与历史系，并且就连美国政治科学协会本身最早也是作为美国历史协会（AHA）的分支出现的。[3] 此外，历史的影响也体现在政治学家们界定他们的研究主题上，当然，还包括了政治学家们要建立与历史学不同的单独学科认同的愿望。

---

〔2〕 关于这一时期政治学与历史学的关系，参见 Ross（1991，64-77 and Ch. 8）and Adcock（2003）。

〔3〕 美国历史协会成立于1884年。

许多政治学的开创者曾在德国接受训练，在那里接触到德国的"国家学"（*Staatswissenschaft* 政治学）与历史导向的"精神科学"（*Geisteswissenschaft* 社会科学）。因而，在界定新学科的研究主题时，沿着那时德国式的研究思路，国家问题被摆到了突出位置，这丝毫不会令人感到惊讶。但既然历史作为一门包罗万象的学科也会处理国家问题，他们就试图从两个方面把政治学与历史学区别开。其一，根据当时的格言"历史是过去的政治，政治是当下的历史"，政治学家们就应该把过去留给历史学家研究，自己聚焦于当代史。其二，他们应该避开历史学渴望把所有塑造政治后果的潜在因素一网打尽的做法，转为聚焦于政府和与政府相联系的正式政治制度方面被严格限定的问题上。〔4〕

大约同一时期，经济学和社会学也确立了它们各自的身份认同，〔5〕政治学界定自身研究主题的方式与这两门姊妹学科有一些有益的类似特征，又有所区别。经济学作为一门学科诞生于边际革命以及新古典经济学的形成，阿尔弗雷德·马歇尔（Alfred Marshall 1842-1924）的《经济学原理》（1890）集其大成，它缩窄了斯密、李嘉图和密尔的古典政治经济学的研究主题。相比之下，社会学家们把他们建立的这个学科视为明确延续了孔德、托克维尔、斯宾塞、涂尔干、马克思、韦伯、帕累托、莫斯卡以及米歇尔斯等人的经典社会理论，并宣称其将社会作为一个整体加以研究的兴趣，从而把社会学界定为母学科、综合性社会科学。所以，与经济学家相似，与社会学家相反，政治学家以投注于专业化和选择严格限定的研究主题的方式界定了他们自己的学科。

但在另一条关键道路上，政治学界定其研究主题的方式从根本上不同于经济学和社会学。这两门姊妹学科通过理论驱动的选择来界定自己，经济学引导古典理论重新定向，社会学寻求经典理论的扩张。与之相反，政

---

〔4〕有关政治学研究主题的正式界定，参见 Somit and Tanenhaus（1967, 23-27 and 63-69）。

〔5〕方便的标识是 1885 年美国经济学协会（AEA）的成立以及 1905 年美国社会学协会（ASA）的成立。关于经济学与社会学的诞生，以及这两门学科界定其研究主题的方式，参见 Ross（1991, Chs. 6 and 7）。

治学相对于历史学的分化过程主要是另立经验研究的山头，并涉及抛弃而非改造欧洲人的宏大理论与历史哲学。总之，政治学脱胎于历史学，也是将政治研究与历史研究区别开来的一系列努力的结果。但这门新学科的诞生也蕴含着与古典传统的断裂，而非古典传统的重塑。

政治学的诞生方式对其早期研究具有深远影响（参见表2.2）。最关键的是，这个学科在本质上失去了理论——不管是元理论意义上试图说明政治的各个关键方面如何协同运作的理论，还是聚焦于政治中某一个或几个方面的中程理论。[6] 事实上，这一时期文献中很普遍的正式-法律研究路径*在很大程度上是与理论无关的，因为它没有提出普遍的和可检验的研究假说。研究议程也相当狭隘。政治学家们研究政府的正式制度并就当时的一些制度问题提出他们的观点，很大程度上反映了关于有限民主制度的各种优点的普遍共识。这些制度问题包括内战后美国采取的各种改革，以及19世纪末20世纪初欧洲的宪政变革等。[7]

在方法上，对于欧洲历史哲学中过度抽象乃至形而上学的那些方面，美国的反应具有积极作用，将学术讨论扎根于可观察到的事物即经验事实之中。但大部分工作主要是提供有关政府法制方面细节信息的个案研究，但这些个案研究未能明确地与更加抽象的政治理论讨论联系起来，至多是

---

[6] 在此，元理论定义为一套将局部理论逻辑连贯、整合起来的方案，因而它对于建构普遍理论是很关键的。中程理论，依照社会学家默顿（Merton 1968, 39-73）的讲法，是一套比所谓宏大理论（grand theory）解释范围有限得多的理论。

* the formal-legal approach 中的"formal"既指"正式"制度，也有"法律形式主义"的意思，所以无论说"正式-法律"还是"形式-法律"都讲得通，中文里未能体现其一语双关的意思，在此译作"正式"是照顾到政治学中主要强调其"正式制度"的一面。——译者注

[7] 毫无疑问，并非所有的政治学家都认为这个学科只关注政府和正式制度。例如，阿瑟·本特利（Arthur Bentley 1870-1957）的《政府过程》（Bentley 1908）就超越了正式政治制度并预示着后来涌现的利益集团政治著作。然而，据说这本书是局外人写的，并被忽视了四十年。有关这一时期占统治地位的正式-法律研究的其他例外，参见 Eckstein（1963, 13-16）有关进化论的讨论和 Ross（1991, Ch. 8）有关对法律管辖之外的制度与社会和经济因素的研究。此外，这一时期的例外著作，比如美国政治科学协会首任会长弗兰克·古德诺（Frank Goodnow 1859-1939）的《政治与行政》，显示对理论的关注开始成系统了（Goodnow 1900; on Goodnow, see Adcock 2005）。

表 2.2 美国比较政治学的起源和演进

维度		时期			
		1. 政治科学建章立制,1880—1920	2. 行为主义革命,1921—1966	3. 后行为主义时期,1967—1988	4. 第二次科学革命,1989至今
I. 研究主题		政府与正式政治制度	政治体系;非正式政治;政治行为	国家与国家-社会关系;正式政治制度;政治行为	国家与国家-社会关系;正式政治制度;政治行为
II. 理论	1. 元理论	无	结构功能主义	各种国家理论	理性选择与博弈论;理性选择制度主义;历史制度主义
	2. 中程理论	无	关于利益集团、政党、政治文化、官僚制、军队、民主化以及民主稳定	关于国家形成、革命、各类威权主义与民主、民主崩溃与转型、军队、政党、民主制度、政治文化、法团主义、社会民主、经济发展模式、经济改革	关于国家瓦解、国内冲突、族群冲突、各类民主、选举与其他民主制度、政党、选举行为、公民态度、政治文化、社会运动、政策制定、经济文化、政策制定、各类资本主义

III. 方法	个案研究与一些少数个案比较	个案研究与少数个案比较;跨国统计分析	个案研究与少数个案比较;跨国统计分析	个案研究与少数个案比较;跨国统计分析	个案研究与少数个案比较;跨国统计分析;国家内统计分析;形式理论化
IV. 评估					
1. 理论优势	建立本学科与众不同的研究主题	建立元理论的企图;以各类社会行动者为关注焦点	在个案知识基础上的理论化;对政治过程与变迁渐增关注		强调行动(行动者与选择)和制度;承认内生性问题
2. 经验优势	强调基于观察的经验研究	更多比较分析;扩大经验研究范围	更严格的比较分析;长期历史分析		更多比较研究和严格的检验
3. 理论弱点	非理论性的狭隘的正式法律研究路径	缺少中程理论的整合;视国家为黑箱以及视政治为非政治因素的结果;过度的结构性与功能主义分析	缺少中程理论的整合		缺少中程理论的整合
4. 经验弱点	缺少系统比较;狭隘的经验研究范围	缺少对结构功能主义的检验			缺少对形式理论的检验

续表

维度		时期			
		1. 政治科学建章立制，1880—1920	2. 行为主义革命，1921—1966	3. 后行为主义时期，1967—1988	4. 第二次科学革命，1989至今
V. 与政治学其他分支学科和领域的关系以及与理论、学派、研究路径的关系	1. 回应对象	欧洲宏大理论叙事与历史哲学	历史学	简化论/还原论；进化论，即社会以一种统一的和进步的方式发展的看法；功能主义	区域研究
	2. 借鉴对象	历史学：德国历史学派；法律研究	美国政治领域；社会学：帕森斯社会学；人类学；心理学	社会学：历史社会学；马克思主义：西方马克思主义；拉美依附论	美国政治领域；经济学

VI. 研究背景	1. 政治事件与趋势	美国镀金时代的社会问题，欧洲民主化与宪政改革，第一次世界大战，俄国革命	大萧条，新政，法西斯主义，第二次世界大战，冷战，亚非国家独立，麦卡锡主义，民权运动	越南战争，1969，欧洲社会民主，南方国家与东方国家中的威权主义与极权主义政体，全球民主化，共产主义体系的衰落	冷战后，全球化，市场改革，族群冲突，9·11，伊拉克战争
	2. 比较学者的价值观	围绕辉格党（反对多数决的）有限民主传统形成共识：保守派与温和自由派	围绕自由价值观形成共识	价值观冲突：自由派，保守派，激进派	围绕民主形成共识，但在新自由主义与全球化上有冲突

顺带提及。[8] 此外，它倾向于聚焦在相当有限的一小群国家上，未能进行系统的跨国比较。

尽管美国政治学家们的早期研究有诸多局限，政治学作为一个自主自治的学科建立起来仍旧是一项关键性的进步，这为其将来的发展奠定了基础。在欧洲和其他地区，社会学（按照其定义来说是个一统天下的领域）的优势地位妨碍了一个聚焦于政治研究的学科的建立。[9] 于是，通过将政治学打造为一个具有其自身组织基础的独特的学科，美国在与更加先进的欧洲传统切割的过程中开辟了一条新路，这条新路将使它赶上并最终反超欧洲。[10]

行为主义革命，1921—1966

美国政治学演进进程中的第一个转折点可以方便地追溯到一份发表于1921年的新政治科学宣言书（Merriam 1921），作者是芝加哥大学教授查尔斯·梅里亚姆（Charles Merriam 1874-1953），这暗示了政治学开始脱离被众多美国政治学奠基人所信奉的历史学研究路径。[11] 此后，在1923、1924、1925年召开了一系列全国政治学大会，这些会议是本学科的大事件。世界上

---

〔8〕 这类文献一般被描述成"描述性的"并由此受到批评。但这个标签并不准确，因为描述（description）是社会科学的关键目标之一，并且描述需要理论，因而并非理论的二律背反（与理论自相矛盾）。

〔9〕 尽管美国政治科学协会在1903年就成立了，但大部分其他国家的政治学协会直到第二次世界大战之后才陆续建立起来。例如，法国政治科学协会成立于1949年，英国和荷兰是1950年，德国1951年，希腊1959年，丹麦1965年，智利1966年，奥地利1971年，意大利1973年，阿根廷1983年。国际政治科学协会（IPSA）成立于1949年。

〔10〕 与经典社会理论传统切割并非独一无二的美国现象。事实上，正如Adcock（2005）所示，19世纪最后25年中，美国政治学家们吸收利用了不少德国、英国、法国学者的著作，而这些学者自己也在离开经典社会理论传统并试图发展一条更有制度分析色彩的研究路径。但只是在美国，开拓一套独特的政治研究主题的决心取得了将政治科学作为一门新学科建立起来的动力。

〔11〕 对科学的强调可以被视作欧洲的方法论之争（*Methodenstreit*）在美国土壤上的继续，这场方法论之争从1883年大约持续到1910年，最终以兰克式的德国历史学派的失败告终。但是它也反映了梅里亚姆推动政治科学发展的挂念，他希望政治学脱离单纯的思辨，通过聚焦于解决问题从而具备政策相关性。在此意义上，提倡一门新的政治科学扎根于美国人的实用主义传统以及詹姆士和杜威的工作（Farr 1999）。

第一个囊括所有社会科学学科的全国性组织——社会科学理事会（SSRC）亦随之成立，该组织主要是以梅里亚姆关于发展社会科学研究基础设施的建议为基础的，这标志着政治学中"芝加哥学派"的兴起，在20世纪20、30年代期间，它是一个极有影响力的学术群体。[12] 不过，一直要到20世纪50年代和60年代行为主义革命席卷整个研究领域时，我们才充分感受到梅里亚姆研究议程对比较政治的影响。

转向一条政治学新研究路径的冲动暂时趋缓，原因之一是这个学科既然以对美国政治的研究为中心，也就被拘束在这个领域了。最初，政治科学被构想为几乎与比较政治或（按照当时的通称[13]）比较政府的研究同义。事实上，伯吉斯与其他政治科学的奠基人都是"历史比较"方法的强烈支持者。但既然政治学与其他学科之间的边界业已勘定，另一项导致政治学内部形成不同次级研究领域的分化进程也随之展开。这一内部再次分化的过程反映了美国培养的博士们的分量日益增加，从而巩固了美国政治研究是政治学中一项独特事业的看法。反过来，更像是心照不宣而非有意设计的结果，比较政治最初被建构为一个涵盖美国政治之外的研究领域，也就是对美国之外的其他国家政府和正式政治制度的研究。这是一段极其重要的发展，其效果立刻显现出来。尽管梅里亚姆的想法受到了美国政治领域许多学者的欢迎，但新的研究领域结构划分反而将比较研究者与这些新思想隔绝开来。

梅里亚姆研究议程的影响未能立刻凸显的另一个原因是时机，特别是德国纳粹的兴起和第二次世界大战的爆发。一方面，由于这些事件的发生，数量可观的著名欧洲思想家，特别是德国学者移民美国，并在美国大学获

---

[12] 芝加哥学派包括查尔斯·梅里亚姆、哈罗德·戈斯内尔（Harold Gosnell 1896-1997）、哈罗德·拉斯韦尔（Harold Lasswell 1902-1978）、伦纳德·怀特（Leonard White 1891-1958）以及昆西·赖特（Quincy Wright 1890-1970）。这个标签也被延伸适用到在芝加哥大学接受训练的研究生身上，比如加布里埃尔·阿尔蒙德（Gabriel Almond 1911-2002）、小V. O. 基（V. O. Key Jr. 1908-1963）、大卫·杜鲁门（David Truman 1913-2003）以及赫伯特·西蒙（Herbert Simon 1916-2001，首位获得诺贝尔经济学奖的政治学家）。关于芝加哥学派和这一学派的一些关键成员，参见 Almond（1990, 309-28; 1996, 65-68; 2002, Chs. 3 and 4）。

[13] 当时的确如此，尽管"比较政治"这个术语其实出现的略早些，是1873年由牛津学者爱德华·弗里曼（Edward Freeman 1823-1892）杜撰出来的（Freeman 1873）。

得教职。[14] 除了其他贡献外，这些流亡者再度强化了政治学中规范性政治理论的重要性。另一方面，许多提议重铸政治学的美国学者加入美国政府，并参与了战争。这就造成了政治学研究中一段普遍的停滞时期，学科里的任何革命都被暂停了。

这段转型时期随着第二次世界大战的结束而告一段落，行为主义革命随之发生。[15] 20世纪20年代变革的动力来自美国政治研究领域并由芝加哥学派的不同成员引领。但这一次变革的支持者们有了更加雄心勃勃的研究议程，并控制了更多的组织资源，包括1945年在社会科学研究理事会内部建立了政治行为委员会。[16] 而且，变革的呼求并不像之前那样仅仅局限在美国政治研究领域。经过一系列关键事件——1952年在西北大学召开的社会科学研究理事会大会，若干纲领性声明，以及最重要的，社会科学研究理事会比较政治委员会的创立（加布里埃尔·阿尔蒙德在1954—1963年

---

[14] 来到美国的德国政治学家包括西奥多·阿多诺（Theodore Adorno）、汉娜·阿伦特（Hanna Arendt）、卡尔·多伊奇（Karl Deutsch）、马克斯·霍克海默（Max Horkheimer）、奥托·基希海默（Otto Kirchheimer）、赫伯特·马尔库塞（Herbert Marcuse）、汉斯·摩根索（Hans Morgenthau）、弗朗茨·诺伊曼（Franz Neumann）、列奥·施特劳斯（Leo Strauss）、埃里克·沃格林（Eric Vogelin）以及卡尔·魏特夫（Karl Wittfogel）。

[15] 埃克斯坦（Eckstein 1963, 18-23）恰如其分地把这一时期比较政治领域最有影响力的著作——英国教授赫尔曼·芬纳（Herman Finer 1898-1969）的《现代政府的理论与实践》(1932) 和德裔哈佛教授卡尔·弗里德里希（Carl Friedrich 1901-1984）的《宪政政府与政治》(1937)——当作介于之前正式-法律取向研究文献和此后行为主义研究文献之间的"过渡"著作。这些著作取得了重大进步。不同于只提供一个国家一个国家的讨论［比如像英国驻美大使、作家詹姆斯·布赖斯（James Bryce 1838-1922）的《现代民治政体》(1921)］，这两本书提供了一个制度一个制度的分析，并且不仅仅强调正式-法律层面，还提及了政党、利益集团和大众传媒。然而，其中对理论和方法问题的讨论方式基本没什么变化。尽管这些文本援引了政治理论，但书中理论层面和经验层面的脱节特征鲜明，且都未尝依赖严谨的方法。总之，芬纳和弗里德里希的著作代表了传统研究的综合与成熟，相对而言未尝呼应新政治科学的呼求。

[16] 三本关键著作为行为主义革命提供了动力，即Lasswell and Kaplan（1950），Truman（1951），与Easton（1953）。尽管芝加哥学派对行为主义的发动与传播的影响不言而喻，但在1950和1960年代，耶鲁大学——阿尔蒙德、达尔、多伊奇、莱恩、拉斯韦尔以及林德布洛姆任教于斯——是政治学研究最激动人心的中心所在。另一个值得注意的孕育思想的场所是位于帕洛阿尔托的斯坦福行为科学高等研究中心，其由福特基金会发起，于1954年成立。关于行为主义的早期影响，参见Truman（1955）；关于更广泛的1940和1950年代政治学文献，参见Lindblom（1997）；关于社会科学研究理事会及其各种各样的委员会，参见Sibley（2001）和Worcester（2001）；关于1955—1970年期间耶鲁的政治学，参见Merelman（2003）。

48 激情、技艺与方法：比较政治访谈录

间担任主席）——行为主义传播到了比较政治中。[17]

比较政治中的行为主义，正如其在政治学其他领域一样，代表着两个鲜明的理念。其一涉及比较政治恰当的研究主题。就此而言，行为主义者反对本领域将其研究范围局限在政府正式制度的界定方式，试图纳入一系列被认为对政治体系运行功能起关键作用的，与利益集团、政党、大众传播、政治文化及政治社会化相联系的非正式程序和行为。另一个关键理念是讨论理论和方法事项需要科学的研究路径。行为主义者反对被他们视为含糊的、稀薄的理论和与理论无关的经验研究，主张建立系统的理论和进行经验性检验。[18] 因此，行为主义者试图给既定的比较政治研究实践带来重大变革，他们对这一领域影响深远。

行为主义超越政府与其正式制度，拓展了政治学的研究范围，为一系列其他学科的理论影响比较政治研究开辟了道路。影响最深的显然是社会学。的确，韦伯-帕森斯式的概念在当时居于统治地位的元理论"结构功能主义"中发挥了核心作用（Parsons 1951），比较政治学中许多最具影响力的杰作是由社会学出身的学者写成的。[19] 此外，人类学对结构功能主义也有一定的影响，社会心理学亦影响了政治文化的研究（Almond and Verba 1963）。因此，行为主义者使政治学克服了其早期与其他社会科学绝缘的问题，政治学得以与其他学科重新接驳，与之相随的则是对理论化的有益强调。

---

〔17〕 开创比较政治新研究议程的声明包括在西北大学主办的社会科学研究理事会比较政治校际研究研讨会报告（Macridis and Cox 1953）以及 Kahin et al.（1955）和 Almond, Cole, and Macrisdis（1955）等纲领性论文。关于 1952 年西北大学的会议堪称"现代比较政治学"诞生地，参见 Eckstein（1998, 506-510）；关于社会科学研究理事会比较政治委员会，参见 Gilman（2003, Ch. 4）。

〔18〕 正如政治学行为主义革命的领袖之一达尔（1961b, 766）所言，行为主义是一场由那些质疑"传统政治学……历史的、哲学的和描述性制度分析研究路径"并赞成系统的理论建构与经验检验观念的学者们发起的"政治学内部抗议运动"。

〔19〕 这种与社会学的紧密联系并非空前。例如，拉斯韦尔的《政治学：谁得到什么？何时和如何得到？》就体现了社会学家帕累托和莫斯卡的影响。但这一时期社会学家和比较政治学者之间相互影响的程度大大加强了。这种相互影响的一个突出例子就是李普塞特，他写了许多有影响的政治社会学论著（Lipset 1959, 1960a），并享有既担任过美国政治科学协会会长（1979—1980）又担任过美国社会学协会会长（1992—1993）的荣誉。

第二章　比较政治学的过去和现在　49

不过，赋予理论核心地位既有其利亦有其弊。行为主义者策动了对比较政治领域研究主题的重新界定，导致比较政治研究者聚焦于各种在社会和国家之间充当中介的社会行动者和政党。但是，很大程度上，行为主义者把注意力聚焦在了国家之外的进程，并对政治进行了简化还原论的解释。国家被当作黑箱对待，回避了行动者的构造与互动方式由国家塑造而成的可能性。政治被转换为对社会行动者如何执行某些功能，或经济利益冲突如何在政治上加以解决的反映。换句话说，当政治不被视为一个因果因素时，比较政治在一定意义上也就丧失了它作为政治学一个研究领域的独特性。

另一个缺陷是这些研究文献把理论化的方法与理论化的实质对立起来。最具野心的理论化工作，以阿尔蒙德与詹姆斯·科尔曼（James Coleman）主编的文集《发展中地区的政治》（1960）为代表，试图发展一套政治学的一般性理论。然而这些努力最关键的成果——结构功能主义[20]有严重缺陷。尤其是，结构功能主义领军人物倡言科学，但许多运用这套元理论的研究文献却未能提供可检验的命题，也没有对研究假说进行检验。更关注中程理论化（mid-range theorizing）工作的另一系列研究文献，却提出了一些可检验的研究假说并进行了经验检验。马丁·李普塞特的《政治人》（1960a）就是一例，该书收入了他在《美国政治科学评论》上发表的那篇被广为阅读的讨论经济发展与民主关联的论文（Lipset 1959）。但这类理论化工作显然缺少了结构功能主义原本打算提供的东西：一套可以联系与整合中程理论基础的理论框架，即说清不同部分是如何联系起来形成整体的。这些中程理论倾向于从结构功能主义之外寻求元理论支援，例如，马克思主义的利益冲突观念在政治社会学著作中扮演了突出角色。但这些元理论比结构功能主义更加错综复杂。[21] 总之，尽管这两类研究文献同属现代化理论路径，都寻求解读二战后的社会经济与政治巨变，但它们的元理论与

---

[20] 尽管结构功能主义在当时是占据统治地位的元理论（metatheory），但也并非只此一家。有关这一时期不同的元理论，参见 Holt and Richardson（1970, 29–45）。

[21] 关于缺乏一套可为政治社会学研究议程提供分析框架的清晰的元理论，参见 Lipset and Bendix（1966, 6–15）。

中程理论并没有联系起来,从而孕育一般性理论与检验假说的双重目标也未达成。

就方法而言,行为主义也带来了显著改变。尽管经验分析的主导形式仍然是个案研究与少数个案比较,但比较分析变得更普遍,经验研究的对象也从传统上聚焦于大的欧洲国家扩展到更大范围。欧洲小国受到了更多重视。随着比较学者把他们的注意力转到亚非新独立的国家和拉美业已长期独立的国家,他们对第三世界兴趣盎然。[22] 此外,比较学者开始研究美国,从而打破了将美国武断地排斥在比较政治研究范围之外的惯例。[23] 另一项方法上的关键创新是引入统计研究。这类研究纳入了初步的跨国统计分析,正如阿尔蒙德和西德尼·维巴(1963)合作的开创性著作《公民文化》,就是以问卷调查为基础的跨国研究。[24] 统计方法的引入也与开发有关制度与宏观变量(这是定量研究的关键输入端)的大样本跨国数据库的努力联系在一起,比如卡尔·多伊奇(1912—1992)开创的耶鲁政治数据项目。[25] 比较学者从而可以名正言顺地声称自己从事的是一项真正全球性经验范围的事业。

总而言之,美国比较政治学的声望在第二次世界大战之后的二十年间显著提升。尽管还有缺陷,但这一领域的理论导向已经变得更加明显,研究方法变得更加精致。此外,社会科学研究理事会对实地调查与研究支持力度的加大,众多研究型大学区域研究基础设施的创立,[26] 以及比较政治

---

[22] 有关第三世界政治发展的研究文献,参见 Huntington and Dominguez (1975) 以及 Almond (1990, Ch. 9)。

[23] 托克维尔开创了从比较视角研究美国的传统,从比较视角看美国也成为 20 世纪 60 年代比较政治学一些重要著作的突出特点(Lipset 1960a, 1963; Moore 1966; Huntington 1968)。

[24] 关于 20 世纪 60 年代后期的跨国问卷调查研究的概述,参见 Frey (1970)。

[25] 关于耶鲁政治数据项目,参见 Deutsch et al. (1966) 及其产生的定量数据《世界政治与社会指标手册》(Russett et al. 1964)。另一套新数据库是 Banks and Textor 的"跨政体调查"(1963)。

[26] 区域研究中心的增加得益于依照 1958 年《国防教育法》第六条规定联邦经费对美国大学的资助。各个区域研究协会的成立进一步促进了区域研究学者们之间的知识交流。亚洲研究协会成立于 1941 年,美国斯拉夫研究促进会成立于 1948 年,非洲研究协会于 1957 年成立,拉丁美洲研究协会与中东研究协会都成立于 1966 年。

与区域研究专业刊物的创办。[27] 诸如此类的发展也支撑起了比较政治这一研究领域的身份认同和制度基础。美国的比较政治学迅速成熟，并且它的新地位在美国的比较政治学者和欧洲学者之间建立的新关系中表露无遗。20世纪60年代，美国的比较政治学者开始重新与经典社会理论建立联系[28]，并与欧洲学者开展合作。[29] 但是，今非昔比，美国拥有了可以出口的比较政治学模式。

后行为主义时期，1967—1988

47　　行为主义在比较政治中的优势地位到20世纪60年代中期结束了，确切地说是在1966年走到头了。对行为主义的批评早在20世纪50年代中期就开始了，但行为主义研究在1966年后仍在继续。而且，由行为主义革命倡导者们提出的详尽的元理论架构也在1965和1966年付梓（Easton 1965a, 1965b; Almond and Powell 1966）。但这些著作象征了这一研究纲领的高潮与衰落，而非对今后研究的鞭策。事实上，主动权迅速从这些领导了将结构功能主义表述为政治一般性理论的体系建立者们手中转移开。一年后，李普塞特和斯坦因·罗坎合作的《裂隙结构、政党体制和选民站位》（1967b）

---

〔27〕 囊括比较政治整个研究领域的主要期刊包括1948年创刊的《世界政治》（发表比较政治与国际关系的研究），以及1968年创刊的《比较政治》与《比较政治研究》。专注于某个区域的期刊通常由区域研究协会创办。

〔28〕 20世纪60年代，随着关键的欧洲经典的英译本大量出版，它们更容易被美国学者接触到了。例如，罗伯特·米歇尔斯的《政党》（1915）英译本于1962年出版，俄罗斯学者莫伊塞·奥斯特洛廓尔斯基（Moisei Ostrogorski 1854-1919）的《民主与政党组织》（1902）英译本于1964年出版，马克斯·韦伯的《经济与社会》（1914）英译本于1968年出版。

〔29〕 行为主义革命时期，美国大学的国际联系主要局限于欧洲。正如阿尔蒙德（Almond 1997, 59）提到的，自1954年社会科学研究理事会比较政治委员会成立起到20世纪60年代末，245位与该委员会联系的学者中，有199位来自美国，绝大多数非美国学者是欧洲人。在与欧洲的交流中，挪威学者斯坦因·罗坎（Stein Rokkan）是个关键人物，他在一些国际论坛（如创办于1960年的国际社会学协会政治社会学委员会）中发挥了重要作用，并在1970年成立欧洲政治研究联合会（ECPR），促进了欧洲社会科学制度化进程。关于第二次世界大战后欧洲比较政治学的重建与重新定向，参见 Daalder（1997a）的个人记录。

一文的发表标志着一个新的知识议程的开端。[30]

为新学术生涯做出贡献的作者们在很多方面看起来都是多样化的。有些人是出生于20世纪10—20年代，将行为主义带入比较政治的那代人中的一员。实际上，最明显反映出变化的是那一代人的著作，例如李普塞特与罗坎的合著、塞缪尔·亨廷顿的《变化社会中的政治秩序》（1968）以及晚些时候乔万尼·萨托利的《政党与政党体制》（1976）。[31]但很快，下一代学者的早期著作开始重新塑造这一领域——以他们对协合式民主（Lijphart 1968a）、法团主义（Schmitter 1971）、军人（Stepan 1971）、威权主义（O'Donnell 1973）以及革命（Scott 1976; Skocpol 1979）的分析。于是，新的研究被成熟一代和新入行一代的成员们大批生产出来。

这些作者国籍各异，各自秉持的价值观也有很大差别。新研究议程的塑造者包括了一些在外国出生、在美国工作的学者，头一次，这些人不再仅仅是主要从德国来的欧洲人。[32]此外，这些学者中不少人的政治价值观以各种方式偏离了前一时期被广为接受的自由主义观点。[33]法西斯主义与第二次世界大战的经历持续并深刻地影响着许多学者的意识。但美国民权运动（1955—1965）与越南战争（1959—1975）对有关美国民主与美国外交政策的一些保守与激进立场的出现起到了推波助澜的作用。与之相关，在美国以外，政治秩序与发展的急迫任务使得民主对一些人来说看上去更像是奢侈品。

这种多样性令我们难以精确描述彼时比较政治学演进的新颖性和连贯

---

[30] 萨托利（Sartori 1969, 87-94）把李普塞特和罗坎有关政党制度的研究（1967b）视为与此前研究文献一刀两断的里程碑，并提出了非常充分的理由。

[31] 社会科学研究理事会比较政治委员会继续运作到了1979年，并在20世纪70年代出版了一些著作（Binder et al. 1971; Tilly 1975; Grew 1978），反映了这一领域的新趋势。然而，知识议程并没有如前例一样由该委员会设置起来。

[32] 在1967年后的比较政治领域做出主要贡献的学者中，有些人出生于美国但在欧洲生活过多年（施密特），另一些人出生在欧洲（林茨、萨托利、李帕特、普沃斯基），还有些人成长于拉美（奥唐纳尔）。因此，尽管这个新群体仍旧主要扎根于欧洲经验，但也首次包括了第三世界的声音。此外，不同于20世纪30年代来到美国的欧洲流亡者们，这个新群体往往在美国就学并从美国大学获得了他们的博士学位。

[33] 关于两次世界大战之间有关多元主义、自由主义民主观念共识的出现，参见Gunnell（2004）。关于20世纪60年代的价值观冲突，参见Ladd and Lipset（1975）。

性。另一方面，尽管新一代学者的出现部分地晚于超越行为主义，但转变并非仅仅碰巧与代际变化合拍。一部分新文献的作者是出生于20世纪10—20年代的那批学者，比如李普塞特，这些作者甚至与行为主义文献关联更密切。另外，许多年轻一代的学者是由行为主义者们训练出来的。[34] 因此，新成果是从已有成果中发展进化出来的，并与之形成了对话，并非与之一刀两断。另一方面，自由派价值观的共识衰落了，却并没有被新的共识所取代，而出现了保守派、自由派、激进派价值观并存的局面。缺乏共识的确带来了一种新气象，学术文献中的许多关键争论反映出作者们不同的价值观，而价值观与学术研究之间的联系也比之前表现得更加明显。但这些争论并非呈现为自由派与新议程之间的对峙。其实，保守派与激进派之间的分歧比他们各自与自由派之间的差异还要大。因此，新研究成果的特点难以概括为某个统一的价值立场。

然而，从1967年开始出现的这批研究成果的新颖性和连贯性，可以从其对现代化学派提出的批评意见和替代见解中一窥究竟。最普遍的批评意见聚焦于行为主义者的简化还原论，即主张政治可以被简化为更基本的社会或经济基础并以后者来加以解释。反过来，替代见解包括了对政治作为自主实践的再辩护，以及对政治性的决定因素重要性的强调。[35] 要注意的是，新成果并非出自理论体系创建者之手，而恰是那些拒绝接受行为主义时期理论体系创建者著作的学者们的杰作。事实上，这些新作并未提出同样详尽和雄心勃勃的比较政治学替代研究框架。因此，对该领域这一时期

---

[34] 例如，李帕特的博士论文指导委员会主席是阿尔蒙德，施密特的博士论文指导委员会成员包括李普塞特。

[35] 另一些重要批评意见涉及现代化理论中的进化论和功能论。对进化论的批评意见质疑那种认为不同社会都以统一的、进步的方式发展的观点，更具体来说，就是那种认为美国代表了历史的终点看法。作为替代见解，这些批评者主张历史主义的解释思路。摩尔（1966）和奥唐纳尔（1973）强调了这些主题。对功能论的批评缓慢抬头，巴里（Barry 1970, 168-173）和埃尔斯特（Elster 1982）清楚地阐述了什么构成了适当的解释。对功能论的替代见解是一套强调选择和行动者的解释思路。

最适当的标签是"后行为主义"。[36] 但这些新成果带来的变化极为显著。

明显地聚焦于政治问题，预示着重新界定比较政治研究主题。这一转向并未全盘否定行为主义者的标准关切，比如有关政治行为与利益集团的研究。但是诸如利益集团这样的研究议题——在法团主义的著作中——被从国家的视角加以处理。[37] 新东西，正如西达·斯考切波（Skocpol 1985a）所做的，是把国家作为一个自主的行动者"带回来"，从而以新的眼光看待国家-社会关系。新研究成果也把行为主义者们置之不理的正式制度带了回来。毕竟，如果政治被视为一个因果因素，就意味着处理那些明显可被操纵的政治工具（比如规制选举的规则、政党的形成、政府部门之间的关系）是有意义的。[38] 简而言之，对行为主义的批评导致了比较政治学重新聚焦于国家、国家-社会关系以及政治制度。

理论化的思路也发生了变化。这一时期的理论化工作更少致力于创建新的元理论以取代结构功能主义，而是更多聚焦于发展各种中程理论。元理论问题引发了一些争论，产生了大量的国家理论文献。但是，将帕森斯的理论范畴加以改编以适应政治学研究遭遇到挫折，头重脚轻的宏大理论化工作催生了许多雄心勃勃、包罗万象的分析框架，它们言之无物、大而无当，当然招人厌恶。无疑，再也没有元理论取得当初结构功能主义曾经占据的统治地位了。[39] 因而，在理论化上下的工夫并不被视为孕育一套整合的、统一的理论的一部分，却产生了互不关联的众多"理论岛"（Guetzkow 1950）。不过，从被许多人视为"理论紧身衣"的束缚中解放出来，开

---

[36] 一些行为主义著作的批评者援引西方马克思主义和拉美依附论研究，试图提出一套新的替代范式（Janos 1986, Ch. 3），并且这些成果对比较政治学有一定影响。但它在政治学中从未像在社会学中显得那么强势，受到了领导后行为主义新研究议程的学者们批评（或者干脆视而不见）。

[37] 关于利益集团研究的视角转换，参见 Berger (1981)。

[38] 对正式制度研究价值的重估，从法国的法学家和社会学家迪韦尔热（Duverger 1954）有关选举法的开创性研究以及雷（Rae 1967）的著作中获得了动力。

[39] 奥尔福德和弗里德兰（Alford and Friedland 1985）从这些年的文献中区分出三个视角——多元论、管理论和阶级论。有关国家理论的回顾和评论，参见 Przeworski (1990)，它不仅评述了马克思主义的文献，讨论了诸如米利班德-普兰查斯争论这样的事件，同时评述了经济学家的文献，包括20世纪80年代时尚甚少被比较政治学者阅读的塔洛克和布坎南以及公共选择学派的著作。

启了一个成果丰硕、富于创造性的时代。有关利益集团、政治文化、军人之类的老问题继续被研究下去。许多新问题，像国家形成与革命、威权主义与民主的多样性、民主崩溃与民主转型、民主制度、社会民主以及经济发展模式等受到了极大关注。此外，对这些问题的研究带动了理论和概念上的发展，为研究政治过程注入了生命力，也对处理政治变迁问题大有裨益［胡安·林茨的《民主政权的崩溃》（1978）和奥唐纳尔与施密特的《从威权统治转型》（1986）在这方面成就非凡］。总之，比较政治学的知识基础迅速扩大，其简化还原论内涵逐渐被剥离。[40]

有关研究方法的故事更复杂一些。很大程度上，这一时期的研究倚重个案研究和少数个案比较。这些是区域研究的产物——区域研究试图充分利用通常由实地调查获得的、深入的对象国知识。此外，前一时期引入的统计方法继续得到发展。与之前一样，注意力集中在问卷调查和数据集的生成上。[41] 另外，在诸如选举行为、公众舆论、民主等研究议题上，定量著作也开始出现进展。[42] 这样，尽管在20世纪60年代中期比较政治领域改弦更张时，结构功能主义作为元理论大部分被放弃了，行为主义的方法论部分——强调系统的经验检验——仍旧保存了下来。

但方法论的分裂也开始扎根。实际上，这一时期定量研究并非比较政治研究议程的中心，很大程度上，定量研究被在居于统治地位的定性传统

---

［40］虽然这些新成果可以被视为给现代化文献中的简化还原论提供了一套替代解释，它们也填补了一个关键空白：分析政治变迁。结构功能主义是一套静态理论，即讨论一个系统是如何发挥功能的，有关变迁的讨论（即现代化）集中于社会和经济面向。事实上，在20世纪60年代晚期以前的文献里甚少讨论政治变迁本身。有关这一时期比较政治学一些核心著作的概览，参见Migdal（1983）和Rogowski（1993）。

［41］20世纪70年代跨国问卷调查研究文献中，两部做出重要贡献的著作是Inglehart（1977）与Verba, Nie, and Kim（1978）。就数据而言，有些工夫花在了对20世纪60年代早期的问卷调查数据集进行更新和改进上。致力于"跨政体调查"（Banks and Textor 1963）工作的班克斯从1968年开始出版被广泛使用并定期更新的"跨国时间序列数据档案"。这一时期《世界政治与社会指标手册》出版了两个新版本（Taylor and Hudson 1972；Taylor and Jodice 1983）。此外，20世纪70年代还创立了两套有影响力的数据库。1973年"自由之家"开始出版其政治与公民权利年度指数，"政体"第一版于1978年发布。有关更广泛的、国际性的数据运动概览，参见Scheuch（2003）。

［42］截止20世纪80年代晚期有关选举行为和公众舆论的定量研究文献概览，参见Dalton（1991）。有关民主的定量研究文献，参见Jackman（2001）。

之中工作的学者们所忽视。因此，尽管20世纪60年代比较政治学者们开始对定量分析感兴趣，但就政治学整体来看，他们渐渐落在了其他政治学家尤其是美国政治专家们的后面。正是在共同推动适合政治学的定量方法发展，并且这些方法训练开始扩充起步[43]的同时，比较政治学者走上了另一条道路。

在这一时期，以"跨国"研究为标签的定量文献影响相对较小，并不是因为大家对比较政治学的方法缺乏重视。在20世纪70年代上半段，比较政治学者创作了一系列有关个案研究和少数个案比较的方法论文本并对它们展开了讨论。[44] 相对而言，这是比较政治学方法论自觉意识提升的一个时期。正如围绕基于问卷调查数据产生的政治文化研究文献展开的争论所示，比较政治学者经常对许多定量研究的理论支撑抱有严肃的保留意见。[45] 此外，定量文献并没有说明当时最迫切的或与理论相干的一些问题。主要由于众多国家缺乏数据，定量研究在对运转正常的民主国家的研究中最为发达，但彼时世界上大部分国家并非民主国家，诸如选举、民主制度、甚至公民态度之类的议题在那里都无关紧要。[46]

比较政治与政治学主流在定量研究上的隔离尽管自有其理由，但这导致了该领域演进的一些重要后果。比较政治之中，这种处境导致了定量与定性两种互不对话的研究传统分道扬镳。[47] 反过来，在政治学内部，这导

---

[43] 早在1948年，密歇根大学的问卷调查研究中心已经开始主办定量方法的暑期训练班。但直到1962年，"大学校际政治与社会研究联合体"（ICPSR）在密歇根大学成立，才真正为转向科学的、定量导向的政治学提供了制度基础设施和发动机。另一个意义重大的标志是1965年政治学获准得到国家科学基金（NSF）的资助。此后定量方法发展动力强劲，最终定量导向的政治学家们在1975年创办了专门刊物《政治学方法论》（后改名为《政治分析》），在1984年开始举行政治学方法论学社的夏季方法年会，并于1985年在美国政治科学协会中组成了政治学方法论组。

[44] 彼时出版的通常被称为"比较方法"的关键著作包括 Smelser（1968，1976），Przeworski and Teune（1970），Sartori（1970），Lijphart（1971），and Eckstein（1975）。另参见 George（1979）以及 Skocpol and Somers（1980）。

[45] 有关定量政治文化文献理论批评的讨论，参见 Johnson（2003）。

[46] 例如，李帕特的《民主》（Lijphart 1984）是一本标志着制度分析复兴的开创性研究著作，广泛借重定量分析，但对威权政体研究者而言就没什么意义。

[47] 有关研究视角的基本差异，参见定性研究的拥护者萨托利（Sartori 1970）和定量研究的拥护者杰克曼（Jackman 1985）针锋相对的观点。

致了比较政治学者和美国政治学者之间日益严重的分歧。美国政治领域定量方法稳步发展，日益精致，但比较政治学者对美国政治领域同行们所取得的进展大多表现得态度超然（Achen 1983；King 1991；Bartels and Brady 1993）。事实上，比较政治学者不仅对彼时涌现出来的定量方法论文献无所贡献，甚至都算不上是消费者。政治学诸研究领域之间共同的方法论标准的问题正逐渐成为不可抑制的张力的根源。

第二次科学革命，1989年至今

比较政治学演进的新阶段始于让该领域变得更加科学的努力，这主要是1989年在美国政治科学协会内部成立的比较政治组推动的结果。而成立比较政治组的目的，就是抵制这一领域诸多研究工作受区域研究影响带来的碎片化倾向。这种对科学的强调，当然是对行为主义的缅怀；对区域研究局限性的议论，亦是对行为主义者当年呼吁的回响。[48] 并且，与当初之于行为主义革命的情况类似，比较政治学的第二次科学革命并非自产自销，而是引入美国政治研究领域业已孕育成熟和精致化的各种观念的产物。然而，在内容和影响上，20世纪50和60年代行为主义革命之于比较政治，同20世纪90年代开始改变这一领域的新革命，还是有许多显著的差别。

这场新革命的提倡者与行为主义者一样雄心勃勃，致力于建构一套一般化的统一理论。但他们也在两个方面与之前推进政治学发展的理论尝试有所区别。首先，其所提出的元理论主要借重经济学，而不是像当初结构功能主义元理论那样以社会学为主要渊源。理性选择理论的博弈论版本就是如此，理性选择制度主义（一套同理性选择理论既有联系也有区别的元

---

[48] 在《发展中地区的政治》前言的第一段，阿尔蒙德强调了"从区域研究思路转移到……真正的比较和分析思路的重要性"（Almond and Coleman 1960, vii）。

理论，它引入了作为约束条件的制度的作用）也是如此。[49] 其次，新的元理论并未导致对比较政治研究主题的重新界定——就像行为主义曾经做过的那样。当初，行为主义者提出了有关政治的一般性理论，指引了哪些东西是比较政治学者应该去研究的；而理性选择理论家们（究其核心）则发展了一套有关行动的一般性理论。[50] 理性选择理论其实提供了在约束条件下研究决策的某些元素，但这些元素并未确定哪些是独特的、与经济或社会行动相对的政治行动。实际上，理性选择理论被视为一套能整合有关不同领域行动的理论的统一理论，恰好因为它并非仅仅被运用于任何特殊的行动领域。

反过来，就方法来说，大家推动政治学变得更科学，主要采取了两种方式。其一，与理性选择理论化紧密相连的是，强调在理论化过程中要逻辑精确，提倡以形式理论或形式模型作为理论化的方法，这显然比之前的要求高得多。[51] 其二，行为主义者的方法论诉求和政治学方法论的成熟更多地集中于经验检验之中定量、统计方法的运用。[52]

---

[49] 关于经济学和社会学的这一论断有必要做些澄清。在之前的岁月里，比较政治学者们也从经济学家的工作中汲取营养，但这些经济学家主要是索尔斯坦·凡勃仑（Thorstein Veblen 1857-1929）传统下的历史或制度经济学家，如格申克龙（Gerschenkron），或相对非正统的经济学家，如赫希曼（Hirschman）。反过来，一些社会学家，包括像科尔曼（Coleman 1990a）和哥德索普（Goldthorpe 2000）这样杰出的学者们，已经欣然接受了理性选择理论。不过，即使是聚焦于经济和经济行动的社会学家，也倾向于将经济视为社会的一部分，将理性行动视为一个变量（Smelser and Swedberg 1994）。理性选择理论在政治学中的流行归功于罗切斯特大学威廉·赖克（William Riker 1920-1993）的著作，反过来，理性选择制度主义归功于被广泛阅读的经济学家诺斯（North 1990）的书。有关赖克研究纲领的表述，参见 Riker（1977, 1990）；关于赖克和罗切斯特学派，参见 Amadae and Bueno de Mesquita（1999）。有关理性选择理论起源的讨论，以及兰德公司扮演的关键角色，参见 Amadae（2003）。很早却很大程度上被忽略的呼吁政治学家们从援引社会学理论转向经济学的主张，参见 Mitchell（1969）。

[50] 就理性选择理论应被视为一套一般理论的意义而言，参见 Munck（2001）。

[51] 需要澄清的是，理性选择理论与形式理论化之间并没有必然联系。既有不用形式方法取得发展的理性选择理论化成果，也有形式方法与其他理论相关联的例子。

[52] 尽管这两种方式原则上是互补的，但它们各自的拥趸时常相互批判。例如，定量方法的提倡者格林就强烈地批评形式理论家们在产出经验结果方面的失败（Green and Shapiro 1994）；而一些定量研究者致力于"盲目鼓捣数字"的倾向也受到了形式理论家们的批评。不过，如今在形式理论与定量经验研究方法之间搭起桥梁的事情上已有了明显的进步（Morton 1999; Camerer and Morton 2002）。在这方面，一项由国家科学基金支持的重要倡议是 2002 至 2005 年间举办的有关"理论模型的经验含义"（EITM）的暑期学院。

这一由三方面（理性选择、形式理论、定量方法）构成的新议程造成了显著的冲击。早些年，比较政治学中也产生了一些理性选择分析著作。〔53〕但1989年后，研究工作逐步变得更加形式化，所处理的研究议题也不断扩大，比如民主化（Przeworski 1991, 2005）、族群冲突与内战（Fearon and Laitin 1996）、投票（Cox 1997）、政府组成（Laver 1998）以及经济政策（Bates 1997a）。至于定量研究方面发生的转变就更加可怕了。各种政治事件，特别是遍布全球的民主化浪潮，使得原本属于美国政治领域的一些标准研究问题和研究方法越来越贴近比较政治学者。此外，可获取的数据库大为膨胀，产生了新的跨国时间序列数据库，有关于各种经济概念的，有关于民主和治理这样宽泛的政治概念的，还有关于各式各样政治制度的。〔54〕问卷调查数据也出现海量增长之势，不论是像由安格斯·坎贝尔（Angus Campbell）、菲利普·康威斯（Philip Converse）、沃伦·米勒（Warren Miller）、唐纳德·斯托克斯（Donald Stokes）等人创始的、堪称国家选举研究典范的"美国投票人"（1960）这种类型的国别调查，还是像各地区晴雨表（the regional barometers）和"世界价值观调查"这样更广泛的、明显带有跨国性质的问卷调查。〔55〕随着比较政治定量研究基础设施的不断强化，运用统计方法的研究著作无论是数量还是质量均迅速提升。

一些统计研究著作，比如亚当·普沃斯基等人合作的《民主与发展》（2000），再度讨论了有关民主的决定因素及其结果这样的旧争议。另一些著作则聚焦于选举行为和公民态度、政府立法机构和行政机构的关系等长期被美国政治研究所关注的议题。比较政治学者们还超越了20世纪60年

---

〔53〕塞缪尔·波普金的《理性的农民》（1979）被解读为对詹姆斯·斯科特的《农民的道义经济》（Popkin 1976）的理性选择式回应，是理性选择理论在比较研究者关注的问题上第一批被广泛讨论的应用之一。另一部重要的早期著作是贝茨的《热带非洲的市场与国家》（Bates 1981）。关于这一早期文献的述评，参见Bates（1990）和Keech, Bates and Lange（1991）。

〔54〕佩恩表（Penn World Tables, Summers and Heston 1991）是一项重要的经济数据来源。关于政治数据库的概览，参见Munck and Verkuilen（2002）和Munck（2005）。

〔55〕第一个地区晴雨表——欧洲晴雨表——于1973年开始运作。其他晴雨表包括1991年开始的用以跟踪后共产主义国家公众舆论的晴雨表，1995年开始的拉美晴雨表，1999年开始的非洲晴雨表，以及2001年开始的亚洲晴雨表。世界价值观调查于1990—1991年间开始收集数据。有关这些数据库及其他跨国问卷调查，参见Norris（2004）。

代以来所熟悉的跨国统计分析这一类研究，开始像美国政治领域的标准做法那样进行国家内部层次（within-country）的统计分析。此外，尽管这些研究与形式理论基本没有或者甚少关联，统计分析和形式理论之间的鸿沟还是被逐渐填补起来——尤其是在那些开始涉足标准的比较政治问题的经济学家的研究工作之中（Persson and Tabellini 2000, 2003）。

然而，除了这些新文献给比较政治研究领域带来的显著变化，第二次科学革命的议程并没有像20世纪50至60年代早期行为主义革命那样，给比较政治学带来意义深远的转型。由于来自"改革运动"（在整个学科范围内对政治研究重新强调各种科学研究方法）的反击，第二次科学革命议程成果有限。[56] 另一个关键影响因素是理论与方法上各种成熟的建制化研究路径的存在。事实上，1989年之后没有什么理论像行为主义时期的结构功能论或现代化学派那样具有支配地位，而是呈现出鲜明的多元主义时代特征。相反，比较政治学的新革命诱发了众多的比较学者们对理论和方法议题浓厚的自觉意识，这导致了真正的多样性，以及持不同观点的学者之间相对健康的互动交流。

认识上最为极化的议题是理性选择理论的地位。不可否认，许多比较学者盲目地拒绝理性选择论者的想法，许多人对理性选择论者的称霸野心心存疑虑也情有可原（Lichbach 2003）。但围绕理性选择理论展开的辩论，确实转移了人们对核心问题的注意力。在比较政治领域引入理性选择理论带来了有益的影响，因为这迫使学者们打磨他们从其他视角提出的研究设计，有助于组织理论争论。事实上，理性选择理论与结构性研究路径的对立，以及制度研究路径与文化研究路径的对立，有助于框定比较政治领域最棘手的一些重大理论议题。不过，随着理性选择论者开始在他们的分析中纳入"制度"，以及以理性选择制度主义（Weingast 2002）和历史制度主义（Thelen 1999；Pierson and Skocpol 2002）这两大替代者为中心展开的争论，

---

[56] 改革运动始于2000年10月一封化名为"改革先生"发给许多政治学者的电子邮件，邮件批评了美国政治科学协会以及协会的旗舰刊物《美国政治科学评论》的倾向。关于改革运动，参见Monroe（2005）。

人们已经很难精确地区分这些元理论之间到底有哪些差别了。[57]

在制度问题上的趋同，突出了理性选择制度主义和历史制度主义面临一个共同问题——制度既被视为对政治家的约束，其自身又通常被政治家们所改变，换言之，制度内生于政治过程。但这些不同的元理论并没有在分析政治行动时对这一核心问题提出明确的解决办法，未能清楚地将静态理论和动态理论既区分开、又联系起来。并且，这些元理论甚至未能清楚地将与行动的一般性理论有关的问题同政治的一般性理论问题分开。于是，除了有关范式、有关双方争论基础或综合尝试的大量议论，这些不同的元理论仍旧云山雾罩。

就方法论而言，局面就不一样了。随着定量方法被用得越来越多，定性方法论也重振旗鼓。这一进程实际上由大卫·科利尔单枪匹马启动，他对本领域成果的状况做了批判性的评估（Collier 1991, 1993）。[58] 这也是受加里·金、罗伯特·基欧汉及西德尼·维巴影响巨大的《设计社会调研》（1994）*和各种对少数个案研究的批评意见刺激的结果。[59] 一些有关定性研究方法论的重要的新论述亦有巩固之功（Brady and Collier 2004; George and Bennett 2005）。[60] 并且，对定性研究方法论兴趣的复活，伴随着在不同方法论之间搭起桥梁的努力，有的是通过探索发掘统计的、大样本研究方法与定性的、少数个案研究方法之间的联系（Brady and Collier 2004）；有的

---

〔57〕 关于 20 世纪 90 年代比较政治学中被普遍运用的这些及其他元理论，参见 Hall and Taylor（1996）和 Lichbach and Zuckerman（1997）。

〔58〕 科利尔也是《塑造政治舞台》一书的作者之一（与露丝·贝因斯·科利尔合作，Collier and Collier 1991）。本书被普遍视为一项严谨的定性研究样板。

* 本书中译本为《社会科学中的研究设计》（格致出版社 2014 年版），将原书正标题 Designing Social Inquiry 做了意译，符合中文语境的习惯说法。但考虑到本书中有若干处涉及此书及科利尔等人编写的 Rethinking Social Inquiry 的讨论，这里还是按照原文语序，各自译作《设计社会调研》《反思社会调研》。Inquiry 语义上就有调查、研究的双重意思，如罪案现场调查也是 inquiry，且为了将其与 research、study 略作区分，故译作"调研"较为合适。——译者注

〔59〕 对少数个案研究的一些重要批评（Geddes 1991; Lieberson 1991）是 KKV（1994）这种含蓄批评标准做法的重要先驱。

〔60〕 这一进程也导致了定性方法在研究和训练上的制度化，其初始标志是 2002 年定性研究方法联盟（CQRM）开始主办定性研究方法年度训练营，以及 2003 年美国政治科学协会定性方法组的成立。

是把个案研究用来作为检验形式理论的工具，就像"分析叙事"*的提倡者们所做的那样（Bates et al. 1998；Rodrik 2003）；还有的寻求"三方方法论，包括统计、形式化和叙事"的可能性，就像大卫·莱廷所言的那样（Laitin 2002, 630-31；2003）。于是，有关方法的争论，与有关理论的争论相反，澄清了不同研究方法的潜在贡献，从而找到了将之加以综合的基础。

最后，就实质性的研究来说，理性选择理论的影响力毫无疑问提升了经济学思想在比较政治中的影响，从而开启了新的研究途径（Miller 1997）。但与20世纪50年代不同，20世纪90年代新的科学革命并未带来经验研究焦点的重要转向。就之前十五到二十年间业已进行的中程理论化工作而言，它甚至保持了很大程度上的延续性。并且，值得注意的是，在这个分析层次上进行的理论化工作中，来自不同传统的研究者之间的兼容杂交并不鲜见。于是，尽管已经有不少对经济学帝国主义的指控且它们在一些情况下也许是成立的，但经济学和比较政治学之间已经搭建一条双向通道。一些经济学家已经把比较政治学当回事了，开始从比较政治学者们关于政治制度的洞见之中汲取营养。经济学家的工作被比较政治学者们借鉴，用来给像国家和公民地位这类的中心议题研究重新注入活力（Przeworski 2003）。并且，经济学家们重新关注了由比较历史分析经典［如巴林顿·摩尔的《独裁与民主的社会起源》（1966）］或者区域研究经典［如费尔南多·卡多佐和恩佐·法莱托的《拉丁美洲的依附与发展》（1979）[61]］所开启的争论。实际上，一旦进入实质性的研究，理性选择论者和其他人之间的裂隙，形式理论家和言语理论家之间的分歧，定量研究者和定性研究者之间的差异，很大程度上就都无所谓了。

1989年以来的纲领性陈述时常强调理论和方法议题上的分裂，但这又

---

* Analytic narrative 在国内也被译为"分析性叙述"，不过既然与之相对的 historical narrative 常译作"历史叙事"，那么也没有必要动辄加"性"，何况这里强调的无非是"故事"怎么个讲法，译名上只有"叙述"而没有"事"，似乎不够全面。所以本书一律译作"分析叙事"。——译者注

[61] 本书于1969年以西班牙语首次出版。有关经济学家的新研究，参见 Sokoloff and Engerman（2000）与 Acemoglu and Robinson（2006）。有关这些比较政治学经典与晚近的经济学家研究之间的联系，参见 Przeworski（2004a）。

与比较政治学者们实际所做的事情相脱节,有许多因素造成了这种局面。元理论之间的差异缺乏澄清,以及方法终究只是工具的事实,无疑是重要的影响因素。但这种脱节也或许跟比较政治学者们秉持的价值观有关系。1989 年之后,比较政治学者们将民主视为核心价值的共识,相较植根在诸如新自由主义和全球化之类对抗性议题中的分化,前者足以凌驾于后者之上。由于这一共识的存在,政治价值观冲突所燃爆的激情(这是比较政治学历史上前一时期的特点)被重新导入理论与方法之争。其结果是,由于比较学者们参与政治相对缺少价值驱动,比较政治研究因此失去了一些东西。但正像在众多重大且棘手的问题上出现的,接续了不同研究传统、丰富而严谨的研究成果所证明的那样,这一领域也收获了一些东西。[62]

结论

关于比较政治学的发展回顾表明,本领域业已取得了显著的进步。各种元理论来还复去,与政治学其他研究领域及姊妹学科之间的关系反复改变。然而,除了这种不稳定性之外,聚焦于与众不同的政治主题很大程度上成了规矩,在一系列重要问题上建构的中程理论稳定增加,而该领域运用的方法越来越精致。比较学者们取得了很大成绩,生产了有关世界各国政治的海量知识。

但还存在许多缺陷。其一涉及理论。中程理论化的流行尽管产出了不少有价值的政治洞见,但也造成了知识碎片化趋势。然而,比较政治学者们大部分已经放弃了 20 世纪 50 年代至 60 年代试图阐发一套清晰的政治学元理论的知识体系创建者们当初的抱负。相反,除了近来一些试图整合静

---

〔62〕 有关这一时期比较政治学研究内容广博的概览,参见 Laitin (2002)。有关界定更为清晰的不同研究议程的概貌,参见 Lichbach and Zuckerman (1997) 一书中 Barnes, McAdam et al., Hall and Migdal 等人贡献的有关章节,以及 Katznelson and Milner (2002) 一书中 Kohli, Alt, Gamm and Huber, Geddes, and Thelen 等人贡献的有关章节。关于比较历史分析传统的贡献,参见 Mahoney and Rueschemeyer (2003) 一书中 Goldstone, Amenta, and Mahoney 主笔的有关章节。关于区域研究学者圈,参见 Szanton (2004)。另参见 Wiarda (2002)。

态理论与动态理论的努力之外，要把静态研究（将一些关键分析参数视为给定的和固定的）与动态研究（恰恰关注这些参数的变化从而不可能将其视为给定的）隔离开的倾向很强。因此，比较学者面临的一个关键挑战是发展一套广义的或统一的政治理论，把各种实质性议题上的中程理论以及静态与动态理论都整合在一起。

其二涉及经验研究。尽管最近取得了重要进展，比较学者仍缺少对他们理论中运用的许多概念进行精确度量的工具。同样，除却一些显著进步外，比较学者依旧缺少有助于将他们的理论假说付诸严谨检验的方法。一个事关经验分析面临重大挑战的预警信号是，许多冠之以比较政治名目的研究严格来说并没有在比较，即没有比较至少两个以上的政治体系。总起来讲，这些局限严重削弱了比较学者生产强有力的研究发现的能力。因此，比较学者面临的另一个挑战就是，如何对世界政治作出稳健的、广泛的经验性概括。

比较学者应该如何卓有成效地应对这些挑战是一个复杂的问题，超出了本章讨论的范围。不过可以从本研究领域的历史中汲取丰富的经验教训。比较政治已经是且会继续是一个多样化的研究领域，而且比较政治学者们业已多次证明这种多样性能够成为力量之源。但比较政治学者也已经呈现出过于强调分歧的趋势，这可能导致学术上的麻痹或造成力量分散。因此，如果这一领域要继续沿着发展全球性的政治科学的目标前进，比较政治学者们有必要团结在更强烈的共同使命感下开展工作。而这只有在比较政治学者们都承认两个基本点的条件下才可能。其一是，政治学研究不可避免地与规范性关切联系在一起，倘若缺少对政治价值观的明确考虑，研究事业的利害与理据就变得模糊了。其二是，为了回答带有规范性的重大问题，研究者必须不仅要对他们的研究主题充满激情，更有必要运用适当的科学方法开展研究。

简言之，我们既必须理解比较政治学深深植根于人文传统，又必须理解其科学抱负至关重要。比较政治学者的灵魂不单纯被全球政治中的实质利益所左右，更不用说被为了了解研究主题而运用的方法所驱策。因此比较政治学的未来很可能取决于比较学者们怎样弱化、弥合分歧，并将他们对内容与方法、政治与科学的关切调和起来的能力。

第三章

结构功能主义与政治发展*
——加布里埃尔·A. 阿尔蒙德访谈录

Gabriel A. Almond

加布里埃尔·A. 阿尔蒙德是 20 世纪 50、60 年代比较政治学领域最有影响力的学者，彼时他执掌着社会科学研究理事会（SSRC）比较政治委员会。他的著作开风气之先，试图形成一套真正意义上的政治研究比较分析框架，将非西方国家纳入研究视野，从而跳出此前比较政治领域的"欧洲焦点"。

阿尔蒙德成果丰硕，学术生涯跨越 70 年。他最初的研究聚焦于美国国内政治与对外政策。他的博士论文——以《纽约市的财阀统治与政治》（1998）为题出版——分析了纽约市的精英与政治权力。他的国际关系著作包括《美国人民与对外政策》（1950）。20 世纪 50 年代初，他开始从事比较政治研究工作，聚焦于西欧政党。

阿尔蒙德最重要的著作包括了始自 20 世纪 50 年代中期的一系列出版物，在这些著作里他形成了一套考察政治发展与政治文化的结构-功能研究路径。他认为政治体系由像政党、立法机构、官僚这样的不同"结构"组成，它们各自承担了独特的"功能"，比如公民偏好的表达与汇聚、公共政策的制定与执行、保持总体政治稳定等。基于结构与功能的区分，他发展出一套应用广泛的民主与非民主政治体系分类法。阿尔蒙德的分析框架被运用到对第二次世界大战后新独立的众多亚洲与非洲发展中国家的研

---

* 这次访谈由赫拉尔多·芒克于 2002 年 3 月 20 日在加利福尼亚州帕洛阿尔托完成。

究之中，同时也被用来分析拉丁美洲。这一分析框架的早期版本出现在1956年发表于《政治学报》的论文《比较政治体系》和1960年出版的《发展中地区的政治》一书中。更精致的版本出现在阿尔蒙德与鲍威尔（G. Bingham Powell）合著的《比较政治：发展研究路径》（1966）和《比较政治学：体系、过程和政策》（1978）之中。

阿尔蒙德与维巴（Sidney Verba）合著的《公民文化》（1963）是政治文化研究的开山之作，该书展现了运用问卷调查方法进行比较研究的潜力。阿尔蒙德与维巴运用比较问卷调查资料区分了三类公民政治导向：狭隘型、服从型、参与型。公民文化是这三种政治导向在个体层次上平衡混合的产物，被视为最有益于民主制度。在《危机、选择与变革》（1973）一书中，阿尔蒙德力图将他的结构-功能研究路径与其他一些更强调政治领导人作用的研究路径结合起来，形成一套有关政治变迁的整合理论。他最近的研究是一些被广为传诵的有关政治学与比较政治学术史以及学科内争议的著作。这些文章被辑入《一个分裂的学科》（1990）和《政治学中的冒险》（2002）两书之中。

阿尔蒙德1911年生于伊利诺伊州的罗克艾兰，2002年在加利福尼亚州的帕西菲克格罗夫去世。1932年他在芝加哥大学获得学士学位，1938年又在此获得政治学博士学位。阿尔蒙德1939—1942年曾任教于布鲁克林学院（现在是纽约城市大学的一部分），1946—1950年和1959—1963年两度任教于耶鲁大学，1950—1959年任教于普林斯顿大学，1963—1976年任教于斯坦福大学。1976年他在斯坦福大学荣休。阿尔蒙德1965—1966年出任美国政治科学协会主席。1961年他被选为美国人文与科学院院士，1977年成为美国国家科学院院士。

思维形成与学术训练：从芝加哥到德意志

问：您是怎么开始对政治学产生兴趣的？
答：1928年，就在美国经济崩溃前，我上了芝加哥大学读本科，那时候我想成为记者和作家。我曾经做过我们高中校报的编辑，20世纪20年代我曾给芝加哥大学学生主办的文学刊物投了些稿。因为我们的一位写作老师桑顿·怀德（Thornton Wilder）先生说我有"天生的手腕"，我觉着我或许有成为作家的潜质。另外，为了能念完大学，我得有份兼职。我上午去教室上课，下午就为一份验光师期刊做些编辑工作。之后突然发生了经济大萧条，我失业了，生活艰难。于是我开始重新考虑我那个成为记者的浪漫理想，开始认真考虑我究竟要为干什么事情做准备。我琢磨着成为一名教师——尽管我不清楚我能教点啥——我就选了查尔斯·梅里亚姆、哈罗德·拉斯韦尔以及弗雷德·舒曼（Fred Schuman）开的课。我成绩不错，这鼓舞了我，让我想在政治学里做点什么。我还修了经济学家弗兰克·奈特（Frank Knight）开的一门经济学课，以及社会心理学家乔治·赫伯特·米德（George Herbert Mead）的一门课。这样我就对社会科学是什么有了点感觉，政治学看起来是我能做点什么的领域。我申请了芝加哥大学研究生项目并被录取。1933年，在经济大萧条最艰难的日子里，我开始在芝加哥大学读政治学研究生。

问：除了芝加哥大学，您有没有考虑过其他研究生项目？

答：我来自一个移民家庭，我们都没想过跋山涉水地跑去哈佛、耶鲁或者普林斯顿。而在芝加哥地区，芝加哥大学就是最重要的学术机构，它就是"麦加"。问题是我进不进得了芝加哥大学，结果我真进了芝大。

问：那时候芝加哥大学的标准训练方式显然是跨学科的。您能不能说说您修读的课程？

答：作为本科生，你真的对政治学系是干啥的没什么感觉。你难以真正做什么样的评估。我不晓得那是不是跨学科的。当我大四时上拉斯韦尔有关"政治行为中的非理性因素"的课，我知道这是门标新立异的课程，算得上是扯得挺远的。但我不知道这样的话题如何能在（通常说的）一个学科里立足。换言之，作为本科生，我不知道自己进的是哪个科哪个系，但一旦成为研究生，我就真的懂了。

读研前期，为了凑够学费，我不得不挤出点时间在芝加哥牲畜屠宰场区的"失业救济服务处"做份审诉助理的工作。这份工作要求我坐在桌前倾听那些申请紧急救助金的失业者讲自己的故事，他们大多是外国出生的墨西哥裔美国人、意大利人、形形色色的斯拉夫人以及黑人。喏，我修过拉斯韦尔的课，脑子里塞满了各种人类行为的精神分析和社会学解释。当我坐在那儿听各种抱怨的时候，我忽然明白了，这些不就是等着被分析的社会科学数据嘛。于是我说服拉斯韦尔，说我们应该做个研究，我们决定聚焦于接受公共救济的当事人的攻击性行为，我们的理论是，那些具有攻击性的当事人或许会变成革命领袖。您得记着，那是"新政"之前，局面真的很困难。那时候看起来美国可能会发生一场革命。

在三位审诉助理的协助下，我们的研究历时数月，接触了社会背景各异的几千号人。我们尝试将我们称之为攻击型个体和顺服型个体的两类人区别开来，这样我们就有了对照组。然后我们从他们的个案记录中寻找到底哪些因素能分辨出攻击型个体（Almond and Lasswell 1934）。在这一过程中我学到了科学。结果，这一经历不但敲定了我未来的政治学职业生涯，也确立了我的方法论兴趣。我迷上了科学。

问：除了这一塑造您研究志趣的关键实践经历，有没有什么特别的学者或者著作影响到您，令您对社会科学的思考方式发生了改变？

答：亚里士多德的《政治学》对我影响特别大。事实上，我读研后做的第一件事就是买了本亚里士多德的《政治学》，从头读到尾。亚里士多德是位名副其实的经验比较研究者。那是我的政治学样板，不论有关政治和制度的多重要的事，都能以那种方式加以解释。我从未丢掉这一视角。另外我也深受那些在拉斯韦尔的课上读过的精神分析文献的影响。

问：您在研究生院期间读过马克斯·韦伯吗？

答：肯定读过嘛。他给我了非常大的影响，既有科学上的，也有道德上的。我很早就读了他的所有著作。我读的是德文版的。我夫人是德国人，并且1937年我们在德国度了蜜月，见了她的父母。我在书店搜集了许多韦伯的著作。纳粹那时候已经上台了，不过在科隆有不少能找到马克斯·韦伯著作的书店。我带着他的著作集回国。他的三卷《宗教社会学》（Weber 1951, 1958a, 1967）以及《经济与社会》（Weber 1978）里对他理论的一般概述对我影响非常大。我有一本《经济与社会》的早期版本。我还有韦伯的《政治著作集》（Gesammelte Politische Schriften），收录了他的一些政治著作（Weber 1921）[1]，我也读过他1918年的演讲《以政治为志业》（Weber 1946b）。我还翻译过这篇演讲，练练笔，好参加德语考试。另外，我发现他的音乐社会学（Weber 1958b）很迷人。总之，我受到他很大影响。

问：不过您的博士论文与韦伯的关系相比与马克思的关系要小一些，并且您还采用了社会心理学视角。

答：我的博士论文的确是在努力从经验研究层面把握马克思主义理论。我曾经修过塞缪尔·哈珀（Samuel Harper）的几门课，他是最早研究布尔什维克主义的学者之一，那时候这是俄国的当代史。你得注意：这是20世纪30年代，早于"大清洗"什么的。在美国，这时候有罢工，离芝加哥不远的工厂里的静坐罢工。而且校园里也有年轻的共产党员和社会主义者发表了许多演说。像我这个年纪的严肃的人都在讨论我们身处其间的美国经济的崩溃，以及这个国家的未来。在这样的危机时期，我选好了我的博士论文选题。我的想法是对历史上经济与政体的关系做严格的经验研究。我是在纽约决定下来做这个的，纽约有不少有关财富和政治的历史值得考察。我试图引入心理分析，去回答为什么一些资本家是自由派，一些资本家是保守派，还有一些是反动派。你如何解释像安德鲁·卡内基这样的富商是自由派——至少以当时的标准来看他是自由派——而与像威廉·伦道夫·赫斯特这样的反动分子形成鲜明对比，为了解决这个问题，我攒了不少有关纽约商人、公司高管、企业家们的生平资料，比如像 J. P. 摩根和约翰·D. 洛克菲勒这些游走政商两界的人。正像我在其他地方讲过的（Almond

---

〔1〕韦伯的政治著作有选择地出现在一些英文出版物中，包括 Gerth and Mills（1946），《经济与社会》（Weber 1978）的附录，以及最近的 Lassman and Speiers（1994）。

1990, 318-322）那样，梅里亚姆对我的论文不大高兴，因为他比较在意我对洛克菲勒做了一些心理分析，而洛克菲勒创办了芝加哥大学，并且是学校最主要的资助者。我还搜集了卡内基的一些个人资料，而卡内基公司正在变成研究经费的重要来源。梅里亚姆希望我删掉心理分析的章节，反思此事，我认为他多虑了。无论如何，这篇论文直到1998年才出版，只有一篇期刊文章发表于1945年（Almond 1945）。

问：用如今政治学次级领域的分工来讲，人们会说您是从研究美国政治开始职业生涯的，作为一个美国政治专家。

答：但我采用的分析模型以及我念研究生时修过的课都是比较的。怀特（L. D. White）开了一门比较公共行政的课，讨论法国、德国和英国的案例。哈罗德·戈斯内尔（Harold Gosnell）开了门比较政党的课。拉斯韦尔很"比较"。所以，课程都很摩登，但没有像今天这样深入的区域研究课程供选择。你只能从像塞缪尔·哈珀（一位优秀的俄罗斯研究学者）或者怀特这些人那里学一些。我们学了很多关于英国政治、英国行政、英国官僚制的东西。

问：就您的研究和写作来说，看起来第二次世界大战的经历对您有很大影响，把您的注意力转向了欧洲政治，尤其是德国和纳粹。

答：我花了大量时间在德国做访谈。[2] 比如，我在战俘收容所询问了一些德国盖世太保和安全人员。通过这种方式，我转变成了欧洲专家。我对欧洲的抵抗运动非常感兴趣，对这个题目进行了比较研究，看了看德国和法国各自的情况。在这点上，我的语言技能很有用处。我本科时学了德语。于是战后回到美国时，我已经重新装备了自己，把自己看作是一个欧洲专家了。

---

〔2〕第二次世界大战期间，阿尔蒙德为美国战略轰炸调查团工作，研究盟军轰炸对德国人战争士气的影响。

问：您还在欧洲时，1945年夏天您拜访了韦伯的遗孀玛丽安·韦伯。您为什么要这么做？会面情况如何？

答：我们的总部在巴特瑙海姆，离海德堡不远，某个礼拜天我开着吉普去了趟海德堡，我的一位朋友沃尔夫冈·斯托尔珀（Wolfgang Stolper）与我同行，他是一位经济学家，他父亲也是一位非常有声望的德国经济学家。我们发现玛丽安·韦伯在家。她那时年纪很大了，非常虚弱。所以我们没有打搅她太久。我们给了她一些好彩香烟，那时候这是你能给任何人的最宝贵的硬通货，能拿来换咖啡。我们那会儿并不真正理解马克斯·韦伯。不过，我们去韦伯家拜访并非为了获取信息，而是去表达敬意。

比较研究与社会科学：
社会科学研究理事会比较政治委员会

问：战后，您在1946年搬到了耶鲁。

答：我在布鲁克林学院获得了终身教职，但那不是一个智力上很令人兴奋的地方。在我去服役之前，那曾经是一个有趣的地方，我们系很有创新精神，我们有大批能扬名立万的年轻人。但当我回去时，它已经被重组了。我希望开一门比较政党的课却不能实现，我能做的只是继续教"美国政府导论"。于是我开始寻找其他机会。在耶鲁国际问题研究所有一群芝加哥大学出身的朋友，比尔·福克斯（Bill Fox）、克劳斯·克诺尔（Klaus Knorr）、伯纳德·布罗迪（Bernard Brodie），他们认识我，就把我带进了那儿。刚开始我是研究助理，几年后他们给我了一个教书的机会。我得到了一个定期的、终身轨上的教职——助理教授，后来在1949年获得了终身教职。

问：几年后，一项非常成功的创举启动了——组建社会科学研究理事会比较政治委员会。您能否谈谈这个委员会是如何组建的？它与社会科学研究理事会政治行为委员会的关系如何？

答：组建比较政治委员会是受到了政治行为委员会的刺激，它那时已经开始提出这样或那样的宣言。大多数政治行为委员会的成员是杰出的、有独创精神的、年轻的美国政治专家。他们与彭德尔顿·赫林（Pendleton Herring）过从甚密，他后来成了社会科学研究理事会主席。当时他们正提倡研究压力集团——这是政治体系的基础设施，同时试图通过以系统的、经验的方式研究政党和选举，来鼓励对政治进行深度研究。这种美国政治研究思路是新颖的、富有成效的。相反，比较政治领域的研究是直白的、结构性的、制度性的、法学式的，至多是哲学式的。那时在美国这儿被研究的事情根本无法在其他背景下加以考察。在欧洲专家眼中，马克思主义影响了对利益集团的研究，它被讲成要么是资本主义的一部分，要么是无产阶级的一部分，这就使得对政治基础设施进行经验考察变得不可能了。因此比较政治委员会开展的第一个项目就是鼓励对欧洲和非欧洲国家的利益集团进行研究。六位年轻的比较学者和政治社会学家——亨利·埃尔曼（Henry Ehrmann）、约瑟夫·拉帕隆帕拉（Joseph LaPalombara）、胡安·林茨（Juan Linz）、迈伦·维纳（Myron Weiner）、爱德华·班菲尔德（Edward Banfield）、西摩·马丁·李普塞特——在欧洲背景下复制了20世纪20年代至30年代美国政治研究中业已出现的创新，令他们声名鹊起。

问：1954年比较政治委员会组建并且您成为首任主席，此前不久，1952年在西北大学曾经召开过一次学术会议——社会科学研究理事会的比较政治校际研究讨论会——这导致了一份重要宣言的发表（Macridis and Cox 1953; Friedrich et al. 1953）。这群人和比较政治委员会有什么联系？

答：早前，罗伊·麦克里迪斯（Roy Macridis）希望社会科学研究理事会做点什么。但我们比西北大学那群同事关注的焦点更加集中。我们有一份明确的研究设计，这就是为什么社会科学研究理事会会偏向我们的方向。麦克里迪斯成了我们委员会的一员，鲍勃·沃德（Bob Ward）也加入了。西北大学会议的首创精神被政治行为委员会提倡的更为专业的政治科学所超越，而我们试图与政治行为委员会竞争。

问：除了聚焦于利益集团和政治过程，看起来您致力于发展更加科学的政治学研究路径？

答：对。更加经验性，更加严谨，包括运用统计学方法。还要从更加宽泛的社会科学（包括人类学、社会学和社会心理学）中借鉴更为丰富的研究假说。如果你回顾一下20世纪20年代梅里亚姆领导的革命，其实这是两件不同的事情；对他来说，专业化的政治学意味着精确量化以及检验从各种社会科学中抽象出来的研究假说。

问：这项科学的政治科学计划是否以自然科学为榜样？

答：不。梅里亚姆非常明确地指出（拉斯韦尔也是如此，但不那么明显）在自然科学和社会科学——他所说的人文科学（human sciences），他从不使用行为科学的讲法，因为那时候这个词名声不好——之间有非常明确的差别。梅里亚姆在不同的科学之间做了区分，对他们要创造什么样的科学也有明确的界定。

问：比较政治委员会最主要的成绩是什么？您认为它是否实现了20世纪50年代组成之初设定的目标和抱负？

答：嗯，是的。很明显它做到了。首先，在委员会成立以前，比较政府领域几乎不涉及"比较"。它只不过是对主要的欧洲强国做个别的逐案研究。你研究英国政府，你研究法国政府，你研究德国政府。英国、法国、德国，也许还有一点点意大利，极罕见时有日本，就这些。非西方世界没有代表，较小的西方强国也没有代表。委员会编的第一本书《发展中地区的政治》（Almond and Coleman 1960）将世界所有地区作了"锐聚焦"。这本书受到了广泛关注。除了我写的那篇导论还比较粗糙，各章的作者们以四五种不同的方式应用了我的分析框架，真正做到了用现代社会科学去支撑比较政治研究，与盛行的偏狭主义（parochialism）做法一刀两断。做到这两件事情，哪怕成绩有限，也是一项意义重大的成就。此外，1963年继任委员会主席的白鲁恂（Lucian Pye）主编了九卷本的"政治发展研究丛书"，由普林斯顿大学出版社出版。所以我们留下了不错的记录，这涉及很多学者的贡献，有美国的，也有外国的。

问：有没有什么事情是比较政治委员会没来得及完成的？

答：我们真的希望我们的努力能成就某种形式的政治发展理论，我的印象是我们的确做了可能做到的。有所修正的现代化理论如今已恢复了名誉。现代化（与作为其基础的经济和社会变迁进程）产生了不同类型的政治可能性，这一观念又复活了。现代化的确动员了民众，使民主化成为一个选项。你可能会说，我们工作的某一方面立住脚了。但我们也觉得我们或许应该用点数学公式之类的。至于局限嘛，打个比方的话，我想我们在"抽大麻"。当为《发展中地区的政治》写导论（Almond 1960）时，我顺其自然。我不认为有些我写的东西严格说来就是我想表达的，而且如今我也不认为我们能够建立一套严格符合"硬科学"标准的比较政治理论，那是幻觉。比较政治研究是件概率性的事情。

更广泛的比较政治研究领域

问：除了比较政治委员会的工作，20世纪60年代还出现了两部与委员会没关系的重要著作。一部是塞缪尔·亨廷顿的《变化社会中的政治秩序》（1968），这本书与现代化理论文献中的乐观、自由倾向决裂。另一部是巴林顿·摩尔的《独裁与民主的社会起源》（1966），这本书植根于批判性的马克思主义分析视角。您是否认为您与这些不同立场的学者们进行了积极对话？这些研究成果有没有对您的研究产生影响？

答：摩尔的著作非常有影响力，也非常重要，但我最喜欢他的《苏联政治》（Moore 1950）。《独裁与民主的社会起源》的确在方法上独具匠心，但我认为它是简化还原论的思路。它没有注意到不确定性、领导能力以及意外事件的作用。这是一种结构性的解释，非常强调结构的作用，因此我从没有真正接受它。在这一点上我试图带入领导能力和机遇运气。

问：那么亨廷顿呢？

答：相比摩尔，亨廷顿更强调决策和国家的作用。他对经济与政体的相互关系把握得更好。但亨廷顿处理问题比较粗暴，手起刀落，斩钉截铁。人们在他的《文明的冲突》（Huntington 1996）里又见识了这种风格。从编辑的角度来说，这种夸张风格是有道理的，因为这会带来争论、引发论战。但它并不准确。相反，我试图在做的是多重因果的解释，并且尽可能贴近历史事实。例如，在《危机、选择与变革》（Almond, Flanagan, and Mundt 1973）一书中，我聚焦于危机，从每一个可能的角度去观察它们。这也是我在更大范围的学科争论中扮演的角色。

问：这一时期罗伯特·达尔出版了《多头政体》（Dahl 1971），并发表了关于政治反对派的若干研究（Dahl 1966a, 1973）。您怎么看这些研究？

答：鲍勃·达尔和我都在耶鲁，我鼓励他走上这条比较的道路。20世纪50年代，达尔写作了《民主理论的前言》（Dahl 1956），不久后又发表了他研究纽黑文的获奖之作《谁统治？》（Dahl 1961a）。达尔用"反对派"的概念去组织他的比较思路。他的《多头政体》是他最杰出的贡献之一。这本书为研究所有影响民主化的因素提供了一个系统、严谨的分析。这是本非常重要的书，战后最重要的著作之一。

问：另一位与耶鲁联系在一起，并以其对政治的系统性研究路径闻名于世的学者是斯坦因·罗坎。

答：罗坎是位社会学家，他对比较政治社会学产生了重大影响，这是比较政治学发展过程中出现的另一个重要研究趋向。罗坎也受到了比较政治委员会的很大影响。他出席了我们所有的会议，并且是"政治发展研究丛书"第八卷的合作者之一，这一卷是由查尔斯·蒂利主编的历史卷（Rokkan 1975）。我们亲密无间。就像我在别处写过的那样，委员会组建时，比较研究领域有各种各样的有创造力的中心人物（Almond 1997, 60），达尔与亨廷顿尤其有影响力，罗坎也是。我们也别忘了李普塞特，他在政治现代化和民主化研究中影响深远。

问：看起来这是比较政治学中一个激动人心的时期，从20世纪30年代您在芝加哥学习时周遭的环境，到20世纪50至60年代您通过委员会的活动在耶鲁、普林斯顿交往的那些同仁。

答：关键是第二次世界大战结束后的那些年是一个高速增长、充满机会的时期。政治学史上该解释的反常现象倒是梅里亚姆在20世纪20年代两次世界大战之间的创新。那才是应该加以解释的，而不是二战后的岁月。战后美国是唯一正常运转的经济体，这意味着我们有资源。冷战开始后，我们不得不在教育上作调整和投资。这样一来，环境就变得宽松开放了，一切蒸蒸日上。这是解释创造性的一个原因。并且美国经济的突然扩张也有促进作用，不断壮大的教育系统为经历过战争、从军队复员的整整一代年轻人提供了机会。

同事和学生

问：您与这个学科里许多顶尖学者们交往多年，这些交往对您意味着什么？

答：1928年到1938年我在芝加哥大学，这一时期认识了梅里亚姆、拉斯韦尔、舒曼、戈斯内尔——主要是老师和朋友——以及V. O. 基、阿尔伯特·西坡斯基（Albert Sepawsky）、维克多·琼斯（Victor Jones）、比尔·福克斯、大卫·杜鲁门，还有其他许多人——作为同学和终身的朋友。我在耶鲁大学前后待过两次，一次是1946年到1950年，另一次是1959年到1963年，中间的近十年在普林斯顿大学。达尔、查尔斯·林德布洛姆以及罗伯特·莱恩都是我终身的亲密朋友。过去几十年间我又在斯坦福大学交了不少朋友。我们在耶鲁、普林斯顿和斯坦福的许多研究生变成了合作者和朋友，像伯尼·科恩（Bernie Cohen）、白鲁恂、迈伦·维纳、西德尼·维巴、宾·鲍威尔、鲍勃·蒙特（Bob Mundt）、斯科特·弗拉纳根（Scott Flanagan）、史蒂夫·占科（Steve Genco）以及其他很多人。在我漫长且回报丰厚的职业生涯里，我与这些更年轻的同事及其他许多人都建立了极好的同志友谊。

彭·赫林是我的特别导师，而社会科学研究理事会是我的文化与知识家园。许多年来，比较政治委员会使得大量超越大学校园界限的联系成为可能。我们委员会最大笔的预算之一就是旅费，这让我们能够主要在纽约市集中开会。卡内基基金会和洛克菲勒基金会看中了这类学术聚会中蕴含的创造性成分，提供了一些资源，使我们受益良多。最近几年，日益发展的信息技术使我得以继续和我的同事们交换思想。我有电子邮箱，收到大量电邮。我现在还和许多学者保持着联系。

问：当您完成了比较政治委员会的主席任期后，您搬到了斯坦福大学。您能不能说说这次转变？

答：我执掌比较政治委员会时住得离纽约市近一些是很重要的。那时候不像今天，如今通讯如此方便，那时候不行。但最终我当主席当够了。事实上，那时候我的心脏开始出毛病了。从20世纪60年代开始我就得了心脏病，我做了你能想象得到的每一种外科手术，这才能撑下去。如果没做手术，如果不是做了最好的康复治疗，我大概已经不在这儿了。那时候在耶鲁我承担了繁重的行政工作，已经应付不了了。

于是我搬到了帕洛阿尔托，一直住到现在。我认识这儿的人。20世纪50年代我来过这里，当时在行为科学高等研究中心，他们让我留下来，但那时候我还没打算留下。1963年我入职斯坦福，成为系主任。如果我要当系主任，我就希望在一个能有大发展的系里当。而在斯坦福正好有取得明显发展的可能，有不少教职虚位以待。我招进来了亚历克斯·乔治（Alex George）、西德尼·维巴、约翰·刘易斯（John Lewis）、大卫·阿伯内西（David Abernathy）、鲍勃·帕肯汉姆（Bob Packenham）。我建立了斯坦福大学的比较研究领域。

问：您在不少伟大的大学都待过，肯定与研究生们接触频繁。您和研究生是以什么样的方式交往的？

答：与研究生们的联系是我生命中最有满足感的部分。我在耶鲁、普林斯顿和斯坦福都带过研究生，在耶鲁有整整一代人甚至两代人做过我的学生。研究生是你最好的对话者。与研究生之间的关系是一个人能够拥有的最接近创造性的交往经历。我就有一系列这种有创造力的关系。和这样一些人打交道，我感到非常幸运。这些是最让我满足的知识联系，我一直跟他们保持着联系。通常他们又变成了我成熟老练的合作者。

问：与您保持了长期合作关系的学生之一是宾汉姆·鲍威尔？

答：宾·鲍威尔是我在斯坦福带的第一位研究生。当时他是来自俄勒冈州一个小镇的博士候选人。他可是个宝贝，高效多产、头脑清晰，与我合作多年。我们1966年合作完成了《比较政治：发展研究路径》，以及该书的1978年版《比较政治学：体系、过程和政策》。我们还一起主编了《当今比较政治学》的多个版本，现在是第七版（Almond et al. 2000）。我们正在编定第八版，不过今年宾已经基本上包揽了编辑工作，这一版将是我共同主编的最后一个版本。宾已经有了自己独立的学术事业，他是《美国政治科学评论》的主编。他因为自己的成就而受人尊敬，他的工作与我的是不一样的类型。

问：您是怎么训练研究生的？给了哪些建议？

答：说到训练，我不赞成现代化论者和行为主义者们完全倒向统计和数学的做法。我更强调深入地了解至少一个个案。我感觉这很重要。我的每一位研究生，除了良好的统计训练之外，都有这方面的背景。

问：您认为政治和社会理论方面的背景是研究生训练的必需内容吗？

答：你得修一门政治理论史方面的好课，学习经典。这是那些从经济学出身转入政治学领域的人面临的麻烦之一。他们不晓得亚里士多德是谁、柏拉图是谁。这不应该。这些思想家是这门学问创生史真正的核心。我不会为了一门数学课放弃一门政治理论课，而不少时髦的人就准备这么干。我会大力提倡学习历史，深入地了解某个特定区域，以及掌握能帮助你去了解那些个案的语言工具。如果你想学数学，就想方设法地学。但我不认为数学对我们这个领域有那么重要。

问：您是否鼓励过学生去做实地调查，比方花上一年时间深入地沉浸于某一个案之中？

答：一直如此。西德·维巴，德国；宾·鲍威尔，奥地利；白鲁恂，嗯，白鲁恂就是从中国和东南亚来的；迈伦·维纳，印度；斯科特·弗拉纳根，日本；鲍勃·蒙特，法语非洲地区。

研究：结构功能主义、历史分析与政治文化

问：您曾说过，您早期有关结构功能主义的研究可以被理解为努力发展出一套比较静力学理论，而您此后的历史性著作可以被视为提供一套动力学理论的尝试（Almond 1997, 62-65）。在讨论您更具历史性的著作之前，我想先说说结构-功能模型。您是如何发展出结构功能主义的基本范畴的？

答：其一是洞悉到社会学、人类学、社会心理学、精神病学，以及从根本上来说包括经济学，都是用来解释过程的备选的、互补的途径。这一研究思路早已在芝加哥大学发展起来了。如果你读过梅里亚姆的《政治新面向》（Merriam 1925），他就讲过这些。他在这上面有所突破，这影响到了我，而我将之视为理所当然。于是我学会了把政治视为过程，不是正式制度，而是过程。这其实是形式论的起点，因为当你从过程的角度去描述政党，或者从过程的角度看利益集团，或者从过程的角度看媒体，那么你就开始让这些过程变得看得见了，也就能将不同的关键性组成部分区分开来。

另一项关键洞见是我在写作《发展中地区的政治》导论期间揭示的，即发达社会中和原始未分化的体系中发生着一些同样的过程。例如，即便在原始体系中，利益表达也仍旧在持续，只不过它隐藏在看上去是其他东西的过程之中。你得去找。人类学家帮我指出了这一点。1956—1957年间我在帕洛阿尔托的高等研究中心参加了一群出色的人类学家组织的一个小

型人类学研讨会。在玩飞镖游戏的间隙，我们想出了这个功能性的思路。结构功能主义是从这次聚会起源的。

所以，"过程"是从奥迪加德（Odegard）、沙特施奈德（Schattschneider）、赫林以及大卫·杜鲁门这类政治学家的著作中发展出来的。功能主义脱胎于人类学理论，受到像克拉克洪（Kluckhohn）这些人类学家的启发。

问：塔尔科特·帕森斯在体系化上的成果对您有哪些影响？是不是对您有所鼓舞？

答：启发很大，特别是帕森斯和席尔斯（Parsons and Shils 1951）的理论构想对我影响很深，尽管"鼓舞"一词并不好用在帕森斯这儿。很不幸，他后来的著作变得越来越夸大其辞、言过其实，而且非常啰唆重复。但他和席尔斯提出的理论构想以及他早期的理论成果极有创造性。他吸收了韦伯的观点。他做到了他所说的正在做的事，也就是把19世纪的社会/历史理论编成"法式"（codify）。我发现帕森斯看待任何体系都必须履行的功能的方式很有用处。

问：在您完善您的结构-功能模型时，您也提出了一套政治体系分类法。您为什么要提出这么一套分类法，它在您的思想里扮演了什么角色？

答：从我的角度来看，从事新的比较政治研究，首要工作是提出一套初步的分类操作法。你在谈论国外的现象，它们是真实的、客观的。你希望发现它们有哪些特性和动力，因此首要任务是把它们归好类。这就是我在《政治学报》那篇论文中所做的工作（Almond 1956）。那是《发展中地区的政治》一书的起点，需要让拿欠发达社会与发达社会作比较成为可能，非常需要。

刚才我提过我一直热衷于读亚里士多德，我本该也热衷于柏拉图和希罗多德。他们都有一套分类法——政治分类法。我从古希腊了解了分类的重要性。那么，要做准确的分类你得有一套好的结构功能主义理论，一套好的静力学。

问：那么您在您的分类中如何体现对不同社会的一手认识呢？我在读您1970年的文集《政治发展》的导论时感到很好奇，您提到直到1962—1963年去日本、东南亚、印度和非洲旅行时，您才和第三世界社会建立了直接联系（Almond 1970, 21）。但在此之前，您已经写出了一篇提出应用于发展中地区的结构-功能理论的关键论文。

答：我的父亲是一位"拉比"，并且正像拉斯韦尔当初跟我讲的，我小时候受到《圣经》研究的熏陶，这给了我领略其他文化的机会。在某种意义上，我是在多种文化背景环境下长大的。

问：这还是让我很好奇。您在纽约为博士论文做了实地调查，您关于欧洲的著作汲取了在这些社会的直接经验。但说到第三世界，尽管您显然从人类学中受惠良多，但您是在去这些社会游历之前就写出了头一部主要著作。1962年和1963年您在亚洲和非洲的旅行经历有没有给您的思想带来些许改变呢？

答：我不这么想。这么说吧：功能运转的三个不同层次——体系、过程和政策——是我主观地依照逻辑构想出来的，并非归纳出来的。它是一个逻辑发展过程的结果，洞入精微，对更复杂的体系做了区分。所以，回答是"不"。看到一个非洲村庄，一个印度贫民窟或者村子以及东京的那些后街，我的确受到了直观影响。我去过了第三世界。但我不认为这些在第三世界的经历显著地改变了我的想法。我并没说这是美德，只是告诉你一个事实。在我的人生经验中，理论发展是主要通过其他人的著述，注意到政治体系中一些亟待处理的问题后，不断摸索的结果。

问：您认为您的结构-功能模型对比较政治领域产生了哪些影响？

答：某种程度上它被同化吸收了，变成了常识性的概念语汇。没有人能够在不讨论基础结构和基础过程（infra-process）的情况下研究一个新国家。并且他们还会使用我在著作中发展出来的诸如利益表达和聚合之类的概念。这是现成的词汇，当然它不是唯一的讲法，也有别的方式去加以表述。不过，某种意义上，发展出一套结构-功能分析路径，是第一次有人试图为在全球范围内研究比较政治提供一套系统的方案，它的很多内容还有生命力。

问：在结构-功能分析框架之中工作了很长一段时间之后，您开始转向更具有历史性的分析视角。这在《危机、选择与变革》（Almond, Flanagan, and Mundt 1973）一书中表现得尤为明显。这项新研究背后的驱动力是什么？您在处理什么理论议题？

答：我们知道我们的结构功能主义在政治发展或政治变迁理论中已经占了一席之地。你需要用以解释描述多多少少处于静态的或者重复的体系的静力学，解释处于均衡状态的体系。但当体系开始改变了，直白的结构-功能分析路径就有不少缺陷。例如，我们做个有关法国的研究，法国大革命之前和之后，我们能就大革命前后的法国做一个静态比较，但我们没法搞清楚、解释为什么从状态 A 变到了状态 B。

问：那么您在《危机、选择与变革》中是如何应对这一理论挑战的呢？

答：我们首先考察了有助于解释为什么体系从 A 变到 B 的已有学术成果，从中我们发现了四个不同流派，其中之一是我们的结构功能主义。然后我们开始与这些其他的理论路径斟酌商榷，尽管在某种意义上它们就是与结构功能主义对立的。

其一是社会流动化理论，以卡尔·多伊奇、西摩·马丁·李普塞特、丹尼尔·勒纳为代表。我们发现社会流动化研究路径能够解释政治体系受到压力情势的出现，比如当出现了新的阶级，就会发生基础性的、结构性的变革。这样，社会流动化研究路径能够告诉你为什么从 A 变成了 B，很大程度上这是一个没有留下其他解释余地的结构性进程，某个拿破仑、希特勒式的人物或者别的类似因素没有发挥影响的可能。但试图用结构性变量之间的统计联系来证明这一理论却困难重重。

如果你去看真实的历史个案，比方说，法兰西第三共和国的形成，你不可能真的脱离拿破仑三世的失败去讲第三共和国。拿破仑三世犯下了愚蠢的错误,于是你很快发现,领导能力问题生死攸关。拿破仑三世任由俾斯麦牵着鼻子走进了普法战争,这是个愚蠢的、不合时宜的决策。原来是因为他的健康状况每况愈下,他没有牢牢地执掌所有大权。在这种情况下,你或许会说生理事实挺重要的。随着我们研究越来越多的个案,我们得出结论:领导能力必须被纳入研究视野之中。在这样的背景下,我们遭遇了理性选择理论。在我们能够真正提出一套好的领导能力理论之前,我们首先需要一套好的博弈论。实际上,我们需要博弈论来证明,领导人如何(或者在什么局面下)能够积累用以制定和执行决策的必要资源。

问:您与理性选择和博弈论发生接触确实相当早。

答:我想我头一次知道它是在1956年,那会儿我作为行为科学高等研究中心的研究员在斯坦福待了一年。肯尼斯·阿罗当时在斯坦福,同时也是高等研究中心的研究员。差不多是到那儿的第一天,他给了我一本安东尼·唐斯的博士论文《民主的经济理论》(Downs 1957)。我还保存着他给我的这本原稿。我读后深感折服。我认为它的内容充实有力,把早已被研究利益集团和政党的学者们引入政治学并加以发展的政治模型提升到了理论层面,其主旨是将民主政治视作交易过程。如果你看看在唐斯的书出来之前,20世纪30年代和40年代的利益集团和政党研究中,政治家们已经不再是伟大的思想家和英雄人物了。毋宁讲,对政治家们的看法就像某位芝加哥大学的哲学家所捕捉到的那样,他说民主稳定的秘诀就是人们达成"肮脏交易"的能力。唐斯所做的,也是他的导师肯·阿罗要求他完成的,是通过数学运算将这种看法加以形式化。当然,约翰·冯·诺伊曼和奥斯卡·摩根斯坦那时候已经提出了博弈论(von Neumann and Morgenstern 1944)。

问:您发展一套政治变迁理论的努力貌似带有折中色彩。

答:完全正确。我们以一种工具性的方式借鉴现有的各种理论,而不把它们视为典范。我们渐渐发现,要解释你如何从 A 变成 B,我们需要把各种因素结合起来。这有点像如今物理学家们试图去把四种力统一综合到同一套数学系统、同一套方程式里。在同样意义上,我们试图把这四种理论研究路径——结构功能主义、社会流动化、理性选择以及领导能力——纳入一套同质理论（a homogeneous theory）之中。并且，我们成功了。在《危机、选择与变革》中，我们开始提出了一套研究政治发展的分析体系。当然，这还没有被本领域普遍欣赏。

问：除了刚才我们讨论过的著作，您对政治文化有持续的兴趣。您与西德尼·维巴在这个主题上的早期合作《公民文化》(Almond and Verba 1963) 无疑是开山之作。

答：《公民文化》鼓励了许多关于政治文化的研究。学者们认识到文化在解释历史结果时是一个重要的变量。如果你看看卡尔·弗里德里希（Friedrich 1937, 1963）和赫尔曼·芬纳（Finer 1932）式的比较政治，他们指的是公众舆论，他们谈论了媒体。你不能说他们是纯粹的制度论者或法律论者。但他们缺乏一套系统的处理文化问题的方法。我比他们晚出生，从问卷调查研究中获益良多，那时候这种研究方法才开始被运用。我把这种合用的新工具与一堆关于民众态度的假说结合起来，这些假说试图解释为什么法国、德国、英国和意大利在政治上各有特色、各行其是。这是主要的成就。我们花了好多年完善访谈计划。这项研究借鉴了社会心理学理论、政治学理论以及韦伯和帕森斯的社会学。前后耗时五年，我们确实得花这么多时间。如果维巴没有那么聪明的话，用那么点时间根本做不完这项研究。与宾·鲍威尔那会一样，我们在维巴完成博士论文之前就开始了这个研究项目，他的论文本身也很出色。

《公民文化》对政治文化的概念史影响深远。但当维巴和我合作本书时，我有一堆兴趣，我知道自己不会把余下的职业生涯都花在这一方面。我有其他一些关心的理论问题。并且我知道维巴做这个更合适。实际上，这只不过是简单、从容地交棒给维巴，而他干得非常好。

我觉得罗恩·英格尔哈特的政治文化研究也很出色。罗恩·英格尔哈特是政治学里伟大但被忽视的英雄之一。他是我们中间唯一作出预测且已经被事实证明了的人——早在20世纪70年代他就主张变化中的态度将会带来结构性的变革。我不知道为什么他被忽视了。他从未成为美国政治科学协会的主席。我不明白为什么。对此我抱怨过,但没有把这件事闹大。

问:就您自己的著作来说,有没有哪一部是您偏爱的?有没有什么思想是您觉得特别自豪的?

答:在《共产主义的吸引力》(Almond 1954)一书中,我用内容分析方法把共产主义描绘为一个传播体系,我觉得这显示了精湛技艺。把适合工人阶级的大众出版物与理论出版物相对比,并做系统的内容分析挺费事的。总的说来,我喜欢的是那些我做了经验性的研究,而且方法上特别巧妙的著作。

有没有哪一部是我偏爱的?1990年我在莫斯科作的演讲"资本主义与民主"(Almond 1991)相当俏皮。我是在一个相当有敌意的环境下做讲座的,加里·贝克尔主持,其他参加者都是经济学家。他们对取消社会主义立场坚定,主张不管付出什么代价都要进行急剧变革,也不需要什么安全网。我反驳了这一方案。这是我的演讲最重要的结论。

研究历程

问:说到研究历程,您到底是怎么开展您的研究项目的?

答:回想起我关于财阀统治与政治的博士论文,我对自己有兴趣加以解释的现实有着切身体会。我也始终让自己"接地气"。我对许多图书馆都很熟悉,那儿收藏了不少印出来的个人生平记录的目录。当我研究的项目缺乏经验数据时,我就自己搞出来。就像维巴和我用自己的手段收集数据那样,我们创造了公民文化数据库。这个过程揭示了研究中的一个关键问题,除非我们能在理论上出乎其外,否则就不清楚哪些工具方法得乎其中,这是某种循环往复的过程。不过我对围绕建构主义展开的争论不大在意,争论到底心外有物还是心外无物没啥意义。

问：您的工作在多大程度上受到了现实世界重大事件的影响？

答：在我成长过程中，一个问题接着另一个问题，一场灾难接着另一场灾难，形势很糟糕。1937年我在巴黎，正值西班牙内战，我清楚地记得报纸上有关桑坦德陷落的大标题，那又一次让我觉得如鲠在喉。我被那些芝加哥的失业工人们打动，他们过来跟我说："我的孩子连双鞋也没有，大冬天他们脚上湿漉漉的，他们还得了病。我能不能见见我的社工，请她开张证明给我拿去百货店，或许他们能给我双鞋？"就是这些让我那时候成了某种意义上持左翼政治立场的社会科学家。另一方面，我没有轻易接受任何人的说法。如果马克思说资产阶级掌握了如此这般的权力，我反问自己，真的是这样吗？我得走出去看看。我得找到检验到底哪种方案可行的办法。于是，是的，我开始关注大问题，首先是大萧条、新政、战争、国家社会主义、法西斯主义。至于德国，这是孕育了社会科学高等教育的国家，在那里诞生了马克斯·韦伯主编的第一本真正的社会科学期刊，那会儿却走向了纳粹，这让我快疯了。我感到无论如何我都必须去研究这些问题。我不是说优雅就不好，但过于优雅就让我觉得不舒服了，因为我不认为政治学是一门以优雅为至高美德的学问。

问：阅读个案研究在您的研究中起作用吗？

答：我读了大量的个案研究。我喜欢看这些。一旦我决定研究某个特定问题，我喜欢把自己泡在有关这个问题的文献里，不带任何先入之见。也就是说，我不会开列一个书目只看这些著作或者某一特定角度的著作。我自己做研究是个偏向被动适应的过程，在我试图掌控问题之前，我让问题掌控我。以《危机、选择和变革》为例，与其采纳某一个研究路径，比方社会流动化理论，我宁可探索发掘文献，终于发现围绕不同研究方法形成了各种各样的学派。最终，正像我告诉过你的，我提出了一套结合各种理论成分的理论。因此我把被动方面和主动方面做了创造性的混合。我想被动这方面往往被忽视了。例如，亨廷顿更强调主动掌控局面。我不认为他在研究上被动适应这方面就足够了，他不会让现实牵着鼻子走。

本领域的未来

问：有关问题导向还是方法导向的研究路径之争，显然与当前有关比较政治学的发展方向以及理性选择和博弈论潜在贡献的争论联系在一起。您怎么看待把经济学研究路径带入比较政治的计划？

答：每一代人都需要建立自己的平台并且表明自己有话要说。这在结构上是给定的。他们会说，"我们的前辈们是这么干的，而这是被他们忽略了的"，尽管或许前辈们并没有忽略它。所以，比较政治中经济学研究路径的倡导者们正在建立供他们立足的平台，我想如今正在发生天翻地覆的变化。说到这儿，我认为如果理性选择理论被富有想象力地、折中地加以使用，如果人们运用它时很好地立足于他们试图加以改进的研究成果，那么也就有理性选择理论的一席之地。但这还没有提上议程。

拿巴里·温加斯特（Barry Weingast）来说。多年前他来找我，当时他头一回想涉足政治学，问我："我该读什么？"我给了他整整一大捆书。那是指导研究生的做法，你给他们一串书目要求他们回去读，然后再回来讨论这些书。我不晓得他是怎么处理这些书的，因为它们从来没有在他写的任何东西里出现过。他打算掌握这个领域并做出些贡献，但他并不真正尊重这个领域的成就。瞧，我认为这个领域的进步是实实在在的，非常有创造性。我并不认为我们必须从零开始重新来过。关于民主化，已有的工作很迷人，它接续了源自古希腊的宪政理论伟大传统。最出色的成果还是属于宪政分析、制度分析的伟大传统之中的，这是政治学赖以为生的面包和黄油。

或者拿约翰·费雷约翰来说。他认为我们最终将建立某种政治物理学，一套真正的物理学，一个处于 $E=MC^2$ 状态的学科。他真的相信会这样。在某种程度上，所有理性选择的拥趸都认为他们能朝着这个方向给政治学带来巨大的进步。在哲学意义上来说，这是一个理性选择理论家们不能勇敢面对的真正的本体论难题。数据也好，现实也罢，不同科学考察的根本不是一回事，它们并没有平等地给自己提供分析方法。事情就这么简单。这就像是卡尔·波普尔提出的云团和钟表问题。〔3〕拿演化生物学家恩斯特·迈尔的工作来说，他就达尔文理论做了出色的分析，表明生物科学中某种可能的精确性跟物理学中是不一样的（Mayr 2001）。这是因为物理学处理的是无机的物质世界，不同于生物世界。而我得说社会世界尽管跟生物世界更为相似，但还是不一样。这些是各自独立的本体论。人们所渴望的某种精确性，所能建立的理论类型，所能预计的某种还原论，能把现象简化为基本元素的程度，都不一样。这是社会科学家们需要面对的首要哲学难题。把政治学假定成物理学那样是荒唐可笑的。

总结

问：能否请您给在比较政治领域刚刚起步的研究生们提一些建议？

答：头一件事就是去某些陌生的外国转转。从比较政治之父孟德斯鸠开始，这已经成了每个人的本能。孟德斯鸠写了一个想象中的波斯，某个他发明出来的波斯。他需要借波斯来指桑骂槐说说法国的事情。托克维尔也是如此，他说过当他在《论美国的民主》中描述美国时，法兰西时时萦绕心头（Tocqueville 1969）。历代所有伟大的政治理论家都面临作比较的需要。

问：您是我们这个领域最资深的成员之一，并且您已经笔耕了近八十年，令人赞叹不已。是什么促使您不断走下去？您是如何保持对工作的兴趣的？

答：1933年，在大萧条的谷底，我进了芝加哥大学研究生院，所以我们的谈话差不多覆盖了七十年的职业生涯。某人流连此地这么久，而且还

---

〔3〕 参考卡尔·波普尔的"论云团和钟表"（Popper 1972）。波普尔的比喻被作为阿尔蒙德和金科的《云团、钟表和政治研究》一文的起点（Almond and Genco 1977）。

在继续生产，这也是咱们这个领域的新鲜事。你可以说在某种程度上这是个习惯问题。另外，信息技术的创造发明也让我在职业上保持长寿成为可能。很幸运，我在念高中时学会了打字，当个人电脑被发明出来时，我就开始在家里的电脑上工作，这是世上最简单的事情了。我早上起来，我有早起的习惯，如果我没什么研究计划跟进，见鬼，那我一大清早就不知道该做什么了。我这么说吧，如果我的头脑不再继续处理这些事项和问题，我将不复存在。所以我相当自私地利用着自己的能力，让自己充满创造性地忙碌起来。解决难题是很享受的，我会感到很兴奋。甚至在晚年，我对好的研究带来的兴奋感也不能免疫，这能上瘾。从很小的时候起，我就养成了这个习惯，不断促使我走下去。

我的医疗史丰富多彩，我是说，按说我本来早就不在人世了。但将近三十年来，我一直进行着一项心脏病康复锻炼计划，每周和许多跟我一样的病人聚会三次。他们是我很好的朋友。逢年过节，我们就一起庆祝。这让我能保持体形，尽管我身上零件儿都吱吱嘎嘎的了，但身体还挺柔软灵活的。我已经90岁了，很老了，我很感恩知足。

问：您最近在忙些什么？

答：我有本关于原教旨主义的书将在秋天面世。我参与了一项关于原教旨主义的研究，最后要出五大卷成果。我是最后一卷其中四章的主要作者（Marty and Appleby 1995, Chs. 16-19）。同我的两位合作者一起，我们把这些章节变成了一本平装小书，书名为《强势宗教》，由芝加哥大学出版社在九月份推出（Almond, Appleby, and Sivan 2003）。我要读校样了，我还挺忙活的。

第四章

批判精神与比较历史分析*

——巴林顿·摩尔访谈录

Barrington Moore, Jr.

巴林顿·摩尔是比较历史研究的开拓者。他讨论现代民主政治与独裁专制根源的著作雄心勃勃、视野开阔,自20世纪60年代以来,鼓舞了一代又一代学人。

摩尔以一位俄国政治与社会研究专家的身份开始其学术生涯。他最早的两部著作《苏联政治》(1950)和《恐惧与进步》(1954)提出了这样的问题:一旦革命党掌权,革命运动将会产生什么影响?《苏联政治》分析了布尔什维克主义意识形态如何被调整用以适应解决诸如实现快速工业化这样的难题。《恐惧与进步》讨论了苏联体制的矛盾,对苏联政权变革的源头做了试探性的预测。

20世纪60年代,摩尔发表了他最重要的著作《独裁与民主的社会起源》(1966),分析了八个大国从农业社会转型为工业社会过程中呈现的不同道路。他鉴别出三条清晰的现代化道路:美国、法国、英国的民主道路;苏俄与中国的共产党道路;以及德国和日本的法西斯道路。他用俄国和中国革命的案例挑战了工业化是产生20世纪极权主义独裁专制主要原因的看法。相反,他聚焦于上层地主阶级和农民的作用,表明除非发生削弱地主精英的暴力革命,通往现代性的民主道路就不是可行选项。由此,摩尔的历史分析戳破了第二次世界大战后在亚非拉地区工业化与民主能够和平地

---

* 这次访谈由理查德·斯奈德于2002年5月13日在马萨诸塞州坎布里奇完成。

同时实现的流行看法。

摩尔在《社会起源》之后的研究继续提出了许多重大的道德和政治问题。《不公正》(1978)讨论了在社会苦难和压制面前,为什么逆来顺受比起来造反更为常见。《隐私》(1984)借鉴了有关希伯来社会、古希腊和中国等不同文化的人类学与历史研究,考察了各自对隐私的不同理解。而《历史上的道德纯洁与迫害》(2000)提出从古至今一神论催生了大规模的迫害和苦难。

摩尔1913年在华盛顿哥伦比亚特区出生,2005年在马萨诸塞州坎布里奇去世。* 1936年他在威廉姆斯学院获得学士学位,1941年在耶鲁大学获得社会学博士学位。1945年至1947年他在芝加哥大学社会科学部作为讲师任教,后来成为哈佛大学俄罗斯研究中心的高级研究员。1979年他成了哈佛大学的荣休讲师。

思维形成与学术训练

问:您最早是如何对政治研究产生兴趣的?

答:我猜小时候我就对权威有些兴趣,因为我不喜欢老是被管着。不过我不记得那会儿是不是真的对政治感兴趣,直到14岁那年我去罗得岛州新港附近的圣乔治寄宿学校上学。我讨厌我那帮同学。他们是些有钱的小霸王,因为我聪明、他们蠢,他们就老是找我麻烦。那儿差不多是一个进不了好学校的有钱家男孩的窝子。还有一群海军家属的孩子,两拨人完全不一样。我更喜欢后者,与他们相处融洽。我在圣乔治有一位非常好的朋友,我们一起开了一家印刷所。我们搞到了一台旧的行脚印刷机,给学校以及周边印刷传单册页。但它其实是一家文具店,叫亨特文具公司,是以我朋友的名字命名的。圣乔治的教员一流,他们教会我如何写简单的英语散文。

---

* 摩尔于2005年10月16日在马萨诸塞州坎布里奇过世,享年92岁。——译者注

问：您家境富裕吗？

答：是的。我祖父是 J. P. 摩根的私人律师。某种程度上，我对祖父的了解胜过对父母的了解。我的父母不和，可以说我是被祖母抓回来扔给了祖父，好让我能远离父母的争吵。

问：念完寄宿学校，您在 1932 年升入威廉姆斯学院主修古典学[1]，那段经历怎么样？

答：去威廉姆斯是我自己选的。我想去那儿主要是因为它是屈指可数的还要求拉丁文必修的学院之一，拉丁文要读四年。高中时我喜欢拉丁文，想多学点。在威廉姆斯我遇到了一些非常好的拉丁文教师。我也修了些自然科学的课程，不过成绩一般。主修古典学有不少历史课要上，每年一门。我上过一门非常好的现代史课，是一位杰出的老师开设的，他主编了一套巴克夏历史小丛书，是很小的开本。若干年后他请我为他的丛书写一本有关甘地的书，因为我在我的《社会起源》里讨论了甘地（Moore 1966）。不过那时候我对甘地感到厌倦了，正在做别的东西，就回绝了。总的说来，在威廉姆斯我受到了良好的教育，理解生活、坠入爱河、喜结良缘，诸如此类。

问：并不是每个人都会对拉丁文感到兴奋。为什么您这么喜欢拉丁文？

答：部分是因为我的个性和爱好之中有某些相反的特质。并且，拉丁文要求苛刻，足够困难，而我们选读的材料又特别有趣。念高中的时候我没读过卡图卢斯（Catullus），但在大学里我读了，深受打动。卡图卢斯的著作饱含激情。我还修了古希腊语课，甚至比拉丁文还棒。

问：您一共学习了多少种语言？

答：大学里我学了拉丁语、希腊语、法语和德语。我还开始学俄语，

---

[1] 关于摩尔在威廉姆斯学院的老师和课程，参见 Jackall（2001）。

毕业不到一年就掌握了它。俄语是一门有趣但难学的语言——记单词就是件漫长的苦差事。我热爱语言，我得说学生们学的语言还不够。不同语言开启了完全不同的思维模式，一种不一样的表达涵义的方式。学习语言对你有好处，对职业生涯发展也很好。它使你成为更好的社会科学家、更好的人。

问：您是怎么从威廉姆斯学院主修古典学的本科生变成了耶鲁大学社会学博士生的？

答：完成大学本科学业之后我间隔了一年。主要是当时我在学俄语。我告诉阿尔伯特·加洛韦·凯勒（Albert Galloway Keller）——他是我希望在耶鲁社会系跟的导师——我将间隔一年，而且我不想完全浪费掉这一年时光。于是我问凯勒对我应该做些什么有什么建议。他立刻叫我去学俄语。某种程度上我是个很听话的年轻人，就坐下来学俄语。一年后当我进入研究生院时，很多人议论纷纷，这个有钱人家的男孩儿到底能不能对付下来。好吧，你也许会说我干得挺"引人注目"的。除了做博士论文那会儿，我都做得不错。

问：为什么您选择去耶鲁学习？您没考虑过其他研究生项目吗？

答：20世纪30年代中期那段时间，社会学差不多就是研究福利救济券，就像芝加哥大学的罗伯特·帕克（Robert Park）和厄内斯特·伯吉斯（Ernest Burgess）的工作中呈现的那样。我完全不赞成这种类型的研究，也不想做这样的研究。耶鲁社会学系不一样，因为还有60%的教员是威廉·格雷厄姆·萨姆纳时代的"老人"，尽管萨姆纳已经过世了，他主要的门徒凯勒也快退休了。我上了一门凯勒的课，这门课就是在讨论他和萨姆纳的合著《社会的科学》（Sumner and Keller 1927），其实主要是人类学。耶鲁社会学系还有其他一流的教师和出色的学者，都是四十岁上下的年轻人。乔治·彼得·默多克（George Peter Murdock），做人类学的，后来以技术流在人类学界著称，颇有建树。詹姆斯·G.莱伯恩（James G. Leyburn），学历史的，也在社会学系。莱伯恩从南方来，研究美国南方。总之，比起去芝加哥，我在耶鲁接受了更好的教育，这在当时全国各地的社会学系恐怕都是独一无二的。

问：您为什么会选择社会学？
答：它研究主题广泛，主张进行科学的研究，不过对这个主张我有点不够尊重。我记得有一回我拿了一套天平，把凯勒和萨姆纳的四卷本巨著《社会的科学》（1927）的每一卷都称了称。嗯，我称出了每一个推论的重量，作为一个内部玩笑，我把结果打印出来散发给一些系里的教员。莱伯恩被逗乐了，他说这是"能耐"（les faculte）。我不肯定凯勒是不是发现了我干的事，兴许他知道。

问：您还记得起每磅书的推论比例吗？
答：差不多是每个推论一本书，每本书差不多五磅重。

问：您在研究生期间读的哪些书对您影响深远？
答：当然是《社会的科学》（Sumner and Keller 1927）和《民俗》（Sumner 1959）。《民俗》里有许多闪光点，但那是我读过的写得最差劲的书。萨姆纳简直是"从屁股那儿开枪"，还没想清楚就乱说一气。我还读了大量的社会史著作，特别是，我记得读过一本挺老的法国人写的书《古代城市》（Fustel de Coulanges 1882），写得真漂亮。那是本可爱的法语书，每个事实各归其位，加在一块儿恰好拼成全景图，当然也可能有错，因为历史就是这样，下一代历史学家或许会证明前人搞错了。

问：您提到您的博士论文经历了些波折，出了什么事？
答：那时我已经吸收掌握了《社会的科学》的大部分内容。它讨论的主题主要是人类学，我便认定我已经有足够丰富的人类学知识了。于是我写了一篇关于阶级体系的比较论文，用上了我能搜集到的所有像样的事实个案。我写了一章关于所罗门群岛中蒂蔻皮亚岛的内容，还有一章关于因纽特人的内容。我想还有一节是关于中国的。我甚至试图制作一张世界散点图。[2] 但是我没有任何办法能把这堆材料归拢成一体，这几乎是场灾难。后来我想写《社会起源》，但还是不知道该怎么做。事后我的老师们跟我谈到了我的博士论文。默多克希望我从头再做一遍，但我为他没能成功说服我感到高兴，因为我那个时候真的所知有限，难以提供有意义的证明。凯勒说，"瞧瞧他做了这么多工作，他已经得到了一些概括推论，不少东西已经攒在一块儿了。"最终他们通过了论文。但那不过是蹒跚起步罢了。

博士毕业后在司法部和战略服务局

问：1941年您完成了博士学业。您那时计划干什么？

答：我原本希望找份学术工作，但战争爆发了。因为我视力差以及其他一些原因，征兵时我被归入4F（不宜服役）。最终我进了司法部，加入了一个非常有意思的小组。我记得曾写过一篇很长的关于美国共产党以及其他左派和右派政治团体的报告。[3] 我在那儿认识了社会学家莫里斯·雅诺维茨（Morris Janowitz），他成了我终身的朋友。

问：在司法部您在哈罗德·拉斯韦尔手下工作。

答：对。战争期间一部分学术界的流动——主要是那些强调科学性的社会科学家——是由拉斯韦尔推动的，学者们去了不同的岗位，包括司法部。另一部分学术界的流动是由历史学家威廉·兰格（William Langer）主导的，他安排那些更倾向历史取向的年轻的研究生。他们有些人穿上了特制的军队制服。我记得我们部门的头儿还挺年轻的，穿一套蓝色海军制服，上面落满了香烟灰，特别邋遢！那里的工作方式是，你去见拉斯韦尔，他上下打量打量你，然后说"司法部"或者别的地儿。在把比尔·兰格和外

---

[2] 摩尔在耶鲁的博士论文题为《社会分层：一项文化社会学研究》（Moore 1941）。

[3] 后来，摩尔在这项研究的基础上改写并发表了一篇论文（Moore 1945）。

交史学家们恶狠狠地挖苦了一顿之后，拉斯韦尔把我派去了司法部。

后来我被要求写关于某位知名哲学家的材料，我想是约翰·杜威，我就从司法部辞职了。做了很长一段时间自己的研究之后，我在战略服务局谋到一份差事。我所在的部门不用全副武装出外勤或者干这之类的活儿，无非是把《纽约时报》之类没啥危险的资料剪剪贴贴，但那也是做研究。〔4〕我为占领军写了一篇关于奥地利一般社会结构和政治情况的长篇文章。我记得还写过一份关于德国共产主义的历史研究。

问：在战略服务局，您遇到了一群引人瞩目的德国流亡者，包括赫伯特·马尔库塞、奥托·基希海默以及弗朗茨·诺伊曼。和他们一起共事的感觉如何？

答：太棒了。他们聪明睿智，不愤世嫉俗，但又让人耳目一新，你大概可以这么说吧。我从那些人身上学到不少东西，对我是一次很重要的教育。我学会了如何融会马克思主义，将之用到我写的东西里。我们挤在办公室的隔间里。马尔库塞严格来说是我的老板，桌子就在我身后。我记得他看完我写的奥地利社会结构报告后，斜靠过来用他浓重的德国口音说，"这有点马克思主义的味道"。以前通过阅读《共产党宣言》之类的文献，我接触过马克思主义，但我不知道怎么运用它，如何从中汲取某些积极成分。如果你看过我的《社会起源》，你就会发现那里面有一套明显的马克思主义解释。从许多方面来说，那本书是我在战略服务局工作经历的产物。

对于这些德国知识分子在战略服务局的出现有些大惊小怪的议论。我听到有人指控这些德国知识分子不可能从美国的角度看问题，这倒是真的。但我根本不把这事看得有多严重，因为这地方根本就没什么需要保密的文献档案。我想这些人和其他任何人一样也有些偏见，但他们都很有趣，也很有思想。我记得有一次马尔库塞罢工了，他说，"我不会再给说这样的话的人写任何东西"。他还真就没再写。反正马尔库塞有点懒，于是他就找了个借口退出了。

---

〔4〕 关于战略服务局的研究职能，参见 Katz (1989)。

问：在战略服务局工作，听上去像又上了一遍研究生院。

答：对。如果给你一份工作，去写关于奥地利社会结构的报告，还就是像又读了一遍研究生。

问：战争期间，您在《社会计量》上发表了第一篇学术文章《社会分层与社会控制之间的关系》（Moore 1942）。

答：我想从自己的博士论文里打捞点东西出来。这是一篇定量分析文章，我在复制我的老师彼得·默多克的做法。如今我把它当成一个笑话。

芝加哥、哈佛与职业上的解脱

问：第二次世界大战后，您在芝加哥大学跨学科的社会科学部得到了第一份学术工作。那里怎么样？

答：我很享受。回归学术太好了。学生们都很了不起，许多人当过兵。我被要求教的课也很好：它们涉及一个重大问题，并且覆盖了很多有关的好书。很幸运，我到芝加哥时哈钦斯体系正在衰落。[5] 我遇见过哈钦斯，那次会面相当有启发。在教员俱乐部一进门的地方有张桌子，任何人都可以不必预约径直坐下。嗯，我就坐在那儿，这个瘦长的家伙走进来，挨着我坐下，说"我叫哈钦斯"，于是我说"我叫摩尔"。然后他开始跟我对桌边的所有人品头论足："那个家伙是狗娘养的，那个家伙是真正的婊子养的。"我想他正在气头上，想对教员们发泄怒火。哈钦斯被某些老派的保守分子所憎恶，其中之一当时就在座，他是研究南方历史的，文笔生动。他挺讨人喜欢的，就我所见，他们都挺讨人喜欢的。但当一位支持哈钦斯的人类学家——我已经忘了他的名字了——支持某人要雇用一位黑人的意

---

[5] 这里指的是罗伯特·梅纳德·哈钦斯（Robert Maynard Hutchins），芝加哥大学校长。据加布里埃尔·阿尔蒙德（Almond 1990, 297）所言，在哈钦斯领导下，"芝加哥大学对经验性社会科学非常冷淡。哈钦斯的政治学观念是人文式的、演绎的，甚至是阿奎那式的"。

见时，我无意中听到这位老派的保守的南方人说，"难道他没有意识到他在这儿不受欢迎吗？"瞧，这就是那会儿此地的氛围。这倒没有打扰到我。我有足够的空间做自己的事情，教学生如何自己去解决问题。我不想卷进那些是非纠葛里去，有点无政府主义者的味道。我认为所有的规则都很糟糕，你只管把自己的事情做好就行了。

问：您在芝加哥跟哪些同事相处甚欢？

答：大卫·理斯曼（David Riesman）是我在芝加哥的好朋友，他几天前刚过世。我们一起教"社会科学二"，经常一起打网球。他直觉敏锐，不过他的著作不是很扎实，没有得出什么细致的概括。他的书《孤独的群众》（Riesman 1953）据说深受埃里希·弗洛姆（Erich Fromm）的影响，那时弗洛姆是很受欢迎的德国侨民。两人的著作我都没有读过，所以理斯曼的书也许比我想象的要好。在《纽约时报》（2002）的讣告里对这书评价很好。我喜欢戴夫·理斯曼，不过我们断交过一回。古巴导弹危机那会儿他在一份公开信上签名，关于古巴言论自由或者那一类的吧，相当琐碎的事。那时候我们许多人都觉着世界要爆炸了，我让戴夫更是火冒三丈。我跟他说，一个男人居然掺和这点琐事，简直是有毛病，我再也不想跟他沾边了。相当长一段时间里我们都没跟对方说过话。后来我们在哈佛都被安排在同一个委员会里，我们又相处得很好。当我固执己见的时候他给了我帮助，但我不需要去帮助他，因为他从来没有固执己见过。

问：1947年您离开芝加哥去了哈佛，加入塔尔科特·帕森斯主持的社会关系。您能否说说那段经历？

答：和其他人一样，我和帕森斯相处得很好，但我不能忍受他的想法。那些都是废话，自命不凡的胡扯。我想我是第一个公开地、尖锐地批评帕森斯的。自我开始批评之后，好家伙，顿时嘘声四起！我把一份油印出来的批评文章四处散发，我这篇关于"新经院哲学"的文章（Moore 1953），照他们说的，搅得鸽子笼里一片扑腾。

问：最终您还是从社会关系系辞职了，您的终身教职申请被否了吗？

答：我辞职前已经按照标准流程拿到了终身教职。当时哥伦比亚大学有意向聘请我，我做了试讲，但最后没弄成，不过这件事儿也足以帮我在哈佛拿到终身教职了。

问：您为什么要退出社会关系系呢？

答：我不关心学术氛围。系里没有让我带研究生，不过我发现我能通过我讲的东西直接抓住学生。我尤其不想待在系里。这儿有一两个我喜欢的人，但那远远不够。乔治·霍曼斯（George Homans）是我最亲近的朋友，他一直待下去了。他不像我那么带有批判倾向。[6] 我想霍曼斯论群体的书（Homans 1950）是社会科学屈指可数的不可磨灭的丰碑之一。他提出了一些概括，并且有效地加以论证。阿尔伯特·赫希曼那段时间也是我的好朋友，尽管他不在社会关系系。他是另一个我在哈佛喜欢的人。

问：您不担心从社会关系系辞职带来的后果吗？

答：不，我不担心，我受够了。何况我已经有了终身教职。如果那时候我没有终身教职，我也许会害怕的。终身教职是个伟大的东西。它保证了你在力所能及的范围内跟个该死的傻瓜似的，想干啥就干啥。

问：从社会关系系跳出来之后，您觉得哈佛对您意味着什么？

答：对我来说，那就是个谋生的地方。那有世界上最了不起的图书馆，我仍在使用它，并赞叹不已。我之所以留在这儿就是因为图书馆，甚至比学生还重要。图书馆是最主要的因素。

问：您在波士顿地区无形的学术朋友圈呢？像马尔库塞和罗伯特·保罗·沃尔夫（Robert Paul Wolff）这些您的朋友们和合作者们呢？

答：唉，如今他们都走了。

---

〔6〕关于霍曼斯对哈佛社会关系系的看法，参见 Homans（1984, Ch. 18）。

问：但他们对您而言肯定很重要。

答：重要，但不是决定性的。我只要有图书馆，我就不在乎。我跟马尔库塞的友谊历时最长，或许也最亲密。但他在布兰代斯，不在哈佛。我们在一块儿主要争论民主的前景之类的轻松话题。对民主的前景，我大概比马尔库塞更乐观一些。他通常被看成玩世不恭，这不确切，他的总体看法发人深省，对我产生了重要影响。每当我要说点"光明在前"之类的话，他就会说，"巴里"，然后指出我在论证中犯的错误。从他那里，我学到了不使用不起作用的论据。

问：您从一个常规的学术科系辞职，从循规蹈矩的职业生涯中解脱出来，有哪些成本和收益呢？

答：成本在许多人看来就是收益，失即是得。你不用去开会，不用听一堆你不同意又懒得去争论的废话。但另一方面，情感支持上确实有损失。

问：您发表东西之后如何获取反馈意见呢？

答：看评论。我的书总是被大家评论。它们总是有些品头论足的死忠粉，从说臭不可闻的到拊掌击节的都有。我最新的书《道德纯洁》（Moore 2000）倒是个例外。我已经看到了一篇由有些好斗的天主教徒写的评论，说很不喜欢这本书。我还看到一些评论抓住我用的案例之间的空隙去质疑整个工作。[7] 要填补这些空隙，势必得增加一大堆可读性不强的材料，这样的话，本书关于一神论的辩论主题就会被冲淡了。我按照自己通常采用的归纳方式得出了这一论点，只有当我写顺手的时候我才能明白这些事实究竟在告诉我些什么。我为《道德纯洁》这本书感到自豪。我想它是一本内容更具体、观点更尖锐的《社会起源》。

---

[7] 比如 Malia（2000）和 McManners（2000）。表示赞成的评论意见，参见 Bernhard（2002）。

关于苏联政治、比较历史和道德分析的研究

问：您作为苏联政治专家崭露头角，而且您的头两本书都是关于苏联政治的（Moore 1950, 1954）。

答：我仍然认为《苏联政治》（Moore 1950）是本非常好的书。它提出了一个反复出现的、非常有趣的问题，一旦掌握政权，革命将会怎样？我用大量细节描绘了出来。这本书目前仍然被用于教学之中。

问：《苏联政治》有结构功能主义的味道，比如主要论点就是工业化需要分层和不平等。

答：对，我想是这样的。

问：您是在来到哈佛后从帕森斯那里了解到结构功能主义的吗？

答：不，我是受了萨姆纳的影响。

问：您第二本书《恐惧与进步》之中一个有趣的部分是您对苏联政治发展做出了些预测。

答：我不大肯定我提出的替代设想是否就是他们本来可以选择的道路。我和其他人一样对苏联的崩溃感到吃惊，尽管我那时已经不再积极跟踪苏联动向了。二战之后，尝试弄清苏联的情况并做出预测，对于我们所有研究苏联的人来说就像是份作业一样。有些人，比如我，就很当回事；而另一些人，比如我在哈佛的同事亚历山大·格申克龙，就把这当成一个天大的笑话。

问：格申克龙对您影响大吗？

答：他写过一本关于德国面包与民主的书，突出了"钢铁与黑麦"的

作用（Gerschenkron 1966）。[8] 我在读到他这本书之前就对这事了解不少。格申克龙绝不是头一个做这种关联的；德语历史文献中有大量关于工业家和容克地主之间"钢铁与黑麦"联盟的内容。但是，我觉得他把它们放在一起讨论得相当引人入胜。格申克龙的文章观点非常鲜明，尤其是他写的关于经济增长的文章（Gerschenkron 1962，1968）。

问：我想做个思想实验。假若回到1956年，《社会起源》（Moore 1966）出版十年之前，如果我必须挑出哪位学者最有可能写出这本书，我怀疑我是否会选择您。1956年时您的著作明显是出自一位区域研究专家手笔，而不是一位视野宽阔的比较学者。您那时已经写出了两部关于苏联个案的书，大获成功。为什么您没有写第三本关于俄国的书？为什么您从苏联政治转向了更宽阔的比较研究项目，最终完成了《社会起源》？

答：我不能忍受成为一位俄国问题专家的想法，特别是在看到许多人正在变成俄国问题专家之后，视野相当狭隘，同时又很自负。我不喜欢他们，也不觉得他们有多重要。我发现国别专家往往令人非常难以忍受。我写作关于俄国的书时，从来没有成为半固定的俄国问题专家的念头。倘若我想成为专家，法国、德国、英国甚至美国或许都要有趣得多。并非俄国不重要，而是我已经说完了我想说的一切。对我手头上正在做的研究，我通常做得挺好，同时也就感到厌倦了，想换到其他的事情上。我不能理解有些人年复一年、反反复复做着同样的事情。

问：您什么时候意识到是时候超越俄国研究，做点别的了？

答：我对其他一些事感兴趣了。我的好奇心转向了最终呈现在《社会起源》中的议题：极权主义、自由主义和激进革命的根源。

问：咱们说说《社会起源》。你是如何决定写如此视野宽阔、雄心勃勃、囊括八个国家的书的？您开始动笔时就打算写成这样吗？

---

[8] 格申克龙此书首版于1943年。

答：其实我开始进行《社会起源》研究时有一个更野心勃勃的计划，甚至过于野心勃勃了。我打算研究更广泛的国家，不仅是些只具备农业阶级结构的国家，还包括具有工业社会结构的国家，甚至可能还有几个别的国家。我总是告诉我的学生们（我也身体力行），当你们打算进行一项研究时，就得像拉手风琴一样，根据你的研究进展增大或者缩减研究规模。人力所及，只能做某些事情，那就把它们做好。倘若我开始时就试图写出我所期望的《社会起源》，恐怕对自己来说工作量就太大了，我或许就得失败了。

至于说我在哪儿立下了雄心壮志从一开始就接受这样一个艰巨的挑战，其实那原本就是我的目标。即使我的博士论文——也许就像批评者们所讲的那样漏洞百出——也体现了非常广阔的思维和非常广泛的好奇心。这些是我在威廉姆斯学院念本科时从好老师和有趣的科目里学来的。后来写头一本关于苏联的书的经历教会了我如何去做某些事情。但大部分都是我自己想出来的。

问：您能谈谈您写《社会起源》时的知识环境吗？您的对话对象是谁？在这本书的前言里，您写到您对工业化是20世纪极权政体产生原因的论调感到不舒服。

答：当我完成《社会起源》时，我对那些论调感到更不舒服了。我只部分接受简单的马克思主义观点，即工业化将会来临并引爆民主。

问：汉娜·阿伦特（Hannah Arendt）的著作可以被解读为一种关于极权主义工业起源的论调（Arendt 1951）。您写作《社会起源》时，您是在与她的著作对话吗？

答：我不喜欢汉娜·阿伦特，尽管她对我很好。我觉得她关于极权主义的书质量不高。她只把德国当成模型，没有谈俄国。我记得她的书开头那段，我认为那是无稽之谈。她不值得被认真对待。列宁，或者列宁主义与斯大林主义，更受我重视。

问：马尔库塞（Marcuse 1968）关于极权主义起源的论调[9]对您有影响吗？

答：我已经忘了具体内容，我得再看看。我读过他最好的那本关于弗洛伊德的书（Marcuse 1955），我记得我跟他说，他用黑格尔消除了死亡本能带来的痛苦，从而拯救了马克思。他哈哈大笑，表示赞同。

问：黑格尔的影响在您的著作里很明显。比如，《社会起源》分析了矛盾的历史使命之间辩证的相互作用。

答：黑格尔有不少好的想法。你不可能写那么多页废话却没写一点机智的东西。作为我和马尔库塞友谊的结果之一，我买了几本黑格尔的著作并且研究了一下。我得出结论，无论黑格尔有什么道理，都能更简单地、更经验性地加以表达。辩证法的繁荣并不会增添任何真正的价值。

问：您为什么选择聚焦于土地阶级关系，把它作为《社会起源》中的主导解释变量？

答：我决定紧扣土地问题部分是因为，正如我说过的，我对只研究具有工业社会结构的国家感到厌倦了。另外，写比较土地史的人不是很多，仅限于少数几位专家。当然，有些人做得非常出色，但他们写的土地史只是专注于特殊类型。他们会告诉你在某些地方 A 田地和 B 田地之间的差别，这当然也很重要。R. H. 托尼倒是个异类，他看问题有一个广谱视角。每位学者都有一套分析框架，他的是一套稀释的马克思主义框架。我相当多地利用了他的《十六世纪的土地问题》（Tawney 1967）这本书。[10] 早年间我就读过托尼的书，我关于农业商业化的作用的观点无疑受到了托尼的影响。我也记得读过他所有关于英格兰贵族兴衰的论据（Tawney 1954）。当我写作《社会起源》时，我必须阅读和鉴别那些材料。

---

[9] 马尔库塞（Marcuse 1968, 19）认为极权主义与资本主义的垄断阶段相对应。
[10] 托尼此书首版于 1912 年。

问：在您写作《社会起源》的同时，大量其他的关于不同政体类型起源的广泛比较历史研究著作也出版了，包括西摩·马丁·李普塞特的《政治人》（1960a）、莱因哈德·本迪克斯的《国族建构与公民身份》（1964）、卡尔·德·施魏尼茨的《工业化与民主》（1964）以及塞缪尔·亨廷顿的《变化社会中的政治秩序》（1968）。当时您知道这些研究项目吗？

答：我当然知道它们。并且我小心翼翼地避免仅仅是做一件不同的产品。我对自己说，"我正在研究一个重大问题，我将尽我所能来解决它。如果它做出来跟马蒂·李普塞特干得一样出色，那就很好。"至少那就是当时的想法，底下或许还有些别的东西。

问：什么别的东西？底下还有什么别的东西？
答：嫉妒。嫉妒别人干得出色。

问：您是怎么想出《社会起源》中的比较历史分析方法的？
答：这说起来有点难。我记得在《社会起源》写到一半时，灵光一闪，对自己说，工业化的道路不止一条，而有三条。这就给了我采用比较历史研究路径的动力，从那以后我就一直在用这种方法，要么这样用，要么那样用。

问：三条道路里哪一条是您最先开始研究的？
答：我差不多是按照它们在历史上出现的次序来写的，首先是民主道路，包括法国革命和英国革命，一些非常著名的书把它们都忽略了。

问：《社会起源》一书最初的标题是什么？您在开始的时候有没有用别的标题？
答：我不记得有别的标题。开始时我大概没有起标题，因为是写到中间的时候我才意识到有三条路，而不是仅仅一条路，这意味着不少部分得做相当大的改写。

问：您写《社会起源》花了多长时间？

答：我的两本大书《社会起源》（Moore 1966）和《不公正》（Moore 1978），都花了差不多十年。

问：《社会起源》大部分内容是在船上写的，真的吗？

答：对。我妻子和我生活在船上。战争期间在华盛顿，我们住在一艘驳船上。自那以后，好些夏季我们都在船上生活。我一度把三百来本书搬到了一艘船上！但春季和秋季我得读大量必需的材料，特别是哈佛大学怀德纳图书馆的藏书，所以我就把所有写作的活留到在船上做。在船上写作很提神。我没有花那么多时间工作，天气诱人的时候，我就休息一两天开船或者游弋。当你写僵住了，你能站起来看看港口。后来我们有了一艘机动船，很适合生活起居。我们还有一艘小帆船，增添了不少扬帆乐趣。我想我们在机动船上待了13年，这对水手来说是糟糕的自由。不过那是个非常适合写作的地方，因为它有更大的空间。

问：哈佛大学出版社拒绝出版《社会起源》，真的吗？

答：是的。我至今也不知道是哪个蠢货给出版社为我的书写了份负面评审意见。每个人都跟我说我肯定知道他是谁，但我真不知道。对这件事我没那么渴望——这么说吧，我已经得到了回报。虽然我确定他坚信他是对的。我记得他的评审意见中有句话说"这是一本将会列入许多必读书目中的书，但它仍然是本差劲的书"。既然是这个态度了，不管这本书获得了多大的声誉，想必他仍会非常安心，非常快活。

问：您什么时候第一次意识到《社会起源》将产生轰动？

答：J. H. 普拉姆（Plumb 1966）在《纽约时报》上的书评热情洋溢，我想是这样的。我当然记得那篇书评，许多人都跟我提起它，于是我知道这书击中了要害。

问：您当初预计到这本书在三十五年后还会再卖吗？

答：不，我认为任何书都办不到。

问：您认为为什么《社会起源》会造成如此巨大的冲击？为什么它长销不衰？

答：嗯，我听用这本书教学的人说，至今还没有别的书在研究范围上跟这本书做得一样。

问：您希望看到有人写一本《社会起源》的续篇吗？

答：是的。这是完整的学术伦理的一部分——青出于蓝而胜于蓝。确实还有做相似的改进研究的余地。

问：《社会起源》是您最中意的书吗？

答：我认为它是最重要的。如果让我选择自己最好的著作，我想我会选它，尽管《道德纯洁》在某些方面的论证更简洁。它短得多，却无伤筋骨。《社会起源》无疑是我最成功的书。

问：您几乎从不公开回应对《社会起源》的批评。但斯坦利·罗斯曼的文章是个例外 (Rothman 1970a)。

答：鉴于他的立场，以及他那时即将出版自己的书（Rothman 1970b），我觉得他可能是在愚弄大家，于是我很快就反驳了他 (Moore 1970)。总的来说，我回避答复批评，但也不全然如此。

问：从激励比较历史分析研究的意义来说，什么是《社会起源》的遗产？

答：坦率地讲，我拒绝谈论这个问题。别人自然会讲清楚。而我已经完成了我的工作，人们可以按照自己的意愿加以解读。

问：《社会起源》之后，您的著作体现出对道德关切日渐浓厚的兴趣，比如在《反思人类苦难成因》(Moore 1972)、《不公正》(Moore 1978)、《隐私》（Moore 1984）以及《经济增长的道德方面》（Moore 1998）之中看到的那样。既然您把《不公正》视为两本代表作之一，您能不能谈谈为什么选择这个研究主题？

答：不公正是痛苦的一大来源。一些人因社会不公而遭受严重的苦难。当然，正义也可能成为痛苦的一大来源，或许比不公正更令人痛苦，尽管我不大确定。彻底不公的社会总有不少，于今为甚，带来了实实在在的伤害。新伊斯兰主义世界观正在变成更大的痛苦根源——不仅是自杀。《不公正》这本书是本好书，不过没有《社会起源》那么干净利落。它讨论的边界更粗糙。我得说这是由原材料的性质决定的，不能像在《社会起源》里那样总结出一个简洁明了的模式，办不到，并不是我的错。《不公正》得到了相当多的赞许，但后来也被淡忘了。

问：为什么《不公正》被大家淡忘了？

答：这个问题问得不对。应该问别的什么书为什么没被遗忘？为什么没被丢开？消失不见是正常命运，不需要什么特别的解释。

问：在《隐私》的前言中，您写到这是您写得最快乐的一本书（Moore 1984, xii）。为什么？

答：我喜欢隐私，在某种程度上，我觉得我是在为它写辩护意见。另外，我发现停止尝试写一些像《社会起源》或《不公正》这样的东西令人愉快。为了使本书的写作可控，我压缩了我的研究范围，这样就不必涉及关于隐私问题的现代争论。《隐私》的最后一章引起了一些麻烦。约翰斯·霍普金斯大学出版社的某个人最近想重印这本书，但那里的编辑不同意，因为它太过时了，尤其是关于美国的所有统计数据和最后一章内容。至于怎么处理这个问题，我只能说图表虽然过时了，但理论主旨——美国的经济学不能正确地解释世上的邪恶——仍然有效。最终我没有跟进此事，因为约翰斯·霍普金斯大学出版社来征询我的意见时，我正在写作《道德纯洁》，而且我也受够了这些事，懒得再理会。

第四章 批判精神与比较历史分析

研究历程

科学与规范性问题

问：您认为自己是位科学家吗？

答：是的，我是位社会科学家。如果我不得不向某个不了解我干什么的人介绍我自己，我就说我是一位社会科学家。我的父亲是一位林业工程师，耳濡目染之下，许多生物学和自然科学知识对我产生了影响。

问：科学对您意味着什么？您曾经写道，"科学的本质只不过是拒绝建立在期望的基础上去相信什么"（Moore 1965, 55）。

答：我坚持这一看法。

问：您的著作往往致力于提出道德上引人注目的重大问题。提这种类型的问题科学吗？

答：当然。你可以不带特定道德立场地谈论道德。你可以讨论道德与各种不同形式的行为、后果、无后果等等之间的联系。盗窃的后果是什么？在一个不禁止偷盗的社会里抚养孩子会有什么后果？这些就是我试图做的。我并没有灌输说教。

问：但您的著作显然受到了规范性问题的指引。

答：在我的某些著作中，比如像《隐私》，一定程度上是在为隐私辩护，规范性关切是显而易见的。但在大多数情况下，我的著作并不是受规范性关切所驱策，不是说为了试图建立一个更美好的社会。我是要尝试更好地回答问题。我始终对基督教信仰之类的社会改良家们抱有高度的怀疑。明确但智识草率的社会改良主义让我感到神经紧张。

问：然而在职业生涯某些特定关头，您仍积极参与了政治活动。比如

1961年发生入侵古巴的"猪湾事件"之后,您在一封给肯尼迪总统的公开批评信上签了名,您还写了一份备忘录声称"新边疆"政策是在骗人。[11]

答:除了这些我就没做什么了。我很快感到有些压力迫使我去做点事情,尤其是为了学生,不过很明显,我不擅长这些事。因此我决定保持低姿态。

问:对社会科学,尤其政治学的一项批评是,我们不再提出对人类重要的问题,比如不公正。

答:嗯,一直有这样的抱怨。与其抱怨,他们更应该做点什么,比如写写幸福或不幸福的特定形式。围坐一圈喝喝咖啡、发发牢骚,那只不过是在浪费时间和精力。这是托辞,已经够多的了。不如坐下来好好工作。

社会理论

问:政治与社会理论对比较历史研究有什么价值?读社会理论对您的工作有很大影响吗?

答:善加运用的话,社会理论能指点人们如何寻找事实之间的联系。维尔弗雷多·帕累托(Pareto 1963)和加埃塔诺·莫斯卡(Mosca 1939)都对我影响很大,尤其是莫斯卡,他们对我的影响跟萨姆纳同样大。第二次世界大战结束时,帕累托的思想在美国流行一时,后来就无声无息了,因为塔尔科特·帕森斯盖过了它。帕累托的著作很有意思,但太长了。其实只有一卷(论推导的第三卷)值得一读,相当有趣。我曾经与哈佛大学的政治理论家朱迪丝·施克莱(Judith Shklar)谈论过一回帕累托,我们当即就都同意帕累托著作的素材是法国报纸和经典著作。莫斯卡知道的东西更多,立场也更持平。在我的《社会起源》里有大量莫斯卡思想的痕迹,对于做好事有种相当矛盾的态度,这贯穿全书。

---

〔11〕 参见 Schlesinger(1965, 285-286)。"新边疆"是肯尼迪用来称呼其政策议程的口号。

问：马克斯·韦伯的著作对您影响大吗？

答：是的。我是韦伯的崇拜者。不过，太挑剔的话，你也能驳倒他。《新教伦理》（Weber 1958c）不大能经得起经验性评估。韦伯的大部头宗教研究系列著作（Weber 1951, 1958a, 1967）是他最好的、最有趣的著作，尽管并不是很出色。就韦伯所有理论性的东西来说，帕森斯喜欢的东西，我觉得毫无价值，可以抛在一边。至于他的经验性社会学著作，如果把《新教伦理》剔除，还剩什么？不过不管怎么说，我仍旧敬重和欣赏韦伯。他是一个非常有意思的人，他妻子写的传记（Weber 1975）也相当有趣。[12]

历史

问：您能评论一下历史分析在您的工作中扮演的角色吗？您在读历史、写历史中找到了哪些乐趣？

答：它让你从自身抽离出来，进入一个陌生的世界，极其令人兴奋。很明显，这取决于书的内容。历史著作为人类行为提供了一套通常挺令人讨厌的说辞，并且试图解释为什么会那样。做得好的话，非常有说服力。今天的人历史读得不够多，我想以前的人也差不多，他们只读那些被要求读的东西，不会为了乐趣或者宽松的教学目的去漫读。生而为人，他们的人生有所缺漏，他们也错过了成为合格的社会科学家的机会。我的屋子里满是书。

问：哪些历史著作是您特别欣赏并感到享受的？

答：汤普森（E. P. Thompson）的《英国工人阶级的形成》（1964）让人兴奋不已。我欣赏马克·布洛赫（Marc Bloch）的著作，尽管年鉴学派的许多东西只是教科书罢了。有本关于卡拉斯事件的书很好看。卡拉斯事件是伏尔泰的一次非常勇敢的壮举，那时候他几乎正中要害。后来我又读过另一本关于此事的书——常见的那种现代史翻案文章——说伏尔泰根本不是什么英雄。你实际上也能写那么本书。但它出自普林斯顿大学的一位足

---

[12] 关于摩尔对韦伯的一些看法，参见他的《社会科学中的策略》（Moore 1958）。

够好的历史学家之手（Bien 1960）。有本关于撒谎的各种方法的书我也挺喜欢（Zagorin 1990）。我还喜欢读关于魔法和巫术的历史书。

对那种糟心事一件接一件的历史我不大感兴趣，比如纳米尔的《美国革命时代的英格兰》（Namier 1930）。那本书删减了早期的激进解读，纳米尔是一个非常保守的人。在《泰晤士报文学副刊》上大家还在围绕着他争论不休。我本以为他们能争一争谁的解读是对的，但他们避而不谈、左言他顾，最后还是回到了材料上。

问：您说您喜欢读关于魔法和巫术的书籍，这个话题有什么地方吸引您的？

答：自我欺骗，这也是适应环境的一种方式。魔法如今完全不受待见，不过我们正又好又快地往回找补。许多伊斯兰小孩和成年人无疑热衷于魔法。基督教在大约500年前解决了这个问题，向好的方向发展，至少19世纪有一阵是如此。我的理论是人类社会短期里在某时某地还是可忍受的，比如爱德华时代的英格兰，至少他们享有充分的言论自由以及一个民主、正派的政府。

问：有充分证据表明那个时代人们其实更快乐吗？

答：是的，有很多证据。但你得仔细分辨，因为大量证据只是回忆录，但回忆录只能告诉你某些人的某些事。爱德华时代有一大批人在经济上日子不好过，但所有时代都是如此。在经营良好的小国家、小单位，人们能逃避这种痛苦。瑞士就是典型，一些斯堪的纳维亚国家也是。但我不同意罗伯特·达尔他们把未来的希望寄托于挪威或者瑞典的观点，那是自欺欺人。我认为，比起瑞典或者丹麦，华盛顿特区是更切实可行的未来方向。

问：在您所有的著作中，您对历史证据严密性的要求很突出。
答：就因为这个让我成了科学家。

问：为什么严密运用证据如此重要？

答：嗯，为什么真相如此重要？早在读寄宿学校时这个要求就被灌输进我的大脑了。

问：做一流的历史分析必须具备什么样的技能？

答：语言。这是最主要的。否则你就被困住了。不懂中文和日文，如今你就没法写关于远东历史的东西。《社会起源》或许是最后一本在不懂相关语言的情况下写的有关远东的书了。你再也不能那么干了。能看出反讽也有帮助，因为它能让你不会受制于太多的宏大观念，但如果你只有这本事，那就不够了。能看出意料之外的结果也很棒。这是另一剂治疗智识傲慢的解毒良药。其他类型的傲慢无关紧要。如果一个人在餐桌上表现傲慢，那又能怎样？但如果他在其关于早期基督教的专著中也显得傲慢，那就严重多了，因为这会影响更多的人。

问：综合的技能呢？比如处理大量信息而不陷入泥沼的能力。

答：除了熟能生巧，我不知道还有啥诀窍。

实地调查

问：您怎么看实地调查在社会科学分析中的作用？

答：我非常认可实地调查，尽管我自己从来没做什么。我能分辨出实地调查的好坏，差劲的实地调查前后矛盾、明显有偏见并且爱心泛滥。对任何书来说，爱心泛滥都不是好事。我在耶鲁时，为了完成博士学业，我做了一些实地调查。另外通过认识一些略微古怪的人，我也算是做了一些非正式的另类实地调查。比如，我学会了如何与在造船厂工作的人相处，我还了解了一些好木匠和技工的生活，知道他们在抱怨什么。因为他们的技能，我喜欢并尊重他们。因为他们知道我尊重他们，他们会跟我讲些自己的事情。你或许可以把这称之为实地调查。我作为登山客去爬山时，同样的事情也发生在登山向导身上。说来也怪，我遇见过的更出色些的向导们都已经死于意外。他们无非技巧多一点点，胆子大一点点，就赶上了。

有时候我试着跟流浪汉交谈，想看看是什么让他们如此落魄，尽管多数情况下我只是在他们周围走过罢了。马萨诸塞眼科耳科诊所门口那儿也是一个供船舶停靠的点,那儿有位妇人举着一个巨大的招牌说她需要施舍或别的什么。她在红绿灯那儿找了一个好地方,这能让她赶上交通高峰。我走上前,问她挣多少,她马上告诉我,"一天60块"。对这块大纸板,她抱定一种完全务实的态度。我想你可以称这为实地调查。

问:在做实地调查和广泛的比较研究之间显然存在着张力。有没有像您这样从事广泛比较研究的学者同时也做出了一流的实地调查研究的例子?

答:我不认为谁能搞定。波兰裔人类学家马林诺夫斯基或许最接近于此,既是一位视野广阔的理论家,又是一位实地工作者。他当然是一位优秀的理论家,尽管他的日记(Malinowski 1967)既琐碎又牢骚满腹。只读这些日记,你或许难以想象这个人能写出那些关于人类文化的最好的著作。他为《社会科学百科全书》写过一篇关于文化的短文(Malinowski 1931)。我在耶鲁读书的时候了解了一点他的思想,你能看出他是个有强烈求知欲的人。实地调查能帮到他的只不过是成为一位绅士。如果你知道在一个陌生的文化中怎么才能表现得像个绅士,你就能发掘出东西。

马克斯·韦伯年轻的时候也做了点实地调查,而且他在访问美国期间也做了大量实地调查——尽管我还没读过那些东西。[13] 芝加哥的高架有轨电车系统迷住了他,尤其是安全规则——没有任何安全规则,韦伯试图用事故赔偿比预防措施要便宜得多来解释这一现象。

学术合作

问:在您的研究中,合作起了什么作用?

答:当我开始动笔写《社会起源》的时候,马尔库塞也开始写《单向度的人》(Marcuse 1964),有一阵子(时间不长)我们都觉得我们将来可以一起合作写本书。不过我们都足够聪明,看得出那根本行不通。那期间我

---

[13] 关于韦伯的经验研究,包括对农业和产业工人的问卷调查,参见 Lazarsfeld and Oberschall(1965)。

想办法搞到了一个去欧洲做一年富布赖特访问学者的机会,我想辙把它转给了赫伯特。他去巴黎待了大约一年,写《单向度的人》。他回来说在巴黎写一本反美的书很困难,因为法国人是如此邋遢、松散、糟糕,以至于在法国待上一阵子就会开始觉得美国的技术文明看上去棒极了。

问:您怎么看《单向度的人》?

答:这本书里有一些非常漂亮的段落,有一些则力道弱些,同时也有一些内容,我非常不认可。我让他拿掉了那些段落。

问:马尔库塞怎么看《社会起源》?

答:他喜欢这本书。不过我记得他更喜欢《不公正》,尽管他的反应有些滑稽。那是相当厚的一本书,马尔库塞说开始时他边倒立边读它,后来又试着换了几个滑稽的姿势去读。

问:哪种姿势最管用?

答:据我回忆,都不令人满意。

问:您跟您太太合作过吗?

答:是的。《社会起源》里关于圈地运动的部分我写了四、五稿,但都不大能讲得通。最后我说,"贝蒂,你来写。"她把它写出来了,立住了,讲得通。所以书里关于圈地运动的部分有三页是她写的。有时候我不确定对事实的细致考察能否起作用,这就是一例,不过至少贝蒂帮了我一把。

多数时候贝蒂做些技术性的编辑工作——把那些该死的愚蠢表述和错误摘出来。我读什么,她也读一读,这样她就能编辑我写的东西。她念法语、德语和俄语,这非常困难。她能摘出一段我三四年前写的话,我都忘光了,她会递给我问,"这是什么意思?"我那会或许正在全力以赴完成另一部分内容,就不得不停下来弄清楚那是啥意思。这让我俩都觉得挺痛苦的,非常痛苦。那些关于夫妻之间、男女朋友之间琴瑟和鸣的浪漫说法对我们来说完全不是那回事。幸运的是,我们有其他释放压力的出口。她学会了如何变成一个很好的滑雪者，她还是个很不错的船员、全天候的好厨师、个性有趣的人，等等。这样一来，那些麻烦事尽管让人不快，却总能被盖过去。

资助

问：经费和资助对您的研究来说是必不可少的吗？

答：薪水和养老金足矣，加上家庭储蓄垫底，不过光是薪水也就够了。我只需要去图书馆和回家的交通工具，就这些。

问：那外出查档案的经费呢？

答：我很想那么做，不过我没有这样做。再说我恰好住在世界上最方便、最大的研究型图书馆之一的隔壁。

错过的机会

问：有没有一些研究课题是您原本希望做却没做成的？有没有什么被错过的机会？

答：我脑子里有个跟《社会起源》相似的研究课题。我想看看不同类型的经济转型与发展的道德方面。[14] 就我这个年纪来讲，我断定这个课题过于野心勃勃了，我想我快退休不干了。这是个正确决定，因为如果半途而废我会很不开心。明知不可为就事先放弃，总好过努力为之却被打败。

教书育人

问：您的职业生涯中，教学扮演了什么角色？[15]

答：我喜欢教书。教学能持续刺激你的研究，并且能阻止你变得狭隘，

---

[14] 摩尔放弃的长期研究的开头部分出现在 Moore（1998）中的《经济增长的道德方面：英国商业道德的历史札记》。

[15] 有关从研究生的视角看摩尔的教学，参见第17章中西达·斯考切波的讨论。

因为年轻人总是问一大堆大问题。教学也能帮你克服自以为是，因为你得去对付许多相当简单直接的想法。而且交换看法、往复互动之中总蕴藏着快乐。也许你的班上只有那么两三个学生能跟你切磋，但如果你能让其他人也保持某种程度的参与那也就够了。即便你只不过是把一门课教个两三回，教学仍始终是一种操控人的思想的精细活儿。对此，我跟学生们向来直言不讳。

我仍然记得我经历过的最妙不可言的那个教学日，是在我教书生涯相当早的阶段。那是一节有关莫斯卡的课，课上大约有二十来位学生。我刚走进教室，大家安静下来。一位同学问了个问题，另一位同学做了回答，于是引发了一场关于莫斯卡的系统讨论，几乎正好跟我先前准备的教案流程相呼应，巧了！我觉得那段整个45分钟的课堂时间里我压根儿不需要说一个字。这种情形太少见了，让人记忆犹新。

一年后我就对我开设的课感到厌倦了。我变得太受欢迎，于是想改变改变。我取消了我的讨论课，另开了一门新的课程。嗯，我当然成功地变得不受欢迎了，从一门讨论课有上百位申请者变成了只有三位学生。那是我教书教得最好的一年。课上有位男孩儿，学音乐的，弄混了许多古典著作中神明的性别。还有一位迷人的、聪明的姑娘，是古典学研究生。那是一群很热情的年轻人。

几年前，我自愿给哈佛的新生们开了一节课，差不多有12位学生，我想看看他们在想些什么，于是让他们提问题。当时我有好一阵子没上过课了。所有的学生都在说"我觉得如何如何"以及"我希望如何如何"。于是我说，"打住，你们听我说。你们大家到这里不是来改变世界的，不是来发动革命的，而是来学点什么的。现在从这里出去，去学习！"虽然这让他们很兴奋，因为他们都有说有笑地跑出了大楼，这让我大吃一惊。他们真正需要的是适当的严格要求，如果不是碰巧闹了这么一出，我都没有意识到。这是一段令我难忘的教学经历。

问：最好的老师有哪些特质？

答：清晰且有条理。有些声誉卓著的学者是糟糕的教师，但他们仍旧是不乏追随者的好人。哈佛的本·史华慈（Ben Schwartz）就是这么一个人，他老是不能直来直去。

问：最好的学生有哪些特点？

答：清晰且勤奋。做学生有相当多的功课要做，如果你不能应付下来，并且做出有条理的报告，那就会一团糟。

问：您会对教过像查尔斯·蒂利和西达·斯考切波这样出色的学生感到骄傲吗？他们都成了当代最知名的社会科学家。

答：恰克（指蒂利）是个好人。我喜欢他的第一本书（Tilly 1964），那本书最可读。他后来写的一些更具一般性的著作尽管很成功，但对我触动不大。对它们我记得不那么清楚，仅仅是有些印象。

我喜欢西达。在我指导她的那会儿，她太试图成为下一个巴林顿·摩尔，摆脱这一束缚她反而做得好得多。我不认为《国家与社会革命》（Skocpol 1979）有那么好。它有一个好观点——关于外部环境的重要性——这一点在我的《社会起源》里被忽略了，这成就了这本书。但有些别的东西被忽略了，甚至有些错误。这本书中关于国家自主性的论证尚可，但那不过是老调重弹。她在关于美国士兵的研究（Skocpol 1992）中倾注了更多的感情，那本书里她做的工作真是非常出色。

问：20世纪60年代您在哈佛参与创建了社会研究这个跨学科的荣誉主修专业，培养了许多学生，后来不少人都成了杰出的社会科学家。您能否谈谈这个倡议是怎么提出来的？

答：麦克乔治·邦迪（McGeorge Bundy）那会儿是哈佛文理学院的院长，他邀请了我们六个人参与这事，包括斯坦利·霍夫曼和那时在哈佛的罗伯特·保罗·沃尔夫（Robert Paul Wolff）。格申克龙尽管对社会研究项目不甚积极，但也是关键的外援。邦迪把我们召集到一块儿说，"我们需要做这样的社会科学。谁来做？"我从口袋里掏出了若干年前在芝加哥教过的东西，那成了后来这个主修专业核心课程"社会研究10"的基础。大概一年前它

111

第四章　批判精神与比较历史分析　119

还一直都是核心课程。每位毕业班的学生都被要求在全班面前做一次报告，说说他或她的论文将写点什么，或者至少研究问题是什么，以及打算怎么去做。通常我都会参加那些报告会，但后来我开始觉得自己变成了百事通专家似的，我就有些厌烦了。于是我退出了，就在那会儿他们正打算给我一个我不想要的教授职位。不过我对那段教学经历还是感到挺高兴的。

后来主持社会研究项目的朱迪·维希尼克（Judy Vichniac）是我的博士生。在指导完她的学业之前我就被迫退休了。那会儿跟现在正相反，到了一定的年纪你就得退休，如果你不是教授还得再多减去三四年，我不是，因为我已经拒绝了一个教授职位。我倒不在意这个，因为我不想一直干到自己哪天一头栽倒在书桌上。我想退休后过得稍微自在一点，我做到了。

问：您对那些刚起步的年轻学者或者学生有什么建议？他们应该具备哪些技能？他们应该问哪些问题？

答：我会问的第一件事是：这人能做什么？他或她的激情和技能是哪方面的？否则你不过是空口说白话，卖弄自己的智慧罢了。我能毫无困难地给我班上的学生提供建议，这很简单，比方"跳湖里去"之类的。但我不能给一个完全陌生的人提供建议，仿佛我是一个明白人似的。我不觉得我能对像这样的人那么坦白。可以问我一些特定的问题，比如，我能不能成为一个好老师？当老师薪水够花吗？不过说到一些更一般化的事项上，我就很犹豫了。我能给的唯一一条一般性忠告就是：按时完成论文。这是我跟学生之间最糟糕的问题。哈佛的研究生被允许提交未完成稿，最后我宣布在我的课堂上没有未完成稿一说——要么通过，要么不及格。

问：您会推荐学生们考虑像您这样从学术圈抽身出来吗？

答：我比较害羞，也不是害羞，我在告诉别人如何去过生活方面有些犹豫。我既不喜欢布道，也不喜欢聆听。

总 结

问：您现在在做什么？

答：我在写一篇关于我祖父生平的传记，他生活的圈子以及我能看到的那些时光片段。这篇传记就叫《祖父》，然后是他的名字，刘易斯·卡斯·莱迪亚德（Lewis Cass Ledyard）。他其实是继祖父。我长大那会儿就听家里人说"继"字，但当时我并不知道那是啥意思，对我来说他就是祖父。我19岁那年他过世了，在那个时间点上恐怕我是他最亲近的人。

问：《祖父》只是个私人性的计划吗？还是说有更大的研究对象？

答：我把他看作是一个帝国主义的走卒，但他是很好的走卒。他是那种如今遭人恨的角色。他的第一份法律工作就是把已经被反垄断立法肢解了的美国烟草公司重新归拢起来，尽管看上去并非一家，但却一起经营运转。这是一次非常成功的外科手术。当然今天这样的做法就不那么受欢迎了。

问：您的第一篇学术文章发表于1942年，如今您还在写一本新书。您已经是位勤奋工作六十余年的多产学者了，是什么推动着您不断前进？

答：好问题。迟暮之年，一旦你之前习惯了写书却停了下来，你就会失去明确的生活目标。找准目标的唯一办法，至少对我而言，就是写点别的什么，所以我就继续写。如今我身上的零件，像眼睛呀、内脏呀，都有些毛病了，我也不能写得更多了，但我安慰自己说，这也许意味着我活不了多长时间了。所以，回到你的问题上，一旦养成了习惯，你就不能轻易打破它。

问：除了习惯，还有别的什么推动着您继续工作呢？

答：习惯是相当大的一部分动力。也有些空想的好奇心的驱动，还有一部分来自于解决问题后获得的智力愉悦感。民主的起源是啥？标准解释是不是大都是一厢情愿的想法？最近我做过一个关于一连串中世纪和中世纪晚期城市的研究,看看它们是否对民主有所助益(Moore 2001)。它们当然没啥帮助,我展现了个中因由。这是一项不错的退休消遣。

问:那寻求超越的愿望呢?有没有调动您的积极性?
答:寻求超越的愿望?我没那么有野心。当然我也不想去超越塔尔科特·帕森斯啥的!那么想本来就不对。

第五章

规范理论、经验研究与民主*

——罗伯特·A. 达尔访谈录

Robert A. Dahl

罗伯特·A. 达尔**的工作聚焦于民主的起源、特性与后果。在他六十余年的职业生涯中，他在民主理论、美国政治和比较政治领域都做出了举足轻重的贡献。人们普遍把他看作是 20 世纪后半期最杰出的民主理论家之一。

达尔的早期研究聚焦于美国政治和民主理论。他的第一本书《国会与对外政策》(1950) 分析了美国对外政策的国内政治决定因素。他的第一本民主理论著作《民主理论的前言》(1956) 批判了受卢梭启发的直接民主观念，代之主张多元主义民主理论，即认为自由民主制下权力分散于利益集团、政党和公民之间，从而没有哪一个单一集团可以掌控政治舞台 (Isaac 2002)。在此后的研究中，他通过在方法上和经验层面挑战像米尔斯 (C. Wright Mills) 这样的"精英理论家"（他们将自由民主制视为由一小撮权力精英来统治）使自己的民主理论更加成熟。达尔写了一系列有关权力概念的文章，批评精英理论家们的看法未能契合通常的社会科学方法论标准。他也在《谁统治?》(1961a) 一书中从经验层面批判了精英理论，这本书研究了康涅狄格州纽黑文市，表明这个城市的政治就其本质属性上是多元主义的，其政府并非由极少数商业精英所操控。

---

* 这次访谈由理查德·斯奈德于 2002 年 3 月 4 日在康涅狄格州纽黑文完成。
** 达尔于 2014 年 2 月 5 日在康涅狄格州纽黑文的哈姆登镇（Hamden）过世，享年 98 岁。——译者注

在20世纪50年代后期和60年代，达尔作为政治学行为主义革命的领袖发挥了重要作用。这场运动受到了像卡尔·亨普尔（Carl Hempel）这样的实证主义哲学家著作的启发，致力于把对缜密方法和科学标准的更加深入的理解引入政治学。行为主义革命最终促使政治学家们广泛采纳了量化分析方法和以问卷调查为基础的研究。

达尔在比较政治领域的工作最初聚焦于民主和非民主体系中政治反对派的作用和影响。他对政治反对派的研究工作最终结集在两本有影响的文集中——《西方民主国家的政治反对派》（1966a）和《政权与反对派》（1973）。他最重要的比较政治著作是《多头政体》（1971），这是一本当代民主跨国研究的里程碑著作，有助于在如何将民主概念化的问题上凝炼广泛的共识。由于达尔主张民主是一个理想类型，而非业已达成的经验性实例，他使用了多头政体（polyarchy）的说法去描述可加以经验研究的现实个案。他的多头政体概念有两个突出特征：（1）它聚焦于民主的程序面向而非实质结果，以及（2）它从竞争（contestation）和参与（participation）两个维度来界定民主。尽管多头政体的说法并没有取代更为流行的"民主"这一说法，达尔的概念化工作仍旧是大量关于民主的比较政治文献中不能忽略掉的引证观点。

20世纪80年代，达尔出版了三部被广为阅读的民主理论著作——《多元主义民主的困境》（1982）、《经济民主的前言》（1985）以及《民主及其批评者》（1989）。这些书聚焦于以往和当前存在于民主理想和现实制度之间的鸿沟，也讨论了民主面临的持续挑战，比如由市场资本主义带来的经济不平等。他最近的著作《美国宪法有多民主？》（2001c），在2000年美国总统大选出现选举人团票和普选票结果背离的情势下，成为公众热议的话题。

达尔于1915年出生在艾奥瓦州因伍德。1936年他在华盛顿大学获得学士学位，1940年在耶鲁大学获得政治学博士学位。他在耶鲁执教了四十年（1946—1986），1986年成为荣休教授。1966—1967年度他担任美国政治科学协会的主席。1960年他入选美国人文与科学院，1972年入选美国国家科学院。

思维形成与学术训练

问：20世纪20年代您在一个美国小镇长大，1936年开始在耶鲁读政治学研究生。[1] 我感觉您上研究生院原本是希望在政府部门谋个差事。

答：我念本科和研究生的时候雄心勃勃，准备投身公共生活。在耶鲁大学攻读政治学博士一年后，我去华盛顿特区工作了一阵子。那是1937年，罗斯福新政的高潮时期。我在华盛顿的全国劳工关系委员会（NLRB）下属的经济研究部做了一年实习生，受益匪浅。实习期间发生的若干件事情对我的人生产生了持续的重要影响。

首先，在那期间我遇到了一个女人，后来成了我的妻子。她那时是维斯理学院*的学生，也在全国劳工关系委员会实习。我也头一回深入地认识了犹太人。在我成长的那个阿拉斯加小镇上，有一家名义上的犹太家庭，我在华盛顿大学念本科的时候也有一些犹太熟人，但一直到我在全国劳工关系委员会实习期间，我才真正深入地了解犹太人。幸运的是，经济研究部的大部分职员都是犹太人。他们来自纽约，布鲁克林区或者布朗克斯区，多数是第二代移民，他们的父母来自波兰或者俄罗斯。并且他们都是这样或者那样的激进分子，有托洛茨基分子，诺曼·托马斯（Norman Thomas）社会主义者，社会民主党人，或许还有一两个斯大林主义者。这对我而言很新奇，对我影响甚大。尽管我的犹太同事比我大不了几岁，但我很佩服他们的判断力，而且主要也是在其中一些人的影响下，我在华盛顿实习结束那会儿加入了社会主义党。当我重返耶鲁继续学业时，我确定了我的博士论文选题就写有关社会主义计划与民主政治的话题（Dahl 1940a）。

---

〔1〕 达尔出生在艾奥瓦州一个人口不满千人的小镇。十岁时他随家人迁居阿拉斯加州，在斯卡圭长大，那是个只有大约500人的小镇。关于达尔的早期成长经历，参见 Dahl (2005)。另见 Dahl (1997a, 1997b)。

* Wellesley College 在国内较常见的译名是"卫斯理学院"，但该院公布的正式中文译名是"维斯理学院"。维斯理学院是美国最著名的女子学院，也是美国顶尖的博雅学院，曾经培养过大批颇具影响力的女性领导者，如宋美龄、希拉里等。——译者注问：20世纪30年代像耶鲁这样的学校的政治学研究生训练有哪些内容？

答：耶鲁政府系是一个特别小的系，也不怎么出色。弗兰西斯·科克尔（Francis Coker）对我的影响最大，那时候他刚当上美国政治科学协会的主席，他是系里最有名的教员。他写了本《晚近政治思想》（Coker 1934），追溯了社会主义思想从乌托邦社会主义到基尔特社会主义和马克思主义的发展。还有一位年轻的教员哈维·曼斯菲尔德（Harvey Mansfield）——别跟现在在哈佛任教的他儿子弄混了。哈维是个很枯燥乏味的人，但我挺喜欢他的。他教美国政府与行政，关于这个领域我所知的东西都是从他那儿学来的。

除了科克尔和曼斯菲尔德，还有塞西尔·德赖弗（Cecil Driver），一个英国佬，博士是在伦敦经济学院拿的。他是一位很好的学者，尽管发表有限而且出了纽黑文没谁知道他。他出版了一本关于19世纪英国托利党的书，一定意义上是个激进派（Driver 1946）。德赖弗教比较政府。那时候在耶鲁以及其他学校，赫尔曼·芬纳（Herman Finer）的书是比较政府课程的主要教材（Finer 1932）。如果我所记不差，那本书主要集中讲了美国、英国和法国，或许还有点关于法西斯主义和苏联的内容。那时候比较政府是一个很窄的领域，主要是历史性的、描述性的、制度性的内容。比较政府研究提供了大量有价值的信息，不过不是理论性的，至少不是我们今天所讲的理论意义上的。幸运的是，我们可以在法学院选课，我选了宪法和劳动法的课程，还有商法和规制监管的课。那些课有助于弥补政府系没能提供的知识。

问：您提到20世纪30年代比较政府涉及大量制度性的内容，那时候制度分析是指什么？

答：意味着聚焦于宪法，不论是英国的不成文宪法、法兰西第三共和国宪法，还是美国宪法。政党也很重要，还有司法权和行政权。我不大记得是不是强调了联邦制的重要性。总之，这个领域特别以欧洲为中心。那时候没啥关于其他地区的研究,比方日本或中国。

问:那么大家是不是认识到这样眼界太狭隘了呢?他们会不会挠着头说,"这太窄了,日本和中国在哪儿呢?"

答:我不认为我们意识到了这个问题。那会儿也许有些人想研究苏联,但直到第二次世界大战爆发,我们的视野真的非常有限。世界上正在发生的大事件就是"新政"。极少有人掌握外语,甚至是俄语,但那是理解非欧洲国家所必需的。甚至拉丁美洲这个就在美国旁边的经验研究宝库也不在我们的视野内。我想我们也没研究加拿大。那会儿的眼界真的是特别狭隘。

问:您念研究生期间,哪些书以及作者对您影响最大?

答:我想还是政治学的经典著作吧。回头看来,对我的思想影响最大的是那些我不赞同、但最有价值的政治论敌。他们是巨人,并且正因为他们是巨人,他们就为我设下了可以奋斗终生的挑战目标。比如说柏拉图。正如你在我的著作里看到的,《理想国》对我影响极大,这不是因为我接受了柏拉图关于美好生活的讲法,而是因为我拒绝接受并挑战了它。我念研究生时读了柏拉图的著作,之后在我教学生涯的早期也把《理想国》布置为阅读文献。另一位我念研究生时首次接触并在我的思想发展过程中扮演了相似角色的大人物是卢梭,特别是他有关社会契约的著作。我把卢梭视为与柏拉图一样的另一个对手,因为他对建立在古希腊小规模、关系亲密的群体基础上的民主观念提出了挑战。卢梭提出了问题:如何在大规模社会中建立民主?如何能在扩大民主的同时,仍旧保持可能只能在小型民众群体中实现的代表性?我对这些问题着迷一生。

念研究生时我还读了不少马克思的著作。如今马克思可能不那么时髦了,但在 20 世纪 30、40 年代,甚至 20 世纪 50、60 年代的政治与意识形态文化中,马克思是一位强有力的、有价值的对手。在我完成研究生课程学习、写我的博士论文那会儿,我觉得马克思作为一位理论家,他的理论,从劳动价值学说到阶级理论都不能令我满意。某种程度上,这使我和我的许多同龄人脱节了。我从来不是一个马克思主义者,尽管我感激他。马克思是一位语出惊人的学者,在《资本论》中他的立论逻辑和推理都非常有力。

熊彼特是另一位我早期不大赞成的重要思想家,特别是他将民主过程简化为精英之间的竞争。大概到 1950 年,在其《资本主义、社会主义与民主》(Schumpeter 1942)出版之后,我才接触到熊彼特的著作。C. E. 林德布洛姆和我在我们合上过好多年的一门研究生讨论课上布置过那本书,后来就有了我们合著的《政治、经济与福利》(Dahl and Lindblom 1953)。精英理论在我的思维形成期很重要,我也很欣赏熊彼特关于精英竞争能够带来明智的权力驯化这一洞见,但我觉得这还不够。他没有充分讨论精英竞争依赖的制度前提和大众参与元素。当然出于对熊彼特公平起见,我或许应该回过头重读一下他的书,以确定我说的没错。

问:莫斯卡和帕累托也是重要的精英理论家,您有受到他们影响吗?

答:是的,我读过帕累托并受到了他的影响。我不记得念研究生期间或者之后有没有读过莫斯卡。莫斯卡和帕累托提出了有关统治精英理论的经典表述。这些是从精英研究的社会学传统中发出的强有力的声音。早期影响我更多的是法律多元论者莱翁·狄骥(Léon Duguit)。我在华盛顿大学读本科时有一位我很尊敬的老师在法理学课上布置过他的著作。科克尔的书《晚近政治思想》里也有一章述及法律多元论者。狄骥对法律主权的正统观念提出了挑战,他聚焦于国家内部的分工。他认为主权没有所谓唯一的、单一的根源。另一位早期对我产生影响的人物是哈罗德·拉斯基(Harold Laski),他和他夫人一起把狄骥的著作从法文翻译成英文(Duguit 1919)。拉斯基变成了一个法律多元论者,并且就这一主题写了不少东西。这是在他接受马克思主义影响之前。我见过拉斯基几次,但不好说我与他熟识。他是科克尔的年轻朋友,时不时地到访耶鲁。那会儿拉斯基可是个大人物,但我估计如今的研究生中已经没多少人知道他了。他似乎没留下什么伟大的思想遗产。

问：早期接触法律多元论者的著作对您有何影响？

答：相对于过于简单的一元论观点，法律多元论者对政治现实的更复杂的看法，在某种程度上吸引了我。但我想说明的是，我从来没有提出过一套多元主义理论，尽管有人说我提出了这样一套理论。我有一套**民主理论**，其中有组织多元论的成分，但我从来没有试图提出一套多元主义的理论。

问：韦伯和托克维尔对您有很大影响吗？

答：研究生毕业后我才开始读韦伯和托克维尔的书。我不记得我曾经广泛地援引过韦伯，尽管和大家一样，我当然受到了他的著作的影响。他的理想类型的概念在潜意识里对我产生了很大的影响。这一点可以从我后来所做的区分中看出来：民主是一种理想的体制，而多头政体是这种理想类型的一种不完善的近似形态（Dahl 1971, 9）。

托克维尔在我的学术生涯中扮演了一个非常有趣的角色，我和他进行了一次精彩的、略带敌意的对话。直到我成为一名教师后，我才通读了《论美国的民主》（Tocqueville 1969）全两卷，我才真正明白托克维尔。我从来没有仔细读过他关于旧制度的著作（Tocqueville 1955），我的意思是，我念过，但没有给予同等的关注。但是《论美国的民主》，尤其是第一卷，对我的思想产生了非常重要的影响。和大家一样，第一卷引起我注意的两个方面是：第一，托克维尔对美国人平等意识的强调以及认为平等几乎生而神圣并将无限延续下去的观点；第二，他关注结社生活的重要性。不过最近我已经不大同意托克维尔的观点了。《论美国的民主》的第二卷显得更悲观些，你可以把托克维尔的观点解读为民主很有可能会沦落为侵犯基本权利的小暴政（petty tyrannies）。我认为他那个推演是错的。如果你回顾民主国家的历史，你看到的是权利的**扩张**，而不是托克维尔关于权利减少的悲观预测。我想得越深入，我就越相信民主是由权利、机会、义务，以及——更根本的——资源，所构成的一套无止境的可扩充系统（an open-ended system）。加上资源，是因为如果你没有资源去享受权利，权利就毫无意义。在民主国家，这些权利通常同时在深度和广度上向更多的人展开和扩大。已经存在了五十多年的民主国家的历史表明,民主的理念是无止境的。托克维尔对民主未来的悲观看法与已经发生的情况并不相符。

问:一个二十来岁的年轻研究生会把柏拉图、卢梭和马克思这样的巨人当作论敌和思想对手,这很不寻常。

答:我认为这更像是一场虚构的对话。最有成效的对话不是为了分出胜负的交锋,不是像在网球比赛中那样。我认为它是柏拉图和黑格尔意义上的辩证法。我从这里开始,我的对手在那边。我移动一点,然后他们移动到一个新的位置,如此往复。这样的对话交流很少见,当你做过一回,你会感觉很棒。当然,经典在某种意义上是静止的——它们不会再改变——但我喜欢以辩证地移动的方式对待经典、援引经典。

问:您读研究生的时候真的就这么想问题了吗?
答:我怀疑不是。那时可能更像是打网球式的对抗赛。

问:您的论文是关于社会主义纲领与民主政治的兼容性。从写毕业论文的经历中您学到了什么?

答:在写论文的过程中,我还得出了一些结论。一个是工业国有化不是正确的选择,尽管欧洲社会民主党人普遍认为这是正确的选择。我也开始得出结论,现代经济需要市场体系,我开始对市场社会主义感兴趣。如果你搞市场社会主义,你可能需要某种形式的集体所有制,但简单地将某个产业国有化,变成类似美国邮政局那样的东西恐怕是不够的,必须要有市场,必须要有竞争。事实上,1940年我在一本叫《计划岁月》(*Plan Age*)的刊物上发表的生平第一篇文章(Dahl 1940b)中,就提出了要有市场的观点。那篇文章完全脱胎于我的论文,我想我一个字也没改。我不知道这是不是因果关系,但那本刊物连同登着我文章的那一期都没了。后来我有七年没有发表任何东西。

问:这是不是因为您完成论文后就返回华盛顿工作了?

答：正如我一开始所说，我在研究生院时的志向是进入公共生活。1940年，我搬到华盛顿，在那里住了大约三年。起先我在农业部的部长办公室工作。后来，我辗转了好几个政府部门，从事战时经济动员工作。我对这种生活非常不满，越来越怀疑自己作为一名官僚能否建功立业，我觉得我不适合。我发现自己置身于建议钢铁分配的民用供应办公室。这是战时经济中非常成功的中央计划体制的一个非凡范例。但是，举个例子吧，为什么我越来越不满意？我得去为尿布使用的安全别针分配钢材数量，那时候，你必须得有供尿布使用的安全别针。

我发现自己越来越不是在为管理官僚机构而奋斗，而是在做研究，还是那些既不是很有趣也不是很重要的研究。例如，你可能需要去确定过去十年中用于制造安全别针的钢的用量。我只是觉得这不是我想做的事情。我也没有成为政府官僚机构负责人的技能或抱负。如果你想在华盛顿茁壮成长，你得想着去获得权力。我没有那种动力。

问：为什么没有？

答：我不知道。这只是我个性的一部分吧。我真的没有一个好答案。我写了很多关于权力的东西，但我从来没有强烈的权力欲。也许这就是为什么我可以去写它。

问：于是您离开官场去参军。

答：由于种种原因，我以一种愚蠢、甚至不负责任的方式——因为我结了婚、有了一个孩子——填了报名表，说"带上我吧"，他们就让我入伍了。我最终加入了第44步兵师，可能因为我有博士学位，我被分配到负责情报和侦察的第71步兵排。我想我是整个师里唯一一个拥有博士学位的人，可能也是屈指可数的几个有大学学位的人之一。1944年9月我们到达欧洲，11月下旬投入战斗。我们在我们和敌人的防线之间巡逻，通常是在晚上，谢天谢地。

问：听起来非常危险。

第五章　规范理论、经验研究与民主　*131*

答：是很危险。但如果你是受过良好训练的人——我们受过良好的训练，并且很优秀——与步枪连的伙计们相比风险就小多了。在侦察排的一个好处是你的工作之一就是带着情报回来。如果你死了，那就不咋地了。所以你不必待在外面。如果你头顶上有信号弹，敌人开始向你射击，你可以躲开。这非常危险，我觉得我很有可能活不下来。但是，尽管很危险，那还有人在危险得多的位置上呢。

1944年11月投身战场的第三天，我就认命了。不过，我决定要谨慎行事，不做傻事。我意识到，有些机会和运气是我无法掌控的，但在这种情况下，我会谨慎行事。所以我成了一个谨慎的宿命论者。但我也清楚我的未来。1944年11月到1945年5月之间的某个时候，大概在法国或德国的某个地方，我清楚地意识到，我最喜欢做的事情是阅读、写作和谈论思想。所以灵光一闪，我决定如果我能活下来，我将成为一名学者。

行为主义革命

问：第二次世界大战结束后，您于1946年回到耶鲁大学谋到了一份讲师的教职。20世纪50年代，您与那个时期兴起的政治学行为主义革命联系在一起。您能谈谈您是如何卷入行为主义运动中的吗？

答：20世纪50年代，我在政治行为委员会（Committee on Political Behavior）工作，这是社会科学研究理事会（SSRC）下面一个全新的委员会。V. O. 基和大卫·杜鲁门都参与了。民意研究和选举研究在哥伦比亚大学和密歇根大学等地开始大行其道，而我对这项工作中使用的方法知之甚少。我开始觉得我需要对统计学和一般意义上的方法论有更多了解。20世纪30年代，我刚来耶鲁读研究生时，还没有统计学课程，也没有方法论课程。我觉得，聘用像罗伯特·莱恩这样从事统计的、经验的、科学的研究的人，我和耶鲁政府系都能获益良多。在此期间，我也饶有兴趣地阅读了卡尔·亨普尔的著作，并深受他关于经验验证重要性的实证主义思想的影响。当时我和亨普尔讨论了无数回，因为我们是邻居，是朋友，也是同样每天拼车的一员。

问：是什么吸引您转向实证主义？

答：如果你在讨论经验世界，你需要能够提出一个假说然后加以检验，虽然这种观念现如今已成了老生常谈，但在当时的政治学中并没有被广泛接受。关于检验假说，我很早就意识到实验方法在政治学上的应用是有限的，而且会一直如此。这意味着，在政治学中，统计技术是检验假说的适当方法。到20世纪50年代末，各种各样的新数据开始出现，这些数据在我读研究生那会儿是无法想象的。在美国政治中，大量的新数据是通过问卷调查和其他手段产生的。我觉得一个在方法上跟不上趟的系将会落后。

问：那么您是觉得耶鲁的政府系没赶上趟儿？

答：我们绝对没赶上趟儿。系里的竞争阻碍了进步。对抗双方是塞西尔·德赖弗和政治理论专家威尔穆尔·肯德尔（Wilmoore Kendall）。德赖弗性格坚强，是一位很有影响力的老师，吸引了很多学生。肯德尔是个才华横溢的人，但他把自己的才智和个人潜能都用错了地方。德赖弗和肯德尔之间的竞争让研究生们很为难，他们经常不得不选择支持哪一方。这种竞争也让系主任V. O. 基感到不安。肯德尔辞职后，这段糟糕的时期才得以终结。然后詹姆斯·费斯勒（James Fesler）进来当系主任了，他是一位治疗师。[2] 德赖弗最终退休了，整个系变得非常和谐，几乎和以前完全相反。费斯勒认为，政府系已经脱离了美国政治学的主流，而融入主流的方式之一就是将政府系更名为"政治科学系"。虽然我很钦佩我亲爱的朋友吉姆·费斯勒在这里所取得的成就，但对他把系改名的事情我一直感到很遗憾。我更喜欢用"政府"来称呼这个系的抬头，就像哈佛大学的政府系或普林斯顿大学的政治系一样。我想，这么做有点势利吧。

---

〔2〕 由于肯德尔和德赖弗之间的不愉快经历，基离开耶鲁去了哈佛，而费斯勒则从北卡罗来纳大学被招进来接替他。信息来自2003年12月31日与纳尔逊·W. 波尔斯比的个人交流。

问：20世纪50年代中期，您在帕洛阿尔托的行为科学高等研究中心度过了重要的一年，在那里你接触到了博弈论和社会选择理论。事实上，您曾写到，您可能是第一个使用"阿罗定理"来描述集体偏好不稳定性的美国政治学家（Arrow 1951；Dahl 1997b, 77）。[3] 此外，您在《民主理论的前言》（Dahl 1956）中使用了一些形式符号。因此在某些方面来说，您是一位数学建模的先行者。您能谈谈您在中心度过的一年吗？

答：那一年——1955年至1956年——该中心挤满了计量经济学家和博弈论学者。R. 邓肯·卢斯（R. Duncan Luce）和霍华德·雷法（Howard Raiffa）都在那儿。[4] 他们是非常有趣和可爱的人。我参加了他们的研讨会，意识到我知道得太少了。那一年，我还遇到了肯·阿罗，并与他成了亲密朋友，他真了不起。我在耶鲁的朋友、邻居和合作者查尔斯·林德布洛姆之前就跟我说起过阿罗，因为他不久前在一个数学和社会科学研讨会上得知了阿罗的研究成果。

问：您感觉到博弈论和数学建模的新工具有什么令人兴奋和吸引人的地方吗？

答：是的，当然。数学建模似乎有望对复杂的政治现实提供富有成果的洞见。我知道这么说有点泛泛而谈，但在阅读了肯·阿罗1951年的小书后，你时常就会以不同的方式看待投票模式和备选方案。当我从研究中心回到耶鲁时，我觉得自己的数学储备还非常有限，以至于我实际上还去旁听了一门本科数学课程。当我更擅长数学的时候，我还选修了一门很好的研究生统计学课程，这门课是由我的好朋友、经济学家詹姆斯·托宾（James Tobin）教的。我开始恶补这些方法，但我很快意识到，我永远不会成为统计领域的顶尖人物。

问：为什么不会？因为您自身技能的局限吗？

---

〔3〕 参见 Dahl（1956, 42-43），他写道"不幸的是，阿罗精辟而惊人的论点迄今完全被政治学家忽视"。

〔4〕 卢斯和雷法合著了最早的一批博弈论著作之一（Luce and Raiffa 1957）。

答:是,并且还因为我想解决的问题本身的性质所限。另外,我也觉得我很容易就能找到在行为方法方面训练比我好的合作者。《谁统治?》(Dahl 1961a) 中的问卷调查研究就是这种合作的产物。

问:尽管如此,您还是写到您当时对博弈论可能做出的贡献多少有些怀疑 (Dahl 1997b, 72)。

答:我之所以持怀疑态度,是因为理性行为者的假设越来越狭隘,而且在很多情况下,对于我视为现实的东西,这种假设过分限制了提出复杂描述(如果我能用这个说法的话)的能力。将现实还原为理性行动者以及他们在特定情境下的行为方式,似乎会把分析的范围限制到可能变得无关紧要的某一观点上。多年后,我在耶鲁的同事唐·格林(Don Green)和伊恩·夏皮罗(Ian Shapiro)合写了一本书《理性选择理论的病状》(Green and Shapiro 1994),基本上证明了这一点。我确实认为过于强调理性选择是政治学中一个令人担忧的趋势,尽管我也认为理性选择理论应有其一席之地。我的直觉告诉我,在某些情况下,理性行为者的假设可能就会引致相关的答案。我不喜欢被逼着去描述那些情况,我想我描述不出来。所以我不想看到理性选择理论被排除或被抛弃,但我也不想看到它全盘接管这个领域。我不认为理性选择理论有本事接管这个领域,尽管它可能会接管一些系。我还认为它可能已经侵害到了政治学的其他组成部分。

问:最近对政治学中理性选择理论的提倡是否让您想起了 20 世纪 50 年代的行为主义革命?

答:有些地方类似。正如我说过的,我在社会科学研究理事会的政治行为委员会服务过,我认为它做了很多有益的工作。委员会的成员非常广泛,我们资助了很多优秀的学者和很好的研究。但我认为,终归还是存在很多问题,尤其是涉及历史的问题,行为主义运动无法很好地处理涉及历史的问题 (Dahl 1961b)。理性选择理论也不能很好地处理历史发展问题。

问:行为主义革命的持久贡献是什么?

答：行为主义通过确立定量分析、良好的经验数据和假说检验的重要性和可取性，在方法论上促成了该领域的革命。在行为科学家看来，这些观念是基本的，现在它们成为政治学的标准。今天很少有人会否定它们。从某种意义上说，我们现在都是行为主义者。甚至那些在任何意义上都不是行为主义者的人——例如，那些对政治观念史感兴趣的人——也不会反对行为主义，说"我们系不能有这号人"。行为主义革命也对问卷调查研究做出了持久的贡献。它还将留下实质性的贡献。我们知道的东西比过去多得多。

在这件事上我有点偏见，但我认为要说到持久的方法上和实质上的贡献，行为主义革命要比理性选择更大、更重要些。我们应该将我们的建模工作局限于那些可以基于理性行为的模型，这一观念限制了理性选择理论的潜力。总的来说，理性选择理论的基本预设似乎比行为主义的预设更加画地为牢、自缚手脚。

关于政治反对派、多头政体和民主理论的研究

涉足比较政治

问：您最初是一名美国政治专家，第一本书是关于美国外交政策的（Dahl 1950），而到20世纪50年代中期，您进入了政治理论领域，写了《民主理论的前言》（Dahl 1956）。直到后来，也就是20世纪60年代初，您才开始研究比较政治。您涉足比较政治领域的动机是什么？

答：20世纪50年代末，我开始意识到我在比较方面的知识非常有限。第二次世界大战那会儿我在法国、德国当兵，还短暂地在奥地利待过，不过二战后我就没出过美国，但这可能不是了解外国的最好方法。我开始有一种感觉，我只是专注于美国，缺乏良好的比较背景，需要更多地了解其他体系。我想我二战后第一次出国，除去加拿大不算，是1959年参加在罗马召开的国际政治科学协会会议。就和99%头一次到罗马的人一样，我被它迷住了。几年后，我有了一次休假，开始写我那本关于美国政府的教科

书（Dahl 1967）。我决定，如果我要写关于美国的书，就要出国去写，去寻找一个外部视角。做出这个决定的时候，我直接受到了托克维尔的影响——托克维尔是从外面来写美国。于是1962年我带着妻子和两个最小的孩子去了罗马，在那里住了一年。

在罗马那一年，我有两个比较项目同时展开。一个是我关于反对派的研究项目。在我看来，反对派在政治体系中所扮演的角色是一个明显需要讨论的问题。关于政党的工作已经做了不少，但是反对派的作用似乎完全没有得到探讨。其次，我开始了一个关于欧洲较小的民主国家的比较项目，如荷兰、挪威、瑞典和奥地利。我想是汉斯·达尔德（Hans Daalder）对我说的："那些较小的欧洲民主国家尚未得到充分研究，甚至在这些国家内部他们自己也没有研究过他们的政治体系。"搞这么个研究课题组，显然得把斯坦因·罗坎（Stein Rokkan）拉进来。然后我又拉了我的老朋友沃尔·洛温（Vol Lorwin）加入，他对比利时知之甚深。他住在法国，法语流利，对比利时特别有兴趣。这样我们就一块儿建立了关于欧洲较小的民主国家研究的项目。

问：您在罗马休年假期间开始的两个比较项目中，一个成功了，一个失败了。反对派项目以1966年关于政治反对派的影响广泛的那本书和1973年关于这个主题的后续研究成果（Dahl 1966a, 1973）告捷，而较小的民主国家项目从来没有真正起步，至少在产生可见的发表成果方面是如此。[5] 您对此有何评论呢？

答：虽然结果在数量上看不出来，但小国民主项目确实取得了巨大的成功。我们从每一个小型欧洲民主国家招募学者，每人写一章，我们经常在意大利贝拉吉奥的赛尔贝罗尼别墅（Villa Serbelloni）聚会。然后，主要在斯坦因·罗坎的大力推动下，这个目标从每个国家一章扩展到每个国家一本书，涵盖了大约十二个国家。虽然我们从来没有出版过这些书或者那本

---

〔5〕 查布（Chubb 1970）关于爱尔兰的书是从这个小国民主研究项目中直接产出的唯一一本国别研究成果。

文集，但我们招募来写这本书的人，就像罗坎自己一样，在他们各自国家的政治学研究中发挥了积极作用。因此，小型民主项目的一个重要副产品——我不想夸得太过——是刺激了这些国家内部的政治学研究和关于这些国家的研究。今天，有大量关于欧洲小型民主国家政治体制的著作问世。这项工作的动力部分来自参加小型民主国家项目的课题组。所以，我不认为这个项目是失败的，除了我们没有出书。

问：为什么你们没有出书呢？

答：我认为，当我们将项目成果从一系列的论文扩展到整套书时，我们让参与者不堪重负。许多人，包括斯坦因·罗坎本人，都参与了欧洲政治研究联合会（ECPR）"欧洲数据信息服务"项目的建立，他们都在写关于自己国家的文章，但不是按我们提议的那种格式。我与艾德·塔夫特合作的《规模和民主》（Dahl and Tufte 1973）某种意义上起源于小型民主国家项目。这本书很大程度上是思考小型民主国家的产物。

问：怎么解释您的另一个关于政治反对派的比较项目，在实际产出预期数量的成果方面取得了巨大成功，与小型民主国家项目形成强烈反差呢？

答：我从一开始就非常仔细地拟定了理论框架，并在与项目参与者的初步讨论中对其进行了细化。如果没有这一框架作为本书的基础，这本书很容易就会被分散到有关各国反对派政治彼此无关联的论文中。有得力的人参与进来也很重要。

问：您如何挑选到优秀的人才？

答：靠声誉。显然，我不可能认识每个人，也不可能读完他们所有的著作。斯坦因·罗坎是一个巨大的资源宝库，因为他熟悉欧洲所有的大学和学者，我向来没那个能耐。同样，汉斯·达尔德对相关情况也非常了解。

《多头政体》

问：您在比较政治领域最具影响力的著作是《多头政体》（Dahl 1971）。

"多头政体"是一个经久不衰的概念——您从竞争和参与两个维度上对这一概念的界定,在三十年后仍被广为接受。您能谈谈您是如何形成这个概念的吗?

答:让我先谈谈"多头政体"这个词。我和林德布洛姆在我们合著的《政治、经济和福利》(Dahl and Lindblom 1953)中使用了这个词,尽管当时我们没有把竞争和参与这两个维度拎出来。我们不想使用"民主"一词,因为它模糊了民主理想和民主现实之间的区别。所以我们打电话给我在耶鲁大学古典学系的一个朋友,艾德·西尔克(Ed Silk),他提出了"多头政体"这个词。几年后,我发现这个词在17世纪早期就已经被约翰尼斯·阿尔图修斯(Johannes Althusius 1964,200)使用过。

问:您可以选择许多属性来分析民主政体。为什么选择那两个特定的维度:竞争和参与(Dahl 1971, 4-6)?

答:这两个维度看起来是民主体制的基本组成部分。我认为,它们之间的张力将有助于我们把注意力集中到民主体制的相关理论和经验方面。

问:但民主体制还有其他重要组成部分。在您写《多头政体》的前后,斯坦因·罗坎提出了自己的四维度框架:其中两个与您使用的相同——竞争和参与,再加上另外两个维度:代表和行政对立法负责(Rokkan et al. 1970)。为什么您坚持只用两个维度?

答:我想我之所以坚持二维,是因为我觉得这两个维度所提供的极度简化的理论结构将会是富有成效的——特别是对于寻找和发现历史性的关系和模式来说。这是我的直觉。如果这种简化的结构没有提供富有成效的问题和调研,我早就放弃它了。我会返回去做更多的讨论。总的来说,我对罗坎更复杂的公式并不满意。

问:最终还是您的公式被大家接受了,而不是罗坎的。

答:这可能是因为我选择的两个维度之间存在简单的、易于把握的张力。

问：20世纪60年代末，当您撰写《多头政体》的时候，比较政治领域出现了很多重要的著作。例如，塞缪尔·亨廷顿的《变化社会中的政治秩序》出版于1968年。那对您有影响吗？

答：我读了山姆（指亨廷顿）的东西，逐渐了解他、尊重他。但我从来没有接近他。我经常觉得他对政治体制和政治变迁的看法与我不同，尤其是在他早期的著作中。他对军人政权的同情比我想象的要多。我总是从他的工作中学到东西，但我们看待世界和民主的方式有些不同。

问：这一时期另一本重要著作是巴林顿·摩尔的《独裁与民主的社会起源》（Moore 1966）。

答：我当然知道这本书，但我不知道它对我的影响是不是有它或许应有的那么深。

问：为什么没有呢？我以为摩尔的书相比亨廷顿的在规范性意义上对您更有吸引力？

答：是的，它是更有吸引力。但我没有花很多时间去思考和揣摩摩尔的书。它的影响可能更为间接。

问：加布里埃尔·阿尔蒙德和西德尼·维巴的《公民文化》（1963）是比较政治领域另一部发表于20世纪60年代的重要著作，对您有影响吗？

答：阿尔蒙德和维巴的书对我产生了很大的影响，无论是在内容方面还是在方法论教育方面。我记得我读得很认真。阿尔蒙德和维巴帮助我认识到了运用问卷调查进行比较研究的潜力，他们在这方面是先驱者。

问：您知道《多头政体》会大受欢迎吗？您那会儿有没有预感到三十年后人们还会读这本书？

答：没有，对于人们将如何接受我所写的东西，我从来没有一个很好的判断。书有点像小孩子，你喜欢他们，但原因各不相同。我没料到三十年后还会有人读《多头政体》。希望,有的,但期望,没有。

《多头政体》之后的民主理论研究

问:自《多头政体》出版以来,您撰写了一系列广受欢迎的书——《多元主义民主的困境》(1982)、《经济民主的前言》(1985)、《民主及其批评者》(1989)和《论民主》(1998)——对关于民主的学术思考产生了重大影响。您能否谈谈贯穿这些著作的共同的思想脉络,您在这些著作中寻求发展的核心思想,以及您通过对这个主题的思考和研究得出的有关民主的关键结论?

答:我对民主理论思考得越多,就越能意识到几件事。首先,经过两千多年的理论和实践,我认为我们仍然缺乏适当的当代论述。其次,为了有条不紊地沿着这些主线开展研究,我们需要许多东西,但如今它们已经成了散乱的、相互无关联的、七零八碎的了。

然而,我从来没有明确地对自己说过,"现在,我要尝试创建一个连贯的民主理论体系。"即使是《民主理论的前言》,也仅仅是一个前言,一个非常不完整的前言罢了。相反,我被那些我认为重要和相干的问题牵着走,这些问题通常是关于民主理论和实践的问题。我的书大多以一个问题或一个难题开始,这些书往往涉及民主的某些方面。

多年来,我一直在教授一门本科课程,有时也会教授一个研究生研讨班,名为"民主及其批评者"。我写过的一些东西是我在课上探索的副产品,当然,包括《民主及其批评者》这本书在内。

这些一点点逐渐形成的看法的核心要素是,我努力用与其起源和历史相一致的方式去对待民主;区分理想与现实;既考虑民主理想又考虑实际制度的过去、现在和未来的演进,尤其是大规模民主政体或多头政体的发展;认识到理想与现实之间的巨大鸿沟;提出了一些持久的挑战;并对未来的可能性提出了一些看法。尽管只是在《民主及其批评者》一书里,很大程度上我试图触及所有这些问题,以及在《论民主》里,我或许以一种更简洁的方式进行了讨论。

我相信,我的民主思想中一个重要方面变得越来越突出了,就是我越发强调那些在我看来为民主进行辩护的基本道德原则——而非其他替代选择。这就是政治平等原则，以及反过来用以为政治平等辩护的两项基本原则，包括，道德性判断——每个人的利益或好处都有权在政府决策时得到平等的对待和考量；以及谨慎性判断——除非极为罕见的例外，政府决策时，成年人中没有任何个人或集团比其他人更有资格判断这些利益是什么，从而以他们的判断代替利益受到影响的人自己的判断。在我看来，一群人声称对另一群人的利益有更卓越的了解，并且对保护这些利益有可靠的承诺，这已完全被历史经验推翻。要了解这一主张有多空洞，我们只需回顾一下工人阶级、无产者、妇女以及非白种人当初如何被剥夺了享有充分的政治权利。

错过的机会

问：事后看来，有没有什么研究项目是您希望自己做却没有做成的？

答：人的一生只能做这么多事情。我真希望我能把规模和民主这个主题进一步发扬光大。有关规模的全部议题从一开始就吸引了我，并持续吸引着我。我和塔夫特的书《规模与民主》（Dahl and Tufte 1973），点出了规模的难题。但我很遗憾，我没有，恐怕也不会有更多的时间来深入思考这个问题了。如果我年轻二十岁，我就会深挖规模这个难题。我有一种直觉，在人类关系中，特别是在政治生活领域，存在一些关系变革的重要阈值或门槛：从2到3的门槛，从10到50，从100到1000，如此等等。我不知道那些阈值具体在哪里，它们可能也不准确，但我们都知道它们非常要紧。这需要以更好的方法来进行探索，尽管我不确定哪种方法论是合适的，也许是实验法。

昨天，我参加了由政治学家吉姆·菲什金（Jim Fishkin）组织的"审议性投票"讲习会。审议性投票背后的理念是要获得一个既足够大到可以做出统计推断，又能在与普查数据核对时具有代表性的样本。比如，你把150到250人组成一个相对较大的群体，然后随机地把他们分成15人一组。小组由一名主持人领导，他们讨论了一个难题，比如如何在不破坏湿地的情况下扩建我们小小的纽黑文机场。这些小组还讨论了涉及的不同地方行政区应如何分享机场扩建带来的新税收入的问题。我以观察员的身份参加了会议,听到这些人讨论这个问题,我感到非常振奋。人们在这个过程中改变了他们的想法,虽然不是彻底地改变,但他们正在学习。这可以在一个小范围内完成,由 15 个人组成的小组来完成,但这种方式不能通过互联网或与成千上万的人开会来完成。多年来,我一直说,我希望看到美国人在生活中就各种各样的议题,将小规模和大规模的审议结合起来加以制度化。

关于我在两种意义上把民主作为一种理想类型加以使用的做法,我可能还应该多写一篇关于定义民主的文章。我将民主作为一种理想类型使用的第一种方式仅仅是对民主在某些给定预设下的抽象定义。这种使用民主的方式类似于伽利略使用真空来确定自由落体的速率。伽利略并没有真空环境,但他假设有,然后他定义了自由落体的速率,就像它在真空中运动一样。我把民主作为一种理想类型来使用的第二种方式是——我也曾时常混淆这两种方式——从某种意义上说,它是一件值得向往的事物。现在,你可以把民主作为第一种意义上的理想类型提出来,从原则上拒绝把它作为一种事务的合意状态（a desirable state of affairs）。

民主的未来

问:您已经研究民主五十多年了。当前民主研究者们应该着重关注的主要难题和趋势有哪些呢?

答:这是个大问题。有许多即将出现的严重问题让我担心。有一个问题,从我写博士论文那会儿开始,在整个学术生涯中一直很感兴趣,就是民主和市场资本主义之间的关系。垂暮之年,我遗憾地得出结论,除了市场资本主义,地平线上目前还看不到其他可行的替代选择。整个 19 世纪以及我一生的大部分时间里,人们可能会相信,市场资本主义有一种结构性的替代选择,但不幸的是,这种念想已经再也不可信了。另一方面,存在对民主的各种结构性替代选择,而这对于我们这些想要民主继续生存和扩展的人来说是不幸的。市场资本主义与民主之间存在着强大的张力。市场资本主义基本的和不可避免的品性,并且即使社会主义市场经济能够存在的话，也同样具备的品性，就是不可避免地产生资源的不平等，不仅是财富上的不平等，而且在地位、声望、传播和获取信息方面也产生着不平等。这些各式各样的不平等都可转换为政治资源，从而破坏政治平等。市场资本主义给政治平等带来的严重危险，今天一如既往，在我们自己的国家和那些民主传统较弱的国家都是如此。这种紧张关系必须得到控制，但我并不认为在目前过于简单的流行信条下能够做到这一点——比如市场如此巨大，你总是不得不屈服于它；或者，换个说法，人们可以通过监管调节，来不断地处理由市场产生的不平等。我一点也不相信我们已经解决了这个非常古老的问题，我担心可能会出现某种棘轮效应，使得经济不平等现象出现后就不可能减少（Dahl 1993, 2001a）。

民主国家今天也面临一些相对较新的问题。其中一个涉及多少有点无意义的词——"全球化"及其后果。极端观点认为，全球化进程将挖空民族国家的民主内容。我不相信真会这样。我的观点是民族国家（nation-state）——我更喜欢country这个词，因为如此之多的countries并非以族立国的国族（nation）——在某种程度上作为应对全球化影响的一种手段，它们将变得更加必要。不过，大批决策将越来越多地由国际组织来做，而我对在国际组织中实现民主的可能性表示怀疑。大多数人认为民主所必需的许多先决条件，可能在国际组织中并不存在，即使是在欧盟，尽管我认为欧盟是最有希望最终成为一个民主的国际组织的范例。上次我浏览密歇根大学网站时，我数了一下上面显示大约有九十个国际组织，而且很多都非常重要。[6] 我提出了三个假设或公理：（1）国际组织极为重要；（2）国际组织可能会增加其影响力和重要性；以及（3）国际组织不太可能变得民主（Dahl 1999, 2001 b）。如果三条公理都是对的，那么我们就有了一个未来挥之不去的难题。我们绝对有必要提出一种制度，以负责任和可接受的方式做出国际决策，但这不会是我们所知道的民主。这是一个非凡的挑战，你们这一代人必须找到这个问题的答案。我当然没有答案。

---

〔6〕 www.lib.umich.edu/govdocs/intl.html.

问：但你们这一代人已经与国际货币基金组织、联合国和世界银行等国际组织一起相伴生活了五十多年了。

答：没错，国际货币基金组织和世界银行就是我所说的例子。它们把决定强加于并不总是最符合这些国家人民利益的国家。但这类组织是必不可少的。我们必须有像它们这样的机构。

让我回到民主国家今天面临的第三个问题。大约十年前，我在韩国首尔做了一次演讲，呼吁人们关注移民问题。我说，移民将成为所有欧洲国家的一个主要问题，美国的同化模式由于种种原因在这些国家行不通。那次谈话作为一篇英文文章在韩国发表（Dahl 1997c）。我认为没有人读过或注意过它，而且可能是有充分理由的。但与此同时，我的论点变成了现实。对于许多欧洲国家，特别是像斯堪的纳维亚半岛各国这样的同质国家来说，应对移民和文化多样性带来的挑战是困难的。令人惊讶的是，迄今为止，德国似乎以最人道的方式应对了这些挑战。在过去的15到20年里，我们经历了如此多的实例——我不想用"种族灭绝"这个古老的词来形容——某些持有不同世界观、对如何在世界上行事存在不同看法的人民，遭受了巨大的死亡和毁灭威胁。如何应对移民和文化多样性的艰巨挑战，这个问题不会消失。

恐怖主义是当代民主国家面临的第四个挑战。在美国，我们已经看到我们的公民自由在"9·11事件"之后受到侵蚀。这还没有走得太远，但如果发生另一场或一系列破坏性极大的恐怖主义事件，公民自由的削弱可能会走得更远。公民自由的削弱不一定需要公民同意这些限制，因为政治势头本身就能推动这一进程。在这个国家制定外交和军事政策的过程中——可以回去看看我讨论外交政策的第一本书（Dahl 1950）——在危机时刻，有一种以牺牲公民自由为代价将权力移交给行政部门的固有趋势。这种向行政权的转移甚至可能是不可避免的。

我是一个天生的乐观派，但同时也是一个谨慎的宿命论者，所以我不会说这些难题不能解决。但这些都是政治学家和其他人应该解决的挑战和即将出现的真正问题。其后果如此巨大。

研究历程

把政治作为科学来研究

问：您认为自己是一位科学家吗？

答：某种程度上是的。我认为自己很好地将政治学的规范性、伦理性与经验性，也就是政治学的科学性，结合起来了。不幸的是，如今许多政治学家不愿将规范性政治理论与以经验为基础的社会科学联系起来，这对双方都是不利的。

问：为什么说这是不幸的？

答：因为很难提出重要的研究问题，除非你根据其人文价值，根据如果你回答了它们会有哪些不同，来界定研究问题。规范性政治理论，包括政治思想史，对于确定值得提出的相关的和重要的问题非常有用。确定一个问题重要是道德和规范问题，而不是科学问题。因此，我担心规范性理论与实证研究之间的明显分离会带来何种后果。同时，我不认为每个人都应该尝试在规范理论和实证研究之间架起桥梁。清楚地知道在写这两个领域中的哪一个总是很重要的。当我的经验陈述被错误地理解为规范性陈述时，我有时会感到沮丧和失望。例如，我把《谁统治?》视为一项完全经验性的工作，我在某个脚注中说，这本书中没有任何东西可以被解读为支持纽黑文市市长理查德·李（Richard Lee）的"纲领"，我的意思就是如此（Dahl 1961a, 115）。但许多人误读了这本书，把它作为对李市长的政策的规范性辩护。

问：为什么这么多读者会把《谁统治?》视为支持李市长施政纲领的规范性陈述呢？

答：这是个好问题，但我不确定我是否完全知道答案。其中一个原因，但肯定不是唯一的原因，是我的多元化解读挑战了一种尽管并非占主导地位但有影响力的观点，即纽黑文是由一个小群商业精英管理的。这种准马克思主义的，或者说马克思式的解释，在当时对地方政治和全国政治的理解中非常普遍。我并没有打算在《谁统治?》一书中挑战这种解释。相反，我试图设计一种开放式的方法论，即如果有一小群商人，或者任何其他的小群体在掌控局面，这种方法论就会展现出来。如果结果不是这样的，我也想用方法论来表明这一点。书中展示出了后一种情形。的确，我非常同情李市长的努力，也许比我应有同情的还多。但我从未完全相信，他的政府试图做的每一件事都对纽黑文有利，我也不相信这对纽黑文不利。我试图对整个局面保持中立。

问：这个例子突出了规范性理论和价值中立之间，或像您说的，中立的经验性研究之间的基本张力。

答：存在张力，但这是一种富有成效的张力。以马基雅维利为例，他是一个敏锐的观察家，他的著作中充满了经验命题。但他的资料相当不充分，这就是为什么更顽固的经验主义者不喜欢它。至于道德命题，问题是如何验证它们。虽然逻辑实证主义者以最极端的方式说道德命题是无意义的，但我从不相信道德命题是无意义的，即使在我的实证主义朋友卡尔·亨普尔最强烈的影响下，我也是这么看的。道德命题可能用一种与经验上可验证的命题不同的方式来指导你的生活，但它们并非毫无意义。

问：威廉·赖克等学者认为，缺乏统一的范式阻碍了政治学成为真正的科学（Riker 1990）。政治学应该有范式吗？

答：首先要问的是，政治学能有范式吗？如果可能的话，这是可取的，但也或许是不可能有范式。政治是人类参与的最复杂的活动之一，其复杂性的原因之一是政治生活和政治行为不是静态的，不是固定的。政治在历史上取决于原子层次上的人类个体，也依赖于大层次上的国家和国际体系。参与政治的单位会随着时间而变化。它不像物理学，一百万年前的原子或质子的运动方式和今天的原子或质子的运动方式是一样的。政治生活和政治体制并非如此。

问:然而政治生活中肯定有规律,即使它们不是普适的和永恒的。

答:有规律,这就是政治学的科学性之所在。人们需要寻找可以观察到的重复性元素;与此同时,人们还必须注意到变化和偶然性。人们可以观察到政治生活中重复出现的现象,这些现象表明一种趋势,并且你可以从中学习。尽管如此,重要的是要记住,在政治中,而不是物理中,单位是随着时间变化的。

就在前几天,我想和一个朋友玩个小游戏。想想政治中可能存在的不同类型的关系——二元关系、三元关系或多重关系——然后想想这些关系之间可能组合成的不同类型的数量。你很快就会看到相当程度上的复杂性,就像人类的神经系统或大脑,有50亿个连接或类似的东西。就像大脑一样,尽管极其复杂,但我们正在学习和识别政治中的一些规律。所以你不会放弃对规律的探索,但是复杂性使得政治学很难成为像物理学这样的硬科学,物理学把物理世界简化为非常简单的系统。

问:您对政治复杂性的深入理解给我留下了深刻印象,因为您的一项伟大技能就是简化问题,正如您在《多头政体》(Dahl 1971)中将民主体制缩减为两个维度所表现的那样。

答:不简化就不能处理复杂问题。你需要某种简化现实的地图。如果你试图画一张地图,在上面把所有的东西都画出来,你就会迷路。为了在这个世界上有所作为,你必须简化。我们会自动这么做。问题是如何简化才能利大于弊。

问题

问:这就引出了我们如何研究这个复杂现实的问题。您说援引规范性政治理论来证明我们的研究问题是重要的。但您似乎也注意以一种注重经验调查的方式来设计您的研究问题。事实上,您的思想风格的一大标志就是您经常在书的标题中写一个问题,并以一个问题来开头。

答:我一直试图在一篇文章或一本书中以提问的形式阐述我在做什么。

我的大多数书第一段都有一个问题。例如，《谁统治?》从这个问题开篇，在经济不平等的情况下，民主如何可能实现？我最近的一本书，《美国宪法有多民主？》（Dahl 2001c），开篇就提出了一个问题，为什么我们应该遵守美国宪法？这种方法能让你的注意力集中在接下来要做的事情上，所以当别人不这么干时，我反倒很惊讶。

问：问题应该用一句话提出吗？

答：不一定，不过如果可以的话，会更有帮助。通常情况下是这样的，你问这个问题，它就会发展成其他问题。虽然最初的问题可能会在整本书中继续展开成更多的问题，但它为你的研究提供了一个框架。从一个问题开始也可以帮助你选择你的方法论。从方法论开始似乎是绝对落后的做法。如果你有一个问题，然后你可以决定什么方法能有助于回答它。

问：问题从何而来？

答：它们来自于把各种各样的情形结合起来：正规的学习、与优秀人才的接触、你的个人经历，以及你所处时代的经验。时代向你提出了许多问题，你不必发明它们，它们是呈现在你眼前的。例如，我在《民主及其批评者》（Dahl 1989）中提出的关于民主及其生存的问题，反映了我们这一代人对民主及其替代选择的关注。我们关心的是，民主能否在面临具有威胁性和吸引力的替代体制时幸存下来，无论是理论上的还是现实中的替代选择。

问：所以您对像柏拉图这样的民主批判者的兴趣，并不是纯粹在哲学上反对柏拉图认为民主不可取的论点。相反，您的生活经历使您熟悉现实世界中对民主的威胁。

答：正是如此。它们是相互联系的——你周遭世界的经验，及其为民主带来的可能性和危险，激发着你对哲学家的兴趣。

问：您是如何"体验周遭世界"的？读报纸、旅游、和到访耶鲁的有趣的人交谈吗？

答：各种方式都有。我在小城镇长大，在小城镇和人们相遇，以及后来参战，这些经历都很重要。通过报纸和其他媒体间接接触这个世界也很重要，与你周围的人讨论也很重要。在某种程度上，这在今天比我刚开始的时候更常见，你在国外旅行时就会与这个世界相遇。

问：您经常出国旅行吗？

答：是的，但不是很早就出去过。除了去加拿大，我一直没有出过美国，直到1944年我作为一名士兵出国参战。这是我们这一代的典型特点。战争期间，我的法语和德语阅读能力都有了很大提升。这两种语言我都不是很流利，但我的法语阅读能力变得非常好，我能读小说。我认为我最流利的外语是意大利语，能说，也能读。后来，为了准备去智利，我学了西班牙语，和我的法语一样，我的阅读能力很好。

问：您关于一个人所处的时代如何产生研究问题的观点引发了一个更广泛的问题。这让我想起了一句中国谚语："祝你生活在有趣的时代。"对于社会科学家来说，生活在"有趣的时代"是否变成了一种祝福，而不是诅咒呢？以您为例，第二次世界大战的惨痛经历有助于解释您毕生对研究民主的热情。经历大萧条、新政和二战，对你有什么影响？

答：这样的经历确实会让人集中注意力。对于像我这样的人来说，20世纪30年代和40年代民主将会寿终正寝、将被彻底摧毁的真切威胁，给我们这一代人留下了民主重要性的烙印。我们意识到，民主的替代品要糟糕得多。我不认为这些经历模糊了我们对民主缺陷的看法，因为我们从中明白，我们不仅要致力于维护民主，而且要致力于消除民主的缺陷和危险。经历了第二次世界大战及其引发的一系列事件，对我们所有人都产生了巨大的影响。

至于新政，它影响了我的信念，即改变是可能的。因为我们经历了大萧条，我们这一代的许多人没有我的子孙们那两代人的消费主义精神——一两个月前的一件美妙的玩具，一两个月后就已经一文不值了。如果你从小玩着扫帚柄做的玩具长大,你就会对事物的基本面心存感激。

这些强烈的早期经历会留在你的记忆中,一些在生命早期形成的感觉和判断,会成为你如何看待世界和判断世界的重要组成部分。这让我想起几年前在《纽约客》杂志上看到的一幅漫画。画上有两个人,传说中的维京人戴着他们从未戴过的有角的帽子,站在一棵树下,一个对另一个说,"这个世界真的要下地狱了吗?还是我们正在变老?"这说明,把世上的改变视为与"美好的旧时光"不太一样是挺危险的。但在很多很多方面,美好的旧时光就是糟糕的老岁月。由于新政以来发生的诸多变化,世界确实变得更好了。

问:丰富的(也是创伤性的)人生经历有助于你们这一代许多学者集中思想、集中注意力,那在"美好的新时代"中成长起来的年轻学者能找到什么样的替代品呢?

答:这是一个很难回答的问题。我想不出一个替代品,尽管我能想到,你们这一代人拥有的一些经验是我这一代人所没有的。首先,你们到处旅行。你会接触到世界上不同的、充满挑战的地方。你在一个不同的世界待上两个月,比如印度或者非洲,哪儿都不重要。这会让你接触到差异,并帮助你培养对多样性的开放态度。我们这一代人眼光更狭隘些。其次,很多年轻人,我想到的是耶鲁的本科生们——但其实这是一个相当广泛的运动——花时间在社区工作。相信我,当他们在社区里参加完他们的 6 个月或 8 个月的活动时,他们就不一样了。这是一次转变性的经历。最后,我认为文学非常重要,因为它带你进入了你在其他情况下不会经历的世界,无论是《战争与和平》《卡拉马佐夫兄弟》,还是别的著作。文学可以帮助你扩大对差异的敏感度。

实地调查

问:对于今天的年轻学者来说,实地调查似乎是另一种获得经验的方式。实地调查在您的研究中起了什么作用?

答:在写我的第一本书《国会与外交政策》(Dahl 1950)时,我在那一年里经常去华盛顿，并在国会山做访谈。政治学有一个传统，植根于芝加哥学派的一些作风，就是你得走出去和人们交谈。我想如果我要写关于国会的文章，我需要了解它，这需要和一些人交谈。我做了很多采访，这很有启发。事实上，迪安·艾奇逊邀请我来华盛顿为他的自传做一些研究工作。我拒绝了他，因为我服役期间已经离家够久的了，而且我不想承担那些需要我花更多时间远离家人的义务。我从来没有后悔过那个决定。

《谁统治？》在纽黑文这里也进行了广泛的实地调查。就便，我有了研究生资源，比如纳尔逊·波尔斯比（Nelson Polsby）和雷蒙德·沃尔芬格（Raymond Wolfinger），他们的论文都来自这个项目。很多其他研究生也参与了这项研究。在我的研究生研讨班上，我们和一群学生在布兰福德对这种方法进行了初步测试。我全程参与了所有关于《谁统治？》的主要采访。我不能说我没有错过任何采访，但我参加了所有主要的访谈，采访对象都是商界和政界的重要人物。

后来，在20世纪60年代中期，我在智利圣地亚哥待了两个月，那会儿爱德华多·弗雷（Eduardo Frei）任总统。我很喜欢我遇到的智利人，尤其是他们的公共生活质量。当这个国家后来变得极端两极分化、民主政权崩溃时，我感到震惊。回顾过去，我可以看到这种两极分化的种子，但我从来没有预料到下文，这可能说明我对智利的了解有多浅。我对那里的人民和那个国家都产生了感情，应基督教民主党反对派的邀请，我在军事独裁统治期间又去过智利两三次。一些社会主义者也参加了那些聚会。我注意到，在一定的范围内，讨论实际上是相当自由的，尽管人们必须知道界限在哪里。如果他们冒险越过这些界限，他们就有麻烦了。

同事们、合作者与学生们

同事

问：多年来，您与这个领域的许多顶尖人士都有过密切接触。哪些同事对您的比较工作影响最大？

答：当然是斯坦因·罗坎。他是一个了不起的人，一位了不起的学者，他集欧洲学者的标志性特点、渊博的学识和历史知识于一身，对数据的需求和处理数据的方法高度敏感。1962—1963年，我在罗马休学术年假期间，遇到了罗坎和乔万尼·萨托利（Giovanni Sartori）。他们都是耶鲁的客座教授。罗坎和萨托利就像通常一个挪威人和一个意大利人那样各执一端。我记得和他们一起散步，一起吃饭，特别是和罗坎夫妇一起。罗坎在卑尔根的时候，我也去过挪威几次，我和他住在一起。我们聊了很多次。

问：20世纪60年代中期，罗坎与政治社会学家西摩·马丁·李普塞特（Lipset and Rokkan 1967a）进行了一次有影响力的合作。您和李普塞特有交往吗？

答：1955年至1956年，我在加利福尼亚遇到了马蒂·李普塞特，当时我们一起在行为科学高等研究中心工作。他身边有一位年轻的研究助理，名叫胡安·林茨，我也见过他，不过当时我对胡安并不十分了解。我记得我和李普塞特一家、赫伯·麦克洛斯基（Herb McClosky）以及他的妻子去旧金山看阿瑟·米勒（Arthur Miller）的戏——《坩埚》的一场首演。马蒂对于某些对《坩埚》的政治解读持相当尖刻的观点。那时左派人士把这部戏解读为隐晦地提到麦卡锡政治迫害之类的事情。那年之后，马蒂和我一直保持着联系，我觉得和他很亲近。

问：卡尔·多伊奇更多的是位国际关系学者，他是您20世纪60年代在耶鲁大学的同事。您和他交往多吗？

答：多伊奇是在我担任系主任时来到耶鲁的。[7] 聘请他那会儿，我在系里其他人的支持下（包括鲍勃·莱恩，他当时还是一名新教员），试图招募更多使用行为研究方法和路径的学者，多伊奇就是其中之一。卡尔成了我的一位非常好的朋友，无论是在社交方面，还是在学问方面。他的头脑极富创造力和启发性，知识渊博。你要是和卡尔一起吃顿午饭，他会提出 20 个有趣的想法，虽然其中 19 个可能是完全错误的，但都富有创造性和洞察力。他是一位非常有影响力的老师，对于那些对所有观点持怀疑态度、无法理清头绪的学生来说，他的影响力太大了。

多伊奇和他的学生收集了不少跨国数据。这影响了我的想法，关于民主的跨国定量研究并不是一项没有希望的事业，因为可以获得进行此类研究的数据了（Russett et al. 1964）。当然，我没有像卡尔和他的学生布鲁斯·拉塞特那样使用定量数据。

问：哈罗德·拉斯韦尔当时也在耶鲁大学。他对您有影响吗？

答：拉斯韦尔对我产生了重要影响。他和多伊奇相处得很好，我们三人会一起去吃午饭。拉斯韦尔在许多方面都与多伊奇不同，但和卡尔一样，他也充满了各种有趣的想法。拉斯韦尔致力于精神分析方法，讲求语言的精确性。他说话非常精确，似乎用词也非常谨慎。许多人觉得他的词汇令人望而生畏，有时甚至令人费解。但是一旦你习惯了这些词汇，我想他的意思就很清楚了。20 世纪 50 年代，当我开始研究权力时，拉斯韦尔的工作对我来说非常重要，因为他和亚伯拉罕·卡普兰是唯一试图解析和理解权力可能意味着什么的人（Lasswell and Kaplan 1950）。我不认为他们成功了，尽管他们强烈地影响了像我这样的人。我想今天没有人真正知道哈罗德·拉斯韦尔是谁。可惜的是，他的《权力与社会》已经不再被人阅读了。这本书在很多方面都让人费解，但值得一读，因为它能让你变得更敏锐。它使你敏感地认识到需要精确地描述基本术语。

---

[7] 达尔在 1957—1962 年间担任耶鲁大学政治学系系主任。

问：加布里埃尔·阿尔蒙德曾两次来到耶鲁，一次是在 20 世纪 40 年代末，另一次是在 60 年代初。您和他联系多吗？

答：阿尔蒙德 40 年代刚来耶鲁时，我就很了解他。他是一位非常好的朋友，在他离开耶鲁去普林斯顿和斯坦福之后的许多年里一直如此。

问：有了这样的同事，耶鲁显然是一个非常刺激和令人兴奋的地方。[8] 然而，为这个项目接受采访的其他主要学者中，大多数人都挪过窝。您对研究生毕业后一直留在耶鲁有什么遗憾吗？

答：我有一些遗憾，但它们没有盖过我的感情，总的来说，耶鲁是一个合适的地方。我认为在其他机构待一段时间并与其他人接触是有帮助的。但是我在军队里转来转去的三年，让我就想待在一个地方。我的朋友们都在耶鲁，我们在这里很开心。我唯一一次认真考虑搬家——从某种程度上说，这是一个有趣的故事——是在 20 世纪 60 年代初，当时我担任系主任，并在一些耗费时间的大学委员会任职。自从在华盛顿工作后，我就知道自己不想成为一名政府官员，这与我知道自己不想成为一名学术官僚的原因大致相同。我想把剩下的时间用来做我到大学来要做的事情，而不是繁重的行政工作。所以我决定去罗马休假一年，让大家知道我正在考虑其他选择。

我收到了一些名牌大学的橄榄枝。我在耶鲁的同事们知道这一点，我在罗马的时候接到了金曼·布鲁斯特（Kingman Brewster）的电话，他那时是耶鲁大学的教务长，很快就要当上校长了。我们是好朋友，我很钦佩他。他说："鲍勃，我知道你不想再做任何行政工作了，但是你们系希望你能回到这里来。"他说他会在我的个人档案里放一封信，说只要他是校长，我就不会被要求承担任何主要的大学行政工作。我当然回了耶鲁。打那之后，布鲁斯特会打电话说："鲍勃，我知道你的档案里有我的信，但你会主持这个那个委员会吗？"有时我说行，有时说不。我不觉得有义务为公众服务。我会这么做，因为我认为那是一件重要的事情，我应该去做。布

---

[8] 关于 1955—1970 年间耶鲁大学政治学系的深度研究，参见 Merelman (2003)。

鲁斯特和我常常因为我档案里的那封信发笑。

所以，总的来说，我很高兴待在耶鲁。尽管如此，我还是有一点想去西海岸，去斯坦福，或者伯克利。那些地方对我来说真的很好。但我并不后悔我从未搬去那里。

合作

问：您参与了许多合作项目，从您和查尔斯·林德布洛姆合作的《政治、经济和福利》（Dahl and Lindblom 1953）开始。您能谈谈您的各种合作项目吗？

答：我和林德布洛姆合作写那本书的时候，我们两家那会儿挨着住。他和妻子一直住在那里，直到最近他们搬到了新墨西哥州。我们事先商量好哪些章节由谁来写。写完每一章的草稿后，我们就在他家或我家讨论这些个问题。这本书几乎无缝衔接。我想你除了从每一章的主题猜测之外，不知道哪一章是他写的，哪一章是我写的。

后来，我和保罗·拉扎斯菲尔德合作了一本关于商业和社会科学的书（Dahl, Haire, and Lazarsfeld, 1959）。我想这本书是受社会科学研究理事会的彭德尔顿·赫林（Pendelton Herring）委托完成的。我第一次认识拉扎斯菲尔德是在1955—1956年间，当时我们都在帕洛阿尔托的行为科学高等研究中心。他是一位视野开阔、知识精深的欧洲学者，是比我优秀得多的方法论专家，他的数学背景也比我好得多。我感觉他在职业生涯的早期就接触过数学。

我还和我的一个学生艾德·塔夫特合作过。1967年，他来到斯坦福高等研究中心，那是我第二次去那里。汉斯·达尔德、斯坦因·罗坎和我的其他参与欧洲小型民主国家项目的同事也在那一年到访中心。艾德是我的研究助理，在这一年里，我们开始研究规模和民主的问题。艾德是比我优秀得多的统计学家和方法论专家，在这个项目结束时，很显然他不仅是一名研究助理，还是一名合作者（Dahl and Tufte 1973）。虽然我完成了大部分的写作工作，但你可以看到他在其中一些章节中起到的重要作用。从那时起，艾德就进入了一个非常有创造力的时期，他的工作是对数据进行可视化呈现，这也反映了他的审美观。他甚至开始做雕塑。

学生

问：在您的职业生涯中，教学和与学生互动扮演了什么角色？[9]

答：教书是我生活中非常有意义的和重要的一部分。我喜欢本科教学，因为本科生，尤其是大一的学生，不熟悉最先进的技术，所以会问一些天真但非常重要的问题。至于研究生，我的很多研究生在适当的时候就成了朋友和同事。纳尔逊·波尔斯比、雷蒙德·沃尔芬格以及弗雷德·格林斯坦都是例子。虽然在他们完成研究生阶段的研究工作后，我们没有再合作，但是我们继续交换意见。与吉列尔莫·奥唐纳尔这样的学生谈论拉丁美洲，经常让我有深受启发。我经常想知道，我对这些见解的理解是否有误，或者我是否误解了它们，但像吉列尔莫这样的学生给了我一些我本不可能得到的想法。如果你愿意，研究生们会不断地向你提出越来越高级的问题。我的几本书都是在研究生研讨班上写成的。正如我在引言中所说，《民主及其批评者》是一个持续多年的研讨班。研究生们作为研究助理和研讨班参与者也是完成《谁统治？》非常重要的助力。在我研究《多头政体》的时候，我遇到了来自韩国、阿根廷、巴西等不同背景的外国学生，这让我对他们的国家有了一些了解。这类看法可能常常有点肤浅，但即便如此，它也打开了我的眼界。

问：最优秀学生的标志性特点是什么？

答：显然他们必须得聪明。但是聪明是许多学生的特点，所以智力本身并不能区分出最好的学生。好奇心很重要。他们必须有动力，而不是无精打采的。此外，对最优秀的学生来说，学习政治不仅涉及他们的智力，而且还涉及他们的身心。得有感情，有情感。

---

[9] 两位学生对作为教师的达尔的看法，请参见第9章吉列尔莫·奥唐纳和第11章和詹姆斯·斯科特的访谈。

问：激情！

答：激情，没错，这是所有优秀学生都有的品质。最后，我最好的学生——不一定是其他人眼中最好的学生——与现实世界和现实中的人保持着某种联系。他们对政治研究的兴趣不仅仅是受图书馆或数学的驱策。人们对外面的世界得有一些直觉层面的理解。

比较政治的成就与不足

问：过去五十年比较政治的主要成就是什么？

答：在过去五十年中，比较政治领域的知识在质量和数量上都有了巨大进步。这是一个非常积极的、令人印象深刻的变化。与政治学其他分支领域相比，我不知道这是不是更大的变化，很可能是的，特别是，比较政治始于我之前提到的相当狭窄的基础——赫尔曼·芬纳打下的基础（Finer 1932）。

比较政治研究范围向外拓展，超越了少数欧洲个案，并且由于全球数据的增长——它们通常相当不错——方法论和分析技术得到发展，已经从根本上积极地改变了这一研究领域。我们对政党、宪法，以及更广泛的事情比如政权的崩溃和转型，了解得更多了。五十年前，我们对这些事几乎一无所知。与几年前相比，我们对选举制度及其后果和运作方式了解得更多了。关于这些重要问题的知识增长是令人鼓舞和积极的。我不想夸大其辞，也不想说我们即将获得一个终极的、结论性的知识体系，我们永远不会实现这样的目标，但我们知道的东西要比以前多多了。特别是比较政治和比较民主的研究，可能是当今政治学中最有前途的组成部分。

在过去五十年里，政治学作为一项世界性事业出现了巨大的变化，这不是我夸大其辞。当我第一次接触这门学科时，政治科学只存在于美国、英国和法国，尽管在法国它才刚刚起步。当时，政治学作为一门学科在意大利或日本这样的地方并不存在。今天，政治学无处不在。即使在中国，也有一些好的政治学研究工作在进行之中。

现在的问题是信息过剩,尤其是定性信息。理论框架对于处理所有这些信息至关重要,因为不能与理论框架绑定的信息只能变成一本有关事实或随机知识的纪实书。

问:在比较研究领域,您最失望的是什么?

答:直到最近,我们仍然在为如何概念化和测量民主而奋斗,这令人震惊。我发现,关于我们所说的民主到底是什么意思的持续争论——我说的是这个意思,他讲的是那个意思——令人沮丧。

问:为什么很难对民主作出令人满意的定义?

答:部分原因是,一个令人满意的定义必须尊重这个术语的历史。你不会想要一个让希腊城邦不民主的民主定义。你必须适应这一点。一个令人满意的民主定义必须尊重这个词的历史,同时还必须能够适应其含义的演变。一个令人满意的定义也必须以一种你可以测量它的方式表达出来。这需要判断和基于判断的排序。例如,你需要判断秘鲁的言论自由程度。这和温度计上的刻度不一样,但如果观察者对这些判断在很大程度上取得了一致,你就可以相信它们。但这些需求都很少得到满足。

问:您对这个领域还有其他失望的地方吗?

答:我非常失望的是,自拉斯韦尔和卡普兰(Laswell and Kaplan 1950)、吉姆·马奇(March 1955, 1956, 1957)的工作和我早期的研究(Dahl 1957; 1968)问世以来,权力研究和权力的概念化问题一直没有取得进展。权力是一个如此重要的概念,我和吉姆·马奇曾希望词汇能够不断发展,以便观察、比较和积累信息。我们还期望能有一套研究权力的精确而有区别的言辞,能够沿着拉斯韦尔和我为政治分析而努力发展的路线继续发展下去(Dahl 1957; 1963, 39-54)。我们对这些预期结果曾经感到非常乐观。但五十年后的今天,我看到人们使用权力这个词和概念,就好像我们又回到了起点。甚至连可以追溯到马克斯·韦伯的基本区别——比如权力与权威或正当权力之间的区别——似乎也被遗忘了。因此,也许我们不仅没有在权力研究上取得进展,实际上我们还在倒退。

今天很少有人研究权力。我不知道怎么解释。也许,以一种我们现在认为在方法上是健全和合理的方式来研究权力,这样的要求超过了我们下定义和做测量的能力。也许问题是我们没有测量权力的好方法,所以,那些原本可能会研究它的人知道,方法要求太令人生畏了。

本领域的未来

问:如今一些政治学院系有一种强烈的感觉,认为政治理论不是研究生培养的必要组成部分。事实上,甚至有人讨论将政治理论作为一个子领域的地位取消掉。您对此有什么看法?

答:我相信在某些方面我的看法会显得有些保守,但我认为,把政治理论排除在政治学研究生培养之外,将是个严重的错误。阅读政治理论和政治哲学很重要,因为这是我所知道的唯一能解决那些长期存在的问题的方法。政治理论提出了有关非此即彼的政治体制的本质这一基本问题:它们为何可贵?我们为什么需要它们?我们为什么要为它们奋斗和牺牲?政治理论还解决了有关权威和美好社会的长期问题:我们为什么要遵守法律?为什么我们要选择一种宪制而不是另一种?这些问题似乎存在了很长一段时间。

阅读政治理论也有助于开阔一个人的眼界,增加考虑问题的范围,我不知道还有没有比这更好的选择。当代政治学格局日渐促狭,我很忧心。通过发表和晋升,这一职业倾向于奖励专业化,那些被问及的问题如今过于专业化,以至于不再重要,我认为这种倾向存在很大风险。哪怕这些问题得到了解答,人类也不会有任何改善。相反的危险倾向当然就是肤浅,你回答的问题太宽泛,答案几乎毫无意义。但这是个需要承担的风险。

问:前面在讨论行为主义革命时,我们提到了理性选择运动,它在过去二十年里成为政治学的一支重要力量。您如何看待政治学中理性选择理论的未来?

答：理性选择可能已经见顶了。在经历了最初的一段时间后，它的局限性变得越来越明显，但人们并没有真正理解理性选择的局限。理性选择理论在处理某些类型的问题时可能很重要，但它并不是处理最重要的问题的令人满意的方法。所以，你会看到格林和夏皮罗（Green and Shapiro 1994）对理性选择的批判，我认为这事儿不会一带而过。我还感觉到，在一些理性选择被视为朝着绝对主导的方向发展的院系，比如哈佛大学政府系，对理性选择群体"帝国主义倾向"的反对声日益高涨。我猜这些反对意见不太可能逆转，而会继续增强。正如我之前所说，将理性选择从这个领域中剔除会是个严重的错误。但我认为这也不会发生。

问：如果理性选择已经见顶，您认为学科的方向在哪里？

答：最有可能的情况是，这门学科将兼收并蓄，不会有单一模式——也可能十年后证明彻底估计错了。揶揄的可能性很多，但没有人能为政治学提供一套单一模式。例如，在遗传学和大脑研究中，还原论有强大的吸引力，但是还原论并不能帮助我们走得更远。

问：为什么不能呢？

答：因为问题的复杂性。我刚刚为弗雷德·格林斯坦的纪念文集写了一篇文章，批评遗传学研究中的还原论。标题是"对人性和政治的反思：从基因到政治制度"（Dahl 2006），其大意是，你不能从基因说到人权，因为首先你需要制度，而你不能用基因来解释制度。基因也许能说明一些趋势和可能性，但它们不能解释制度。

问：所以您预测政治学科会出现多元化。

答：是的。这可能反映了我的偏见，但我只不过看不出有什么东西可以处理这个领域里无所不在的复杂性。

问：当今政治学时常受到批评，认为它与现实世界脱节，对象牙塔外的世界影响不大。相比之下，您的研究工作似乎提供了一个典型的例子，旨在产生现实影响，又由规范性动机驱动。您真的渴望有这样的影响力吗？

答：我希望如此。我相信我所写的东西只有在影响到人类福祉的程度上才有价值。这一目标反映在我与林德布洛姆合著的第一本书《政治、经济和福利》（Dahl and Lindblom 1953）的标题上。那时，福利就意味着人类的福祉，而不是像今天这样"依靠福利"生活。希望对人们以及他们思考事物的方式产生影响，解释了为什么我总是试图以一种清晰的方式写作，让我的著作更容易被理解。我很高兴我的书被翻译成其他语言，让世界各地的人都读得到。我想《论民主》（Dahl 1998）已经被翻译成28种不同的语言了。

问：鉴于您想要在现实世界中发挥影响力，您是否曾担任过民主反对派团体或外国政府的立宪修宪顾问？

答：事实上并没有。

问：但在这类问题上，人们必须征求您的意见。

答：是的，有时是这样。我曾在一些委员会工作过，但我认为对此实际有效的答案是"没有"。

问：为什么没有呢？

答：我想这是因为我在华盛顿的经历很早就教会了我该干什么，我不想那样浪费时间。我想把这个问题留给那些更有能力的人。

总结

问：政治学要想继续蓬勃发展，就必须吸引新成员。要成功招募到新兵，可能取决于该学科能否向年轻学者传达研究政治的乐趣和兴奋感。您认为"找乐子"是学术事业的一个重要方面吗？

答：是的，这是个非常好的观点。我得作一个经验性陈述——当然对此我没有任何验证手段——如果你不享受你的工作，它就不会做得好。我认为无论是绘画、写作还是研究都是如此。我不是说每一分钟都必须是愉快的。可能会有一些苦差事，但必须有更多的东西，必须有乐趣和智力上的满足——也许是因为看到一件著作即将完成，或者是感觉一件事情适合你。如果你没有得到那种满足感，何必做这些事呢？有时，当我看到《美国政治科学评论》上发表的文章时，我会问自己："这个人真的为这种研究感到兴奋吗？"

问：您对当今从事比较政治研究的年轻学者有什么建议？

答：我会鼓励他们，在不离开学术领域的同时，去外面的世界获得一些经验。我不想说"真实"世界，因为我们所处的地方也是真实的，但我要鼓励他们出去与学术圈以外的人互动交流，去了解从幼儿园到博士教育学苑轨道之外的世界。我的印象是，今天的研究生，虽然很多人念完高中时比我念完大学时受到的教育都好，但缺乏与不涉足学术框框的普通人深入打交道的个人经验。我坚信民主的原因之一是，我在很小的时候就有机会与普通人交流，我发现只要有机会，他们是非常聪明的。[10] 了解普通人对我来说总是很受鼓舞。因此，我鼓励研究生去了解学术圈之外的世界。有很多方法可以做到这一点。

问：您有什么进一步的建议吗？

答：我不知道这算不算一个有价值的建议，因为我不知道你能不能控制它，不过不要失去你的好奇心，或者说——我喜欢你用的词——激情。这非常重要。有好奇心、有激情，才能一直坚持下去。

---

[10] 参见 Dahl（2005）。

第六章
政体与求知*
——胡安·J. 林茨访谈录
Juan J. Linz

胡安·J. 林茨**是20世纪后半期杰出的政治社会学家。他在威权政体和民主化研究方面的开创性工作得到了广泛承认。

林茨早期对于非民主政体的研究,对二战后比较政体研究中盛行的极权主义与民主的二分法提出了质疑。出于对佛朗哥统治下的西班牙的深入了解,他写了一篇被广泛引述的论文,《一种威权政体:西班牙》(Linz 1964),他在文中提出了威权政体的概念——它是介于极权政体和民主政体之间的一种中间类型,从而有助于我们更好地理解世界各地许多既非极权又谈不上民主的国家。在《极权政体和威权政体》(1975) 中,通过发展出一套完备的政体分类法,林茨扩大了他的分析范围,几乎囊括了世界上的每一个国家。他的分类法可能是现代社会科学中用以描绘各种政体的最全面的研究。他与侯昌·且哈比(Houchang Chehabi)合编的《苏丹式政体》(1998b),通过关注人格型独裁的起源、动力和崩溃,拓展了林茨关于非民主政体的概念界定。

林茨的第二类工作重点是政体更迭。在与阿尔弗雷德·斯捷潘合编的《民主政权的崩溃》(1978) 导论卷中,他集中论述了民主政权中掌权的人们(而不仅仅是反对派)如何在推翻民主过程中发挥决定性作用。这种观点,再加上林茨对政权崩溃偶然性与非不可避免性的强调,挑战了强调经

---

* 这次访谈由理查德·斯奈德于2001年4月25—26日在康涅狄格州哈姆登完成。

** 林茨于2013年10月1日在康涅狄格州纽黑文过世,享年86岁。——译者注

济原因的理论，以及其他一些侧重于用反对派团体的作为去解释民主政权崩溃的理论路径。关于政体更迭，他下一阶段工作重点是总统制民主的各种具体制度，他认为总统制民主比议会制民主更容易崩溃。他关于总统制的论文（1985b）最终发表在他与阿图罗·瓦伦祖拉（Arturo Valenzuela）合编的两卷本《总统制民主的失败》（1994）中，引发了比较政治领域一场关于总统制政权脆弱性的辩论。林茨对于民主化研究也有贡献，他与拉里·戴蒙德和西摩·马丁·李普塞特合编出版了《发展中国家的民主》（1988—1989），与阿尔弗雷德·斯捷潘合作了《民主转型与巩固的问题》（1996），对南美、南欧和后共产主义欧洲地区的13个国家进行了雄心勃勃的跨地区比较。《民主转型与巩固的问题》通过将后共产主义欧洲国家个案以及以往作为民主化研究重点的南美和南欧个案一起纳入一个系统的分析框架，做出了经验上的研究贡献。这本书也做出了重要的理论贡献，它首先在民主化研究中提出了一个新的聚焦点，即由民族主义冲突造成的"国家特性"（stateness）问题，其次强调了旧的非民主政权的类型如何影响了后来的民主化轨迹。之后，林茨与阿尔弗雷德·斯捷潘合作，进行有关联邦制、民主和多元民族主义的研究，进一步探讨"国家特性"问题。

林茨研究的最后一个面向涉及社会与政治交汇处的一系列广泛问题，包括西班牙的商业与地方精英、巴斯克地区的民族主义冲突、西班牙社会史，以及法西斯运动的社会学解释。

林茨于1926年出生在德国波恩。1947年在马德里大学获得学士学位，1959年在哥伦比亚大学获得社会学博士学位。他曾任教于哥伦比亚大学（1961—1968）和耶鲁大学（1968—1999），1999年从耶鲁大学荣休。他曾任国际社会学协会（ISA）与国际政治科学协会（IPSA）的政治社会学委员会主席（1971—1979）和世界公众舆论研究协会（WAPOR）主席（1974—1976）。1976年他被选为美国人文与科学院院士。

思维形成与学术训练

问：您能谈谈您的西班牙背景与您的思想发展之间有什么关系吗？

答：在 1950 年来哥伦比亚大学学习社会学以前，我的西班牙背景对我的兴趣和学术训练有着决定性影响。1926 年我出生在波恩的一个德裔西班牙家庭，父亲的生意因为通货膨胀破产了，我在巴伐利亚森林度过了童年。1932 年，德国经济大萧条，西班牙共和国成立，我母亲那时在马德里的历史研究中心和国家图书馆找到了一份工作。父亲留在德国，不久被一个醉酒的司机撞死了。在马德里，我读的是德语学校，直到 1936 年内战爆发。

我起先对社会问题感兴趣，然后对政治感兴趣，这其实是我成长经历的结果，我亲身经历了（或者通过母亲告诉我）从第一次世界大战后到佛朗哥政权的两次世界大战之间那段复杂的欧洲历史。甚至俄国革命和波罗的海及北欧文化，由于亚历山大·凯斯库拉（Alexander Keskula）的关系，我也挺熟悉。凯斯库拉是流亡到瑞士的爱沙尼亚民族主义革命者，他曾参与列宁的芬兰火车站之行和爱沙尼亚独立斗争，在我是个小孩子的时候他还辅导过我的作业。不过要说起这个故事，以及我和母亲在 1936 年 10 月的德国之行，那话就长了。1936 年 10 月西班牙内战的战火已经烧到马德里郊外，那次旅行给我留下了关于纳粹德国的不少记忆。1937 年 2 月我回到西班牙。在 1936 年到 1939 年西班牙内战期间，通过母亲在长枪党的福利组织的工作经历，我接触到佛朗哥政权首府萨拉曼卡的贫困和迫害情状。如此等等，各种经历要讲的话，那篇幅可大了去了。当时我可能算是德国人，但我对西班牙的身份认同也同样真切。我对自己的著作中许多主题的理解（*verstehen*）[1]——西班牙民主的崩溃、佛朗哥政权的有限多元主义、纳粹和法西斯主义、民族主义——都要归功于我不到十岁时开始的经历。

---

[1] 马克斯·韦伯用德语词 verstehen（理解）来表示社会科学家试图从行动者的观点出发，去理解人类行为的情境和意义。

这会儿不是讲那个故事的场合（Linz 1997a, 101-114；另见 Linz 1997b, 141-152）。

1943 年念完高中后，我进入了马德里大学法学院和新成立的政治科学与经济学院。五年的法律学习内容涵盖民法、商法、刑法、国际法、公法和私法以及政治性法律，包括比较宪法。政治学课程涉及政治经济学、公共管理、地方政府、劳动关系与社会保障法、国际关系、教会与国家关系、近现代史、政治理论史等诸多学科。在这两个学院里，有些老师很优秀，有些则很平庸。当我分别在 1948 年和 1947 年以优异成绩毕业时，我具备了广阔的法律和社会科学知识背景，这使我在经过激烈的招录考试后，能够进入高级公务员队伍。我那时学到的很多东西在我日后的学术工作中很有用。

那时佛朗哥当政，我们这些学法律的学生组成了一个小型的关于西班牙社会和政治的讨论小组，多多少少算非法的吧。我们讨论的一个问题是如何在佛朗哥宪法的范围内把佛朗哥推翻，并且我们分析了佛朗哥政权立法机构的宪法文本。后来，在 20 世纪 70 年代，一些人在西班牙向民主转型之前也做了同样的事情：他们研究如何在佛朗哥政权的宪法框架内促成转型。而其中一些人果真带来了民主转型。

问：您是如何转向社会学的？

答：我很早就接触了社会理论的经典著作。哈维尔·贡德（Javier Conde）教授于 20 世纪 30 年代在德国接受培训，吸收了德国政治学和社会学的传统。我对社会问题、劳动关系和社会保障立法很感兴趣，当我和贡德谈到我的兴趣时，他说，"瞧，这些都是很平常的东西，思想上很无趣。去读读这个。"他给了我卡尔·曼海姆（Karl Mannheim）的《意识形态与乌托邦》（1936）。他还给了我汉斯·弗莱尔（Hans Freyer）和马克斯·韦伯的书。作为贡德的助手，我协助他为我们计划开设的社会学理论研讨班准备了一份读本。我几乎通读了奥古斯特·孔德、维尔弗雷多·帕累托、韦伯和格奥尔格·齐美尔的著作，齐美尔的《社会学》（*Soziologie*, Simmel

1908）当时已有西班牙语译本。[2] 我研究那些经典著作，是因为我得教它们。研讨班其中一节课是关于斐迪南·滕尼斯及其对共同体（Gemeinschaft）和社会（Gesellschaft）的两分法，另一节课是关于韦伯对阶级和地位的区分，还有一节课比较了马克思和韦伯各自的阶级概念。后来，当我来到哥伦比亚大学的时候，有一门社会学理论史的课程是由西奥多·阿贝尔（Theodore Abel）教授的，他是一位波兰社会学家，在纳粹问题上做了很好的研究。我拿到了阅读清单，听了两三堂课，但我很快意识到我已经知道他在教什么了。所以，我对社会理论经典的兴趣来自德国—西班牙的智识文化，让你学会关注经典。

1948年哈维尔·贡德被任命为政治学研究所所长后，我和他一起工作，参加研讨班、期刊编辑委员会，决定文章是否发表，以及为立法工作准备报告。我还参与了冈瑟·荷尔斯泰因（Günther Holstein）一本政治理论史书的翻译工作，这是他对德国《哲学手册》丛书的贡献之一（Holstein 1950）。作为一名助教，我不仅阅读和教授韦伯、滕尼斯和弗莱尔等社会学家的著作，还涉及赫尔曼·黑勒（Hermann Heller）和汉斯·凯尔森（Hans Kelsen）等德国政治学家的著作。1950年，在法国南部召开的由巴黎政治学院（Sciences Po）[3] 一个小组组织的全欧洲政治学研究人员夏季研讨会上，我以凯尔森1929年发表的《论民主的实质与价值》和他在《伦理学》（*Ethics*）杂志上发表的一篇文章为基础，做了一场关于民主的演讲。凯尔森和黑勒——以及1949和1950年在法国的经历——在我的思想发展过程中占据中心地位。

我在西班牙的工作还包括，审阅评论法国的"选举地理学"、鲁道夫·赫贝勒有关石勒苏益格–荷尔斯泰因地区纳粹投票的研究（Heberle 1945），以及准备选举社会学的参考书目。后来我和保罗·拉扎斯菲尔德、西摩·马丁·李普塞特及艾伦·巴顿（Allen Barton）合作了《社会心理学手册》中有关投票心理学的一章（Lipset et al. 1954）。[4]

[2] 这本书的英译本见 Simmel（1950）。
[3] 这里 Sciences Po 应指法国国家政治科学基金（FNSP）。
[4] 李普塞特（Lipset 1995, 7）开玩笑说这是一篇"律师事务所合伙人"文章。

问：**1950 年您到哥伦比亚大学开始攻读社会学研究生。您是怎么来美国的？**

答：在政治学研究所我组织了一次广泛的期刊交易，我们购买了不少美国社会科学书籍。像理查德·赛特斯（Richard Centers）的《社会阶级心理学》（1949）这样的研究专著，激发了大家对经验研究的兴趣和学习研究方法的冲动。贡德帮我从西班牙外交部争取到了奖学金，德国社会学家雷内·科尼希（Rene König）在国际社会学协会（ISA）很活跃，他访问西班牙时建议我去芝加哥、哥伦比亚或哈佛，虽然一开始我准备去社会研究新学院（the New School for Social Research），打算与汉斯·斯拜耳（Hans Speier）一块儿研究文武关系。但西班牙驻华盛顿的大使馆反对这所新学院，所以我申请了另外三所大学，哥伦比亚大学以"进修学生"（non-matriculated）方式录取了我。

1950 年我作为学生来到美国，而不是像我的许多长辈那样作为一名流亡者或移民来到美国。我的经历不同于 20 世纪 30 年代那些处于青春期的人。记得吗？西班牙内战爆发时，我才 9 岁。我的社会科学训练是美国式的，但以西班牙大学教育、德国文化背景以及欧洲社会和政治经验为基础。我认为，没有这种背景，就无法理解我的学术思想工作。我处在不同学科和不同国家的交汇边缘，这是我们这一代人少有的。

问：**20 世纪 50 年代，当您还是一名研究生时，哥伦比亚大学的社会学系是社会科学中最令人兴奋的学系之一。**[5] **在那种环境下学习是什么感觉？**

答：在哥伦比亚大学，最重要的事情是，那里的教职员工形形色色，好几位都是出类拔萃的人物。罗伯特·默顿（Robert Merton）是一位用理论

---

〔5〕 参见 Coleman（1990a）。

和概念武装起来的魔术师。我故意用魔术师这个词。[6] 他通过展示如何在抽象阶梯上上下移动来教你如何处理概念。默顿在一定程度上借鉴了涂尔干的方法论经典《论自杀》（Durkheim 1951），向大家展示了如何将一个概念转化为指标，又如何将指标转化为概念。这是我跟他学到的非常独特的东西，就像同样由默顿教授的结构功能主义逻辑一样。

保罗·拉扎斯菲尔德是方法论上的伟大创新者，也是一位有影响力的人物。虽然拉扎斯菲尔德并不是一位好教师，但他却是一位非常优秀的研究人员，也是个最能激励人们一起工作的人。我和他、李普塞特以及艾伦·巴顿一起为《社会心理学手册》做了一个项目（Lipset et al. 1954）。拉扎斯菲尔德总是鼓励我们。从某种意义上说，默顿因为他的完美主义倾向让人们感到沮丧，而拉扎斯菲尔德很务实，他说"好吧，完成它，做好准备"。拉扎斯菲尔德和默顿教了一个非常有启发性的关于一般性方法和理论的联合研讨班——基本上就是他们在学生面前进行对话。虽然拉扎斯菲尔德是位方法论专家，但他的知识面更广，能够与更多的受众进行交流。他受过良好的人文教育，读过那些伟大的文学名著，还学过历史、希腊语和拉丁语，我猜想这是拜奥地利的高级中学（gymnasium）教育所赐。他的学识渊博可以从他与欧内斯特·内格尔（Ernest Nagel）在哥伦比亚大学哲学系共同开设的一门课程看出来，我旁听过那门课。拉扎斯菲尔德是位训练有素的心理学家，他的思路是建立在研究动机问题和行动理论基础上的——他在这方面有一篇漂亮的论文。拉扎斯菲尔德的心理学基础是显而易见的，他决定研究最基本的、最不复杂的行动——不是像投票给一个政党这样的行动，作为一个年轻的社会民主派，这显然是他的兴趣所在——而是像买肥皂那样的简单行动。拉扎斯菲尔德把这样一个简单的决定看作是人类行为的分子层面，他意识到这是一个很容易研究的问题。因此，拉

---

〔6〕少年时，默顿当过魔术师，甚至还把姓改成了梅林（Merlin）。正如默顿自己描述的那样，"正如拉比梅尔·塞缪尔·韦斯的儿子埃尔里奇·韦斯成了哈利·胡迪尼，以著名的法国魔术师罗伯特·胡迪的名字命名自己一样，14岁的梅耶·R. 施科尔尼克（Meyer R. Schkolnick）很快就变成了罗伯特·K. 梅林（Robert K. Merlin），以亚瑟王传说中更为著名的魔术师的名字命名。梅林很快就又成了默顿。"见 Merton (1996b, 347)。

扎斯菲尔德提出了利用市场调查作为研究人类行为基本维度的一种方法，而反对拉扎斯菲尔德的学生则认为这不过是对他选择从事商业工作的合理化托辞。但我不认为这是一种合理化托辞，这是一个非常慎重的决定。

有一天我参加鲍勃·达尔的晚餐会，他讲了耶鲁政治学科的历史以及他在其中的贡献，我甚感叹服。在20世纪50年代，耶鲁的政治学训练中完全没有方法论、研究技术和统计学。达尔比我晚了至少十年才发现这些方法，这主要是因为在哥伦比亚大学，我们和保罗·拉扎斯菲尔德在方法论训练方面走在了前列。研究生被要求修一门两学期的基础统计学课程，我通过了，虽然成绩不是很出彩。我从拉扎斯菲尔德那里学会了如何做问卷调查。

哥伦比亚大学另一位对我产生影响的是金斯利·戴维斯（Kingsley Davis），他和默顿一样，也研究结构功能主义，但关注的是发展中国家、人口和家庭。他就发展问题举办了一个非常有趣的讨论班，我们在班上讨论了发展中国家的城市化、文盲和社会结构问题。最后是罗伯特·林德（Robert Lynd）和西摩·马丁·李普塞特的团队。林德有一种"美国进步运动派"的、略具马克思主义色彩的世界观，他主要关注曼海姆关于社会正义和"知识为谁服务"的问题。李普塞特那会儿刚在加拿大完成了关于农业社会主义的研究，当时正在做关于工会民主的项目（Lipset 1950; Lipset, Trow, and Coleman 1956）。所以，这些人——好吧，在李普塞特和林德的例子中，是一个团队——是非常不同的。许多学生并没有从这种异质性中受益，因为他们选边站队、偏袒一方。有些人说，"我讨厌拉扎斯菲尔德，因为他是为企业工作的。"并且只受林德—李普塞特的引导。其他人不喜欢金斯利·戴维斯，因为他们认为他是威权主义者，甚至实际上是法西斯主义者。因此，学生并没有得到他们本该得到的好处。幸运的是，那时我决定选修他们所有人的课，向他们所有人学习。那是我的大福气。

问：您为什么与其他学生不同，会对这些不同的老师持开放态度？

答：可能是因为我是从西班牙的大学来的，在西班牙所有的课程都是必修课，所以我们不得不去学。我进入研究生院的时候也比大多数学生成熟一些，因为我有一个法学学位，而且已经在西班牙做过研究助理。最后，教员的异质性并没有影响到我，因为我想尽可能多地学习不同的东西，而每一位教授都能给我提供一些东西。所以我想，"让我们看看我能从这些人身上得到什么。"我从他们身上都学到了不同的东西。

问：在研究生学习即将结束时，您曾于1956年至1957年在帕洛阿尔托高等研究中心与李普塞特共事一年，担任他的研究助理。他是您在研究生院的主要导师吗？

答：是的。我给马蒂·李普塞特做了一年半多的研究助理，研究一个关于政治多样性的社会基础的大项目，结果我们合著了一本从未出版的书（Linz and Lipset 1956）。我们这本未出版的书对马蒂发展为《政治人》的研究非常重要（Lipset 1960a）。马蒂还指导了我的博士论文。[7] 原本这是一项关于意大利和联邦德国选民的社会学研究，利用调查数据来了解两个新的民主国家。但最后，我把研究范围限制在对1953年联邦德国阿登纳大选的民意数据进行详尽分析，这些数据是由民意调查研究所（the Institutfür Demoskopie）的伊丽莎白·诺埃尔-诺伊曼（Elizabeth Noelle-Neumann）慷慨提供的，我用这些数据进行了"二次分析"（Linz 1959）。[8] 自那之后，我和她建立起终生友谊，后来我又参与了"欧洲价值观研究"。

我的论文灵感来自于我和李普塞特一起做的关于政治行为的研究，我希望驾驭问卷调查研究方法，未来在西班牙使用它，另外还有更好地理解民主政治的愿望。当然，我对德语和德国社会的了解也有助于论文的撰写。

问：20世纪50年代末您在加州逗留期间，也曾在伯克利担任莱因哈德·本迪克斯（Reinhard Bendix）的研究助理。

答：本迪克斯有一个关于19世纪德国企业家历史的项目。他特别感兴趣的是，德意志帝国的商业精英是如何与官僚机构和政客互动的。我的工

---

[7] 有关李普塞特对学生林茨的回忆，见 Lipset（1995）。
[8] 林茨的论文从未成书出版，其中部分内容出现在 Linz（1967）。另见 Nolle-Neumann（1995）。

作是阅读数以百计的传记、自传、以及德意志帝国商业领袖的信件,比如西门子和拉特诺。工作相当简单。我只是告诉本迪克斯那些书和文件里有什么,在相关的页面上做上标记,并把它们缩微拍摄下来。但这段经历激发了我对企业家的兴趣。这也导致了许多年后在柏林发生的一件有趣的事情。德国社会学家克劳斯·奥菲(Claus Offe)告诉我,他住在巴林别墅(the Ballin House)里。我说,"哦,巴林,他创办了一家大型航运公司,是德皇(the Kaiser)的好朋友。"奥菲非常惊讶,因为没人知道巴林是谁。

问:您给拉扎斯菲尔德、李普塞特和本迪克斯担任研究助理的经历对您的思想发展有很大影响。

答:影响巨大。现如今,学生们通过与资深学者合作,以研究助理的身份开始自己职业生涯的情况已大为减少。在那些日子里,我们的工资并不高,但在一位非常重要的人正在从事的研究主题上的工作经验是无价的。这种亲密接触使我们很容易建立起一种私人人际关系,这种关系构成了我们一生友谊的基础,就像我和马蒂·李普塞特之间的友谊一样。如今要建立这种关系的可能性小多了。一个原因是,大学管理部门对学生施加压力,要求他们尽快完成学业;另一个原因是,如今的学生比我们有更好的资助,因此不需要兼职收入和暑期工作来补充他们的奖学金。20世纪50年代来美国的西班牙学生(当时我来了),甚至60年代和70年代初来美国的西班牙学生,也没有回家过圣诞节的,因为他们负担不起。现在他们都回家过圣诞。今天的学生们在经济上比以往任何时候都更加独立。这就创造了自主性,如果运用得当,自主性会很好;不过我不确定在没有导师的情况下独自工作是不是一个好主意,因为没有哪位老师会对你的项目特别感兴趣。如果你和某人在他有直接兴趣的某个话题上一起做研究,那么很明显你会得到更多的建议并更多地融入学术研究共同体。

问:总的来说,哥伦比亚大学在20世纪50年代似乎是一个非常丰富的、令人兴奋的社会学学习场所。

答:这是个有助于真正培养创造力的环境。很难解释为什么在某些地方、某些时代会有如此大的创造力迸发出来，而在另一些地方、另一些时代则没有。以纽约抽象表现主义学派为例，这是一群相互认识并交换意见的人。他们最终都是独行侠，做自己的事情，但是他们在一个特定的环境中，在一个支持他们的环境中工作。在社会科学里，我们也有某些学派、某些处境，它们在历史上出现，并产生了各种各样有创造力的东西。如果你是其中的一员，那你就走运了。

问：1958年，您在哥伦比亚大学为自己的论文进行了答辩。1961年您是怎么来这里教书的？

答：答辩结束后，我带着加布里埃尔·阿尔蒙德领导的社会科学研究理事会比较政治委员会的研究经费，前往西班牙从事利益集团与政治方面的研究工作。我取道法国，当时法国正处于从第四共和国过渡到第五共和国的进程中，我密切关注着这一过程。由于我在西班牙找不到铁饭碗，也不认为这是在佛朗哥政权下工作的最佳场所，所以我很高兴哥伦比亚大学在我完成了在西班牙的研究之后，于1961年邀请我担任助理教授。

关于结构功能主义

问：就您在哥伦比亚大学接受的理论训练来说，那时极为强调结构功能主义，尤其是经由默顿和戴维斯。今天，结构功能主义在很大程度上已经从社会科学版图上消失了。您对这一发展有什么看法？

答：从某种意义上说，我们都是结构功能主义者。我们总是在分析政治和社会结构。无论我们谈论的是总统、政党还是工会，它们都是结构。当我们研究政党做什么的时候——它们招募精英、支持政府、讲清问题——我们分析的是它们履行的职能。你可能会说，当我们声称"政党不能做某些社会运动能做的事情"时，我们是在比较政党和社会运动的功能。即使我们从未真正使用功能和结构的言辞，我们也总是在处理它们。在默顿的一篇论文中，他展示了所有的马克思主义式的分析（至少是经典著作中的马克思，而非青年时代著作中的马克思的分析），是一种结构-功能分析（Merton 1968, 93-95, 160-161, 516ff.）。结构功能论是我们研究工作中的重要组成部分，以至于我们已经不记得它了。

问：结构功能主义有消极的一面吗？

答：它可能会被误用，尤其是当人们认为一切都有功能的时候。到20世纪30年代，人类学家已经认识到这种滥用功能主义的可能性，他们开始把某些人类活动确定为"生存"，也就是说，那是些存续但并没有功能的事务。最经典的例子是，刚粉刷过的军凳，它有一个守卫，这样就不会有人把漆弄脏了。油漆干了以后，新的指挥官在军凳上保留了哨位，每天都有一名士兵站岗，这是一项没有任何功能的活动。你可能会说，即使它们没有可见的功能，社会中的某些事物之所以得以维持，是因为它们具有"潜在的功能"。照这种逻辑，你可以把在军凳上站岗看作维持军队日常纪律和秩序的一种方式。但如果你试图为每一件事物都找到功能，就容易把功能的概念推到荒谬的地步。研究路径和概念都可能以一种愚蠢的方式被使用，如果你很愚蠢的话，对吧？

问：尽管在您看来，某些方面我们都是潜在的结构功能主义者，但结构功能主义作为一个理论学派，已经失去了当初您在研究生院那会儿它所享有的声望和卓越地位。您如何解释结构功能主义的衰落？

答：对塔尔科特·帕森斯的批判和敌意在这一衰落过程中起了重要作用。部分批评意见涉及一个愚蠢的论点，即帕森斯无法被理解，因为他的东西如此晦涩，写得如此糟糕。我认为这样说不对。帕森斯的《社会系统》（1951）是一部雄心勃勃、试图囊括整个社会科学领域的巨著，在某种程度上取得了成功。但最终，这种系统化的努力并没有取得很大成果。然而，帕森斯的模式变量——特殊与普遍、归因与成就、广布与特异等等——非常有用。我在对西班牙的一些研究中使用了它们，在问卷调查问题中将它们进行了一定的操作化处理。模式变量与社会思想领域的长期传统非常吻合，例如法律与习俗、共同体与社会、财产权与契约之间的区别。帕森斯的模式变量具有悠久的知识渊源，例如，在罗马法中。大多数人没有意识到帕森斯的一些想法背后隐藏着多少东西。

帕森斯犯了个错误，他将模式变量定义为绝对二分而不是连续统。例如，在归因和成就之间没有必要进行彻底的两相取舍：你可以拥有某种"先赋的成就"（ascriptive achievement）。譬如假设一个人成为财务督察或被法国国家行政学院录取，他已经取得了这些成就，但是当他得到了这个职位或者学位之后，这些成就就变成了先赋的和广布的，因为一旦他在他的名片上写上"财务督察"头衔，不管他做什么，人们都会尊敬他。你可以在模式变量中使用这些混杂组合，比帕森斯所言的丰富得多。

帕森斯的 A-G-I-L 模型对李普塞特和斯坦因·罗坎产生了巨大影响。[9] 李普塞特对这个帕森斯素材产生兴趣，部分是因为我在为他写的论文里已加以运用了，尽管他并不是很喜欢这套说辞。在《政党体制和选民站位》一书中，李普塞特和罗坎（1967b）关于不同政党体制是如何从不同社会裂隙中孕育产生的解释，部分是由帕森斯的分析框架发展而成的，尽管被迫采用的帕森斯框架可能是更好的表达方式。我不知道该怎么解释，虽然李普塞特和罗坎在写这本书的时候我跟他们都很亲近。所以，《社会系统》在很多方面都是一本很有启发性的书，你可以从中得到很多东西，可惜现在再也没有人读它了。比如，尽管有简化之嫌，帕森斯用模式变量来分析描述美国、德国和拉丁美洲社会是非常有趣的。

为什么帕森斯被拒绝了？首先，他认为社会是一个相互连锁的均衡系统，这一观点在某种程度上来自于帕累托，帕森斯的这一观点受到了批判，因为它被认为不能解释社会的转型和变迁。在这方面，我认为帕森斯的想法在很大程度上被误解了，因为系统可能被破坏，也可能崩溃。诚然，帕森斯和帕累托一样，主要对社会系统得以保持相对稳定的条件感兴趣，至于在多大程度上聚焦于社会变迁，他强调了系统内部的渐进式变化。这种思路没有为革命理论提供多少余地。20世纪60年代，拉尔夫·达伦多夫（Ralf Dahrendorf）等人开始认为冲突比共识更重要，帕森斯那里没有冲突理论。帕森斯确实写过一些关于冲突的著作，例如他关于法西斯主义崛起的

---

[9] A-G-I-L 模型是帕森斯用以区分社会系统功能的四分分析框架：适应（adaptation）、目标达成（goal attainment）、整合（integration）以及潜在因素（latency，指潜在的模式维持 Latent pattern maintenance）。

176 激情、技艺与方法：比较政治访谈录

著作。但是那些著作不是很好。

帕森斯被拒绝的另一个原因是20世纪70年代社会科学领域的反保守"革命"。帕森斯成了保守主义的象征，他所代表的一切都被抛弃了。这多少有点讽刺，因为帕森斯本人是自由民主派，在政治上一点也不保守。

研究：威权政体、民主崩溃与民主化

威权政体

问：1963年，您在芬兰坦佩雷举行的国际社会学协会（ISA）比较政治社会学委员会会议上发表了题为《西班牙：一种威权政体》的论文，这是您后来关于政体的许多研究工作的基础。[10] 它也被证明是比较政治领域的一项开创性工作。您写那篇文章的动机是什么？您的贡献是什么？

答：我对非民主政体感兴趣，部分原因在于，作为一个西班牙人，我是在非民主政体下长大的。当我写那篇关于威权政体的文章时，关于非民主政体的文献，包括像卡尔·弗里德里希和兹比格涅夫·布热津斯基（Friedrich and Brzezinski 1956；另见 Brzezinski 1962）、汉娜·阿伦特（Arendt 1951）、西格蒙德·诺伊曼（Sigmund Neumann1942）以及弗朗茨·诺伊曼（Franz Neumann 1957）等人的著作，对民主与极权主义之间的区别关注有限，令人感到困惑。一方面，除了纳粹德国和苏联，这些文献实际上没有提到任何其他类型的非民主政体。那时流行的看法是，不属于极权主义范畴的非民主政体无非是由于行政效率低下、经济欠发达或外部压力的存在，而未能达到极权阶段罢了。另一方面，将民主扩散到摆脱殖民处境后新出现的亚洲和非洲国家的希望正在破灭，研究这些国家的学者转而认为，一党政权以及后来出现的军事独裁者只是现代化进程中的一个阶段。"监护民主"（tutelary democracies）一词经常被用来表示这些政权的所谓过渡性质。

---

[10] 论文发表为 Linz（1964）。进一步的成果包括 Linz（1970，1973a）。另参见 Linz（1975），该书在2000年重印时，林茨加上了一篇新导论（Linz 2000）。

对我来说，西班牙不处于这一连续统之中。很明显，佛朗哥从一开始就没有设想过他所创建的政权是极权主义的。除却他的一些花言巧语，极权主义模式与他的政治思维方式并不吻合。从一开始，西班牙的政治和社会现实就导致了一种不同类型的政体。并且，在我看来，统治者显然无意为西班牙向民主转型做准备。

总的来说，我觉得用极权主义和民主的两极分化来分析世界上大多数国家的政治现实是没有意义的。世界上许多政权既没有走向极权主义，也没有走向民主。他们的统治者也没有以这两种模式中的任何一种作为目标，尽管他们可能在宣言、宪法、法律和制度方面进行了一些模仿。所以，在我熟知的西班牙个案的基础上，我提出极权主义和民主的两极分化存在问题，并形成了我自己的威权政体概念。其他人，比如雷蒙·阿隆（Raymond Aron 1968）和刘易斯·科塞（Lewis Coser）也在朝着类似的方向前进。但我的贡献是系统地阐明了威权政体的概念，并且取得了一定的成功。[11]

问：您关于威权政体的论文的主要弱点是什么？

答：对领袖这个维度我可能强调得太少。我对西班牙威权政体的研究读起来有点像是一个没有佛朗哥的威权政体。在淡化个人领导维度的同时，我也在一定程度上反对之前的研究对个人魅力型领袖的强调。我觉得一些关于极权主义的文献落入了过分强调希特勒或斯大林个人魅力要素的陷阱，我想避免犯类似的错误。当我写论文的时候，关于佛朗哥没有太多可说的。他个性灰暗，那些传记，甚至是偶像化的传记都很糟糕，没有给人留下深刻的印象。那些与政权关系密切的人显然不愿多谈佛朗哥，而那些反对佛朗哥的人往往持有无根据的、简单化的和消极的看法——除了佛朗哥是一个独裁者之外，他们什么也说不出来。他做出决定或应对危机的方式只有在政权终结之后才能为人所知。某些类型的信息需要沉淀一定的时间才能获得。所以，在我写论文的时候，我们对佛朗哥知之甚少，这也是为什么

---

〔11〕林茨对他如何形成威权政体概念以及此后这一概念被广为运用和接受的回顾，参见 Linz（1997b）。

佛朗哥在威权政权中显得不像他本应该的那样举足轻重的另一个原因。从某种意义上说，我不得不低估佛朗哥的作用。

问：您在研究非民主政体时，将标识威权政体的"心态"与标识极权政体的"意识形态"区分开来，这是一个关键点。然而，事实证明这种区别很难加以操作化考察。

答：部分原因是意识形态和心态都是思想的产物——它们都是思维方式。但心态在思想上的编码方式并不像意识形态公式那样被系统编码了。心态发挥作用的方式跟意识形态也不一样。人们比较容易看到意识形态的存在。如果你去苏联时期的莫斯科，要一本苏联共产党的历史，你会发现它无处不在，甚至学校里也有。在纳粹德国，当你结婚时，你会从市议会得到一份希特勒的《我的奋斗》作为结婚礼物。但如果你去佛朗哥统治下的西班牙的书店要买佛朗哥的著作，大多数书店都不会有。他们会告诉你去出版这些书的国家出版社找，你可能会在二手书市场上找到几本，因为一些佛朗哥派组织免费派送这些书，人们得到后很快就会在旧书市场上卖掉。很少人（如果有的话）会读佛朗哥的著作。这当然并不意味着像佛朗哥那样的威权政权没有意识形态公式，但这个体制并不是参照意识形态来运作的，而是参照当权者的心态来运作的。把这种差别操作化很难，就像我试图在那些小段子里所做的那样，尤其是后验地加以归纳。

民主政权的崩溃

问：您是什么时候开始构思 1978 年与阿尔弗雷德·斯捷潘合作的民主政权崩溃研究项目的？[12] 您是如何把这本书的作者们组织在一起的？

答：对像我这样的欧洲人来说，20 世纪 20 年代和 30 年代民主崩溃是切身的体会。从智识上讲，伟大的德国历史学家卡尔·迪特里希·布拉赫（Karl Dietrich Bracher）关于魏玛共和国的著作（1952）是这个项目最重要的推动力。我在哥伦比亚大学教授一个关于这一主题的研讨班，形成了早期

---

［12］参见本书第 12 章斯捷潘对这一项目的看法。

的构思。1970年,我有机会在保加利亚瓦尔纳举行的国际社会学协会大会(ISA)上组织了一次讨论会,使我得以召集了一些学者,包括学生和同事,他们报告的论文最终成为关于欧洲和拉丁美洲个案研究的那一卷。他们的工作以及我对许多个案研究的阅读,特别是伦佐·德·费利斯(Renzo De Felice)对意大利的研究,丰富了我的思考。

问:在民主政权崩溃这个项目背后的理论关切是什么?您是否在与某些特定的观点或作者争辩,就像您将西班牙概念化为一种威权政体一样?比如巴林顿·摩尔关于独裁与民主的社会起源的著作(Moore 1966)是一个参照点吗?

答:我不是在反对任何具体的理论或研究路径,而是试图理解发生了什么、如何发生以及为什么发生。我开始让自己沉浸在丰富的历史研究中,同时重读经典。比如,再均衡的概念就来自于帕累托(Linz 1978)。我的分析与巴林顿·摩尔关于民主起源的著作没有联系。我的观点在他的书出版之前就已经阐述清楚了,我们处理的是不同的问题。我发现摩尔对法西斯主义的分析(实际上是对德国法西斯的分析),并不令人满意,而且具有误导性。

问:您学术风格的一个标志,在关于民主政权的崩溃的那卷书中特别明显,就是聚焦于人的能动性,特别是领导人和精英的行动(Linz 1978)。您为什么在工作中采取了这样一个关注点?

答:所有社会最终都是建立在个人行动基础上的,尽管不仅仅是精英和领导人的行动。什么是军队?军队是将军、上校、中校、上尉、中士,最终还有士兵。出于各种原因,这些个人相互互动并服从指挥。所有这些行为的集合,10万人或者5万人,构成了一支军队。只有将军不是军队,没有士兵的军队是不可想象的。所以,最终还是基于个人的。

问:您关于民主政权崩溃的研究受到的主要批评之一是研究显得过于唯意志论。它过于关注行动者及其选择,而忽略了对这些行动者的结构性约束。您如何回应这种批评?

答:事实是,一些卷入民主政权崩溃进程的行动者做出了不同的选择,结果就会不同。不同选择的影响在挪威和荷兰这样的国家尤为明显,这两个国家的结构状况相似,失业率水平相似,但结果却不同,因为领导人做出了不同的选择。我不相信事情是预先决定的。最终,人们会做出选择——好的选择、坏的选择——这些选择都会产生后果。

显然,在危机状况下,选择的范围越来越小,而重要的行动者的数量可能会变得越来越少。丹尼尔·贝尔用他总结的"小写的 c"(small c's)观念抓住了这种收缩:共谋(conspiracies)、阴谋(complots)、俱乐部(clubs)、委员会(committees)、虚构(confabulations)。贝尔在我们一起在哥伦比亚大学举办的一个研讨班上发明了这个说法。你可以在亨利·阿什比·特纳(Henry Ashby Turner)关于希特勒上台前30天的书(1996)中看到,重要行动者的数量是如何变得越来越少的。那些对兴登堡的决定有影响的人——我们几乎对每小时都做了记录,记录了接触和影响他的人——最后变成了一个不可思议的小集团。这一小群人并没有代表更大的社会力量来行动;而是,从某种程度上说,这些人的行为是出于可怜的小肚鸡肠。当然,他们是在纳粹运动、经济危机以及民主党派先前放弃积极作用的背景下运作的,因为他们不想做出不得人心的决定,而宁愿让内阁来处理这些问题。尽管如此,最终起作用的还是一个小得令人难以置信的群体。

问:为什么您把解释民主崩溃的重点放在领导人的选择上,会招致如此多的敌意和批评?

答:首先,它不符合马克思主义的观点,即大萧条的经济因素可以解释一切。此外,我还强调民主体制中的当权者,而不仅是反对派,要做出决定,意味着要对政权的崩溃承担一些责任。我认为,推翻民主不仅是反对者行动的结果,也是那些试图维护体制和保持民主继续运转的那些人行动的结果。但是,如果你对历史有一种魔鬼式的解读,其中有"好人"和"坏人",好人是民主派,坏人是想推翻民主的反民主派,那么当权者所做的一切与民主的崩溃就没有任何关系。从这个角度来看,只有那些攻击体制的人才应对其崩溃负责。我觉得这种说法太简单了。

问：正当性的概念在《民主政权的崩溃》中起着核心作用。这一概念在当代政治学中已不受欢迎，部分原因在于，与心态和意识形态一样，正当性在经验分析中被视为难以操作化。您如何回应这种批评？

答：有趣的是，在佛罗里达州围绕2000年总统大选的争论中，每个人都在谈论小布什总统上台的正当性或不正当性。这个词被广泛使用，当你使用它的时候，人们知道你在说什么。韦伯对正当性的处理非常复杂（Weber 1978）。我对正当性的定义相对简单：人们认为现有的政治体制最适合他们的国家，他们不认为另一种体制更可取。这是最低限度上的正当性。正当性还要求人们愿意服从统治者的决定，而不管服从是否符合他们的自身利益。当年在密西西比州的牛津镇，当国民警卫队被联邦接管，他们就服从了肯尼迪总统的命令，尽管密西西比州的国民警卫队队员和任何其他人一样都有种族主义立场。[13] 但他们认为总司令有权让他们执行法院的裁决。当人们不是出于自身利益而服从时，理解这一点尤为重要。这对任何军事组织来说都是至关重要的，因为死亡永远不符合你的利益，你不会成为牺牲你生命的行动的受益者。因此除了自身利益，你还需要一些其他动机。

问：民主政权的崩溃系列中，您那一卷（Linz 1978, 71-74）以三页篇幅的附记介绍了总统制民主政体相对于议会制民主政体在崩溃时显得特别脆弱。您在20世纪80年代重新拾起这一主题，最终发表了一篇被广泛引用的关于总统制的论文，并主编了一本关于这一主题的文集（Linz 1990a, 1994; Linz and Valenzuela 1994）。您是如何提出您对总统制的见解的？

答：在我写的许多文章中，都会写个参考引用，至少是个脚注，提到必须讨论的下一个大问题。关于总统制的附记就是这样。在民主崩溃这一

---

〔13〕 1962年秋，约翰·F. 肯尼迪总统下令将密西西比州国民警卫队联邦化，以调动国民警卫队在位于牛津镇的密西西比大学爆发骚乱之际去恢复秩序。示威者们对大学录取美国黑人詹姆斯·梅瑞迪斯（James Meredith）一事表示愤怒。

卷送交付印的最后时刻，我写了这篇附记，这就是为什么那一部分没有任何脚注的原因。事实上，我是在阿尔弗雷德·斯捷潘位于纽黑文家中的地下室里写的，当时我正在修改民主崩溃这一卷的校样。我当时住在艾尔家，因为当时我正好离开耶鲁大学休假，来纽黑文参加一个会议。

问：但您势必早就考虑过总统制容易崩溃的脆弱性问题了。

答：我是在回应吉列尔莫·奥唐纳尔的那种"不可能的博弈"（impossible game）模式，他用这种模式来解释20世纪50年代阿根廷民主的崩溃（O'Donnell 1973、1978a）。在战后，意大利是议会制，与阿根廷不同，"博弈"并非不可能。尽管有共产党的存在，但意大利的民主并未崩溃。意大利共产党是一股强大的反体制力量，与阿根廷的庇隆主义者类似。因此，我提出了这个问题，"总统制是否与拉丁美洲民主国家的政治不稳定性有关？"

问：您后来的总统制研究的核心思想是什么？

答：我试图以一种简单的方式强调民主稳定的问题，这些问题源于总统制的两个要素：（1）这种体制任期固定，有零和、赢者通吃的性质；（2）国会和总统职位的"双重正当性"。这基本上是一个非常简单的想法，但其含义却引发了一些讨论。

问：您关于总统制的研究确实引发了一场关于议会制和总统制孰优孰劣的激烈辩论。[14] 您对这次辩论有何评论？

答：有些人试图捍卫总统制，认为总统制比别的更有效。当然，有些总统制政权是有效的，你可以通过取消中期选举、副总统以及其他什么方式去改进它。这些都是有趣的看法，但我不认为这挑战了我的一些基本预设。总的来说，我对这个问题没什么更多可说的，除非我写一本关于总统

---

〔14〕 参见，例如 Horowitz（1990），Lipset（1990），Shugart and Carey（1992），以及 Mainwaring and Shugart（1997）。关于林茨对 Horowitz 和 Lipset 的回应，参见 Linz（1990b）。

制政权危机的深入研究的专著。但我对深入研究拉丁美洲、东欧或俄罗斯政治并不是那么感兴趣。其他人也会这么做。一旦你说出了你的观点，你就继续前进。

问：您的研究另一个显著特点是专注于政治制度。这可以从您对政体的研究中看到，或许最明显的是您对总统制的研究。这种对制度的兴趣从何而来？您在哥伦比亚大学的老师们都不怎么研究政治制度。

答：嗯，韦伯在谈到教派、教会、政党和权力类型时，总是要谈到制度，这些都是制度。此外，我在西班牙接受的法律训练，让我对制度有了很好的认识，也让我学会了如何通读宪法并发表评论。事实上，许多重要的、和我导师们同一代的欧洲学者——像弗朗茨·诺伊曼、奥托·基希海默、亨利·埃尔曼和卡尔·弗里德里希——都受过律师训练。他们中的一些人，当他们来到美国时，因为不能成为政治家或劳工律师，就成了政治学家。在他们的研讨班上，他们会让学生们写论文，主题是诸如法国参议院和国民议会之间的冲突，以及如何根据第五共和国宪法的规则来处理这种冲突。基希海默在哥伦比亚大学政治学系，不在法学院，但他让学生撰写宪法案例研究。现在我们不再教学生做那种法律制度分析了，我认为这是当代美国政治科学的一大弱点。

我对制度的兴趣也源于对历史个案的分析。制度是中心，部分原因是我们现代社会的权威是韦伯所言的法理型权威。人们认为依照规则做出的决定应该具有约束力。举个当下的例子，美国公众和许多政客普遍认为，最高法院关于2000年总统大选的决定完全是党派之争，在技术上是错误的。然而，没有人准备挑战最高法院。那五位法官给出了他们的裁决，故事就这样结束了。而在一个制度根据另一种原则运作的国家，比如在许多拉丁美洲国家，人们会说"这是一场滑稽戏"，X将军会解散最高法院，而占普选票多数的戈尔先生会成为总统。

因此，制度很重要。我不知道你为什么要证明那样的东西。你只要每天看看报纸就会知道，制度在政治上是有不同影响的。你不需要做任何研究就能意识到这一点。

法西斯主义

问：法西斯主义是您关注的另一个主题（Linz 1976, 1980, 2003a）。是什么吸引您研究这个问题的，您在这个研究领域做出了什么贡献？

答：西班牙内战期间我在萨拉曼卡度过的童年，以及在佛朗哥联盟不同政治潮流的背景下我对长枪党的认同，我对德国政治的了解，和我对民主崩溃的研究，都不可避免地导致我对法西斯主义产生研究兴趣。我在行为科学高等研究中心（CASBS）结识了伟大的德国历史学家卡尔·迪特里希·布拉赫（Karl Dietrich Bracher），他把我介绍给出版商费舍尔，后者约我写一本关于比较法西斯主义的小书，但那本书是最终由恩斯特·诺尔特（Ernst Nolte）完成的。不过，这段经历让我在哥伦比亚大学教授了一个关于法西斯主义的研讨班。后来，我为沃尔特·拉克尔（Walter Laqueur）的《法西斯主义：读者指南》写了一篇长文（Linz 1976），并参加了一些关于法西斯主义研究的会议。我至少在五种出版物中涉及过这个主题，包括在意大利出版的一本书（Linz 2003b）。我还给历史学家斯坦利·佩恩（Stanley Payne）关于长枪党的博士论文提供了些帮助，佩恩现在是法西斯主义运动比较研究方面的主要权威。

我认为，通过对所有法西斯主义运动和领导人的比较研究，我为打破主流解释、形成一个类型学的定义做出了很大贡献。

民主化、民族主义和联邦制

问：20世纪80年代以来，您的工作集中在三个主题上：民主化、民族主义和联邦制。让我们从您和阿尔弗雷德·斯捷潘于1996年合作的《民主转型与巩固的问题》一书开始聊。[15] 那本书的主要贡献是什么？

答：我们做出了几项重要贡献。我们提出了这样一种观点，即以前的非民主政权的类型，通过限制你能做什么和你能怎么做，来塑造向民主转型的不同路径。我们还从政治社会、市民社会、经济社会、官僚和法治等

---

[15] 参见本书第12章斯捷潘对这个研究项目的看法。

方面分析了成功的民主转型的条件，并提供了分析新民主国家巩固自身的各个维度。我认为，我们对多民族社会"国家特性"问题的分析是另一个重要贡献。相对来说，这些看法被许多人接受和传播了。

问：为什么以前大量关于民主转型的研究忽视了旧的、非民主的政权对制约民主化进程的重要性？

答：这个问题再次提出了某种规范性偏见，即民主应该是"人民"意志和行动的结果，因此在前一个政权中不可能有什么好东西。但事实是，由于各种原因，属于旧的非民主政权的人有时使转型成为可能，从而促成一个好结果。他们中的一些人，比如西班牙的阿道夫·苏亚雷斯，甚至成为民主化进程的领导人。这让一些人感到失望——"好人"没有实现民主，而"坏人"扮演了积极的角色。

问：谈到您对民族主义和在多民族社会实现稳定民主问题的兴趣，您是如何对这一话题感兴趣的？您对这一研究领域做出了什么贡献？

答：作为一个西班牙人，我一直对西班牙边缘地区的民族主义问题有着潜在的兴趣。谁可能不对加泰罗尼亚和巴斯克民族主义感兴趣呢？20世纪70年代，我为斯坦因·罗坎组织的一次会议写了自己第一篇关于民族主义的重要论文（Linz 1973b），后来我写了一本关于巴斯克问题的书（Linz 1986），现在我正和艾尔·斯捷潘合作，研究联邦制国家的多元民族主义（Stepan, Linz, and Yadav, forthcoming; Linz and Stepan, forthcoming）。我对民族主义的兴趣最初是在行为科学高等研究中心与约书亚·菲什曼（Joshua Fishman）就语言政策进行的交流，以及和卡尔·多伊奇的交流激发的。

问：您对民族主义有什么最佳想法？

答：你永远不晓得。有时你写了一篇论文，你对它并没有特别的兴趣，但是你表达了一些你没有想到的原创的东西。我给爱德华·提里亚基安（Edward Tiryakian）主编的关于从原生民族到领土国族观念的转型一书提交的文章就是这样（Linz 1985a）。这是一篇非常复杂的论文，它抽出了我们在一次问卷调查中提出的一个问题,即一个国族的成员如何界定其民族共同体的边界。调查的样本来自西班牙不同地区——加泰罗尼亚、巴斯克自治区以及加利西亚——也来自法国的巴斯克地区。我们不知道能从这个问题中得到什么,我甚至不确定这个问题是否有用。但事实证明,就有关基于共同文化语言认同的民族主义运动是如何应对将非原住人口整合进新国族的挑战,它提供了一些非常奇怪的看法。令人惊讶的发现是,最激进的埃塔(ETA, Euskadi Ta Askatasuna "巴斯克祖国与自由")支持者,巴斯克分离主义运动,实际上秉持着非原生的(non-primordial)民族主义观念——他们认为生活和工作在这片领土上并认同巴斯克国族的人,不论其是否是本地原住民,都应当被视为巴斯克国族的一部分。在你看到其中的逻辑之前,这似乎是矛盾的:将所有居住在这片领土上的人定义为巴斯克人,使得将非原住人口融入这个新兴国族和期望中的新国家变得更容易。这种非原生的国族立场起初似乎相当宽容和有整合性,但奇怪的是,这是一种非常不宽容的想法,因为它为要求生活在该领土上的每一个人都应认同新兴国族提供了基础。所以,这篇论文对我来说很有收获,对于进一步发展民族主义理论也相当有趣。但是没有人注意到这一点。

问:为什么没有呢?

答:首先,收入这篇文章的那本选编文集可能没有多少读者。其次,各种民族主义者都想从"我们和他们"的角度看待问题。这意味着他们看不到国族认同的复杂性,人们有双重认同,国族"建构于",而不仅仅是"基于"其原生特征基础上。我的论文对许多研究民族主义的学者来说太复杂了。

问:关于民族主义,您还有什么其他特别引以为豪的想法吗?

答:我认为我正在进行的关于"民族-国家"(nation-state)和"国家-民族"(state-nation)之间的区别工作是富有成果的。在一个"国家-民族"中,公民认同并忠于同一个国家的制度,但他们保留着不同的民族认同。瑞士的个案是一个"国家-民族"的典型例子。比利时是另一个例子。每次我去那里，人们都告诉我这将是最后一回，因为等下次我去的时候，比利时就没了。但许多年过去了，比利时仍旧在那里。这就提出了一个问题，"比利时是什么？"我们有有趣的数据，我必须更深入地进行分析，这些数据表明，虽然佛兰德人和瓦隆人的身份认同非常强大，但比利时人的身份认同也相当强大。公民保留不同的民族认同，但分享着对比利时这个国家的共有认同。在我越来越多的论文中，"国家-民族"的理念一直在缓慢演进，它可能会成为一本关于联邦制的书（Linz and Stepan，即将出版）的重要主题。

问：您目前关于联邦制的研究项目的动机是什么？您为什么选择写一本关于这个话题的大书？

答：我对西班牙边缘地区的民族主义感兴趣，更广泛地说，我对经历民主转型的多民族国家面临的"国家特性"问题感兴趣，这使我对联邦制产生了兴趣。而且，今天的"难题"是有比较地研究不同类型的民主，我对联邦制的兴趣与之一致——民主并不都是一样的，区分联邦制民主和单一制民主是一种有趣的、捕捉这些差异性的方式。此外，目前关于联邦制的研究相当令人失望。关于联邦制的书并没有涉及太多民主话题。关于民族主义的书也不涉及联邦制或民主。将三个主题——民族主义、民主和联邦制——结合在一起进行研究的挑战很诱人。

问：关于联邦制的著作进展如何？

答：哦，太慢了。艾尔·斯捷潘和我都有太多其他的事情要做。但是我们基本完成了理论部分，主题相当清楚。我们仍然需要完成所有国家的研究工作。我很了解其中一些国家，比如西班牙和德国。艾尔对巴西已经很熟悉了，他最近去了俄罗斯和印度好几趟。他也去过加拿大。撰写国别章节会引发对更理论章节的修改和反思，反之亦然。所以，这需要一段时间。

问：除了联邦制这本书，您目前还在从事其他项目吗？

答：我刚刚完成了一篇关于政党及其为何如此不受欢迎和不被信任的思考文章（Linz 2002）。那篇文章有调查数据，因为我在一次西班牙全国问卷调查中放入了一些问题。问卷调查中有人说，"政党制造了不必要的分裂"，也有人说，"政党都是一样的"。奇怪的是，相当一部分受访者都说了这两件事。如果我有足够的资源深入研究，我将探究为什么一些受访者会选择这些和其他看起来明显有矛盾的答案。但我没有数据，也没有关于人们如何看待政党的研究项目。我希望有人来做这件事。

研究技艺和研究工具

社会科学作为科学

问：您认为自己是科学家吗？

答：如果你说的是"自然"科学家，那我显然不是。如果你以生物学家、物理学家或化学家的方式来定义科学，你就会假定，如果你发现元素之间存在不变的关系，这些关系在500年前是有效的，而且在未来对同样的元素也将同样有效。自然科学家也假定这些关系跨越空间也是有效的：在所有国家，原子结构都是一样的，在莫斯科或纽黑文的实验室里发现的东西在任何地方都是有效的。

社会现象不一样，因为它们受时间和空间的约束。我们研究的政治和经济体制可能会存在一两个世纪，但仅此而已。民族主义运动和民族国家是18世纪以后才出现的重要现象，因为我们所谓的民族国家在法国大革命之前，甚至在19世纪之前，在世界上98%的地方根本不存在。同样，现代资本主义直到19世纪才出现。经济现象也在不断变化。我在20世纪60年代研究西班牙商业企业。我所研究的许多企业（可能有60%）如今已不复存在；它们要么消失了，要么被其他公司吞并了。另一些已经成为跨国公司：比尔博-维兹卡亚银行（the Banco de Bilbao-Vizcaya）与一家墨西哥银行合并，如今是墨西哥最大的银行。它不再是20世纪60年代的那种银行，它与商业的关系也完全不同了。即使在最微观的层面，人类的互动模式也受到时间和空间的约束。今天的美国家庭在夫妻关系和亲子关系方面就与一百年前大不相同。在印度，如果你是个年轻的印度男人，你可能会想当然地认为你会有一场包办婚姻，而其他地方的大多数年轻男子不会这样认为。所以，我们作为社会科学家所做的一切都是历史性的，因为我们所研究的一切都受时间和一定空间范围上的约束。你在瑞典发现的民主运作方式可能对理解印度的民主运作方式很重要，但没人会说印度和瑞典的民主是相同的。它们属于同一类，民主，但仅此而已。

有些人所寻求的——这是一种正当的愿望——是社会的基本组成部分。乔治·霍曼斯的著作《人类群体》（Homans 1950）就试图做到这一点。涂尔干试图在《宗教生活的基本形式》（Durkheim 1995）中做一些类似的事情，这部分解释了为什么我不是涂尔干。在某种程度上，西美尔也做了同样的事情，这就是为什么他的工作与政治社会学不是很相关，尽管它可能与像家庭和朋友圈这样的小群体的研究相关。虽然涂尔干对于社会学为何不是心理学提出了一个有趣而复杂的论证，但这类著作的目的是在心理学的边缘找到人类互动的最基本组成部分。当你接触到社会互动的更简单的组成部分时，你可能会发现一些"普遍"的元素，它们跨越时间，存在于不同的社会中。例如，三头问题——也就是说，当三个人分享权力和共同决策时可能出现冲突和不稳定——能帮助我们理解为什么不同历史形态的三头统治在政治上一直不稳定，以及为什么，例如，罗马帝国时代屋大维、马克·安东尼和雷比达之间的权力分享以失败告终。你甚至可以建立一套三头统治的基本理论。然而，当你试图将这些洞见推广到政治联盟理论时，事情很快就会变得复杂得多。当联盟中有些人反对现体制，有些人支持现体制时，联盟的形成就变得更加复杂。在两极分化的政党体制中组成联合政府与在温和的政党体制中组成联合政府是不同的，而包括纳粹在内的联合政府与民主党派之间的联合政府也是不同的。所以，为了理解联盟的形成，你必须看看联盟的实际内容，即合作伙伴的各自立场，他们之间的意识形态距离。你必须考虑什么是反体制政党，什么是半忠诚政党，与反体制政党结盟是否正当。所有这些复杂性都涉及历史局限性的问题。

另一个限制我们概括能力的相关问题是个案数量有限。以联邦国家为例（Stepan, Linz, and Yadav, forthcoming; Linz and Stepan, forthcoming）。根据我们的定义，民主的联邦制国家的数目介于12和14之间，这取决于是否包括尼日利亚和南非。这是一个个案数量非常少的研究起点。然而，有些人会说西班牙并不是一个真正的联邦制国家。另一些人会说，德国也不是真正的联邦，而是一个"乔装"的单一制国家，我认为这是无稽之谈，尽管德国肯定与美国和瑞士有很大的不同。此外，这12个个案中的每一个都有其特定的历史和阶段，这使得很难在广义上做充分概括总结。一旦你对这12个个案做了一些区分，就像我们在选择联邦制的动机上所做的"走到一起"（coming together）和"拴在一块"（holding together）之间的区别，那么这12个个案就被减少为3、4个个案集合了。你希望避免单独处理单一个案，但是完整的、有意义的和有洞察力的分析最终只针对单一个案。这就不能满足那些想要一般化概括的人。

在研究民主转型的过程中可以看到，我们研究主题的性质如何限制了我们的概括能力。如果我们忽视巴斯克自治区和加泰罗尼亚的边缘地区民族主义所造成的难题，我们根本无法理解西班牙的转型。但这些难题与葡萄牙、希腊和拉丁美洲国家的转型进程完全无关。事实上，在1989年东欧转型开始之前，西班牙是唯一一例民族冲突在其中发挥重要作用的转型实例。其他个案也有不容忽视的特点。例如，苏联70年极权统治对社会的型塑作用是史无前例的。这意味着那里正在发生的转型是在一个与其他个案完全不同的社会处境下发生的。

我们必须为某些个案添加变量，而为其他个案忽略变量。这就是野兽本性，这就是世界之道，我们对此无能为力。如果我们不强调在不同个案下使用不同变量，我们就会得出一些老生常谈的结论，这没什么意思。至多，我们有可能对4、5个个案进行有效概括，但适用于所有时间和场所的概括，对于我们正在研究的现象而言可能不存在。

问：如果对政治和社会的一般化概括如此难以实现，我们应该追求什么呢？

答："知道"一些事情。我们应该渴望了解一个现象是如何产生的，它是如何运作的，它对人们生活的影响是什么，以及它是如何变化的。事实是，我们对政治和社会现象所知甚少，而且我们永远也不会知道得很多，部分原因是，在我们这个领域工作的人太少了。在许多国家没有人，或只有少数人在从事特定主题的工作，因此这些主题没有得到充分的涵盖。如果你在芝加哥物理研究做得很好，你的工作对任何想在雅加达做物理研究的人都是有效的。但如果你对美国总统职位了解很多，而你想了解印尼总统职位是如何运作的，这对你没有多大帮助。你必须了解印尼的处境，并研究印尼。因此，政治和社会知识的积累在一定程度上受到了参与人数有限的阻碍。我们还面临着资源有限的问题，这使我们很难每隔几年重复进行同样的研究，而如果我们希望取得像流行病学研究那样的成果，我们就需要这样做。

问：我们应该重复和复制研究吗？

答：一直都是。我们应该复制（replicate）所有类型的研究，尽管这些工作可能"收益甚微"。如今，任何受过基本方法论训练、聪明能干的政治学家，都知道如何编制一份调查问卷，研究谁在全国选举中投票给谁。因为每一次选举都不同于前一次，我们非常需要重复（repeat）选举研究。有时间序列数据很重要，但是大多数国家的这类数据我们没有。在自然科学中，当某些东西发生变化时，重复实验是正常的工作方式。相比之下，我们社会科学家则强调原创性和创造性，这种强调或许源自人文学科。这是我们工作的一个非科学的层面，每项研究都必须是原创的。

问：那么，我们是否应该摒弃原创性在社会科学中很重要的观点呢？

答：不，我想还有很大的空间。但我们想要了解和研究的世界是如此复杂多变，以至于我们做的任何事情都是好的，同时，我们做的任何事情都是不够的。这就像圣奥古斯丁在海滩上的故事一样，天使试图用海螺壳把海水抽干——从某种意义上说，这很荒谬。我们不能做我们想做的，也不能做我们需要做的，这没有办法。第一，可供社会科学使用的资源总量严重不足。把我们在自然科学训练和实验上花的钱和我们花的钱比较一下就知道了，任何在斯坦福学习如何使用线性加速器的物理学者——我有一位物理学家朋友——只花5分钟进行训练，就足以消耗整个城市一天的用电量！但是，我们有多少国家抽样调查，更不用说世界范围的调查，能让我们有钱去做呢？"拉美晴雨表"调查一年做一次，但是有一半的调查问卷集中在一个或另一个特定的议题上，所以调查的丰富度和代表性是个问题。[16] 而这只是为了观察监督美洲国家的民主情况。社会提供给我们的资源，与我们想要理解和知道的东西之间存在着脱节。

使社会科学比自然科学既更容易也更困难的是，任何聪明的人都可以在不做研究或接受专门训练的情况下获得有关我们学科的一些知识。我们都是社会的成员，因此我们都知道一些事情是如何运作的。因此，人们看到我们的书会说："嗯，我已经知道了。"或者会说："我知道事实并非如此，你怎么能这样说呢？"社会科学家总是在挑战社会行动者已经掌握的知识。这些行动者决定我们是否应该做我们的工作，因为他们决定我们是否能够得到资金或者作为顾问工作。就好像显微镜下的细菌能够说，"瞧，你做实验的方式不对。"我们不能强迫人们在显微镜下，把他们老老实实地搁在那儿，以便我们可以重复实验50次。如果幸运的话，我们可以采访一位精英一回，但他们下一次可能就不干了。我们想要研究的行动者可以简单地拒绝被研究，或者他们可以保守秘密，这意味着我们的知识是由社会想要我们知道的东西塑造的——除了历史档案被打开的时候。现在苏联档案开放了，关于共产党和苏联领导层之间的关系，我们了解到了很多以前不可能知道的东西。任何想从事社会科学的人，首先需要意识到社会世界与其他世界是不同的。

希望社会科学更科学的人往往对科学是什么存在误解，这是科学家们不会同意的观念。比如地质勘探，地质学家有合理的预期，认为在某些特定的地方你可能会发现石油，而石油公司则根据这种预期投入数百万美元进行勘探。尽管如此，你并不是总能找到石油，即使你可能已经浪费了数

---

[16] 拉美晴雨表调查（Latinobarometer）是覆盖拉丁美洲17个国家的公众舆论调查。参见 www.latinobarometro.org/。

百万美元,只因为你认为在那里找到石油的可能性是合理的。因此,尽管地质学家使用了复杂的实验模型和测量技术,他们仍然对各种因素独特或偶然的组合如何决定结果有着健康合理的理解。预测天气具有类似的偶然性。在世界的某些地方,天气预报非常准确,而在另一些地方,甚至能提前一周预报。但是在这里,在美国东北部,尽管所有的气象站都提供了大量的信息,但是预报还是会出错。如果我们这些社会科学家试图预测选举或政变,我们所做的也没有那么大的不同。考虑到我们拥有的资源非常有限,可以说,相当于观测天气的气象站数量有限一样,我们其实做得相当不错了。

社会科学家经常因为不能提供避免灾难和帮助解决世界难题的结果而受到批评。有时候我们能做的最好的事情,就是说这是一种没有解决方案的无解状况。当一位西班牙政治家问我,"你对巴斯克自治区的局势和下个月的选举有什么解决办法?"我只能说我没有解决办法,情况可能不会一夜之间好转,也没有什么奇迹能解决这个难题。

问:没有人会花数百万美元去听那种建议。

答:当然没有。但是你付钱给一位医生,他告诉你你得了绝症,没有人会质疑他到底懂不懂肿瘤学。

问:如果社会科学在帮助解决人类难题方面确实如此有局限,那您为什么要这样做?

答:我很开心呀。我想这是个愤世嫉俗的回答,但我还能说什么呢?每次我跟着直觉走的时候还真就是那么回事,这就很有趣,也很愉快。我学到了一些东西,幸运的是,社会正在为我的自娱自乐付钱。那么,它为什么有趣呢?因为知识是值得拥有的,有时甚至是有用的。谁将运用我们生产的知识,并不总是清清楚楚的。读过我那本关于民主崩溃的书的一些人可能会学到一些如何避免崩溃的知识(Linz 1978)。但另一些人读到它,可能会学到如何利用危机导致崩溃。你永远不知道谁会试图使用你的著作,或用于什么目的。1968年学生罢课期间,哥伦比亚大学遇到大危机,一位上我的有关民主崩溃的课的学生说,"你不觉得哥伦比亚大学正在发生的事情——校长和管理者们处理危机的方式——与你的民主崩溃模型很吻合吗?"我说,"好吧,如果你这么看问题,那么也许我教给你的并不是那么无关紧要。"

问题的选择

问:您说我们作为社会科学家的主要追求应该是知道一些事情。然而,这回避了一个根本问题:什么是值得知道的?哪些问题值得研究?我们应该用什么标准来选择研究问题?

答:这正中要害。正如韦伯(1949)所说,社会科学中的问题选择最终是由超出科学以外的动机驱动的。你对某些问题感兴趣,是因为你生活在这个世界上,因为你是某个有特定问题的国家的公民,或者因为你生活在一个特定的历史时期。个人的、经验的、世代的和历史的背景,影响一个人研究什么。没有人能够在不考虑纳粹的经验、极权主义、苏联、斯大林以及这些现象所代表的一切的情况下,去思考20世纪30年代和40年代的政治。对于像我这样对政治和社会科学感兴趣的西班牙年轻人来说,忽略内战及其起源,或者忽略佛朗哥政权,是不可想象的。谁能生活在20世纪70年代而不考虑民主转型?1974年葡萄牙的转型一开始,我就很快拿到机票去了几趟,以便能够通过参加政党会议和集会,与政治家交谈,来跟踪民主化进程。在葡萄牙发生的事情可能与西班牙最终将发生的事情有关,毕竟佛朗哥不会万寿无疆。因为你的阅历,你产生了个人兴趣和参与感,促使你选择许多研究问题。这就是为什么我们这个领域里最优秀的一些人都有着丰富的个人经历,比如第二次世界大战、流亡、政治动荡,或者在工厂工作。例如,像阿尔伯特·赫希曼和莱因哈德·本迪克斯这样的人,经历了那么多创伤性事件。[17] 他们比我们今天许多研究生有更加复杂和困难的生活经验,今天的研究生通常从一所好高中升入一所好大学,取得好成绩,然后直接进入研究生院,大学的主修专业就是他们读研究生从

---

[17] 参见 Hirschman(1995, Part II)和 Bendix(1986, 1990)。

事的同一领域。除了上大学，他们从来没有做过别的事情，这可能是一个缺点。

179   显然，问题选择并不总是纯粹由个人兴趣和知识兴趣驱动的；这通常是兴趣和机遇结合的结果。1958年，在完成哥伦比亚大学的论文答辩之后，我得到了社会科学研究理事会比较政治委员会（阿尔蒙德委员会）的资助，前往西班牙研究利益集团和政治。于是，我开始收集西班牙利益集团的数据。我去了趟加利福尼亚，在回西班牙继续我的研究的路上，我又在华盛顿停了一下，我打电话给一位老朋友，他正在西班牙驻美大使馆当经济随员。我们共进午餐，另一个西班牙人也加入了我们，他碰巧是产业管理学院的院长，这是一所受哈佛和匹兹堡模式的启发开办的商学院。恰好产业管理学院即将迎来五周年校庆，我认为这是一个很好的机会，可以把我对利益集团的研究与对商人的研究联系起来。于是我发现有足够的钱支持我的项目，所以我开始设计一项研究。首先，我回到熊彼特，如果你想研究企业家，他的工作是基础性的（Schumpeter 1942）。然后我看了霍塞利茨（Hoselitz 1960）关于企业家精神在经济发展中作用的著作，并读了关于商业精英的主要书籍，包括C.赖特·米尔斯（Mills 1956）和苏珊娜·凯勒（Suzanne Keller 1963）的书。就这样，我最初对佛朗哥体制中利益集团的角色很感兴趣——工会、银行等等。然后，一个偶然的机会，我得到了一个研究商业精英的机会。最后，我得到了回归熊彼特的思想激励。所有这些元素凑到了一起。机遇是问题选择的关键部分。

问：有问题选择的方法吗？这个您如何从事西班牙商界精英研究的例子，显得问题选择看起来像是个机会和运气的问题。

答：在很大程度上，就是机会和运气，甚至是意外。我所做的工作并不适合我的任何其他更广泛的研究项目。最好的例子可能是我为什穆埃尔·艾森斯塔特（Shmuel Eisenstadt）在耶路撒冷组织的一次关于知识分子的会议写的一篇论文。我倾向于写一篇关于知识分子在19世纪和20世纪西班牙危机中的作用的论文，主要讨论共和国和内战期间，但是艾森斯塔特更喜欢一些更具有历史意义的东西，"关于16世纪和17世纪西班牙知识分子的东西"。因为我想去耶路撒冷，中途在伊斯坦布尔停留，所以我说，"好吧"，然后我就专门为这个场合写了一篇文章（Linz 1972）。写那篇论文是一次令人着迷的经历。我学到了很多东西，有些甚至与我研究的其他领域有关。比如，要想在16和17世纪拥有知识精英，需要一定的人口密度来吸引这些精英，因为真正有创造力的人的比例相对于大众来说很小。17世纪西班牙学者尼古拉·安东尼奥（Nicolás Antonio）编过一份极好的传记编目，《新西班牙书目（或活跃于1500—1684年间的西班牙作家）》（*Bibliotheca Hispana Nova sive Hispanorum Scriptorum qui ab anno MD add MDCLXXXIV floreure notitia*）* 中有不同宗教职衔成员数量的数据。我同样得到了16世纪和17世纪的杰出作家和学者的信息，他们的著作至今仍被认为与当时的知识精英有关。结果表明，不同宗教教派的成员在"精英"和"大众"中各自所占的比例几乎相当。因此，精英的存在似乎是以大众的汇集为前提的。这一发现对当今政治精英的研究无疑是有意义的。

另一个意外如何影响问题选择的例子与我关于民族主义的研究有关。我对西班牙边缘地区的民族主义问题有着潜在的兴趣，但直到斯坦因·罗坎在法国组织了一次关于国家和国族建设的会议，并邀请我提交一篇论文，我才开始写这方面的文章。于是，在20世纪70年代，我写了平生第一篇关于民族主义的重要论文——《早期国家建设和晚期对抗国家的边缘地区民族主义》（Linz 1973b）。从那时起，民族主义一直是我研究的中心关切之一。斯坦因·罗坎对民族主义问题感兴趣，再加上我对它潜在的兴趣，促使我写了第一篇关于这个主题的重要论文。

问：除了强调机会和偶然性在问题选择中的作用外，这些例子还强调了一个人的专业交际网络如何创造了研究机遇。

答：的确如此。这就是"无形的学院"。学术共同体在一定程度上通过将个人与资金或事业心联系在一起来塑造研究，将个人与可能对某个问

---

* 本书英文版写作"MDCLXXIV"（1674），查原著题名应为"MDCLXXXIV"（1684）。尼古拉·安东尼奥编制了两份"西班牙书目"，第一部题为Nova（新），第二部题为Vetus（老）。——译者注

题感兴趣的人联系在一起，或者与能够在会议上提交著作的人联系在一起。这些联系迫使人们对一个主题做更多的研究并写成论文。你在会议上提交的一些文件可能永远不会被你或任何人拾起，但有时论文就变得很重要。例如，在伍德罗·威尔逊中心，亚伯·洛温塔尔（Abe Lowenthal）和他的合作者卢·古德曼（Lou Goodman）组织了一次关于拉丁美洲政党和民主的会议。我对拉丁美洲的政党没啥太多要说的，但是我在我关于民主崩溃的书中写了一些关于议会制和总统制的东西（Linz 1978, 71-74），我决定将它进行扩充和发展，我这篇论文成为我关于议会制-总统制研究工作的第一个版本（Linz 1985 b）。之后这篇论文开始流传，我在各种会议上报告了它，有几个人把它发表了出来，它甚至被称为一篇"地下经典"，最终阿图罗·瓦伦祖拉（Arturo Valenzuela）和我在乔治敦大学组织了一次会议，最后出版了一本书，正式发表了这篇论文的扩充版本（Linz 1994）。我最近为《国际社会与行为科学百科全书》写了一篇关于总统制的文章（Linz 2001a），于是我成了研究总统制的权威。这并不完全是一个意外，因为我已经在我关于民主崩溃的书中讨论了这个主题，但我写成一篇论文并成为后来辩论的基础，在一定程度上是那次拉丁美洲政党会议的结果。

经典

问：您很早就接触了社会理论的经典著作。您的经典社会理论基础如何影响了您的经验研究工作？

答：接触社会理论对我的研究产生了根本性影响。例如，我在《民主政权的崩溃》一书中使用的"再均衡"的观念显然来自帕累托（Linz 1978, 122; Pareto 1963）。我的著作中不断提到国家，反映了我对韦伯的早期接触。我从来没有"把国家带回来"或重新发现国家，[18] 因为国家从一开始就在那儿，我熟悉韦伯的研究和赫尔曼·黑勒的《国家学》（*Staatslehre*），黑勒是位社会民主主义者，写了一本经典的政治学书，受韦伯影响极大（Heller 1934）。在我的著作中，物质利益和观念的韦伯式混合——除了物质

---

[18] 这里提到的是 Evans, Rueschemeyer, and Skocpol (1985)。

利益之外，观念和价值观自有其分量——也非常重要。韦伯的正当性的概念基本上构成了我这本关于民主政权崩溃的书的内核。

问：韦伯有什么特别之处？他为什么是您的指路明灯？

答：我处理的是权威与正当性的难题，这是理解民主政权崩溃的基础，是理解非民主政体的基础，也是理解向民主转型的基础。我也研究政党，韦伯和他的年轻朋友兼合作者罗伯特·米歇尔斯，是你想问的关于民主和政党的任何问题的核心先驱（Linz 1966, 2006a）。如果没有韦伯式的概念，如教会与教派、伦理预言与训诫预言、君主高于教会（Caesaropapism）以及东方基督教、西方天主教和路德宗之间的区别，你就无法处理宗教与政治的关系。我教了很多年宗教和政治的课程，都是从韦伯开始的。甚至韦伯关于民族主义的少数几页论述也是关键（Weber 1978, 343-398, 921-926）。我最近用它们来发展我关于民族-国家、国家-民族、多民族国家之间的区分。从某种意义上说，这个观点来自韦伯的一页内容，当时他问，"你怎么能叫瑞士和卢森堡民族国家呢？"

每当我开始做某件事时，我通常会看看韦伯是否对这个主题说过什么。我也以类似的方式使用曼海姆的一些著作，尤其是他在英国时期的著作。曼海姆的思想没那么系统丰富，但是他有各种各样的小见解值得我们去推敲。当我在柏林洪堡大学担任格奥尔格·西美尔客座教授时，感到自己有种道义上的责任，就是看看我能用西美尔做些什么。我重读了他的一些著作，也读了一些新的研究，因为我在教授政治社会学，所以我寻找一些与民主转型和稳定民主的条件等主题相关的东西。在西美尔的论著中并没有太多我觉得有帮助的东西，但是他有一篇关于竞争的文章，对负面竞选的有害后果进行了非常深刻的分析（Simmel 1995, 222-226）。虽然西美尔没有具体谈到竞选活动，但他说，如果两个竞争对手通过嘲笑对方的产品来吸引客户，那么双方都不会获益。发生这种情况是因为没有人做出正面呼吁，让买家相信他的产品是最好的；他们只是在发出负面呼吁，让买家相信别家的产品不好。这并不会产生对产品的任何认同感。

你心里有问题想要解决，某些时候，你正好读到某篇经典著作，就会说,"啊,这真是个有趣的见解,刚好道出了我正在摸索的东西"。所以,你读得越多、知道得越多,就越好。

概念形成

问:您提出了许多具有非凡生命力的概念,例如威权政体和苏丹式政体的概念。您提出概念的方法路径是怎样的?

答:首先,我想描述现实。世界是外在的,我想用某种方式来描述它,就像记者或历史学家做的那样。但我想用比讲故事更抽象的概念化方式来描述现实。于是,我试着先描述现实,然后把它概念化。

我对非民主政体感兴趣,所以我阅读了弗里德里希和布热津斯基(Friedrich and Brzezinski 1956;另见 Brzezinski 1962)、阿伦特(Arendt 1951)、西格蒙德·诺伊曼(Sigmund Neumann 1942)和弗朗茨·诺伊曼(Franz Neumann 1957)的著作。他们都使用极权主义的概念。我自问道,"这个概念能帮助我理解佛朗哥政权吗?"我觉得它不适合,于是开始自己构想威权政体的概念(Linz 1964)。

同样,我不满意把尼加拉瓜的安纳斯塔西奥·索莫萨·德巴耶(Anastasio Somoza Debayle)和多米尼加共和国的拉斐尔·莱昂尼达斯·特鲁希略(Rafael Leonidas Trujillo)的政权同西班牙的佛朗哥政权和葡萄牙的安东尼奥·萨拉查政权放在同样的盒子里。索莫萨和特鲁希略政权是既非民主非极权主义体制的例子,但将它们归类为威权政权会淡化这一概念,因此没有多大意义。我很清楚特鲁希略政权与佛朗哥政权截然不同,因为我有一位朋友在哥伦比亚,叫赫苏斯·德-加林德斯(Jesús de Galíndez),他反对这两个政权,并跟我讲了不少情况。[19] 我从韦伯的权力社会学和支配类型划分中抽出了"苏丹式政体"的概念,这些内容我每隔一年会教一次。韦

---

[19] 加林德斯(Jesús de Galíndez)是被放逐的巴斯克政府的代表,他在多米尼加共和国教授过国际法。"1955年,他在哥伦比亚大学完成了一篇博士论文,文中揭露了特鲁希略政权的一些内幕。1955年他向自己信赖的胡安·林茨表示他很担心自己的生命受到威胁,并告诉林茨,他已将自己的手稿存放在安全的地方,以防万一自己遭遇不测。不久之后,独裁者在纽约绑架了加林德斯并将他带到多米尼加共和国,在那里他被折磨致死。"参见 Chehabi and Linz (1998a, 4–5)。

伯一方面区分了传统的、正当的世袭家产制形式,另一方面,世袭家产制腐化沦为苏丹制。韦伯在传统的世袭家产制合法形式与世袭家产制腐化为苏丹制之间做出了明确区分。当我重读韦伯关于世袭家产制的论述时,我想,"这不就是我想找的东西嘛!"然后我把韦伯的概念以现代方式加以改造,明确了苏丹制的指标,比如裙带关系、任人唯亲,以及权力与财富方面的公器私用。[20] 指定指标可以帮助你了解现象的各个维度。下一步就是识别出这种现象的明确案例。然后你会发现各种各样的例子,比如尼古拉·齐奥塞斯库在罗马尼亚的统治,既有苏丹制的元素,也结合了非常强烈的极权主义元素。

我在观察和概念之间往复来回。在苏丹制这个例子上,那些证据推动我对它们做了特定形式的概念化;而对索莫萨和特鲁希略政权的观察,首先让我认识到需要一个新概念,然后这个概念帮助我组织对其他个案的观察。不过,有时概念化工作要先于观察和数据。我在汉斯-于尔根·浦勒(Hans-Jürgen Puhle)的纪念文集中写了一篇将国家-民族(state-nation)概念与多民族国家(a multinational state)区别开的论文(Linz 2001 b)。我提到了瑞士的个案,并说比利时似乎也具备"国家-民族"的特征,尽管那时我没有任何经验数据支持这一主张。就在我寄出论文的最终版本后,我发现1996年比利时做的一项问卷调查中有关于比利时人身份认同的问题。这项调查为我的观点提供了支持,即比利时实际上更接近于一个国家-民族,而不是一个多民族国家。所以证据的发现有时是在概念形成之后。

在你对现实进行了描述并加以概念化之后,就得转向解释说明了。这需要问"为什么会这样或那样?"和"为什么这些东西不一样?"这些问题并不总能够得到解答。描述并不容易,但相对可行。人们会同意——如果他们够真诚的话——纳粹体制不同于佛朗哥治下的西班牙。这是一个经验性问题。解释这两种体制为何不一样就要困难得多。当你着手解释时,为了了解哪些变量可以解释不同系统之间的差异,就更有可能出现分歧。因为我们处理的大多数现象都是多重因果的,你会优先考虑某些变量而不是

---

[20] 林茨最早提出的苏丹式政体概念见 Linz(1975)。另见 Chehabi and Linz(1998a)。

其他变量，但是其他人会优先考虑其他变量。你如何决定给予经济因素、意识形态因素或领导者人格因素各自多少权重呢？因此，在解释上达成意见一致变得更加困难。不过，通过比较和控制不同因素，你可以得出一些结论。

历史分析

问：历史分析在您的研究中扮演什么角色？

答：处于核心位置。从现有的对联邦制的解释来看，例如，威廉·赖克（William Riker 1964, 1975）的联邦制理论，或者认为联邦制是治理幅员辽阔的大国所必需的论点——那么德国采取联邦制这一事实就成了道谜题。另一个相关的谜题是德国联邦制采取的特殊形式。为什么德国会有一个像联邦参议院这样的制度呢？德国联邦参议院与美国参议院如此不同，它为如何组织联邦议会的上院提供了另一种模式。要解释德国为什么采用联邦制，以及德国联邦制具体形式，你就必须回顾德国的历史，回到神圣罗马帝国、莱茵同盟、1848年在法兰克福召开的国民议会上。这种历史分析马上引出了这样一个问题：为什么意大利也像德国一样经历了统一为民族国家的过程，最后却成了一个统一的、相当集权的国家。为什么德国和意大利有着如此不同的制度发展史？为了回答这个问题，我正在阅读关于德意志统一时期的历史书籍，也开始阅读关于意大利统一的资料。我必须回溯历史——如果想解释这些制度上的结果，就没有办法逃避它。

问：您曾希望自己是位历史学家吗？

答：1966年我在斯坦福大学做了一个学期的历史系客座副教授。我还在一些历史学期刊的编委会任职，包括《跨学科历史学报》《社会和历史比较研究》，以及一份奥地利社会史学报。我还写了一本佛朗哥时期西班牙的社会史，但没有出版。

问：您的著作与历史学家的著作有何不同？

答：历史学家花在档案馆和第一手资料上的时间比我能负担的多得多，尽管我不介意这样做。历史学家也会更多地关注具体事件和细节，而我更多地处理概念问题，也会做更多的比较分析。以历史学家斯坦利·佩恩关于法西斯主义的杰出著作（Payne 1995）为例，佩恩永远不会像我一样弄一张表格，上面列着不同国家法西斯政党的选票数量，或者不同国家法西斯领导人的社会背景。他也不会系统地比较不同的法西斯主义，尽管他也确实将法西斯主义与其他非民主运动进行了比较。他也没有我那么重视法西斯运动的社会基础。他会安排不同的章节讲述拉脱维亚的法西斯、芬兰的法西斯的故事等等，但拉脱维亚和芬兰不会出现在其他章节中。相反，我会不断从一个个案转移到另一个个案（Linz 1976, 1980, 2003a）。

问卷调查

问：问卷调查在您许多研究中发挥了重要作用。您是如何运用这种方法的？

答：民意调查一直是我的爱好之一。在研究生阶段，我从保罗·拉扎斯菲尔德那里学到了如何做问卷调查。我的博士论文分析了1953年德国大选的民意数据，之后我又将民意调查用于研究西班牙青年和企业家（Linz and de Miguel 1966, 1974）。20世纪70年代末，我使用调查方法研究西班牙转型时期的选举和民意（Linz et al. 1982）。我也用问卷调查来研究民族主义，关于巴斯克民族主义的书就是民意调查研究（Linz 1986）。我在西班牙协助建立了一个私人调查研究机构，为我分析数据。我最近没做多少问卷调查工作，部分原因是我还没有学会使用新电脑。

问：问卷调查作为一种方法论的价值是什么？它特别适合于什么类型的议题和研究问题？

答：民意调查是研究普通人意见的唯一工具，而不是用来研究领导人和精英意见的。这是最基本的。不过，基于问卷调查的精英研究可能是获取他们更多私人意见的重要途径。如果你想了解加泰罗尼亚政治家对语言政策的看法，你可以看看他们的公开声明，但他们也有自己有趣的个人观点。使用问卷调查工具来获取这些私人意见是可能的。

问：设计有效的测量工具的诀窍是什么？

答：首先，你得有一个有趣的问题，你必须了解它。然后你必须使用马克斯·韦伯所称的理解（verstehene）方法——贴近你正在研究的人，细心揣摩，感同身受。如果你正在设计一份包括有关民族主义问题的调查问卷，调查对象可能是极端分裂主义民族主义者，也可能是不喜欢民族主义的人，那么你必须把自己代入不同类型潜在受访者的心里。这有助于你提出让他们得以表达自己观点的问题。你还需要一个平衡的问题，既能照顾到所有的细微差别，又不暴露你自己的偏好，这样你就不会对回答产生偏见。这个形成问题的过程实际上能帮助你更深入地思考研究问题，因为它要求你界定清楚并将自己置于正在研究的不同行动者的位置。下一步是开发一整套问题，其中一些是用于其他研究的标准问题。然后你可能会问精英和普通民众同样的问题，这样你就可以比较这两组人支持什么、不支持什么。

实地调查

问：实地调查在您的研究中起了什么作用？

答：实地调查非常重要并富有成效，因为它能让你了解背景，对人们如何理解你所研究的问题有直观感觉。在我对西班牙企业家的研究中，实地调查让我了解了这个商人是什么样的人，他在想什么，以及他对工作环境是如何反应的。实地调查也可以是新想法的来源。20世纪60年代中期，当我研究安达卢西亚的村庄时，我访问了8个村庄，甚至在其中的一两个村庄住过一段时间（Linz 1971）。我了解到，一个看起来贫穷和肮脏的村庄实际上可能是一个富裕的村庄，没有很多社会问题，而一个看起来很整洁的村庄，街道干净，有漂亮的城镇广场，实际上可能是一个贫穷和悲惨的地方。原因很简单：在存在大量农村失业人口的地方，政府可能会把钱花在创造就业机会的公共项目里来美化村庄。在一个富饶而农业发达的地区，街道上可能满是泥巴，但也会挤满运输农产品的卡车。因此，通过实地调查，你会发现社会政策和公共工程项目在某种意义上可能掩盖社会问题。通过更接近真实处境，实地调查可以让你获得不同的敏感度。实地调查也令人兴奋，因为你真的可以与人交谈。

问：随着我们生活和事业的发展，实地调查往往变得越来越难，因为我们积累了不少个人的和职业上的责任，很难在实地花费大量时间。因此，典型的工作方式是先进行学位论文和第一本书的实地调查，然后在后续的研究中不再做实地调查。您怎么看待这个趋势？

答：我的经历和你描述的正好相反。我的论文是在对德国政党制度和德国社会史的调查数据进行二次分析和图书馆工作的基础上完成的。实地调查在我的职业生涯中开展得比较晚，我研究的是西班牙青年和企业家。1976年和1977年，我在西班牙进行了为期一年半的民主转型实地调查。我认为在职业生涯中，你可以晚点开始实地调查，且应该做实地调查。因为你成名成家了，所以就放弃实地调查，这并不是个好主意。

问：您提到您在西班牙不同场合所做的实地调查。您在其他国家做过实地调查吗？比如，您在1973年发表的关于您所称的"威权局势"的文章（Linz 1973c），您为写这篇文章在巴西做过实地调查吗？

答：没有。我读过一些关于巴西的东西，也和艾尔·斯捷潘谈过很多次。我还参加了在巴西举行的关于威权局势的未来的会议，但总的来说，我在那里没有花太多时间。关于那篇文章实际上有一个有趣的故事。巴西的一份著名杂志《Veja》想发表我那篇关于威权局势的论文译本。他们就这篇文章采访了我，想知道我在巴西待了多久、见过多少政治家。我说我在那里只待了四五天，没有见过任何政治家。

问：这听起来不像是他们想要的答案。

答：我告诉他们，我还去过巴西一回，我在这个国家总共待了不超过12或13天。他们问我，如果他们说我在巴西花了3个星期为自己的文章做研究行不行？我告诉他们"很好"。

问：如果您在巴西待的时间更长，您会得出同样的见解吗？换句话说，与研究个案保持一定距离是否有助于您更好地分析它？

答：不。如果我能在巴西多待些时间，我可能会更好地展开我的论证。

问：您对想要从事实地调查的学生有什么建议？

答：我建议他们在访谈时记笔记，因为把访谈做录音然后誊写是一项既费钱又没希望的工作。做笔记也能让你更容易抓住人们谈话的要点。我也支持做封闭式问卷调查，否则人们会一直说啊说，但实际上什么也没说。政治家尤其如此。

规范性偏见

问：您是否意识到在您的研究中存在规范性偏见？

答：显然有一种偏向于民主政治体制的倾向，我认为在这种体制下，每个人都接受游戏规则，不管他的过去如何——除非是有犯罪案底——都有一席之地，都可以参与其中。我不认为彻底清除官僚机构或军队是实现成功民主转型的必要条件。我认为，即使是旧政权下的非民主派人士，也应该被允许以民主派的身份参加到新民主政权当中。我反对那种认为只有"支持"某件事的人才有权参与其中的观点，你可能会说这是我的民主偏见。我对暴力也有偏见。我认为民主是一种你不能用暴力手段来获取或保留权力的政治体制，我不同意那些认为只有暴力才能创造一个良好社会的看法，那种观点认为，暴力是打破并摧毁任何你不喜欢的东西的方式，不管是阶级结构、一个少数民族身处的国家政权，或别的什么。我更喜欢用非暴力方式来解决问题。另一项偏见是，我倾向于建立一种在寻求多数人达成共识的基础上形成的民主秩序，而不是假定少数人"知道"什么是对、什么是错，从而由少数人说了算的民主秩序。这种相反的偏见是，有些人真的知道好社会是什么样的，从而应该为之奋斗，并将自己的观点强加于人。由于这种偏见，历史上充满了悲剧。

问：您刚才描述的规范性偏见是否会造成分析盲点？您的偏见是否导致你忽视了某些政体的特定方面和政权更迭过程？

答：也许我没有给予那些为推翻非民主政权而斗争和使用暴力的人们

足够的信任。一些研究西班牙转型时期的人说,决定性的事件是埃塔暗杀了卡雷罗·布兰科(Carrero Blanco)总理。[21] 佛朗哥继续掌权,最后死在床上。从这个意义上说,卡雷罗·布兰科被暗杀并不是导致转型的因素。那些认为杀戮是决定性因素的人认为,如果卡雷罗·布兰科还活着,这个威权政权就会存在更长时间。如果卡雷罗·布兰科还活着,他或许会在转型之初担任总理,或许会给民主变革设置更大的障碍,这是事实。但不清楚的是,卡雷罗·布兰科是否会得到体制内所有人的支持;即使是他身边的人也不像他那样死板。所以,如果卡雷罗·布兰科还活着,转型进程可能会被推迟,但我认为不会有根本性的改变。另一方面,卡雷罗·布兰科被刺一事留下了有害的遗产,那就是为了政治目的,而浪漫地将暴力行为合法化,以至于三十年后西班牙的民主仍在遭受这种影响。当然,推翻富尔亨西奥·巴蒂斯塔(Fulgencio Batista)或伊朗国王(Shah of Iran)的暴力行径,对古巴和伊朗的民主并没有多大建设性。成功的民主转型,例如在波兰雅鲁泽尔斯基政府的转型,是非暴力的。这并不意味着在一些案例中那些为反对非民主政权而战斗或牺牲的人就不值得尊重甚至钦佩。然而,如果有人希望理解为什么民主转型会成功,就不应该给予使用暴力的行动者更多重视或更高评价,尽管也许人们可能给予他们比我倾向于给予的更高一点的评价。

相比其他事情,人们选择更强调某些事情。在我对非民主政权的分析中,除了关于人权和政体类型的论文外,我对于镇压的问题关注得比较少(Linz 1992)。原因有二:第一,我不认为这些政权——即使是最糟糕的政权——仅仅靠镇压就能继续掌权。第二,强调镇压维度模糊了不同类型政体之间的区别。意大利的极权政权没什么压制性,而佛朗哥却非常喜欢镇压,但他的社会观念又并不显得特别具有极权色彩。一些威权政权或多或少有一种"合理的"和"人道的"镇压形式——当然,没有任何镇压是人道的——而另一些政权则令人无法容忍。因此,镇压并不是一个有助于理

---

〔21〕 海军上将路易斯·卡雷罗·布兰科被认为是佛朗哥最有可能的继承人,于1973年12月遇刺身亡。

解政权本质的变量。

时间和学者生涯

问：您倾向于同时进行许多项目。这种在不同项目上"玩戏法"的行为是故意的吗？

答：不是故意的，这也可能不是最理想的工作方式。这么做是因为我在不同的圈子里走动，会做很多不同的承诺。我被要求在一个会议上就某一主题发表一篇论文，后来又被要求在另一个地方就另一个主题发表一篇论文。例如，我在汉堡参加了一个关于极权主义的会议，并被要求写一篇关于极权主义理论的思想史论文。这篇论文写得很快，有点像草稿。后来，当会议组织者想要发表它的时候，尽管我当时正在做一些完全不同的事情，我还是不得不把我的注意力转移到极权主义的论文上，对它进行编辑，加上脚注和参考文献，以便使它成为一篇真正的论文。因此，同时处理多个事情在一定程度上是一个调度问题。

我想还有另一种工作方式。以帕累托为例，他早年作为工程师和经理人从事商业活动，因此非常富有。帕累托能够在他的别墅里和他养的猫一起度过12年，他养了很多猫，除了写他那两大本《社会学》（Pareto 1963）之外，没有别的事可做。他不必为了谋生或获得终身教职而发表文章。因为他不善交际，他可能不会参加很多会议。我们忘记了许多经典社会科学家都是食利者，他们没有学生、课堂或其他许多东西的干扰。西美尔的大部分收入来自他叔叔，他叔叔有一家巧克力工厂。从韦伯在海德堡的房子大小来判断，他一定很富有。他花了许多年做他的研究。因此，一些学者能够把他们的研究精力专注在一件著作上，并在这件著作上花费很长时间，这就产生了某种精品。我从来没有机会这样做，也许这并不适合我，因为我真的很喜欢教书。

然而，无论我们以何种方式工作，我们都只有这么多时间做这么多事情。时间是生命中最具约束力的东西。你可以通过多工作几个小时、少度假、少做你喜欢做的事情来延展它，但最终时间的约束使我们所有人——用马尔库塞（Marcuse 1964）的话来说——都是"单向度"的。正如马尔库塞在那本恐怖的小书里指出的那样，并不是社会或资本主义体制使我们成为单向度的，而是我们必须在有限的时间内做出选择。这意味着，我每写一篇论文，或者必须在一两周内完成一篇论文，就不能去纽约看一些我钟爱的艺术展。这令人沮丧。时间的根本限制总是迫使你缩小范围，排除一些事情，从而变得"单向度"。时间是你无法战胜的东西。它是一切事物的最终边界，没有办法绕过它。

191

问：您是否希望以不同的方式利用时间？回头想想，有没有什么项目是您没有做却希望做的？相反，您是否做过一些宁愿没有做过的项目？

答：你可以把时间利用得更好或更糟，我的时间利用效率也许低于我的一些同事，他们似乎能在比我更少的时间内完成任务。有些类型的工作，你投入的时间和它产出之间不成比例。核对参考文献、引文、脚注或数据是一项耗费时间的活动，但并不产生什么成果，尽管核对事实和引文，以便为你所说的话提供足够的资料支持是很重要的。有时我写韦伯说了什么，因为我记得韦伯说过。但是当我查看原文出处和页码时，我记得的和韦伯说的并不完全一致。所以，你必须得检查，这很花时间。

回首往事，我或许应该更加小心，不要把时间浪费在那些我投入了大量精力但最终没有什么追求的项目上。欧洲价值观研究项目刚启动的时候，我投入了大量的精力，但召开会议需要经常周末飞到欧洲，这是非常累人的。所以，我退出了这个项目。某种意义上来说，这事我投入了太多的精力，却没有得到任何东西。其他各种类型的集体项目也是如此。也许我应该更加小心，尽管我从那些不成功的项目中也学到了一些东西。

还有几个主要的研究，因为这样或那样的原因，我开了头但没有完成。我一直没有时间发表我的博士论文，尽管我有一份合同，一位朋友也初步做了一些编辑工作。但我一直没有抽出时间来删减编辑它。这本书本可以成为有关德国政党选举社会学方面最好的书之一。另一个未完成的项目是阿曼多·德-米格尔（Amando de Miguel）和我合作的关于西班牙企业家的大型研究。最终，它变成了一本由 15 或 20 篇文章组成的文集，这些文章构成了一本书，但从来没有被总结和整理成册（Linz and de Miguel 1966, 1974）。

林茨

一项关于西班牙经济心态的重要研究也与此类似,那是我为经济学研究所做的项目。那项研究的成果是一份两卷本的手稿,在我的地下室里,我还为它准备了成堆的表格。但研究所的领导发生了变化,新领导决定不支持出版我的书,部分原因是他们发现它不符合他们的喜好。也许我没有足够的自由来自行出版它,况且,我已经在做许多其他事情了。

我关于西班牙民主转型的工作提供了另一个例子。我花了一年半的时间做实地调查,收集了大量的资料,用以研究西班牙的政治转型——包括访谈录音带、问卷调查、剪报、政党宣传品等各式各样的东西。但我从来没有写出那本关于西班牙转型的书,我本来是可以写出来的。我写了很多关于转型的东西,并且使用了一些我在其他项目中收集的材料。[22] 但是写一本书需要我在书桌前坐上两三年,别的什么也不做,可这在我从西班牙回来之后是不可能的,因为我必须重新开始教书。我收集的所有资料正被运往西班牙的一个研究资料馆。[23]

我还有一份很长的西班牙社会史手稿,一个非常短的版本已发表在一本合集中(Linz with de Terán 1995)。一旦我有时间,我会把它作为一本书出版,尤其是因为我居然有一份我从未注意到的合同。但我可能永远也不会有时间去完成它了,因为我现在正与艾尔·斯捷潘合作撰写联邦制的书。

所以,有很多事情我本可以做,也很希望我做了。我希望我能把对16、17世纪西班牙知识分子的研究拓展到18、19、20世纪(Linz 1972)。我应该写一本关于宗教和政治的书。但是,周旋于教学、指导论文、参加专业会议以及其他事情之间,有些事就会半途而废。

---

〔22〕 比如参见 Linz(1993)。

〔23〕 胡安·林茨关于西班牙民主转型的档案(1975—1989)存放在位于马德里的胡安·马奇研究所下属的社会科学高等研究中心。参见 www.march.es/ceacs/ingles/biblioteca/proyectos/linz.asp。

同事们、合作者和学生们

专业上的和专业以外的接触

问：您积极参与专业组织活动，特别是国际社会学协会的政治社会学委员会。您在委员会中发挥了什么作用？从参与委员会工作中又得到了什么？

答：1959年在斯特雷萨召开的国际社会学协会大会上，我和我的前辈们一起，成为政治社会学委员会（CPS）的创始成员。多年后，我接替斯坦因·罗坎成为会长，任上我与委员会秘书理查德·罗斯（Richard Rose）共事得很愉快。这是一个非常活跃的团体。我们会在国际社会学协会每三年举行一次的大会之间定期举行会议，委员会也会在大会期间组织会议。[24] 1963年我们在芬兰的一个工业城市坦佩雷举行了一次会议，会上我第一次报告了我那篇关于威权政体的论文。[25] 会议结束后，我们一起去了湖边。本可以在桑拿房里给所有的人来张合影的——乔万尼·萨托利、李普塞特、埃里克·阿拉德（Erik Allardt）、理查德·罗斯都在。波兰民主化后成为波兰教育部长的杰西·威亚特（Jerzy Wiatr）那会儿也在。我和威亚特边走边讨论了整整一晚上。我记得我站在瀑布上的一座桥上，跟他聊了好几个钟头，谈到波兰的体制如何更符合威权模式，而不是极权模式。政治社会学委员会也在贝拉吉奥的塞尔贝罗尼别墅举行了会议。这些是相当小型的会议，但非常有成效。事实上，我参加过的一些最有成果的会议规模都很小，只有10到12个人参加，与会者在没有紧凑日程的情况下聊三天。这为真正深入的讨论提供了时间。今天的会议往往规模大得多，人太多、论文太多，成果却更少些。

---

[24] 关于政治社会学委员会的历史，参见 Rokkan (1970)。

[25] 论文公开发表为 Linz (1964)。

问：一些资助者更喜欢搞大型的、知名度高的活动，不愿支持小型的、交流密切的会议。

答：这种情况在国外比在美国还要普遍，因为许多会议都有政治家或银行家参加。我与诺伯托·博比奥（Norberto Bobbio）组织过一次会议，以鼓励西班牙和意大利的社会科学家之间进行合作。这个想法是让一个西班牙人写一篇关于西班牙军队的论文，一个意大利人写篇关于意大利军队的论文，等等。我们在马德里开了一次为期两天或三天的会，费用由一家意大利银行支付。马德里的市长在公园里一家很好的餐馆举行了一次午宴，然后在市郊的一座城堡里举行了由大区政府负责人组织的招待会。之后西班牙教育部长又组织了一次晚宴，意大利和西班牙大使在晚宴上发言。嗯，当你把所有的时间加起来，实际上用于会议的时间大大减少了。那次会议并没有产生什么实质性的成果。

问：您是否参加过斯坦因·罗坎创立的欧洲政治研究联合会（ECPR）？

答：我记得我参加了在曼海姆举行的欧洲政治研究联合会成立大会。欧洲政治研究联合会对于欧洲比较政治学的发展起了决定性作用，但问题是它的年会一直在复活节黄金周举行，这是欧洲大学的假期，但不是美国大学的假期。因此，欧洲政治研究联合会有那么点分裂了欧洲和美国的比较政治共同体。美国学者与欧洲学者之间的传统互动已经减少了，但欧洲学者内部之间的互动却有了明显增加。

问：在您的职业生涯中，也参与过许多专业之外的活动，例如在20世纪90年代中期与玻利维亚的政治家一起参加了一个关于宪法改革的工作组。另外，据我了解，在西班牙民主转型期间，您曾被考虑任命为皇家参议员。您曾希望成为一名政治家吗？

答：我从一开始就有从政的使命感，我曾经和政治家们走得很近，假使当时的环境不同的话，我可能就会成为一名政治家。由于复杂的原因，我们这代人在西班牙民主转型的政治过程中相对缺位。你说得对，1977年大选之夜，我的名字作为将被委任的皇家参议员之一出现在报纸上。当我的名字没有出现在最终名单上时，我感到既难过——没有参与制宪进程——又松了一口气，因为我不必中断（且很可能放弃的）在耶鲁平静的学术生涯。

合作

问：您能谈谈合作在您职业生涯中的作用吗？

答：这里没有时间来重新点算我与众多同事合作的出版物：阿曼多·德-米格尔、赫苏斯·德-米格尔（Jesús de Miguel）、约西·沙恩（Yossi Shain）、拉里·戴蒙德（Larry Diamond）、阿图罗·瓦伦祖拉，数据团队：弗朗西斯科·安德烈斯·奥利佐（Francisco Andrés Orizo）、曼努埃尔·戈梅斯-雷诺（Manuel Gómez-Reino）、达里奥·维拉（Darío Vila），以及最近的何塞·雷默·蒙特罗（José Ramón Montero）和米格尔·赫雷斯（Miguel Jerez）。侯昌·且哈比（Houchang Chehabi）以他在伊朗的经验，拾起我关于苏丹式政权的主题并组织了一次关于这类政权的会议，结果编成了一本论文集，其中我和他写了篇理论导言（Chehabi and Linz 1998b）。合作对我的工作必不可少。我一直受邀参加会议、提交论文、编辑文集。这解决了我的著作发表的全部问题，因为我从来没有担心过需要把一篇文章寄给期刊进行同行评审或与出版商讨价还价。我的论文总是被保证发表在别人不辞辛苦组织起来的论文集里。除了这种小组式的合作，我还与合著者合作。可以说，我时常不会把事情做完，且经常把文章随意地丢在一边。[26] 合著者会做一些编辑工作，帮助我把我的想法成形，以便发表。有了合著者，一篇文章肯定会变得更有条理、更清晰、写得更好、更系统。与合著者不断交换意见也是关键。你写了一个版本，你的合著者读了之后说，"不，这没让我信服。"然后你们花上几个小时或几个晚上不停地交谈，一个新的版本就由你们俩一块儿加工成了。我的合著者给我他写的东西，我给他我写的东西，

---

[26] 两篇此前林茨未发表过的文章，《西班牙的传统与现代性》和《知识分子与艺术家的自由与自主》，以及另外两篇此前未译为英文的文章现收录于 Linz (2006b)。这本书还包括了一份详尽的书目，汇总了1949年以来林茨发表的超过300种章节文章、论文、书以及编辑的文集。

最后，很难说究竟是谁贡献了哪个想法。在我和阿曼多·德-米格尔一起做企业家研究（Linz and de Miguel 1966, 1968, 1974）时，我们就有这种非常密切的合作。如今我与艾尔·斯捷潘合作也有一段时间了，他跟我合作研究民主崩溃，尤其是《民主转型与巩固的问题》，这是一本属于我们俩的著作（Linz and Stepan 1978, 1996）。[27] 现在我们正在共同写关于联邦制的新书（Stepan, Linz and Yadav, forthcoming; Linz and Stepan, forthcoming）。我和艾尔·斯捷潘不仅是合著者和合编者，我们还共同指导论文，共同教授研讨班。三十多年的合作是一段独特的思想体验和个人经历，凝结成了我与艾尔·斯捷潘之间真正的友谊。还有我妻子罗西奥（Rocío）跟我始终如一的合作。没有合作，我的许多工作就永远不会完成。

教学和学生

问：教学和与学生互动对您的工作有何影响？

答：我一直很喜欢教书。教学迫使你拓展自己的知识兴趣和研究工作，关注那些否则未必会注意到的研究主题。与只做研究相比，授课要求你有更广泛的关注点。如果你教一门有关宗教和政治的课程，你不可能只专注于一个国家，就像你在自己的研究中可能仅专注于一个国家那样，教学则相反，你必须与各种各样的国家打交道。如果你教一门有关民族主义的课程，你不能把自己局限于西班牙的边缘民族主义，你必须在一般意义上研究民族主义。不教书是个坏主意。法国国家科学研究中心（CNRS）拥有一些最优秀的人才，但他们不从事任何教学工作，在研究兴趣上逐渐变得狭隘了。如果他们从事教学工作，我认为这种情况是不会发生的。你有时候也可以从学生身上学到东西。

问：您认为您的教学风格如何？[28]

---

[27] 有关德·米格尔对林茨作为老师和同事的个人回忆，参见 de Miguel (1993)。关于林茨-斯捷潘合作的动力，参见本书第12章斯捷潘的解释。

[28] 关于对林茨作为老师的看法，参见第9章和第12章对奥唐纳尔和斯捷潘的访谈。另可参见 Mainwaring (1998, 19-21)。

答：基本上，我讲得多，即使是在研讨班上也是如此。我不喜欢被动的研讨班，就是你给学生布置论文，让他们每个人负责领导一两次讨论，然后坐在那里听他们说话，或许偶尔发表评论。我很幸运没有教过大班的本科生课程，尽管我在哥伦比亚大学有相当大规模的研究生课程，有25到30名学生。指导论文一直是我的一项主要活动。我指导了60或70篇论文，35到40篇已经发表出来了，涉及30个国家。那是相当费时费力的工作。这是我学术生涯中最令人满意的部分之一。

我有一些学生，比我希望的要少点，他们的工作建立在我研究过的不同主题上。例如，有几位学生研究企业家。我还有学生研究过中国台湾、韩国、乌拉圭、希腊和德意志民主共和国的民主转型。一位学生写了一篇关于法国工人阶级的论文，有点像我的关于1953年大选中德国选民的论文。我现在有两个学生在研究西班牙的边缘民族主义。所以，一些学生沿着我的思路走。但还有其他学生做了不同的事情，尽管他们可能从我的工作中获得了某种共同的观点。我认为，应该由学生来决定他们想做什么，你必须让他们做自己的事。从这个意义上说，我的方法不同于像哈里·埃克斯坦（Harry Eckstein）这样的人，他资助了一些学生做论文，这些论文应用了他关于一致性的想法。[29] 但这并不成功。埃克斯坦的方案过于简单和死板，人们在试图应用它时遇到了挫折。在某种程度上，他坚持要他们应用它，结果他的一些学生从未完成论文。

问：您会根据学生的不同类型调整指导风格吗？您的指导策略是什么？

答：我认为得分几个阶段。当学生们第一次开始解决一个问题并设计他们的研究和问卷时，你得非常严肃认真地与他们一起工作。然后他们出去收集数据。在这一阶段，你要和他们保持联系，但是互动不用太频繁。在学生们分析了数据并写出了一些章节的草稿之后，你再开始和他们一起认真工作。所以，你不用持续给予同样的关注。一些学生比另一些学生需要更多的关注。有些人能很好地独立完成工作，而另一些人则需要压力才

---

[29] 埃克斯坦的一致性理论是在Eckstein（1966）一书中提出的。

能完成任务。学生跟你的物理距离是近还是远也很重要。有时，他们在几百里之外写论文，这就很难坐下来成天和他们讨论他们的工作。

问：成功的学生和不成功的学生有什么特点和品质方面的区别？

答：如果学生从一开始就觉得自己知道自己想做什么，不愿意听你的建议，这不好。这些学生通常会带着一篇构思得不太好的论文回来，但到那时，你已经无能为力了。你接受了，他们得到了他们的工会卡*，但这不是一段成功的师生关系。有时他们只是没有那么聪明，有时他们选择了错误的人来指导他们。有时，学生开始是和别的人一起做研究，遇到问题了，然后来找你帮助他们挽救回来。

问：那么成功的故事呢？

答：成功的故事都是聪明人发现某个有趣的问题，适合他们的个人风格和态度。人与研究之间必须有某种一致性。比如说，两个本来就是朋友的学生同时在西班牙做研究：罗伯特·菲什曼（Robert Fishman）研究西班牙工会，就会发现研究商业精英困难多了，即使他采访工会领导人时是多么应付自如；而罗伯特·马丁内斯（Robert Martínez）研究商业精英，恐怕就不合适采访工会会员。[30] 他后来为共和党政府工作，最后成为一名商业主管。所以，成功的学生找到适合他们个性的研究，甚至是适合他们着装的研究。

不幸的是，有一些非常非常优秀的学生，由于个人环境，没有做到他们本可以、也应该做到的那么好。在哥伦比亚大学和耶鲁大学，我都遇到过一些学生，他们被研究生招生委员会作为最有前途的学生挑进来，在研讨班上表现出色，但由于个人生活、离婚等等原因，他们从未完成学业，或花了很长时间才完成学业。还有些学生，他们远不是很聪明，但努力工作，扎实研究，后来成为非常成功的、有能力的学者。

---

* 这里是指博士学位实际上是取得学术工作职位的敲门砖，即"工会卡"——译者注

[30] 菲什曼的论文出版为 Fishman (1990)，马丁内斯的论文出版为 Martínez (1993)。

问：是什么使明星学生与众不同？

答：得有一定的投入和工作能力，得对你所做事情有激情，这对你在学术上的成功很重要。我最优秀的学生总是具备一定的野心和热情，这促使他们把所有的时间和精力都投入到工作中。我担心我们今天给学生的一些训练反而给这种热情留下了的空间更少了。我们非常重视方法论工具，也非常重视让学生从一个假说和理论开始，他们可以走出去加以检验。其实，我们应该鼓励他们带着问题走出去，并对最适合他们研究问题的任何理论和方法论持开放的态度。如果我们给学生太多有关如何去做研究的指导，同时又没能让他们对问题充满热情，这会导向扎实的研究，但做不出令人兴奋的工作成果。

问：作为老师，我们有责任让学生对问题充满热情吗？

答：是的，我认为这是显而易见的。

问：但我们如何能做到呢？

答：以身作则，展现出你对研究问题的热情。如果学生看到你对自己正在做的事情感到兴奋和兴趣盎然，那么他们可能会说，"嗯，这一定值得做。"

问：有人展现给您看过吗？

答：是的。我遇到的所有好老师都具有他们独特的热情。他们对自己的工作感到兴奋，并且展现了出来。

问：您能给刚入行的学生什么建议？他们应该接受什么样的训练？

答：首先，尽可能多地阅读，了解些该领域的经典著作。大量阅读优秀专著，比如像本迪克斯的《工作与权威》（Bendix 1956）或李普塞特的《工会民主》（Lipset, Trow, and Coleman 1956）。像这样的著作会让你对如何深入研究一个问题受到很好的启发。在方法论训练方面，试着多学一些关于如何做调查研究的知识，得比你在研究生院的常规课程中学到的要多一些。

第六章 · 政体与求知　*217*

我经常遇到这样的问题：学生们开始写论文，想要做一份调查问卷，但是缺乏相关的训练和经验。你还需要学习现代的方法论，比如高级统计学，这是阅读某些论文和著作所必需的。如果你想从事某些特定区域的研究，懂当地语言必不可少。学习一些不属于你自己的专业领域的课程也很重要。不要限制自己，说什么"我学的是政治哲学，所以我不打算上任何比较政治的课"，或者"我学的是比较政治，所以我不学任何政治哲学的课程"，得广泛地利用所在科系的最佳资源。

说到论文，得做一篇足以加工为一本重要著作的论文，并将其发表。写论文的时候，就得试着考虑到论文发表时的形式要求。这样就不会有太多的工作要重做了。你必须符合这个时代的模式。如今，这意味着你必须尽快开始发表匿名审稿期刊文章，在你申请工作之前，你需要尽可能多地发表文章。我不认为这总是最好的方法，因为它会导致资源的浪费。但这就是今天的游戏规则。

然后就是努力奋斗，在任何你能找的地方找到一份工作。你不一定非要从领先的地方开始。这也可能很好，但并不总是可行的。在学术界之外，也有一些有趣的工作，例如进政府，尽管从这些工作上再回归学术圈并不容易。

问：在决定去哪里求学以及和谁一起工作的问题上，学生是否要尽可能找顶尖的一流学者合作？

答：有些学者，因为他们的研究、经验，也许还有头脑里的智慧，确实比其他人更有创造力。很明显，这些学者是学生们能拥有的最好的影响因素。但与此同时，某些明星人物可能未必是良师益友。他们或许试图把他们自己的思维方式和做事方式强加给你。或者，他们可能设定了人们无法满足的理想标准，结果让学生们感到沮丧。比方说，我认为默顿并没有带出他本应该带出来的足够多的学生，可能因为他是某种"国王-上帝"，人们会觉得自己永远无法满足他的期望。虽然默顿总是鼓励学生说他们的想法是多么有前途，但他们觉得自己必须得提升更多才行，以至于有时他们就再也不会出现了。此外，有时一位明星人物并不能有效地影响学生。

我不确定，但我的印象是，萨托利在美国的时候，他对同他一起工作的人影响并不大，相比之下，他对整整一代意大利学者产生了巨大影响。

就选择论文导师而言，如果你想合作的人没兴趣、不了解，也没有准备好处理你想做的课题，那么选择他当导师可能就不是一个好主意。那样的话，你应该去找别人。我就曾不鼓励某些人和我一起工作，因为我对他们正在做的事情没啥特别的兴趣。我经常只是给他们提建议，但我不能去指导他们的工作。偶尔，学生们开始和我一起工作，后来意识到我对他们应该做什么有些想法，但他们又无法接受。所以他们就去找别人了。有时他们即便跟着另一个人做论文也最终没能完成，那我就不确定是不是因为与我的关系的缘故导致了这种情况。

比较政治的过去和未来

该领域的成就

问：最近有人批评比较政治未能产生知识积累。因此，我们从过去五十年的所有研究中什么也没有学到，或者说学到的很少。[31] 您觉得这种批评意见如何？

答：有几个研究领域已经让我们学到了不少东西，并有很多累积性的工作。阿伦·李帕特（Lijphart 1968a, 1977）等人对协合式民主的研究就是一个学到新东西的好例子。这项工作有力地挑战了传统的主流观念，即多数决的两党民主政治模式比多党体制要有效得多。现在我们知道，一些实行多党制的民主国家实际上运作得很好。而某些关于政党的研究文献刚开始出现时，我们还没有这样的见解。同样，从施密特和莱姆布鲁赫开始的对法团主义的研究（Schmitter and Lehmbruch 1979; Lehmbruch and Schmitter 1982），告诉我们利益集团政治和政党的紧密整合并不一定对民主有害。我认为，关于民主转型的比较研究文献教会了我们如何使转型成为可能。尤

---

[31] Lindblom（1997）；Geddes（2003）。

其是，我们已经认识到转型是在前一个政权的制度框架内进行的，可以通过谈判完成，而不一定用暴力手段与过去一刀两断。这都是相当扎实的研究和思考。萨托利（Sartori 1997）、瑞恩·塔格培拉（Rein Taagapera）和马修·舒加特（Matthew Shugart 1989）等人关于不同选举法的后果的研究也产生了大量坚实的知识。最后，运用问卷调查对选举进行比较研究，在有关阶级、宗教等社会性变量与投票行为之间的关系问题上也产生了大量累积性的知识。

问题在于，我们对投票行为等问题的了解只有在发生政治地震时才会累积起来。这样的话，变量之间的一些关系就不再成立了。我的地下室里有一个关于意大利政治和投票的资料库，从1948年到20世纪90年代，积累了很多材料。但随后天主教民主党解体，贝卢斯科尼和北方联盟出现，整个政党体制发生了变化。这意味着，要理解意大利的选举，你不必白手起家，但必须重新开始。以前的研究不能成为分析的唯一基础。通过制造这些不连续性，在某种意义上意大利政治家对于那些为研究意大利政党和选举耗费了数十年光阴的社会科学家很不公平。

更一般地讲，对发达工业民主国家投票行为的研究所产生的所有知识都过时了。这在一定程度上是因为，在许多地方，曾经占人口大约30%至40%的产业工人阶级已经大幅萎缩。工人阶级认同、工会成员、劳动参与、社会民主党或共产党等变量之间的原有联系已经被削弱。在这些国家，你会发现一个更加同质化的"中产阶级社会"。结果，过去对政党的忠诚已经被侵蚀。一个工人过去会说，"我是个工人，所以我是工会成员，因此我得投票支持社会民主党或共产党"；今天则可能说，"我是个工人，不过我在地中海岸边有一所可以租给游客用的暑期度假屋，但社会民主党提出要对我的第二套房子征税"。因此，即便这个人仍然是一名工人，他也可能投票反对他过去会投票支持的政党。今天的选民在某些方面更加自由了。在过去很长一段时间，意大利选民认为天主教民主党抵御了某个左翼政党上台的威胁，将之视为自己的保护者，因此会投票给基督教民主联盟，尽管他对该党及其政府的腐败问题还有其他方面有一些疑虑。如今，没有哪个政党被视为严重的威胁，意大利选民投票给他们认为最符合自身利益的政党要自由得多,这也使得预测投票行为变得极其困难。几十年前,每当我遇到一位荷兰人,我只需要问两三个问题:你是天主教徒、加尔文教派信徒,还是无神论者?你的职业是什么?我就知道他会怎么投票,因为90%具有某种社会特征的选民会投票给某个特定的政党。但现在情况不同了,这显然使政党研究更加困难。所有这些变化都限制了我们积累政治知识的能力。

问:您提到了您认为比较政治已经产生出坚实的知识体系的那些领域。那么我们所知特别有限、亟待改进的研究领域有哪些?

答:我们对政治领导和政治精英的素质知之甚少。我们知道,政治精英通常都受过高等教育,有一定的出身背景,懂外语,有留学经历等等。但我们不知道为什么有些领导人比其他人更有创造力、更有责任感,也不知道为什么有些领导人会是彻头彻尾的骗子。正如熊彼特在他的民主理论一开始就指出的那样,要有一套有效的民主,你需要一群致力于公共服务的合格的人(Schumpeter 1942, Ch. 23)。为什么有些社会有这些人,而有些社会却没有?为什么有些国家能培养出有创造力的商业精英?今天的《纽约时报》有一则关于韩国"现代帝国"的报道。为什么现代帝国出现在韩国而不是阿根廷或别的地方?这些事我们真不了解。我们知之甚少的事情数量之多令人吃惊。我们还有如此多的工作要去做。

区域研究

问:比较政治学目前正在进行一场辩论,涉及区域研究的现状,最近引起了许多争议。一些人认为区域研究阻碍了该学科的进步,因为它们产生了许多狭隘的、与理论无关的研究。另一些人则认为以区域为基础的知识对于构建和检验理论是必不可少的。您对这场辩论有什么看法?

答:我非常赞成搞区域研究。我认为不去鼓励甚至取消区域研究就是一场灾难。告诉学生他们不需要关注特定区域,他们的工作应该是纯理论性的,这纯属无稽之谈。

但另一方面,如果人们只了解一个区域,而从来没有对世界其他地方做过任何思考、阅读或研究工作,那么研究可能会变得相当枯燥乏味。这是拉丁美洲研究在20世纪50年代起步时的一大局限。当时,斯坦福大学有一个重要的拉丁美洲研究中心,有很多学生和一些资金。他们从所有的拉丁美洲新闻报纸上收集剪报,斯坦福的学生知道关于每一次军事政变的所有事情,比你想知道的还要多。但讽刺的是,斯坦福大学当时并没有培养出顶尖的拉丁美洲专家,但哥伦比亚大学却培养出来了,尽管哥伦比亚大学在对拉丁美洲进行详细关注方面要弱得多。20世纪60年代在哥伦比亚大学,我们有一位人类学家,一位研究巴西的地理学家,还有几位历史系的拉丁美洲专家。校方想让我开设一门关于拉丁美洲的课程,但因为我对拉丁美洲一无所知,所以我逃避了这个义务,教了一门关于"西语社会的威权政权"的课程,目的是为了覆盖西班牙,或许还有一点葡萄牙。我教授方法论、概念化和比较视角。参加研讨班的学生包括彼得·史密斯(Peter Smith)、艾尔·斯捷潘(Al Stepan)、苏珊·埃克斯坦(Susan Eckstein)、亚历克斯·王尔德(Alex Wilde)、阿图罗·瓦伦祖拉和塞缪尔·瓦伦祖拉(Samuel Valenzuela)。哥伦比亚大学的拉美专家队伍后来变得相当重要。〔32〕从某种程度上说,拥有更广阔的视野可以加强对某一特定区域的研究工作。然而,我们得非常清楚,如果你不深入了解一些个案、一些区域或一些主题,不了解其全部的历史和文化的丰富性与复杂性,你就不可能做好研究工作。

问:为什么深度如此重要?太过深入难道不是提出更广泛的概括和强大理论的障碍吗?毕竟,理论需要抽象。

答:深度从来不是障碍。它让你理解和了解你的研究主题,这经常让你意识到为什么你不能简单化。你不能停留在抽象、肤浅的层次上。你必须面对一些事实,不愿面对的事实,这些事实令人不安,让你考虑得更远,引导你引入更多的变量,变得更明智。

---

〔32〕关于这个学生队伍以及林茨对拉美研究的贡献,参见 Mainwaring and Valenzula (1998)。

理性选择与政治学中的经济学转向

问：理性选择理论过去二十年在政治学中异军突起。您如何评价理性选择理论的兴起对这门学科的影响？

答：如果理性选择仅仅被接受为看待事物和做研究工作的一种方式，那它就相当不错；每个人都应该选择最适合自己思维方式的研究路径，然后我们才能知道谁最终会走到哪里。但我对理性选择学者的称霸野心和自以为是感到不安，他们认为其他的工作方式是不可取的，因为它们不科学。我还发现，在大多数情况下，处理问题的复杂统计学和数学方法与其结论极不相称。有时我感到疑惑不解，问"那又怎么呢？"人们似乎花了很多工夫在技术上，才鼓捣出了一些在整个操练开始时通常就能说清楚的东西。把一组相互关联的命题在逻辑上以某种方式结合在一起，然后就说你已经通过逻辑分析"证明"了这些命题，我也怀疑这样的方法到底对不对。而且，大多数时候关于现实的预设是如此简单化，以至于你会想，"我能用它做什么呢？什么情形才真正匹配这个模型呢？"最后，从事这类工作的一些人对政治现实一无所知；他们是做纯演绎研究的经济学家和数学家。

另一个问题是，如果你以行动者追求他们为自己设定的目标来定义"理性"，那么一切都是理性的。巴勒斯坦自杀式炸弹袭击者在以色列把自己引爆，如果他们真的相信在圣战中牺牲自己就意味着上天堂，那么他们的行动就是理性的。还有什么比保证你能上天堂更理性的呢？如果目标是建立一个没有犹太人的世界，你想以最有效的方式杀死他们，那么搞出纳粹德国毒气室这么个大怪物就是非常理性的行为。我的天哪，这一切都是完全理性的。但谁会想用"理性的"这个词来形容那么疯狂的事呢？

这里有些有趣的理性选择研究成果。例如，约瑟夫·科洛梅尔（Josep Colomer）的书（1995）对西班牙的民主转型给出了博弈论分析，非常精彩。事实上，我推荐科洛梅尔给《美国政治科学评论》寄去一篇论文，并在那上面发表了（Colomer 1991）。但我认为我们没有数据来验证他构建的一些模型，例如"政变博弈"。这是一种有趣的思维操练，但我们不知道它是否能解释发生了什么，甚或它能否充分描述发生了什么。此外，如果没有阿尔伯特·赫希曼关于面临迫在眉睫的革命威胁时进行改革的早期研究（Hirschman 1963），科洛梅尔和我恐怕都不会那么致力于研究转型。有关四方博弈的整个想法——在意识形态光谱两边的极端分子、中间的温和派，以及在应对极端分子威胁时温和派的趋同性——已经被赫希曼提出来了。我认为，把这个博弈模型应用到西班牙的例子里是合适的，科洛梅尔成功地将它塞进了一个相对简洁的模型中。但是，将这一博弈模型应用于塔利班的转型几乎是没意义的。博弈四方并不在场，如果没了博弈方，博弈就不可能进行了。试着把这个模式应用到塞拉利昂，谁是温和派？谁是双方的激进派？能在中间达成妥协的行动者的范围是什么？所以，四方博弈非常适合有四种行动者的地方。但没有行动者，就没有博弈。要判断什么样的模型是管用的，就必须了解个案。

问：理性选择革命是否让您想起了这个学科历史上的早期事件？

答：今天的理性选择运动在努力取代前人工作，在某种程度上类似于20世纪70年代拉美研究中的依附论。我认为行为主义革命并没怎么取代上一代人。行为主义革命的发起者非常尊重他们之前的那一世代。比如，成为行为主义革命象征的鲍勃·达尔，就很尊敬埃尔曼、基希海默及弗朗茨与西格蒙德·诺伊曼等老一辈学者。行为主义者并没有声称自己要取代其他研究工作。他们更谦虚，只是认为自己增加了另一个维度、一个新视角。

问：为什么许多理性选择学者声称要取代，而不是继承前代人的工作？

答：他们有一种古怪的感觉，觉得别人在做的事情不是科学——是新闻，也或许是历史，但就不是政治科学。我认为他们觉得我们和真正的科学家不一样，所以我们的工作方式一定有问题。我在耶鲁大学的同事查尔斯·林德布洛姆并不是一个理性选择学者，他在《代达罗斯》（*Daedalus*）发表的一篇文章中强调了这个学科离实现其"科学"抱负还有多远（Lindblom 1997）。我认为这种悲观态度是没有道理的。我们不应该问为什么我们的学科没有达到某些"硬科学"所具有的那种连贯的结构，而应该认识到我们正在研究的事物其性质是不同的，这意味着我们不能、或许也不应该像硬科学那样。

问：许多理性选择学者的模型是经济学的。经济学为比较政治提供了什么？

答：新古典经济学为理解纯粹、合理运作的市场经济提供了一种极为强大的工具。华尔街的市场，或美联储的货币体系，可能相当适合经济学家的模型。但如果我们想了解俄罗斯或塞拉利昂的市场经济，这些模型就行不通。在这方面，经济学的一个重要局限性是，该学科的基本工具——价格理论、供给与需求、无差异曲线——都基于这样一个预设：你在处理相对简单的货币单位，所有商品都可以被简化为美元和美分。虽然投票在某些方面与货币单位相似，但货币是可分的和可替代的，与我们想要研究的许多东西如权力，有明显而根本的区别。新古典经济学的另一个局限是它不能解释经济发展。它没有机制来解释为什么充满活力的资本主义企业家出现在韩国和中国台湾地区，而不是阿根廷。这就是熊彼特的切入点。奇怪的是，熊彼特是计量经济学协会的主席，也是计量经济学的创始人之一，但他的主要工作是历史学和社会学式的。[33] 赫希曼是另一位非常有趣的经济学家，他主要研究社会学家感兴趣的问题。而帕累托，新古典主义经济学的奠基人之一，在他的一封私人信件中写道，经济学已经成为任何有能力的人都能从事和操作的事。他认为，更困难和更有趣的问题——他想要解决的问题——涉及社会生活中非理性的、非"手段-目的"的方面，而经济学对此还无能为力。[34] 因此，帕累托离开了经济学，成为一名社会学家。

奇怪的是，当某些东西不符合他们强大而有趣的模型时，经济学家倒很容易承认他们做不到的事情。他们说，"这是该问题中一个非常相关和有趣的维度，但我们没有能耐处理它；这是政治学家或社会学家应该处理的

---

[33] 参见 Swedberg（1991）。

[34] 帕累托的话见 Eisermann（1987, 22 and 24）引用的他的信。

事"。但我们不是用我们自己的方式来处理这些事情,而是说我们必须按照经济学家的方式来做。我觉得这有点自相矛盾。

问:考虑到这一领域的未来,在这种"经济学转向"启发下,比较政治学将如何发展?

答:我认为,可以说,在未来的主流研究中会出现生产过剩,因此未来的生存竞争会非常激烈。随着越来越多的人在做类似的事情,争夺该领域有限的资源,他们将变得更加难以相互帮助、相互支持,这可能会使理性选择这样的运动难以维持其势头。此外,除非以经济学为灵感的研究能带来有趣的发现,否则人们可能会变得更加无聊和挑剔,这正是关于投票行为研究业已发生的情况——人们发现大量差不多的重复研究越来越多。因此,就像面粉袋里的虫子一样,过剩可能会导致危机。

另一方面,也存在一些机制,使得某个特定群体占领学术市场,从而形成一种霸权统治模式。越来越多的人依赖于用非个性化的和机械的标准,比如在同行评审期刊上发表的文章,来决定谁应该被提升和得到职位。通过变得更加非个性化和官僚化,该领域生产出了标准的、可预测的产品,但这种标准化几乎没有给特立独行者和创新者留下什么空间。此外,越来越多的人依赖于非个性化的评判标准,这使得那些聪明、有很大潜力但缺乏在参引期刊上发表文章的人获得的空间越来越小。就我个人而言,默顿、李普塞特和萨托利能够在我职业生涯的早期支持我,尽管我当时并没有发表多少著作。但他们相信我最终会做出有趣的东西。如今这种可能性更小了。当你依靠出版物数量等客观指标时,你就失去了对这个人及其资质的感觉,整个过程变得更加官僚化。对我来说,这是个消极的发展趋势。

问:但在塑造学术生涯方面,人际关系似乎仍然非常重要。每个人,包括理性选择学者,都在推广自己的主张。

答:是的,理性选择学者在这方面有个重要的优势,因为他们可以应用一些相当客观的质量标准:他懂数学还是逻辑?他能熟练地使用这些工具吗?与其纠缠研究问题和研究发现有多重要或多有趣,还不如聚焦于相对直白的技术熟练程度问题。在这些问题上人们更容易达成共识。为了说明我的观点，假如学校行政部门要求我对延请像亚当·普沃斯基这样的学者发表意见，我可以说，"我非常喜欢他的一些工作，他是一个非常聪明的人，我希望他能成为我的同事。但是我认为他在这儿和那儿完全搞错了。"如果一个委员会上有物理学家或数学家，他们会问："如果他们说他错了，怎么又能说他这么好呢？"我们之间对研究工作的分歧非常大，而那些处理事情的方式更加标准化的人之间的共识要多得多。

问：您的观点结合了一种马尔萨斯式的人口危机分析和韦伯式的铁笼分析，即官僚化对创造力和创新有抑制作用。如果您是对的，马尔萨斯－韦伯式的看法对比较政治的未来意味着什么？

答：谁知道呢？也许是一场危机吧。看看在一些由特定群体或趋势主导的系里发生了什么就知道了。有时某个外人——大学管理部门——会介入，说"这太过近亲繁殖，太有限了，必须要做点什么"。我想我们这一代有些人听上去相当悲观。也许只是因为我们变老了吧。

总结

问：您已经荣休好几年了，我想知道您是如何跟上这个学科的发展的。您还看期刊吗？

答：会有一些，但不是主流期刊。我已经放弃了大部分的社会学期刊。当你变老的时候，你会意识到你不可能对这个领域的每一件事都保持及时跟踪了解，即使是在一个有限的领域。你试图跟上你一直在研究的某些主题。我读了一些关于民主的重大崩溃和有关法西斯主义比较研究的新著作。但还有其他一些问题——例如，民主转型——我已经尽了自己的本分，不想进一步深入探讨了。关于民主转型，关于俄罗斯的转型，有很多新著作问世，但由于我不打算写这些，所以我并不紧紧地跟踪这些文献。你也会发展出新的兴趣领域，并且必须把你的阅读集中在这些主题上。我现在正在研究联邦制，我必须阅读有关比利时、瑞士、澳大利亚联邦的历史，以及德国联邦制起源的文献。有许多事情可能是重要的、有影响力的，并且在这个领域中吸引了大量的关注，但是你没有跟踪它们，因为它们对于你正在做的事情来说并非必不可少的东西。

如果你在教书，情况就不同了，因为你必须与时俱进，至少你得拓展课程主题。如果我还在教授某门关于非民主政体的课程，我可能会想读一些关于马克思主义的新书。但如果你不需要教书，也不做某一特定主题的研究，你就不会再在这些主题上做很多阅读工作。所以，从某种意义上说，你会变得越来越狭隘，直到你对有限数量的主题几乎了如指掌。昨天我收到了一本来自爱沙尼亚的书。那里的一位历史学家给我寄来了一本关于20世纪30年代爱沙尼亚法西斯运动的书，我花了两三个小时翻看了一遍。我本来不会去图书馆看那本书的，但既然我有了，我就看看。法国政治学家盖伊·埃赫梅（Guy Hermet）最近寄给我一本非常好的关于民粹主义的书（Hermet 2001）。人们给我寄东西是因为我在做某个特定的课题。我从不同的人那里得到了很多书和论文，光是阅读这些材料就让我够忙的了。

问：您还参加专业会议吗？

答：我很少参加会议，部分原因是会太大、人太多、会太多。你必须从大楼的一头走到另一头，才能到达你感兴趣的会场，而当你到达那里时，你想看的论文已经报告过了。你匆忙冲进另一个会场，同样的事情再次发生。每个会场都有很多论文，最后就没有时间提问了。几十年前，人数更少，会议更容易管理，尤其是在较小或偏远的地方开会。地点很重要，因为如果会议在大城市举行，每个人都会逃去博物馆或去见朋友。

问：既然从您的学生时代开始，这个行业发生了许多变化——更多地强调参引期刊文章，使用越来越复杂的方法论技术——如果您现在是一名刚起步的年轻学者，您会成功吗？

答：今天你要写很多小文章才能成功，但我的风格是写相当长的文章，很难作为期刊文章来卖。我倾向于通过一张大网来捞数据，而不是用精确的方法来测量具体的细节。就今天使用的一些标准而言，我的工作在方法上可能并不令人满意，尽管我本可以学会运用新的方法。此外，对于那些喜欢基于简单前提得出简洁论点的人来说，我的著作显得过于具有描述性和历史性。你知道，作为理性选择基础的那整套思维方式并不是我的风格。所以，我不知道。我本可以做人们期望我做的事，但我不认为那样会有产出，我也不会那么享受研究过程。

第七章

全球视角中的秩序与冲突*

——塞缪尔·P. 亨廷顿访谈录

Samuel P. Huntington

通过强调秩序、权威和冲突这些研究主题，塞缪尔·P. 亨廷顿**对美国政治、比较政治和国际关系这三个政治学领域做出了有影响力的、持久的贡献。

亨廷顿在他的第一本书《军人与国家》（1957）中认为，军队的专业化对于保障国防和实现文职人员对军队的控制是必要的。这本书在新生的文武关系研究领域产生了巨大影响。在《共同防御》（1961）和他与兹比格涅夫·布热津斯基合著的第一部比较政治著作《政治权力：美国/苏联》（1964）中，他集中讨论了冷战引起的国家安全问题。

亨廷顿在 20 世纪 60 年代中期将注意力转向新独立的非洲和亚洲国家所面临的问题。这一研究主要集中在《变化社会中的政治秩序》（1968）一书中，它被广泛认为是现代比较政治学的经典著作。他以来自世界各地的经验证据，向经济现代化将产生稳定民主的普遍乐观态度提出了挑战。他认为，在缺乏强有力的政治制度的情况下，现代化反而会导致暴力和政治衰败。因此，在贫穷国家实现政治发展需要建立有效的政治机构，特别是政党。

亨廷顿在 20 世纪 70 年代继续研究比较政治和政治发展，与克莱门

---

* 这次访谈由理查德·斯奈德于 2001 年 5 月 31 日和 6 月 11 日在马萨诸塞州坎布里奇完成。

** 亨廷顿于 2008 年 12 月 24 日在马萨诸塞州马萨葡萄园岛过世，享年 81 岁。——译者注

特·亨利·摩尔（Clement Henry Moore）合编了《现代社会的威权政治》（1970），与琼·M. 纳尔逊（Joan M. Nelson）合著了《难以抉择》（1976）。在20世纪70年代下半叶，亨廷顿的注意力重新回到美国，完成了《美国政治：不和谐的预兆》（1981）*。他认为，美国自由主义传统中的反政府因素在整个国家的历史上不断引发冲突和不稳定。

随着20世纪80年代全球民主的扩张，亨廷顿的兴趣转向了民主化。他在这一问题上的主要著作是《第三波》（1991），致力于解释20世纪70年代和80年代发生的许多民主转型。《第三波》的一个独特方面是其广泛的全球视野和将民主化视为跨国浪潮而进行的重新界定。

自20世纪90年代初以来，亨廷顿一直关注冷战后世界面临的威胁，尤其是文化冲突。《文明的冲突与世界秩序的重建》（1996）挑战了冷战的结束意味着西方思想和价值观取得胜利的观点，认为西方的影响将日益被非西方社会所拒绝，而且往往是暴力性的拒绝。因此，冷战后世界的冲突将主要沿着文化和文明的边界展开。亨廷顿最近的著作《我们是谁？》（2004），提出移民尤其是来自拉丁美洲的移民，对美国的国家认同构成了威胁。亨廷顿有关全球和国内层面文化不和谐的挑衅性观点，使他成为当代最引人注目、最具争议的政治学家之一。[1]

亨廷顿1927年出生于纽约市。1946年在耶鲁大学获得学士学位，1951年在哈佛大学获得政府系博士学位。他曾任教于哈佛大学（1950—1958及1962年至今）和哥伦比亚大学（1959—1962）。他曾在白宫担任国家安全委员会安全规划协调员（1977—1978）。1986年至1987年，他担任美国政治科学协会（APSA）主席，1965年被选入美国人文与科学院。

---

* 本书有两个中译本：《失衡的承诺》，周端译，东方出版社2005年版；《美国政治：激荡于理想与现实之间》，先萌奇、景伟明译，新华出版社2016年版。前者将原书副标题 The Promise of Disharmony 作为书名，但翻译有误，"Promise"在此是"预兆"之意，而非"承诺"，"Disharmony"亦非"失衡"之意。后者将原书副标题进行了改动，似乎过于随意。此处用原书名直译。——译者注

[1] 参见 Kaplan（2001）。

学术训练和思维影响

问：谁是您最重要的老师？

答：作为耶鲁大学国际关系专业的一名本科生，阿诺德·沃尔弗斯（Arnold Wolfers）、威廉·T. R. 福克斯（William T. R. Fox）和尼古拉斯·斯皮克曼（Nicholas Spykman）无疑令我印象深刻。除了历史学家沃尔特·约翰逊（Walter Johnson）之外，芝加哥大学的人对我并没有太大的影响。我在20世纪40年代末在芝加哥大学取得了硕士学位。20世纪40年代末是芝加哥政治学系历史上的最低点。在20世纪30年代，它是"那个"系，有哈罗德·拉斯韦尔、查尔斯·梅里亚姆、哈罗德·戈斯内尔、昆西·赖特以及其他许多人。我到的时候，除了梅里亚姆，他们几乎都走了。我上了梅里亚姆在芝加哥开设的最后一门课，这是一次有趣的经历——讲了不少有关他认识的总统的轶事。我想我也上过汉斯·摩根索在芝加哥教授的第一门课，那肯定是他在那里的第一年。

问：既然政治学专业在衰落，您又为什么选择去芝加哥大学？

答：我那会儿不大清楚什么叫好，什么叫坏。我在东海岸长大，在耶鲁大学读过书，然后在军队里服役了一段时间，同样是在东海岸，所以我想去中西部看看，这是主要原因。芝加哥大学显然是那里最好的大学，所以我去芝加哥大学待了一年。

问：1948年秋，您进入哈佛大学政府系攻读博士学位。在哈佛您跟谁学习过？

答：最令人印象深刻的人是路易斯·哈茨（Louis Hartz），他当时是一位非常年轻的教授。他非常了不起，对所有的研究生都产生了影响。说起他，我脑海中浮现的词是充满活力、魅力四射、才华横溢。哈茨的课讲得特别精彩。我们很多人都上过他的政治理论研究生课，课程结束时，我们都筋疲力尽地坐在那里。我们想给他热烈的掌声，但在完成他给我们安排的练习之后，我们太累了。

问：除了政治理论，您有没有跟哈茨学过其他课程？

答：不知怎么的，哈茨被硬拉去教一个关于美国政治的研讨班，我也参加了。我为这门课写了一篇论文，后来成了我在《美国政治科学评论》上发表的第一篇论文，题目是"美国政党政治的修正理论"（Huntington 1950）。

问：一个谦虚的标题。

答：是的，的确如此，尤其是对于研究生的论文来说。

问：您还跟谁学习过？

答：威廉·扬德尔·埃利奥特（William Yandell Elliott）、罗伯特·麦克洛斯基（Robert McClosky）和阿瑟·霍尔库姆（Arthur Holcombe）。霍尔库姆是这个系的元老级人物。我想自打政府系成立他就在了，大概是1905年左右。他是一位了不起的老绅士，写过许多不同主题的书——美国政治、中国革命、伦理学和国际关系（Holcombe 1930, 1940, 1948）。他的外表有些古板。系里有个传统，每年春天我们都会在系内举行大型垒球比赛，通常在贝尔蒙特的埃利奥特家举行。霍尔库姆将大家分成两队，并成为其中一个队的领队。每回五朔节这天出去打垒球，他都得做出一个"很大的"让步——他要脱下西装外套，但不会脱下背心。

问：您从埃利奥特身上学到了什么？

答：埃利奥特是搞政治理论的。他的书《务实的政治反叛》（Elliott 1928）对我产生了相当大的影响。他曾是牛津大学的罗德学者，并积极参与美国的外交政策。在退休之前，他几乎每周都往返于华盛顿。那是在穿梭巴士出现之前，所以他得在通宵列车上来回往返。他在弗吉尼亚有个农场，在贝尔蒙特也有家。他是一位令人印象深刻的人。

问：塞缪尔·比尔（Samuel Beer）和卡尔·弗里德里希呢？您跟他们有交往吗？

答：当然。当时系里分为埃利奥特的人和弗里德里希的人两派。我属于埃利奥特的阵营。弗里德里希是一位令人印象深刻的学者，比埃利奥特更像一位学者，但他缺乏埃利奥特的个性。

问：派系分化是怎么回事？

答：埃利奥特和弗里德里希是两个非常强势的人。我想他们之间存在意识形态上的差异。埃利奥特比弗里德里希更保守，这倒不是说弗里德里希一定是位狂热的自由主义者。这主要是一场争夺系内影响力的竞争，而他们就是领头人。

问：这场对抗是否涉及什么方法论立场问题？

答：我想没有。那时人们并不关心方法论。

问：您在哈佛的老师似乎都是涉猎广泛的学者。

答：对这些人来说的确如此，因为他们写了各种各样的书。毕竟，哈茨做理论研究，但也写过一本关于创建新社会的书（Hartz 1964）。

问：哈佛的教师中有没有关注面比较窄的？

答：没有。甚至连被认为是苏联专家的默尔·范索德（Merle Fainsod）也在公共行政研究生院教授公共行政（公共行政研究生院是约翰·F. 肯尼迪政府学院的前身）他写了一本关于政府在经济中的作用的大作，主要是关于美国的（Fainsod and Gordon 1941）。范索德根本不是一位狭隘的专家。其他人显然在更大程度上是专家。V. O. 基大概是最突出的例子。他的专长是美国政治，据我所知，除了美国政治，V. O. 基别的什么也不做。我认为他没有做任何比较研究。

问：您的训练似乎涉及了相当多的政治理论内容。

答：这就是那个系的传统——现在还是那个"哈佛系"。我们现在有五六个人教政治理论。那时，每个人都以这样或那样的方式涉足政治理论。萨姆·比尔教授比较政府和英国政府，他也研究政治理论。

问：听您讲您在哈佛读研究生时遇到的这些各具特色的老师很有趣。但事实上，您在很短的时间内就念完了研究生。您只用了两年就拿到了博士学位！

答：我在芝加哥大学读了一年硕士，然后在哈佛大学读了两年研究生。

问：您的博士论文只花了四个月就写完了吗？

答：嗯，差不多吧。念博士第二年，在通过了资格考试后，我正在构思写篇啥样的学位论文，但一月份，系主任鲍勃·麦克洛斯基打电话给我，说："我们已经投票同意给你一份在这里的教学工作，假如学年结束前你能完成你的博士学业的话。"我说，"好吧，我猜我得在四个月内写一篇论文。"

问：您的博士论文正式出版过吗？

答：没有，但它的大部分内容作为一篇文章发表在《耶鲁法律学报》上了，题为《州际贸易委员会的消瘦症》（Huntington 1952）。那是一篇非常简单的论文——写的是那些监管委员会反而被它所应监管的产业接管了（Huntington 1951）。

问：这篇论文的主题以前被明确表达过吗？

答：以前有过一些类似的零散观点，但我认为我的论文首次对它做了相当广泛、系统的研究，论文考察了州际贸易委员会（ICC）、民用航空委员会（CAB）和美国联邦海事委员会。我聚焦于运输监管委员会，我的观点是，如果你创建的委员会仅限于某一特定行业，那么它被俘获几乎是不可避免的。如果你建立一个更大范围的委员会——就像联邦贸易委员会

第七章 全球视角中的秩序与冲突 *235*

（Federal Trade Commission）那样，负责监管各种行业——被俘获的问题就不太可能出现。俘获肯定是和三个运输委员会一起发生的。

问：您是如何对监管政策这个话题产生兴趣的？

答：这是我读了一些书之后产生的想法，也许是在上了范索德开设的政府和经济的课程之后，我可能听过这门课。

同事们

问：尽管您在哈佛大学开始了自己的教授生涯，但评终身教职时却被否掉了。您知道谁反对给你终身教职吗？为什么反对？

答：卡尔·弗里德里希带头反对给我哈佛的终身教职。政府系不得不要求院长再给我一年时间来决定我的命运，在哈佛漫长的考虑过程中的某一天，弗里德里希邀请我共进午餐，并解释了他反对我升职的所有原因——嗯，主要原因。他说，作为一名来自纳粹德国的难民，他对我的书《军人与国家》（Huntington 1957）感到不安，因为他觉得这本书基本上是在主张威权主义。我说："不，这不是主张威权主义，但可以解读为主张有'权威'，权威和威权主义是有区别的。"我们就此讨论了很长时间。不用说，谁也说服不了谁。我认为，他反对的主要原因是，我是他在系里的劲敌——埃利奥特的门徒。

问：为什么《军人与国家》被误解为支持威权主义的主张？

答：因为它提到所谓军队伦理——权威、纪律、强调共同体。很多人把我的书视为给军国主义张目，当然不是，它甚至都算不上为极权主义做论证。

问：我听说人们对书的结尾拿邻近的平民社区"高地瀑布"与美国西点军校作对比的那段小品反应特别强烈，您形容西点军校为"井然有序的宁静"和"巴比伦中心的一点斯巴达"(Huntington 1957，464-65)。

答：是的，那相当引人注目。

问：哈佛拒绝给您终身教职后，您转到了哥伦比亚大学，1959年开始在那里教书。您在那里遇到有趣的人了吗？

答：莱因霍尔德·尼布尔（Reinhold Niebuhr）尤其突出。20世纪50年代初我刚从研究生院毕业时，尼布尔就对我的政治观产生了深远的影响。我读了他大部分的书，虽然不是全部，因为他非常多产。他对政治与道德的相互关系问题有独到的见解。他在当时是知识分子里的大人物。有人说过，我想是阿瑟·施莱辛格（Arthur Schlesinger），"他是我们所有人的父亲（神父）。"在某种意义上，的确如此。我在哥伦比亚大学教书时跟他相当熟，因为他在协和神学院。我经常见到他。

问：不过您在哥伦比亚大学教书的日子很短。事实上，仅仅四年后您就回到了哈佛。

答：是的。这个故事再次与弗里德里希有关，正如我说过的，他曾带头反对给我哈佛大学的终身教职。四年后，我接到弗里德里希的秘书打来的电话，说他要来哥伦比亚大学演讲，非常想和我聚一聚。我们约好在教师俱乐部喝酒，并进行了一场有趣的谈话。某一刻他说："山姆，也许你已经听说了，我们重新考虑了对你的决定，想邀请你回哈佛。我们这些大力支持你晋升的人现在都觉得自己是对的。"

问：这很古怪。

答：他坚信他对我的晋升给予了大力支持，而实际上他是最有影响力的反对者，因为他可能是系里最杰出的学者。

问：您对那件事有何看法？

答：我不知道该说什么。我张大嘴巴，什么也没说，让它就此过去了。我其实想说的是，"弗里德里希教授，您不记得您反对过我的任命吗？我非常尊重您，因为您邀请我出去共进午餐，解释您为什么反对我晋升，而其他人都没有这么做。"但我没有说出口。我只是让这件事情就此翻篇了。

研究：核心思想及其接受度

问：您的研究最引人注目的一个方面是涵盖了政治学的三个主要领域。20世纪50年代，您以美国政治专家的身份开始学术生涯，然后转向研究国际关系，20世纪50年代末和60年代初，您研究国家安全问题，而最后，您转向比较政治，出版了《政治权力：美国/苏联》（Brzezinski and Huntington 1964）。从那时起，您一直在这三个领域都有所建树。

答：我到处逛。我在耶鲁念本科时主修国际关系。在芝加哥大学和哈佛大学念研究生时，我主要研究美国政治。然后我转向了文武关系和安全问题（Huntington 1957，1961，1962）。我同布热津斯基合作著书（Brzezinski and Huntington 1964），开始研究比较政治，之后我又研究政治发展（Huntington 1968）。目前，我每年都在美国政府、比较政治和国际关系方面各教授一门课程。

问：您推荐这种宽泛的研究路径吗？

答：不一定。人们各不相同，就像我说的，我从一个领域逛到另一个领域。而有些人则会开拓一个领域，成为该领域的专家。我没有什么真正的特长。

问：四处涉猎而不固定在一个领域有什么不利之处？

答：你根本不属于某个特定的群体或圈子。你不会成为某一特定主题的"那位"专家。如果你在不同的领域发表文章，该领域的专家通常不熟悉你在另一个领域所做的事情。研究比较政治的人从《变化社会中的政治秩序》（Huntington 1968）和《第三波》（Huntington 1991）来看待我。但是他们对《军人与国家》（Huntington 1957）或者我写的关于美国政治的书（Huntington 1981）往往一无所知。这本身就是一个有趣的现象，反映了政治学自身是多么分裂和专业化。我喜欢回答对我来说很重要的问题——对现实世界和思想上都很重要的问题。所以我跟着这些问题和议题的踪迹走，即便这需要从一个领域转换到另一个领域。

问：您认为您最杰出的思想是什么？

答：四十五年后，我的第一本书《军人与国家》（Huntington 1957）中关于军人职业性质的论点——客观的和主观的文官控制——仍在被辩论、质疑和运用。显然，《变化社会中的政治秩序》（Huntington 1968）中的思想产生了巨大的影响，特别是关于如果没有政治制度的发展，社会和经济变革如何导致政治衰败的观点。这当然激起了大家极大的兴趣，已经有很多很多的研究在不同的环境下检验这些命题。

问：为什么那些出自《政治秩序》的想法会流行起来？

答：我的观点相当清晰，而且无疑是相当简单的。这提供了一系列人们可以掌握并尝试加以运用的假说。

问：《变化社会中的政治秩序》与现代化理论有何关系？这本书被描述为"隐秘的现代化论"（Domínguez 2001, 229），因为它批判了现代化理论关于社会经济发展将导致稳定的民主的预设，但它又借重现代化理论，将社会经济力量视为政治变革的根本原因。

答："隐秘的现代化论"是什么意思？现代化理论讨论经济和社会变革过程与发展过程，我的书显然与此有关。整个论点是，这些过程可能有政治上的不利方面。在20世纪50年代和60年代初，隐含的、甚至往往是明确的预设是，现代化是一个整体：所有美好的事物都一起降临，因此改善经济福祉必然会带来政治民主和稳定。

问：您还有什么特别自豪的想法吗？

答：我认为《美国政治：不和谐的预兆》（Huntington 1981b）对有关美

国政治本质的辩论做出了有益的贡献。这场辩论开始于托克维尔关于美国社会在价值观上存在巨大共识的基本论点，后来由路易斯·哈茨（Hartz 1955）详细加以阐述。但我要说，"是的，这是事实，但这种共识实际上解释了为什么我们的社会时不时会出现很多不稳定和冲突。"我认为这是对理解美国政治动态的有益贡献。

问：您的哪些想法或著作没有得到应有的关注，或者被误解了？

答：所有这些都被误解了。

问：您说您在工作中试图把事情说清楚。那么为什么您的想法会被误解呢？

答：我的表述清晰与否可能是问题的一部分原因。而且，人们经常把他们认为应该说的话投射到著作中。例如，多少算作我朋友的卡尔·格什曼（Carl Gershman），他是国家民主基金会的负责人，写了一篇关于《文明的冲突》（Huntington 1996）的评论，其中几次提到我所谓的伊斯兰教是一个"铁板一块的实体"的观点（Gershman 1997）。我不知道他怎么能那样说。这本书一再强调伊斯兰教的"分化"。书中有几部分谈到了伊斯兰教，但关于伊斯兰教的最长章节的标题是"伊斯兰教，没有凝聚力的意识"。不知怎么的，有人认为亨廷顿在思考文明问题，而且他认为文明都是单一的、完整的实体，但事实并非如此。但这是很多人对这本书的批评之一。

问：您认为这些批评是由心理投射驱动的吗？

答：是的。人们认为"亨廷顿在谈论文明和文明之间的冲突，所以他假定所有文明都是统一的，内部没有分化的"，这显然不是事实。

问：从这个角度来看您的著作，像是撞球现实主义（billiard ball realism）。

答：是的。事实上有些人明确地表示，《文明的冲突》是撞球现实主义的最新版本，只不过它谈论的是文明而不是民族国家。

问：您认为《文明的冲突》是一部现实主义著作吗？

答：我不知道你说的现实主义具体是什么意思，但它肯定不是撞球现实主义。

问：与《文明的冲突》被一些人解读为悲观论著作相反，《第三波》因为关注的是民主在全球范围内的扩张，时常被人看作是充满希望的乐观论著作。

答：我不同意人们那样看。这两本书涉及不同的主题。《第三波》有一整个章节涉及可能反转的浪潮和民主巩固的问题（Huntington 1991, Ch. 6）。它本质上是有关20世纪70年代和80年代发生的30来次民主化如何发生以及为什么发生的研究，但书里肯定没有关于民主化会无限期持续下去的胡乱乐观预期。我非常谨慎地指出了进一步民主化在文化、经济和其他方面的限制。我还讨论了新兴民主国家在巩固其民主制度方面所面临的难题。

问：第三波结束了吗？

答：是的，在很大程度上已经结束了。如今这并不意味着不会出现更多的民主化实例，但始于20世纪70年代中期的一系列趋向民主的变化发生在那些在经济上和文化上具备有利于民主化的条件的国家，并且，除了文化和经济发展水平之外，它们要么受到美国、要么受到西欧国家的影响。这类同时具备三个因素的国家已经基本耗尽了。这就是民主化进程放缓的原因。正如拉里·戴蒙德（Larry Diamond 1999）、法里德·扎卡里亚（Fareed Zakaria 2003）等人指出的，这也是为什么在以选举形式引入民主程序与自由发展民主制之间存在差距的原因。如果你看看"自由之家"的评级，大约35个国家被归类为"民主，但只有部分自由"。[2] 这是一种新的发展趋势。在剩下的不民主的国家中——少数亚洲国家、大多数伊斯兰国家以

---

［2］ 参见 www.freedomhouse.org/ratings/。

及非洲国家——我提到的三个因素中（文化、经济发展水平和现有民主国家的影响）至少有一个或更多是不足的。这并不一定意味着这些国家不会变得民主。

问：有没有什么著作在您看来是被忽略了或者没有得到应有的关注？

答：我希望《不和谐的预兆》（Huntington 1981b）得到更多的关注。它得到了非常好的评价——我不知道有什么不好的评价，尽管可能有一些。然而，不知怎么的，它并没有像我的其他一些书那样引起人们的广泛关注。这可能有几个原因。首先，存在很多竞争者。每隔几周就会出版一本旨在解释美国政治的书，每个人都在试图对美国的政治经验作出或多或少的明确解释。所以，竞争非常激烈。其次，我认为时机是一个因素。这本书出版于 1981 年，当时美国政治中不和谐的主题并没有引起人们的注意。如果我没有去卡特政府工作，而是在 1977 或 1978 年推出这本书，我想这本书会得到更多的关注。

研究历程

问题的选择

问：公共问题和当代事件显然会影响您对研究内容的选择。您如何识别某个值得研究的问题？

答：我认为值得研究的问题可能不是一个政府或公共机构关注的"公共"问题，但我想看看现实世界中正在发生的事情，现实世界中关于政府和政治的有趣问题。例如，我对文武关系感兴趣是因为杜鲁门解雇了麦克阿瑟。因此，文武关系似乎很重要。我环顾四周，发现关于这一主题的文献并不多——大概在 15、20 年里出版了两三本比较严肃的书。所以我说，"这是一个有趣的领域，关于军队和社会之间的关系，还有许多重要的、尚未回答的问题"（Huntington 1957, 1962）。然后到了 20 世纪 60 年代，当每个人都在谈论现代化和发展时，放眼发展中国家，我看到了混乱、无政府和腐败。因此我想,"让我们更仔细地看看这个问题——在那里政治'衰败'比政治发展要多。"于是我写了《变化社会中的政治秩序》(Huntington 1968)。

问:您不只是在表示反对意见?

答:不是。但是重复别人说过的话没有多大意义。如果你没有不一样的观点,进而提出不同的论题——不一定是相反的论点——那就没有多大意义。

问:您在撰写《变化社会中的政治秩序》一书时曾说,您放眼世界,看到了暴力、动荡、衰败和混乱。为什么别人没有看到您注意到的事?

答:人们想当然地认为他们想要发生的事情"正在"发生,这是一种很自然的倾向。不过,除了我之外,另一些人也开始对第三世界正在发生的事情采取更现实的态度——什穆埃尔·艾森斯塔特(Eisenstadt 1966)、白鲁恂(Pye 1966)以及其他一些人都在朝着这个方向走。

问:"放眼世界"是什么意思?具体来说,您是怎么做到的?

答:你读到了世界上正在发生的事情。

问:只是阅读吗?或者您会去和别人交谈和互动吗?很明显,经常会有有趣的访客到访哈佛。

答:当然。但我想说主要是阅读。

问:选择研究问题之后,下一步是什么?

答:我试着去了解它,思考它,提出看法,并设计一个理论路径或理论框架。你阅读材料,看看别人已经说了什么,试着更多地了解问题,并思考它。

方法

问：方法论工具如何在您的研究中发挥作用？

答：我不太看重方法。我不会有意识地去追求或界定某种方法。基本上，我是在研究一个话题，然后得出一个我称之为"经验概括"的结论。这显然涉及试图进行比较。

问：您不是一位"小 N"比较学者，不是那种与三四个个案纠缠并深入挖掘的人。相反，你倾向于成为一位研究中等数量个案或"大 N"的比较学者。您同意吗？

答：我想是的。然而，在《变化社会中的政治秩序》里，我确实讨论了一些深层次的革命个案——墨西哥和玻利维亚——但我用个案来展现一般观点。当你说"大 N"时，你会想到对 130 个案例进行详尽的定量统计研究。我并不反对那种工作，但在这方面我做得不多。

问：您在《难以抉择》（Huntington and Nelson 1976）中做了大样本分析。

答：如果有那样的资料，我会尽力利用的。在《变化社会中的政治秩序》里，我做了一些类似的事情。

问：有些人主张最好的比较研究者得知道一个国家的政治是如何运作的，因为了解一个国家能为作出更广泛的概括提供坚实的基础。您同意吗？

答：我对此表示怀疑。唯一一个我对其政治了解得比较清楚的国家就是美国。但是，我认为那些知识对作出更广泛的概括用处不大。

问：历史分析在您的研究中扮演了什么角色？

答：你必须借鉴历史，因为你在研究经验。历史就"是"人类经验。你必须研究历史材料，看看历史上发生了什么。正如我说过的，政治学家的职责是对历史进程进行归纳总结。当然，你可以用很多不同的方式来做。西达·斯考切波（Skocpol 1979）和巴林顿·摩尔（Moore 1966）考察了三或四场革命，不过摩尔并没有做太多概括。这是一条研究路径。正如你说的，我并不热衷于做三四个详尽的个案研究。

问：正如您喜欢做的那样，在研究覆盖面大但不太深入时需要做哪些权衡？

答：这两种研究路径都很有用。如果你想概括总结，你需要看各种各样的个案和实例，然后进行比较。我并不反对另一种方法。

问：您对实地调查有什么看法？

答：我不相信那一套。

问：为什么不呢？

答：很明显，我是在开玩笑。但是，实地调查也存在一个潜在的问题：人们去某个特定的国家研究某个特定的问题，而这种经验往往以某种方式主导他们随后的工作。我不喜欢被俘虏，不喜欢成为某一特定经历的囚徒。如果你花两年时间在一个国家做实地调查，那显然会对你产生影响。对于我感兴趣的事情——进行经验概括——这种影响虽然可能带来正面的好处，但也可能带来消极的后果。

问：尽管如此，您经常旅行。您广泛的海外旅行是否影响了您的学者生涯？

答：肯定如此，但我从来没有在任何一个地方持续很长时间做过研究。如果你在一个地方旅行了几个星期，你可能会得到一个非常偏颇的看法，因为你只和特定数量的人交谈，看到特定数量的事物。唯一我可以说做过相对持久的实地调查的地方是1967年在越南南方，那时是越战最激烈的时候，我为美国国务院工作。那是段迷人的经历，我知道了不少南越的事情，也了解到当时我们的政策有多愚蠢。

问：您还在南非和巴西民主化过程中访问过那两个国家。

答：我对南非的政治转型涉足不多，因为20世纪80年代我写了一些东西（Huntington 1982），在南非产生了一些影响，也引起了广泛的争议。我更积极地卷入了巴西军人统治的转型，应将军们的要求，我多次前往巴西，就如何过渡到一个更加开放和多元化的政权向他们提供咨询意见。

规范性关切与科学

问：您的工作是否受到规范性关切的指引？

答：几乎每个人的工作都有一个规范性起点。人们总归关心某个特定的议题或难题：不平等、不公正、促进民主的愿望。在大多数情况下，我认为这是促使学者们研究特定话题的动力。

问：然而，根据某些对科学的理解，研究人员不应该让规范性议程影响他们的工作。

答：科学家研究什么？在物理和生物科学中，他们通常只是试图更好地理解宇宙。但是许多科学工作都是基于这样的想法，如果我们能解决这个问题，它将在某种程度上帮助人类。

问：您认为自己是科学家吗？

答：不。"科学家"这个词意味着物理科学和生物科学。我认为自己是学者，不是科学家。

问：然而我们的学科被称为政治科学。

答：我知道，但这很不幸。

问：有什么更好的名字吗？

答：我想与经济学对应的应该是"政治"。但是你如何描述一个在这一领域有学术成就的人呢？有经济学和经济学家。如果这个领域是政治，你怎么称呼这个领域的人？你不能叫他们"政治家"吧。我想你可以说"政治学家"（politicist）……

问：提出我们应该把一切都称为"政治"而不是"政治科学"的主张，可能会激起许多不同意见。

答：好吧。这有什么不对吗？

问：您认为自己是公共知识分子吗？

答：我反对且拒绝被称为知识分子，因为这意味着有人会滔滔不绝地谈论公共问题，并参与深奥的知识分子辩论。我不认为这是种恭维。

问：您的一些著作，例如《第三波》（Huntington 1991），提出了明确的政策建议。事实上，兹比格涅夫·布热津斯基在《第三波》护封上的简介里把你描述为一个"民主马基雅维利"。您是否有意识地尽力完成与政策制定者相关的工作？

答：任何对现实世界问题的严肃研究都具有潜在的政策意涵。事实上，我所有的书都是这样。我的第一本书《军人与国家》（Huntington 1957），在文武关系该如何理顺的问题上，确实包含了相当明确的观点。那本书里没有政策章节，但我认为政策意涵肯定是非常清楚的。正如我在《变化社会中的政治秩序》序言中所说，我写这本书的部分原因是我关心政治秩序以及在现代化社会中实现政治秩序的条件（Huntington 1968）。但如果有人想制造混乱或革命，他们也可以阅读这本书并从中学到点东西。

政治理论

问：在讨论您在哈佛的老师时，您提到几乎所有人都与政治理论有密切联系。接触政治理论的价值是什么？

答：今天在哈佛政府系，所有的学生都必须参加政治理论领域的资格考试。我认为这是一件好事。具有基本的政治理论、政治概念和自柏拉图以降伟大的政治理论家的基础知识至关重要，因为政治学家研究的最重要的议题贯穿人类历史。这些议题已经被极具怀疑精神的理论家们考虑过了。人们可以接受或不接受他们的论点，但柏拉图、亚里士多德、马基雅维利和霍布斯都在处理政治学家仍在努力解决的核心问题。

问：您在自己的工作中是否经常查阅经典著作？

答：当然。看看《变化社会中的政治秩序》（Huntington 1968），我时不时引用亚里士多德、伯克和其他一些人的话，他们确实影响了我的思维。

问：如果您正在写一本比如说关于20世纪60年代政治发展问题的书，回到经典政治理论有什么帮助？

答：柏拉图和亚里士多德有一套关于政治发展、政治衰败和政治体制类型演化的理论（Plato 1946；Aristotle 1946）。这是个不错的起点。这也许并不直接相干，但值得我们回顾一下他们关于政治形式演化的讨论，以及为什么每一种政治体制都会走向衰败。

教学和学生

问：与学生的互动在促进您的研究中扮演了什么角色？

答：我所有的书都是课堂上孕育出来的。我在写《变化社会中的政治秩序》时教过政治发展的课程，在《第三波》问世前，我教了将近十年的民主化课程。如果我对一个特定的话题感兴趣，并开始思考和阅读，我就会想教一门关于它的课程。这是个巨大的刺激因素：无论是一门本科生课程——你必须第二天在50或100名本科生面前讲课，还是一个研究生研讨班——你必须面对对这一主题了解很多、持怀疑态度的研究生。我发现教学对于写一本书的早期工作几乎是不可或缺的。

问：与学生和研究助理的合作在您的研究中发挥了作用吗？

答：我当然要和学生一起工作，但通常是在他们写的东西上，而不是在我写的东西上。很明显，如果你做一个大型的经验研究项目，你需要研究助理来挖掘东西，因为你自己永远也做不完。这些助理会查看数据，调查特定的话题，以便让你知道有哪些内容。

问：最优秀学生的特点是什么？
答：他们独立思考，形成自己的想法。这是最重要的。

问：如何激励学生专注于重要问题？
答：你不需要做很多事情来激励本科生，至少对哈佛大学的本科生是如此。他们感兴趣的是一些大问题：战争的起因是什么？为什么有些国家民主，有些国家不民主？政治与经济发展的关系是什么？至于研究生，因为他们面临着在学科里争饭碗，而这一学科并不完全有利于纠缠这些大问题，往往会更加谨慎，关注更具体的问题。根据我的经验，这常常使对研究生的教学远不如本科生有趣。研究生显然知道得更多，也能以更老练世故的方式说话，但他们往往对提出一个宽泛的命题非常犹豫。以我对哈佛大学政治学研究生的观察，如今这种情况肯定比30年前更加明显。

比较政治的成就、缺陷与未来

问：比较政治学最重要的成就是什么？
答：如果你回顾20世纪50年代，比较政治学者在快速研究发展中国家政治方面发挥了非常有益的作用。直到第二次世界大战前后，比较政治只不过是对欧洲主要大国和美国的研究。当时任何一本比较政治学的教科书都只有五章：一章是关于美国的，一章是关于德国的，一章是关于法国的，一章是关于英国的，如此类推，仅此而已。尽管有种种缺点，20世纪50、60、70年代出现的关于政治发展的文献非常广泛和具有建设性。此外，比较政治在分析方法上也变得更加复杂，我赞成在它有用的时候就得复杂化和讲究方法论，许多情况下方法是有用的。我们现在有越来越多的关于政治发展、政治变量和与政治有关的非政治变量的量化数据。例如，早在20世纪60年代，卡尔·多伊奇就编纂了非常有用的《世界政治和社会指标手册》（Russett et al. 1964）。今天更多的数据是可获得的，罗纳德·英格尔哈特（Inglehart 2003）通过"世界价值观调查"，编纂了一套非常有用的关于世界各地人们价值观的定量信息资料——当然他不得不依靠一些不是非常老练的民意调查机构在第三世界国家进行调查，这就使得这套数据有一定的局限性。

问：您没有提到重大理论贡献和重大突破来作为比较政治学的主要成就，这让我感到吃惊。

答：理论来还复去。这一领域已经经历了好几个阶段了。回到20世纪50年代，结构功能主义是最重要的——例如，阿尔蒙德和科尔曼的《发展中地区的政治》（1960）。理论框架走马灯般来来往往。在回答你关于比较政治学的主要成就的问题时，我试图想出一些能使比较政治学取得更持久进步的事情。当然也有许多命题（经验概括）经受住了时间的考验。经济发展与民主之间的正向关系就是一个例子。马蒂·李普塞特在20世纪50年代以一种相当粗糙的形式提出了这个观点（Lipset 1959）。这篇文章经过了提炼，几十位学者在他最初文章的基础上进行了进一步研究。总的来说，李普塞特的主张是站得住脚的。关于社会和经济变革对社会和经济平等的影响的命题也一直存在。在我自己的工作中，我提出来政治不稳定不是贫困的产物，它是人们"摆脱"贫困的产物（Huntington 1968），其他不少人都支持同样的结论。唐纳德·霍洛维茨（Donald Horowitz 1985，2001）关于族群冲突的研究也做出了相当大的贡献。在比较政治与国际关系之间的结合点上，所谓的"民主和平论"命题是一项重大贡献，尽管对此有各种争论，它仍然得到了很好的支持。[3]

问：比较政治学的主要缺点是什么？

答：政治学，包括比较政治，受其他学科的影响很大。主要的外部学科影响是随时间变化的。在过去几年里，经济学无疑占据了主导地位。在

---

[3]"民主和平论"命题就是说民主国家之间几乎不打仗。

此之前，是社会学；阿尔蒙德和其他人都深受塔尔科特·帕森斯的影响。在社会学之前，是心理学。例如，哈罗德·拉斯韦尔在20世纪30年代和40年代试图从心理维度来看待政治。回顾和重温政治学的心理研究路径的早期研究著作会是有益的，部分原因是，由于人们有某种值得称赞的进行一般化概括的渴望，大家总是倾向于去研究那些大量变量可比较、可量化的问题。这往往忽略了政治领导人所起的决定性作用。在哈佛大学比较政治领域的研讨班上——我在过去几年里经常授课——我与参与该研讨班教学的其他人一直在争论不休。我们每个人各花一周时间讨论政治发展、革命、政体与民主、政治文化、官僚与国家、政党、政治参与等议题。我一直在争取纳入一个关于政治领导的讨论，这个主题在最近几十年被严重忽视。我的同事反驳我的一个论点是，没有关于政治领袖的真正的文献——并且他们是对的！我认为这很不幸。二十多年前，鲍勃·帕特南（Putnam 1976）写了一本很棒的书，综合了所有与政治领导有关的知识。从那以后，很少有人认真研究政治领导。你能布置什么书目？我们布置帕特南的书，并试着整合一些其他内容。缺乏对政治领导的严肃研究是近年来政治学研究的一大不足。

　　三四十年前，人们在政治社会化方面做了很多工作。这个话题如今也被搁置一旁。也许是时候回过头来研究政治社会化了，这基本上意味着人们的政治价值观是如何发展的。三四十年前的很多文献都关注儿童，询问他们从哪里获得关于政治、政治领导人、总统的想法。我们现在生活在一个非常不同的时代，在当前的背景下研究政治社会化以及关注政治价值观如何变化会是有益的。我和拉里·哈里森（Larry Harrison）一起参与了一个关于文化和发展的项目（Harrison and Huntington 2000）。如果文化是重要的，并且有一些文化体系——信仰和态度系统——是有利于经济和政治发展的，而另一些则不是，那么下一个问题是，你如何改变一种文化？你如何改变人们的政治和社会态度、信仰和预设？这是一个非常重要的问题，相关的研究很少。我们可以想出一些改变价值观的例子。创伤性事件会改变人们的价值观。例如，德国和日本在20世纪30年代是世界上两个最具军国主义的国家，但他们在第二次世界大战中遭受的创伤使他们成为两个最具和

第七章　全球视角中的秩序与冲突　251

平主义的国家。经济发展改变了人们的价值观。这一点在英格尔哈特关于物质主义价值观的发展与向后物质主义价值观转变（Inglehart 1990，1997）的研究中可以清楚地看到。但是，如果你想改变价值观以"创造"经济发展，这种工作并没有多大帮助。就在咱们作这番讨论的今天，报上一篇"言论"在说，美国国内对死刑的态度正在慢慢改变。[4] 教会和其他宗教团体在降低美国人对死刑的热情方面发挥了核心作用。

问：为什么自20世纪60年代末以来，比较政治一直对文化和态度的研究如此抗拒？

答：我想并非如此。还是那样，事儿来了又去。如果你回到20世纪50年代和60年代早期，政治文化是一件大事：阿尔蒙德和维巴（1963）、白鲁恂（Pye and Verba 1965）和各式各样的人在政治文化方面做着非常重要的工作。社会学家也进行了非常严肃的文化研究，比如大卫·麦克莱兰（David McClelland 1961）对"成就动机"的研究。20世纪60年代末，文化研究逐渐淡出人们的视野，正如我们学科中的大多数研究路径所发生的那样。然后在20世纪80年代它又开始回归，我们在政治文化研究方面有了很大的复兴。

问：尽管如此，人们还是认为政治文化不适合科学研究。

答：是的，很难。我们所说的文化是什么意思？有各种各样的定义。由于政治学中最普遍的政治文化概念与人类学中最普遍的政治文化概念大不相同，所以存在一定程度的混淆。人类学家喜欢认为文化是"他们的"事情——"权力"可能是我们的事情，但"文化"是他们的。他们把文化定义为整个社会的生活方式，克利福德·格尔茨（Clifford Geertz 1973）等人提出了这个想法。我们这些政治学家大多从价值观、态度、取向和概念等方面来思考政治文化。它是某种主观的东西，我们想要理解它，以便解释

---

[4] 采访是在蒂莫西·麦克维（Timothy McVeigh）因参与1995年俄克拉荷马城联邦政府大楼爆炸案而被执行死刑的当天进行的。

行为。所以，在大多数情况下，我们把文化看作一个解释变量。为什么有些国家民主，有些国家不民主？你可以把文化看作一种解释。为什么这里有经济发展而那里没有？也许文化可以解释这一点。或者，正如我在《文明的冲突》（Huntington 1996）一书中所论述的，为什么冷战后世界出现了新的联盟和冲突模式？我说文化至少解释了其中一部分结果。

问：对当今比较政治学的一种常见批评是，缺乏知识积累。您如何看待这种意见？

答：当然，有关政治体制、政治行为、政治制度等方面的知识体系已经得到了极大的拓展。如果这种批评仅仅意味着我们还没有对许多反复出现的重要政治问题找到什么明确的答案，那么它就是正确的。我们永远不会给出明确的答案。我们必须认识到，我们的主题是不断变化的，政治学家非常恰当地把注意力集中在他们所生活的时代中看起来很重要的事情上。我们之前谈到过卡尔·弗里德里希。弗里德里希的伟大贡献之一就是他对极权主义的研究（Friedrich and Brzezinski 1956）。这是一个非常有用的概念——人们对此进行过争论——但在20世纪30、40和50年代它肯定是一个非常相干的概念。这一概念的用处今天已经消失，因为情况已经改变，我们聚焦于不同的议题上。

问：另一种批评是，比较政治的进展受到关注"重大问题"[5]倾向的阻碍。我们应该分析事件的较小方面，而不是着眼于难以进行科学研究的大规模的宏观结果。

答：我显然不同意这种观点。你得把注意力集中在大问题上，至少我是这样认为的。一个人为什么要花时间处理琐事？你可能回答不了大问题，事实上，你"不会"一劳永逸地回答它们，你也肯定不会以一种你得说服很多很多人的方式来回答它们。尽管如此，解决大问题还是很有价值的，尤其是通过问这些问题来挑战学生。不幸的是，这个行当的趋势是专注于

---

[5] 例如，参见 Geddes（2003, Ch. 2）。

更具体的问题，在这些问题上你可以应用非常复杂的方法论。这使得政治学家的研究成果与公众的关切毫不相干，也使没有受过这些方法训练的人读不懂。结果，政治学在极少数人当中变成了某种非常有局限的话语，一种神学话语。

问：展望未来，您如何评价比较政治的未来？

答：是时候重新思考政治学中的传统子学科类别了。首先，把美国政治作为一个领域单独拎出来有个实际的理由，但没有逻辑上的理由。如果你想学习比较政治，显然必须包括美国。你可能只想研究美国政府本身——美国的政党、选举等等——但显然，比较政治必须把美国包括在比较范围之中。因此，美国政治与比较政治之间并没有真正的区别。此外，国际关系和比较政治之间可能存在某些区别的基础似乎正在迅速消失。根据经典的现实主义刻板印象——这显然是过于简单化了——国际关系的研究好比是台球四处弹跳并以各种方式相互影响，国家被设想成统一的、单一的行动者。相比之下，比较政治是关于"国内"发生的事情，比较政治的学生比较一个台球里的政治与另一个台球里的政治。现在，做比较政治的人与做国际关系的人，虽然有些不情愿，但也了解到国际政治是深受国内到底发生了什么的影响，而国内发生的事情又深受国际力量、外国行动、跨国运动、国际制度、观念和技术的扩散等等的影响。我看不出国际关系研究和比较政治之间的区别还能维持多久，尽管这种区别显然存在于人们的思维和课程目录中。我们正进入一个你可能称之为"跨国政治"或"全球政治"的阶段，在这个阶段，这些区别将变得越来越没有意义。

问：对于那些认为比较政治应该变得更像美国政治的人来说，您认为这些领域之间的界限已经过时的观点可能会有吸引力，因为比较政治应该同样采用在美国政治领域日益突出的复杂的统计和数学方法。

答：我说的是研究主题的性质，而不是技巧的性质。你可能是对的，你提到的技术在美国政治中使用得更多，但它们肯定也能在比较政治中使用。无论美国政治或比较政治，使用这些技术为有用的目的服务才是恰当的。我担心的是，这些技术本身会成为一种目的，当人们在数页方程式中重现常识时，他们会认为在研究方面取得了很大进步。我认为这没什么贡献。

问：您看到很多这样的事情发生吗？

答：是的。人们喜欢变得越来越复杂的方法，如果你能比别人"领先一步"，然后说"你的回归分析不如我的好，我的更复杂，"你就得了一分。而且，你的技术越复杂，别人挑战你的难度就越大。

问：如果您往前推断这种趋势，我们最终会走向何方？

答：我们最终将从事一项糟糕的职业，因为对技术的痴迷把好人赶出了这个行业。我能说出许多研究生的名字——他们都是非常聪明的学生，在哈佛成绩优异——他们本可以很容易地成为非常有成就的学者，但他们不愿忍受这一套，转而从事其他工作了。

总结

问：对于学生成为成功学者所需要的培训和技能，您有什么建议？

答：要成为一名成功的政治学学科一员，你应该做些什么，和要成为一名重要的学者你应该做些什么，也许两者之间有些差别。两者并不是完全不同的两件事，但是如果你想在这门学科上领先，你必须注意流行的教条和方法论重点。我有很多学生写过一流的论文，其中有几篇还获奖了，他们觉得自己必须用理性选择理论来陈述部分论点。那是不幸的"必然"。要真正为学术做出贡献，你必须专注于某个你认为重要的问题，在这个问题上你得有一些原创的、有意义的东西要说。

问：在我们的谈话中，多次出现政治学学科与重要学术之间存在差距的问题。您是否觉得自己与学科格格不入？

答：对这个学科业已形成的许多趋势我深感失望。

第八章

政治制度、分裂社会与协合式民主*

——阿伦·李帕特访谈录

Arend Lijphart

阿伦·李帕特是一位重要的经验民主理论家,在行为主义革命之后,他将政治制度研究重新引入比较政治——行为主义革命曾令比较政治不再强调制度因素,而是倾向于态度的和社会学的因素。他最为人所知的是他长期致力于一个以协合式民主概念为中心的研究项目,他用这个项目提出了一套关于稳定民主的条件的新理论。他主张在分裂为宗教、族群、种族,或地域等不同组成部分(segments)的社会中,民主是可能的,只要精英们精巧地构造制度,一方面使得所有重要社会组成部分的代表们能够就共同关心的问题分享决策权,另一方面又让每一社会组成部分能在所有其他事项上有自主决策权。

李帕特1968年在《迁就的政治》(1968a)一书中开始提出这个研究纲领,《迁就的政治》是一项基于荷兰的研究,挑战了民主在多元社会中是不可能实现的传统观点。此后,他在一批经验范围越来越广的研究著作中详细阐述和提炼了协合式民主的独特性,以及协合式民主与多数决民主之间的差别,如《多元社会中的民主》(1977)、《民主》(1984)和《民主的模式》(1999a)。最后一本书是对《民主》的增订和扩充版,是对李帕特毕生之作最详尽的阐述。他展现了10个制度变量(有效政党数目、最小获胜的一党内阁、行政主导、选举比例不均、利益集团多元主义、联邦

---

* 这次访谈由赫拉尔多·芒克于2003年8月5日在加利福尼亚州圣迭戈完成。

制-分权化、两院制、宪法刚性、司法审查和央行独立性）如何聚集于两个维度："行政-政党"维度和"联邦-单一"维度。他还展示了在政治平等、妇女代表和公民参与等重要结果方面，协合式民主如何胜过了多数决民主。

李帕特对研究选举规则与政党制度其他各方面之间的关系做出了重大贡献。在《选举体制和政党体制》（1994）一书中，他对选举体制作了分类，研究了选举公式、每个地区选出的代表数目、选举门槛以及其他选举体制关键特性，对选举结果的比例均衡、多党制的程度以及创造多数派政党的影响。他还通过关于比较方法和个案研究的经典文章《比较政治与比较方法》（1971），以及被广泛视为异常个案分析范例的《迁就的政治》（1968a），对有关定性方法的辩论产生了影响。

李帕特 1936 年出生于荷兰阿佩尔多恩（Apeldoorn）。1958 年，他在普林西庇亚学院（Principia College）获得学士学位，1963 年在耶鲁大学获得政治学博士学位。他曾任教于埃尔米拉学院（Elmira College 1961-1963）、加州大学伯克利分校（1963—1968）、莱顿大学（1968—1978）和加州大学圣迭戈分校（1978—2000）。2000 年他成为加州大学圣迭戈分校的荣休教授。他于 1995—1996 年任美国政治科学协会主席，1989 年被选入美国人文与科学院。

成长经历：家庭、荷兰、二战

问：二战期间您在荷兰的一个小镇长大。在那样的背景下成长是什么样的经历？

答：我的最初记忆是战争爆发时的情景。荷兰抵抗德国入侵的微弱尝试中包括一个淹没本国大部分地区以阻挡敌军的计划。我家住在一个即将被洪水淹没的地区，所以我们不得不搬家。我们不需要走很远，只需要搬到镇子另一边地势较高的地方，我们在那里和远亲住在一起。五天内战斗就结束了。再后来就是一个被占领国家的典型情形：大多数人把占领者视为敌人。那时我还不到四岁，虽然我和我的家人并没有经历什么可怕的事，但是大人们却向我们这些孩子传达着一种恐惧的气氛。

战争期间，在我成长的地方其实并没有发生过什么真正的战斗。但我住的地方恰好位于通往德国鲁尔地区的航线上，每天都有两大群轰炸机从头顶飞过。白天是英国人，晚上是美国人，或者正好相反。仅仅是飞机的噪音就令人害怕。德国战斗机试图拦截轰炸机。很多空中格斗发生在荷兰，事实上，就在我家的上空。为了安全起见，我们经常躲到地窖里。如果我现在带你到这个地区去，我可以指出一些飞机坠落的地方。

我还清楚地记得两件具体的事。战争快结束的时候，有一次一群德国士兵连同一名军官过来，他们需要一个地方过夜。我们在乡下有一所大房子，但房子里挤满了人，其中一些人是从阿纳姆逃过来的，1944年秋天，阿纳姆发生了一场大战。* 德国军官考虑周到，没有征用整幢房子，相反，他说他们只需要一个房间，给他和他的副官。所以我们让德国军官和我们一起住了一小段时间。还有一回，两名德国士兵走到我家，跟我父亲讲，他得拿把铲子跟他们去干活。他们四处围捕男人，把他们掳去。当时最大的恐惧是我们可能再也见不到父亲了，那段时间总是有传言说有人被逮捕和枪杀了。还好，我父亲两三天后就回来了。很明显，他们所要做的就是沿着附近的河流挖沟，所以没有发生什么可怕的事情。不过你永远不知道接下来会发生什么。这种恐惧和不安的气氛令我印象最深。有一次，我们的房子里藏着一个难民，他是我父母朋友的儿子。他被召到德国的一家工厂工作，但却逃出来了。这一情况加剧了恐怖气氛，因为我们隐藏了德国人正在追捕的人。

战争快结束时还有食物短缺的问题。我们住在荷兰的乡下地方，父母认识很多农民，所以我们可以得到糊口的食物。但是食物并不丰富，我记得还挨过饿，虽然这不算是饥荒，但没有足够多的东西可吃。

我的故事并非一个极度贫困的故事，也不像生活在集中营里的那种极

---

* 指1944年9月17日至9月26日盟军（英国和波兰的空降部队）与纳粹德国在荷兰的阿纳姆市及其周围进行的一场战役，该场战役是盟军在诺曼底登陆后发起的"市场花园行动"的一部分，最终以盟军失败告终。——译者注

端情况。在我身上没有发生过这类事。不过，这是让你真正记得住的那种童年经历，这些经历对我来说是生动的记忆。

问：战后情况有什么变化？

答：情况马上就好多了。占领结束了，占领带来的所有不安都消失了。食物供应状况大有改善。但是仍然有很多矛盾和摩擦。1950年朝鲜战争爆发，荷兰人又卷入了荷属东印度群岛的殖民战争，消耗巨大。殖民战争最激烈的时候，在印度尼西亚有10万荷兰士兵，大约占总人口的百分之一。所以，战争和对战争的恐惧萦绕了很长一段时间。我永远不会忘记母亲对我说，她再也不愿经历一次第二次世界大战那样的战争了，她说她会选择自杀，因为她再也不想受二茬罪了。对她来说，五年的战争是一段非常可怕的时光，因为她有五个年幼的孩子。我有一个妹妹和一个弟弟，还有一个姐姐和一个哥哥。战争结束时，妹妹死了。如果没有战争，如果有适当的药物，她也许就不会死。妹妹的死给我留下了深刻的印象。我和她年龄相近，她是我最好的朋友。

问：第二次世界大战对您有什么持久的影响？

答：当我回想起这些的时候，就意识到二战期间的经历使我异常厌恶暴力，并且让我对和平与民主问题特别感兴趣。

问：您是否也受到了父母的一些特别的影响？

答：荷兰人被划分为不同的亚文化群体，我的家庭属于非加尔文教派和非天主教的世俗亚文化群体。我父亲是个生意人，是一家工厂的合伙人兼经理，所以我们很富裕。事实上，战前我们家其实有两辆汽车，这很不寻常。我父亲还是一位社区积极分子，他为公民组织做了许多工作。我想这对我很有影响，虽然我自己从来没有在公民组织工作过，但我从他那里学到了一个道理，就是无论你有什么知识和能力，都应该好好做善事。因此，在我的研究中，我试图关注具有明确规范性内容的结果，即那些可以被描述为好的或坏的事。我也试着"开药方"，也许这是父亲给我的推动力。

我母亲很独立,她喜欢旅行。她唯一一次长居一地是在她嫁给我父亲的那段时光。在此之前,她曾多次周游世界——她出生在南美洲的苏里南,婚前居住在瑞士和荷属东印度群岛。父亲去世后,她又恢复了那种四处走动的生活方式。她真是位世界公民。我想我对国际关系和外国的兴趣是从我母亲那儿继承的。

思维形成与学术训练:从荷兰到美国

问:1955年您19岁时到美国伊利诺伊州的普林西庇亚学院求学。您为什么选择出国留学?

答:我父母都没上过大学。但是在我父母心中,他们的孩子毫无疑问是应该上大学的。我的哥哥在战后重建时期进了一所荷兰大学,当时没有出国的机会。到了20世纪50年代,情况发生了变化。对于想去美国学习的学生来说,有很多获取奖学金的机会。由于我不确定自己想学什么,出国留学的选择就更有吸引力了。在荷兰,你必须马上决定你的专业是什么,无论是想学化学、物理、社会学还是英语文学。我不知道我想做什么。学习法律是我考虑的一个选项,这可能与我对社会科学的兴趣有关。但法律也是许多不知道自己想做什么的学生考虑的一条退路。事实上,既然我如此不确定我想学什么,我觉得我应该推迟做决定,解决我的困惑的完美方案似乎是去美国一年,获得些国际经验,让我的英语变得更流利——我已经在高中学了不少英语了。之后,我得回到荷兰服两年义务兵役。我的计划是用三年时间考虑我想做什么。

问:您为什么选择去普林西庇亚学院学习?那只是所小规模的基督教科学会(Christian Science)教育机构。

答:我母亲对美国特别感兴趣,虽然她从来没有去过那里,但这也是我在美国寻求学习机会的原因之一。并且我母亲是位坚定的基督教科学会信徒——她所有的孩子都是作为基督教科学会信徒带大的，上主日学校，等等——这些都影响了我对普林西庇亚学院的选择。事后回头看看这个选择，当时我对美国的学院和大学实在是相当无知。我应该多想想我要上哪所大学，这对我未来的机会有什么影响。但我只是每一年就考虑那么一点事情。

问：事情并没有完全按计划进行，因为一年后您没有回荷兰，而是留在了美国。

答：我有机会在普林西庇亚学院多待了一年。然后我有机会再增加一学年，这让我能毕业并获得文学学士学位。我仍在考虑回荷兰。所以这是一个循序渐进的过程。每年年底，我都会决定下一年要做什么。

问：在美国生活怎样？

答：普林西庇亚学院是一所小学院，大约有 500 名学生，坐落在埃尔萨（Elsah），埃尔萨是圣路易斯北边的一个村庄，位于密西西比河的伊利诺伊州一侧。那里不是特别令人兴奋的地方。尽管如此，我还是参观了美国其他地方。在从欧洲来的路上，我参观了纽约。第一个寒假，我和三个朋友开车去了加利福尼亚。我在洛杉矶附近的太平洋帕利塞德斯（Pacific Palisades）和母亲的远亲住了大约一周，在旧金山和父亲的远亲住了一周。这让我大开眼界，因为在那之前我一直过着一种受庇护的生活。在我去美国之前，我从来没有真正出过荷兰。我只去过一回瑞士，然后开车去了意大利。我在"边缘"待了很长时间，与"中心"的任何接触都令人兴奋。[1]

在美国时，我觉得离欧洲很远。那时交通通讯不像今天这么容易。在我上大学的三年里，我只在夏天回到荷兰，从纽约到鹿特丹乘船旅行了 9 天。我甚至没有想过乘飞机回去，因为那太贵了。而且，我从来没有和父母打过电话，因为太贵了。我们通过书信交流。我第一次打电话回欧洲是在念研究生的第一年。我和弟弟、妈妈通了电话，因为我父亲很突然地过

---

〔1〕 在 Lijphart（1997）中李帕特进一步表述了这一中心/边缘的主题。

世了。

问：到了大学的最后一年，您对未来有什么计划？

答：大学的最后一年，我对政治学的兴趣已经很明显了。我的专业是国际关系，这基本上就属于政治学，重点强调国际关系和比较政治。于是，我开始琢磨到哪儿去念政治学专业的研究生。

那时候已经可以在荷兰学习政治学了。荷兰最早的政治学家其实并非政治学家，而是转行成政治学家的律师和社会学家。他们在三所大学创立了政治学专业，这与荷兰区分为三种亚文化群体相对应。1947年从世俗的阿姆斯特丹大学开始，然后差不多同时在阿姆斯特丹的加尔文自由大学和奈梅亨（Nijmegen）的天主教大学也建立了政治学专业。我属于世俗亚文化，所以我那会儿在考虑阿姆斯特丹大学。

我也在考虑其他选项。如果我回到荷兰，我可能就得服兵役了。同时，我意识到政治学在美国比在荷兰或欧洲其他任何地方都要发达得多。所以，当我还在想我可能会回荷兰的时候，我就开始找在美国读研究生的机会。那会儿我赌了一把，因为尽管我需要奖学金——那时美国的学费比欧洲高——但我只申请名牌大学。结果耶鲁大学录取了我，并给了我奖学金。耶鲁的这个决定大大改变了我的生活。如果不是这样，我可能得回荷兰。

问：您1958年进了耶鲁大学，能谈谈您在那里的经历吗？

答：我在耶鲁的经历不同寻常。我比其他研究生更着急，因为荷兰的征兵计划一直悬在我的头上。荷兰国防部要求耶鲁大学发个声明，说明我需要多长时间才能完成学业，耶鲁给了他们可能完成博士学位的最短时间：只有三年！于是我陷入了困境。我基本上花了两年修课，一年写论文，这是一个非常紧凑的时间表。当时如果你满负荷学习，可以在两年内完成课程。尽管如此，大多数学生在这两年后的整个夏天，甚至包括接下来的秋天一部分时间里，都在为综合考试做准备，而我不得不在第二学年底就去做这件事。这确实是一个相当全面的考试，你必须通过三个领域的考核。我做到了，这给了我很大的压力。不过我没能在一年内完成我的论文。即便如此，我完成博士学位的速度可能比当时任何人都要快。

在完成了课程和考试之后，我回到荷兰做实地调查，然后再也没有真正回到耶鲁，因此这段在耶鲁的经历也很不寻常。在荷兰做了一年的论文调研之后，我在美国纽约芬格湖地区的埃尔米拉学院（Elmira College）找到了一份工作，从而避开了荷兰的兵役。我在埃尔米拉学院边教书边写论文。后来为了论文答辩我才回了趟耶鲁，之后大概还回去过两次。

问：您对耶鲁大学及其政治学系的总体印象如何？

答：耶鲁真让我大开眼界。我从一所不太知名的小学院来到当时政治学的重镇之一，这非常令人兴奋。来到这里之后我也感到有些胆怯，但是后来我发现我的准备并不比其他同学差多少。耶鲁政治学系是个非常融洽的地方。我感到很幸运。

还有很多有趣的演讲者来到耶鲁校园。比如，我记得现任总统的祖父普雷斯科特·布什参议员的一次演讲。纽黑文是一个小镇，但它有个有趣的剧院，有点像百老汇的试演场所，我非常喜欢。波士顿交响乐团每年大概会来纽黑文两次。纽黑文离纽约市很近，尽管我不常去那里。所以，突然之间我就接触到了丰富的文化生活和许多令人兴奋的事物。

问：耶鲁政治系的哪些成员给您印象最深？

答：加布里埃尔·阿尔蒙德在耶鲁只待了不长的一段时间，他当时正在做一项非常有趣的研究。我参加了他的研讨班，给了我很大启发。卡尔·多伊奇当时也在耶鲁。我发现他很有创意。他可以就任何主题发表看法，而且有独到的见解。他把一切都想清楚了。参加他的研讨班是一件乐事，尽管研讨班组织得挺混乱。我认为他没有花多少时间考虑如何组织他的想法。但无论他什么时候讲话、做报告或者发表评论，都是一次奇妙的经历。结识多伊奇，并有这么多机会看他的现场发挥真是场盛宴。他和阿尔蒙德都让人感觉醍醐灌顶。

问：您最终选择了阿尔蒙德来指导您的论文。

答：我和多伊奇以及阿尔蒙德关系都很好，他们都可以指导我的论文。不过多伊奇以对人蛮横著称。有一本小说叫《报时以空》(Tell the Time to None)，作者是耶鲁教员罗伯特·莱恩的妻子海伦·哈德森* (Helen Hudson 1966)。这部虚构小说中的那些人物显然就是耶鲁大学政治学系的成员。你很容易就能分辨出谁是罗伯特·达尔，谁是卡尔·多伊奇等等。多伊奇被写成一个忽视学生、对他们缺乏感情的教授。他没有被描述成一个有吸引力的人物。这本小说在系里引起了极大公愤，我想这也是多伊奇离开耶鲁转到哈佛的原因之一。〔2〕所以，虽然多伊奇是我论文委员会的成员，但我认为选加布里埃尔·阿尔蒙德当导师更明智。

问：您有机会参加罗伯特·达尔的研讨班吗？

答：没有。在耶鲁，我们必须选择三个领域，我选择了比较政治、国际关系，以及政治理论，主要是因为我本科时学过这一领域的一些课程。我没有选择美国政治，那是鲍勃·达尔当时的研究领域。在后来的职业生涯中，他成了比较研究学者，正是由于这点因缘，我再次见到了他，并进一步了解了他。不过其实我在耶鲁读书的时候就认识他，他是我非常敬佩的人之一。

问：耶鲁要求研究生接受什么样的方法训练？

答：我在耶鲁学的新东西之一就是统计学，我相信那会儿这是所有研究生的必修课。这对我有很大影响，不是因为我学到了什么技术，而是因为学习统计学让我接触到了概率思维，并迫使我考虑给出一个概括意味着什么。我还上了鲍勃·莱恩开设的一门关于视野和方法的课程。莱恩是位非常好的老师，他的课也让人大开眼界。那是1958—1959年间，我怀疑当时许多政治学研究生项目是否能提供这种训练。耶鲁当时站在行为主义革命的最前沿，试图摆脱就事论事的描述性工作，把政治学变成一门真正的

---

* 海伦·哈德森是笔名，1944年嫁给莱恩前，她的闺名是海伦·索博尔 (Helen Sobol 1920-2013)，她本人在哥伦比亚大学获得美国史博士学位。——译者注

〔2〕多伊奇从1957年到1967年任教于耶鲁。参见 Merelman (2003, 43-45)。

科学。

问：你们班有没有研究生同学跟您关系密切并和您一直保持联系的？

答：某种程度上，因为我在耶鲁待的时间很短，所以认识的人不多。我跟布鲁斯·拉塞特（Bruce Russett）很熟，他和理查德·梅利特（Richard Merritt）与多伊奇联系非常密切。我还认识爱德华·迪尤（Edward Dew），他在耶鲁取得了硕士学位，然后在加州大学洛杉矶分校（UCLA）获得了博士学位。有好长一段时间我和他失去了联系，但后来我们在荷兰又遇到了。他娶了一位荷兰夫人，对苏里南的政治很感兴趣，而我也写过这方面的文章。还有印尼问题专家R. 威廉·利德尔（R. William Liddle），多年来我一直和他保持联系。

问：关于您的论文，能谈谈您是如何选择题目的吗？

答：我的论文是关于荷兰政治体制对非殖民化的反应。我选择这个题目的真正原因是，我刚刚在普林西庇亚学院待了三年，在耶鲁待了两年，我想找个机会回荷兰。如果我要做实地调查，我想我也可以在荷兰做。当时，西新几内亚的非殖民化碰巧是荷兰政治中的一个大问题。我在多伊奇的研讨班上就这个话题写了一篇论文，在论文中我得出结论，认为有一个谜题需要解决：为什么荷兰试图保住西新几内亚？我觉得我在荷兰国内政治中发现了一个有趣的研究问题。

我选择这个题目冠冕堂皇的原因如下。列宁和霍布森等重要的马克思主义和非马克思主义立场的理论家认为，归根结底，经济利益决定殖民主义。但就西新几内亚而言，荷兰殖民主义显然没有很强的经济动机。事实上，荷兰的经济利益可能指向相反的方向——不卷入西新几内亚问题，抽身退出。荷兰在印度尼西亚的经济利益远远大于在西新几内亚的任何眼前的或未来潜在的利益，荷兰把自己绑在西新几内亚问题上，恰恰牺牲了自己在印尼的经济利益。[3] 因此我认为，从现有的帝国主义理论的角度来看，荷兰卷入西新几内亚事务是一个异常个案（a deviant case），提供了一个至关重要的实例，或者说关键的实验，研究它会特别有趣。虽然这是个事后的理由，但我仍然能够从理论上证明我对个案的选择是正确的。

问：您提到您并非在耶鲁大学住校期间写的论文，而是在埃尔米拉学院教书期间写的。

答：我从荷兰回到美国后，来到埃尔米拉学院教书。我面临着一个艰难的局面，因为我从实地调查中带回了很多笔记，但什么也没写。埃尔米拉是一所小学院，我每学期有三门课要上。我以前从来没有教过书，所以教书要花很多时间。我利用一切空闲时间写论文。我每天晚上和周末都用来写作。我花了大约一年半的时间完成了论文。

问：您的论文主题表明你正横跨比较政治和国际关系两个领域。

答：其实并非如此。我把非殖民化作为国内政治问题而不是国际关系问题来处理。除了背景章节，我没有涉及荷兰和印尼之间的外交关系或者印尼发生的事情。我主要感兴趣的是了解荷兰的政治体制是如何运作的，我只是碰巧聚焦于一个外交决策的个案：荷兰人不愿意放弃他们的殖民地。事实上，我的论文标题是"作为荷兰国内政治议题的西新几内亚"。当我把这篇论文写成我的第一本书时，我选择了一个更有趣的标题——《非殖民化的创伤》（Lijphart 1966）。尽管如此，我的论文标题表明这是一篇比较政治论文。

---

[3] 虽然印度尼西亚于1949年从荷兰独立，但荷兰仍然控制着新几内亚岛的西半部。因此，荷兰通过抓住西新几内亚，与新独立的印度尼西亚领导人对抗，从而危及其公民在印度尼西亚拥有的财产。20世纪50年代，荷兰政府开始为西新几内亚的完全独立做准备，并允诺于1959年举行选举。1961年，经选举产生的巴布亚理事会上台，决定了西巴布亚的名称、国徽、旗帜和国歌。1961年12月1日，荷兰国旗旁边的西巴布亚国旗第一次升起。然而，印度尼西亚在1961年12月18日入侵并吞并了这个羽翼未丰的国家。继1961年12月和1962年初发生的武装冲突后，西新几内亚曾短暂地置于联合国托管之下，1963年移交印度尼西亚管辖，1969年成为印尼的一个省（西伊里安省）。

问：为什么荷兰人如此不情愿放弃这块殖民地？

答：我的结论是，心理上和情感上的原因解释了这种不情愿。第二次世界大战是震撼这个国家的一件大事，战后，人们希望一切恢复正常。对荷兰人来说，正常的情况是作为一个殖民大国，统治一些殖民地。对于一个自认为不只是一个小国而且是一个殖民强国的小国来说，在非殖民化上需要做出调整。与此同时，被武装独立运动赶出殖民地也是件令人震惊的事情。事实上，20世纪40年代末印度尼西亚的反殖民起义产生了如此强烈的情感影响，因为荷兰人认为自己是心存感激的印度尼西亚大众的仁慈统治者。20世纪50年代荷兰应对西新几内亚问题的政治情势是不理性的。荷兰政治家们追求的目标毫无意义。在其他大多数情况下，冷静的头脑占了上风，但保住西新几内亚的决策是荷兰政治中的异常个案。

关于协合式民主的研究

启动一个研究项目

问：在您的第二本书《迁就的政治》（Lijphart 1968a）之中，您继续关注荷兰政治。但您也用这本书，以及同时发表的几篇文章（Lijphart 1968b, 1969），启动了一个关于协合主义（consociationalism）或共识型民主的研究项目。能谈谈您是如何形成这个研究项目核心思想的吗？

答：我在撰写《迁就的政治》一书时，受到了阿尔蒙德1956年发表的那篇精彩文章中对于国家的分类的影响。他对英美政治体制和欧洲大陆政治体制作了区分，英美政治体制的特点是同质的、世俗的政治文化，而欧洲大陆政治体制的特点是四分五裂的政治文化。他认为，在四分五裂的政治文化中，稳定的民主更加难以实现，就像法国、德国和意大利那样。同时，阿尔蒙德将荷兰、比利时和斯堪的纳维亚国家划分为介于同质的和分裂的政治文化之间的国家，我抓住了这个观点。如果你观察一下荷兰的政治文化，你会发现它实际上和法国、德国或意大利一样支离破碎，但它看起来有一套稳定的民主制度，这是阿尔蒙德所认为的英美同质政治文化的特征。这是另一个漂亮的异常个案,亟待分析。

我提出大众文化和精英文化应该有所区别。这种区别反过来又使我们有可能考虑精英层面的合作如何能够抵消大众层面的裂隙。因此,在我关于荷兰政治(1968a)的书中,我将这种模式称为"迁就的政治"。在我1968(b)年和1969年的文章中,我第一次使用了"协合式"(consociational)这个词。我在寻找一个看起来合适的术语,我从大卫·阿普特(Apter 1961,24-25)的一本书《乌干达的政治王国》中发现了"协合式"这个词。这个词实际上可以追溯到德国政治思想家约翰尼斯·阿尔图修斯,他深受荷兰联合省邦联(the Confederacy of the Dutch United Provinces)的影响,那是一个高度去中心化的国家,他在1603年写了篇关于协合(consociatio)的文章。

第二个灵感来源是西摩·马丁·利普塞特的观点,即交叉隶属关系(crosscutting affiliations)对于稳定的民主是必要的(1960a,88-89)。在这方面,荷兰政治也呈现为一个异常个案:尽管在每个亚文化群体内部存在相互强化的隶属关系,但不存在横跨亚文化分歧的隶属关系,却出现了稳定的民主。

问:您承认在此期间其他作者也在研究类似的观点。但是,也许部分是因为您把对荷兰的研究框定为一个异常个案的分析,您更成功地影响了广泛的受众,并提出了一项新的研究议程。例如,汉斯·达尔德(Daalder 1997b,236)将《迁就的政治》描述为"协合式民主学派的奠基石"。

答:我的名字经常作为协合主义概念最重要的提倡者被提及。但我一直觉得,我只是一群致力于研究"权力分享"理念的人之中的一员,我是一个宽泛的协合学派的一分子。我们彼此了解、通信,并从对方那里获得了不少灵感。汉斯·达尔德是这个群体的一员,格哈德·莱姆布鲁赫(Gerhard Lehmbruch)也是,他的工作特别重要。莱姆布鲁赫在1967年出版了一本书,名叫《比例代表制民主》(Proporzdemokratie),这本书从未被翻译成英文。他是重要的灵感源泉,我从他那里学到了很多。

也许有几件事使我有别于其他对有关协合民主的研究做出贡献的人。

首先，我更倾向于从更宽泛的理论角度来看待问题。其次，我更加坚持权力分享的理念，并努力改进它。第三，我更感兴趣的是如何将这一理念作为解决分裂社会的问题的药方。第四，我认为我在找到一般化概括上做得更多些，大奖通常属于进行一般化概括的人。

对权力分享理念的一般化概括

问：虽然您的前两本书是关于荷兰的，但您接下来两本书——《多元社会中的民主》（Lijphart 1977）和《民主》（Lijphart 1984）——则试图基于更广泛的比较分析提出一般化概括。您能不能谈谈如何从您前面两本关于荷兰政治的书里的中心任务，即异常个案分析，发展到后面两本书中明确的比较分析的经过？

答：正如我们讨论过的，我在埃尔米拉学院教书时完成了论文。1963年，我在伯克利找到了一份工作。就研究而言，我在伯克利的首要任务是把我的论文变成一本书。我花了很多时间来修改我的论文，并于1966年以"非殖民化的创伤"为题出版。这显然是一个非常专业的话题，很多人对此并不感兴趣。事实上，许多人认为我1968年出版的《迁就的政治》是我的第一本书。这两本书都是关于荷兰政治的，虽然大部分繁重的实地研究都与我的论文有关，但我为写《迁就的政治》做了补充实地调查和访谈。我被吸引去研究荷兰是因为我自己的荷兰背景。但在我写这些书的时候身在美国，而非荷兰，这意味着我与荷兰政治保持了一定的距离，这让我更容易不被日常事务分心，而从理论上思考问题，看到更宽泛的模式。

我也开始对我关于协合式民主的想法进行更全面的阐述。1966至1967年间，我为1967年在布鲁塞尔召开的国际政治科学协会（IPSA）大会撰写了一篇论文，成为第一期《比较政治研究》的开篇文章（Lijphart 1968b）。我和亚伦·威尔达夫斯基（Aaron Wildavsky）的一次谈话，进一步强化了这种往更一般化的、比较的分析的转变。威尔达夫斯基那时是伯克利政治学系主任。我告诉他我的发表经历——我的第一本书已经面世了，我的第二本书很快就会出版，我还有一些文章——我问他我需要做什么才能获得终身教职。他说："系里想从你这里得到的是一份真正的比较著作。这就是我们要找的。"我回答说："听起来不错，我已经在做这个了"——尽管当时我认为这对终身教职来说是一个相当昂贵的代价。无论如何，重点是在那段早期岁月里，当我还是伯克利的助理教授时，我已经在朝着比较的方向前进了。

1968年，我在伯克利获得了终身教职，但那时我已经决定回荷兰，在莱顿大学找份工作。那会儿，我在莱顿大学的职位实际上是一个国际关系的讲席。我答应他们即使我从心所欲地做我想做的研究，我也将负责在莱顿大学教授国际关系。因此，我的智识焦点从我在伯克利开始的比较研究转向了国际关系理论。在莱顿大学的就职演讲中，我讨论了在国际关系领域如何发展理论。最终，我把这篇演讲变成了一篇发表在《国际研究季刊》（Lijphart 1974a）上的文章。尽管如此，我还是意识到我在比较政治方面可以比在国际关系方面做出更好的研究。我发现国际关系太易变了，我无法像对比较政治那样掌握它。我从这件事上汲取的一个教训是，下一回我换地方时——1978年我被加州大学圣迭戈分校（UCSD）聘用——我明确表示不会再碰国际关系。

问：尽管走了一段研究国际关系的弯路，但您的确继续致力于从事您最初在有关荷兰的研究中阐述的协合主义理念的研究了。

答：我在比较研究中提出的问题是，我在荷兰发现的通过政治权力分享安排和平管控社会冲突的进程是否可以在其他国家找到。我在考察比利时、瑞士、奥地利等个案时，头一次意识到权力分享的概念是可以推广的。然后我开始把目光投向这四个国家之外，我能在其他地方找到的权力分享的最好例子是黎巴嫩、马来西亚和塞浦路斯。这些案例在我1977年出版的《多元社会中的民主》一书中相当重要，我在书中重点讨论了多元社会的难题，并展现了若他们设计出权力分享机制，如何才能拥有稳定的民主。我用"协合式民主"一词来表述这种局面。

这项研究让我想到了进一步推广的方法，不仅仅是看一些我对其有强烈内在兴趣的个案，而且还要对"所有"民主政体进行分类。这就是我怎么开始进行《民主》一书的相关研究工作的，那本书出版于1984年。

问：您能谈谈《民主》一书的缘起吗？

答：大约在1976年我完成《多元社会中的民主》一书时，那会儿我还在莱顿，鲍勃·达尔写信给我，问我是否愿意为"普伦蒂斯–霍尔现代政治学基础丛书"写一本书。达尔在这套丛书中发表了他的《现代政治分析》（Dahl 1963），卡尔·多伊奇为这套书写了国际关系那一卷（Deutsch 1968）。丹克沃特·吕斯托（Dankwart Rustow）* 本打算写一本关于比较政治的书，但是他觉得要么没有时间写，要么就不能在指定的篇幅内涵盖这一领域——这是一套篇幅短小的书，每本书大约就150页左右。所以，达尔想把比较政治学分为两卷，一卷关于民主政治，另一卷关于非民主的威权政治，他想知道我是否有兴趣写关于民主政治的那本。这个建议符合我的兴趣，我想写一些做广泛比较的东西，我认为我可以使用协合主义的理念作为基本的组织工具，所以我就答应了。

我没有立即抽出时间来做这个项目。后来，1978年我搬到了圣迭戈。搬家需要占据一些本来可以用于学术追求的时间。此外，在圣迭戈的早期是我个人生活中一个动荡的时期，因为我离婚了，这也造成了损失。最后，在我开始动笔一段时间之后，出现了最后一个变故。鲍勃·达尔写信告诉我，普伦蒂斯–霍尔出版社已经对出版这本书不感兴趣了！他们认为没有市场。在我看来，这实际上是一个机缘巧合的转折，因为它给了我更多的自由去写我想写的书。当我最终完成手稿时，我把它提交给耶鲁大学出版社，他们出版了它。我至今还对普伦蒂斯–霍尔犯的这个错误感到颇为沾

---

* 民主转型研究的开创者丹克沃特·吕斯托（Dankwart Rustow 1924-1996）是出生于柏林的德裔美国政治学家，1938年随其父亚历山大·吕斯托（Alexander Rüstow 1885-1963，德国经济学家与社会学家）到土耳其的伊斯坦布尔生活，其后丹克沃特·吕斯托到美国读大学并定居，而亚历山大·吕斯托于1949年返回海德堡大学任教，成为二战后联邦德国"社会市场经济"模式的重要倡导者之一。值得一提的是，正是亚历山大·吕斯托1938年在巴黎的"李普曼研讨会"上首次提出了不同于自由放任（*Laissez-faire*）自由主义的"新自由主义"（neoliberalism）这个说法。国内学界往往把 Dankwart Rustow 译为罗斯托（或拉斯托），甚至有人曾把他与经济现代化理论的著名代表沃尔特·罗斯托（Walt Whitman Rostow 1916-2003）弄混（罗斯托是俄裔犹太移民后代，在美国纽约市出生）。故在此 Rustow 按德文原写法译为"吕斯托"。——译者注

沾自喜，事实证明这种书还是有市场的。

问：《民主》是一本雄心勃勃的书，它分析了21个国家的众多制度，但又有很强有力的组织论证。能谈谈您是如何着手写这样一本书的吗？

答：比起我写过的任何一本书，《民主》更是一章一章地展开的。例如，当我在写第3章时，我不知道第4章到底要写什么。我在一步一步地思考。尽管如此，对于我所研究的制度是如何一起运作的，我确实有一个清晰的工作性假说。我从我在以前的研究中发展出来的协合式民主和多数决民主之间的广泛对比开始。接下来，我用一种我描述为一个松散的演绎过程的方式，一一阐明每种类型的民主在政治制度方面意味着什么，从内阁、行政-立法关系、立法机构分成几院，到政党体制、选举体制、权力划分以及对少数民族权利的宪法保障。我提出的假说受到了我对纯粹多数决民主国家（如英国和新西兰）和纯粹协合式民主国家（如瑞士和比利时）的认识的影响；我的假说是：特定的制度特征将会一起出现。因此，我预期国家要么具有与协合式民主联系在一起的制度特征，要么具有与多数决民主联系在一起的相反特征。

当我一章一章地考察不同的制度时，我发现这个假说运作得很好，但并非所有的个案都如我所料。然后，在最后一章，我考虑了我所研究的9个制度特征是如何结合在一起的。[4] 通过因子分析，我发现他们并不是作为一个单独的维度一起运作的，而是作为两个互不相关的不同维度："行政-政党"维度和"联邦-单一"维度。[5] 一项相关的发现是，在这两个维度形成的"属性空间"中，各国在属性空间上的分布都是分散的，而不是整齐地排列在连接左下角和右上角的轴线上（Lijphart 1984, 219）。所以，我的假说提得很好，但是事情最终比我预想的要复杂一些。我认为这些结

---

[4] 这9个特征是最小获胜内阁、行政主导、有效政党数目、议题相关维度的数目、选举不成比例、一院制、中央集权、宪法灵活性和全民公决。

[5] 因子分析是一种统计技术，用于发现变量之间关系的简单模式，并发现所观察到的变量是否可以用数量少得多的"因子"来解释大部分或全部。行政-政党维度由以下特征决定：最小获胜内阁、行政主导、有效政党数目、议题相关维度的数目，以及在较小程度上的选举不成比例。联邦-单一维度是由一院制、集权化和宪法灵活性的特征来决定的。

果很有趣，而且这个分析也足够新颖，我应该通过创造一个新的术语——共识型民主（consensus democracy），来区别于我以前对协合式民主的研究。

问：最终您在《民主的模式》（Lijphart 1999a）一书中又回到了《民主》一书所讨论的议题，这本书或许被认为是《民主》的增订和扩充版。

答：我把《民主》视为一项持续进行的研究工作，我本人对这本书的批评比大多数读者还要多。这里面还有很多未解决的问题。几乎在我刚写完这本书的时候，我就知道我想继续努力。我最初的想法是，既然《民主》涵盖了1945年至1980年这段时期，我将等到1990年再写一本增订本，补充20世纪80年代的情况。此外，《民主》包括21个国家，我希望增加国家的数量。我这样做了，而且做得更多，尽管花的时间比我预期的要长，因为我同时还在做其他项目，包括一本名为《选举体制和政党体制》（Lijphart 1994）的书。最终《民主的模式》考察了1945至1996年间的36个国家。除了涉及更多的国家，《民主的模式》在其分析的政治制度的范围和它所处理的问题方面也比《民主》更加雄心勃勃。我增加了对利益集团的关注，以区别法团主义和多元主义对利益集团政治的不同解释，我还考虑了中央银行。总之，我点出了10个制度性特征。最后，通过评估民主的类型如何影响政府效率和公共政策，我更明确地关注了"那又怎样？"的问题。

还应当强调《民主的模式》的另外两个特点。首先，这本书下大力气整合了大量文献。我写《民主》的时候，并没有太多关于那些制度的现成研究，在这样的情况下，我不得不即兴发挥。例如，我设计了一些比两院制和一院制以及刚性宪法和柔性宪法的粗略二分法更敏感的测量手段。然而到20世纪90年代中期，关于我研究的各种制度问题已经出现了大量的文献，例如关于行政和内阁、立法机构、政党及利益集团等等。所以我还得对该领域的研究做些总结和综合。《民主的模式》第二个值得注意的特点涉及概念的操作化问题。对于某些概念，我所能做的只是提供相当基本的四到五类的印象派分类；对"重商主义"程度和宪法灵活性的测量比我以前使用过的更好、更复杂老练，对联邦制和去中心化程度的测量也是如此，但远非理想。这为未来的研究人员留下了许多改进的空间！但是对于大多数其他变量，我有非常精致的指标。收集其中一些变量的数据花费了大量的时间和精力。

问：《民主的模式》的主要发现是什么？

答：《民主的模式》强化了《民主》的研究发现。我发现，新研究中的10个制度性变量可以用同样的两个维度来总结，不同国家可以很好地着落在由这两个维度构成的属性空间中。并且，我进一步证明了为什么我们有这两个维度（Lijphart 1999a, Ch. 14）。

至于"那又怎样？"的问题，我希望确证一个常规观点，即多数决民主在决策方面至少比共识型民主更有效，因此在政策上也比共识型民主更有效。不过，使用经济政策决策的量化指标，我发现情况恰恰相反：共识型民主国家的表现略好一些。但这些差异还不够大，不足以在统计上具有显著性。在民主的质量问题上，我希望共识型民主会有更好一点的结果。相反，我得到了非常有力和显著的统计结果，表明了共识型民主的优越性。这些民主国家在选举中有较高的参与率，在维护公民权利方面做得很好，它们在做出政策调整和回应性方面也相当灵活。事实上，权力分享的理念得到了压倒性的经验支持。

核心思想及其反响

问：您的职业生涯具有高度连贯性。在您早期的出版物中，您提出了权力分享的思想，将其作为在文化上分裂的社会中实现稳定民主的一种机制，后来您又在后续著作中对这一核心思想进行了微调并逐渐将其一般化。

答：如果你考虑一下这些年来我发表的所有东西，你就会发现我写的东西涉及各种主题。但你说得对，我主要的工作是用比较方法研究民主的稳定性、民主的质量以及如何同时实现和平与民主。这些都是吸引我的大问题。我之所以对这些问题感兴趣，部分原因是我们之前讨论过的我年轻时的经历。但我也受到了通过一般化概括来做出高质量政治学研究的愿望的推动。因此，我的第一部著作聚焦于荷兰，但我逐渐扩大了我的分析范围,先是成为西欧问题专家,然后又涉足其他地区,寻找稳定民主得以形成的分裂社会个案,比如南非、黎巴嫩、印度、马来西亚和哥伦比亚。随着时间的推移,我成了一名考察世界范围的比较学者。

问:您的工作对比较政治和政治学产生了重大影响。您是什么时候开始意识到你关于协合主义的思想开始流行起来的?您期待您的工作产生这样的影响吗?

答:我的工作得到的反馈令我非常满意。我想大家对我工作的认可是逐渐形成的。许多想法并没有立即流行起来。虽然《迁就的政治》发表于1968年,并且我在1968年和1969年还发表了几篇关于民主的协合模式的文章,但直到几年之后人们才真正开始关注到它。事实上,布莱恩·巴里(Brian Barry)在7年后的1975年发表了两篇对协合模式的批判(Barry 1975a, 1975b)。或者以荷兰语版的《迁就的政治》为例。第一版荷兰语版于1968年出版,我自己翻译并为荷兰读者作了改编。第二版直到1976年才出版。但在8年的间隔之后,新版本分别在1979年、1982年、1984年、1986年、1988年、1990年和1992年陆续出版。基本上,这本书在人们开始关注它之前就已经死掉了。我必须诚实地说,直到1995年我成为美国政治科学协会(APSA)主席,我才意识到自己作为一名政治学家已经获得了一定程度的声望。我期待这种成功吗?不。当我开始自己的职业生涯时,我想做好的研究,但是我没有野心成为领头羊式的政治学家。

问:您最中意哪本书?

答:《民主》曾经是我最喜欢的书,但现在《民主的模式》是我最中意的。《民主的模式》是《民主》更好的、更系统、更全面的继承者。在我所有的著作中,无论研究的问题还是覆盖的研究个案数量,这本书涉及的范围都是最广的。我认为这是我最系统的书。我认为《选举体制和政党体制》也是一本非常成系统的书,它得出了许多重要的结论。选举体制强烈影响选举结果的比例性;事实上,我发现它们解释了比例性程度大约三分之二的方差。它们对多党制和政党体制其他方面的影响虽较小,但仍很显著。不过《选举体制和政党体制》关注的主题要比《民主的模式》狭窄得多，在许多方面这是个相当具有技术性的研究工作。《民主的模式》则涉及了非常广泛和重要的主题，它是一项完结了的、相当完善的研究。

问：与罗伯特·达尔（1956，1971，1989）和乔万尼·萨托利（1987a，1987b）的贡献相比，您如何看待您对民主理论的贡献？

答：达尔和萨托利都比我花更多的时间讨论定义问题和民主理论的规范性问题。事实上，达尔的一大贡献在于如何定义民主。我发现比起萨托利的著作，我的著作与达尔的著作有更多的相似之处。当你想到萨托利时，你会想起他关于民主理论的书（Sartori 1987a，1987b）。但这本书对我的启发，比起他关于政党和极化多元主义问题的研究（Sartori 1976）对我的启发要少一些。虽然我认为极化多元主义并不像萨托利所说的那样危险，但我对他所提出的那些一般化概括非常感兴趣。

说起达尔，我发现我们的著作有明显的呼应之处。例如，达尔的《民主理论的前言》（1956）将麦迪逊主义和平民主义的民主版本进行了对比，其方式类似于我对共识型民主和多数决民主的区别。当我提出这个区别时，我发现其他人，包括达尔，已经做了类似的分别。当我研究协合式民主时，也从达尔主编的《西方民主国家的政治反对派》（1966a）一书中学到了很多。除了关于荷兰、比利时和奥地利的重要章节，达尔还有三个结论性章节，他在其中讨论了亚文化的碎片化。[6] 我很高兴意识到达尔的部分工作对我的研究产生了直接影响。尽管如此，我想我在进行系统比较和检验理论方面做得比达尔更多。

问：当您开始职业生涯时，您发现了阿尔蒙德和李普塞特关于稳定民主实现条件的著名思想的缺陷，并提供了修正他们理论的方法，从而一举而成名（Lijphart 1968a，Ch. 1）。逐渐地，您提出的替代观点——通过采用您

---

[6] 达尔（Dahl 1966b，357）强调了管理与亚文化有关的冲突的困难，因为这些冲突涉及整个"生活方式"的冲突，不能限定在单一的、离散的议题上。

称之为协合式的制度安排，在分裂的社会中实现民主是可行的——本身又成了常规思想，变成了受批评的对象。最全面的批评之一是伊恩·拉斯提克（Ian Lustick）发表在《世界政治》上的文章（Lustick 1997）。[7] 您对于批评意见有何回应？

答：从布莱恩·巴里（Barry 1975a，1975b）开始，许多批评者都试图拆解掉我在协合主义不同方面的研究工作。因此，在1985年出版的《南非的权力分享》一书第4章中，我试图回应到1983年为止对我的研究的所有批评意见。我逐一回应他们的批评，并说明我为什么不同意他们的看法。我这样做是因为当时我主张权力分享是南非问题的一种解决方案，因此我觉得有必要回应所有对这一理论的批评。某些例子里，我发现批评意见是建设性的，并试图采纳他们提出的观点。这些是来自协合主义学派内部的批评，可以这么说，这些批评来自那些基本上赞成权力分享的人。

关于伊恩·拉斯提克1997年发表在《世界政治》上的文章，我必须说，当我读到这篇文章时，我简直不敢相信自己的眼睛。我认为拉斯提克是一位建设性的批评者，我在我的著作中吸收了他之前的一些批评意见。但我真的不同意他1997年的文章。拉斯提克取笑我认为有利于协合式民主的条件的数量随着时间的推移而变化。这有什么不对吗？在分析另外一些经验个案的过程中，我发现了些新东西，并试图对权力分享理论进行微调。就目前情况而言，我识别了在分裂社会中实现稳定民主的9个条件。关于这个问题，我最后要说的已经写在《南非的权力分享》（Lijphart 1985，119-26）里面了，[8] 我一直坚持这种看法。

问：对您的研究的一个根本性批评意见是，协合式民主实际上并不民主，因为在这样的政权中缺乏强有力的政治反对派。

---

[7] 其他批评意见可见 Barry（1975a，1975b），Van Schendelen（1984），及 Bogaards（2000）。

[8] 这9个条件是没有占多数的组成部分（segment），同等大小的组成部分，组成部分数目少，人口规模小，外部威胁，支配性的忠诚，社会经济平等，各组成部分在地理上的集中，以及相互迁就的传统。

答：这一批判意见是由塞缪尔·亨廷顿（Huntington 1981a, 14）提出来的，他认为协合式民主只不过是"协合式寡头政治"，皮埃尔·范·登·贝格（Pierre Van Den Berghe 1981, 82）也认为协合式民主其实是表面上的民主（façadedemocracy）。抽象意义上讲，这些论点听上去可能是合理的，但如果你看看实际情况，比如荷兰、比利时、瑞士或奥地利，很明显这些国家的民主运转得相当好。你怎么能说这些国家缺乏民主性呢？事实上，这些国家是当今世界所有民主国家中最体面和最人道的国家之一。我不同意只有存在强有力的党派对立，才能拥有一个充满活力的民主政治的看法。正如我在关于南非（Lijphart 1985, 108-112）的书中所言，那些认为协合式民主不是民主的批评者错误地将民主等同于多数决民主。

问：您如此专注于协合主义的研究纲领，是否导致您错失了解决其他问题以及从事其他可能出成果的研究的机会？

答：我不这么认为。还真没有什么我希望做但没有时间做的事情。我想做的事情，我做到了。但也许有一个例外。有件事我开始研究了，但一直没有时间去完成，就是国际关系领域的理论发展。关于这个话题，我写了一篇重要文章，发表在《国际研究季刊》（ISQ）上（Lijphart 1974a），文章试图围绕霍布斯和格劳秀斯的对立，或者就现代作者而言，一边是汉斯·摩根索和赫德利·布尔，另一边是卡尔·多伊奇的这种反差，来组织国际关系领域的不同理论路径。我认为这种对比抓住了很多东西。我借鉴了托马斯·库恩关于科学革命中范式的讨论（1962），认为多伊奇是国际关系领域的一名革命者，因为他打破了旧有的霍布斯范式。我花了很多时间收集我要看的有关书目信息，以便最终能在这个议题上写出本书来。但事实上我从来没有写过那本书。从未写那本书的最初原因是，我从来没有从发在 ISQ 上的文章（Lijphart 1974a）或我之后发表的几篇文章（Lijphart 1974b, 1981）中得到太多积极的反馈。基本上，这一系列的文章都无人问津，这挫伤了我的热情。尽管如此，在我 1974 年在 ISQ 上发表文章差不多 20 年后，我认为我应该最终回到这个课题上。后来，到 20 世纪 90 年代中期，我认为做这样一个课题的时机已经过去了。在国际关系领域有许多新的进展，我不想把时间花在阅读这些文献上。所以，我不再做书目笔记，我想我把所有的文件都扔掉了。我不认为这是一个错失的机会。如果我那会儿马上写了这本书，它可能会有用，但也可能不会那么重要。我的时间最好花在我做的其他事情上。

问：还有什么您后悔没有写出来，或者反过来，后悔写出来了的东西？

答：我有一个遗憾。我受邀为加布里埃尔·阿尔蒙德的纪念文集（Verba and Pye 1978）写一篇论文，但我拒绝了，因为那会儿我手头上真的没有什么著作可以贡献的。也许我应该付出更大的努力去想些题材写出来，以此向他致敬。后来通过为阿尔蒙德和维巴的《重访公民文化》贡献论文（Lijphart 1980），我部分弥补了这一缺失。我也知道，阿尔蒙德认为这是他自己的荣耀——他的两位从前的学生西德尼·维巴和我从1994年至1996年相继担任美国政治科学协会主席，确实如此。

研究过程和目标

科学和规范性关切

问：您认为自己是科学家吗？

答：我对科学的理解是，科学是一项追求一般化概括的事业，从这个意义上说，我认为自己是个科学家。我试图阐明关于研究对象分类的一般命题。我觉得这非常令人满意。因此，在我最近的书《民主的模式》（Lijphart 1999a）之中，我从共识型民主和多数决民主之间的对比入手，我认为这是一个可靠的起点。但是，当我第一次着手写这本书时，我还没有意识到这种区别是多么强大，没有意识到共识型民主和多数决民主的不同特点到底有多少足以形成一个模式，以及这些不同类型的民主在多大程度上影响了政策制定和政策结果。当你说清楚、讲明白各种模式时，你会很有满足感。

问：价值观和规范性关切在您的研究中扮演什么角色？

答：我认为，我的研究是从一个规范意义上很重要的变量开始的，这个变量可以被描述为好的或坏的，比如和平或暴力。然后我继续研究是什么导致了这些不同的结果。最后，我提出一些解决办法，即能够产生预期结果的措施，作为结论。我看不出规范性关切和做科学研究的抱负之间有什么矛盾。事实上，我认为一个规范性的和规定性的（prescriptive）结论可以从大多数的经验关系中得出来。我有点惊讶，这么多的社会科学家不愿意开处方。我猜部分学者持有一种态度，认为他们只应该是学者，不应该参与政治，因此，他们应该避免提出政策建议。但那不是我的态度。

我的政策建议并不十分成功，尤其是在美国。但是我在荷兰比在美国更出名，尽管我已经离开荷兰这么多年了。几十年来，所有的荷兰社会科学家和许多记者都读过我的《迁就的政治》（Lijphart 1968a）。我认为权力分享是解决分裂社会存在的各种问题的一种方法，这种想法在荷兰得到了相当多的讨论。

问：您为南非、以色列、新西兰、黎巴嫩、智利、安哥拉和斐济等许多国家的政治家提供过咨询意见。作为学者，政治家会听取您的建议吗？

答：你可以通过不同形式提供建议。有时是正式的，有时是非正式的，就像在政府召集的并不一定寻求建议的会议上可能发生的那样。政治家确实会倾听，但他们不一定会按建议行事。在某些情况下，他们寻求建议只是为了拖延时间。如果他们不知道该做什么或者不想做决定，他们就会指定一个委员会来研究这个问题。他们的目的并不是真正提出将被执行的有用的建议。我看到过这种情况。无论如何，我认为一个人充其量只能产生不大的影响。

可以说我产生过真正影响的一个例子是南非。[9] 我确信可以在南非实现权力分享，于是我通力参与了有关南非如何实现民主化的讨论，抓住一切机会推广我的观点。我第一次访问南非是在1971年，当时南非和荷兰之间有一个文化交流项目。我去了六个星期，到不同的大学给政治家和公务员讲课以及与他们会见。我向南非介绍了协合式民主的理念，因此，一些人开始思考政治权力分享如何有助于解决该国的一些问题。之后，我多次回到南非。从1971年到1991年，我大概去过那里十趟。所以，我不仅写了很多关于南非的东西，包括一本书——《南非的权力分享》（Lijphart 1985），我还忙着和这个国家的人交谈。多年来，我与南非执政党成员进行了很多对话，包括1985年担任内阁成员时的德克勒克，以及一些支持执政党的公务员。当我谈到权力分享时，他们表现出了兴趣，对这位从国外来见他们的教授非常礼貌，甚至恭敬。他们会说，"这是一个非常有趣的想法，但似乎是一件冒险的事情。"对于这，我的标准回答是，"这似乎有风险，因为你的想法是，要么保持白人独有的权力，要么与非白人的反对派领导人分享权力。但是请往前一步想想。你最终要面对的选择是分享权力还是丧失权力。当你这样想的时候，分享权力不是更有吸引力吗？"他们会承认这一点。虽然他们没有立即采取行动，但我认为，当德克勒克等人接受这种框定（framing）选择的方式时，他们才最终决定开启朝向权力分享的进程。

20世纪80年代，我还先后两次在一个咨询委员会（布特莱齐委员会）工作过，该委员会是由夸祖鲁（KwaZulu）立法大会设立的。[10] 委员会的正式报告提倡一种权力分享形式，提交给夸祖鲁黑人家园的立法机构和南非政府。现在，让我挑明了吧。我受邀加入了布特莱齐委员会，因为组织

---

[9] 1948年南非国民党上台后，建立了种族隔离制度。在这个政权下，种族歧视剥夺了黑人选举权以及在其他一些事项上的权利，并被制度化了。这个政权遭到了非洲人国民大会（简称非国大）的反对，非国大转而采取游击战略，政府则采用镇压措施来控制非国大和其他反对派运动。1989年，弗雷德里克·威廉·德克勒克（Frederik Willem de Klerk）成为南非国民党领导人，同年当选为南非总统。作为总统，德克勒克解除了对非国大的禁令，释放了纳尔逊·曼德拉，并进行了谈判，为结束种族隔离政权和1994年曼德拉当选总统开辟了道路。

[10] 夸祖鲁是一个黑人"家园"，1977年南非政府给予其内部自治权。

这个委员会的人"已经"决定要推荐权力分享。这就是为什么他们要我加入这个委员会。南非政府拒绝了委员会的报告。尽管如此，这一正式提议还是产生了影响，因为它得到了广泛的传阅和讨论。结果是，权力分享的理念变得更加广为人知。

所以，我想我确实产生了一些影响。我也花了相当多的时间和精力。我坚持不懈地抓住每一个机会前往南非，推广权力分享的理念，这给了我很大的满足感。我认为我确实对政治做出了重要贡献，特别是通过在南非的背景下推动倡导分享权力的理念。比起我写过的任何一篇文章，我更为自己的这一成就感到骄傲。事实上，在南非的经历相比我整个职业生涯的任何其他方面更让我感到自豪。

从个案研究到统计分析

问：谈到您用以产生和检验观点的策略，您的第二本书《迁就的政治》（Lijphart 1968a）被广泛认为是比较政治学中最有影响力的个案研究之一。[11] 写出如此有影响的个案研究的秘诀是什么？

答：把个案研究嵌入到更广泛的理论之中时，它们产生的影响最大。在《迁就的政治》中，我将荷兰视为一个异常个案，与当时颇具影响力的阿尔蒙德和李普塞特的理论联系起来。

问：换句话说，虽然您早期的研究聚焦在一个个案即荷兰上面，但您对一般化概括很感兴趣。

答：你可以把社会科学家分为两类：一类是倾向于一般化概括的人，一类是倾向于特殊化解释的人。虽然这两种方法都有其价值，但我喜欢一般化概括。

问：在您的前两本书出版后，您对一般化概括的兴趣似乎引导您跳出了荷兰，最终开始运用统计分析。

---

[11] 例如参见 Rogowski（1995）。

答：我在研究生院学过相关分析和回归分析。但我在早期的出版物中并没有使用这些方法，它们是基于少数个案的研究。然而，后来我的研究横跨了越来越多的个案，我也开始量化我的研究变量，令我可以使用统计分析。在《民主》（Lijphart 1984）一书中，我仍然主要依靠交叉分类，但在最后一章中，我使用因子分析得出了 9 个制度变量之间的相关性。《选举体制和政党体制》（Lijphart 1994）是我最借重统计分析的一本书。在那本书中，我也非常明确地使用比较方法，例如，考虑选举法改变前后的选举体制。总的来说，我认为这一部分的研究结果比统计分析的结果更有说服力。最后，在《民主的模式》（Lijphart 1999a）中，我再次依靠交叉分类和因子分析。但我也展示了包含回归线的散点图，使用回归分析来评估不同类型民主的效果。因此，我在处理更多的个案时使用了统计工具，但同时也依靠其他手段。

问：当您转向统计分析时，您是否感到自己对正在研究的那些个案失去了感觉？

答：在涵盖 36 个国家的《民主的模式》（Lijphart 1999a）一书中，我近乎对我研究的国家失去了感觉，但我仍然认为我了解我的研究个案。显然，我不是所有 36 个国家的专家，但我读过许多个案研究，它们提供了非常宝贵的描述性信息。我还访问了这 36 个国家中的大多数，事实上是其中的 32 个国家。我对每一个个案都有足够的了解，可以给你们讲关于每一个个案的故事，足以让我觉得我掌握的不仅仅是一套统计数据汇集。

问：甚至在您进行全球比较时，您还在继续写一些针对特定国家的文章，比如北爱尔兰、南非、印度、澳大利亚和法国（Lijphart 1996a, 1996b, 1998, 1999b, 2003）。您想通过这些研究达到什么目的？

答：我把其中一些文章称为"偶发文章"，因为我被邀请参加某个会议，或者想要解决某个具体问题，所以写了这些文章。尽管如此，这些论文通常与我广泛的理论关切有关。例如，我写过关于北爱尔兰制度改革的各种草案（比如《耶稣受难节协议》[12]）在多大程度上构成了一种协合式解决办法的文章。关于南非，我写过一些论文，探讨什么样的权力分享最适合该国。我一直对印度感兴趣，因为就协合式民主而言，它似乎是一个异常个案。但当你仔细观察印度时，你会发现它并不是一个异常个案，而且几乎完全符合我对协合式民主的定义。同样，我对澳大利亚的研究处理了一个我在之前对澳大利亚的分类中忽略的问题——因为我忽略了上议院——而我的新研究表明，澳大利亚实际上比我想象的更像一个共识型民主国家。最后，我最近发表的一篇论文表明，我将法国归为多数决民主一类，但与其他欧洲大陆国家相比，法国的表现相当糟糕。所以这些著作都与我更广泛的理论研究和比较研究有着非常密切的联系。

问：您的研究工作一个重要特点是关注政治制度。事实上，早在成为制度主义者变成时尚之前，您就分析过制度的起源和影响。您能否描述一下您是如何研究制度的，并且将您的研究路径与其他研究路径做些比较？

答：我对制度的看法不同于当前理性选择理论家所推崇的新制度主义。在我看来，我的著作中有些演绎逻辑的成分。例如，我通过思考拥有多数决民主意味着什么，进而从多数决民主的原则中推导演绎出一些特征，来区分共识型民主和多数决民主。然而，我主要还是一个通过经验归纳来作出一般化概括的学者，而不是一个演绎思想家。与此相反，理性选择制度主义者的演绎思维更为详尽和形式化。我并不是说演绎分析不好，但我更注重对现实问题和现象的经验研究。

实地调查、语言和图书馆研究

问：在您职业生涯的早期，您进行了大量实地调查。您去实地做什么样的研究？

---

[12] 1998年签署的《耶稣受难节协议》（即《贝尔法斯特协议》）寻求解决北爱尔兰内部、北爱尔兰和爱尔兰共和国之间，以及在爱尔兰和英格兰、苏格兰和威尔士之间的各种关系问题。这项协议在1998年5月进行了全民公决（在北爱尔兰和爱尔兰共和国分别举行），以压倒性多数获得通过。

答：我在荷兰进行实地调查研究的主要经历与我的学位论文和第一本书《非殖民化的创伤》（Lijphart 1966）有关。我查阅了大量的文件——议会辩论、委员会报告、政党论坛、利益集团出版物等等。我也对政治家、高级公务员、学者和记者做了许多精英访谈。1960年至1961年，调研工作十分繁重，我没有时间写任何东西。我得拿全部时间来做调研。1964年我回到荷兰，当时我正在写《迁就的政治》（Lijphart 1968a），但我只在那里待了几个月。对于《多元社会中的民主》（Lijphart 1977），我做过类似的文献研究，尤其是在比利时和瑞士。我也做过一些精英访谈，特别是在苏里南和荷属安的列斯群岛。我只在最后两个地方待了一个多星期。这些小国真的很棒，因为在大约一周的时间里，你就可以和所有真正重要的人见一见、聊一聊。

问：写完这三本书后，您还继续在外进行实地调研吗？

答：没有真正做过了。随着事业的发展，我越来越少做实地调查了。我最近一次认真的实地调查是在1991年，当时我在柏林休假4个月。东欧刚刚对外开放，我借此机会去了几个东欧国家。我在布拉格、布达佩斯和华沙采访了一些精英。和我之前的精英访谈一样，这些都是非结构化的、自由发散的对话。我的目标部分是为了发现事实信息，部分是为了了解调查对象对特定政治发展和周遭环境的看法与解读。我在一篇关于捷克斯洛伐克、匈牙利和波兰的宪法选择的文章（Lijphart 1992）中使用了这些材料。

问：语言训练对做好比较研究有多重要？

答：我在荷兰接受的教育使我受到了英语、法语、德语、拉丁语和希腊语的培训。后来我学了些瑞典语和西班牙语。这些语言技能派上了用场。荷兰语是我的母语，这让我在荷兰的实地调查就很不一样。在关于南非的研究中，我对荷兰语的了解帮助我理解了些南非荷兰语（Afrikaans）。而且，我发现能用其他语言来阅读很有用。比如，莱姆布鲁赫的《比例代表制民主》（1967）只出过德语版，这是一本很重要的书，如果我不懂德语，我就不能阅读它。

如今的情形越来越是只用英语就能应付过去。英语的东西越来越多，当你旅行时，你会发现很多人能用英语交流。不过，要做详细、密集的研究，你还需要更多。例如，当我1991年在东欧做研究时，我意识到我确实欠缺语言技能的便利来对该地区进行更加深入的研究。对于任何深入的个案研究，对该国的语言有最低限度的了解是必需的。

问：既然您在职业生涯的这一阶段并未通过实地调查收集到很多信息，那您如何形容目前的工作方式呢？

答：我主要依靠我所研究的对象国的书面材料和统计数据。我的工作真正需要的是一个好的研究型图书馆，在加州大学圣迭戈分校就有。互联网信息的数量和质量如今都有所提高。不过，在20世纪90年代中期我写《民主的模式》时，我发现互联网有点令人失望。像每年一本的《世界政治手册》这样的书对我来说比上网有用得多。

除了这些信息来源，我还重视某一领域专家的个人建议。在这方面，我很幸运。多年来，我认识了一些国别研究专家，他们对《民主的模式》（Lijphart 1999a）涵盖的几乎所有国家都进行过研究。当我有问题时，我会通过电子邮件联系他们。这是重要资源。

问：研究助理在收集信息方面有帮助吗？

答：很多次我都有经费请研究助理，这很有用。但我是那种想样样事情都要亲自动手、自己做判断的人。因此，当我寻求研究资助时，我主要是寻求资金来购买我的教学时间。古根海姆基金会（Guggenheim Foundation）和德国马歇尔基金会（German Marshall Fund）给了我一些资助，让我有几个季度不用教书。有一次，我请了整整一年的假，这就是我真正所需要的。

问：尽管您更加重视图书馆研究，但仍然经常旅行。我想出国旅行有益于您的思维过程。

答：是的，这样的经历很重要。即使是对一个国家的短暂访问也会有启发。即使你去某个地方走马观花，你也可以学到很多东西，比如，作为一名游客去某个国家，你仍然可以在那儿找到点感觉。当然，很明显，当你遇到政治家和政治精英的时候，你能知道更多东西。

我举个例子，说说旅行是如何激发我思维的。1990年我和妻子去哥斯达黎加参加了为期三周的语言课程。我们住在当地一个几乎不会说英语的家庭。所以我们必须试着用西班牙语和他们交流。我每天都看当地报纸，会见一些政治学家和选举法庭的一名法官，我们也到处旅行。显然，这还不是那种人类学家会做的事，但拥有这些知识总比什么都没有强。当你和很多国家打交道时，就像我一样，你不可能花很多时间去每个国家。

1984年我去黎巴嫩参加一次会议时，有另一种非常不同的经历。当时在黎巴嫩并不安全，因为绑架事件很普遍。我们去了贝鲁特，那里混乱无序，没有既定的权威，一群群拿着枪的人四处游荡，所以你永远不知道谁是谁、什么是什么。当我坐在回圣迭戈的飞机上时，我很高兴能离开那里。尽管如此，这仍然是一次美妙的经历。我遇见了许多有趣的人，例如，黎巴嫩议会宪法委员会的成员。我在仅仅一周内学到了很多东西。事实上，那是我生命中最激动人心的一周之一。在不同的国家旅行，特别是当你接触到当地人的时候，作为一个比较学者，这会让你受益匪浅。

政治理论

问：您认为回顾政治理论经典著作对您的研究有用吗？

答：我确实没有那么做过，不过我想那会很有趣。但是时间有限，其他事情更优先。在我的著作中，我引用过一些段落，例如从J.S.密尔的《代议制政府》之中。但这些都是我从本科和研究生时代就记得的东西，我只是引用一段特定的段落，而没有把整本书再通读一遍。不过，对洛克、霍布斯、卢梭等等理论家有基本的了解是件好事。了解这些经典著作给政治学家提供了一种共同的语言，使他们能够相互说得上话。

关于方法论

问：20世纪70年代，当您开始从关注荷兰这一个案转向更鲜明的比较研究时，您写了两篇关于比较研究方法论的文章，被广泛阅读（Lijphart

1971，1975）。您发表这些文章的目的是什么？

答：20世纪60年代中期我在伯克利的时候开始真正地做比较研究。我想对我在荷兰研究中提出的观点作更一般化的表述。我想知道如何在几个案例的基础上进行一般化概括。对这个问题我有一些想法，尼尔·斯梅尔瑟（Neil Smelser）的研讨班和他写的一篇会议论文则帮我强化了这些想法。[13] 我想，如果我能系统地把这些想法写下来，哪怕仅仅为了我自己的目的，那也将是值得一看的。

两篇方法论文章中，我发表在《美国政治科学评论》上的头一篇（Lijphart 1971）更有用。它是相当基本的，但许多人认为它澄清了比较方法究竟能提供什么以及它的局限性。文章还对个案研究进行了简要的讨论，指出了异常个案分析的重要性。那种材料很受欢迎。

问：自从那两篇文章之后，您就没有发表过任何关于方法论的文章。

答：在我写完那两篇文章之后，我就再也没有动力去写任何关于方法论的东西了。首先，对于我已经说过的话，我没有什么想补充的。我想说明的是，我认为比较研究路径更多的是一种研究策略，而不是一种方法。其次，我看到了一种趋势，大家为了学方法而学方法，我很怀疑这能起多大作用。

问：您曾写过关于"方法论完美主义"和"经验研究不切实际的高标准"的缺点的文章（Lijphart 1985, 87-88）。您如何看待方法论的适当作用？

答：如今政治学中使用的方法已经非常复杂了。我承认我读过一些文章，却不明白他们的方法。但有一件事是清楚的：我们的数据质量仍然很粗糙、很原始。因此，在我们操心复杂的方法论技术之前，努力提升有待分析的数据的质量似乎更有意义。我不确定我们从这些技术中得到了什么，这些方法使我们作为政治学家都很难相互交流。在我自己的研究中，我使用了非常基本的相关和回归分析，也就是我在耶鲁大学的第一门统计学课

---

[13] 斯梅尔瑟的会议论文后来发表为 Smelser (1968)。

上学到的方法。我其实并没有取得更大的进步，因为我觉得我不需要更复杂的工具。我并不否认，对于某些实质性问题而言，可能需要更先进的技术。但我担心，我们更重视自己使用的方法，而不去在意要贡献实质性知识和能够提出政策建议的终极目标。

机构、同事和学生

伯克利

问：1961 年至 1963 年，您在埃尔米拉学院短暂任教，当时您正在写学位论文。1963 年，您加入了加州大学伯克利分校的政治系。您在伯克利的经历如何？

答：能来伯克利真是太让人激动了。我与厄尼·哈斯（Ernie Haas）的互动交流最有益。他有个奇妙的理论头脑，在某些方面使我想起卡尔·多伊奇。他帮助你想事情，即使是他不特别擅长的话题也能对你有所助益。我也受到了大卫·阿普特的影响，他是一位真正的比较学者，同时也是非洲地区研究专家。我被他所写的东西鼓舞，尤其是他与哈里·埃克斯坦合编的比较政治读本（Eckstein and Apter 1963）。这是一本非常棒的书，汇集了非常重要的文献。我马上就把它用在了我的比较政治研讨班上。

西摩·李普塞特和尼尔·斯梅尔瑟当时在伯克利，不过他们在社会学系教书。我见过李普塞特，虽然我们没有定期互动。他的著作给了我很大启发，比如《政治人》（Lipset 1960a）。斯梅尔瑟是位重要的影响者，他是我研究比较方法很明显的灵感来源。

总的来说，伯克利是一个结交朋友的好地方。到访的人很多，而且它靠近斯坦福大学行为科学高等研究中心，汉斯·达尔德、罗伯特·达尔、沃尔·洛温和斯坦因·罗坎（欧洲民主小国研究项目的主要推动者）1966—1967 年间在那儿待了一年。我和他们建立了联系，这非常令人兴奋。

一个缺点是，校园里与言论自由运动相关的麻烦事掩盖了学术上的兴奋感。第二年，伯克利政治系变得非常引起争议，我在那里时这种情况一直在持续。关键问题是大家对学生的过激言行以及对政治理论在这门学科中的地位存在着不同的看法，当时这门学科被行为主义关切和追求系统性的理论化工作所支配。看到言论自由运动的进展让人兴奋，你看到了一场正在发生的革命。但这也意味着系里不断出现动荡和许多内部冲突。在这种危机氛围中，我发现很难集中精力做我想做的事情，我觉得自己的学术工作受到了负面影响。这是我1968年离开伯克利的主要原因之一，尽管那年我获得了终身教职。但也有一些激励因素吸引我回到了荷兰。

回到荷兰

问：这些激励是什么？

答：1964年，我遇到了汉斯·达尔德，莱顿大学的教授，他想把我带回荷兰。荷兰那边对我的兴趣最终导致了三份正教授的工作邀请，一份来自莱顿大学，一份来自蒂尔堡大学，还有一份来自海牙的社会研究所。在这些机构中，莱顿大学最负盛名——莱顿就像荷兰的哈佛，而达尔德就在那里。这看起来挺有吸引力。所以我离开伯克利，被吸引到了荷兰。

问：回到荷兰如您预期的那样的吗？

答：不。我发现重新适应荷兰的生活并不容易。自从我19岁离开那里以后，我就没有在那里长期居住过。我20来岁期间都居住在美国，在还没意识到这一点的情况下，我就已经变成了美国人。此外，我试图通过离开伯克利来躲避的危机也在欧洲大学中蔓延，1969年荷兰爆发了学生革命。事实上，学生们占据了我在莱顿大学发表就职演讲的大厅。虽然莱顿的情况本身不算太糟，但作为荷兰所有政治学系全国咨询小组的主席，我不得不处理由于学生过激言行引发的冲突。本质上，我的工作是防止激进分子夺权。我认为这是浪费我的时间，这不是我成为一名政治学家的原因。事实上，从我回到荷兰的那一刻起，重返美国的念头就一直萦绕在我的脑海中。

问：不过您还是在莱顿待了十年，直到 1978 年。这是欧洲的比较政治和政治学发生重大变革的时期。例如，1970 年成立了欧洲政治研究联合会（ECPR）。

答：在欧洲政治研究联合会（ECPR）成立之前，欧洲各国政治学家之间的接触并不多。大多数的合作研究是在欧美学者之间进行的，而不是在欧洲学者之间进行的。创建 ECPR 的人改变了这种状况。我在莱顿的同事汉斯·达尔德在这一倡议中发挥了非常重要的作用，斯坦因·罗坎成为 ECPR 的首任主席，让·布隆德尔（Jean Blondel）担任 ECPR 的首任执行主任，他是一位出色而充满活力的领导人。他们都认识到，欧洲国家之间应该相互比较，欧洲学者之间日益增加的接触将促进这种比较研究事业。这是 ECPR 的目标之一，它非常成功地实现了这一目标。

问：您如何比较您在莱顿大学期间，美国和欧洲比较政治研究发展的方式？

答：比较政治，在任何地方，都变得越来越成系统地在作比较了。首先，这意味着欧洲国家的比较分析有了很大的进步。欧洲人很快就赶上了美国在这一时期发生的事情。但是，美国的比较学者在进行欧洲以外的更广泛的比较方面保持着优势。

问：您对在莱顿度过的十年时光有何总体评价？

答：就我的学术思想发展而言，回欧洲是个好主意。我到欧洲各地旅行，更好地了解欧洲国家，并与欧洲政治学家建立联系。我积极参与了 ECPR，最重要的是，作为 ECPR 杂志《欧洲政治研究学报》的创刊编辑。我做了四年的编辑，从 1971 年到 1975 年，这也给了我很多联系渠道。从 1976 年到 1978 年，我也是 ECPR 的执行委员会成员，我几乎参加了 ECPR 的所有年会。这种活动非常重要，我在欧洲度过的十年是值得的。

重返美国

问：您于 1978 年回到美国，在加州大学圣迭戈分校（UCSD）工作。

答：我想回美国，我收到了来自范德比尔特大学、圣母大学、加州大学洛杉矶分校、加州大学尔湾分校和加州大学圣迭戈分校的各种工作邀请。我选择 UCSD 是因为圣迭戈作为一个生活的地方很有吸引力，而且我有机会参与建立一个新的系。UCSD 是一所相对较新的大学——成立于 1960 年——政治学系直到 1974 年才成立。帮助建立一个全新的系是一项令人愉快的挑战。所以，我觉得搬到圣迭戈很幸运。

UCSD 的政治学系从 1978 年的不到 10 名教员发展到现在的近 40 名教员。随着系的壮大，它失去了一些亲密的人际氛围，但它继续提供着一个非常有助益的学术环境和适意的人际关系。我最亲密的同事是大卫·莱廷（David Laitin），不幸的是他离开 UCSD 加入了芝加哥大学——他是我仅有的几位被外校工作邀请挖走的资深同事之一。与我有过最密切学术交流的学者不在 UCSD，而是在附近的加州大学尔湾分校（UC Irvine）：伯尼·格罗夫曼（Bernie Grofman）和瑞恩·塔格培拉（Rein Taagapera）。我还与马修·舒加特（Matthew Shugart）非常亲近，他是塔格培拉在加州大学尔湾分校的学生，1989 年入职 UCSD。不过，他的主要职位不在政治学系，而是在国际关系与太平洋研究学院。

问：您一定非常喜欢圣迭戈。25 年过去了，您还在这里！

答：我仔细考虑过其他大学给我的工作邀请。最认真的一次是 1994 年纽约大学（NYU）的邀请。他们给我的工钱比我在 UCSD 挣的多，我本可以在这儿提前退休，从 UCSD 领取养老金，并从纽约大学获得新的收入。那样我肯定会很富有。而且，住到纽约的想法也很吸引人，因为你可以在肯尼迪机场转机，轻松去欧洲。但最后，我和妻子认定我们真的很喜欢住在加利福尼亚。所以我留在这里，并在 1994 年提前半退休，以减少我的教学负担。我 2000 年完全退休，但仍参与论文指导和从事咨询工作。

问：这么多年过去，尽管您自称变成了美国人，但内心似乎仍然渴望亲近欧洲。

答：1968 年我回到荷兰后，不知怎么的，我在欧洲再也不那么感觉舒服了。正如我所说,重返美国的想法一直萦绕在我的脑海中。如今我在美国定居下来了。我在加利福尼亚有孩子和孙子,我妻子是德国人,她所有的孩子也都住在加利福尼亚。不过,在过去几年里,在小布什担任总统期间,我已经觉得有些怪怪的了。我对这个国家的政治现状不再抱有幻想。自从1955年我第一次到美国以来,我从未有过这种感觉。现在我越来越觉得我终归还是欧洲人而不是美国人——但希望这只是一个暂时的阶段。

合作者

问:在您的职业生涯中与不同的学者合作过。能谈谈您的合作经验吗?

答:我与20多位合作者共同撰写或编辑了各种研究著作。尽管如此,我的大部分著作还是独著的。合作有明显的优点:有分工,你可以利用不同合作者的专业知识等等。缺点是需要协调,当不同的人以不同的步调工作时,可能会出现一些波折。但这主要是多位作者编辑的书存在的问题,主要因为涉及不同的议题,与合著工作本身倒关系不大。

和我最经常合作的是伯尼·格罗夫曼。我与他合编了四本书(Grofman et al. 1982; Lijphart and Grofman 1984; Grofman and Lijphart 1986, 2002)。他是位出色的、多才多艺的、非常有创新精神的学者,也是个精力充沛的人。他经常同时做12个项目,令人惊讶的是,他居然能完成所有的项目。他是一位理想的合作者。我现在和他一起参与一个项目,这可能是我写的最后一本书。这本合著暂定的书名是《不一样的民主:比较视野下的美国民主》。伯尼和我认为有一个额外的合作者会是个好主意,所以我们已经计划请我的同事马特·舒加特来写一些章节。我们已决定把这些章节分开,每个人都要认领各自喜欢的章节,写出草稿,然后从那里开始做下去。

我其余的合作经历都是偶然的。除了伯尼,我没有其他固定的合作者。我的一些合著者是学生,他们可能是我的研究助理,或者是以前的学生。和马库斯·克雷帕兹(Markus Crepaz)的合作就是这种情况(Lijphart and Crepaz 1991; Crepaz and Lijphart 1995)。我还与国别专家或具有一定方法论技能的学者合著了许多文章或图书章节。有时,这些合作仅仅是因为在一次会议上被召集到了一起,并且发现一起编写一些东西是有意义的,我们的合作不存在一般的模式。

学生

问：您如何训练研究生？您给他们什么建议？

答：我不是个严厉的导师，说你应该这样或那样做。在一般训练方面，我不会提供与系里要求不同的意见。就论文而言，我告诉学生们应该选择一个他们感兴趣的话题，这才可能做得下去。虽然我强烈支持比较研究，但我告诉我的学生这样的设计可能很难在博士论文中完成。我告诉他们，最好是做一项个案研究，一项基于理论的个案研究，提出需要回答的明确问题和需要解决的困惑。除此之外，我告诉他们做他们最喜欢的事。我指导过涵盖各种话题的论文，从英国和德国的政党，到奥地利的协合主义和法团主义，到南非的选举制度，到美国、哥斯达黎加和委内瑞拉的任期限制，再到共识型和多数决民主制中的利益集团和环境政策。

比较政治的成就和未来

问：目前本领域有一场辩论，涉及比较政治是否在过去几十年中生产了累积性的知识。您对这个问题有什么看法？

答：我认为已经取得了很大的进步。今天，我们有那么多研究工作在有意识地、系统地进行着比较。最好的比较工作仍然非常集中于欧洲和OECD国家。就个案研究而言，今天在比较政治中产生的个案研究，比过去的在理论上更有见地，很少有个案研究仅仅只是描述性的。

这一进步所带来的差别显而易见。早在20世纪60年代初我开始自己的职业生涯时，我就受到了阿尔蒙德在他1956年那篇精彩文章中提出的国家分类的影响。但是，从今天的标准来看，阿尔蒙德的分析只不过提供了一个非常粗略的一般化概括。如今，没有人会像阿尔蒙德那样说，联合王国是一个由威尔士人、苏格兰人和爱尔兰问题组成的多民族国家，有着同质的政治文化。让我再说远点。我没有跟上比较政治整个研究领域的进展，因此，比如说，我无法评论有关威权政体的知识状况。尽管如此，我在我的研究聚焦的领域里看到了明确的进展。我们对民主和民主制度的运作，对内阁、选举体制、投票率等等进行了更为复杂老练的分析。我们获取了很多证据，为我们描绘出了一个很好的、完整的画面。除了这些信息，我们还有理论，基于证据的理论。因此，当学生选择学位论文题目时，他或她可以利用各种理论框架。这并不意味着我们的知识没有缺口，也不意味着我们再没有工作要做了。我们要想像了解美国政治一样了解世界上150多个国家的政治，还有很长的路要走。甚至在美国政治领域，学者们也在不断地发现新颖的、有趣的课题来进行研究。但我毫不怀疑，从我还是一名研究生以来，比较政治已经取得了实实在在的进步。

问：过去几十年里，比较政治领域的一个重要变化是对制度的研究越来越处于中心地位，这是20世纪50年代和60年代许多行为主义者倾向于忽视的东西。您如何看待对制度分析的日益重视？

答：行为主义革命意味着很多事情。首先，它意味着政治学应该变得更加系统化和科学化。其次，行为主义革命意味着从旧的、正式的制度主义向诸如政治文化、态度、社会因素等方面的研究转换。行为主义革命的这些方面是相互联系的，因为旧制度主义被批评为缺乏一般化概括，不够科学，过于纠缠法律和过于注重制度。但这一领域回归制度研究的可能性一直存在。

行为主义革命的第三个方面是对旧制度主义强调美国和西欧发达国家的反动。因此，在阿尔蒙德和科尔曼的《发展中地区的政治》（1960）和白鲁恂对非西方国家政治进程分析（1958）等著作的推动下，20世纪60年代出现了对发展中地区研究的转向。在发展中世界，没有很多稳定的制度可供研究。这随着20世纪70年代开始的民主化进程，以及由此在越来越多的国家出现的民主体制而改变。现在，发展中国家有可供研究的制度，因为在民主体制中，规则和制度不仅仅是装点门面。这在一定程度上解释了为什么我们业已回到制度研究上来。

问：聚焦这一庞大的制度研究文献，它们是否成功地产生了有用的知识，也就是决策者可以拿来采取行动的信息？

答：一方面，是的，我们有能力提供有用的建议。一些学者非常不愿意提出政策建议，因为他们想要有十全十美的证据来支持他们的观点。但是我认为我们确实对民主制度应该如何组织有了相当多的知识。例如，拉里·戴蒙德在他的《发展民主》一书中表示，对于分裂的社会，应当采用某种形式的比例代表制，这已不再有任何疑问了（Diamond 1999, 99-105）。我们在找出哪些制度有效、哪些制度无效方面取得了很大进展。有很好的证据可以支撑这种规定性表述。

另一方面，我们可能已经达到了这样一种程度，即我们了解到了大多各种制度特性的信息，这使得我们很难给出有用的建议。事实上，许多政治学家在谈论制度设计者所面临的全部可能性，各种妥协如何才能做出来，以及他们如何才能努力达到现实与可能之间的最佳状态。这是一个难题，因为它使事情变得太复杂了。我最近写了一篇题为《分裂社会的宪制设计》（Lijphart 2004）的文章。它没有副标题，但一个合适的副标题应该是"具体的建议，而非选择的菜单。"基本上，我会说，"这是我最好的判断。如果面对一个多元社会，那就采取议会制形式的政府与比例代表制。别拿其他的东西胡闹。"我还就如何建立权力分享的行政机构、如何选举国家元首、如何实现内阁稳定提出了具体建议。

问：展望未来，共识型民主研究议程面临的最重要挑战是什么？

答：我希望在更多领域看到对共识型民主和多数决民主的政策结果的检验。为此，我们首先需要更多的有关民主质量和政府政策有效性的指标。例如，我主要依靠宏观经济表现指标——经济增长、通货膨胀、失业、罢工活动和预算赤字——来衡量政府的有效性。这些都是极好的指标，因为它们不仅是政府表现如何的有效反映，而且能以精确、定量的形式提供出来。但是政府不仅仅是制定经济政策；我们需要为这些其他政策领域制定精确的绩效衡量标准。同样，为了衡量民主的质量，我动用了我能找到的所有量化指标（总共17个）来测量比如选民投票率、女性在议会和内阁中的代表数以及经济不平等程度等。没有人批评我错过了某个可以获取的重要指标。但我的17项指标显然并非一份详尽的清单，它列出了原则上可以衡量的指标。我希望其他更年轻的学者也能接受这一挑战。

问：更宽泛地讲，比较政治领域面临的挑战有哪些？

答：这里我只能提出些一般性的意见。我对我多年来使用的研究路径最有信心，那就是，寻找模式并试图通过用最系统的、最具可比性的数据进行一般化概括。我对理性选择方法的使用方式心存疑虑。理性选择研究可以提供非常重要的洞见，我在为理查德·罗斯（Richard Rose）的《国际选举百科全书》（Lijphart 2000）撰写的一篇关于投票率的文章中提供了不少关于这类贡献的例子。尽管如此，我还是碰到了许多期刊文章，作者只是简单地介绍了一个模型，而没有对其进行验证，我觉得这很烦人。无论你如何得出你的假说，你都必须检验它们。如果不这样做，我就看不到漂亮的演绎模型的运用。你需要在现实世界中验证事物。

总结

问：最后做个总结，您对刚开始学习比较政治的研究生有什么建议？

答：从库恩的意义上来说（Kuhn 1962），科学是一项累积的事业。因此，你应该尝试在已有的基础上添砖加瓦。在职业发展方面，从写好一篇学位论文开始，尽可能去创新。然后，在你之后的职业生涯中，尽可能引起轰动。诀窍是在现有研究的基础上，不受其约束，既要在范式内工作，又要在范式外思考。要持怀疑态度，不要把常规的、公认的智慧视为理所当然，要有原创性。

第九章
民主化、政治参与和议程设置研究*
——吉列尔莫·奥唐纳尔访谈录
Guillermo O'Donnell

吉列尔莫·奥唐纳尔**是杰出的威权主义和民主化理论家,也是最著名的拉丁美洲政治学家之一。

奥唐纳尔的《现代化和官僚威权主义》(1973)在有关20世纪60年代南美民主制度崩溃的分析中领风气之先。他论证了南美自20世纪60年代开始经历的威权主义政府形式是全新的,因为它基于现代的技术官僚统治及职业化的军事组织,而不是基于民粹主义***政治家和传统的军事强人。为了抓住这个显著差别,他创造了"官僚威权主义"(bureaucratic authoritarianism)这个术语。奥唐纳尔认为这种威权主义新形式是作为进口替代工业化模式催生的政治冲突的后果出现的。他抛出了自己的观点和论据,尤其是与西摩·马丁·李普塞特等人提出的"工业化产生民主"的论点形成鲜明对照。奥唐纳尔认为,在南美,工业化并没有催生民主,而是带来了官

---

* 这次访谈由赫拉尔多·芒克于2002年3月23日在加利福尼亚州帕洛阿尔托完成。

** 奥唐纳尔于2011年11月29日在阿根廷布宜诺斯艾利斯过世,享年75岁。——译者注

*** 民粹主义(populism)是政治学中语义最含混的词之一,确切来说应该译作"平民主义"(与精英主义相对),它本身是个中性的说法,并没有贬义。将其译为民粹主义也是20世纪90年代后内地从港台学界舶来的。一方面,它不同于19世纪末20世纪初俄罗斯的"民粹派"(*Narodniks* 或 peopleism 曾在列宁著作中批判过,因而曾为内地学界熟知),另一方面,拉美的 populism 意味着诉诸民众支持的左派立场,和21世纪初欧洲和美国出现的右翼 populism 完全不是一回事。所以,中国内地拉美研究学界长期以来将拉美的 populism 译作"民众主义"而非"民粹主义"。这里考虑到当下的学界语境变化,尤其是这个词本身就是一个含混不清的概念,姑且从俗,仍旧译作"民粹主义"。但需要强调,在拉美研究语境下还是"民众主义"的说法更为合适一些。——译者注

僚威权主义。这一著作，连同后续一系列文章，触发了比较政治和拉美研究领域有关经济发展的政治后果的一场重要辩论。这场辩论的重点文章收入大卫·科利尔主编的《拉丁美洲的新威权主义》一书，该书评估和批判了奥唐纳尔的论点。

奥唐纳尔下一阶段的研究聚焦于威权主义的垮台及向民主转型。他与菲利普·C. 施密特合著了《从威权统治转型：关于不确定民主的试探性结论》（1986），这是20世纪80、90年代比较政治领域中读者最多、最有影响的著作之一。奥唐纳尔和施密特提出了一个向民主转型的策略选择路径，强调民主转型如何受到对一堆关键的两难困境作出回应的不同行动者决策的驱动。其分析围绕着四类行动者之间的互动：属于现存威权政权成员的强硬派与温和派，以及反对现政权的温和反对派与激进反对派。这本书不仅成为民主转型问题上迅速增加的学术文献的重要参照点，也被投身于争取民主实际斗争中的政治积极分子广为阅读。

自20世纪90年代初以来，奥唐纳尔的研究一直在探索民主的质量问题。他的研究对目的论思维提出了警告，目的论倾向于认为，那些在20世纪70、80年代实现民主化的国家，尽管落后了几步，但仍在沿着西方长期存在的民主国家的轨迹前进。为了突出当代拉丁美洲国家的特殊性及其民主制度的缺陷，他提出了"委托民主"（delegative democracy）这一概念，指的是一种把权力集中在当选总统手中的民主统治形式。他最近的工作围绕着大多数拉丁美洲民主国家由于法治和市民社会能力不足而面临的当前问题展开。他关于民主质量的主要文章发表在《对位》(Counterpoints)（1999b）和《民主的质量》（2004）这两本文集中。

奥唐纳尔1936年出生于阿根廷的布宜诺斯艾利斯。1958年，他在布宜诺斯艾利斯大学获得法律学位，1988年在耶鲁大学获得政治学博士学位。他曾在布宜诺斯艾利斯大学（1958—1966）、阿根廷天主教大学（1966—1968）和萨尔瓦多大学（1971—1975）任教，这些大学都位于布宜诺斯艾利斯。他是位于布宜诺斯艾利斯的国家与社会研究中心（CEDES, Centro de Estado de Estudios y Sociedad）的创始成员（1975—1979）。1980—1982年他曾担任里约热内卢大学研究所（IUPERJ, Instituto Universitário de

Pesquisas do Río de Janeiro）的研究员。1982—1991 年曾任位于圣保罗的巴西分析与规划中心（CEBRAP, Centro Brasileiro de Análise e Planejamento）研究员。自 1983 年以来，他一直在圣母大学（the University of Notre Dame）任教，从 1983 年到 1998 年，他担任海伦·凯洛格国际问题研究所（Helen Kellogg Institute for International Studies）的学术主任。他于 1988—1991 年担任国际政治科学协会（IPSA）主席，于 1999—2000 年担任美国政治科学协会（APSA）副主席，并于 1995 年当选为美国人文与科学院院士。

早期兴趣和学术训练：从法律到政治学

问：您最初是怎么对政治学产生兴趣的？

答：我的兴趣是通过我在阿根廷参与政治活动发展起来的。我很早就进了大学，当时才 16 岁。那时我已经是历史和哲学的热心读者了。因为我的腿有毛病，我比其他孩子有更多的时间读书。[1] 当我还是孩子的时候，我妈妈差不多是在拿历史书喂我。所以我的腿给了我一个比较优势，或者劣势，这取决于你怎么看。我在布宜诺斯艾利斯大学卷入了政治活动，在那里我是一名学生领袖。我在法学院加入了人道主义党，作为该党的代表，我是布宜诺斯艾利斯大学联合会（FUBA）的成员。1954 年我们被庇隆政府找了个大麻烦，联合会主席、副主席和秘书长都被关进了监狱。尽管我也很显眼，但我是极少数没有在深夜搜捕中被抓住的人之一。所以我成了联合会的代理主席，躲了起来。我有过一段奇特的经历，看到四处贴着自己的照片，被当作必须逮起来的危险人物。1955 年庇隆在一次政变中被赶下台，我那会儿是一个公认的领导人，以为就此开始了一段成功的政治生涯。但没过多久我就发现，对政治深感兴趣并不意味着我就是个好的政治家。因此，在经历了一些不幸的经历后，我从"船上"跳了下来。

---

[1] 奥唐纳尔幼时患有小儿麻痹症，因此一条腿致残。

问：您最初没有学政治学。实际上 1958 年您从布宜诺斯艾利斯大学获得了法律学位。

答：我学法律，不是因为我特别想学法律，而是因为在那个时代，学法律是最接近于学政治的。在 20 世纪 50、60 年代，阿根廷没有政治学系。在法学院，有一门叫作政治法律和宪法的课程，这是我能接触到的最接近政治学的课程。而且，成为一名律师给了我一个谋生的机会。这就是我念法律的原因。

我觉得法学院极度无聊。在那个时代，研究政治理论和宪法理论的学者中有一半认为圣托马斯·阿奎那已经把什么都说了，而另一半的现代主义者则认为汉斯·凯尔森已经说过了一切，其他的啥也不是。真的非常非常无聊。

问：1968 年您为什么决定离开阿根廷，到耶鲁大学攻读政治学研究生？

答：那时我已经结了婚，有了孩子，为养家糊口我做了几年律师。但我一直对政治学感兴趣，并开始在布宜诺斯艾利斯的天主教大学教授政治思想史。但我很快就觉得自己想变得更偏重经验性的东西。我读了一些北美的书，例如，拉斯韦尔和卡普兰的《权力与社会》（1950）和拉斯韦尔的《政治学：谁得到什么？何时和如何得到？》（1936）。这些书对我影响倒不大。但它们让我瞥见了一种不同的思维方式。它们让我想要了解更加经验导向的盎格鲁-撒克逊式政治学。同时，当时北美的政治学也出现了反对法律形式主义的行为主义宣言。这种批判的一部分，正是直接针对我在法学院修习的那种宪法比较研究。我同意这些批评意见，法律形式主义空洞无聊。很久以后，我发现我必须回到我的法学功底上，尽管我并不认为法学理论到阿奎那或凯尔森那儿就到头了。但回到 20 世纪 60 年代，我那会儿正在寻找能让我跟法律背景一刀两断的东西。所以我决定申请去美国读政治学研究生。

我申请了几个地方。哈佛拒绝了我，但我被密歇根、普林斯顿、麻省理工和耶鲁录取了。我选择了耶鲁。我的父母传统惯了，他们吓坏了。我身无分文跑去美国,就只能带着妻子和三个孩子一起挨饿了。他们认为试图以政治学家的身份讨生活是一个疯狂的念头。

问:您对耶鲁大学了解多少?

答:我读过耶鲁教员们写的东西,也四处打听过,结果很清楚,就我想要追求的东西而言,耶鲁是个理想的地方。那里有一群了不起的政治学家,群星闪耀。我很幸运被录取了。

问:1968年到1971年,您在耶鲁读书?

答:没错。那是一段美好时光。像查尔斯·林德布洛姆和罗伯特·达尔这些人正处于巅峰时期。哈罗德·拉斯韦尔还在那儿。我到耶鲁的第二年,大卫·阿普特加盟耶鲁,后一年胡安·林茨也来了。阿尔弗雷德·斯捷潘那时是一位非常年轻的助理教授。大卫·梅休(David Mayhew)也在耶鲁。那些人都是顶尖高手。我是一名研究生,所以他们相互之间相处得好对我们来说也好极了。他们非常乐于助人,心态开放。那三年时光太棒了。我记得自己坐在耶鲁大学图书馆里,觉得那里是天堂:在这儿,我荣幸地获得了一份可观的奖学金,可以全职做研究、全职学习,我过得很开心。

问:耶鲁的哪些教授对您影响最大?

答:我非常敬畏达尔。在撰写《多头政体》(Dahl 1971)时,他开了一个研讨班。我们讨论了他书里的章节,看到一个伟大的头脑一步步解决问题和撰写一本重要的书太棒了。我还记得林茨关于涂尔干、韦伯和帕累托的一门极好的课程。这门课巩固了我在布宜诺斯艾利斯的课程中学到的有关韦伯的知识,使我对韦伯产生了极大的兴趣。但对我影响最大的,也是我将永远感激的人,是大卫·阿普特。他是一位出色而慷慨的导师。大卫是一个极有学问的人,他也很有主见、很有煽动性。大卫花了很多时间在我身上,包括以令人难以置信的耐心纠正我糟糕的英文。他总是如此慷慨并给人支持,这可是一位重要的教授花自己的时间来纠正一位研究生蹩脚的英文呢。

问：在您读研究生期间，什么书对您影响大？

答：塞缪尔·亨廷顿的《变化社会中的政治秩序》（1968）非常重要。我不喜欢书中对列宁的赞美，但我认为亨廷顿对制度、权力政治和军人专制主义的刻画非常好。更好的书是巴林顿·摩尔的《独裁与民主的社会起源》（1966）。阅读摩尔的著作就像发现新大陆一样，我对它很着迷。达尔布置了这本书，并对它提出了批评，因为他认为这本书结构主义和马克思主义色彩太浓。但我认为摩尔是一位伟大的学者。

问：在耶鲁大学，您为自己的第一本书《现代化和官僚威权主义》（O'Donnell 1973）写了草稿。但那并不是您的博士论文。您能解释一下为什么它不是吗？

答：关于我的学位论文和博士学位，有一个很长的故事，与我人生轨迹的独特性有关。1971年，我完成了所有的学位要求，并写出了后来成为《现代化和官僚威权主义》一书章节的草稿。我想那时候我有一些声望，因为哈佛大学给了我一份教职。所以我面临一个选择：要么去哈佛，要么回阿根廷。这是一个艰难的决定。但1971年是官僚威权政权崩溃的一年，也是我们所有人对阿根廷民主抱有希望的时刻。所以我决定回阿根廷。

问题是当时阿根廷几乎没有工作机会，而我要养家糊口。我得去当律师，这意味着我在耶鲁的那些年都浪费了。但我很幸运地得到了一份丹福斯（Danforth）奖学金，这是一项为期三年的奖学金，每月给600美元，这在当时是一大笔钱，在阿根廷，这是一笔巨款。丹福斯奖学金给了我一个回阿根廷，并且作为一名政治学家继续工作的机会。而奖学金是用来写论文的。

我和耶鲁的导师谈过，令他们中的一些人感到吃惊的是，我居然决定拒绝哈佛。于是我回到阿根廷，并没有把后来成为《现代化和官僚威权主义》的书稿作为我的论文提交，而是把它作为一本书出版了。这样，获得丹福斯奖学金养活了我三年，但这也意味着我没有获得博士学位。这在我的职业生涯中已经变得不重要了，这没有阻止我做任何事情。既然我有着作发表，我本可以不那么在乎是否有博士学位。但后来，1984年我在巴西工作时，我没有博士学位倒成了一个问题。巴西很官僚，当威尔玛·法里亚（Vilmar Faría）和我决定向巴西的国家资助机构——研究与项目资助局（FINEP, Financiadora de Estudos e Projetos）——提请一个项目资助时，因为我没有博士学位，我的项目计划书被拒绝了。为了解决这个问题，他们指了条"道"（jeito）[2]：其他人代替我签字，我就能得到资助。但我说我不会那样做，我当即决定我需要拿一个博士学位。于是我写信给阿普特、达尔和斯捷潘，问他们是否愿意接受把我写的一篇关于1966—1973年阿根廷官僚威权政权的长篇手稿当作我的学位论文。他们最终接受了这篇学位论文，后来就成了我在1988年出版的著作《官僚威权主义》（O'Donnell 1988）。这就是我的学位论文和博士学位的故事。

多样处境下的研究和组建机构：从阿根廷到巴西再到美国

问：就像您的论文一样，您的职业生涯也不是直线式的。能谈谈您工作过的各个地方吗？从**1971**年您从耶鲁大学回到阿根廷开始。

答：1971年阿根廷第一个官僚威权政权瓦解，我进入了迪特拉研究所（the Di Tella Institute）的一个下属单位——公共行政调查中心（CIAP, Centro de Investigaciones en Administración Pública）。它是由受福特基金会资助的回到阿根廷的年轻学者——马塞洛·卡瓦罗西（Marcelo Cavarozzi）、奥斯卡·奥茨雷克（Oscar Oszlak）、奥拉西奥·博内欧（Horacio Boneo），以及一群受法国训练的同事，如但丁·卡普托（Dante Caputo）和霍尔赫·萨巴托（Jorge Sábato），共同组建的。这是一个非常好的群体，我们度过了一段美好的时光，直到1975年，迪特拉研究所开始担心它的两个被认为心向左派的附属中心：CIAP以及特别是由霍尔赫·哈多伊（Jorge Hardoy）领导的城市与地

---

[2] 一条"道"（jeito）指通过操弄体制来达到目的的一种创造性的、非正式的、通常是非法的手段。

区研究中心（CEUR, Centro de Estudios Urbanos y Regionales）。迪特拉研究所的一些人与军方关系密切，军方最终在1976年发动了政变[3]，他们驱逐了CEUR。我们这些在CIAP的人也被赶走了，只不过是以一种更为谈判协商的方式罢了。所以最后我们独立了出来。

问：国家与社会研究中心（CEDES, Centro de Estudios de Estado y Sociedad）就是这样创建的吗？

答：是的。我去巴西的坎皮纳斯参加一个会议，见了福特基金会的卡尔曼·西尔弗特（Kalman Silvert）。我还与瑞典发展合作机构SAREC（瑞典国际发展合作署）有过接触。我向他们介绍了我们的年轻研究员团队，讲述了尽管阿根廷局势危险，但我们如何试图留在阿根廷，以维护学术自由和反思的空间。我请求他们的支持，福特基金会和瑞典方立即同意了。因此，我们得到了两笔慷慨的赠款，于1975年6月创建了CEDES。

问：这段时间您有没有考虑过在美国找工作？

答：没有。我固执地决定留在阿根廷，我想在那里战斗，从内部开始。我收到了几份来自美国一些非常好的地方的正式邀请和更多非正式的邀约意向。我甚至收到了哈佛大学的第二份聘书，来自肯尼迪政府学院。我多次访问美国，并跟那边保持联系。例如，我曾在加州大学伯克利分校和密歇根大学安娜堡分校担任客座教授；我是普林斯顿高等研究院的研究员；我是社会科学研究理事会拉丁美洲研究联合委员会的成员。我这样做部分是出于学术兴趣和虚荣心，但也是策略性的。我在阿根廷的同事们和我认为，跟国外建立这些制度性的联系降低了我们被周遭暴力摧毁的可能性。

问：那些年在CEDES的学术生活是什么样的？

答：那是段疯狂的岁月。从1975年6月开始，与CEDES联系在一起

---

[3] 阿根廷在1966年至1973年间由军政府统治，1976年至1983年间再次被军政府统治。

就存在风险，而在 1976 年 3 月政变之后，这种联系甚至变得更加危险。此外，由于我是 CEDES 的主任和创始人，往往就成为威胁的目标。这些威胁来自两方面：军方、准军事组织和其他右翼势力，也有与庇隆主义运动有联系的左翼城市游击队组织蒙特内罗（Montoneros）。我从朋友那里得知，CEDES 和我都被盯得很紧。被两边都盯上了，这很古怪。我们开了个黑色幽默式的玩笑，说我们至少应该享有一项重要的人权：知道哪个团体杀了你的权利！但这是一个严重的问题。一些 CEDES 的成员不得不尽快离开这个国家。

我会永远记得政变后的那一天，一个今天很有名的人来告诉我，他是蒙特内罗的财务官，而我们是帝国主义的代理人，因为我们从外国基金会拿到了这些钱。他说我们必须向他们交税，而这税比我们收到的钱多了三四倍！所以我笑了。我笑了，当然，因为我太紧张了。这家伙感觉受到了侮辱，因为我在笑。但我说，"没门。"他说，"好吧，你等着瞧。"

对我们来说，这也是一个非常有创意的时期。我们花了全部的时间和精力试图理解阿根廷发生了什么以及可能发生什么。那是一段激烈讨论的时期，那些年产生了一些独特的著作。我们所有人都经常外出旅行，以满足自己的智识需求，并加强自我保护。我们结交了一些好朋友：巴西人费尔南多·恩里克·卡多佐（Fernando Henrique Cardoso）和弗朗西斯科·韦福特（Francisco Weffort），智利人曼努埃尔·安东尼奥·加勒东（Manuel Antonio Garretón）、里卡多·拉各斯（Ricardo Lagos）和诺伯特·莱希纳（Norbert Lechner），秘鲁人胡里奥·科特勒（Julio Cotler）以及其他人。事实上，当时我们把自己拉美化了。当然，还有其他一些来自拉丁美洲之外志同道合的朋友。但参与讨论的主要是巴西人、智利人和阿根廷人。我们经常见面，在个人关系上和机构制度方面相互支持。

我们具有共同的道德和政治语言。我们想要摆脱这些威权怪物，拥有民主，曾经美妙的政治民主。在这些道德和政治目标上，我们有强烈的一致意见。我们有一套相当共通、相当折中的理论语言。巴西人正从他们的马克思主义转向更加韦伯主义的立场。智利人已经是那样了——他们没有一个人曾经是强硬的马克思主义者。正如你在我的第一本书（O'Donnell

1973）中所看到的，我本质上有一种韦伯式的嗜好，当然也有一些新马克思主义倾向。这些与拉丁美洲同事，特别是智利人和巴西人的讨论，内容之丰富令人难以置信。

问：这个群体是否明确地认定自己正在努力形成一种对该地区的不同视角，从而可能取代美国研究拉丁美洲的方式？

答：并没有。那时候我们全神贯注于暴力和恐惧背景下那些活生生的现实关切。我们没有人坐而论道，说"我要弄一套替代理论"。

问：这个群体有没有开展什么联合项目？

答：我们一起承担了几个项目。最重要的项目研究在卡多佐位于圣保罗市内的住所举办的一次会议上达到高潮，我们这些巴西人、智利人、阿根廷人进行了三天精彩的讨论。这是一个由福特基金会资助的关于经济稳定的研究项目，我们反对自由市场，以及当时被阿根廷的马丁内斯·德-霍兹（Martínez de Hoz）、智利的皮诺切特（Pinochet）、还有巴西的德尔芬·内托（Delfim Netto）以一种不那么正统的方式跟风采纳的新自由主义政策。政府情报机构认为这次会议可能涉及拉丁美洲左翼的阴谋。后来我们得知，我们一直受到巴西情报机构的密切关注。

问：这个项目有什么成果？

答：嗯，这是我的遗憾之一。经济学家何塞·塞拉（José Serra）、罗伯托·弗伦克尔（Roberto Frenkel）和亚历杭德罗·福克斯雷（Alejandro Foxley）着手经济分析。政治学家和社会学家加勒东（Garretón）、恩佐·法莱托（Enzo Faletto）、卡多佐（Cardoso）、韦福特（Weffort）和我提供政治分析。最后，我们只留下了几篇论文，分别发表。我和弗伦克尔一起写了一篇文章并发表了（Frenkel and O'Donnell 1979）。但我们从未出版过一本用于批判当时正统的新自由主义调整政策的书。我们有一些有价值的东西要说，与今天对新自由主义的失败进行的批评没有什么不同。如果当时弄出来的话，会是一份证言、一项成就。我们本可以出版那本书的。如果那样就太好了，但我们没弄成。

问：您最终于1979年底离开了阿根廷。

答：我离开的部分原因是为了家庭。但还有另一个原因。到1979年，阿根廷的高风险期已经过去，或者至少风险明显下降了。在此之前，在那些更危险的岁月里，我有点无所畏惧、藐视威胁的男子汉气概。出于虚荣和勇气，我确实经历了这些风险。但在高风险时期结束后，我终于开始觉得自己再也无法忍受了，我必须离开。我对许多阿根廷人心怀不满，因为我看到他们支持，或至少是宽恕了军方统治者的所作所为。所以我决定离开，去国外待一段时间。

我对巴西和巴西知识分子非常感兴趣。我与几个巴西人保持着长期的联系。坎迪多·门德斯（Cándido Mendes）给了我一个将于1982年在里约热内卢召开的国际政治科学协会（IPSA）世界大会的程序委员会主席职位。大会召开之前需要做很多准备工作，我也能得到一份不错的薪水。我应承了这份工作，搬到了里约，在里约热内卢大学研究所（IUPERJ）待着。第二年我获得了古根海姆学者奖学金，这在经济上帮了我。不过，我当时的想法是在里约热内卢待两年左右，然后回到阿根廷。但此后卡多佐离开了巴西分析与规划中心（CEBRAP），因为他作为参议员已经变得很活跃了，CEBRAP给了我卡多佐的那个位子。我接下了这份工作，1982年去了位于圣保罗的CEBRAP。第二年，也就是1983年，我在圣母大学找到了一份工作，从那以后我一直待在这儿。1979年后，我再也没有回到阿根廷生活过。

问：在接受圣母大学的工作之前，您收到过几份工作邀请？是圣母大学的什么让您最终决定搬来美国？

答：我从美国收到的其他工作邀请都是正常的聘任，要求我在那里全职生活。但我从来没有准备好这样。我一直抱有希望或者认为巴西或阿根廷的情况会好转。我觉得在巴西很舒服。这对外国人来说挺美妙的，在巴西，知识分子的生活有些像官老爷（mandarinate）的生活，非常愉快。但是接着圣母大学就找来了。西奥多·赫斯伯格神父（Father Theodore Hesburgh）和欧内斯特·巴特尔神父（Father Ernest Bartell）为我和亚历杭德罗·福克斯雷提供了一份完全不同类型的工作，一项挑战。海伦·凯洛格女士捐赠了1000万美元，建立了一个国际问题研究所。赫斯伯格给了福克斯雷和我一个机会，让我们组建一个聚焦于拉丁美洲的项目，没有任何学院杂务干扰，也没有任何先决条件。和福克斯雷一起工作的机会对我很有吸引力。他是一位杰出的经济学家，一位明智的领导人，我们相识多年，是好朋友。我们都认为我们会成为好伙伴。另外，我不需要在印第安纳州的南本德（South Bend）待上一整年，我只需要每年在那里待上4个月，从9月到12月，4月再过去一段时间。所以如果我想的话，我可以继续住在巴西或阿根廷。

拥有这些重要的资源和一位我尊敬的合作伙伴，这条件当然很诱人。我还和研究所执行主任巴特尔神父相处得很好。可以领导这个研究所，并在其中提出一项拉丁美洲研究议程，而且是由拉丁美洲人制定的，重点关注我们一直致力于解决的各种问题，这一前景相当诱人。于是福克斯雷和我说"行"。

问：您的工作状况下一个重大变化发生在1997年，当时您开始在圣母大学全职工作。

答：是的。在接受圣母大学职位的15年后，我的生活再次发生了改变。我离了婚又再婚。我也变老了。每次我想从自己的藏书中找一本书的时候，它好像总是在别的地方，这是种永无止境的烦恼。没有一个固定的家显得太忙乱了。所以，1996年，我和圣母大学重新商谈了我的合同。长期以来，我一直打算结束凯洛格研究所学术主任的职位。我辞了职，接受了一个要求我一年教两门课的教职。我不能抱怨。圣母大学对我很好。我在密歇根买了所房子，现在那里是我的家。

问：您在拉美和美国都有广泛的生活和工作经历，您如何比较在拉美和美国组建学术机构的经验？

答：在凯洛格研究所头几年的工作非常有成效。然后，当然，一切都变得制度化，也有些官僚化。但我认为那些年在思想上是非常非常宝贵的。正如我之前告诉你的，我在 CEDES 的经历也很重要，但那里的环境比凯洛格研究所更为大胆。我为这两个机构感到骄傲。就像你养育的每一个孩子，在他们长大后，他们会成为属于他们自己的创造物。你不一定赞同他们做的每一件事，但你仍然保留着强烈的情感纽带。

问：您如何比较拉美和美国政治学家的作用？主要的区别是什么？

答：主要区别在于，在拉美，学术与政治的界限比在美国模糊得多。这意味着你在每个社会中的角色的社会和政治界定是不一样的。在拉丁美洲，你被认为是某种政治行动者，你所说的东西可能就是一个政治事件。正如我们前面讨论的，它有时是有风险的，但它也更具挑战性和趣味性。与此相反，在美国，我有时感到缺乏与现实世界事件密切接触所带来的兴奋感。你拥有作为一名受到良好保护的观察员的所有优势。但这是有代价的，你会脱离社会现实，你的工作会丧失掉一些触觉、一些活力、一些冲劲（élan）。而这些都是政治学的重要组成部分。

当然，钱是另一个因素。在阿根廷，你必须以比美国更低的收入过着更简朴的生活，而且要获得科研支持，即使不是不可能，也是很困难的。但主要问题是不确定性。你永远不知道你的资助明年是否还会有，或者你的机构是否还能继续存在。所以这是个真正的权衡取舍。在获得消费品和日常生活的安宁方面，美国具有实实在在的优势。但在其他方面，我发现拉美使我的学术生涯更生机勃勃。

政体与民主研究

官僚威权主义

问：说到您的研究，我想从您对官僚威权主义的研究，以及您的第一本书《现代化和官僚威权主义》（O'Donnell 1973）的起源开始说起。

答：这本书脱胎于我在耶鲁大学的研讨班上写的一些论文，以及我和一些教授的对话。导言是我交给大卫·阿普特的一篇论文，我在这篇论文中批评了我们在他的课上讨论过的现代化理论家。大卫的著作是关于现代化的，但他对现代化理论持批判态度，所以我们进行了一些有趣的讨论。总的来说，大卫·阿普特对我的书能成型非常有帮助，包括在我糟糕的英文方面给了我很多帮助。更多历史性的章节是从我在达尔关于多头政体的课程写的一篇论文发展而成的——也就是《多头政体》里那个脚注的出处（Dahl 1971，132）。关于不可能博弈的那一章起源于我为道格拉斯·雷（Douglas Rae）教授的关于理性选择方法的研讨班写的一篇论文。

问：这本书以及您此后出版的有关官僚威权主义的著作背后的主要关注点是什么？

答：我始终抓住官僚威权主义政权的出现这个问题，这样的政权先后于 1964 年在巴西、1966 年在阿根廷上台掌权。我发觉自己在两条战线上作战。一条战线是学术上的，讨论围绕着如何标识这些政权的特征展开。我认为，这些政权是一种新型政权，我们已有的考迪略主义（caudillismo）、民粹主义或极权主义理论模型都不贴合巴西和阿根廷的情况。我建议将这些政权视为官僚威权政体，一种新型的威权主义政体。但还有另一条战线——政治上的战线。这一战线与拉丁美洲的讨论有关，这是一场艰苦的讨论，它以激进左翼分子使用法西斯主义或新法西斯主义的标签来描述巴西和阿根廷政权的特点为关键。这种特征界定有直接的政治意涵，正如特奥多尼奥·多斯桑托斯（Theotônio Dos Santos 1968, 1977）和其他人清晰表达出来的那样，意味着反对这些"新"法西斯主义，则目标应该是社会主义革命。与之相反，我感兴趣的是研究这些政权，了解它们的内部运作和张力，以此作为通过非暴力手段摆脱它们和最终实现政治民主的一个步骤。支持这些政权的右翼分子——人们必须记住，巴西和阿根廷的政权从社会中非常强大的阶层处得到了很多支持——认为我是一个颠覆性的左翼分子。另一方面，激进的左翼人士认为，像我这样的人往好了说充其量是"改革派"，往坏了说则是威权政权的帮凶。

所以我不仅仅是在详细阐述一种学术上有趣的政体类型。刻画这些政权的特征，并说明这是一种新的政治动物，具有这样或那样的显著特性，这在政治上有许多利害攸关之处。总起来讲，前景问题——这些政权如何能够改变，以何种方式改变——是非常重要的。这确实是最吸引人的问题，也是我的激情和兴趣所在。正如我前面说过的，在拉丁美洲，学术与政治的界限相当模糊。我的工作既知性又学术，但也有很强的政治性。我想这在我的生命中是很典型的状况。

问：除了这场主要在拉美国家展开的辩论之外，您关于官僚威权主义的著作被解读为与美国研究拉美的学者的争辩。在许多现代化理论家的著作中，您被视为明确地反对目的论观点。

答：我反对并批判那些提出普遍趋势并具有目的论嗜好的理论。这种倾向是典型的帝国中心论。英国人如此，苏联人如此，美国知识分子也一直如此。其核心思想是，因为你处于中心位置，你可以看到历史上的一些普遍趋势，这些趋势正在或应该在任何地方出现。我反对这种观点，因为我非常清楚拉丁美洲的状况，也因为它否认了不同地区的历史特殊性。从这个意义上说，我认为现代化理论是有缺陷的。

而且，在耶鲁读书期间，我强烈反对有关拉丁美洲为什么表现如此糟糕的文化主义理论。我在政治上尤其反对右翼文化主义理论，他们认为巴西和阿根廷的官僚威权政权是拉美文化的自然产物。这些理论在政治上并非无害，但它们产生了非常真实的政治后果。例如，阿根廷的翁加尼亚（Onganía）政权和巴西军方就调用这样的观点来为他们的统治辩护。所以，我在寻找工具来批判和证伪这些理论。其中一个工具是博弈论，我在我的第一本书中尝试使用它，尽管我从来没有足够的数学知识达到形式化的程度。我发现，人们通常追求他们认为于己有利的目标，理性的预设具有吸引力，部分原因是我接受过律师培训。

问：谈到现在，我们一直聚焦于您的对手、您所反对的著作。那么您借鉴或模仿的著作，也就是对您在官僚威权主义的研究产生积极影响的著作呢？

答：我想指出对《现代化和官僚威权主义》产生正面影响的三个因素。卡多佐和法莱托（Cardoso and Faletto 1979）[4] 以及塞尔索·富尔塔多（Celso Furtado 1970）的影响很大；还有韦伯的影响；最后，还有盎格鲁-撒克逊腔调。这是三种主要影响因素，当然也包括一些新马克思主义。

卡多佐和法莱托的《拉丁美洲的依附和发展》（1979）对我的思想产生了巨大的影响。这是一本伟大的书，它提供了一个具有宏观视角的优秀社会科学的例子，这是韦伯和新马克思主义主题的不寻常的结合。我喜欢那种思维方式。此外，他们强调要带着历史眼光看问题，欣赏你所研究的东西的历史根源的特殊性，我赞成这种立场。我看到这些元素在卡多佐和法莱托所谓的"历史结构的"研究路径中结合在一起，就是说，你必须从历史角度出发考虑到一些大结构：国家、阶级和国际背景。只有在这些涵盖性的参数中，你才能理解行动者的理性。

虽然你在我的思想中可以找到新马克思主义的痕迹，但我从来不是马克思主义者。对我们这一代人来说，马克思无处不在，他在语言和讨论中都有潜移默化的影响。我读完研究生回到阿根廷后，开始重读马克思的著作，所以这是一种影响。但我更偏爱年轻的、黑格尔式的马克思，而不是《资本论》时期的马克思。与此相反，从根本上讲我整体上偏向韦伯，正如我已经提过的，这在很大程度上要归功于胡安·林茨。

问：您认为您关于官僚威权主义的著作会收到什么样的反应？是否有一些方面被误解或受到不公正的批评？

答：我很幸运，这本书被广泛阅读。最糟糕不过的事情之一就是被忽视。如果他们注意了，特别是如果他们关注很多，就是有回报了。当人们读到并引用你的话时，这令人欣慰。从这个意义上说，我没有什么可抱怨的。我的一个不满是，有些人说，因为我提出官僚威权政权可能会促进经济增长，所以我的著作赞扬了这些政权。有几位作者这么说过，但他们大

---

[4] 卡多佐和法莱托的《拉丁美洲的依附与发展》西班牙语版于1969年出版。

错特错了。我发现这些明显有违我的文字和意图的曲解真的很烦人。

问：对《现代化和官僚威权主义》的批评之一是，它提供了一个对民主崩溃的解释，但过度依赖结构因素和经济驱动，没有说明政治行动者以及他们的选择的作用，这类因素后来在林茨和斯捷潘的《民主政权的崩溃》(1978) 中，尤其是在林茨（1978）贡献的部分被强调出来。您如何回应这种批评？

答：事实上，我给林茨与斯捷潘那本书贡献了一章（O'Donnell 1978a），这是对我的《现代化和官僚威权主义》中政治章节的重写，它是在分析前两章中发展起来的结构背景的基础上产生的。所以我认为两者并不矛盾。正如我在讨论卡多佐和法莱托对我的工作的影响时所说，要理解行动者是如何做出理性决策的，首先需要掌握他们行动的背景参数。我首先关注这些宏观参数，然后带入行动者，分析他们是如何从事理性行为的。

我确实写过一篇文章，《对变迁模式的反思》(O'Donnell 1978b)，我认为这篇文章太过结构主义，太过经济至上。这可能是我一生中写过的最糟糕的东西之一，但讽刺的是，这是我最受关注的著作之一。我意识到这篇文章太强调经济了，在我接下来的两篇文章——"国家和联盟"那篇（O'Donnell 1978c）和我为科利尔编的那本书写的那一章之中（O'Donnell 1979a），我试图加以纠正，通过更多地强调结构或经济因素与政治之间的互动，让我的思考"再平衡"。"国家与联盟"这篇文章是我最喜欢的一篇著作，1976 年阿根廷发生军事政变后，我在极度愤怒和恐惧的时刻，在阿根廷写下了这篇文章。

问：亚当·普沃斯基等人（Przeworski et al. 2000, 99-101）最近对《现代化和官僚威权主义》的批评是，阿根廷作为您大部分理论化工作的基础，恰恰是一个"离群值"（outlier）。您认为这个意见怎么样？

答：没错，阿根廷的确是一个"离群值"，这正是我 1973 年在《现代化与官僚威权主义》论证的观点。普沃斯基等人最近也做出了这一发现，对此我感到欣慰，尽管对阿根廷而言没啥必要。

问：您在大卫·科利尔主编的《新威权主义》一书中贡献的章节（O'Donnell 1979a）很好地阐述了您的研究路径。[5] 你们没有回顾过去，重新评估你们协助发起的辩论的情况，而是展望未来，把注意力集中在下一个议题上，即从威权政权过渡的问题上。

答：大卫·科利尔主编的这本书对整合已经完成或正在准备的工作做出了巨大贡献，这本书基本上是面向英语读者的。大卫召集了一个优秀的团队，组织了几次非常好的会议，并劝诱作者们展开他们的论点，互相提点。在使这些交流具体化以及撰写他自己的非常有价值的章节方面，大卫做出了很大贡献。

事实上，我在科利尔这本书中的那一章并不是对这本书的主题的反思，甚至也不是对文献的反思。我觉得自己没有动力回头看，以及评估那些在我已经提出的问题上展开的辩论，我发现那种工作远不如面对一些新问题有趣。20世纪70年代末，当我们在写这本书的时候，我很清楚，阿根廷政权不会持久，因为有太多的紧张和矛盾。此外，西班牙、希腊和葡萄牙的转型正在进行当中。所以我已经转而关注别的事情了。我开始对下一个话题产生了浓厚的兴趣，那就是从威权主义的转型。

我有一些同事很生气地告诉我，在花了一些时间看完我的一些文章之后，我已经转向另一个话题了。在某种意义上，我认为这是我一个不好的特点。但这是我一直无法控制的。这么说吧，当一个新的主题吸引我的时候，我就把孩子们交给他们的叔叔伯伯们，然后继续前进。这就是我的工作方式。

问：您认为《现代化和官僚威权主义》为什么会引起如此大的轰动呢？

答：我真的不知道。我最好的预感大概是库恩式的（Kuhn 1962）：这么些"新威权主义"壮观的崛起，似乎越来越清楚的是，现有的理论和类型

---

[5] 关于《新威权主义》项目，参见本书第15章对大卫·科利尔的采访。

学无法解释它们。至于我的书，尽管有各种缺陷，但却提供了一种新的、肯定更有说服力的解释，不仅如此，还提出了新的研究问题。

从威权统治向民主转型

问：您能谈谈伍德罗·威尔逊中心项目的起源吗？那个项目促成了您1986年与菲利普·施密特和劳伦斯·怀特海德（Laurence Whitehead）合作编纂的关于政体转型的书。[6]

答：这个项目有一个有趣的起源。亚伯·洛温塔尔（Abe Lowenthal）创立了伍德罗·威尔逊国际研究中心的拉丁美洲项目，并成立了一个很棒的委员会，由阿尔伯特·赫希曼担任主席，我也是其中一员。委员会一年开两次会，1978年我们开了次会，讨论如何用这个项目做点什么事情的新想法。

那时我还在阿根廷，我和费尔南多·恩里克·卡多佐（他也是董事会的一员）在圣保罗搭档工作，因此我们可以一起去到美国。旅行中喝了点酒，我们讨论起对会议的看法，我告诉他，我认为是时候考虑转型问题了。我确信，我们都确信，巴西和阿根廷军方统治者的日子屈指可数了。事实上，我在科利尔编的那本书里写的一章中就已经阐述了这种信念的原因，这一章的标题本身就表明了这一点，"官僚威权国家的张力和民主问题"（O'Donnell 1979a）。我对费尔南多·恩里克说，"也许现在是研究向民主转型问题的时候了。"我们在飞机上花了两三个小时搞头脑风暴，讨论是否要向威尔逊中心提出这个想法。

当我们到达美国时，我们计划先和委员会的另一位成员菲利普·施密特谈谈。菲利普和我一起在阿根廷教过一个SSRC的研讨班——1974年庇隆去世当天我们正好在研讨班上上课。他也是费尔南多·恩里克的好朋友，一直在积极协调巴西的人权保护运动。当我们告诉施密特有关研究转型问题的想法时，他居然也有同样的想法！所以我们决定把这个建议提交给威尔逊中心，以及洛温塔尔、赫希曼，整个委员会立刻认为这是个好主意。

---

[6] 参见第10章对施密特的采访，了解他对政体转型项目的看法。

我们开了一次很棒的会议,我们开始考虑如何推进这个项目。正是那个时候,阿贝·洛温塔尔发明了"深思熟虑的愿望"(thoughtful wishing)——而非"一厢情愿的想法"(wishful thinking)——的表达方式,来描述我们对威权政权垮台的共同期望。只言片语,意味深长。尽管如此,我们仍然面临来自华盛顿的许多人的深切质疑,其中包括威尔逊中心主任詹姆斯·比灵顿(James Billington)。幸运的是,阿贝消除了这些疑虑。我们也得到了赫希曼和委员会其他成员的大力支持。所以阿贝得到了第一笔拨款,项目开始了。

后来,费尔南多·恩里克接替了圣保罗州联邦参议员的位子,于是他不能作为项目主任之一参与项目了。当时我们邀请劳伦斯·怀特海德担任主编之一,我们很幸运,他接受了我们的邀请。这就是为什么这本书的主编按字母顺序依次是奥唐纳尔、施密特、怀特海德。

问:这个项目涉及很多会议。

答:我们在1979、1980和1981年举行了三次会议。最初的讨论集中在两篇论文上。其中一篇论文是菲利普写的关于马基雅维利的著作及其对转型的教益的论文(Schmitter 1979b)。另一篇论文是我写的。它是单独发表的,最初于1979年以西班牙文发表,最近才出了英文版。[7] 这篇文章我很自豪。它提出了关于强硬派和温和派、两种不同的反对派、市民社会的复活以及后来在文献中出现的其他主题的大致规划。

许多人参加了这些会议,包括几位由于各种原因没有为最终的书撰写论文的学者——亚历山德罗·皮佐诺(Alessandro Pizzorno)、阿图罗·瓦伦祖拉(Arturo Valenzuela)、林茨、达尔。所有的参与者都是非常有趣、聪明的人。我从他们身上学到了很多,他们也为这个项目增添了很多东西。例如,阿尔弗雷德·斯捷潘(Stephan 1986)的论文提出了一个不同转型道路的模型,这个模型非常有用,提供了比菲利普和我所提的更复杂、更丰富的视

---

[7] 这篇论文最初发表的版本是 O'Donnell(1979b),后来是 O'Donnell(1982),英文版是 O'Donnell(1999a)。

角。亚当·普沃斯基（Przeworski 1986）在他的那一章里基本用理性选择语言描述了菲利普和我提出的方案。[8] 劳伦斯·怀特海德（Whitehead 1986）对国际背景的分析是一个重要的补充。还有一些很棒的个案研究。

问：我想问一下您与施密特的合作，这最终导致了该项目的核心声明——《关于不确定民主的试探性结论》（O'Donnell and Schmitter 1986）。您不太擅长与人合著著作。这次经历如何？在最终定稿之前你经历了哪些步骤？

答：我是一个孤单的工匠。这让我成为一个糟糕的雇主，因为我很少雇研究助理。事实上，我觉得很惊讶，居然有人会雇一个学生来为他阅读和总结书籍，我永远也做不到。但我也合作过几次，其中最重要的一次就是和菲利普合作。合作成功的原因有几个。首先，我们过去是好朋友，现在也是好朋友。其次，我们在智识上真正地相互尊重，这是成功合作的必要条件。最后，我们在写作的过程中只有两次实际接触，这可能有助于解释为什么我们没有互相厮杀。

至于写我们这本书所经历的步骤，我根据我为 1979 年在威尔逊中心举行的会议准备的论文写了初稿（O'Donnell 1979b）。然后菲利普来到凯洛格研究所，在这里待了一段时间，写出了一个新版本，在这个版本中他引入了几个重要的变化和补充。我们的初稿保留了我在最初的论文中提出的基本方案。但菲利普加入了一些与众不同的主题。例如，他加入了我的草稿中完全没有的东西：政党。在我的论文中没有涉及政党，这当然是一个严重的问题。菲利普还强调了协议转型（pacted transitions）的重要性。正如胡安·林茨（Linz 1981）在他关于西班牙的著作中所主张的那样，促成协议转型似乎有明显的优势。但我不像菲利普那样相信协议转型的便利性，我们必须就这个问题进行商议。最后，我认为这是对我们文稿的一个可喜补充。特别是，菲利普提出了一种比现有文献中更好的观点，来研究协议转型中

---

[8] 参见本书第 13 章和第 12 章对普沃斯基和斯捷潘的访谈，可以看到他们各自关于政权转型项目的看法。

所涉及的权衡取舍。但是，我们的文稿对于协议转型的表述仍然是有矛盾的，因为它反映了我们从未在商议中达成真正的完全一致。

最后，我们在佛罗伦萨相聚，在那里，我们与怀特海德一起，在一个环境绝佳的地方，与美丽的葡萄园、橄榄林、美食美酒相伴，共同进行调整和最后的修改。我们在那里待了大约10天。当我们结束时，我们计划在马基雅维利曾经住过的地方用餐。但是晚饭前我去洗澡，把腿给摔断了。这是一场灾难。我们没有去吃晚饭，结果倒进了医院。第二天，菲利普的母亲去世了。这件事有个灾难性的结局。

问：您一定对1986年与施密特合作的著作非常满意。这是一本非常成功的著作，被列为近年来比较政治学中引用最多的书籍之一。

答：它显然引起了轰动。不仅是学者，记者和政治家也把它拿来读。它在南非、波兰、匈牙利、韩国和苏联等国被广泛阅读，大多数情况下是作为被翻译出来的地下出版物（*samizdat*）。甚至今天我还会遇到一些来自某个国家的人，他们告诉我这本书多有用。它的影响力可能部分是因为它显然给了许多人希望，它有一种超越知识分子群体的滋补价值，这非常好。你写一些有价值的东西给人们，这是你做梦都想发生的事情。这是我生活中最大的满足之一。

问：您和施密特合著的这本书除了广受好评，也受到了不少批评。两种经常出现的批评意见是，这种分析是精英论的，而且忽视了国际维度。

答：我觉得批评我们只提供了精英层面的模型是没有道理的。这一定与我们写这个著作的方式有关。其实，我们坚持的是民众情绪高涨的重要性、市民社会的复活。我们认为，这种群众动员是促使民主化者能够推动转型、将自由化进程带离威权主义温和派所希望的限制的关键元素。因此，转型的动力是由群众动员、民众要求和政治领导人之间的辩证关系所决定的。我们强调，如果没有自下而上的、民众的成分，大多数转型将会停滞，因为纯粹精英层面的进程并不会导致民主转型。当然，一种可能的批评是，我们的模式错误地界定了精英与群众之间的互动。但坦率地说，我不理解那些更宽泛的批评意见,即我们忽视了民众一方,只提供了精英层面的模型。我们坚持认为群众动员在转型中起了关键作用。

至于国际维度,我同意我与施密特的工作忽略了这一点。国际维度并不是在所有个案中都同样运作。例如,它在西班牙这一个案中发挥了作用,但在1971年的阿根廷却没有发挥作用。但就将转型概念化而言,我认为应该将国际因素充分纳入到理论框架中去,而我们在自己的文稿中没有做到这一点。不过话说回来,怀特海德(Whitehead 1986)写的那一章很好地解决了这个问题。

问:另一种批评思路——挺讽刺的,您之前关于官僚威权主义的著作受到了完全相反的批评——就是您和施密特合著的这本书过于唯意志论,忽略了结构性变量的作用。

答:我与施密特合著的书是一份政治性文本(politicist text)。我同意,我们在很大程度上忽视了结构性因素。此外,我之前和之后写的似乎不一致。但对于这种明显的不一致,我有一个部分心理上的、部分理论上的解释。现有的理论告诉我们,在经济发展到一定水平或政治文化成熟之前,政治民主化是没有希望的。我们发现这种看法相当悲观,因此我们试图强调政治因素、有目的的政治行动,并展示政治如何能够抵消或激活这些缓慢改变的结构性因素。我们也有一个观念,我仍然坚持这一点,即结构变量对行为的影响并不是一个常数,它本身就是一个变量。具体地说,菲利普和我认为,由于在转型时期,政治博弈没有既定的规则,因此在普遍不确定的时期,所有结构变量的影响都会减少。但我同意,我们夸大了对政治的强调,我们本应该更加细致入微。

关键的一点是,这是一部政治性很强的著作。我们在写政治,而不只是一本学术论著。我们为知识分子、记者和政治领导人写作。如果你看看是谁写的那些章节——卡多佐、卢西亚诺·马丁斯(Luciano Martins)、曼努埃尔·安东尼奥、加勒东、马塞洛·卡瓦罗西、胡里奥·科特勒、何塞·玛利亚·马拉沃尔(José María Maravall)——所有这些人实际上都在他们国家参与了反对威权政治的斗争。对普沃斯基来说,波兰的未来萦绕不去。

我也是一个政治行动者。我们都是非常显眼的知识分子，不仅在撰写政治学著作，而且还是在感同身受撰写我们自己国家的政治。我们也在传递一个信息：不要绝望！在威权政权内部以及它们与社会之间存在深刻的矛盾与张力，即使统治者试图把这些弱点隐藏到令人印象深刻的强制面孔的背后，有助于利用这种矛盾与张力的反抗策略也确实存在。所以，是的，这里面非常强调政治因素，但这并非偶然，整个项目就是一件非常政治化的事情。

问：尽管您对官僚威权主义和转型的研究之间存在这些差异，但有一点始终如一：您希望继续研究新问题。相反，施密特把你们的共同工作作为一个起点，试图创建一个"转型学"研究领域，探索将这项工作的基本观点推广到东欧、南非和东亚的可能性。您对这一努力有何看法？

答：我第一次听到"转型学"（transitology）这个词是在有人拿它开玩笑的时候，因为它听起来很有趣。但后来它成了一个固定的词。我在自己的工作中小心翼翼地避开了它。后来，当我听说"巩固学"（consolidology）的时候，我差点心脏病发作。巩固学让我感到紧张，并准备好了否认与这头怪物有任何亲缘关系。在这方面，菲利普和我不一样，我们有不同的个人和思想风格。我钦佩菲利普的智慧。正如我告诉过你的，我一直在意不要忽视个案的特殊性。例如，我曾谨慎地说，官僚威权主义对拉丁美洲"南锥体"是一个有用的概念，但我认为它不适合墨西哥。如果有人说韩国是官僚威权式国家，上帝保佑他们，但我不是这个意思，因为我对这一个案了解不够。

菲利普和我阐述的转型模式确实有一些一般性主张。但我从来没有想过我有足够的知识或权威说我们的模型是否适用于我不太了解的那些个案。总的来说，我觉得我应该把这种判断留给那些对其他国家有深入了解的人。如果他们同意我们的方案，那太好了。如果它不起作用，我们仍然可以通过问为什么它不起作用来学到东西。让我说清楚，我并不是要放弃一般性概念。但是，除了少数我可以声称掌握了相当细节的知识的个案之外，我认为我所知的还不足以说明我发现有用的概念应当更一般化地加以应用。

这就是我的自我克制的方法论立场。

让我在这个问题上补充一点与菲利普的工作无关的东西——相当对立。我经常被"北方"人惹恼——不只是北美人,也包括欧洲人——他们来到阿根廷,在布宜诺斯艾利斯的市中心待上两周,就像他们的经济学家兄弟们一样,给基本上跟他们语言都不通的穷苦本地人甩出现成的药方,说该拿司法怎么开刀、拿国会或者政党怎么开刀,或怎么样拓展法治、改革警察,或者不管什么方子吧。这些转型学家和巩固学家们就像一家收入丰厚的旅游公司,告诉你如果你想要巩固民主、稳定民主或怎么着民主吧,你就应该从改革那些碰巧他们声称拥有专业知识的制度或政策领域开始。我觉得这种行为太不恰当了,哪怕只是出于良心,对任何可能像这样的事情我都会躲得远远的。从这个意义上说,你可以叫我弃权派转型学家,也可以叫我好斗的反巩固学家。

民主的质量

问:在简要地关注民主巩固问题之后(Mainwaring, O'Donnell, and Valenzuela 1992),自20世纪90年代初以来您的研究转向了有关民主质量的问题。[9] 能谈谈这个正在进行之中的研究项目的驱动疑问和想法吗?

答:回到转型项目,我们所有人都参与其中的部分原因是,我们都对民主会带来什么抱有基本乐观的态度。我们认为,成功的转型不仅会带来政治民主,还会带来许多其他好处。我们认为,至少在拉丁美洲,这些新兴的民主制度将比我们以前的有缺陷的民主制度要好得多,因为这一次政治民主可以为社会正义张目。我们知道西班牙人已经遭遇了他们所谓的民主怯魅(*desencanto*),所以我们期望会有一剂这样的良药。我们仍认为,回归正常政治将导致民主体面地运转。当然,事后看来,我们如今可以说,尽管在某些个案中情况相当不错,比如西班牙、葡萄牙,或许还有智利和乌拉圭,但在大多数个案之中,情况非常令人失望。

---

〔9〕 这时期的一些最重要的文章收录于 O'Donnell(1999b, Part IV)和 O'Donnell(2001, 2004)中。

我看到，对于拉丁美洲和其他地区民主的麻烦局面，知识分子的反应出现了严重分歧。一种反应是认为一些国家偏离了某种"正常"道路或模式，没有遵循规定的路线或可能的最佳路线。这一观点与早期的现代化理论非常相似，它提出了普遍的趋势，具有目的论的嗜好，只被相当少数的作者们采纳。我赞成的另一种不同的反应是，不要采取这种假定案例正沿着预先设定的路径移动的视角，而是去研究一系列区域性的和受时间限制的特殊性问题。

我在《民主学报》上发表的一篇文章（O'Donnell 1996）中提出了对民主巩固相关文献的批评，就此开启了一项全新的研究计划，提出了一个规范性很强并且雄心勃勃的学术研究议程。关于规范部分，我承认自己怀着复杂的感情。即使是有缺陷的民主政体也与威权政体大不相同。如果回到威权主义开始转型之前来看，情形是非常清楚的。我憎恶那些政权，很高兴看到它们被推翻。然而，这段时间以来，即使我还记得军方掌权那时候情况有多糟糕，我也会感到痛苦，有时还会对阿根廷，对那里正在发生的事情，对目前许多拉美民主国家的总体局势感到愤怒。我不接受我的一些朋友和当权者的忠告，即：闭嘴，不要批评，因为这样可能危及这些民主国家的生存。我想做的是对拉丁美洲的民主制度提出民主的批评。

从知识分子的角度来看，我们需要的是对民主理论的重新思考，正如我在最近发表的文章（O'Donnell 2001, 2004）之中开始概述的那样。认为有一种所谓的"民主理论"只需要稍加微调就可以很容易地"出口"到拉丁美洲等地，这种看法是错误的。

问：现有的民主理论有什么问题？

答：当代主流政治学，特别是盎格鲁-撒克逊政治学，提出了一种"后熊彼特式"（post-Schumpeterian）民主理论。达尔的工作为这些观点提供了最直观、最智慧的表现形态。我发现这个理论在某种意义上非常有用。它强调选举、结社自由等等，这些都非常重要。不过，我越来越相信，这套理论存在一个基本问题，即它只关注政体。在我看来，这是非常局限的，因为我认为民主超越了政权，包括了国家和社会的各个方面。现在，有很好的历史和理论理由可以解释为什么在高度发达的国家，你可以只研究政权而不考虑它之外的因素。我不认为这完全正确，但这是可以理解的。可是如果你去拉丁美洲，这种姿态显然是不够的。即使你对了解政权本身感兴趣，你也需要了解一些并非严格属于政权组成部分的因素。

问：不过您肯定很清楚试图扩大民主概念会带来的危险。

答：是的。我觉得自己好像踏上了一段充满风险的旅程，在这段旅程中，我面临着坠入概念混乱不清的深渊的危险。我感觉到，通过试图扩大"民主"概念的意义，民主可以成为人们喜欢的一切东西，这当然会导致概念的死亡。所以我要小心行事。继续用冒险之旅打比方吧，我就好像用一根安全绳把自己拴在我们唯一拥有的可靠的理论阵地上，也就是政权理论。然后，锚定政权问题，我下沉到其他领域，看看其他维度——国家、社会——但总是拽住绳子，经常回到政权问题上，为进一步的探索找到坚实的基础。我明白你提到的危险。但是，我相信，在研究拉丁美洲的民主时，了解政权是必要的，但还远远不够。

问：除了概念创新和理论建设，你们目前关于民主质量的研究计划似乎也需要新的数据。我们需要什么样的信息来理解今天拉丁美洲的民主是如何运作的？

答：这可能是一项艰巨的任务。首先，我想更多地了解国家制度的实际运作，了解重大决策实际是怎么做出来的。其次，我想要得到关于国家制度如何与普通人联系起来的问卷调查数据和人类学资料。市民对政府机构如何对待他们有何看法？这是民主国家日常生活的一个重要组成部分，但我们知之甚少。再次，我想知道人们如何理解国家的运作，例如，他们认为国家是在管理众人之事还是仅仅为了社会少数阶层服务。最后，我还感兴趣的是，在法律的执行和裁决方面存在的差距有多大。我们对这些权力和支配的机制，以及它们如何转化为公民的日常观念和行为，知之甚少。但是一旦你说服自己民主不仅仅是政权问题，你就会意识到这正是我们需要的那类信息。这么说吧，我希望这些数据可以帮助我们到达月球的另一边。[10]

研究历程

政治参与和科学

问：令人惊讶的是，你们的各种研究项目一直受到强有力的规范性因素的推动，而且你们从一开始就敏锐地意识到你们研究的政治性层面。社会科学和规范问题之间的适当联系是什么？

答：价值观决定你的研究问题，也就是说，问题来自你的道德关切和政治参与（political engagements）。在这个意义上，我是个韦伯派（Weber 1949）。我曾经研究过一些问题，这些问题源于这样一个事实：我们在拉丁美洲被可怕的政权统治着，何况我更偏好民主。我的问题还来自广泛的政治和道德关切。在我的一生中，我的祖国阿根廷遭遇的政治灾难始终让我挂怀。而后，一旦开始概念性和经验性研究，你必须尽可能清晰明确地把你的价值观与你在研究和数据之中得出的结论分开。只要你做好社会科学研究，你就能更好地为你的价值观服务。

问：理论是研究问题的来源吗？

答：我从来没有尝试过就理论言理论。我从来没有坐下来说，"今天我想写一套关于某事的理论。"相反，我一直在努力解决刮胡子时想到的、困扰我的现实问题——为此选择在我看来足够合适的理论框架。

问：您提到，在拉丁美洲，学界和政界的界限是模糊的，您和转型研究项目上的合作者在"写政治"。这是否意味着您不会把自己的工作定性

---

[10] 奥唐纳尔关于民主的质量的主要著作是 O'Donnell（2004）。这项工作已成为联合国发展计划署（UNDP）发表的报告《民主在拉美》（UNDP 2004）的关键内容。

为科学？

答：我确实不认为这是科学。我是一个被某些特定问题困扰的人，试图通过做任何看起来需要做的研究来理解这些问题，同时也通过大量阅读和聆听来获取别人的帮助。然后我坐下来写东西。我总是把自己看作是一个知识分子，一个与纯粹的专业人士不同的人，一个被与自己的价值观和生活密切相关的问题所打动的人，我觉得这样更自在。就像一个画家，你画画是因为你必须表现一些东西，仅此而已。所以，我不认为我是位科学家。当然，从检验我所说的话在经验上是否成立的意义上讲，我从事科学研究，但这只是艺术的基本法则。如果不这样做，你就是在画垃圾嘛。

个案和概念

问：您一再强调有必要指出个案的特性问题，强调在人们非常熟悉的个案之外进行一般化概括的危险。您能谈谈基于个案的知识在您的思考中扮演的角色吗？

答：这是绝对必不可少的。缺少对具体个案的细节认识，缺少对具体个案知识的及时更新，我就无法思考，就这么简单。比较政治中最好的研究，除了或许极少数的例外，都是通过学者们写他们的祖国和他们花了大量时间研究的国家创造出来的。事实上，任何杰出的、有影响力的比较学者的名单中，都包括很大比例的一些人，他们花费了大量的精力，非常了解一个或少数几个个案。我们杰出的先辈，亚里士多德、孟德斯鸠以及托克维尔，莫不如此。

问：您的思想的一个显著标志是您有能力创造新的概念，抓住您所研究的个案的细节特性。能谈谈形成这些概念的思维过程吗？

答：从核心上讲，这涉及承认某件事是全新的现象，不是说它在本体论意义上是新事物，而是指它以前没有被承认为需要用新概念来表述、用适当名称来标识的事物。那是某个非常原初的、基本的认识时刻，就是说，"这是不同的东西。"这就像有了一个刚出生的女儿，你给她起个名字，现实世界就开始了。

以官僚威权主义为例。我创造这个词的目的是想说这是一种新的动物，它与众不同，认识到这一点，无论在智识上还是政治上都很重要。因为我认为承认这种动物的特殊性很重要，它必须有一个名字。官僚威权主义是一个用来区分某种威权统治类型的难听的术语，当时人们将其与法西斯主义、民粹主义和其他政权类型混淆在一起，而它们之间具有某些"家族相似性"。通过在"威权主义"前加上"官僚"，我想说的是，这是一种建立在大型的复杂的组织和专业化的军队及技术官僚机构基础上的威权主义，而不是建立在旧式的军人执政官或民粹主义政权中的街头群众基础上的，也不是建立在法西斯政权中动员群众型政党之上。

官僚威权主义这个术语借鉴了阿普特（Apter 1965）用过的词（他研究过官僚制度），以及林茨（Linz 1964）使用的词（他研究过威权政体）。我认为它们结合得很好，因为我选取了两边的元素并加入了我自己的东西。我也觉得这是对我的两位导师的一种很好的致敬，把这两个名字加在一块儿并在他们的基础上添砖加瓦。但是这个术语本身并不重要。我可以用别的方式称呼它，就像"蛋头先生"（Humpty Dumpty）啥的。重要的是说服别人这东西具备一些值得承认的特殊性，值得加以命名，此外更重要的是，这个概念本身会引出有趣的问题。

举另一个例子，我选择"棕色地带"（*brown areas*）这个词，因为我想区分出一个国家法治薄弱的地区（O'Donnell 1993）。我的第一反应是"黑色"，但如果那样的话，我可能会背上种族主义者的骂名，所以我选择了"棕色"，这是我皮肤的颜色。

经典

问：除了强调个案知识，您似乎也明显受到了许多经典作家的影响。您读过谁的书？从阅读经典中得到了什么？

答：我有自己的安乐窝，我会定期回到那里。我回到黑格尔式的马克思，我回到韦伯。我研习过一些法学大家的著作，获益颇丰，尤其是布鲁斯·阿克曼（Bruce Ackerman）、埃内斯托·加尔松·瓦尔德斯（Ernesto Garzón Valdés）、约瑟夫·拉兹（Joseph Raz）和杰里米·沃尔德伦（Jeremy

Waldron）。霍布斯总是让我着迷，他是我不能忘怀的老祖宗——我试图通过转向洛克来摆脱霍布斯，但我又重新被霍布斯不可思议的天才所吸引。马基雅维利则没那么大影响。我从来没有被马基雅维利深深吸引过。我一直在重新发现涂尔干，但我读他的书很有选择性。这就是我的私人安乐窝。

问：在所有这些作家之中，看起来您最亲近韦伯。

答：我一直很喜欢韦伯。他是一个政治上令人讨厌的德意志民族主义者，而我是个极其反对民族主义的人，这一点让我略为不安。尽管如此，我还是被他的思想风格、他提出问题的方式、他掌握材料的方式所吸引。看他思考问题，看到他的思维是如何运作的，很有启发性。从观察他的思维活动中，我得到审美上的乐趣。他很有自觉性，很守纪律，懂得很多。但他并没有被自己的知识冲昏头脑，而是对自己的知识进行分析，然后将其付诸实践。要做到这一点非常困难，而要清楚地做到这一点更是难上加难。他是我思想上的榜样。从这个意义上说，韦伯是我的守护神。

不幸的是，韦伯经常被彻底误读。例如，在《新教伦理与资本主义精神》一书中，他一页又一页地说他并没有提出对资本主义的一种单因解释（amonocausal explanation）——新教伦理只是一个因素（Weber 1958c）。但一些读者试图线性地拿韦伯与马克思作对照，认为韦伯不是用物质因素，而是用新教伦理来解释资本主义。那些不认真读韦伯著作的懒人一遍又一遍地重复着这种白痴的行为。

当然，如果你看看韦伯工作所处的智识环境，你会发现他并没有创造出什么全新的东西。当时有许多著作都在讨论"资本主义是什么，它将走向何方？"这是时代的问题，许多作家都曾处理过。韦伯借鉴了这些著作，通常没有直接引用；从这个意义上说，他是一个相当令人讨厌的同事。但他确实实现了一种新的综合。韦伯也在"写政治"，也就是沉浸在他的国家的政治讨论中。浪漫的右翼认为资本主义正在摧毁文化，而社会主义者和马克思主义者则认为资本主义只不过是历史上一个转瞬即逝的阶段。韦伯绝不是一个空洞的纯粹学术工作者，他不会想着"我要解释资本主义"只是为了写出一个更好的理论。

问：您提到黑格尔式的马克思主义。您最近读了很多马克思的著作吗？马克思主义和马克思主义文献与当前政治的关系是什么？

答：我最近重读了一些马克思的和后来的马克思主义者的著作，不过不是《资本论》里的马克思。我认为，当今时代已经忘记了那种我记得是斯图尔特·汉普什尔（Stuart Hampshire）所说的"怀疑策略"（strategy of suspicion）。大多数当代理论——理性选择、形形色色的制度主义——都假定社会是透明的。然而，正如马克思和弗洛伊德都说过的，用一种浮于表面的幼稚看法，你不可能把握现实。相反，如果你真的想要理解发生了什么，想要了解变化，你必须得看得更深。要做到这一点，你不需要成为任何正统意义上的马克思主义者。但我认为马克思在这方面传达了一个强有力的讯息。我对马克思的国家观也很感兴趣，他认为国家不是管理公益的中立事物，而是权力和社会力量的凝结或结晶。马克思和韦伯也给了我们一个有益的提醒，即政治从根本上是关于斗争和冲突的。

比较政治的成就、缺陷与未来

问：比较政治领域正在进行的一场辩论涉及这个领域在过去几十年里是否创造了累积性的知识。您对这个问题有什么看法？

答：我想我们已经学到了很多东西。当我把我们今天所知道的东西和我念研究生时所知道的相比时，我要说我们已经学到了关于政治形式和历史的巨大多样性的大量知识。这是比较政治的一大贡献，对任何想要了解这个世界的人都有好处。尽管如此，我还是不相信进行综合的各种努力，因为我认为它们包含了错误的、简单化的推理，以及将知识置于单一理论大伞之下的倾向。这是一种知识分子傲慢的误导举动。回想一下亚里士多德曾经写过有关80种不同宪制的东西是很有启发性的，甚至在伯罗奔尼撒半岛上也曾有各种各样的政治形式。因此，我们应该快乐地生活在多样性中，接受不同的理论可能适用不同问题、不同环境。政治学研究基本上是一门人文学科，应该欣然接受多样性，避免简化论。

问：比较政治在过去几十年中的主要缺陷是什么？

答：我想指出两个主要问题。一是试图将比较政治学简化为一套单一理论观点。我对理论帝国主义的抵抗并非与理论无关（atheoretical）。我认为进行理论研究是我们的职责。因此，我同意对许多比较政治著作的批评，这些著作本质上是新闻报道式的解释，没有任何理论问题。举个例子，我读过一些关于民主化的研究，它们只是讲一些故事，如果你当时读过报纸，你三年前就会知道这些事了。但我坚持认为，就理论而言，我们需要多样性。

第二个问题涉及历史感的丧失。现象的历史维度非常重要。然而，除了一些重要的例外，主流比较政治研究与历史研究过于分离，我们对研究对象的历史根源的了解意识已经被贬低了。

问：在过去15年里，比较政治领域对社会学的关注要少得多，对经济学的关注要多得多，而社会学曾是比较政治在20世纪60、70年代的主要伴生学科。您觉得这个趋势怎么样？

答：政治过程或现象有社会、文化、历史和经济等侧面。因此，要适当地研究它们，就必须突破学科界限。每一部优秀的政治著作都着眼于毗连的因素，而不仅仅是政治因素，尽管我认为在本体论上没有任何东西决定你应该先看社会学、历史学、经济学还是心理学。当然，学术潮流和权力关系往往会对我们往哪儿看加上些偏见。如果你的职业生涯是由你研究经济因素而不是社会学因素推动的，那么相比社会学你可能就更了解经济学，也会相比社会学因素更重视经济因素。我担心的是，制度化的权力关系是否在把这些个性化的选择转变为支配性的僵化职业道路。如果学生们被迫去看经济学，教条主义地从经济角度来看待政治问题，我会感到担心。如果经济学的视角被简化成了这门学科的特定概念，我就会更加担心了。我提到这一点是因为，尤其是在美国，这些趋势令人担忧。

问：与此相关的是，您似乎已经放弃了对政治经济学的兴趣，真正的古典政治经济学，这是包括《现代化和官僚威权主义》（O'Donnell 1973）在内的您早期著作的突出特征。您将如何重建今天的古典政治经济学领域？

答：事实上，我对政治经济学很感兴趣。我的问题是，如今要想在政治经济学领域做一份体面的工作，你至少需要掌握一些在主流经济学中发展起来的非常复杂的工具。我缺少数学技能来做这些，现在已经太晚了，或者说我已经变得太懒了，无法掌握这些技能。幸运的是，一些有才华和有冒险精神的年轻学者正在这样做；希望他们中的一些人能够将他们的技能应用于历史、经济学、剥削以及权力等困扰着古典政治经济学家，并且至今仍困扰着我们的重大问题。

问：再回头看看，有没有什么您可以从依附论中拯救出来的东西，尤其是像卡多佐和法莱托在 1979 年的书中（Cardoso and Faletto 1979）所做的那样？

答：我一直认为，不对称的权力关系是大多数社会现实的构成部分。不幸的是，对这些权力关系的分析在某种程度上已从学术关切中被抹去。一些真正的信仰者采纳了有关依附的观念，并将其夸大到漫画的程度，这样无助于解决问题。但我不认为卡多佐与法莱托的这本书，或者就此而言，我对官僚威权主义的研究，应该为一些人出于自己的利益所做的严重夸大负责。同时，自 20 世纪 80 年代以来，时代的情绪，强调市场和全球化或多或少会在全球同样地实现，压制了对于不对称权力关系如何成为今天的拉丁美洲和世界其他地区的构成部分的问题（*problématique*）关切。当然，为了解决这个问题，你必须找到一种方法，来对权力关系进行明确的概念化和合理的操作化，这是件非常困难的事情。事实上，如何对权力进行概念化和测量是政治学中最棘手的问题之一。但我认为，这不能成为抛弃问题的理由。

20 世纪 70 年代曾有人试图通过贸易和投资模式来衡量跨国权力关系。但这些都不是非常有效的指标，这些研究以没有明确结论告终。我已经被劝服，一种让依附关系自我暴露的方式（这或许可以被操作化）是去看政府公共议程是如何形成的。依附的一个粗略指标是，外部行动者把大多数事项强加于公共议程。例如，今天的阿根廷是一个政府自主性极低，无法独立于外部行动者制定其公共议程的国家。相比之下，在依附程度较低的国家，政府在将国内产生的议题提上议程方面有更大的回旋余地。如果你看看美国或欧洲国家，在公共议程上有一系列问题是国内产生的，与国际约束关系不大。所以，不妨用在形成自己的公共议程上，国家之于外部行动者的相对自主性来探讨依附问题。内部的和跨国的不对称权力关系迫切需要被关注，这可能是把它重新带回政治学的一种方法。

当然，政治上的右翼和赢家们总是会否认这些是权力关系，这是赢家们经常做的事。这是他们天然的意识形态的一部分，就是告诉你，我们联系的方式不是权力的结果，而是合作或相互依赖的结果。反对这一说法并不容易，但这是政治学应该做的事情。

问：比较政治学近期的另一个重要趋势是，推动定量和定性两类经验研究方法的使用更加成熟老练。您觉得这个趋势怎么样？

答：在这方面，我是毛泽东主义者。应该"百花齐放"，不同类型的问题需要各式各样的方法，我们研究的问题是如此复杂，我们需要许多种方法。让我们看看这种方法能做些什么、那种方法能做些什么，让我们快乐和平地相处，不要阻止别人做他们想做的事。正如我之前所说的，我一直觉得自己是个工匠，我认为你需要不同的工具和手段，这取决于你是在木材上还是大理石上作业。我不认为有什么伟大的方法论上的成熟老练，而且我发现纯粹的方法论讨论很无聊。但我相信，任何单一方法可以解决所有问题的说法是荒谬的。

我还担心，在政治学目前向方法论上成熟老练发展的过程中，它已经失去了撰写解释重大问题的巨著的野心和自恃。例如，当摩尔、达尔或什穆埃尔·艾森斯塔特出版他们的主要著作时，人们有一种可能性，即既可以在方法论上自觉，也可以在重大问题上做出伟大的工作。我担心这种可能性正在消失。但也许这种感觉最好的书总是属于过去，只不过是我上岁数了的症状之一。

总结

问：您对今天进入比较政治领域的人有什么建议？

答：首先，问问你自己，你是否对自己国家之外的世界真正感兴趣，对其他人和其他地方、他们如何生活、他们如何生存，是否真正抱有人文兴趣。这是首要的、关键的条件。其次，至少了解一个并非你本国的国家。这意味着得学习语言，与各种各样的人交谈，花时间去各种各样的地方，结识那些不住在首都的人们。然后你才可能写一些好东西。但是，如果你想在不离开自己国家（无论是身体上还是精神上）的情况下做比较政治，那么你最好去选另一个领域。这是我的基本建议。

第十章
法团主义、民主与概念迁移*
——菲利普·C. 施密特访谈录
Philippe C. Schmitter

菲利普·C. 施密特被广泛视为最具影响力的法团主义（一种国家在利益集团的形成和活动中发挥显著作用的利益集团政治模式）分析师、一位杰出的民主化理论家以及欧洲联盟和地区一体化研究领域的重要贡献者。他的研究遍及世界众多地区。他首先以拉丁美洲问题专家和欧洲问题专家的身份确立了自己的学术地位，后来又撰写了许多跨地区研究著作，在这些研究中，他热切地寻求将从一个地区的个案中得出的创见拓展推广到其他地区的研究个案之上。

从其职业生涯开始时，施密特就对当时占主导地位的多元主义利益集团研究路径提出了挑战，批评它将这些集团视为从市民社会中独立产生，因而未能认识到它们的形成和运作在很大程度上是由国家的行动塑造的。他提出了法团主义的概念，作为利益集团政治多元主义观念的替代品。施密特关于多元主义和法团主义思想的首次系统阐述发表在《巴西的利益冲突与政治变革》(1971)一书以及他广为传阅的文章《仍旧是法团主义的世纪？》（《政治评论》1974）之中。此后，他的研究聚焦于葡萄牙，与对巴西的定位一样，将其作为"国家法团主义"的个案加以分析；然后他转

---

* 这次访谈由赫拉尔多·芒克于 2002 年 12 月 4—5 日在印第安纳州圣母镇完成。

向多个西欧国家，把这些国家理解为"社会法团主义"的实例。[1]他对社会法团主义的研究提出来了一些问题，例如，国家在建立和维持法团主义安排方面扮演什么角色？谁受益于法团主义？法团主义和民主之间有何关系？法团主义在不断变化的国际经济背景中有多可行？

民主化研究成为施密特职业生涯中第二项重要关切。他与吉列尔莫·奥唐纳尔合著的《从威权统治转型：关于不确定民主的试探性结论》（1986）是20世纪80年代和90年代比较政治学中最被广泛阅读和最有影响力的著作之一。它还引发了一场辩论，施密特积极参与其间，讨论是否可能将通过分析南欧和拉美的经验而形成的关于威权主义转型的那些想法，扩展适用到东欧和苏联以及南非这样的个案之上。他也对民主化的国际维度的研究做出了贡献，强调为促进和保护民主所做的国际努力的作用，他还就民主巩固和民主质量的问题写了一些开创性的文章。

最后，施密特发表了大量关于欧洲地区一体化和欧盟政治特征的著作。这类研究发表在《如何使欧盟民主化……以及为什么麻烦？》（2000a）这本文集和各种各样的文章中，讨论了在高于民族国家（经典民主理论预设的治理单位）的层次落实民主的可能性。

施密特1936年出生在华盛顿特区。1957年，他在达特茅斯学院获得学士学位，1967年在加州大学伯克利分校获得政治学博士学位。施密特曾任教于芝加哥大学（1967—1982）、斯坦福大学（1986—1996）和欧洲大学研究院（EUI）（1982—1986，1996—2004）。他于1999年成为斯坦福大学荣休教授，2004年被任命为欧洲大学研究院教授级研究员（Professorial Fellow）。1983—1984年，他担任美国政治科学协会（APSA）副主席。

---

[1] 施密特（Schmitter 1974，102-103）认为，在"社会法团主义"情形中，国家的正当性和国家的运转主要或完全依赖于单一的、非竞争性的、等级分明的代表性法团的活动，而在"国家法团主义"情形中，类似有组织的"法团"是作为辅助和依附国家的机构被创建并保留下来的。

思维形成、学术训练与学位论文研究

问：您是如何对政治学尤其是对比较政治产生兴趣的？

答：我生活在一个政治色彩浓厚的家庭，在我成长的环境中，比较是家常便饭。我母亲是法国人，父亲是有瑞士血统的美国人。虽然我出生在美国，但我全家最初住在瑞士。我父亲在国际劳工组织（ILO）为国际联盟（League of Nations）工作。第二次世界大战爆发后，我们搬到了美国。所以我在美国度过了战争年代。战争期间，我父亲在国务院的国际组织部门工作。所以我接触了来自各地的人们，他们大多数是难民。战后，我们短暂地回到法国，我在那里上学。

我被迫过着一种比较的生活。我生活在一个你永远不知道下一个走进房子的人的国籍、宗教甚至族裔的环境中，我认为这很正常。我从来没有想过把比较这部分看成一种选择。我也从来没有考虑过政治学，或总体而言的社会科学，直到很久很久以后。这么说吧，我没有选择比较，是比较选择了我。最终我选择了政治学。

问：您是如何开始研究政治的？

答：我在达特茅斯学院获得了国际关系的学士学位，在墨西哥学习艺术之后，我去了日内瓦攻读研究生。我学过国际关系、国际公法和国际政治经济学。我发现这些科目最无趣了，而且我发现瑞士是一个最无趣的地方。当哈佛大学教授斯坦利·霍夫曼（Stanley Hoffman）出现在我面前，给我上了一学期有关法国政治的课程后，我对学术问题烦透了，不知道该干什么。斯坦利是一个很有法式思维的人，这是一门很有法式特色的课程，基本上是围绕第四共和国和第五共和国之间的比较来组织的。斯坦利当时是位令人不能容忍的戴高乐主义者，而我来自一个反戴高乐的社会主义者家庭。我记得和斯坦利经常吵架，这大约是在1959年，第五共和国成立后不久。斯坦利满脑子关于戴高乐如何有如神助地拯救了法国的伟人理论。

而我认为戴高乐的所作所为是一个大错误。不过,这是我第一次真正接触比较政治,我学到了两件事。

  首先,我意识到国内政治比国际政治有趣得多。国际政治非常无聊,国际政治理论对我没有吸引力。这种反应可能源于我的成长环境,因为我的家人是贵格会教徒、和平主义者,而且非常倾向于国际组织。事实上,我父亲把他的一生都献给了它们。因此,我对国际关系应该如何,有一种理想主义的愿景。当然,世界不是那样的。

  其次,我和斯坦利·霍夫曼的接触让我想到了去美国读研究生。作为日内瓦的一名学生,我曾在国际劳工组织短暂地工作过一段时间,发现那里的环境令人窒息。虽然我去日内瓦是为自己作为一名国际公务员的职业生涯做准备,但我发现我生来就没那个能耐成为一名公务员。然而,到那时为止,我还从未想过从事学术工作。相反,我曾考虑过另一个选择,当一名画家,我当时仍然想成为一名画家。事实上,我留着长胡子,有点像"垮掉的一代",这在当时不是典型的大学生形象。所以,我的样子,可能还有我的举止,都有点不合时宜。无论如何,我从霍夫曼那里学了这门课。我喜欢霍夫曼的地方是,你可以不同意他的观点,而他似乎也很喜欢这样。如果你当时在欧洲上大学,那就是不正常的了。我曾经有过一群自命不凡、无法对话的教授。这位杰出的哈佛教授来了,你可以和他争论,他给了我一些重要的建议。我永远不会忘记研讨班结束后我去他办公室的那一天。我说:"我要拿到学位了,但我不知道我要做什么。我可能会留在这里,继续在瑞士攻读博士学位。"他看着我说:"你不会想那么做的。"不知怎么的,他从我在他班里的行为上对我有了足够的了解,意识到我在瑞士的环境中做不好。"你应该回美国。你必须在美国获得博士学位。那是唯一的地方。"然后他说,"你应该去伯克利,跟恩斯特·哈斯(Ernst Haas)一起学习。"我在另一门课上读过恩斯特·哈斯的一些著作,我很喜欢。不管怎样,斯坦利·霍夫曼促成了这种联系。

  问:您采纳了这个建议?
  答:是的。霍夫曼解释说,你必须申请四到五所美国的研究生院,因为你永远不知道自己会被哪里录取。我申请了伯克利、哈佛、哥伦比亚，或许还有普林斯顿。我不记得是否申请过耶鲁。我不太了解这些学校，也不太了解美国的教育体制。结果伯克利是唯一录取我的学校。

我以前确实住过伯克利——作为一名画家。我曾在墨西哥城的一所学院学习绘画。我从墨西哥去了旧金山，然后去了伯克利。我在那里画画，对旧金山湾区的景色挺熟悉。我和一个名叫贾德·博伊顿（Judd Boyton）的人建立了一段友谊，他是一名建筑师，正在校园上方的全景路（Panoramic Way）上盖房子。在我成为一名画家之前，我常常在夏天盖房子。我曾经当过木匠、砌砖工、水泥工/搬运工、钢筋捆扎工/焊工。我喜欢体力劳动。所以，当我在伯克利画画的时候，我兼职和贾德一起盖房子赚钱。申请研究生院的时候，我身无分文，但我知道，如果我回到伯克利，我一定能靠他们提供给我的微薄的助学金生活下去，如果需要的话，我会和贾德一起工作。所以我去了伯克利。

就在搬去伯克利之前，我有一次意外经历，后来证明那次经历非常重要。我在日内瓦准备期末考试的当口，去威尼斯看望一位朋友。她在一条运河边有一套漂亮的公寓。我的访问正好赶上双年展。每年他们都会选择一个国家作为展览的中心，那年是巴西。我没头没脑地爱上了巴西艺术。他们还播放巴西音乐作为背景音乐。我认为巴西一定是一个非常迷人的地方。我对巴西政治一无所知，什么也不懂，但我对这个国家形成了强烈的印象，它是各种不同文化的融合体，是一个能够创造出令人惊叹的生动艺术的地方。我决定将来某个时候要到巴西生活一段时间。1961年我去了伯克利，目的是跟恩斯特·哈斯学习，并想办法去巴西。

问：您还记得在伯克利的学习时光吗？

答：我刚到伯克利的时候，对政治学只有模糊的认识。在日内瓦学习期间，我定期访问巴黎，并去索邦旁听。在那里，政治学相当形式主义，并与法律研究密切相关。这与我在伯克利遇到的情况大不相同。当时，伯克利也许是美国大学里把社会学系和政治学系结合得最好的。我利用这一便利，选修了和政治学一样多的社会学课程，结果证明这是件好事。我从西摩·马丁·李普塞特、莱因哈德·本迪克斯、大卫·阿普特，当然还有恩斯特·哈斯那里学到了很多。

一开始我就和哈斯谈过。在那些日子里，我永远不会叫他厄尼，我告诉他我真正想做什么。我告诉他我会西班牙语（我是在墨西哥画画时学会的），而且我想从事拉丁美洲和国际关系方面的研究。他建议我尝试将欧洲一体化理论应用到中美洲和拉丁美洲。当时，在 20 世纪 60 年代早期，最成功的第三世界一体化组织是中美洲共同市场（Mercado Común Centro Americano）。还有一种很有前途的东西叫 ALALC[2]，但没有人研究过。所以，我作为研究助理跟着哈斯研究中美洲，我还去了中美洲和墨西哥进行采访。我发表的第一篇论文是关于墨西哥决定加入 ALALC（Schmitter and Haas 1964），这个决定有点令人费解，因为墨西哥与其他成员国之间的贸易几乎为零。

问：虽然您最初研究国际关系，但您最终转向了比较政治。

答：在研究拉美一体化的过程中，我对国内政治越来越感兴趣。哈斯意识到我其实想做比较政治，他支持了我。哈斯在国际关系领域是个特立独行的人，因为他将欧洲一体化作为一个国内政治与国际关系的交叉领域，而不是一个国际关系问题来看待。他的《欧洲的联合》（Haas 1958）一书不仅是讨论外交、国与国的关系，也讨论了在内部政治结构上发生了什么，特别是围绕欧洲煤钢共同体[3]正在形成的国内和跨国利益集团。在 20 世纪 50 年代，哈斯已经打破了国际关系和比较政治之间的人为藩篱。当我从国际关系转向比较政治时，他一点也不介意。

关于哈斯，我还有一点要解释的。我在伯克利的时候，研究生们正处于反越战运动中期，他和许多其他在美国的欧洲学术难民一样，非常支持

---

[2] 拉丁美洲自由贸易协会（Asociación Latinoamericana de Libre Comercio）。
[3] 欧洲煤钢共同体是根据 1952 年的《巴黎条约》成立的，是最终发展为欧洲联盟的先驱条约组织之一。

政府并且反共。我是对立阵营的，但这并没有破坏我们的关系。[4] 尽管在日常的政治立场上我们绝对对立，但我们仍然能够一起工作。

问：您在伯克利上过哪些比较政治课程？

答：我上的第一门比较政治课是大卫·阿普特开的。阿普特让我对比较政治很感兴趣。他从政治人类学和系统论的角度来授课，我并没有真搞明白。但是大卫很有魅力。他也允许你不同意他的意见，这一点我一直很欣赏。就比较政治而言，我选的最重要的一门课是跟着西摩·马丁·李普塞特上的政治社会学研讨班。在伯克利，李普塞特对我的影响仅次于哈斯。

问：您还修过哪些课程？

答：我上过谢尔登·沃林（Sheldon Wolin）的一些课，他也对我影响很大。他以两个学季必修系列课程的形式讲授了从亚里士多德和柏拉图开始，以马克思主义作结的政治思想史。其中还包含了一些存在主义政治思想，因为谢尔登对此非常感兴趣。我还参加了汉娜·皮特金（Hanna Pitkin）的一个研讨班，她刚写完那本关于代表的书（Pitkin 1967），她的课让我非常关注这个概念。在社会学系，我和查默斯·约翰逊一起参加了尼尔·斯梅尔瑟开的关于革命理论的研讨班，我俩那会儿志同道合。现在，我俩意见对立！我还选修了一门社会学课程，主题是"大众社会的政治"或者这之类的名字，这门课是威廉·康豪瑟（William Kornhauser）开设的，还有一门课是莱因哈德·本迪克斯开设的，主题是历史社会学。

问：当时李帕特在伯克利。您上过他什么课吗？

答：李帕特在那里，但是我没有上过他的课。在那段日子里，李帕特的课非常以欧洲为中心。我最不想学的就是欧洲。虽然我懂好几种欧洲语言，还有欧洲背景，但我对欧洲已经彻底厌倦了。

---

[4] 施密特最早发表的著作都是和哈斯合著的：Schmitter and Haas (1964) and Haas and Schmitter (1964)。

问：在方法论方面，您在伯克利接受过什么训练？

答：我来的时候对方法论一无所知。我从未上过统计学课，更不用说研究设计了。我有一些数学背景，而且很喜欢数学。在读本科的早期，我甚至一度想主修物理，但我还是完全放弃了所有的"硬"科学。在伯克利，我记得没有统计学的必修课。所以，就方法而言，我刚来的时候没有接受过任何训练，也没有在伯克利上过这方面的课程。但我读了很多美国社会科学内容，我知道我想在我的研究中运用统计，因为你不能只采访人，并且当然不能只使用二手资料和档案来讲述一个故事。"定性方法"的概念——例如编写所谓的分析叙事——从来没有出现在我的脑海里。回想起来，我估计你可以给我贴上"混合方法"学者的标签。此外，我认为我读到的关于拉丁美洲政治的大部分研究都是"不合标准的"，没有理由认为它必须如此下去（Schmitter 1969）。所以，我通过阅读其他政治学家，主要是研究美国政治的学者的著作，来学习如何使用统计方法。

问：您修过关于拉丁美洲的课程吗？

答：我旁听了一门关于拉丁美洲的课，但是教这门课的人没有打动我，所以我就离开了。但是在研究地区经济一体化的过程中，我偶然看到了劳尔·普雷什维（Raul Prebisch）的研究，我对CEPAL〔5〕和他们的工作产生了兴趣。阿尔伯特·赫希曼是另一位非常重要的影响人物。我读过他的《通往进步的旅程》（Hirschman 1963）。

问：您读过马克思、韦伯等人的经典社会理论著作吗？

答：当然。我主要通过莱因哈德·本迪克斯来读韦伯，他既鼓舞了我，也吓唬了我。我想他是我接触过的政治学和社会学教师中最博学的教授。他表面上温文尔雅、轻言细语，其实是巨大的知识源泉。他和谢尔登·沃

---

〔5〕 CEPAL（Comisión Económica para América Latina y el Caribe 拉美和加勒比经济委员会）是联合国于1948年成立的经济智库，以其对经济发展问题的非正统研究路径知名。

林一起，让我深信社会科学必须是历史性的。这带来一个问题，尽管我可能具备在平均水准之上的欧洲历史功底——感谢我在法国和瑞士受的教育——但我完全没有掌握拉丁美洲的历史，特别是巴西的，尽管我知道那是我要做博士研究的地方。

有趣的是，我主要是通过李普塞特的课程接触马克思的。在欧洲学习期间，我已经对马克思的著作有了一些了解，当然，对他的肤浅了解在很大程度上是反战运动的部分产物。李普塞特所做的是将我对阶级关系的政治兴趣，转化为对阶级自组织的学术兴趣。所以我对马克思了解得更深入了。对我来说，最重要的是我把马克思和韦伯视为当代人。我不认为他们是遥远的历史人物。

问：还有其他有关您在伯克利的学习回忆吗？

答：有，而且它关系到我研究生生涯中最不愉快的部分。我最大的麻烦是政党，这个麻烦关联着一个名字：赫伯·麦克洛斯基。他是伯克利的"政党大咖"，尽管他只研究美国。伯克利的必考科目之一是政党。我反对这一点，部分是出于智识上的原因，因为我反对在政治学学科中把研究政党和选举放在中心地位。但麻烦的核心是，麦克洛斯基的政党课基本上是通过资格考试的先决条件。这不是一个正式的必要条件，但每个人都知道你必须上这门课。尽管如此，我还是拒绝上这门课，而且是那年参加考试的人里唯一没有上过这门课的人。结果大卫·阿普特给了我 A，麦克洛斯基给了我 C。很明显，麦克洛斯基是在惩罚我，因为我没有上他的课。这个案子必须交由第三方裁决，我相信他或她给了我 A-。于是，我过关了。在那之前我在伯克利一直很幸运。所有给我上课的老师都很自信，他们接受学生不同意他们的观点。但麦克洛斯基不是这样的。他希望你以他所理解的方式消化材料。我在欧洲已经受够这样的做法了，我不打算再这样。

问：有没有跟您关系比较密切的研究生同学？

答：哈斯周围有一群学生，还有一个研究拉丁美洲的小组。但我和后者没有太大关系，可能是因为伯克利当时没有一个真正的拉丁美洲项目。

此外，正如之前提到的，我对该领域既有研究的质量和方法的复杂性"印象不深"。还有一群研究比较政治的人，包括肯·朱威特（Ken Jowitt）、锡德·塔罗（Sid Tarrow）和克莱门特·摩尔（Clement Moore），当时摩尔还是一位年轻的助理教授。但肯在做罗马尼亚和共产主义研究；锡德在做意大利南部研究；克莱门特是位中东专家，研究突尼斯、埃及等等。考虑到我对巴西的兴趣，我很孤单。我喜欢跟我的学生说，当初我的论文委员会没有一位成员了解我在研究的国家，这可能是一种优势，因为这迫使我用大白话来思考和写作，或者用亚当·普沃斯基和亨利·图恩的话讲，用小写术语而不是大写术语（Przeworksi and Teune 1970, 7 and 26-30）。

问：关于您的博士论文（Schmitter 1968），您是如何决定研究巴西的利益代表问题的？

答：我还记得我决定博士论文题目的那一刻。是我在伯克利的第二年，在李普塞特的政治社会学课上，出于某种原因，我被选中报告点评他的一篇文章（Lipset 1960b）。文章中有一句话，我想那时候99%的政治学家都会同意，即政党是民主国家社会利益代表的"那个"机制。它们实际上是公民与统治者之间的纽带。那会儿是阿尔蒙德式系统论影响的巅峰时期，大家认为即使一个国家有协会和运动来表达利益和激情，但只有通过政党把他们的主张加以汇聚才算数。因此，政治学家必须研究政党，当然，还必须研究政党参加竞争的选举。在我对李普塞特文章的评论中，我如实说道："你错了，政党不一定是社会代表的主要渠道。"这是我从瑞士学到的东西的少数实例之一。我知道在瑞士利益集团比政党重要得多，政党至多就是利益集团的门面罢了。我知道这一点，因为我做过一些研究，了解到75%的瑞士的议员们实际上是利益集团的受薪工作人员。虽然他们表面上以自由派、激进派或民粹主义政党成员的身份坐在议会里，但实际上他们都是作为利益集团的代表坐在那里的。这在很大程度上归于一个简单的事实，即：在瑞士，议员没有工资，只有按日津贴。如果你想以政治家的身份谋生，你就得从别处挣薪水。因此，瑞士的议员们是律师、行政人员或利益集团的发言人。我知道这一点，于是我在李普塞特的课上提了出来。

我认为，说政党是代表社会利益的排他的甚至是最重要的机制不对头。这种说法应该被视为一项假说，它可能适用于某些个案，但它不是一个有效的先验结论。然后，我记得我还语出惊人地进一步断言政党作为代表机制的作用在未来将会减弱，因为有一种趋势，即从依赖政党渠道转向更多地依赖利益集团和社会运动。坦白地说，我不知道我为什么这么讲。直到今天，我还不能找出我得出这个评价的经验基础。也许我这么说是因为我间接参与了反对越战的运动。所以，这可能纯粹是一厢情愿的想法。又或者，可能是在欧洲待了这么长时间的结果。在欧洲，利益集团组织得很好，在国家机器内部根深蒂固。无论如何，我们在课堂上进行了一些辩论，那天晚上我回家时，我知道自己的论文题目有了。

问：此后您的想法是如何发展的？

答：我读过美国多元主义理论，这是我在李普塞特和康豪瑟的研讨班上接触到的。我读过刘易斯·科塞（Lewis Coser 1956）的书。当然，我也读过托克维尔的书。我以前在瑞士就读过托克维尔的书，在其中我发现了他著名的假说：随着社会的发展，会出现更复杂和多元化的利益集团结构。我意识到这是一个可以在巴西做研究的完美话题。当时，巴西是增长最快的经济体之一，显然正在经历一场重大而持续的转型。巴西的人口在种族、宗教和地域上也非常多样化。当时我并不知道"关键个案"（critical case）的概念，但后来我发现巴西正是如此。如果在第三世界有某个国家，你希望看到一个多元利益集团体系出现，那么这个国家应该就是巴西。所以，我决定去巴西研究有组织的利益的出现。

问：您是怎么到巴西的？

答：这不是一件简单的事。在伯克利，我没有上过西班牙语课，因为我已经会了。我决定不上任何葡萄牙语课程。我想，既然我到了巴西就可以学葡萄牙语，为什么还要浪费时间学葡萄牙语呢？这就产生了一个问题。福特基金会当时是资助在拉丁美洲从事博士研究的主要资金来源，但他们拒绝给我拨款。没有人认为我是真正的拉丁美洲研究者，因为我还没"达标"。事实上，我的简历里没有一门拉丁美洲历史或政治的课程（无论研究生的或本科生的课程），没有明显的迹象表明我了解巴西。我不怪他们拒绝了我，虽然当时我很伤心。所以，我那会儿待在伯克利，没有钱去巴西。但是后来有人——我不知道是谁，可能是哈斯——说"等一下，我们有洛克菲勒基金会的钱，可以把年轻的教授送到国外一年。如果我们提名你为伯克利的助理教授，我们可以马上派你去。"所以他们做了一些安排——我必须在巴西教书——让我有资格去。

1966 年我去了巴西，表面上不是去做博士研究，而是去里约热内卢的巴西大学社会科学研究所教政治学。由于几方面原因，这种安排其实非常好。它给了我一个更高的地位和一份更好的薪水，如果我只是一个研究生的话，拿不到这么高的薪水，只能靠奖学金到处逛。这也将我置身于一个充满争议和乐趣的知识分子环境中。我在巴西教授了平生第一门政治学领域的课程，我有大约 18 位活跃的学生，其中五六个人后来成了政治学教授。最后，在巴西教书帮助我速成了葡萄牙语。事实上，来了一周后，我就不得不用葡萄牙语授课，这门语言我甚至从未学过。我会说法语、西班牙语，或者任何我能想到的语言，学生们则会用葡萄牙语纠正我。

问：论文研究进展如何？您肯定没有在巴西找到利益代表的多元主义模式。您的观点是如何转变的？

答：我很快意识到我的主要期待没有出现。很明显，巴西有一套国家认可的、国家补贴的、垄断的、等级分明的利益代表体系，这种体系至少可以追溯到 1943 年。令人费解的是，1946 年至 1964 年的民主政治时期，在废除这套体系方面没有任何作为；在此期间，你至少本应期待会出现激烈的紧张局面或者压力吧。甚至在 1964 年军方掌权之后，至少在那一刻，他们似乎也没有做任何改变利益代表体系的事情。简而言之，这个体系，或者他们自己称之为"系统"（*o sistema*）很早就出现了，在 1943 年多多少少正式形成，至今仍旧有效。我很快就明白了，然后对自己说："等一下，这不对路。"

我开始采访工会成员，他们对这套安排很满意。他们确实对独裁政权有很多抱怨，然而，利益代表体系保证了工会形式上的重要性，并确保了他们的某些财政利益。那时我发现了法团主义的概念，在里约热内卢一家旧书店，我无意中发现了一本米哈伊尔·曼诺伊勒斯库（Mihaïl Manoïlesco）写的《法团主义的世纪》（*Le Siècle du Corporatisme*，1934）。这次发现之后，我开始阅读所有我能找到的关于法团主义的东西。

为了我的博士论文，我收集了大量的各种类型的可以联想到的相关资料，包括工会的成员资格等，我将这些资料用于我的分析。这项研究的主要部分之一是试图将巴西作为一个比较的背景。所以我选择了巴西的26个州进行回归分析来回答各种各样的问题。这是我第一次使用聚集数据（aggregate data）进行操练，我基本上是自学成才。

总的来说，我得出了几个结论。很明显，巴西的利益代表方式是由国家塑造的，逃脱不开国家的掌控。此外，利益代表方式还与资本主义发展的某种独特动力密切相关。

法团主义研究

问：您把自己的论文改写成了一本书《巴西的利益冲突与政治变革》，于1971年出版。同年您去了葡萄牙做研究。但在那之前，1969年您在阿根廷做了很多研究，尽管您从来没有发表过关于阿根廷的任何成果。您为什么决定去阿根廷？为什么您在那里的研究没有发表任何成果？

答：我想看看阿根廷的法团主义和巴西的法团主义有什么不同。1969年我去了阿根廷，也是想做点改变，我从社会科学研究理事会（SSRC）和美国学术团体协会（ACLS）得到了一笔丰厚的资助。我向芝加哥大学请了假，在阿根廷待了六个月左右。我发现这是一个非常适合居住的地方，就像回到欧洲一样。我采访的人比我在巴西采访的人还多。我做了75或80次采访。在阿根廷相对更容易些，因为所有工作都集中在布宜诺斯艾利斯，尽管我还去过科尔多瓦（Córdoba）、罗萨里奥（Rosario）和门多萨（Mendoza）。那时候，我已经形成了这样一种观点，即不同的资本家阶层有不同的组织形式。于是，除了采访工会领袖，我还采访了商界领袖。采访商界精英要比采访工会成员容易些，因为当时工会成员正在自相残杀。我记得我采访过的四名工会成员在我还在那里的时候就被杀掉了。我开始怀疑是否有人有我的采访日程安排，并把他们一一铲除。我做了很多工作，收集了大量资料。我有关阿根廷的资料在很多方面都比我有关巴西的资料要好。尽管当时还是独裁统治，不过在那里工作还是比较容易的。但那项研究没有任何成果。这是我最大的失败之一。

最根本的问题是我不理解阿根廷。当我在巴西完成我的研究时，我对我的分析很有信心。我确实认为我已经搞定了巴西。但当我完成了在阿根廷的工作后，我看着所有这些资料喃喃自语："我还是不了解这个国家。"对我来说，那是一场危机。

问：您在阿根廷的研究项目没有成功的原因是什么？

答：去阿根廷的时候，我已经是一个相当熟练的拉丁美洲研究者了。我认识阿根廷半数的社会科学家，他们对我很有帮助。所以我不能把项目的失败归咎于环境的阻力。并且，就像我刚才说的，我有很好的资料。因此，我当然不能将其归咎于缺乏资料。我事事顺利，本来应该很容易的。但我就是不能用在巴西时那样有效的方法和思维方式来做事。直到今天，我仍然不知道我错过了什么。

我的计划失败的原因之一是阿根廷政党制度的反常——我突然想到了这一点。在巴西，我根本没有注意过政党。我一点也不关心它们。我很快意识到，政党是巴西政治图画里不重要的一块。从我所有的访谈中可以明显看出，政党对于阶级和部门领导人来说基本上是无关紧要的。他们直接与官僚机构或总统的办公室打交道。相比之下，在阿根廷，不知何故政党挺重要的，却是以一种难以看到的方式体现出其重要性。巴西没有政党体制，但事情照样运转。资本家没有受到政党体制的威胁，因为政党体制不能清楚地表达工人阶级或任何其他从属群体的利益。阿根廷的问题在于，正如托卡托·迪-特拉（Torcuato Di Tella 1971-1972）所言，它是一个没有保守政党的保守国家。就此而言，既没有工商业导向的自由派政党，又没有传统的保守派党。因此，阿根廷资本家受到政党体制的威胁。这就是为什么很难理解阿根廷的利益集团政治，因为它是由一个不存在的东西（一个保守派党）所塑造的。就像一条不叫的狗一样。

我认为，我在阿根廷的问题可能是我不理解政党体制——这是我第一次用这些术语来思考这个问题——如果不首先理解政党体制，我就无法理解利益集团体系。所以，这是一个很重要的教训。当你造正统观念的反时，你可能会发现自己陷入麻烦境地，因为正统观念里的真理可能比你愿意承认的更多。就我而言，我是如此执着于把论证集中在利益集团与国家机器之间的直接关系上，以至于忽略了政党的重要性。

问：在阿根廷这段经历之后，您的下一个聚焦个案是葡萄牙。葡萄牙是如何影响您的思考的？

答：由于难以了解阿根廷，我就去了葡萄牙。我认为它是活生生的法团主义的残余，是"政治考古学"的项目。我想去那里，因为那是我可以回顾20世纪30年代的唯一机会。并且我非常了解葡萄牙。当我去葡萄牙时，我学到的第一件事是，葡萄牙人有一个所谓的执政党，但它实际上并不存在。这是一个彻头彻尾的欺诈性组织，它把人们送进议会，仅此而已。这个党在政策制定方面完全不重要。

葡萄牙的好处还在于，它是一个很容易进行研究的地方。葡萄牙的社会科学家非常少。我见到了他们所有人，我可以在一个下午见完他们。20世纪70年代初，葡萄牙是一个没有社会学的国家，更不用说政治学了。我曾与少数流亡到日内瓦或巴黎的葡萄牙人交谈过，他们对这个国家有些了解，尽管不是很直接。但是，正因为没有人从事社会科学研究，我在获取信息方面几乎没有遇到什么障碍。有趣的是，葡萄牙人非常乐于助人，因为在巴西这样一个非常重要的国家工作过的人居然愿意来葡萄牙这样的国家工作，这让他们感到荣幸。这让我能够接触到堆积如山的没有人看过的数据和档案。我还采访了各式各样的行会（*gremios*）、人民之家（*casas do povo*）、工会（*sindicatos*）和协会（*confederacies*）之类的正式组织里的官员。我想知道他们的活动是什么，他们是如何接近政府官员的，当然还有他们的财政来源是什么。在很短的时间里，我就准确地理解了葡萄牙正在发生的事情。正在发生的最重要的事是那些"未"发生的事。我的结论是，葡萄牙的法团主义制度对于理解葡萄牙威权统治的持久性极其重要，不是因为它取得了什么成就，而是因为它阻止了什么事情发生。法团主义制度占据了这一代表空间，就很容易拒绝任何其他制度安排进入这一空间。基于这项研究，我写了几篇关于葡萄牙的文章（Schmitter 1975，1978，1979a，1980）。

葡萄牙也把我带回了欧洲。如果没有葡萄牙，我可能不会回到欧洲。嗯，因为家庭原因，我原本可能会回欧洲的，因为我娶了个德国女人。而且，我母亲的家在法国南部。所以我原本就会来来往往，但不是出于学术上的原因。事实上，在对葡萄牙进行研究的过程中，我意识到有一个重要的主题适合未来对欧洲的研究。

我当时在读塞德斯·努内斯（Sedes Nunes）的一本书，他几乎是当时葡萄牙政府唯一容忍的社会学家。他是个辩护士，但不是傻瓜。他提出了一个有趣的观点，虽然葡萄牙的确有一套牢牢植根于一个威权政权的法团主义制度，尽管他没有使用这样的表述，但在其他欧洲国家，包括一些激烈抨击"法西斯"葡萄牙的国家，其实也是这样的情形。他实际上是在说，葡萄牙的法团主义制度是现代社会的一个特征。瑞典人就是这么做的，芬兰人和挪威人也正在这么做。当我读到这段话时，心想，"这真有趣。看看瑞典利益代表的组织结构，他讲的无疑是正确的。"当时我不知道，主要的区别在于瑞典的制度玩得转，而葡萄牙的制度玩不转。这个见解是后来才有的。

于是，这个想法印在了我的脑海里。后来有一天，那会儿我是日内瓦大学的客座教授，我正在读《日内瓦论坛报》，有篇报道描述了瑞士利益体系的工作原理，具体是讲如何确定牛奶的价格和数量的相关安排。我想，"这真的很有趣。"然后我记起来曼诺伊勒斯库（Manoïlesco 1934）所讲的国家法团主义与社会法团主义之间的区别。我都已经忘记了这一点，因为我研究过的每一个国家——巴西、阿根廷和葡萄牙——都以国家法团主义为特征。我手边没有任何研究材料，所以，当我想起曼诺伊勒斯库，我就跑到街对面的大学与公共图书馆，在那儿我发现整整一个栏目的资料卡上标着"法团主义，瑞士"字样，那里面有一篇未公开发表的有关20世纪30年代瑞士法团主义的学位论文。我不记得作者的名字了，但这篇论文描述了瑞士的法团主义，并且做出了与曼诺伊勒斯库在20世纪30年代提出来的惊人相似的对比，把墨索里尼版本的国家法团主义与其他国家的社会法团主义明确区别开来。

法团主义的概念可以应用于当代西欧的个案之中，这是我在1974年的文章《仍旧是法团主义的世纪?》里提出的核心观点（Schmitter 1974），它帮我启动了对社会法团主义的研究。这一见解也帮助我把法团主义发展为多元主义的替代模式。基于我在巴西的研究，我认为"国家"法团主义是发展中社会多元主义的替代模式。我认为，资本主义在不同条件下的发展产生了不同形式的阶级冲突，而阶级冲突又产生了不同的组织化利益的组合方式。为提出这个论点，我援引了亚历山大·格申克龙（1962）、阿尔伯特·赫希曼（1963）、吉尔列莫·奥唐纳尔（1973）、CEPAL（Prebisch 1963），以及曼诺伊勒斯库（1934）的看法。因此，我意识到，法团主义为第三世界，也就是说，对于那些"迟发的依附型发展者"，比如20世纪20年代的罗马尼亚，50年代和60年代的巴西，以及阿根廷和墨西哥，提供了另一种替代模式。这个框架在葡萄牙似乎也足够有效。不过，我还没有意识到，法团主义的"社会"变体也可以为欧洲发达工业国家提供一种模式。因此，关键的转换是从边缘的、历史的个案（在这些个案中，我发现了法团主义以国家为中心的变体）转为考虑法团主义的"社会的"形式在当代西欧个案之中的适用性。

问：您对拉丁美洲法团主义的解释不同于其他提出文化解释的作者。

答：在我对巴西进行研究之后，我发现有一些关于拉美法团主义的文献为法团主义提供了一种文化上的解释。它说法团主义在某种程度上是由伊比利亚文化创造的，或者至少是与伊比利亚文化相一致的。这一观点是由霍华德·威亚尔达（Howard Wiarda 1974）等政治学家和罗纳德·牛顿（Ronald Newton 1974）等历史学家提出的。我简直不敢相信。我不明白，如果没有认识到法团主义是国家强加的安排，怎么可能研究法团主义呢？我也不同意包罗万象的"伊比利亚"政治文化的观念。在我去巴西之前，我已经有了在墨西哥生活的足够多的经验，以至于我能立刻意识到，从文化角度来说，巴西不同于墨西哥，日常生活经历不同，对政治的看法也大相径庭。说这些国家拥有相同的政治文化是可笑的。我很清楚，巴西的法团主义与巴西的政治文化毫无关系。

问：您的文章《仍旧是法团主义的世纪？》（Schmitter 1974）产生了巨大的影响。您认为为什么会这样？

答：这篇文章发表在一本完全不知名的杂志上，所以我原本认为它不会有任何影响。但是我能告诉你它产生影响的原因和中介、触发机制。真正的原因是利益集团的研究被多元主义范式所垄断，这种美国视角是从美国传到欧洲的。约瑟夫·拉帕隆帕拉（LaPalombara 1964）的工作就是一个很好的例子。他研究意大利的制度，仿佛它们是多元化的。尽管他的描述工作做得很好，但他的研究路径存在一些根本性的错误。由于缺乏一种替代性的概念模型，欧洲有许多关于利益政治的国别研究专著将事情描述为"不完美的"多元主义。因此，我认为法团主义框架填补了一个巨大的分析空白。

1974年我的那篇文章得以成功的触发机制是我并非孤军作战。欧洲国家其他一些人那时已经开始思考多元主义的替代品，尽管他们通常不称之为法团主义。格哈德·莱姆布鲁赫研究过瑞士和奥地利，并开始谈论"自由的"法团主义，在这方面尤为重要。提供一个可供选择的模型，同时其他人也开始沿着类似的路线开展研究工作，这两者的结合有助于解释我的文章产生的影响。

最后一个解释我的法团主义研究被选中的因素是，生平头一回我搞起了创业。莱姆布鲁赫和我发现了彼此，我们开始在欧洲政治研究联合会（ECPR）连续几年成功地组织了会议。这就大不一样了，因为许多年轻人对这个话题感兴趣，而法团主义模型帮人们用一种超越多元主义程度观念的方式来组织他们的思维。

问：最明显的是，从您与格哈德·莱姆布鲁赫合编的两本书（Schmitter and Lehmbruch 1979; Lehmbruch and Schmitter 1982）开始，你们发表了大量关于欧洲法团主义的文章。您寻求解决的主要问题是什么？您从这项研究中得出的主要结论是什么？

答：这项研究有几条线索。一条集中在问题上，法团主义造成了什么差别？我一直仅仅忙于理解利益集团是如何组织起来的，它们是如何出现的，以及它们是如何与国家机构互动的。但我并没有真正考虑过它们的影响。莱姆布鲁赫对这个问题很感兴趣，于是我们开始关注法团主义对政治后果（比如治理能力）的影响（Schmitter 1981），以及其对宏观经济结果的影响，比如财政赤字、通货膨胀、就业和工资。

对法团主义最尖锐的挑战之一来自马克思主义者，他们认为这是某种资本主义诡计。因此，我也在阶级层面上讨论了法团主义的后果，并试图了解谁从中受益。这让我想到了一个问题，这个国家是否存在阶级偏见（Schmitter 1985）。马克思主义者认为，国家干预塑造了法团主义，是因为法团主义使工人阶级处于从属地位，阻碍了工人阶级实现其真正的革命目标。我则得出了完全相反的结论：法团主义的难题在于它有利于工人阶级，因此容易受到资本家的背叛。对政府来说，最大的挑战是让资本家继续参加游戏。

这项研究还指出了其他重要结论。让资本家继续参加这场游戏的一个因素是社会民主党掌权。由于长期以来我对政党视而不见，我并没有过多的关注政党与利益团体之间的交织。但莱姆布鲁赫始终坚持这一点。我从他那里学到了不仅要从国家/利益集团的关系角度来思考，而且要从国家/政党的关系角度来思考。于是就有了一种更具三角定位色彩的思路，它将国家、利益集团和政党之间的三重关系结合了起来。

除此之外，我还想指出在我对法团主义的研究中提出的另外两个议题。关于法团主义生存能力的最重要结论是：小心资本家。意识到这一点，我说："没人在考虑资本家。"这一看法引向了一个关于商业利益组织的独立研究项目。我与沃尔夫冈·施特雷克（Wolfgang Streeck）一起，试图了解资本家是如何组织起来的，为什么他们在不同国家、不同部门组织的方式不一样，也就是说，为什么一些国家的资本家有非常强大的高峰组织，为什么他们在不同部门之间进行不同层次的讨价还价，诸如此类的问题。这是从我对法团主义的研究开辟出的一条新路线（Streeck and Schmitter, 1985; Lanzalaco and Schmitter 1989; Schmitter 1990; Hollingsworth, Schmitter, and Streeck 1994）。

另一条研究路线发展得还不够充分，就是法团主义和民主理论之间的关系（Schmitter 1983）。在我看来，问题在于民主的定义预设了多元主义的成分。我开始思考这个问题，但没走多远，因为我越来越多地参与到民主化的研究之中。所以我试着放弃法团主义。我写了最后一篇文章《法团主义死了！法团主义万岁！》，我说法团主义的重要性可能暂时下降，但它会回来的，我解释了我为什么这样认为（Schmitter 1989）。我在那篇文章中放弃了法团主义，开始几乎把全部时间投入到民主化上。

民主化研究

问：您对民主化的兴趣是如何形成的？

答：随着1974年葡萄牙革命和1975年佛朗哥去世后西班牙政治转型的开始，我开始更多地了解这两个国家的政权层面的变化。我还开始与胡安·林茨持续互动，1974年、1975年，甚至1976年，我们一直在交流。我不知道我们的互动对他有多重要，但对我来说非常重要。我认识林茨已经很久了。事实上，早在20世纪60年代我就认识他了，当时他在里约热内卢参加一个会议，而我当时作为研究生正在巴西工作。我记得和他在一家小餐馆里坐了两个钟头，谈论他的"威权政体"概念（Linz 1964），我现在还能在科帕卡巴纳海滩附近找到那家餐馆。那次会面确立了我们的关系。我们感兴趣的事情非常相似，随着20世纪70年代葡萄牙和西班牙发生的事件，我们突然发现我们时常一起到处开会。

这是和林茨坐在一起的经历。他知识渊博，因为我认识他很长时间了，我们都对彼此很有信心。所以我们花了很多时间反复考虑，试图找出在葡萄牙和西班牙发生的不同过程。纠缠这两个个案使我对转型模式、不同民主化道路的想法产生了兴趣。尽管如此，我仍然非常确信——这一点从一开始我就从未动摇过——尽管葡萄牙和西班牙的转型模式不同，但最终它们会殊途同归。我比林茨更确信，西班牙将成为一个完全正常甚至相当乏味的国家。我还相信，葡萄牙也将如此，并在十年内变成一个更加乏味的政体。因此，尽管实现目标的过程有所不同——西班牙显然较葡萄牙有一个更可控、更有约束力的转型过程——我确信，它们最终都将成为欧洲的常规民主国家。

施密特

问：1979 至 1981 年期间，您与吉列尔莫·奥唐纳尔启动了一个项目，在华盛顿的伍德罗·威尔逊中心召开了一系列会议。这些会议后来以 1986 年出版的那本关于从威权主义转型的极有影响的合作文集作结（O'Donnell, Schmitter, and Whitehead 1986）。您与奥唐纳尔的合作如何改变了您研究民主化的方式？〔6〕

答：在有机会与奥唐纳尔合作之前，我只在南欧学者的圈子里打转转。最重要的是，与林茨的反复互动，对塑造我的思想至关重要，我们试图相互向对方解释西班牙和葡萄牙到底发生了什么。事实上，我把这些交往看作是我与奥唐纳尔合作的伍德罗·威尔逊中心项目的重要前奏。后来，我和奥唐纳尔在耶鲁大学的一次会议上相遇。之前我们就是朋友，而且经常见面。我们讨论了把南欧学者和拉美学者聚集在一起的想法。在那个时候，出现了葡萄牙、西班牙和希腊的民主化案例。但在拉丁美洲，情况并没有多大改变。一项著名的政治改革的努力已经于 1974 年在巴西出现，时任总统埃内斯托·盖泽尔（Ernesto Geisel）提出了扩张（distensão）政策的提案。但我们没有人把它当回事。至少当我们开始我们的项目时，我们没有什么特别的理由对拉丁美洲的民主化感到乐观。

我和奥唐纳尔的合作让我想到通过更广泛的比较来研究民主化。我做南欧这部分，他做拉美那部分。尽管如此，这还是迫使我去更多地了解西

---

〔6〕关于奥唐纳尔对政体转型项目的看法，参见本书第 9 章对奥唐纳尔的访谈。

354 激情、技艺与方法：比较政治访谈录

班牙和希腊的情况（那时我对希腊的了解比较少）。何况我对欧洲和拉丁美洲两边都感兴趣。

同奥唐纳尔和我组建的大型跨地区工作组合作是一次非常棒的经历。在这些会议上，我是唯一一个最初就认识房间里每个人的人。我认识南欧学者，也和在座几乎所有的拉丁美洲学者一起工作过。奥唐纳尔显然认识所有的拉丁美洲学者，但只认识一两位南欧学者。工作组其他人之中很少有人彼此相识。尽管如此，我们还是能发展出相互理解的本领，即便有人在使用不同的语言也不影响什么。一方面，我们都读过彼此的著作。此外，从一开始，我们都同意在我们面前有一个非常大的问题，因为根据当时的正统观念，我们感兴趣的国家都"不会"成功地民主化。事实上，我们的预设是，根据有关民主先决条件的现有理论和这些南欧与拉美国家面对的各种大难题，大多数国家将失败，最多只有三分之一的国家将成功地变成民主国家。这就是阿尔伯特·赫希曼（Hirschman 1992）提出的"可能主义"（possibilism）概念的由来。我们同意从可能性的角度，而不是概率性的角度，来思考在我们所研究的国家里该怎样做才能实现民主。

问：您能否详细说说您是如何理解当时的民主化文献，以及你们想要进行的创新？

答：我们面对的是两类文献。一类文献，我刚才提到了，强调在成为民主国家之前需要满足一些社会结构和文化上的"先决条件"（Lipset 1959；Moore 1966）。我们通过强调"可能主义"来回应这一类文献。第二类文献着重指出了在英国、低地国家和斯堪的纳维亚形成的民主化模式的含义（Rustow 1970）。这一模式的一层含义是，民主化是一个漫长而缓慢的过程，其基础是公民逐渐获得投票权和政治自由的逐步扩大。另一层含义是，为了实现民主化，一个国家以前占支配地位的群体必须在相当长一段时间内容忍被排斥群体的动员。我当时没有意识到的第三层含义涉及国际背景。例如，在这类文献中，一个常见的论点是，英国的民主化进程是由法国之前发生的事情，尤其是法国大革命所塑造的。就此而言，这一类文献强调了民主化之中反革命的、渐进改良的方面，提请注意与自下而上的被排斥群体的动员相伴随的、旧统治精英的重组。

作为对第二类文献的回应，我们试图找到另一种替代模式，或者说是几种模式，来进行既非改良式的也非革命式的政权更迭，甚至即便一个国家没有民族资产阶级和组织起来的工人阶级，这种或这些模式也能奏效。在这一点上，特瑞·卡尔（Terry Karl 1986）的工作非常重要，因为她一直在研究委内瑞拉，并且已经提出了一种替代性的协议转型模式。她的模型与当时西班牙的民主化经历非常吻合。

问：您自己提出的民主化模式成果强烈反映出受到马基雅维利的影响（Schmitter 1979b）。

答：我突然想到马基雅维利就是位政权更迭理论大家。我不知道为什么会想到这个，也许是因为我当时在欧洲大学研究院教书，住在佛罗伦萨。我一头扎进马基雅维利的文章里，读了我能找到的他写的所有东西，包括他的书信。我提出了一个纯粹马基雅维利式的政体转型解释。马基雅维利相当自觉，他不认为自己是一位谈论常规政治的理论家。他把转型期称为"阴性时代"，也就是说，在非常时期、非常处境下，你不能信任任何人，也没有商定的规则。他说，要研究这样的时刻，你需要一门新政治学。我从马基雅维利那里学到的是，研究转型需要一套独特的政治预设。

问：您在1980年前后的工作预设是，在您和政体转型项目的合作者研究的个案中，只有三分之一会成为民主国家，但事实证明，您的假设过于悲观了。

答：民主化看起来比我想象的要容易得多。当时，我理所当然地预计这些国家中的大多数不会成功，而且我认为只有三分之一的国家能够成功转型为民主国家，这种想法显然是错的。我们都误解了背景上的变化，这使得民主化更有可能成为预期的政权更迭的后果。从那以后，我们认识到，民主化比我们过去想象的要容易得多，但在社会经济方面带来的后续影响其实也小得多。今天，历史上为民主而斗争的非精英群体比过去更容易作出妥协，哪怕相对以往来说斗争成果要少得多也能接受，这也许要归结为以前的失败经历和集体学习的过程。结果，不平等的产权制度在许多民主转型实例中毫发未损地保留了下来。在某些案例中，例如，在东欧，收入不平等状况甚至在民主化之后变得更加严重——甚至故意变得更严重。所以，今天民主化更容易，恰恰因为它的后续成果更少了。这并不十分令人振奋。这不是为民主而斗争的人们翘首以盼的。他们妥协了、接受了，这也许是他们的"三优选择"（连"次优"都算不上），因为他们已经明白了，通过立即推动社会经济再分配来争取最优选项反而会带来灾难。

问：亚当·普沃斯基参与了转型研究项目，并撰写了《从威权统治转型》其中的一章（Przeworski 1986）。您认为他对转型分析的贡献是什么？[7]

答：普沃斯基做出了基础性的贡献。他最为之负责的观点之一是，正当性既不是民主化的问题，也不是民主化的解决方案。许多人认为威权政权垮台的原因是他们缺乏正当性。后来，人们认为民主需要正当性才能得以巩固。这个论点完全是循环论证。普沃斯基论点的含义之一是，态度变量、正当性取向的变量，并没有告诉我们多少关于民主巩固的信息。普沃斯基在其对这些预设的批判中表述得非常清晰。奥唐纳尔和我可能已经沿着这些思路在思考了，但普沃斯基有一套很好的办法来捕捉到这些洞见，并把它们表述成必然的、陈述性的形式。这是一个非常重要的贡献。

亚当所做的另一件事是强调不确定性在民主政体中所起的根本作用，这一点他后来继续发展，并用"民主是一种政党输掉选举的体制"（Przeworski 1991, 10）的警句作了很好的总结。我对"相机同意"（contingent consent）的看法与之非常相似（O'Donnell and Schmitter 1986, 59-61）。本质上，你视情况而定同意让对手来统治，因为你认为那些规则是公平的，未来你将有机会在同样的规则下掌权。但我也认为这种不确定性比普沃斯基所言的更为有限。要确保不确定性是可容忍的，方法是确保它不至于后患无穷，也就是说，通过在它周围设置限制，将政治家面前的选择余地约束在一组非常狭窄的选项上。

---

[7] 关于普沃斯基对威权统治转型项目的看法，参见本书第13章对他的访谈。

与普沃斯基和奥唐纳尔这样的学者一块工作的好处之一是,在很多情况下,我无法诚实地告诉你谁应该为哪些观点负责。奥唐纳尔尤其如此。我们的书《从威权统治转型》(O'Donnell and Schmitter 1986)有少数几个部分,我知道哪里是他写的,哪里是我写的。但我不可能告诉你谁要真正为这本书 80%的内容负责。我们通过反复讨论和相互争论写出了这本书。这种真诚的合作研究产生的最终产品,你不可能明确地识别出这些想法是谁提出来的,这很了不起。特瑞·卡尔和我在一起写作的时候就实现了这一点。[8] 事后我们都不知道是谁先有了主意。我们只知道这个想法是我们两人共同孕育的。与普沃斯基的互动就没那么全神贯注了,但我有时也觉得不知道某个想法是从哪里发源的。他和我有不同的表达方式,我们使用不同的概念,但我们的许多想法是相同的。

问:但您和普沃斯基在许多问题上也有不同看法。

答:是的。尽管如此,我们都将转型描述为不确定的时期,并且我们都强调参与转型的行动者的选择。我和普沃斯基的不同之处在于,他使用了这些概念,并接受了理性选择理论的前提预设,而我没有。我认为这一理论不适合于分析转型局势,因为它的某些预设,特别是行动者充分理解其行动的后果及其对手行动的后果这一命题,在那种情况下根本站不住脚。

我在另一个问题上的看法也不同于普沃斯基:政权转型的方式是否对转型的结果有持久的影响。[9] 他认为转型方式不会产生持久的影响,而我认为会。举个很好的例子,西班牙和葡萄牙,这两个国家的转型方式非常不同。它们现在都是稳定的西方自由民主国家,但它们仍然是不同类型的民主国家,尤其在制度化的权力关系方面。例如,在葡萄牙,35%到 40%的工人是工会运动成员,这在劳动力中占相当大的比例,而在西班牙,相应的数字只有 5%到 8%。值得注意的是,在转型之前,情况正好相反,当时西班牙工会的参加比例大于葡萄牙。这两种情况之间存在着一些重大的

---

[8] 施密特与特瑞·卡尔的合作研究包括 Karl and Schmitter (1991) 和 Schmitter and Karl (1991, 1994)。

[9] 比较 Przeworski (1991, 95–99) 与 Karl and Schmitter (1991, 1992)。

持续性差异，我认为可以用反差鲜明的转型方式加以解释。

问：那时候您是否期待《从威权统治转型》，特别是您与奥唐纳尔合写的那一卷（O'Donnell and Schmitter 1986）产生巨大影响？

答：没有。该项目是跨地区的，这相当新颖，我想我们认为它会对该项目所关注的两个地区即南欧和拉美的研究产生影响。但我们丝毫没有想到，研究政体转型将在未来几十年间成为政治学的成长性产业。在我们的书中，没有一个词预测到从威权政权的转型会在其他地方发生。我们甚至没有理由相信中美洲和拉丁美洲的大部分地区会民主化。此外，东欧威权政权的瓦解完全出乎我的意料，也出乎该地区人民的意料。我没有，我怀疑吉列尔莫也从来没有想象过正在出现的民主化浪潮的范围和程度。

现在，我不认为所有其他地方民主化的发生是解释这本书得以成功的唯一原因。我认为，我们把马基雅维利就知道的、但已经被大家遗忘的很多东西，重新注入政治学。这本"小绿皮书"试图从政治家的角度，而不是从学者的角度，捕捉关键政治时刻的某些信息。[10] 奥唐纳尔和我尽量像政治家一样思考问题，设身处地为他们着想。这使我们能够接触到学术界以外的广大听众。我听说许多政治家都读过这本书，并从中认识到他们所处的局面和所作的选择。这使得这本书成了政治进程的一部分，而不仅仅是其外部的东西。我们的书甚至可能帮助一些国家度过了转型时期。有人告诉我，这本书成了南非人的圣经，对他们的政权更迭进程做出了直接贡献。我在匈牙利也被告知了同样的事，那里双方的精英似乎都读过它。纳尔逊·曼德拉告诉某人，某人再告诉某某人，那人再告诉我，他在监狱里读过这本书，这启发了他希望南非能发生转型。那时我想："啊，我猜我们干得不错。"

尽管如此，这本书是否会对政治学做出持久的贡献，很大程度上将取决于这些政权更迭的时刻是否会在长时期内促成重大改变。如果像亚当·

---

[10] "小绿皮书"指的是奥唐纳尔和施密特的《从威权统治转型》（1986）第4卷，这本书的封面是绿色的。

普沃斯基所言，转型方式不会产生持久的影响，而发展水平与速度或主流宗教等结构性/文化性变量才是决定因素，那么我们对转型的看法就不会那么重要了。

问：您与奥唐纳尔1986年合著的书出版后，紧跟着您又探讨了书中提出的模型或部分模型是否可以推广适用到南欧和拉美以外新的个案和其他地区。

答：我一直在努力，看看我能在多大程度上拓展这些观点，以确定哪些观点站得住脚、哪些观点站不住脚以及哪些能够传播、哪些传播不了。我与特瑞·卡尔已经在一些文章里做了这方面的讨论（Karl and Schmitter 1991；Schmitter and Karl 1991，1994）。当我接触到世界各地对民主化进程感兴趣并参与其中的人之时，我就开始了这项工作。

人们对这种广泛的比较很感兴趣。当然，也有阻力。把中欧国家和苏联的共和国包括在同一"时空"中的想法对某些人来说是难以接受的。特别是那些认为这些个案的历史起点不同或有根本文化差异的人，对此表示反对。例如，大多数关于中东的文献都预设了伊斯兰教是如此不同，以至于中东无法与其他地区进行有效的比较。我不相信这一套（Schmitter and Hutchinson 1999）。更重要的是，我的研究路径是在整个样本中包含这些个案，这样我就可以对数据进行分区，看看各个地区之间关系是否有异。重要的是，如果你能得到好的数据，不妨进行大样本研究，但数据不容易得到，生成这些数据非常耗时、非常昂贵。

问：这项工作是一本书篇幅的民主化研究项目的一部分吗？

答：是的，但是到目前为止，我只有零星的成果。很长时间以来，我一直在努力完成这个项目，把它从我的办公桌上拿下来。但是我不断地提出我认为应该包括进去的不同的东西。比如，有人曾经对我提到，"你不可能写一本关于这个主题的书却不包括妇女。"然后，碰巧有人邀请我参加某个关于妇女与民主化的会议。于是我就写了一篇论文，这就变成了书中的另一个章节。当然，还有国际维度，这是我之前从未给予足够重视的。

我认为，当我们说我们正在分析的民主化进程从根本上是由国内力量而不是国际力量推动时，我和奥唐纳尔并没有错。现在的局面不同了。今天，当一个国家民主化时，它不仅受到非政府组织的侵扰，还受到欧盟、美国国际开发署（USAID）以及所有这类不同的民主促进计划的侵扰。它们投入大量资源，以在20世纪70年代末和80年代初（当时我们正在研究南欧和拉美的案例）无法想象的方式干预民主化国家的内部政治。因此，我现在正在研究民主化的国际维度（Schmitter and Brouwer 2000；Offe and Schmitter 1998）。

问：这种对民主化国际维度的强调与您对欧盟的研究非常吻合。

答：我的研究的驱动优势（driving edge）是欧盟背景下的民主化问题，我最近写了一本书（Schmitter 2000a）。[11] 无论民主化在哪里抬头，我就要努力去推动它，这本书亦复如此。我把欧盟视作一个过渡性的政治体，一个尚未达到制度性均衡的、形成中的政治体形态。问题是，是否可以在由之前的主权国家组成的实体的产生进程中加入民主元素，这绝对是当今欧洲最重要的政治议题。我可能不认为欧盟应该为自己立宪，但我确实认为应在欧盟适用的转型机制与在国家层次转型中需要的机制完全相反。我坚信，一个国家越早通过西班牙式的真正构建共识和获得民众批准的进程使其政治宪制化，就越好。但我认为，在欧盟层面上恰恰相反。欧盟不应立即为自己立宪；相反，它应该逐步这样做，而且只有在公众舆论表明支持这一进程之后才能进行。我认为欧盟需要15年的时间来制定宪法，成为一个民主政体。[12] 只有在欧洲人切实感受到权威被大规模转移到超国家机构的影响之后，只有关于此事的争论最终创造出一个独特的"欧洲"公共领域之后，欧盟才应该努力界定其政治目标（*finalité politique*）。

问：总的来说，在过去25年里，您认为您对民主化研究的主要贡献是

---

[11] 施密特关于欧盟的著作也包括 Schmitter（1997a，2000b，2003）。
[12] 在这次访谈后，欧盟宪法草案于2005年年中在法国和荷兰的全民公决中被选民否决。

什么?

答:我不确定我能否回答这个问题,我的看法当然不客观。此外,其他学者对我在这一课题上研究成果的反应也让我一再感到惊讶。这其中有部分一定是由于我的写作风格过于复杂,我无法控制地吸收外来词汇,甚至还发明了新的词汇,而且我坚持把比较延伸到各个地区,而不是局限于某个地区。因此,我所看到的我的主要贡献可能与别人对它们的评价是不一致的,无论是从积极意义上还是消极意义上讲。

这是我希望自己已经做到了的:

1. 帮着把民主研究从静态的转变为动态的事业。

2. 逐步拆解掉民主是奢侈品,只有那些拥有盎格鲁-撒克逊"公民"政治文化的富裕国家才负担得起的迷思。

3. 试图说服学者,民主并不总是通过民主手段产生的,非民主人士也有可能为民主化做出积极贡献。

4. 以类似的思路,指出要实现专制统治的成功转型,"自上而下"的精英行动与"自下而上"的公民行动同样重要,甚至可能比后者更重要。

5. 将政治学学科从对政党、地域性代表和竞争性选举的痴迷,转移到对利益团体、功能性代表和通过压力和/或合作协调来制定政策的更多的关注上。

6. 鼓励政治学家从地区"间"(interregional)而不是地区"内"(intraregional)的角度来思考问题,并将民主化视为通用进程(a generic process),尽管它具有明显的国家层面和次国家层面的独特性。

7. 最后,追随马基雅维利的说法,捍卫这样一种观念——不可能有关于政治甚至民主政治的单一科学,其核心预设、概念、假说和方法必须根据政治实践的处境而有所不同。最低程度上,这意味着一种科学适用于行动者知道或多多少少接受游戏规则的有序局面,另一种科学适用于行动者甚至不知道自己和盟友到底是谁、更不知道规则是什么的无序局面。马基雅维利分别称之为"阳性"和"阴性"时代。政治学仍旧当作这不过是将其两个分支学科——比较政治与国际关系分割开来的东西罢了。

核心思想及其接受度

问：您的研究主要有三条线：一是聚焦于法团主义，二是关于政体和民主化，三是关于欧盟一体化。这些研究是如何串联在一起的？您是否在头脑里把它们联系起来，并有某种将它们综合起来的方法？

答：这个问题我以前被问过好几次。我曾经遇到过一个人，她以为我是三个不同的"施密特"，因为她不理解我是如何把这些话题结合在一起的。在我的研究中，我确实看到了一条共同的线索：利益——政治被理解为对利益的追求——以及与追求利益相关的冲突问题的浮现和解决，在多个层面上的聚合。

从这个意义上说，我是一个老派的社会科学家，不追随最近的时髦趋势。我的确认为你必须研究资本和劳动，我认为阶级、行业部门的和专业性的结社是市民社会的核心。所以，比方说，当学生告诉我他们想研究社会运动和"草根"——我有很多这样的学生——我说，首先研究资本家，因为他们是市民社会的支柱，然后研究工人。也许我错了，但我从来就不是一个关注社会运动的人。我不在乎保龄球俱乐部，更不在乎"独自打保龄球"。[13] 我从来不太相信那种以社会运动为基础的民主理念。我一直认为那是种幻觉。我可以想象一个以法团主义为基础的民主国家，几乎没有显著的政党活动。但除非资本和劳动力之间的讨价还价关系被固定下来，并以某种方式制度化，否则民主的核心就是缺失的。

问：您认为您最好的想法是什么？

答：从某种意义上说，我没有什么新想法。我最好的想法是从别人那里得来的，通常是从一个不为人知的来源中发掘出来的，我说的是真的。关于政治的一切都已经在某个地方说过了。我想不出我说过的话有什么是

---

[13] 此处暗指帕特南的《独自打保龄》(2000)。

真正原创性的,尽管我可能用的标准太高了。我可能以一种新颖的方式将事物组合在一起,或者将先前存在的想法引入不同的处境之中。你的问题使我想起了我那失意的画家生涯。我没有在绘画上做任何原创的事情,但在那里,至少我知道什么是创意,我想做一些以前没有人做过的事情。我失败了。相比之下,在社会科学领域,很难做到真正的原创。你可以用新的方式组合旧的东西,或者把一些东西放在不同的地方。你可以用一种人们从未听说过的方式说话。但真正的创意……没有太多。

问: 尽管如此,您对法团主义的研究确实改变了利益集团的研究方式,为占支配地位的多元主义范式提供了一种替代选择。您在这一领域的贡献可以看作是"把国家带回来"的有影响力的研究成果的一部分(Evans, Rueschemeyer, and Skocpol 1985)。

答: 让我话分两头说。首先,有关法团主义的研究成果批判了多元主义,并在讨论中引入了一些新元素。加布里埃尔·阿尔蒙德在《世界政治》的一篇文章中说,关于法团主义的文献中的许多思想已经在多元主义者的工作中提出过(Almond 1983)。我不同意这种观点。也许这是我的失误,但当我在写博士论文的时候,我阅读过多元主义者的著作,并没有碰到与后来关于利益集团的法团主义研究路径联系在一起的观点。例如,哈里·埃克斯坦(Harry Eckstein)去了欧洲最具法团主义色彩的国家之一——挪威,但却没有发现法团主义(Eckstein 1966)。相反,他从挪威回来时提出了"一致性理论"(congruence theory),这是一种文化理论,认为稳定的民主建立在文化规范和权力模式之间的一致性基础上。埃克斯坦完全忽略了这样一个事实,挪威的民主制度是建立在自20世纪30年代以来一直运行的组织完善的劳资关系制度之上的。埃克斯坦去挪威研究利益集团,但他甚至没有提到这个基本事实!这一疏忽令人难以置信。多元主义者确实对利益集团感兴趣,但他们根本没有用法团主义的方式来把利益集团概念化。

其次,我发现诸如西达·斯考切波等人《把国家带回来》(Evans, Rueschemeyer, and Skocpol 1985; Skocpol 1985)这类研究中的主张被夸大了。你可以说我是那个学术运动之中并不自觉的一员。显然,当我谈到作为多元主义对立面的法团主义时,国家是我所讲的内容的一部分。甚至社会法团主义也有极其重要的国家成分。没有国家的强制力量,这些制度配置是不可能出现的。但我记得我看到标题时的第一反应,"把国家带回来",我想,"你是什么意思?国家一直都在那里。谁需要把它带回来?"只有美国人*才会写这种玩意儿。任何研究欧洲或拉丁美洲的人,几乎无一例外,都不需要被告知要把国家拉回来。

问:您是否对您写过的或没写成的东西感到遗憾?

答:我想提到两个遗憾,都与我在法团主义方面的研究工作有关。一个与法团主义这个词本身有关。我曾经见过诺伯托·博比奥(Norberto Bobbio),意大利政治思想祭酒,一个了不起的人。当时他85岁,走到我面前,抓住我夹克的翻领,说:"啊,你是施密特。我发现你的研究很有趣。但你为什么要称之为法团主义呢?"博比奥从墨索里尼时代生活过来,并与当时的法团主义早期版本作过斗争。要把"法团主义"这个词用在当代的、民主的政体上,在他看来一定是把这个概念延伸到了认不出来的地步。他说的有道理。一个人在选择术语时必须小心谨慎,如果我能更有想象力地弄出一个新标签,而不是借用一个承载了规范性判断的、之前已经存在的术语,情况或许就会好得多。在法团主义一词前使用前缀 neo-(新),就像不少人这么做的那样,可能会有所帮助,尽管我没有想到这一点。相反,我使用的术语是国家法团主义和社会法团主义。

另一方面,使用"法团主义"这个词是一种很好的推销手段,因为它惹恼了大伙。这个词在巴西和阿根廷没有这种效果,因为在那两个国家原本就有一套讲这个的文献。但是,当"法团主义"一词适用到发达的欧洲国家时,它变得具有挑衅性了。这种影响是积极的,因为它迫使人们注意欧洲利益集团体系中不能简单地被忽略的那些方面。

我的第二个遗憾涉及我如何把法团主义概念化。我在定义中包含了大

---

* 原文是"美国人",但从文义来看,施密特一语双关,批评的是主要研究"美国政治"的学者。——译者注

量的变量。[14] 现在看来太过分了，我认为那是个错误。如果我没有这么详尽，如果我把注意力集中在更少的维度上，比如说四五个维度，而不是别人告诉我的 19 个维度，也许会更好。从操作的立场看，本来还可以做些改进。当时，我想我可以用一种叙事性的、描述性的、"理想类型"的方式来使用我那个详尽的定义，这样的话，诸如奥地利、芬兰或荷兰之类是否为法团主义国家，也就不证自明了。但后来，当我开始对法团主义进行定量研究时，我意识到我的定义很难操作化。

问：在巴西从事法团主义研究之后，您转向了欧洲，但您从来没有开展过聚焦于法团主义的明确的跨地区比较。事实上，欧洲和拉丁美洲关于法团主义的文献相互有些脱节。您尝试过跨地区的法团主义研究项目吗？

答：没有，对此我有两方面的解释。首先，1974 年发生了葡萄牙革命，我的兴趣从法团主义转向了民主化。其次，在欧洲，我与格哈德·莱姆布鲁赫以及欧洲政治研究联合会（ECPR）的其他形形色色的人一起工作。虽然 ECPR 在组织研讨会来讨论法团主义的不同方面，以及鼓励对不同国家进行研究撰写专著上都很有效率，但我们没有钱来组织类似伍德罗·威尔逊中心那样汇集了南欧学者和拉美学者一起研究政体转型的项目。别忘了，最初法团主义并不是一个时髦的话题。此外，我们的 ECPR 小组没有像阿贝·洛温塔尔这样的"企业家"，他为伍德罗·威尔逊项目找来了经费。我必须承认，在筹集资金方面我很懒。我不喜欢把时间花在写提案和管理项目上。所以，我甚至没有尝试建立一个关于法团主义的地区间工作组。不过，我从未试图启动一个法团主义跨地区研究项目最主要的原因是我彻底被卷入了葡萄牙革命，然后是伍德罗·威尔逊转型项目吸引了我，使我专注于一个我想至少与法团主义同样重要、或许更重要的话题上。

---

[14] 施密特（1974，93-94）的定义如下："法团主义可以被定义为一个利益代表体系，其构成单位被组织为数量有限的单一的、义务的、非竞争性的、具有等级制秩序和功能上分化的种类，它们被国家承认或由国家许可（如果不是由国家创建的话），并被授予它们在各自的种类中刻意安排的代表资格垄断地位，以换取它们在有关其领导人选择上及表达要求与支持方面遵守一定的控制。"

问：您认为您的想法被误解了吗？

答：人们经常在别人运用自己著作的方式问题上感到受挫。但我唯一真正担心的是人们对我与奥唐纳尔关于转型的研究（O'Donnell and Schmitter 1986）的错误解读。有些人错误地认为，我们是在提倡一种持久的转向以行动者为中心的、策略性的视角，作为适用于任何时候的一种新政治观。事实上，我们所说的是，在政权转型期间，在这个特别的、非常重要的时刻，强调行动者的策略是合理的。这种强调不适用于常规政治。事实上，在正常政治环境下，我通常持一种相当具有决定论色彩的"历史的-制度的"看法，不太关注个体行动者所遵循的策略。

另一件让我恼火的事是，很多人说奥唐纳尔和我在写关于"向"民主转型的文章，而我们书的标题明确表述了，我们正在研究"从"威权统治转型。这似乎是一种长期存在的误解。然而，我们非常自觉地试图避免目的论的观点。其实，这是我和奥唐纳尔最早达成一致的事情之一。我们真的不知道我们正在研究的威权政权最终是否会成为民主政权，或者，如果它们真的成为民主政权了，它们能够生存多久。我不能代表奥唐纳尔说话，但我真正感到惊讶的是，在过去30年里出现在南欧和拉美的民主政权存活了多久，以及它们做得有多好。

问：您如何回应您的批评者？

答：我收到了很多来自左派和右翼的批评，但我只回答那些能让我重新思考自己起初写的东西的批评。如果我不同意这些批评意见中的某个不扎实的部分，或者这些批评显然是没有根据的，我就不会费心去答复了。我曾经担心，"我对批评我的人回应得不够。"我还想，如果我多回复一些人，可能有助于厘清自己的思路。但是如果我对更多的批评做出回应，我就没有时间做别的事情了。

研究的过程和目标

经典

问：政治和社会理论经典在您的思考中扮演了什么角色？

答：对我来说，接触经典几乎是自然而然的。我开始思考我想要解决的问题的本质，然后我问自己，"谁在这件事上说过些什么？"有时候，这只不过需要回忆一下你读过的、脑子里记得的经典著作。例如，在政体转型议题上，我几乎立刻想起了马基雅维利，这就行了。我的第一反应是回忆我在政治思想中读到的东西。另一种开始思考问题的方法是识别过去类似的时刻、局面或结构。例如，许多研究民主崩溃的人都是从回想魏玛共和国开始的，那是民主历史性的失败。

个案和概念

问：个案知识在您的思考中扮演什么角色？

答：当我开始面对某一个案并试图弄明白时，我就要对它充分加以利用。我是解谜高手。正如我们谈过的，我无法解出阿根廷之谜，但我弄清了其他的。我从最初的邂逅中获取最大的回报。

问：一旦您了解了一个国家，您会跟踪那里的时事吗？

答：只在一定程度上如此。拿葡萄牙来说，我并不经常地和系统地阅读关于葡萄牙的材料。我甚至会暂时忘记这事，但之后葡萄牙会发生一些有趣的事情，或者会出现某个契机，我就会跟上来。而且，你不可能在一个国家做了研究之后就一走了之。你交了朋友，并作了各种承诺。你甚至可以写一些对那个国家的人有用的文章。事实上，不久前我就收集了我写的所有关于葡萄牙的文章，最后编成了一本 800 页的书（Schmitter 1999）。尽管如此，从初次邂逅之后，边际回报就在递减了。

我试图劝阻学生不要只做一个国家或地区的研究。你需要四处走动，即使从纯粹的专业角度来看，只做单一国家研究可能会有好处，因为你可以确立起你是有关某个国家（比方说阿根廷）的最佳研究者的声誉。我告诉学生："滚出阿根廷，去意大利、蒙古，去任何地方都成。"这种策略的潜在缺点是，某些人会说："他四处走动得太多了。他对他正在研究的国家了解得还不够。"但这不是一个无法克服的难题。就我个人而言，一旦我抓住了一个国家，我就会非常努力地从历史和语言两方面深入进去。如果有的话，我通常从读"本土"社会科学家写的二手文献开始。如果我怀疑我将不得不回溯到更遥远的过去，我还会读小说甚至旅行者的记述。自从我着手研究巴西、阿根廷和葡萄牙的独裁统治以来，我就相对较少关注报纸。但现在，我几乎只研究有出版自由和竞争媒体的国家，我发现读报纸就非常重要了。

问：采取不时从一个国家转向另一国家的研究策略面临的一个障碍是，随着个人事业的发展，很难再进行实地调查——这是了解一个新国家的理想方式。

答：说到实地调查，我认为这并非回报递减的问题。实地调查仍然是我们工作中最富有成效和最令人兴奋的部分。这也是比较学者的工作之中显得人性化的有趣方面。我当然有这种感觉，尽管我在调查现场时常感到很受挫。每件事都要花费更多的时间，并且自己想要的确切数据几乎永远无法得到。此外，要么由于家庭和职业上的责任，要么由于需要大量的精力投入，实地调查确实变得越来越困难。我不确定在我这个岁数还能不能再做一次。我现在通过学生替我进行实地调查。我让他们跟我谈他们的访谈，我试着去感受那种经历。现在我在欧盟有了一定的地位，相较其他形式，我确实见过了许多杰出的人物，包括总统和总理。我通过与那些必须做出政治选择的人交谈，了解到了更多的政治信息。但这种互动不同于做实地研究，这并不像做访谈那么有趣，不像克服阻力让人们开口并告诉你点事情那样有趣。

问：您整个职业生涯中，在塑造和澄清法团主义和民主等概念方面发挥了重要作用，这些概念对大批研究文献都至关重要（Schmitter 1974; Schmitter and Karl 1991）。能谈谈您形成概念的方法吗？提出成功的概念有诀窍吗？

答：但愿我对这件事能知道得更多一些。像马克斯·韦伯这样的人知道如何形成复杂的、多面的概念，也就是所谓的理想类型。就我自己而言，这是一件容易但不自觉的事情。我所尝试的就是发现某个潜在的模式，用以在特定的情况下辨别具体个案中所有表面变化之下的共同元素。例如，在我与特瑞·卡尔合作的一篇关于民主的文章里，我们试图对民主给出一个通用的、与制度无涉的定义。这就是为什么我们注重问责制及公民与统治者的互惠角色。我们没有说诸如代表必须经由选举产生、你需要议会主权，甚至你本就需要议会之类的话。相反，我们强调有必要建立定期的、可靠的相互问责机制。

在大多数情况下，我不是从头发明概念。在法团主义这个例子上，概念就在像曼诺伊勒斯库这样的作者的旧著里躺着。它有一段时间没被用过了，但它还在那里。我不需要发明它，尽管我确实必须用一种新的方式来定义它。

我发现在形成概念时有一个做法很管用，那就是考虑反义词。如果你想发展一套关于一体化（整合）的理论，你也必须有一套关于解体的理论。你必须同时理解两者。如果你试图定义一个一体化的欧洲，你也必须想象一个分崩离析的欧洲。极性思维是概念形成的一种有效手段。这就是我对法团主义和多元主义所做的。我把它们放在同一个盒子里——以前没人这么做过，然后用互为反义的方式来定义它们。这个练习有助于确定"理想类型"的末端、极端。当然，现实世界中的所有事物都位于两者之间，而要想象出稳定的居间模式是一项重要且困难的挑战。尽管如此，在形成一个概念的过程中，确定两端是个非常有用的手段。诀窍是找到一个潜在的模式，想象它的反面，然后确定它的两端。

然而，我应该补充的是，我的许多概念化想法都来自于与真人交谈，包括政治家和利益集团领袖。我倾听政治人物在谈论和描述他们所做的事情时所用的词语。例如，我最近热衷于所谓的"欧罗讲法"（Euro-speak），这是欧盟发明的一种谈论其政治的新语言，这种语言是如此不同，以至于需要全新的词汇。此外，我很幸运曾在巴西和意大利工作和生活过，这两个国家的政治词汇极富想象力。我目前是《Les Intraduisible：不可翻译的政治术语词典》意大利部分的编辑，我已经找到了 87 个不可翻译的意大利术语。[15] 就在几天前，我发现了一个新的术语——钢琴师（un pianista）。你知道 pianista 是什么吗？按字面意思理解，它指的是弹钢琴的人，但这个词也指那些在邻席议员缺席时替他或她投票的议员。意大利议会实行电子投票，每位议员都要按一个码再按一个键来投票。有一些照片显示，议员们双臂伸向两边，像弹钢琴一样，替缺席的同事按键投票。"钢琴师"是形容这种场面的一个完美术语，你一听到它，就知道了它的确切含义。这些题外话的意思是想说，刺激概念形成的一种方式是到那些政治活跃、人们不断发明政治术语的国家去工作或生活。如果你幸运的话，人们会使用你不知道的表达方式，但当他们解释这些说法时，你会发现这些表达方式掩盖了一些不能公开承认的重要关系，或者传达了一些与众不同的东西，而这些东西是通用词汇里没有的。倾听行动者们用来谈论他们的政治的那些词语是研究政治的一个重要途径。

工作方式及合作者

问：自从您关于巴西的书（Schmitter 1971）出版后，您主要是写文章和书里的单独章节。您发表的大多是文章，而不是书，这有什么原因吗？

答：我跑得太快了。我没有耐心，喜欢接受新事物的挑战。一旦我觉得某件事过时了或尘埃落定了，我就会失去兴趣，继续往前跑。那种工作方式不适合写一本书那么长的手稿。所以我主要是发表文章。

问：您也做了大量的合作研究工作。

答：多年来，我与格哈德·莱姆布鲁赫、沃尔夫冈·施特雷克、吉列

---

[15] 该词典访问网址 www.concepts-methods.org/dictionary_intraduisibles.php。

尔莫·奥唐纳尔、特瑞·卡尔以及现在的克劳斯·奥菲合作过。[16]

问：您为什么要合作？您如何挑选合作者？

答：合作研究的目标是最终得到一个比单独生产的产品更好的产品。几个因素使这种结果更有可能出现。我一直在努力和与我背景不同的人共事。这意味着我的合著者通常是外国人，他们通常有不同的学术背景，但这并非意味着大家一定得是不同学科训练出来的。

我总是和我认为与我智识相当的人合作。而且我和那些同我对政治有许多共同预设的人，也就是那些有"中间偏左"价值观的人合作。当你与人合著时，你必须分享许多看法，但你也应该提出不同意见。你要确保你们以一种富有成效的方式讨论你们的分歧，而不是在愚蠢念头或小事情上掐架。我和我所有的合作者之间，一开始似乎在很多事情上看法完全不一致。但我们致力于解决这些分歧，并试图创造性地解决它们。我举个例子。奥唐纳尔和我在开始研究转型项目的时候存在很多分歧。我们有许多基本的一致意见，但也认为我们有一些根本的分歧。然而，在撰写《有关不确定民主的试探性结论》时（O'Donnell and Schmitter 1986），我们从未求助于不痛不痒的妥协来解决双方的分歧。我们总是试图通过想出一个比我们各自开始时提的更好的解决方案来解决问题。这才是那种正确的合作者。

我非常幸运。我有非常好的合作者，在合作完之后他们都成了我的亲密朋友。我知道有些合作的情况并非如此。我仍然和所有与我合作过的人保持着非常密切的关系，如果有机会，我会再次与他们共事。

科学、历史和政治参与

问：您如何描述您的研究目标？您认为自己是科学家吗？

答：我力图提出一般化概括。然而，我也看到我的著作总是受到时间

---

[16] 参见 Schmitter and Lehmbruch (1979), Lehmbruch and Schmitter (1982), Streeck and Schmitter (1985), Hollingsworth, Schmitter, and Streeck (1994), O'Donnell, Schmitter, and Whitehead (1986), Karl and Schmitter (1991), Schmitter and Karl (1991, 1994), 以及 Offe and Schmitter (1998)。

和空间的限制。我通常非常明确地表明在某一既定时刻我的研究工作所涉及的时间段和国家范围。我从不笼统地谈政治。我不相信行为主义和理性选择理论的普遍性抱负，这不是我思考科学和做事情的方式。我认为人文科学从根本上来说是历史性的。因此，你必须具体说明时间和地理背景，在此背景中你正在致力于找出的概括是有效的。正如亚里士多德所说，你应该了解的第一件事是科学必须忠于它的主题，实事求是。这意味着科学有很多种，而不仅仅是一种。对我来说，政治的主题是历史性的。如果政治学要成为一门科学，它将是一门历史科学。

问：您如何看待您的学术工作与政治世界之间的联系？

答：我向来都不是一个通常意义上的党员，部分原因是我一直很忙，从来没有在一个地方生活过很久。我觉得现在我在意大利多少算是扎根了。我和中间偏左（centrosinistra）的民主党有点关系。但我仍然是个局外人。

我平生第一次也是仅有的一次同意给政府作顾问是在 1974—1975 年（我现在偶尔给欧盟委员会作顾问，但我不认为那是给政府提建议），当时传说亨利·基辛格认为如果葡萄牙变成共产党执政的话将是一个好主意。他认为这将给其他西欧国家打打共产主义预防针，并有助于摧毁该地区各国国内的共产党。美国国务院即将派弗兰克·卡鲁奇（Frank Carlucci）担任美国驻葡萄牙大使。卡鲁奇是一个臭名昭著的中情局的人，事实上，他曾在巴西指责我是"泛美体系的敌人"。我受邀去华盛顿，向卡鲁奇简要介绍葡萄牙的政治。我过去和现在都认为，我的工作是生产公共性的著作。事实上，我非常相信社会科学的公共性，反对社会科学家在统治者耳边窃窃私语。但这一次我反倒这么做了。我去了华盛顿，和卡鲁奇谈了谈。

为了反驳旨在煽动红色恐慌从而引发美国干预的观点，我告诉卡鲁奇，葡萄牙是欧洲最保守的国家之一，它不会倒向共产主义，葡萄牙人可以照看好自己的事情。不久之后，卡鲁奇去了葡萄牙，做了与我原本预期完全相反的事情。他确保我们没有强迫葡萄牙人变成什么样，实际上美国、德国和英国结成了支持葡萄牙社会党的联盟，他是力促此事的建筑师。卡鲁奇值得称赞。他去后所处的局面，让你完全有理由相信他会以一种发自内心的反共方式来加以解读。但相反，他看到葡萄牙基本上是一个保守的国家，并得出结论，美国所要做的就是支持社会党，然后等待。他是对的。

同事和学生

问：基本上您在三个机构工作过，芝加哥大学（1967—1982）、斯坦福大学（1986—1996）以及欧洲大学研究院（1982—1986，1996年至今）。您在这三个地方的经历是怎样的？

答：它们是非常不同的机构。从学术角度来看，芝加哥大学无疑是最好的。那里的政治系是一个最令人振奋的系，原因有三。首先，它是一个非常不讲究等级差别的系，尽管其中有一些大名鼎鼎的人物，如大卫·伊斯顿（David Easton）、莫顿·卡普兰（Morton Kaplan）和汉斯·摩根索（Hans Morgenthau）。年轻教员和资深教员有同样的权利，可以教他们想教的课程。在大多数方面，我们都是平等的，除了一些显而易见的东西，比如参加终身教职投票做决定的资格。其次，芝加哥大学政治系是一个非常活跃的系。这在一定程度上是由于生态学上的因素：大多数教师比邻而处。因此，我们经常见面，在咖啡馆和教室碰到。我们通常成了最好的朋友。最后，尽管我们是一群非常以自我为中心、意志坚定的人，喜欢彼此争论，但我们的分歧从未变得两极分化。以前在芝加哥大学政治系就发生过这种情况，当时施特劳斯派（Straussians）[17]和其他人之间存在着尖锐的分歧。但是当我到达的时候，分歧已经被弥合了。在芝加哥大学，你经常发现自己和不同的人意见一致又不一致，虽然争论很激烈，但从来没有发展成"我们对抗他们"的局面。这延伸影响到研究生们，他们可以自由地选择不同类型的人组成自己的答辩委员会，甚至从我们的不一致看法中获益。芝加哥大学是一个整体大于各部分之和的地方。

---

[17] 施特劳斯派指的是列奥·施特劳斯（1899—1973）的追随者们，施特劳斯是德国犹太流亡者、政治理论家，1949年到1968年在芝加哥大学任教。

问：您在芝加哥大学最亲密的同事是谁？

答：几乎整个系都是。不过我要特别提到阿里斯蒂德·佐尔伯格（Aristide Zolberg）、伦纳德·宾德（Leonard Binder）、艾拉·卡茨尼尔森（Ira Katznelson）和布莱恩·巴里（Brian Barry）。我应该把历史系的两位拉美学者约翰·科茨沃斯（John Coatsworth）和弗里德里希·卡茨（Friedrich Katz）也加到这张名单上。不过，过了一段时间，我们中的许多人都离开了。先是巴里，然后是卡茨尼尔森，之后我也去了欧洲大学研究院。

问：您在芝加哥大学曾与亚当·普沃斯基共事过。

答：我在他来芝加哥的事上起了重要作用。他一直是这个圈子里的一员，在我离开后的许多年里还是如此。我们做事情的方式不同，这有时会转化成一种棘手的关系，这种关系偶尔会在我们指导研究生的方式上表现出来。普沃斯基喜欢和从事他所做的研究的研究生一起工作，他们通常有一种理性选择倾向。相反，我喜欢和那些对做各种事都感兴趣的学生一起工作。我们彼此钦佩，他是一个非常好的同事。我们有着超越学术差异的长期的私人关系。这就是为什么，正如我之前说的，从一开始，普沃斯基就被拉进了伍德罗·威尔逊中心有关从威权政权转型的项目，尽管当时他既不是拉美专家，也不是南欧专家。我想让他参加这个项目，因为我知道他会做出重要贡献。

问：20世纪80年代，您在意大利的欧洲大学研究院工作了几年，1986年回到美国，并在斯坦福大学找到了一份工作。

答：我在意大利过得很开心，我原本会尽可能地长期待在那里。但我和特瑞·卡尔（Terry Karl）有私人关系，她在斯坦福有份工作。我搬到斯坦福是因为她，我想这在纸面上看起来很完美。斯坦福照说有一个很好的政治系。但我很快意识到，我走错了地方。

问：斯坦福有什么问题？

答：斯坦福和芝加哥正好相反。斯坦福是个人们之间不会互相交谈的地方，即使他们在一个议题上立场一致。那里没有任何社交或思想生活。人们来学校工作——如果他们来的话——上午9点到，下午5点离开。有些人一起打网球，但如果你不是其中一员，你就啥也不属。此外，在斯坦福，大多数系里的成员都不大像知识分子，他们只是打工的职业学者。相比之下，在芝加哥，我们不是在打工，政治学研究是我们的天职，我们无时不刻在思考和争论政治。在斯坦福，他们更像生意人而不是知识分子，没有任何互动，政治系完全瘫痪。

由理性选择理论家领导的联盟推动了比较政治学的美国化，却没有给那些懂对象国语言、做实地研究、对对象国有深入了解的人留下任何空间，斯坦福大学的政治系出现了越来越大的不和，事情变得非常两极分化。许多研究比较政治的人最后把更多的时间花在不同的区域研究和国际问题研究中心。总的来说，这些人受到攻击，被边缘化。斯坦福大学政治系变成了一个非常封闭的环境。一个极其紧密的小群体占据了主导地位，这个群体总是一起投票。结果，系里的会议非常无趣。我最终还是放弃了。在斯坦福是一段非常消极的经历。在那里没有任何回报，除了特瑞·卡尔在思想上和个人生活上的陪伴。

问：1996年您回到意大利，重新加入欧洲大学研究院（EUI）。

答：EUI太棒了。它所在的佛罗伦萨显然很吸引人，我们还有很棒的学生，而且这里的教员都是一流的。在EUI，所有教员都是定期合同，最长期限是8年。所以，这是一扇不断旋转的大门，这意味着你总是在寻找新的同事，你在进谁不进谁方面有很大的发言权。我相信我们现在有欧洲最好的政治学和社会学系，它已经成为在这些领域念研究生的"那个"地方。EUI也很有启发性，因为学生群体是如此多样化。这是一所没有占主导地位的族裔或国别群体的大学，地球上还没有其他地方像它一样，德国人的数量与意大利人、法国人、英国人等等一样多。这是令人兴奋的、具有挑战性的。我现在正是在我想要待的地方，我无法想象还有比这更好的工作了，我觉得很幸运。

问：谈到教学，您是如何培养研究生的？[18]

答：原则上，我不指定研究生该做什么。这在欧洲很不寻常，因为那里的教授通常会告诉学生他们应该做什么。因此，当我说他们必须自己找到一个研究主题，并决定这个主题对他们是否足够重要时，学生们感到惊讶。我告诉他们："你不应该担心我是否认为你的主题重不重要。同时，忘记这个学科会怎么想。要确保这个主题对你很重要。"你必须非常深切地关心你博士论文的主题。不过，一旦一个学生选定了某个论文主题，我就会变得很有干涉性了。

我非常注重理论，我希望学生从概念的角度真正知道自己想做什么。我逐字逐句地阅读他们写的每一个字，批评它，然后问："你为什么不做这个或做那个？"我真的是在拷问他们，尤其是在关键的第一章。我希望一篇论文要打几遍草稿。另一方面，我对他们要使用的方法或资料却一点儿也不固执己见。我指导过从问卷调查和聚集数据研究到基于访谈和基于文献的各种研究类型的论文。在方法和资料方面，我非常折中。这是我的基本哲学。我想自己很难共事，我对学生要求很高。

比较政治的成就、缺陷与未来

问：比较政治已经取得了什么成就？相比20世纪60年代中期您读研究生的时候，我们如今知道了些什么？[19]

答：这一领域取得了重大进展。最明显的在于关注了空间维度——我给它贴上了这个标签。现今与40年前相比，如果你只了解一个国家，你就不再觉得自己懂政治。这是一项巨大成就，它促使比较政治转变为一门政治科学，尽管这种转变的程度在美国可能不及在欧洲那么明显。我们也在

---

[18] 关于从研究生的视角如何看待作为教师的施密特，参见本书第15章对大卫·科利尔的访谈。

[19] 施密特对这一领域的总体评估，参见 Schmitter（1993, 2002）。施密特综合民主化文献方面的成果包括 Schmitter（1995）和 Schmitter and Guilhot（2000）。

以更广泛、更完整的方式来研究政治。例如，我们现在不是像以前那样孤立地研究选举或政党，而是研究整个政治利益领域，并考虑它们如何与政党和不同的公共政策制定模式相联系。我对自己参与以这种方式重塑这个领域的努力感到自豪。但这些变化也是结构功能主义无意间的副产品。那种研究路径在行事方式上是错误的。它假定了一系列高度抽象的功能（这主要归功于塔尔科特·帕森斯），一个政治体要想变得稳定并保持稳定，就必须履行这些功能。这其中的"静态偏见"显而易见，强烈的系统性相互依赖预设也很明显。不用说，对于像我这样更关心政权的变化以及变化中的政权的人来讲，这挺可怕的。但存在于明显的"普适"理论之中的、实实在在的偏见是，在履行特定职能上，某些特定制度或制度复合体被赋予了特权地位。就此而论，依我之见，结构功能主义似乎不过是对美国政治体制的一种抽象而粗略的描述。从不同政治体历史上的、"真实存在"的制度出发，然后力图发现它们履行了什么职能，以及它们与其他制度之间的相互依赖是否的确导致了非强制性的稳定，这样做会有用得多。简而言之，结构功能主义整个研究路径缺乏历史性和国家性，而那些正是我所追求的。然而，结构功能主义促使我们对政治进程采取更广泛、更全面的观点。这是这门学科的一个新方面，出现了许多与这些涵盖范围很广的研究相联系的一般化概括，这是我们在过去几十年里所没有的。例如，我们现在知道——请迪韦尔热原谅——选举体制并不能单枪匹马地创造政党体制。或者，正如我逐渐地、不情愿地发现的，要理解利益团体的不同组合形态，不能脱离党派竞争和执政党或执政党派联盟的本质属性。

在某些问题上，没有单一的公认智慧。可能有两到三种我们还没有完全阐明的不同看法，它们是相互对立的假说。但这比我们之前所掌握的那种大致那么回事的知识要好多了。人们说比较政治没有知识积累，这是不对的。事实上，如果不是一个时尚接一个时尚——行为主义、结构功能主义以及现在的理性选择理论，美国的政治学本可以积累更多的知识。由于时尚，学者们试图通过否认前人创造了任何有价值的东西来证明自己。这种倾向可以在那些用理性选择理论或别的他们刚刚拾起来的东西隔靴搔痒，装作才从头开始研究政治学的人身上看到。他们居然大言不惭地说，在他们之前写的关于某个主题的每样东西都是垃圾。我不赞成这样的态度。我们今天所处的地方与过去不同了。总的来说，这是一个更好的地方，一个具有更宽阔的、更有洞察力的视角来观察政治的地方。

问：您的评论使我想起加布里埃尔·阿尔蒙德强调需要更好的职业记忆（Almond 1990, Part II）。

答：阿尔蒙德当然认为跨代际和跨时间的相互参照援引还远远不够。事实上，正如我们前面讨论过的，他甚至对法团主义研究文献也是这么看的（Almond 1983）。我想我实际上是在用自己的方式援引以前的资料。如果说我有什么过错的话，那就是我对美国政治学的关注不够。我不是在贬低这些文献。但如果我要研究，比如说巴西，我可能会研究巴西人写的专著和文章，而不是美国人写的。也许我偶尔会发现一些在巴西以外写的有用的东西。但我承认，除了我的同事兼伴侣特瑞·卡尔（Terry Karl）之外，我对拉美研究专家所写的东西关注不多。我这样说也有一定的保留，因为我也在写人家的政治，而我在这里所说的关于拉美研究专家的话，当然也可以用在评论我自己的工作上。尽管如此，我发现通过与当地社会科学家建立关系，我学到了更多的东西。

区域研究

问：您认为比较政治有什么值得注意的失误吗？

答：最明显的就是对共产主义体制本质的认识严重失误。这表明当初容许苏联体制的研究者在比较政治学内部画地为牢、形成一个"囊肿"的做法是根本错误的。他们不读比较学者们写的东西，也不注意像欧洲共产主义那样的基本问题。除了少数例外，我也没有读过他们的任何著作，因为他们不会讲我的语言。苏联问题专家与这一领域其他人的分离是相当明显的。

这一幕为区域研究提供了重要教训。区域研究有一些非常重要的成果，但区域研究必须保持开放。特定区域的研究者必须阅读其他人正在写的东西，他们得准备跳出各自的地区，到别处去寻找比较点。这正是苏联问题专家无法做到的。他们的模型认为共产主义是完全不同的,因此,共产主义体制除了相互比较外,不能与其他体制进行比较。确实,仍然有一群人说,既然共产主义是不同的,后共产主义也必定是不同的。我强烈反对这种观点。[20]

拉丁美洲研究者——我是其中一员——从来没有如此狭隘。我们总是对其他区域感兴趣。拉丁美洲在美国和欧洲之间有一种模糊的知识立场。拉丁美洲国家与这些外部参照点之间总有种含蓄的比较。这种对其他地区和区域的开放立场解释了为什么拉丁美洲研究文献在分析政权变革方面做得更好。奥唐纳尔和我都清楚地意识到,拉丁美洲的威权政权是多么不堪一击。我们没有准确地预测民主化会在什么时候发生,但我们对此并不感到惊讶,因为我们的威权统治研究模型让我们了解了这些体制与生俱来的矛盾。我们没有被禁锢在任何模型下与外界隔绝,为一小部分国家开发出一种不同的语言和分立的预设,从根本上来说是一种错误的策略。

比较政治的未来与政治学的美国模式

问:根据这一评估,您如何看待比较政治的未来?

答:我在最近发表在《欧洲政治科学》(Schmitter 2002)上的一篇论文中提到了这个问题。许多人——当然包括美国人、英国人,或许还有一些斯堪的纳维亚人——认为这是一个很容易回答的问题。在他们看来,比较政治和政治学的未来已经在美国展现出来了。美国设定这些标准,是因为美国政治学家的数量、他们高度的职业化水平、他们期刊的声望和数量等等。因此,其他国家的政治学家向美国模式靠拢只是时间问题罢了。我的文章对美国为比较研究者提供"未来面貌"的论点提出了挑战。

问:您认为美国的政治学实践方式存在哪些问题?

答:一个关键的问题是,太多的美国政治学是基于对美国的研究,而美国是一个很特别的个案,因为它没有封建传统,没有怀有敌意的强邻,

---

[20] 参见 Schmitter and Karl(1994)和 Karl and Schmitter(1995)。

多重交叠的裂隙存在于一个移民社会，等等。因此，建立在美国这一例外的政治局面基础上的政治学，不可能是一门普适的政治学。基于美国的研究发现，不太可能得到很好的传播迁移。业内的美国研究专家发现自己处于一种特别自相矛盾的境地：他们坚持认为"他们的"政治体是例外，而他们发现的任何东西却都必须是普遍适用的。

如果美国的政治学把美国当作一个研究个案，就像对待其他个案一样，那就另当别论了。但这种情况很可能不会发生，因为美国人非常反对这种提议。欧洲的局面有所不同。欧洲没有人会抗拒意大利或西班牙只是某一个案的想法。事实上，在欧洲，越来越不清楚意大利和西班牙是否仍然是传统意义上的个案，因为这些国家的政治已经与欧盟的政治交织在一起。欧洲国家不能再被视为明显独立的讨论单位了。

美国政治学的另一个问题，我已经提到过，是太容易产生时尚，在我看来这是美国在职业岗位上竞争过于激烈，以及由此产生的倾向于夸大一个人的研究路径和方法重要性的后果。竞争既是美国政治学最糟糕的一面，也是最好的一面。一方面，它会导致时尚潮流的恶性循环，高估新路径、新方法或新理论的价值。另一方面，这个行业在美国的竞争特性又破坏了它所创造的那些特定时尚，某个竞争群体总会不可避免地形成，其主要业务就是染指占主导地位的传统。相比之下，欧洲的政治学行业在本质上更为保守和反竞争，部分原因是大学高度官僚化的属性。因此，欧洲的政治学对创新的抵制程度要高得多，但一旦一项创新成功渗透进来，它就会被更彻底地吸收进去。或许正是这一点，让欧洲政治学更强烈地感觉到知识积累正在出现。

问：关于过去50年间美国政治学中占主导地位的研究路径——行为主义、结构功能主义和理性选择——您认为它们在影响上有什么区别吗？

答：从某种意义上说，它们完全一样。拿理性选择的倡导者来说，他们一直在告诉研究生们需要学习理性选择理论，他们专门提拔这些学生，从而有效地在这个学科内形成了一个"俱乐部"。这正是行为主义者当初所做的。这正是结构功能主义者通过社会科学研究理事会（SSRC）的比较政治委员会所做的。他们都形成了自吹自擂的小圈子，然后互相提携。

不过，我确实看到了这些研究路径之间的差异。行为主义者，以及一定程度上的结构功能主义者，促成了大量关于第三世界的研究。因此，我们有许多人成为世界上各个不知名地区的专家。他们创造了有用的知识，这是学院内外都需要的。相比之下，我认为理性选择学者并没有产生多少实际效用，因为理性选择理论关于政治的基本预设往往是相当不现实的。可以肯定的是，理性选择理论有一些非常有趣的方面，或者至少可能有，由于这些假设的局限性得到了承认，该理论也并没有适用到完全不恰当的情形之中。但我认为，很少有人愿意理解和直面理性选择理论的局限性。

问：那么，您认为政治学中理性选择理论的未来会怎样？

答：我不认为它现在占主导地位，即使在美国，正是因为该行业的竞争特性，我也不认为它将来会成为支配者。理性选择泡沫会破裂，我很有信心。与以往的时尚一样，理性选择理论也会留下一些残余。在它过去之后，每个继起的时尚潮流都会在各个政治系里增添一些多样性。

研究议程

问：您认为在未来十年左右，比较政治学的重大发展可能会在哪里取得？

答：试图回答这个问题的麻烦是，一个人往往会把注意力集中在自己正在做的事情上。我得承认，至少我是这样认为的。带着这个警告，我建议两件重要的事情值得一做。第一件事涉及跨国政治进程，这些进程不能被归入传统意义上的国际关系范畴，即由国家利益驱动的，涉及外交谈判、相对优势、"自助"、赤裸裸的权力斗争等内容的进程。这些进程可能是区域性的，也可能是全球性的。由于欧盟的存在，欧洲已经出现了许多这样的情况，但我在其他地方也看到了类似的趋势，例如，在拉丁美洲的南方共同市场（Mercosur）。[21]

我要强调的第二件事涉及民主的质量和发展一种新的规范性民主理论的可能性。民主化的研究或多或少已经上了轨道。但是，我们仍然需要一种能够把握民主本身正在经历的根本变化的新型民主理论。罗伯特·达尔（Dahl 1989, Chs. 1, 2, 15, 22, and 23）提出过民主已经经历了几次革命的精彩洞见。我认为我们目前正处于另一场民主革命之中。行动者的特性正在改变。今天真正的公民是组织，而不是个人。事实上，在现代民主中，不论他到底做什么，个人只有通过组织才能有效地采取行动。随着政党变得不那么重要，利益团体和社会运动变得更加重要，相关的组织类型也发生了转变。因此，我们需要一个更具"组织性"的民主理论。此外，政府这个单位正在转变。我们现在谈论的是超国家的民主，也更加关注次国家的民主。所以我们将关注在民族国家之上和在其之下的分析单位。这就需要一种不同的民主理论，因为99%的民主理论都假定一个民族国家的存在是优先的、合意的。

总结

问：最后做个总结，您对进入这个行业的研究生有什么建议？

答：比较政治是政治学中最具挑战性、最有难度的一个领域，也是最有趣和最有回报的一个领域。要成为一名优秀的比较学者，你必须让自己比较起来。也就是说，你必须使自己习惯于生活在不同的文化中，习惯于生活在外面。你必须有比较地安排你的生活，寻找机会去不同的国家。这并不容易做到，尤其是如果你有个家庭和其他"固定资产"。我很幸运，我的孩子们不介意我搬来搬去。嗯，说实话，我也不确定我说的对不对，因为我强迫我的孩子们在上大学之前在八个不同的国家生活过。所以他们

---

[21] 南方共同市场（Mercado Común del Sur-MERCOSUR）是1991年由阿根廷、巴西、巴拉圭、乌拉圭共同建立的贸易区。

可能会讲述一个不一样的故事。一言以蔽之,如果你真想成为比较学者,你必须准备好过一种比较的生活。[22]

---

[22] 更多的建议,参见 Schmitter (1997b, 295-297)。

第十一章
农民、权力与反抗的艺术*
——詹姆斯·C. 斯科特访谈录
James C. Scott

詹姆斯·C. 斯科特是位训练有素的东南亚专家，他对文化与政治的研究做出了开创性贡献，并以他关于属下群体（subaltern groups），尤其是发展中国家的农民如何反抗统治的独到见解而广为人知。他在美国政治学"改革运动"中发挥了领导作用。[1]

斯科特早期的研究聚焦于政治精英的意识形态——这是他的第一本书《马来西亚的政治意识形态》（1968）的主题，以及腐败和侍从主义**——他在《比较政治腐败》（1972a）和一些有影响力的文章中都涉及这一主题。他之后关于农民与农村阶级关系的研究，发表为《农民的道义经济》（1976），将农民造反解释为农民在面对恩庇-侍从（patron-client）关系崩溃时的风险规避行为的后果。这本书与塞缪尔·波普金（Samuel Popkin）的《理性的农民》（1979）一起被广泛阅读，引发了所谓的"斯科特-波普金之争"，斯科特对"道义经济"的强调与波普金的"理性选择/政治经济"观点相互对立。

斯科特在马来西亚的一个村庄进行了为期两年有关阶级关系的民族志实地调查，加深了他对农民的了解。这项名为《弱者的武器》（1985）的

---

* 这次访谈由理查德·斯奈德于 2001 年 7 月 20 日及 28 日在康涅狄格州达勒姆完成。

〔1〕 2000 年爆发的"改革运动"旨在改革美国政治科学协会（APSA）的管理结构，并使《美国政治科学评论》（APSR）采用更多样化的方法和理论路径。

** 侍从主义（clientelism）在中国内地学界经常也被译作"庇护主义"，考虑到该词的词根，似译为"侍从主义"更直白。——译者注

研究结果表明属下*群体投身于斯科特所说的对权威的"日常反抗"中。这一发现对葛兰西的观点提出了挑战,葛兰西认为,这些群体之所以无法反抗,是因为他们处于"霸权"掌控之下,甚至无法察觉自己被征服了。《支配与反抗的艺术》(1990)通过纳入农民以外的属下群体并利用来自亚洲以外地区的个案,拓展了他的研究焦点。

斯科特在《国家的视角》(Seeing Like a State 1998)中开辟了一个新的研究方向,这是一项广泛的比较历史研究,探讨了为什么国家干预原本旨在改善人类状况,结果却造成了普遍的痛苦。他所涉及的案例看似毫不相关,比如 20 世纪 70 年代坦桑尼亚的乌贾马强制村庄化计划,以及 18 世纪普鲁士的科学林业,他展示了"极端现代主义"(一种忽视本地实用知识的意识形态)是如何导致灾难性后果的。他目前的研究主要集中在国家与社会的互动上,探究为什么国家敌视那些自身移动性强的群体。

斯科特 1936 年出生于新泽西州的蒙荷里镇(Mount Holly)。1958 年获威廉姆斯学院学士学位,1967 年获耶鲁大学政治学博士学位。他曾在威斯康星大学麦迪逊分校(1967—1976)和耶鲁大学(1976 年至今)任教。1991 年,他参与创立了耶鲁的农政研究项目**(The Program in Agrarian Studies)。他曾任亚洲研究协会主席(1997—1998),并于 1992 年当选为美国人文与科学院院士。

思维形成与学术训练

问:您在哪里长大?您的父母是做什么的?您还记得有什么激发您对

---

* 属下(subaltern)这个说法来自葛兰西的《狱中札记》。葛兰西在两重意义上使用"属下"的说法:其一就指工业无产阶级,其二则是指前资本主义社会形态中的次属阶级,如意大利南部的贫苦农民阶层。"属下"社会群体的意识受统治阶级文化霸权的支配。——译者注

** Agrarian 原意是指"与土地相关的",引申为"农村的、农业的"。考虑到 Agrarian Studies 在内容上涵盖了农地、农民、农村、农业等各方面涉农历史与现实问题,无论译为土地研究、农村研究或农民研究似乎都明显呈现出中英文间难以对应的问题,故在此译为"农政"。——译者注

政治产生兴趣的事件吗?

答:我在新泽西州的贝弗利(Beverly)长大,那是特拉华河畔的一个工业小镇,位于卡姆登(Camden)和特伦顿(Trenton)之间。我父亲是镇上的医生。他在46岁时突然死于中风,那时我9岁。我父亲在西弗吉尼亚长大并接受教育,是一位狂热的民主党人和罗斯福总统的支持者。罗斯福去世那天,我感冒了在家待着。我先从收音机里听到这个消息,然后告诉了母亲,母亲又告诉了父亲。他的诊室在我家大房子的另一边。他立即关了诊室,接下来的几个小时里,他们和亲密的朋友们一直在悲痛中哭泣。

我很早就被印上了"民主党"的党派烙印,当然,这是一种纪念我已故父亲的方式。在莫尔斯敦友人学校(Moorestown Friends' School, MFS),我是班里唯一的民主党人,虽然这是一所贵格会学校,但孩子们都来自富裕家庭,而且都是共和党人。老师们都是民主党人或社会主义者,相当欢喜我的政治立场,这一点我没有忘记,他们鼓励了我。我和学校有着特殊的关系,因为在我父亲去世后,我成了学校的第一个拿奖学金的学生,周末和暑假我得去打工以换取学费。友人学校让我接触到了比在任何其他类型的学校都要广泛得多的经历,尤其是通过周末和在费城与华盛顿为期一周的实习营。我们参观了监狱、居民点、码头工人会议、精神病院,与贫民窟的家庭一起修理房屋,还在冷战最巅峰时期参观了苏联大使馆。当然,我遇到过很多贵格会信徒,他们是二战期间良心拒服兵役者(conscientious objectors)*。总之,我遇到了很多人,他们有勇气从百人群中挺身而出,成为其中的少数派,因此我也变得远没有那么狭隘。

问:您1958年在威廉姆斯学院获得学士学位。您在威廉姆斯学什么?

答:我对去威廉姆斯在社交上和思想上都准备不足。事实上,我确信我不属于那里,我都准备要退学了。我来到威廉姆斯学院的第一天,新生们就在谈论一些我从未听说过的作家和诗人,更别说对这些人形成什么看

---

* 指由于思想自由、个人良心或者宗教信仰的缘故,而要求拒绝履行军事服务权利的个人。在一些国家,良心拒服兵役者会被分配提供民事服务以替代兵役。——译者注

法了。我想"我什么也不知道",于是打电话给母亲说:"妈妈,你知道我会尽力的,但我可能会在圣诞节前回家,因为我觉得在这里应付不来。"因为自我怀疑,我在威廉姆斯学习非常努力。

问:您的专业是经济学。专业训练怎么样?

答:我在威廉姆斯接受的训练使我在政治经济学方面打下了很好的基础。我们阅读卡尔·波兰尼(Karl Polanyi)、简·廷伯根(Jan Tinbergen)的福利经济学,以及芭芭拉·沃德(Barbara Ward)和弗里德里希·冯·哈耶克(Friedrich von Hayek)等人有关计划的书。我们也读安东尼·唐斯的著作。事实上,《民主的经济理论》(Downs 1957)是我毕业前读的最后几本书之一。威廉姆斯为我做的,也是我后来在耶鲁大学的研究生训练反倒没有得到的,就是给了我某种求知欲。威廉姆斯并没有把我教育得那么好,但它确实给了我一张路线图,告诉我怎样才能成为一个真正的知识分子。在威廉姆斯,我还养成了一个终生习惯,每天花一两个小时读小说和诗歌——这完全是政治学之外的事情。

我是一名东南亚问题专家,这在很多方面都显得挺古怪的,这也源于我在威廉姆斯的经历。我当时正在写关于二战期间德国战时动员的高级荣誉论文。事实证明,德国人在战争初期并没有两班倒或三班倒,尽管他们有足够的人力来完成这些轮班。没有人指出过这一点,我也不确定今天是否有人知道。但我从来没有深入研究过,因为秋天我就坠入爱河了。我有一位伟大的教授,埃米尔·德普雷(Emile Després),12月份他叫我到他的办公室,看看我做了什么。我试图糊弄过去,但他看穿了我。他对我说:"滚出去!你没有跟着我写荣誉论文,你什么也没做……滚出去!"嗯,我是有野心的,所以我仍然想以优异的成绩毕业。我一个接一个地去找所有其他经济学教授,看看是否有人愿意收下我。有个叫威廉·霍林格(William Hollinger)的家伙曾研究过印度尼西亚,他说:"我一直想了解缅甸的经济发展。如果你研究缅甸,我就收下你。"我说:"好呀,缅甸在哪儿?"我不知道缅甸在哪里。然后,在大四快结束时,我申请到扶轮奖学金(Rotary fellowship)去缅甸。我原本计划进哈佛法学院,但你瞧,我得到了扶轮奖学金。我对自己说："你总归能去哈佛法学院，但你什么时候还有别的机会去缅甸？"于是，1958—1959年间我在缅甸待了一年，不再回头。

问：您在缅甸的一年怎么样？在那里做了什么？

答：我刚到的时候，吴努的文官政府还在执政，但很快就被军队接管了。我积极参与学生政治，在仰光为全国学生协会工作。然后我收到一个左翼学生的死亡威胁，他不喜欢美国学生激进分子的想法，尽管上帝知道我当时相当"左"。我的朋友们说："他们不是在开玩笑，这不是恶作剧。"我非常害怕，所以我离开仰光，搬到曼德勒（Mandalay）*，我只是在那里学习缅甸语罢了。我的缅甸语说得还算不错，不过现在都忘了。

问：我想知道，您此次缅甸之行是否激发了您后来对农民和乡村问题的兴趣。你在缅甸农村待过吗？

答：没有真正待过，不过我在缅甸旅行过。我有一辆1940年产的凯旋牌摩托车，是从缅甸人的后院抢救出来的。这辆旧摩托车状况非常糟糕，缅甸人甚至没有开动它——减震器装在车把上，而不是装在前轮上。

问：您从缅甸回来后，为什么改变了计划，去耶鲁读政治学研究生，而不是去哈佛法学院？

答：我最初是从哈佛法学院转到耶鲁大学经济学专业的，因为在缅甸以及后来在巴黎政治学院的一年经历让我相信，世界上还有比法典更重要的东西。耶鲁大学在经济发展研究方面有着良好的声誉。然后我觉得政治比经济更重要，于是我简单地让经济系把我的申请转送到政治系，看看他们是否会录取我。我不记得申请过别的地方。

问：1961年您刚开始读研时，耶鲁政治学系可能是美国首屈一指的政

---

* 曼德勒位于缅甸中部伊洛瓦底江畔，是曼德勒省省会、缅甸第二大城市、缅甸最后一个王朝雍笈牙王朝的都城，因背靠曼德勒山而得名。又因缅甸历史上著名古都阿瓦在其近郊，故旅缅华侨称其为瓦城。是上缅甸主要的商业、教育和卫生中心。——译者注

治学系。[2]

答：我是在行为主义革命的高峰期来的。实证主义风靡一时，我们都读过波普尔（Popper 1959）和亨普尔（Hempel 1965，1966）的著作。那些自己不可能从皮尔逊相关系数（Pearson's R）中知道卡方分布的教授，在教授统计学方法，就好像这是福音一样。罗伯特·莱恩教授政治学范围和方法，尽管他并没有真正使用过他讲到的许多工具，但他教授这些东西就好像它是真正的裹尸布一样神圣。这就像去了一所耶稣会学校。在某种意义上挺棒的，因为教员们似乎有种使命感：他们觉得自己将给政治学带来革命。但是，和我一样，我们大多数研究生都很怀疑。

我记得第一次上加布里埃尔·阿尔蒙德的课时，他使用了"功能良好的"（eufunctional）这个词。阿尔蒙德刚刚出了他那本关于结构功能主义的书，《发展中地区的政治》（Almond and Coleman 1960），他把这本书当作《圣经》中的《创世纪》。阿尔蒙德说的这些话我都听不懂。我在威廉姆斯接受过非常传统的训练，所以我对行为主义革命一无所知。这对我是一场彻底的启蒙。我那时候够天真幼稚的，我用3×5索引卡列出了所有我搞不懂的单词列表，当积累了6、7个这样的词，我居然举手说："阿尔蒙德教授，我不理解这些单词。您能给我解释一下它们是什么意思吗？"所有的二年级学生都倒吸一口凉气，"哦，天哪，真让人尴尬。"

问：阿尔蒙德有什么反应？

答：我注意到他至少在给其中的一些东西下定义时遇到了困难。无论如何，我讲这个故事不是说我多么自作聪明，我没打算自作聪明。我讲这个故事是表明我到耶鲁时是多么天真幼稚。这些对我来说都是全新的东西。例如，我从来没听说过卡尔·波普尔。我是从零开始。我来耶鲁读研究生是因为我对东南亚政治、缅甸和经济发展感兴趣。我想了解第三世界。

阿尔蒙德课堂上的这段轶事，点出了我承认的一种行为模式，我在威廉姆斯学院、耶鲁大学，以及后来在威斯康星大学重复了这种模式（在那

---

[2] 有关1955—1970年间耶鲁政治学系的深入研究，参见 Merelman (2003)。

里我找到了第一份教书的工作）。当我到一个地方的时候，我总是认为我不属于那里，我必须向这些人，也向我自己证明，我足够优秀，能在那里待着。所以，在头一两年里，我是个好小孩，我把所有的疑虑都压在心里。我猜我得在他们设定的条件下取得成功，这样我才能被接受。但一旦我感到安全了，我就会制造麻烦，甚至造反。

问：您觉得耶鲁还有什么课程比阿尔蒙德的课更刺激自己吗？

答：罗伯特·达尔教授的课很棒。我记得有一堂课是用一个极好的问题引出的：政治中愚蠢的事情，就是回想起来时所有人都同意是件蠢事的事情，是如何发生的？达尔让我们写了一篇论文，解释一个我们都认为很糟糕的政治决策是如何做出来的，以及为什么就做了。我选择了丘吉尔和罗斯福在魁北克签署的协议，即战后将毁掉德国的工业化基础，淹没矿井，并拆除所有制造业工厂，这样德国就永远不会再发动战争了。小亨利·摩根索（Henry Morganthau Jr.）是把迦太基式的和平强加给德国的幕后推手。这个糟糕的决定在大约一年半的时间里就被推翻了，当时人们意识到去工业化会导致大量剩余的德国人无处可去。他们能做什么呢？把他们都送到北非去不成？

在耶鲁，我和超聪明的老师们为伍，比如达尔、查尔斯·林德布洛姆、莱恩，还有研究东南亚的历史学家哈里·本达（Harry Benda），他对我也很重要。我读了政治学经典著作并接受了一些东南亚方面的训练。我身边很多机敏的研究生，这让我变得更加聪明。我很感激我在耶鲁接受的耶稣会式行为主义训练。我的政治学教授们坚信他们所做的事，他们试图传递一些他们认为重要的东西。他们肯定没有那种"在这里下车，小子"的态度。我从那些全身心投入的人那里接受了训练，这对一个学生来说是最重要的。我还得到了一些以后用来制造麻烦的工具。

问：您指的特殊工具是什么？

答：三样工具，真的。第一样是当时来讲相当严格的科学哲学训练，我们的导师认为这是他们发起的政治学革命的知识基础。我对我所读到的东西,以及其在政治上的应用持怀疑态度,我也注意到我所崇拜的学者们——莱恩、达尔、林德布洛姆——并没有实践他们所宣扬的东西!第二件工具是更好地把握社会主义的知识基础。刚才提到的三位学者都在问"社会主义"问题(如果你愿意这么讲的话):财富与权力的关系是什么?平等是怎样培养出来的?政治信仰是怎样形成的,它们与阶级有何关系?第三,通过对语言和东南亚的研究,我获得了一种对如今被轻蔑地、错误地称为所谓"东方学"的持久尊重,即对所研究区域的文化、文学、历史和语言有深刻的了解。这就是为什么更多的人认为我是人类学家而不是政治学家的一部分原因,尽管我坚持认为我所做的是,或者应该是政治学的核心问题。

问:什么书及作者对您在研究生期间影响最大?

答:我读过的最重要的一本书是卡尔·波兰尼的《大转型》(Polanyi 1957),那是我在开始念研究生之前的那个夏天读的。我仍然认为这是一本关于自由放任资本主义的起源和社会后果的经典解释。

问:您博士论文的题目是什么?

答:我是鲍勃·莱恩的学生,我喜欢他对政治意识形态的研究(Lane 1962)。所以,在我的论文中,我决定跟随他的脚步,深入采访马来西亚的精英,了解他们是如何理解这个世界的。

问:您的第一本书《马来西亚的政治意识形态》(Scott 1968)直接脱胎于你的论文。

答:是的,没错。我想忘掉那本书。

问:为什么?

答:对于我在耶鲁的导师们——鲍勃·莱恩、约瑟夫·拉帕隆帕拉、罗伯特·蒂尔曼(Robert Tilman)以及卡尔·朗德(Carl Landé)来说,这本书非常成功。这本书写得很优美,他们认为这是一本好书。它由耶鲁大学出版社出版了。我不能抱怨，因为这本书可能帮我在威斯康星大学找到了第一份工作。尽管如此，它还是被了解马来西亚和马来西亚历史的人撕得粉碎。他们认为它很肤浅，实际上我认为他们是对的，我没有真正做好功课。

我认为我的第一本书是为一个挤满政治学家的"电话亭"写作的好例子。我使用了"正确"的技术和方法，实现了掌握一种综合意识形态观念的目的，给我的导师们留下了深刻印象。所以我取得了廉价的成功。我的参照组就像是一个很小很小的电话亭里面挤满了人，这种情况在今天的政治学圈子里已经放眼皆是了。在我这儿同样如此。我的第一本书取悦了一小群政治学家，但对于那些对马来西亚非常了解的人来说，这本书并不成功。我认为这本书不值得一读。最终我做了更值得一读的工作。

关于农民、日常反抗和国家的研究

农民与道义经济

问：在您写完关于精英和政治意识形态的博士论文和第一本书后，您的研究重点转向了腐败、恩庇－侍从关系，最终转向了农民社会。您的兴趣是如何演进的？

答：1970年，我在威斯康星教了三年书之后，通过鲍勃·莱恩的心理学和政治学项目获得了博士后奖学金回到了耶鲁大学。知道了我第一本书的命运后，我萌生了留在耶鲁成为一名真正的东南亚专家的想法。我已经做了很多东南亚的研究，但是，由于我的政治学训练，我觉得我并没有成为一个真正的东南亚专家。所以，我目标明确地回到耶鲁，去读所有关于东南亚的经典著作。我记得我在威斯康星的同事艾拉·夏坎斯基（Ira Sharkansky），一位敏锐、勤奋的美国政治专家，我们叫他"鲨鱼"（the Shark），他对我说："你是个蠢货，斯科特。成为东南亚专家就是愚蠢地浪费时间。这不是政治学的发展方向。你的职业生涯到头了。"这其实让我很担心。

问：您为什么担心？

答：我想有份好工作嘛。但我还是那么做了，结果很好。无论如何，我的研究的线性进步就是这样的。完成政治意识形态的博士论文后，我对腐败和机器政治产生了兴趣（Scott 1969a，1969b，1972a）。我甚至让几个学生致力于观察普通人和官僚之间的互动，尽管我从未发表过那篇文章。我对腐败的兴趣引向了我对恩庇-侍从关系的研究（Scott 1972b；Schmidt et al. 1977），我对恩庇-侍从关系的研究，又引导我开始了对农民的研究。当然，这是越南战争时期，民族解放战争是时代精神。我意识到，很多关于恩庇-侍从关系的文献都与封建权威的结构有关，当时恩庇-侍从关系的崩溃看来对催生以农民为基础的革命发挥了重要作用。这让我想到，理解纵向的权威链是如何瓦解的，可能有助于解释阶级意识是如何产生的，以及基于阶级的社会运动是如何形成的。所以，我开始阅读所有我能读到的关于农民社会的人类学和历史学文献——这些文献让我非常兴奋。我和我的朋友艾德·弗里德曼（Ed Friedman）开始在威斯康星合上一门关于农民革命的课。我对农民问题的阅读和我让自己变成一个真正的东南亚专家的努力最终结合体现在了《农民的道义经济》一书中（Scott 1976）。

问：能再多说说农民最让您兴奋的是什么吗？毕竟，您的第一本书是关于城市精英而不是农民的。

答：首先，越南战争正在进行之中。我不能老生常谈了。那会儿每个人都在思考民族解放阵线和毛泽东。每个人都在想着农民问题。其次，关于农民和土地问题的最佳著作，如埃里克·沃尔夫（Eric Wolf）的《二十世纪农民战争》(1969) 和巴林顿·摩尔的《独裁与民主的社会起源》(1966)，都是大约那个时候出版的。最后，通过阅读查亚诺夫（Chayanov 1966）关于农民经济的研究、中国杰出的人类学家费孝通（Fei 1953）关于中国士绅的研究或者马克·布洛赫（Bloch 1961）关于封建主义的研究，帮我在接受政治学的形式化抽象的同时，把政治学带回现实之中，并与活生生的人联系起来。最好的关于农民问题的人类学文献是如此令人兴奋，具有如此的质感。

问：说到您的书《农民的道义经济》，这本书的主要贡献是什么？

答：这本书的核心是关于农民风险规避行为的简单观点。一旦你理解了风险规避，你就会明白为什么某些压迫形式比其他压迫更糟糕，为什么某些特定类型的剥削比其他剥削更繁重，从而更容易激起反抗。这是一个非常简单的观点。事实上，我的大部分书都有一个简单的论点。

问：您预料到这本书会有如此大的影响吗？

答：没有。我认为这本书很好，但我也认为它是一本专业化的书，只有少数研究东南亚的人才会感兴趣。毕竟，这本书讲的是20世纪30年代的农民造反，不是关于越共的，我也不想写一本当代的书。所以我很惊讶它有如此大的影响，并作为一本社会科学著作流行起来。《农民的道义经济》于1976年首次出版，至今仍在重印和被阅读，这使我感到十分高兴。我不太关心这些事情，但我估计许多1976年出版的关于比较政治和东南亚的书25年后也不会再重印了。我的书是本地性的、晦涩的，并不是为广大读者准备的，但它居然活了这么长时间。我想耶鲁大学出版社也很惊讶。

问：为什么《农民的道义经济》受到如此多的关注？

答：我想人们想要了解一些关于农民革命如何发生的更深层次的东西。另外，我还要感谢我的竞争对手山姆·波普金，感谢他写出了一本反道义经济的书，通过让人们展开辩论提供了一种自然的教学工具（Popkin 1979）。

问：所谓关于"道义农民"与"理性农民"的斯科特-波普金之争引起了广泛关注，特别是在20世纪80年代。您对这场辩论有何看法？

答：波普金写书的时候，他把手稿寄给了我，我寄给他十五、六页的批评意见。他根据我说的对手稿进行了一定程度的修改，然后寄回了第二版。我开始读它，用四页纸写下了我的批评意见，然后就问自己："我为什么要这样做呢？这基本上是对我的书的攻击，它将继续攻击我的著作。我为什么要让它变得更好？"于是我撕了那四页纸，给波普金写了封信，说："山姆，你得靠自己了，我不会帮你磨剑来劈我的。"

波普金实际上歪曲了我的论点。在他写书的时候，我和他交流的一部分内容是说，"不，不，不，我说的不是非理性的农民。我指的是农民，他们的行为满足新古典经济学中所有有关理性的条件，前提是你得理解他们所受的特定约束。也就是说，他们的食物供应有限，因此必须尽量把最大的损失最小化，否则他们就死了。"我写的不是利他主义、非理性的农民。我已经讲得很清楚了，事实上，如果我必须重写我的书，我会更加强调这些人不是天真的、无私的农民，这些人的行为是理性的。我确实认为，为保护农民生存而出现的某些社会安排具有道义品质，被视为神圣不可侵犯的，一部分原因是它们提供了重要的社会保障。但我没有提出关于非理性农民的理论。我的整个论点本可以用一种彻底的理性选择的格式来完成。

所以，我认为山姆歪曲我的论点是在搞偷袭。我想我在选择书名的时候犯了一个策略性的错误。《东南亚造反的伦理》是我的第一个书名。后来我读了 E. P. 汤普森（E. P. Thompson）的文章《18 世纪英格兰大众的道义经济》（1971），我觉得"道义经济"会是一个更好的标题，因为我说的是和汤普森一样的东西，虽然不是在市场上，而是在田野里。所以，我决定用道义经济这个词。如果你不仔细阅读这本书，你只知道它是关于道义经济的，那么你可能会错误地推断，我说的是那些正在进行道义推理的人，他们并不是为了生存而尽量减少损失。我的书名给了山姆他想要的发挥空间。

事实上，我写了 40 页逐点驳斥山姆的论点，然后意识到，除了波普金再多举几个例子，写一篇猛烈抨击理性选择基础的文章会更有趣。关于这个项目，我在一个文件夹里积攒了很多笔记，但是从来没有回头把它弄出来。到目前为止，所谓我提出来的大部分观点都是别人提出来的。与波普金的整个辩论变成了一系列防御性的交锋：你说我这么说了，这才是我说的，你再说我那么说的，那才是我说的。我认为我是对的，但我也认为整件事是在浪费时间。

问：您对《农民的道义经济》还有什么评论意见？

答：实际上，在学术思想史意义上，针对批评《农民的道义经济》对农民的道义的、精神的和宗教的世界不够重视的意见，我曾写过一点答复，也算是对自己有所交代。这是我从人类学家那里得到的批评，我写了一篇很长的分为两部分的文章，试图弥补我书中的那个大缺陷（Scott 1977a, 1977b）。那种认为在解释农民造反时可以不考虑宗教动机和巫术的观点，忽视了显而易见的事实。在法国大革命之前，所有的革命都有一个宗教核心。你怎么能用理性选择框架来解释千禧叛乱呢？那篇迫使我花了一年时间研究农民宗教的长文，是对我在书中忽视了宗教作用的一种惩罚。

问：鉴于斯科特-波普金之争，这有点讽刺，因为在某种程度上，您在批评自己对农民的解释过于"理性"了！重印那篇文章是件好事，因为它不是很出名。

答：如果我想收集我的一些文章，我就会重印它。但整理汇集旧作似乎是一件退休后的事情。等我老糊涂了再做吧。

《弱者的武器》

问：继《农民的道义经济》之后，您的下一本书是《弱者的武器》（Scott 1985）。这本书与您之前的研究有所不同，因为它是一部基于长期生活在农村写出的民族志著作。您是怎么做到这种转型的？

答：当我完成《农民的道义经济》时，我已经研究农民问题五六年了。我想："世界上大多数人都是农民，那么为什么不以研究农民为职业呢？"我还想，如果我想认真对待农民问题，如果我要把这当成我毕生的工作，我就必须在一个村庄里做真正的实地调查。我很欣赏人类学的方法，我认为每当我想做个四阶抽象时，如果我有一个像了解自己的手背一样真正了解的农民社会实例，就会很有帮助。所以，我萌生了到马来村庄生活几年的想法。《弱者的武器》是真正的"瞎猜"。人们说我在浪费时间，我去了马来西亚，以为这是我一生中最愚蠢的职业举动。但是，《弱者的武器》却成为我最引以为傲的著作。我也认为这是我最好的著作，因为它更加丰富和深刻。这是我做过的最艰难的事情。《弱者的武器》比任何其他东西都饱含了我更多的血汗和泪水。住在那个村子里是变成一个农民的真正投资。我工作很努力。作为一名人类学家，你从一早睁开眼到晚上合上眼，都在工作。从纯粹的观察来说，那时我学得比我生命中的任何时候都要快。我在那里待了差不多两年，当我完成实地调查的时候，我已经攒了四千多页的手写笔记。我每天晚上都要记笔记，这个过程中通常会产生更多的问题，以便第二天去探究。这种实地调查的好处是它就像滚动采访。如果我意识到我有更多的问题要问某个人，第二天我就可以在乡村小路上遇到他或她。这不像采访精英，你只有一两个小时的时间。住在村子里给了我很多时间去观察和思考。当你全神贯注于一些智力上的事情，日思夜想，甚至在做白日梦时也会想着，那是非常富有成效的。这对于思想来说是件好事。

问：除非您太累了，以至于无法清醒地思考。

答：对的。这就是为什么我每两周就得离开村子，清醒一下头脑。我还带了一些东西来阅读，清理一下我满脑子这个村庄的事儿，因为实在是太全神贯注了。我会在晚上记笔记，就着煤油灯工作，快被小虫子咬死了，经常到午夜或一点钟才完成作业，而其他人早就入睡了。然后，终于上床钻进蚊帐时，我会把手电筒放在肩膀上，读简·奥斯汀、左拉或巴尔扎克的著作，这些情节曲折的优秀文学著作让我心驰神往。之前我完成博士论文并开始在威斯康星大学教书时，我也做过类似的事情。我过去常常早上5点起床，看两个小时的小说来清醒头脑。我想我这么做了两年吧，直到我再也不能在早上5点起床。但这是种崇高的努力。我总是发现，纯粹政治学的"固定饮食"特别让我厌烦。所以，作为一种自我娱乐的方式，同时也算是我妻子灌输给我的要变得有教养的愿望的一部分——当我遇到她时，她挺有教养的，我没有——我一直渴望尽可能多地阅读优秀的文学著作。

问：除了成为一名真正的农民问题专家，您还打算在《弱者的武器》中实现什么？您研究的动力是什么？

答：我想研究阶级关系。讽刺的是，我并没有去到一个革命正在酝酿的地方（革命显然会让我非常高兴），反而去了一个基本上什么也没发生的村庄。有一些技术变革正在发生，例如联合收割机的引进，我抓住了这一点。但总的来说，没有发生什么其他事情，至少表面上没有。我终于发现，在这个村庄平静的表面下，存在着各式各样反抗霸权的隐蔽形式，例如开小差和拖拖拉拉。这些形式的反抗很重要，因为它们确实会摧毁大型上层结构。例如，美国南部山区白人开小差对美国内战的结果产生了重要影响。然而，正如一位不愿透露姓名的人所说："既然在这个村子里啥也没发现，你就给它起个名字叫'日常反抗'"，于是研究"日常反抗"的想法就产生了。[3]

问：为什么《弱者的武器》不只是对一个村庄的狭隘的研究？您原以为《农民的道义经济》只会吸引有限的专业观众，但《弱者的武器》本应该只有更少的观众，因为它只不过写了一个马来村庄。您如何将一个小地方、一个小村庄发生的事情，与社会科学家广泛关注的大问题联系起来？

答：我喜欢自鸣得意，认为我所做的事情与这个行业的发展方向无关，也不太关注主流的学科信号。但是，让我们直面它吧，当我在研究《弱者的武器》时，每个人和他们的兄弟伙都在读葛兰西和阿尔都塞的著作。关于阶级意识、霸权和反抗的问题正在被持续讨论，特别是在文学领域。我所做的原本不过是一个乡村的研究，但我把它与当时人们普遍思考的意识形态和霸权的大主题联系起来了。

问：您做实地调查时，有没有带葛兰西和阿尔都塞的书到村里去？

答：没有。我读过葛兰西的《狱中札记》（1991），但我想我没有把它带到村里。刚开始的时候，我并没觉得我在写一本关于霸权的书，我认为那是一本关于阶级关系的书。我带到村里的大部分东西都是关于马来西亚

---

〔3〕《弱者的武器》的副标题是"农民反抗的日常形式"。另参见 Scott and Kerkvliet (1986)。

的本地研究,我只是想了解这个愚蠢的小村庄。在最初的六个月里,我在学习当地方言,我也在向我的马来同事学习,他们已经进行了实地调查。他们比我懂得多,从某种意义上说,我所做的就是把他们的很多材料加上我自己的实地调查,塞进一个对北美学者来说有趣的理论框架里。无论值不值当,反正这本书在马来西亚也很畅销。我刚从泰国旅行回来,在那里我了解到,《弱者的武器》对那里的激进学生和知识分子有一定的意义。这本书是在这些知识分子从丛林中走出来大约5年之后出版的,20世纪70年代中期,他们试图进行一场革命,但以失败告终,于是钻进了深山老林打游击。对他们来说,《弱者的武器》是重要的,因为它表明,极端的革命也好,卑微的沉默也好,都不是唯一的选项。两者之间,在曾经被称为"制度内长征"的过程中,存在许多生机。

问:您似乎很高兴您的书能引起这个群体的共鸣。

答:对我来说很有趣的是,我的工作对激进分子有意义。因为既然我在政治上支持他们,这就很好。

支配、反抗和国家

问:您的下一本书《支配与反抗的艺术》(Scott 1990)以《弱者的武器》中提到的属下群体的行为为主题。您在那本书里打算达到什么目的?

答:《支配与反抗的艺术》讲的是在权力背后说的那些话。这本书提出了一个简单的观点:当权者和弱者之间的公开谈话记录永远无法告诉你你需要知道的关于权力关系的一切。还有一份隐藏的文本记录,一扇关于政治思想和行动的不能公开的窗口,也必须加以考虑。《支配与反抗的艺术》是我的书中唯一一本真正拥有政治学以外读者的书。它被布置在文学研究课程中,因为有些人认为这本书帮助他们做反原意的阅读(read against the grain)*。通过写这本书,我还了自己欠贵格会的情,也对权力讲出了真相。所以,这事让我感觉很好。

问:让我们看看您最近的一本书,《国家的视角》(Scott 1998)。就其广泛的比较范围和缺少实地调查支撑而言,这本书偏离了《弱者的武器》的风格。

答:《国家的视角》讨论国家知识的形式。它是关于国家官员如何驯化和简化世界,以便获得他们需要管理的信息的。这本书是我在耶鲁大学参与农政研究项目时写的,我和一些同事于1991年创办了这个项目。我感兴趣的问题是,为什么国家是那些四处迁徙的人(例如吉普赛人)的敌人。通过农政研究项目,我开始通过邀请人来作讲座,以及合作开设一门关于农业社会比较研究的跨学科课程,就这个问题进行自我教育。我阅读有关生态与发展的书籍,与人类学家、历史学家、政治学家以及林业人士共同授课,这是真正的教育。所以,我把《国家的视角》看作是农政研究项目为我开的一个研讨班。我想大多数人都认为《国家的视角》是我写过的最雄心勃勃的书,我猜的确如此。但写一本宽泛比较的书,实际上反而驱使我又想回到实地调查之中,把重点放在小地方和小事情上。

问:一种批评认为,《国家的视角》欠缺方法上的严谨,因而没有提供易受检验和可加证伪的论点。〔4〕简而言之,这本书不符合现代政治科学的方法论标准。您如何回应这种批评?

答:轻蔑的回答是,如果政治科学最终排除了许多不以某种特定包装或格式出现的关于政治的洞见,那就太糟糕了。而真正的问题是,这本书有没有围绕权力和国家说出点什么?如果它做到了,并且以一种易于接受

---

* 英文短语"against the grain"意为"与……格格不入;违反意愿"(grain 在此原意是"纹理、纹路")。2017 年詹姆斯·斯科特在耶鲁大学出版社出版了一本讨论早期国家形成史的新书,题为 *Against the Grain: A Deep History of the Earliest States* 主标题和书的封面图案倒是一语双关地刻意把 grain 作为"谷物"的原意凸显出来。呼应他关于谷物并非人类唯一的主食,但却是唯一有利于国家形成的作物的观点。——译者注

〔4〕参见 Laitin(1999a)及 Bates(2003)对该书的评论。

的方式呈现出来，那就更好了。我不介意那些批评。以巴林顿·摩尔的《独裁与民主的社会起源》（1966）为例，这不是一本严格的"科学"一词意义上的科学书籍。但它是我们看到的最聪明、最具创造力的书之一，它提出了有趣而重要的问题。这让我想起了我的同事查尔斯·林德布洛姆曾经就一名学生的学位论文说过的话："这是一篇失败的论文，但它用一种聪明的表述方式提出了一些大问题。尽管这位同学没有回答这些问题，但这篇论文仍然比许多严谨但却只是在处理琐碎、平庸的问题的论文更能提升政治洞察力。"

我读过大卫·莱廷对《国家的视角》的评论（Laitin 1999a），这是一篇相当有趣的评论。他说："这本书很好，它将永远存在下去，将成为经典。"但他也说："这不是社会科学，因为方法论上很混乱；斯科特依因变量选择研究个案，以及如此等等。"《国家的视角》出版后不久，我的一位同事在一次政治学会议上遇到了罗伯特·贝茨和大卫·莱廷，他问他们对这本书有何观感。我想是莱廷说的："多像一位艺术家呀，他是一位真正的艺术家。"一层意思上，这是种赞美，但在另一层意思上，这是变相的贬低，因为他说我的工作不科学。嗯，我很高兴被称为艺术家，因为我不相信政治学首先是一门自然科学。我喜欢莱廷的著作，我认为他是位有趣的知识分子。但我也认为他不像自己认为的那样是位社会科学家，我认为莱廷提出的有趣观点并没有真的加总成什么特别"科学"的东西。

问：这番讨论提出了一个更宽泛的问题，那就是如何回应批评者。您用什么方式对待批评者？

答：我不回应批评者，因为在我看来，这样的回应除了听起来像是答辩之外毫无助益。而且，当批评意见出现时，通常是这本书出版一年半之后。我不想回顾我自己的东西——我会觉得重复乏味。我仔细阅读批评性评论，如果觉得它们有些意义，就会融入我看待世界的方式。不是说我的所有批评者都好像在放狗屁，有很多出色的批评者。我已经做得够多了，所以如果我决定捍卫自己的跑马场，我可以把所有的时间都花在回复批评者上。但我为什么非要捍卫自己的地盘呢？

问：继续有关批评者的话题，您前面提到塞缪尔·波普金在他的《理性的农民》(Popkin 1979) 一书中歪曲了你对农民行为的论点。您还有别的想法被误解了吗？

答：我想，如果知识分子完全直来直去地考虑问题，我们就不会抱怨我们的想法被误解了，而是被忽视了。如果你有非常丰富的想法，而且人们发现它放到其他背景处境中很有用处，他们通常会使用它的一个简化版本，并带着它按照自己的方向运作。有时他们接受你的想法，并向你展示出你自己从未意识到的聪明、有创造力和机灵的一面。另一些时候，他们提出你觉得公正或不公正的批评意见。是的，有些人严重误解和误用了我的著作，这让我很恼火，因为它让我的想法看起来比实际的样子更愚蠢。但我想，任何对此抱怨的人都应该长点记性。好像是梅·韦斯特（Mae West）说的："只要把我的名字拼对就行了。"没有所谓的"坏广告"。冒着听起来挺伤感的风险，我得说我非常幸运，我这么多的著作都被人选中拿来评头论足。我是最不会抱怨被忽视*的人。

我亲爱的朋友，威斯康星大学的默里·埃德尔曼（Murray Edelman）不久前去世了，他对学术有着非常健康的态度。他说："这都是肥料堆。你只需要放一层腐殖质来帮助其他物质生长。你的工作将会被遗忘，但它会帮助大伙儿成长。"当你看到人们使用你的想法时，那不过就是肥料堆的一部分罢了。

问：有没有什么您感到自豪的想法却没有成为肥料堆一部分的，没有被其他学者拾起接着讲的？

答：在我的文章《抗议与亵渎》中有一个观点，我发现自己在很多背景下都在重复这个观点，因为没人知道那篇文章（Scott 1977a, 1977b）。这个论点很简单：如果你想理解民间共产主义和民间民族主义，而不是精英共产主义和精英民族主义，那么你就必须理解，当信条和观念从精英传递

---

* 原文如此，从上下文看似乎应该是"被误解"。——译者注

给民间实践者时,它们是如何被转化的。我想这个观点没有被拾起来,因为它被埋葬在《理论与社会》杂志的一篇旧文章中。也许这就是一个要写书而不是写期刊论文的好理由。

目前的研究

问:您现在在做什么?

答:我正在研究为什么国家总与四处迁徙的人为敌,这也是我在研究《国家的视角》时的想法。我想写一本关于东南亚的山地与谷地关系的书,这是世界上那个地区*最古老、最重要的(社会)裂隙。我希望阐明这一裂隙,以便每一个了解东南亚山地与谷地关系的人都能说:"啊,这很有趣。"我也希望这本书能解释为什么国家总是那些四处迁徙的人的敌人,为什么国家想要把人们固定在某个空间里。

我将重点关注缅甸,所以我正在学习缅甸语。我为自己感到自豪,因为我刚读完一本 623 页的书,那是 1890 年写的《上缅甸公报》。这是英国人努力收集上缅甸所有可能得到的信息编成的六卷本资料的一部分。上缅甸在 1885 年英缅战争后才被英国占领。这是不列颠殖民国家通过查明生活在那里的不同民族群体,为其新占据的领地带来秩序的第一次努力。如果我做得对路,最终会读完东南亚传统的、殖民前各王国所有的经典编年史。我也在阅读有关吉普赛人、哥萨克人的东西以及部落和民族的理论资料。

我不着急。没人关心吉姆·斯科特明年写不写书,但他写的时候最好是一本好书。我要慢慢来,把它做好。**

问:您的项目关注的是国家与四处迁徙的人口之间的关系。但历史上也有许多国家在不断迁移。

---

* 斯科特在《逃避统治的艺术》中借用了 Zomia 这个说法,但把范围缩小到东南亚大陆部分山地地区。——译者注

** 2009 年斯科特在耶鲁大学出版社出版了这本书,即 *The Art of Not Being Governed: An Anarchist History of Upland Southeast Asia*,中译本为《逃避统治的艺术:东南亚高地的无政府主义历史》(王晓毅译,生活·读书·新知三联书店 2016 年版)。——译者注

答：事实上，最早的国家迁移是因为人民厌倦了供养它们。因此，14世纪的英国和法国宫廷不得不从一个地方搬到另一个地方，它们是巡回国家。游牧国家，比如忽必烈和成吉思汗，显然也在四处迁移。中国有句谚语说："马上得天下，下马治天下。"蒙古人和满洲人最终不得不下马定居下来。同样的事情也在奥斯曼帝国身上发生了。奥斯曼帝国的缔造者奥斯曼是游牧者，但最终奥斯曼人定居下来，成为定居的城市统治阶级，自己反倒开始痛揍游牧民族。

问：听起来您将主要为这个项目做历史研究工作。

答：不，我想回到实地调查。为了保证诚实，你必须了解一个特定的地方。我想在缅甸做实地调查，我想去村庄。在一个没有人认识吉姆·斯科特的地方，一个我必须疯狂学习的地方，对我来说是件好事。不过目前还不清楚我是否会被允许进入缅甸，因为我签过足以让缅甸军政府憎恨我的每一份请愿书。

问：您为什么选择缅甸？

答：这是我去过的第一个东南亚国家。我喜欢这个地方。我曾经说过缅甸语，很希望再捡起来。而且，没有人在研究那儿。很多人在做关于越南甚至柬埔寨的研究，但是缅甸已经被遗忘了。这是东南亚地区最能经得起仔细观察、认真分析的部分之一。所以，我这样做的部分原因是把它作为一种公共服务。

问：在人生的这个阶段，您对从事乡村实地调查不觉得害怕吗？

答：这将是个挑战。我64岁了，在我这个岁数做实地调查的人不多。我已经20多年没有做过真正的乡村实地调查了。此外，缅甸不是马来西亚。我之前在马来半岛的一个村庄为《弱者的武器》做实地调查，那是一个相当文明开化的地方，离一家像样的医院只有不到一小时的路程。我身体很好，我把自己照顾得很好，因此我想我能做到。无论如何，去试试会很有趣的。

问：您起好这本书的书名了吗？

答：没有。我通常直到很久以后才想出个标题。我给《弱者的武器》原本起的书名是《节节败退》（Losing Ground）。但就在我准备出版这本书的时候，查尔斯·默里（Charles Murray）出版了一本书，用了这个书名抨击福利国家（Murray 1984）。他用了"节节败退"这个书名表述我不那么尊敬的东西，所以我不得不为我的书找另一个书名。《弱者的武器》是个不错的书名，尽管有些人认为它听起来太像一本自助手册了。你知道，"周一的武器，周二的武器……"尽管我为起一个好书名费尽心思，耶鲁大学出版社还是不喜欢 Seeing Like a State（《国家的视角》）这个讲法，因为它在语法上是错的。它应该是"seeing as a state"。Like a state，语法太糟了。我觉得这很有趣。

研究技艺

故事

问：您的著作标志之一就是经常引用文学著作。例如，《弱者的武器》《支配与反抗的艺术》中就有许多地方引用巴尔扎克和乔治·艾略特的小说。作为一位社会科学家，您对小说的接触如何影响您的研究？

答：这是个问题。正如唐纳德/迪尔德丽·麦克洛斯基（Donald/Dierdre McCloskey）在他有关经济学的修辞的著作中所展现的，强有力的故事是人们如何在社会科学中进行论证的一个非常重要的部分（McCloskey 1983, 1990）。[5] 有不同的方法来说服别人。在社会科学中，有一种趋势是将结果作为实验报告的形式呈现出来，就好像这项研究是一项真正的科学实验一样：这里是假说，那里是相关数据，等等。但这种陈述通常根本不能概括著作真正产生的实际心理过程。

---

〔5〕麦克洛斯基是位著名的变性者，现在的名字是迪尔德丽。

在我的著作展示中，我试图让人信服的方法之一就是从一个故事开始。我并不总是这样做，但《弱者的武器》、《支配与反抗的艺术》以及《国家的视角》都始于一个故事。在《弱者的武器》中，故事是关于富有的哈吉（Haji）和穷人的。[6] 这个想法是通过呈现走来走去的真实的人，通过捕捉书中的一些主要话题，以某种方式把读者带进这个村庄。如果这本书从第二章，也就是理论那章开始，读完它的人就会少得多。在《支配与反抗的艺术》一书的开头有几个故事，包括乔治·艾略特的一些东西。这本书有篇悠闲的第一章。《国家的视角》从18世纪晚期萨克森和普鲁士的科学林业梗概开始。这篇梗概是一个关于国家如何根据一个抽象的体系重新规划自然世界的浓缩故事，我在书中反复使用它，因为我在不同的背景下弄懂了这个故事。

每个故事都试图以一种具体的方式抓住这本书的论点。在《弱者的武器》中这是个人的故事，而在《国家的视角》中，这是抓住整个论点的梗概。你可以说，我在开头给了读者一点甜头，让他们打开书说，"欸，读起来挺有趣的。"这种技巧可能会以牺牲严肃性为代价，但我认为我不会那样。

问：您不会接受"如果读起来不痛苦，就不可能是好的社会科学"的观点。

答：不，我不接受这种观点。不过，这并不意味着就不能有读起来"确实"痛苦的、好的社会科学研究。例如，布迪厄（Bourdieu）的有些著作读起来令人讨厌，但你从中可以学到很多东西。但这有必要吗？尽管我很欣赏布迪厄的著作，但我还是会问自己："他有必要把它弄得这么难吗？他就不能换种说法吗？"

问：这场讨论的一项延伸意涵是政治学家应该多读小说。

答：我不会拿手枪顶着人的太阳穴，逼他们去读好的文学著作。他们

---

[6] 哈吉一词指的是去过麦加朝圣的穆斯林。

要么想，要么不想，阅读文学著作不应该被当成像服用维生素那样。但我相信托尔斯泰、果戈理或者乔治·艾略特的观察有许多政治洞见，可以用政治学科的术语来表达。就像主张健康饮食的人说的："你吃什么，你就是什么"，你读什么，你和谁交谈，你就是啥样的知识分子。如果你只是读政治学的书，只和政治学家交谈，这就像是只吃一类食物。如果这就是你所做的一切，那么你将不会产生任何新的或原创的东西。你只是在复制主流。如果你要正确地做政治学研究，那么你所读的至少有三分之一不应该是政治学而应该是从别处来的东西。

写作

问：您是出了名的好作家。您的写作方法是什么？

答：我花了很长很长的时间才开始写作，因为直到我有了一个详细的提纲，我才开始写。我用屠夫包肉用的大厚纸写下了许多好想法。例如，如果我在做山地和谷地的关系研究，这是东南亚最重要的历史裂隙，我会做一个关于谷地对山地的刻板印象的小分类表。然后我浏览自己所有的笔记，找到所有谷地关于山地的想法。我看什么都要记笔记，所以我总是有一堆电子和纸质的笔记。而且，每当我有了一个想法，我就把它写下来并归档。整个过程会产生一系列关于某些大想法的中间想法。为了写《国家的视角》，我想出了大约150个点子，大部分都被扔到了剪接室的地板上。最后，我有了大张大张的屠夫纸，然后我用大荧光笔把所有的想法联系起来。有时在我开始写作之前，我会根据它写出一个全新的大纲。

我认识很多人，他们甚至在对自己正在写的东西仍处于半迷茫状态时，依然能够写作。有时很多问题在写作过程中消失或自行解决了。这是一种我希望自己能多培养培养的技巧。

我写得很慢。如果我一天写三页，我就会想要放焰火庆祝了，因为这是一个特别的日子。通常情况下，当我写作情绪饱满的时候，我一天只写一页。

问：您的初稿必定非常优美漂亮。

答：是的。我用手写字，用施德楼（Staedtler）* 的橡皮擦。每句话至少要写两遍草稿，因为我不喜欢以后再去修改。我尽了很大努力使它成为我一见就喜欢的样子，这包括找到一种恰当的讲述和表达方式。事实上，我并不认为自己是一个特别优秀的作家，但我在文法学校有很棒的老师，他们告诉我每句话都要以不同的言语小品开头。如果你以主语开头，下一个就用动名词开头，下一个再用从句开头，依此类推。老师教我改变句子结构，写短句。这里我要提到乔治·奥威尔的文章《政治与英语》（Orwell 1950，77-92）。关于如何把文章写得清晰，这是你能读到的最好的一件小著作。奥威尔在20世纪40年代写了这篇文章，其中有些极坏的社会科学写作的例子，尽管其中一些现在在我们看来相当不错。

问：许多累赘的社会科学术语甚至在20世纪40年代还没有被发明出来。

答：没错。我为我的研究生做的一件事就是，如果他们写得很糟糕，我就从他们的作业拿两页纸，然后重写所有内容。当我写完的时候，这两页可能会变成一又四分之一页。有一种标准的社会科学写作方式，拖沓冗长，习焉不察，我们通常也不会多想什么。但是，如果麦克洛斯基（McCloskey 1983，1990）说得对——在某种程度上，每件事都是一个故事，如果你不辞劳苦终于有了个点子，那么为什么不以最有力、最令人信服的方式呈现出这个想法呢？

问：关于您的著作采用的形式，您似乎更喜欢写书而不是文章。

答：我一般不再写文章了。如果我这样做了，就意味着我正在写一本关于这个主题的书。如果有人让我为某个会议或某本文集写一篇论文，我就会告诉他们我在做什么，如果有适合这个会议的东西，那么好。但我的贡献必须与我手头所做的事直接相关。有些学者生活在他人利益的挟持下，从别人那里接受任务，别人要求他们写点什么。结果，他们可能会学到一

---

* 施德楼是一家德国文具生产及供应公司，以工程绘图工具见长。——译者注

些他们从没想过自己会学到的东西。相比之下，我有一条自己规划的小道，如果我所从事的工作与其他人感兴趣的工作是一致的，那很好，我感到受宠若惊。但如果不是，那就太糟了，因为那是我要去的地方。

理论

问：您的很多工作都受到了政治和社会理论的影响。我们讨论了葛兰西关于霸权的观点对《弱者的武器》的影响，《国家的视角》借鉴了克鲁泡特金等无政府主义理论家的著作。您认为自己是理论家吗？

答：不是。坦率地说，我认为自己在理论方面很糟糕。我不是害羞或过分谦虚。我做实地调查的一个原因是，每当我和别人讨论，比方说"霸权"时，我总是不知所措，我们把四五个四阶抽象纠缠在一起。我能够进行准抽象的思考，但前提是我能看到某个东西在地面上靠自己两条腿走来走去。所以，我不能告诉你很多关于霸权的可能你有兴趣听的东西，但我可以告诉你它在特定的处境下是如何运作的。有很多人可以用纯粹的抽象思维思考，我可以理解他们，欣赏并使用他们的著作，比如像斯图尔特·霍尔（Stuart Hall）这样的人。但这是一种我不太擅长的思维方式。如果我有任何理论和概念上的贡献可做的话，那就是将抽象的理论和概念置于特定的处境中并观察它们是如何起作用的。

实地调查

问：您能描述一下您的实地调查技巧吗？例如，您的调查笔记记录哪些信息？

答：我从未受过人类学家的训练。我相当小心翼翼地遵循了 F. G. 贝利（F. G. Bailey）教授的一些忠告。贝利教授在苏塞克斯大学给首次进行人类学实地调查的新手开设讲座，在一系列从未出版过的、油印的讲座材料中对新手们提了一些建议，这些忠告非常实用。例如，"好吧，你已经下车去你的村庄了，你下一步做什么？"他建议你既要用眼睛也要用耳朵，尽可能仔细地记录下每件事，因为你不知道以后可能会发现什么是相干的、重要的。我在研究《弱者的武器》时就这么干的，攒了四千多页实地调查笔记。贝利还建议，要有一套单独的笔记本，记录实地调查者在理解材料方面的思考，这是某种思想日记。我也这样做了，并且很庆幸自己花了大约三分之一的时间记录笔记。积累未消化的信息是如此诱人，以至于停下来思考似乎是浪费时间，但其实并非如此。我发现，我得到的最重要的信息来自村里的真实事件和纠纷，而不是来自我的半结构化访谈本身。因为村子里只有79户人家，所以我对每个人都相当了解，这样一来各种事也就无所不知了。看完笔记后，我总会有更多的问题要问，我知道一两天之后就会在村里的小路上碰到人问清楚，然后可以继续跟进观察。这可不是那些研究精英的人经常能有的机会！

问：您是如何选择您在《弱者的武器》中研究过的村庄的？

答：我之所以选择那个村庄，因为它是水稻主产区的代表，因为一位日本学者十年前在那里待过三个月，并愿意和我分享他的信息，这就给了我一些小小的时间序列信息，而且因为我喜欢看山，日莱峰（Gunung Jerai）就在村子南边。

问：实地调查如何帮助您产生和调整想法？

答：事实上我不能，我再说一遍，不能用四阶抽象来思考。一旦你弄三四个人围着我跳舞，我说的话可能听起来足够聪明，但其实真的不知道自己在说什么。我总是发现，我可以通过观察阶级、意识形态、财产和反抗等在具体情况下呈现出来的情形做出相应的抽象概括。然后我就可以回归抽象概念并仔细地把它们写下来。我认为，就理解"阶级意识"而言，这就是 E. P. 汤普森在《英国工人阶级的形成》（Thompson 1964）中所持的智识立场的本质。

合作

问：您极少与人合作文章或者写书。为什么会这样？

答：我认为我没有和别人多写点东西是种失败。涉及某个论点要如何加以论证和展示的时，我是个"控制狂"，不过，坦白地说，当我的合作者听从我的意见时,我更容易合作。在农政研究项目中,通过知识上的互予互取,我学到了很多东西,但说到真正的写作,我就有点孤僻了。我有时会认为,这有助于形成一种更凝练的、单一的作者声音,但事实上,这是性情使然。

同事、学生和机构

越战期间的威斯康星大学

问:您的第一份工作是在威斯康星大学麦迪逊分校,当时还是一名年轻的助理教授。20世纪60年代末是一个动荡又有趣的时代,威斯康星大学那里是什么样的?

答:我1967年秋天到威斯康星,那时我们正处于越南战争期间。学生们在威斯康星大学举行示威游行,抗议制造凝固汽油弹的陶氏化学公司。我在那里第一年的10月或11月,全校教师要开例会。尽管这些活动本应是直接民主的一种实践,就像大型城镇集会一样,但其实一般参加人数很少,只有70来岁的人出席。不过由于战争,那一年不一样了。礼堂里坐满了500人,真是太棒了。作为一个东南亚专家和反战人士,我偶尔也会直言不讳。之后,在鸡尾酒会上,文理学院院长利昂·爱泼斯坦(Leon Epstein)(一位有势力的人,曾作过政治学系主任,后来还成了美国政治科学协会的主席)转向我,说:"斯科特,如果我们不需要像你和你在这儿的同类这样的人……"他的声音越来越小,没把威胁的话说完,不过他大概要说的是:"我们会摆脱你。"爱泼斯坦认为我对系里来说是个显而易见的危险分子。这是我第一次意识到我因为参与政治而受到当权者的怀疑。

如果我想变得宽容仁慈,那在这种情况下我通常就不希望如此,因为像爱泼斯坦这类人摧毁了很多人的职业生涯,我得指出我入职后威斯康星正在疯狂扩张,和我同年一起到政治学系的一共是八位助理教授。这是一个巨大的、无法被吞噬的密集方阵。在此之前,年轻员工都是一个、两个,或三个一起被招聘进来的,他们逐渐被同化,和资深教员一起吃饭等等。

而我们这批人一起进系，就出现了一个大凝块。我们就像一个小团体，有团队精神（*esprit de corps*）。我穿着蓝色牛仔裤和法兰绒衬衫，那不是标准的斜纹棉布。所以，上年纪的同事们担心我们会毁掉一门精湛的手艺和纪律。

当我在威斯康星遇到麻烦时，我的好朋友兼同事埃德·弗里德曼说了一些我一直记得的话。事实上，埃德告诉我很多重要的事情——我认为他对我的知识生活影响最大。总之，艾德告诉我："你得开始表现得像个犹太人。每个犹太人都知道，要想成为专业人士，他们必须是双倍好的音乐家、双倍好的会计。你可以克服偏见，但要做到这一点，你必须比你周围的'异邦人'（*goyim*，指非犹太人）要好得多。"艾德告诉我，如果我想在威斯康星获得终身教职，我就不得不表现得比其他人优秀一倍，要不然他们就会剎了我这个傻瓜。他们想摆脱我，如果我给了他们一个借口，他们会这样做。我在政治上与那些人对峙，我决定不妥协，因为这对我来说真的很重要。不过，我也决定，在其他方面，我将成为他们最好的同事。我开始阅读我的资深同事的研究，和他们一起吃午饭，和他们谈论他们的工作。我对为系里服务一丝不苟，诸如此类……于是，我知道如果他们想要留下我，他们要做的只是基于我的政治立场做决定，因为，在其他任何方面，我做到了最好的水准，堪称同事间的榜样，尽管对他们之中的某些人我不得不抑制想呕吐的冲动。

问：您和学生之间的互动如何？许多人一定被高度动员起来反对越南战争。

答：艾德·弗里德曼和我一起教过一门关于农民革命的课程。这是一门非常受欢迎的课程，你可以想象，因为战争引发了人们对这个话题的兴趣。我们有350名学生，轮流讲课。但是大约有80名学生认为我们不够进步。事实上，在威斯康星去炸军方数学研究中心的人之中，有三个上了我们的课。我们在一个大会堂里上课，大家都争着拿麦克风谴责我们。有六七十名学生在每堂课结束后都会花上一整夜的时间辩论，并准备一篇四到五页纸的评论讲座内容的文章，然后在下次课开始时油印发给大家。似乎这一切都很重要。

问：1976 年您离开威斯康星去了耶鲁。您为什么要离开？你在威斯康星不开心吗？

答：不。我爱威斯康星。那里有土地保有权中心（the Land Tenure Center），我有像艾德·弗里德曼这样很棒的同事。我很乐意待在那里。当我得到耶鲁大学的通知书时，我把决定权留给了我的妻子路易丝。她选择了耶鲁，因为她所有的亲戚都在东海岸，她想离他们近一些，我没意见。我很高兴能去耶鲁，因为耶鲁有很多优点，比如学生少。结果很好。

当我收到耶鲁大学的通知书时，系主任说我必须给威斯康星至少一个机会来回应耶鲁的出价。我同意了，尽管我认为这是浪费时间，因为这个决定与钱无关。嗯，我想利昂·爱泼斯坦那会儿还是院长，我忘了耶鲁给我多少，但不管怎样，威斯康星的还价是那个数减去 100 美元。我从未忘记这一点。

从威斯康星到耶鲁

问：从威斯康星到耶鲁的过渡怎么样？

答：我提到过我去威斯康星时，是八名年轻教授群体之中的一员。但当我来到耶鲁时，我是一个人来的，并且我是带着终身教职来的。此外，我还忙于安顿家庭等等。耶鲁是个非常令人生畏的地方，大约一年之后，我意识到我没有任何智识上的朋友。我在工作中和一些人来往，但并没有真正的思想共同体。我是一个孤独的知识分子。为了补救这种局面，我做了一些和我平时风格不符的事情。我坐下来对自己说："我想让谁成为我的思想伙伴呢？耶鲁有哪些人让我觉得在思想上有趣？"我弄清楚了这些人是谁，然后我读了他们的著作，和他们一起吃午餐，告诉他们我认为他们的著作有多棒。在这些人中，有三四个已经成为我非常亲密的朋友了。

问：这些人是谁？您觉得在耶鲁最亲近的同事是谁？

答：有些人已经逐渐疏远了。但当时，我决定要了解的人包括萧凤霞（Helen Siu），一位研究中国的人类学家；比尔·凯利（Bill Kelly），另一位人类学家，研究日本；鲍勃·哈姆斯（Bob Harms），研究非洲的历史学家；史景迁（Jonathan Spence），一位研究中国的历史学家；还有戴慧思（Debbie Davis），也是研究中国的社会学家。后来，我与从事林业、环境研究和生态学的迈克尔·德芙（Michael Dove）以及历史系的中世纪研究专家保罗·弗里德曼（Paul Freedman）关系密切。我那时候并没有这么想问题，但我现在会建议同事要通过自觉的努力来营建他们自己的无形学院：鉴于你正在做什么，那么在你所在的机构、全国、全世界研究这个问题的人是谁，谁在做你喜欢的那些事情？以我为例，我的无形学院还包括了像迈克尔·阿达斯（Michael Adas）这样的人，他是位非常优秀的历史学家。他和我彼此并不太了解，但我们之间有种牢固的学院派关系，我们互相发送手稿，然后对方把它批得体无完肤。

问：有趣的是，您没有提到一位政治学家。

答：我和耶鲁大学的政治学家们在一起，我读他们的著作，他们也读我的著作。这其中包括伊恩·夏皮罗，罗杰斯·史密斯（Rogers Smith），玛格丽特·凯克（Margaret Keck）（她在这里的时候），以及最近的阿伦·阿格拉瓦尔（Arun Agrawal）。但是，自从1991年我和一些同事开始了农政研究项目以来，我在耶鲁的智识生活并没有以政治学系为中心。我喜欢这个系，对它有种温暖的感觉，但它不是我主要的智识枢纽。

耶鲁的农政研究项目

问：农政研究项目的目的是什么？它是如何产生的，开展了哪些活动？

答：这个项目把对乡村生活感兴趣的人们聚集在一起，无论是对中国唐朝的农村感兴趣，还是对当代的亚洲或非洲农村感兴趣。你说得出的应有尽有。我喜欢用下面这种方式来考虑这个项目的基本理念。如果有人告诉我即将有一场政治学的报告，我喜欢这个报告的概率有多大？这种可能性也许是二十分之一，也可能是十分之一。但是，如果有人告诉我，即将有一场关于农民、农场主或农业的报告，我肯定会感兴趣，我甚至可能会有所贡献。所以，农政研究项目不是围绕一套理论来组织的，而是围绕一个与许多不同学科相关的"主题"来组织的。我以一种既自私又热心公益的方式，创建了一个知识圈子和思想共同体，就像我给自己开的研讨班（这是自私的那部分）。但也有很多研究生认为这个项目很酷，很多同事也搭手帮忙把它弄起来了。因此，我们创建了一个成功的跨学科项目。

这有点儿像我的写作。在我的写作和农政研究项目中，我都设法能保持掷出 7 点和 11 点。* 多数时候掷骰子似乎能想啥来啥。只要 7 点持续出现，我就不敢想太多。不知怎么的，我的直觉总能为我服务。如果我变得太机灵、太自觉，而不是只想找乐子，那我就会把事情搞砸。

问：您能谈谈农政研究项目的具体细节吗？

答：我们有一门联合开设的研究生课程，内容是农业社会的比较研究，我们之中有三四个人教这门课，这是耶鲁研究生课程史上规模最大的一门课。我们曾经一次招收过 55 名学生。上过这门课的学生大多对这样或那样的乡村问题感兴趣，感到在自己的系里孤立无援。这门课每周一上 4 个小时，而不是标准的 2 小时。先有一个讲座，然后我们分成小组讨论。所以，这是正常课程的两倍时间。

我们每年还有 8 位博士后。每年秋天，我都会花很多时间，确保他们能接触到他们为了把工作做到最好需要结识的那些教师。我就像个媒人，试图搞清楚谁配谁最合适。还有一个每周一次的讨论会（colloquium），主要由研究生参加。讨论会上的讨论者从来不是主讲人所讲主题的专家——事实上，如果你对这个主题有深入了解的话，你就没有资格成为讨论者。

当我开始推动农政研究项目时，我去找劳伦斯·斯通（Lawrence Stone），他是位历史学家，管着普林斯顿大学戴维斯历史研究中心的事，这是一个很好的项目。我说："关于如何运营一个好的项目，你有什么可以点拨我的吗？"他说："在你重要学术活动结束后，一定要经常举办社交活动。"

---

* 这里借用的是美式双骰子博彩（也称花旗骰 craps）的讲法，掷骰者先下注后，才能开始掷，可以保持投掷人的资格直到掷出"7 点"（下台点）或自愿放弃为止。如第一次掷出 7 或 11 点，就立即成为赢家，收了理赔后还可以继续掷；但假如第一次掷出 2、3 或 12 点，就即刻输了这一回，但由于尚未掷出"7 点"这一下台点，故仍可继续掷。——译者注

我听从了他的建议，在每周五中午 11 点到下午 1 点的讨论会结束后，我们就吃一顿免费午餐。这促进了跨学科的交流互动，因为它给那些注意到别人在讨论会中说了些聪明话的人一个机会，让他们在会后坐在一起聊一聊、建立联系。

总的来说，研究生是一群不快乐、孤独的人，如果有人提供的智力活动碰巧也具有社交吸引力，他们会成群结队地来参加。甚至有些夫妻就是在农政研究项目的场合相识，并最终结为伉俪的。学者不仅仅是泡在福尔马林液里的大脑，他们也有天赋需求。一位研究生曾用一种迷人的方式表达了这一看法。她说，来农政研究项目就像去教堂一样："你看到你的所有那些来自其他学科的朋友，大家都盛装出席。"所以我们的每周讨论会就是一桩"盛事"。

问：然而，政治学家们似乎没有出现在"教堂"里。我的印象是，参加农政研究项目的政治学研究生并不多。

答：你说得对极了。有一些政治学家参与其中，但并不多。项目的重心是来自人类学、历史学、林业和环境研究的学者，尽管我们也有一些来自社会学、法学院、公共卫生的学者，偶尔也有来自自然科学的。这反映了一个事实，即当今从事乡村题材研究的政治学研究生并不多。

问：为什么从事乡村问题研究的政治学研究生如此之少？

答：时代精神已经离我们而去了。1975 年，包括罗伯特·贝茨在内的许多政治学人都在研究乡村问题。但政治学的时代精神已经转移。最近，致力于研究土著权利、可持续发展和环境等议题的人们重新燃起了对乡村问题的兴趣。但是，今天关于乡村问题的研究主要是由人类学家和历史学家完成的。当然，这是两个基于场所（place-based）的学科，每个人的工作都牢牢地植根于某一特定地域、特定背景，尽管对历史学家而言是档案，对人类学家而言是全球各地。相比之下，如果你现在是一位政治学家，特别是位做形式的、演绎式研究的政治科学家，你就有了一个装着万能扳手的小工具箱。他们把你空降到巴塔哥尼亚或尼泊尔，你打开工具箱，掏出扳手工作。一些人类学家也有通用的工具箱。比如，克劳德·列维-斯特劳斯有关如何解读神话的想法（Lévi-Strauss 1986）。

问：列维-斯特劳斯的人类学工具箱和现代政治学家的万能扳手有什么区别呢？

答：没有区别。但要注意对列维-斯特劳斯而言发生了什么：他的著作中套话堆砌的那部分已经消失得无影无踪了。相比之下，像克利福德·格尔茨等人的著作却经久不衰。格尔茨没有技巧，他的著作别具一格，我想与我的著作风格有点类似。如果你倾向于成为格尔茨的弟子，你很难确切地知道你要做什么，但是如果你想成为一名列维-斯特劳斯的弟子，你会试图掌握他的神话分析技巧。

教学

问：您讲到，就像克利福德·格尔茨的著作一样，您的著作与众不同，没有为未来的弟子提供一整套完整的技巧。格尔茨几乎没有学生，您有很多学生吗？

答：因为农政研究项目，我有一大堆学生，虽然不是所有人都念政治学。我从其他学科的学生那里学到了很多东西，比如林业和环境研究、历史以及人类学，但指导这些学生也是一项繁重的工作，这件事教会了我多少东西、占用了我多少时间，有时两者之间也就一线之隔。另外，不管怎么样，罗杰斯·史密斯在他还兼任政治学系研究生教学主任的时候，画表列出了教授们在政治学领域所指导的研究生人数，结果我排名第一，这惊到我了。

能有愿意和你一起工作的人是件非常荣幸的事情，因为，毕竟这也是你在这里的某种原因。我的难题是，我现在有太多的学生，并且我认为我不能像以前那样对每个人都做得很好。我有如此多的政治学学生，部分也是因为我有些学生不愿按常规行事，而且他们认为我会"护犊子"。

问：有这么多学生来找您寻求"保护"，您有什么感觉？

答：这很好，尽管我担心如果这门学科不是按着我的方式往前走，会让他们在自己的职业生涯中走进死胡同。我想大概不会吧。

问：您是否会采取措施降低您的学生走进死胡同的风险？

答：我告诉他们："你得学他们的东西。"如果你不喜欢理性选择研究，也不认为这是政治学应该采取的做法，那么你首先必须努力理解它，然后再对它进行批评，而不是仅仅从外部讨厌它。要做一个不守规矩的传教士，但要懂教义问答，所以你不能作为一个技术恐惧者而被解雇，我得加上一句，我倒是可能作为技术恐惧者被解雇。

问：您是个技术恐惧者吗？

答：不是。但我不打算用代数符号重新表述我的研究工作。

问：您对培养研究生有一套总体思路吗？研究生应该如何培养？

答：我没有一套完整的教学计划，我认为每个学生在智识上需要的东西可能是不一样的。然而，我相信对于那些研究东南亚的人来说，他们必须掌握当地的语言和大量的当地知识——历史、文学、流行文化、艺术、宗教。并且我认为，不管怎样，即便你对主流观点持有批判性的智识立场，你也必须花时间仔细了解你所批判的立场的智识基础。比如，如果你想批判理性选择研究，你必须对它有相当全面的了解。

政治学学科

在艺术和科学之间

问：您最近在"改革运动"（the Perestroika movement）中发挥了突出作用，您一直强烈批评政治学的某些趋势，例如越来越强调方法的严谨和理性选择理论的扩散。[7] 您反对严谨吗？

答：什么被认为是严谨？在政治学中，严谨已经快被定义为狭隘的方法论上的严谨了，尽管你不能挑剔指责技巧问题，但所谓的严谨通常不会让你取得任何进展，因为那些技巧方法不过是被用来回答一些琐碎的问题罢了。比如，我在耶鲁的同事唐·格林（Don Green），我很尊敬他，因为他是我认识的最聪明的人之一，他就认为政治学家应该做实验。他和阿兰·格伯（Alan Gerber）做了个实验，随机选择了两组选民，其中一组在选举前被他们的邻居拜访，请他们投票，而另一组只是写信请他们投票（Gerber and Green 2000）。嗯，他们可以表明，让某人去拜访选民请他们去投票，比仅仅发一封信说他们应该去投票，能带来更高的投票率。这是一个很难的发现，一个真正的科学发现，实验设计可能是你能得到的最好的。然而，我认为他们的发现一点也不重要。这不是什么惊天动地的结果。唐·格林的回答是，即使结果不是惊天动地的，至少它是可靠的。他的前提是，假如你得到足够的砖头，最终会盖起一座大楼。我认为，那样你只是得到了一堆砖头。

更普遍地说，方法论上的简化还原论的难题在于，如果某人指出了在推理和演绎的某个步骤中存在的某个逻辑瑕疵，那么它看起来就像是一种成就。所谓的贡献开始被定义为工具的细微改进，我认为，这显然不是我们干这行的初衷。在这背后是一个更大的问题，那就是我们从事的是否是一门真正的科学；而这背后又是另一个问题，真正的科学是否真的会按照波普尔（Popper 1959）和亨普尔（Hempel 1965, 1966）等人提出的模型在起作用。

---

[7] 2000年，一位学者以"改革先生"的身份写作并散发了一份匿名宣言，呼吁改革《美国政治科学评论》（APSR）、美国政治科学协会（APSA）以及一般而言的政治学专业。改革先生呼吁关注许多政治学专业领袖根本不读《美国政治科学评论》或没有向其提交论文的现象，美国政治科学协会理事会和《美国政治科学评论》的编委会似乎是由其前任以不民主的方式选定的，并且《美国政治科学评论》聚焦于技术方法，而不是重要的实质性政治问题。这位学者的沮丧引起了众多政治学家的共鸣，并在业内引发了大量的讨论和辩论。关于改革运动，参见 Eakin (2000) 和 Monroe (2005)。

问：如果政治学家不应该立志像自然科学家那样做实验，那么我们应该追求什么呢？

答：这是个大问题，我不确定我是否有答案。我不想说我们就是艺术家，所以让我们自娱自乐。在三段论和逻辑学的经典著作中，我们可以找到一些基本的推理准则，它们需要被使用，而不是被违反。所以，我不认为方法论是浪费时间。但是，政治学家却不得不生存在介于艺术和自然科学之间的底层世界里。一方面是过分夸张的、扭曲的自然科学形象，另一方面，一谈到自然科学，我们就会有点"阴茎妒忌"*情结。我们不可能真正像自然科学那样，因为我们研究的是人类主体的行为，而这些行为是受自我反省影响的。一旦你告诉人们你发现了他们的行为规律，他们可以随意改变它，往汤里撒尿。拿民意研究来说，我在20世纪60年代读研究生时，民意研究正处于鼎盛时期。我在威斯康星的老同事默里·埃德尔曼（Murray Edelman）喜欢指出，通过问卷调查，你也许会发现人们更喜欢 X 或 Y，或者他们认为最高法院做得不错。但这些都不是稳定的意见，如果下周情况稍有不同，他们就会改变。此外，简单来说，"在那里"（out there）不存在客观的政治和社会现实。这是符号学的一个重要观点。[8] 格尔茨在他关于眨眼和抽动的解读的文章中提出了这一点（Geertz 1973, 3-30）。约翰·邓恩（John Dunn）也有一篇很好的文章，讲的是，如果不对人们自己如何考虑自身在做的事情提供一个现象学的描述，你就永远无法对人们的行为做出满意的解释（Dunn 1979）。

问：尽管人们对政治学的科学雄心心存疑虑，但您认为这个领域在产生知识方面有什么成就吗？

答：你是在要求我思考这个学科及其在世界上的作用，但事实是，一

---

* 阴茎妒忌（penis envy）又译"阳具羡妒"，来源于弗洛伊德精神分析学说，他认为进入"性器期"后，由于男女小便方式和身体上的差异，女孩开始认识到男女性器官的不同，会产生阴茎妒忌，进而使女孩的自尊心受到伤害，她们会由此发展出永久性的自卑感和低劣感。弗洛伊德认为女性成年以后的许多心理特点都是阴茎妒忌的直接后果，如女性的嫉妒心、缺乏公正性、虚荣心、羞怯心等等。——译者注

[8] 符号学是关于符号（signs）和象征（symbols）在语言中的功能的理论。

段时间以来,我并没有考虑过这个学科,部分原因是我认为它只能教给我这么多。我很不好意思地说,我已经有多长时间没有读《美国政治科学评论》上的东西了——至少有 8 年了。我仍然收得到刊物,因为如果你是美国政治科学协会(APSA)的会员,它自动就会寄到。每次我去参加 APSA 的年会,最多每 4 到 5 年,我都会续一下会籍,但之后就任其失效。我把《美国政治科学评论》从邮箱里取出,再直接扔进垃圾桶。可是,如果我像个负责任的成年人那样行事,我会自问:"作为一名政治学家和读政治学的,我学到了或知道了哪些实实在在的东西呢?"我会指出有关合理性(rationality)的韦伯式洞见,以及有关物质利益的未经加工的马克思主义观点。我确实从符号学中学到了一些东西。比如,几年前我正在开车的时候忽然顿悟了,我在汽车保险杠上瞥见一张贴纸,上面写着"美国,爱它或离开"。我心想:"只有我读过那些符号学的东西,才让我意识到这张写着'美国,爱它或离开'的保险杠贴纸,其实是对另一张没贴出来的保险杠贴纸'美国,我恨它,我要走了'的回复。这是一种反对消极缺席的主张的声明。"同样,如果你和来自宾夕法尼亚州艾伦顿(Allentown)或威尔克斯-巴里(Wilkes-Barre)的人交谈,告诉他们,他们来自一个多么糟糕的小镇,他们会勃然大怒。我的妻子来自匹兹堡,她也是这样的。越是糟糕的地方,就越需要保卫。符号学告诉我,每一种话语其实都在与看待世界的别样方式进行对话。

问:比较政治怎么样?比较政治领域是否产生了累积性的知识?

答:比较学者们对总统制政府与议会制政府、独裁统治的运作、社会运动的形成过程、选举法律的后果,甚至族群冲突,都取得了一些宝贵的认识。这些在严格的科学覆盖率意义上都算不上累积性的,然而,大量这些来之不易的知识被其实践者而非其创造者传播着,就好像是一套幼稚的宗教信仰或模板,被大家缺乏想象力地"啪"的一声扔下来应付各种局面,也不顾及什么具体处境。

问:您认为当代政治学过于强调方法论的严谨,导致大量研究聚焦于琐碎问题。那么在自己的研究中，我们应该问什么样的问题呢？

答：如果你看一大堆博士论文，它们可以分为两类：一类是处理一个强有力的且有趣的问题，另一类则不是。大多数论文属于后一类，因为它们提出的问题都很无趣，一开始就根本不值得去问。有很多论文提的问题我甚至懒得知道答案。我宁愿看到解决一个重要问题的失败的努力，也不愿看到解决一个琐碎问题的成功的努力。林德布洛姆说得很好。据林德布洛姆讲，在莱特兄弟之前，芝加哥的几个兄弟曾试图飞起一架飞机。他们失败了，他们的飞机掉进芝加哥河里。林德布洛姆的观点是，如果没有这次崇高的失败，莱特兄弟就不可能取得他们的成就。所以，如果拿本·安德森（Ben Anderson）的《想象的共同体》（1991）这样的书来说，它的开头是这样问的："为什么会有法国无名氏的坟墓、美国无名氏的坟墓，却没有一位无名资产阶级、无名无产阶级的坟墓？为什么有些集体属性能激发强烈的情感和行动，另一些却不能？"这是绝妙的问题。《想象的共同体》是一本疯狂的书，但没有人会认为它不过是一本谈论过时了的兴趣的书。巴林顿·摩尔的《独裁与民主的社会起源》（1966）也提出了一个重要问题：我们如何会有通往现代世界的不同道路呢？相比之下，当今许多比较政治研究关注的是央行和民主转型的小事。如果我像唐·格林一样确信这些小砖头正被砌成一座宏伟的大厦，那么我就得从我的高头大马上爬下来。但我没有看到任何这类证据。

问：如何教导研究生提出有趣而重要的问题？

答：这能否教得了，我还不清楚，但我和我的同事阿伦·阿格拉瓦尔正在努力。我们正在上一门新课，叫"比较研究中的创造性和方法"，这门课程不像大多数方法论课程那样，假设有了一个好主意，专注于如何去检验它，而是着眼于如何首先想出一个好主意这一首要问题。我们布置的第一份阅读作业是卡尔·波兰尼的《大转型》（Polanyi 1957），我们要求学生为这本书写一份研究计划。我们也让他们阅读托尔斯泰的《战争与和平》（Tolstoy 1967），并要求他们为政治学家从书中提取三项有趣的命题。还有一周，学生们被要求非常仔细地观察一些事情，比如说，两个朋友之间的政治讨论，或纽黑文的夜间法庭开庭，并写下它所讲述的政治话语。

我们决定开设这门课，是因为47名研究生向政治学系主任请愿，要求开设一门关于定性方法的课程，这门课程在许多其他地方都有开设。我们从其他系得到了很多定性方法课程的大纲，但是我们决定不这样上课。在定性方法的名目下教授的大部分材料是对实证主义和假说检验的批评。你得读像阿玛蒂亚·森（Amartya Sen）的《理性的傻瓜》（Sen 1977）和赫希曼的《妨碍理解的对范式的追求》（Hirshman 1970）那类的文章。我们不想让它变成一门狭隘意义上的方法论课程，因为我们觉得我们可以做一些更有趣的事。

过度专业化的问题

问：除了政治学家要解决的问题，这门学科还有哪些方面让您感到困扰？

答：政治学存在着过度专业化的问题，我的意思是，那些对越来越少的人才有吸引力的、日益专门化研究的小圈子越来越多。根据我的同事道格拉斯·雷的说法，其实有人对一篇社会科学期刊文章的平均读者数量做了一项研究，结果是少于3人。让我们设想这可能是由于只考虑了三个因素中的一个，平均读者数量实际上是9人吧。这仍然意味着，同行评审期刊的整套生意对外部世界没有任何影响，那只不过是一台为人们取得终身教职而设计的鲁布·戈德堡机械（Rube Goldberg machine）* 罢了，布鲁斯·拉塞特经营的《冲突解决学报》（Journal of Conflict Resolution）就是一个例子。没人读那些东西。它自成小圈子，贡献者们互相抚慰。但是，在参引期刊上发表文章仍然控制着人们的终身教职，即使这些文章只有少数人在引用参考。

---

* 鲁布·戈德堡机械是一种被设计得过度复杂的机械组合，用迂回曲折的方法去完成一些其实非常简单的工作，像倒一杯茶，或打一颗蛋等等。美国漫画家鲁布·戈德堡（1883—1970）在他的著作中创作出这种机械，故人们就以"鲁布·戈德堡机械"命名这种装置。"鲁布·戈德堡机械"这个说法后来被收录到《韦伯斯特第三版新国际英语词典》（*Webster's Third New International Dictionary of the English Language*, 1961）之中，成为英语惯用法，其意思是"以极为繁复而迂回的方法去完成实际上或看起来可以容易做到事情"。——译者注

我对这条路线上的《社会科学引文索引》（SSCI）有一个批评。[9] 按照它的标准，我做得很好，所以这不是吃不到葡萄说葡萄酸。首先，自我引用也计数。其次，一些年轻教授达成一致相互引用，以提高他们获得终身教职的机会。其三，批判性引用也计数，引文中说"这是一坨屎，不值得它被印在这张纸上"，仍然会给你计入一次引用。其四，它赋予发表文章而不是出版图书的人以特权。最后，它让用英语写作的人享有特权。《社会科学引文索引》是一种英美式操作方式，它让致力于英美式政治学主流研究的人享有特权。

问：对于过度专业化的问题，您建议怎么解决？

答：我想看到一个要求，即要在政治学领域获得新的岗位，你必须向其他学科证明，这个人对他们也很重要。那将令人振奋。为了获得政治学的终身教职，假设你必须让另一个系的人说你的工作令他们也感兴趣，那将会怎么样？在获得终身教职之前，如果你必须让两个相邻学科的人读你的材料，然后说"这看起来不错"，那将会怎么样？如果每个获得终身教职的人都必须在两门学科中同时获得双聘任命，每个系都要为此付出什么的代价？换句话说，第二个系不能只说，"是的，斯奈德对我们来说很好，我们不反对联合聘用"，他们必须得真正地为斯奈德的部分时间付报酬，这会花费他们的真金白银。对于这在制度上该如何运作起来，我没啥想法，但我在摸索一条不断从外部获取信息和判断的道路，一种能让人越过学科的肩头来观察审视的方法。最基本的问题是，你怎么把一套程序制度化，以抵制过度专业化？

我向我的同事们提出以下观点。鉴于人生无常和政治学的学科约束，你也罢、我也罢、其他任何人也罢，都不确定政治学往何处去。没有人知道 5 年或 10 年后什么才是有价值的、光荣的研究工作。一个明智且理性的系，不知道未来会带来什么，因此会在众多不同的领域下一系列的赌注，

---

[9] 一位学者在社会科学引文索引中被引用的次数是许多政治学系在决定聘用、工资、教职和晋升时使用的一个度量标准。

因为光线会从许多扇窗户中透进来。现在，对于一个只有几个职位的小系来说，或许孤注一掷赌一把是有道理的，就像罗切斯特大学用理性选择理论赌成功了那样。* 但是如果你每次都用掷骰子来作决定，那就要么赢、要么输了。耶鲁不需要这样做。我们的规模足够大，能够而且应该下很多明智的赌注。我进一步的观点是，搞理性选择的人，如果他们周围都是些搞理性选择的人，只会变得越发愚蠢，因为他们只会同声相应、同气相求。他们的方法从未受到挑战。如果你想要聪明的理性选择学者，你就必须让他们置身于充满挑战的、达尔文式的自然选择环境中，迫使他们每天为自己辩护。最好的理性选择研究将产生在这样一个系，在那里做理性选择的学者必须证明他们的工作为什么有价值。当然，对于那些不做理性选择的人来说，情况也是如此。事实上，我最不想要的就是一个只有我和我这种人的政治学系。

问：继续用您的达尔文主义比喻，我们是否应该为物种的无限多样性而奋斗？我们应该百花齐放吗？或者说，在某一门学科的大屋顶下，知识多样性能够蓬勃发展到何种程度？会有限度吗？

答：耶鲁大学政治学系系主任伊恩·夏皮罗发起了一项鼓舞人心的计划，通过聚焦政治学中六七个长久持续的主题，重新规划耶鲁的招聘工作。这些主题包括分配、制度设计等等。我赞成伊恩的做法，就是"告诉我们一些关于这些主题的有趣的事。我们不在乎你是在研究康德和黑格尔，还是在做有关辛辛那提警察部门种族关系的理性选择研究。我们不在乎你用什么技巧。"这就像邓小平在谈到中国转向更加市场导向的经济政策时所

---

* 1962年理性选择理论的早期代表人物威廉·赖克（1920—1993）发表了他"实证政治理论"的代表作《政治联盟理论》，并于同年开始到罗切斯特大学担任政治学系主任（至1977年）。在他的引领下，罗切斯特大学政治学系成为政治学理性选择理论的大本营之一，进而形成了影响巨大的"罗切斯特学派"。——译者注

说的："不管白猫黑猫，只要捉住老鼠就是好猫。"* 如今这种招聘方式并没有遗忘一个事实——人们有方法论上的承诺，但它迫使他们不是通过自己的方法，而是通过他们实际上能够展现出的对政治学中这些长久持续主题的研究来证明自己。理想情况是，我们会看看那些想要一份工作的人，判断他们的想法有多有趣、多有力。希望这种判断不会与他们使用的方法紧密相连。但是很多事情阻碍了人们的事业、个人问题如此等等，招聘是一门不精确的科学。如果你每年都把赌注押在5个有创造力的新人身上，很有可能其中3、4个人都不会成功。因此，关注求职者对长久主题的看法，可能是最接近令人满意的招聘策略。但是迷恋任何一种方法，包括迷恋"法无定法"，都是错误的。

理性选择理论

问：您对理性选择理论对政治学的贡献有何总体评价？

答：理性选择理论是政治学中有价值、有用处、有启发性的一部分。我确实发现对集体行动和交易成本问题的关注在我自己的一些工作中是有帮助的，尽管它并不会让你走得很远。我反对的是一些做理性选择的人的普适主义的倾向。我还认为，理性选择理论对大多数人类决策几乎没什么意义。即使是理性选择理论的支持者也承认，重大的、惊天动地的决定，

---

* 白猫黑猫的讲法其实来自于邓小平引用刘伯承常说的一句四川谚语。1962年7月7日，邓小平接见出席中国共青团三届七中全会全体同志时，谈到农业生产管理政策的调整问题，他提到"刘伯承同志经常讲一句四川话：'黄猫、黑猫，只要捉住老鼠就是好猫。'这是说的打仗。我们之所以能够打败蒋介石，就是不讲老规矩，不按老路子打，一切看情况，打赢算数。现在要恢复农业生产，也要看情况，就是在生产关系上不能完全采取一种固定不变的形式，看用哪种形式能够调动群众的积极性就采用哪种形式。"见邓小平：《怎样恢复农业生产》，《邓小平文选》第一卷，人民出版社1994年版，第323页。这是邓小平最早在正式场合阐述"白猫黑猫"论，并第一次公之于众。后来讹传为："不管黑猫白猫，捉到老鼠就是好猫"。1986年1月6日，邓小平再次成为美国《时代》周刊年度风云人物。"不管黑猫白猫，捉到老鼠就是好猫"这句话被摘登在《时代》周刊上，"白猫黑猫"论也随之扩大到世界各国。1992年春邓小平南巡，"不管黑猫白猫，捉到老鼠就是好猫"再次成为坊间流行的话语，被视作中国市场化改革进程的一大突出特点。——译者注

比如是否为国家牺牲，都是没有经过理性思考的。但他们认为，人们在做普通决定时确实会理性行事。我的回答是："胡扯！"即使在人们做普通决定时，他们仍然牢牢抓住梦想、神话和价值观，而这些价值观的起源却鲜为人知。这是詹明信（Fredric Jameson）关于广告结构的观点之一（Jameson 1981）。大多数广告展示的是你想成为或拥有的东西，但你又做不到、得不着。例如，某个广告首先会展示年轻、时髦的人开着一辆快车，或者一个男人搂着一个漂亮的女人，背景是一所奢华的公寓。当你看到一辆宝马或一瓶轩尼诗干邑时，你脑海中会微妙地植入这样的暗示："你不可能年轻潇洒，也不可能拥有漂亮女人和豪华公寓，但你可以用宝马或轩尼诗干邑来替代。"詹明信的观点是，广告从我们所信仰的乌托邦开始，不管它是青春、美丽、成功还是物质财富，然后利用我们的欲望把我们吸引到别的东西上去。甚至对于肥皂也是如此。你会认为人们买肥皂是因为它能让他们干净。好吧，所有的肥皂都能让你保持清洁，但是你会在商店里选择一种特别的肥皂，因为包装上的某些东西会吸引你的眼球。这与理性决策无关。

政治学的未来

问：您说没有人确切知道政治学将如何进化。尽管如此，您能否为该学科的未来描绘一些看似合理的场景，尤其是考虑到您对过度专业化以及研究问题狭隘化的担忧？

答：我不知道这一切将走向何方。有一种说法是，政治学只是落后了10年或15年的新古典经济学。这是一个看似合理的例子，许多人认为政治学将变得像经济学一样，甚至更加过度专业化。我认为有两件事可以阻止这种情况的发生。首先，任何学科都能辩证地产生自己的内部批判。这在法国的"后自闭症经济学运动"*中就已经发生了,这是一种通过把一些有关问题带回来重整学科的努力,这些问题包括消费者的品位、行动者最大化价值观的形成以及像劳工史这样已经被遗忘的传统议题等。在政治学中,理性选择的人把自己想象成新的革命先锋队,实际上,他们在许多情况下是霸道的。不过,在许多方面,他们也在提出自己的深刻批评。我的直觉——这只是一个猜测,因为我不相信预测科学——理性选择会留下一层沉积层、一层黏土,这将标志着它从景观中消失。很多人都会这样,他们会一起变老,最终被新事物所取代。就像行为主义一样,理性选择会留下相当厚的沉积物,比我留下的沉积物还要厚。

另一个阻碍政治学向经济学转型的东西是制度上的限制。在大多数地方,你必须教授本科生,而本科生并不是为了研究理性选择理论而选修政治学课程的。这可以从早期预警信号中看到,比如选课模式。任何院长、校长或教务长如果让一个系变成理性选择一统天下,那么他们是在出卖本科生,而他们中的大多数人都不愿意这么做。制度责任限制了理性选择的范围。

问:您积极参与"改革运动",即将在美国政治科学协会(APSA)理事会开始两年的任期。您认为自己在这个学科中扮演什么角色?

答:一方面,我不在乎政治学的发展方向。他们可以在任何他们想要的泥沼中打滚,而我可以继续做我的事情。另一方面,我发现自己违背了

---

* 后自闭症经济学(post-autistic economics)运动起始于 2000 年巴黎索邦大学的经济学研究生向法国教育部请愿要求改革既定的新古典经济学占据绝对主导地位的经济学教学培养模式。他们将埋首计量模型的新古典经济学比喻成得了自闭症的小孩一样。2000 年 6 月法国《世界报》刊登了法国各大学经济学专业学生的公开信后,法国教育部专门成立专家小组研商经济学教学改革。该事件影响后又扩大到英美,2001 年 6 月英国剑桥大学 27 位经济学博士生,响应法国同侪的诉求,发起一项称为"开放经济学"的抗议活动。2003 年 3 月美国哈佛经济系学生作出类似诉求,希望经济学教科书包含更宽的视野,他们当时在校园静坐示威,高举"我们要'后自闭经济学'"的标语。这场运动的后果之一是从 2000 年 9 月运动期间出现的《后自闭症经济学电讯》(后改名《后自闭症经济学评论》),现为同行评审的免费电子期刊《真实世界经济学评论》(*Real-world Economics Review*,网址 http://www.paecon.net/PAER-eview/)。——译者注

自己更好的判断，代表资历较浅的同事介入了 APSA 的事，尽管我最不愿意做的事情就是用我晚年的时光在政治科学协会闹革命，因为这需要时间。就 APSA 而言，我有两个角色，而且只有两个角色。一个是使协会更加民主，尽管我不知道这是否符合我的利益。这就需要改变 APSA 的程序，以便进行协会主席和其他职位的选举。就目前而言，APSA 可能是我所知道的最不民主的专业协会，因为它不像亚洲研究协会或美国社会学协会那样，APSA 不选举自己的管理人员。

问：为什么您不确定让 APSA 更民主符合您的利益？

答：因为理性选择的人可能会赢得选举，对吗？但是没关系，因为它会产生自己的反作用。不管怎样，我都要努力做出这些改变，因为这是我相信我应该做的事情。

我在 APSA 中扮演的另一个角色，与《美国政治科学评论》（APSR）作为该学科"旗舰"阵地的地位有关。在这件事上，我不同意一些改革人士的观点。在我看来只有两个选项。你要么保留《美国政治科学评论》，但改变它的整体外观，让它包罗万象，对各种风吹草动开放，我更喜欢这样。另一种选择是创建一份新的期刊，目前已经做到了这一点。[10] 但是，我唯一赞成的办法是，他们是不是考虑取消《美国政治科学评论》这个标签，因为它给人的错误印象，即它所发表的那些东西是专业上卓越的顶点。如果他们想保持神秘，那让我们给他们一个能准确地描述产品的标签，类似《实证政治科学评论》（*The Review of Positive Political Science*）[11] 什么的。那些想保持《美国政治科学评论》既定做法的人试图通过支持创办一份新刊物，来转移"改革运动"的能量，这非常聪明，可以减轻要求他们改变《美国政治科学评论》风格的压力。但我不想撤掉压力。要么他们改变，要么我喜欢让他们通过去掉误导性的刊名来争取读者，这样刊物的标签才能名副其实。

---

〔10〕 一份新学报《政治诸视角》（*Perspectives on Politics*）于 2003 年创刊。

〔11〕 "实证政治科学"在此指的是运用形式的、数学的方法以及理性选择理论。

不过，我对事情的结局并不乐观，因为我已经看够了、读够了米歇尔斯的"寡头铁律"。[12] 我想让我进 APSA 理事会只不过是个摆设、象征而已，我对自己能带来的变化不抱幻想。另一方面，这更有理由让我对自己想要实现的目标充满激情。我认为这是浪费时间，与其浪费我的时间还得通情达理，我打算聪明地不讲道理和顽固不化。问题是我没有时间和精力去建立联盟。一个真正负责任的人，如果想要改革这门学科，他会花很多时间在电子邮件网络上。我不会那样做，我也不能那样做。我的确有一个小小的"私人顾问团"（kitchen cabinet），这里面的人比我更仔细地思考过美国政治科学协会的制度问题，我打算多多倚重他们。

总结

问：您能给刚开始涉足比较政治的学生什么忠告吗？

答：我喜欢教那些已经离开大学几年了，怀着对自己在这个世界上经历过的事物的热情回来念研究生的学生，他们想要非常努力地去理解这些事。例如，我有一个研究生，他在缅甸和泰国边境难民营工作过，后来来到研究生院，想了解山地人民和缅甸人的国家的发展，想把他这两年的生活主题放在一个更大的视角来看。教授这类学生的不利之处是，有时他们很顽固，因为他们认为自己已经理解了每件事。理想情况下，你想要的是能够提出一系列问题的人，他们对这些问题充满热情，但同时也愿意接受理解这些问题的新方法。但我也有一些学生把学者当作一种职业，是一份朝八晚五的工作。我在艾奥瓦州立大学有位同事，他说他有很多非常优秀、非常聪明的同事，但对大多数人来说，这只是一份工作。他们朝九晚五，然后就不去想他们的工作了。关于这个问题，伊恩·夏皮罗是这样说的："你瞧，你在这行里永远也赚不到钱。所以如果你不开心，为什么你一开

---

〔12〕 此处所指是罗伯特·米歇尔斯提出的掌权者千方百计运用他们的权力来继续掌权的观点，参见 Michels（1962）。

始就来这鬼地方？如果这只是一个职业、一份工作，你又想发财，那么你就走错地方了。"激情和乐趣是有价值的。我的忠告是，一定要有你真正想搞明白的东西才入行，而不是为了拿到工会卡而去读研究生。

问：您觉得现在的研究生激情有所下降吗？

答：绝对如此。我们有很多学生刚从大学毕业，在政治学课程上表现出色，喜欢他们的老师，认为这是他们想要的职业。相比之下，在20世纪60年代和70年代，我们会招到那些在世界上没有做太多事情，但比如因为参与过反战斗争而对政治更感兴趣的人。就我而言，我参与过学生政治、学生权利运动和其他左翼活动。我在研究生院做的第一件事就是试图通过一项反对"猪湾事件"的学生决议，当时的老师们简直气疯了，试图阻止，因为他们认为研究生是专业人士，不应该持政治立场。当我在全国学生协会工作时，民权运动正如火如荼。我是该协会的国际副主席，我参加了许多民权游行。我没去塞尔玛*，也没有和金博士**一起游行。我只不过在马里兰、特拉华和华盛顿特区做了些事情。我的意思是，如果学生进研究生院除了想更聪明地理解政治之外，还有某个其他理由的话，那就是件好事。我们可以给学生工具、技能和阅读材料，但我们不能给他们激情。不幸的是，激情不是研究生院能生产出来的东西。

问：研究生院实际上可能产生相反的效果。它能打击人们的热情。

答：没错。你必须带着足够的激情来支撑自己。你将跟一篇博士论文

---

* 1965年3月7日，大约600名黑人民权抗议者从美国亚拉巴马州塞尔玛前往州首府蒙哥马利，途经埃蒙德佩图斯桥（Edmund Pettus）时，时任亚拉巴马州州长乔治·华莱士以维护公共安全为由，命令执法人员前去阻止，示威队伍遭到执法人员的暴力袭击和驱逐，这一事件被称作"流血星期天"。此事件是20世纪60年代美国黑人民权运动中的标志性事件，时任总统约翰逊公开发表谴责暴行的演说并很快启动了制定选举权法案的程序。几个月后《选举权法》（The Voting Rights Act）就在美国国会两院通过，并于1965年8月6日经约翰逊总统签署生效，成为美国黑人民权运动具有里程碑意义的成果。——译者注

** 指20世纪60年代美国黑人民权运动领袖小马丁·路德·金（Martin Luther King, Jr. 1929-1968），他组织领导了1963年8月28日"向华盛顿进军"大游行和1965年3月9日及24—25日"塞尔玛-蒙哥马利游行"。——译者注

纠缠四、五年。如果它不是你钟爱的东西，那么它就不能支撑你。你需要找到一些能激励你四、五年的东西。

我要说的另一件事是政治无处不在。例如，我最近为了参加一位朋友的75岁生日聚会坐火车去华盛顿特区。这列火车在大中央车站停了下来，不清楚什么时候才能恢复运行。所以，他们给了我们换另一列从纽约开往华盛顿的火车的选择。另一列火车已经很拥挤了，更糟糕的是，我们上晚了，因为我们才从那趟放弃了的火车上下来。车厢里挤满了人。我和我的朋友在一起，他75岁，他的姐姐在75到80岁之间，旁边还站着一位上了年纪的黑人妇女。所以，所有这些老人都站着，而所有这些年轻人只是坐在那里。这样持续了10或15分钟，我真的很生气，没有人自愿让出他们的座位。于是我站在座位的扶手上说："我要宣布一件事。在车厢的这一头，至少有两位75岁以上的老太太没有地方坐，我想知道你们当中是否有人发善心愿意让座。"立刻，有10个人愿意这么做。嗯，如果你仔细看的话，你会注意到所有这些坐着的人都在忙着看他们的书，好像他们真的不知道周围发生了什么事。但他们并不是没有意识到，他们把埋头看书作为一个将把自己与周围环境隔绝的方式。他们中没有一个人愿意和本该被让座的人进行眼神交流。但他们被召唤去履行责任的时候，有许多人立刻响应并站起来。这就是政治。所以，如果你做的政治学研究是正确的，你就不仅仅只是在实施问卷调查或者阅读政治学书籍的时候才叫作研究。政治世界每时每刻都在你身边，即使是在小说之中，如果你的政治学研究得对，你就一直在做研究，不断地问为什么会这样、为什么会那样。

第十二章
民主治理与基于个案的研究技艺*
——阿尔弗雷德·斯捷潘访谈录
Alfred Stepan

阿尔弗雷德·斯捷潘**是有关军队、国家制度、民主化和民主研究领域重要的比较分析专家。他对拉丁美洲国家自主性和国家能力的研究,使其成为"新制度学派"和"国家中心学派"的先驱者,这些研究路径在20世纪80年代的比较政治领域脱颖而出。尽管斯捷潘作为拉美研究专家开始其职业生涯,但他的研究后来扩展到全球范围,纳入了欧洲、亚洲以及南美的研究个案。

斯捷潘的研究最初集中在国家制度(特别是军队)和政体变革方面。在分析1964年巴西民主崩溃的《政治中的军队》(1971)一书中,他向比较研究中把军队视为实现现代化和国族整合的一支力量的主流观点提出了挑战。因为,在很多情况下,军人是从全国各地不均衡地招募来的,他认为这可能是分裂的根源,而不是团结的根源。他还指出,军事政变不一定源自军队内部。因此,理解军队的政治行为需要关注文武关系的更广泛背景。斯捷潘发现,文官政客们经常参与军事政变,这一发现后来成为他与胡安·林茨合编的《民主政权的崩溃》(1978)一书的中心论题。通过强调经民主选举上台的在任者的行动如何导致民主消亡,这本书挑战了强调反民主的反对派团体在推翻民主过程中所起作用的主流解释。

斯捷潘在其《国家与社会》(1978)一书中继续研究国家制度,本书

---

* 这次访谈由理查德·斯奈德于2003年10月15—16日在罗得岛州小康普顿完成。
** 斯捷潘于2017年9月27日过世,享年81岁。——译者注

批评多元主义和马克思主义研究路径对国家精英的关注不够。他提出了另一种视角，称之为"有机国家论"传统（organic-statist tradition），强调国家行动者塑造社会利益的能力。《国家与社会》分析了秘鲁军方在20世纪70年代改造社会的努力，标志着斯捷潘成为"新制度学派"研究的早期关键贡献者，该学派强调政治制度相对于经济、社会和文化力量具有潜在的自主性。

20世纪80年代和90年代，随着民主在拉丁美洲和全球范围内的扩展，斯捷潘的工作重点转向了民主化。《反思军人政治》（1988a）指出，为了实现稳定的民主，新生民主政权的文职精英必须设法解决由文官来控制武装部队的问题。与以往许多强调市民社会和社会运动在民主化中作用的研究不同，斯捷潘强调"政治"社会（政党、选举体制和文官控制武装部队的制度）对于实现民主的重要性。他与胡安·林茨合著的《民主转型与巩固的问题》（1996）是一项雄心勃勃的跨地区研究，涉及南美、南欧和后共产主义欧洲的13个国家。该书的重要理论贡献在于：（1）在民主化研究中引入了一种关注由民族主义冲突所引发的"国家特性"问题的新焦点；（2）分析了旧的非民主政体类型如何影响随后的民主化轨迹。该书还做出了经验研究方面的贡献，将后共产主义欧洲国家案例，与先前作为民主化研究焦点的南美和南欧国家案例，一起纳入了一套系统的比较框架。

斯捷潘目前的研究集中于考察联邦制度对多民族社会中民主与和平前景的影响。他还对民主与宗教认同之间的关系进行了广泛的比较研究。

斯捷潘1936年出生于伊利诺伊州的芝加哥市。1958年，他在圣母大学获得学士学位，1969年在哥伦比亚大学获得政治学博士学位。他曾任教于耶鲁大学（1970—1983）、牛津大学（1996—1999）和哥伦比亚大学（1983—1993，1999年至今），担任过哥伦比亚大学国际与公共事务学院

（SIPA）院长（1983—1991）。他是位于布达佩斯、布拉格和华沙的中欧大学*的第一任校长（1993—1996）。1991年，斯捷潘当选美国人文与科学院院士。

成长和早期经历

问：您20世纪50年代在芝加哥长大。能谈谈您的家庭背景吗？

答：我在一个亲密的天主教家庭长大，家里有7个孩子，我是老大。我的祖父母和外祖父母要么是爱尔兰人，要么是捷克日耳曼人，都是第一代移民。我父亲在"大萧条"时期用大约500美元做起了化学生意，那是一家生产肥皂的小作坊，它最终变得相当成功，但在我长大那会儿，我父亲还处于创业阶段。他热爱歌剧，也是早期芝加哥抒情歌剧院（the Lyric Opera of Chicago）的主要建设者之一。他有很多生活乐趣，我们谈过许多关于他是如何建立这两个机构**的事。我想我的职业生涯也有涉及机构建设的工作，这可能与所有这些对话都有关联。也许是因为父亲对"大萧条"的记忆使然，对能够在自己的公司创造就业机会，并帮着把歌剧带回芝加哥，他感到特别自豪。当父亲生病的时候，我偶尔会代表他在歌剧院的后台向演唱家们表示祝贺。他总是对我说："记住，歌剧演唱家不像其他音乐家。小提琴家可能有把价值百万美元的斯特拉第瓦里（Stradivarius）小提琴，但歌剧演唱家只有喉咙里那一层薄膜，用来产生情感和声音。对于一位歌剧演唱家所取得的成就，你怎么祝贺也不过分。"父亲上过圣母大学，

---

* 中欧大学（CEU）是1991年由匈牙利裔美国巨商索罗斯出资创办，成立于捷克首都布拉格；1993年，学校迁往匈牙利首都布达佩斯。由于匈牙利《高等教育法》于2017年4月修改，使中欧大学自2018年1月无法招收新生入学。2018年12月3日中欧大学现任校长叶礼庭（Michael Grant Ignatieff 加拿大学者、政治家、加拿大自由党前党魁）宣布，中欧大学将在2019年9月开始的学年里，将主体部分迁往奥地利首都维也纳。——译者注

** 此处原文用的是"both institutions"，取"机构"义项，后面斯捷潘讲到自己的"机构建设维度"（an institution-building dimension），其"institution"一语双关，既有机构、也有制度的涵义。——译者注

他是这所大学的校董。当他意识到圣母大学从来没有授予过犹太人荣誉学位时,他帮忙安排他的朋友、伟大的男高音理查德·塔克(Richard Tucker)获得了一个荣誉学位。在某个新年的晚上 11 点,我们接到一个电话——没有人在晚上 10 点钟以后给我们家打电话,因为父亲睡得很早——父亲接了电话,准备说让那人见鬼去。结果电话那头居然是理查德·塔克在优美地唱着圣母大学的运动战歌,因为圣母大学刚刚赢得全美橄榄球赛冠军。

我母亲对政治很感兴趣,部分原因是她的父亲是芝加哥的民主党政治活跃分子。外祖父有一家出版社,发行一份天主教报纸,还出版了很多民主党在芝加哥的分支组织的出版物。因为我父亲是共和党人,所以每当一家人聚在一起的时候,母亲总是很紧张,因为她知道我父亲和她父亲会就政治问题争起来。母亲受过修女的教育,其中一些修女是社会主义者,她非常关注社会正义问题,也很有同情心。我们参观过简·亚当斯(Jane Addams)创办的进步的赫尔会所(Hull House)*。母亲偶尔也会故意开车带我路过芝加哥的一些贫民聚集区。我看到的集中连片的贫困状况确实让我思考了许多问题。

青少年时期,我对体育感兴趣,还学过拳击。我也读过很多书,主要是小说。我喜欢戏剧,还获得了一些表演奖项。戏剧、小说和歌剧引导着我的思想和精神生活,我猜班里同学都挺喜欢我的,在班上我可以创作自己的剧本。

问:您还有关于童年时期的政治记忆吗?

---

* 1887—1888 年美国社区改良运动(睦邻运动)的主要倡导者简·亚当斯去英国考察了当时英国社会改良主义者用救济和教育贫民的方式改造城市贫民窟的尝试,详细参观了 1884 年创建的"汤因比厅"。回国后她就与朋友艾伦·斯塔尔于 1889 年创办"赫尔会所",这个会所坐落于芝加哥市贫民窟集中区,原名赫尔大楼,赫尔会所建成后,最初是作为日托所兼辅导妇女家务的地方,后增设成人文化补习及音乐美术教育课程,一概免费参加。会所创办后深得人心,其他城市的改革者纷纷效仿,在美国东北部和中西部的一些大城市相继创办了此类设施。——译者注

答：我从外祖父那里了解到了不少有关芝加哥的民主党机器*政治的情况。我还清楚地记得1952年的总统竞选，令我吃惊的是，在初选期间，我的立场与父亲截然不同，我不得不为自己的立场辩护。他支持罗伯特·塔夫脱（Robert Taft），我支持阿德莱·史蒂文森（Adlai Stevenson）。我还记得看到和读过麦卡锡的调查报告。我很惊讶麦卡锡的所作所为怎么能被这么多人接受。

问：您在成长过程中有没有对拉丁美洲产生兴趣？

答：没有，尽管我在1956年访问过古巴，当时我还在上大学。卡斯特罗时代之前的古巴，公开卖淫、赌博的数量之多令我震惊。它几乎不像个国家。1957年，我去莫斯科参加世界青年节（World Youth Festival），那次旅行后来在我应征入伍时给我招来了些麻烦，因为他们质疑我是不是个美国良民。去过苏联之后，我去过波兰，那里非常迷人。在华沙，我看到一名波兰士兵挎着步枪走在大街上，当经过大教堂前时，他居然跪下了，慢慢地、真心实意地跪下，这很有戏剧性。当时我还不知道"葛兰西式霸权"这个词，但从这个场景以及在波兰经历的许多其他观察和对话中，我明白了那个国家并不存在共产主义文化霸权。

问：1958年您从圣母大学取得学士学位。您为什么选择去那里念书？您学的什么专业？

答：我们家信奉天主教，我父亲是圣母大学的毕业生。我考虑过申请耶鲁大学，但我的家人敦促我，作为五个男孩中最大的一个，要树立榜样，

---

* 政治机器（politics machine）是美国政治用语，指一个政党组织掌握了足够选票得以控制地方政治及行政资源。19世纪下半期到20世纪上半期，美国许多城市受到一批谋私利的、政党分赃制的政治机器操纵。这些机构通过玩弄选票，收买人心以及人们的选票，控制政治权力渠道。其中纽约市的坦马尼·霍尔协会最为昭彰，费城、波士顿和芝加哥也都有各自的政治机器。在19世纪和20世纪初，芝加哥保持了强大的两党传统，没有形成中央集权式的城市政治机器，无论是民主党还是共和党都未能在全市范围内巩固权力。但从20世纪50年代到70年代，民主党政治机器在芝加哥取得优势，尤其是在理查德·戴利（Richard J. Daley 1902–1976）长达21年的市长任内。——译者注

上一所好的天主教大学。我满足了他们的这个期望,去圣母大学念书并主修英文。对我来说,圣母大学是个有利于思考和独处的地方,校园里有个漂亮的湖,冬天大约会结冰三个月。直到今天,我还记得我独自在湖边散步时的情景,那是一段很令人惊喜的享受思考乐趣的时光。当时圣母大学没有女学生,大多数时候夜里 10 点实行宵禁。我的朋友们害怕我半夜走进他们的房间,因为在我独处一段时间之后,我会一直聊到凌晨 3 点。杰里·布雷迪(Jerry Brady)——最近他竞选爱达荷州州长失败了——在我们毕业 45 周年聚会上跟我说:"你那会儿太讨厌了,从不注意时间。你突然就会冒出来,不停地说啊说的。"

问:您从圣母大学毕业时有什么打算?您知道自己想成为一名学者吗?

答:不。圣母大学原本把我列为申请"罗德学者"项目奖学金去牛津念研究生的候选人之一,但是我从来没有当回事,因为我不认为我有资格。征兵委员会曾跟我说,除非我服完兵役,否则不可能离开这个国家。他们怀疑我,因为我去莫斯科参加过青年节。最后,我被告知,如果我以某种方式挣得一个军官的职位,我可以离开这个国家两年,但要求我回国后服三年现役。所以,在我能去牛津之前,我首先必须参加军官培训。我参加了海军陆战队排长课程,这是一次非常残酷的、达尔文式的经历。很多候选人开了个头,但很少有人完成。我完成了。如果我是一个比较敏感的人的话,我想我可能会精神崩溃。

问:当您最终进了牛津时,那里是什么样子的?

答:太棒了,我喜欢。我选了哲学、政治和经济学专业(PPE),这是一个名不副实的专业,因为政治几乎没有涉及。课程主要是历史、政治哲学和公共经济学。我能经常旅行,因为课程只有 8 周,然后是 6 周的休息时间。我的老师们非常有天赋,比如经济学家保罗·斯特雷腾(Paul Streeten)和托马斯·巴洛格(Thomas Balogh)。斯特雷腾是奥地利犹太人,巴洛格是匈牙利犹太人。他们都是希特勒暴政下的幸存者,而且从未忘记这一点。斯特雷腾非常冷静,巴洛格则易激动,极端反传统。他们被称为"Buda（布达）"和"Pest（佩斯）"。施特雷腾教授经济发展理论，后来成为专注于人类发展，而不仅仅是经济发展的最重要的经济学家之一。多年后，保罗·斯特雷滕、阿尔伯特·赫希曼和我协助圣母大学校长赫斯伯格神父（他是我一直钦佩的人）为圣母大学的凯洛格国际问题研究所做了最初的机构制度设计。巴洛格是左翼的工党经济学家，喜欢"雷"美国学生。我不得不为他写的第一篇文章是："为什么美国人的汽车上有这么大的山雀？"

学生们都棒极了。除了遇见漂亮的、年轻的工党支持者南希·利斯（Nancy Leys）——我后来娶了她，我还遇到了尼日利亚学生、少数南非黑人学生、一位不断谈论中情局推翻摩萨台（Mossadegh）[1]的伊朗学生，还有几个巴基斯坦人和印度人，他们对印巴分治后两国之间可怕的屠杀记忆犹新。我们之间的谈话是我经历过的最认真、激烈的。我还结识了史蒂文·卢克斯（Steven Lukes），他后来成了一位杰出的社会学家和我的终生朋友。

问：你们都谈了些什么？

答：殖民主义、阿尔及利亚、新兴国家、这些国家将要采用的政体类型、发展中国家的社会主义、是什么导致如此多的人在巴基斯坦和印度相互残杀、还有多少国家会成为美国干预的目标（就像伊朗的摩萨台那样）以及美国独特的不平等状况。从艾森豪威尔时代的美国走出来，我发现这些对话令人大开眼界。有时我是房间里唯一的美国人，人们会冲我说："美国为什么要这么做？"来自不同文化背景的人之间尖锐的政治辩论和意见交流，以及想方设法讨好南希，对我来说是在牛津最重要的事情。

问：从牛津大学毕业后，您是否立即到海军陆战队报到了？

答：没有。离开牛津大学6个月后，我才必须去报到。我用这段时间

---

[1] 1953年，在英美情报机构的策划支持下，伊朗总理穆罕默德·摩萨台（Mohammed Mossadegh）被政变推翻。

去旅行。这是我一生中最紧张的时期之一。我选择了6个国家——伊朗、巴基斯坦、印度、印度尼西亚、日本和越南——这6个国家在政治上和美学上都让我感兴趣,而且我至少认识那里的一个关键人物。在此之前,我尽可能地阅读了每个国家的所有资料:历史、经济基本情况、地理基本情况和文学。在巴基斯坦和印度,关于教派间暴力行为的记忆的生动对话让我深感不安。在西巴基斯坦,我受邀住在一位来自牛津的朋友家里。然而,住在这个穆斯林家庭确实带来了一个问题,因为我的朋友在最后一刻未能到场,她有个妹妹,我不能看到她。这意味着,他的父亲,东巴基斯坦和西巴基斯坦行政部门的首席秘书,不得不每天带我出门。我遇到了各种各样的人,和他一起去了很多地方,包括东巴基斯坦的吉大港(Chittagong),在数千人死于一场巨大的海啸之后,他去那里监督救援工作。我看到成百上千的人在树上,我们对此无能为力。我注意到我在东巴基斯坦看到的所有军官实际上都是西巴基斯坦人。

印度很离奇。作为人类,看到那种贫穷局面让我极度震惊,对任何人来说大概都是如此。不过,尽管贫穷,人类的多样性和创造力仍令人惊叹。即使是最贫穷的村庄举行的婚礼,也装点得五颜六色并表现出社区共同体意识。现在,40年后,我终于开始写印度了,即将出版的一本书中有大量内容是关于印度何以能够在具有15种官方语言、极度的贫困、世界第三大穆斯林人口的情况下,创造这样一个原生的、长期持续的民主制度(Stepan, Linz, and Yadav, forthcoming)。

继印度之后,我去了印度尼西亚,因为我想看看另一个伊斯兰国家,也因为我喜欢大的、有异国情调的地方。出于某种原因,我还是不明白为什么,我最终在总统府看了一场长达8个小时的木偶剧,并与苏加诺总统短暂会面。我对印度尼西亚很着迷,尤其是我观察到的伊斯兰教的变化。与我在其他伊斯兰国家看到的情况相反,印度尼西亚的妇女不戴头巾,她们还参与了法院系统。

最后,我去了越南,因为我三年的"海军陆战队之旅"只剩下两个月了,我担心,鉴于法国在奠边府战败,以及美国认为它将控制世界,我们最终会以某种方式介入那里的事。在越南最容易见到的人是法国记者。我在一个类似格雷厄姆·格林*小说里的情景下见到一位法国记者,那是在一个破旧的网球俱乐部,有个游泳池,你都不敢跳进去,因为水是绿色的。我们喝了杯酒,他几乎是用人类学家的眼光打量着我,然后说:"美国人无法抵挡诱惑。你将来会来这里的。"不幸的是,他说对了。

问:能谈谈您在海军陆战队的经历吗?

答:我是一名步兵排指挥官,不久后升为连长,在社会学意义上这对我来说是一段重要经历。队伍里许多人家境贫苦。他们经常因为卷入了暴力犯罪才加入海军陆战队,法官告诉征兵人员:"这个孩子可能还有得救。你为什么不试着招他入伍?否则我就把他送进监狱关上几年。"他们几乎是把"大街"当成了个大活人,一股会突然抓住你、把你拉进某种暴力活动中的力量,最后要么被杀,要么被关进监狱。

问:在这个阶段您对未来的计划是什么?

答:我希望能以某种方式介入公众生活,也许是竞选政治。那时候电视刚刚出现,我想我也许能做到。我也想成为一名像沃尔特·李普曼(Walter Lippmann)那样的记者,李普曼是我的榜样,我很幸运在约翰·F.肯尼迪的就职典礼上见过他。印度大使 B. K. 尼赫鲁(B. K. Nehru)的儿子是我在牛津大学的朋友,他邀请我从弗吉尼亚州匡蒂科(Quantico)的海军陆战队基地去参加就职典礼。有天晚上,我们与李普曼以及约瑟夫·艾尔索普(Joseph Alsop)**共进晚餐,我们都想弄清楚肯尼迪现象将会往哪个方向发展。

我也曾考虑过去国务院工作,但在海军陆战队的两段经历改变了我的

---

* 格雷厄姆·格林(Graham Greene 1904-1991),英国作家、编剧、文学评论家。1932年,以《斯坦布尔列车》成名。1950年第一次获得诺贝尔文学奖提名,一生获得21次提名,被誉为诺贝尔文学奖无冕之王、"20世纪最伟大的作家"。——译者注

** 约瑟夫·艾尔索普(Joseph Wright Alsop 1910-1989),美国著名记者和保守派报刊专栏作家。抗战期间曾在中国担任陈纳德将军的副官和14航空队上尉参谋,是美国院外援华集团的骨干人物。在冷战期间对公众有很大的影响力。1972年尼克松访华后,艾尔索普曾于当年11—12月间重返中国大陆采访。——译者注

主意。古巴导弹危机期间,我的指挥官受命准备对古巴圣地亚哥市作牵制进攻,虽然当时我并不清楚详情,但其实是计划好了在哈瓦那附近的北部地区进行主攻的。他说:"你会西班牙语,你去过牛津。我想让你阅读和解释全部通讯和情报报告,当我们登陆旅的作战情报官。如果我们接到入侵命令,我们得先进去,你帮我们选择登陆地点。"我们在距古巴圣地亚哥 20 英里的海上,与入侵大军一起等了 48 天。每个人都确信我们即将进行战斗,空气中睾酮含量惊人,危机四伏。我们完全处于无线电静默状态,这意味着,作为作战情报官,一旦计划有任何改变,我必须乘坐直升机在入侵舰队的船只之间穿梭,向我们所有各单位进行通报。直升机把我降落在一艘颠簸的小船上,船有时会突然摇晃起来,结果搞得我的膝盖撞破了我的脸。导弹危机期间,我读了大量有关美国对古巴的看法以及误解的材料,惊恐地意识到,我们实际上已经动员了我们的核武器,准备发动一场我认为永远也不应该达到那种程度的战争。我念研究生的第一篇论文就讨论了相互之间自我实现的预言(mutually self-fulfilling prophecies)在引发这场接近核战争的对抗中所起的作用。

大约一年后,也就是 1963 年 9 月,我的指挥官接到通知,要求准备执行一项从越南撤出美国人的应急计划之中的部分任务。我认为,这意味着肯尼迪正在认真考虑减少美国对越南事务的介入。我们还接到命令,准备一套美国第一支作战部队在越南登陆的应急计划,它最终变成了现实,但那是大约 18 个月之后在另一位总统的领导下的事情。和在古巴一样,我们再次驶到近海驻扎了一个多月。即便在那时,我也相信入侵越南将成为一个可怕的错误。一方面,我曾在冲绳协助训练南越军官,与他们的谈话很有启发性。他们经常会问:"你们的战争进行得怎么样了?"我会回答:"这是你们的战争。"他们则会回答道:"不,这是你们的战争。"在我看来,连来自那个国家的军人都已经说那不是他们的战争,美国反倒准备干预这样一个国家的事务,这似乎很荒谬。

我认为,美国政府是如此脱离实际、误判连连,那么我跑去国务院担任初级职员就毫无意义了。如果我想产生什么影响力,我需要一个能够自主的基础平台。

问：但您离开海军陆战队后没有马上进入学术界，而是做了一年记者。您为什么决定推迟读研究生？

答：我目睹了太多暴力事件，而且还几乎促成了暴力事件的发生，因此我想更多地了解这个世界，并最终对如何看待这个世界产生自己的影响。而且，我终于说服南希嫁给了我，但因为她获得了富布赖特奖学金，在她能重新进入美国之前她的签证是有限制的，所以我们有一段时间不能回美国。我去了伦敦的《经济学人》，设法说服他们在我身上碰碰运气。《经济学人》靠"经济学人情报部"（Economist Intelligence Unit）的报告赚钱，这些报告是由在某个国家待了5年或10年的人撰写的。但当你在某个地方待了5年或10年，你就会认识所有人，并融入当地的社交网络。这意味着有些事情你就不大会写上了。因此，《经济学人》需要特约记者（他们称之为特约外国通讯员）来撰写这类文章。事实上我为他们写的第一篇文章是关于恩克鲁玛〔2〕在加纳正在进行的特殊投资交易，经济学人情报部在加纳的常驻代表可能永远不会写那块儿，因为光是它的标题，我记得是"资本主义悄然出现在加纳"，恐怕就已冒犯了恩克鲁玛——他把自己描绘成非洲的社会主义领袖。我关于巴拉圭的一篇文章，其中除了别的一些事情，还讨论到了女囚犯，其实是南希去采访了她们。大概部分是因为我念过牛津大学，部分是因为我已经去过很多国家，还有一部分是因为他们认为我的计划可能不错，令我吃惊的是《经济学人》说"挺好"，于是我成了他们的特约通讯员。他们的传奇编辑之一芭芭拉·史密斯（Barbara Smith）在写作上给了我很大帮助。对我而言幸运的是，她对拉丁美洲抱有特殊兴趣和丰富的知识。我先是去了加纳和尼日利亚，但我告诉《经济学人》，我的主要兴趣是拉丁美洲，这才是我想写的东西，也是为成为一名学者做准备。我之所以被吸引到拉丁美洲，部分原因是我在古巴导弹危机期间的经历。

---

〔2〕恩克鲁玛（Kwame Nkurmah 1909-1972）在加纳于1957年脱离英国取得独立地位后担任该国首任政府总理。

问：您会说西班牙语还是葡萄牙语？

答：我在高中和大学学过西班牙语，在西班牙待过一段时间，但我说得不好。我的葡萄牙语知识很有限。因为我在高中的时候跟耶稣会士们学习，所以我学了一些拉丁语，能读点葡萄牙文，但是当我到达巴西的时候，我根本不会说。这很讽刺，在飞往里约热内卢的飞机上，我碰巧与一位乘务员交谈，他看到我在读巴西经济学家塞尔索·富尔塔多（Celso Furtado）的文章。我提到我在《经济学人》的角色，那位乘务员问我是否愿意见见左翼反对派人士。我答应了，事实上在我们到达的当天，南希和我就在非常秘密的条件下见了他们中的一些人。我很快意识到事情已经发展到了紧要关头，我不得不全速报道这个故事，放弃了更悠闲地学习葡萄牙语的计划。我立刻投入了我职业生涯中最重要的事情之一。

1964年3月31日军事政变发生，巴西迎来了20世纪的第一个威权政权，也是后来被吉列尔莫·奥唐纳尔称之为"官僚威权式"的四个政权中的头一个。政变前，我给《经济学人》写了一篇报道，题目叫"巴西的好转或终结"（Mend or End in Brazil）。我在文章中说政变可能即将发生，解释了为什么，还说如果政变真的发生了，对进步联盟〔3〕来说并不是件好事。《经济学人》的编辑们拿到这篇文章，无疑认为我对巴西还不了解。六天后，政变发生了。《经济学人》立即发表了我的报道，几乎没有改动一个字，还在纸面上特别提及他们的特约通讯员在政变发生前就交上了这篇报道。我开玩笑说，这件事成就了我的事业，不过也可能就此把我的前程断送掉。之所以说它成就了我的事业，因为《经济学人》后来刊登了我发给他们的所有东西。而说这可能就毁掉我的事业，是因为我那时只有27岁，也许他们不应该这样做。

问：除了巴西，您在为《经济学人》撰稿时还报道过哪些拉美国家？

答：我发表过关于阿根廷、智利、巴拉圭、玻利维亚、秘鲁和委内瑞

---

〔3〕 进步联盟（Alliance for Progress）是美国在约翰·F. 肯尼迪总统任期内于1961年开始的一个拉美援助计划。其设立主要是为了对抗像古巴所采取的那种革命政治的吸引力。

拉的报道。我报道了1964年智利总统大选的启动。那时我很快发现，尽管左翼候选人萨尔瓦多·阿连德（Salvador Allende）当初差一点就赢得了1958年选举，但他1964年不会赢，因为形势与1958年不同了，中间派和中间偏右的政党在合力支持基督教民主党的候选人爱德华多·弗雷（Eduardo Frei）。我给《经济学人》写信说："我认为阿连德不会当选，我有信心写一篇关于这方面的文章，你们可以在大选前6个月发表出来。"[4] 我想在写这篇报道的时候能和阿连德待在一起，而且，正如我在许多国家发现的那样，要想趁竞选期间和政客待在一起，就得跟着他们在全国来来回回跑上三天或更长时间。有时，从一站到下一站的行程中，政治领导人得打发时间，他们就会邀请一名记者，甚至是一名学者，一同坐在汽车后座上长谈。即使是政治家也厌倦了只与其他政客对话，他们想了解这个世界。一次成功的采访也是一笔交易，这对两个人来说都很有趣。像萨尔瓦多·阿连德这样的人不会为了一个小时的谈话在三天内向你招几次手，除非他每次都能学到一些东西。阿连德问我："你去过哪儿？"我说："我刚从阿根廷和巴西来，我报道了那里的军事政变。我上过牛津大学，当过海军陆战队员，我还去过越南。"他想聊聊巴西的军事政变，因为那是当时的大事件，他还想聊聊阿根廷。我就这些国家正在发生的事情向他提供了另一种看法，这让他与我的交谈变得有趣。

我喜欢为《经济学人》撰稿的强度。我可以带上一封信去世界上任何一个国家，信中说《经济学人》将在三周内刊印我的文章。我可以在访问之初要求会见总统或主要的总统候选人，他们通常会同意见我。如果政客们不相信与他们相处半小时能让你更接近他们的观点，他们就不是政客了，这就是为什么他们是政治家。当其他的政治领导人得知我正在为《经济学人》撰写一篇关于他们国家的文章，而且已经和他们的对手谈过话了，他们通常会告诉我，在我发表文章之前我应该先了解了解他们的观点。因此，在与阿连德一起跑竞选之后，我又与爱德华多·弗雷进行了类似的竞选采

---

[4] 阿连德在1964年确实落败，但在1970年成功当选，这一次又跟1958年一样，保守派和基督教民主党分别提出了自己的候选人结果分化了反对阿连德的选票。

访。弗雷最终赢得了1964年的总统大选。

问：既然您觉得新闻业如此激动人心，为什么您决定不把它当作职业？为什么仍然选择成为一名学者？

答：虽然我真的很喜欢为《经济学人》撰稿，但我还是希望能花更多的时间来整理每一份报告。如果我有四、五个月的时间来写一篇报告，我会更高兴；但我的比较优势是，我能够在三周内完成一篇报道。不过，我想变得更系统些，我对于古巴、越南以及美国如何张开双臂欢迎巴西军事政变的思考，让我认识到有必要在比新闻业更为基本的层面上做出贡献。我已经准备好开始攻读博士学位了。

尽管如此，作为一名记者的经历一直影响着我的某些学术工作习惯，尤其是在开拓新的可能性和新受众方面。我经常请一周左右的假，做一些与我目前的研究完全不相干的事情，只是为了去一个新地方、看看另一个国家、有一段新的经历、和新人物交谈。我不拒绝作为记者的激情。我还偶尔为布拉格辛迪加（Prague Syndicate）撰写专栏文章。布拉格辛迪加是由一群来自后共产主义欧洲的思想家和活跃人士创建的，他们希望让众多一流作家对世界事务提出不同的观点。我的文章是作为他们"俗世哲学家"系列的一部分发表的。我上一篇专栏文章是关于黎巴嫩、巴勒斯坦和以色列民主前景的，它在85个国家、103家不同的报纸上发表了。

哥伦比亚大学的训练

问：1964年秋，您开始在哥伦比亚大学攻读政治学博士学位。您为什么选择哥伦比亚大学？

答：哥伦比亚大学给我提供了一笔国际研究员奖学金，而且阿尔伯特·赫希曼的著作对我很有吸引力。我喜欢他的研究中体现出来的历史维度，喜欢他对"可能主义"的强调，以及他写东西写得如此之好，清晰聚焦于手头的问题（Hirschman 1963）。[5] 我也喜欢政治历史学家理查德·纽施塔特（Richard Neustadt）的一些著作。此外，哥伦比亚大学以其对拉丁美洲特别是巴西的关注而闻名。作为一个喜欢歌剧、喜欢又大又杂的地方的人，我知道我不想待在小镇上，而哥伦比亚大学将会很有趣。

问：您考虑过其他研究生课程项目吗？

答：我考虑过伯克利。我喜欢那儿，他们对我也很感兴趣，也很支持。我原以为斯坦福会很有趣，但当我去斯坦福的时候，他们正处于一场关于行为主义的"战争"中。我不想待在一个"交战"的环境之中。另外，我的妻子南希是一名科学记者，后来她也获得了博士学位，她觉得自己可以在纽约找到工作。

问：您在哥伦比亚大学修了哪些课？

答：有一天我看到一些自己非常欣赏的学生在校园里跑来跑去，我问他们："你们要去哪儿？"他们说："去找林茨！"我问："林茨是谁？"他们回答说："是一个年轻的西班牙小子。"我问："他教什么？"他们说："啥都教。"所以，我加入了他们。胡安·林茨教授关于政治社会学领域大思想家们的课，米歇尔斯、韦伯、涂尔干。他讨论他们的生平故事，以及他们对各自国家政治的参与和看法。他想展现他们是谁、他们在写什么以及为什么写这些。后来，德裔比较学者奥托·基希海默去世后，林茨接手了他的欧洲政治课程，但并不只涉及通常讨论的四个国家，而是讨论了欧洲的几乎所有国家。我们了解了第一次世界大战后的芬兰内战、西班牙内战以及较小的那些欧洲国家。如果你选修了林茨的课程，你就会对每一位重要的政治哲学家和每一个欧洲国家都有个大致的了解。

林茨有自己的风格。他喜欢从10点到12点或11点到1点上课，因为这样他就知道他可以连续讲3个小时，一直讲到午餐时间。他正常的教学

---

[5] 斯捷潘到哥伦比亚大学时，赫希曼已经离开哥伦比亚大学去了哈佛大学。

时间是3个小时。* 下课后，他总是去圆桌旁吃午饭，如果学生们像往常一样加入进来，他就会继续讲上2个小时。谈话总是以讲座的延续开始，但通常会发展成对当代政治问题和他们提出的社会科学问题的讨论。读社会学、历史学、经济学、政治学的人，甚至是一些门外汉，都会来参加。我们几乎会为每件事争论。到那时，就已经快4点了，一群学生会前往当地的西端酒吧（The West End）继续谈话。这叫作"做个林茨"（Doing a Linz）。

很快，我就每周和林茨聊上3个钟头了。我告诉他我刚从拉丁美洲回来，对巴西很感兴趣，他问："巴西的军事政变不可避免吗？"我回答说："绝对不是。行政长官能力平平，否则这事儿原本是不会发生的。"就这样，我们开始讨论起这个错综复杂的问题（*problématique*），并最终发展成为我们俩关于民主政权崩溃的合作项目（Linz and Stepan 1978）。

问：除了林茨，您在哥伦比亚大学还上过谁的课？

答：我上过一位名叫韦恩·威尔科克斯（Wayne Wilcox）的政治学家开设的一门有关印度和巴基斯坦的课。他年纪轻轻就死于一场事故，现在已不太为人所知，但他是一位很好的观察家。他的课让我有机会进一步思考印度和巴基斯坦。哥伦比亚大学有很好的历史学家。我想更多地了解拉丁美洲的历史，所以我上过研究拉丁美洲殖民历史的历史学家刘易斯·汉克（Lewis Hanke）开设的一门课。我还与阿根廷社会学家吉诺·赫尔马尼（Gino Germani）**进行了交流。事实上，我的博士学位资格考试的辅领域就是拉丁美洲历史和拉丁美洲社会学。

但总的来说，我尽量少选课程，这样我就有时间思考和写作。我在念

---

* 原文如此，但从前面所讲的10点到12点或11点到1点，似应为2小时才对。不管怎样，无非是说林茨是位"话痨"。——译者注

** 吉诺·赫尔马尼（1911—1979）出生于意大利罗马，1934年因其早年的社会主义立场受到墨索里尼法西斯政权压迫而流亡阿根廷，后长期在阿根廷学习生活工作，是公认的阿根廷"科学的"社会学创立者。他有意大利和阿根廷双重国籍，1966年阿根廷军事政变后他转往哈佛大学任教，1975年返回意大利那不勒斯大学任教，1979年在意大利罗马去世。——译者注

研究生期间发表了很多文章，可能太多了。我在《新政治》（一份社会主义立场的评论刊物）、《国家》和《新共和》上参与政治辩论。我还在《政治学评论》上发表了一篇对军队研究有关文献的述评（Stepan 1965），在《国际事务学报》上发表了一篇对政治发展理论的批判（Stepan 1966）。我还应邀为联邦参议员弗兰克·丘奇（Frank Church）和罗伯特·肯尼迪（Robert Kennedy）撰写过政策简报。

问：林茨在社会学系，我觉得很奇怪，到目前为止您只提到过哥伦比亚大学政治学系的一名成员威尔科克斯。

答：林茨是位政治社会学家，也是斯坦因·罗坎和马蒂·李普塞特的亲密同事，他们也是政治社会学家。在欧洲，我有更多的同事是政治社会学家，而不是政治学家。20世纪60年代中期，哥伦比亚大学的比较政治训练并不出色。不过，丹克沃特·吕斯托的课还是很重要的。吕斯托比大多数美国大学的比较学者知道得多，因为他是欧洲人，曾在土耳其生活过，他知道一些不寻常的事情。那时，吕斯托正在研究民主是如何出现的理论（Rustow 1970），我喜欢他著作中充满活力的元素。我被吕斯托的观点吸引，他认为民主可以作为在争斗中耗尽元气的政党的默认选项出现。吕斯托会允许你和他争论。我记得我不同意他有关国家统一问题必须在民主出现之前得到解决的论点。我当时和现在都不认为实现国家统一，特别是一个民族国家的统一，应被视为民主的先决条件。我去过印度，那是一个民主国家，但不是一个民族国家。与吕斯托的看法相反，我认为，作为他的主要例子之一的土耳其，并没有民主地解决其国家统一问题。军队正在镇压库尔德人，他们还通过军方管理下的"自上而下的世俗主义"来实现国家统一，甚至把世俗主义强加于温和的穆斯林。不幸的是，吕斯托在1968年参与学生骚乱并在抗议警察时被击中头部，之后就离开了哥伦比亚。后来他就和哥伦比亚大学没有什么联系了。

问：您在20世纪60年代中期读研究生时，比较政治的主导研究路径是加布里埃尔·阿尔蒙德和他在社会科学研究理事会比较政治学委员会的同事们提出的结构功能视角。您在哪里接触到这类研究文献的？

答：林茨，甚至吕斯托，和我一样对阿尔蒙德的课题项目感到有点不安。它看起来太美国化、多元主义、以社会为中心。林茨和吕斯托，以及他们的许多学生，包括我自己在内，都曾去过一些地方，在那些地方，你不得不考虑可怕的内战、组织起许多"社会"输入的压制性政权或国家特性缺陷。这些严重的问题似乎都不是阿尔蒙德的功能主义课题项目的核心。然而，我阅读了几乎所有 SSRC 政治发展丛书的成果。[6] 我尤其受到阿尔蒙德和维巴的《公民文化》（Almond and Verba 1963）以及沃德与吕斯托关于日本和土耳其的不同现代化道路比较（Ward and Rustow 1964）的那一卷的影响。

研究：国家制度、政体变革与民族和宗教认同

巴西的军队和政治

问：您的博士论文后来作为您的第一本书《政治中的军队》（Stepan 1971）正式出版，论文中写到了巴西军方的政治角色。您为什么选择这个问题？您尝试过其他的可能性吗？

答：我考虑过其他议题。所有人，包括资助机构和我的导师们都说，写有关巴西军方的内容是不可能的，因为我永远无法获得充足的、关键的军方材料。所以，我着手写了一份关于巴西国家整合的论文计划书。受卡尔·多伊奇研究的影响，我提出研究城市间的交通、通信通邮和类似性质的事物（Deutsch 1953, 1961）。三个月后，我感觉确实没有什么动力能驱使我去研究这个话题了。国家整合是一个重要话题吗？是的。但多年来，我一直在思考社会科学、政治和大型制度，却没有准备好对国家整合说点什么能令人兴奋的话。相比之下，我曾经加入过军事组织，并作为一名记者

---

[6] 20 世纪 60 年代和 70 年代，社会科学研究理事会比较政治委员会（最初由加布里埃尔·阿尔蒙德担任主席，后来由白鲁恂担任主席）与普林斯顿大学出版社合作出版了一套九卷本的"政治发展研究丛书"。

目睹了1964年巴西军事政变的发生。我发表了一篇关于军队研究的文献综述（Stepan 1965）。我相信自己对这个研究领域应该做什么、可以做什么有着独特的理解。不管怎样，我还是决定做我原先的题目，不再提交论文计划书。我闷头先做了研究，事后才写了份论文计划书。

问：既然资助机构认为您的项目风险太大，您又是如何获得资助去巴西做研究的呢？

答：我接受了兰德公司的邀请，与路易吉·伊诺第（Luigi Einaudi）合作。他给我寄来了一本关于秘鲁军队的书的草稿，这是迄今为止我读过的关于拉丁美洲军队的最好的书，我觉得路易吉和我可以很好地合作。他的祖父当过意大利总统，* 写过50多本书，这可能使路易吉束手束脚，因为他一直不断地修改和重写他那本书，尽管这本书早已经被哈佛大学出版社接受了。他的书比任何关于拉丁美洲军队的著作都要超前整整一代人，但从未出版过。兰德给了我三年的研究经费来写我的书。兰德公司的亚历克斯·乔治（Alex George）非常支持我。

问：您怎样开展您的研究？如何克服获取巴西军方信息的困难？

答：首先，不像我为《经济学人》撰稿时那样，在这个研究过程中，我很晚才去做实地访谈。我已经知道我的话题是文武关系，因为自1889年帝国倒台以来，巴西的政治精英们对军方干政的容忍度一直很高。我做的第一件事就是阅读自1891年以来巴西的所有5部宪法。每一份文件都有一个条款规定军队应在法律范围内服从总统命令，还有一个条款规定军队有责任维护行政、立法和司法之间的正确关系。当我看到第二项条款时，我

---

* 指路易吉·伊诺第（1874—1961），他在1948—1955年间担任意大利共和国第二位总统（由1948年改制共和制后意大利首届国会选出的第一任总统）。前面提到的路易吉是与他同名的孙子路易吉，是其长子马里奥·伊诺第（Mario Einaudi 1904-1994）的儿子。马里奥·伊诺第生前长期担任康奈尔大学政治学教授和政府系主任，是著名的欧洲政治理论与比较政治专家，1961年创办了康奈尔大学国际问题研究中心（即现在的Mario Einaudi Center for International Studies, Cornell University）。而马里奥·伊诺第的妻子（也就是小路易吉·伊诺第的母亲），是著名社会学家罗伯特·米歇尔斯的女儿玛侬·米歇尔斯。——译者注

大吃一惊，因为在民主国家，维持政府各部门之间的平衡，通常是一项司法或政治责任，而不是军队的职责。为了理解这些令人费解的宪法条款，我阅读了参与起草每一部宪法的立法小组委员会所有的辩论记录。这项档案研究工作花了大约三个月的时间。我着重注意了小组委员会的成员是谁，以及每个小组委员会提出的各种草案的内容。我注意到，当军人参加第一个小组委员会时，草案中从来没有这个条款。它总是由第二个小组委员会加进去的，但其成员里却没有现役军官。这一条款是由文官政客加进去的。我甚至找到了国会里军方"反对"该条款的听证证词，他们担心这对军队作为一个制度性机构是危险的，因为它会分裂他们。因此，60年来，是文官，而不是军队，在宪法中为军队规定了不适当的司法角色。这完全违反直觉。

我的预感是，文官政客们在宪法中为军队嵌入这个角色，这样一来每当政治精英们想要搞场政变时，他们就有了公开呼吁军队发动政变的依据。于是，我开始对巴西主要报纸上发表的每次政变发生前60天内的社论进行大量费时耗力的内容分析。在每一次成功的政变之前，报纸的社论都对军方干预表示了压倒性的支持，但在未遂政变之前却看不到这种情况。社论直接诉诸宪法，例如说："《宪法》第354条规定，军队应在法律范围内服从总统命令。总统正在违法，所以此时军队还要服从总统就是违宪的。其次，宪法规定军队有义务在司法、立法和行政之间维持正确的平衡。总统威胁立法机构，违反了这种平衡。因此，军方服从总统是违宪的。"

我的发现与现有的军队和政治的研究文献相悖，这些研究认为军事政变是在军队内部酝酿发生的。我的研究将军队的政治行为重新定位在文武关系的大背景下。

问：您所描述的材料是根据宪法和报纸上的公开信息写成的。您又是怎么得到关于军队本身的敏感信息的呢？

答：由于我有当记者的经历，我习惯了怎么去从别人那里挖掘信息，几周之内，我就得到了一份军方晋升名册，上面列出了每一位军官的名字。每支军队都有一本这样的名册，军官们总是翻看这本东西，看看谁的军衔比他们高，谁比他们低，谁升迁了，以及为什么会升。巴西的晋升名册被证明特别有用，因为它在每个人的名字之后都有几行个人信息，用字母标识了此人是否获得过某个勋章、是否以班级第一的成绩毕业、是否曾参加过巴西远征军[7]去过意大利，那是第二次世界大战期间唯一一支到欧洲参战的拉丁美洲军队。[8] 我把一系列的信息转化成变量。我想分析谁领导了1964年的政变，我研究了当时在巴西军队服役的102名将军。我有三位秘密线人，我认为他们是可信的，消息特别灵通，因为他们参与了政变。他们认为政变拯救了巴西，因此不会把功劳归于一个实际上没有发挥作用的人。如果我的三个线人中有两个人说一位将军是关键的组织者，我相信我已经确定了政变策划者其中之一。

当我在晋升名册里寻找领导政变的将军们的信息时，我注意到几乎所有人都参加过第二次世界大战，都上过巴西的高等战争学院[9]，这是一所新型军事学院，50%的学生和教员之前都是从牧师和记者到政客和商人的平民百姓。当我梳理了政变领导人的数据，我发现由10位政变策划者组成的核心团队成员中60%的人曾在二战期间去意大利的巴西远征军中服役，70%是高等战争学院的永久编制成员，100%曾以全班第一的身份毕业于三大军校其中之一，以及100%进过外国军校。半数核心团队成员完全符合上述四点。在其余92位并非政变策划者的将军中，却只有一位将军符合上述四点。我学过一些基本的统计学知识，我做了一个 Z 检验，它表明这种比例上的差异碰巧发生的概率是千分之一。这真的很有趣。通过识别这些关键人物，我甚至无须与任何人交谈就能得出一个强有力的结论。我有了一个很稳健的相关关系，但是，正如我们在社会科学中经常说的，相关不是因果。我真的不知道这些变量——比如参加第二次世界大战，以及20年后这位将军在1964年政变中扮演的角色——之间有什么联系。解决这个问题唯一办法就是和关键人物谈一谈。

---

〔7〕 The Fôrça Expedicionária Brasileira, FEB.

〔8〕 1944年和1945年巴西远征军与盟军在意大利并肩作战。

〔9〕 Escola Superior de Guerra, ESG.

问：您如何对巴西将军们进行采访？您从他们那里了解到了什么？

答：一开始我就说我正在写一本关于1964年政变的书，我注意到他们和其他一些人参与了政变。每个人都会回答："是的，我为自己的参与感到非常自豪，我正要写关于这事的回忆录。"然后我指出，他们和领导政变的同胞们都曾在二战期间到意大利的巴西远征军服役，后来又都进过高等战争学院。我说过我对这种联系很感兴趣。于是每个人都给我讲了他们的故事。1944年，当他们远征欧洲时，瓦加斯总统（President Vargas）为他们举办了一场盛大的、充满民族主义情绪的欢送会。但是当他们到达意大利时，他们就被羞辱了，因为他们被派上前线，但很快就被敌人包围。巴西远征军被要求撤离战场，接受外国军队的训练，然后才能再回前线。参加远征军的军官们把这些事件当作绝对耻辱的经历内化于心，他们从欧洲回国后，决心建立一支强大的军队和一个强大的巴西。他们把巴西的软弱部分归咎于他们在平民百姓中看到的人们对战争和国家实力缺乏严肃认真的态度。因此，他们建立了一个新的机构——高等战争学院，作为一种与平民精英建立更紧密联系的方式，并让民间舆论制造者开始将巴西视为一个军事强国。事实上，成为军政府第一任总统的科斯特罗·布朗库将军（General Castello Branco）*，就是对巴西部队在意大利发生的事情最感到耻辱的人之一。

问：您是如何让这些军人答应和您交谈的？毕竟，在军人统治巴西时期，他们是巴西武装部队的现役军官，而您是个外国人。

答：我告诉他们，我曾是一名海军陆战队军官和《经济学人》的特约通讯员。我礼貌地试图给他们留下这样的印象：我正在写一本关于他们曾经在其中发挥过作用的一段历史的书，不管他们是否愿意和我交谈，我都

---

* 卡斯特罗·布朗库（Humberto de Alencar Castelo Branco 1897-1967）于1918年加入巴西陆军，二战期间担任巴西远征军上校，1963年晋升为陆军元帅。1964年3月31日，巴西爆发军事政变，当时布朗库为政变领袖之一。后经国会间接选举当选为总统，于1964年4月15日宣誓就任，直至1967年3月15日。布朗库是第二位以巴西陆军元帅身份，通过军事政变就任的总统。前一位是1889年推翻巴西帝制的首任总统德奥多罗·达·丰塞卡（Manuel Deodoro da Fonseca）。——译者注

要写我的书。在采访精英时,你必须传递一个微妙、可信的信息,即这本书将以这样或那样的方式出现。我说:"我在写本书。你也许不喜欢所有的书,但我以前发表过东西,我认为这本书将是关于巴西军队最重要的一本书。"然后我说,我想要的就是莫里斯·雅诺维茨(Morris Janowitz)所得到的关于美国士兵的信息那样的信息(Janowitz 1960)。他们知道雅诺维茨的书,因为巴西军方把它翻译成了葡萄牙文。我给他们看了他们军队图书馆收藏的那本书,说:"这些都是关于美国军人的。你说你们是世界级的军队。我能不能得到像这样的关于巴西军人的信息?不多,也不少。然后我可以看到信息,你也可以看着。这样可能很有用处。"他们说:"好吧。"

我采取了与我为《经济学人》撰稿时相同的策略。我知道,一旦我和军队里的一些高层人士谈过,我就能接触到大量的信息。在任何一个大型组织中,总有两三个顶尖的人是关键的知识分子。他们写了很多,想了很多,想听听你在想什么、你在做什么。就我而言,他们想了解兰德公司。我是一个足够复杂的人物,足以引起他们的兴趣。

在采访巴西军官时,我总是试图知道的比他们更多。我会问5个问题,其中4个我已经知道答案了。如果他们说了什么不对的话,我会说:"是的,但仔细想想,将军,那其实是1939年的事,"或者"那不是在意大利战役中发生的,而是在另一场战斗中。"他们对我居然了解他们的机构制度印象深刻,因为他们的主要不满之一就是,他们相信没有人了解军队。我懂得等级制度、晋升和军衔,能从25码外认出重要的勋章,对军事史有所了解。如果你不了解某个组织的历史,不论是天主教会还是美国参议院,你怎么能与该组织的关键人物维持长时间的对话呢?所以我读过有关意大利战役和很多我其实没有直接兴趣的材料。这让我成了一个更有趣的人,让巴西军官愿意和我交谈。有些人去过美国和法国的战争学院,所以我研究了这些机构制度是如何运作的。巴西人喜欢我既了解不同国家的军事学院,也理解他们的军事学院ESG采取了一种新的、不同的方式。结果,他们给了我不少文件。有个人问我是否想看一下关于ESG创建的背景备忘录。我说:"当然,我当然想看看背景备忘录。"一旦你和某人谈过几次,你就可以说:"你知道,你的文件里有三、四件事我不太明白。"他们会给出自己的解释，然后我就去找别人解释同一份文件。我要强调的是，参与创造历史的人总会想要解释它。

问：您的研究还涉及到在军事图书馆的研究工作。我想这不是那种可以随便走进去的地方。您是怎么进去的？

答：高等战争学院的图书馆对退休人员开放，许多退休将校都去那里看报纸和闲逛。我大概去过90次。我并没有偷偷溜进去，不过我总是准备好被盘问然后被轰出来，这种情况从未发生过。我对图书馆员总是非常有礼貌，而且我总是穿正装。

问：从经验研究转向理论议题，您在同哪些文献交手和争辩？

答：有种看法认为军队是第三世界国家中最现代化、最具有凝聚力的机构和制度，因此最适合执行国族建设大任，我反对这种观点。我在兰德公司的同事盖伊·鲍克（Guy Pauker）在他的东南亚研究报告中写道，必须找到方法，把军队的组织能力及其领导潜力变成国家整合的"临时内核"（temporary kernels）（Pauker 1959）。约翰·J. 约翰逊断言，拉丁美洲的武装力量是一个具有组织力量和领导能力的协调一致的团体，可以保证其国家的政治连续性（Johnson 1964）。丹克沃特·吕斯托在其关于土耳其的研究中写道，与其他精英相比，军队不那么狭隘，他们心忧天下、胸怀全国（Rustow 1964）。与上述看法相反，我认为在世界上很多地方，军人们完全是从不同地区挑选出来的，这些地区各具政治内涵，因此，武装力量可能是分裂的源头，而不是统一的根源。在美国，南方出身的军人更多。在尼日利亚，伊博部族（Ibo tribe）在1961年以后掌控了军官队伍，部分原因是其基督教信仰，部分原因是其优越的教育。在80名尼日利亚将军中，将近60人是伊博人。苏丹和巴基斯坦这种地区间征募不平衡的情况也类似。在巴基斯坦，几乎所有的校级军官都来自西巴基斯坦。这一事实直接导致了东巴基斯坦的独立战争，进而成立了孟加拉国。当我们真正看到军队从哪里来时，我们看到文献中关于军队代表了国家统一的鲜明论断其实是差劲的社会科学。所以，尽管我的第一本书是关于巴西的，但它首先提到的是尼日利亚、苏丹、巴基斯坦和印度尼西亚。

问：您认为《政治中的军队》的主要贡献是什么？

答：从这项研究中产生了很多新的概念，包括"作为政府的军队"和"作为机构的军队"之间的区别。许多人不明白，当有一套非常复杂的晋升体制时，军政府会与军事机构制度产生紧张关系。这就是为什么大多数政变都是由军人领导来反对军人的。我提出了"解脱型政变"的概念（extrication coup），之所以发生政变，是因为军方害怕内部分裂，因为双方都有武装。如果"作为机构的军队"认为"作为政府的军队"正在制造严重的问题，那么就会有人努力建立一个政变联盟，目标是组建看守政府，再由看守政府来举行大选。

在《政治中的军队》中我也想完成另一件事，这就是为什么我写了一篇讨论如何研究一个半封闭机构的附录，打算挑战一下因为资料不存在或者不可得，所以诸如军事之类的话题是不可研究的看法。我想展示的是，对于社会科学家来说貌似很难研究的东西之中，实际上可以产生新型的信息。我还想说明，这些资料中有许多甚至是平头百姓就可以拿到的。还有什么比宪法条款或报纸社论更公开？一位优秀的社会科学家的基本任务是创造新的资料，并找出获取资料的策略，以便研究重要的、但此前甚少研究、因而往往理论化程度不足的政治现象。

问：这本书的反响如何？

答：葡萄牙文译本在巴西很畅销。这本书先被查禁，后来又不禁了，反反复复次数大概能排在第一名或第二名，然后又再次被查禁，对推销这本书来说，这绝对是所能发生的最好的事情了。学者、记者、军官和政客，每个人都想弄一本。它在许多国家得到了严肃的学术评论，《华盛顿邮报》和《经济学人》也发表了评论。这本书被翻译成西班牙文，盗版的翻译本在韩国、泰国和印度尼西亚出版。这对于职业生涯的起点来说并不坏。

《威权巴西》

问：您第二份主要的学术出版物是 1973 年编辑出版的《威权巴西》（Stepan 1973）。那本书是怎么起头的？

答：那时我刚刚被任命为耶鲁大学拉美研究理事会的主任，我确信巴西威权政权的强度是一个重要主题。这本书赖以产生的会议于 1971 年召开，当时巴西正处于镇压最严重的时期。人们感兴趣的是，巴西这一个案是否是一种新型的威权主义，它与其他威权主义经验有何关联，它与当时占主导地位的依附论[10]观念如何关联起来，或没有关联，以及矛盾与反抗的可能根源。

为了给该项目招兵买马，我希望该领域的领头人是拉丁美洲研究圈子里的最重要的学者。我想找一位历史学家来设定参照背景。所以，我邀请了汤姆·斯基德莫尔（Tom Skidmore），他写了本堪称标杆的现代巴西史（Skidmore 1967，1973）。我需要一位优秀的经济学家，于是我邀请了阿尔·菲什洛（Al Fishlow），因为他会说葡萄牙语，而且在巴西的经济"奇迹"进程中表现得足够大胆——他在巴西的一场公开辩论中指出，尽管创造了经济"奇迹"，但巴西在收入不平等问题上表现糟糕（Fishlow 1973）。我想请威权主义专家胡安·林茨来评估巴西政治局面未来实现制度化的可能性。林茨探讨了过去的威权政权（法团主义、法西斯主义、一党制国家）实现制度化的不同方式，出乎我们的意料，他得出了巴西军方无法将其统治制度化的结论（Linz 1973c）。

多年后，我得知巴西军方头号政治战略家戈尔贝里·多·科托-席尔瓦（Golbery do Couto e Silva）将军不知怎么搞到了林茨那一章的预印本。作为总统办公厅主任，戈尔贝里是 20 世纪 70 年代中期开始的 "*abertura*（政治开放）"进程的理论家。当我在对巴西向民主转型的发端阶段进行研究时，我前后采访过戈尔贝里五次，1974 年 12 月在接受我的第一次采访中，戈尔贝里承认当他读完林茨的论文时，他自言自语道："林茨的论点是正

---

[10] 依附论强调外部因素对穷国发展前景的决定性影响。

确的，我们不能实现制度化。趁我们还有一些主动权，最好先打开局面。"他对埃利奥·加斯帕里（Elio Gaspari）也重申了这一点。加斯帕里是一名伟大的巴西记者，他后来撰写了详细记录巴西军政权历史的五卷本经典著作。[11] 很明显，社会科学对巴西军队"解脱"的关键设计师之一产生了影响。

问：《威权巴西》的另一位贡献者费尔南多·恩里克·卡多佐无疑对"现实"世界产生了影响，因为他后来成了巴西总统。[12]

答：卡多佐从1965年起就一直是我的好朋友，当时一位共同的记者朋友带他去哥伦比亚大学与我和南希共进晚餐，以便我们能就巴西军队问题交换意见。就《威权巴西》，我请他写一篇讨论在巴西的社会结构下，什么样的政治反抗是可能的论文（Cardoso 1973）。他的论文并不是简单的依附论，因为它引入了动力论，并探究了强制机关中可能出现的裂缝。卡多佐非常明确地表示，在巴西不可能形成一个典型的、以工会为基础的、社会主义者或社会民主主义者领导的联盟，因为工业劳动力的规模永远不会大到足以维持它。在西欧的先发工业化国家，某一时间点上可能有35%的劳动力从事工业。由于工业模式发生了变化，拉丁美洲后发工业化国家的工业劳动力规模往往到15%至18%就达到峰值。因此，卡多佐认为，一个可行的、以工业为基础的工会社会民主运动在拉丁美洲根本不可能存在，但其他类型的进步联盟是可能的。那篇论文是卡多佐最早的政治学著作之一。

问：能谈谈您自己在《威权巴西》中写的那一章吗？

答：我认为，军队在关注内部安全威胁和国家发展时，会被驱使从而更深入地介入政治。这是因为这种关注扩大了军队必须了解和研究的范围，导致他们认为他们必须了解一切。结果，他们扩大了情报机关，并被拉进政治旋涡。

[11] 林茨的论文在Gaspari（2003, 437）中被提及。
[12] 卡多佐在1995—2002年间连任两届巴西总统。

我面对的是塞缪尔·亨廷顿的论点，我称之为"旧专业主义"，即随着军队更加职业化，他们把自己从政治中摘出来（Huntington 1957）。人们采纳了亨廷顿的观点，并不适当地将其应用于印度尼西亚和巴西等地，在这些地方，军队专业主义的内容并非外部战争，而是内部战争和国家发展。我完全相信，在这种情况下，专业化将导致"增加"而不是"减少"军人干政的、完全相反的效果。

问：成功组织编纂一本文集有什么诀窍？

答：要有优秀且灵活的贡献者，他们对共同的问题有共同的兴趣，也期待与对方讨论这个问题。你还必须足够粗鲁，让一些写不出好论文的人滚蛋。我总是从编纂的文集中删去一些作者，部分原因是我希望最终著作足够好，能够继续加印。30年后《威权巴西》仍在重印。而且，我经常把一开始没有参与的人加进编纂的文集里，因为最初的某篇论文太弱或者有新的事情发生了。

问：《威权巴西》也有一张相当醒目和迷人的封面。这也有帮助吗？

答：我总是花几个月甚至更长时间来寻找我喜欢的封面。为了《民主转型与巩固的问题》的封面，我甚至委托波兰熟人维科托·萨多夫斯基（Wiktor Sadowski）制作了一幅海报，他在团结工会反抗运动时期创作了一些出色的政治海报（Linz and Stepan 1996）。至于《威权巴西》，在我看了好几个月的艺术品后，我发现一幅西班牙艺术家胡安·赫诺维斯（Juan Genovés）的画，抓住了巴西局面中的冲突、紧张、不确定性和推动力，我很喜欢。两个非常粗大的箭头向下，代表国家的力量，只有三个人的影子冲着箭头跑。对我来说，这是一个充满希望的信号，因为人们在奔跑，象征着人们在反抗国家，而不是被国家压垮。这个封面具有高度的政治意义，因为这本书是在巴西军政权最黑暗的时期出版的，我们想知道是否有其他出路。

秘鲁的国家与社会

问：《国家与社会：比较视角下的秘鲁》于1978年出版。您为什么从研究巴西转到秘鲁?

答：当时我没有选择在巴西工作，因为我的第一本书《政治中的军队》遭到了审查。巴西人尊重我的工作，但他们不会让我轻易地到处走动。对于我的巴西朋友们来说，我也是个危险因素。

问：由于关注了国家的自主性和能力与社会力量的关系，《国家与社会》被视为对于旨在"把国家带回来"的社会科学研究工作做了早期的、关键的贡献（Evans, Rueschemeyer, and Skocpol 1985; Stepan 1985）。您对国家理论的兴趣是如何发展起来的？

答：作为哥伦比亚大学的研究生，后来又成为耶鲁大学的教授，我对许多文献中和正在进行的研究项目之中国家因素的普遍缺失感到震惊。不仅是多元主义，马克思主义也把国家排除在其分析之外。我们在研究生院读过的一些最重要的书是大卫·杜鲁门（Truman 1951）、加布里埃尔·阿尔蒙德和西德尼·维巴（Almond and Verba 1963）以及阿瑟·本特利（Bentley 1908）的著作，我不禁要问："他们在说什么？"这些著作中几乎没有任何国家，都在讲利益集团。本特利认为国家本质上是一台"收银机"，根据社会需求中性地进行记录和发放现金，这是最极端的版本。但我已经知道，国家通过抑制某些需求，积极地塑造了社会。甚至在我还是研究生的时候，我就觉得多元主义的研究路径很奇怪。

问：为什么多元主义的研究路径看起来很奇怪？是什么使您转而关注国家塑造社会力量和需求的能力？

答：在我还是读多元论者著作的研究生时，我在巴西的许多朋友受到了审查，甚至被威权政权逮捕。因此，我与一个利益集团活动明显被国家扭曲了的世界联系在一起。此外，回想20世纪30、40年代巴西的瓦加斯政权，我知道那时政府创建了某些工会，同时又封闭了另一些工会。后来，

1975年当我第一次见到卢拉[13]*时，这位伟大的巴西工会领袖说，他实际上认为，作为一个官方认可的工会，他们从政府那里接受律师、牙医、医生服务和度假设施是不对的。这的确是不对的，因为他知道这些特权是要付出代价的：官方工会只有在国家宣布罢工合法的情况下才可以号召罢工。他认为，工会成员将不得不学会在没有这些特殊福利的情况下生活，以换取更大的自主性。此外，尽管20世纪70年代受马克思主义影响的大部分依附论文献给人的印象是，外国公司、跨国公司掌控着一切，但我知道，巴西最大的25家公司中，有20家实际上是国有的。国家虽然难得自主，但却在组织制约着利益集团、社会运动和经济。

我还意识到，一条植根于罗马法的重要思想路线赋予了国家比普通法传统中大得多的特权。在《国家与社会》中，我把这称为"有机国家论"（organic-statist）传统，因为它把国家比喻成一个有头脑和身体的有机体。自从我在圣母大学读书时接触到天主教社会思想以来，我一直在阅读有机体论思想家的著作——圣奥古斯丁、圣托马斯·阿奎那。这些思想家强调国家在整合与塑造社会以减少冲突方面的作用。我不喜欢这种看法，但我敏锐地意识到它的存在和影响。在20世纪60、70年代，瓦加斯和拉丁美洲的许多军政权，包括秘鲁的在内，一直在使用有机隐喻。

问：为什么秘鲁看起来是探讨您感兴趣的国家作用问题的合适个案？

答：我之所以选择秘鲁，是因为那是一个重要的实验——接受新专业主义的军队（我在《威权巴西》中写到过这个话题）试图运用国家的力量来改造社会。秘鲁军政权进行了当时最大胆的一些社会实验。因此，秘鲁

---

　　[13]　卢拉是指路易斯·伊纳西奥·卢拉·达席尔瓦（Luiz Inácio Lula da Silva），2002年当选巴西总统。

　　* 卢拉是巴西历史上首位通过选举取得政权的左派总统。2003年1月1日就职，2006年在总统选举第二轮投票中胜出成功连任，至2010年12月31日卸任。2015年4月，卢拉卷入巴西石油公司贪腐案，后于2016年9月被正式起诉。2017年7月12日，卢拉被判定受贿罪名成立，入狱9年6个月，但法官批准保释等候上诉。2018年1月24日，卢拉上诉被驳回，刑期增至12年1个月。2018年4月7日晚，卢拉从圣保罗出发前往库里奇巴，正式向警方自首。在2018年巴西总统选举中，劳工党坚持提名正在狱中服刑的卢拉作为总统候选人，但巴西高等选举法院于2018年9月初裁定卢拉没有参选资格。——译者注

似乎是解决以下问题的一个很好的个案：自上而下进行改革需要什么样的国家能力？一个国家能做什么，不能做什么？我试图记录并解释国家在不同政策领域实现其目标的能力上的差异。

问：从巴西转到秘鲁，在一个您以前没有做过研究的新国家进行实地调查，是否有困难？

答：秘鲁并不完全陌生，因为我在为《经济学人》工作时就写过关于它的文章。我去过那里几次。尽管如此，我对秘鲁的喜爱从未像对巴西那样强烈，可能是因为我深深珍视在巴西结识的众多同事，包括出色的记者。在秘鲁，同事的圈子更小。此外，在巴西，精彩的档案对我开放。秘鲁没有这种非正式结构。因此，我的大部分研究都是在棚户区*和甘蔗种植园进行的实地调查。我花了很多时间在棚户区试图弄清楚这个问题——你如何组织那些没有组织的人？

问：您在巴西的实地调查主要集中在精英阶层，主要是军官。相比之下，您在秘鲁的实地调查主要针对的是非精英人群，主要是城市棚户区居民和农村工人。您如何对非精英人士进行采访？

答：和工人们面谈并不难。他们喜欢聊天，但他们只会一起聊天。他们不希望选个头儿单独和我谈话，因为他们不一定信任他。我们通常会搞一个小组座谈，他们就会一直说下去。我得注意自己喝了什么，因为别人总是给我上酒精饮料。

他们怀疑政府，也怀疑我。但他们知道我去过其他的甘蔗种植园，他们想聊聊其他地方的工人是怎么干的。对棚户区的居民来说，如果他们听说过其他国家的土地冲突，他们就想知道我是否了解这些事情。总是有交

---

*本书中本章斯捷潘和第15章科尔利尔的访谈中都有涉及 squatter settlements 的内容，squatter 指的是擅自占用建筑物或空地的人，严格来说 squatter settlements 是说以非法方式占用土地，并通过私搭乱盖形成的定居点（往往是在市郊），它不同于城市里的贫民窟（slum），简便起见，本书中将此译作"棚户区"。当然，这个概念以及其所指向的现象与中国内地语境中的城市老旧"棚户区"不大一样。更合适的译法或许是"寮屋"，但似乎又距离中国内地的日常使用习惯太远，故未采用。——译者注

换的。

我喜欢做那种研究,尤其是在种植园里。种植园本身就是一个完整的社区。每个地方的斗争都不一样。我能运用"罗生门"的技巧,在相同的现实里,在不同的有利位置之间旋转,说不一样的话。[14] 我会和中央政府的人交谈,看看他们在试图组织谁,以及他们认为会发生什么。然后我会和工人们交谈,看看他们觉得从政府那儿得到什么支持或没有得到什么支持,以及他们认为会发生什么。在几年之间,我重返过大部分大种植园三、四次,第一次和第二次的区别、第三次和第四次的区别是很吸引人的。当工人们看到我再来的时候,他们会说:"还记得上次我们说过会发生这种事吗?嗯,发生的是,嗡,嗡,嗡……"

问:《国家与社会》反响如何?

答:比起我写的别的书,很多社会科学家都更喜欢那本书。尽管如此,由于该书关注的是秘鲁,而不是像巴西或智利,这本书的影响可能比它本可以产生的影响要小得多。此外,普林斯顿大学出版社的编辑桑迪·撒切尔(Sandy Thatcher)本来想把这本书的上半部分(其中我提出了自己的国家理论观点)和下半部分(展示对秘鲁的经验分析)分别单独出版成书。我并未同意,因为我认为把一般性的理论论点嵌入到经验背景中是非常重要的,而且不少比较学者也像我这样想。从某个方面来说,我对这个决定也可能感到遗憾,因为那样的话可能会有更多的人读到理论部分,但我理解自己为什么选择这个立场。

《民主政权的崩溃》

问:1978 年,也就是《国家与社会》出版的同一年,您与胡安·林茨合编了一本很有影响力的合作文集《民主政权的崩溃》。[15] 能谈谈这个项目的缘起和目的吗?

---

[14] 这里指的是日本导演黑泽明的杰作《罗生门》,电影表现了几个不同的讲述者从各自不同的视角描述同一个中心故事,但彼此说法各异。

[15] 参见本书第 6 章中林茨对这个项目的看法。

答：它产生于某种感觉，也就是说我们经历过民主的多次崩溃。林茨20世纪20年代出生于德国，30年代移居西班牙。因此，民主崩溃问题是他人生中一个重要部分。就我而言，在1964年的军事政变期间我在巴西。因此，我们都目睹过民主政权的崩溃。从20世纪60年代中期开始，我们开始谈论各自不同的经历。我说的是巴西，胡安说的是德国。在这段时间里，胡安在做一场关于卡尔·迪特里希·布拉赫（Karl Dietrich Bracher）写的有关魏玛共和国垮台的书（Bracher 1955）的讲座，他认为这本书绝对是一本重要的著作，确实如此。

总体上《民主政权的崩溃》的比较论证有两方面。首先，我们提出了大量文件档案，表明在我们研究的12个个案中，民主崩溃并非不可避免。其二，在每一个个案中，我们展示了丰富的文件档案用以表明，民主政权在任者，他们每个人原本都应该保卫民主，但却以各种方式助长了民主的崩溃，他们对法律举棋不定或干脆违法，他们在使用合法的强制力量对抗反民主的团体上患得患失，他们甚至应允这些团体成员穿着制服走上街头——没有哪个民主国家应该允许这类事情。当时已有的许多关于民主崩溃的研究文献都聚焦于反民主的各种反对派（军队、法西斯分子、纳粹）推翻民主的实力，这就产生了一种结果不可避免的感觉。但是，正如我在《政治中的军队》（Stepan 1971）中所展示的那样，在巴西民主崩溃期间，有大量文官、平民精英与军方串通一气，其结果绝不是不可避免的。林茨和我试图将这些另类要素——民主政权当权者的作用和结果的非不可避免性——引入对民主政权崩溃的分析之中。我们聚集了一群一流的学者从不同的角度来解决这个错综复杂的难题，包括秘鲁的胡里奥·科特勒、阿根廷的吉列尔莫·奥唐纳尔、芬兰的埃里克·阿拉德、德国的M. 莱纳·雷普修斯（M. Rainer Lepsius）、意大利的帕欧罗·法内蒂（Paolo Farneti），并且，1973年在智利发生民主崩溃时，我们的项目才做到一半，智利的阿图罗·瓦伦祖拉也参与进来。

我们出版这本书有困难，因为手稿长达1200页。我们首先把它提交给耶鲁大学出版社。出版社收到了两三篇非常好的评论意见，告诉我们他们想出版，但是篇幅太长了，问我们是否可以大幅缩短。于是，我找到了约翰斯·霍普金斯大学出版社的亨利·汤姆，他想出了一个富有想象力的、节省成本的主意，将四本平装本装订成一本精装本，精装本在不同的地方有四张首页。四分之一多个世纪后，全部四本平装本仍在重印。

民主化和民主研究

问：20世纪80年代和90年代，您的工作重点是民主化。您早期关于这个议题的出版物之一是您在奥唐纳尔、施密特和怀特海德主编的《从威权统治转型》（O'Donnell, Schmitter, and Whitehead 1986）一书中发表的章节"通往再民主化的道路"（Stepan 1986）。能谈谈您对那个合作项目的贡献吗？[16]

答：我最初为那本书写的是另一篇论文，集中讨论威权政权下民主反对派的任务。这是一篇相当"达尔式"的文章，因为它对威权政权下——如果他们想要完全转型为民主政体的话——民主反对派必须解决的所有关键问题进行了抽象分析。参与奥唐纳尔、施密特和怀特海德项目的一些学者来自威权政权仍然掌权的国家，他们非常不喜欢我的文章，争辩说如果他们试图执行我讨论的所有任务，就会被监禁。这本书的编辑们从未说过他们不会发表我的文章，但我有一种感觉，他们想让我做点别的事情。我认为这是一篇很好的文章，我后来在《民主学报》上发表了，但它可能不够有活力，也不够适合关于转型的那本书的语境（Stepan 1990）。我另写的那篇文章是关于路径依赖的，它着眼于不同类型的威权政权如何为随后的民主化进程设置大背景（Stepan 1986）。因为我相信赫希曼所言的"可能主义"，我不认为路径依赖可以解释一切，或者你必须永远承受历史的重压。然而，路径依赖确实塑造了大背景。我特别感兴趣的是在什么情况下，在旧政权下犯下暴行的人会被绳之以法。如果军队是由那些推翻高级军官的下级军官们掌控的，并且之后又使自己陷入严重的困境，例如战争的失败，那么这些军官可能会被继任的文官政权迅速审判。在希腊和阿根廷就发生了这种情况，那里的上校们推翻了将军们，然后输掉了一场国际战争。相

---

[16] 参见本书第9、10章奥唐纳尔和施密特对这个项目的看法。

比之下，如果军队相对较高程度地被社会精英们和一些重要的政党接受，并没有被迫交出权力，那么军官们可以安排规则，在这种情况下他们就可能体面离开，并很难被事后追究。1989年的智利就是一例。

问：1988年，您发表了《反思军人政治》（Stepan 1988a）。那本书里您的目标是什么？

答：那本书中的一个核心观点是，新兴民主国家的文官们必须决定如何管理和控制自己的强制机关。不管你喜不喜欢，民主不可能不靠强制机关而独存，否则公民就会被杀害而不受惩罚，权利就会不断受到侵害。因此，如果你把民主当回事，你就必须创建一个管用的国家（a usable state），而管用的国家需要强制机关。尽管如此，我在民主文献中找不到一篇像样的文章探讨文官应该如何控制强制机关，尤其是控制情报部门和警察。

我的第一本书（Stepan 1971）表明，导致文官统治崩溃的真正因素之一不仅是军队，而且是政治社会和市民社会未能认真对待强制机关的民主治理任务。在《反思军人政治》中，我认为，文官必须创建自己的关注军事问题的学校和智库，他们需要对军事预算和武器有丰富的了解。他们必须设计部队的结构，发展和控制参与规则，文官应将对强制机关的控制内化到对民主的考量之中。

问：1996年您与胡安·林茨合著的《民主转型与巩固的问题》一书涵盖了世界上3个地区13个国家。[17] 这个雄心勃勃的比较项目缘起于何？

答：在林茨和我1977年完成的《民主政权的崩溃》序言倒数第二段，我们写道："为进一步沿着这些思路工作下去，首先应当分析导致威权政权崩溃的条件，分析从威权到民主政权转型的过程，特别是威权之后民主制度巩固的政治动力"（Linz and Siepan 1978, xii）。我们刚写完那段话，我就跟林茨说："您知道这意味着什么。这件事得提上我们的议程了。我们必须就此写本书。"第一步，我们开设并共同教授了一门关于民主转型问题

---

[17] 参见本书第6章林茨对该项目的看法。

的课程，那门课可能是这个问题上的首批课程之一。

问：但《民主转型与巩固的问题》直到1996年才出版，是在民主崩溃那本书出版18年之后了。为什么花了这么长时间？

答：有些问题需要十年或二十年的积淀。直到今天，胡安还认为我们太赶时间了。而且，我们都在写别的东西。在两本书之间，我还写了《反思军人政治》，以及《把国家带回来》和《从威权统治转型》中我的章节，还有我与辛迪·斯卡奇（Cindy Skach）合著的《世界政治》上那篇关于议会制与总统制争论的文章，并且编辑了《民主化巴西》（Stepan 1985, 1986, 1988a, 1989; Stepan and Skach 1993）。世界上也发生了一些大事，对民主化研究文献产生了巨大影响，比如柏林墙的倒塌。我和胡安是耶鲁大学的同事，也是非常要好的朋友，我们的住处就相距5英里。但在我们俩写这两本书之间，我于1983年搬到了哥伦比亚大学，然后1992年到中欧大学，1996年又搬到了牛津大学。因此，我们不能一直持续地写我们的书。我们在世界上许多国家碰过面。我们尝试着接受同一会议的邀请，这样我们就可以在同一时间出现在同一地点。如果胡安在巴黎，我在匈牙利，胡安会来匈牙利，或者我会去巴黎，我们会一块儿工作大约三天。

问：您认为《民主转型与巩固的问题》的主要贡献是什么？

答：民主离不开"管用的国家"这个想法是核心概念，关于"政治社会"的想法也是。我在《反思军人政治》一书中使用过"政治社会"的概念，以此来引起人们对政治行动、选举体制、政党以及与市民社会不同的一系列事物的关注。市民社会——教会、妇女团体、农民组织——一直是民主化研究文献中的名流，但政治社会却没有被理论化。民主离不开政治社会。我们对多民族社会为民主所提出的特殊的理论和政治问题的关注，以及我们对于通过阐述后极权主义和苏丹制的概念来分析非民主政权的类型所做的改进也至关重要。

问：对本书的批评之一是，它的解释是专设的（ad hoc），因为引入了新的变量来解释特定个案，或者在不同的个案中强调不同的变量。最终，这本书对每一个个案都给出了独特的解释，这使得它成为一部分析历史的著作，而不是社会科学。您如何回应这种批评？

答：事实上，我们在每个个案中都讨论了我们的每一个变量，但如果"国家特性"不是核心要素，就像在葡萄牙那样，我们会很快说出来。在国家特性起到至关重要作用的地方，例如在苏联和西班牙，它就受到了极大的注意。罗马尼亚是唯一一把我们所设定的"苏丹制"和"极权主义"的变量结合起来的国家，因此，从理论的角度来说，这种独特的结合是如何使民主化任务显得与众不同的，值得特别加以分析。承认历史的特殊性并非不科学。当然，这本书本可以更严谨些。我接受这种批评，并承认这种研究方式可能造成的影响。但这件事也会有机会成本。我们俩都是资深学者，分析了3个不同地理文化区域的13个国家，许多人认为这是不可能完成的任务。社会科学是一项集体事业，不同的人做出不同的贡献，这些贡献既能够被其他人运用，也建立在前人贡献基础上。我们的实际目标是提请大家注意并仔细阐述民主化国家面临的主要困境和难题。这本书已经被翻译成十几种语言，包括印度尼西亚语、中文，以及伊朗改革派的私下译本。因此，林茨和我希望，在众多不同的政治背景下，数以百计的学者和活跃分子能以此为基础，进一步改进我们的研究工作。

问：您在过去25年间参与了3项已发表的有关政体变革的重要研究：您和林茨合作的关于民主政权崩溃的书（Linz and Stepan 1978），奥唐纳尔、施密特与怀特海德合编的从威权主义转型的书（O'Donnell, Schmitter, and Whiehead 1986），以及最近的这本您和林茨的合著（Linz and Stepan 1996）。您认为这三本著作之间有什么联系？

答：关于民主崩溃的林茨-斯捷潘这本和关于威权转型的奥唐纳尔、施密特与怀特海德这本在今天看来可能比它们刚出版时更相似。奥唐纳尔、施密特与怀特海德项目的一些参与者认为，关于民主崩溃的林茨-斯捷潘这本过于唯意志论了，没有给予结构性力量足够的权重。讽刺的是，如今这正是对奥唐纳尔、施密特与怀特海德的转型书的批评意见。

至于转型书和第二本林茨与斯捷潘合作的《民主转型与巩固的问题》之间的关系，我们的书写于20世纪90年代，当然，世界已经不一样了。奥唐纳尔、施密特与怀特海德的书仅仅只讨论了南欧和拉美，因为共产主义欧洲的转型在1986年该书出版时还未发生。我们的书包括了后共产主义的欧洲，这意味着我们必须讨论不同类型的此前非民主政权。在转型书中分析的南欧和拉美的个案，只适用于林茨和我在书中使用的四类非民主政体之中的一种：威权主义。这些个案都并非极权的、后极权的或苏丹式的。由于我们这本书涉及的地理范围更广，我们不得不讨论一系列不同类型的非民主政体。此外，在奥唐纳尔、施密特与怀特海德的著作中，除了几页关于西班牙的内容外，在拉美和南欧的个案中并没有真正讨论过国家特性和多民族主义（multinationalism）的问题。尽管西班牙是书里讨论的个案之一，但我们——我之所以说"我们"，是因为我也是其中一员——并没有谈论多民族主义给民主带来的那些当时尚未被理论化的问题。因此，《民主转型与巩固的问题》的第二章题目写成了"国家特性、民族主义与民主化"。

当前研究：联邦制与"双重宽容"

问：自从《民主转型与巩固的问题》出版以来，您和林茨一直在从事另一个关于联邦制的大项目。[18] 乍一看，联邦制的话题似乎比您和林茨在此前工作中谈到的民主化等问题要狭隘。联邦制话题让您兴奋的地方是什么？

答：首先，生活在现代世界的民主国家之中的绝大多数人都生活在联邦制下。此外，由于基于美国经验的这一解释模式处于霸权地位，比较政治领域许多人对联邦制的理解也出现了偏差。联邦制是威廉·赖克讨论的核心问题，他是过去40年里被引用最多的政治学家之一。赖克认为，每一个联邦体制都是在高度自治、甚至政治独立的群体之间，就汇集主权讨价

---

[18] 迄今为止，与本项目有关的许多出版物包括：Stepan, Linz, and Yadav (forthcoming)。另见 Stepan (1998, 1999, 2001a, 2004, 2005)。林茨所写的另一些与该项目相关的著作参见本书第6章。

还价而形成的。林茨和我把这种模式称为"走到一起"的联邦制，美国、瑞士和澳大利亚就是这样形成的。但这些都只是"走到一起"联邦制的纯净例子，最近的一个例子，澳大利亚，它的形成也发生在一百多年前了。从那时起，另一些国家——西班牙、比利时和印度——则通过一种完全不同的、我们称之为"拴在一块"的联邦制的路线成为联邦国家。这些国家在法律上或事实上是单一制国家，但又难以拴在一块，因为它们在其国土上有不止一个政治上觉醒的民族集团。他们能够和平地、民主地共同生活的唯一方法是下放权力，以便使国家拴在一块。这种"拴在一块"的联邦形成风格与"走到一起"的形式正好相反，因为它不是由政治上高度自治的人民让出权力而产生的，而是由单一制国家的人民将权力下放给联邦。

这种差异的后果是巨大的。拥有高度自治权的政治单位决定在联邦中"走到一起"，它们只汇集必要的主权。这意味着，比方说，他们可能会保留有关通过综合性的囊括全政治体范围（polity-wide）社会福利立法的权利，因为他们想在自己的管辖权范围内这么做，或者他们可能需要多重否决点（multiple veto points）以便限制联邦政府的权力。于是三个典型的"走到一起"的联邦，美国、瑞士、澳大利亚，都有三个或四个制度性否决点，除了一个强有力的下议院外，还有一个强有力的上议院，以及强有力的次国家司法管辖权——在美国对社会政策施加大量的控制，在瑞士和澳大利亚对全国范围的全民公决加以控制。所有经典的"走到一起"的联邦都有三到四个否决者，这是它们在历时悠久的民主国家中（从所有各类指标来看）不平等程度最高的原因之一。瑞士，尤其是美国，对不平等有着很高的容忍度，这种容忍度源自建立联邦之初创造了这些制度性否决点的讨价还价。相比之下，奥地利只有一个选举产生的否决者，而西班牙、比利时和德国只有两个（Stepan 2004）。

"拴在一块"的联邦制道路是不同的，因为它导致了一个不对称的联邦，其组成政治单位并不都拥有相同的权利。例如，魁北克在法语和天主教上拥有特殊的语言和宗教权利。相比之下，"走到一起"的道路会导致一个对称的联邦，它的每个单位都有完全相同的权利和特权，就像各州在美国参议院中拥有相同数量的代表一样。今天世界上所有存在不止一个觉醒民族的民主国家——加拿大、西班牙、比利时和印度——都是不对称的联邦国家。

为什么这些事都很重要？它涉及在竞争性选举政治开始时，一个国土上存在一个以上政治上觉醒的民族的国家如何实现民主和避免内战的问题。以斯里兰卡和缅甸为例，毫无疑问，如果这些国家要成为和平的民主国家，就必须采用联邦制。此外，它们注定是不对称联邦。在斯里兰卡负责和平谈判的那个人曾在牛津大学当过一年的研究员，他听说过我讲的不对称的联邦制是在一个多民族社会中有助于创建和平的民主的仅有途径之一。他问我们是否可以花一天时间四处走走，讨论一下有助于实现斯里兰卡和平的宪制设计。他对我说："斯里兰卡是一个单一制国家。但你讲的是不对称的联邦制。这到底意味着什么？有哪些例子？"我说："西班牙就是个例子。比利时也是个例子。"并且把这些个案解释给他听。他已经派他的人去过美国和德国考察对称的联邦制，我告诉他应该把他们派去比利时和西班牙考察不对称的联邦制。这样，他们就会明白为什么一个单一制的国家应该为了和平及拧成一个政治体而向下分权。

与此相似，我了解到，反对缅甸军政府的人正被兜售一种对称联邦制的美国式宪法的理念，给予每个单位在强有力的上议院同等的代表权。结果，他们起草了一部我所见过的最糟糕、最危险的宪法。在缅甸，大约90%的校官来自缅族。缅族大约占缅甸全国人口的60%。根据反对派起草的宪法，缅族只能在参议院获得11%的席位，而且和美国一样，参议院的权力被设计成与下议院一样大。这意味着，只占人口2%的少数民族群体将拥有与占人口60%的缅族相同的代表水平。另外，那时将不会有国家军队，但是每个邦都可以有自己的军队。对称的联邦制在缅甸永远行不通（Reynolds et al. 2001）。

让我再举一个例子，说明为什么可供政治行动者选择的联邦模式菜单是重要的。最近，我在闭路电视上被整个菲律宾参议院问及联邦制是否可行。有位与会者说："我们是单一制国家。这意味着，除非每个地区先获得独立，否则我们不可能建立一套联邦体制。然后我们可以要求他们通过汇集主权重新加入联邦。但让菲律宾的每一个地区都获得独立不是很危险吗？"1998年苏哈托倒台后，林茨和我受邀前往印度尼西亚，在与印尼军队总参谋部的一次会议上，我也被问到了同样的事情。他们错误地以为"走到一起"的美国模式是组成联邦的唯一途径，他们正照那样操作。

我们面临的一个大问题是，什么样的政体和宪制安排能够有助于不同民族和平共处？林茨和我都相信，"每个民族都应该是一个国家、每个国家都应该是一个民族"的观点是政治上最有害的观点之一，因为在许多国家都存在着不止一个政治上觉醒的、有自己的国族意识的群体。如果你致力于法国式的"民族-国家"的理念，这意味着从根本上其中某一个民族的语言、文化和象征较之于其他民族具有优先地位。在一个政治上稳固的多民族社会，你如何能做到这一点？如果一个国家的绝大多数人同享一种文化和语言，那么一个民族-国家就可以是民主和包容的，也就是说，民主建设和国族建设可以是相互加强的逻辑。但是，当一个国家有两三个聚居的民族群体时，民主建设和国族建设是相互冲突的逻辑。你如何解决这个难题？首先要承认的是，人们可以有多重的以及互补的身份认同。事实上，所有的联邦体制都是在多重身份认同和双重忠诚的基础上运作的，因为联邦中的公民必然牵涉到中央和地方政府这两个不同的主权者。因此，林茨和我提出了"国家-民族"（与"民族-国家"相反）的概念，作为一种考虑公民可以具有独特的民族身份认同，但仍认同和忠于全政治体范围的国家这一情形的方式。

问：除了历史个案研究和比较之外，您关于联邦制的项目还大量借重了问卷调查研究。能谈谈您是如何运用问卷调查，以及为什么您认为这个工具对研究联邦制是有成效的吗？

答：问卷调查是探索互补的和多重的身份认同可能性的一种特别合适的方法。林茨和/或我积极在西班牙、印度和斯里兰卡协助设计高质量的问卷调查。不幸的是，很多问卷调查中的问题都只作了两分法的回应结果。例如，一项问卷调查会问："你是加泰罗尼亚人还是西班牙人？"然而，更好的提问方式是给出五个选项：（1）你只是加泰罗尼亚人吗？（2）比起西班牙人，你更是加泰罗尼亚人吗？（3）你既是加泰罗尼亚人也是西班牙人,两者一样重要吗?(4)比起加泰罗尼亚人,你更是西班牙人吗?(5)你只是西班牙人吗?我们从西班牙的几十项提出了这样问题的调查中得到了数据,最常见的回答是"既是加泰罗尼亚人也是西班牙人,二者一样重要"。这是一个非常重要的发现,因为大多数讨论民族主义的作者认为,人们应该对身份认同作出选择。正是社会科学家将多重身份认同看作类似重婚的一种形式。但是很多人并不喜欢作这些选择,他们也不一定要作这些选择。如果你是克罗地亚人,和塞尔维亚人结婚了,你的孩子既算克罗地亚人也算塞尔维亚人,你最不想干的就是你不得不在这些身份认同中作出选择。社会科学需要努力理解人们如何处理多重身份认同,尤其是民主政府如何能够接受甚至培育多重的和互补的身份认同。

问:您完成联邦制项目后的研究计划是什么?

答:林茨和我可能还没有纠缠完美国的联邦制和不平等。比较学者必须越来越多地研究美国这个经典的不平等现象的离群值,并将其更系统地纳入我们的研究之中。不过我的下一个项目是关于有组织的宗教在政治中的作用问题的。目前社会科学的重点之一是研究宗教原教旨主义。事实上,美国国家科学院已经资助了一个关于原教旨主义的重大项目。但我们不应该只研究原教旨主义。每个世界性宗教,包括伊斯兰教,都有多种声音。应该记录和分析同一宗教占主导地位的不同国家的各种政权形态。例如,我和格雷姆·罗伯逊(Graeme Robertson)指出,目前生活在非阿拉伯、穆斯林占多数的政治体中的穆斯林,大约有50%生活在目前具有选举竞争的体制中,这是民主的必要条件,但并非充分条件。与此形成鲜明对比的是,从1973年到2003年,阿拉伯穆斯林占多数的国家中,这一数字为零(Stepan with Robertson 2003;Stepan and Robertson 2004)。很明显,伊斯兰教这个共同变量无法解释这种差异。每一个主要宗教,包括伊斯兰教,都包含许多非民主政权可以用来为自己辩护的元素,但也包含一些可能用于建立代议制民主的元素。作为政教分离的替代原则,我们实际上需要我称之为"双重宽容"的原则:宗教领袖必须给民选领导人足够的空间去完成民主的任务,而民主领导人必须给宗教团体足够的私人崇拜空间、参与市民社会,以及只要不侵犯别人的权利就可以组织政党(Stepan 2000, 2001b)。我们需要宗教团体容忍民主,也需要民选领导人宽容宗教。这两重宽容必须在政治上加以精心设计和构建。

许多人认为,教会和国家的严格分离是民主的必要条件。事实上,在民主世界中,除了法国以外,几乎没有任何地方存在这种严格的分离,甚至法国在1958年之后,这种分离也变得不那么严格了。六个欧盟国家*——丹麦、芬兰、希腊、英格兰、苏格兰,以及直到最近还包括瑞典——都有官方建制的教会。挪威不是欧盟成员国,但也有一个建制教会。德国仍然征收教会税。法国在1905年通过了一项将教会和国家严格分离的法律,但法国政府在1958年之后开始拨款支持天主教教会学校,因为他们认为每个公民都应该接受良好的教育。到1961年,法国政府教育总预算的20%都流向了天主教私立学校。我上次看到自己兜里的美钞上面写着"我们信仰上帝"。所以,我们不应该告诉世界上所有不民主的国家,要实现民主他们就需要政教彻底分离,因为世界上任何一个长期存在的民主国家其实都不如此。与其聚焦于政教分离,或宗教原教旨主义,我们不如关注我所说的"双重宽容"。

宗教和民主之间的关系可以说是我们这个时代最紧迫的问题。但是,如果说有一件事是现代社会科学甚至比民主国家如何管理强制机关更不想研究的话,那就是民主国家中宗教的各种不同模式。

问:如何解释这种对宗教与民主关系的忽视?

答:现代化理论的预设是会发生自发的世俗化。显然,这看来是一个错误的预设。我们应该知道它是错的,因为从历史上看,数百年的宗教战争的出路通常不是自发的世俗化,而是国家条约或复杂的政治和解,比如印度的世俗主义形式,其中包括国家对宗教的广泛支持,但因为采取了"平等尊重"和"平等距离"的原则从而又是世俗的。而且,在某些情况

---

* 英格兰和苏格兰作为"联合王国"的组成部分在英文表述上都是"country",但不是"state",不过在中文语境中表述起来就有些麻烦了。——译者注

下，学院中人害怕谈论宗教和政治。在许多大学里，很少或根本没有开设系统地考察世界性宗教在民主之中的作用的比较政治课程。由于这种忽视，我们没有太多的范畴来处理这个话题，而且我们已有的一些范畴经常在经验上有误导性。

研究历程

科学

问：您认为自己是科学家吗？

答： 许多同仁认为科学提供了类似规律的普适规则。事实上，大多数自然科学家的工作都是概率性的。社会科学家通常秉持的"科学是普适的和精确的"观点实际上会使大多数自然科学家感到不安。此外，我们应该对社会世界的可预测性抱有比物质世界更低的期望值。分子不能说话，也没有记忆，而人类可以思考和记忆过去行为的后果，在某种程度上，他们可以学习。这意味着，仅仅因为某件事已经连续发生了100次，你也不一定能把它变成一个社会科学规律，因为如果人类认为这是一个悲惨的结果，并能想出办法来改变它，那么结果就能改变。我对这种不可预测性感到很自在。事实上，在《民主转型与巩固的问题》中，林茨和我明确地说，我们并不期望我们的许多观察在100年内还是正确的，因为公民、参与和身份认同的概念会随着时间而改变（Linz and Stepan 1996, xvii–xviii）。1830年在法国以民族-国家的名义强加的东西，如果今天在许多地方企图重演，将会引起骚乱。这并不意味着你不能对因果关系做出强有力的概率性陈述，但社会科学的知识从根本上是依赖处境的（context-dependent）。

访谈

问：您的研究经常用对关键政治人物的访谈作为主要的洞察力来源。成功采访的秘诀是什么？

答： 每一次对重要政治人物的良好访谈都是基于交换的，除非双方对这件事都有兴趣，否则这种交换是不会持久的。这意味着在你采访之前需要知道很多东西，这样被采访的人才会觉得这些时间花得值得。采访高层人士实际上比大多数政治学家想象的要容易得多。政客们永远不会对自己的生活故事感到厌倦。如果我说："你参与了历史性事件，我要就这件事请教很多人。你能从你的立场告诉我发生了什么吗？"这通常是两小时谈话的开始，不管他们有多忙。如果他们足够感兴趣，他们会再谈一次，通常是在家里，他们可能会走到保险柜前说："你知道的，如果你真的想了解这件事，你最好读一下这些文件，因为它们会告诉你到底发生了什么。"几乎所有参与了1964年政变的巴西将军都有记录他们角色的信件，他们给我看了这些文件。此外，访谈不仅是了解他们观点的一种方式，而且会打开一个网络。在我告辞的时候，我会问："我还应该和谁谈谈？"他们经常会说出六个人的名字，其中四个人我可能不会有兴趣，但有两个人是我一直渴望与之交谈的。所以，我会进一步说："参议员，将军，你能给我介绍一下吗？或者你能帮我打个电话吗？"许多人会立刻打电话。他们会说："我这里有个年轻人。他很认真，他在这里要待上……"我总是说："很久。"然后他们会问："你能见见他吗？"电话那头的人几乎从来没有说过不。

我喜欢对一个故事的正反两面进行一系列的采访。这很重要，我很喜欢这样。

了解一个国家

问：有时候大家说最好的比较学者会非常了解某一个个案。对巴西的了解在您的职业生涯中扮演了什么角色？

答：我经常重返巴西。坦率地说，当在另一个国家的一个项目没有取得明智成果时，我甚至会回巴西一趟。20世纪80年代中期，我花了两年时间研究古巴基层民众参与的一个项目，直到我最终意识到，在菲德尔·卡斯特罗领导下，永远不会有任何真正意义上的民众参与。此外，我没有采访到我想要的级别的人。所以，我说："拉倒吧。"我感觉很糟糕，我妻子说："艾尔，每次你去巴西，你都很享受，也学到了一些东西。你认识费尔南多·恩里克·卡多佐,你和卢拉聊过,你和将军们聊过。你为什么不回去看看重新民主化的全过程呢?"我去了巴西,然后,砰!我写了《反思军人政治》（Stepan 1988a）,并编了《威权巴西》的姊妹篇,名为《民主化的巴西》（Stepan 1989）。回到巴西让我充满活力,帮助我调整到一个全新的研究阶段。

问:您持续追踪巴西的最新情况吗?

答:当我认为有特别重要的事情发生时,我会定期阅读两位巴西最好的政治观察家关于巴西政治的线上每日电讯和每周时事通讯。我像阅读体育版新闻一样读它们,因为巴西的政治如此有趣。这通常是我早上醒来后看的第一份东西。虽然我在哥伦比亚大学的春季学期只用教两门课,但我总是教三门,因为第三门是专门讲巴西的一学分课程。这很容易做到,因为这门课有很多客座讲者,我们总是和他们一起出去吃上三个钟头的饭。如果你在一个国家有"基地",不管怎样,都有办法保持联系。

在过去六年里,印度是我最关注的地方。部分是因为印度也用英语,部分是因为媒体很棒,部分是因为我知道那里很多不一样的同仁被要求帮忙为一项针对 27000 名受访者的问卷调查设计问题,这是迄今世界上最大的、基于普查的社会科学问卷调查项目之一,还有部分原因是当今印度太多的利害关系涉及宗教,特别是宗教原教旨主义和多民族主义。我也喜欢寺庙和清真寺的建筑。这是一个迷人的地方。

问:随着我们在事业和生活上的进步,个人和职业责任的积累往往会让我们更难把时间花在实地。在您的职业生涯中,您是怎么跟进实地调查的?

答:我仍旧经常坐飞机去遥远的国度。我把这件事放在首位。此外,我跟所有我的"无形学院"成员之间往来电子邮件也让这一切变得更容易,在哥伦比亚大学、耶鲁大学、中欧大学（CEU）或牛津大学等地也一样,因为人们会经过并来拜访。即使你不是去某一个特定的国家旅行,那个国家的人也可能带着一组关键的问题来拜访你,相互讨论。例如,负责斯里兰卡和平谈判的人来到牛津，把他的简报发给我，然后我去了斯里兰卡。这种互动关系非常奇妙。

实地调查不仅仅发生在实地。有时我觉得我最好的一些实地调查工作是在自己家里吃晚饭的时候完成的，当有人来访时，我们就有时间聊上4个钟头。

阅读

问：阅读在你的研究中扮演什么角色？

答：一旦我遇到个问题，我通常会发现世界上有来自四五个学科的那么五六个人，被广泛认为在这个问题上做着非常重要的工作，我会去读他们的研究成果。如果我认为这项研究做得很好，跟我的研究很有关联，不管怎样我都会和那人谈谈。我寄给他们一些我写的东西，不知不觉中，我们之中的一位邀请了另一位去做报告。我不只是看书而已。

我有很多朋友和同事，他们是哲学家、经济学家、历史学家、社会学家和人类学家。我拜读他们的大作，我们交换文件并进行辩论。一般来说，当我界定了一个令我感兴趣的问题，我就会去任何我想去的地方寻找答案。如果这意味着我必须学习国际法、中世纪历史或人类学，那么这就是我要做的。很多人说："我们组织一个跨学科小组吧。"那对我没有多大意义。然而，让五个正好做同一个问题的人聚在一起，而他们恰好来自不同的学科，这让我非常兴奋。但是，正如阿尔伯特·赫希曼曾说过的："最好的跨学科工作是在一个脑壳下完成的。"

问：您读过很多政治和社会理论著作吗？

答：最近我一直在阅读政治哲学家的著作，像查尔斯·泰勒、塞拉·本哈比（Seyla Benhabib）、阿玛蒂亚·森、约翰·罗尔斯和约瑟夫·拉兹的著作，数量很多，因为我的研究兴趣更多地聚焦在多民族主义和民主之间的冲突或民主和宗教之间的冲突上，我需要考虑个人权利和集体承认之间的关系。当一群人被剥夺了使用他们的语言的权利，无论是爱沙尼亚的俄罗斯人，土耳其的库尔德人，还是西班牙的加泰罗尼亚人，他们为了能够用他们的语言表达自己的利益而进行斗争，这常常被归结为集体权利。对于主张集体权利，一种主要的反对意见植根于自由主义。所以，我一直在阅读和思考政治自由主义。

写作

问：您很少以同行评审的期刊文章形式发表您的研究。您为什么喜欢用出书和发表书中章节的方式写东西？

答：同行评审论文是一种非常重要的学术发表形式，我非常仔细地阅读《世界政治》和《比较政治》等专业期刊，偶尔在《世界政治》《民主学报》《政府与反对派》等期刊上发表同行评审论文。但是你说的基本上对，在我自己的研究中，我经常得处理很多国家并产生全新类型的信息，有时，尤其是当我和林茨合作的时候，我最终写成了一篇80页的论文，还没到一本书的篇幅，但作为一篇文章发表又太长了。我不建议我的学生尝试以这种方式确立职业地位，但我确实相信，一件好著作，无论它是如何产生的，一旦开始流传，就会被人阅读。哪十篇文章对我们的生活影响最大？许多文章可能是来自一些奇怪的地方。有些书虽然流传甚广，而且非常重要，但可能从来没有出版过，因为有些东西还不够坚实。无形学院靠这类著作的流传而繁荣。

以林茨关于总统制的论文为例。它的一小部分首先作为我们关于民主政权崩溃的书的附记发表（Linz 1978, 71-74）。后来，它成了一篇"隐遁的"文章，但在大约16年的时间里，它一直在慢慢地变化，直到最后，阿图罗·瓦伦祖拉在乔治敦大学组织了一场关于总统制政权的会议，邀请人们批评和评论林茨关于总统制的论文。他们问林茨："顺便问一下，您发表过这篇论文吗？有什么是我们可以用的吗？"于是，林茨终于发表了这篇文章（Linz 1994）。

在某种意义上，林茨反对完成任何事情。他很高兴能持续做一个项目。他不想弄完《民主转型与巩固的问题》（Linz and Stepan 1996），因为他想再增加几个国家，并用更多的时间来处理这些问题。他问我："你每次来我家，我们花上三四天时间来修改这本书，你觉得这本书越来越好了吗？"

我说："当然。"然后他问："当我们写这本书的时候，你觉得有趣吗？"我说："当然。"最后，他说："虽然我们还没有出版这本书，但你认为我们的研究成果是否已经流传开了，是否在某些方面有用？"我回答说："是的，不知怎么的，它在传播，甚至被翻译了。"然后他说："那么，为什么要把它弄完呢？"

合作

问：过去35年里，您与胡安·林茨的合作是现代社会科学中最持久、最成功的合作之一。您能谈谈这种合作是如何进行的吗？

答：首先，我们是好朋友。如果我们在同一个国家，即使我们没有一起做任何具体的工作，我们也可能会每周打两三通电话。我们对一系列问题都有共同的兴趣，我们可能会互相打电话说："不要错过这篇文章，"或者，"我刚拿到这篇论文，用邮件发给你了，"或者，"你对新闻里的这件事有什么看法？"

我们见面时，通常在胡安和他的妻子罗西奥（Rocío）的家里工作，我们通常在第一天快中午的时候开始工作，凌晨3点结束。我们开始谈论世界上正在发生的事情和其他各种各样的事情，然后我们吃一顿很晚的午餐，然后开始工作。第二天我们早上8点左右起床，一起吃早饭，然后工作一整天。如果是三天的碰面，我们会工作到那天夜里2点。

问：你们最好的点子什么时候出现？
答：通常在午夜到凌晨3点之间。

问：为什么？
答：到那时候，我们已经谈了很多事情，还从胡安的家庭图书馆、耶鲁图书馆和我随身携带的成箱的资料中找到了很多书。我们对历史背景非常感兴趣，所以我们在一堆书中搜寻对某一事件的准确参考资料。我们对人口普查很感兴趣，所以我们可能需要找出1930、1940和1950年的人口普查。我们一直在搜寻历史地图。我们经常给世界上某个地方的同仁打电话，也许是想看看我们一直在做的一项问卷调查是否正在推进。如果可能的话，我们可以提出一个新的调查问题，这个问题现在对我们来说似乎是探索共同问题的更好方法。参考资料一个引出另一个，然后，突然间，在我们已经谈论了地图、人口普查、问卷调查、相互竞争的历史几个小时之后，我们说："我们需要换个角度考虑这个问题。"然后我们会非常兴奋，立马沿着这个想法冲进去。我们真的很喜欢这个过程，但它需要很长时间来仔细斟酌。到凌晨3点，我们可能有多达50本书、文章、手稿或调查报告摊在地板上，因为我们都读过它们，就把它们扔在那里，这样我们以后就可以查阅它们。书太多了，我们都踩在上面了。有时，也许当午夜过后我们坐在地板上看地图或历史普查时，林茨会看过来并微笑着说："你知道，他们得为我们这样做付报酬。"

问：你们会在会面期间写作吗？

答：我们几乎从不在会面期间写初稿，但是我们经常重写会面后写的东西。我做笔记，有时胡安会口述一些东西让他的秘书或研究助理稍后打字整理，这样我们就可以一起看了。最近，我们开始改变我们的做法。我们有一个研究助理，一位正在完成他博士论文的研究生，他把听起来有趣的东西敲进电脑，然后给我们看。这是全新的工作方式。

这是一个缓慢的进程，我们并不介意。民主崩溃项目始于20世纪60年代中期，当时胡安已经处理了德国和西班牙的个案，我正试图解释巴西民主的崩溃。1970年我们在保加利亚瓦尔纳召开的国际政治科学协会（IPSA）会议期间组织了一次会议，1975年在耶鲁大学组织了一次会议。你可以说这个项目从1965年做到1978年（Linz and Stepan 1978）。但在这整个期间，我们重新思考了经典个案，民主崩溃的新个案正在发生，我们还在研究其他事情。

问：您和林茨之间有明确的分工吗？例如，您来挖掘个案？

答：这听起来有点奇怪，如果我们换一种方式处理，效率可能会更高，但我们都不允许对方对某一特定个案负全责。显然，胡安更熟悉德国、西班牙和意大利的材料，而我更熟悉巴西、印度和后共产主义国家的材料。不过，我们都想让自己的想法跟上对方的观点。胡安现在读了很多关于印度的书，我和我的一个德国研究生一起研究是什么机制使得德国联邦制减少了不平等，而美国联邦制却诱致了不平等。胡安目前对德国的兴趣更多地集中在19世纪以及为什么联邦制出现在德国而没有出现在意大利的问题上。我们在撰写《民主转型与巩固的问题》（Linz and Stepan 1996）的时候，胡安对西班牙和葡萄牙了解得更多，但我曾去这两个国家教过书。我对巴西、智利和阿根廷有更多的了解，但胡安也去过这些国家。我想他没去过乌拉圭，但我们一起在耶鲁指导过路易斯·冈萨雷斯（Luis González 1991）和查尔斯·吉莱斯皮（Charles Gillespie 1991）写乌拉圭的博士论文。我访问过我们分析的每一个后共产主义国家，我和胡安谈了我了解到的东西。他会很快读完我写的关于这些个案的任何东西，然后问我一些很难回答的问题。而且，如果我们对比方说11个国家感兴趣，那么我们就都在教学中涵盖了所有11个国家，这意味着我们不可避免地会有一些学生做其中一些个案的研究。林茨和我总是在学期第一节课后互相打电话，看看学生们来自哪个国家。大约在某个地方实现从威权主义转型的五年之前，那个国家的学生就会开始出现在我们的课堂上。20世纪80年代中期，林茨兴奋地给我打电话，说："我有两个韩国人。"我说："我这儿有一个。"五年前还没有韩国人敢上我们的课，因为韩国在美国大学里有情报人员。但是有些事情已经变了。类似的情况也发生在匈牙利人、波兰人以及之后的印度尼西亚人身上。这些学生中有许多人已经知道我们的工作，而且他们已考虑过它如何可能与他们的国家有关联。

问：从您的个人著作来判断，您和林茨的文体很不一样。你们如何调和这些差异呢？

答：我们俩的文体完全不同。胡安觉得200个单词的句子很舒服，而我觉得连续5句8个单词的句子更舒服，因为这就是我为《经济学人》写东西的做法。我们不能有一本一半是林茨风格、一半是斯捷潘风格的书，所以我们要打造一种共同的文体。这需要一段时间。我妻子南希是我的秘密伙伴。在我们的整个婚姻生活中,我们总是反复阅读对方写的每篇东西。她在解决林茨-斯捷潘的一些写作问题上特别有帮助。当我和胡安写了15到20页的时候,胡安经常会大声地读出来,如果我写了什么让他不舒服的东西,他会问我,"我们为什么要说这些?"当你在我们的一本书中看到从西美尔那里借来的"附记"(excursus)这个词时,它意味着林茨-斯捷潘系统暂时崩溃了。在我们的一些书中,我们有些附记放在最后,它们总是聚焦于一些大多数学者可能认为无关宏旨的东西,但我们最终决定那是一段关键的题外话。

问:当今社会科学领域的大量合作都是远距离的,主要通过电子邮件和电话进行。您和林茨之间面对面的交流有多重要?

答:这非常重要,部分原因是我们可以在一起找到文件和参考资料,这种事打电话是不可能的。我应该补充一点,胡安的防守意识非常强。他不使用电子邮件,他的电话甚至没有答录机!若我们有两三天的会面时,就有时间去跑图书馆。如果我们在研究宪法,关注序言里说了什么,我们可能想读18部宪法,看看是否他们一开头就说"我们人民……",或说"主权共和国由下述州组成……"因此,我们会去图书馆获取关于宪法的材料。或者,如果我们在讨论公民投票和全民公决的影响,我们会去耶鲁图书馆找到所有关于瑞士全民公决、澳大利亚全民公决等等的相关材料。我们不可能在电话里那样做。但如果我们有三天的互动会面时间,允许我们去图书馆休息一下,我们就可以追踪这些线索。此外,在我们对南亚四国的问卷调查中,最好的问题出现在我在胡安家与约根德拉·亚达夫(Yogendra Yadav)一起工作的四天时间里,这是个集体交流、完善改进和彻底重组的过程。我与约根德拉的电子邮件交流从来没有像这样富有创造性和乐趣。

参与公共事务

问:能谈谈规范性价值观在您工作中的角色吗?

答:我的价值观总是与我要研究什么的决定有关。我一直选择研究影响到很多人的问题。我从来不理解社会科学应该是价值中立的这一论调。韦伯谈到了"不愿面对的事实"（inconvenient facts），指的是你发现的对你的立场地位而言不愿面对的事实（Weber 1946a, 147）。社会科学家当然有绝对的义务报告这些不愿面对的事实。然而，韦伯另外也认为，你应该只研究那些值得研究的问题，而且你应该带着激情和热忱去研究（Weber 1946a, 135）。如果你不允许自己的价值观来影响你决定什么是重要的、该研究的，你就很难找到一个自己热切关心的问题。

问：在您职业生涯中，您一直在为政治人物提供咨询建议。从参与公共事务之中您得到了什么？为什么要做这些？

答：我对通常华盛顿意义上的政策分析不感兴趣。我经常受邀以顾问的身份参与政治，我也曾被几任总统的行政班底试探过，让我去国家安全委员会任职。但从长远来看，我并不认为华盛顿是个足够有趣的城市。这儿公司云集，众多智库太过于把与政府接近当作紧急要务，就连许多大学共同体也是如此。

比起为行政当局工作，我始终对自己想做的事情更感兴趣。另一方面，如果人们头脑中有个固定模式，他们认为这个模式在规范意义上是正确的、是历史的天然组成部分，但我却认为这个模式在世界上造成了问题，那么我就觉得有必要写下来。这就是为什么林茨和我如此关注于挑战每个民族都应当是一个国家、每个国家都应该是同一民族的观点。每当我觉得自己有分析的优势，认为我也可以学到一些东西，并做出有用的贡献时，置身于复杂局面之中也在所不惜。从这个意义上讲，我的实地调查工作和政治参与相互促进。我并非联邦参议员，也不在国务院工作，但如果我对某个特定公共问题有些想法因而能有所贡献，我愿意去做，就像我在人权问题上经常做的那样。

比如，当我读到1980年智利宪法时，我对自己说，"皮诺切特引入了'断头台时刻'。"宪法规定皮诺切特将担任八年总统，然后由宪兵、空军、陆军和海军这四位总司令一致选择一个名字。这个提名将是唯一提交给国家的提名，而要当选总统，候选人需要拿到50.1%的选票。人权组织"美洲观察"（Americas Watch）想知道这次选举能否公平，甚至是否可能由反对派赢得选举。因为我从1964年起就在智利进进出出，我觉得我有可能与军方领导层和民主反对派对话，我想我能提供一些东西。因此，当我作为美洲观察特派团的负责人抵达圣地亚哥时，我开始努力采访空军和宪兵的负责人，我认为他们对皮诺切特的支持心情矛盾。我知道，在作为政府的军队和作为机构的军队之间挑拨离间，对于成功地转型为民主至关重要。我提出的问题恰好触及了这一区别。我问空军司令："对你们国家和空军来说，哪样更糟糕？是你提名的候选人赢得了选举，但在国内和国际上对投票的正当性产生了极大的怀疑更糟，还是你提名的候选人输了更糟？"在另一次访谈中，我向宪兵司令提出了同样的问题。他们两人都立即回应说，让候选人在存疑的情况下获胜更危险。然后我说："选举是件复杂的事情，你会创造新的规则，还是会沿用智利传统的选举规则？"他们回答说："我们会用传统的规则。"然后我问："有多少人登记了？你认为有多少人会去投票？"他们说："75—80%的人。"然后我告诉他们："嗯，有个问题，阿连德被推翻后，所有的登记名单都被烧毁了，所以只有大约20%的人真正登记了。剩下的人登记需要多长时间？"他们说这需要六个月的时间。我说："如果你想要正当性，那么也许在所有人都有机会登记之前，你不应该选择候选人。"他们同意了。你知道吗？在六个月的时间里，两人都没有参与选择一名候选人的投票，直到智利公民有机会做选民登记。

接下来的关键是与里卡多·拉各斯（Ricardo Lagos）这样的反对派领袖进行对话，他在犹豫自己要不要参加选举。[19] 拉各斯问："威权政权什么时候会倒台？"实际上，我的回答是："他们经常倒台，因为他们犯了错。他们刚刚在乌拉圭倒台了，他们在菲律宾倒台了，他们在中国台湾地区和韩国也正处于倒台过程中。'断头台时刻'至关重要。皮诺切特只会探出头一次，就只一秒钟。你必须恰在那一刻把它砍掉。所以，登记选民，让他们准备好投票，但如果你认为选举是欺诈，就不要投票。"所以，这就是那种我觉得自己可以做出贡献的场面（Stepan 1988b）。

---

〔19〕 2000年里卡多·拉各斯当选智利总统。

我再举一个例子。我决定接受邀请，去同缅甸少数民族的领导人会谈，其中一些人是缅甸少数民族分离主义武装的政治军事领导人，因为正如我前面提到的，我担心他们被不合时宜地兜售美国式宪制。我告诉他们："让我们从那些以民主政体终结的军政府国家开始瞧瞧。我要讲10个案例，这样我们才能考虑在你们这样一个由军队统治的国家搞民主化的问题。"我隐藏的目的是让他们明白，世界上没有哪个国家能像缅甸那样，从一个反对派力量单薄、军方放弃权力的理由少得可怜的情况出发，成功地实现了民主化的。当他们明白这一点时，我试图告诉他们，像他们在宪法草案中提出那样，让缅族从占60%的人口、主导军队和国家政治机构的局面出发，变成他们只能得到11%的参议院席位、不再掌握国家军队，这是异想天开。缅族军人有很强的诱因不去接受这个条件。两天后，反对派领导人就开始讨论一个不对称的联邦体制是否或许是对他们的需求而言更合适的回应了（Reynolds et al. 2001）。

有时，在进行有关于宪法的重大辩论时，我应询提供意见。在乌克兰，我讨论过总统令权力以及西班牙对多民族主义的非民族-国家式反应。在印度，印度人民党[20]希望复审宪法，从议会制转向总统制。参与讨论的一群朋友邀请我，作为一个写过关于总统制和议会制之争（Stepan and Skach 1993）的局外人，同议会工作委员会讨论这些问题，并做一次大型公开演讲。我想讨论二三十个国家的证据会很有用。我还想提请他们注意这样一个事实，即在印度之前，世界上没有一个民主国家在执政联盟中有超过8个政党的。现在，印度的执政联盟中有23个政党，其中许多是基于种族和地域的。我提出了一个问题：在总统制下，你将如何处理如此庞大的23党联盟？现在存在一些在议会制下结成和维持执政联盟的激励措施，但任期固定的总统制下通常不存在这些激励。

我接受的另一项有益的邀请是前往伊朗，受邀在改革派组织的关于"文明对话"的半公开论坛上发言。在我抵达后，很明显内政部的政府官员想和我私下谈谈。这听起来可能有些威胁，因为通常情况下，威权政府

---

[20] Bharatiya Janata Party，BJP。

中内政部的人都是强硬派。但在伊朗，当时是双头制（diarchy），民选的非原教旨主义者和非民选的原教旨主义毛拉之间存在分歧，内政部实际上是对民主转型感兴趣的亲民主集团的关键权力基础。他们希望我仔细研究伊朗宪法，看看它为推动民主改革提供了什么可能性，因为当时他们控制着总统职位和议会。当我意识到他们想要什么时，我同意了。

问：您差点竞选国会议员是真的吗？

答：是的。我一直认为公职是项光荣而重要的事业。一个好总统和一个坏总统之间的区别对这个国家的生活质量有巨大影响。所以，是的，我确实考虑过竞选公职。

1979年，我正从耶鲁大学休假，在牛津大学与斯蒂芬·卢克斯（Stephen Lukes）*和莱谢克·科拉科夫斯基（Leszek Kolakowski）一起参加一个关于社会主义理论与实践各种话题的研讨会。期间我接到一通芝加哥打来的电话。他们说："我知道这听起来很奇怪，但是我们当中有群人希望你出来竞选国会议员。阿布纳·米克瓦（Abner Mikva）刚刚被任命为联邦法官，并辞去了第10选区的众议员席位。他是民主党人，在过去四次选举中获胜，但都仅以微弱优势取胜。很快就要举行补选来接替他，我们找不到任何候选人。所以，我们决定提名你作候选人。你能来和我们谈谈吗？"我没立马答应，先去谈了谈，看看这到底是怎么一回事。

当我到芝加哥时，我说："你们在想什么？我根本没有地方根基，我会搞砸的，你们也会搞砸的。"他们说："你在这个选区上的高中？"我说："是的。"然后他们问："你在这个选区有多少亲朋好友？"我说："至少30位。"然后他们说："有多少人会为你举办筹款聚会？"我说："他们都是一家人。如果我拜托的话，他们所有人都会这么做，即使是那些共和党人。""嗯，"他们说："共和党人可能希望你是一个没根基的角色（carpet bagger），但是任何一个能在一周内和他的亲戚们组织30场筹款聚会的人都不是没根基的人。"然后我说："我已经很多年没住在这里了。"他们立即回答道：

---

* 原文如此，似应为史蒂文·卢克斯。——译者注

"我们不把在大学的人算成不在家。你在大学工作。"最后,我说:"见鬼,到底是怎么回事?"他们回答说:"嗯,艾尔,我们大概是美国最完美的'1/3,1/3,1/3'选区。""那是什么意思?"我问。"我们有三分之一是天主教徒,"他们说。我告诉他们:"我不是最正统的或最积极的天主教徒。"他们说:"没关系。你上过洛约拉高中(Loyola Academy)和圣母大学。这意味着你会得到天主教徒的支持。"然后我问,"另外三分之一是谁?"他们说:"WASP。"*"我不是WASP,"我告诉他们。他们回答说:"你在耶鲁教书。"然后我问:"最后三分之一是谁?"他们说:"是犹太人。"我说:"什么?我不是犹太人。"他们告诉我:"没错,但你是知识分子。"

竞选活动必须立即开始,而且看起来很有吸引力,因为如果我在1979年赢得第一次选举,在1980年赢得第二次选举,联邦参议院的一个席位将在1982年开放。伊利诺伊州联邦参议员查尔斯·珀西(Charles Percy)对我说:"我希望你赢不了。但不管发生什么,我都要下台了。"

问:您为什么决定不选下去?

答:有可能成为联邦参议员的前景非常有趣,但后来我开始考虑在短时间内需要筹集多少资金。我有一些杰出的支持者,他们本可以提供帮助,但我仍不得不在几周内自行筹集大量资金。很明显,最简单的办法之一就是诉诸芝加哥各族裔社区特别关注的"热点"外交政策问题。但我花了大半辈子的时间,在几乎所有这些外交政策问题上形成了某种更加微妙的立场,我很怀疑在一个非常短的竞选活动中,这种立场是否能够胜出。而且,我的妻子嫁给了我——阿尔弗雷德·斯捷潘——我个人,如果我们去了芝加哥,她就得嫁给芝加哥的政界了。那样蹦得太远了。尽管如此,有时我还是为没有对这次挑战和机遇做出反应而感到内疚。亚里士多德说过,只有神或野兽才不必生活在城邦中。我们并没有生活在一个运转良好的城邦之中。

---

* WASP(White Anglo-Saxon Protestants),白人盎格鲁-撒克逊新教徒。——译者注

同事和机构联系

耶鲁大学

问：您的第一份学术工作是在耶鲁大学，1970年您加入了政治学系。当时，耶鲁大学的政治学项目可能是全国领先的，有罗伯特·达尔和查尔斯·林德布洛姆这样的大人物。在耶鲁当助理教授是什么感觉？

答：气氛非常好。在耶鲁的13年里，我从未见过一场恶战，也很少听到有人背后中伤。有这样能给人以支持的氛围，鲍勃·达尔功不可没。达尔不只是写多元主义，他的行为也是多元的，他是位非常温和、迷人的同事。没人理解他和艾德·林德布洛姆怎么会有这么好的同事关系。林德布洛姆对沉默有着惊人的忍耐力，这让一些人感到不安。他会问一个非常难的问题，然后保持沉默。达尔是世界上最善良、最容易相处的人，但我们都尊敬的艾德却对他保持着威胁般的沉默。

耶鲁有一群很好的拉丁美洲学者：西德尼·明茨（Sidney Mintz），一位研究加勒比地区的伟大的人类学家；理查德·摩尔斯（Richard Morse），一位非常有趣和聪明的巴西研究专家，他在历史系；以及美国最好的两位研究拉丁美洲的经济学家，卡洛斯·迪亚斯-亚历杭德罗（Carlos Díaz-Alejandro），古巴裔经济史学家，写过关于阿根廷的杰作，还有阿尔伯特·菲什洛（Albert Fishlow），他也是巴西研究专家。到耶鲁大学6个月后，我受邀出任耶鲁大学拉丁美洲研究理事会主任，尽管政治学系的每个人都告诉我这是一个糟糕的举动，因为我还没有取得终身教职，行政职责会妨碍我自己的研究工作。我之所以决定接下这活儿，部分原因是我对其他大学的拉美研究中心进行了快速考察，得出结论认为，尽管耶鲁拥有充足的智力资源和图书馆，但它是表现最差的研究单位之一。当我成为主任时，理事会只有16000美元的预算，但当我离职时，它已经有了60万美元的预算。这些资源意味着我能够为大学、为我自己、为耶鲁的学生、为我来自拉丁美洲的同事们开列令人兴奋的研究项目。这是一个极端高压的军政权在乌拉圭、阿根廷和智利掌权的时期，耶鲁成为一些逃离这些国家的学者们的临时基地。而且，我在耶鲁大学的许多政治学同仁对拉丁美洲也产生了浓厚的兴趣。那时候我们政治系有五个人能说或能读西班牙语或葡萄牙语。鲍勃·达尔曾在智利待过一段时间；大卫·阿普特之所以学会了西班牙语，是因为他被阿连德的经历深深吸引，去过智利和阿根廷；约瑟夫·拉帕隆帕拉在我在耶鲁大学期间学习葡萄牙语，因为他对像彼得·埃文斯（Peter Evans）那样研究跨国公司、国有企业和民族资产阶级的"三方同盟"感兴趣（Evans 1979）；胡安·林茨当然会说西班牙语；吉列尔莫·奥唐纳尔虽然正式身份是学生，却是一位有能耐的知识分子和政治人物。每当有来自拉丁美洲的来访者，白天都会有一场讲座，而到了晚上，几乎所有的人，包括客人、阿普特、林茨、理查德·摩尔斯，以及所有的研究生，都会聚到我家，一起喝酒、聊天。

哥伦比亚大学

问：1983年您离开耶鲁大学，出任哥伦比亚大学国际与公共事务学院（SIPA）院长。为什么？您担任院长期间最突出的成就是什么？

答：我离开耶鲁的根本原因是，我妻子出版了她的第二本很受欢迎的关于科学和医学史的书，而纽黑文的确缺乏足够多的机会。我们决定让大城市的同仁们知道，我们是可以搬家的，不一定要去同一所大学，但要在同一个城市。有几所大学对此感兴趣，我们决定选哥伦比亚大学。

在哥伦比亚大学，我谈成了一份工作，我将继续授课，同时担任院长。如果你不教学生，你怎么能管理学校？当你教书的时候，学生们也就必须和你辩论，把你当成一个比单纯的院长更为复杂的人。我还争取到了每周20个小时的研究资助，我打算协助设立大笔研究经费搞资助，修改课程，把著名的政治人物请到哥伦比亚，并亲自操办一些大型会议，所有这些我都做到了。SIPA给了我一个让乔治·索罗斯（George Soros）更接近哥伦比亚大学的基础，他还帮助我们把一系列重要的中欧学术异见人士带到哥伦比亚大学。我和法学院合作开发了一个关于人权的联合培养项目，和新闻学院合作开发了一个联合培养项目。我的朋友，来自芝加哥的聪明、温和的杰伊·普利兹克（Jay Pritzker）[21]，同意出任我们的董事会主席，但条件是我每年得带他出去逛一圈找乐子，于是在他和我一块旅行时，我们跟菲德尔·卡斯特罗一对一地谈过6个钟头，在河内跟武元甲将军[22]一对一见过面，以及在格但斯克跟莱赫·瓦文萨（Lech Walesa）胡乱地见过几面。

中欧大学

问：1993年，您出任设在布拉格、布达佩斯和华沙的中欧大学（CEU）首任校长（rector and president）*。这个机会是怎么出现的，为什么您决定去当校长？

答：我从哥伦比亚大学的院长职位上卸任后，美国几所正在找校长人选的重要大学的校董们试探过我的意向。当过院长又是美国人文与科学院院士的人不算多，所以这让我有机会成为大学校长人选。我没有追求这方面发展的可能性，因为我知道那将意味着我作为一个实地比较学者的生涯彻底终结。我在巴拉圭接到匈牙利政治哲学家亚诺什·基什（János Kis）**的电话，他也是一个主要政党的主席，他说："艾尔，我们终于准备好在中欧创建那一所大学了，你从1991年起就和我们一起推动这件事，我们希望你考虑出任我们的创始校长。"我觉得，在柏林墙倒塌之后，有机会帮助发起成立CEU是一项重要挑战。我还感到，我的背景和所受的训练让我

---

[21] 普利兹克是一位亿万富翁慈善家，创立了凯悦连锁酒店。

[22] 越南将军武元甲是胡志明政治领导下的越南游击队的军事领导人。他后来在越南战争期间指挥越南民主共和国军队抵抗美国。

* 欧洲大陆高校校长传统上用Rector的头衔，英国和英联邦高校中常用Chancellor作为高校最高职位，但一般是礼仪性的，所以通常译为"校监"，而实际领导学校的校长是Vice-chancellor，仅偶见英国高校中用Rector作为"校监"意义上的礼仪性头衔。美国高校校长的职位通常称President。由于中欧大学是在美国注册但实际在匈牙利办学，从1993年正式设立校长一职起正式称谓就是President and Rector。本书原文用了rector and president的写法，似不准确。——译者注

** 此处是按照西方国家常见的名在前姓在后的顺序拼写，按照匈牙利正常姓名顺序应为基什·亚诺什（Kis János 1943- ）。基什是匈牙利自由民主主义者联盟（SzDSz）的创立者之一和首任党首（1990—1991），但于2002年退出。匈牙利自由民主主义者联盟主要支持者是中产阶级、自由派知识分子和企业家，曾在1994—2008年与匈牙利社会党组成执政联盟，但2008年退出联合政府后，党内产生分裂并于2009年欧洲议会选举与2010年匈牙利议会选举接连失利，已于2013年正式解散。——译者注

能够胜任这一职务，而这所特别的大学校长职务完全符合我的愿望，即继续当一个对民主化有浓厚兴趣的、以实地为基础的比较学者。所以，我去找了乔治·索罗斯，他资助了这个项目。我们谈了大约18个小时，除了在他位于汉普顿的家中轮流地短暂睡上一觉外，没有任何干扰。这是一次有趣的讨论，但并不容易。乔治才华横溢，他是我们这个时代最有创造力的慈善家之一，但他讨厌机构制度，讨厌长期承诺，也不喜欢"知识"这个词，因为他认为它太静态了。我说："乔治，即使你不喜欢，如果我们谈论的是建立一所新大学，那么我们谈论的是机构制度、长期的承诺和知识。你不能指望这比共同对抗皮诺切特更有趣。"〔23〕最终，我们达成了一个框架协议，我将在一段短暂且有限的时间里担任校长，以便创办这所大学。

问：后苏联时代的中欧对于启动这一机制性倡议来说肯定是一个复杂的环境。您面临的主要挑战是什么？

答：在后共产主义欧洲，现有大学面临的一个主要难题是，在像政治经济学和政治哲学这样一些领域，由谁来担任教授。在旧的共产主义体制下，政治学要么根本不教，因为它不可信，要么，如果教它，任何在这个领域有大学岗位的人都属于"罗名制"（nomenklatura）〔24〕*干部。因此，中欧现有的大学面临着我所说的"净化还是僵化"的两难境地。试图在民主所需的关键领域清除现有大学教授，将意味着回到1948年共产党在布拉格上台前的原点。但保留他们意味着"僵化"。唯一有创意的选择是尝试创办一所新的私立大学。但是，由于布拉格和布达佩斯的私立大学仍然是半非法的，而且我们的学位还没有得到承认，我们决定采取争取国际承认

---

〔23〕斯捷潘曾邀请索罗斯加入人权组织"美洲观察"，索罗斯答应了，并且是1988年美洲观察特派团前往智利参加导致皮诺切特将军下台的总统公民投票的主要赞助者。

〔24〕"罗名制"干部指的是共产党员或由共产党批准任命的精英阶层。

*原注"罗名制"（Номенклатура）在俄语中的原意是指职务系列，或职务一览表。具体是指其人选由上级任命的职位名称表，作为集合名词，也可以指上级任命的干部。在中国国内也译为"干部职务名称表制度"、"干部花名册"、"职官名录制"。考虑到该词有特定的语境，本处按其音译为"罗名制"。本处原书的注释是在西方语境下的解读，几乎等同于干部身份，与该词的原意有差别。——译者注

的策略。我们最终获得了英国、荷兰的承认协议和纽约州立大学评议委员会的特许执照，七个系可以授予硕士学位，而由厄内斯特·盖尔纳（Ernest Gellner，他出生在波西米亚*）领导的民族主义项目，则被承认可以授予博士学位。但让我们为认可做好准备很困难，中欧大学的一些教师从未使用过教学大纲，因为他们曾在持不同政见的地下大学任教，但是没有教学大纲是不可能获得认可的。当我向同事们要教学大纲时，一个人写信给我，怒气冲冲地说，即使在斯大林主义盛行时期，也没有哪个校长能像我这样妨碍他的思想自由。

问：行政工作与学术经常被视为零和关系。参与创建中欧大学在智识上给您的回报是什么？

答：行政工作对学术的影响取决于你多卖力，以及你在做什么类型的行政工作。在6年的时间里，我从一个刚拿到博士学位的人变成了耶鲁大学的正教授，但除了最初的6个月和后来我离开前的那段时间，我一直在运营机构，这给了我一个去做很多我作为一个学者想做的事情的基地。中欧大学是最好的基地，智识上回报巨大。我在布达佩斯和布拉格的许多同事都参加了反对旧政权的反抗运动，我能和他们详细地交流。由于我经常在后共产主义欧洲各地旅行，探索在俄罗斯等其他国家开办中欧大学分支机构的可能性，我也遇到了各式各样不同程度上卷入民主化进程的人。我开始关注民主化研究文献未能解决的一系列问题，尤其是民族主义问题。就像我之前说的，在奥唐纳尔、施密特和怀特海德（1986）那本有关从威权统治转型的书的前三卷里，没有讨论民族主义的单独一章，这是一大疏忽，我和其他作者一样难辞其咎，因为我也是项目的贡献者之一。如果不考虑民族主义，如何能考量后共产主义欧洲的民主扩张呢？

在中欧大学的智识亮点之一，是有机会与当代最伟大的民族主义学者

---

* 原文如此，但此信息不确切，盖尔纳的父母均为波西米亚犹太人，但他1925年12月9日出生于法国巴黎，之后才回到布拉格成长和念书，直到1939年举家离开捷克斯洛伐克迁居英国。——译者注

厄内斯特·盖尔纳（Gellner 1983）互动。[25] 我支持盖尔纳创建一个关于民族主义的、小型的博士和博士后项目的努力。我们很快就有了一个活跃的民族主义研究中心，本尼迪克特·安德森和罗杰斯·布鲁贝克（Rogers Brubaker）等民族主义领域的顶尖学者担任访问教授。我告诉厄内斯特："我最近读了您所有的著作——好吧，不是全部，因为数量很大——但所有与民族主义有关的东西都读了，而且，据我所知，您没有写过任何有关民主的东西，是吗？正如您所知，我写的是民主化，但从未写过民族主义。您和我，作为中欧大学的领导人，需要搞清楚什么样的民主能够与什么样的民族主义相适应。"他立即表示赞成，并建议我们在布达佩斯和布拉格联合举办一系列关于民族主义和民主的公开讲座。我先讲民族主义，然后他再讲民主。理想状况下，我们应该把我们的讲座放在一起，写出一个共同的结论，写成一本小书。我为这个前景感到着迷。盖尔纳听了我的这个系列讲座，每次他不喜欢我讲的东西时，就会坐在前面用手杖敲地板。学生们吓坏了，认为我和盖尔纳一定是死对头。但他和我总是在讲座结束后去餐馆碰头，聊上几个小时。可惜的是，盖尔纳还没来得及开讲就去世了。*

中欧大学是个非常令人兴奋的地方。事实上，《民主转型与巩固的问题》（Linz and Stepan 1996）中篇幅最大的关于后共产主义欧洲的部分，是我在担任校长期间写的。我正在进行的关于多民族社会和民主的研究工作，很大一部分也源于我对众多后共产主义国家面临的问题的初步思考。

问：除了盖尔纳，您还和哪些同事交流过？

答：罗兹洛·布鲁斯特（László Bruszt），匈牙利著名的社会学家，当时正在和大卫·斯塔克（David Stark）合作撰写有关东欧资本主义"资产重组"理论的重要著作（Stark and Bruszt 1998），他成了我的副校长及思想上和私人关系上都很亲密的朋友。我与亚诺什·基什的交流也很重要，因为他

---

[25] 关于斯捷潘对盖尔纳民族主义理论的思考，参见 Stepan（1998）。

* 厄内斯特·盖尔纳于 1995 年 11 月 5 日在布拉格去世。——译者注

那会儿在思考如何创建影响个人和集体权利的新型政治体制，而且他还是一个政党的领袖。波兰杰出的宪法学家维克托·奥夏滕斯基（Wiktor Osiatynski），他与斯蒂芬·霍尔姆斯（Stephen Holmes）和乔恩·埃尔斯特（Jon Elster）一起，在中欧大学和芝加哥大学法学院的合作支持下创办了《东欧宪法评论》。奥夏滕斯基是位妙人，每逢他路过纽约，南希和我都喜欢同他聊聊。我与巴黎政治学院的皮埃尔·哈斯奈（Pierre Hassner）共同教授了一门课，后来成为中欧大学首批实验性课程之一。我同雅克·鲁普尼克（Jacques Rupnik）讨论了捷克市民社会问题的特殊性，与亚历山大·斯莫拉（Aleksander Smolar）讨论了波兰政治社会问题的特殊性。斯莫拉现在是《民主学报》编委会的同事。来自世界各地的许多非常有趣的人来这里待上几个星期或几个月帮助我们开展工作，包括史蒂文·卢克斯、安妮·菲利普斯（Anne Phillips）、珍·科恩（Jean Cohen）、安德鲁·阿拉托（Andrew Arato）、威尔·金利卡（Will Kymlika）、约翰·霍尔（John Hall）、本尼迪克特·安德森、罗杰斯·布鲁贝克和许多其他人。布罗尼斯瓦夫·热列梅克（Bronislaw Geremek）是位来自波兰的世界级中世纪史学家，团结工会主要领导人之一，也是一位了不起的人物，总是令人兴奋地谈论各式各样的思想和政治议题。当我最终说服乔治·索罗斯，他和我都需要一个校董会时，热列梅克和拉尔夫·达伦多夫（Ralf Dahrendorf）成为中欧大学的创始校董。与瓦茨拉夫·哈维尔（Václav Havel）在布拉格的总统府讨论中欧大学的未来和民主问题无疑是一大亮点。当然，乔治·索罗斯参加了我们的许多会议，这是整段经历中很重要的一部分。

问：中欧大学的学生怎么样？

答：他们通常棒极了，我从他们身上学到了很多。令我们惊讶的是，最好的一些学生来自保加利亚，而最差的来自捷克斯洛伐克。讽刺的是，由于保加利亚人曾经是如此优秀的共产主义者，俄罗斯人对他们敬而远之，这使得他们得以建立起整个东欧最具国际多样性、最方便使用的中央图书馆之一。此外，保加利亚人尽职尽责地将他们出版的每一份期刊寄给俄罗斯的每一个学术机构，作为交换，他们收到了所有俄罗斯期刊。因此，我们的一些保加利亚学生比我们的俄罗斯学生更了解俄罗斯的良好资源。事实上，俄罗斯学者在保加利亚比在俄罗斯更容易获得俄语期刊。相比之下，尽管捷克斯洛伐克有着伟大的大学传统，但1968就是场"额叶切除术"，它摧毁了图书馆，让"罗名制"控制了大学系统。

南斯拉夫来的学生，穆斯林、天主教徒和东正教基督徒之间的问题非常严重。有一次，一名塞尔维亚学生在我们为鼓励学生之间建立更紧密的关系而新建的宿舍里，穿着制服，拿着剑在走廊里走来走去。打架斗殴也时有发生。来自穆斯林或东正教徒占多数的国家的学生不止一次问我，他们参加我的民主研讨班是否合适。我说："这当然合适。为什么你认为这可能不合适呢？"他们回答说："我来自一个穆斯林（或东正教）国家，人们说这个国家缺乏民主传统。"他们认为不应该来上我的课，因为他们相信民主有文化前提，这让我很伤心。

牛津大学

问：1996年，您离开中欧大学去了牛津大学。您为什么去牛津而不回美国？为什么只在那里待了三年？

答：我最初以为我会回到美国的大学。然而，牛津万灵学院格莱斯顿政府学讲席教授的职位公开招聘，我参加了竞争，并得到了这个职位。此外，格莱斯顿讲席之前由塞缪尔·芬纳（Samuel Finer）*担任，他是一位非常伟大的学者和健谈的人，曾写过一本关于军队的经典著作《马背上的人》（Finer 1962）。我在圣安东尼学院做福特客座研究员时，芬纳成为我最好的晚餐伙伴之一。此外，我还继承了一间曾经属于以赛亚·柏林（Isaiah Berlin）的办公室，可以俯瞰克里斯托弗·雷恩方庭和"饱蠹楼"**。南希被聘为牛津大学维尔康医学史研究中心的高级研究员，后来迁任现代史教授。所以，我们认为住在英国会很好，去牛津会是一段很好的经历。

---

* 塞缪尔·芬纳（1915—1993），英国著名政治学家、历史学家，在二战后英国当代政治学发展进程中发挥了举足轻重的影响，著有《马背上的人》《比较政府》《统治史》三卷本等。芬纳在1974—1982年担任格莱斯顿政府学讲席教授直至其荣休。——译者注

** 钱锺书先生对牛津老博德利图书馆的昵称。——译者注

由于种种原因，我们比预期的更早回到美国。首先，我们开始有了孙子孙女，他们住在曼哈顿。我们曾高高兴兴地抚养了我们的两个孩子，亚当和谭雅，也期望与他们的孩子亲密接触。其次，维尔康中心正在经历一段困难时期，这使得它没有南希预想的那么有吸引力。其三，我的主要职责之一是为"授课式"硕士学位研究生教授比较政治这门核心课，但这门课存在问题；我来上核心讲座，但是在两年结束时有一次大型期末考试，题目是由另一组同事写的，然后由第三组同事来打分。这种体制让我很难花一整节课的时间来讨论一个正在浮现中的政治学问题。在这个问题上，大多数"无形学院"的文献要么还没有发表，要么只是最近才发表，因此还没有列入期末考试的阅读书目。其四，如果牛津大学的学生在获得硕士学位四年后没有上交博士论文，那么政府按资助规定就会惩罚牛津大学。在比较政治研究中很多情况下，离开丰富的实地调研经验，匆忙回家，在学术上是没有意义的。我以前的许多学生，例如美国政治科学协会比较政治组的前主席伊芙琳·胡贝尔（Evelyne Huber）、国际政治科学协会（IPSA）前主席吉列尔莫·奥唐纳尔、获奖二人组玛格丽特·凯克（Margaret Keck）和凯瑟琳·斯金克（Kathryn Sikkink）、刚刚离开普林斯顿大学加入牛津大学南希·贝尔梅奥（Nancy Bermeo），以及其他许多人，如现在哈佛大学的辛迪·斯卡奇（Cindy Skach）、圣母大学凯洛格研究所的斯科特·梅因瓦林（Scott Mainwaring）和西北大学的爱德华·吉布森（Edward Gibson），都花了六年甚至更长时间才拿到学位。

尽管如此，牛津大学仍有许多杰出的学者，我在那里有很多非常亲密的朋友。这是世界上做政治哲学最好的地方之一，我有罗纳德·德沃金和约瑟夫·拉兹这样的同事。阿奇·布朗（Archie Brown）是俄罗斯政治研究领域的领袖之一，我们一起举办了一个关于后共产主义欧洲民主问题的研讨班。劳伦斯·怀特海德和我举办了一个关于民主研究新路径的工作坊，我经常与蒂莫西·加顿·阿什（Timothy Garton Ash）会面。在拉尔夫·达伦多夫担任圣安东尼学院院长期间，与他及其同事和宾客共进晚餐，往往是一场政治上和智力上的探险。此外，牛津大学有各种各样的人从事伊斯兰教研究，而不仅仅是中东研究。例如，詹姆斯·皮斯克托里（James Piscatori）和我创办了一个研讨班，我们在其中讨论了"双重宽容"在伊斯兰世界中的什么地方起作用、什么地方不起作用。

重返哥伦比亚大学

问：您于1999年离开牛津回到哥伦比亚大学。在您去欧洲的这些年里，哥伦比亚大学政治学系发生了什么变化？

答：我离开哥伦比亚大学的时候，政治学系有研究世界各地的优秀专家，但就做系统性的比较分析的学者来说，它还不够强。我不在的时候，人们开始在这方面做出很大的努力。此外，比较政治与国际关系之间的联系也有所改进。杰克·斯奈德（Jack Snyder）如今是一位资深的终身教职同事，他的工作重点是国内战争和无国家状态，因此站在国际关系和比较政治的交界处。我的许多学生对珍·科恩与安德鲁·阿拉托关于市民社会的开创性研究非常感兴趣，珍也获得了终身教职，这促进了比较政治与政治理论之间的新联系（Cohen and Arato 1992）。我和杰克、珍分享很多学生。我与美国研究的联系现在也变得更加有机，因为艾拉·卡茨尼尔森加入了这个系。卡茨尼尔森是达尔式的人物，也是美国政治发展领域最优秀的学者之一，而这一领域正是美国研究各分支中比较学者应该发挥更大作用的一支。而且，当我回来的时候，乔恩·埃尔斯特也加入了政治学系，他对宪政很感兴趣，也曾是中欧大学的常客；布莱恩·巴里也加入了，我和他就群体权利等问题进行过争论。除了我的好友、接替我担任国际与公共事务学院院长的约翰·鲁吉（John Ruggie）——他是比较政治学者们也极感兴趣的国际关系"建构主义"学派的领袖——离开了哥大之外，所有这些变化，比起20世纪60年代我在哥大做学生或80年代当院长时，显然已经在学术上思想上有了长足的进步。

教学和学生

问：能谈谈教学在您职业生涯中所扮演的角色，更一般地说，您的教学方法是什么？

答：教书是我职业生涯和生活之中非常有意义的一部分。我发现，在一个每隔6个月或者12个月就会有不同的人带着新的想法走进来的行业里工作，会让我永远充满活力。这是场激动人心的邂逅。

我喜欢联合指导论文，因为有时你必须告诉学生他们的研究方向是个死胡同。结果，你和他们的关系可能会有4个或5个月的时间处于糟糕的或半破裂的状态，对他们来说，找个在这段时间可以聊天的人可能非常有用。我对学生的评论很直接。我会写"这是胡说八道"、"这太棒了"或"照这个做下去，把那个扔了"。如果我们关系足够亲近，而且我们对社会科学的运作方式有一些共同的看法的话，他们对我的说法只是半信半疑。但偶尔我也会误判一些人，他们不知道如何搞懂我的意思。联合指导还有一个优势，即论文委员会中有一个人在方法上或实质问题上擅长某个主题，而另一个人了解相关的个案。而且，坦率地说，大多数最好的比较学者都在争取最大限度的暂时离职休假，而当他们得到休假的时候，他们很少在他们的大学甚至在他们的国家待着，所以我们的学生确实需要有联合导师。在耶鲁大学、哥伦比亚大学、中欧大学和牛津大学，我是提倡联合指导的核心团队的一员，联合指导不仅是可能的，而且是常态。

我们这些教授没有足够的精力去了解我们的学生是谁，也没有足够的精力去了解每位学生独特的能力。其中一些能力几乎是生理和心理上的。他们会在困难甚至敌对的局面下感到足够适意吗？另一些人则喜怒无常，他们能长期忍受安静的环境吗？例如，肯尼斯·夏普（Kenneth Sharpe）可以安静很长很长一段时间，这让他在多米尼加共和国的一个小镇上待上了18个月，写了一本很棒的人类学式的书（Sharpe 1977）。他们对政治已经有些强烈的预感了吗？它们是什么？如何在其研究中得到发展？我在耶鲁大学带的第一位研究生吉列尔莫·奥唐纳尔曾是阿根廷的一名学生领袖，在政府工作过，亲眼看见了民主的崩溃，还喜欢钻研比较政治中的瓶颈问题。例如，他有种强烈的直觉，认为西摩·马丁·李普塞特（Lipset 1959）所讲的"一个国家越富裕，就越容易实现民主"，这种想法对阿根廷乃至其他许多国家来说都是错的（O'Donnell 1973）。布莱恩·史密斯（Brian Smith）曾是智利的耶稣会士，对天主教会进步派在协助进步事业方面能做什么、不能做什么有着深刻的制度上和神学上的认识（Smith 1982）。在我关于巴西民主崩溃的博士论文中，我看到了民主的崩溃，我知道我可以和军方谈谈，因为我曾在海军陆战队服役。我也曾是一名拳击手和记者，我相信自己有足够的进取心造就研究机会。我们都把不同的东西摆上桌来。

我指导或共同指导了大约30名研究生，他们的论文作为书出版了。我确信，如果这些学生当初不是写自己那本，而是写了另外29本书中某一本的话，他们中没有一个人能写出更好的著作。每个学生都为他们的研究带来了独特的东西。作为老师，我们的工作之一就是认真倾听学生，这样我们才能了解他们的性情，帮助他们相信自己的潜力，并发出他们自己的声音。然后，你要坚持四年、五年或六年。

我不喜欢当代比较政治学的一个倾向，就是说，要快速完成博士论文。我赞成大多数（不是全部）比较学者，在这个领域花上更多的时间。在网上或仅靠阅读，你能学到的东西是有限的。真正学会中文需要六年的时间，如果一个23岁、只学了两年中文的学生走进我的办公室，说他或她想攻读与中国有关的博士学位，问我正确的做法是什么，我会笑着说："滚出我的办公室，五年后再来。去中国待三年，做记者也成，做翻译也成，无论你为了生存和学习要做什么。之后再回来拿一个区域研究的硕士学位。你应该了解中国的历史、语言、经济学和人类学，但你会发现学习这些学科非常困难，何况一旦你进入了我们的政治学博士项目还有一堆的课程要求。你现在得有个独一无二的机会来真正学习中文，在中国建立一个由终生朋友和同仁构成的关系网，还得提升对你今后的职业生涯有用的文化资本。祝你在未来的五年里玩得愉快，我期待着在你准备好攻读政治学博士学位时再见到你。"

我还担心，现代政治科学越来越多地期望刚开始从事研究的学者一上来就研究一套涉及4个或6个国家的问题。很少有年轻学者能够掌控如此多的个案，尤其是如果他们从未在某一个外国生活过的话。最近我看到的包括6到8个国家的论文几乎完全是基于二次分析的，关于这些国家的非常重要的书籍有时在参考文献书目中踪迹全无。我们需要对一个人在事业和生活的不同阶段所能完成的事情有现实的认识。对于第一本书来说，在一个国家做研究可能很有意义，可以通过仔细阅读其他几个国家的二手文献来进一步丰富研究。但不幸的是，许多年轻的比较学者越来越不被鼓励在这一领域花费一年或更长时间，将精力集中在一个国家来完成他们的论文。对于第二本书，你可以研究四个国家。再后来，当你更出名了，成为两三所无形学院的一员时，你就可以接触到，比方说，12个国家，看看每一个联邦体制，或者世界上每一个先进的福利国家。这并不意味着资深学者比资历浅的学者更好，只是我们大多数人在职业生涯的不同阶段可以做不同的事情。

问：优秀学生的特点是什么？

答：他们有忧虑。他们深切关注一个重大问题，并有初步的现实洞察力。最优秀的学生几乎总是在进入研究生院之前，就已经将他们在本国或经常访问的外国看到的一个重大问题内化于心了。他们对某件事很了解，有直观预感，并且愿意广泛阅读。如果他们有丰富的经验，做过很多事情，这会很有助益。除了极少数特例之外，我带过的最好的学生年纪都稍大些，或者有国外生活经验，进研究生院之前有四年、五年甚至六年的不同经历，这些经历告诉他们如何看待事物，界定他们的研究问题，设计他们的研究计划。例如，凯瑟琳·斯金克（Kathryn Sikkink）和米米·凯克（Mimi Keck）在进入研究生院前都在拉丁美洲的人权组织工作。她们具备了一种深刻的政治冲突意识，并深切关注着她们写的论文所涉及的问题（Sikkink 1991; Keck 1992）。以格雷姆·罗伯特森（Graeme Robertson）为例，他是位苏格兰学生，我最近与他合著了一篇关于伊斯兰教和民主的文章（Stepan and Robertson 2003）。从牛津大学毕业后，他就经济发展事务与苏格兰政府合作。然后，他就南斯拉夫事务为欧盟工作了四年，并定期被派往波斯尼亚、克罗地亚、马其顿和塞尔维亚做实况观察。他并没有在写关于南斯拉夫的论文，但他的政治意识是通过他在那里的经历丰富起来的，这也教会了他一些重要的技能，比如如何写得干脆利落、如何做一个优秀的简报员。当他决定写关于俄罗斯工人罢工的博士论文时，这些先前的经验帮助他学会在那个问题上迅速上手。在研究俄罗斯的过程中，他意识到他可以获得波兰和保加利亚的可资比较的资料，于是他写了一篇文章，很快将发表在《比较政治》上（Robertson 2004）。如果十年前他刚从大学毕业就直接念博士，行动会如此迅速吗？我不这么认为。

问：学生毕业后，您是否与他们保持联系？

答：当导师是种终生的承诺和相互学习的经历。当你的学生完成论文并找到第一份工作后，你不会停止和他们交流。你和他们谈论如何推动下一个研究项目、如何获得终身教职，甚至谈论进入美国人文与科学院的事。我和他们交谈，也是想得到他们对我工作的反馈，有时也纯粹是为了找乐子。除非谢幕，不会结束，也就是说，直到你们之中的一位去世了。交谈密度可能会减弱，但这仍是一种牢固的关系。学生是一个人个人生活和职业生命的重要组成部分。我们在一个非常特殊的行业里，提供了持续的学习经历和许多的人情回报。

比较政治的成就与未来

问：您对从40年前您读研究生以来比较政治学的成败得失有什么评价？对这个领域未来的发展有什么看法？

答：40年前，许多非常重要的国家，比如韩国或印度尼西亚，有杰出的历史学家，但现代政治学家寥寥无几。现在，这些国家之中有许多已经拥有了大型的政治学研究共同体，所有人都上网，这使得就共同问题交换草稿、资料和评论变得迅速便捷。

这些都是好事，但如果我们不当心，就会有意想不到的不幸后果。在比较政治领域的博士论文中，越来越多的论文采用已有的数据集，进行大样本数量的比较研究，而基于一年以上长期实地调研、对单个国家的个案研究却在受到贬低。在比较政治领域，这可能意味着年轻学者既没有掌握语言，也没有在事业起步之初的实地调研中形成包括来自外国的终生朋友的社会网络。去实地工作，开发积累你自己的资料，还能教会年轻学者如何生成在她或他开始研究时可能尚不存在的资料和数据。如果在关键问题上没有好的数据资料，任何大样本数量的研究都不可能有一个可靠的基础，除非有人，受到假设检验问题的驱策，找出如何生成这些数据的办法，这通常需要多年时间，并与来自不同国家的其他同仁协作。在比较的意义上来讲，除非你在另一个国家生活和工作过了，否则你也不了解自己的国家。

深入了解一个别的国家，如果你喜欢的话，也可以说"基于个案的研究"，事实上对最重要的比较学者的思想发展都是至关重要的。比较政治中许多最令人兴奋并激发了后续研究的概念，都来自一开始就沉浸在某个特定的处境化背景之中的学者，他们基于对该处境的解释力发展出了一个概念，然后问道："这个概念能走多远？"随着这些学者以及他们的支持者和批评者的进一步完善，研究变得更加具有累积效果。但是，如果林茨没有深入到西班牙的历史和政治中去，我们还会有他的"威权主义"精致概念吗（Linz 1964）？李帕特、荷兰以及"协合式民主"（Lijphart 1968a）又会如何呢？萨托利、意大利与"极化多元主义"（Sartori 1966）呢？施密特、巴西与"社会法团主义"（Schmitter 1971, 1974）呢？帕特南、意大利与"社会资本"（Putnam with Leonardi and Nanetti 1993）呢？奥唐纳尔、阿根廷与"官僚威权主义"（O'Donnell 1973）呢？埃文斯、巴西与"三方同盟"和"内嵌性"（Evans 1979, 1995）呢？这种情况还在继续。大卫·莱廷的第一批著作是对非洲的深入国别研究，后来的西班牙研究是关于语言和身份认同的问题（Laitin 1977, 1986, 1989）。罗伯特·贝茨写的前两本书都是关于赞比亚的（Bates 1971, 1976）。当然，几乎所有这些学者后来都对他们选择的众多国家进行了很多研究，这些国家都与他们严格界定的一个共同问题有关系。然而，令人印象深刻的是，这些学者在其持续的比较研究中，仍旧不断地从自己研究的初始国家发掘新思想的源泉。这些例子为比较政治学摆出的问题当然是：如果缺少他们深厚的经验、知识以及锚定在初始研究个案上的基础，这些学者会取得这些进步吗？如果他们一开始就从大样本做起，甚至把自己限制在这种操作方式上，那他们以及比较政治这个研究领域，难道就会进步更大吗？

总结

问：对于一名即将从事政治学工作的学生，您能给些什么忠告？

答：为了他们的士气和自由，也为了这个领域的发展，胸怀大志是件好事。我写论文的时候，我假设我在写一本书，我假设一旦答辩完，我要把它寄给普林斯顿大学出版社，我确实那么做了。我甚至想象了我的脚注看起来会是啥样。我告诉学生们："不要把论文委员会的五个人内化掉，也不要去想你必须写那些可怕的形式上的文献综述，那些文献多半也没有哪个出版社愿意出，也没有哪个最好的学者愿意读。在几页纸的篇幅里，做个条理清晰的文献综述，看看在当前的文献中，什么对你的研究问题有用，什么对你的研究问题没用，以及你的新贡献会是什么。然后到此为止，继续推进自己的研究。"

如果出现了新的、强有力的定量方法和研究路径，比较学者当然应该学习一下。但是，大卫·科利尔及其合作者在定性方法论方面的研究也非常重要（Brady and Collier 2004）。然而，学生不应根据方法和技巧来选择研究问题。研究应该是问题驱动的，而不是技巧驱动的。如果你真的喜欢这个问题，你才更有可能对严肃认真的工作保持激情和热忱。马克斯·韦伯在《以科学为志业》（Science as a Vocation）一文中对此有一段美好的论述：任何学术工作，除非它"值得为人所知"，而且"倾情致力于斯"，否则都不值得追求（Weber 1946a, 135）。这话说得很好。今天，对研究倾情投入、热忱以待的事情，我们听到的还不够多。

第十三章
资本主义、民主与科学[*]
——亚当·普沃斯基访谈录
Adam Przeworski

亚当·普沃斯基[**]是社会民主、民主化和民主研究领域的顶尖理论家，他分析了西欧、拉丁美洲和东欧的这类问题，并将研究推及全球范围。他是方法论上的革新者，致力于将形式方法和统计方法应用于比较政治，是理性选择理论的早期倡导者之一。

普沃斯基的研究最初聚焦于社会民主，社会民主被理解为试图在不将生产资料国有化的情况下，克服资本主义的非理性和不公正。在《资本主义与社会民主》（1985a）和与人合著的《纸石头》（1986）中，他认为，在工人阶级未占多数的情况下参与选举进程，会导致左翼政党放弃社会主义，转而在资本主义的范围内采取改良主义议程。这一论点在西欧得到了检验，它表明，在一定情况下，在资本主义制度中寻求改善而非废除资本主义，对工人来说是理性的。

20世纪80、90年代，随着南方和东方世界很多地区的威权统治让位于民主，普沃斯基转向了民主化和民主问题研究，作出了几项具有里程碑意义的贡献。在《民主与市场》（1991）一书中，他首次将博弈论应用于民主转型研究。在与人合著的《现代化：理论与事实》一文（《世界政治》

---

[*] 这次访谈由赫拉尔多·芒克于2003年2月24日在纽约州纽约市完成。

[**] Przeworski波兰语发音其实更接近"切沃斯基"，开头字母P几乎不发音，国内译名见"普热沃尔斯基"和"普沃斯基"两种写法，考虑到国内通常译名习惯，仍译作普沃斯基。——译者注

1997）和《民主与发展》（2000）一书中，他对全球范围民主的原因和后果作了统计分析。关于民主的原因，他对西摩·马丁·李普塞特关于经济发展对于政体影响的著名论题作了重大修正。尽管普沃斯基的数据支持了李普塞特的论点，即更高的经济发展水平促进了民主的稳定，但它们挑战了发展水平的提升与向民主转型前景明朗相关的看法。关于民主的后果，普沃斯基指出，与塞缪尔·P.亨廷顿等有影响力的作者们所言相反，民主政权在经济上的表现与威权政权一样好。

沿着他对民主国家经济改革和政策制定的兴趣，普沃斯基分析了新自由主义经济改革、在全球化面前进行再分配和独立的国家政策选择的可能性，以及民主制度对政策进程和结果的影响。与此相关，他就国家和政治经济学理论在《资本主义下的国家和经济》（1990）及《国家与市场》（2003）两书中提供了广泛的概述。

最后，普沃斯基对比较政治方法论实践产生了重要影响。他与人合著了一本被广为阅读的方法论著作《比较社会调研的逻辑》（1970）。由于他的许多著作都成了范例，说明了如何运用不同的方法分析复杂的实质性问题，因而他的研究有助于提升比较政治的方法论标准。

普沃斯基1940年出生于波兰华沙。他于1961年获华沙大学哲学与社会学硕士学位，1966年获美国西北大学政治学博士学位。他曾任教于华盛顿大学（1969—1973）、芝加哥大学（1973—1995）和纽约大学（1995年至今）。1991年，他被选为美国人文与科学院院士。

学术训练与成长：从波兰到美国

问：您最初是如何对研究政治产生兴趣的？在波兰长大对您的政治观有什么影响？

答：由于我出生在1940年5月，也就是德国入侵并占领波兰9个月后，任何政治事件，即使是小事件，都会马上被解读为它对某人的私生活有影响。那时所有的新闻都是关于战争的。我还记得我的家人在我三四岁的时候收听BBC秘密广播的事。战后有一段不确定的时期，然后苏联基本上就接管了。同样，苏联的任何风吹草动，苏联和美国之间的任何冲突，都立即被看成对我们的生活有影响。直到1961年我第一次去美国之前，情况都是这样，那会儿柏林墙刚刚被砌起来。一个人的日常生活被国际的、宏观的政治事件充斥。所有的事情都有政治性。

不过我从来没有想过学政治。当时的欧洲真的没有政治科学。我们所秉持的是德国和中欧的传统，从德语翻译过来就是"国家和法的理论"。这其中包括卡尔·施密特（Carl Schmitt）和汉斯·凯尔森（Hans Kelsen）的著作，这通常是法学院授课的材料，这就是那会儿的政治学。它在波兰并不是一门独立的学科，所以就本身来说，我从没想过学政治学。

问：您的父母是做什么的？

答：我父母都是医生。我从来就没见过我的父亲，他在1939年应征加入波兰军队，最终被苏联人俘虏。大约在我出生的时候，他在卡廷森林被杀害了，死于苏联人对波兰军官的集体屠杀。* 我的母亲在纳粹统治下无法从事医务工作——她当时在烤蛋糕——但在战后恢复执业。

问：您在哪里读的本科？学的是什么专业？

答：我于1957年进入华沙大学学习哲学。按当时的欧洲教育体制，进了一个五年制的项目，拿到的第一个学位是硕士。我后来发现，就像我的许多同事一样，因为我是哲学和社会学系的，如果多修几门课程，我就可以获得哲学和社会学的双学位。因此，我最终从华沙大学获得了哲学和社会学的硕士学位。直到后来我来到美国，进西北大学之后，我才学习政治学。

问：您在华沙大学读了些什么？

答：第二次世界大战前，波兰在社会科学领域有两大学术传统。一个

---

* "卡廷事件"发生在1940年4月至5月间。——译者注

是逻辑实证主义。所谓的维也纳学派（Vienna Circle），实际上是维也纳-利沃夫-华沙学派，有几位著名的逻辑学家是波兰人。[1] 那是一个非常强的学术传统。另一个传统是德国主导的观念论的、右翼历史主义传统。[2]

战后，尽管马克思主义变成了明显的新影响，但实证主义仍然强势存在。在《哲学思想》（Mysl Filozoficzna）杂志上，马克思主义者和实证主义者进行了一场辩论，结果马克思主义者输了。然后斯大林主义控制了这个国家，1948年，这场争论通过所谓的行政措施被解决掉。这份杂志被取缔，所有实证主义者都被大学开除。然而，与其他被苏联占领的国家所发生的事情不同，他们没有被杀害，而是被派去编辑柏拉图、亚里士多德等人的著作。随着"斯大林化"结束，大约在1955年，压制减轻了，同样的争论再次出现。

这是场极好的辩论，在真正的思想冲突的氛围中进行，并产生了非常有趣的发展。如果你想追溯分析马克思主义的真正起源，那是在1957年的波兰。[3] 为什么？基本上，实证主义者对马克思主义者说："你们所说的'长期利益'是什么意思？你们称之为'阶级'的东西是什么？为什么阶级要追求长期利益？"马克思主义者不再受"行政措施"的保护，他们必须找到这些问题的答案。因此，我在一个真正动荡的、令人着迷的时代进了大学。

我学习的专业反映了这些更为广泛的趋势。在斯大林主义时期，华沙大学哲学系被关闭，取而代之的是辩证唯物主义系。设立于19世纪70年代的社会学系被关闭，取而代之的是历史唯物主义系。后来，1957年，也就是我进入大学的那一年，辩证唯物主义和历史唯物主义两个系都关张了，一个既反映实证主义者也反映马克思主义者影响的新的哲学和社会学系成

---

〔1〕 维也纳学派是由一群哲学家和科学家组成的学术团体，由摩里兹·石里克（Moritz Schlick）领导，他们于1922年至1932年间定期聚会。他们的哲学研究路径被称为逻辑实证主义，认为哲学应该追求和科学一样的严谨。

〔2〕 历史主义学派认为，概念和事实只有与某一历史时期的大背景联系起来才能被理解。

〔3〕 分析马克思主义是马克思主义的一个变体，它认为马克思主义理论应该符合"常规"的科学方法。

立了。这个专业本身包括两年的数理逻辑和大量的科学哲学课程，这是由于实证主义者的影响。它还包括一门非常系统和传统的中欧式哲学史课程，由马克思主义者教授，这些人的名字你们今天或许应该知道：莱谢克·科拉科夫斯基（Leszek Kolakowski）、布罗尼斯拉夫·巴扎科（Bronislaw Baczko）。这是一个很好的专业。

问：1961年您为什么去美国西北大学深造？

答：事情是这样的。首先，波兰是一个相当封闭的国家。所以我们都是在想看到其他的东西、想出去走走的氛围中长大的。由于一次完全意外的机缘，我在华沙遇到了西北大学的教授R.巴里·法雷尔（R. Barry Farrell）。他出现在一个学生团体的会议上，我们经常在那里用英语讨论问题。他邀请我吃午饭，然后突然问我是否想去美国学习政治学。我不记得我是否机灵地问过他什么是政治学，我压根儿不知道那是什么。但即便他问我是否想在一艘环球航行的船上工作，我也会说"愿意"。那时我20岁了，我愿意去任何地方做任何事。我着落在西北大学纯属偶然。

问：您在西北大学学些什么？

答：西北大学政治学系当时是全国首批"行为系"之一。教授包括理查德·C.斯奈德（Richard C. Snyder），他研究国际关系；哈罗德·格兹科夫（Harold Guetzkow），第一个开始模拟国际体系的人；以及肯尼斯·让达（Kenneth Janda），第一个做经验性比较研究的人。西北大学政治学系有着某种神秘感，但大多数人都不是很出色。说实话，我几乎什么也没学到。我受过良好的教育，在那里学不到很多东西。我记得第一堂课是标准的政治学导论，第一部分是"什么是科学？"第二部分是"政治"。我认为老师对科学哲学的了解极其贫乏。我因此好几次惹上了麻烦。我不是一个守规矩的研究生，因为我读的是我想读的东西，而不是别人让我读的东西，基本上带有不少"社会弗洛伊德主义者"的意味。

公平地说，我在经济史学家卡尔·德·施魏尼茨（Karl de Schweinitz 1964）那里上了一门有关经济发展的有趣课程。我从心理学家唐纳德·坎贝尔（Donald Campbell）那里学了一门研究设计的课程。[4] 这使我受益终生，我知道了设计经验研究是件非常棘手的事情。这是我在研究生院学到了东西的两门课。

问：能谈谈您的博士论文工作吗？

答：我在西北大学上了两年课，然后我通过了资格考试，回到波兰，着手写关于政党体制对经济发展影响的博士论文。作为社会学家，我在波兰科学院找了一份工作。因为无论是政治上还是经济上，离开波兰都非常困难，我从来没有想过我能去答辩我的美国论文，所以我同时在写第二篇社会学博士论文，打算在波兰答辩。然而，有一天，邀请我去西北大学学习的巴里·法雷尔写信告诉我，西北大学同意我可以在华沙为我的论文答辩。一些美国教授正在华沙访问，法雷尔告诉我，他们可以为我的论文答辩成立一个委员会。所以我有6个月的时间来完成我的美国论文，我做到了（Przeworski 1966）。[5] 据我所知，这是第一项讨论政治制度与经济发展之间关系的经验研究。

问：那时候您打算一直在波兰工作下去吗？

答：我想留在波兰。但在1967年，我受邀到宾夕法尼亚大学待一个学期。自1964年以来，我参与了一个名为"政治价值观国际研究"的国际合作项目。这是一个基于对美国、波兰、南斯拉夫和印度的问卷调查的地方政治项目，由宾夕法尼亚大学的一群学者牵头，尤其是已故的菲利普·雅各布（Philip Jacob）。当时我们正处在分析数据的阶段，我被邀请到宾夕法尼亚大学教授几门课程，并协助进行数据分析。在宾夕法尼亚的时候，我收到了另一份邀请，去圣路易斯的华盛顿大学待一个学期。我接受了这个邀请，然后，1968年春天，我还在华盛顿大学的时候，华沙有一场学生

---

[4] 唐纳德·T. 坎贝尔是一位以研究设计著作而闻名的学者。他的著作包括Campbell and Stanley (1966)，Cook and Campbell (1979)，以及Campbell (1988)。

[5] 在1966年获得西北大学政治学博士学位之余，普沃斯基1967年还从波兰科学院取得了社会学博士学位。

示威活动受到了严厉的镇压,有很多人被捕,于是我的朋友们建议我不要回去了。

问:为什么建议您不要回波兰?您跟政府有麻烦吗?

答:去宾夕法尼亚大学的前一年,我在华沙大学教授社会学导论课程,1968年政府镇压之后,我的一些学生成了著名的异见人士。我的巴西朋友佩德罗·塞尔索·卡瓦尔康蒂(Pedro Celso Cavalcanti,一位流亡在华沙的共产党员)特地跑到柏林给我打电话,告诉我不要再回去了,因为我的40个学生中有28个被关进了监狱。我在波兰也遇到了麻烦,因为在1963年至1964年间,我参加了一个小型研究小组,研究谁在1948年至1955年斯大林主义统治下为波兰的工业化付出了代价,明确的结论是工人们已经付出了代价。所以,我不能回波兰了。但是我也不能留在美国,因为我有签证问题。纯属偶然,我最终去了智利。

问:为什么是智利?

答:在波兰,我有一个智利学生巴勃罗·苏亚雷斯(Pablo Suarez),他最终回到了智利,并邀请我去那里工作。这是我唯一的机会。我没有钱,没有工作,不能回波兰,也不能留美国。但最后,这个邀请没有兑现。不过我对去智利仍感兴趣,我很偶然地碰到格劳西奥·索亚雷斯(Gláucio Soares),他当时担任位于圣地亚哥的拉丁美洲社会科学研究院(FLACSO)的院长。[6] 当他发现我对去智利感兴趣,就邀请了我,1968年秋天我就去了。

问:您在智利的时候做过对智利的研究吗?

答:没有,我根本就没有研究智利。我还在做宾夕法尼亚大学的调查数据项目。当时我还在和宾夕法尼亚大学的亨利·图恩(Henry Teune)合写

---

〔6〕 Facultad Latinoamericana de Ciencias Sociales—Latin American Faculty in the Social Sciences.

一本比较政治方法论的书（Przeworski and Teune 1970）。在第一次逗留智利的六个月期间，妻子和我爱上了这个国家。于是我搞到了社会科学研究理事会的资助，我们在1970—1971年回到了智利。当时，我正与一位智利合作者一起研究西欧和拉丁美洲选举权的扩大问题，但是我一直没有完成那个项目。实际上，我现在倒正在做这件事。不过，我的妻子的确写了一篇关于智利经济史的博士论文。

问：最后您被华盛顿大学录用了。

答：是的。1969年，我在华盛顿大学找到了一个常驻职位。然后，1972年，我去法国待了一年，得到了芝加哥大学的录用通知。1973年我去了芝加哥，在那里待了22年。

问：您曾担任过终身职的助理教授吗？

答：我想是的。但我对这个制度不是很了解，当时的终身教职几乎是自动的。事实上，1972年我去智利的时候，我想我需要一些旅费，我去见了华盛顿大学拉美研究委员会的主席，已故的社会学家约瑟夫·卡尔（Joseph Kahl），向他要钱。他说："你是终身职的，还是没有终身职的？"我问："这是什么意思？"嗯，事实证明那会儿我不是终身职。但我是带着终身教职去芝加哥大学的。

对社会民主、政体变革与发展的研究

资本主义与社会民主

问：您的第一个实质性议题是社会民主。您在这个主题上发表了一系列文章和两本书——《资本主义与社会民主》（Przeworski 1985a）和《纸石头》（Przeworski and Sprague 1986）。是什么激发了您对社会民主的兴趣？

答：我是马克思主义者，我试图搞懂社会民主的政治意义。我的问题是"为什么西方没有发生革命？"马克思主义提出了一套理论，我认为这套理论大体上是合理的,那就是,在工业化国家里,即便革命不是由有组织的工人阶级领导的,也应该得到他们的支持。然而,显而易见的是,现在没有革命,未来也可能不会有革命。我想搞清楚为什么没有呢。

我也深受智利及其社会主义历史的影响。1970—1971年,我当时住在智利,那是阿连德政府上台的第一年,[7]这让我思考了资本主义社会逐步转型策略的可行性。阿连德的经历提出了一个问题:社会主义者在选举中竞争并实施获得多数选民支持的改革,这是一套可行的策略吗?这个问题让我想到了欧洲,看看在欧洲实现社会主义改革的历史进程中发生了什么。

我对社会民主的研究议程也随之发展起来。最初,大约在1970年,我对从"工人阶级合法化"的角度研究选举权的扩大感兴趣,这是一本法国书的书名,作者的名字我不记得了。我感兴趣的是,为什么享有投票权的精英们愿意将这些权利扩大到其他人身上,反过来,为什么工人们愿意行使这种投票权,在体制内工作,而不是试图摧毁它,这是当时在经济学家中流行的一个话题。最终,我的思考从狭隘地聚焦于选举权的扩大,以及早期社会主义者参与选举政治的决定,发展到对社会民主更宽泛的理解。从更宽泛的角度来看,我认为有两个问题需要回答。第一个问题是关于社会主义政党和选举过程的:为什么社会主义者决定为选举权而斗争,并用它来实现改良主义目标?第二个问题与经济策略有关:社会主义者一旦掌握了政府权力,为什么不愿意将生产资料国有化?

问:您从这项研究中得出的主要结论是什么?

答:我学到的最重要的一点是,改良主义是工人的理性策略。支持资本主义民主符合工人的利益。纯粹的工人政党在选举中获胜从历史上看是不可行的,因为那种认为工业和运输业的体力工人有朝一日会成为工业化国家人口绝大多数的设想是错误的。因此,社会主义政党不能仅靠代表工人来赢得选举,他们只有打扮成一个全民的、多阶级的政党,才能获胜。

---

〔7〕 1970—1973年担任智利总统的萨尔瓦多·阿连德(Salvador Allende)是左翼政党联盟的领导人,该联盟寻求通过民主手段推行激进改革。1973年9月,他在皮诺切特将军领导的军事政变中被推翻。

为了实现这一目标，他们必须扩大自己的吸引力，超越工人的特殊利益。

我在与迈克尔·沃勒斯坦（Michael Wallerstein）合作时学到的第二件事是，工人们面临着收入分配和经济增长目标之间的权衡，在一定条件下，工人们的长期最佳策略可能是约束他们的分配主张（Przeworski and Wallerstein 1982）。通过限制工资，工人们诱使资本家投资，从而导致经济增长。于是，工人最终往前走了一步。因此，阶级妥协的社会民主策略具有理性的基础。

问：在您关于社会民主的著作中，有没有特别与之争论的对象？

答：我在与整个社会主义传统争论，从列宁到托洛茨基、卢卡奇和卢森堡，他们认为社会民主党是叛徒。那是我辩论的主要目标。更有意义的是，马克思在1850年的《法兰西的阶级斗争》中写道，私有财产和普选的结合是不可能的（Marx 1952）。[8] 马克思在其他著作中也重复过的这句话是我的辩论目标。很明显，私有财产和普选可以同时存在，但原因远不清楚。左翼传统——各种各样的激进社会主义——基本认为，因为社会民主党人是"叛徒"，私有财产和普选权的结合才是可能的。我的观点是，社会民主党人不是叛徒。相反，他们在具体环境下尽了最大努力。我的立场体现在恩格斯的一句话"选票变成了纸石头"，我用这句话作为我的一本书的标题（Przeworski and Sprague 1986）。恩格斯开始认为普选实际上是促进工人利益的有效工具，因此不再需要构筑街垒，因为可以用选票来赢得选举。民选官员的权力反过来又可以用来改造资本主义社会。

问：那么，在很大程度上，您的研究更多的是关注资本主义民主的运作，包括为什么授予和扩大选举权，而不是关注民主的起源。

答：我的确处理了一个问题，为什么要扩大选举权？我的假说是，扩大选举权是对革命威胁的反应。事实上，选举权扩大往往是在暴力活动之

---

[8] 这段马克思著作的引文出现在 Przeworski (1985a, 133)。

前进行的，例如 1867 年，* 一群暴徒爬上伦敦海德公园的围栏。我把选举权看作一种保守装置，在英国意义上，是为了平息革命的威胁。但我并没有过多思考民主本身是如何产生的。我被民主搞糊涂了。我不是在民主制度下长大的，所以对我来说，民主是一个陌生的东西。民主没有什么是显而易见的。民主如何运作的问题使我困惑，这仍然困扰着我。

向民主转型和民主的稳定性

问：您研究的第二个实质性领域涉及民主的转型和稳定。

答：1979 年，我开始有系统地思考向民主转型的问题。我是奥唐纳尔、施密特和怀特海德项目（O'Donnell, Schmitter and Whitehead 1986）〔9〕的初始成员。我们第一次见面是在 1979 年，地点是华盛顿特区的伍德罗·威尔逊中心。我那会儿还真不清楚整个项目是做什么的。我亲密的朋友菲利普·施密特说："参加吧，你会有些有趣的事情要说的。"但对我来说，找出点要说的东西真的是极其痛苦。最终我写了一篇论文（Przeworski 1986）。但我确实不知道哪一套理论和经验与向民主转型的问题有关。我想其他人也不知道。

就理论来说，在华盛顿的会议开始大约三天之后，我突然意识到，无论是巴林顿·摩尔（Moore 1966），还是西摩·马丁·李普塞特（Lipset 1959），都没有人提及他们。房间里的 40 个人中，至少有 30 人在他们的课上教摩尔和李普塞特的研究。我提出了这一点，说："这不是很奇怪吗？"我认为我们明白摩尔和李普塞特的理论显得太决定论了。我们试图把民主转型策略化，这意味着我们认为一些行动方针在特定条件下能够成功，而另一些则不能。与摩尔相反，民主的前景并不是由两个世纪前农村阶级结构的变化决定的。与李普塞特相反，民主的前景也不是由发展水平决定的。我们一个个案接一个个案地回顾了过去民主化的实例，但我们不确定它们

---

* 1867 年 8 月英国议会改革法的直接后果是一部分工人获得了选举权，占新增选民半数。——译者注

〔9〕 参见本书第 9 章、第 10 章中奥唐纳尔和施密特对这个项目的看法。

是否有关联。

问：这些会议发生在东欧的共产党垮台前整整十年。您是什么时候第一次感觉到东欧将会发生什么大事的？

答：是1986年6月。为什么？嗯，1980年8月在波兰发生了一次罢工，接着是大规模的动员。团结工会于1980年9月成立，由其组织的罢工历时三周，1600万人加入了这场运动，历史上最大的一次社会运动爆发了。结果，整个体制处于崩溃的边缘。然后，1981年12月13日，波兰发生了由雅鲁泽尔斯基将军领导的（我认为是）拉美式政变。我依照马克思分析1848年至1851年法国的视角来解读这一事件。当时，我写了一篇小文章，名为《雅鲁泽尔斯基将军的雾月十八日》。[10] 对我来说，问题是，在该国共产党*失败的情况下，军队能否维持这种体制。军方最初是在相当程度的压制下这么干的。尽管如此，在20世纪80年代初，仍有许多民众骚乱和断断续续的罢工。军方采取了走走停停的策略：他们会镇压、后退、寻求和解，然后他们会再镇压、再后退。7月22日是共产党领导的波兰的国家独立日，**纪念第二次世界大战后共产党在这天掌权。通常政府总会在那一天宣布进行大赦。20世纪80年代初，波兰有个笑话是这么说的："1982年7月22日发生了什么？有一次大赦。1983年7月22日将会发生什么？将会有一次更大的大赦。"大家都这么想。但到了1985年，政府发现自己的策略根本不起作用了，于是决定不再逮捕罢工工人。我闻到他们可能要放弃的气味了。

1986年6月，我在华沙，像往常一样，我和一位朋友出去散步，他是一位杰出的共产党改革派，杰西·威亚特（Jerzy Wiatr）。他告诉我："我们

---

[10] 马克思写过一本关于法国的《路易·波拿巴的雾月十八日》，书中分析了导致1851年12月拿破仑的侄子路易·波拿巴建立独裁统治的过程。"雾月十八日"中雾月指法国大革命时期共和历共和八年第二个月，即1799年11月9日，拿破仑一世通过政变上台成为第一执政，逐步建立其独裁统治。

* 指执政的波兰统一工人党。——编者注

** 波兰国家独立日原是11月11日，是1918年毕苏斯基上台掌权的日子，第二次世界大战后改为7月22日，庆祝波兰重生，1989年后恢复11月11日作为国家独立日。——译者注

开始认为可以在地方层面进行选举，让事情变得更开放一些。"我说："如果有选举，你们就会输。"他回答说："你知道，我们是赢还是输并不重要，重要的是我们会输掉什么。"我想，哇！

问：他所说的"我们会输掉什么"是什么意思？

答：他的意思是说，统治者是会丢掉性命、丢掉工作，还是仅仅只是输掉选举。我觉得这很奇怪。戈尔巴乔夫1985年在苏联掌权，苏联人开始谈论经济改革。我不知道为什么，但在与华沙的朋友谈过后，我开始阅读苏联经济学家关于经济改革的辩论。我最初强烈的直觉之一是，这些经济改革一旦开始就不会结束，就像是滑坡一样。当你开始做戈尔巴乔夫和他的改革团队计划做的事情，即引入某种价格机制时，你就没有办法证明共产主义经济模式的其余部分是合理的。一旦你迈出了第一步，你就只能一条道走下去。这就像自行车理论：如果你不一直骑下去，你就会摔倒。到1987年，我相信东欧正在发生一些重要的事情。

这件事我得立此为证。1984年，民主转型大理论家亨廷顿写了一篇文章，说东欧的转型是不可能的（Huntington 1984）。1989年，胡安·林茨写了类似的东西，并于1990年发表了（Linz 1990c）。1988年，我在巴西参加一个会议，我谈到了东欧向资本主义转型的问题。我被轰出了房间，被指责为叛徒、白痴、阶级敌人以及别的什么家伙。

问：您关于民主转型的著作以运用博弈论进行形式化的策略选择分析而著称。为什么您会在博弈论还不是研究民主化的常见工具时就会转向用它呢？

答：波兰共产党人策略思维的程度给我留下了深刻印象。到20世纪80年代中期，我经常去华沙，我很清楚，共产党人在制定策略时非常谨慎，尽管他们犯了很多错误。事实上，无论你是在20世纪70年代中期去西班牙，还是在80年代中期去波兰，在喝酒的时候，人们都从策略的角度分析政治。这并不意味着每个人都知道所有的事情，或者每个人都能预料到自己选择的全部后果。但我从一开始就感到震惊，人们都在进行策略性思考。

我开始想："也许我可以设身处地从他们的立场着想，试着从策略上理解局势，把它建模，然后看看我能得出什么。"

决定使用博弈论可能源于我一般的方法论倾向，即构建逻辑上一致的论证，并使用形式化的工具来确定论证实际上是否逻辑一致。这就是为什么菲利普·施密特要邀请我参加威尔逊中心关于转型的项目。当菲利普说"你会有话要说"时，那是因为他觉得，我可能会用不同于他和吉列尔莫·奥唐纳尔的视角来看待民主转型的问题。我的一个好朋友何塞·玛利亚·马拉沃尔（José María Maravall），最近回想起威尔逊中心的会议，他告诉我："你开始说话时，我以为你是来自另一个世界的。然后你走到黑板前，开始画那些方框和箭头。我完全不知道这都是些啥。"现在他自己也在使用博弈论。因此，我对博弈论的运用是由于我的方法论倾向以及我强烈的直觉，即参与民主转型的政治行动者具有策略思维。[11]

问：您对民主转型的博弈论分析对奥唐纳尔和施密特的工作（O'Donnell and Schmitter 1986）有什么贡献？[12]

答：让我间接回答一下。20世纪70年代中期，我和费尔南多·恩里克·卡多佐都参加了一次会议，那会儿他正在做一项关于依附论的研究。[13] 这儿有利益，然后利益按照阶级和派别组织起来，然后阶级和派别结成各种联盟，如此等等。我问他："你怎么知道在这些阶级和派别中会出现联盟？"他回答说："哦，亚当，你要的是空洞的形式主义的玩意儿。"好吧，我不认为这些是空洞的形式主义，因为从利益结构中产生联盟的方式并不明显。可能只有一种联盟是可行的，也可能有几种是可行的，也可能没有一种是可行的。所以，我们需要工具来找出联盟的可能性。我把博弈论看作是一种用来决定在特定条件、特定利益结构下，应该期待什么样的结果的工具。

---

[11] 关于普沃斯基对民主转型文献的反思，参见 Przeworski（1997）。
[12] 特别参见 Przeworski（1991, Ch. 2）。
[13] 卡多佐是依附论的创立者之一，依附论强调外部因素对穷国发展前景的决定性影响。卡多佐的著作中最有影响的是《拉丁美洲的依附与发展》（Cardoso and Faletto 1979）。

具体地说，我的一项发现是，如果参与可能的民主转型的所有主要行动者都对彼此的偏好有充分信息，那么在我们所描述的情况的预设下，转型就永远不会发生。这意味着你不得不开始担心谁了解什么。政权了解反对派吗？还是反对派了解政权？两种情况下有什么区别？要回答这些问题，你需要工具——形式工具。菲利普和吉列尔莫在他们的《关于不确定民主的试探性结论》中（O'Donnell and Schmitter 1986）举手投降了，只是说："在向民主转型的过程中，事情是不确定的。"但这些转型并不像他们想象的那样不确定，他们本可以利用更多的结构，从而获得更多的关于政权转型的信息。

问：关于如何将您对民主转型的博弈论分析形式化，您当时在和谁对话？当时还没有关于转型的博弈论研究文献。

答：我没跟任何人对话。我没有对话者。不过，尽管我的建议很新颖，但我想很多人还是被说服了，他们发现有些推理是有用的。1986年，我发表了一篇文章，利用托马斯·谢林（Thomas Schelling）著作中的观点，阐明了在任的、威权政府的支持者何时会开始跳下船（Przeworski 1986）。人们发现这很有用，甚至胡安·林茨也发现它很有用，他们在听。

问：后来，您对转型的博弈论分析被批评为还不够形式化。[14] 您对这些批评有何评价？

答：我的模型还比较粗糙、不成熟，原因有三。其一，25年前关于政治的博弈论研究并不多。其二，我的技术不够好，难以做得更好。其三，我只是想要一个足够的工具来理解到底发生了什么，让我满意就成。我不是在写博弈论的文章。我知道有强硬派、改革派和反对派，这对我来说已经足够了，我想我不需要更多了。

问：继对民主转型的博弈论研究之后，您又对民主转型和民主稳定性

---

[14] 参见，例如 Gates and Humes (1997, Ch. 5)。

进行了统计研究。[15]

答：到1990年，出现了不少新的民主国家，摆在政治和学术议程上的问题是"巩固"，我不喜欢用这个词。我开始问其他人也在问的同样问题，即："既然我们有了这些民主政权，它们会成功吗？它们能活下来吗？"我提出了一个一般性的问题："民主在什么条件下生存，在什么条件下灭亡？"

我们有许多新的民主政权，这意味着我们有足够多的向民主转型的个案，可以开始从统计上思考民主化问题。虽然我们从未意识到这一点，但我们在研究民主化的方法上曾经是极端贝叶斯式的。[16] 在1979年，我们只有三个向民主转型的个案来建立我们的信念：葡萄牙、希腊和西班牙。因此，每一个向民主转型的新个案都改变了我们对民主化原因的看法。我们的信念非常不稳定。每个个案都很重要，因为个案数量太少了。我们就是这样学着探索民主化的。到20世纪90年代初，我开始认为有足够多的新兴民主国家个案，可以开始对它们进行统计分析了。

问：您的研究的核心发现之一是，经济发展水平解释了民主政权的生存，正如李普塞特在1959年提出的那样，但经济发展水平并不能解释民主国家的出现。您关于这种不对称因果模式的主旨论点遭到了几位作者的质疑，他们认为即使是您自己的数据也不支持这个观点。

答：毫无疑问，一个民主政权的存活概率随着人均收入的增加而增加。从厨房的水槽到祖母的阁楼，你啥都可以控制起来。这种关系会经受住任何考验。它是单调的（monotonic）、有说服力的，是难以置信的强关系。我对此毫不怀疑。

关于随着各国经济更加发达，是否更有可能向民主转型，让我这样说，当费尔南多·利蒙吉（Fernando Limongi）和我在1997年发表于《世界政治》

---

[15] 与此主题相关的研究是 Przeworski and Limongi（1997）和 Przeworski et al.（2000, Ch. 2）。

[16] 贝叶斯统计根据研究人员在已有知识和信念的基础上分配给事件发生的先验概率来分析数据。这一视角与经典的统计推断方法形成了鲜明对比，后者评估与变量之间关系有关的假说，试图推翻"零假说"即假设变量之间没有关系。

的文章中（Przeworski and Limongi 1997）首次研究这个问题时，我们没有发现向民主转型与我们所考虑的变量之间有任何显著关系。当我们在写《民主与发展》那本书并细化数据时，我们发现存在一个小曲率，也就是说，我们发现了一些经济发展和民主转型有关系的证据（Przeworski et al. 2000, Ch. 2）。但我们没有重视这一关系，部分原因是我们估算的方式决定了我们不可能在统计意义上关注它。然后博伊克斯和斯托克斯（Boix and Stokes 2003）质疑了我们的发现。现在有很多论文争辩说，随着国家经济的发展，民主化的可能性越来越大。但它们都错误地设定了统计模型。事实证明，政体转型并不遵循一阶马尔可夫过程：[17] 转型的概率取决于过去的历史，而不仅仅取决于当前的条件。一旦把过去政权的历史引入任何统计设定，发展与民主化之间的关系就会消失（Przeworski 2004b）。随着国家变得越来越发达，它们更有可能成为民主国家，这显然是不正确的。

问：您对为什么在民主和威权体制下收入的影响是不一样的有没有什么预感？也就是说，为什么收入水平对民主的生存有如此大的影响，而对独裁的生存却没有如此大的影响？

答：我有些预感。我认为，民主在更发达的社会中变得更加稳定，因为随着人们变得更加富裕，试图颠覆民主的风险太大了。一般来说，激烈的政治动员是有风险的，而在富裕的民主国家，这种风险甚至更大，因为人们有太多的东西可以失去。例如，如果2000年的美国总统大选发生在一个收入水平只有美国三分之一的国家，它就会以政变或内战收场，就像1948年哥斯达黎加在非常相似的情况下所发生的那样。这些结果并没有出现，因为美国人有太多的坛坛罐罐。最后他们说："我们将被一个或许窃取了大选成果的政府统治，它没有正当性，我们不喜欢它。但那又如何呢？我们要活下去。我们有自己的家业、自己的汽车、自己的电视。所以，何苦呢？有太多的利害攸关，总不至于上街去设路障之类的吧。"这就是民

---

[17] 当当前事件仅依赖于最近的过去事件且独立于以前的所有状态时，这个随机过程就是一阶马尔可夫过程。

主在富裕国家生存下来的原因。

问：但为什么同样的机制不适用于独裁统治？

答：如果我说的没错，富裕的独裁政权是稳定的，那么我刚才描述的那种机制可能其实在起作用。也就是说，当你成为韩国、甚至是东德或佛朗哥治下的西班牙时，这个体制就会运转下去。人们在一点点侵蚀它，但与之为敌就变得危险了。它总是危险的，但因为有太多的东西会失去，兴许就变得风险太高了。喏，富裕的独裁政权最终会垮台。但我的观点是，它们不会因为收入水平倒台，而是因为随机风险的累积才倒台。例如，西班牙的独裁政权倒台了，首先是因为开国独裁者终于去世了，其次是因为西班牙想要加入欧洲共同体，却不可能以独裁国家的身份加入进去。东德的政权垮台是因为苏联的政权垮了。委内瑞拉的独裁政权在1958年倒台了，是已经垮掉的政权中第四富有的，那是因为美国不再支持希门尼斯了。[18] 独裁政权终会灭亡。但它们死法各异，并不是因为经济发展所致。

问：您说我们对民主为什么崩溃有很好的理解，但我们对独裁政权崩溃的原因仍然缺乏很好的理解。造成这种知识空白的部分原因，可能是人们花在研究民主上的时间比研究独裁的时间要长得多吗？

答：是的。我们目前还没有很好地把一个独裁政权与另一个独裁政权做出区分，这给我如何研究民主转型提出了一个问题。我用统计学方法研究这个问题时，预设了独裁政权的倒台就等于民主政权的出现。但独裁政权倒台后经常是被别的独裁政权所取代。因此，我们需要区分独裁政权，考虑到独裁统治倒台的结果是出现另一个独裁政权的可能性，然后重新评估研究模型。然后我们将会知道得更多些。目前，我正与我以前的研究生詹妮弗·甘地（Jennifer Gandhi）一起研究这个问题。我们一起写了一篇论文（Gandhi and Przeworski 2006），她还写了一篇关于独裁统治下的制度问题的博

---

[18] 马科斯·埃万格利斯塔·佩雷斯·希门内斯（Marcos Evangelista Pérez Jiménez 1914-2001）在1952年11月到1958年1月间是委内瑞拉的军事独裁政权首脑。

士论文。出于某些原因,研究文献很久以前就断定独裁统治下的制度不过是橱窗里的摆设。最终,决定权在个人或集体独裁者手中。以弗里德里希和布热津斯基为例,在他们关于独裁的那本书的导言中,他们讲,实际上,"我们不会为宪法和制度费心。它们不起作用。"(Friedrich and Brzezinski 1956)。更广泛的文献也跟他们的说法差不多。保罗·布鲁克(Paul Brooker)写了一本非常好的书(Brooke 2000),对独裁统治的研究文献进行了综述,然而,"法律"和"制度"这两个词甚至没有出现在索引中。胡安·林茨对独裁统治的类型问题很上心(Linz 1964, 1975, 2000)。问题是他的分类没有可操作性,我无法复制它。胡安知道这一点,因为所有的历史都储存在他的脑子里。但我是可复制分类法的忠实信徒,我不知道要得出与胡安一样的结论,我必须考虑哪些能看得见的东西。

所以我和珍·甘地提出了这样一个问题:"在独裁统治下,制度真的不重要吗?"并且我们总是发现,在独裁统治下,制度实际上非常重要。它们影响着各种政策和结果。到目前为止,独裁统治仍是比较政治中最未被研究清楚的领域。我们得开始思考它们了。

问:您1991年出版的《民主与市场》与2000年合著的《民主与发展》之间形成了鲜明的对比。1991年,您批评李普塞特和巴林顿·摩尔只见历史不见人,还强调了关注策略行动者的重要性。然而,您2000年的书可以被描述为只见相关不见人。在您的工作中,研究视角似乎发生了转变,政治意识也丧失了。

答:这完全公平。这本2000年出版的书的目的是清理经验研究文献中存在的一些混乱。我们告诉自己,"让我们尽可能得到最好的事实,进行稳健性检验,然后决定我们应该相信什么。"我们有计划地压制任何理论发现,我们故意说:"我们不想理论化,我们不想把这些事实挂在我们的理论预设上。我们只想做纯粹归纳的、纯粹频率论的研究。"让我们先确立事实,然后再考虑如何解释它们。我最近发表了两篇关于为什么民主在发达国家存活下来的文章(Przeworski 2005;Benhabib and Przeworski 2006)。你必须写出一个非常复杂的模型才能算出来。我想我现在有一个说法可以解释这一点。但解决这类问题、引入微观动机和战略决策，与我们在2000年的书中提出的任务不是一回事。我的想法是看看需要解释的事实是什么，然后解释它们。我经常收到经济学家的文章说："这是一个程式化的事实"，然后提出一个非常复杂的模型来解释它。对于这类文章，我经常这样回答："没有这样的事实。"所以，在我知道我想解释什么之前，我不想写模型。

发展的决定因素

问：《民主与发展》的另一个主要议题是经济发展的政治决定因素。

答：我一生都对这个问题感兴趣，这可以追溯到波兰和我在西北大学读研究生的时候。波兰的共产党政权宣称将促进发展，从而使自己正当化。共产党人说他们为现代化提供了一条捷径。在波兰，我们对这种说法表示怀疑。独裁对经济发展是必要的，真的吗？或者这只是波兰共产党政权的宣传路线？同样的问题也出现在美国，1959年卡尔·德·施魏尼茨（Karl de Schweinitz）和沃尔特·盖伦森（Walter Galenson）两人都发表了文章，基本上是说："我们是民主主义者，但也许我们必须面对一个残酷的事实，在贫穷的国家，你需要独裁来调动资源促进发展。"这是我在博士论文中处理的问题，也是我一生都在思考的问题。

1990年以后，关于政体对发展的影响这一内容丰富的问题再度具有了现实意义。我们不仅想知道已经出现的新兴民主国家是否会继续存在下去，而且还想知道它们将产生什么样的经济后果。美国人对此事的看法已经改变。过去的标准路线是民主不利于发展，而现在美国官方的宣传思路是民主会带来巨大发展。与此同时，相关文献也在不断积累。我和我从前的学生费尔南多·利蒙吉一起回顾了这些文献（Przeworski and Limongi 1993），发现它们很令人费解。最让人困惑的是，1988年以前没有研究表明民主国家的经济增长更快，而1987年以后没有研究表明独裁国家的经济增长更快。由于意识形态的改变也发生在1982年左右，我认为研究文献中呈现出的这种状况很特别。所以我决定认真研究一下这个问题，用统计方法做，用更好的数据做。

问：您得出了什么结论？

答：很明显，民主在总体上并不影响总收入的增长率。例如，罗伯特·巴罗（Robert Barro 1997）认为，如果在连续变量意义上衡量民主，就会发现民主与发展之间存在曲线关系。但我想独裁和发展之间同样也存在曲线关系：中等收入水平的非民主国家也有较高的增长率。如果你用人均收入来计算增长率，你会发现它们达到最大值，然后开始下降。因此，像巴罗这样的经济学家揭示了一种和民主与否无关的重复模式。我认为，总的来说，政体对发展没有影响。

在此事上长期探索的圣杯——我仍然积极参与其中——就是找到对发展有效的政治制度。这个研究纲领到目前为止还没有成功。有一些文献使用对制度的主观测量，如对财产权的保障、司法独立、透明度、腐败等。这些测量都覆盖了最近一段时期，如果你做一个截面研究，你会发现这些制度与经济增长相关，它总是管用。但是当你试图用可观察的而不是主观的测量方法来重现这些结果时，你永远不会得到任何结果。因此，即使在这个更细分的层次上，我们仍然无法发现制度对增长的任何影响。有大量文献都说"制度很重要"，但随后问题就变成了"哪些制度？"我们不知道。也许制度很重要，但我们真的不知道是哪一些。我还在做，收集更久远的历史数据。

民主的概念

问：在《民主与发展》的统计分析中，您使用了所谓民主的"极简主义观念"，将其作为一种非暴力的通过竞争性选举选出统治者的体制。此外，您还明确地主张采纳这样一种极简主义观念（Przeworski 1999）。您为什么持这种看法？

答：人们对民主的期望很高。我从民主是一种体制的理解出发，在民主体制下统治者通过选举产生并且可以重新选举，也就是说，他们可以经由大多数公民的投票去职。我试图通过归纳和演绎的思维来弄清楚，从民主中期待什么才合理。正如我们已经讨论过的，统计结果表明，我们不应该期待从民主中取得经济发展。但是，我们是否应该期待决策将是理性的，以一种18世纪的方式来进行？我再一次说"不"。我们应该期待责任制吗？嗯，我们知道选举是一种非常迟钝的问责工具。它们当然不足以确保责任制。我们应该期待民主政府产生平等吗？在这件事上，谜底仍未揭开。为什么民主国家没有更好地促进收入均等化？我们应该期待这样的均等化，但我不认为我们看得到。因此，对于"我们应该期待民主政府创造什么？"我的回答是：发展，不行；理性，不行；责任，很少；平等，也许吧。

我们能从民主中有把握地期待什么呢？我们应该期待人们不会互相残杀，也不会被政府杀掉。这就是为什么我回到波普尔（Popper 1945）和博比奥（Bobbio 1984, 156），说："民主是一种阻止我们互相残杀的体制，这就足够好了。"我得出这样的民主观念，是经历1973年智利发生的反阿连德政变的结果。我意识到民主是多么重要，任何可能破坏民主的政策都是不负责任的，因为它可能导致大规模屠杀。我对民主的极简主义观点可以追溯到那次经历。我们左派对民主的态度是矛盾的。如果民主推进了我们的目标，我们就使用民主；如果民主没有推进我们的目标，我们就摒弃民主。但在1973年，我意识到民主是一种最值得捍卫的价值。这是我思想上的一次重大转变。

问：当前，在"民主的质量"这个总帽子下，似乎存在从民主的极简主义观念有所转移的趋势。这一变化会富有成果吗？

答：非常富有成果。这个问题与民主应该做二分测量还是连续测量的方法论争议有关（Collier and Adcock 1999）。有些国家我们不可能认为是民主的，比较皮诺切特是否比维德拉（Videla）[19]更民主，或者斯大林是否比希特勒更民主，这是没有意义的。这些政权显然是独裁政权，得分为零。但这并不意味着我们不能说一个国家比另一个国家更民主。这里我用怀孕来打比方。有人可能怀孕一个月、两个月等等，我们可以做出区分。因此，我非常赞同评估民主质量的努力。

---

[19] 豪尔赫·P. 魏地拉（Jorge R. Videla）在阿根廷军政府统治期间，于1976年至1981年担任阿根廷总统。

这些努力的难题是，很难设计出令人满意的民主质量测量方法，必须非常小心做它，因为"民主的质量"这个措辞正在变成美国政府和国际金融机构用来在制度或政治事项上对各国施压的地缘政治工具。在这方面，出现了对"良治"*进行评级的热潮。但是，从肯尼亚或印尼政府的观点来看，良治意味着什么？这意味着美国政府说："如果你们照这样改改你们的政治制度，我们将给你们数亿美元。"许多倡导这类改革事项的人根本不知道自己在干什么。

如果这些决策是基于可靠的研究，如果我们真的知道什么可行、什么不可行，情况可能会有所不同。那样的话，我或许会有所疑虑，但仍表示同情。可是我们并不知道。假设说我们引入司法独立吧。司法独立在厄瓜多尔能带来什么？我读了一篇关于这个话题的小文章，得出的结论是，独立的司法系统使得贿赂法官的成本更低。当法官缺乏对政客的独立性时，你还必须贿赂一名政客，而这位老兄必须与其他政客分享贿赂，这样他们才会挺他。但增强司法独立的改革也许会降低贿赂法官的成本，因为外国企业可以一个接一个地挑选法官，从而把政客排除在外。我们不知道什么有效、什么无效。关于民主质量的辩论必须在更好地理解其政治后果的情况下进行。

令我困扰的是，这些倡议中有许多隐藏着意识形态议程。以"自由之家"的国家排名为例。[20] 他们根据人们是否有做事情的自由来对国家进行评级，所以美国的排名接近榜首。美国人有组建政党的自由，他们有投票的自由，但他们不组建政党，半数人口不去投票，甚至在总统大选中也不投票。自由作为一种抽象的潜力，与行使自由的能力是分家的，我发现，这一观念在意识形态上受到了玷污，难以令人信服。罗莎·卢森堡曾经说

---

* Good governance 在国内经常被译为"善治"，但中文语境中，与善相对的是恶，一方面有太强的主观价值判断意味，另一方面也难以体现出"优良中差"在程度上的差别，从而也就不会让人马上联想到对治理绩效的评估其实是个定序变量（而非定类变量）。所以这里译作"良治"。另外，"德维善政，政在养民"（《尚书·大禹谟》）是中国传统讲法，善政、良治，似乎可以更好地标明两个措辞的不同指向。——译者注

〔20〕自由之家每年发布两份世界各国的排名指数，一份关于政治权利，另一份关于公民自由。数据可访问 http://freedomhouse.org/index.htm。

过:"问题不在于自由,而在于自由行动。"本着这种精神,我们应该问问:有多少个政党?它们提出了什么建议?穷人多长时间才参加一回竞选并能当选?诸如此类的问题。但自由之家并不是这么做的。我认为自由之家是美国意识形态的产物。

问:您会怎样研究民主的质量?

答:我首先考虑的是金钱进入政治的途径,这才是把不同的民主真正区分开的东西。列宁于1919年在他给匈牙利工人的一封信中说:"资产阶级民主只是资产阶级专政的一种具体形式。"他脑子里想到的是下列机制。民主是一种普遍性的系统,就像一场带有抽象的、普遍规则的游戏。但是不同的群体带进这个系统的资源是不平等的。喏,想象一场篮球比赛,在一群七英尺高的人和另一群像我一样矮的人之间打,结果是明摆着的。我们正在玩的这场民主政治游戏,一方是在这事上能花很多钱的人,另一方是没钱可花的人。我认为米利班德(Miliband 1969)关于经验性马克思主义国家理论的著作中有一点是实实在在的真理,即当金钱进入政治时,经济权力就转化成了政治权力,而政治权力反过来成了经济权力的工具。这是我们在许多国家正在目睹的现状。如果我要测量民主的质量,这就是我首先要抨击的地方,即所有监管金钱进入政治的规则和实践。

关于方法论的研究

问:除了您的实质性项目外,您还写了一些关于方法的著作,尤其是在你职业生涯的早期。为什么对写方法这么感兴趣?

答:可能有两个原因。首先,有几次我开始着手处理实质性问题,却发现现有的方法行不通,无法用来回答这个问题。结果,我就卷入了方法论问题。我从来没有就方法谈方法。但我承认,有时我写方法论的文章,并没有回到实质性的问题上来。我在1974年参与合著的关于系统分析的那本书(Cortés, Przeworski, and Sprague 1974)就是如此,它其实是从一个有关选举权扩大的研究项目中发展而成的。在这个例子上，我从来没有从方法问题回到实质问题。

第二个原因是，当我离开波兰的时候，我并不想研究波兰，我对美国的了解又不足以去研究美国，而且我也不想研究拉丁美洲，因为我不是拉丁美洲人。所以我必须弄清楚我能做什么，而方法就是其中之一。直到20世纪70年代初，我才对自己说："如果你真正关心的是实质性问题，为什么还要做这些方法论的东西呢？"就在那时，我又开始做一些实质性的事情了。

但我一直在研究方法问题。最近我与一位从前的学生詹姆斯·弗里兰（James Vreeland）合写了一篇文章（Przeworski and Vreeland 2000）。我们想知道国际货币基金组织（IMF）对经济增长的影响。但是当我们开始思考这个问题的时候，我们得出的结论是真的没有统计模型可以做我们想做的事情。所以我们最终写了一篇方法论文章，作为实质性文章（Przeworski and Vreeland 2002）的副产品。

我必须承认，我发现方法论工作在智力上令人愉悦。我喜欢研究方法，因为我喜欢逻辑谜题。

问：您最著名的方法论著作是与亨利·图恩合写的《比较社会调研的逻辑》（Przeworski and Teune 1970）。这本书的主要贡献是什么？

答：那本书的主要理论贡献源自波兰社会学，即比较政治不是关于做比较的，而是关于检验各国假说的。当我们做"比较研究"时，我们其实是在不同的历史条件下检验一般性假说。

另一项贡献涉及各国可比较数据的产生。我们专注于问卷调查，当时人们相信，通过尽可能准确地将调查问卷从一种语言翻译成另一种语言，就可以确保可比性。我们发现，当你在美国问大家他们的社区中是否存在冲突时，他们会说："是的，有三种冲突——争水，争学校，争这条道。"但当你在印度问这个问题，把"冲突"这个词翻译成印地语中最接近的词时，人们会说："不，不。在这个社区，我们和平相处，我们不互相残杀。"为什么会这样？因为在印度人的理解里，在和平、和谐与相互残杀的两个极端之间没有任何东西。有限的、受管制的冲突的观念不在他们的概念装备之内。我的结论是，只从字面上翻译问题是行不通的，这样并不能实现跨国等效（cross-national equivalence），这是我们关心的技术术语。我和图恩开发了一种我们认为更聪明的方法来控制住不同国家、不同尺度的意义问题。

问：这本书出版于1970年，至今仍在许多研究生课程中使用。考虑到方法论领域被认为是不断变化的，这很令人惊讶。

答：是的，这本书还在不断重印，它还活着。为什么会这样呢？我想因为它是一本好书，我们确实解决了问题。书中有许多我现在不相信的东西。比如，关于研究设计的东西，关于最相似和最不同系统设计的内容，是错误的。尽管如此，我认为中心论点，即比较研究本质上是在不同的历史和地理条件下检验研究假说，为社会科学的总体事业提供了纽带。我还认为，对于不同历史、地理条件下信息的具体追求方式，我们提出了一些有用的建议。

问：如果您要重写《比较社会调研的逻辑》，还会在哪些方面有所不同？

答：这很容易回答。我现在相信反事实（counterfactuals）在比较思维中扮演着关键的角色。我们想知道的是，在比较研究中，在一般的社会科学中，一个特定的单位（unit），比如一个国家，在不同的因果变量状态下，加以不同"处理"（treatment），会发生什么。关键是要找到合理的方法来传达（inform）这些反事实，用我们能观察到的东西来传达我们没有观察到的假设的状态。以殖民主义的影响为例，这是我目前正在指导的一篇博士论文的主题，作者是萨尼·卡尼亚休（Sunny Kaniyathu）。很明显，当亚当·斯密认为殖民主义对被殖民国土是毁灭性的时候，他假定这些地方如果没有被殖民就会发展。后来，马克思主义者也有同样的想法。相反，马克思和密尔认为殖民主义有利于经济发展，否则这些地方就会停滞不前。因此，答案取决于你所假定的反事实。那么，哪些是正确的反事实呢？我们如何从中作选择呢？所以，如果我今天要写一本比较方法的书，那一定是"选择偏差"驱动的。[21]

问：关于选择偏差，你认为金、基欧汉和维巴（King, Keohane, and Verba 1994）关于这个问题的讨论有用吗？

答：这是一个很好的讨论，但在我看来，反事实的问题被低估了。金知道他在做什么，明白问题的重要性。但他们对这些问题的表述过于仓促，太快就转入统计学问题了，没有涉及反事实思维中的哲学问题。

核心思想及其接受度

问：您最好的想法是什么？

答：我认为自己有什么好主意？我想我的阶级妥协观点是个挺重要的想法。我喜欢沃勒斯坦和我把国家对资本的结构性依赖的想法概念化的方式（Przeworski and Wallerstein 1982）。我喜欢有关选举中权衡取舍，以及工人阶级一旦参与选举政治就难以抱团的整套想法。但我不确定它是否在经验上真的成立。我们对社会主义政党衰败的预期，比我们在《纸石头》中发现的要多得多（Przeworski and Sprague 1986）。

我认为，我把民主理解为一套以和平方式处置冲突的规则，从而包含了一种特殊形态的不确定性，以及允许群体进行某些跨期权衡（inter-temporal trade-offs）、从长计议，这是一个很好的理解。我非常在意这种民主能够实现跨期权衡的观点。

在我的方法论工作中，我认为比较政治是关于检验各国假说的观点挺好的。

问：您有没有什么著作或想法被不公平地忽视了？

答：我很幸运，当我认为我有一个好点子的时候，总能听见反响。有时有些我甚至认为无甚精彩的事情也能找到共鸣。严格地说，这些想法并

---

[21] 选择偏差是指源于对非随机样本进行研究而产生的系统性错误。

不新颖。你总能在某处找到说过类似话的人。但对我来说，它们是原创的，因此也受到了欢迎。

然而，我确实认为我的两个方法论观点被忽视了。比较研究是在不同历史条件下检验一般性假说的观点从未流行（Przeworski and Teune 1970）。相当多的人用这种方式研究比较政治，但是打开任何一本比较教科书，你会发现第一句或第二句说比较政治是关于比较国家的。此外，直到加里·金（Gary King et al. 2004）最近的一项研究，关于如何生成跨国家可比较数据的建议才被采纳。

问：您的著作有没有从根本上被误解了的？

答：出于某种原因，《民主与市场》（Przeworski 1991）第四章中对经济改革过程的分析被解读为我支持激进的新自由主义改革的信号。这是明显的误解。

研究历程

问：在研究过程中，您如何表述研究问题？从哪里获得灵感？

答：通常的情况是，我发现有些事情我不知道，我们大家都不知道，或者在有些事情上我们大家持有的信念相互并不一致。如果我觉得所涉及的问题在政治上很重要，那么我可能会开始考虑这些问题。基本上，我的动力来自于那些在智识上令人困惑的、政治上重要的问题。对我来说，研究是一件由规范和政治驱动的事情。

问：阅读政治理论、经典著作对你的研究有启发吗？

答：阅读政治理论经典对我来说非常重要。它是假说、历史信息和伟大思想的源泉。我认为很少有基本问题是全新的。如果你读读亚里士多德的著作，你会发现美国政治学的议程基本都安排好了。显然，历史条件已经变了，我们现在可以问各式各样经典中没有提出的细节问题。此外，经典往往包含模糊的直觉和缺乏真正可以研究的规划。尽管如此，它们仍然是知识和直觉非常重要的来源。

我每天都和一群政治哲学家打交道。多年来，我一直在和伯纳德·马宁（Bernard Manin）一起教授一门课程。他是位政治思想史家，著有一本有关代议制政府理论的杰作（Manin 1997）。我们一起教这门课，他教卢梭，我做模型，他讲孔多塞，我做模型。这些作者对我来说都是非常重要的智识源泉。

我在20世纪60年代来到美国时，通常都是同样的一群人在教授政治哲学和比较政治。事实上，大多数比较政治的工作都被定位为政治哲学和比较政治的工作。同一个人既要教授当时被称为"从柏拉图到北约"的课，也要教"比较政府导论"。比较政治和政治理论之间的关系现今已经变得没有关联了。如今我们忽视政治哲学。比较政治的学生不再被引导去关注大问题，因为这些问题背后的直觉可能是模糊的。而代价就是学生们越来越狭隘。

问：您把自己描述为一个"方法论机会主义者"（Przeworski in Katzenstein et al. 1995, 16-21）。能描述一下您常用的方法吗？

答：我讨厌在方法论上争来争去，我把这种争议与技术问题分开看。每个人都想了解比较政治的方法论，我也经常受邀参与方法论争论。大卫·莱廷和罗伯特·贝茨也总是在掺和这些事。我避免这样的争论。我确实认为技术上必须保证正确。如果你在做理论，你必须做缜密的理论。如果你在做统计分析，你应该做好的统计分析。两者都需要技艺。我认为技艺非常重要，但我没有迷信和崇拜方法论。

我不认为所有的事都应该用博弈论，或者统计学，或者结构分析，或者讲故事来做。方法是工具，有些方法适用于某些问题，别的方法适用于别的问题。我受实质性问题驱动，试图尽可能地回答这些问题，这引导我去运用不同的方法。

另一个原因是，我认为抽象地讨论哪种方法好、哪种方法不好是无效的。正如库恩（Kuhn 1962）所言，人们只是模仿范例，而不是被方法论说教说服。我始终认为好例子比抽象的观念更有说服力。所以，如果我想说服人们某样东西是个好方法，我就会在我的研究中使用它。

问：但您似乎认为自己是位科学家。

答：是的，我是科学家。我认为逻辑上的连贯性和经验上的可证伪性是科学的基本标准。你所说的必须合乎逻辑，而且必须具有可观察到的后果，这些后果可以被证明为真或假。

模型和经济学

问：形式化建模和博弈论工具在您的工作中占有突出地位。在研究进程的哪个阶段您开始建模？您想用您的模型完成什么？

答：通常情况下，我会从考虑因果链开始。例如，考虑一个具有特定人均收入、收入分配和不平等程度的社会。这个社会也有决定如何作出决策的政治制度。社会建模的一种方式是聚焦于具有决定意义的政治行动者和这些行动者的收入水平的位置。这是个经典模型。然后你可能会问："随着时间的推移，如果这个社会从贫穷和不平等出发，会发生什么？或者，如果社会从贫穷但平等开始，会发生什么？在这些不同情况下，收入不平等和政治制度将如何改变？"我马上发现，如果不写下符号，我就无法解决这类问题。我不够聪明，不足以在没有将其形式化的情况下思考这条因果链。

许多年前，我的朋友乔恩·埃尔斯特告诉我，非形式化的、演绎式的论证是行不通的。有些人是天才，你给他们前提预设，他们就能告诉你结论。当你用数学模型检验他们的结论时，会发现他们是对的。我认识这样的人，但那种非形式化的演绎超出了我的能力。有人曾写道，数学是傻瓜的工具。聪明人知道这些预设蕴涵了什么后果，但我觉得这太令人困惑了，所以我在研究过程中很早就开始写符号。这些符号通常永远不会出现在印刷品上，我这样做只是为了清醒一下头脑。我的女儿比我更懂数学，她认为我太早开始建模了，在我扎进数学之前，我想得还不够多。她可能是对的，因为当你开始进行形式化时，你的直觉和形式化之间不大匹配，结果模型有时并不能回答你认为它会回答的问题。但我必须通过形式化来厘清自己的想法，我不知道否则该怎么想问题。

问：直到最近，形式建模才成为比较学者工具箱的一部分。您怎么这么早就学会了这种思维方式？

答：我17岁那会儿还在波兰读书的时候，接触了两年严格缜密的数理逻辑训练，我被教导进行演绎思考，后来在我读卢斯和雷法的博弈论书（Luce and Raiffa 1957）时，这对我很有帮助。我作为一名政治学家接受教育那会儿，几乎没有受过任何形式理论方面的培训。我最大的挑战一直是要跟上我的学生。我总是担心自己没有能力学习新东西。但我之前接触的数理逻辑消除了我对任何带有符号的东西的恐惧。最终，跟上进度只是时间问题罢了，分配好时间，学习新事物。

问：在形式化和建模过程中，您是否获得了新见解并得出了惊人结论？

答：当然。我发现了许多令人惊讶的演绎结果。例如，当我在研究向民主转型的模型时，我得出的结论是，如果非民主政权内的强硬派和改革派以及该政权的反对派都知道一切，就不会有转型。直到我为它写了模型，我才发现这一点。

当你建构一个模型时，你不一定会得到那种在你以为的意义上令人惊讶的结果。相反，回报（payoff）往往是你没有考虑到的理所当然的、侧面的结论。例如，我一直在研究一个民主生存模型，在此民主被视为财富分配上的反复冲突（Przeworski 2005）。我试图证明，在较高的收入水平上，一个民主体制存活下去的概率会增加。在这一过程中，我发现在民主体制下，贫穷国家无法再分配其大部分收入。这完全令人惊奇，我没有想到或者预见到过。

建模确实会带来惊喜，但也许大多数时候你只是意识到你的想法是不连贯的。我与杰西·本哈比（Jess Benhabib）合作了一年多，一直在研究一个将政治责任制与经济增长联系起来的模型，但这个模型就是不能前后一致。我们修正一个论点，然后马上发现它与另一个论点不一致。我想我们现在已经弄出来了,但是在这个过程中,我们发现许多已经发表的关于"掠夺性国家"的模型非常不连贯、前后不一致。

问:除了在理论化中使用形式工具外,您还经常吸收利用经济学家的研究。您什么时候开始读经济学的?

答:大约从1972年开始。我那时正在教授一门关于马克思主义国家理论的课程,这个话题在当时引起了大家极大的兴趣。1969—1970年,米利班德(Miliband 1969,1970)和普兰查斯(Poulantzas 1969)进行过一次交锋,随着新著作的出现,这类文献每年都在发展变化。在此期间,对马克思主义经济学的一些批评和理论表明,马克思关于资本主义条件下利润率下降的主张是错的。埃尔斯特、约翰·罗默和我的结论是,作为马克思主义国家理论基础的经济模式不合适。[22]

就在那时,我决定咬紧牙关学一些新古典经济学知识。迈克尔·沃勒斯坦是我班上的一名学生,他得出的结论与我相同,这件事对我起到了帮助作用。他去了经济系,完成了他的整个研究生项目。他基本上教会了我新古典经济学的基本原理。从那以后,我读了越来越多的经济学书籍。今天,我读经济学家写的东西比读政治学家写的多,因为许多经济学家现在在研究政治学问题。我最近出版了一本关于政治经济学的教科书,其中的主要论点是,除非你懂经济学,否则你就不能做政治经济学(Przeworski 2003)。

统计和数据

问:统计在您的研究中扮演什么角色?

答:一切都以统计告终。我不会上来就做统计分析,只有在我掌握了足够的历史知识,并在一定预设下得出了一套初步合理、逻辑成立的清晰假说后,我才转向统计学,看看这些假说是真还是假。但我要强调一点:我不会把我的统计观察结果视为匿名的"数据点"。在《民主与发展》一

---

[22] 关于普沃斯基对马克思主义国家理论的评价,参见Przeworski(1990)。

书中，我们研究了 130 个国家（Przeworski et al. 2000）。对于其中一百多个国家的历史，我至少都能讲出半个小时的故事来。我确实相信，在做统计之前，你必须了解这些地方的历史。

问：您的工作一个独特之处在于，您的数据集基本上是自己搜集整理的，而经济学家和政治学家大多倾向于从别人创建的互联网数据集下载数据。您对待数据集的标准是什么？

答：总的来说，经济学家对他们使用的数据，尤其是政治数据，并不太在意。我是数据纯粹主义者。首先，我认为数据本身带有理论包袱，有时还带有意识形态包袱。就我在民主与发展问题的合作研究中使用的有关政体的数据，我们首先非常明确地界定了我们所说的民主是什么以及它不是什么。直到那时我们才开始收集数据。我们详细讨论了我们的方法。[23]

其次，我非常相信，我们所产生的数据应该是其他人根据观察所能复现的。如果某人拥有与我相同的信息，并且知道我用于生成数据的规则，那么他应该能够得出与我相同的结论。结果必须能从观察和规则中重现。

这些是我看待数据集的主要标准。一些常用的数据集不符合这些标准。这是我和"自由之家"争执的缘由，另外我也觉得他们掺杂了太多意识形态的成分。这也是我不满意"政体"（Polity）数据集的地方。[24]* 最后，数据收集是非常凌乱麻烦的操作，因此，你需要做各种逻辑一致性检查。通常数据集要以便于这样做的方式来构造。例如，如果你有"按党派投票"和"总投票数"，就可以做一个小检查，看看按党派投票的总和是否

---

[23] 参见 Alvarez et al.（1996）以及 Przeworski et al.（2000, Ch. 1）。

[24] "政体"项目提供关于世界各国政权和权威特性的年度数据，可访问 www.cidcm.umd.edu/inscr/polity/。

* 此处提供的网址是 Polity 项目原在美国马里兰大学国际发展与冲突管理研究中心网站上的网址，该中心已故的特德·古尔教授（Ted R. Gurr 1936–2017）于 20 世纪 60 年代创立了 Polity 项目，在他生前已经发展到第四版，即 Polity IV。这个项目的赞助者 PITF 受美国中央情报局的资助。目前该项目的负责人是蒙蒂·马歇尔（Monty G. Marshall），项目网站可访问 https://www.systemicpeace.org/polity/polity4x.htm，已经启动的第五版数据集 Polity V 计划目前由于各种原因中止。——译者注

等于总投票数。令人惊讶的是，这些事通常都没有做。

问：20世纪60年代，社会科学领域掀起了搜集生成数据集的热潮。这种兴趣后来逐渐消失了，现在我们看到人们对数据收集重新产生了浓厚的兴趣。如何解释这种循环？

答：你的观察是对的，在20世纪60年代中期和70年代初，有一种收集聚集数据的大趋势，而现在也有一种新的趋势朝这个方向发展，但同时对这个问题又没有给予太多关注。我真的不知道为什么会这样。20世纪60年代中期是因子分析的时代，我们有各种各样的指标。因为它没有提供太多信息，所以就逐渐消失了。因此，也许对数据的兴趣随着因子分析而消失了。自20世纪80年代中期以来，增长经济学家广泛使用的佩恩世界榜（Penn World Tables）*的出现是一个重要事件。佩恩表至少为我们提供了经济数据。这说服了我回到民主与发展的话题上。

叙事与个案

问：如果拿您的《民主与发展》（Przeworski et al. 2000）和关于社会民主的两本书（Przeworski 1985a；Przeworski and Sprague 1986）相比，似乎您已经不再在研究中运用历史叙事了。

答：我不这么认为。为了研究社会民主，我读了很多社会主义领导人的著作和传记。我试图理解这些人是怎样看待这个世界的，他们面临着什么样的选择，以及他们是如何预测他们决策的后果的。我想，如果我能设身处地从他们的立场着想，也许我能把事情搞清楚。所以我读了很多历史书。在某种程度上我知道我在做什么，我的方法几乎就是韦伯式的 *Verstehen*（理解）方法。[25]* 我试图从主人公视角来看选择的结构。我写的东

---

* Penn World Tables 中的 Penn 原指的是宾夕法尼亚大学（U Penn），因其首创者是宾大的三位经济学家。但目前该项目的主持者是美国加州大学戴维斯分校的经济系和荷兰格罗宁根大学的增长与发展研究中心。——译者注

〔25〕Verstehen 德语词，通常翻译为"解读式理解"，参见 Weber（1949, 160）。

* 中文常见译法是"诠释"。——译者注

西有可观的叙事成分。

然后，对于我在《民主与发展》中处理的问题，我认为我需要统计。但是在我目前关于发展的研究中，我又回头阅读独裁者的传记和关于独裁者的小说，这些书信息量很大。我想站在朴正熙和蒙博托的立场上，看看为什么一位是发展型领袖，而另一位是窃贼。[2] 我的直觉是，发展主义独裁者是那些恋母的人。很明显，这不是你会学到的东西，也不是能用统计来检验的东西，但当你阅读小说和传记时，这种模式就变得不可思议了。顺便说一下，如果这是真的，那反事实就需要一些我们无法观察到的东西，需要在不可观察的事物上进行选择。

问：按照对个案研究方法通常的理解，您不做个案研究。但您发表过许多关于波兰的文章。波兰在您的思考中扮演什么角色？

答：因为波兰是我了解的国家，所以我就用它来甄选抽象的理念。抽象地思考对我来说并不容易。所以，我喜欢通过例子来处理抽象理念。波兰是我经常用于这一目的的个案。此外，当团结工会运动兴起和随后政变在波兰发生时，我参与了对波兰的研究，并写了一些论文，也算是某种政治上的干预吧。否则的话，波兰就没有什么特别的作用。最近我去拉美的次数比波兰还多。

问：您如何了解自己感兴趣的国家？

答：通常情形是我去国外参加会议，朋友们在机场接我，急切地问："你知道发生了什么事吗？"他们告诉我正在发生的一切。然后我去会场坐上三天，人们在那里发表关于阿根廷、肯尼亚、波兰或者中国的论文，于是我顺便更新相关信息。会议是一种很好的了解方式。你被强制喂食三天，会学到很多东西。我通过去不同的地方以及与人交谈来了解情况。

---

〔2〕朴正熙将军在1961—1979年间担任韩国总统，乾纲独断。蒙博托是1965—1997年间刚果（金）的独裁者。

问：您有没有密切追踪或定期关注哪些国家？

答：像我这样做比较政治，也就没有特定的区域焦点，我必须及时跟踪和了解至少几个国家的复杂现实。由于各种与个人历史有关的原因，我追踪了解阿根廷、巴西、墨西哥、西班牙、法国、波兰、韩国和肯尼亚的情况。我可能每两年访问一次这些国家，有些可能更频繁。我也系统地阅读与它们有关的东西。我在那里有学生，他们把自己以及其他人写的东西发给我。当我出国的时候，从来没有正式地采访过谁。但我确实会与人交谈，包括政府官员。许多之前参与威尔逊中心民主转型项目的社会科学界同仁，以及我以前的一些学生现在在政府工作，我当然也和他们聊聊。我们边吃边谈。我就是这样跟上形势的。但那只是跟上形势罢了，和做系统的研究不一样。

问：您一定有很好的语言技能。

答：波兰语是我的母语。我能相当流利地读和说法语、西班牙语，而且我还能听懂看懂其他的罗曼语和斯拉夫语。我阅读各种语言的小说。比如，我刚用葡萄牙语写完一本小说。

非学术写作

问：您的一些著作针对的是非学术领域的广大读者。当您试图接触更广泛的受众时，你是否有意识地去创作更容易理解的版本？

答：我几乎总是如此。我经常为少数读者写一些技术性的东西，然后，当我确定我有一些挺好的东西时，我会为更广泛的读者写一些不那么技术性的东西。我确实时不时地尝试带着政治干预的目的写东西。我在《民主学报》上写了一篇关于新自由主义谬误的文章（Przeworski 1992），颇有反响；我为《波士顿评论》写些关于民主和经济的东西（Przeworski 1996）；为《民主学报》撰写的另一篇关于民主为何存活的文章（Przeworski et al. 1996）；以及一本合作的书《可持续民主》（Przeworski et al. 1995），都想起到政治干预的效果而非其他目的。早些时候，我写的一些关于波兰的文章都是政治上有意为之的。我确实把自己看作是公共生活的参与者，即使是边缘的和无效的参与也无所谓。

同事、合作者和学生

问：职业生涯初期，您曾在宾夕法尼亚大学和华盛顿大学短期工作过。然后在芝加哥大学待了二十多年，现在您在纽约大学教书。您在这些地方与哪些同事交往最密切？

答：在华盛顿大学，我从约翰·斯普拉格（John Sprague）那里学到了很多，包括动态模型和许多其他东西。在芝加哥，我和菲利普·施密特非常亲近。我们总是在一些基本的事情上意见不一致，每当我们都是某个学生答辩委员会的成员，他们总是烦死了。但菲利普和我的确聊了很多事情，我们是朋友。他于1982年离开了芝加哥大学。

再之后，芝加哥大学发生了件非常稀奇的事：一群志同道合的朋友"结晶"成形。这个群体甚至有了一个机构——伦理、理性和社会研究中心，其中"伦理"是拉塞尔·哈丁（Russell Hardin），"理性"是乔恩·埃尔斯特，我是"社会"。还有斯蒂芬·霍尔姆斯、伯纳德·马宁、帕斯夸里·帕斯奎诺（Pasquale Pasquino）等人。当时芝加哥这个群体的几乎全部成员现在都在纽约市。我们仍然在每年秋天的每个星期一聚会，由约翰·费雷约翰做东。我们聊上两个钟头，然后吃晚饭。这确实是我知识生活的中心。到现在我们可能相互间也觉得有些耗竭了，因为已经持续很久了。但聚会仍然是令人兴奋和刺激的。我与哲学家的互动比跟别的人要多。但我在纽约大学也有一些经济学家朋友，我从他们那里学到了很多东西，尤其是杰西·本哈比。在政治学系，我和尼尔·贝克（Neal Beck）聊得多，他总能发现我的统计结果表述有错的地方。

问：当您所在的群体中大多数人搬到纽约时，芝加哥大学这一稀奇时刻就结束了。从芝加哥出走的原因是什么？

答：我们不是被迫走的。我们离开都主要是出于纯粹的个人原因。拉塞尔·哈丁最先走，然后是乔恩·埃尔斯特，然后是我。乔恩因为个人原因想搬到纽约市，我也如此。我的妻子在巴黎的经济合作与发展组织工作，14年来我一直往返于巴黎和芝加哥之间。但后来她在纽约的联合国找到了一份工作，这是我们住在同一个城市的机会。乔恩和我一到这里，就带来了霍尔姆斯、马宁和帕斯奎诺。他们搬家部分是为了和我们在一起，部分是因为他们被纽约吸引了。但导致我们离开的，并不是因为芝加哥大学的任何事情。

我想我们都后悔离开芝加哥大学，因为我们珍惜这个机构。那些日子很棒。它确实是一个致力于追求理想的地方。你可以走进院长的办公室，说："看，我做这个项目已经五年了。我也感到厌烦了，我差不多快做完了，但还需要请一阵子假。"院长只不过会说："那给我写三页纸，告诉我你为什么需要请假。"然后你就能带着假出去转悠了。校方愿意拿钱支持智识目标。芝加哥大学是一个独特的机构。凡是到过芝加哥大学的人都为之倾倒，对它怀有一种浪漫的感情。

问：另一个您密切参与的小组是分析马克思主义者。这个小组的基本议程是什么？

答：它致力于使马克思主义接受当代社会科学方法的审视。我们的想法是把应用在任何其他理论上的推理和论据标准同样地应用到马克思主义上，看看它在多大程度上、有哪些部分站得住脚。阿尔都塞式马克思主义有一个很好的花招，就是有它自己的方法论，有它自己的家法来评价其理论的有效性。[3] 我们打破了这种研究路径，说："不行，你必须像评价其他理论一样来评价马克思主义。它要么连贯、要么不连贯，要么对、要么错。"我在1979年或1980年加入了分析马克思主义小组——我想那是这个小组成立的第二年——我一直待到20世纪90年代中期，乔恩·埃尔斯特和我离开了。我非常喜欢这个小组，学到了很多东西。但我最终离开了，

---

〔3〕 阿尔都塞式马克思主义是马克思主义的结构主义变种，基由法国理论家路易斯·阿尔都塞的著作发扬光大。两部经典文本是 Althusser (1968) 和 Althusser and Balibar (1969)。就其概述，参见 Benton (1984)。

因为我认为我们已经完成了我们的智识计划。我们持续产出重要的著作，包括约翰·罗默编的读本《分析马克思主义》（Roemer 1986a）、埃尔斯特的《理解马克思》（Elster 1985）、我的《资本主义与社会民主》（Przeworski 1985a）、格里·科恩的《卡尔·马克思的历史理论：一种辩护》（Cohen 1978），以及罗默的《剥削和阶级通论》（Roemer 1982）。我们最终发现已经所剩无几了，实际上也没有什么需要学习的了。因此，我离开分析马克思主义小组主要是出于学术原因。

问：在您在美国大学工作的这些年间，您一直与其他波兰移民保持联系吗？

答：只有些儿时的朋友一直联系着，他们现在大多住在国外。波兰文化中存在强烈的民族主义、彻底的天主教传统和极度的不宽容，我从来没有在波兰文化中感到舒服过。我从小就是天主教徒，但很小的时候我就既反天主教又反波兰民族主义。

问：有些人觉得很奇怪，您没有沿着来自波兰的学术移民的通常轨迹走，也就是放弃马克思主义，甚至变得恶毒地反马克思主义。相反，您成了某种意义上的西方马克思主义者。您为什么不排斥马克思主义？

答：让我先谈谈西方马克思主义者。1978年，在瑞典乌普萨拉召开的国际社会学协会（ISA）世界大会上，有一个关于发展问题的大型圆桌会议，我发表了一篇题为"资本主义：帝国主义的最终阶段"的论文，基本上是把列宁的著名论点"帝国主义是资本主义的最终阶段"（Lenin 1939）颠倒过来。我支持卡尔·考茨基（Karl Kautsky）的观点，认为帝国主义只是资本主义渗透进其他国家的一种方式。一旦实现了这种渗透，资本主义就会自我复制，从而，帝国主义就不再必要了。一个俄国人参加了这个小组会，他被彻底激怒了，说："弗拉基米尔·伊里奇·列宁说过，帝国主义是资本主义的最终阶段。这家伙说，资本主义是帝国主义的最终阶段。*Ne vozmozhno*！"在俄语中的意思是"你不能那样做"。房间里一片惊愕。一位波兰马克思主义者朋友把这个家伙拽了出去，向他解释我说了什么、没说什么。最后，这位俄国人得出结论，我是 isntij Markist，或"他们的马克思主义者"，他指的是西方的马克思主义者。

我发现自己经常遇到这种情况。我从来没有想到共产主义是马克思主义的一种实现形式。我认为苏联模式是指背叛工人阶级的一套官僚体制。我从来不同情苏联模式，我是一个反对苏联模式的马克思主义者。正如我前面提到的，这让我在20世纪60年代中期在波兰遇到过麻烦，当时我参加了一个研究小组，批评共产党压迫工人。可以说，当我在20世纪90年代初看到新自由主义经济政策实际上并非新古典经济理论的应用时，我发现自己处于这枚硬币的极端对立面。新古典经济学并不支持新自由主义。从这些例子中你可以看到，我寻根溯源，试图把理论与意识形态区分开来。所以，我既反苏联式共产主义模式，又是马克思主义者。

问：您与他人合作发表了不少著作。能谈谈与您合作过的人吗？您为什么要寻找合作者？

答：我天生就是合作者，所以有不少人跟我合作。我在宾大的时候和我的同事亨利·图恩合作（Przeworski and Teune 1970）。我和华盛顿大学的约翰·斯普拉格合作过，加上一位我的智利老朋友费尔南多·科尔特（Fernando Cortés），我们合写了一本书（Cortés, Przeworski, and Sprague 1974）。约翰快把我逼疯了，他是我所知道的最不守纪律的人，而我是我所知道的最自律的人之一。尽管如此，我还是有很多东西要向约翰学习，所以我们合作写了第二本书（Przeworski and Sprague 1986）。我与路易斯·卡洛斯·布雷塞尔-佩雷拉（Luiz Carlos Bresser-Pereira）和何塞·玛利亚·马拉沃尔（José María Maravall）合作了一本书（Bresser-Pereira, Maravall, and Przeworski 1993），这两位都曾在各自国家当部长，我从他们那儿学到了如何在政策意义上思考问题。我现在和纽约大学的经济学家杰西·本哈比一起写论文，从他那里我学到了如何思考经济增长（Benhabib and Przeworski 2006）。然而，我的大部分合作者还是我的研究生。我认为我学习的主要源泉是教学，我平生的主要对话者是我的研究生。我一直在和上我课的学生一起工作，就像运营一个自然科学实验室，他们要么对我感兴趣的东西也感兴趣，要么对我正在进行的项目的某些方面感兴趣，于是我们一起合作。在他们毕业后，我继续与他们中的一些人合作。与我以前的学生迈克·阿尔瓦雷斯（Mike Alvarez）、泽·切布（Ze Cheibub）以及费尔南多·利蒙吉一起写《民主与发展》，无论是在个人层面还是在智识层面，这都是件纯粹的快事。

合作者帮你解决问题，同时这也比一个人想更有效。比如，我和迈克尔·沃勒斯坦一起工作时，我会滔滔不绝地说些什么，他会带着他特有的甜美微笑看着我说："你确定这是真的吗？"我马上意识到我在胡说八道。所以，合作者有助于你保持清醒。尤其当你做形式化研究时，他们尤其重要。每个人都会犯代数错误，你需要大家把东西写在黑板上，这样其他人就可以检查它是否正确。否则，你最终会出错。这就是为什么形式化研究经常是合著。一个人干这事太难了。最后，合作者很有用处，因为工作量太大，一个人无法应付。如果你在收集数据，这几乎不可能完全靠自己完成，太耗费时间了。我现在正在从事另一项大规模的数据收集工作，同样是和一个由四名研究生组成的小组一起在做。总的来说，我确实很喜欢合作。

问：合作项目如何启动？

答：通常情况下，我开始和某人聊聊，发现他们对相同的话题有想法或一些原创的东西要告诉我。于是某个人，通常是我，会说："我们为什么不一起做呢？"就像这个以《民主与发展》作结的项目（Przeworski et al. 2000），我基本上就是走进教室说："这就是我打算要做的事情。如果有人想加入，来吧。"从本质上说，你要找的是一个你能与之相处的人，一个你认为聪明、勤奋、自律的人。如果人们不守纪律，不做自己那部分工作，你就得疯了。

问：你们合作时，实际动笔起来如何进行？

答：每次合作，都有人先起草份初稿，然后我们再讨论。另一个人改写一遍，然后来来回回、反反复复修改。有时某人写一个部分，某人写另一个部分，然后我们合并起来，某人再重写它，通常会经过多次重写。像

《民主与发展》，我自己写了第一稿和最后一稿，主要因为这是一本书，我们担心如果是由不同的人写不同的章节，风格会不一致。

问：您培养了很多研究生。您是怎么教研究生的？

答：首先，我会"训练"他们。我要求研究生得有一个系统的计划。通常，一个学生说他或她想跟我学习，我问他们想做什么，然后我问他们知道些什么，然后我告诉他们："为了做你想做的事，这些是你需要学的。"这些日子里，他们通常需要学点哲学、学点经济学，以及相当多的统计学。所以我的学生从别的老师那里得到了系统的训练。

此外，我总是教一些内容导引性的课。多年来，我一直在教授一门叫作"马克思主义国家理论"的课程，后来课名变成了"国家理论"，然后又变成了"政治经济学"。我可能不会再教这门课了，因为我已经出版了一本关于这个主题的教科书（Przeworski 2003），我认为我不能教我已经写过的东西。不管怎样，学生通常会上这门导引性课程。我还教授高级课程，通常是关于我正在做的研究，或者我认为学生应该学习，但从别的老师那里学不到的方法方面的课程。例如，我最近教了一门叫作"比较研究的统计方法"的课，重点是选择偏差。

我不教事实内容。我的观点是，学生应该通过阅读历史来自己了解事实。但是我确实强迫我所有的外国研究生去上美国政府这门课。除非他们特别有头脑且坚定不移，否则我不允许他们长时间只写自己国家的东西。

学生获得了所有这些技能，然后提出一个研究项目。我对他们的指导非常严格。我通常开一个博士研讨班。很久以前我就发现，美国的研究生在他们最需要与导师和其他学生交流的时候被孤立了。在美国，研究生完成了他们的课程，为他们的研究计划书做完开题答辩，他们拿到的资助通常也就结束了，然后他们在最需要和别人说话、倾听别人意见、学习论文可能需要的新技巧的时候，就得靠自己了。所以我一直为高年级的学生保留着某种形式的交流互动框架。我总是鼓励他们参加研讨班，与别人交谈，展示他们的工作。

这基本上就是我培养研究生的模式。我干这一行已经很长时间了，我想我知道该怎么做。我主持答辩的论文可能比这门学科的任何人都多——这个数字接近50。我不喜欢教本科生，主要是因为得去激励他们——他们在生活中除了学习还有别的事情要做——而且从他们身上学不到什么。但我喜欢训练研究生。

问：您怎么看当今研究生对政治的兴趣？

答：越南战争时期进入研究生院的人，也就是美国"文化大革命"的一代，他们在生活中经历了很多事情。他们对政治、文化和社会有着强烈的感情。他们通常会做些别的事情，经常搞政治组织活动，然后回到学校反思他们这些往往被看作失败的经历。他们往往不可教，因为他们不信任"实证主义"，敌视严谨的方法。这一点在拉丁美洲的学生身上表现得尤为明显，他们只知道美国是帝国主义者，并不认为在这里可以学到什么。但他们非常关心政治，他们学习政治，因为他们想改变世界。

今天的情况不一样了。如今这些读研究生的孩子们，他们真是小孩，总的来说，他们成长在一个分外和平、繁荣、没有冲突的时代。这些学生聪明，受过良好教育，并且渴望受教。但他们缺乏激情和兴趣。不仅仅是美国人如此。我有学生毕业自博斯普鲁斯海峡大学或毕尔肯大学，都是土耳其的精英私立大学，还有从迪特拉大学和圣安德烈斯大学（阿根廷的精英私立大学）来的，他们跟那些艾奥瓦州医生的女儿们根本看不出差别。这些孩子很容易接受教育，学各种技能都很轻松，但当他们应该开始问问题的时候，他们什么也问不出来。他们想成为专业人士，他们认为他们的任务是写文章和写书，而不是纵论世界大事，更不用说改变世界了。

问：今天我们可以做些什么来培养研究生使他们具备更多的激情呢？

答：我不知道有没有什么能让人顿悟的经历。当然我相信，无论以什么形式或时髦潮流研究比较政治的美国人，即便只是做模型和统计的，也应该去某个地方看看，体验一下国外的日常生活，看看那是什么感觉。但我不知道这样做是否就够了。

比较政治的成就与未来

研究发现和知识积累

问：如果您回头看看30年前比较政治领域的情况，那时您还是一名年轻教授，而我们现在又走到哪一步了？我们学到的主要内容是什么？

答：回答这个问题之前让我先做点警告。最近一些比较政治方面最好的研究是由经济学家们做出来的，所以我会把他们也包括在我的答案中。达龙·阿西莫格鲁（Daron Acemoglu）和詹姆斯·罗宾逊（James Robinson）、阿尔贝托·阿莱西纳（Alberto Alesina）、罗兰·贝纳布（Roland Bénabou）、杰西·本哈比、托尔斯腾·佩尔松（Torsten Persson）和圭多·塔贝里尼（Guido Tabellini）等人在比较政治领域做了出色的工作。他们通常对政治了解不多，但他们处理核心问题并得出了答案。把这些都包含在内的话，是的，我认为比较政治已经积累了大量知识。

我们学到了什么呢？自从迪韦尔热（Duverger 1954）和雷（Rae 1967）的开创性著作问世以来，我们已经了解了选举体制的许多后果，考克斯的《让投票算数》（Cox 1997）就是最新的例子。我们知道选举体制如何与社会裂隙相互作用产生政党，它们如何影响选票的分配，等等。关于形成联盟和组建内阁，我们学到了很多，关于这些话题有一堆形式模型和经验研究文献。我们对立法过程理解得更深入了。在过去几年中，我们非常迅速地了解了有关族群冲突和族群和平的不少情况。我们了解到，大多数情况下，不同族群和睦相处，或许我们正开始理解一些能解释这一发现的机制。最后，我们对政体变革的过程有了更多理解。我还可以举出不少例子。

更广泛地说，可以用一个检验来说明我们所取得的进步，当某个学生向我提出某个话题时，大多数时候我可以说："读这个，读那个，这是说这件事的文献，这是说那件事的文献。"在各种话题上，结论并不趋于一致，但已经有大量的文献存在于各种话题上了。

问：有没有什么议题上我们并未取得显著进展？

答：我们仍不知道为什么以及什么时候拿枪的人会服从不拿枪的人，也就是文职人员控制军队的决定因素。我们仍然不太理解政党。这确实是一个重要的话题，但我们却忽略了。我们不明白为什么会出现政党，是什么机制把它们结合在一起的，党纪的黏合剂是什么。虽然我们大体上对威权主义了解挺多了，但悲催的是，对独裁体制的结构却知之甚少。也许最重要的是，我们仍然不理解民主如何能与贫穷和不平等相容，尽管已经有了海量的关于这个主题的著作。

我也认为我们在全球化研究方面做得不好。我最近写了一篇关于全球化的论文（Przeworski and Meseguer 2002），所以我不得不阅读文献。我觉得这令人很不满意。特别是，人们对全球化的政治后果知之甚少。我认为部分问题在于，我们需要在这一研究领域取得方法论上的突破。目前使用的方法做得还不够好。这些发现迥然不同，而且大多数是基于假定对于特定国家的观察值之间是相互独立的统计方法，所以很难相信这些统计发现。这是一个大话题、重要的话题。无论如何，我们必须开始以不同的方式思考，并更多地关注适合研究这一问题的方法。

一般来说，在很大程度上由于有数据可用，我们对经济合作与发展组织成员国的了解比欠发达国家的了解更多，但这种差距正在迅速缩小。

问：在比较政治中，是否还有其他方法论问题阻碍了探究？

答：把我之前的回答说得复杂点，在一个相互依赖的世界中研究事物是一个开放的方法论问题，我们还没有答案。比如，我们有双层博弈的观念（Putnam 1988；Evans, Jacobson, and Putnam 1993）。但你如何评估这些模型呢？当这些国家相互依赖时，你如何检验关于国家内部冲突的假说？这非常困难。我认为全球化总体上是一个大的、开放的方法论问题。

另一个核心方法论问题是如何历史地研究事物，如何研究历史。当新制度主义同时主张制度是重要的且是内生的时候，这包含了一个潜在的矛盾。如果它们是内生的，那么我们需要厘清制度的影响与它们在何种条件下运作。比较政治的核心方法论难题是选择偏差，虽然我们确实有处理这个难题的方法，但不同的方法基于不同的假定，往往会得出迥然不同的结论。一般来说，关于制度影响的统计研究就是如此，而当我们考察历史时，这一点变得尤为突出。如果一切都是路径依赖的，那么谈论制度的影响就毫无意义了。为了识别它们的影响，我们需要更系统地思考反事实的历史，在其中，不同的制度可能在相同的历史条件下存在。

问：您强调了以严谨方式解决复杂问题的方法论困难。在这些问题上没能取得进展的另一个原因是，比较学者一开始就根本没有提出关于政治的重大而有趣的问题。

答：什么是我们没有问的？当然，我们没在问："我们所知道的一切都加起来意味着什么？"但我们也未能提出几个用现有方法可以研究的问题。是什么决定了金钱上的利害关系介入政治？是什么让我们的民主制度令人们觉得在政治上缺乏效率？为什么这些机构使痛苦和不平等长存？

我的母语里有一句谚语："森林起火了，不是为玫瑰哭泣的时候。"当我和阿根廷、法国、波兰或美国的人们交谈时，我听到他们在"起火"。世界各地的人民对民主制度的运作深为不满，这种不满在发达国家和欠发达国家中都是如此。他们认为政客是为富人和公司的利益服务的。他们无法理解，为什么民主制度在减少显而易见且持续存在的不平等方面似乎无能为力。他们认为，政党并不是传递其价值和利益的机制。他们认为重要的决定是由机构作出的，往往还是国际机构，没有人能够加以控制。

危险在于，除非我们继续提出这些问题，否则我们将把答案留给不同意识形态的煽动者。在一次出访阿根廷期间，让我感到震惊的是，整个政治讨论在新自由主义者和新民粹主义者之间严重两极分化，前者认为"市场"是万物的造物主，而后者则认为造物主是"人民"，人民一词是它在18世纪的单数形式。

美国学术界的整套激励结构都反对去冒巨大的智识风险和政治风险。研究生和助理教授们学会将自己的学术抱负打包成几家期刊可以发表的文章，并羞于发表任何可能看起来像是政治立场的东西。这种专业精神确实促进了有关细节化、公式化问题的知识进步，但我们缺少论坛把我们的知识传播到学术圈之外；事实上，甚至在我们之间，也不谈论政治。专业期刊——所谓"专业"也是他们自己说的——发表关于"今天美国到底出了什么问题，还是民主出了什么问题？"或者关于"如何让世界变得更美好？"这样的文章已经几十年了。在我看来，如果《美国政治科学评论》干脆关门大吉，我们或许还能说得更多。

理性选择理论

问：鉴于您对培养研究生的说法，您似乎支持把博弈论作为一套标准工具纳入比较政治。

答：我之所以让我的学生去上博弈论的课，是因为我认为这是必不可少的，是每个人都可以随身携带的一种工具，但这并不意味着你在任何情况下都得把它拿出来。我曾经有一位中国学生，他的父亲参加过长征，后来成为中国共产党的显要人物。他写了一篇关于中国革命的博士论文，论文是基于对这个个案的深入了解和以前没有人能查阅到的省级档案。他做了大量的历史挖掘工作，但他也弄了个博弈论模型。他在美国面试了好几份工作，在其中一个地方他被告知，如果他没有用博弈论，他就会得到那份工作。这是几年前的事了，而现在，幸运的是，这种偏见已经消失了。在过去两年中，比较政治领域的招聘广告中最引人注目的一点是，它们几乎都要求应聘者具有广泛的比较兴趣"和"方法论训练。这是一种会持续下去的进化过程。这是一个早就应该出现的趋势。

问：尽管如此，您还是写了一些批评理性选择和博弈论的文章（Przeworski 1985b）。

答：博弈论有时候是有用的工具，但在另一些时候就不是了。我在两个方面怀疑博弈论。

首先，我很愿意相信，有时人们并不采取策略性行动，我甚至不打算说"理性"，因为这是一个狭隘而又要求很高的概念。人们并不总是后果主义者，我的意思是他们并不总是因为放眼未来、盯着行动的后果来做事情。人们往往有很深的信念，不承认任何与这些信念不一致的东西。他们充满激情，会不计后果地去做事情。在民主转型项目研究过程中，当我们试图在威权政权中区分不同的策略类型——"强硬派"、"改革者"等等——费尔南多·恩里克·卡多佐评论道，"但不要忘记那些'二货'"（tontos）。更一般地讲，博弈论始于偏好，而我们并不知道它们是什么。我认为，当有合理的理由将动机归因于特定类别的行动者时，这种方法是有效的。将动机归因于所谓"消费者"是有意义的，他们想把消费和休闲最大化。归因动机也适用于"地主和农民"、"工会和企业"。但它用在"个人"或"选民"身上就不成了：人们有如此之多的不同动机，没有一个简单的假定可以表述所有人的特征。简而言之，博弈论只有在与好的社会学研究相伴而行的情况下才能发挥作用，只有这样，人们才可以从其在某种相互依赖的结构中所处的位置，对处于这些位置的行动者的动机做出合理的推断。

其次，博弈论产生了很多均衡解，因此，它提供了糟糕的历史理论。动态博弈模型通常依赖于对均衡解的特定选择。我们再一次看到，它们有时玩得转，有时玩不转。

分析叙事与比较历史研究

问：把博弈论引入比较政治的一种尝试采取了所谓分析叙事的形式，就像贝茨等人在其著作（Bates et al. 1998）中建议的那样。埃尔斯特在他发表在《美国政治科学评论》上的书评中（Elster 2000）对这本书提出了较为强烈的批评。您和埃尔斯特有同感吗？

答：我认为《分析叙事》不像它的作者说的那样具有开创性，但我赞同分析叙事项目的主要意图，即个案研究应该受理论的影响又对理论有启发。我不反对考察个案。我想你通过研究波兰或者阿根廷可以学到很多东西。但我想知道一般性假说和具体的个案研究有什么关联。

我再补充两点。首先，叙事不一定要采用博弈论的形式。其次，当你做个案研究时，你需要知道你的个案相对其他个案在更宽泛处境中位于何处。所以，我说："在做个案研究之前，先做个回归。然后先看看落在回归线附近的个案。之后看看某些离群值，因为它们可能会阐明某些具体条件。"这里有个例子，我认为吉列尔莫·奥唐纳尔的文章《阿根廷的国家政权与联盟》（O'Donnell 1978c）非常精彩。我总是把它作为国别研究的范例布置给我的学生。然而，阿根廷是个独一无二的个案。如果有人做整个世界各种各样的回归分析，就像我最终做的那样（Przeworski et al. 2000, 99-101），你会发现阿根廷总是落在各种标准差以外。迄今为止，它经历了所有国家中最多的政体转型。它的民主制度在国家相对富裕的时候也活不下来。事实上，各国民主衰落的例子里，最富裕的情形是 1976 年的阿根廷、1966 年的阿根廷和 1962 年的阿根廷。1900 年，阿根廷是世界上最发达的十个国家之一，但现在却处于低迷期。阿根廷是世界上最怪诞的国家。这一切意味着什么？这意味着当你在阿根廷的基础上提出理论时，你只会得到很少的一般化概括。这就是为什么我认为政治叙事的首要原则是将个案置于更宽泛的处境之中。

至于埃尔斯特对分析叙事的评论，我认为他批评的理由是错的。埃尔斯特有一种平均分配每一条批评意见的本事。他对论文的典型评论是这样的："我有 11 点批评。第 1 点是在第 3 页你犯了这个错误。第 2 点是你说的每句话都表述得很糟糕。第 3 点是……"因此，他喜欢列出一长串意见。我觉得他在许多历史问题上的意见是正确的，《分析叙事》的作者们没有把他们的历史写对。但我认为埃尔斯特并没有抓住他们的主旨。

问：比较政治中另一种主要关注个案和历史的研究路径是比较历史分析，它通常受到巴林顿·摩尔的《独裁与民主的社会起源》（1966）的鼓舞启发。您对这些文献有什么看法？

答：巴林顿·摩尔的研究让我觉得不满的是，我从他的书里察觉到我们俩人的行动感（the sense of action）相去甚远。摩尔在研究中讨论 300 年前的原因和 50 年前的后果。在这两者之间发生了什么呢？《独裁与民主的社会起源》从来没有说服过我。这是一本漂亮的书，博大精深，但它对因果机制的分析从未说服过我。更一般地说，我通常不会被宏观比较历史社会学说服。正如约翰·罗默在《分析马克思主义》（Roemer 1986b）的"导言"中所言，虽然我们想在宏观层面确立规律性，但它们的解释必须在微观层面上表述清楚：某人必定在做些什么才能带来宏观状态结果。宏观比较历史社会学未能提供这种因果机制。

我也不认为这些文献是非常有用的信息来源。我在尝试收集数据时发现，我们缺乏精良的政治史。就此而论，我发现宏观历史社会学在提供信息方面是无用的。许多分析都发生在玄乎神秘的行动者的层面上。宏观历史书籍提供的日期、名字和地点非常少。他们分析了集体行动者，比如农民、地主和资产阶级，但这些人在没有具体日期和具体地点的情况下蹚过历史。从写实的角度来看，我觉得这些文献信息量不足。

美国国内外的方法论标准和比较政治

问：在过去十年中，方法论议题在比较政治中备受关注。如何解释这种变化？

答：我对这种趋势有一个理性选择的解释。我认为在政治学系的美国政治专家更看重方法论，并开始向其他分支学科的学者施压，要求他们提高方法论标准。在大多数系里，比较政治方法论的发展都受到做区域研究的学者的猛烈抨击。美国政治专家因为出生和成长在他们所研究的国家，所以不需要学习其他社会的语言、历史和文化。所以他们可以花大把时间学习理论和方法。反过来，比较学者往往处于不得不同时两方面都得学的尴尬境地。你必须学习土耳其语、土耳其的历史，如此等等。然后你还要学习美国政治专家学过的理论和方法。但是很少有比较学者这样做，至少在做区域研究的学者中是这样的。在一定的时间点上，我想美国政治专家们就造反了，因为系里有双重标准。

我们曾经见过一个芝加哥大学终身教职的例子，涉及一位对苏联做出一流研究的学者。有两年的时间，这个人定期参加共产党一个基层支部的例会，从内部观察它是如何运作的。这项研究在民族志意义上令人印象深刻。但它没有问题、没有方法、没有结论，这是纯粹的民族志。当这个终身教职个案出现时，评审专家之一是位经济学家，他也研究苏联。他写信给我们说："这件事牵涉到你想要一套标准还是两套标准。我们经济学家已经抛弃了这种民族志的东西，我们对每个人都一刀切。不过你们或许想要两套标准。"他没有建议我们走这条道还是走那条道。他只是说:"这是你们决定的事。"我认为这个例子说明了全国各个政治学系都发生了什么。基本上,美国政治专家说:"我们想要一刀切。"

问:这对比较政治有利吗?

答:这很益于健康。我不认为我们在制度上解决了这个问题,因为只有一套单一的标准意味着比较学者要做的工作是只研究美国的美国人的两倍。这些变化是不可避免的,也是有益的,但代价高昂。

问:这种不平衡对比较政治的未来意味着什么?

答:这将意味着,像过去一样,在美国接受教育的外国人将在该领域的发展中发挥关键作用。如果你回顾美国比较政治学的历史,你会发现许多杰出的比较学者要么是外国人,要么曾经是外国人:卡尔·多伊奇、吉列尔莫·奥唐纳尔、伦纳德·宾德、胡安·林茨、阿里·佐尔伯格,这份名单还能一直列下去。

问:美国人对比较政治的贡献如何?

答:好吧,让我说一些会让我的研究领域的同事感到震惊和冒犯的话。我对他们研究外国抱有强烈的反感。在波兰生活的时候,我看到不少外国人,大多数是美国人,来到波兰、研究波兰,我想这些人根本不知道他们在干什么。他们以美国的意识形态议题作为研究框架,因此他们没有处理那些我们波兰人或波兰社会科学家视为根本性的问题。他们只是在输出美国人的意识形态幻想。

美国人把比较政治看成是美国人出国研究其他国家的一个领域,对这种美国式的比较政治学观念,我的态度非常谨慎。比较政治很奇怪。当美国人研究美国时,他们在做美国政治,而当美国人研究巴西时,他们在作比较政治。那么,我问自己:"巴西人研究巴西时,巴西人在做啥?"这并不是说美国人对某些具体国家的研究做得不好。有些著作人们会不断地引用再引用。有时,他们所做的研究被视为对他们所研究的国家的重要贡献:

施密特关于巴西法团主义的研究（1971）和阿尔弗雷德·斯捷潘关于巴西军队的研究（1971）被巴西人视为对理解他们国家的基础性贡献。但我猜这种工作相当罕见。

长期以来，尤其是最近一段时间，在美国接受训练的外国人比美国人更善于研究他们自己的国家，确实如此。我有阿根廷、韩国、中国和巴西的学生，无论拿哪条标准衡量，他们都是一流的社会科学家。他们回到了自己的国家，做出了出色的工作，比大多数外国人所能做到的更好。研究世界这事儿没理由让美国垄断起来。这并不意味着美国人创造的知识对其他国家的人毫无用处。但是，在某些点上，我们需要把比较政治研究看作是一项大事业，在这项事业中，我们可以合作、交换意见，或许还可以为研究自己国家的人提供一些资源，而不是玩这种空降游戏。

总结

问：您干这行时间很久了，成果丰硕，但您还不断推动自己进入新领域，学习新东西。是什么让您一直坚持下去？

答：在某种程度上，这是个对痛苦的忍耐力问题。现在这对我们老年人来说尤其如此。所有这些孩子都知道一些你不知道的事情，而且周围有很多技术上的花招，你知道你应该用，但不知道怎么用。你永远不确定你是否还能学习这些东西，或者它是否超出了你的能力。因此，每当你投身于新事物时，你就会感到痛苦。但是，很明显，我喜欢我正在做的事情，又或许我不知道怎么做别的事吧。我猜我只是喜欢做研究。我也有强烈的政治情感，我的很多工作都是受此驱动的。我自认为在政治辩论中做了些干预，并且我相信干预的质量挺重要的。这显然是我继续做下去的动机之一。

问：您未来几年的研究计划是什么？

答：我现在只有中期计划。让我忙了很久的一件大事是：民主、发展和收入分配。这件事还会让我忙下去。

我在做两个项目，目前我还不清楚它们之间的关系。我想从其缔造者的角度来审视民主。在我看来，民主显然不是其在不同国家的"缔造者"所希望和期望的那样的。我的问题是"为什么？"最初的方案不可行吗？还是事情发生了意外的转折？像往常一样，我有个政治动机：我想知道为什么民主没有带来更多的经济平等，更有效的政治参与，以及秩序和自由之间更好的平衡。这些缺点是民主固有的，因而是不可补救的吗？民主的限度是什么：任何民主体制在其鼎盛时期能产生多少平等、多少有效参与和多少自由？

第二个项目需要收集历史数据。由于种种原因，我已经被说服，要理解最近的事态发展，就必须回溯到比我或我们经历过的更久远的历史。例如，正如我已经提到的，1950年以后政治体制的稳定似乎取决于它们整个政权历史。如果人们想考察政治制度对发展的影响，就不能一跳几个世纪，假定制度永远不变。因此，我想从更长远的眼光，回到政治制度与经济发展之间的关系问题上。

问：您能给如今刚起步的年轻研究生提些什么建议？

答：这对我来说是一个很难回答的问题，原因嘛，可能在我之前抱怨的事情中已经很明显了。我认为，我们的激励体系，以及从我们的制度设置中产生的均衡文化，促进了构思局促的思维方式，大家几乎不去冒风险，也不说任何可能在政治上引起争议的话，回报就是"专业主义"。很多进入政治学领域的研究生学习是因为虽然他们对政治有一些肤浅的兴趣，但他们认为学术工作提供了有保障的收入和良好的生活。我喜欢说："胸怀大志"、"勇于冒险"。但这是一条廉价的建议：我已经在一所好大学找到了一份稳定的工作，所以我不给忠告。我解释了我所认定的选择是什么，然后让每个人自行决定。

第十四章
市场、政治与选择[*]
——罗伯特·H. 贝茨访谈录
Robert H. Bates

罗伯特·H. 贝茨是位训练有素的非洲专家,通过阐明经济政策的政治根源以及挑战对发展的文化论解释,贝茨对比较政治和发展政治经济学做出了重大贡献。他是在比较政治中运用经济学理论和工具,特别是理性选择理论和演绎推理的主要倡导者。

在他的前两本书里,贝茨着重研究了赞比亚的情况。《工会、政党与政治发展》(1971)探讨了政府未能实施行业纪律政策的原因。《乡村对工业化的反应》(1976)分析了农村居民的政治和经济策略,明确使用了方法论个体主义、理性和选择等,这些概念都借自新古典经济学。他的唯物论观点与当时占主导地位的对非洲发展成果的文化论解释相悖。

贝茨最被广为阅读的著作《热带非洲的市场与国家》(1981)确立了他在发展研究领域领军思想家的地位。他认为,非洲各国政府被以城市为基础的联盟所俘获,这些联盟热衷于对农业有害进而对经济发展有害的政策。因此,政府对农村市场的经济上的非理性干预其实在政治上是理性的。通过展现发展中国家的政府如何经由扭曲农业市场来收割政治好处,他解释了为什么他们如此频繁地选择无效率的政策,从而使他们的公民陷入贫困。

在《超越市场奇迹》(1989)一书中,贝茨采用了政治制度和市场力

---

[*] 这次访谈由理查德·斯奈德于2002年3月2日在康涅狄格州伍德斯托克完成。

量的双重焦点来解释经济发展。在借鉴新制度经济学的基础上,他认为,制度可以弥补市场失灵,也有助于确定哪些经济需求在政治上变得有效。他以肯尼亚的农村产权、价格政策和农业激进主义为重点,解释了为什么肯尼亚与大多数非洲国家不同,成功地培育了它的乡村经济。因而,这本书阐明了政治制度得以产生积极经济后果的条件。

20世纪80年代,贝茨还发表了关于其理性选择研究路径的有力论述,包括《非洲农村政治经济论集》(1983)和主编的《迈向发展政治经济学》(1988)。

在《开放经济的政治》(1997a)中,贝茨的研究焦点扩展到非洲以外,分析了世界咖啡贸易的政治经济学。本书通过对国际咖啡组织(ICO)这一国际制度的研究,探讨了国内政治与国际政治经济之间的相互作用。此外,通过将形式化的演绎模型与丰富的、定性的巴西和哥伦比亚个案研究相结合,本书例证了贝茨及其合作者在《分析叙事》(1998)中提倡的"分析叙事"研究路径。

贝茨目前的研究聚焦于暴力的起源,他在《繁荣与暴力》(2001)一书及许多期刊文章中探讨了这个议题。

贝茨1942年出生于纽约布鲁克林。1964年,他在哈弗福德学院(Haverford College)获得学士学位,1969年在麻省理工学院获得政治学博士学位。他曾任教于加州理工学院(1969—1984)、杜克大学(1985—1993)和哈佛大学(1993年至今)。1995年至1997年,他担任美国政治科学协会(APSA)比较政治组的主席,1989年至1990年担任美国政治科学协会副主席。贝茨1991年被选为美国人文与科学院院士。

思维形成与学术训练

问:您最初是怎么对政治以及政治学研究产生兴趣的?
答:我的家人对政治非常热心。我母亲是位热情的埃莉诺·罗斯福

(Eleanor Roosevelt)* 自由主义者,我父亲是一位乡村医生,总是谈论他对各种事物的看法。我们在餐桌上并不进行家庭式对话,反而在政治问题上进行家庭争论,这挺可怕的。我对政治感兴趣,部分原因就是我就是这么长大的,我想如果自己能足够了解政治,也许可以用自己的战斗方式介入家庭对话,把对话引向真正重要和有意义的事情上,比如我们是不是彼此相爱!但也许这样把事情说得过分心理化了。无论如何,我的童年是埃莉诺·罗斯福、公民权利、棒球和政治的混合体。

问:您为什么会关注公民权问题?

答:一部分是因为我的某些祖先是废奴主义者,一部分是因为我喜欢布鲁克林道奇队和杰基·罗宾逊(Jackie Robinson)**,还有一部分是因为这看起来是正确的。我的父母,尤其是我的母亲,秉持着严格的道德观和进步立场。你别想和她争论,不过在我看来,99%我们关心的问题上她都是对的。所以为什么还跟她争论呢?

问:成长早期阶段您对非洲有兴趣吗?

答:我在康涅狄格乡下长大,过得很开心,吃了很多好吃的东西,还打了很多场棒球。然而,我的父母对我的教育现状并不满意,因为可以说,我不够"尽力"。因此,我从当地高中转到了邻镇的预备学校——庞弗雷特学校(Pomfret School)。我是以寄宿生的身份去的,不是走读生,因为作为一个本地学生进来却不显得你是多么本地,那就太粗野了。学校的管理层认为,我们这些孩子被宠坏了,眼界狭窄,不关心世界上的其他地方,其实也的确如此。为了开阔我们的视野,1959 年,就在我三年级结束的时

---

* 埃莉诺·罗斯福(1884—1964)是美国第 32 任总统富兰克林·罗斯福的夫人,美国在任时间最长的第一夫人,同时也是一位著名的政治家,在罗斯福总统去世后她仍然活跃在美国和世界政坛,曾担任联合国人权委员会主席(1946—1952),主导起草了《世界人权宣言》。——译者注

** 杰克·罗斯福·罗宾逊(1919—1972)的昵称,他是美国职业棒球大联盟(MLB)历史上首位美国黑人球员,1947 年 4 月 15 日以先发一垒手身份代表布鲁克林道奇队上场比赛,此事被公认为现代美国民权运动的大事之一。——译者注

候,他们设立了一个去密西西比的暑期项目,在那里我们去了图珀洛的一所学院,几年后那里成了"自由乘车者"*的目的地。我们去的那个夏天,与三K党和宗教右翼团体关系密切的某些白人公民委员会(the White Citizens' Councils)正试图接管密西西比州的政治系统。这些委员会是当地的反黑人组织,反对族群整合和种族间通婚。所以,我们这些学生那时在当地感受到一丝紧张的空气。在密西西比待了三四个星期后,我们又到非洲旅行,度过了夏天剩下的时光,我们去了肯尼亚、南非和加纳。我就是这么着对非洲着迷的。

问:您对非洲印象如何?
答:我觉得去非洲是我平生做过的最重要的事情,我想要一份能让我尽可能多地回到非洲的工作。

问:它胜过了棒球?
答:是啊,何况我棒球打得也不是那么好。

问:从康涅狄格到密西西比和非洲的高中旅行似乎很不寻常,特别是在20世纪50年代。谁组织的这个项目?
答:是庞弗雷特学校的管理层安排的。在当时这是一个非常进步的管理层,尽管学生们一点也不进步。带我去的那位老师后来成了几所黑人大学的校长。他是一位非常自由主义的人,但他对美国的权力在哪里极为清醒,美国的权力掌握在富有的家族手中。所以他从富裕家庭的孩子们着手,试图让他们改变立场。这个暑期项目是由哈罗德·霍赫希尔德(Harold Hochschild)资助的,他是我同班同学亚当·霍赫希尔德(Adam Hochs-

---

* 自由乘车者(Freedom Riders)是20世纪60年代美国民权运动初期的著名社会运动,指美国一些民权活动家在1961年乘坐跨州巴士前往种族隔离现象严重的美国南部,以检验美国最高法院有关允许跨州旅行者无视当地种族隔离政策判决的落实情况。——译者注

child)[1]的父亲。哈罗德在玻利维亚和非洲拥有矿山，在20世纪50年代大背景下，他显得相当自由主义。他非常赞同庞弗雷特学校管理层的目标。亚当从不认为他的父亲是自由派，他总是把他看作一个有钱的大资本家，这也是事实。

问：您在哈弗福德学院获得学士学位。学的是什么？

答：我本来打算主修英语文学，但越接近这个主题，我就越明白"文体要点"（style points）在那个领域对我的品味来说过于重要了。如果你的确油嘴滑舌，会胡扯，写得好，你就能赢得很多辩论。但我不确定这与对和错有半毛钱关系。我想要一种能让你做出推断、得出结论、做出具有真实价值的陈述的东西。这在英语专业中不会发生，我对学习文学越来越不满意，它的形式（文体）太多，内容太少。

我在寻找另一个主修专业的时候，发现了一位很棒的教授，哈维·格利克曼（Harvey Glickman）。哈弗福德刚刚收到了一笔资助各地任何一所大学开展首批非洲研究的经费，这笔钱用于与林肯学院的一个联合项目。格利克曼在哈弗福德负责这个项目，大二时我成了他的研究助理。他正在写一篇关于英国和美国政治学家的非洲研究的文献综述。我要阅读那些东西并做笔记。这段经历才真正推动了我的学业，也让我卷入了非洲研究，这才是真正重要的东西。我最终主修政治学，而经济学是我的第二专业。哈弗福德有个很好的经济系。

问：那您学了挺多经济学？

答：知道两件事就够了。首先，我确实很喜欢经济学。其次，我读了萨缪尔森的《经济分析基础》（1947），意识到我永远不可能成为这一领域的明星，因为我缺乏数学技能。

---

[1] 亚当·霍赫希尔德写了一本畅销书，讲述了比利时属刚果殖民时期橡胶贸易的恐怖景象（Hochschild 1998）。

问：除了萨缪尔森的《经济分析基础》，您还记得本科时期读过的其他有影响力的书吗？

答：哈弗福德在科学哲学方面有一个非常好的项目，我深受卡尔·亨普尔（Hempel 1965）和约翰·斯图亚特·密尔（Mill 1874）关于科学研究逻辑的著作的影响。那些东西让我开了窍。

问：您1964年从哈弗福德学院毕业。您是直接读研究生了吗？

答：是的。但我在哈弗福德读大四之前的那个夏天，也就是1963年夏天，非常重要，当时我在国务院实习。这是鲍比·肯尼迪（Bobby Kennedy）* 主持的一个项目的一部分，基本上让我们可以参与任何我们想做的事情。我们大约有20人，并且我们获准接触有关反间谍和古巴导弹危机的材料。那是越南僧侣自焚**的那个夏天，我们作为实习生正好都经历了。我曾跟美国常驻联合国代表阿德莱·史蒂文森（Adlai Stevenson）研究过刚果问题。当时，美国在暗中破坏联合国在刚果的努力。我在那个暑期项目中遇到了我的妻子，还有一群其他有趣的学生参加了这个项目，比如政治学家彼得·古里维奇（Peter Gourevitch），后来成为南达科他州联邦参议员的拉里·普雷斯勒（Larry Pressler），以及历史学家多丽丝·卡恩斯（Doris Kearns）。这是一个令人愉快的团队，这段经历也令我一直参与非洲事务，因为我在刚果问题上忙得不亦乐乎。

问：在华盛顿有一段如此刺激的经历之后，您为什么不以政策制定者为职业目标呢？

答：那个项目中没有一个人决定为国务院工作。

---

* 即约翰·肯尼迪总统的弟弟罗伯特·肯尼迪（1925—1968），时任美国司法部长。——译者注

** 1963年6月11日，越南南方大乘佛教僧侣释广德为抗议当时美国支持的南越政府总统吴庭艳迫害佛教徒的政策，在西贡十字路口用汽油引火自焚。他的自焚场面被在场外国记者拍照记录下来迅速引起世界舆论关注。此事间接导致了1963年11月南越军事政变，吴庭艳政权被推翻。——译者注

问：这很古怪。该项目的效果似乎与鲍比·肯尼迪的意图完全相反。

答：绝对如此。这次实习证实了我们的信念，即如果你在国务院工作，就没有时间去思考和分析事情。你最终就会在护照上盖章，在衙门里工作，玩官僚游戏。

问：您在国务院实习结束时，已经打消了找一份政府工作的念头，那当时知道自己将要进入学术界吗？

答：毫无疑问，我要进入学术界。首先，去非洲做学术工作是有报酬的，这是多么好的生活方式啊。如果有人在街上卖票，我或许就已经走那条路去非洲了。而且，我喜欢动脑筋，喜欢学术，在学校里也很自在。我想不出我还想做什么。我要去找一份学术工作。

在麻省理工学院念研究生

问：1964年秋，您开始在麻省理工学院攻读政治学研究生。为什么选择去那里学习？

答：我想去一所把政治学作为社会科学来教授的学校，所以我选择了麻省理工而不是哈佛，令我失望的是，他们在麻省理工也没做多少社会科学研究。麻省理工把它的项目定位为方法论严谨的项目，因为这个项目与麻省理工学院有关，所以我认为它将是科学的、严谨的，但它不是。教师里有两三个人用一种严谨的方式考虑问题，但总的来说，你念完麻省理工的项目也可以像在英语系念书一样连篇累牍瞎扯淡。

问：哪些教员严谨？

答：伊契尔·德·索勒·普尔（Ithiel de Sola Pool）头脑非常谨慎和清醒。他的工作不是由方法论驱动的，但他的方法很严谨。普尔是一位重要的研究者。他从事传播学，这是你在麻省理工必须学习的一个领域。事实上，当我刚到麻省理工的时候，学校还没有政治学系。你拿的是"社会科学"之类的学位。麻省理工的整个政治学项目都是围绕传播领域展开的，我不认为这是个好主意。

问：为什么麻省理工学院的项目围绕传播领域展开？

答：创建麻省理工学院政治学项目的人深受哈罗德·拉斯韦尔的工作（Lasswell and Lerner 1965）以及保罗·拉扎斯菲尔德、伯纳德·贝雷尔森（Bernard Berelson）和威廉·麦克菲（William McPhee）投票研究的影响（Larzarsfeld, Berelson, and Gaudet 1944; Berelson, Lazarsfeld, and McPhee 1954）。这些研究实际上是关于说服和传播的。拉扎斯菲尔德和贝雷尔森对投票进行了研究，因为他们可以从中获得资助，但他们真正感兴趣的是研究营销。普尔是个两相结合的角色，一边是拉斯韦尔，另一边是拉扎斯菲尔德和哥伦比亚大学社会学系。

问：除了普尔，丹尼尔·勒纳（Daniel Lerner）是您在念麻省理工学院时的另一位重要人物。你和勒纳有互动吗？

答：丹·勒纳是个很难相处的人。他可以很好，也可以很刻薄。这取决于你当时是怎么招惹他的。他一开始对我很刻薄，所以我躲他远远的。后来，他对我很好，所以我最终跟他相处得很愉快。

问：您有导师吗？

答：我避免有个导师（mentor），这主意让我很不舒服。我基本上都跑非洲去了，做我该做的事，最后快毕业时往大家的桌上扔了一堆博士论文稿子。

问：麻省理工学院的生活听起来不像是一种温情暖暖的体验。

答：一点也不。记住，我来自一个很小的学院，哈弗福德。在麻省理工，几乎没有其他来自博雅学院的孩子。我们专业许多学生都是来自美国国际开发署（USAID）或陆军和空军处于职业生涯中期的人士。他们没有进学术界的意思。

我刚到麻省理工那会儿，有一次，我正走在"无尽长廊"上，有人正拿着手提钻修理它。那个景象给我留下的印象很深。麻省理工就像个产业工厂。它没有学生共同体的感觉，当然更没有研究生共同体的感觉。所以，不，麻省理工并不温情暖暖。这里倒也没有敌意，但不是一个我可以发现共同体或导师的地方。

问：即使没有导师，您的老师中有没有人对您影响比较大的？

答：迈伦·维纳（Myron Weiner）是对我影响最大的人，也是我觉得最亲密的人。维纳有本事提出正确的问题，接着加以论证。他对自己数学能力的缺乏并不感到尴尬，也没有被方法论束缚。如果你有一个问题、一套方法和一个答案，他可以评价你是否回答了这个问题。维纳的头脑非常清晰敏锐。我喜欢看他工作。

问：白鲁恂也在麻省理工。您和他有互动交流吗？

答：白鲁恂很大度，很温情暖暖，但我想要的不仅仅是温情暖暖。他慷慨大方，但我不可能做他那样的工作。他的研究如此与众不同。白鲁恂的著作很大程度上继承了拉斯韦尔的传统，但它更多地借鉴了拉斯韦尔的人格理论这方面，而不是传播学和符号学这方面。白鲁恂能做得很好，虽然世界上可能没有很多人能做这类工作。当然我也不是，所以我躲开了他。

问：有白鲁恂、维纳和勒纳在，麻省理工学院在政治发展领域就有了一些杰出的人物。

答：这是我去麻省理工的部分原因，也是我希望学到的方法论。分析一下麻省理工学院政治发展小组很有趣，我在一场名为"坎布里奇反对共产国际"（Cambridge against The COMINTERN）的讲座中谈到了这个问题。政治发展这一子领域的出现，在一定程度上是为了对抗共产主义对第三世界资本主义的威胁。麻省理工学院国际研究中心由其创始人马克斯·米利肯（Max Millikan）建立，目的是防止第三世界群起效仿纳赛尔、苏加诺或毛泽东。所以，麻省理工学院在20世纪60年代就是这种氛围。我不会说那些在20世纪60年代致力于政治发展研究的学者们把第三世界置于显微镜下，因为他们往往是通过望远镜而不是显微镜来观察。但麻省理工学院是发展研究展开来的关键地方。

问：维纳以及尤其是勒纳和白鲁恂，在他们的研究中强调文化因素，而您的研究强调物质因素。您的唯物论焦点是对麻省理工正统观点的一种反动吗？

答：我不知道用"反动"这个词是否正确，尽管这种情况经常发生在学生处理与老师的关系上。我没有成为一名文化论者的原因是我做了实地调查。实地调查是治愈扯淡的良药。当你做实地调查时，你会从现实中找出你的研究问题。如果你坐在办公室里，写的是一个你未尝卷入的世界，你就只能做白鲁恂和勒纳做的那种工作。勒纳处理的是大型数据集和问卷调查，而白鲁恂则负责解读人们的传记。在这两种情况下，研究都是一种没有锚定在微观环境具体细节中的、没啥人情味的工作。但微观环境更让我舒坦。

问：您在麻省理工接受过什么方法论训练？

答：音乐家汤姆·莱勒（Tom Lehrer）是一位非常好的统计学家和出色的老师。他在波士顿地区各处教书，包括在麻省理工学院和维斯理学院。当我结束在非洲的实地调查回到麻省理工学院时，海沃德·阿尔克（Hayward Alker）已经搬到了那里。在我写论文的时候，我尽可能多地上他的课，试图跟上定量方法。但我没有受过良好训练，我知道这一点。

问：20世纪60年代您还是学生的时候，比较政治学和比较政治社会学发表了几部重要著作，包括西摩·马丁·李普塞特的《政治人》（1960a）、巴林顿·摩尔的《独裁与民主的社会起源》（1966）和塞缪尔·亨廷顿的《变化社会中的政治秩序》（1968）。这些书对您有影响吗？

答：亨廷顿的书对我影响最大，这是一本伟大的书，深刻而有思想。亨廷顿对制度及其运作方式有真切的直觉。关于军人专制（praetorianism）的材料、关于绿色革命的内容都提前预见了我对乡村叛乱的研究工作。这本书一而再再而三地给我有价值的启发。我那会儿把亨廷顿看成是越战期间的战争罪犯。[2] 但后来，当我在乌干达工作时，我开始把政治秩序的重要性视为过上美好生活的可能性的基本前提。没有秩序，就没有未来。如果没有未来，那么我们想要的和需要的很多东西都不可能实现。直到我在实地调查中被那些直接学到教训的人们指点迷津，我才恍然大悟。这就是为什么我越来越支持亨廷顿《政治秩序》中的基本论点。

问：李普塞特的《政治人》对您有很大影响吗？

答：李普塞特的著作太过雕琢、太过枯燥，他没有跟进正在展开的问题或难题。在《政治人》中，我觉得李普塞特把这个盒子打开来又很快关上了。相比之下，亨廷顿的《政治秩序》，我觉得他真的点出来了一些东西，提供了更多的思考空间。每次我读《政治秩序》，就好像我是第一次看到它的某些部分似的。这本书在我每次读的时候，都会在我的脑海里重新加工。它确实站得住脚。

当李普塞特解释别人的著作并界定它在知识传统中的地位时，我挺喜欢他的。在奥斯特洛廓尔斯基和米歇尔斯的书开头，李普塞特写的介绍性导论就是很好的例子（Lipset 1962, 1964）。当他在这种知识层面上工作时，李普塞特每回都让我受益匪浅。

问：还有哪些书对您的思维形成有很强影响？

答：我最喜欢的书之一是涂尔干的《自杀论》（Durkheim 1951）。这是方法与问题驱动型思维相互作用的一个很好的例子。这本书不是关于方法本身的，而是讲方法如何服务于一个切实有趣的问题。我也喜欢保罗·拉扎斯菲尔德著作中的这种结合。

问：您能谈谈您的博士论文吗？主题是什么？

答：我的论文聚焦于赞比亚铜矿带，这是一项关于矿工工会与赞比亚执政党联合民族独立党（UNIP）之间的关系的研究。我选择在赞比亚工作，

---

[2] 亨廷顿在越南战争期间担任美国国务院的顾问。

因为我以前去过那里，因为我和霍赫希尔德家族的交情，我觉得我在那里的关系比其他任何地方都好。讽刺的是，我最终反倒在他们的竞争对手英美公司拥有的矿山工作，结果证明这是件非常好的事情：他们理解研究，让我自如地查阅了他们的记录。我妻子玛格丽特和我住在一辆房车里，我们可以把车停在靠近矿区的地方，在那里的工人中建立起朋友和熟人网络。我们参观采访，并成为他们社区的一员。我依然把穆鲁韦夫人、穆洪戈以及其他一些人视为合著者，怀着喜爱和感激之情回去看望他们。这是一段终生受用的经历。

我们学到了很多！在我们到来之前的几个月，镇上发生过种族骚乱，但人们在意的是"我们"，而不是我们的肤色，我们被大家接受了。我们看到了政治组织活动背后的残酷：恐吓成分，由青年联盟成员加以实施，但同样也是那些人成了我们的朋友。

尽管如此，赞比亚在那段日子里仍处于鼎盛时期。矿井运转良好，这个国家乐观而自豪。当我回首那些时光时，我感到很怀旧、很心痛。

问：您从论文研究中得到了什么？

答：从这个研究项目中我写出了一篇很好的博士论文，以及一本相当不错的书，这本书仍然是研究独立时期铜矿带政治史最好的书之一（Bates 1971）。但这本书被当时这个领域的思维定势——现代化理论——塑造的痕迹太深，扎根马克思主义不足，而马克思主义为劳动研究提供了天然基础。这一点上我非常后悔。这本书着眼于政党组织和工会，试图解释政府未能实施行业纪律和工资限制政策的原因。组织分析很好，但前提全错了。我尤其记得迈伦·维纳以他直率和常识性的方式，一边浏览着自己标注的章节，一边说："鲍勃，我认为政府并没有沟通失败。我认为工人们根本不赞成。"听到这话，我立马脸红到了耳根，认识到我有多幼稚。这个评论对我产生了巨大影响，不过是以我当时并没有意识到的方式塑造了我。

问：您与麻省理工学院其他研究生的互动如何？

答：在花了3年时间在赞比亚做完实地调查并去英国学习社会人类学

之后，1968年我回到麻省理工学院，麻省理工学院已经大变样了。有更多的人像我一样，正在为投身学术做准备。政治学专业已经成为一个系，独立预算。政治系甚至有了自己非常优雅的大楼。我们有很多从博雅学院毕业的学生都想成为教授，成为政治学系的主流。学生们的整体面貌都变了，我周围让我感到自在的人比以前多得多，主要是彼得·兰格（Peter Lange）。当我从调研现场回来后，我发现麻省理工学院变成了一个更宜人的地方，我喜欢到处闲逛，找人聊天。

我从非洲回到麻省理工时，学生激进主义已经暴发了。我写论文的时候住在哈佛，因为我妻子在那里读研究生，他们的宿舍比麻省理工好。我过去常去哈佛大学纪念堂参加学生争取民主社会运动（SDS）的会议。当时有很多校园政治活动，麻省理工的一些学生也深度参与其中。这对我来说挺真切的，成为这个共同体的一员肯定比我刚到麻省理工时遭遇的疏离的工业环境要好得多。

问：20世纪60年代的动荡对您有什么影响？您参加过政治活动吗？

答：那一阵子大部分时间我都在读研究生，先生存下来再说。我那会儿是个刻苦学习的书呆子。我去赞比亚做研究的时候，我的很多同事都在为越南战争和公民权利而斗争。小马丁·路德·金遇刺时，我和妻子在非洲，城市烟雾弥漫。鲍比·肯尼迪中枪时，我们正要回家。这一切使美国看起来像一个非常奇怪和危险的地方。

问：您在非洲期间了解美国发生的这些事件吗？

答：你逃不掉的。我妻子和我在非洲的边远地区，但人们对这些事还是很敏感的。他们有收音机，他们会问问题。我们会被拽着问早间新闻里的事，因为他们已经从BBC或美国之音听到了。他们想知道你的家人是否卷入其中，你站在这问题上哪一方的立场，以及你的想法。甚至在非洲乡村，人们也对我们的世界正在发生的事情有所了解。

问：如果这段时间您没有离开去非洲，您会扮演更积极的政治角色吗？

答：说实话，我不知道我会怎么做。我可能会参与民权运动，虽然我不知道怎么参与，也许会参加自由乘车运动吧。在越南问题上，我有些五味杂陈。我知道我会被征召入伍，但我不知道我是否会去，或者相反，找个离开这个国家的办法。这是个我不希望面对的问题，尤其是因为我们当时有一个年幼的孩子，把她和妻子单独留在家，又没有任何收入，这种念头似乎想想就够困难的。

在曼彻斯特学社会人类学

问：攻读博士学位期间，您在英国曼彻斯特大学待了6个月。那里以其社会人类学曼彻斯特学派闻名于世。为什么去那儿？

答：我获得了福特基金会的奖学金，其中一部分资助用于多学科培训。我一直在赞比亚做实地调查，曼彻斯特的人类学系在那里有一个重要的实地调查点。所以，当我想学人类学的时候，自然就想到了去曼彻斯特。

问：为什么想学人类学？

答：福特基金会的资助想让我学人类学，我对它也非常感兴趣。就方法论的复杂性来说，英国的社会人类学与美国所教授的文化人类学有很大不同。20世纪60年代，曼彻斯特的人类学家们正在研究博弈论，并运用矩阵代数来理解社会网络。社会人类学显得非常形式主义，提供了亲属关系术语的类型学，但在曼彻斯特，像克莱德·米切尔（Clyde Mitchell）和布鲁斯·卡普费雷尔（Bruce Kapferer）等人将亲属关系视为一种策略。他们看到人们通过与他人建立联系来操纵亲属关系实现自己的利益，从而带来义务并塑造期望。从这个角度来看，人们并没有被困在规范之中，而是积极地运用规范来达到目的。规范是动态的，容易被操纵。我在实地调查时看到的就是这样。

问：为什么曼彻斯特的学者以这种方式看待规范，而社会人类学主流秉持一种更静态、更形式主义的理解？曼彻斯特的人类学家做了更多的实地调查？

答：我想这就是答案。以维克多·特纳（Victor Turner）为例，他从曼彻斯特"叛逃"到了芝加哥大学。特纳曾在赞比亚西北部的恩登布（Ndembu）地区工作。当他"叛逃"的时候，他已经放弃了实地调查，开始研究符号和占卜，这给芝加哥的学生和同事留下深刻印象。他基本上已经不再倾听真实世界的声音，而是开始倾听学者的声音。

问：您和曼彻斯特学派的创始人兼领导者马克斯·格拉克曼（Max Gluckman）往来频繁吗？

答：没有，因为他吓到我了。格拉克曼喜欢大喊大叫，所以我在他旁边躲着。我去参加研讨班，听听他做的事，但我躲在人群中，确保他没有看到我。真正和我一起工作的人是克莱德·米切尔，他非常温和善良。米切尔是社会学家，不是人类学家。他从测量和做量表开始，然后转向问卷调查研究。他还对一个村庄做了实地调查，因为你必须做一个村庄研究才能让格拉克曼开心。米切尔最终离开曼彻斯特去了牛津。许多人感到失望，因为他从未做出人们希望的东西。但我认为他的著作优雅且精彩。我从米切尔那里学到了很多，也从布鲁斯·卡普费雷尔那里学到了很多，他研究过赞比亚的矿山。

问：为什么曼彻斯特的学者与赞比亚有着如此密切的联系？

答：首先，格拉克曼本人是南非人，一个南非犹太人。他写了很多关于看上去像一个共产党人、一个犹太人、一位人类学家和一个南非白人的故事——一层层剥开看看却又似乎不像。此外，矿业公司为研究提供了资金。他们认为理解他们试图在非洲创造工业劳动力和现代社会时所面临的挑战是有用处的。这给了一位年轻小伙子机会，就像格拉克曼一样。在赞比亚有一个调查点是非常宝贵的资产，这使得曼彻斯特大学人类学系能够吸引顶级人才，比如米切尔和另一位优秀的人类学家伊丽莎白·科尔森（Elizabeth Colson）。

问：总的来说，在曼彻斯特的经历对您有什么影响？

答：那是一段很有影响力的经历。我喜欢思想辩论和尖锐观点。例如，哈佛大学社会学家乔治·霍曼斯写了本关于曼彻斯特城外一个中世纪村庄的书（Homans 1941），他与马克斯·格拉克曼争论，争得乱作一团！还有一次，我参加一个研讨班，坐在后排的一个家伙发表了一段精彩绝伦的高论，证明上帝的存在。那是艾弗·威尔克斯（Ivor Wilks），另一位非洲专家。在曼彻斯特，你可以是一名历史学家、心理学家、人类学家，或者政治学家，你只要进入这个圈子，四处传播你的观点就行了。每个想法都有其优点。如果一个想法像那么回事，人们会谈论它；如果没啥，它就会消失。这妙极了。

问：曼彻斯特看起来与麻省理工的无尽长廊正好完全相反。

答：麻省理工学院冷冷清清。但是曼彻斯特并不温情暖暖，比这要更强烈些。它充满活力，有烟有酒。曼彻斯特也极其民主，那里没谁顺从谁，除了格拉克曼，大家都把他当作被宠坏了的孩子。他们怕他，因为他是系主任，在欧洲意义上，这是他的系。不过，总的来说，这个地方充满了反叛、争议和乐趣。就像奥克兰突袭者队（Oakland Raiders）争强好胜的特性：你在标线外做的任何事都不算数，唯一重要的是你在比赛期间在标线之间做了什么。在曼彻斯特，只要你聪明、认真、工作出色，你不必是贵族或上流阶层的人。

问：创造那种活跃的学术环境的秘诀是什么？

答：这是我经常想知道但又很难回答的问题。除了曼彻斯特大学，我唯一经历过这种环境的地方是加州理工学院，20世纪70年代我是那里的一名年轻教授。在杜克大学，我们有四五年几乎实现了这样的环境。但加州理工学院的这种思想强度并没有持续下去，而在杜克大学，这种热情虽然开始发光了，但并没有完全点燃。

在商界创造一个高强度的环境可能更容易。安然公司有过，无论好坏。我刚刚读了一本关于经济学家约翰·纳什的《美丽心灵》（Nasar 1999），普林斯顿大学一度达到了这种强度。在学术界维持这种高强度的环境是很困难的，因为它需要让一些人滚蛋，但终身教职不允许这样。终身教职好比延续一生的婚姻，但婚姻的热络阶段是年轻那会儿，而不是年老那会儿。不过，我想我知道如何创造一个高强度的学术环境。一种方法是让人们在几年之后交出他们的资源。在大学里发生的事情是，资源被分散了，并且在人们手中把持太长时间。当强度不再时，资源也不会回到集体大锅里。芝加哥大学与我心目中的那种模式很接近。在芝加哥，每一个系列研讨班每隔几年都必须为资助而竞争。如果他们失去了动力，他们就完了。相比之下，在哈佛大学，JOSPOD——哈佛大学-麻省理工学院政治发展联合研讨会——在经历了40年后仍在继续办！

研究：非洲和其他地区的发展政治经济学

乡村对工业化的反应

问：您的博士论文和第一本书是关于赞比亚铜矿带城市社区矿工的（Bates 1971）。然而，从您第二本书《乡村对工业化的反应》（Bates 1976）开始，随后的大部分研究都是关于非洲农村的。您为什么从城市工业转向关注农村？

答：我想讨论农村问题，因为非洲大部分地区是农村。在完成我的第一本书后，我意识到我只看到了非洲的一部分。我也想看看"丛林"里的生活。我对农村地区产生兴趣也是因为卢阿普拉人，他们来自赞比亚与扎伊尔〔3〕接壤的一个地区。在我进行论文实地调查的城市地区，来自卢阿普拉地区的移民是暴力和恐吓方面的专业户。城市青年旅、暴徒和政治激进分子都是由卢阿普拉人组成的。我想知道这些人从哪里来，为什么他们这么暴力，虽然我从来没有弄明白。

我通过美国国立卫生研究院（NIH）提供的移民研究资助搞到了经费来做这个项目，从而完成了我的第二本书。迈伦·维纳曾为其"大地之子"

---

〔3〕 扎伊尔即今刚果民主共和国。

和印度移民的研究（Weiner 1978）申请到国立卫生研究院的资助，这就提醒了我转而争取到这么个机会。国立卫生研究院愿意为我付大笔钱买辆路虎进丛林，于是我就出发了。

这个项目被定位为农村-城市移民研究，移民在这本书中无疑扮演了重要角色。但我越把这项研究的若干碎片拼在一起，就越意识到移民只不过是问题的一部分。农村人口不只是向城市迁移，他们还在玩政治策略，让城市把资金输送到农村。这里有来自乡村的压力，这些压力是通过选举动员或通过组成族群团体和分离主义运动产生的，目的是迫使政府把钱花到农村地区。农村居民和他们的政治家们非常擅长这个游戏。他们天生就一手臭牌不走运，但他们却不停地从上帝给他们的机会里榨取一切可以榨取到的筹码。农村的政治家们非常精明狡猾。

问：您为什么选择卡萨姆帕村（Kasumpa）作为研究赞比亚卢阿普拉地区的焦点？

答： 机会在很大程度上决定了你最终会去哪里，而我碰巧去了卡萨姆帕村。但卡萨姆帕很有趣，因为村民们告诉了我他们在赞比亚独立斗争中所做的一切。[4] 他们听说过肯尼亚的茅茅运动（the Mau Mau movement）*，认为建立自己的茅茅是个好主意。他们穿着动物皮衣服，这样别人就会知道他们不可能像人那样行事，并会躲开他们以避免受伤。村民们竭尽全力在这一地区牵制英国和罗得西亚士兵，他们连续几周成功地做到了这一点。要是我去了别的村子，我就永远没法听到这样的故事了。

有个叫大卫·马尔福德（David Mulford）的人，当英国人离开赞比亚的时候，他是在赞比亚工作的研究生。英国人在焚烧他们的秘密文件时，都从马尔福德的桌前经过，他为这些材料做了笔记。马尔福德后来在伦敦开了一家大型银行公司，再后来成为老布什总统政府的财政部副部长，他一直在床下保留着当年从英国人秘密文件中抄出来的那箱笔记。每当我要去

---

〔4〕 赞比亚，此前称北罗得西亚，1964年从联合王国争取到独立。
* 20世纪50年代肯尼亚人民反对英国殖民者的武装斗争运动。——译者注

赞比亚做一个项目的时候，我首先去的地方就是去找马尔福德，这样我就可以看看他的那箱文件，看看当年英国特勤局对我要研究的地方说了些什么。我偶然发现一堆关于卡萨姆帕村的档案，证明村民们告诉了我真相。他们没有瞎编。我从马尔福德的笔记中得到了独立的可靠性验证，这些人的行为举止，以及那个乡村地区政治之于全国的重要性。那一刻，我知道我有一本书可写了。所以我把卡萨姆帕的移民研究写成了一本书。

问：在《乡村对工业化的反应》出现前后，詹姆斯·斯科特（Scott 1976）和塞缪尔·波普金（Popkin 1979）也出版了各自关于农民的书。您的书没有他们的影响那么大。为什么呢？

答：实际上，卢阿普拉这本书与吉姆·斯科特的《农民的道义经济》是同一年由同一家出版社出版的。当时，在20世纪70年代中期，比较政治学主要关注依附论和马克思主义对依附论的批判。我的书中没有提到这些，因此与当时的理论相去甚远，这也是这本书没有产生那么强影响的原因之一。但它确实对山姆·波普金产生了很大的影响，虽然对吉姆·斯科特没啥影响，因为我估计他没有读过这本书。

问：您的书为什么没有采用当时流行的理论，比如依附论？

答：很大程度上是因为我当时在加州理工学院教书，我的同事和学生们并不太关注比较政治在谈些什么。在加州理工学院研究比较政治并不被认为是一件很酷的事，因为那儿被视为激进主义和马克思主义的温床。一般来说，比较政治这个领域在当时被大多数其他领域的政治学家贬损。

非洲的市场和国家

问：您的第三本也是最著名的书，《热带非洲的市场与国家》（Bates 1981）聚焦于非洲农业政策的政治。您是如何规划这本书的研究问题的？写这本书的目的是什么？

答：《热带非洲的市场与国家》是我和朋友塞耶·斯卡德尔（Thayer Scudder）交谈的结果。斯卡德尔是加州理工学院的人类学家。我们都在读迈克尔·利普顿（Michael Lipton）1977年出版的关于城市偏见的书，他隔着桌子看着我说："我们对非洲的这类情况了解多少？"这个问题在我脑海中挥之不去，我发现自己又回到了这个问题上。此外，我还需要写一本书把我带到赞比亚以外的地方：那只是一个太窄的基础，不足以让我确立职业地位。我所想到的这本书后来作为《非洲农村政治经济论集》出版了（Bates1983），我需要这本书的最后一章，就是聚焦于独立后非洲政治经济的那一章。

加州大学洛杉矶分校的迈克尔·洛夫奇（Michael Lofchie）那会儿一直在研究农业政治——回想一下，那是20世纪70年代初期，当时粮食严重短缺。他和我一起开设了一门课程，邀请了一系列顶尖学者来加州大学洛杉矶分校讨论这个话题。迈克尔弄到了资助委托这些人写论文，我们弄成了一本关于非洲农业的非常好的文集（Bates and Lofchie 1980）。此外，这些学者还帮我联系了坦桑尼亚、加纳、肯尼亚以及其他地方的重要政策中心，我花了一个夏天的时间收集这方面的资料。当我开始写这篇东西的时候，我发现我写的更像是一本短书，而不是一篇长的章节。它有了自己的生命。

让我意识到我有了一本书的机缘之一，是我拜访了世界银行的埃利奥特·伯格（Elliott Berg）。埃利奥特可能是有些狭隘地从经济学角度看问题，但他对年轻学者非常慷慨。他刚进入学术界时关注的是工会，当我在赞比亚研究矿工工会时，他曾到过我那里。他继续从事非洲问题研究，而世界银行察觉到非洲在20世纪70年代面临日趋严重的发展危机，委托他对非洲做个政策评论。我去找他的时候，他正在世界银行租来做这件事情的楼里努力工作，我们交流了心得。很快我们就发现，我们各自完全独立地得出了同样的结论：我们正盯着同一头大象。

伯格的报告（Berg 1981）仍然是发展研究的经典，它点燃了政策改革的压力，这种压力在20世纪80年代债务危机之后要求结构性调整[5]时达到了顶峰。我的书似乎解释了为什么政府会选择伯格报告所批评的政策，所以他的报告和我的书相得益彰。

---

[5] 结构性调整这个术语是指旨在减少国家干预经济的政策改革。

问：与前两本书相比，《市场与国家》篇幅要短得多，事实也不那么丰富。是什么促使您改变了写作风格？

答：这本书写得这么短的原因之一是我以前的那本书写得太长了。我抱怨销量不够好，我的编辑简单干脆地说："要卖得更多，就写得更短。"所以我试了一下，似乎还挺管用。此外，我还得到了加州大学出版社的大力支持，他们出版了这本书。萨姆·波普金是这套丛书的主编，他对如何以一种能产生影响的方式呈现材料有着惊人的感觉。他鞭策我写得清晰和精确，确保我把论点的逻辑放在首位，确保资料（故事、图表、事件和类似的东西）编列严整以便为论证服务。而出版社，愿上帝保佑他们，雇了一位非常能干的编辑，把我的写作文体好好挖苦了一番。我从中获益匪浅。

问：您对《市场与国家》的接受度有何评价？为什么二十多年后这本书仍被广泛阅读？

答：我真不知道。它短小精悍，这很有帮助，因为学生们很有可能会读到它并作出反应。我猜这是一本很好的书。不过，我认为《非洲农村政治经济论集》更好些，这本书的最后一章回顾了《市场与国家》，我认为它更接近于真相（Bates 1983，107-33）。在前几章中有一些非常简洁的内容，包括第一章中对子博弈精炼的预期以及一些非常严肃的经济史论述。[6] 另外，《论集》这本书让道格拉斯·诺斯对我产生了兴趣，这是在一个非常重要的时刻。道格慷慨而热情，他对我的工作的肯定正好是在我非常沮丧的时候到来了——社会科学对加州理工学院来说无足轻重，比较政治对那里的社会科学来说无足轻重，非洲研究对比较政治来说无足轻重。让道格对我的工作感到兴奋无异于在我急需时托了我一把。

政治制度与经济增长

问：对《市场与国家》的一种批评意见是，它低估了政治制度在塑造

---

〔6〕子博弈精炼是博弈论中的一个经济学术语，用来描述一种均衡，即在原博弈的每一个子博弈中，参与者的策略构成一个纳什均衡。

人们行为方面的作用。您的下一本书《超越市场奇迹》（Bates 1989）主要关注政治制度，解释了肯尼亚如何在20世纪60年代和70年代实现高增长经济。事实上，一位观察者把1989年的这本书描述为"成熟的、比较制度的贝茨"（Evans 1995, 35）。您为什么决定更集中地关注制度？是在回应对《市场与国家》的批评吗？

答：我在《超越市场奇迹》中如此聚焦于政治制度，部分原因是我真的很愤怒，我先前的这本《市场与国家》居然被里根-撒切尔的拥趸们拿来证明政府是坏的，因为它们造成了纯粹的社会成本。我可不想自己被那把刷子涂成那样，因为那根本不是我的立场。我想看看政治制度和结构，以表明它们能够产生积极的经济后果。此外，当时在产业组织这一主题上也发生了许多学术上的交锋，其中很多都受到罗纳德·科斯（Coase 1960）和道格拉斯·诺斯（North and Thomas 1973; North 1981）的鼓舞。我想深入研究一下那些材料，这很好玩。

在制度对经济绩效的影响问题上，我让自己跌进了一个陷阱，至今还没有找到出路。就是说，一方面制度似乎是短命的，尤其是在非洲。然而，另一方面，一旦你创造了它们，制度就会成为你无法逃脱的约束。制度既是自变量又是因变量。我想让制度成为内生的，但一旦我让它们成为内生的，我就得冒风险说它们不会对人们设置约束。我还不知道如何处理这个难题，所以我暂停了制度性思考。

问：对于如何解决"制度起作用"与"制度是内生的"这两个相互冲突的命题之间的紧张关系，您有什么试探性的想法吗？

答：答案可能与制度如何通过固定成本来创造既得利益有关。当一个制度存在时，人们往往会针对这个制度相应地提出投资计划。他们不希望自己的投资因为改变这个制度而遭到破坏。因此，他们成为维护该制度的既得利益者，这就是关于路径依赖的文献中讨论的部分内容。[7] 我特别想

---

[7] 广义而言，路径依赖指的是先前事件约束后续事件的观点（David 1985; Arthur 1994; Pierson 2000）。

看看我的同事们像彼得·霍尔（Hall and Soskice 2001）等人在有关新福利国家的研究中所做的一些工作。我认为那里有很好的材料，因为他们都是聪明人，而且已经摆在我桌子上的一些东西看起来真的挺好的。

问：您怎样看待路径依赖的观点？

答：这是一种谈论历史的方式，听起来像是在谈论社会科学。对于一些人来说，谈论路径依赖只是摆摆手势、装装样子罢了。对另一些人来说，它们确实显示了历史的重要性。当你有了多重均衡，就像很多理性选择模型做的那样，你总是会得到很多条路径依赖。那么问题就变成了，你是否看见有趣的均衡，你能否鉴别出驱动你沿着一条路径而不是另一条路径走下去的机制？调用路径依赖的研究很容易成为非常软的社会科学。但如果操作正确的话，就会很有趣。

咖啡的政治经济学

问：您的下一本书《开放经济的政治》（Bates 1997a）分析了世界咖啡贸易。您是如何对这个话题产生兴趣并决定写一本关于它的书的？

答：伊迪·阿明（Idi Amin，1971—1979 年期间任乌干达总统）倒台后，我在乌干达工作，之后我开始研究国际咖啡贸易，我被自己遭遇的暴力状况深深震撼。通过美国国际开发署和加州大学伯克利分校之间的一项合同，我被招募来帮助改变乌干达的营销制度，尤其是出口农作物、咖啡和棉花的营销制度。我带着鲍勃·哈恩（Bob Hahn）一起去，他当时是加州理工学院的研究生，正在做关于拍卖的论文研究。[8] 我们与乌干达的同事建立了密切的工作关系，发现他们深受阿明被推翻的鼓舞，但也对在导致阿明被推翻的行动中涌入该国的士兵们带来的持续暴力活动感到不安。

世界银行请我加入后来的一个小组，来执行鲍勃和我提出的建议。当我再一次遇到曾与我们共事的人时，我被他们吓到了，怎么变化这么大

---

〔8〕哈恩后来建立了可销售的污染许可证系统，该制度被美国国会和国家环境保护局纳入全国性法律。

呢？——他们的乐观情绪怎么就变成了绝望？战乱连连，命如草芥，在如此混乱的局面下，他们日复一日为了肉体上和经济上的生存在奋斗，到底耗尽了他们多少精力呀？

问：《开放经济的政治》不同于您之前的所有工作，因为它聚焦于拉丁美洲，特别是巴西和哥伦比亚，而不是非洲。是什么促使您做出这种转换？

答：我第二次离开乌干达时，已经筋疲力尽了。在《超越市场奇迹》一书中，我研究了肯尼亚咖啡产区的饥荒。我如今花了这么长的时间，试图在乌干达工作，所幸没有被枪杀，但眼睁睁看着我认识的人、我喜欢的人被沮丧拖垮、每况愈下、日渐沉沦。我想离开非洲。所以我决定把咖啡市场往回追溯到这笔大买卖的发源地：拉丁美洲。这个决定是偶然做出的，因为我居然在毒品战争最激烈的时候跑去哥伦比亚工作。我在那里的第一年，那位竞选中领先的总统候选人就被炸死了。所以，我知道暴力不只是非洲的难题，这是一个事关发展的问题。这就是我能够回到非洲工作的原因，也是我现在研究暴力的原因——对我来说，做这些事情在情感上是可能的了。

问：《开放经济的政治》主要贡献是什么？

答：这本书在几个层面都很成功。我是第一批获准查阅全国咖啡生产者联合会档案的研究人员之一，这个联合会管理着哥伦比亚的咖啡产业。事实上，一被允许接触这些档案，我就改变了这个项目的性质，为了利用好这个机会，好几个夏天我都待在哥伦比亚，比我原先计划的时间更长。这本书成为对哥伦比亚经济史的一项非常严肃的考察，特别是对20世纪30年代的哥伦比亚。它也对研究巴西经济史做出了贡献。我把各方面的情况拼成了一套关于第一共和国的较为完整的解释，既有效又重要，我做出了些贡献。

这本书也是第一批真正对国际制度的影响给出模型和测量的书之一。我对国际咖啡组织（ICO）有了充分的了解，因此我能够计算出它的规则对诸如乌干达等依赖咖啡出口的会员国外汇收入的影响。通过在美国参加国际咖啡组织会议的代表团中争取到一个位置，我得以在伦敦待上几个星期，观察该制度的运作：投票中的交易、调节出口配额，等等。事实上，我甚至能够推动罗布斯塔咖啡*配额向有利于乌干达的方向调整，这让我感觉相当不错。而且我熟悉了参加这个机构的代表们，他们中的一些人给我留下了非常深刻的印象，特别是来自巴西和哥伦比亚的代表。

我认为《开放经济的政治》对于把政治重新纳入国际政治经济学也很重要。最近对贸易理论的运用使得各种制度被忽视了，也就忽略了国际市场调节进程中的政治因素。我觉得这是有误导性的。各国的调节方式各不相同，我揭示了这一点，全球化领域的后续研究也揭示了这一点。如果不聚焦于政治，你就无法看到调节的成本和收益是如何分配的，以及当出现国际冲击和大宗商品繁荣或萧条时，为什么有些人赢了、有些人输了。那些专注于要素价格前沿定理的人可能就长期而言说对了，但他们将错过选举变化、政府变革和政治危机等短期事件——谁愿意错过所有这些事呢？

最后，我认为我在比较政治上的确有了新突破。该结论勾勒了《分析叙事》中阐发得更充分的内容轮廓，它还呼吁从正式规则的比较（例如，总统制与议会制政府的比较）转向策略特性的比较（例如，枢轴权力和议程设置权力的比较）（Bates et al. 1998）。像罗杰·迈尔森（Roger Myerson）和丹尼尔·迪尔迈耶（Daniel Diermeier）这样的学者在这方面取得了比我更大的进步。我认为，一旦比较政治更多地与形式理论混合起来，这种重新编码的做法会对我们大有裨益。

尽管如此，我不能说这本书产生了我所期望的影响。我确实喜欢深入研究一些事情，得出板上钉钉的结论，但在《开放经济的政治》中，实质性材料可能压过了分析性论点。这本书多半被当成关于咖啡的研究来阅读，而不是当成关于社会科学的书被阅读。

---

* 罗布斯塔（robusta）咖啡是指由中果咖啡果制成的咖啡豆，原产地是撒哈拉以南非洲，主要用于做速溶咖啡和混合咖啡，占全球咖啡产量的三成。另外两种常见的咖啡品种是阿拉比卡（arabica）小果咖啡（约占七成）和利比里卡（liberica）大果咖啡（只占3%左右）。——译者注

《分析叙事》

问：20世纪90年代中期，您参与了一个合作项目，最后出版了《分析叙事》（Bates et al. 1998），该项目提出了一项新议程，旨在将形式模型，尤其是博弈论，与历史个案研究结合起来。这次合作是怎么起头的？

答：我需要时间来写《开放经济的政治》，因此我申请去行为科学高等研究中心待一阵子。我以前去过那里，要再去，我必须得是某个研究团队的成员。我们有几个人想做政治经济学研究，想在经济史和发展经济学的交叉领域做些工作，包括玛格丽特·利维（Margaret Levi）、让－劳伦·罗森塔尔（Jean-Laurent Rosenthal）、菲尔·霍夫曼（Phil Hoffman）、巴里·温加斯特（Barry Weingast）和阿夫纳·格雷夫（Avner Greif）。所以我们就一起申请。菲尔不得不在最后一分钟放弃了，但我们其余的人都去了，上午忙于各自的研究项目，下午就一起开会辩论和讨论。基本上，我们试图弄清楚我们各自的脑袋瓜子是怎么转悠的，应该如何工作——我们分享了各自分析习惯的优势和局限性。我们开会、争辩、讨论、再争辩、又开会——一年没弄完，又干了两年。你在《分析叙事》中看到的是一种过去在辩论、现在仍在辩论的状态。写出那本书对我们每个人来说都是非常非常辛苦的工作。

问：除了把你们团队中讨论的内容明确整理记录下来，您和您的合作者在撰写《分析叙事》时还有什么其他目标动机吗？

答：《分析叙事》的隐秘议程是重新证明个案研究的合理性。个案选择是研究设计的一个重要组成部分，但是，与学生们从金、基欧汉和维巴的《设计社会调研》（1994）中得到的标准方法论建议不同，我们大多数人并没有去选择我们的个案，而是我们的个案选择了我们。

问：我们的个案选择了我们？这是什么意思？

答：那意味着我总是要去非洲工作。同样地，我的《分析叙事》合作者让-劳伦·罗森塔尔一直在研究法国大革命。这就是他成为一流历史学家的原因,他想研究法国大革命。因为我们想聚焦于我们感兴趣的个案,所以我们不被承认为社会科学家,这种说法是错误的。考虑到做定性的、基于个案的研究所需的高成本——比如通常对语言训练有要求——真正的问题是,我们如何从个案中提取有价值的信息,同时又避免出现偏差问题和避免我们的估计无效率?但我认为我们不应该仅仅因为需要正确地选择研究个案,就得去做我们不感兴趣的事情。悲哀的是,我的学生都觉得他们需要为他们的博士论文设计一个能够通过 KKV 测试[9]的研究设计。我告诉他们:"你们真的准备学习三种语言并在四个不同的国家做深入的研究吗?"

当然,一旦你开始从个案中形成因果推断,你就需要检验这些推断,看看你可能会犯什么样的错误。我认为我们应该遵循 KKV 提出的检验假说的心理过程。但我不想从选择个案开始就只是为了得到推断。所以,《分析叙事》本质上是一种从个案转到社会科学的尝试,即从可以举一反三、加以系统性检验的个案中提取洞见。

问:您对《分析叙事》多大程度上被接受有什么评价?它有没有产生您期望的影响?

答:对我来说,很难判断《分析叙事》多大程度上被接受了。我不太看重乔恩·埃尔斯特在《美国政治科学评论》(2000)上发表的评论,因为他向来以不说好话著称,而且他只不过重申了他在其他论坛上已经发表过的观点;尽管看起来他说的周密彻底,但他并没有过多地吸收别人的研究。对我来说更重要的是,这本书在那些寻求通过回归个案研究来摆脱大样本研究的局限性(内生性难题、无法辨别因果机制)的经济学家和政治学家中间被接受了,这本书给出了一套辩护。我也喜欢它在促进"对唱式"研究方面产生的影响,"合唱团"的一方拎出一个主旋律(theme)或者演绎方式(interpretation),另一方则扔回不和谐的经验材料,然后头一方再次探探险——如此一来,寓修正于研究。最后,我喜欢《分析叙事》对

---

[9] KKV 指 King, Keohane, and Verba (1994)。

人们如何看待形式理论产生了影响。我们主张把形式理论看作是一种经验的或推理的工具，把它与归纳法联系起来，而不是与演绎法联系起来。我认为这种看法已经开始流行了。

然而，更大的项目仍处于起步阶段。我还没见过多少博士论文真正地在理论和观察之间反复迭代——就是先在样本内讨论，然后跳出样本看看——以此作为一种逼近逻辑上强有力、经验上可验证的解释的方式。一些资深学者已经这样做了，但年轻人还没有，而年轻人通常才是最好的风向标。

目前的研究

问：能谈谈您目前的研究吗？

答：我手头正做的一件事是"非洲哑巴"（Nkurunziza and Bates 2003）。[10] 这个词指的是在各种解释为什么有些国家富有、有些国家贫穷的统计方程式中，非洲国家往往在难以被解释的变异中占很大一部分（所以经常被处理为0或1的哑变量）。我想做的是，通过修正我们对经济增长过程的理解，把非洲国家带回到回归线上来。

问：哪些因素有助于解释非洲这些个案？

答：比如政治责任制，以及政府是否因为需要得到选民批准而受到的限制。选举体制的竞争性以及政治暴力对经济增长也产生了重要影响。面对动荡和暴力，资本就跑掉了。因此，非洲国家失去了经济增长的动力，造成资本流失。对非洲的研究有助于我们更好地了解政治和政治制度在增长过程中的作用，从而对社会科学做出贡献。非洲是研究这些问题的好地

---

〔10〕一语双关，指统计分析中常用的"哑变量"（dummy variables 或译"虚拟变量""傀变量"）。

方，因为它提供了一组金发姑娘大小（Goldie Locks-sized）*的国家集合，做统计分析不会嫌太少，又没有多到总感觉某些国家是离群值的地步。

我的研究项目分析了46个非洲国家26年间经济绩效、政治制度和政治暴力这三件事之间的关系。我做的大量工作都是经济计量，部分原因是我以前从未做过计量经济学的研究。

问：听起来这个项目不太会涉及实地调查。它在设计上似乎很宏观。

答：是的，但是我太老了，不能住村子里了。在我职业生涯的早期，我住在村子里，总能从那里学到的东西之中得到启发。尽管如此，我还是想尽快回到非洲，以免失去到那里才有的直觉感。今年夏天我计划去肯尼亚的一个政策研究所，然后去乌干达待一个月。我当然想继续与非洲保持联系。

问：您将在非洲做什么？会做访谈吗？

答：不会有太多访谈。我主要会带上我的项目，一个极碟（zip drive）*和笔记，这样我就可以写了。我会看看其他人在做什么，并和人们建立研究关系。我试图在哈佛大学和非洲的机构之间建立研究关系，这样他们的一些人就可以来这里，我的学生也可以去那里。我们也会聊聊发生了什么，比如，我非常想知道肯尼亚选举中发生了些什么。

问：除了"非洲哑巴"，您目前还在做什么项目？

答：我想先看看公共财政，以便了解是什么使国家财政上可持续。为

---

* 金发姑娘指童话故事《金发姑娘和三只熊》中的主人公，是个满头金发的小姑娘。亦拼作Goldilocks。这个19世纪的童话故事有三个不同版本，最早见诸文字是1837年英国湖畔诗人罗伯特·骚塞（Robert Southey）匿名发表的《三只熊的故事》，主人公是个丑陋粗鲁行事乖张的老妇人。1849年英国作家和童书出版商约瑟夫·康多尔（Joseph Cundall）在其编著的儿童故事集中把主人公改成了金发小姑娘并延续至今。——译者注

* zip drive（极碟）是美国埃美加Iomega公司发明的一种高容量软式磁盘机，使用具有较坚固外壳的特制高容量软碟，并利用部分硬盘中使用的技术制成的个人电脑储存装置。随着外接移动硬盘和优盘的普及，这种存储装置已经被淘汰了。2006年5月，zip荣获PCWorld.com网站评选的"史上25大科技烂货"第15名。——译者注

什么有些国家成为特权的源泉，能成功收买军阀和解散敌对派系，而另一些国家却不行？为什么有些国家能负担得起在战场上部署军队并保卫自己，而另一些国家，如刚果（金），却被拆散了？这些是关于发展中国家的、重要的、可研究的问题。

我也在研究暴力。理性选择理论很难解释人们为什么会打架；大多数模型认为，人们应该先谈判然后解决问题，从而避免价值的损失。在政治学中，理性选择理论也最适用于制度研究；然而在战争中，制度性约束通常没有约束力。这两种情况都使暴力研究成为这一领域的一个富饶多产的课题。我开始看看这里面能不能找到什么，以便理解我在乌干达看到的情况；可悲的是，从那时起，这个话题在非洲乃至"9·11事件"后的整个世界里变得更加重要。为了抓住主题，我先跟阿夫纳·格雷夫谈了谈。他曾在驻黎巴嫩的以色列武装部队服役，他知道看到十来岁的孩子们拿着AK-47是什么感觉。当我和格雷夫一起研究《分析叙事》时，我们就开始建立一个有关无国家的社会和有国家的社会的模型。这篇论文花了大约十年时间才写成，我们在2002年发表了它（Bates, Greif, and Singh 2002）。从乌干达回来后，我也开始阅读中世纪历史。我想看看历史学家研究过的农业社会中，政治秩序是如何从家族、世系和共同体的政治中剥离出来的。这两种思路汇集成了《繁荣与暴力》（Bates 2001），这是另一本类似《市场与国家》的小书。

最后，我正在研究非洲的冲突。我与凯伦·费瑞（Karen Ferree）、斯米塔·辛格（Smita Singh）、马卡尔腾·汉弗莱斯（Macartan Humphreys）、努尼哈尔·辛格（Naunihal Singh）、马修·辛德曼（Matthew Hindman）等研究生合作，收集了1970—1995年间46个非洲国家的冲突和政治变革的数据。回顾我对非洲的阅读，建立和分析这些数据集，我希望对暴力的起源和属性能多说点什么（Bates 2005）。这个项目将以关于经济增长的政治决定因素的系列论文形式进行，这些论文将发表在总部设在内罗毕的非洲经济研究联合会组织的一项关于非洲在20世纪下半叶增长表现的四卷本研究的分析卷之中。27个非洲研究团队已经联合在这个项目上了，它为我重返非洲研究提供了一条捷径。

研究历程

科学

问：您认为自己是科学家吗？

答：哦，不。我在麻省理工学院和加州理工学院的时候，周围都是真正的科学家，包括我们这一代物理学和地质学领域中最伟大的科学家，他们与我不一样。当我有问题时，我想得到答案。如果我有一个答案，那么我应该能够用一个把预设和结论联系起来的形式证明将其建模。我还想在经验上检验自己的结论是否正确。如果把这些事都做成了，我会很高兴，我认为自己是个科学家，但这种情况我这辈子只发生过两三次。

此外，我不确定科学家是什么。物理科学家们内部也意见不一，他们走到一块儿也是着装各异、肥瘦不同。那些援引物理科学来为社会科学研究辩护的人不知道自己在做什么。与其争论我们是不是科学家，不如做好我们的工作。

问：不过，您似乎看到了物理科学家和社会科学家之间的明显区别。是什么区分了这两者？

答：物理科学家真正地相信检验。这件事上我就为我那些在理性选择和博弈论领域打滚的政治学同事们感到不安。他们喜欢理论中的理论和理论本身，他们相信劳动分工——检验他们的理论，那是别人的问题。但当初我在加州理工学院吃午饭的时候，像理查德·费曼（Richard Feynman）这样的人走进来，开始谈论各自的想法。他们总是在研究如何检验想法。我们知道什么？做啥样的实验？你怎么才能搞到合适的设备去观察或测量某个现象？这类讨论在社会科学中并不多见。

问：为什么不多呢？

答：因为社会科学领域很多理论专家对检验不感兴趣，他们对理论本身感兴趣。也可能是我们的理论并不是很好。

问：一些人认为，由于社会世界的复杂性和易变性，社会科学家在发现规律和总结概括方面的能力相比物理科学家面临更大的束缚。您觉得这种观点怎么样？

答：社会和政治世界是头难以驾驭、错综复杂的野兽。关键是要通过界定一个易于处理的问题，找到方法来深入剖析。这个问题允许对观察结果和数据进行控制，但又不至于过度脱离大局，导致研究毫无意义。莫里斯·菲奥里纳（Morris Fiorina）曾经对于"在社会科学中有多少一般性规律是既可能又可求的"做过一个很好的评论。他说，我们应该寻求"尽我们所能得到的那么多"。这并不意味着只在一般性层面做研究。这意味着你要进行可控的观察，并尽可能地扩大观察范围。

此外，我认为社会科学家还没有得出许多强有力的一般化概括。在这方面，行为主义革命很有意思。它产生了一些书，包括了一长串457个命题，这些命题都是正确的，因为它们都经过了检验。但这些命题并非在任何时代、任何地方都是正确的。所以，什么是一般性的呢？对我来说，一般性的是博弈论的归纳方面。如果我们能理解人们在玩什么样的游戏，从他们的角度看世界，并看看驱使他们做出决定的模式，那么我们就能对局势有非常深入的理解。非合作博弈理论和逆向归纳可以实现这种理解。

形式模型和理性选择理论

问：方法论工具在您的研究中扮演什么角色？

答：方法本身总是让我觉得无聊。真正让我感兴趣的是问题，并试图以一种允许我评估答案质量的方式来回答它们。当方法服务于提出问题和研究问题，我确实会对它们产生很大的兴趣。但我从没想过成为一名方法论专家，也从不想教方法论。我不认为方法论是一个很有趣的领域。如果你是数学家或数学爱好者，那么方法论可能会很有趣，但是回答问题才是我感兴趣的。

问：在过去20年里，您的工作越来越多地运用形式理论。能谈谈您是如何在研究中进行形式化的吗？

答：形式化允许你检验你的答案的逻辑有效性，看看结论是否以一种令人信服的方式从前提中流淌出来。从我的研究里给你举个很好的例子。我和连大祥一起写了一篇关于议会起源的论文（Bates and Lien 1985），这是我非常喜欢的一篇有趣的论文，我们有一个非常酷的模型。我们认为，民主产生于寻求岁入的政府和公民之间的讨价还价，即以税收换取对公民偏好作出回应的政策。要让这个论证成立，效用函数中必须有一个条件，经济学家称之为可分性，并且模型必须是线性的。我越考虑可分性，就越不喜欢它，因为它基本上要求行动者对公共物品的偏好不随他们的私人收入而变化。我们知道这不对头，但结果证明这是我们关于议会起源的论证成立的必要条件。除非我们试着用形式模型来描述这个论证，否则我永远也不会明白这一点。我知道，要使我们的论证成立，必须具备可分性条件，但我不再相信它是成立的，尽管我没有在论文中指出这一点。

问：您的论点本身又从何而来？

答：这个论点来自于试图理解议会的起源。这是一个非常好的论点。但如果可分性的条件必须成立才能保证论点正确，那么我认为这个论点就是错的。如果我没有形式化地将它建模，我就会相信它。因此，形式化是一种检查你的论点和逻辑的方法，尽管如果没什么推你一把的话，你很少会这么做。

问：但是形式化本身并不会产生论点。

答：不会，没门儿。

问：那么论点从何而来？

答：嗯，我不知道。这就是吉姆·斯科特和我以前的一个学生阿伦·阿格拉瓦尔让我抓狂的地方，他们在耶鲁大学共同教授一门方法论课程，主要是讨论研究问题从哪里来。我告诉吉姆："如果我能把我的学生教得像你一样有创造力，我也会教那门课。"但我不认为创造力能教得出来。论点和想法来自某种化学反应，而不是方法。

你可以通过玩形式模型来从中获得新的信息。在一个模型上做比较静态分析，可以帮助你从想法转向经验检验。如果你摆动这个，那么那个也应该摆动。实际上，你可以通过改变模型的一个成分来做检验，然后进行回归，看看系数是否呈现正确的符号和结构。

当然，我们这里讨论的是一个理想化的研究计划。在比较政治大多数研究中，包括我自己的研究，对思想检验的探索都不那么形式化，通常是通过寻找恰当的比较和例子，这完全凭感觉。在我写的关于咖啡的那本书《开放经济的政治》（Bates 1997a）里，我可能是平生最接近于系统地从想法转向用比较统计进行检验的一次，我把20世纪30年代的哥伦比亚与20世纪50年代和70年代的哥伦比亚进行了比较。这种跨时间的比较让我能够关上和打开政党竞争的要素开关，通过改变这一个因素并观察其他因素是否按照我的论点所预测的方式变化，同时控制住众多其他因素不变，这样就使得检验事物成为可能。

问：除了您和连大祥关于议会的论文外，还有其他例子可以说明形式化如何加强您的工作吗？

答：不是通过进行形式化，而是通过形式论证的影响。我最喜欢形式论证的是它的简洁。形式论证帮助你解决一个非常复杂的问题，并找到它的简单内核。找出问题的内部结构，为我在写成一本书的过程中反复斟酌提供了基础。比如，在《乡村对工业化的反应》（Bates 1976）一书中，内核是住在丛林中的农村居民，他们要么留下来战斗和种植经济作物，要么移居城市。在《市场与国家》（Bates 1981）中，内核是农民，他们在一个市场购买商品，在另一个市场销售商品，并在第三个市场购买生产资料和消费品。在《开放经济的政治》（Bates 1997a）中，内核是不同种类咖啡的相对价格结构。如果一种咖啡的价格上涨，消费者就会用另一种来替代，这就使得经济行动者有必要在整个贸易中组织起来，以便在咖啡市场上成功操作。我不想把这些简单的内核故事称为"形式化"，因为它们通常没有被形式化。但从问题的内核找出一个简单的结构是我通过阅读形式研究养成的思维习惯。

问：您能举出其他学者的著作，不管有没有加以形式化，也能以这种方式触及问题核心的例子吗？

答：伊丽莎白·科尔森（Elizabeth Colson）的《传统与契约》（1974）非常接近。她写这本书是在20世纪70年代，当时她在伯克利教书，这本书是对伯克利发生的危机的反应。她试图揭开当时美国学生中关于非资本主义、非西方社会的主流思想的神秘面纱。科尔森认为，这些社会中的许多互动是契约式的，而不是社群式的。我在哈佛大学的同事裴宜理（Elizabeth Perry）在她的《上海罢工》（Perry 1993）一书中，也极好地营造了一种清晰、沉静的结构感。她研究了职业共同体内部的关系如何阻碍了工人阶级的产生，并探讨了这给政府带来的麻烦。当你阅读她的书时，你总是知道自己在哪里，因为它提供了足够清晰的结构，这样你哪怕偏离了主题，在回到主题时也不会迷失方向。

另一个非常接近于找到问题内核的简单结构的人是吉姆·斯科特，他在《农民的道义经济》中聚焦于农民决策（Scott 1976）。不过，他不太愿意深入到内核，因为他以最快的速度逃开了。尽管如此，他的书有我所说的那种精神。我读过的实现了相当程度形式化的书中最好的之一是加里·考克斯的《让投票算数》（Cox 1997）。这是一本非凡的、毫不妥协的书，读起来就像是一部18世纪或19世纪的论著。另一组具有良好形式内核的著作是基思·克雷比尔（Keith Krehbiel 1991）和肯恩·谢普瑟（Ken Shepsle 1978）对美国国会及其委员会系统作用的研究。这类研究文献因其形式论证而显得特征分明，但它也具有实实在在的政治活力。

问：博弈论似乎是您偏好的建构形式模型的工具。您觉得博弈论成功在哪里？

答：我喜欢博弈论的原因是，它能让你远离那种认为个人完全自主的假定。每个人都是相互依赖的，不管是好是坏，因而他们的命运是连在一起的。博弈论帮助我们看到人类生活的"社会"部分。另外，我喜欢博弈论，也因为它提供了时间和次序的感觉。我发现博弈论是一种非常自然的思考世界的方式。我应该补充一点，那些教给我理性选择理论重要性的人正是那些我研究过的人。这些不可思议的卢阿普拉村民正是通过操弄这个系统来获取他们所能得到的一切，并且做得非常好。他们的行事风格一点也不像丹·勒纳（Dan Lerner）及其他文化理论家所想的那样，完全不同于我对农民的先入之见。

问：您是否被演化博弈论所吸引（Maynard-Smith 1982；Weibull 1995；Young 1998）?

答：我还得再深入地了解一点。演化博弈论之所以具有吸引力，是因为它经过了实际"路考"，在生物科学中被证明非常有用。但我还没有让自己信服演化机制在政治中起作用。也许这是因为我并没见过什么战争和政治上的失败者不能"再生产"自己。失败者通常会消停一段时间，然后继续进行政治斗争。原则上，我喜欢演化博弈论，这也是我正在关注的东西，但在实践中，我不确定是否能像我想的那样运用它。

问：最近在经济学领域出现了一个重要的成长领域，就是实验经济学，它运用社会心理学实验来锚定关于人们如何行事的预设。[11] 您注意到那项工作了吗？

答：我对那件事一点也不了解。在我离开加州理工学院的时候，它才刚刚起步，而现在，这在很大程度上是经济学家们在加州理工学院所做的事情。哈佛聘请了从事这项工作的阿尔文·罗斯（Alvin Roth）。让我印象深刻的是，实验研究将对经济学产生巨大影响，或许还可能对政治学产生巨大影响。实验研究表明，人们的行为往往不符合预期效用理论的预测，这意味着我们的许多模型都是错的。有很多像我这样的政治学人士，在理性

---

[11] 丹尼尔·卡尼曼（Daniel Kahneman）和弗农·史密斯（Vernon Smith）因为他们在运用实验室实验作为经验性经济分析工具方面的工作，获得了2002年的诺贝尔经济学奖。

选择这匹木马上骑得相当艰难，确实应该更近距离地关注实验经济学。

问：您刚才说，实验经济学的最新发展可能动摇了当今政治学中通常使用的理性选择理论的基础。现实世界最近发生的事件，比如"9·11"恐怖袭击，也可以被视为对锚定在工具理性上的政治学理论的挑战。政治行为似乎更多地是由激情和情感驱动的，而不是由选择驱动的，理性选择理论是否能与政治行为调和一致？

答：如果我认为理性为一方，激情和情感为另一方，两者相互为敌的话，那么我作为一个理性选择理论家日子就难过了。问题不是"激情重要吗？"而是"激情是如何造就差异的？那些充满激情的人是如何行事的？"我对我所做的事情充满激情，和我一起工作的人对他们所做的事情也充满激情。这并没有让我们变得不理性，尽管它确实让我们紧张得要死。有些情况下理性选择理论的确行不通。消防队员们为什么要走进摇摇欲坠的大楼？我无法解释。上帝保佑他们。我所能做的就是像其他人一样敬礼。有些时候你必须承认智力游戏已经走到头了，你必须尊重它并继续前进。有些创造性的时刻，人们只能为他们所观察到的东西做个见证，而这些正是转折点。

问：在您的实地调查过程中，无论远近，你是否亲眼见证过这样的转折点？

答：在我的实地调查中没见过，虽然有些事情我确实不理解。在赞比亚，人们声称在反殖民解放运动期间发生的一些事，涉及精神世界、神秘主义、降临大地的迷雾以及怪物。首先，我无法核实这些说法是否属实，因为我当时不在那里。其次，如果这些说法被证明是真的，我也没找着关于到底发生了什么的蛛丝马迹。我把这些故事写在我的笔记上，我开始比我想象的更能理解巫术，但我一直不知道该怎么处理这些故事。

问：您有没有想过重温那些故事？

答：这些都是好故事，但我不知道该怎么使用。无论如何，我离开当初那种看待事物的方式已经很远了，所以我不确定我是否想回到那些故事中去。它会很有趣，但得排到若干位次以后再做了，在我觉得已经把大的东西弄得像样了之后。人们把握创造性时刻很重要，但归根结底，我始终在找规律，而不是在找特质因素。

实地调查

问：实地调查在您的研究中发挥了核心作用。您从实地研究中得到了什么？

答：我需要通过做实地调查才能知道我不是在"发明"什么东西。对我的许多同事来说，世界就是他们在电脑屏幕上看到的样子。他们觉得坐在坎布里奇就能够理解亚洲，他们不知道自己错过了多少东西，因为他们没有去那里亲眼看看。

问：您在实地工作中获得了什么语言技能？

答：要做实地调查，你必须学习语言。我学说外语时遇到不少困难，但我还是下了苦功夫。和其他人一样，我在学校学过法语和德语，并通过了博士学位要求的外语考试。不幸的是，法语教员们认为我们要想说得好，我们得去上贝立兹课程，他们会教我们莫里哀、维庸以及拉辛，并让我们每星期写1500字的作文。因为我自己脑子太笨，或舌头太厚，加上这个背景，尽管我算是图卢兹大学的一名教师，我还是不会讲法语！至于德语也差不多，没啥可说的。

在非洲工作，我学过几次斯瓦希里语，后来又忘了。不过，我最喜欢的语言是本巴语（Bemba），这是赞比亚说的一种复杂、强大、微妙和迷人的语言。我回到赞比亚时，我发现自己有时会说一些我甚至不知道自己会的词和短语，本巴语深深地印在我的脑子里。在拉丁美洲工作期间，我学习了西班牙语和葡萄牙语。两种语言我都能很好地阅读，因而能很好地理解档案资料和二手文献。不过，我很难去读一本小说。很大程度上是因为我在哥伦比亚待了很长时间，所以我能说西班牙语。不过长时间不用，不那么流利了。我希望我能有时间把我的葡萄牙语提高到同样的水平。我喜欢葡萄牙语的发音和音乐，我希望能够在葡语国家做更多的事情。但我在巴西待的时间不够长，我感到很遗憾。

问：您曾说过，正确地运用理性选择理论需要实地调查。能谈谈这个问题吗？

答：理性选择模型是非常单薄的，在你把它们嵌入到一个更厚实的世界之中以前，它们没有任何意义。人们有激情、价值观、期望、关系、历史以及别人无法了解的信息。除非你掌握了这些变量的信息，否则你真的不能说太多，而理性选择理论并不能提供这些信息。这些信息是由应用模型的处境提供的。我举个例子。我经常使用的均衡概念是子博弈精炼。子博弈精炼意味着，均衡路径上的情况取决于你偏离均衡路径时预期会发生的情况。问题是，在理论上人们永远不会偏离均衡路径，因此，你永远无法观察到这种行为，因为历史上从来没有发生过。要理解为什么人们不偏离路径，你必须弄清楚他们对于一旦偏离了道路将会发生什么秉持什么样的信念。这意味着你要跟人去做访谈并搞清楚，比如，他们的母亲告诉过他们坏女孩是什么样的，或者传说中如果你去城镇中跟你所属的这部分相对立的那部分地方，在你身上会出什么事。这些都是关于人们偏离均衡路径会发生什么的信念，如果你只遵循理性选择模型，你永远都不会搞清楚这些。你必须出门到实地现场去弄清楚。伊丽莎白·科尔森的《传统与契约》（1974）就是一个很好的例子。她描写了一个村庄，这是一个卢梭式的无上幸福场景，女人哺育邻居的孩子，分享食物，男人互相请啤酒。然而，她发现，这种平和、美好的行为实际上是由关于现实的霍布斯式信念驱动的。村民们相信，他们的邻居可能是他们最坏的敌人，如果他们不表现得友善些，邻居就会杀了他们。只有做实地调查的人才能看到这种友善行为背后的信念。

问：随着我们事业的发展，我们承担了更多的专业和个人责任，这使得我们更难以进行长时间详尽的实地调查。您能否在短时间内，比如说几周内，成功地进入实地现场？

答：我不可能在两周内完成一个村庄研究，我也不会在两周内做这件事。在两周内，我可能会去查找当地法律学会、政治学会、经济学会写的所有文章，并试着去拜访一些人。但这和真正的研究不可能一样。我是一个沉下来泡进去、东戳戳西戳戳的家伙。除非是去了比根本不去要好，否则我不会只用两个星期去一个地方做实地调查。

问：在大多数社会科学研究生项目中，实地调查并不是一项正式要求，有限的资助机会和迅速完成调查的压力会使研究生几乎不可能进行实地调查。您是否担心政治学里做实地调查的人越来越少？

答：在哈佛，这不成问题，因为各个区域研究中心很强，捐助也很到位。大家有很多机会去实地做调查。即使在经济系，他们喜欢学生尽快拿到学位，但也强调实地调查。在应用经济学和劳动经济学中，他们一直在做大量的实地调查，随着微观经济学在发展研究中的重要性不断提升，经济学家希望他们的学生走出去到实地现场看看。

区域专门知识

问：您把自己看成是非洲研究专家吗？

答：我把自己定义为一个做非洲研究的政治经济学家。[12] 非洲是我研究的地方，但我认识真正的非洲研究专家，他们知道很多非洲的事，远比我知道的多。我在加州理工学院工作的时候，我常常去隔壁的加州大学洛杉矶分校，和那里的非洲研究专家们一起闲逛。那些家伙会知道一些我完全不了解的事，比如谁是阿尔及利亚的总统或者坦桑尼亚的副总统。我一般通过浏览媒体头条来跟踪了解非洲正在发生的事情，但我从未觉得自己必须成为了解非洲大陆的仲裁者。20 世纪 80 年代和 90 年代，我离开非洲十年后写了《开放经济的政治》（Bates 1997a），那本书聚焦于巴西和哥伦比亚。结果，我完全不了解非洲民主化和国家崩溃这整个时期的动态。我现

---

[12] 关于对贝茨的非洲政治经济论著的评论与批评，包括贝茨自己的一篇答复，参见 Stein and Wilson (1993)。

在正通过大量读书来摸清门道,以便赶上非洲民主化运动的形势。

比较分析

问:比较分析在您的研究中扮演什么角色?您是否运用个案间比较来产生观点和检验想法?

答:挺奇怪,我做比较政治,但极少做比较。我从不相信少数个案比较是有效的。当你做个案间比较时,除了你正在研究的因素外,还有许多其他因素在发生变化,因此,你会面临一个严重的遗漏变量难题。所以,我一直认为少数个案比较政治研究是个大谎言。我更偏爱分析单位内的跨时间变化。通过观察同一个案随时间的变化,有些事通常可以被控制成常量,这就消除了遗漏变量问题。我知道这并不时髦,也有点另类,但我始终更喜欢对个案作历史分析,而不是少数个案的比较政治研究。

问:但您在研究中用过个案的比较。例如,在《热带非洲的市场与国家》的结论那一章,把肯尼亚和科特迪瓦与加纳和赞比亚进行了比较。此外,《开放经济的政治》也比较了哥伦比亚和巴西。

答:是的,《市场与国家》(Bates 1981)的最后一章确实做了一些比较,但我主要使用的是程式化事实方法(the method of stylized fact),而不是比较。在那本书里,整个非洲看起来都一样。我认可一系列关于农产品价格扭曲的事实,并问:你如何解释这些事实?但我并不研究,比如说,农产品价格扭曲的水平是如何因个案而异的。

我想,关于哥伦比亚和巴西的那本咖啡书(Bates 1997a)是我唯一一次试图进行仔细的可控比较。我发现这非常困难,因为有很多历史细节,很多"气球"在空中飞舞,很难知道什么是正确的比较。把1950年的哥伦比亚和1950年的巴西作比较是正确的吗?抑或是1889年至1930年第一共和国时期的巴西与1910年至1949年寡头民主制时期的哥伦比亚?我对哥伦比亚和巴西的分析和其他比较政治学者可能做的一样。也就是说,我首先看了看哥伦比亚,发现关于公共政策如何出现在咖啡行业的故事与该国的政党制度有关。然后我去了巴西,那里的平行故事被证明不是围绕着政

600 激情、技艺与方法:比较政治访谈录

党体制，而是围绕着联邦制展开的。我写了一章关于哥伦比亚的，一章关于巴西的，然后问自己："这里的比较是什么？"这种比较以政治制度为转移，这些制度通过决定利益集团的转向（pivot）能力来决定政府成败，从而放大或削弱某一利益集团的权力。不同的制度——哥伦比亚的政党体制和巴西的联邦制——是让我能够比较这两种情况的共同元素。结果我意识到，比较研究中最有用的概念不是基于制度事实，而是基于战略机遇。因此，我的结论是，比较政治学可能会从制度性描述转向分析性表述，分析不同的制度如何塑造战略机遇，例如，它们如何影响政治行动者的转向能力。

合作

问：合作在你的研究中扮演了什么角色？

答：我喜欢与非洲的学生、同事和朋友合作。合作很有趣的。嗯，这可能是最好的时代，也可能是最坏的时代。我有些真正的难题需要他们帮忙，他们也有些真正的难题需要我帮忙，我们都是忙碌的人，合作有时会变成拔河比赛。但我从合作中学到了很多，我很喜欢。做学者是种孤独的生活，而合作是一种应对孤独的好办法。此外，我喜欢和学生一起工作。这可能会很尴尬，但现在我就是我了，我总是努力确保我的名字在合作署名中排在最后，这样我的学生合著者就会被引用到，而不是仅仅被视为助手。我从我的学生合作者身上学到的和他们从我身上学到的同样多。

乡村研究

问：除了您的第一本书之外，您大部分著作都聚焦在乡村问题上。您对农政研究充满激情吗？

答：不，我不像吉姆·斯科特这些人那么投入，他对前工业社会有一种真正的罗曼蒂克式的认同感。我真正喜欢农政研究的地方是你可以用它们做任何事情。你可以是人类学家或历史学家，你可以做实地调查或建模型。此外，乡村研究也有助于进行比较工作。俄罗斯农民的生活与美国边远地区人们的生活是不同的，这种差异提供了一种弄清楚现代世界起源的深刻方法。关注乡村部门是一种很好的框释（frame）我所关心的政治经济学和发展领域诸多问题的办法。

资助

问：争取资助机会如何塑造了你的职业轨迹？

答：首先最重要的是，如果没有钱，我是没法完成高等教育的。非洲是一张非常昂贵的门票。这是一个很穷的地方，但是在那里工作成本很高。因此，福特基金会对区域研究的资助对我来说至关重要。部分是因为在非洲做研究成本高昂，所以我一直努力做好我的学科研究，这样我就可以在争取国家科学基金资助时更有竞争力，多年来国家科学基金一直对我很好。

问：您是否注意到近年来在非洲研究上和总体上获取研究资助有什么变化趋势吗？

答：资助变少了。在"9·11事件"之前，主流的态度是，美国已经赢得了冷战，可以转向关注国内，不必再往区域研究技能上投资了。希望这种情况能有所改变。此外，国家科学基金和其他来源的资助上有封顶了。因此，资助更加紧张。

学术以外的活动

问：在您的职业生涯中，您为世界银行等机构提供了大量的咨询意见。这种活动和你的研究有什么关系？咨询是新洞见、新想法和新研究问题的源泉吗？

答：有可能。在我完成了《乡村对工业化的反应》（Bates 1976）的实地调查之后，我不想再长时间地待在非洲，因为我有了个年幼的女儿。所以，我就去非洲做短期咨询，最后我用上了很多这样的材料。不过，这并不是做研究的最佳方式，因为你和其他美国人一起旅行，遇到的人大多和你一样，也不太了解幕后情况，大把时间都花在与外国人团队合作上，而不是与当地人一起工作。尽管如此，咨询还是让我经常有机会去非洲，我能够围绕我所建立的人脉和学到的东西构建研究项目。比如，在《开放经济的政治》（Bates 1997a）一书中，我可以使用我在肯尼亚和乌干达咖啡产区做咨询时取得的资料。总的来说，咨询是次优选择，但它确实能让你坚持下去。如果没有这些做咨询的机会，我大概有很多年都没法再去非洲了。

问：更宽泛地讲，您的研究是由规范性议程驱动的吗？

答：我非常关注两件规范性的事物。第一，我想把非洲的经验纳入主流，既包括美国高等教育的主流，也包括美国年轻人的主流（Bates, Mudimbe, and O'Barr 1993）。非洲往往被视为异国情调的东西，但非洲是我们的生活和世界的一部分，不应该被视为"他者"。如果抛硬币的话，你搞不好就生在非洲了，如果你生活在非洲，你会像非洲人一样行事，因为在那种环境下，这是唯一合理的行为方式。我希望人们意识到，如果我把某些人从我的实地调查现场带进我的教室，10分钟之内他们就会完全被大家接纳，因为他们和其他人一样有能力。第二件我非常在意并且想要改变的事情是物质财富并不重要的想法，那种想法完全是扯淡。我有一些非洲学生，如果他们有钱的话，他们本可以上哈佛，并和这里的任何一个孩子做得一样好。哈佛的孩子和在非洲跟我一起工作的孩子之间唯一的差别就是钱：这里的他们有，那里的他们没有。

问：谁告诉您生活中物质方面不重要？

答：有钱人，尤其是白人中产阶级的孩子们。那种认为生活的物质方面只是西方式烦恼的信念真让我心烦。只有那些不知道贫穷是什么意思，也从来没有为贫穷付出过代价的人，才会相信这种无稽之谈。我希望穷人变得更富裕，我希望消除贫困。我不知道如何使非洲发展并变得富裕，但非洲人如此贫穷这一事实使我感到不安。如果我更擅长做个乔治·索罗斯，我会成为乔治·索罗斯，但那不是我擅长的。我做得最好的事情就是教书和写作，这就是我努力改变现状的方式。我一直试图推动自己任教的机构——加州理工学院、杜克大学和哈佛大学——教授更多关于非洲的课程，教育更多的非洲学生。

问：作为一名政治学家，您在美国大学中开展旨在增进对非洲认识的活动是否与您自己的学科议程相冲突？

答：不，因为让非洲在美国变得重要的唯一办法就是要在你自己的学科里干得出色。没有人认为非洲是重要的。在一所由白人男性主导的中上阶层的美国大学里，获得地位的唯一办法就是让他们认为聘到你是他们做过的最好的事情之一。

同事、机构联系和学生

加州理工学院

问：您取得博士学位后的第一份工作是在加州理工学院，1969年开始在那里教书。您是怎么最终到加州理工的？

答：我刚进加州理工工作时，这所大学没有政治学家，一个也没有。我被人文与社会科学部聘用。是加州理工的人类学家塞耶·斯卡德尔（Thayer Scudder）让我去申请的，我在赞比亚遇到了他，后来他成了我最好的朋友。在赞比亚，有天晚上，我回到我住的大学招待所，浴缸里传来了喊叫和砰砰声。闹出动静的那个家伙已经在调研现场待了三个星期了，他想要罐啤酒。我往浴室里扔了罐啤酒，当他走出来，正是赛耶·斯卡德尔。自1957年以来，他和伊丽莎白·科尔森一直在研究同一群人——赞比亚格温贝山谷的通加人（Tonga）。他们每两年去一趟，追踪这群人直到20世纪90年代末。这是迄今以来对一个群体进行的最好的长期人类学研究之一。泰德是加州理工学院的教员，他说："我们正在启动一个社会科学专业项目。你写完论文后，就去申请吧。"结果我是第二名。他们真正想要的第一名那个家伙是格雷厄姆·艾利森（Graham Allison），他刚刚写完他那本关于古巴的巨著（Allison 1971）。艾利森决定留在哈佛，所以他们不得不选择第二人选。考虑到没有其他工作，我很高兴能去加州理工，在那里我是他妈的全校唯一的政治学家。我很高兴，因为无论如何我不喜欢被人教导。这太棒了！

他们同时引进了一群经济学家，包括罗杰·诺尔（Roger Noll）、兰斯·戴维斯（Lance Davis）和查理·普罗特（Charlie Plott）。经济学家控制了一切，这可能就是他们想做到的。然后我们开始在政治学方面有所建树。我们首先招聘了约翰·费里约翰（John Ferejohn）。第二次招人发生在我外出做实地调查期间。这回是莫里斯·菲奥里纳，罗切斯特的学生。所以我回到加州理工后，发现我有了一个新的小老弟，就是莫伊。我们三个人的规模维持了一段时间，后来又在同一年聘到了加里·米勒（Gary Miller）和布鲁斯·凯恩（Bruce Cain）。后来我们雇了道格拉斯·里弗斯（Douglas Rivers）。

问：您说加州理工学院没有正式的政治学系。那研究生课程是什么样的呢？

答：要从政治学所属的社会科学部毕业，学生必须参加美国政治和博弈论的考试。他们还必须修微观经济学和计量经济学。我们没有教授宏观经济学，因为那里的经济学家认为它是无稽之谈。因此，政治学课程是微观经济学、博弈论、社会选择和美国政治。

问：有没有什么比较政治方面的训练？是您教的吗？

答：他们从没听说过比较政治。我一直在教美国政治。

问：那一定很困难。

答：是的，但这样很好。我学到了很多东西。

问：您是不是很渴望教您自己的关于非洲和发展中国家的内容？

答：是的，我还得做一些我的东西，但不是很多。这种情况在很多地方都会发生。如果你是一个在商学院教书的政治学家，你不是在教授你的东西，而是在教商学。你所教的东西和你所做的研究往往完全不同。我把在加州理工学院的教学当作一个学习的机会。班级很小，你可以慢慢来。你也可以与人合作教学，我和来自不同领域的绝顶聪明的人一起工作。不过，最终，你确实想要教你自己的领域，培养出对你的工作感兴趣并受其影响的学生。这会很有满足感，但我在加州理工没有得到这些。

问：您之前提到过，在曼彻斯特学派之后，加州理工学院是您遇到的第二个高强度的智力环境。是什么让加州理工如此激动人心？

答：在加州理工学院有一种感觉，经济和政治终于融合在一起了，就在那儿。它是博弈论和社会选择理论的结合。经济学家对政治感兴趣，政治学家愿意与经济学家一起训练，向他们学习。我们所有的政治学家都参加了大一的数学课程，并努力完成了本科数学课程的必修部分。这是非常跨学科的做法。历史学和人类学也涉足其中，但他们多半是敲敲边鼓。真正热络的部分是形式经济理论和政治的结合。

20世纪60年代末到70年代初，威廉·赖克领导的罗切斯特学派的学生在卡内基梅隆大学和圣路易斯华盛顿大学找到了工作。罗切斯特派在20世纪70年代敲开加州理工的大门，[13] 并迅速起飞，培养出了全新一代的学生。巴里·温加斯特是第一个。加里·考克斯、杰夫·班克斯（Jeff Banks）和兰德尔·卡尔弗特（Randall Calvert）后来也来了。

问：您在训练这些学生方面扮演了什么角色？

答：我和他们一起工作，通常都是二把手，因为我缺乏真正能教导他们的形式化研究训练。教员中年轻的经济理论家受过了形式化研究训练。

问：那么，加州理工学院的研究生从您那里学到了什么？

答：他们必须向我解释他们的研究。我有点像在形式理论家面前扮演迈伦·维纳的角色。我正在学习形式理论，我还教学生如何与更广泛的政治学圈子打交道，将来他们得在这个圈子里找工作。如果他们能在加州理工学院接受训练，并且学会如何与政治学圈子的人口齿伶俐地交流，并在其中生存下来，那么我们就成功了。如果我们不能做到这一点，我们就得在糟糕的地方得到些边边角角的工作。

---

[13] 关于罗切斯特学派，参见 Amadae and Bueno de Mesquita (1999)。

经济学家罗杰·诺尔很受研究生的信任，他跟他们说："你必须和贝茨一起工作，确保你明白他想告诉你什么。"加州理工的学生需要知道，这个世界到处都是非常聪明的人，到处都有非常出色的研究，但与他们做的工作不是一种类型。他们倾向于认为唯一值得做的研究就是他们正在做的事情。他们非常傲慢。如果他们表现得既傲慢又无知，他们就不会得到工作。我能够提供一种职业前的社会化培训。想想理查德·芬诺（Richard Fenno）和威廉·赖克在罗切斯特大学同一个系的情景吧。虽然我不能把芬诺的运动健将送上国会的台阶，但我在加州理工学院与微观经济学家之间一定程度上充当了类似芬诺的角色。举个例子，我记得我告诉巴里·温加斯特："当你听到'规范'这个词的时候，就想想'约束'"。这帮助他看到了在关于美国国会研究的社会学文献大背景下，如何运用当时在理性选择研究中占统治地位的约束条件下实现利益最大化分析框架（the constrained maximization framework）。他终于弄明白了，并开始把早期行为主义传统中分析过的政治结构和制度看作他可以拿来建模的东西。这就是赖克让他的学生跟芬诺受训时他所具有的那种洞察力。在加州理工一切顺利的时候，这就是我所扮演的角色。

问：您到底教了加州理工学院的学生什么课？

答：我教他们这个领域是从哪里来的：行为政治学、社会心理学各种研究路径、政治社会学以及政治心理学。

问：您对您所教授的行为研究材料的印象如何？您欣赏这类研究吗？毕竟，这与你所接触到的经济理论完全不同。

答：我觉得有些人真的很聪明，工作越微观，就越有趣。霍曼斯的《人类群体》（Homans 1950）是一本令人敬畏的书。默顿的著作很棒。斯陶弗等人的《美国士兵》（Stouffer et al. 1949）是我所见过的最伟大的研究之一。拉扎斯菲尔德、贝雷尔森和麦克菲的著作也很出色（Larzarsfeld, Berelson, and Gaudet 1944; Berelson, Lazarsfeld, and McPhee 1954; Katz and Lazarsfeld 1955），我现在还在教它们。

问：您最欣赏这些研究的地方是——？

答：他们在工作中表现出了智慧。这些学者有一个他们想要解决的问题，他们的的确确在追寻答案。拉扎斯菲尔德和贝雷尔森在20世纪40年代开始对投票行为进行研究，这一传统是社会科学领域中积累最丰富的研究项目之一。它们越来越深，越来越精确。他们开始于20世纪40年代的伊利县研究（Lazarsfeld, Berelson, and Gaudet 1944），这是一个失败的项目，没有产生任何结果。他们想研究政治竞选和媒体对选民的影响，但是他们找不到任何影响，因为选民已经决定了。然后，他们转向进行若干组问卷调查，测量投票决定是如何做出的。后来，他们转而使用社会计量技术来追踪通讯流。与只看选举选择的密歇根美国选民学派[14]相对，拉扎斯菲尔德和他在哥伦比亚大学的同事们研究了竞选活动如何影响投票决定，以及选举选择是如何通过竞选活动一步步加工成的。拉扎斯菲尔德在完成这项研究后，对人们为什么投票有着深刻的理解。我认为这是一个非常有趣的研究项目，这项工作对我在加州理工学院的一些学生产生了很大的影响。行为主义的研究在今天的加州理工学院会更有实际价值，因为经济学正变得越来越有行为主义倾向，并做了大量"社会心理学"实验。

问：您在加州理工学院开始职业生涯有什么不好的地方吗？

答：加州理工学院几乎对任何与时代有关的事情都免疫，这既是种美德，也是种危险。这是种美德，因为你可以把事情搁置一边，等到尘埃落定，然后看看你如何处理它们。从某种意义上说，这也是一种危险，因为你可能会失去发现有意义的问题的能力，或者至少是别人认为有意义的问题的能力。

但离开加州理工学院，进入一个封闭的环境真的让我很烦恼。加州理工学院没有系，只有部。你在生物和化学部找得到物理学家。同样，你会发现社会科学家和历史学家一起工作。我真的很喜欢那里没有组织结构，

---

[14] 参考文献是《美国选民》，见 Campbell et al.（1960）。

我可以在任何领域移动穿梭,每个领域都能给我提供一些东西。正如我们之前谈到的,我早先上的是一所小型的博雅学院,我在那里学了三个领域:经济学、政治学和文学。

问:在加州理工学院,您显然脱离了比较政治的主流。您有没有努力跟上当时在这个领域中发生的事情?

答:有一回,我决定要赶上当时在这一领域很突出的马克思主义色彩的著作。我通读了《新左派评论》,看了佩里·安德森(Perry Anderson,1974a, 1974b)的著作。我觉得他的工作很无聊,所以我主要是通过阅读评论来试着找点感觉。后来我读了巴林顿·摩尔的书,发现《独裁与民主的社会起源》(Moore 1966)中确实有一些非常好的东西。但我只是想看看,因为这不是我热衷的工作,我发现它太宏观了。摩尔确实有一个很好的研究设计,至少在概念上是这样,但他没有以一种可控的方式进行个案分析。我需要的是叙事、故事和做选择的个人,我需要真正鲜活的制度和事物,我必须能够触摸它,我不需要大的、宽泛的结构论证,我希望故事能让我从做出选择的人的角度来看问题。在巴林顿·摩尔的著作中,我有一种结构感,但我没有选择感。

杜克和哈佛

问:在加州理工学院工作 16 年后,您在 1985 年搬到了杜克大学。杜克怎么样?

答:杜克大学棒极了。这个系已经是一个很好的系了,它的配置让它在学术上很强:比较学者——艾伦·科恩伯格(Allan Kornberg),卓越的系主任;彼得·兰格(Peter Lange),现在是杜克大学的教务长;以及赫伯特·基切尔(Herbert Kitschelt)——还有规范理论学者——迈克尔·吉莱斯皮(Michael Gillespie),露丝·格兰特(Ruth Grant),汤姆·斯普拉格斯(Tom Spragens)——则欣然接受向经验性的和分析严谨的方向转变。在许多政治系里,学科分配阻碍了这样的变化。所以我们做出了改变。我们招到很好的学者,招了很多人,培养了一大批绝对一流的研究生,他们在这个领域的顶尖大学找到了工作。

我之所以搬到杜克大学,是因为我的妻子玛格丽特在那里得到了一份副教务长的工作。教务长菲利普·格里菲斯(Philip Griffiths)正在对教职工进行大规模升级,她投身于这股潮流,试图将他的目标转化为可持续的安排。格里菲斯后来离开后,她也不得不退到一边去。于是就是我们继续搬家的时候了。

我为离开杜克而难过,我喜欢那里——非常聪明的学生、优秀的研究生,以及一个规模小而专注的教师队伍,持续变得越来越好。离开也有点让人啼笑皆非,因为鲍勃·基欧汉(Bob Keohane)刚从哈佛转会到杜克,他和他的妻子南内尔(Nannerl)都是我喜欢和钦佩的人。然后约翰·奥尔德里奇(John Aldrich)、迈克·芒格(Mike Munger)和一群一流的年轻人也来了。这个系太棒了。

问:你1993年离开杜克时,为什么选择哈佛而不是其他地方?

答:在选择去哪里的时候,我权衡了事业和个人的考虑。我知道这可能是我们最后一次搬家了,我想在一个我可以把它当成家的地方安顿下来。因此,玛格丽特和我回到了家乡——回到波士顿,在那里我们一起开始了我们的生活,重新装修了我在康涅狄格的老房子,我在那里长大,听了那么多关于政治的辩论。我们现在用这个地方让我的家人聚在一起——我们把我的兄弟姐妹、他们的配偶和孩子带来吃饭聊天。我们认为自己很幸运,有过这样美好的生活。

问:您在哈佛的经历如何?

答:哈佛没有那么直截了当,但现在它似乎在朝着我认为重要的方向发展。对经验研究和形式研究的支持已经有了很大改善。我已经把非洲研究带到哈佛来了,并想留下我的印记,而这一切之所以发生,不是因为我,而是因为哈佛校长拉里·萨默斯(Larry Summers)和社会历史学家伊曼纽尔·阿基安蓬(Emmanuel Akyeampong)。然而,对我来说,这个地方最引人注目的是优秀学生的流动,无论是研究生还是本科生。我喜欢看着"我的"研究生作为学者和作为人学习和成长。他们在研究生院的学习成绩超越了我那时候所能取得的任何成就。他们是非凡的。

理性选择革命

问：20世纪80年代和90年代出现了将理性选择理论以及经济学和美国政治研究中使用的形式方法论引入比较政治领域的运动，您是这场运动的领军人物。[15] 您对比较政治中的理性选择革命有何看法？你是否有意识地试图在这种转型中扮演中心角色？

答：不。我觉得自己处在这个行业的边缘，在那里我很开心。我是说，我是个非洲研究专家。想要成主流，你不会变成一个非洲研究专家。去加州理工这样的地方也不是主流干的事。只要我能发表文章，并在这个行当里保持活跃，那就很好。做我正在做的事，我非常开心。

问：您如何解释您以及理性选择理论在20世纪90年代进入比较政治的主流？

答：这事发生在我身上罢了。它只是发生了而已。

问：您什么时候意识到它已经发生了，您已经从边缘移到了该领域的中心？

答：在20世纪80年代初波普金-斯科特之争期间，事情变得非常有趣，因为人们知道我一直从选择理论的视角研究农民的决策。[16] 关于农民行为的波普金-斯科特之争打开了用我所熟悉和一直使用的术语，来讨论比较政治领域实质性问题的可能性。这场争论持续了一段时间，它是将理性选择理论与更广泛的受众联系起来的桥梁。

问：尽管如此，在大多数政治学家看来，农民仍然是边缘行动者。理性选择理论是如何一跃成为被广泛接受的研究政客行为的方法的呢？

---

[15] 例如，参见 Bates (1988, 1997b)。

[16] 有关"道义农民"还是"理性农民"的斯科特-波普金之争在20世纪80年代引起了学界极大兴趣（Scott 1976; Popkin 1979）。参见本书第11章对詹姆斯·斯科特的访谈。

答：世界上发生了两件事，有助于使理性选择理论成为美国政治学的主流。首先，全球经济自由化浪潮甚至将社会主义经济都转变为市场经济。其次，对政治学来说更重要的是，民主化在世界各地发生。结果，从事比较政治学的人们突然不得不学习美国政治专家研究了 30 年的东西。我很幸运，大部分时间都在加州理工学院教授美国政治，而且对此也很适应。这帮助我在越来越多的比较政治学生中产生了影响，这些学生希望了解美国政治领域的研究成果。

美国政治科学协会比较政治组

问：1995—1997 年，您担任美国政治科学协会比较政治组的主席。你如何评价该组自 1989 年成立以来的发展？[17]

答：彼得·兰格和其他创立这个组的人决定使它具有创业精神和对抗性，而不是一团和气。这个组在其前几任主席的领导下有过竞选活动。我真的很喜欢它，因为人们会大吵大闹，争论什么是好的比较政治、什么是不好的比较政治以及为什么。比较政治组引起了轰动。后来，许多匿名的人物决定要恢复山谷里的和平与秩序。结果，所有的争论都结束了，没有人再对彼此大喊大叫了。这真的很可悲，因为带来想法、把它们发挥到极致并争论它们是学习和成长的好办法。自从两年半前比较政治组被阉割后，它就变得有点无聊了。

问：您在组内通讯上发表了一封有关区域研究现况的主席信（Bates 1996），引发了相当大的争议。[18] 您主张，在实地调查和形式理论之间，以及更一般地说，在区域研究和政治学学科之间，应加强接触。然而，有些人认为您的目标是在政治学里扼杀区域研究。您如何评价这场争论？

答：我被冤枉了，该死。在我成为主席之前，你读过这个组的通讯吗？与我的前两任主席大卫·莱廷和罗纳德·罗戈夫斯基（Ronald Rogowski）相

---

[17] 关于贝茨作为 APSA 比较政治组主席的前任和继任对这个问题的看法，参见本书第 16、15 章对大卫·莱廷和大卫·科利尔各自的访谈。

[18] 另参见 Bates (1997c, 1997d)。

比，我是个好好先生。例如，莱廷曾提议将所有的比较政治都转移到历史系去，在政治学里只保留形式理论工作。

问：您为什么像在扮演反派呢？

答：我不知道。也许是因为我是第三个在这个问题上发言的人，出于某种原因，这个话题流行起来了。我想做的是在区域研究和形式理论之间找到互补性，而不是对立性。但是竞争对立的部分被单独拎出来了，被引用了，然后就传开了。

问：您对介入这场争论感到遗憾吗？

答：不。我遗憾的是《高等教育纪事》如何报道这次交流（Shea 1997）。我和《纪事》的记者就此事吵了一架。他有一个自己想写的故事，他采访了很多政治学系，包括哈佛大学的，来回顾一些案例，在这些例子里他认为某些人被否决晋升机会和终身教职是因为他们做的是区域研究工作，而不是形式理论。他最终在密歇根发现了一个例子。但是这个女人把除了厨房水槽之外的一切都放进了她的研究个案里，性别歧视、年龄歧视等等。所以，这个例子显然不是关于区域研究跟形式理论之争的。当记者发表这篇故事时，所有关于区域研究和形式理论之间关系的对抗性材料都被放在了头版。我在我的文章中提出的关于走向综合、补充与和解的观点被埋到了第二版。当我在美国政治科学协会的年会上见到他时，我告诉他，我认为他在这方面确实做了不少手脚。

问：您对这次交流后的五年里政治学中区域研究的发展有何看法？从事区域研究的学者现在是否与更广泛的学科研究有了更多接触？

答：在我自己所在的哈佛政府系里，做区域研究的人当然做得非常好。我不想和那些一无所知的孩子一起工作。这意味着他们必须做实地调查，他们必须对某段时间和某个地方非常了解。他们可以从那些终生都在研究某个区域（比如中国、俄罗斯或我这儿的非洲）的人那里获得这些知识。而我在哈佛的所有做区域研究的同事在让他们的学生接受训练的事上态度也非常开放，这样他们的学生就能在这个领域找到好工作、获得成功。所以他们鼓励他们的学生与加里·金和肯恩·谢普瑟这些人一起工作。在哈佛，这是一种非常健康的平衡。我说不出其他地方是什么样子的。

问：您对2000年出现的呼吁对政治学行当进行改革的"改革运动"有何看法？[19]

答：事情发生的那一年我在休假。这是一个电子邮件现象，我没上网，也就从未注意到来来往往的争论，所以我错过了很多事。有些听起来很傻，有些则是误传。美国政治科学协会职位的选举方式引起了人们的不满。但是，唯一反对该协会提名委员会提出的候选人名单的要求是要有足够多的签名。我不认为这是内部经纪人的阴谋。也许我当时不在是件好事，因为整件事只会让我生气。

学生

问：您怎样训练研究生？

答：首先，他们得做实地调查。我不和不做实地调查的人一起工作。而且，我喜欢让学生们向我解释他们想做什么，然后解释他们陷入困境的难点在哪儿，就是事情没有按照预期的方式搞定，而他们觉得他们的研究项目可能会失败的地方。我发现这是最有趣的开始，因为失败的时刻往往耐人寻味。为什么没有成功？最初的想法有什么问题？是有一个没有预料到的变量吗？问题没提对？遗漏了什么？我们能从这次明显的失败中学到什么？你会怎么补救？如果你能稍微改变一下他们的思维方式，或者把问题翻过来一点，你就能帮助学生摆脱困境。

---

[19] 2000年，一位学者以"改革先生"的名义散发了一份匿名宣言，呼吁对《美国政治科学评论》（APSR）、美国政治科学协会（APSA）和总体上的政治科学专业进行改革。改革先生表示，业内许多领军人物不看APSR或向它投稿；APSA的理事会和APSR的编委会是由其前任非民主地选择的；APSR的关注焦点是技术方法，而不是政治上的重要实质性问题。这位学者的失望引起了众多政治学家的共鸣，并在业内引发了大量的讨论和辩论。关于改革运动，参见Eakin（2000），Monroe（2005），以及本书第11章对詹姆斯·斯科特的访谈，他是这场运动的领导者之一。

上周我在圣迭戈和一群研究生交谈，一位女士非常失望，因为她的论文完全失败了。有一个调查她不能做了，因为巴勒斯坦人刚刚做了些事情，因此她觉得已经失去了她整个研究设计。我听了一会儿，说："我不信。我不认为你的论文完蛋了。我们把它写在黑板上，看看还有什么变化是你还可以处理的。"因为她只不过是没法进行问卷调查，这并不意味着她的研究已经失败。她仍然可以解决一个问题。

问：最好的学生有些什么品质？

答：每个学生的情况都不一样。最主要的是激情：如果他们真的在意他们在做什么，他们会做得很好。但是他们必须让在意"为"他们服务，而不是跟他们对着干。有时他们如此在意一个议题或问题，好像那上面的学识看起来是以一种非常超然的方式来获得的。但如果他们能看到学识可以带给他们一种发声工具或一种地位，以便让他们能够有效地处理他们关心的问题，那么激情就变得非常强有力了。

我经常给学生们布置的一本书是格兰特·麦康奈尔（Grant McConnell）的《公共权力与美国民主》（1966）。这是一本带着道德愿景的有争议的书。麦康奈尔对公共领域的私有化以及将公共目的转化为私人利益的权力运用方式感到愤慨。这本书给了你一个在意的理由，一个火冒三丈的理由，以及让你加入作者一起追根问底的乐趣。麦康奈尔知道自己在说什么，因为他对自己研究的各种不同实质性政策领域的政治有真切的了解。这本书很好地刻画了一个问题，告诉我们为什么应该在意它。这是理性选择政治学家介入政治的有效途径。

比较政治的成就与未来

问：回顾过去 35 年您作为政治学家的经历，您认为比较政治取得了哪些成就？我们学到了什么？

答：我们对选举和竞选活动有很好的理解。我们的预测能力不是很好，但我们非常了解选民如何决定他们将支持谁，了解政治家如何决定他们怎样搞竞选。当然，对世界各地的移民迁徙情况的理解看起来也是一样。我想你可以毫不费力地解释各地的移民迁徙。我希望我们对国家崩溃现象的理解也能到这一步。

问：为什么我们对选举和移民迁徙的理解比国家崩溃要好？

答：原因之一是人们对选举和移民迁徙做了大量的研究。至少从20世纪40年代起，政治学家就开始系统地研究投票。也有一套很好的关于世界上大部分地区移民迁徙决定因素的研究。但自1950年以来，我们只有81个算是国家崩溃的实例。数据不够多。

但是如果你在寻找一整套的发现，就像他们在物理学中所做的那样，那我们在社会科学中并没有很多发现。在比较政治学中，我们唯一的规律可能是亚里士多德-李普塞特假说（Lipset 1959），即一个国家越富裕，就越有可能成为一个民主国家，因为中产阶级的规模在不断扩大。李普塞特在20世纪50年代提出了这个假说，然后我们经历了60年代民主崩溃的疯狂，失去了巴西和阿根廷。然后，随着20世纪70年代和80年代的第三波民主浪潮，这些个案和其他个案啪嗒一下回落到了回归线上。这是一个相当强有力的规律，也是我们仅有的几个规律之一。未来我们可能会在各种选举体制和制度的研究中取得累积性成果，这些工作将推进加里·考克斯和加州大学圣迭戈分校的其他人制定的研究议程。

问：您主张具有区域研究专长的学者应继续努力为更宽泛的政治学学科做出贡献（Bates 1996）。正如您所说，他们应该准备好回答这个问题："你所研究的区域对更宽泛的学科有何贡献？"（Bates 1997c, 169）。那么，您研究的聚焦点——非洲的研究对政治学有什么贡献呢？

答：非洲研究迄今最大的贡献之一是对政府和社会的人类学理解。这在一定程度上是由于非洲土地充裕而人口不足，而比如说亚洲则是人多地少。当人口不足的时候，为人们创设权利成为一个非常重要的目标。这就是为什么非洲有如此密集的人类学研究覆盖的原因之一：因为人是稀缺因素，形成了各种非常复杂的关系以便从稀缺因素中提取好处。

至于它对政治学的贡献，非洲研究非常引人注目地揭示了美好生活的政治前提：没有政治秩序，你就做不了什么。我也越来越认识到，研究非洲可以帮助我们更好地理解政治与经济增长之间的关系。经济增长研究文献中的两个离群值是非洲和亚洲，我认为治理质量在一定程度上解释了为什么在过去40年里，亚洲国家的表现远远好于预期，而非洲国家的表现则差得多。

研究前沿

问：您对当前比较政治现状的总体评价如何？

答：这个领域已经相当无聊了。例如，关于建立市场经济和经济自由化及贸易开放的国内影响的研究已经达到了收益递减的程度。现在很多学生都在关注这个话题，但我不知道还剩下什么可以做。同样的事情也发生在民主化研究上。并不是所有的问题都得到了解答，而是已经完成的那些工作还没有被消化。我们需要弄个小组或写一篇评论文章来总结我们在这两个领域的知识。冷战结束、苏联解体和债务危机对这门学科造成的冲击已经用完了，我看不出在比较政治中哪儿会产生新的紧迫感。

问：您认为有哪些研究领域比经济自由化和民主化更有前途？

答：我认为暴力和国家的失败需要被正视。此外，由于20世纪90年代出现的许多新兴民主国家正在进行第二轮和第三轮选举，对民主制度和各种不同制度的研究可能展现出新的研究潮流。这是一个伴随着变异、大样本和理论的研究领域。所以这可能是个前沿所在。

另一个前沿是文化，尤其是理性选择理论与文化的糅合，因为人们操纵文化并将其用于政治目的。我想我们不明白他们是怎么做的。你如何用符号、修辞、论证、明喻、隐喻和历史隐射来动员人民？我们知道大家这么干，但它是怎么起作用的呢？我们不明白为什么知识分子是强有力的。为了理解政治，我们需要掌握辩论、论证和隐喻的各种作用，还有很多事得做。

我刚和肯恩·谢普瑟一起开设了一门课,叫"经济学家来了"。我们教授政治经济学领域的新书,像佩尔松和塔贝里尼(Persson and Tabellini 2000)以及格罗斯曼和埃尔普曼的书(Grossman and Helpman 2001)。我们要做的是写一篇评论文章,讨论一下政治学家应该向经济学家学习什么,经济学家应该向政治学家学习什么。有一件事是经济学家需要知道的,但他们显然缺乏直觉,那就是辩论和论证的作用。另一方面,当我们审视自己的工作时,我们这些政治学家也没有涉及这一点。我们知道某种类型的传播是重要的,但我们没拿这种洞见去做些什么。我们需要掌握话语、语言、隐喻、象征。阐释和传播的政治的确非常重要(Bates, Figueiredo, and Weingast 1998)。

问:有趣的是,您现在反倒被这些主题所吸引了,因为正如我们之前谈到的,文化和传播是20世纪60年代麻省理工学院政治学项目的中心焦点,当时您在那里读研究生。

答:只是现在我们需要用正确的方式来研究文化,也就是说,通过构建一个我们要检验的文化理论。

总结

问:您对比较政治研究生有什么建议?

答:趁着念研究生,利用好你能得到帮助的一切机会。如果你学习语言遇到困难,那就学语言。如果你在学习数学方面有困难,那就尽可能多地接受数学训练。我总是觉得,如果别人给我阅读清单,我就可以阅读和学习可用的东西,但除非得到帮助,我肯定不能搞明白统计学。我的另一个建议是去实地看看,然后再回来和人们谈论。在与他人的讨论中推进你的实地调查是很重要的。例如,我们很多学生去了中亚,然后去华盛顿写论文。他们既没有和别人详细讨论过,也没有在别人的帮助下把论文写出来,就把论文寄了出去。这是个实实在在的损失。最后,好好了解了解你的同学们。他们会成为你最好的朋友,并长伴余生,但愿如此。

618 激情、技艺与方法:比较政治访谈录

第十五章
紧要关头、概念与方法*
——大卫·科利尔访谈录
David Collier

大卫·科利尔对拉丁美洲的威权主义、民主和法团主义进行了细致的概念化研究，为比较政治做出了重大贡献。他也是方法论领域的领军人物，发表了大量具有影响力的概念分析著作，为定性方法与定量方法的关系提供了新的视角。

科利尔的早期研究包括对政治体制、法团主义和社会政策的跨国定量研究，以及探索秘鲁的政权更迭与针对棚户区的公共政策之间的联系，该研究以《棚户区居民和寡头统治者》（1976）的形式出版。在他主编的《拉丁美洲的新威权主义》（1979）一书中，科利尔和合作者探讨了20世纪60年代和70年代威权主义在拉丁美洲兴起的各种解释，这本书是国家政治体制研究文献中的一个里程碑。

他在拉丁美洲研究领域最具影响力的著作是与露丝·贝因斯·科利尔（Ruth Berins Collier）合著的《塑造政治舞台》（1991），这是十多年研究的成果。本书是迄今为止出版的对拉美政治最雄心勃勃、最系统的研究之一，对过去50年里8个国家进行了深入分析。《塑造政治舞台》试图将政权结果（如军事政变对民主）的反差解释为劳工如何被纳入国家政治制度的历史遗产。除了对拉丁美洲的政治研究做出了根本性贡献外，这本书还对比

---

* 这次访谈由赫拉尔多·芒克于2003年7月8日在加利福尼亚州伯克利完成。

较政治这个更广泛的研究领域产生了重大影响。它的"紧要关头"*理论框架被认为是历史制度主义文献中最系统、最详尽的模型之一。此外，该书细致的、基于个案的比较分析被视为严谨的定性研究方法范例。

科利尔的第二部分工作侧重于方法论。这类研究探讨概念形成与测量问题，强调了在比较的、定性为主的有关民主、威权主义和法团主义文献中运用的程序。还讨论了定性研究人员使用的各式各样的工具，探索了适用于定性和定量研究的概念形成和评价测量有效性的程序，并部分地从统计学理论角度考察了定性和定量方法之间的共性与差异。后一主题尤其在他与亨利·布雷迪（Henry Brady）合编的《反思社会调研》（2004）一书中作了讨论。

科利尔1942年出生于芝加哥。1965年他在哈佛大学获得学士学位，1971年在芝加哥大学获得政治学博士学位。他曾任教于印第安纳大学（布卢明顿）（1970—1978）和加州大学伯克利分校（1978年至今）。他于1997—1999年担任美国政治科学协会比较政治组的主席，2001—2002年担任美国政治科学协会副主席，2002—2003年担任美国政治科学协会定性方法组的创始主席。2004年，他被选为美国人文与科学院院士。

学术训练、思维影响与博士论文研究

问：您在芝加哥长大，父母都是学者。您认为早期岁月对您后来的学术工作有何影响？

答：在芝加哥大学的社区中长大，确实让我置身于当时——现在依旧

---

* 历史制度主义中"critical juncture"这个核心概念在国内通常被译为"关键节点"，但这个译法有两方面不妥之处：其一，节点是 node，也是一个常用词。从中文回译，节点对不上 juncture。Juncture 在这里原本就是紧急关头、节骨眼、当口的意思，是时间上的点，不是空间上的"结合点、交接处"。其二，critical juncture 重要的地方不在于那个"点"怎么样，而在于这个时间点所处的位置与前后情势的关系，juncture 原本也有情况、形势、事态的意思。因此在中译中突出"点"，而不突出时间、时机似乎不妥当。故而本书中就用一个常用说法来翻译"critical juncture"紧要关头。——译者注

是——世界上最令人振奋的社会科学共同体之一。20世纪40年代和50年代，社会科学领域的许多知名人士就住在这条街的尽头或街角周围。我来自一个人类学家家庭，我的父母都在大学的人类学系工作，尽管他们都在别处工作过。罗伯特·雷德菲尔德（Robert Redfield）和弗雷德·伊根（Fred Eggan）是我家亲密的朋友，我后来发现，关于儿童协会的基础，很容易从雷德菲尔德对一个墨西哥村庄的经典研究（Redfield 1930）和伊根就任美国人类学协会主席的演讲（Eggan 1954）之中提出的视角加以认识，在伊根的演讲词中探讨了人类学"可控比较方法"。令人好奇的是，多年之后，这个方法论议程怎么又重新成了我关注的中心。

我上了芝加哥大学的"实验学校"（Laboratory School），同学中有斯蒂芬·施蒂格勒（Stephen Stigler）——那位著名经济学家*的儿子——他后来成为一名杰出的统计学家，并撰写了他那本权威的《统计学史》；还有迈克尔·罗斯柴尔德（Michael Rothschild）——我从幼儿园就认识他，后来他对不确定性下的决策做出了创新性的研究工作。迈克是约瑟夫·斯蒂格利茨据以获得诺贝尔奖的那些论文之一的合著者，同时也是纵横江湖多年的段子手，比如说，"经济学是讨论金钱可以买到的那部分幸福的学问。"

问：您最初的政治记忆是什么？

答：20世纪50年代在政治上的确是个复杂的时代。在这十年的前五年，我父母的许多同事和朋友都受到麦卡锡时期"不忠诚"的诽谤性指控，我记得我父亲不止一次代表他们作证，帮助他们保住工作，并为涉密工作争取安全许可。我家的这些朋友包括我父亲的一个学生约翰·穆拉（John Murra），他曾在西班牙内战中参加过亚伯拉罕·林肯旅**，后来成为安第斯山脉地区著名的民族志学者。穆拉后来提出了"垂直群岛"（vertical

---

* 指美国著名经济学家，经济学"芝加哥学派"的代表人物之一，1982年诺贝尔经济学奖获得者乔治·约瑟夫·斯蒂格勒（George Joseph Stigler 1911-1991）。——译者注

** 林肯旅即西班牙内战时期的国际纵队中的第15纵队，1937年1月由来自美国、英国等英语国家的志愿者组成，因最初只有美国志愿者组成的"林肯营"和"英国营"，故而该纵队也常被称为"林肯旅"。1938年9月解散。——译者注

archipelago）的创造性概念，用以描述安第斯山脉的耕作体系，其特点是不同海拔高度的耕作有很强的整合程度。这成了一个供我思考的很好的创造性概念形成的实例。

家里我父母这一代每个人都积极参与"新政"，某种意义上也是在我的祖父老约翰·科利尔的领导之下。从20世纪10年代开始，他就是一个为美国的社会改革和社会公正奋战的斗士，后来成为富兰克林·罗斯福智囊团的一员。不过到了20世纪50年代，我得说我们只是忠实的"阿德莱·史蒂文森民主党人"〔1〕，艾森豪威尔时代的平淡乏味让我们感到沮丧。

问：您是怎么对政治学和比较政治产生兴趣的？

答：1959年秋天开始我在哈佛读本科，那时候就对政治很感兴趣。约翰·F. 肯尼迪正在为竞选总统造势，哈佛大学的许多教员都卷入了肯尼迪的竞选活动，在哈佛有一种具有感染力的政治兴奋感和政治可能性。人们对一些恐怖和悲惨的时刻也记忆犹新：在古巴导弹危机最严重的时候走过哈佛广场；当我们收到肯尼迪遇刺的消息时，我正好在威德纳图书馆；然后是李·哈维·奥斯瓦尔德*被杀后的生动画面。

我有一年是主修英语专业的——我想是因为我对诗歌和写作感兴趣——但后来我转到了政府系。塞缪尔·比尔（Samuel Beer）的"社会研究二"为我介绍了马克斯·韦伯，H. 斯图尔特·休斯（H. Stuart Hughes）的欧洲思想史课程令我对19世纪和20世纪欧洲思想的演进着迷。但最重要的是我头一次读到西摩·马丁·李普塞特的《政治人》（1960），它向我展示了如何能通过机敏的比较，解决重大而迷人的问题，以及各种有关政治和政治变迁的具体假设。我发现这本书令人惊叹。在我读李普塞特的书的

---

〔1〕 史蒂文森1952年和1956年两度作为民主党的总统候选人。

* 奥斯瓦尔德（Lee Harvey Oswald）被认为是1963年11月22日肯尼迪遇刺案的主凶。案发两日后，奥斯瓦尔德在被转移到县监狱途中当众被杰克·鲁比开枪击毙，美国人在电视直播中目睹了此事的经过。而鲁比后来在狱中因癌症去世，死前声称自己是被下毒才得病，从而使肯尼迪遇刺案至今仍扑朔迷离。——译者注

那个学期，还上了我的头一门统计学课程。虽然《政治人》不是很有统计特色，但通过统计学课程介绍的关于推断的各种观点并置，结合李普塞特书中的分析能力，极大地扩展了我的视野，无疑是激发我对方法论感兴趣的早期关键一步。

在哈佛的其他难忘经历还包括塞缪尔·亨廷顿那门关于政治发展的非凡课程，我选这门课的那个学期，他正好在《世界政治》上发表了那篇引人注目的文章——《政治发展与政治衰败》（Huntington 1965），后来在此基础上发展为他那本《变化社会中的政治秩序》（Huntington 1968）。这是一门令人兴奋的课。虽然亨廷顿不是研究第三世界的专家，但他有提出引人入胜的论点和假说的天赋。另一门关于政治变迁的宝贵课程是鲁伯特·爱默生（Rupert Emerson）的"从帝国到国族"，对亚洲和非洲的非殖民化进程进行了精辟的概述（Emerson 1960）。我记得这门课有一位重要客座讲师阿里斯蒂德·佐尔伯格（Aristide Zolberg），他后来担任露丝·贝因斯·科利尔在芝加哥的博士论文委员会主席，也是我们职业生涯中的朋友和同事。在社会学方面，我着迷于乔治·霍曼斯传授的社会结构观念，他那本《13世纪的英格兰乡下人》（Homans 1941）提供了一个从档案材料中描绘出关于社会结构的有趣想法的显著范例，更何况其涉及的那个社会存在于几个世纪之前。霍曼斯著名的"后甲板"演讲风格令他成为一位令人难忘的演讲者。我还上了塔尔科特·帕森斯的政治社会学课程。

问：1965年您开始在芝加哥大学攻读政治学研究生。为什么选择芝加哥？

答：芝加哥大学的政治学教授会周期性地大量流失，然后经历一段令人兴奋的重建时期。我被告知，该系正处于这样一段重建时期，这一忠告是准确的。苏珊娜和劳埃德·鲁道夫伉俪（Susanne and Lloyd Rudolph）和阿里斯蒂德·佐尔伯格刚来不久，伦纳德·宾德几年前也来了，组成了一个强大的比较政治团队。西奥多·洛维（Theodore Lowi）刚从康奈尔大学来这里，他有关"权力舞台"的新著（Lowi 1964）衍生出了许多生动的想法。在教导（mentoring）成为一种标准做法之前，他早就具备了教导研究生的强大本能——甚至在我们把教导作为一个标准说法之前。在我之前上过塔尔科特·帕森斯那门课的基础上,我跟着大卫·伊斯顿学习,懂得了如何从关注政治和社会的细节转向更多的类属分析（generic analysis）,从而更好地超越这些细节看到根本所在。在政治学系以外,这个时期也正是"新国家委员会"（Committee on New Nations）活跃于芝加哥大学的时候,其成员包括了克利福德·格尔茨和爱德华·席尔斯等教授,探索由于第三世界新兴民族国家的扩散带出的大量社会科学研究议程。

内森·莱特斯（Nathan Leites）两年前来到芝加哥大学,他是哈罗德·拉斯韦尔的亲密助手和合作者,也是位有巨大影响力的人。虽然我从来没有正式上过他的课,但参加他精彩的研讨班让我学到了很多如何做出仔细的、简洁的论证的知识。拿莱特斯的词来说,政治科学论证中最严峻的缺陷——不幸的是在他看来也是最常见的——在于它们"陈腐不堪"（banal）。当学生们在研讨班上发表自己的观点时,他们怀着恐惧等待着这个诨名。我相信,莱特斯这种担忧在今天仍有高度的关切性,正像人们担心的那样,政治学中一些技术上最优雅的分析方式所产出的所谓"发现",实际上有时不过就是老生常谈罢了。

除了与这些教员一起工作之外,我还有幸在芝加哥全国舆论研究中心（NORC）获得了 NIMH 社会研究培训奖学金。[2] 这个定量分析和问卷调查研究的培训项目提供了以今天的标准来看不算多但也适度的培训。我们花了大量的时间随身携带 IBM 打孔卡的长盒子,在分拣计数器上整理归类,并学习（如果你有令人难以置信的韧性的话）如何用现在看来像是古董的门罗计算器来计算相关性,甚至进行因子分析。在即将从芝加哥大学毕业的时候,诺曼·尼（Norman Nie）和他的整个 SPSS 团队从斯坦福大学过来

---

〔2〕 当时国立精神健康研究所（National Institutes of Mental Health）正在社会科学领域提供广泛的基础培训。

了，〔3〕* 所以大家的注意力都转移到了晚上拖着一盒盒 IBM 卡到校园计算机中心，然后第二天早上再回来拿打印出来的东西。以今天的标准来看，处理时间相当缓慢！

尽管有这些令人头疼的问题，但是按照当时的标准，这个项目提供了相当高水平的方法论培训，并再次拓展了我的知识面。进一步来说，正是程序的低技术含量的特性教会了我们一些有价值的技能和主题：例如，一种良好的比较本能，交叉分类表的生动演示，以及通过拉扎斯菲尔德详析模型〔4〕理解多变量关系（我相信这种理解方式通常不是今天的方法论教学的关注重点）。这次 NIMH-NORC 的经历无疑是我朝着方法论方面后续工作发展迈出的又一步。

问：您对拉丁美洲感兴趣吗？

答：前面我提到过，我来自一个人类学家家庭，他们写过关于秘鲁、厄瓜多尔、墨西哥以及更泛论美洲的书。我的父亲、祖父、两个叔叔，还有表兄弟，都研究拉丁美洲。在拉丁美洲旅行、了解这些国家、研究它们，并与拉丁美洲学者精诚合作——这是一个家族传统。在我儿时和青少年时期，我已经和家人一起在拉丁美洲进行过两次考古发掘——我父亲既是考古学家，也是人类学家。从这些旅行中，我对拉丁美洲有了许多生动的记忆和印象，因此，潜意识里这个地区可能是我研究的焦点。然而，当我刚念研究生时，芝加哥大学政治学领域还没有一位拉美研究专家，尽管我旁听了历史学家赫伯特·克莱恩（Herbert Klein）的一门课，但我似乎不太可能写一篇关于拉美的博士论文。

---

〔3〕 SPSS 即社会科学统计包（Statistical Package for the Social Sciences），对社会科学家来说它或许是最早的用户体验友好的以计算机为基础的统计软件。

* SPSS 最早是 1968 年斯坦福大学 3 位研究生开发出的软件，产品统称 SPSSx，1975 年成立了 SPSS 公司。2009 年 SPSS 公司被 IBM 收购，从 SPSS19.0 开始，SPSS 是统计产品与服务解决方案（Statistical Product and Service Solutions）的简称。——译者注

〔4〕 拉扎斯菲尔德的详析模型或公式是一种在非实验研究中推广因果分析的方法，它包括一套数据分析和因果推断的程序，通过连续引入控制变量，从二元关系中建立更大的模型。也就是说，详析公式背后的原理是通过引入第三个变量来发现两个现象（和变量）之间观察到的关系的解释。见 Kendall and Lazarsfeld（1950）和 Lazarsfeld（1955）。

然后，在我第二学年结束时，芝加哥大学聘用了菲利普·施密特，他从伯克利来到这里，当时我们都很敬佩他，因为他还在读研究生期间就与恩斯特·哈斯合著了多篇论文（Haas and Schmitter 1964；Schmitter and Haas 1964）——他后来又成为露丝和我在伯克利的亲密同事和朋友。施密特研究过我想研究的地区，坦率地说，他杰出的分析风格和对拉美问题惊人的框释（framing）立即让我明白，我应该研究拉美。施密特在芝加哥的第一个学期上了一门关于拉丁美洲的通论课程，其中介绍了有关利益集团政治的非多元主义模式观点，这些观点后来成为他和我的法团主义研究的核心内容。施密特也提前六年预料到了一个国家社会经济发展水平较高，但遭遇的政权危机模式完全不同于人们预期的情况。这也就是吉列尔莫·奥唐纳尔那本试图揭开阿根廷之谜的名著所讨论的内容（O'Donnell 1973），很明显他们俩在差不多同一时期沿着平行的轨迹分别做着同样的工作。上过施密特头一门课的学生包括我自己、露丝·贝因斯、卡伦·雷默（Karen Remmer，现在是著名的拉美研究专家，在杜克大学任教）以及一位了不起的巴西学生，亚历山大·巴罗斯（Alexandre Barros），他是施密特教授带到芝加哥的众多巴西学生中的头一个。

第二年春天，施密特上了一门比较研究方法的课程，这门课是我后来从事方法论研究的另一个因素。施密特深受20世纪60年代伯克利比较方法论思潮发酵的影响，其中包括哈斯对类型学方法的有力运用，以及拉尔夫·雷兹拉夫（Ralph Retzlaff）对跨国定量研究的尝试。雷兹拉夫的工作促使施密特进入了探索拉丁美洲定量比较研究潜力的阶段。我的学业令人愉快地被露丝和我在三月的婚礼打乱了。虽然如此，这门课还是给了我很多关于方法论的想法。

问：您在芝加哥读研究生时读过哪些重要的书？

答：让我收窄点回答一下，提一下当时芝加哥研究人员写的书里反映出的一条分析线索——这条线索后来对我很重要。当时，学者们正在阅读施密特关于巴西那本书（Schmitter 1971）的手稿版。不仅在拉美研究学者中，而且在研究美国政治的学者中，它都引起了极大的兴趣。他们认为这为研究利益集团政治提供了一个全新的、非多元主义的视角。除了施密特之外,芝加哥大学的另外三名教师(他们都做美国研究)也关注这个主题。一个是洛维,另一个是格兰特·麦康奈尔,他当时正在完成自己的书《私人权力与美国民主》(McConnell 1966)。麦康奈尔研究的一个中心主题是,利益集团是如何被他们所处的更宽泛的政治权力体系塑造的。这可能会产生一种通常具有高度非竞争性的集团政治体系,在这种体系中,集团在代表其选民方面的角色变得模糊不清——事实上,就像那些选民到底是谁的界定一样不清晰。这种形式的集团政治与涉及不同集团之间以及它们与国家之间广泛的、竞争性互动的利益集团的形象截然不同。随着大卫·格林斯通(David Greenstone)讨论劳工政治的那本书出版(Greenstone 1969),以及洛维、麦康奈尔和施密特的工作,芝加哥大学似乎可能发展出一个独特的、非多元主义的分析学派。但这一切并没有结合起来:麦康奈尔很快就去了圣克鲁斯,而洛维回到了康奈尔大学。

尽管如此,这是一种有影响力的讨论风气,这些议题后来在拉美研究领域关于法团主义的研究中得到了突出体现。在这个讨论框架内,我们可以将法团主义定义为一种非竞争性的集团政治体系,其中的私人权力体系(如麦康奈尔的分析框架)或国家权力体系〔如施密特此后关于国家法团主义的研究(Schmitter 1974,1977)〕约束了团体之间的竞争。在这些处境下,有组织的集团只能部分地作为其选民的"代表"发挥作用,因为它们在更大的权力体系(无论是私人的还是公共的)与其假定的"选民"之间发挥斡旋作用。最重要的是,这套研究,尤其是麦康奈尔和施密特的工作,极大地有助于我在更大的分析框架内思考不同的利益政治模式以及不同威权政体类型。

问:从麦卡锡时期到越南战争,美国国内局势对您有何影响?

答:我前面对麦卡锡时期发表过评论。至于20世纪60年代末的剧变,最痛苦难忘的那一段时间,我离开芝加哥去做实地调查了。1968年夏天,民主党全国代表大会一片混乱,我当时没在芝加哥,错过了在芝加哥大学发生的有关越南和柬埔寨事务的抗议活动高潮。因此,与1968—1969年期间在本国机构工作的其他人相比,美国那时的氛围或许没怎么影响到我。

不过,我也从拉丁美洲的角度看到了这些问题,某种意义上是在美国政府对1968年后的秘鲁军政府怀有敌意的大背景下看待这些问题的。这种敌意一定程度上是由美国《希肯卢珀修正案》(Hickenlooper Amendment)的某些条款引发的,这些条款要求对美国在海外的财产被征用作出强烈回应。但许多在秘鲁工作的美国学者的反应也反映了更广泛的忧虑,即美国没有对这个军政府更积极地作出反应,毕竟它试图解决造成20世纪60年代秘鲁政治僵局的问题。当时许多在秘鲁的美国研究人员在任何层面上都对美国政府的政策没啥同情。

问:说到您的博士论文,您最初的想法是研究秘鲁国会。

答:我对洛维关于"权力舞台"的观点很感兴趣,根据这种观点,围绕着不同类型的公共政策形成了不同的政治关系(Lowi 1964)。我也和邓肯·麦克雷(Duncan MacRae)一起工作过,他是第一批对立法点名表决进行定量分析的学者之一。鉴于我对拉丁美洲的兴趣,我想我可以借鉴洛维关于围绕不同公共政策形成不同权力关系的观点,以及麦克雷分析立法行为的工具,并将其应用于分析秘鲁国会。20世纪60年代中期是秘鲁政治僵局的一个有趣时期,美洲人民革命联盟[5]控制的立法机构基本上阻碍了贝朗德(Belaunde)总统的改革计划。用一些新的经验性工具研究立法机构似乎是一项富有成效的事业。

问题是,我抵达秘鲁时正好是在1968年10月贝拉斯科(Velasco)发动军事政变[6]之后的几天。立法档案已经被军政府封存,这个有趣的政治僵局已经被军事力量解决掉了,在戏剧性的政权更迭背景下,研究立法机构已经成为不切实际的想法,而且它似乎不那么有现实意义了。我最终换了我的论文题目。

---

[5] Alianza Popular Revolucionaria Americana,APRA。

[6] 胡安·贝拉斯科·阿尔瓦拉多(Juan Velasco Alvarado)将军领导的政变尤其引人注目,因为它开创了一个"左倾"的军人政权,与20世纪60年代和70年代统治南美洲大部分地区的右翼军人政权形成鲜明对比。

问：这是一个研究生的噩梦，已经跑到调研现场了，却突然不得不重新思考论文的主题。您是如何选择一个新话题的？

答：首先，我的研究得到了一个拉丁美洲教学研究员项目的支持，这个项目由塔夫斯大学管理。这个奖学金资助了在秘鲁整整 15 个月的费用，让我有时间调整我的选题。而且，这个奖学金要求我在逗留期间教授一门课程，所以它让我接触到各种各样的人，这些人在帮助我找到新的研究重点方面发挥了宝贵的作用。在我访问秘鲁的头几个月里，我与意大利社会学家吉奥吉欧·阿尔伯蒂（Giorgio Alberti）在秘鲁首屈一指的社会科学研究中心秘鲁研究所（Institute to de Estudios Peruanos）共同开设一门统计学入门课程。该研究所对利马的棚户区进行了广泛的研究，因此强烈地引起了我的注意。一系列其他情况也促使我关注棚户区。在我第一次入住的酒店，我遇到了一位哈佛大学的毕业生，他是一个致力于解决棚户问题的国际援助团体的成员。在利马逗留之初，露丝和我跟他一起去了几次棚户区。

我运气很不错，一位刚回美国的研究生给了我几篇关键的研究棚户区的文章，传达了当时的既定印象——这些社区居民非法占据土地定居下来，经常勇敢地与警察和其他政府机关对抗，以保卫岌岌可危的住房。这些被认定为非法的定居点在利马周边地区非常显眼，当时他们的人口约为 150 万，约占该市人口的四分之一。

我的研究中一些念头开始成形，是被一位秘鲁朋友在研究进程早期向我提出的一个问题激发出来的。他问，鉴于这些定居点似乎是对私有产权制度的公然冒犯，那么它们怎么可能被允许形成呢？毕竟，直到 1968 年军事政变之前，私有产权一直是秘鲁寡头统治权力的重要基础，而首都周围对私有产权的普遍侵犯似乎威胁到了这一基础。我的论文和后来那本书（Collier 1976）试图解决这个谜题。

一开始，我得到了一些提示，虽然棚户区居民有时会勇敢地反抗警察，但很多时候，政府、政党甚至土地所有者都以各种各样的方式牵涉进来，甚至鼓励建立定居点。我看得越多，就越清楚地发现，这些定居点是建立在一个更宽泛的政治和经济系统中的，这个系统有力地支持了它们的形成。

因此，我对棚户区形成的政治产生了浓厚的兴趣。

此外，越来越多的情况表明，这种对棚户区形成的支持与培育穷人的政治支持、社会政策以及关于解决棚户区人口内部政治激进化问题的担忧等更宽泛的选择有关。因此，棚户区政治成了一个窗口，通过它我可以分析国家与穷人之间不断演化的政治关系、动员与控制模式、民粹主义，以及后来在拉丁美洲研究乃至更多领域广泛流行的各种主题。因此，我的论文开始聚焦于棚户区居民和精英之间的博弈，其中一些精英实际上是秘鲁寡头统治集团的成员。所以我后来的著作《棚户区居民和寡头统治者》（Collier 1976）的书名就来源于此。

问：您如何重构利马棚户区的形成史？

答：我最宝贵的资料来源是我进行的一次问卷调查，帮我搞清楚了棚户区是如何形成的。根据我在芝加哥全国舆论研究中心（NORC）担任培训员的经验，以及我对 NORC 所谓的"永久社区样本"（Permanent Community Sample）的了解，我知道，调查不仅可以用来采访公民，还可以用来生成有关各种制度性行动者的数据。相应地，我对 85 个社区进行了调查，既有高度结构化问题，也有开放性的问题，聚焦于不同棚户区中参与了定居点形成实际过程的早期领导人。我自己做了很多采访，并且通过秘鲁研究所认识的同事帮我找到了熟练的面访员，他们在细致的监督下，把问卷推进到其他定居点。

第二个主要信息来源是秘鲁《新闻报》保存的档案，其中收集了大量剪报和其他类型的资料，包括关于棚户区的各种资料。在当今电脑化数据库的世界里，这种"硬拷贝"档案很难想象。我得永远感谢我的研究生同学莉莎·诺斯（Liisa North），是她让我得以接触到这些档案。这里面有许多关于棚户区和棚户区形成的剪报和其他资料，对我的研究特别宝贵。然后，我把我的采访、从档案中获得的资料，以及从政府住房署和其他来源获得的各式各样的数据联系起来，重建了棚户区形成的历史。

浮现出来的画面显示，背后推动棚户区形成的不同经济和政治目标构成了一个迷人的光谱，从总统和政党为了寻求政治支持进行的许多直接干预，到某位试图从政的经济精英的倡议，再到城市土地所有者清理市中心贫民窟以便进行高附加值的房地产土地开发的努力。这些土地所有者会雇人帮忙组织这些棚户区居民进行土地侵占，从而把市中心有价值的土地清理出来。

因此，我朋友那个激发我积极性的问题的答案是，定居点的形成是由复杂的政治和经济关系网络推动的。

问：您在秘鲁进行实地调查时，与同事间的互动似乎很有助益。

答：是的。说到利马的同事，我通过利马的秘鲁研究所认识的两位同事特别重要。秘鲁著名政治社会学家胡里奥·科特勒（Julio Cotler）和吉奥吉欧·阿尔伯蒂和我成为亲密的同事和朋友。还有一位伟大的朋友和合作者是秘鲁社会学家西内西奥·洛佩兹（Sinesio López），他一直对棚户区兴趣浓厚，为我推进我的研究提供了大量帮助。

我也和其他来自美国的博士生保持着联系。简·亚奎特（Jean Jaquette）当时就在研究公共政策形成的政治，莉莎·诺斯当时正在采访美洲人民革命联盟在全国各地分支组织的领导人，他们是这个党的中心力量，爱德华·爱泼斯坦（Edward Epstein）也在研究美洲人民革命联盟，还有霍华德·韩德尔曼（Howard Handelman）当时正在作访谈，后来完成了他对20世纪60年代席卷秘鲁安第斯山区农民动员的研究。亚伯拉罕·洛温塔尔（Abraham Lowenthal）当时在福特基金会的利马办公室工作，他对我的研究提出了敏锐的建议和评论，不但当时如此，其实一直如此。在这几十年里，所有这些学者都为拉美政治研究做出了重要贡献。最后，在后续的利马之行中，我与阿尔弗雷德·斯捷潘进行了广泛的交流，他成了我整个职业生涯中的朋友和导师。

问：您在秘鲁的研究往前推进时，是否与论文委员会保持着联系？

答：我中间没有回美国，那时候没有人能发电子邮件，咨询研究计划的建议。当时长途电话似乎也贵得吓人。我给我的委员会写了一封信说了说我的新焦点，他们回信了，原则上同意改选题。同时，在我秘鲁之行即将结束时，施密特到了阿根廷，于是我去了趟阿根廷，和他讨论了重新聚焦的博士论文。

我饶有兴趣地想起来一件事，关于芝加哥大学怎么应付学位论文计划书上规定的正式口试的。回到芝加哥后不久，实地研究工作已经完成，我被邀请到阿里斯蒂德·佐尔伯格家参加教员招待会。招待会进行到一半时，施密特、佐尔伯格和艾拉·卡茨尼尔森突然把我带到偏厅，开始补我的研究计划书上要求的口试。我能说什么呢？至少在考试前我没有机会焦虑了！

问：除了对棚户区的研究，您从观察秘鲁贝拉斯科政府执政的头15个月之中了解到了些什么？

答：这是秘鲁政治上一段戏剧性的、引人入胜的时期。除了我的论文研究，当时住在秘鲁的经历对我形成对政权和政体变革的长期研究兴趣起到了关键作用。在最初的几年里，军政府奉行民族主义和民粹主义。从比较的角度来看，这非常有趣，因为当时军人威权政府也在阿根廷和巴西掌权，他们遵循的发展模式是国际主义的，有利于外国资本的。

在秘鲁，军方夺权打破了20世纪60年代的政治僵局，实施了人们普遍认为必要的改革。新政府上台几天后，就将当时已是争议巨大与丑闻源泉的标准石油（Standard Oil）控股的公司收归国有。这件事发生在10月9日，也就是我们到达的那天。我记得我从机场坐出租车，听着我们小小的便携式收音机里一个奇怪的声音不断重复着关于国有化的声明——这个声音原来是贝拉斯科总统的。几个月后，政府国有化了北部沿海地区的制糖业，以及该国其他地区的大量农业资产，从而打破了秘鲁寡头统治，启动了全面的土地改革。

因此，政府很快解决了改革议程中在20世纪60年代中期停滞不前的两个部分——涉及的问题恰好是我最初研究项目的重点。一套精巧的民众动员体系也建立起来了，叫作SINAMOS（全国社会动员体系）。[7] 尽管SINAMOS的实际表现与其初衷相去甚远——倒也并非这类组织非典型的失

---

〔7〕 Sistema Nacional de Movilización Social，全国社会动员体系。

败情形——军方明确和极公开地参与民众动员,这样的想法是非常有趣的,又一次戏剧性地与当时阿根廷和巴西军政府的经验形成了鲜明对照。

总的来说,就我的思考和学习而言,这段时期在秘鲁的经历使我对在不同序列的国家政权下出现的政策制定和解决问题的不同方法更加感兴趣。这一学习过程的一个关键部分是认识到,不仅民主政权在20世纪60年代末在政策急剧失败的过程中崩溃,而且军方的民粹主义和民族主义倡议在几年内也摇摇欲坠。这给我上了宝贵的一课,即推动政权和政府一系列变革的关键因素往往是政策失败,这个想法会在我后续的研究中再次引起关注。

有关威权政体与紧要关头的研究

问:您最终把博士论文变成了一本书(Collier 1976)。这包括哪些步骤?

答:棚户区研究项目修改成书时,我进一步探讨了政权更迭与棚户区政策演变之间的关系。1969年年底我完成了实地调查工作后,在接下来的6年里,我多次回到秘鲁,追踪棚户区正在发生的演变。我在秘鲁和美国就这个项目做了多次演讲,并得到了进一步的想法。回到这个领域去获取足够多的新信息来激发自己的思考,而不是得到太多新信息最终导致自己把整个项目再做一遍,这两者之间存在着微妙的平衡。我想在这方面我做得还算不错。

在寻找棚户区政治与更广泛的变迁模式之间的联系时,我聚焦于,比方说,一段在反工会的民粹主义政府治下的家长式威权主义时期,一段也许我们现在称之为新自由主义的时期,这段时期里精英行动者试图在棚户区居民中间鼓励自治和自助——这是一条比埃尔南多·德·索托(Hernando de Soto)在其《另一条道路》(de Soto 1989)中提出的著名的新自由主义构想早很多年出现的相似路径;一段在竞争性政党政治的民主时期,做出全面政策承诺的时期;最后,在1968年之后的贝拉斯科威权统治时期,出现了一种新的元素组合形式,包括聚焦于自助和政治控制。

从这个意义上说，我认为分析回归到在我不得不改变具体话题之前，促动我论文最初框定的主题。因此，我关心的是不同的政治关系是如何围绕各种公共政策明确化、具体化的。我也把这个分析看作是我对比较政治体制和政权更迭次序保持持续兴趣的第一步。

问：在您的第一个秘鲁项目之后，您的研究兴趣是如何演变的？

答：20世纪70年代，我对把跨国定量研究作为回答有关政治变迁问题的工具做了一些探索。这一阶段的工作包括我最引以为豪的一篇文章，分析了世界各地采纳社会保障计划的历史时机（Collier and Messick 1975）。那篇发表于1975年的文章，比当前弥散研究（diffusion studies）的扩散提前了许多年。我还写了一篇跨国定量研究文章，探讨拉丁美洲经济增长的时机与政权特征之间的联系（Collier 1975），这篇文章从亚历山大·格申克龙在（Alexander Gerschenkron）那里获得了一些灵感（1962）。

最重要的是，正是在这段时间里，露丝·科利尔和我首次获得了国家科学基金（NSF）的资助，以支持一个收集关于劳动法的跨国数据的复杂项目。阿根廷律师莱拉·米卢廷（Lila Milutín）在这方面提供了关键的帮助。显然，劳动法讲不出拉丁美洲国家与劳工关系的整个故事，但即便是在正式的制度数据层面，浮现出来的重要模式也足以写成我们在《美国政治科学评论》上发表的关于法团主义的文章，探讨了在国家与劳工关系演变上诱导与约束之间的动态交互作用（R. Collier and D. Collier 1979；另见 D. Collier and R. Collier 1977）。这篇文章反过来也为我们后来的书《塑造政治舞台》（R. Collier and D. Collier 1991）打下了部分基础。虽然《塑造政治舞台》主要是定性比较，但我们在这一时期的工作在推动我们在拉美政治研究中转向更宽泛的比较视野上发挥了重要作用，并产生了将在我们以后的书中探讨的重要假说。

新威权主义

问：1979年，您主编出版了被广为阅读的文集《拉丁美洲的新威权主义》（Collier 1979）。您第一次接触到作为这本文集关注焦点的吉列尔莫·奥唐纳尔的《现代化与官僚威权主义》(1973) 是什么时候？

答：在 1972 年末，我得知奥唐纳尔这本关于政体变革的书将在伯克利的国际问题研究所出版。[8] 这本书的中心主题是 20 世纪 60 年代威权主义在阿根廷和巴西的兴起与工业发展到一个特定阶段遇到的困难之间的关系，这也是他的论题最受关注的那一方面。然而，其他要素也很新颖：他强调用现代部门的绝对规模，而不是人均规模，来解释威权主义的兴起；他努力超越传统的阶级范畴，特别关注"社会角色"，认为这对政权动态至关重要。特别是，他强调技术官僚作为一个社会范畴的作用，以及民众部门的作用，后者既包括传统上可理解的工人阶级，也包括下层中产阶级的重要成分。1973 年智利和乌拉圭的威权政变——与奥唐纳尔的研究出版同一年——当然就引起了许多学者对他的书给予更多的关注。与此同时，这些新的政变也对他的某些论点提出了有趣的问题。

问：您如何召集一群学者参加会议，最终结集成《新威权主义》？

答：20 世纪 70 年代早期到中期，社会科学研究理事会（SSRC）支持了一个关于"拉丁美洲国家和公共政策"的工作组，其目标是发起一个更加正式化的、合作的研究项目。这一倡议涉及阿尔伯特·赫希曼、吉列尔莫·奥唐纳尔、费尔南多·恩里克·卡多佐、罗伯特·考夫曼（Robert Kaufman）、胡里奥·科特勒和我本人之间的对话，在几年时间里我们经历了各种失败的开端。

1975 年夏天，社会科学研究理事会拉丁美洲工作人员路易斯·沃尔夫·古德曼（Louis Wolf Goodman）打电话给我，要求我彻底重新考虑这个项目，并撰写一份计划书，为这次合作提供一个全新的、更清晰的聚焦点。我认识古德曼是在一年前，当时我在耶鲁大学做了一个关于棚户区居民项目的演讲。从那以后，古德曼一直是我职业上重要的同事和朋友。

我想了一会儿古德曼的挑战，我觉得如果具体围绕奥唐纳尔在他的书中提出的关于一种新的威权主义兴起的论点来做一个研究项目将会很有成

---

[8] 参见本书第 9 章奥唐纳尔对《现代化与官僚威权主义》的讨论。

效。奥唐纳尔的论题是一个引人注目的焦点，因为它提出了极其广泛的议题，并试图解释具有重大意义的结果，同时它准确地指出了具体的论点，并以一种很容易提出有趣的对立解释的方式表述出来。在我制定这个项目计划时，亚伯拉罕·洛温塔尔和罗伯特·考夫曼以及本杰明·莫斯特（Benjamin Most）的意见让我受益匪浅。莫斯特当时是印第安纳大学一名特别有才华的研究生，我在那里是一名非终身职的教员。从莫斯特在增量预算编制方面的工作中看，对于分析政权和公共政策中不连续变化模式，他的直觉很敏锐。

问：这个项目的参与者相当多样化，一些来自美国，另一些来自拉丁美洲。[9] 这群参与者是怎么挑选出来的？

答：有几位参与者已经参加了先前的社会科学研究理事会工作组，1975年，阿尔伯特·赫希曼带了一些拉丁美洲研究专家参观了普林斯顿高等研究所，我也参加了。赫希曼强烈鼓励何塞·塞拉从他作为经济学家的专业立场具体写写有关奥唐纳尔论点中经济方面的关键部分；詹姆斯·库尔斯加入进来，则是因为他对经济增长中的时机和部门转移及其对政治变革的影响饶有兴趣。

问：编辑文集通常不过是将一些迥然不同的论文汇集起来。因此，它们通常没有多大影响。《新威权主义》显然不是这样。它产生了巨大的影响，即使你们有一帮有自己想法的作者，这本书仍然是一个连贯的整体。把这种编辑文集整合到一起的诀窍是什么？

答：挑战就是得极其努力地工作，从事建设性但具有干涉主义色彩的编辑工作——包括我们现在所说的"开发型编辑"的一些要素——以及做其他一些增强连贯性的事情。我在书中对奥唐纳尔的框架进行了摘要总结，

---

[9]《拉丁美洲的新威权主义》各章中来自美国的作者有大卫·科利尔、阿尔伯特·赫希曼、罗伯特·考夫曼、詹姆斯·库尔斯（James Kurth）。来自拉美的作者有巴西的费尔南多·恩里克·卡多佐和何塞·塞拉，秘鲁的胡里奥·科特勒，以及阿根廷的吉列尔莫·奥唐纳尔。

许多人发现，这个概要有助于他们理解奥唐纳尔复杂的论点。这篇概要以及我对更广泛辩论的个人看法概述发表在《世界政治》上（Collier 1978）。我创建了一份术语表，虽然不是冲着供彻底标准化运用这一不可能实现的目标，但它清楚地说明了关键术语是如何使用的。

另一个关键因素是大家对奥唐纳尔的书的强烈关注，正如我刚才提到的，这本书提出了非常广泛的议题，同时也提出了非常具体的论点。事实上，我清楚地记得，吉列尔莫对导致这本书出版的会议感到震惊，因为他充分认识到，这群人之间的讨论（其中一些人是相当杰出的）是如此具体地聚焦在他的书上。此外，我对这个项目的框定（显然也就是奥唐纳尔的书的框定）聚焦于一个结果（或因变量）上，即一种新形式的威权主义的兴起，就这一现象的出现和各个维度，作者们的认识是一致的。因此，这本书的供稿人都有一套描绘详尽的结果要解释，这就有利于全书连贯一致。

《塑造政治舞台》

问：在《拉丁美洲的新威权主义》之后，您的下一项主要工作是《塑造政治舞台》，这是一项广泛的比较研究，重点是20世纪8个拉丁美洲国家不同政体的历史根源。[10] 能谈谈您和您的妻子露丝·贝因斯·科利尔合著的这本书的缘起吗？它和您以前的研究有什么联系？

答：《塑造政治舞台》可以说是《新威权主义》的"前传"，而不是续集，这是乔纳森·哈特林（Jonathan Hartlyn）建议的说法。因此，在相对较短的时间框架下分析的《新威权主义》的结果，在我们随后的著作中进行了更深入的历史探讨。但更宽泛地说，《塑造政治舞台》是露丝和我已经发展起来的研究兴趣的一种汇合。

我写秘鲁的书主要关注的是政体变革。正如我已经指出的那样，秘鲁在很短的时间内经历了一系列令人吃惊的政体更替。在我写完关于秘鲁的书后，我继续在《新威权主义》中发展我对比较政体的研究兴趣。《新威

---

[10] 这8个国家是阿根廷、巴西、智利、哥伦比亚、秘鲁、墨西哥、乌拉圭和委内瑞拉。

权主义》试图解释20世纪60年代和70年代遍及拉美的政变、无政变和各种政体结果的模式更宽泛些的整体图景。因此，在我以前的所有工作中，我一直集中于对政体的比较分析，这是《塑造政治舞台》需要解释的结果。

露丝提供了一些关键的自变量。她的第一本书——这是一项了不起的对非殖民化和独立后撒哈拉以南非洲26个国家政体变革的比较研究——分析了在非殖民化时期，引入选举和政党政治的不同模式是怎么跟不同的后续变化轨迹联系起来的，特别是怎么跟各国独立后一党专政或军人政权的出现联系起来的（R. Collier 1982a）。这项研究指出了关于"不同形式的参与、动员和控制，如何导致政体演变呈现如此不同的轨迹"的各种发展中假说的价值。从1973—1974年关于法团主义的研究工作起，我们就开始共同探讨有关国家干预如何塑造了拉丁美洲劳工运动的一些相互有关联的想法，国家干预涉及动员和控制的结合，即诱导与约束的各种对立模式（D. Collier and R. Collier 1977；R. Collier and D. Collier 1979）。这些想法最终成为《塑造政治舞台》的中心主题。

另一个促使我们写这本书的谜题的关键来源是，在我们正在研究的个案中，有许多关于政党政治、劳工运动和政体变革的单一国家研究。让我们印象深刻的是，优秀的国别研究经常呈现出趋同的地方，就是把国家建设、改革和经常性的民众动员的某个关键时期认定为每个国家政治史上的一个形成阶段。庇隆在阿根廷的崛起、20世纪30年代和40年代瓦加斯在巴西的第一次执政、20世纪30年代墨西哥的卡德纳斯（Cárdenas）时代，都是显而易见的例子。研究哥伦比亚的学者认为20世纪30年代是一个转折点，而许多专家认为从1927年到1931年伊瓦涅斯（Ibáõez）第一个统治时期是智利政治史上的一个拐点。对于我们研究的8个个案中的每一个国家，国别研究专著都强调有某个关键的分水岭，我们把这段插曲定名为"收编时期"（incorporation period），这个时期国家为自己在社会中设定新的角色，承认组织起来的劳工是合法的行动者，并以高度分异的方式，试图把这一角色制度化。书中的第一个脚注提供了一个将这些时期视为分水岭的有关研究的说明性名录。对这些可能是关键转型的变化，一个国家一个国家的研究往往不可避免地只能得到一些特殊性的解释结论，如果把这些主张串起来，将其放到一个比较框架下，聚焦于那些共同的和对立的模式，就有助于解释不同的起始点和不同的变化轨迹，我们认为这将是个有趣的挑战。

在比较—历史研究的文献中，关于使用一手资料还是二手资料有相当大的争论。这两者都很重要，但我们认为有各种不同的缘由支持使用二手资料，其中包括以下几点：鉴于在拉丁美洲的劳工运动、政党、政体变革等主题上已经有大量的研究文献——贯穿20世纪数十年——如果在比较研究中不去使用这些丰富的"数据集"，那在学术上和知识上都是重大的损失。用二手资料来进行仔细的研究特别能应对这一挑战。不过，我要补充的是，我们两人也在这些国家中的大多数国家待过，我们不只是通过二手资料了解它们。

问：在你们写这本书的时候，人们对广泛的比较-历史著作很感兴趣。这种知识背景是如何影响你们的？

答：当我们开始着手《塑造政治舞台》研究时，我们刚刚搬到伯克利，我再怎么强调伯克利的重要性也不为过，它让我相信做一个复杂的比较-历史项目是可行的。也许我们可以在稍后的采访中回到这个主题。除了在伯克利受到的直接影响，西达·斯考切波的《国家与社会革命》（1979）刚刚问世，并成为讨论焦点。卡多佐和法莱托的《依附与发展》（1979）——我曾于1969年在利马读过西班牙语版的一些章节——已译成英文，并广泛用于研究生讨论班。巴林顿·摩尔的《独裁与民主的社会起源》（1966）——我还记得在20世纪60年代的那些辩论——在这种知识环境中再次凸显出来，受到了新的关注。所有这一切都强烈地鼓励人们进行雄心勃勃的比较-历史研究。

问：能谈谈研究过程本身吗？

答：随着我们对研究个案了解的不断深入，《塑造政治舞台》的比较分析也在反复迭代中不断演进。我们试图明确地说明我们所说的紧要关头是什么意思，如何识别它，以及我们所说的收编时期、余波时期和遗产时期各是什么意思。这本书有一份术语表，探讨了这些范畴如何能适用于不同的国家处境和不同的历史时期。此外，第一章勾勒了我们所说的"紧要关头框架"，我认为在推动政治学领域研究这一主题方面，它发挥了宝贵的作用。

核心论点涉及在收编期间动员和/或控制劳工运动的努力之间辩证的相互作用，以及在随后的我们称为收编的余波和遗产时期动员和控制的反差明显的不同模式。这些不同的阶段，詹姆斯·马奥尼（James Mahoney 2000, 509）后来将其称为"反应次序"（reactive sequences），以政权更迭、政府垮台和政策失败的若干插曲来划分——与我最初在秘鲁遇到的那些事件类似。

我们的主要见解之一是，通过这些变化次序，在某些个案中，早期对控制的更大关注会导致后期更强烈的动员，而在其他个案中，早期对动员的更多强调会在后期产生更强大的控制能力。这些动员和控制力量在20世纪60年代和70年代的社会与经济危机以及政权更迭期间发挥了关键作用。

我们密切注意考虑对立的解释，并将它们同能拿到的证据相比反复推敲。我们不想形成一种因循守旧的论点，即主张紧要关头使各国走上了一贯的和明确的变革轨迹。相反，我们考虑了其他可能偏离或加强这些轨迹的解释。我们还试图仔细推敲在国别研究专著中提出的，对我们的分析具有重大意义的历史插曲上相互对立的解释。其中包括，例如，20世纪10年代末20年代初秘鲁总统莱吉亚（Leguía）与劳工运动的关系问题，有关阿根廷收编时期的时机的辩论，以及对巴西1964年政变的各种替代性解释。

尽管我们仔细研究了这些相互对立的解释，并试图仔细推敲证据，但我仍旧感到遗憾的是，我们没有加上一个附录来对这些相互对立的解释进行明确讨论，以及为了我们分析的目的如何解决它们。这样的附录将是对比较-历史传统中许多著作的有价值的补充。

写这本书是一项具有挑战性的工作，花的时间比我们预想的要长得多。《塑造政治舞台》可谓十年磨一剑，我们也得到了一群杰出的伯克利研究生的帮助，其中最重要的是詹姆斯·麦圭尔（James McGuire）和罗纳德·阿彻（Ronald Archer）。我是否会建议其他学者进行如此复杂的分析？嗯，对于助理教授来说，这肯定不是一个好主意！

问：您和露丝·科利尔之间如何分工？

答：谈到分工问题时，我首先报告我在伯克利的同事纳尔逊·波尔斯比（Nelson Polsby）的看法。他注意到，当他参与合作撰写研究报告时，两位作者各自都完成了75%的工作。这很好地描述了《塑造政治舞台》的工作过程。

更具体地说，我做了关于阿根廷、哥伦比亚、秘鲁和乌拉圭的基本工作，而露丝则专注于巴西、智利、墨西哥和委内瑞拉。一段时间以来，我一直对秘鲁和阿根廷这对活宝感兴趣，特别是自从我在秘鲁做博士论文研究时到访阿根廷之后。它们之间似乎有许多有趣的相似之处，同时又反差明显。这两个国家在禁止以劳工为基础的政党方面——秘鲁的美洲人民革命联盟和阿根廷的庇隆主义者——都面临同样的一再出现的困境，而且在过去的几十年间似乎也发生了类似的政权危机。在我们的比较中，哥伦比亚和乌拉圭也成为一对有趣的个案，尤其是传统政党的强势以及这些政党在劳工运动合法化和制度化方面的具体作用。露丝从很早之前就对墨西哥和巴西的比较感兴趣，实际上她在项目早期就发表了一篇关于这个比较的文章（R. Collier 1982b）。从那开始，她将工作重点扩大到委内瑞拉和智利。

问：这本书比较了8个拉美国家的个案。你们就是从那些个案开始的吗？有没有考虑过拉丁美洲以外的国家？

答：我们最初计划把玻利维亚和古巴包括在内，这两个国家在早期都是劳工民粹主义的迷人个案。但很明显，就我们的时间和精力而言，这8个个案对我们来说已经是大挑战了。至于非拉丁美洲国家，在我们最初努力建立一套关于法团主义的定量的跨国数据集时，我们给世界其他地区的各个国家打了分，但把它们包括在分析中似乎远远超出了我们力所能及的范围。

问：你们为什么不发表一篇短些的论文来阐述《塑造政治舞台》中的主要论点？

答：整个20世纪80年代，我要么独著要么是与露丝合著了11篇会议论文，呈现了这本书里的部分内容。但我们最终没有正式发表任何一篇会议论文，因为没有一篇论文充分抓住了整个论点。在我们完成这本书之后，我们受邀加入一个社会科学研究理事会的项目，想着为这本书贡献一个概要性的章节，但是这个项目从来没有开展起来。不过，露丝在写这样的概要时比我更大胆，或许也更有才华。她在1982年发表了比较巴西和墨西哥部分论点的早期版本，并在其1993年关于20世纪40年代拉美政体变革的内外因素影响的文章中，对该书的论点作了简要的总结。她还在1992年关于墨西哥的专著中介绍了这方面的许多想法（R. Collier 1982b, 1993, 1992）。

我要补充的是，我们确实在最初的"概览"一章以及最后结论一章中对论点作了简要的概括总结。此外，在普林斯顿大学出版社于1991年首版出版后，圣母大学出版社于2002年再版了这本书，并由吉列尔莫·奥唐纳尔写了篇精彩的引言。为这个版本，露丝和我写了一份3页长的作者弁言，其中我们提供了一个非常浓缩的论点概要（R. Collier and D. Collier 2002）。然而，我一直在犹豫是否要发表我们这本书的概要文章。

我对发表一份简短的概要感到犹豫，在一定程度上与此类工作中使用的经验资料有关。证据在主要方面采取了一种叙事的形式，尽管，至少在我们的愿望中，是一种结构严密、分析聚焦的叙事。它只是需要大量的空间来敲定特定国家的论证。在我们这个例子上，我们涵盖了从20世纪头十年到20世纪80年代的一大段历史时期。所以我们最后做了一个长篇的详述分析，牢固扎根于叙事处理方式，聚焦于贯穿5个或6个历史阶段（按不同角度分别计算）这些国家的演化。如果这本书可以更短一些，[11] 那可能就更方便了，因为那样会使论点更容易被理解。

问：《塑造政治舞台》的接受度如何？

---

[11]《塑造政治舞台》全书有877页。

答：它得到了一致好评，我认为这本书激发了许多学者对紧要关头分析框架的思考，并将其应用到自己的研究中，找出我们论点的不同部分对不同国家的意义。这是人们想要得到的那种接受方式。正像前面提到过的，我知道很多学者都喜欢第一章，在这一章中我们展示了紧要关头分析框架。我认为，他们欣赏我们在讨论紧要关头和路径依赖时的清晰，[12] 也欣赏我们通过摆出有关紧要关头的多元视角，明确地与各种对立的解释进行对话。许多比较-历史分析著作都没有注意到各种对立解释，但我认为这是必不可少的。事实上，授予这本书美国政治科学协会吕贝特奖*的委员会中的一名成员特别赞扬了我们构建论证时在方法论上的谨慎。[13]

然而，沮丧总是有的。在许多学者的心目中，著名图书的许多论点往往被简化为一个短语或口号。对巴林顿·摩尔来说——也是间接地对格申克龙来说——这可能是"没有资产阶级，就没有民主"，而这只是巨幅比较全景画的一小部分。对奥唐纳尔来说，这可能是"深化假说"[14]，而这只是一套复杂的多元论证中的一个元素。在我们这里，它是"收编劳工很重要"。有人可能会猜测，这种简化在一定程度上是我们因为写了一本877页的书而受到的惩罚。然而，这是一种标准经验，即使是较短的书，如摩尔和奥唐纳尔的，情况也一样。

有关概念与方法的研究

问：在《塑造政治舞台》之后，您开始发表一系列关于概念和方法论

---

[12] 紧要关头是一个国家或其他政治单位的历史发生重大变化的时期，这些变化被假设为会留下独特的遗产。路径依赖是指变化的独特轨迹，其中政治备择项的范围受到紧要关头出现方式的约束。

* 美国政治科学协会比较政治组每年评选颁授发表两年之内的吕贝特（Luebbert）最佳图书奖和最佳论文奖。——译者注

[13] 1993年，《塑造政治舞台》被美国政治科学协会（APSA）比较政治学组授予"比较政治学最佳书籍"格里高利·M. 吕贝特奖。

[14] 深化假说（the deepening hypothesis）是指国家开始生产中间品和资本品的工业增长阶段。

的文章。您何时以及为什么决定关注方法的？

答：我对方法论的兴趣有多种渊源，正如我之前提到过的，在职业生涯早期就开始关注了。我在印第安纳大学所做的工作——一部分是与露丝·科利尔合作的——包括了对概念分析的极大关注，其中对法团主义和官僚威权主义的研究都在较分散的层面上探讨了研究关键概念的价值。我得指出，关于法团主义的概念性工作产生于一个定量项目，而我对官僚威权主义概念化所做的努力则与一系列主要是定性的研究联系在一起。我认为我在概念形成方面的工作与这两个传统都高度相关。

但正是共同撰写《塑造政治舞台》的经历，决定性地导致了我开始一段关于方法的持续写作时期。那本书提出了许多方法论问题。如何对各个收编时期进行有效的比较？这就需要对这些事件插曲进行概念化，从而得出合理的个案归类——既跨国，又历时。然而，这项归类工作很复杂，因为分析重点在于这些收编时期是以不同的方式出现。因此，分析范畴必须兼顾相似之处和关键差异。在一个学者的世界里，学者们有时会过于尖锐地分成统合派与分割派（lumpers and splitters）[15]，本书因此试图采取中间立场。此外，有必要问问这些分析范畴是否有清楚的界限。或者，它们是理想类型吗？我们的历史个案在不同程度上近似于理想类型吗？相应地，我们是在一个属类的、名义的测量水平上进行研究，还是说我们的范畴是定序的？显然，如果这些描述性主张得不到令人满意的处理，解释性主张就站不住脚。进一步，也许有人会问在多大程度上这些因果推断是从呈现出来的个案交叉分类表中提取出来，就像《塑造政治舞台》里的概要表（summary tables）那样，以及它们在多大程度上依赖于我们对个案的深入了解，就像亚历山大·乔治（Alexander George）所称的"过程追踪"（George and McKeown 1985, 35）。我越来越觉得概要表在提出问题时非常重要，但精细的个案内分析才是解释性评估最重要的来源。[16]

---

〔15〕统合分类者（粗分者）倾向于认为差异不如广泛的相似性重要。与之相反，分割分类者（细分派）更倾向于强调现象相异的不同方式。

〔16〕个案内（within-case）分析，与跨个案（cross-case）分析相对，考虑某一个案纵贯历时性的（over time）或横跨亚单位的（acrosssubunits）变化。

解决这些问题的经验使我得出这样的结论：如果不注意方法议题，比较-历史研究的基础是薄弱的。这些问题促使我进一步探讨概念形成、比较和测量有效性之类的基本问题。

在早期的方法论著作里，20世纪60年代和70年代初，人们对比较方法产生过浓厚的兴趣，但这种写作传统已大体上衰退了。我最初尝试复兴这一传统是在我的文章《比较方法：20年的变化》之中，我试图在一定程度上扩展阿伦·李帕特（Lijphart 1971）创造性地将个案研究方法、少数个案比较方法和统计方法并置的做法。从那时以来，我始终极力强调这些方法之间必须进行对话。我清楚地记得，我最初是在纽约城市大学研究生中心的一次会议上报告这篇论文的，那次会议后编成了一本文集，这篇文章收入其中（Collier 1991）。[17] 乔万尼·萨托利和加布里埃尔·阿尔蒙德都在听众席上，他们对我的报告的热情极大地鼓励了我推进这一连串的方法论写作。

问：您的方法论研究中一个首要主题是概念分析和概念形成。您想从这项工作中突出哪些要点？

答：我一直关心将两种概念分析传统并置的问题。其中之一，在政治学中受到乔万尼·萨托利的强烈支持，它对于将分析的严谨性引入个体学者的研究（无论是定性的还是定量的）具有不可估量的价值。这一传统聚焦于开发定义严谨的概念；解决概念重叠以及术语与意义之间关系混乱的问题；实现为意义各要素（即内涵）以及恰如其分地与概念名实相符的个案范围（即外延）之间关键的相互影响划定清晰的轮廓；以及从概念不同层级（hierarchies）的角度来看待这种相互影响——就像在韦伯式的等级制中，权威是一种特定类型的统治，个人魅力是一种特定类型的权威（Sartori 1970）。我得特别加上一句，这种不同层级的观点对我的研究工作仍然至关重要。

另一个传统涉及概念的复杂性，以及在更广泛的学者共同体中的概念

---

[17] 本文一个更完整的升级版发表为 Collier (1993)。

变迁。这一路径更集中在承认概念的使用常常是混乱的——并且遵循只有通过强大的分析工具才能察觉到的模式。不同用法之间的沟通可能是一个重大挑战；这些问题会严重影响学术和知识的积累；这些问题可以通过对概念的适当使用进行"立法"来潜在地（但不是便利地）解决。在政治学中，这种看法的一项关键表述见于 W. B. 加利（Gallie 1956）"本质上可争议的概念"的观点。我也试图处理这个传统——事实上，我现在参与了一项关于加利遗产的项目——我对概念复杂性的思考也受到了或可称为伯克利认知语言学学派的强烈影响，埃莉诺·罗施（Eleanor Rosch）就是其中先驱之一。乔治·莱考夫（George Lakoff 1987）在其关于"辐射状"（radial）概念（而非层级式）的写作中对这一传统做了拓展，与萨托利对概念层级的看法形成了饶有趣味的对比。认知语言学这一分支并不认为概念的使用必然是混乱的，实际上，概念通常遵循高度规则化的模式。但是这一研究路径认为它们的内部结构是复杂的，如果我们要有效地运用概念，就必须理解这种复杂性。

我在一系列合著的文章中探讨了这些主题。我在《美国政治科学评论》（Collier and Mahon 1993）上发表的文章《重新审视概念延展》探讨了这两种传统之间的相互作用。我最初认为把一些概念看作"辐射状"是适当的，而其他的则不是，但我后续的研究表明，这并不是一个有效的区别方式，所有的概念都倾向于有一些辐射状要素。一个更有成效的途径的例子，与辐射状概念密切相关，是"减少子类型"——就像在"非自由民主"（illiberal democracy）中那样——我在《带形容词的民主》（Collier and Levitsky 1997）这篇文章中介绍过。这些子类型将分析范畴保留在关于民主的辩论的更大框架内，同时承认在这个框架中所分析的个案并不是完全民主的。关键在于，这些类型和子类型在萨托利型概念层级的框架中并不是相互联系的，而是一种可被视为部分-整体关系的层级。

另一些文章则试图把概念形成问题和测量问题紧密联系起来，为概念争议和测量选择之间的相互作用提供系统化的理解。其中一篇探讨了关于民主观念的概念性争议以及关于这个概念是用二分术语还是用分级术语加以操作化的选择之间的相互影响（Collier and Adcock 1999）。随后的一篇文章同时针对定性研究和定量研究，试图提供一套整合的框架，以观察概念性争议、测量选择和不同的有效性观念之间的相互影响——再次以不同的民主研究作为连续的例子（Adcock and Collier 2001）。

当然，这种概念研究的回报是它对改进实质性研究有所贡献。政治学大量研究关注评估解释性的主张，但如果概念和测量混乱，这就无法以一种连贯的方式来完成了。例如，我先前对分解关键概念的关切——即威权主义和法团主义——是为了增强学者们把与这些概念相关的思想注入解释性主张的能力。《带形容词的民主》这篇文章同样处理了在民主化文献中发现的大量概念混乱现象。在这些文献中，有太多学者对定义漫不经心，而这些文献已经带来了惊人的民主子类型（即带形容词的民主）的扩散现象。这些问题会导致各种评估民主的原因与后果的努力陷于瘫痪。后续的几篇文章也讨论了那些若要作出可行的因果推断则需要注意的核心问题：例如，是以二分术语还是分级术语处理特定概念的选择问题，以及鉴于概念意义上的争议，需要提供一个框架用以确定测量有效性的问题。

关于实质性回报，我想补充一点，我以前的研究生写的关于概念分析的文章已经仔细研究了概念混淆是怎样导致因果推断中出现问题的，包括那些聚焦于制度化、农民和民主的概念的分析（Levitsky 1998；Kurtz 2000；Elkins 2000）。我还想指出，概念分析如今在政治学中得到了更多关注，例如，罗切斯特大学的建模师*詹姆斯·约翰逊的工作（Johnson 2003）。

问：2004 年，您与亨利·布雷迪（Henry Brady）合作主编出版了《反思社会调研》。** 那本书的主要论点是什么？

答：在《反思社会调研》中，我与亨利·布雷迪和杰森·西莱特（Ja-

---

* 詹姆斯·约翰逊是罗切斯特大学的政治学教授，主要研究政治理论，自己并不做形式模型研究，但他对理性选择理论及以博弈论的运用为核心的"实证政治理论"（PPT）有不少讨论和反思。这里科利尔称他是"建模师"（modeler）或许是对罗切斯特大学政治系作为理性选择和形式模型研究的重要基地开的一个小玩笑。——译者注

** 《反思社会调研》（*Rethinking Social Inquiry*）2004 年出版的第 1 版和 2010 年出版的第 2 版在内容上有比较大的调整，第 1 版中有 4 章内容没有收入第 2 版，但第 2 版增加了由导言和 5 章内容构成的第二部分"因果推论：老困境、新工具"。——译者注

son Seawright)合写了一些章节，我们与其他学者合作，期望对定性和定量方法之间的关系提出一套新看法。让我详细说明一下那个想法。

在过去的二三十年里，我们称之为"主流定量方法"的研究路径——基于回归分析和对回归的计量经济学改进——已经在政治学的某些领域占据了主导地位。同时，以各种定性方法为主的替代分析工具也变得越来越重要。我试图在支持后一类方法发展方面发挥强有力的作用，不过显然定量和定性方法都需要密切注意。正如我们这本书的副标题所言，鉴于存在这些政治分析的"多样工具"（定量和定性），我们面临的挑战是找到替代方法的"共享标准"。

对于定量和定性方法共享标准的搜索，引导我们探讨了"统计理论"的独特贡献。统计理论被理解为一套关于证据和推断的推理工具。虽然统计理论通常被认为是主流定量方法的基本原理，但事实上，一些统计理论家对社会科学中基于观察而非实验数据的定量因果推断持怀疑态度。在对观察数据的分析中，这些统计理论家有时认为定性工具在解决某些分析和方法论问题方面优于定量工具，或者至少他们认为定性方法做出的贡献只是在性质上不同，但同等重要。

本书的一个关键目标是将"数据集观察结果"（定量研究的经验基础）与我们所说的"因果过程观察结果"进行对比，后者是提供处境和机制信息的数据片段，在因果推断中起到独特的作用。在方法论讨论中，"观察结果"的概念有着非常具体和特殊的意义。[18] 我们既要强调观察结果是标准定量数据集基本特征的观点，又要把这种观点同从定性资料中得出的洞见联系起来。因果过程观察结果可以从个案研究之中得到，从亚历山大·乔治所说的"过程追踪"（我在讨论《塑造政治舞台》时已经提到过）之中得到，以及从理查德·芬诺（Fenno 1977, 884）所说的"泡一泡、戳一

---

[18] 在标准的"矩形数据集"中，行对应于个案，列对应于变量，按照常规用法，"观察结果"是数据集中的一行，涉及单一个案的所有取值。

戳"（soaking and poking）之中得到。[19]

把数据集观察结果和因果过程观察结果的观点并置起来，以不同的角度投射到一些争议上，例如，早期关于"变量太多，个案太少"问题的争论（Lijphart 1971），以及最近对于将"增加观察对象的数量"作为在社会科学研究中增加推断杠杆的手段的讨论。随着对因果过程观察结果的关注，"N"（个案数量）的观点，以及增加观察对象数量的观点，具有了不同的意义——这一意义清楚地指出了定性研究的优势。

问：您认为《反思社会调研》是对定性方法作辩护吗？

答：这本书不是要为定性方法作辩护。它探讨了定性研究路径和定量研究路径各自的优势和弱点，可能理解成为这些备选的工具集合"营造公平竞争环境"的努力会更好。

首先，也是最根本的一点，我们关心的是定性和定量研究路径之间的权衡。我们将定性与定量的区别分解为四个紧密相连的维度——测量层次、个案数量的规模、是否使用统计检验，以及研究的特征是"薄"（thin）分析还是"厚"（thick）分析——后者指的是利用详细的个案知识。在这些维度上，研究人员要做一些重大的权衡，用每个传统的分析优势平衡另一个传统的分析弱点。因此，就测量层次的定义而言，更高层次的测量提供了关于个案的更多信息；但是实质内容上丰富的类型学，利用基于个案的知识和属类变量（即名义尺度，因此是较低层次的测量），则可能提供一种完全不同的洞察力。使用大样本可以带来巨大的优势，但它通常是以个案知识不足为代价的。统计检验是一种强大的分析工具，但它们依赖于拥有精良的数据和满足作为此类检验基础的复杂预设——这两点都很难实现。"薄"分析与第二项标准密切相关，它的一大优点是允许考察一个大样本。但是，根据定义，"薄"分析缺乏切近的知识，而这是很多定性研究的一大

---

[19] 乔治的"过程追踪"是一种识别和检验因果机制的方法。芬诺的（在信息里）"泡一泡"和（往角落里）"戳一戳"指大量依赖于实地调查、观察和访谈的研究，旨在深入地和近距离地了解所研究的过程。

优点。每种研究路径都有其主要的优势和弱点,坦率地说,对于任何一种传统的拥趸来说,特别断言某一传统分析上的长处显然不合适。

其次,我们引入因果过程观察结果这一观点的目的,部分是为了强调定性分析中的基本研究程序有更广泛的重要性,但接下来我们也寻求推动定性研究人员将其因果推断路径置于更严谨的分析框架中。例如,我们试图仔细划定两类观察结果之间的差异,并鼓励定性研究人员仔细考虑一下在某个给定的分析中引入额外的另一类观察结果,并也引入额外的变量,由此带来的分析后果。(Collier, Brady, and Seawright 2004, 253 and 259)。

无论做定量研究还是定性研究,研究人员都应该虚心以待。从回归分析中产生有意义的、可解释的结果和解释个案研究其实同样困难。与个案研究一样,定量方法在分析长处上并没有特殊的垄断地位。但我想强调的是,在政治学演进的这一时间点上,我认为竞争环境仍然不公平,该学科的重要组成部分需要更充分地认识到定量方法的局限性。

问:《反思社会调研》部分是对金、基欧汉和维巴《设计社会调研》(1994)的批评。您如何总结他们的贡献以及这两本书之间的关系?

答:金、基欧汉和维巴的书在巩固和合法化我们刚刚讨论的主流定量方法方面发挥了不可估量的作用,同时也激发了定性研究人员把对方法论的争论和认识提升到全新的水平,这是一项巨大贡献。然而,我们认为这些作者试图强加给定性研究的定量模板存在许多问题,它并不是解决定性工作中面临的众多挑战的灵丹妙药。举个例子,他们关于"确定的(determinate)研究设计"的观点给我们的印象是误导的和不幸的——即使应用于定量研究也是如此。它意味着我们通常无法达到的确切知识水平。我们更愿意问一个研究设计是否"可解释"(interpretable)(Brady and Collier 2004, 292),这个标签给我们的印象远没有那么死板,且更有帮助得多。与此相关的是,我认为许多统计学家会觉得金、基欧汉和维巴关于选择偏差的建议在很多方面(在分析者的研究没有一个定义明确的总体的情况下)其实没有意义。在比较研究中,不同的个案组合通常会产生不同的发现结果,如果一个人参照一个大样本来评估某个给定的发现结果,就无法知道发现结果上的差异反映了个案之间的实质性差异，还是传统上理解的选择偏差所致。

我收到的关于《反思社会调研》有见地的评论之一来自一位拉美研究学者，他评论说这本书让他想起了我早期的著作《新威权主义》。的确，我这两个项目的目标都是要批判性地与之前的一本书对话（那本书本身就是知识上和学术上高水平辩论的结晶），都是要尖锐地聚焦问题点，以给学术争论带来紧凑结构，但又都涉及面足够宽，有超越书中直接论点的许多引申意涵。金、基欧汉和维巴的书之于《反思社会调研》就起到了这样的作用，恰如奥唐纳尔的书之于《新威权主义》一样。类似的情况还包括，我的两本书都包含了对前一本书的新的概要（许多人觉得非常有帮助），以及旨在帮助建立共享讨论框架的术语表。在这两本书上，我都积极地、干涉性地编辑了各个组成章节，我相信，这样做也让书变得更为连贯了。

我之所以强调这两本书之间的相似之处是有特殊原因的。一些研究人员认为，提高学术水平的最佳途径是采取大胆立场，提出大量主张，这似乎会戏剧性地推动讨论向前发展。我发现这种方法并不能打动别人。我更愿意认同那些公允的、平衡的研究，它们处理了真正具有分析价值的议题，但并不假装完成了它实际上没有做完的事情。

问：您对方法论的研究与您的实质研究兴趣是怎么联系起来的？

答：在学者在意的实质问题驱动下，方法论工作才最有用处。所以我一直力图让我的方法写作与我长期感兴趣的主题密切相关：法团主义、政体变革、民主，以及最近在我们对民主进行概念化上的变化——从较狭隘的、政权的程序性议题，转向关于国家特性、法治和公民权等更广泛的问题。这些联系可以在我关于法团主义的文章（Collier 1995）、关于"带形容词的民主"的文章（Collier and Levitsky 1997）、关于"民主与二分法"的文章（Collier and Adcock 1999）和我在《美国政治科学评论》上发表的关于测量有效性的文章（Adcock and Collier 2001）中看到。与实质议题无联系的方法论工作可能会变得陈腐乏味。方法论学家应该贴近他能找到有趣研究问题的领域。把方法论问题与实质性议题联系起来，也明确地激发了其他学者更多关注方法论的积极性。例如，《新威权主义》提出了许多方法论议题，这些议题吸引了研究者的注意，因为我认为这本书在实质意义上很有说服力。

问：您目前是否参与了别的方法论项目？

答：亨利·布雷迪和我继续强烈关注《反思社会调研》中提出的基本主题。亨利跟进的一个重要主题是因果推断的逻辑基础，以及统计理论对阐明这些基础的贡献。我正在继续我们刚才讨论过的关于概念化和测量的工作。我仍然感兴趣的是，我们如何才能最有效地接受复杂概念，认识到它们的复杂性，同时把定性和定量研究都扎根于细致的经验性研究工作，我们至少可以就其提出合理可靠的关于测量有效性的主张。用躲进某种操作主义[20]的方式来应付这些问题并不是解决问题的办法，我正在努力寻找更好的解决办法。

另一个密切相关的计划上，杰森·西莱特和我正在做研究，试图整合4个相互之间几乎没有沟通、也不相互承认的测量传统：公理化测量理论、实用主义测量路径、潜变量结构方程建模，以及我们称之为基于个案的测量路径。我们希望通过这项工作，使比较政治和政治学的概念化和测量工作建立在更可靠的基础上。

科学与价值观

问：您认为自己是科学家吗？

答：科学是个标签，在当今研究资助的世界里，它自带一种强有力的

---

[20] 操作主义（operationalism）是指把理论术语的意义着落在用来测量它们的指标上的信条。

"正效价"（positive valence）*，因此我们必须认真对待它。我认为这对于亚利桑那州立大学定性研究方法讲习所来说就是个重大转变，让它从些许国家科学基金常规种子基金，转为国家科学基金常规资助。[21]** 做别人认为是科学的工作有实质性回报，并且，从某种程度上说，这给研究带来了更严谨的要求，我认为这是好事。

与此同时，在自然科学中，"科学"是由各种各样的实践组成的，它可能并非一个有帮助的标签。更有帮助的说法是，政治学的某些工作条线对研究的具体挑战作出了有效的和严谨的回应——就像前面讨论的定性与定量分析的4个维度那样。但如果给整个事业过于明确地贴上标签，并坚持认为整个事业是科学的，或者应该是科学的，那么，我认为它可能对筹款或宣传有用，但它的信息量不是很大。这故事其实是金、基欧汉和维巴那本书的作者们相互捧场的结果，该书副标题最后变成了"定性研究中的科学推断"。正如你知道的，我认为这本书做出了很大的贡献，但它所宣称的严谨性是不可维持的。把这些主张吹捧为"科学"——好吧，我想已经说得够多了。

问：价值观和规范性承诺在您自己的研究和您认为重要的研究中扮演什么角色？

答：比较政治学者在研究威权主义、侵犯人权、不平等、贫困和法治崩溃等问题时，通常出于规范性关切。在国际关系领域，研究战争悲剧和

---

* 化合价（valence）原本表示原子之间互相化合时原子得失电子的数目，失去电子的记为+，得到电子的记为-。在心理学中1964年弗鲁姆《工作与激励》中提出"期望理论"（Expectancy theory，又称"效价-手段-期望理论"）用这个词表示价值评价，指达到目标对于满足个人需要的价值。激励/动机（motivation）取决于效价（valence）与期望值（expectancy）的乘积。心理学里的效价正负是如果个人喜欢其可得的结果，则为正效价；如果个人漠视其结果，则为零值；如果不喜欢其可得的结果，则为负效价。此处两种意思似乎都说得通。——译者注

[21] 该讲习所每年为研究生开设一门定性方法课程。关于研习所，见 www.asu.edu/clas/polisci/cqrm/institute.html。

** 目前亚利桑那州立大学的相关研究所是"社会科学研究所"，网址见 issr.asu.edu。而这个由NFS资助的讲习所现名为 The Institute for Qualitative and Multi-Method Research (IQMR)，目前是由锡拉丘兹大学马克斯韦尔公民与公共事务学院承办。——译者注

其他类型的国际冲突的研究者也是如此。在美国政治领域，分析家也同样如此，例如，他们关注美国选举体制和立法机构代表的扭曲，这种扭曲削弱了民主。规范性议题总是存在，不仅在我们研究的话题中，有时更尴尬的是，在我们没有研究的话题中。必须强调，这些分析议程的规范性来源也是所有政治研究的基础。这些规范性关切绝对不应该被视为对我们通常认为的经验政治学传统中严谨分析的偏离。当然，我们会遇到关于不同议题和问题规范性权重的争议；并且规范议程不应该导致可预期的研究发现，而这些发现仅仅是为了证实研究者的规范性承诺。"价值中立的社会科学"的成分部分地体现在这种经验研究可以产生意想不到的，有时是不受欢迎的发现——就像马克斯·韦伯（1946a, 147）说的"不愿面对的事实"。但我们一刻也无法想象，我们从事的是没有规范性驱动的事业。

同事、合作者和学生

同事

问：您1970年到1978年在印第安纳大学教书。在印第安纳对您影响最大的同事是谁？那里是什么样的环境？

答：我必须强调我欠人家很大的情，在印第安纳时我的实质性兴趣和方法论兴趣都得到了极大支持。埃莉诺和文森特·奥斯特罗姆（Eleanor and Vincent Ostrom）伉俪1973年创办了他们现在著名的政治理论和政策分析讲习班，迪娜·辛尼斯（Dina Zinnes）和约翰·吉莱斯皮（John Gillespie）从事国际冲突的数学建模。同时，印第安纳大学有强大的区域研究传统，我将永远感激，例如，我与西欧研究专家阿尔弗雷德·迪亚曼特（Alfred Diamant）的友谊。有趣的是——考虑到我当时正在冒头的兴趣——迪亚曼特写过一本关于奥地利法团主义的书（Diamont 1960）。

在那段时间，无论是在印第安纳还是在全国范围内，人们在知识上都强烈支持探讨定量比较研究对理解政治变迁的贡献。例如，印第安纳大学政治系的罗纳德·韦伯（Ronald Weber）当时正在研究美国各州政治的定量比较（Weber and Shaffer 1972），而在社会学系菲利普·卡特赖特（Philips Cutright）做的是关于发展的跨国定量研究（Cutright 1963）。这些同事激发了我对这类比较的兴趣。

问：1978 年，您搬到了伯克利，从那以后一直待在这里。伯克利怎么样？您遇到的同事如何影响您的思想？

答：搬到伯克利促使我对比较－历史研究产生了浓厚兴趣。莱因哈德·本迪克斯曾在伯克利的社会学系工作，后来转到政治学。1964 年，他出版了《国族建设与公民身份》（Bendix 1964），这本书对我和露丝合著的《塑造政治舞台》非常重要。并且我和露丝刚到伯克利不久，他的《国王或人民》（Bendix 1980）就问世了，在我们系里引起了广泛讨论。在社会学方面，尼尔·斯梅尔瑟长期以来都对历史分析感兴趣，维多利亚·邦内尔（Victoria Bonnell）也是，她曾在哈佛大学师从巴林顿·摩尔。他们两人协调组织了一个教员研讨会，对各种历史分析议题给予了极大的关注。正是在那个研讨会上，我第一次读到西达·斯考切波和玛格丽特·索默斯（Margaret Somers）极有价值的文章《比较历史在宏观社会调研中的运用》（1980）。在伯克利劳资关系研究所*，克拉克·克尔（Clark Kerr）是位杰出的人物，他是经典研究《工业主义与工业人》的合著者之一，该研究对在关键的历史时刻将劳工收编进国家政治制度给予了突出关注（Dunlopetal. 1960）。哈罗德·维伦斯基（Harold Wilensky）大胆的关于福利国家的跨国研究，凸显了广泛比较的可行性。

在概念性问题方面，汉娜·皮特金（Hanna Pitkin）对代表、正义、物化和效用等概念作了引人注目的分析，为细致的概念化工作设定了高标准（Pitkin 1967）。恩斯特·哈斯的工作是对大范围跨国家和跨历史时期的政治现象进行严格概念化努力的"知识之锚"。肯尼斯·乔伊特（Kenneth Jowitt）关于列宁主义的著作（Jowitt 1992）是创造性概念形成的典范。我参加了乔

---

* 该所 1945 年由克拉克·克尔建立，现名为"劳工与就业研究所"（Institute for Research on Labor and Employment）。——译者注

伊特关于列宁主义的讲座，并邀请他来上我的方法论课，把他的列宁主义基础讲座作为进行创造性概念工作的范例。

而且，在我们来到加州几年后，伯克利在政治学方面聘请了格雷戈里·吕贝特（Gregory Luebbert）。差不多在《塑造政治舞台》作为一本书的研究项目逐渐成形之际，吕贝特正对西欧进行着极为相似的历史研究（Luebbert 1991）。他是一位关键同事。我们各自独立写书，风格迥异。但是，在某些实质性方面，论点相当相似。通过与吕贝特的多次交流、联合研讨会以及与研究生的广泛互动，两个项目之间产生了交叉渗透。不幸的是，吕贝特在20世纪80年代末的一次激流皮划艇事故中丧生。他的手稿几乎完成了，朱塞佩·迪·帕尔马（Giuseppe Di Palma）在整理手稿上做出了重要贡献。我和西摩·马丁·李普塞特（吕贝特曾在斯坦福从师于他）为这本书写了序，这是一段苦乐参半的经历。吕贝特的去世对政治学科和伯克利的政治学系来说是一个极大的损失，我觉得我们从未收复失地，直到2004年我们从哈佛聘来了保罗·皮尔逊（Paul Pierson）。

总的来说，伯克利是一个比较-历史研究受到重视的地方，大家觉得有可能以一种概念创新、分析严谨、同时又切近个案的方式来做这样的研究。这些标准确立了我们在写《塑造政治舞台》时力图达到的水准。

说到《塑造政治舞台》得到的智力支持和制度支持，让我提一下另外两笔人情债。第一笔是欠桑福德·撒切尔（Sanford Thatcher）的，他当时在普林斯顿大学出版社工作，出版了我们的书，现在是宾夕法尼亚州立大学出版社的社长。几十年来，他一直是出版界支持拉丁美洲研究领域的领军人物，包括我们两口子在内的数十位学者都对他的奉献精神、耐心、洞察力和专业精神感激不尽。在我们这个电子时代，编辑和图书出版商仍然很重要。此外，我还欠圣母大学凯洛格国际问题研究所的情，他们卓越的教员、博士后和研究生共同体提供了巨大的智力支持。在过去的20年里，凯洛格在支持我所在意的兼顾规范性和严谨性的比较社会科学方面发挥了特别令人兴奋的作用。

回顾过去十年，我想强调伯克利作为我们最终撰写《反思社会调研》一书背景的重要性。20世纪90年代末，在连续两年时间里，我和亨利·

布雷迪共同教授了一门方法论课程，这反过来推动了我们对方法和方法论辩论提出新视角。伯克利的统计学家大卫·弗里德曼（David Freedman）给了我们很多帮助，他对统计理论的应用见解广博，对编辑工作也一丝不苟——一丝不苟到有一次我们在一家餐厅用餐时他曾威胁要编辑菜单。在这种背景下，一些研究生受到激励，去参加统计学和方法论方面的高级培训，而这些学生中，杰森·西莱特最终成了《反思社会调研》一些主要部分的合著者。亨利·布雷迪一直是定性研究方法研究所的坚定支持者，每年会花两天的时间过来讨论我们的书，处理因果推断、概念化和测量等议题。

合作者

问：您做了不少合作研究。为什么要合作？

答：我之前说过，在与露丝·科利尔合作时，我们两人都完成了75%的工作。经过这么多的努力研究，结果可能质量更好。相应地，这种合作不仅体现在《塑造政治舞台》上，也体现在《新威权主义》和《反思社会调研》上，产出了比各部分之和更多的东西。此外，我有幸在伯克利度过了我大部分的学术生涯。我们有非常优秀的学生——我敢说，露丝和我在系里都很出名，因为我们对学生要求很严格，这样他们就能带着许多新获得的技能和才干走出伯克利。我和研究生一起写过很多文章，这让我的工作做得更好，也让他们走上了一条扎实的研究轨道。

许多致力于合作研究的学者，并没有那么幸运有这样优秀的研究生，他们可能更倾向于与其他机构的同事一起写作，这也可以起到同样的作用。我认为，与世界上大多数国家不同，美国学术生活的显著特点之一是，有数百所大学和学院的学者可以在教学之余，保持开展活跃的研究项目。这丰富了我们所有人的学者生涯，而且对于任何一位特定的研究人员来说，它都提供了许多与其他机构的学者合作的机会。

根据我的经验，合作和共同写作是一种汇集知识和结合不同技能的方法。例如，一个参与者可能懂定性方法，另一个可能懂定量方法。定量的人会说："不，你不能这么说，否则每个人都会知道它是错的。"定性的人会说:"但这不是定性研究者思考问题的方式。如果你那样说,他们根本不会信你的。"在《反思社会调研》的写作过程中,我与一些统计理论知识远胜于我的学者合作。统计学家大卫·弗里德曼虽然不是该项目的合著者,但他是该项目关键的知识贡献者。我曾经问过他,是什么促使他和我这样一个缺乏统计理论广博知识的人合作。他回答说这是因为我有"sechel"——意第绪语"常识"或"智慧"的意思。社会科学演变到现在,如此一位杰出的统计学家能认为常识很重要,这或许是件好事。

学生

问:您训练研究生有什么门道?怎么定博士论文选题?怎么与他们合写文章?怎么支持他们博士毕业后的职业发展?

答:露丝·科利尔和我在训练和指导学生方面密切合作。多年来,我们往往共同主持论文委员会,我们都非常非常努力地做这件事。我应该在你的采访中加上这个问题——事实上,这次访谈的一部分重要内容应该不只被看作是关于我的工作的,也是关于露丝的工作的。

学生选择论文主题的方式有很大差别。有些学生独立自主,选择的主题与我和露丝做的研究领域完全不同。我们从那些论文中学到了很多。另一些学生则聚焦于我们的研究主题的延伸话题。差别很大,两种情况都有是件好事。

与研究生合作写文章,我经常这样做。这就好像一个研究学徒期,带给他们一些写作的经验。我也经常对研究生的文章给予持续的、深入的反馈,这些反馈实际上相当于合作了,但在这种情况下我希望这篇文章的所有赞誉归于学生名下,因此,我没有把自己列为合著者。至于博士毕业后的职业发展——好吧,简单来说,露丝和我的确非常努力地支持我们以前学生在智识上和职业上的发展。

制度举措

美国政治科学协会比较政治组

问：在过去几年中，您积极参与了美国政治科学协会的多项工作。我首先想请您谈谈您在比较政治组的角色，1997—1999年期间您担任过该组的主席。您对这组的印象如何？[22]

答：美国政治研究领域在美国政治科学协会中有很好的代表性，国际关系学者有国际研究协会（ISA），区域研究各个协会对一些比较学者来说必不可少。但是，直到1989年比较政治组成立之前，比较学者没有一个全局性的组织，这就使得这个有组织的组发挥了关键作用。在成立后不久，比较政治组迅速成为美国政治科学协会最大的组，有很大的施展空间。它有一份很好的通讯，从华盛顿大学开始办起，在加州大学洛杉矶分校手中兴旺起来，现在在圣母大学手中继续蓬勃发展。这个组在每次美国政治科学协会年会上发起了大量小组研讨会，收到了大量的参会申请，每年担任项目组织者的同事都应该受到大家的赞扬。这个组每年还颁发4个奖项——我很幸运有机会维护以格里高利·吕贝特命名的最佳图书奖和最佳论文奖的捐赠基金。总的来说，这个组是一个极有价值的、有知识活力的组织。

问：从1997年到1999年您担任比较政治组的主席期间想要达到什么目标？

答：我努力确保各成员的多样利益得到充分体现。在任命委员会和提出倡议的过程中，我试图在建模学者、定量研究学者、从事定性比较研究的学者，以及扎实的、分析上立足于区域研究背景的学者之间保持平衡。

---

[22] 有关科利尔之前的美国政治科学协会比较政治组两位前主席的看法，参见本书第14、16章对罗伯特·贝茨和大卫·莱廷的访谈。

我花了很多精力运营一个高质量的、兼收并蓄的、平衡的比较政治组,我认为它运转得很好。一大批第一流的学者愿意积极参加这个组。

我也试图用本组通讯上的4封主席通信提出我认为值得密切关注的问题,我作为该组主席的目标可以总结为我在这些通信中提出的想法。首先我回顾了早先关于比较方法的辩论(Collier 1998a),强调了不同的替代性方法论之间的相互联系——这是我多次谈到的一个主题。另一封信专门讨论了比较-历史分析,并强调它在很大程度上已成为该学科一个相当制度化的趋势,20世纪90年代出版了大量令人兴奋的著作(Collier 1998b)。坦率地说,我认为我这封关于后一主题的信对聚焦于这一方法的新一轮讨论变得明朗具体很有帮助。同《塑造政治舞台》一样,这封信强调了我对比较-历史分析的方法论基础以及在这种研究中达到更高的分析严谨性标准的关注。

在另一封信中,我讨论了成功实现"近距离提取新想法"的学者的类型以及实地研究的类型,这是我从社会学家亚历杭德罗·波特斯(Alejandro Portes)那里借用的一个短语(Collier 1999a)。我有时候觉得我们做了太多的演绎式政治分析,未能认识到大量最有创意的工作其实来自于那些具有扎实分析技能,同时又能沉浸在政治现实之中的学者,他们基于自己对正在研究的个案的深厚阅历、用一种新颖的方式"看到"新的政治过程和结构。如果他们真的擅长这类研究,他们可能会成功地将我们的注意力集中在"新奇的突发过程"上,这是我在伯克利的同事保罗·拉宾诺(Paul Rabinow)提出的一个说法,后续这将成为其他数十位学者的研究重点。在我看来,吉列尔莫·奥唐纳尔的著作就是这种研究路径的一个范例。

与此相关的是,我谈到了关于区域研究与比较政治领域更广泛的分析议程之间的关系的辩论。我在这封信中指出,尽管20世纪90年代中期社会科学研究理事会废除了其传统的各个区域研究委员会,但就此推测区域研究已经垮掉了是不对的。事实上,在社会科学研究理事会演变的一个关键转型点上,理事会主席肯尼斯·普鲁伊特(Kenneth Prewitt)在裁撤这些委员会上发挥了领导作用,但他同时又强调了社会科学研究理事会对以区域为基础的知识的承诺。我在信中指出,在这个关键时刻,社会科学研究理事会对以区域为基础的博士论文研究的资助实际上大幅增加了。

在我最后一封信中，我写到了关于在比较政治中建立一个学科化的、严谨的核心所面临的挑战（Collier 1999b），再次强调了这样的想法：一方面是区域研究的传统，另一方面是基于形式建模和/或先进定量方法的研究，在这两者之间，我们必须为定性比较研究保证足够的施展余地，当然这种定性比较研究得是严谨的，得在学科内博得充分的尊重和声望。许多同事认为，我这么说对于比较政治组实现再集中化（re-centering）是有益的、富有成效的。

美国政治科学协会定性方法组

问：美国政治科学协会定性方法组[23]最近成立了，您一直是此事的幕后推手。您创建这个新组的目的是什么？

答：我非常钦佩我这些创建了美国政治科学协会政治方法论组的同事们，他们成功地把定量方法这一子领域制度化了。他们把以前每年出版一本的《政治分析》变成了一份重要的期刊。加里·金在领导这一举措中发挥了关键作用，尼尔·贝克（Neal Beck）作为首任编辑工作出色，罗伯特·埃里克森（Robert Erikson）现在承担了这一工作，做得很成功，令人印象深刻。他们做到了这样的程度：已经成功地定义了什么是政治学方法学家，以及学者在获得美国的大学政治学系"方法论"领域的教职岗位时必须满足的标准，这些都是成功实现学术制度化的标志。

然而，一段时间以来，我一直确信，政治科学中对方法的关注已经过度地向定量方法倾斜了。这群同事成功地采用了"政治方法论"这个标签，但他们的事业几乎完全专注于定量方法。并非毫不相干的是，在相当多的政治系，多年来根本没有提供定性方法方面的训练。那些想要教授定性方法的学者不被允许这样做，或者只能在比较政治领域内这样做，而不是通过被他们的同事所接受的一门"真正的"方法论课程。多年来，我看到了拓宽方法论眼界的需求，这种眼界更加折衷，也涵盖定性方法在内。

---

[23] 科利尔是美国政治科学协会定性方法组的创始过渡期主席。

我们需要为定性方法做些什么，就像我们的定量同事为他们的方法论分支所做的那样。定性方法，在许多重要方面，是这门学科的基础——安德鲁·班尼特（Andrew Bennett）和他的合作者已经写了一篇引人注目的文章来强调这一点（Bennett, Barth, and Rutherford 2003）——而这一学术趋势需要在我们的研究生教学中得到强有力的体现，并相应地在学科中和美国政治科学协会中得到体现。

问：关于定性方法的这一举措是否与其他组织性努力相联系？

答：是的。这是集体推动的结果，涉及不少人，并经历了一系列步骤。如果没有强大的组织和智识基础，就不可能寻求在美国政治科学协会建立一个新的组。我们的部分举措始于我对早期的概念和术语分析委员会（COCTA）进行改组的努力，该委员会与乔万尼·萨托利有密切关联。这个委员会是美国政治科学协会内部的一个"关联小组"，是国际政治科学协会（IPSA）内的第一个研究委员会。首先，我们拓展了委员会的活动；然后我们给它重新命名，给它起了更宽泛的名字"概念和方法委员会"。到今天它仍旧是国际政治科学协会的第一号研究委员会。随后，我们将其扩展为美国政治科学协会的一个组，收集了上千个签名来支持成立新组，我们这个小组很快就成为协会中较大的组之一。亚历山大·乔治、安德鲁·班尼特、科林·埃尔曼（Colin Elman）和我共同提出了成立定性研究方法联盟（Consortium for Qualitative Research Methods）的倡议，这也进一步强化了上面那些努力，联盟每年一月都会在亚利桑那州立大学主办一届非常成功的讲习所。这个讲习所现在每年吸引 80 位学生，由来自全美各大学的大约 20 名教师轮流授课。我要重申，当该讲习所开始得到国家科学基金的资助时，也就取得了重要的合法性。

问：在美国政治科学协会成立定性方法组有什么潜在收益？

答：如果你希望说服政治学专业人士，某一特定的分析视角或方法论视角应该被认真对待，那么建立一个成功的组就是很有价值的一步。如果这个组能够像我们比较政治组那样取得惊人的成功，那就是特别好的一步。

几乎是这个组刚一成立，就跻身较大的组之列，并且我们在美国政治科学协会的年会上看到，我们的小组研讨会安排的数量已令人吃惊地增加了。拥有大量的小组研讨会反过来可以作为鼓励定性的、比较的少数个案研究的工具，对从事这些领域研究工作的学者和研究生也是一种宝贵的激励。我们的小组研讨会出席率非常高：在2005年美国政治科学协会年会上，我们的小组研讨会平均出席率在46个组中排名第二。我们现在颁发3个奖项给那些在开发或应用定性方法上做出的杰出贡献，一项图书奖、一项文章奖、一项论文奖，这些奖项在表彰优秀研究工作和呼吁人们关注该领域的新发展方面发挥了宝贵作用。我们有一份优秀的通讯《定性方法》，有一位很能干的编辑，约翰·盖林（John Gerring），我认为经由"通讯"已经进行了很多很好的沟通交流。

问：美国政治科学协会定性方法组和政治方法论组关系如何？

答：我和许多在政治方法论方面发挥领军作用的学者都有很好的交情。我们成立这个组时，广泛咨询了他们的意见。有一次，我们讨论过成为他们的一部分的选项。他们组里许多资深成员认为这不是个好主意。当他们头一次组建自己的团队时，他们并没有很好地制度化，他们觉得得有一段时间各干各的，不要有人监督他们。我想今天做定性方法的人也有同样的感觉。

让我再次强调我在前面已经提到的一个要点：不便之处（有人可能会说具有讽刺意味的）是，他们抢先使用了"政治方法论"这个名称，这就要求他们面向比他们实际提供的方法论更加广阔的范围。在我们组建新组的几个月里，我一直抵制"定性方法"这个标签，觉得这个名称把我们的事业框得太窄了。正如我已经强调的，我认为我的方法论工作的主要部分与定量研究高度相关。我想到了其他备选名目，比如"整合方法论"或"折衷方法论"，但是对于美国政治科学协会下属的组来说，这些都不是好名字。最后，鉴于"政治方法论"的标签确实已经被抢占了，我默许并接受了"定性方法"这个名称。鉴于这次访谈的目的，似乎说定性方法更简单一些，但我脑子里想的是这种更加折衷的方法论观点，这种观点也反映在《反思社会调研》之中。

与标签的问题有关,我想有一小部分同事认为我们的举措是在搞分裂,因为它似乎把定性的成分从方法论整体事业中分离出来。坦率地说,如果要把这些举措中的任何一项称为分裂,那也是在政治方法论组最初组建那会儿。宽泛的标签固然适当,但总的来说,它只讨论了方法论的定量方面。

要在强调囊括定性工具在内的方法论折衷观点的研究工作中实现连贯一致,必然是一个渐进的过程。我们正在组织一组界定明确的人员,他们阅读和评论彼此的工作,从彼此那里获得洞见,并在领军期刊上发表文章。另一个进步的信号是,在全国各地研究生项目中,教授定性方法或整合方法课程的数量大大增加了。沿着《反思社会调研》提出的思路,同样重要的是要有许多在统计理论方面受过良好训练的定性方法学家,正如我之前强调的那样,这可以为定性方法和定量方法提供宝贵的基础。我认为我们正在取得进步,但仍有相当长一段路要走。不过,风物长宜放眼量,在政治学学科史上,定性方法的发展从来没有像现在这样受到系统性的关注。

比较政治的成就与未来

问:纵观比较政治领域,过去三、四十年间是否积累了一些实质性知识?

答:是的。我看到了大量关于政党、政党体制和选举体制的宝贵文献。我们对于民主和威权主义,以及更宽泛的,关于不同类型的国家政治体制的动力学,有了大量广博且具有历史深度的知识。关于路径依赖的文献越来越多,这为系统化地研究政治制度的连续性和非连续性提供了新的杠杆,关于族群冲突的文献也令人印象深刻。马奥尼和瑞彻迈耶(Rueschemeyer)主编的《社会科学中的比较历史分析》(2003)对有关社会政策、革命以及民主和威权主义的研究上取得的长期进展做了一次详细的盘点,为这本书所写的另外一章(不幸的是,由于篇幅有限最终未能收入进去),对我们在欧洲国家建设研究中累积性的知识拓展提供了很好的见解(Mazzuca

2001）。因此，在很多领域，我们知道的比几十年前要多得多。

问：您一直强烈提倡比较-历史分析。在您看来，在政治学这样一个更聚焦当代议题的学科中，历史导向的研究工作处于什么位置？

答：研究目前正在发生的事件是令人兴奋的。但这种关注方式有时会涉及短视的问题，很容易出现分析错误。传说毛泽东对法国革命遗产的评论是什么来着？我理解他说的是："现在下结论还为时过早。"识别好的研究的最佳时间框架自然很难，但有时这个时间框架实在太短了。比如，20年前出现的关于民主转型的一些出色的和令人振奋的文献之中，一些学者假设转型方式将强烈影响随后的政权动态。我认为，这一观点已经受到严重质疑，一个关键问题可能是，分析者没有一个足够清晰的历史框架来评估什么样的转型可能会留下独特的遗产。

我相信宏观比较分析（在政治学和历史社会学中通常被称为比较-历史分析）可以做出批判性的分析贡献。过去十年左右对政治微观基础的关注是一项宝贵的分析进展。然而，同样重要的是，要理解微观基础造就差异的宏观环境。我认为我们在理解这些宏观环境方面已经取得了相当多的分析成果。

问：对于政治学中正在进行的方法论辩论将如何展开，以及应该如何展开，您有什么看法？

答：这幅图景的一个方面是，主流定量方法的重要性仍旧持续，甚至可能在不断扩展。这一传统中的相当一部分表现出将分析工具技术化的强烈冲动。从许多方面来说，技术的采用富有成效，并且在处理广泛的实质性问题方面给了我们新的杠杆。然而，我们在《反思社会调研》的最后一页警告说，这种技术化可能走得太远了（Collier, Brady, and Seawright 2004, 266）。它本身可能成了一种目的，并可能导致学者们忽视掉那些也许提供了更强分析杠杆的更简单的工具。此外，运用更高级的定量工具所需要的复杂训练可能会占用时间和精力，这些时间和精力原本可以用来获取所研究的主题上必不可少的实质性知识。

我们在书中引用的统计理论传统，虽然本身是非常技术性的，但有时也为证明"更简单的分析解反而更好"提供了依据。另外，《反思社会调研》最有趣的评论之一《超越线性频率派的正统地位》（2006）是由非常受人尊敬的定量方法学家菲利普·施罗德（Philip Schrodt）撰写的，他对以回归为基础的研究进行了严厉批评，比我们在《反思社会调研》中做的要严厉得多，而且他还指出了更简单的工具的潜在贡献。我们需要认识到，《反思社会调研》中的强烈警告，聚焦于回归分析的详析传统和对回归的经济计量精炼，绝不只反映孤立的立场。这些对于比较政治和政治学的未来都是非常严肃的问题。

罗伯特·基欧汉在他关于"学科精神分裂症"的文章（Keohane 2003）中很有见地地论述了不同方法论传统之间的平衡问题。他讨论了职业资格上应大大放松"技术专门化"（technical-specialization）轨道上的限制条件，他所讲的研究生训练中"技术专门化"轨道聚焦于定量研究和形式研究，以及通常对研究问题相当狭隘的界定；与之相对的是一个更为广博的轨道，〔24〕关注以个案为基础的、有时是历史性的知识，关注不同的方法论，关注在政治学各子领域获取丰富的实质性洞见。基欧汉认为，技术专门化的轨道在更大程度上给主流期刊带来了源源不断的文章，给学者们提供了一个容易界定的记录，进而，比如在终身教职评审中，产生了巨大的优势。相比之下，追求更广博轨道的学者们往往会遵循一种可能需要更长时间才能形成令人印象深刻的专业记录的职业轨迹。基欧汉认为这种不平衡反映了一种学科精神分裂症，他推测政治学可能会使自己处于不利地位，并且不恰当地缩窄这一学科生产知识的广度，因为它往技术专门化的轨道上转移得太远了。

考虑到这些问题，我们今天往哪儿站？我认为，政治方法论领域的教职招聘仍旧仅仅意味着主流的定量方法。的确，在比较政治和国际关系领域进行搜检时，具有结合定量和定性工具的广泛方法论技能的候选人有时

---

〔24〕 基欧汉称之为"处境知识"（contextual knowledge）轨道，但这里对此轨道的描述与他提出的看法相符。

特别受欢迎。我认为，这种技能的混合也应该是一般的政治方法论职位的必需品——说明确些，不仅仅是技能的混合，这种混合虽然看起来好像纳入并接受了定性方法，但实际上使其边缘化。

让我再多强调一点我认为方法论的辩论应该如何展开。生成有意义的回归系数并适当地解释它们可能和理解个案研究一样困难（如果后者不是更困难的话）。政治学科的某些组成部分是时候超越定量方法对分析上的美德具有特殊垄断地位的看法了。从这个意义上说，这将是一个受欢迎的变化，也是一个亟须的变化。

总 结

问：总结一下，您对进入这个行当的研究生有什么建议？

答：我想回到刚刚提到的基欧汉的讨论，即研究生训练中较窄的技术专门化轨道与较宽的轨道之间的紧张关系，后者包括更大程度上以个案为基础、经常涉及历史知识、关注不同的方法和跨越政治学各个子领域的丰富的实质性洞见。对于进入比较政治和政治学专业的学生来说，追求技术专门化轨道可能是一个有吸引力的选项，因为它似乎提供了一个更安全的职业轨迹，而且，毫无疑问，追随这一轨道的学者们已然做出了重大贡献。

然而，学生们也应该认识到与更广博的轨道相关的职业机会。期刊对定性方法的文章越来越容易接受，许多优秀的期刊欢迎基于少数个案比较的精致的文章，或侧重于当代，或聚焦于历史。基于比较-历史分析的博士论文无疑是可行的，还能合理地、迅速地变成一本书。新的组织举措——如上面讨论的定性研究方法讲习所——已被证明对建立研究生和年轻学者的网络具有不可估量的价值，他们共同致力于维护我们这项集体事业更为折衷的版本。

因此，在研究生院追求更广博的工作路线，与相当快地取得良好的专业记录，是完全一致的。这显然不是说追随技术专门化轨道的年轻学者没有做出重要贡献。他们肯定做到了。但是，如果我们通过有意识的努力——在研究生训练、教职招聘以及其他方面——来解决基欧汉对学科精神分裂症的担忧，以维护和保护塑造优秀学者的多条道路，我们的境况就会好得多。

第十六章
文化、理性与学科追求*
——大卫·D. 莱廷访谈录
David D. Laitin

　　大卫·D. 莱廷是研究文化与政治关系最具影响力的学者之一。借由其比较研究和民族志研究，他挑战了政治学中的主导观点——文化影响政治，而政治并不影响文化。相反，他的著作表明，文化既塑造了政治选择，也反过来被政治选择所塑造。

　　莱廷通过在许多国家进行实地调查，探讨语言使用、宗教和民族认同形成等方面的政治问题，推进了他的文化与政治研究项目。在《政治、语言和思想》（1977）中，他探讨了在索马里语言与政治行动之间的关系。在《霸权与文化》（1986）中，他转向考察尼日利亚约鲁巴兰（Yorubaland）地区宗教和政治之间的联系。在《非洲的语言技能和国家建构》（1992a）中，他提供了一项历史分析，显示国家形成的过程如何影响非洲各国语言的异质性程度。他后来的工作集中于西班牙的加泰罗尼亚语言运动。在《形成中的身份认同》（1998a）一书中，他将注意力转移到苏联的俄语区，分析民族主义高涨处境下的语言选择。

　　莱廷与詹姆斯·费伦（James Fearon）合作进行的最新研究试图解释族群冲突与合作。它聚焦于内战的起源与持续，并将博弈论、统计分析和历史叙事整合在一起。这项研究探讨的一个核心问题是，族群内部（而非族群之间）发生暴力冲突的程度。

---

*　这次访谈由赫拉尔多·芒克2001年11月18—19日在加利福尼亚州帕洛阿尔托完成。

莱廷还撰写了许多文章，提出了一种将形式数学模型与定量和定性技术相结合的三方方法论（tripartie methodology）。他一直在大力倡导一门整合的政治学学科，即有意识地综合其研究成果，并聚焦于经典政治理论著作中提出的有关政治的持久问题。

莱廷1945年出生于纽约布鲁克林。1967年，他在斯沃斯莫尔学院（Swarthmore College）获得学士学位，1974年在加州大学伯克利分校获得政治学博士学位。他曾任教于加州大学圣迭戈分校（1975—1987）、芝加哥大学（1987—1998）和斯坦福大学（1999年至今）。1993年至1995年，他担任美国政治科学协会比较政治组主席。2005年至2006年，他担任美国政治科学协会副主席。1995年，他当选为美国人文与科学院院士。

思维形成与学术训练

问：您是如何对研究政治产生兴趣并决定成为一名政治学家的？

答：我出身于纽约一个政治色彩浓厚的家庭。我的父母都是世界联邦主义者*，在民权问题上很活跃。当我还是个孩子的时候，我记得回到家看到我的母亲（她是一位中学教师）在看电视上播放的麦卡锡听证会。我被我母亲对它的迷恋迷住了。我的父母都不是共产党员，但是他们和共产党员过从甚密。很明显，我很害怕我母亲的名字会被提起。所以我有一种感觉，政治既令人兴奋又令人不安。

我还记得黄金海岸殖民地是如何成为加纳这个独立国家的，还记得我在参议院的偶像约翰·F. 肯尼迪参议员如何支持阿尔及利亚人的独立战

---

* 世界联邦主义是一种有关建立"世界政府"的思潮，渊源甚早，在第二次世界大战后达到一个高潮时期，美国自发的世界联邦主义者运动在1947年形成了一个叫联合世界联邦党（United World Federalists）的组织，后来改称"世界联邦主义者联合会"。类似的运动在其他国家也有不少，1947年相关组织者在瑞士的蒙特勒召开会议，形成了一个全球性的国际非政府组织，即今天的"世界联邦主义者运动"（World Federalist Movement），20世纪70年代该组织开始获得了联合国经社理事会的特别咨商地位。1983年该组织成立了全球政策研究所（IGP）。参见www.wfm-igp.org。——译者注

670 激情、技艺与方法：比较政治访谈录

争，而不支持法国人。对我来说，这一切都代表着未来。非洲与民权运动、与解放紧密相连。这些事件似乎是世界上发生的最令人兴奋的事情。

几年后，我参加了大学面试，斯沃斯莫尔学院招生办公室主任问我想学什么专业，我说"政治学"，我想这是我这辈子第一次用政治学这个词。我那会儿根本不知道它是什么。

生活在纽约，使我有种政治意识，对政治世界感到兴奋，渴望了解更多。这些因素促使我在斯沃斯莫尔学院主修政治学。我应该补充一点，我小时候从未出过国。我第一次出国是在1969年，当时我加入"和平队"去了索马里。在那个阶段，我对国外事物的兴趣纯粹是学院派的，而不是经验上的。非洲是我想象中的"另一个地方"，我想了解它。

问：斯沃斯莫尔学院的本科专业怎么样？

答：20世纪60年代，斯沃斯莫尔学院是政治学家的摇篮。那个时代的学生中有罗伯特·帕特南，现在哈佛大学；理查德·曼斯巴赫（Richard Mansbach）现在艾奥瓦州立大学；杰克·内格尔（Jack Nagel），现在宾夕法尼亚大学；彼得·卡赞斯坦（Peter Katzenstein），现在康奈尔大学；玛格丽特·利维，她当时在布林莫尔女子学院（Bryn Mawr）就读，但来斯沃斯莫尔学院参加一个研讨班；杰弗里·哈特（Jeffrey Hart），现在印第安纳大学。教员中有J. 罗兰·彭诺克（J. Roland Pennock）、肯尼斯·沃尔兹和罗伯特·基欧汉。这份名单包括了四位美国政治科学协会主席！[1]

我们在斯沃斯莫尔学院接受了政治学的职前教育。在彭诺克1966年的政治理论必读书目中，有托马斯·谢林的《冲突策略》（1960）、曼瑟尔·奥尔森的《集体行动的逻辑》（1965）、卡尔·多伊奇的《政府的神经》（1963）、詹姆斯·布坎南和戈登·图洛克的《同意的计算》（1962）以及一些经典著作。我们没有接受过方法方面的训练，但我们既接触过经典著作，也接触过学科前沿。

---

[1] 罗伯特·基欧汉、玛格丽特·利维、罗伯特·帕特南、肯尼斯·沃尔兹当过美国政治科学协会主席。

我应该讲一个在我的研究生同学中很流行的轶事。在斯沃斯莫尔的研讨班上，我们每周都会收到教学大纲，通常会有几页必读和选读材料。我以为这很正常。当我进入研究生院，在第一周的课程中拿到教学大纲时，我被吓到了，因为要读的东西居然半数都是斯沃斯莫尔要求的。直到第二周，我才发现伯克利和大多数地方一样，每个学期才会发一次教学大纲，这让我松了一口气。好吧，经过第一周的努力，我有13周的时间来随心所欲！

问：斯沃斯莫尔毕业后，您于1967年去伯克利读政治学研究生。什么吸引您来到伯克利？

答：由于越南战争，斯沃斯莫尔学院几乎每个人都准备去读研究生。如果没有一年的研究生院经历，我们将被征兵，所以这不是一个真正的选择。至于去哪里读研究生，我也没有太多的选择。我离班上第一名还差得很远。我的室友彼得·卡赞斯坦是班上的明星。政治学系主任J. 罗兰·彭诺克告诉我，我不应该瞄得像哈佛或耶鲁那么高。结果，我后来在那儿当教授的芝加哥大学拒了我，我现在任教的斯坦福大学也拒了我。伯克利是唯一给我钱的学校。我想，我之所以能获得伯克利的奖学金，是因为在斯沃斯莫尔学院教我政治发展的那个伙计，也是我最坚定的支持者，一位名叫唐纳德·C. 赫尔曼（Donald C. Hellmann）的日本研究专家，那会儿刚从伯克利取得学位，在那里小有名气。

问：您当时了解伯克利的教授们吗？

答：我认识政治理论家谢尔登·沃林（Sheldon Wolin），我特别期待与国际关系学者、比较学者恩斯特·哈斯共事。我从赫尔曼那里听说过哈斯，所以我知道他是个什么样的知识分子。我在第一学期选修了哈斯和沃林的课程，因此在那段时间里，我与伯克利两位真正的伟大的知识分子共事。最终，我在哈斯的指导下完成了博士论文。我想跟政治理论家汉娜·皮特金，但我想她那会儿在威斯康星。所以当我得知她刚搬到伯克利时，我感到非常惊喜。她对语言哲学的兴趣与我对语言政治的兴趣刚好互补，成为我论文宝贵的第二导师。

问：从您提到的名字来看，很明显您不仅仅对比较政治感兴趣。事实上，您学了不少政治理论，您的博士论文获得了伯克利的政治理论最佳论文奖。

答：当时，伯克利那些被称为比较学者或行为主义者的人与政治理论家处于交战状态。冲突涉及学科的本质、言论自由运动、第三世界学院，以及伯克利发生的所有其他事情。分歧很深，双方几乎相互不说话。事实上，两位顶尖的理论家沃林和约翰·H. 沙尔（John H. Schaar），最终在我毕业期间离开了伯克利。在这种两极分化的处境中，我成功地让哈斯和皮特金留在了我的委员会。这是一项了不起的成就，因为他们不仅喜欢我所做的工作，而且对彼此产生了前所未有的钦佩之情。这是我在伯克利最伟大的成就。

问：您上过什么课？
答：1967年秋天我来到伯克利，从那一刻起，我就在这所大学到处上自己感兴趣的课。伯克利是一个充满智慧的蜂巢，令人兴奋不已。我抓住了这个机会，选择课程的时候总是着眼于我想写什么、想说什么。

问：这包括比较政治类课程吗？
答：我在斯沃斯莫尔接受的训练非常棒，但我从未上过一门比较政治的课。我选了一门政治发展和苏联体制的课，还有一门非洲历史的课，但我记得没有一门常规的课程叫比较政治。我去伯克利的时候，我想我没有上过比较政治的课。我选修了沃伦·伊尔奇曼（Warren Ilchman）和诺曼·乌普霍夫（Norman Uphoff）教的政治发展课程。我上了卡尔·罗斯贝格（Carl Rosberg）开的一门关于非洲的课。我还听了大卫·阿普特的系列讲座，正好在他去耶鲁之前。但我记得，他主要讲的是霍布斯和比较理论的伟大传统，而不是比较政治。所以，严格地说，我从来没有上过比较政治的课。

第十六章 文化、理性与学科追求

在伯克利，我还选修了政治学以外的课程，尤其是社会学。我选修了威廉·康豪瑟关于比较革命的课。那是我第一次读到巴林顿·摩尔的《社会起源》（1966）。这本书对我产生了巨大的影响，塑造了我对比较政治能做些什么的看法。我还选修了尼尔·斯梅尔瑟的社会理论课和艾拉·拉皮德斯（Ira Lapidus）的伊斯兰历史课。我旁听了两门人类学课程。但我没有上经济学课程。20世纪60年代，当我在伯克利的时候，社会学对政治学的影响远远大于经济学的影响。我所学的课程反映了这一趋势。

问：您能谈谈摩尔的书对您意味着什么吗？

答：相对于从阿尔蒙德和科尔曼（1960）以及普林斯顿丛书[2]那儿出来的整个自由派的发展研究路径而言，这本书让我深感震惊，自由派的发展观基本上是说，花了250年才在西方世界取得的成就只用25年就能在南方做到，更重要的是，它可以和平地进行，通过细致的管理来发展。相反，摩尔认为，除非发生革命，否则危害民主发展的社会阶级仍然在场。因此，摩尔在关于印度的章节中说，尽管这个国家已经民主了20年，但他对印度的未来并不乐观，因为它没有与过去发生革命性的决裂。摩尔认为通过革命消灭一个社会阶级是民主的必要前提，这一观点往认为伟大目标能够和平实现的自由派心窝里捅了一刀。通过他的历史分析，摩尔产生了一种冲击，一种我们必须加以考虑的规范性冲击。山姆·亨廷顿的著作《变化社会中的政治秩序》（1968）也有类似的效果。在读本科时，我读过亨廷顿在《世界政治》（Huntington 1965）上发表的那篇早期文章，那篇文章后来成为他这本书的基础。但我认为摩尔对自由派发展方式的批判更为有力。

问：当时您还读过哪些其他作者的著作？

答：在我本科期间，罗伯特·达尔被认为是最重要的政治学家。他是

---

[2] 普林斯顿大学出版社在1963年至1978年间出版了九卷"政治发展研究丛书"，由社会科学研究理事会比较政治委员会主席白鲁恂担任主编。

国王，是迈达斯*。作为新生，我们读过《谁统治?》（Dahl 1961a），他对 C. 赖特·米尔斯的批评。我们读过《民主理论前言》（Dahl 1956）——至今仍是一本杰作，还有他关于政治反对派的书（Dahl 1966a），突出了他对以经验研究方式考察民主的持续关切。达尔也很有趣，因为他不愿意接受美国是民主的看法，只不过我们称之为民主罢了。于是，他研究了城市中的民主、工作场所中的民主等等。

对于那些研究比较政治和国际关系的人来说，卡尔·多伊奇无疑是当时的领军人物。在读本科期间，我阅读了他关于社会动员的论文，以及他著名的关于民族主义和社会传播的著作（Deutsch 1953, 1961）。但我也深受多伊奇那套宏伟的随笔《政府的神经》（1963）的影响。在我读研究生的第一年，厄尼·哈斯就《政府的神经》发表演讲，并开始拿如何编码和测量爱情的部分开玩笑。我记得我为多伊奇辩护，因为我认为他真的很有本事。我认为，要想理解政治共同体的建立，我们需要知道重要事情之一就是人们如何像看待自己一样看待他人。我们不能直接问他们这个问题，我们需要开发这些情感的独立指标，这正是多伊奇想要做的。哈斯表示同意，并做了些让步。

多伊奇和达尔都是 20 世纪 60 年代中期耶鲁大学令人难以置信的、激动人心的政治学系的一员。有巨大影响力的查尔斯·林德布洛姆和研究政治心理学的罗伯特·莱恩都在这个系。耶鲁有达尔、多伊奇、林德布洛姆和莱恩，这真是一个不可思议的系。

问：西摩·马丁·李普塞特和大卫·伊斯顿是您的参照点吗？

答：在斯沃斯莫尔学院，我听说李普塞特的《政治人》（1960a）是一本很重要的书，大三那年夏天，我读了这本书。我还在一门关于政治发展的课上阅读了《头一个新国家》（Lipset 1963）。李普塞特的工作，就像达尔的工作一样，给了我可以完成一些经验研究项目的感觉。在伯克利，我变

---

* 迈达斯（Midas，或译米达斯）是希腊神话中的弗里吉亚国王，故又称"迈达斯王"或"迈达斯国王"，以巨富著称，关于他点石成金的故事非常有名。——译者注

得非常熟悉李普塞特的著作,但它更多地被视为社会学,被阅读量不及达尔和多伊奇。此外,伯克利的研究生认为李普塞特是一位政治保守派。所以有一种倾向,就是把他的书一笔勾销,不把它们当回事儿。直到很久以后,当我还是一名助理教授时,他与斯坦因·罗坎关于裂隙结构的研究项目(Lipset and Rokkan 1967b)对我来说才变得重要起来。

关于伊斯顿,我在斯沃斯莫尔读过他的两本关于政治理论的书(Easton 1953,1965b)。伊斯顿的书在伯克利从未被布置阅读过。第一次读伊斯顿的著作时,我觉得它很精彩。政治体系的概念,以及输入和输出,对我来说都非常有意义。然后,当我想要做我自己的研究时,我意识到伊斯顿的框架对经验主义者没什么帮助。就像塔尔科特·帕森斯的框架一样,它是一个巨大的上层建筑,对世界没有可见的影响后果,也没有帮到我做我认为最有趣的事情:解释因变量的变化。这是个建筑上看起来挺漂亮的东西,与真正的研究项目无甚关联。所以伊斯顿很快就从我的阅读和意识中消失了。

问:鉴于20世纪60年代伯克利的气氛,我以为研究生应该阅读了相当多的马克思主义文献。

答:我在伯克利的时候,马克思主义者中对我影响最大的是马尔库塞。每个人都在读《单向度的人》(Marcuse 1964)和《爱欲与文明》(Marcuse 1955)。我第一次读马尔库塞的书是在我去伯克利的时候,然后我对法兰克福学派产生了兴趣。我认为《新左派评论》在其他系很突出,但我在伯克利从未读过。所以法兰克福学派对我的影响比《新左派评论》更大。后来,我仔细阅读了佩里·安德森的两本伟大的历史著作(Anderson 1974a,1974b),它们与摩尔的《社会起源》和安德森关于葛兰西的随笔(Anderson 1977)相似。在哈斯的课上,我也接触到了所有论及帝国主义的马克思主义理论家。所以我不是在大街上接触马克思主义的,而是在研讨班上。

问:您参加过反战抗议活动吗?您在伯克利有什么样的政治参与经历?

答:我参加的公开反战活动非常有限。我参加了几次示威,包括1967

年10月企图封锁奥克兰新兵集训中心那次。1968年，我积极参与尤金·麦卡锡（Eugene McCarthy）的总统竞选。我在不同的邻里社区里走了好多天。但我从来没有在公开抗议活动中感到自在过。我觉得这些演讲枯燥乏味，而且过于夸张。在喊政治口号时，与其说是兴奋，不如说是厌恶。我从不相信抗议的领导者们。因此，当我在诺曼·梅勒（Norman Mailer）的《迈阿密与芝加哥围城》（Mailer 1968）一书中读到他的经历时，我深感认同。他说当他被押上一辆囚车时，他的手指打了个"V"字表示胜利，并自言自语地说着"如果我们赢了，老天爷会帮助我们的"之类的话。我经常认为我研究的是涂尔干所讲的"集体欢腾"*（Durkheim 1995），但我避免亲身体验它。

问：说到您准备进行系统的经验分析，您认为有哪些课程特别有用？

答：在加州大学伯克利分校，主修或聚焦于比较政治的学生没有被要求学习方法论课程。读本科时，我选修了休·莱西（Hugh Lacey）开设的一门出色的科学哲学课，他是迈克尔·斯克里文（Michael Scriven）的学生。这门课帮助我理解了科学解释的逻辑。在伯克利，我没有学过方法论。但我应该提一下我第一学期上的哈斯的国际关系研讨班的重要性。不管我们讨论什么，哈斯总是会问："因变量是什么？"我学会了如何识别因变量和自变量（甚至在混乱的文本中也行），比我的同学更快，而他们比我知道更多关于主题的东西。

问：您在哪里学到的这个本事？

答：在沃林的科学哲学研究生研讨班上，我读了涂尔干的《社会学方法的准则》（Durkheim 1982），我又自己读了《宗教生活的基本形式》（Durkheim 1995）。涂尔干对个案的思考方式和对分离变量的痴迷给我留下了

---

* 集体欢腾（collective effervescence）是涂尔干在《宗教生活的基本形式》中提出的一个说法，讲澳洲土著会定期聚集在一起举行各种仪式，完成世俗与神圣两种不同生活周期的转换。涂尔干认为宗教的观念诞生于这种欢腾的社会环境，诞生于欢腾本身。集体欢腾帮助原始人从世俗世界的个人状态中脱离出来，在集体欢腾状态下完成对神圣世界的感受。——译者注

深刻印象。例如，他将宗教生活的不同方面对社会行为的不同影响分离开来。涂尔干的方法有些道理。他的《社会学方法的准则》，也就是20世纪早期的KKV，〔3〕强烈地影响了我对世界的思考方式。我觉得他好像在做科学研究，而这就是我能做的。

在沃林的研讨班上，我还阅读了马克斯·韦伯的《社会科学方法论》（1949）。事实上，伯克利所有做比较研究的教师都认为自己是韦伯派，尤其是莱因哈特·本迪克斯，我是在加州大学圣迭戈分校当助理教授时才认识他的。他经常去那里，他给了我灵感，尤其是当我开始为我在约鲁巴兰的宗教项目大量阅读时。他支持我完成当初推动实地研究的理论想法，并发表在《世界政治》上（Laitin 1978）。沃林使用韦伯关于方法的著作，在一定程度上是为了削弱他的同事们的科学自负，他们声称自己既是韦伯派也是实证派。

我可以讲一件与韦伯有关的关于我的方法论业余主义的轶事。作为一名研究生，我读不了太多韦伯的经典著作《经济与社会》（1978），我觉得很无聊。然而，随着我对比较宗教产生了新的兴趣，他的才华通过他浮夸的随笔熠熠生辉（Weber 1951, 1958a, 1967）。就在那时，我遇到了"选择性亲和力"这一概念，这一直是伯克利比较学者的口头禅，他们想断言因果关系，但又没有证据来证明它。他们会引用韦伯的话说，自变量与因变量上的某个值有选择性亲和力。这个术语听起来很重要，但在我看来只是一种逃避罢了。直到几年后，在阅读玛丽安·韦伯（Marianne Weber）关于她丈夫的传记时（1975），我才发现这个方法论概念的起源。韦伯在读歌德的爱情小说《亲和力》*，他的妻子听到他在书房里放声大笑。事实证明，歌德用了一个不足信的化学术语来嘲弄婚外情的欲望。韦伯一定是把这个词当成了自家人的玩笑，两代人之后，它却愚弄了伯克利的教员。我觉得

---

〔3〕 KKV指金、基欧汉和维巴合著的《设计社会调研》（King, Keohane, and Verba 1994），该书作为方法论教材被广泛阅读。

* 歌德中篇小说《亲和力》德语原名 Die Wahlverwandtschaften，英译 Elective Affinities。亲和性（affinity）是起源很早的化学名词，但其具体意义有了很大变化。现在化学亲和性指的是不同化学物质家族由于其电子特性而能够组成化合物的特征。也可以指一种原子或化合物与其他不同的原子或化合物产生化学反应的趋势。——译者注

有理由怀疑这个概念。对我来说，好的方法总是头脑清晰的思考，而不是求助于深奥的术语。

问：您还记得哪些研究生同学，并与他们保持着联系？

答：我可能从我这一代研究生身上学到了最多东西。其中包括我在斯沃斯莫尔学院的室友彼得·卡赞斯坦；玛格丽特·利维，我在斯沃斯莫尔学院的一个研讨班上遇到她时她还是布林莫尔女子学院的学生；约翰·鲁吉（John Ruggie），他和我在伯克利上过课；还有彼得·考伊（Peter Cowhey）和伊恩·拉斯提克，他们比我晚一两年到伯克利。我们把自己看作一种世代的运动，教育自己并为自己改造学科。与同侪之间的智识交流产生了巨大的影响。我提到的这些人几乎都读过我职业生涯头十年写的所有东西（出版前）。这是一所无形的学院。

问：说到您的博士论文，能谈谈您是如何选择在索马里研究语言政治的吗？

答：当时有关非洲的许多研究都是受美国冷战时期外交政策议程驱动的。但在我读研究生的第一年，我读了亨利·比南（Henry Bienen, 1967）的一篇精彩文章，这篇文章让我从另一个轨道思考问题。比南的文章描述了他如何去坦噶尼喀（后来成为坦桑尼亚）研究坦噶尼喀非洲民族联盟（TANU），一个在文献中被称为"动员党"的政党，跟苏联共产党（CPSU）一类。但是当比南到达现场时，他找不到党在哪儿。没有政党办公室，什么都没有。他到小城镇去问党部在哪里，那里什么也没有。这可能有点夸张，但这是我的记忆。比南意识到将坦噶尼喀非洲民族联盟和苏联共产党进行比较是荒谬的，这些非洲动员型政党只是名义上的动员罢了。所以我突然想到，如果我想了解非洲政治，我就必须找到一些非洲人自己也视为政治的东西。那时我还没有去过非洲。但我知道，我需要关注一些问题，让我能够观察到真正的非洲政治，而不是由冷战幻想驱动的虚构问题。

那么，至于我如何决定在索马里做语言政治研究，我读过很多黑人性运动（the Négritude）* 文献，谈到非洲语言和非洲文化的重要性。对我来说，正是这些问题使研究非洲的想法令人兴奋。我问自己："为什么独立五六七年之后，几乎所有非洲国家的官方语言仍然是英语或法语？为什么他们不转用非洲语言？"阿里·马兹鲁伊（Ali Mazrui）就这个问题写过几篇文章，他认为像在尼日利亚这样一个拥有400种不同语言的国家，他们唯一可能达成一致的语言是他们都同样不太懂的英语（Mazrui 1966）。但这个答案从未让我满意。我想知道为什么人们不推动使用他们的语言。然后我读到在非洲东海岸的某个地方有一个国家——索马里——有三种官方语言：阿拉伯语、意大利语和英语。所以你有三种官方语言，尽管实际上几乎百分之百的人说索马里语。这似乎与马兹鲁伊的论点完全相反：他们无法达成一致的是他们都说一种语言。也就是说，他们甚至不能让索马里语成为索马里的官方语言。我认为必须有某种政治因素来解释这一点，而且通过研究索马里，我可以了解到民族文化和国家之间更宽泛的关系。

长话短说，那时候，我有去加拿大的移民文件，以避免被征兵。但我的征兵委员会拒绝了我的良心拒服兵役者申请，他们表示，如果我加入和平队，他们就不会立即征召我。碰巧我已经向和平队提出了申请。不久他们打电话问我是否要去索马里。我问："他们要教我索马里语吗？"他们说："对。"于是我告诉他们："我们要去，我太太和我。"我就这样去了非洲，学习了索马里语，开始写关于索马里的论文。

问：您在索马里的经历里有什么收获？

答： 1969年我们在索马里待了大约九个月，后因苏联支持的军事政变而被驱逐出境。但在索马里待了大约六七个月后，我给厄尼·哈斯写了一篇论文的提纲，这篇提纲与我最终的论文以及我的那本由论文发展成的书（Laitin 1977）非常相似。我只上了一年的研究生，来到索马里不到六个月，我就看到了整个项目。

---

* 黑人性运动，又译作黑人传统精神运动，是20世纪30年代由法国黑人知识分子发起的运动。黑人性运动发起人主张团结在黑人身份下，拒绝法国的殖民主义与种族主义。——译者注

我在和平队的工作是在索马里阿夫戈伊的国家教师进修学院（NTEC）指导一个英语项目。我负责大约50名前意属索马里意大利语和阿拉伯语中等中学的毕业生。他们被指定下一年在索马里的中学通过英语授课。我的工作，还有一个五人组成的团队，是给他们密集的指导，使他们有资格成为合格的能用英语教他们各自专业课的教师。这种局面的讽刺之处在于——老师和学生都能说一口流利的索马里语，但语言环境却迫使他们用英语交流——这被我很好地加进了我的论文研究中。

我从这次经历中得到的远比写论文有用的信息多。住在国外对我来说很愉快。我向学生学习索马里语及其诗歌。我每周都去市场，我在公共汽车站和小巴车上打听当地的飞短流长。妻子和我经营着一间厨房，我们跟大家分享木炭炉的余烬。我试着模仿当地人，让自己相信我知道他们的行为背后是什么在驱动着。妻子和我得到的最大的恭维，发生在我们与国家教师进修学院的邻居们在他们的家乡布拉瓦度过斋月斋戒后开斋期间。布拉瓦人把索马里语作为他们的第二语言，很多人说得一点也不流利。他们中的一些人误以为我们是浅肤色的索马里人（reer Beenadeere），我们回家很快就把我们的成就写了出来。

问：和平队后，您回到伯克利了吗？

答：我回到伯克利，完成了我的规定要求，并成为博士候选人。后来，我从伯克利国际研究所（IIS）获得了1500美元的资助，准备返回索马里，在那里又待了几个月。实际上，有一个有趣的方法论故事与这项资助有关。基于我在给皮特金写的一篇论文中提出的所谓"语言相对性"论点，我认为在政治讨论中使用不同的语言将产生实质性的政治和文化影响。因此，我在论文设计中加了一个实验。我会让索马里的孩子们用英语或索马里语进行角色扮演，看看他们被要求说的语言是否存在显著差异。但是，尼尔·斯梅尔瑟，IIS的理事会成员，不喜欢这个项目，他告诉厄尼·哈斯他认为不应该资助这个项目。厄尼建议斯梅尔瑟去面试我，他照做了。在这次面试中，斯梅尔瑟告诉我："大卫，这是一个非常有趣的项目。但是如果这些实验不符合你的要求，你的职业生涯会怎样呢？如果语言没有造成差别会怎样？你将一无所有。"我不知道我是怎么有勇气的，但我回答说："你的意思是，你不相信科学？对我来说，除非你的实验能够被证明是错误的，否则它就是科学。"斯梅尔瑟回答说："是的，我相信科学。但我也相信我们资助的人的事业。"我说："如果我告诉你，我脑子里有一篇在图书馆里就能做成的论文，如果我在索马里的语言实验失败了，我还可以写那一篇论文。"我描述了一篇论文的主题，非常类似于我20年后写的一本书《非洲的语言技能和国家建构》(Laitin 1992a)。斯梅尔瑟说："好吧，我收货。"他批准了我的资助，我得到了1500美元用于实地调查。

关于语言和政治文化的研究项目

从索马里到约鲁巴兰到加泰罗尼亚再到后苏联各共和国

问：在您的研究中，您不仅非常重视实地调查，而且还从一个国家到另一个国家，甚至从一个大陆到另一个大陆。您从非洲之角的索马里开始，转移到尼日利亚的约鲁巴兰，然后到西班牙的加泰罗尼亚，最近关注的是后苏联各共和国。这种模式在比较政治学领域做实地调查的学者中非常少见。由于他们在职业生涯中不断地进行实地调查，他们往往会狭窄地聚焦于同一国家或地区。能解释一下您为什么选取一个要求对不同地方有这么大知识广度的研究策略吗？

答：我常说我是个视野狭窄的人。在我从事政治学研究的这些年里，我主要聚焦的都是同一套狭窄的问题，基本上都是关于文化和政治之间的关系，以及文化异质性对政治的影响。这是一套非常非常狭窄的问题。无论我的工作是在索马里、尼日利亚、加泰罗尼亚，还是在后苏联世界，你都可以看到同样的问题被以不同的方式反复问出来。

我经常对其他比较学者说，他们高估了为去一个新的地方装备自己的成本，同时低估了待在同一个地方研究新问题的成本（Laitin 1994）。我们这代人中有许多在20世纪60年代和70年代初研究与非洲民族主义有关的问题，后来在20世纪70年代末和80年代初转向经济发展问题，如依附和结构调整。我的观点是，要想成功实现这种转型，你必须学习经济学，对宏观经济学非常了解，否则你就无法从事第一流的研究工作。从民族主义问题转向经济增长和结构调整问题所需的理论技能也不容易掌握。以我为例，由于我的话题保持稳定，我基本上只做了一个研究项目，每个新实地调查点的研究都是由上一个实地调查点中未回答的问题驱动的。这种策略不需要巨额资本支出来解决根本不同的问题。所以我不同意你的问题的前提。我真的没有那么广博。

问：能解释一下您的研究项目是如何展开的吗？一个具体研究项目中未回答的问题是如何导致您选择一个新的研究地点的？

答：让我们从我关于约鲁巴兰的书《霸权与文化》（Laitin 1986）开始。当我完成对索马里的研究后，我想我对政治文化的一个侧面有话要说，那就是语言与政治取向的关系。我想知道，我所发现的关于语言对人们如何思考和回应政治权威的影响，是否也适用于其他文化子系统。宗教是否也会影响人们对权威的回应？我当时用的是克利福德·格尔茨的术语，因此我认为语言和宗教是不同的文化子系统。在索马里与我对话的每一个人都说："大卫，你对索马里研究的最大弱点是，你没有真正评估伊斯兰教对人们的想法和行动的影响。"大家一遍又一遍地对我说。我回答这些批评时指出，我不可能通过观察索马里这样的国家来回答这个问题，那里的每个人都是穆斯林，因为我永远看不到任何变异。所以我开始想，我能在哪里研究伊斯兰教对非洲政治的影响。我认为，必须有一个地方，在那里，具有相同文化的人们既受到伊斯兰教又受到基督教的影响，伊斯兰教和基督教的选择与他们的政治取向又没有系统性的联系，然后我就能找出身为基督徒或穆斯林对政治取向的影响。从我念本科时跟着珍·赫斯科维茨（Jean Herskovits）上过的一门非洲史课中，我知道在西非有一个地带，那里的各王国大约在同一时间受到了伊斯兰教和基督教的影响，人们几乎因为同样的理由皈依，即参与贸易网络。我说："我敢打赌，如果我看看这些个案，我就能发现，有40%到50%的穆斯林和40%到50%的基督徒，他们成为基督徒和穆斯林的动机是同时出现的，而且是出于同样的原因。"我还想，我会找到一些城镇，那里一半的人加入了穆斯林贸易网络，一半的人加入了基督徒贸易网络。约鲁巴兰，就是赫斯科维茨写她博士论文的地方，符合这些标准。我从她的讲座中记住了这一点，并开始阅读有关约鲁巴兰的书籍。我说："这地方得研究一下。"我的第一项和第二项研究之间的联系非常清楚，就是看看宗教是否会像语言一样驱动政治。

问：在约鲁巴兰之后，您转向了加泰罗尼亚。

答：当时我对非洲或多或少有些失败的语言复兴和语言运动的若干个案有很多了解。坦桑尼亚取得了成功，索马里最终也取得了成功。但基本上，非洲大陆的大多数国家似乎都在将英语或法语制度化。然而，我想也许你会遇到这样的个案：一种语言的复兴要晚得多，要比一种全国性语言的全面发展晚得多。问题是：如何突然打破长期的语言霸权模式？约鲁巴就在我的意识深处。你不能认为约鲁巴语死了，祖鲁语死了，或者这些语言中的任何一种都死了。它们作为一种对立的意识保存着，是反霸权运动可以利用的。研究加泰罗尼亚语言运动，可以让我对自己在写作那本葛兰西式的《霸权与文化》时形成的有关语言和对立意识的想法有所发展。正如我在几篇文章中写的那样，我在加泰罗尼亚发现了一种现象，我把这种现象称为被遗忘了一半的诗人和孤独的语言学家与崛起的资产阶级的联姻，以及安达卢西亚移民对加泰罗尼亚当局要求他们使用两种语言的接受。[4]

我的下一个转向是研究后苏联各国。1988年，当我在琢磨如何将我一直在写的关于加泰罗尼亚的文章整理成一本书时，我也在研究苏联14个除俄罗斯之外的加盟共和国的语言法律。俄罗斯人只说一种语言的历史权利受到挑战，苏联本身也受到挑战。对我来说，这是我在"政治语言学"（political linguistics）领域所见过的最令人惊讶的事情，我用这个术语来描述我的专长。我看到了一个将我对文化的研究与我平生最重大的政治事件联系起来的机会。于是我打电话给一群老朋友，问他们："如果我什么都不

---

[4] Laitin (1989, 1992b, 1995a), Laitin and Solé (1989), Laitin and Rodríguez Gómez (1992), and Laitin, Solé, and Kalyvas (1994).

干了，开始学俄语，你们会认为我是个十足的怪物吗？我必须研究这个。"我的大多数朋友都说："终身教职不就是为了这个嘛。干吧！"于是我开始学俄语。〔5〕

研究设计

问：谈到方法问题，在《设计社会调研》中，金、基欧汉和维巴（1994，147，205-6）将您对约鲁巴兰的研究作为如何控制关键变量的例子。您读了谁的书来帮助你思考这些方法论问题？或者您对研究设计问题的反应就是出于直觉？

答：完全出于直觉。金、基欧汉和维巴使用我的研究的有趣之处在于，我为索马里的书和约鲁巴的书都写了一个方法论附录，并且在这两回，我都不得不为了把方法论材料一并出版做斗争。我的出版商认为这种对方法的关注破坏了文本的连续性，我只是沉浸在自己对科学的幻想中，因为没有人真正相信它。我的妻子迪莉娅抱怨我去的地方不太适合居住。我记得厄尼·哈斯挖苦地对迪莉娅和我说，政治学行当里的大多数人都理解她的担忧，因此他们会通过烹饪来选择在自己要做研究的地方，而大卫则是通过科学来选择自己的研究个案。但是分离变量的想法对我来说直觉上是显而易见的。我从来没有上过像如今受金、基欧汉和维巴的《设计社会调研》启发弄出来的这类方法课。

问：尽管如此，到那时为止许多广泛讨论比较研究方法论的著作已经出现了，包括尼尔·斯梅尔瑟写的一些章节及其1976年出版的著作（Smelser 1968，1973，1976），以及阿伦·李帕特在《美国政治科学评论》上发表的文章（Lijphart 1971）。

答：的确如此。实际上我拿斯梅尔瑟的书教学，使用他写的托克维尔如何在他比较法国旧制度和美国民主时分离变量的那一章。我想我当时没有读过李帕特关于比较方法的论文，直到很久以后，事实上，直到我们在

---

〔5〕 这个研究成果见 Laitin（1998）。

加州大学圣迭戈分校招聘他时我才看过。[6] 所以，是的，这种方法论材料满天飞。但我从未上过这方面的课。让我这么说吧，我母亲的音准很好，她不明白怎么会有人试图学习匹配音调，这对她来说不过就是直觉罢了。而且，老实说，我发现阅读关于个案选择的文献几乎是无法忍受的事。个案选择是我骨子里的感觉。但是，回到金、基欧汉和维巴的《设计社会调研》，我第一次看到这本书的时候是在爱沙尼亚。当我看到他们因为我符合他们选择个案的标准而表扬我时，我微微笑了笑，因为我终于因为我实际上并没有努力去做的事情得到了一点认可。我只是凭直觉想到的。

问：但您的研究在方法论问题上比很多文献都要明确得多，而且写了很多关于您运用比较方法的文章。

答：我在写自己研究中运用的方法论时很有自我意识，但当我从别人那里读到它时，我的眼神就会因为无聊变得呆滞。这是一个矛盾，很难调和。但是我所写的所有方法论的东西都来自于试图最好地解释世界上的一些现象，它不是作为对方法论的贡献来写的，而是作为一种去整理、去抓住一些不被理解的现象的尝试。比如我写索马里的第一本书中关于方法论的章节（Laitin 1977, 162-85），或者《霸权与文化》中的方法论附录（Laitin 1986, 185-205），或者《民族复兴与暴力》那篇文章（Laitin 1995a）。讨论自觉地简单，聚焦在如何最好地对我感兴趣研究的特定现象作出推断、如何不违反基本的逻辑规则。我从来不是一个纯粹的方法论学家。我总是试图用基本逻辑来确保我的推断是合理的。

问：当您阅读金、基欧汉和维巴的《设计社会调研》（1994）时，它仅仅只是确证了您已有的想法吗？还是它给了您新的视角和洞察力？

答：正如我在书评（Laitin 1995b）中所说，这本书给我带来了一股清新空气。这让我感觉自己有点像莫里哀的《贵人迷》（*Le Bourgeois Gentilhomme*）

---

〔6〕 李帕特1978年到加州大学圣迭戈分校任教。

里的汝尔丹先生。* 我一直在研究方法论，但我并不懂它。我只是在写关于比较政治的东西。我真的从《设计社会调研》中学到了很多。我做过很多统计工作，但我总是把它们外包出去，告诉统计顾问我想要什么。我对统计工作的特殊规则或基础毫无感觉。在阅读金、基欧汉和维巴的，特别是加里·金的著作时——尽我所能理解的吧——我极为欣赏好的统计研究能迫使你清晰思考，这与形式理论化的方式不一样。所以，讽刺的是，这本书并没有教我定性方法，而这正是这本书的目的，它教会了我定量方法的一些美妙之处。

问：您在非洲和后来在西班牙做研究时，其他人在做政治文化的定量研究。实际上，尽管您通过从一个研究地点迁移到另一个研究地点，并在每个地方进行实地研究来实现您的研究计划，但您其实也可以采用另一种方法：通过大样本的定量研究来控制感兴趣的变量。那是您考虑过的做法吗？

答：在比较领域发展的那个时间点上，我想要回答的问题上所能得到的数据非常少。我和像加布里埃尔·阿尔蒙德、西德尼·维巴、罗纳德·英格尔哈特这些学者之间存在很大的智识分歧，他们做过大规模的跨国调查（Almond and Verba 1963; Inglehart 1977）。我不敢相信他们能得到我感兴趣的问题的答案。我认为他们的调查并没有解决需要解决的那类问题，我感兴趣的过程性问题最好用民族志的方法来解决。我没有看到你能用问卷调查和定量研究做哪类事。我反感这种研究，直到很久以后才对它表现出点儿兴趣。

实地调查和研究个案

问：您早期实地调查的经验显然具有重大影响，您是少数几位定期回

---

* 《贵人迷》是莫里哀后期重要著作，主人公汝尔丹是一个醉心贵族的资产阶级暴发户，贵族的一切便是他行动的标准，他公开声称，宁可少两个指头，也愿意生下来就是贵族。他心甘情愿借钱给没落贵族，受人欺骗。他宁愿改信伊斯兰教，也要混个假的外国贵族当当。——译者注

到实地现场的资深比较学者之一。实地调查对您有什么帮助?

答:这是一个很难回答的问题。人们以不同的方式获得灵感。我喜欢住在外国,每天看报纸。当我在一个陌生的地方,我用许多不同的方式看世界,从而获得永远无法从阅读中得到的清晰感。我指的不仅仅是旅行,还包括在国外生活,我说的不仅仅是做正式采访,更重要的是做常规的事情,比如去市场、观察人们的互动。当我做这些事情的时候,我觉得我理解了是什么驱动着我感兴趣的政治问题。我不认为这是获得灵感的唯一途径。但对我来说,这是最有力的方法。

我可以举一个例子,这对我以后的工作有一些启示。当我研究加泰罗尼亚语规范化项目时——就是由加泰罗尼亚人推动的把加泰罗尼亚语规范化的工作——我原本在用我在上一本书(Laitin 1986)中运用的葛兰西式视角思考问题。我想了解农村民族主义者和以城市为基础的资产阶级的历史性联合如何能够自我维持,同时促进和保护加泰罗尼亚语言,即使是在佛朗哥政权乃至上溯到1716年的《新基本法令》* 颁布后波旁王朝多年的压迫下也是如此。后来,1984年我在巴塞罗那生活了大约两个月后,我在圣文森特德萨莉亚教堂(the Church Sant Vicenç de Sarrià)前面看到了萨达纳(Sardana,著名的加泰罗尼亚民族舞蹈)表演。那时候8点了,商店关门,许多人下班回家。有一个乐队被雇来演奏音乐,人们带着公文包、购物袋和这类的私人物品开始来到广场。巴塞罗那是一个拥有350万人口的城市,小偷很多,任何一个大城市都是如此。虽然你从来没有在毕加索的画中看到过,但当人们表演萨达纳舞时,他们会把自己的小捆财物放在场地中间,围着它们跳。这样,他们发展出来了一套城市舞蹈,保证他们能在舞蹈全程照看好他们的财物。并且他们还得在一个方向上数出相当多的步数,然

---

* 《新基本法令》(*the Law of the New Foundation*,西班牙语:*Los Decretos de Nueva Planta*)是指西班牙国王腓力五世(1700年西班牙哈布斯堡王朝卡洛斯二世去世后无嗣,由法国安茹公爵继位,是为西班牙波旁王朝第一位国王腓力五世,1700—1746年在位。这次王位继承纠纷直接引发了西班牙王位继承战争)在1707年至1716年间颁布的一系列法令,旨在重组构成西班牙的原各王国的地方架构和法律体系。通过该系列法令,腓力五世得以废除在西班牙王位继承战争(1701—1714)时期抵抗自己的阿拉贡王位领地的地方政治架构和法律,与此同时,也重组了卡斯蒂利亚王位领地的地方政治架构和地方市镇的自治特权。——译者注

而当他们必须转向另一个方向时，却没有明显的信号指示。尽管你不应该表现出来，得极力掩饰起来，我还是看见他们唇齿翕张，小声数着步点。

成千上万的游客们看过萨达纳舞，常有这样的舞蹈表演，舞蹈本身其实比较无聊。但对我来说它很有启发，我问了自己一个简单的问题："这儿是我住过的最布尔乔亚的城市，商业资产阶级来来往往，发展出来某种城市形式的文化，他们能一边跳舞一边照看财物。并且他们还在数数！计算是基本的商业功能。"然后我问："为什么人们会如此理性、如此精明地推动一场语言运动，不费吹灰之力地提高他们的交际能力？你或许认为加泰罗尼亚人应该搞这么一场轰轰烈烈的学英语运动，那对他们的商业交往来说应该有更加巨大的作用。为什么他们要推动这种加泰罗尼亚语？就算推广成功了，也不会让他们与比现在更多的人开展交流；推广这种语言明明没有任何交际回报可言，那为什么他们还要这么干？"

接下来的两三天里，我像具僵尸似的在城里晃来荡去，一遍又一遍地问自己这个问题。然后我想起我读本科的时候读过托马斯·谢林的《冲突策略》（1960）和一些关于协调博弈（coordination games）的东西。我试着去重新创造那些我几乎 20 年没见过的博弈模型。从念完本科以后，我再也没看过博弈论之类的东西。我试着在我的公寓里重新画这些博弈论矩阵，没有书，因为这不是我能在加泰罗尼亚图书馆里找到的东西。而且，在加泰罗尼亚我也不知道谁能帮我做这件事。我写了一些我现在再也不想看见的初步模型，寄给了鲍勃·贝茨，他回信说："大卫，你是位了不起的人类学家。你为啥不坚持写人类学呢？"但我觉得有一些事情正在发生，语言运动是一种没有人真正想要的均衡状态，但又没有人能够摆脱出来。我必须弄清楚他们是如何陷入这种推广他们并不真正想要的东西的困境的。这有点说过头了，但我就是这么想这个问题的。

这就是我从实地调查中得到的，顺便提一句，这也是我对博弈论兴趣的起源。从巴塞罗那获得的洞见将我的研究计划推向了一个全新的方向。实地调查让我兴奋不已。

问：进一步来说，如果您没有进行实地调查，您认为您会完成什么样的工作？如果您的训练方式不同，从一开始就更强调博弈论，而不是实地调查，结果会怎样？

答：我不认为我的工作已经足够好了。我可能已经做得够多了。我可能已经想出了好的研究。但我认为，我的著作与众不同之处在于，我能够以一种不从根本上违背在这些地方生活的人们的理解方式，来呈现我所写的地方的政治生活的基础。我也可以用政治学的理论问题来描绘这些地方。所以，我想说，我在把实地洞察力引入理论方面具有比较优势。如果我只是从理论出发，我想我永远也不会取得像现在这样的成功，因为我在那个领域的技能没有那么好。

问：在进行这些实地调查工作时，您掌握了哪些语言技能？

答：我的语言能力不是很出色，虽然我在会话能力和阅读能力方面还行。我讲索马里语很得体。我可以四处走动，进行初步访谈。至于约鲁巴语，虽然我学习刻苦，但我只能进行简单的交谈和阅读。我在教堂或清真寺听的大部分布道都需要有人用英语翻译给我听。在加泰罗尼亚，我的西班牙语还不错。我可以阅读任何东西，并用西班牙语进行访谈。我可以很轻松地阅读加泰罗尼亚语，看电视也能听懂，但我不会说。至于俄语，我基本上是和一个讲俄语的家庭一起生活了七个半月，在这段时间里，我的会话能力和技术性阅读能力都有了很大的提升。但是为了写《形成中的身份认同》（Laitin 1998a），我得到了高年级研究生的协助，他们在另外三个共和国做了些补充工作。这些研究生都能说一口流利的俄语，他们帮助我处理了大量的俄语材料，这些材料单凭我自己永远也无法完全掌握。我应该补充一下，我一直与当地合作者一起工作，他们的帮助是必不可少的。所以，总的来说，我总是能够在街上与人交谈、阅读报纸、与人相处。但我从来不能用外语干别的，比方做讲座——除了用西班牙语之外。西班牙语是我唯一能用来做专业工作的外语。

问：回顾您的发表记录，令人惊讶的是，即使您从一个地方转向另一个地方，您仍然坚持写有关索马里的文章。索马里在您的思想中占有特殊地位吗？

答：毫无疑问，索马里是我生活过的第一个外国国家，对我产生了巨大影响。我跟踪那儿的情况，跟踪关于它的一切成文著作。索马里对我来说是一个特别的地方。我也一直关注着加泰罗尼亚，也一直在写它。在过去的几年里，我写过一些论文，探讨随着欧洲一体化进程向前推进，欧洲各国的文化面貌将会变成什么样。我从加泰罗尼亚收集的资料在这些论文中都发挥了作用。我一直关注着加泰罗尼亚的政治，那儿就像我的家乡一样，对索马里也是如此。我发现要对一个我做过实地调查的地方失去兴趣是极其困难的事。

问：您回访过这些地方吗？

答：我经常重回加泰罗尼亚。但我再也没有回过约鲁巴兰。虽然我在索马里完成工作后回过那里两次，但我已经很长时间没有再回去了，大概有15年了吧。我的风格更多的是像在一个地方开店，而不是走马观花。甚至我在写一些关于印度的论文时，我也花了6个星期的时间在现场待着。当我在加纳做一个小型研究项目时，我也在那里待了很长时间。我不喜欢飞到一个地方待上几天，然后就飞走了。如果你这么做，我担心你会觉得你只跟出租车司机说过话。

经典著作、历史分析和规范关切

问：社会和政治理论经典呢？您会从经典著作中寻找灵感吗？

答：不会。我读得太慢了，对很多事情都记不住。但是我对论文和年轻人的著作很上瘾。不管在哪儿找到的博士论文，我都会读一读。我从那里得到灵感，而不是回到经典。

问：历史分析在您的工作中扮演了什么角色？

答：历史在我所有的书中至关重要，尤其是在为理解我考察的政治现象设定必要的处境时。例如，在我关于约鲁巴兰的著作中，我详细叙述了伊斯兰教和基督教在那里传教的起源，讨论了这事是如何发生的，以及它与帝国主义的联系。这些问题构成了这项工作的历史基础。但我唯一一本在格申克龙（Gerschenkron 1962）和科利尔伉俪（Ruth and David Collier 1991）在那种意义上做历史分析的书，也就是把一个历史时期或时代作为分析变量，是《非洲的语言技能和国家建构》（Laitin 1992a）。在那本书中，我提出国家巩固的历史时期对国族形成的类型，特别是对国家内部的民族异质性程度有影响。我认为这个想法很有市场，因为我选取了一个历史时期并具体说明了它对一个非常重要的因变量的影响。不过，我不知道有谁采纳了这种想法。

问：您的研究是否以规范性关切为指导？

答：我主要关心的是在个体自由的条件下保持文化异质性。将多样性与个人选择和自由结合起来是一个非常困难的混合过程。这种规范性关切驱动了我的许多研究，并支撑了我所写的许多东西。

核心思想及其接受度

问：您说您在很多地方工作过，但涉及的问题面比较窄，都是关于文化异质性的政治影响。然而这个问题其实处于有关冲突解决以及多元社会中民主可能性的基本争论的核心位置，制度主义学者比如阿伦·李帕特在他关于协合主义（Lijphart 1977, 1984）的研究中，以及最近胡安·林茨和阿尔弗雷德·斯捷潘在他们关于多民族社会中的民主的研究中，都在处理这个问题。这样描述您的研究计划，以及您的工作与更广泛的文献之间的联系，您看讲得通吗？

答：回想起来，似乎是这样的。事实上，我在亚当·普沃斯基那本《可持续的民主》（Przeworski 1995, Ch. 1）我写的有关领土完整的那一章里，我曾以你现在所表述的方式讨论过相关的文献。但是我当时认为我自己是一个研究政治文化的人（制度主义者也是这么看我的），而不是研究在异质社会中管控冲突的政治制度的人。我有种错觉，认为研究政治文化的人会看到我在对他们的做法进行根本性的批判，我希望我的发现和数据会对未来的政治文化研究工作进程产生一些影响。但我对这个行当没有任何影响。事实上，在我职业生涯的前 12 或 13 年里，我甚至连（被别人引用的）一个实质性的脚注都没有。这种情况直到 1987 年也没啥改变，当时的美国政治科学协会主席亚伦·威尔达夫斯基写了一篇关于政治文化的主席演说，发表在《美国政治科学评论》上（Wildavsky 1987）。在威尔达夫斯基的论文中没有引用我的研究并不奇怪，因为我的工作唯一被引用过的方式是"索马里在非洲东海岸，见 David Laitin。"出于某种原因，我觉得我可以在《美国政治科学评论》上接着威尔达夫斯基写上几页说点什么，作为一种回应。当时的编辑萨姆·帕特森（Sam Patterson）有一项令人发指的政策，即批评文章只有在原作者愿意写一篇回应时才会被接受。威尔达夫斯基把我的论文扣了九到十个月，但最终决定做出回应。所以我的文章被接受了（Laitin 1988）。那是我的工作第一次触动了这个行当的神经。但是，回到你的问题上，我的文章在关于协合主义或多元社会的调和问题的文献中根本没有被提到过。它有自己的智识生命，与你所提到的那类文献截然不同。

退一步说，不像当时其他研究政治文化的人，我试图"分析"文化，也就是说，把它分解成它的组成部分。我认为你不可能研究这个如此庞大、笼统的叫作"文化"的东西，相反，你必须聚焦在文化的语言侧面、文化的宗教侧面、家庭生活的本质、文化的人口侧面，或者是音乐和艺术所塑造的高级文化。这些都是子系统，它们之间的关系是开放性的问题。你不能像塔尔科特·帕森斯那样，假设这些不同的子系统被整合成一个稳态均衡（homeostatic equilibrium）。如今，其他人也看到了这个问题。但我认为我实际上更进一步，做了经验研究——关于索马里的语言和政治行动之间的关系，关于尼日利亚的宗教和政治选择之间的关系——这些研究分析了文化，并没有想当然地认为文化的不同方面处于均衡状态。真正把我和政治学专业联系在一起的，也是政治学专业中最活跃的部分，是我认为文化不应该被认为是政治的外生限制，而事实上是内生于政治的。

问：您是否有具体的争辩对象？

答：我从一开始就紧盯着哈里·埃克斯坦。我反对埃克斯坦的一致性理论，该理论假定从一个领域——文化，到另一个领域——政治，存在某种直接映射关系（Eckstein 1966）。与之相反，我认为文化与其他领域之间，又比如说宗教与政治之间，并不存在必然的联系。因此，虽然埃克斯坦认为这两个领域之间会有一种天然的和自动的调整，但我认为它们之间的关系可以在政治上被替代，这样一来文化生活的某一侧面，比方说宗教，可能不会对政治产生影响。并不存在像埃克斯坦所说的必需的一致性。哈里和我某种程度上成了好朋友。他是一位杰出的科学家，他对科学的理解远远超过同代人。[7] 但是他和他的学生都没有对我写的东西作出任何回应。

我也反对李帕特的观点，我的看法与几乎所有写文化的学者都不同。李帕特与他同代的许多民主理论家一样，预设了族群或民族主义团体不会受到变化的影响。他描述并提倡一种建立在族群人口分布稳定性预期基础上的协合制度（Lijphart 1977, 1984）。但我们这些在非洲工作过的人，或者读过阿里斯蒂德·佐尔伯格（Aristide Zolberg 1965）、克劳福德·扬（Crawford Young 1976）和纳尔逊·卡斯菲尔（Nelson Kasfir 1979）关于族群性（ethnicity）的经典著作的人都知道，族群性是"情境式的"（situational），有了新的制度结构，族群人口分布也会发生变化。唐纳德·霍洛维茨（Donald Horowitz 1985）在他的一些著作中很好地捕捉到了这种动态。但只有当前这一代的比较学者——坎钱·钱德拉（Kanchan Chandra）、丹尼尔·波斯纳（Daniel Posner）、史蒂文·威尔金森（Steven Wilkinson）、埃莉斯·朱利亚诺（Elise Giuliano）——更彻底地重新审视了民主理论，他们内置的预设是，民主制度将改换（alter）族群人口分布，而这些制度原本是出于驾驭控制（tame）族群人口分布的目的建立起来的。

问：能总结一下您对文化的主要观点吗？

答：关键观点是，在一定条件下，文化和文化子系统可以对人们的集体行动方式产生深远的影响，可以成为一种指导因素，但这种影响发生的条件非常狭窄。因此，那些认为文化就是一切，并以此来解释一切的人类学家是完全错误的。这种看法下的文化解释不了什么。要理解文化子系统

---

[7] 莱廷在 Laitin（1998b）中讨论了埃克斯坦的研究。

可能对政治产生影响的条件，首先需要仔细地分隔文化的各个侧面，其次需要将这些侧面追溯到政治领域。在索马里，我发现一个关键的文化要素，人们说的语言，对他们思考和回应权威的方式产生了影响。这是一项关于文化对政治影响的发现。相比之下，在约鲁巴人的个案中，我发现成为一个穆斯林（相对于成为一个基督徒）对约鲁巴人在政治领域如何行事并没有影响。宗教确实影响了约鲁巴人对责任、权威以及清真寺或教堂的看法，但并没有将这种影响携带到政治领域，因为世界性宗教本身并没有被约鲁巴人视为其文化遗产的重要组成元素。简而言之，驱动我早期工作的关键思想是，如果你想要理解文化对政治的影响，你必须一步一步来，试着找出你所期望的文化对政治领域产生影响的条件。它是一个旨在为对文化的断言划定界限，并将对文化的断言建立在更科学的基础上的研究计划。

另一个关键观点来自《霸权与文化》，就是文化的两面性（Janus-facedness）。我的意思是，即使我们正在研究文化对政治的潜在影响，聚焦于文化影响政治的条件，我们仍然需要把这种关系理解为内生的，也就是说，看看政治选择本身如何推动文化的转变。我们不能把文化仅仅看作某种外生因素。这一点在我对西班牙的研究中也体现得很明显。我的意思是，你不能只列出不同的族群，然后看他们是否参与冲突。事实上，"埃塔"（Euskadi Ta Askatasuna，巴斯克祖国和自由）的大量暴力活动，都是为了招募支持者。因此，我们必须考虑冲突本身对族群形成的影响。

问：您认为这个研究领域已经吸收了这些观点吗？

答：在某些方面，我的想法根本没有影响。以阿尔贝托·阿莱西纳（Alberto Alesina）的研究为例。他将文化视为一个自变量，并用取自 20 世纪 60 年代苏联地图集中的种族异质性指数来测量文化。或者以安德烈·施莱弗（Andrei Shleifer）为例。我去听了一次施莱弗的演讲，他在演讲中说族群异质性就像首都到赤道的距离一样是外生的。但越来越多的学者将自己视为建构主义者，并试图在他们的模型中将文化内生化。我就是这个建构主义造反派的一分子。

更一般地说，关于我的工作在社会科学领域的接受状况，我的研究被认为是非常好、非常科学、非常有趣的。但我认为它的影响远远比不上比如说塞缪尔·亨廷顿的影响，或者某位有很多很多博士论文去不断精炼改进其观点的学者的影响。关于如何研究文化及其影响，我的想法很少得到精炼改进。我的研究受人尊敬，但它并没有什么影响力。

问：您认为为什么会这样？

答：一个原因是我从来没有写过一篇期刊文章来总结我在索马里研究中的发现。文章更有穿透力。《美国政治科学评论》上的一篇文章比一本写得好的书更能深入地影响其他人的研究计划。用你最好的数据获取论证的实质是科学事业的关键一部分。作为一个年轻的学者时，我不明白这一点。在我职业生涯的那个阶段，我相信我的工作就是以我觉得最舒服的形式写作；准确地说出我要说的话，不多也不少；比起包装，我更在意的是把我的研究集成一体。我仍不会建议任何人以不同的方式来做这件事。此外，我必须承认，我从来没有真正在意我的著作没人读。我被政治学精英圈子里的很多人看成一个跟着自己的节奏跳舞的人，做着非常有趣但古怪的研究。我自得其乐，我得到了研究经费，我在写我想写的东西，我升职了，我真的不太在意我的工作对其他人的研究计划没有影响。后来，特别是当我跟亚伦·威尔达夫斯基的争论被大量报道时，我变得有点愤世嫉俗了。好像你得在巨人身上撒尿才能被听见似的。但是，当我接近那些生活在加州理工学院政治科学世界〔8〕里的人时，我才意识到，为《美国政治科学评论》的读者写篇文章直接说出你发现了什么、为什么它很重要以及为什么这个行当的其他人应该把它考虑进去，有多么困难，多么具有挑战性。这是一项伟大的知识性和职业性兼备的事业，我在职业生涯早期并不完全了解。

有趣的是，想法是如何在科学中被接受的。在我与詹姆斯·费伦合写的发表在《美国政治科学评论》上的那篇文章中（Fearon and Laitin 1996），根本贡献是展现了群体内部管控（in-group policing）作为冲突双方之外迅速

---

〔8〕 加州理工学院的政治学研究以其运用先进的理论和方法论工具著称。

升级的争端的替代物的作用。我们在文章的开头写道，我们的目的是解释合作，因为合作才是规则，而暴力不是。这篇文章的一位审稿人要求我们说明我们是如何知道这一点的。《美国政治科学评论》的编辑艾达·芬尼弗特（Ada Finifter）告诉我们，我们最好明确这个问题，否则这篇文章将不会被接受。所以我们找了几个数据来源，只是想让审稿人知道对子（dyads）相互之间暴力互动的概率接近于零。要不是审稿人和编辑的督促，我们不会把那张表（Fearon and Laitin 1996，717）放到我们的文章中，但它却成了那些预设暴力是罕见的文章作者们必须引用的东西。你永远不知道你的哪些想法会被采纳。

问：在您早期的著作中，您也大量引用了几乎不属于美国政治学主流的作者。例如，在《霸权与文化》中，您讨论了克利福德·格尔茨、艾伯纳·科恩（Abner Cohen）和葛兰西。您觉得您在最近的工作中运用博弈论增加了著作的可见性吗？

答：正如我们前面谈到的，向博弈论转变并不是为了扩大我的读者群。这是为了解释我在加泰罗尼亚所看到的一切。但博弈论的运用确实让我更容易把自己的想法包装成一篇文章。而对于葛兰西（他是我在《霸权与文化》中借鉴的理论家），或者对于本杰明·李·沃尔夫（Benjamin Lee Whorf）和维特根斯坦（他们是我第一本书里援引的理论家），要做到这一点就难得多了。博弈论的运用使得采用加州理工学院的期刊论文写作模式变得更加容易。这是毫无疑问的。

有关族群冲突与合作的研究

问：您目前正在与詹姆斯·费伦合作一个有关族群冲突与合作的项

目。[9] 这个项目是怎么开始的？它的基本特征是什么？

答：20世纪90年代初，我在芝加哥大学任教时，吉姆·费伦刚从伯克利拿到博士学位，到芝加哥大学当助理教授。我们觉得我们有很多共同之处，在我们开始一个学术项目之前我们就成了好朋友。我们花了很多个晚上谈论政治学的总体状况、国际关系、厄尼·哈斯、肯·沃尔兹，以及伯克利的其他记忆。吉姆还在东非生活了一年，在肯尼亚，所以我们对非洲有共同的兴趣。导致我们合作项目的讨论是由我正在写的一篇关于民族复兴和暴力的论文（Laitin 1995a）引发的。吉姆提议我们回答一个简单的问题：一般来说，是什么导致了族群暴力？这个基本问题——有大规模族群暴力的国家和没有大规模族群暴力的国家有什么区别？8年来一直驱动着我们的研究。

我们1996年发表在《美国政治科学评论》上的文章实际上是一篇理论论文，在某种意义上与当时驱动我们的问题完全不同（Fearon and Laitin 1996）。概括地说，我认为我们正在写的这本书特点如下。实质上，我们正在分析内战爆发和持续的条件，我们也对解释内战延续时间的因素感兴趣。关于这一点我们有很多要说的。在方法论上，我们把形式博弈论、统计和叙事集成一体。

问：我们能否讨论一下这个三方方法论的三个组成部分，从博弈论部分开始？

答：正如马克斯·韦伯所强调的，要解释社会现象，就需要站在行动者的立场去理解他们行动背后的原因。这么做的其中一种方法是，按照经济学家的观点，将行动者视为忙于优化行为的人，并展示行动者如何在一系列选项中做出选择，在此基础上，哪种选择将带来最高的预期效用。这是博弈论的一个核心原则，人们可以在这个原则之外添加一些东西，比如动作的次序、行动者的信念等等。我们项目的这方面的工作主要由吉姆

---

[9] 与这个项目相关的出版物包括 Fearon and Laitin（1996, 2000, 2003）和 Laitin（2000）。

负责。

问：博弈论的一个关键问题是如何建模。可以构建复杂或简单的博弈。您对如何进行博弈设计有什么看法？

答：博弈论专家在这个问题上存在分歧。吉姆是马修·拉宾（Matthew Rabin）在伯克利经济学系的学生。吉姆认为马修的观点非常吸引人，也符合我的喜好，他的观点是并不去建立最复杂的博弈。理论的目的是简化一个复杂的世界，捕捉驱动利益结果的政治互动中的基本方面。用豪尔赫·路易斯·博尔赫斯（Jorge Luis Borges）的话来说，你最不希望看到的就是比例尺是一比一的地图。

举个例子，在我们的一个模型中，我们关注的是为什么有人会置生死于度外加入叛乱。吉姆开发了一个非常简单的模型，其中潜在的造反者既可以加入合法经济也可以加入造反经济。他用这个模型来探讨一个理性的行动者加入叛乱的条件。结果证明，如果人们生活在山区或者国家军队力量薄弱，他们更有可能造反。也许这是研究反叛的学者早已知道的事情，但从造反者对被逮住的盘算角度来理解它，会增加一些东西。

问：您似乎正在用基于理性选择预设的标准建模路径来定义您的三方方法论的形式博弈论方面。但您也写过演化原则相对于预期效用原则的优点（Laitin 1999b），还存在很多其他备选项，比如行为博弈论。追求这些另类途径的硕果何在？

答：我的观点是一般的形式模型（而不是特殊的理性选择模型），应该是我所主张的三方方法论的一部分。理性选择是形式模型这个大集合的一个子集。演化原则已经在博弈论中得到了非常有效的运用。还有一类文献与赫伯特·西蒙关于有限理性*的著作（1957）有关联。建模正变得越来越多样化，而且总的来说，关于人类计算能力的预设已经逐渐简化。

---

* 原文为 limited rationality，有误，有限理性应为 bounded rationality。另，赫伯特·西蒙有个自己认可的中文名"司马贺"，是20世纪80年代来华交流时取得。但似乎国内政治学界不太流行，故仍按通常译法。——译者注

从所有这些争论中，我保留了一个基本观点：必须表明什么样的均衡条件对理论化形成了有益的约束。缺少这一点，就没有标准来给可预测的响应或不可预测的响应划清界限。我记得尼尔·斯梅尔瑟在芝加哥大学加里·贝克尔（Gary Becker）和詹姆斯·科尔曼主持的研讨会上发表的一篇论文。斯梅尔瑟认为贝克尔的研究纲领和功能主义走的是同一条道，功能主义在罗伯特·默顿的领导下起初是一种非常强大的工具，但15年后开始认为一切都是功能性的，因此也就什么也解释不了。当贝克尔和他的门徒们试图用理性选择理论解释一切时，这个理论最终会被削弱，在形式上也会被削弱，变成一个完全松散的、怎么都行的理论。我从研讨会回来后认为斯梅尔瑟提出了一个非常好的观点。但后来我意识到功能主义者和形式建模者之间是有区别的。功能主义者未能为功能主义的解释建立精确的标准，因此他们没有充分管控来维持其生产核心。相比之下，形式建模者确实有这种管控，因为他们的严格要求是你必须展现某些特定行为构成了一种均衡。在形式建模路径中有足够的约束来保持它的光明正大和诚实，并将其作为一个积极的研究纲领来维持。

问：但没有博弈论模型就不可能做到这一点吗？

答：当然可以。然而没有博弈论建模这方面，趋势就会偏向像巴林顿·摩尔那样的东西，所有的影响都在，并且以一种比博弈论或形式建模语言读起来有趣得多的方式呈现出来，但主要的洞见往往埋在微妙的半截话里，难以搜出来。使用形式建模可以更容易地捕捉到关键的洞见。此外，由于基本预设是在形式模型中明确列出的，因此更容易看出某些推理错误是如何产生的。没有博弈论或形式建模也可以进行理论化，但形式建模有若干优势。

问：统计如何在您目前的族群冲突研究中发挥作用？

答：如果我们的模型预测与我们的统计发现一致，那么我们就有信心认为理论模型是正确的。这个模型反过来又帮助我们把因果显著归结为统计相关。我们的模型还有助于解释为什么某些事不成立。例如，费伦和我能够从统计数据上表明，国家的歧视性政策与叛乱之间没有关系。我们的数据并不支持所有这些将不满视为叛乱原因之一的研究。通过一个简单的模型，你可以突然明白为什么会这样，这突然说得通了。从某种程度上说，政府认为一个群体可能成功地发动叛乱，那么政府就不太可能用歧视性政策来激怒这个群体。所以你可能会得到更多的针对那些不能造反的群体，而不是那些能够造反的群体的歧视性政策。例如，由于这个原因，罗马尼亚的歧视性政策更有可能针对罗姆人而非匈牙利人，因为匈牙利人有潜在的威胁，而罗姆人没有。* 所以你会得到这种看似荒谬的相关性，歧视与叛乱无关，然而用一个极其简单的模型来说，就可以理解了。

问：最后，能谈谈您的项目的叙事部分吗？

答：我与费伦合著的书不是基于直接的实地调查。但它是基于对研究个案难以置信的巨量阅读，也就是说，基于他人的实地观察。我们希望能够讲出与形式模型和统计发现一致的叙事，也能讲得通那些真实个案。我们想要一本充满系统地考察现场和个案的书，而不仅仅是均衡预测和 R^2 的书。重要的是这三个元素必须协同工作。我们有了形式模型和统计结果，我已经讨论过了。我们希望叙事方面与形式模型和统计数据一致，同时通过将模型和统计数据与实时采取行动的真实的人联系起来，添加一些重要的东西。这些叙事也帮助我们了解次序和过程，从而增加我们识别因果关系的信心。

让我举个例子说明我的意思。我通过阅读实际个案，试图找到内战爆发的途径。在很多亚洲个案中，一个标准途径就是我所说的"大地之子"内战。在这些个案中，国家派遣大量穷人到少数族群"拥有"的国内人口较少的地区工作。这是一个非常具有煽动性的局面，原因很多，我在许多亚洲国家都反复遇到过这种情况。现在，我通过看各种个案归纳地讲了这个叙事，但关键是如何在你的模型和统计发现的约束下讲出这个叙事。只

---

* 罗姆人即吉普赛人，匈牙利人和罗姆人分别是罗马尼亚排在第一、二位的少数民族。2011 年人口普查显示罗马尼亚匈牙利人超过 122 万，约占全国人口的 6.1%，罗姆人超过 62 万，约占 3.08%。——译者注

要你说"大地之子",听起来就像是一个关于内战起因的抱怨故事。土著群体对国家把占统治地位的族群的贫困人口送到少数族群"拥有"的地区去耕种感到愤愤不平。这看起来像是一个抱怨的故事。于是,我们的统计数据显示,不满情绪不会引发内战,这一发现给我们的叙事加上了一项约束。另一项约束是由我们的博弈论模型加上的,该模型认为,国家将知道如果他们把多数族群的贫困人口往那里送,少数群体将反叛。叙事不能违背你自己模型的理性预设,也不能违背你的统计分析告诉你的结果。这就像是在"斯库拉"和"卡律布狄斯"*之间派了一艘船:你必须讲出一个与统计和形式模型一致的叙事,同时必须符合个案事实。

我的"大地之子"叙事强调了移民在日常族群暴力中所面临的战术劣势。本地警察往往支持土著居民,或者一旦局势恶化,他们就会消失。移民要求安全,而国家只能通过驻扎军队来提供安全。然而,军事护卫队却成了因重新安置计划而流离失所的本地民众的攻击目标。如果他们能够伏击一个护卫队,弱国的军队没有资源去搜寻当地的造反者,军队倾向于不分青红皂白地轰炸。这增加了当地叛乱分子的招募机会。本地民众当然有不满,否则他们就不会战斗了。但是很多人都有怨气,却不战斗。"大地之子"的不同之处在于,他们在攻击移民安置点和挑战派来保护移民的军队时有战术上的优势。这种叙事对个案研究文献来说是真实的,并且与形式的和统计的模型相一致,这些模型约束了反叛叙事中可以认为是因果关系的内容。

问:这听起来与贝茨和其他人提出的"分析叙事"计划类似(Bates et al. 1998)。您认同这个计划吗?

答:是,也不是。贝茨等人书中的一些论文相当出色。但我要提出两点批评。首先,他们做的广告比实际传递的要多。这是乔恩·埃尔斯特(Elster 2000)已经提出的观点,尽管它烦到埃尔斯特的程度远大于烦到我

---

* 斯库拉(Scylla)是希腊神话中吞吃水手的女海妖。她守护在墨西拿海峡的一侧,这个海峡的另一侧有名为卡律布狄斯(Charybdis)的漩涡。船只经过该海峡时只能选择经过卡律布狄斯漩涡或者是她的领地。而当船只经过时她便要吃掉船上的六名船员。——译者注

的程度。其次，他们从未采取下一步明显的措施，即在他们研究的个案以外的其他个案上检验他们的发现。正如加里·金和其他人会说的，这一切看起来太像曲线拟合了。在我看来，在你完成对一个重要个案的分析叙事之后，你必须考虑你的模型可能适用于哪类个案，分析均衡预测是什么，然后做一个统计检验。在贝茨等人的书里，这种三方方法论的统计部分几乎不存在。此外，我和费伦还开发了一种新的样本外检验形式来验证我们的模型的威力。我们设置了一个随机数生成器来为我们"选择"国家。然后，我们展示一张图，展现我们的模型在预测每个随机选择的国家发生内战方面的效果。这迫使我们解释模型失败的原因，甚至是我们用错误的原因做出正确预测的情形。总之，与《分析叙事》的作者们相比，费伦和我更关心样本外检验，包括统计上的和叙事上的。

问：几乎不可能有一个研究人员有能力和精力来实施这种三方方法论。这是否意味着这类研究需要团队合作？

答：鉴于这些方法论上的需求，我认为将会有越来越多的合作。但是，我明确地说，我也认为不结合不同方法论的工作是有益的，只要那些选择专门研究一种方法的人更加了解使用其他方法产生的结果并受其约束。在比较政治学中，最大的失败不是我们都不擅长形式建模、统计和个案研究，这是不可能的，而是我们对使用不同方法论的研究人员所做的工作缺乏足够的关注。我认为我们不应该彼此相爱或者甚至互相钦佩。但是，任何使用一种方法论的人都应该探头看看另外两所庭院里正在发生什么。他们应该挑战那些与他们的发现相矛盾的发现，他们应该尝试理解为什么我们从不同的方法中得到了不同的发现。

问：您是否后悔您早期在非洲工作时没有这些形式建模与统计技能和方法？如果掌握了这些技能，您的工作是否会有所不同？

答：有一句利奥·杜罗切（Leo Durocher）的老话："永远不要回头看，可能有人在追你。"我在索马里、约鲁巴兰和加泰罗尼亚的工作非常有趣。我从自己每个研究项目中都学到了很多。这就是美国研究型大学的伟大之处：他们尽其所能鼓励教师不断学习。所以，我能够跟着研究感觉走，学习新东西。我现在知道的比我拿到博士学位时多得多，我仍然觉得我有很多东西要学。我总是在想我下一步要学什么，而不是对自己说："哦，该死，如果我几年前就能学会，我就能做这样那样的事了。"

同事、制度举措和学生

同事

问：您的第一份工作是在加州大学圣迭戈分校（UCSD），然后去了芝加哥大学，现在您在斯坦福大学。在这些机构工作是什么感觉？

答：我1975年到1987年在UCSD工作时，那里的环境非常棒，现在依然如此。我到的时候，政治学系刚刚成立。桑福德·莱考夫（Sanford Lakoff）是系主任，他和马丁·夏皮罗（Martin Shapiro）一起来的，马丁·夏皮罗不想当系主任，但如果有别的人当的话，他就愿意来UCSD。我是他们招来的第一批新人中的一员，1975年我和谢淑丽（Susan Shirk）以及山姆·波普金（Sam Popkin）一起加入了UCSD。这个系一开始由五位教员组成——两位正教授和三位助理教授。我们全员成为一个委员会，我几乎整个12年时间都是负责招聘全职教师的委员会成员。这就像参加一个不间断的政治学总体研讨会。我们壮大了，但规矩保持不变：我们什么都读，什么都争论，而且来参加招聘委员会会议时，争论与我们自己的研究相去甚远的领域的研究工作质量。这对我来说也是某种继续教育。

到1987年我快离开的时候，经过那些年里我们招兵买马，这个系已经成为全国十大政治学系之一。通过聘到加里·考克斯（Gary Cox）和马修·麦卡宾（Mathew McCubbins）——那年我是委员会主席——我们做了新成立的系很少可以做的事：我们聘请到了比我们晚一代的最聪明、极顶尖的人，他们问我们没问过的问题，研究我们许多人知识范围以外的东西。所以，我们没有自我复制。关于谁将是下一代的明星，我们做了一个正确的评估，至少从学科的角度来看是如此。总的来说，我认为我在UCSD的经历是一个非常棒的教育时期。

我从 1987 年到 1998 年任教的芝加哥大学，一直被我认为是美国最伟大的知识中心，现在在很多方面仍然如此。芝加哥给我带来了职业知名度，增加了读我文章的政治学家的数量。它给了我一种存在感，使那些想赶上趟的人有义务阅读我的著作。我在这个行当里得到了更多的宣传，因为芝加哥是一个几乎这行当里每个人至少每年或两年都会来一趟的地方。所以这是一个极好的搭建专业联系的地方。

我在芝加哥的同事亚当·普沃斯基、乔恩·埃尔斯特、斯蒂芬·霍尔姆斯、拉塞尔·哈丁、马克·汉森（Mark Hansen）、比尔·瑟维尔（Bill Sewell）、罗纳德·萨尼（Ronald Suny）和吉姆·费伦都很棒，我从他们身上学到了很多。埃尔斯特正在发展他对因果机制的有影响力的观点（Elster 1999, Ch. 1），这在当时不是我的概念工具的一部分。埃尔斯特的观点颇有煽动性。他认为可以调用不同的机制来显示自变量和因变量之间的联系。这是对科学事业的一项令人不安的挑战。最激进的是，埃尔斯特对机制的看法是任何机制都可以解释因变量上的特定值及其对立面。例如，考虑以下两种说法：（1）当看到敌人的 AK-47，恐惧的机制导致士兵逃跑；（2）当看到敌人的 AK-47，恐惧的机制使士兵更加警觉，使他能够一动不动，最终在敌人不知不觉地逼近时向其射击。如果同样的机制（恐惧）可以导致人们以相反的方式行动，那么我们似乎不可能建立一套可以基于对自变量取值的了解来预测行动的社会理论。埃尔斯特的看法对我们所有从事解释性社会科学的人来说都是个巨大的挑战。

和普沃斯基一起工作很愉快。我们以多种方式进行交流，但最有趣的交流可能是分享学生。在设计构思清晰、内容明确的研究项目方面，他比我对学生的要求更高。亚当是一个天才，他通过清晰地把困难的关系概念化，使困难的问题变得简单。他还非常注意极其鲜明地指定变量，并将它们与我们都应该问的重大问题联系起来。他总是要求他的学生和我的学生这样做。和他一起工作很愉快。亚当·普沃斯基可能是比较政治学中最聪明的人之一。

斯蒂芬·霍尔姆斯是我在芝加哥相互影响的另一个人。他是一位非常关心世界局势的杰出的政治理论家。和他的每一次谈话都是一次学习经历。20世纪90年代初，我们共同开设了一门关于苏联解体的课。霍尔姆斯认为，纳粹的经历确实在许多方面改变了社会科学，例如，通过心理学中F量表的发展，[10] 以及理解法西斯主义根源的一整套研究路径。他认为，苏联的解体同样具有世界历史意义，并将对社会科学议程产生同样深远的影响。所以他说："咱们开一门关于苏联解体后社会科学未来的课程，试着找出这个历史分水岭可能会给社会科学提出的问题。"他就像这样总以非常挑衅的方式提出问题来。

在芝加哥，我经常参加由加里·贝克尔和詹姆斯·科尔曼领导的"社会科学中的理性模型"教师研讨会。研讨会上对抗激烈，在知识上令人兴奋。科尔曼去世后，贝克尔邀请我共同主持这个研讨会，我很快就同意了。这是人们所能期待的对芝加哥式经济学最好的介绍了。

在芝加哥大学待着，对我来说是场令人惊讶的教育，它改变了我对世界的思考方式。芝加哥大学是一座知识分子的大熔炉，成功地为我带来了知名度。

问：斯坦福大学怎么样？

答：斯坦福大学有一个迷人的政治学系。这个系的质量确实令人印象深刻，教员人人都很棒。我是1999年搬到这里的，现在我还在继续熟悉这个地方。所以我对它的历史感和对UCSD或芝加哥大学不一样。但我期待与研究生和同事们一起工作，我认为他们在各自的领域都处于顶尖水平。在芝加哥，我的圈子是跨学科的，而在斯坦福，我想与之交流的人大多在政治学系。我发现这是一个令人兴奋的机会。

总的来说，我很幸运能和这些机构联系在一起，在各处我所做的研究都得到了各种可能的支持。美国大学提供的独立研究的机会是难以置信的，在世界其他地方是无法企及的。作为大学教授，我们过着非常宝贵的生活。

---

[10] F量表通常被理解为威权主义人格的测量工具。

问：虽然您从未在耶鲁任教，但您和胡安·林茨有过一些互动。林茨对您有影响吗？

答：胡安·林茨对我影响巨大。我读过他所有的西班牙语和英语著作，所有我能读的都读了。他对西班牙的研究——不仅仅是对西班牙的研究——非常博大精深。当我刚开始在西班牙工作时，两眼一抹黑，他对我帮助很大，在很多方面支持我的研究。比如，他会在夜里11点打电话跟我说："我没有时间给你写信，但我这儿有些想法。"我们会在电话里聊上90分钟。他太棒了。

我认为，林茨是斯坦因·罗坎这代人的一分子，这代人中有许多人对欧洲政治史、国家建设和国族建构的道路有着丰富的知识。除了林茨和罗坎，这群人里还包括佩里·安德森、恩斯特·哈斯和莱因哈德·本迪克斯。我永远不可能，或者说我们这一代的任何人都很难拥有那种关于欧洲和世界各地众多个案的知识。就此而言，我试图通过对分离变量和从变量作推断的痴迷来弥补我在那方面的不足，这是林茨和罗坎不太在意的事情。在他们的工作中，找到数值和变量的分数以及10到15个个案并不罕见。例如，如果你看一下林茨和斯捷潘最近合著的那本书（Linz and Stepan 1996），他们很早就说过他们会聚焦于4个变量和8个条件。但是他们有一个脚注说他们不希望被削足适履束缚住，既然出现了12个个案25个变量，当他们觉得这些因素很重要或有影响时，他们就会去看其他因素。我认为这是一本很棒的书，是一项伟大的成就，我从中学到了很多。但是像林茨、罗坎、斯捷潘这样的学者从来没有像我这样担心过过度决定论和数据表空格中无个案可填的窘况。

还有第二个胡安·林茨，就是帮助西班牙引入了现代社会科学，并教会了一代西班牙社会学家如何收集和使用问卷调查数据的林茨，尤其是在佛朗哥时期。这是行为主义者林茨，我把他和罗坎式的林茨区分开。我非常钦佩林茨。

美国政治科学协会比较政治组

问：我想转到您参与的另一个机构，美国政治科学协会比较政治组。[11] 您能否谈谈这个小组的组成以及您在1993—1995年期间担任该组主席的作用？

答：比较政治组的组建是西德尼·塔罗和彼得·兰格首倡的。锡德·塔罗认为有必要通过将所有的比较学者集中在一顶伞盖下，来防止比较政治领域的碎片化。锡德和彼得很大程度上借重了他们的关系网，我也在其中。我很高兴加入，并参加了第一次筹组会议。

彼得·兰格是第一任主席。根据该组的章程，一个委员会必须提名两位主席候选人，然后通过投票选出一位主席。在决定谁将成为第二任主席时，委员会提名了罗纳德·罗戈夫斯基和我，这一过程中有个有趣的故事。阿伦·李帕特表示，除非我们修改章程中要求主席必须通过投票选出的规定，否则他将退出该组。锡德·塔罗咯咯地笑着说，看到世界上民主研究的权威人物因为一个专业组织是民主的而退出真是非常有趣。但阿伦反驳说，这不是个城邦，这是个专业协会，告诉一个同意提供专业服务的人"对不起，你不能承担这个角色，因为你输了选举"实在有损人格。最后，我们还是投票了，罗戈夫斯基以一票之差击败了我。在那之后，我们决定通过提名和确认产生以后的主席，而不是选举。我在罗戈夫斯基之后担任主席。

当我担任主席时，该组织基本上参与了为美国政治科学协会年会设立小组研讨会的工作。我们有一份通讯，其中包括加入申请和一些新闻项目。所以那时候这个组背后的核心理念是最初兰格-塔罗的想法，即建立一个伞状组织，这样比较学者就不会各自为营，聚集在区域研究单位之中。讽刺的是，兰格和塔罗后来却继续组建了美国政治科学协会西欧政治组。

我的一项举措是把每一期通讯上发表的主席通信变成一场关于比较政

---

〔11〕关于莱廷在担任美国政治科学协会比较政治组主席职务后的两位继任者的看法，参见本书第14、15章对罗伯特·贝茨和大卫·科利尔的访谈。

治未来的辩论。这是在正确的时间做的正确的事情，因为很多人对比较政治分支学科到底是什么的广泛议题感兴趣。我提出的主题涉猎广泛，比如：出版你的博士论文研究之后，如何在比较领域开发第二个项目；当你成了助理教授组建一个小家庭之后，如何做新的实地调查；实地调查之于形式理论的关系；以及招聘比较政治的岗位应该按照地区画线还是根据研究话题定。[12]* 这些信——我称之为我的威廉·萨菲尔**式辩论——在通讯上引起了轰动。我的朋友们，如大卫·科利尔和伊恩·拉斯提克，强烈反对我的一些立场。我对他们说："太好了，写吧，冲我来！"所以我们引发了一场争论，一场关于重大问题的严肃争论。

我知道很多读这期通讯的人非常生气，因为他们在定义比较政治是什么的问题上失败了。事实上，我想说，相当大比例的比较政治组成员感到当时的领导层大部分都是持分析性视角的，过于同情博弈论和统计方法，这些方法正一路凯歌高奏，而用更传统的方式做比较政治的开始江河日下。在很多人看来，我们是一群脱离现实的反叛分子，一群致力于将这门分支学科科学化的人。对我来说，这不是麻烦事，这很令人兴奋。我们恳请每个人写信、批评、争辩，因为这将使通讯成为一个论坛，让比较学者能够讨论多样的观点，提出不同的视角。

作为主席，我还推动了一项与研究的复制（replication）有关的倡议。那阵子，加里·金正在进行大规模的复制（King 1995a，1995b），他很快说服了我赞成这个想法。我认为，重要的是比较政治组要支持这样的原则，即期刊要求我们在文章中使用的数据必须在一定的保密条件下提供给整个学科。不是每个人都同意我的观点。比如塔罗和罗伯特·帕特南认为保密条件应该比我们最初提议的要严格得多才行。如何使机密的采访材料和其他

---

〔12〕 所有APSA-CP（美国政治科学协会比较政治组通讯）过刊可见 www.nd.edu/apsacp/backissues.html。

* 此链接已失效，2018年新网址是 comparativenewsletter.com。——译者注

** 威廉·萨菲尔（William Safire 1929-2009）是美国著名专栏作家，从1979年起直到过世前几周为《纽约时报杂志》撰写了整整30年"谈语言"专栏，在美国传播界极有影响力。曾获普利策奖，并担任过尼克松总统的撰稿人。——译者注

类似材料可供复制，我们就我们应持的立场进行了令人兴奋的争论。[13]

总的来说，我觉得我在推动这个领域提出一些以前从未有人提过的关于我们集体事业的问题。并且我推动把比较政治组通讯变成一个我们作为分支学科所关注的核心议题可以得到坦率讨论的场所。通讯由加州大学洛杉矶分校的米里亚姆·戈尔登（Miriam Golden）进一步发展提升，[14]变得比许多期刊还要引人入胜，发表了更多实质性的材料。我为这一发展感到非常自豪。

在过去的几年里，在比较政治组出现了一种"反叛乱"的现象，有些人认为我们只代表了这一分支学科的一部分而已，却压制了其他人的意见。正如我告诉阿图尔·科利（Atul Kohli）的，当他的团队在事关比较政治组导向的几场大战役中获胜时，精英的循环流动是所有组织都会发生的事情，而那些被请走的人总是觉得太早了。但我祝他好运，并告诉他，我希望他和他的团队，一定程度上在比较政治组赢得威望后，能像我认为我们做到的那样保持活力。我们还没有完全出局，所以这个组织里还有竞争对手。我认为精英的循环流动是件好事。如果我们继续试图维持一个特定执政团（junta）的憧憬，这个组就会完蛋。

问：对于您作为比较政治组主席所写的信，有一种解读是它们攻击了区域研究，您的继任者罗伯特·贝茨的主席通信更是如此。[15]这样解读公平吗？

答：这个看法有一定道理，当然也有些言过其实。言过其实的地方是，贝茨和我所属的这一代非洲研究专家，都使用非洲语言进行过实地调查，尊重实地调查，并且要求我们的学生培养技能、掌握语言以做好实地调查。此外，我们都在社会科学研究理事会的各区域研究委员会任职。让我感到好笑的是，我们这场叛乱的一大批评者是山姆·亨廷顿，我认为他从未做

---

[13] 这场意见交换的部分内容发表在 APSA-CP（美国政治科学协会比较政治组通讯）第 7 期（1996 年冬季）上。

[14] 1995 年至 2000 年期间米里亚姆·戈尔登担任比较政治组通讯的编辑。

[15] 参见 APSA-CP（美国政治科学协会比较政治组通讯）。

过任何实地调查。讽刺的是，他却说我们这一代人还没有获得当地的有关知识。我认为我们的职业生涯证明了别人给我们贴上的标签不对头。

另一方面，我确实觉得区域研究的倡导者和社会科学研究理事会对形式建模和统计取向的研究抨击过重。事实上，我想说我关于"三方方法论"构想的三个部分中有两个在像社会科学研究理事会各个区域研究委员会这样的地方受到了贬低。比如，我是社会科学研究理事会非洲委员会的成员，该委员会主要由人类学家和历史学家主导，他们的主要信念是，除非你对某种特定的文化了解得越来越深，否则你并不是在认真地做研究。作为委员会的一员，我支持人类学家和历史学家进行这类研究，因为我认为这非常有价值。但是，出现类似贝茨的《热带非洲的市场与国家》（1981）那样试图理解因果机制的资助计划书时，它们往往被拒，这些计划书被认为非常肤浅，不值得社会科学研究理事会的研究委员会去考虑。所以，一个非常狭隘的学者群体对年轻人的研究议程施加了大量束缚。事实上，几乎所有的比较政治工作机会都是按地区和"不动产"来发布招聘广告的，这意味着地区研究势力集团拥有很大的权力。

我认为，自己试图在我们之前讨论过的三种方法论之间求取平衡，这样从事区域工作的人就必须直面理论专家和统计学家的发现。但我认为，在传统的区域研究思维模式下开展工作的人，把我的辩论意见解读为对他们正在做的事情的直接威胁，以及对他们视为其事业最重要的部分的威胁，倒也合情合理。

比较族群过程实验室

问：跟您联系起来的另一项举措是比较族群过程实验室（LiCEP）。您能谈谈 LiCEP 的起源和使命吗？[16]

答：我很高兴你知道 LiCEP。成立这个团体的基本想法是在一次由坎钱·钱德拉组织的受社会科学研究理事会资助的会议上提出的。她写了一

---

[16] 关于比较族群过程实验室（LiCEP）的信息，参见 www.duke.edu/web/licep/index.html#nav。

篇关于印度北部贱民政治组织的博士论文。虽然山姆·亨廷顿是她的委员会法定主席，但她实际上是我在哈佛指导的研究生（当时我在芝加哥大学）。她得到了社会科学研究理事会的资助，把研究族群（ethnicity）与政治的人聚集在一起（典型的 SSRC 做派），我们在芝加哥召集了一次跨学科的小组会。我们从不同的角度讨论了广泛而深刻的问题，并讨论了从这些不同角度来研究族群问题的学者如何相互交流（或者不交流）。这是惯常的"大想法"。在这场有趣的讨论结束时，我们不可避免地要问：我们想往哪里走？

也许我当时心情不好，我说尽管跨学科是件好事，但我不想再这么干了。我们没有学科性，我想支持学科性。于是我说我们不能和社会科学研究理事会合作，因为他们盲目崇拜跨学科。此外，我说我不想坐在那儿就我们的研究高谈阔论。相反，我深感需要的，也觉得是大家所需要的，是一种对我们工作的逆向工程（reverse engineering）。这意味着我们不仅要展示我们的论文，还要展示论文中包含的数据，这样其他人就可以自行判断我们是否正确地使用了这些数据；这样，其他研究者才会留意到，就像我们在实验室里一样。

有人说："那做实地调查的人呢？"我回答说，实地调查里最尴尬的是我们不分享我们的实地记录，我们不分享我们的采访笔记。必须处理保密的问题，但我认为分享我们的实地记录将是件大好事。这是我写博士论文时需要的那种东西。我请求我的论文指导老师阅读我的实地记录，因为我觉得我的研究好像没有经过核查。所以 LiCEP 的想法是提供实地记录、定量数据，以及任何可能带进研究中的东西，然后大家见面讨论如何将原始数据"翻译"成学术研究论文。

这个建议引起了大家的共鸣。它承诺了一些令人兴奋的、我们从自己的大学无法得到的东西，因为当时关心族群问题原始数据的学者还没有达到临界规模。所以我们建立了这个实验室，主要是一群来自哈佛的鲍勃·贝茨的学生，一群来自芝加哥的我的学生，还有其他一些研究族群问题的人——总共 15 到 18 人。我们每年开两次会，最初是自己掏钱，每个大学都拿出足够的钱来开会。后来，我们得到了国家科学基金的慷慨资助继续开会。我们还使自己制度化，通过公开搜索程序引入新成员。每次会议都由一个特设委员会计划，其成员每两年改换一次。我们每个人都向委员会申请在会议期间展示我们的数据和材料。

这些会议不同于标准的学术会议。我们没有认识论上的争论，没有对重大发现的真正讨论。相反，我们讨论我们工作的机制，我们的研究从数据到结论的"翻译"是否成立，我们在将我们的模型具体化时做出了哪些关键选择等等。这就好像我们相互瞅瞅，表现得好像有一个超我在约束自己，这是我长期期待的。我总是觉得，当你展示一篇完成的文章时，你总是试图把它清理干净，不让粗糙的东西显现出来，但你总是难免觉得尴尬，因为你知道你隐藏了哪些东西。LiCEP 是一个由充满同情但又富有批判精神的学者组成的实验室，你可以与他们公开分享粗糙的东西。这是一个非常有趣的群体。

研究生

问：您如何培养研究生？

答：在我职业生涯的头 15 年左右，我的哲学是研究生应该设计一个能够实现他们学术目标的研究计划。我从没希望我的追随者去实现我的研究目标。我想要的学生是那些对这个世界充满好奇、能够弄清楚他们想要知道什么的人。然后，我会尽可能为他们提供开展项目所需的支持。所以我让研究生们研究德意志联邦共和国的绿色运动，前苏联地区各共和国的想象经济（the imagined economies），以及一系列不属于我自己研究范围的课题。我对聪明的学生感兴趣，他们会追求自己感兴趣的话题。

在过去的五六年里，我有了一些变化，部分是因为看到普沃斯基的研究，部分是因为反思了这个学科正在发生的事。我越来越关心比较政治的学生能否学到一套工具，使他们能够进行与该学科核心对话的研究。我希望我的学生接受基本的形式模型和统计方法培训。如果他们想做得更多，那很好呀。但是他们至少应该有方法论的技能，能够阅读《美国政治科学评论》和《美国政治科学学报》上的文章，理解这个学科正在发生什么、主要的发现是什么。他们应该有能力成为这些文献的消费者。此外，就我对"三方方法论"的构想而言，我认为学生应该是某一种方法的专家，并且能够与另一种方法进行相对良好的合作。总的来说，在过去的五年里，我更加关注基础训练。结果非常振奋人心。我是许多学生实际的或法定的论文导师，不仅在芝加哥和斯坦福这儿，而且在许多别的大学。我看到这些学生运用比较政治的某一研究路径已经非常接近地反映了我对事情应如何发展的看法。新一代的年轻比较学者正在做着出色的工作。

比较政治的成就与未来

问：您认为政治学处于一种碎片化状态，这降低了政治学的影响力和威望。

答：我们政治学家在向学生和更广阔的世界展示我们的研究发现时，在某种意义上感到制度上的尴尬。至于我们的学生，我们现在教给他们的是我们生活在一把宽广的大伞盖下，政治学家有很多各式各样的意见。但是我们并没有把我们所知道的全部情况告诉他们。我认为我们可以通过一门标准化的政治学导论课程（Laitin 2004a）来展示我们的研究发现。很可能会有人强烈反对这个想法和更宽泛的整合性学科的观念。但如果有一个保罗·萨缪尔森，他能写出一本整合这一专业领域的教材，如果你能让20所大学用它来作测验，[17] 我相信这将为政治学教学设定一个标准并在这一学科中迅速传播开来。虽然这个想法事前看起来很激进，但事后看来却会是显而易见的。

至于更广阔的世界，我们政治学家对我们的发现感到不够自豪，因此没有让更广阔的学者共同体意识到这些发现。这样就在美国国家科学基金那里对我们自己造成了伤害，在那里经济学和心理学的预算大幅增加，而我们却没有。国家科学基金有一种看法认为政治学不能以经济学的速度生

---

[17] 保罗·萨缪尔森，1970年获诺贝尔经济学奖，《经济学》一书的作者，该书于1948年首次出版，目前是第十六版（Samuelson 1948）。这本教科书统治了大学教室两代人，是有史以来最畅销的经济学教科书。

产新知识，我认为这部分是由于我们低估自己所致。最近，我与加里·金讨论了这样一个想法：美国政治科学协会可以聘两名科学作家来梳理一流期刊，撰写有关政治学领域的发现及其重要性的新闻稿。这种对外宣传应该被视为政治学事业的一部分。

问：您提出的政治学的综合似乎与理性选择理论家所支持的大不相同。他们的综合想法集中在寻找适用于各种环境或情境下的博弈论模型，并且，由于所有这些模型都应用了同一理论原则、同一理性行为理论而得以整合一体。

答：是的。威廉·赖克对这一领域的构想是只有数量有限的政治原则，例如与承诺问题联系在一起的原则。一旦你了解了这些原则，你就可以看到它们是如何在国家立法机构、族群战争以及所有场合发挥作用的。这样你就有了承诺的一般理论。因为我们可以发现这些原则在各种政治环境中发挥作用，传统的领域划分如国际关系、比较政治或美国政治就意义不大了。这是该学科讲什么的一种愿景，我承认，它有其吸引力。

但我认为，政治学自有其与赖克式构想不同的本质，它是值得培养的。这一本质在两千多年的政治理论宝库中就能找到，它列出了必须解决的各种难题。这些难题把我们这些政治学家召集在一起。它们类似于数学家努力解决的那些大难题。我认为，如果我们只知道承诺问题及其衍生后果，我们就不会在智识上感到快乐。这不是驱使我们成为政治学家的原因。驱使我们前进的是伟大的政治理论传统中提出的问题：秩序问题、平等问题、代表问题，以及公民身份问题。这些大问题是广泛的规范性关切不断地给政治学设置和再设置的议程。这些意义重大的结果构成了我们作为一个学科的本质基础。

问：您对综合的强调似乎与另外一种［或许马克·利希巴赫（Mark Lichbach 1997）表述得最明确］观点不一致，即我们需要的不是新的综合尝试，而是一场理性主义、结构主义和文化主义之间的范式之战。

答：我把那个计划叫作这个领域的"国关化"（IR-ization）。我没有合理的论证来反对这种观点，但我有些强烈的直觉。当我听国际关系（IR）的人说什么时，我经常听到他们说："我要为我的理论学派搞到一切证据，并为它提供我能找到的最有力的个案。"现实主义者干这个，自由主义者或新自由主义者干这个，建构主义者也干这个。他们干这事，而不是问，为什么我们会有战争？或者为什么会发生内战？这种对学派的辩护结果搞得像某种形式的法务写作。如果你把自由主义和文化主义的解释混合到某个理论模型中，谁会在意呢？如果你从两个不同的学派拎些变量出来，谁会在意呢？我们为什么要比较学派？

说到为学派辩护，我经常讲一件我为那篇关于 18 世纪西班牙《新基本法令》的论文做研究时的轶事。该法令规定，所有的 audiencia（国王的法院）材料必须用卡斯蒂利亚语提供。在那项研究中，我问了自己一个简单的问题："为什么人们历史上从来没有服从过大多数权威，却要服从国王？"我搞到了一套 17、18 世纪以来 audiencia 材料的数据集，发现在法令颁布前的一代人那儿就已经出现了对国王的服从。所以法令实际上什么也没做。作为一个真正做实地调查的比较学者，我被 audiencia 资料彻底迷住了。有一起上诉至国王的官司来自巴塞罗那大学。大学当局代表哲学系，根据大学章程规定哲学系必须有六名成员，三名是托马斯主义者*，三名是反托马斯主义者。一位托马斯主义者去世了，大学在全国范围内进行了搜寻，发现一位出色的候选人恰好是反托马斯主义者。问题是聘用这位反托马斯主义者就会破坏平衡，变成四比二。于是，他们请求国王授权做出这一任命，尽管这样做会破坏平衡。

我一直把这事儿当作一个给国关领域的寓言。搞一个一半是托马斯主义者、一半是反托马斯主义者，或者一半是理性主义者、一半是文化主义者的系是行不通的。它假设这儿不存在科学的学习，没有导致新自变量的发现。如果教员们拥有基于自变量的财产权，那么如果自变量被证明是无关紧要的话，会发生什么呢？他们仍旧拥有财产权。为什么这是有问题的？

---

* 托马斯主义（Thomism）是由中世纪基督教神学家托马斯·阿奎那（1225—1274）的思想和著作中衍生出来的神学、哲学学派。——译者注

可以举个例子，想想占星术。占星术在过去某个时代一定是个伟大的想法，它有一个大大的而且显而易见的自变量，行星的排列。但是这个自变量被证明并不能解释任何有关人类生活的东西。如果教员们被赋予了对右手边的变量行星排列的财产权，即使它在左手边什么也解释不了，那会怎么样？把权威交给对右手边变量（也就是自变量）有承诺的人，这是错误的做法。相反，不管我们对右手边变量的想法发生了什么变化，学系和招聘应该围绕那些还将保留在议程上的事项（比如我们对民主、平等之类的关注）来组织。基于右手边的变量来组织学系或招聘，似乎是反对学习的处方。我知道这是一个相当有力的声明。虽然我对赖特式愿景有些同情，但我对从范式和范式之争的角度看待学科的愿景就没什么同情了。

问：你似乎赞成唐纳德·格林（Donald Green）和伊恩·夏皮罗（Ian Shapiro）（1994）关于问题驱动研究的主张。尽管问题驱动研究和方法驱动研究之间的区别可以用不同方式来解读，但在《理性选择的病状》中，他们似乎在说的一件事是我们应该聚焦于重要的因变量。

答：我认为这是对的，尽管夏皮罗对我关于这个领域应该怎么发展的观点持有相当批判的态度。但我们并不像听起来的那么不一致。有人可能会说，我一直在推动一种以理性主义为其成分之一的三方方法论。但我并不这么认为。我只把理性选择视为一套广泛的形式分析方式之中的一部分。此外，我赞成格林和夏皮罗书中真正的信息，即理性选择研究需要让一个严肃的比较静力学程序运转起来，从而检验他们模型的预测。我认为，格林和夏皮罗的书并没有达到应有的效果，因为它把人们置于范式战争模式之中。

问：关于您视为政治学和比较政治学核心的那些重大问题，您认为有哪些重要发现？

答：我在最近一版的《学科现状》中写了篇文章，谈到了我对这个问题的看法（Laitin 2002；另见 Laitin 2004b）。在我目前工作的领域——内战起因的研究中，我们一次又一次地发现，无论你如何将之具体化，文化差异与叛乱或内战没有任何关系。因此，试图将文化上不同的人分开，以减少他们对彼此的威胁是没有价值的想法。这是一个事关重要公共议题的重大发现。它促使我们找到处理文化冲突的方法，就像我们对待劳资冲突一样，把它当作社会的正常组成部分。关于文化差异和内战之间的关系，我们已经学到了很多在我们开始这项研究之前并不知道的事情。

在民主领域，我们也学到了很多。我们已经了解到财富对民主的影响比马蒂·李普塞特（Lipset 1959）40年前的观点更为微妙，但并不矛盾。我们已经在理解为什么富裕的民主国家不大会崩溃方面取得了进展，尽管我们仍然对将财富与民主崩溃的较低可能性联系起来的机制缺乏清晰的认识。关于成功民主体制的制度基础，我们也有一些有趣的发现，即总统制和议会制哪一种最能抵御动乱或挑战。议会制比总统制更能抵御民主崩溃的压力，这已得到相当强有力的证实。因此，我们对民主成功的制度基础有了一些挺好的想法。

通过对经合组织国家的研究，我们也充分了解到，面对全球化，甚至面对里根/撒切尔革命以来的新自由主义霸权时，社会民主得以存续的条件。社会民主是一种业已存在的均衡，而且很可能在许多国家存在下去，这一发现对世界具有相当重要的意义。

因此，我看到了一系列令人兴奋的发现。并且我认为我们有很好的理论来解释为什么我们有这么多发现。这些发现也开启了许多新的、有趣的研究问题。我们应该为我们知道这些事情而自豪，并且我们应该教它们，研究发现和研究机会都应该呈现给学生，这将有助于激发我们这个领域应有的兴奋。

问：尽管如此，还存在方法论上的难题，事实上，我们怎么才会知道我们什么时候确实有发现了呢？毕竟大家读了一项又一项研究，对于同样的问题却得出了截然不同的结论。在我们把结论称为既定的发现之前，应该达到什么样的门槛？

答：让我举个例子。在费伦和我正在做的研究中，我们发现语言分化并不能解释内战的可能性。与此同时，世界银行的一组研究人员提出了一种族群语言分化（ELF）测量方法，并在此基础上得出结论：语言分化确实有助于解释内战。好吧，在过去的话，我们可能会有一场辩论，说他们做得不对，我们的对。更广泛的听众不知道该怎么想：一方面，世界银行的人这么说；另一方面，费伦和莱廷那么说。谁知道呢？但是现在，随着数据的共享和彼此运行对方的具体做法——也就是说，通过仔细检查另一个实验室的发现——我们可以更好地找出谁是对的。事实上，在最近两个实验室的一次会议上，我用他们的 ELF 变量做了一些复盘，发现结果并不像他们说的那样，有一些根本性的错误。哈佛大学的研究生马卡坦·汉弗莱斯（Macartan Humphries）对他们的 ELF 进行了理论分析，发现它存在缺陷。但是世界银行的人并没有炸起来说："来场大辩论。"相反，他们回到绘图板上，看看是否能做对。我认为，政治学家越来越倾向于像实验室那样操作，如果有人提出了其他实验室没有的发现，你不能只是发表这个发现并说："嗯，这就是我们实验室发现的结果。"每一个其他的实验室都会想要复制这个研究，如果他们没有得到相同的结果，他们会去原先那个实验室说："我想看你做这个。"因此，我认为将会有比过去更多的不同发现的调和。政治学的研究开始更加像自然科学实验室那样工作了。

问：关于您刚才谈到的三方方法论，学界对形式理论和定性方面进行了相当多的讨论。如果你把美国政治科学协会比较政治组通讯当作一份晴雨表，情况肯定是这样的。然而，统计、定量这一条腿似乎不太发达，在当前的比较政治研究中也不够整合。您同意吗？

答：说得好。比较政治的定量传统可以追溯到阿尔蒙德、维巴和英格尔哈特。但最初领导比较政治组的那群人，以罗纳德·罗戈夫斯基、彼得·兰格、鲍勃·贝茨和我为中心，感到由行为主义革命产生的定量研究在理论上比较弱。我很难从阿尔蒙德、维巴和英格尔哈特的文献中看到有什么理论上利害攸关的东西（Almond and Verba 1963; Inglehart 1977）。所以我们没有（或许本应该）把它当回事。不过我毫不怀疑，在过去的十年中，比较政治中的定量文献越来越多地与以理论为基础的研究项目联系在一起。普沃斯基关于民主和发展的研究就是一个明显的例子（Przeworski et al.

2000)。还有卡尔斯·博伊克斯（Carles Boix 1998）、杰弗里·盖瑞特（Geoffrey Garrett 1998）、托本·艾弗森（Torben Iversen 1999）和大卫·索斯凯斯（Iversen, Pontusson, and Soskice 2000）等人对经合组织国家所做的研究。也有越来越多的人在研究暴力和内战时使用定量方法。因此，有了一个关于计量经济学的新的方面。

问：您给出的例子主要来自研究西欧的文献，那里的定量数据集更容易获取，也更容易建立。数据难题是否对把统计方法的使用拓展到世界其他地区造成严重障碍？

答：这确实是个难题。然而，我们正开始弄到涉及更多国家、对我们的理论兴趣敏感的数据集。我们有关于内战、民主和公民权利等的数据集。从事统计工作的经济学家们正在迅速往前推进，正在利用这些数据集。例如，伯克利经济学系的爱德华·米格尔（Edward Miguel）利用非洲降雨量数据作为经济冲击的工具，为一些有关触发内战原因的出色的、新的经济计量研究提供了可能。

问：但将定量研究与使用形式或定性方法做的工作整合起来是一个巨大挑战。事实上，运用这些不同方法进行的研究之间仍然存在巨大的脱节。

答：是的。比如民主理论，有很不相称的理论发现、统计发现和叙事发现。普沃斯基的工作就是最好的例子。他在1991年出版了《民主与市场》，基本上是反结构性的。然后，在2000年，他和他的合作者出版了《民主与发展》，那完全是结构性的。两者都很扎实，但它们似乎在相互拆台。另一个例子是露丝·科利尔的《通向民主之路》（1999）。我喜欢这本书，但它对统计方法两眼一抹黑。如果这本书能与用其他研究方法得出的发现联系起来，那就更好了。要调和这些不同世界的发现，还有许多工作有待完成。

据我所知，比较政治中没有哪个领域，三方方法论能像我设想的那样发挥作用。但是我认为抱怨这三种方法没有很好地整合还为时过早。我毫不怀疑我们在这儿有一个极好的机会。

问：这场讨论让我想起了斯坦因·罗坎等人在20世纪60年代制定的研究计划（Rokkan et al. 1970）所带来的兴奋，有严肃的理论化、对个案的深入了解，以及产生大样本数据集的推动力。然而，在一些非常大的项目之后，这个计划不了了之。您认为这种情况还会发生吗？您所强调的挑战和机遇会不会让我们经历一段欣快期，然后就幻灭了？

答：这很难说。你永远不知道真正的进展将来自哪里。现在是统计研究蓬勃发展的时刻，计量经济学在过去15年中取得的进展，使统计取向的学者得以揭示一系列用20世纪60年代的技术根本无法研究的关系。这些新技术的回报可以在经济学中看到。这种势头会持续多久，很大程度上取决于他们发现了多少，以及在其他领域出现了什么。但如果我要做个预测，我会说在5年内，我们将在理解微观基础方面取得一切可能的进步。例如，我们将理解政治左派如何能够对右派作出可信的承诺，即如果他们同意民主改革，左派就不会利用和没收右派的财产。承诺问题、声誉问题和协调问题，所有这些问题都在理解民主化、内战和资本主义的各种微观过程中发挥着作用，这些问题应有所定论。然后，接受过微观理论教育的下一代，将会问与激励过摩尔、李普塞特、罗坎和林茨的同样的问题：为什么像承诺这样的问题在17世纪的英国得到了解决，而在20世纪的西班牙却没有？建立在新的微观基础上，又将回到宏观议题。人们会想了解宽泛的模式，以及微观基础是否与这些宽泛的模式联系起来。这将是一种新的宏观研究，建立在不同的、更好的微观基础上，而不是罗坎、摩尔和其他人曾经做的那样。然而，在这发生之前，必须进行大量的形式性微观工作和统计工作，这不会迫使但肯定会邀请大家回到宏观层面。

总结

问：做个总结，您提到了您在芝加哥和斯蒂芬·霍尔姆斯共同教授的一门关于苏联解体对社会科学影响的课。您认为"9·11恐怖袭击事件"

也会产生重要影响吗？

答：是的，尽管这完全是推测性的，因为我们谈论的是仅仅两个月前发生的事件。虽然民主是过去十年来比较政治研究的最大领域，但我认为"9·11事件"将使民主从议程上消失。我认为在未来的十年里，会有一种趋势，将"秩序"作为主要的因变量。这有点夸张，但这是我的预测。

第十七章
国家、革命与比较历史的想象力*
——西达·斯考切波访谈录
Theda Skocpol

西达·斯考切波对革命、社会政策和公民参与的研究做出了重大贡献。她的著作影响了政治学、社会学和历史学。她被广泛视为比较历史分析和美国政治发展研究的领军人物。

斯考切波最著名的著作是《国家与社会革命》(1979),这是一本里程碑式的著作,对法国、俄国等国的革命进行了比较分析。她认为,历史上这些国家既面临敌对国家的外部竞争,又面临地主精英对国家榨取岁入的内部抵制,内外压力两相交错,当农民对内外交困的国家发动叛乱时,革命也就势在必行了。通过把国家行动者和制度置于分析的中心地位,她既突破了否定国家自主的可能性的马克思主义理论,也突破了聚焦于造反者和革命者的行为主义研究路径。相反,她提出了一种以国家为中心的结构性视角,不是从革命者有目的的行动角度来解释革命,而是从统治者与地主精英以及地主精英与农民之间的关系角度来解释革命。由于它明确地运用了可控比较,《国家与社会革命》为比较历史研究设立了新的方法论标准。这本书被广泛视为现代社会科学研究经典之作。

斯考切波在建立学术共同体和界定研究议程方面发挥了重要作用。在

---

* 这次访谈由理查德·斯奈德于2002年5月14日在马萨诸塞州坎布里奇完成。

她主编的《历史社会学的眼光和方法》（1984）*一书中，她与合作者探讨了杰出的历史社会学家们的分析策略和方法论策略。由此，她支持将比较历史分析作为一种独特的社会科学研究路径的观点。在她与彼得·埃文斯和迪特里希·瑞彻迈耶共同主编的《把国家带回来》（1985）一书中，她进一步发展了以国家为中心的研究路径。在这本书的导言中，斯考切波提出，国家可以独立于社会集团之外自主行事，也可以塑造这些集团的目标、利益、联盟和认同。《把国家带回来》被看作是一本设置议程的书，为多元主义研究路径提供了一个替代选项，该书批评了多元主义研究路径未能考虑到国家制度如何影响政治行动者和社会行动者。

斯考切波下一个阶段的研究聚焦于美国和西欧的社会政策与福利国家的历史渊源。这项工作以《保护士兵和母亲》（1992）告终，它发掘了有关美国社会政策的新的历史证据，为反驳常规的看法——即与欧洲国家相比，美国在提供社会福利方面是一个落后的国家——提供了基础。相反，斯考切波表明，美国实际上是为内战退伍军人以及之后为母亲和儿童提供福利的早熟者。因为它自觉地将美国置于比较的视角，将美国国家支持妇女和儿童的努力与欧洲国家支持男性工薪阶层的努力进行对比，《保护士兵和母亲》在比较政治和美国政治两个研究领域之间架起了桥梁。

斯考切波目前的研究集中于美国的公民参与，分析志愿者协会在过去两百年间是如何产生和演化的。在《削弱的民主》（2003a）一书中，她力图解释近几十年来美国公民参与度的下降。

自20世纪90年代中期以来，斯考切波为广大非学术读者撰写并主编了一些关于当代社会政策议题的书。《回旋镖》（1996）探讨了克林顿政府公众健康政策改革举措失败的原因。《消失的中产阶级》（2000）呼吁为美国家庭提供普遍的社会津贴。

斯考切波1947年出生于密歇根州的底特律。1969年获得密歇根州立

---

* 本书中译本译作《历史社会学的视野与方法》（上海人民出版社2007年版），vision一词在此应该作"眼力、目光、眼光"讲，是说这些历史社会学巨匠如何看问题，而不是说他们看到的东西的范围大小，所以中译本译为"视野"（the field of vision）不大准确。——译者注

大学学士学位，1975 年获得哈佛大学社会学博士学位。她曾任教于哈佛大学（1975—1981，1986 年至今）和芝加哥大学（1981—1986）。斯考切波曾任社会科学史协会（1996）和美国政治科学协会主席（2002—2003），1994 年当选美国人文与科学院院士。

思维形成与学术训练

问：您在哪里长大？您父母从事什么职业？

答：我在美国中西部的中心地带长大，在密歇根州的怀安多特（Wyandotte），它是底特律南部的一个工业城市。我父亲是一名高中经济学和商科教师，母亲是一名代课教师。20 世纪 60 年代，密歇根州高中教师的生活并不轻松，因为他们的薪水不高，学生中间纪律问题越来越多，跟当地的学校董事会也有不少麻烦。我很钦佩我的父亲，但我知道我不想成为一名大学前教育阶段的教师。

问：既然您的父母都是教师，那您家里有很多书吧？

答：是的，我绝对是个书虫。我非常好学、理解力强，这些特质在我就读的怀安多特公立高中并不怎么受欢迎，那里大约一半的孩子毕业后直接进工厂工作。去上大学的人也通常在附近地区的大学就读。

问：您读哪些类型的书？

答：我读历史，不过我不记得我对历史比对别的东西更感兴趣。我读过有关印度的甘地和美国民权运动的东西。但我没想过我会成为一名教授或社会科学家。我想我可能要进医学院。直到我上了大学，我才考虑要成为一名社会科学家。

问：您研究的一个主要聚焦点是公民参与和公民组织。您在成长过程中是否积极参加过各种俱乐部或者青年组织？

答：我参加了几个俱乐部。因为我不是一个受欢迎的孩子，所以我什么也没选上。我对戏剧很感兴趣，我在高中时也演过戏剧。我出演过关于克拉伦斯·达罗（Clarence Darrow）和"斯科普斯审判"的《风的传人》*，不过我不是主角。

问：您于1969年从密歇根州立大学获得学士学位。你为什么选择密歇根州立大学？

答：我想离家远点，上大学就是最好的选择。我母亲希望我像她一样去一所小型博雅学院学习家政学。她不认为我以后会去上班，因为那时女孩找工作的想法很稀罕。我父亲更支持我应该认真学习，去任何他们会录取我的地方都行。我说服他我要去密歇根州立大学，因为州内的学生学费足够便宜，我父母负担得起，而且那里还有一个荣誉学位项目**。20世纪60年代，我有幸在密歇根州立大学学习，因为这是一所正在大力发展的州立大学。密歇根州立大学正在开展一项吸引优秀学生的全国性选拔，并设立了一个荣誉学院项目，部分是为了迎合他们从全国各地招收的聪明孩子。因为我是一名优等生，最终进入了荣誉学院，这让我有机会进入小班学习，让我可以选择不同专业的优秀教师。我受到了极好的教育，遇到了非常聪明和老练的学生，其中很多人来自东海岸或西海岸，而不是密歇根。所以，密歇根州立大学对我这样背景的人来说可以负担得起，而且它的学生群体也像你在许多东部大学看到的那样具有天下情怀和精英气质。也许我在哈佛这样的地方也会做得很好，但我认为去密歇根州立大学为我确立了信心，这很重要。毕业时我的平均绩点是全年级大约四千名同学中最高的，我感

---

* 《风的传人》（*Inherit the Wind*），又译《向上帝挑战》《天下父母心》，1960年在美国上映的电影，改编自1925年"猴子案"这一真人真事。一名乡村教师因违反了当时的法律禁令，在课堂上公开讲授达尔文的"进化论"遭警方拘捕。此事在平静的美国南方小镇引起轰动，两位顶尖律师各据一方代表两造互相抗辩，等于人类直接向上帝的权威挑战。因真实事件中涉案的教师名叫斯科普斯（John Thomas Scopes），所以也叫"斯科普斯案"（Scopes Case）。为斯科普斯辩护的律师团领袖是著名的刑辩专家、民权律师克拉伦斯·达罗。——译者注

** 荣誉学位项目（honors program）是指一类学术水准很高的本科培养项目，是大学为满足优秀学生的需求设计的，也是给予本科学生的最高学术认可。——译者注

觉一切都很好。请记住，在那个时代，女性不被鼓励继续深造或进入职场，尤其是像我这样结了婚的女性。甚至在密歇根州立大学，一些教授也不鼓励我去读研究生。但我一直是个固执的人，我不会接受任何人的太多建议。我得到了我先生的支持，他一直认为我们会一起读研究生。

问：密歇根州立大学的哪些课程对您影响较大？

答：我记得早在大一或大二的时候，一门有关俄国政治的课程就引起了我的好奇，这门课是政治学家、苏联问题专家阿尔弗雷德·G.迈耶（Alfred G. Meyer）上的。他对行为主义革命感到紧张不安，和一位年轻教员争论行为主义与制度主义以及区域研究。我们本科生被这场争论弄糊涂了，我觉得很有趣。但我很困惑，因为他们俩似乎都在谈论用经验证据来理解政治模式。我不明白有什么差别。无论如何，我开始对政治的经验研究感兴趣，尤其是如何理解苏联政权的变化。后来我选修了一些非洲政治的课程，尽管最后我主修的是社会学。

问：您为什么主修社会学？

答：因为这是一门似乎不排斥任何东西的社会科学。社会学给了我研究美国的权力和阶级议题的自由。由于社会学的要求非常灵活，我也可以上政治学和人类学的课程，我就这么干了。在我大四的时候，我上了一门非常不寻常的实验性的荣誉课程，是威廉·希克森（William Hixson）开的，内容涉及从革命到内战再到20世纪的全部美国政治。选修这门课可能是我第一次看到，研究长期的社会变迁可以让你了解一个社会如何历经重大冲突仍继续运转，而这些冲突重构了政治的议题及其本质。大四时，我还选修过一门荣誉课程，课上我们阅读了社会科学领域的重要著作，包括巴林顿·摩尔的《独裁与民主的社会起源》（1966）。那本书对我的影响如同过电一般。

问：摩尔的书有什么吸引您的地方？

答：它的范围，摩尔纵横全球六七个国家的历史，探索革命的原因和结果。我以为他是个年轻的激进分子。毕竟，那是1968—1969年，当时我们正处于民权运动（我也积极参与了）和反战运动的中期。我读摩尔这本书的时候是一个非常认真的学生，甚至是一个积极分子，于是我以为这是个年轻的激进分子写的，因为摩尔当时也写一些严厉批评美国外交政策的文章。[1] 但让我着迷的是那本书本身。大四快结束时，我被录取为哈佛大学社会学研究生。我一到哈佛就立志要跟着摩尔一起学习。

问：您为什么决定读研究生并受训成为一名教授？

答：之所以立志成为一名教授，是因为我喜欢大学，喜欢教书，喜欢待在大学环境里。

问：您怎么知道自己喜欢教书？您的父母都是教师，但您自己教过吗？

答：我本科时有过密集的教学经历，因为我去密西西比参加了一个与非洲裔美国大学生合作的志愿者教育项目。20世纪60年代是民权运动激荡的时期，我当然希望参与其中。我是一名循道宗*教徒，参加了密歇根州立大学的一个循道宗青年组织，该组织每年夏天组织学生去南方为刚进拉斯特学院（Rust College）的新生授课。拉斯特学院是密西西比州霍利斯普林斯一所历史悠久的黑人学校。我第一次去是在1966年夏天，第二年夏天又去了一次。在这两个夏天之间，我嫁给了密歇根州立大学的比尔·斯考切波（Bill Skocpol），他是我在密西西比的循道宗项目上认识的。讽刺的是，我们居然没在密歇根州立大学结识，因为那里有四万名学生。

问：在密西西比的经历如何改变了您？

答：那是我第一次见识到赤贫。尽管我们面对的是非洲裔美国大学生，

---

[1] 例如，1961年4月入侵古巴的猪湾事件之后，摩尔签署了一封批评美国外交政策的公开信，并写了一份备忘录宣称约翰·F. 肯尼迪的"新边疆"计划是一场骗局。参见Schlesinger（1965，285-86）。

* 循道宗（Methodism），又称卫斯理宗、卫理公会（Wesleyans），基督教新教教派之一。1738年由英国人约翰·卫斯理和弟弟查理·卫斯理于伦敦创立，即英国循道会。原为英国圣公会内的一派，后逐渐独立。美国独立之后，美国卫斯理宗脱离圣公会自组宗派。——译者注

但他们大多来自贫困社区，霍利斯普林斯附近的社区非常穷，尤其是黑人。我教的是那些可能没有多少机会以什么复杂精细的方式学习读和写的年轻人。我记得我很喜欢教书。我丈夫和我邀请了我们在密西西比结识的一些学生到密歇根州立大学来看我们。在密西西比的教学经历是一种介入大规模社会变革的方式，但没有危险。基本上，我们待在大学校园里，因为周围的白人社区对来访的北方佬非常敌视。不能参加民权游行让我很难过。其他人去了，但我没有去，因为我的父母不允许。这是一个教会组织的项目，他们不允许志愿者参加游行，除非得到父母同意，而我的父母也不同意。

问：您在密西西比的暑期经历与您的正规教育有什么关联？您是否因为在南方的经历，在秋天回到密歇根州立大学后，就选择了不一样的课程，或者与现实世界建立了新的联系？

答：我从社会学教授那里上了很多课，教的是有关权力和美国社会分层的内容。特别是哈利·韦布（Harry Webb）教授，一位很有个人魅力的教师，他向我介绍了 C. 赖特·米尔斯关于权力精英的著作（Mills 1956），以及他和汉斯·格特（Hans Gerth）对马克斯·韦伯著作的解读（Gerth and Mills 1946）。C. 赖特·米尔斯的著作给我留下了深刻的印象。他希望深入思考现代社会的分层和权力，它从何而来、如何变化，这些内容让我感到兴奋。我还上过约翰·尤西姆和露丝·尤西姆（John and Ruth Useem）、詹姆斯·麦基（James Mckee）的课，他们都在社会学系。

问：您在学生时代参加过反战抗议吗？

答：我是反战运动的热情支持者，这一运动在密歇根州立大学规模非常大、非常活跃。它也变得越来越极端。我没有参加任何暴力团体，如"地下气象员"（Weather Underground），尽管我确实参加了许多大规模的群众反战示威。我反对越南战争，因为我认为美国卷入这场战争是错误的。那是一场内战，我认为我们不应该出现在那里。我学过有关第三世界的课程，我明白这些国家有他们自己的国内政治。我非常了解越南的局势，知道我

655 们在收拾法国人的残局，我们不应该那样做。我还关心战争对美国人的影响。这在大学生中是有争论的。所有的年轻男人，包括和我生活在一起并即将结婚的那位，都担心被征召入伍。我丈夫竭尽全力避免应征入伍，包括结婚和在一所天主教高中教书。这些都是当时年轻人发自肺腑的问题。这感觉不像是一场正义的战争，因此，它不像是一场值得牺牲的战争。

哈佛大学研究生院

问：1969年秋天，您开始在哈佛大学攻读社会学研究生。除了哈佛，您还申请过什么学校？

答：我申请了很多别的学校，都被录取了，但我不记得所有的学校到底有哪些了。我决定去哈佛，因为密歇根州立大学的一位荣誉生比我早一年去那里，这意味着我到那儿时，至少会有一个社交联系。还有，我的丈夫比尔（我1967年嫁给他）他当时要去哈佛念物理。

问：您说您父母对您离开家去密歇根州立大学读本科的决定五味杂陈。他们支持您读研究生的决定吗？

答：我父亲支持。我母亲可能不太喜欢这个主意。我记得我的祖母，她只是一个农场妇女，跟我说应该继续学习。她甚至没有念完高中，但她清楚地意识到我的未来会有所不同。我获得的丹福斯奖学金和国家科学基金奖学金很重要，因为我不知道我的父母是否有能力负担我读研究生的费用。

问：您提到您在大学时读过巴林顿·摩尔的《独裁与民主的社会起源》（1966），您希望到哈佛后能跟随他学习。当您最终见到摩尔时，对他的印象如何？

答：我想那是我在哈佛的第一年，我申请参加摩尔的研讨班，一个关于社会理论而不是比较历史的研讨班。我很快发现，巴林顿·摩尔并不像我想象的那样是个年轻的激进分子，而是一个年长得多、保守得多，甚至在学术事务上威权得多的人。[2] 你必须写论文才能上他的课，而他挑挑拣拣留下他要的学生。我记得我在研究生院的第一个星期就写了一篇论文，试图进入摩尔的课堂。

问：您成功了吗？
答：对，我搞定了。

问：您论文的主题是什么？
答：摩尔叫我们阅读并辨识马克思和恩格斯的《共产党宣言》中可检验的假说。我不是百分之百确定，但这是一种不错的锻炼。我记得我一位最好的朋友写了论文，但没能进研讨班。谁知道我为什么会进去，但我进去了。这个研讨班是关于欧洲社会理论的，我们读了莫斯卡、帕累托、托克维尔、马克思、韦伯，还有一位非常奇怪的批判理论家，要么是阿尔都塞，要么是卢卡奇，用法语写作的。摩尔用他所谓的"苏格拉底式极权方法"来上这门课。他会在房间里走来走去，并提出一个问题，一个引导性的问题，非常贴近阅读材料。他会指着一个人，那人得作答，如果他不喜欢这个答案，他会指向另一个人。这是一次非常可怕的经历。这让我非常紧张，所以上课前我就和几个朋友一起来杯红酒压压惊，但那段经历并没有让我气馁。第二年，摩尔又开设了一个研讨班，一个关于比较历史的长达一年的研讨班。这是我真正想上的。我申请了，被录取了。这可能是我参加过的最重要的研讨班。

问：那次研讨班有什么重要意义？
答：它给了我真正做历史比较的经验。摩尔是这样组织这个研讨班的，例如，我们被要求比较法国和英国，并思考这些国家革命性转型的根源和结果。我们研究了他在《社会起源》（Moore 1966）中使用的一些重要的二手资料，讨论了如何理解政治模式并做比较。我们通过这样做来学习比较

---

[2] 摩尔1913年出生，那时候年过半百未及花甲。

历史。

问：您为研讨班写了什么样的论文？

答：摩尔指定了话题。具体的我记不清了，但题目应该是"普鲁士霍亨索伦王朝崛起的原因是什么？"或者，他也许提出对英语和德语的发展做比较。

问：摩尔想在他的学生身上寻找什么？

答：他当然是在寻找那些努力工作并能提出原创论点的人。如果你花时间在一篇论文里谈论其他理论以及你为什么不同意它们，他会惩罚你。他想让你分析历史并用它来提出社会科学假说。他要求一篇论文要有清晰的主题和严谨的推理。这是一种非常传统的教育方式，几乎是种英式个别辅导风格的教育。摩尔的研讨班与我们现在参加或教授的研究生研讨班非常不同。它更像是一种实习，你研究完二手历史资料并从社会科学视角分析它们。我认为，对于从事比较和历史制度研究的人来说，重要的是找到一种方式来传达实际研究和写作的经验，而不是简单地批评他人的工作。在摩尔的研讨班上，我们没有读比如莱因哈德·本迪克斯，并对他批判一番。相反，我们做了莱因哈德·本迪克斯所做的那种工作，你可以在一年的研讨班中大致了解到这一点。许多深受摩尔研讨班影响的学生从那段经历中总结出了自己的困惑，并做出了他们自己的比较历史研究。[3]

问：除了摩尔，哈佛的哪些教师对您有重要的影响？

答：当时哈佛大学的社会学系正处于一个非常出彩的阶段。丹尼尔·贝尔和西摩·马丁·李普塞特等人的重要社会学著作在全国引起了广泛的争论。塔尔科特·帕森斯的重要性正在下降，我来到哈佛的时候已经是他

---

[3] 大约在那个时候像斯考切波一样参加摩尔研讨班，并且后来以比较历史学者为业的学生包括乔治·罗斯（George Ross）、朱迪思·维希尼克（Judith Vichniac）、约翰·莫伦科普夫（John Mollenkopf）、大卫·普罗特克（David Plotke）和维多利亚·邦内尔（Victoria Bonnell）。罗斯和维奇尼克与斯考切波都为摩尔的纪念文集写了文章（Skocpol 1998）。

职业生涯的末期了。所以，乔治·霍曼斯和帕森斯之间的大争论就要结束了。[4] 我与霍曼斯私交甚深，从他那里提炼出对宏大理论化工作真正的不信任，这也正是摩尔所教导的。就霍曼斯关心的来讲，理论的经验材料和经验检验才是重要的。我从霍曼斯那里学到，解释是对经验规律的一般概括，而不是简单的一系列抽象命题或形式模型。这种对宏观理论化的不信任，在我读研究生的时候就已经在经验研究工作和功能主义理论各种争论的处境下发展起来了，这种不信任一直延续到我今天作为一名政治学家的工作之中，因为我仍然非常怀疑抽象建模。试图用宏大的理论来解释一切，往往只能得到极少的解释。这是我从乔治·霍曼斯和巴林顿·摩尔那里得到的一个非常不一样但肯定重叠的信息。我还跟马蒂·李普塞特学习了政治社会学，他是我个人最喜欢的老师，因为他是这些老师之中最和蔼的。李普塞特是一个非常善良的人，也是一位慷慨的导师。在支持妇女走向职场方面，他走在了时代的前面。李普塞特非常慷慨地推荐女性，并像对待男性一样对待她们。他愿意和任何人进行知识交流。他对我来说非常重要，因为他参加了我的论文委员会，软化了霍曼斯和丹尼尔·贝尔的一些尖锐意见，贝尔是我委员会的第三位成员。巴林顿·摩尔不是我论文委员会的成员，因为我对他一直有一种非常切实的感觉。我发现他是一位智识上非常有启发性的教授，但我也发现他冷酷无情。在智识上我从不害怕与他意见相左。事实上，我的第一篇文章就是对他的《社会起源》提出异议（Skocpol 1973），这并没有造成我们之间关系紧张。[5] 但除非论文全部完成，摩尔不倾向于支持在就业市场上找工作的人，他是一位非常严格的任务大师。就确立我的职业生涯而言，我那会儿不确定我能不能生存下来。此外，摩尔根本不关心专业影响力和权力。我理解并尊重这种立场，但我也需要绕过它。我就是这么干的。我和摩尔从没闹掰过，而且我想他尊重我在职业上取得的成功。但我没有问他要我晓得他不会给我的东西。

---

　　[4]　霍曼斯（Homans 1964）批评帕森斯的功能主义理论对人类行动的描述不够充分，将心理和人格因素从更广泛的社会系统中人为地分离出来，因而无法解释人类行为。
　　[5]　这篇文章和斯考切波关于革命主题的其他文章都收录在 Skocpol（1994）。

问：您选修过丹尼尔·贝尔的课吗？

答：贝尔是一个令人害怕也引人注目的人物。他是一位杰出的知识分子，但完全难以捉摸。你永远不知道他会在课堂上或者你去他的办公室见他的时候说什么。我当然修过他的课，但我没有跟他密切合作过。没有人能与贝尔密切合作，因为他曲折多变，你无法跟上他。尽管如此，他还是对我产生了重要影响，因为他鼓励我做一篇关于革命的广泛的、比较的论文。在那个时候，一个研究生写一篇关于法国、俄国和中国革命这样如此宽泛的话题的论文闻所未闻。我们被期望学习统计学，并找到一个专注的、"可行的"项目。我理所当然地认为，我需要把我在巴林顿·摩尔的课堂上学习和享受的比较历史的东西搁到一边，为我的论文找到另一种类型的研究项目。

问：您还探索了哪些其他可能的论文主题？

答：我考虑过研究公司董事会成员之间的连锁纽带（interlocking ties），因为我对当时哈佛大学社会学系有强大影响力的哈里森·怀特（Harrison White）教的网络分析方法很好奇。我可能考虑过写一些关于新政的东西，我后来又在我的著作中谈到了这一点。我花了一些时间试图想出一个可以使用我学过的统计技术的话题。事实上，我在统计课上得了全班最高分。但我不记得这些话题中有哪一个能走得远或者让我感到兴奋。在定论文项目上我没有取得任何进展。

问：丹尼尔·贝尔是如何帮助你打破僵局并决定写一篇关于革命的比较论文的？

答：应研究生培养要求之一，我写了一篇关于法国、俄国和中国革命的论文，我去丹尼尔·贝尔的办公室找他聊聊这篇论文。我记得他看完论文后抬起头来，我想他问我学位论文的题目是什么。我可能描述过这些别的主题，然后他说："嗯，这是一个最有意义的学位论文主题。你为什么不做这个呢？"我接受了他的建议，或者更确切地说，是他允许我做我想做的事情，于是我决定写一篇关于法国、俄国和中国革命的学位论文。我写了一份计划书，聘请了一个由霍曼斯、李普塞特和贝尔组成的委员会。我很幸运，因为我遇到了一群准备思考大问题并鼓励他们的学生也这样做的教授。我想我在其他很多地方不会有这样的经历。我很幸运当时在哈佛大学社会学系。

问：您在哈佛读研究生的时候有没有修过政府系的课程？

答：我不记得上过政府系的课，考虑到我最终成了一名政治学家，这有点古怪。不过，我没有学政治学或许是件幸事，因为我不认为自己是世界上某一特定区域的专家。我希望能够在研究美国和其他国家之间自由移动。这在政治学上要困难得多，因为当时美国政治和比较政治之间的分歧要坚固得多。尽管我没有在哈佛政府系上过课，但我肯定知道塞缪尔·亨廷顿就在那里，我读过他的著作，并受到了影响。亨廷顿被认为是美国在越南发动战争的支持者，所以我当时根本没有准备跟他学习。

问：您那会儿知道亨廷顿的哪些著作？

答：《变化社会中的政治秩序》（Huntington 1968），我非常欣赏它，现在依然如此。我发现关于革命的那一章非常有趣，尽管我不赞成。事实上，我后来在自己的著作中怼了亨廷顿对革命的解释。尽管如此，我还是喜欢亨廷顿这本书的格局，喜欢他愿意把现代化看作一个多变的进程。尽管内容有很大的不同，但在最一般的层面上，亨廷顿在《变化社会中的政治秩序》中所做的与巴林顿·摩尔在《独裁与民主的社会起源》中所做的没有太大的差别。亨廷顿和摩尔都对理解各式各样的现代化模式感兴趣。

问：除了亨廷顿和摩尔的著作，还有什么著作对您在研究生期间的学习有重要影响？

答：伊曼纽尔·沃勒斯坦（Immanuel Wallerstein）的工作产生了巨大的影响。我把他1974年的书《现代世界体系》的原稿通读了一遍，觉得很有意思。在研究生阶段的早期训练中，我就学会了即使是在描述性很强的历史著作中也能看到分析性论证。当我读到沃勒斯坦的书时，立刻发现它是错的。我立刻开始跟这本书争论起来，拿它与莱因哈德·本迪克斯、亨廷顿和摩尔的著作作对照，也与我自己关于国家的作用和作为独立结构的跨国国家体系的观点作对照（Skocpol 1977）。尽管如此，沃勒斯坦著作的格局和胆识，以及他对跨国因素的强调，还是让我深受启发。我记得当时在会议上见到过他发挥作用。在20世纪70年代中期，他是一位非常有个人魅力的社会学大人物，他的书在社会学大会上引起了大量的争论。

问：您在哈佛接受训练期间，与其他研究生的互动对你有什么影响？

答：通过和其他研究生一起参加学习小组，我学到了很多。我们研究生定期见面，阅读最新出版的著作。每当研究生要准备考试时，他们就会组成这样的学习小组，而且通常只是死记硬背过一遍材料。但在我们的学习小组中，我们设定了自己的议程，超越了任何教授布置的任务，也超越了决定为自己要考虑的那些事做的准备。部分原因是20世纪70年代的研究生并不担心找不到工作；我们假定工作机会就在那里等着我们，尽管我们可能估计错了。我们甚至不担心成为政治上的持不同意见者。

问：那时你们担心什么？

答：弄清楚我们对事物的想法。我们还担心研究生项目的结构。我们中的许多人认为自己是挑战现状的激进分子。我当然觉得自己是一个强大的研究生群体的一员，其中大约一半是女性。因为我所在的班级是在越南战争征兵期间入学的，当时男生无法因为研究生学业获得缓役，所以女生更多了。

问：当时哈佛的教师中有没有女性榜样？

答：没有，不过我记得当时罗斯·科塞（Rose Coser），一位顶尖的社会学家，也是刘易斯·科塞的妻子，非常鼓舞人心，作为美国社会学协会（ASA）代表团的成员，她来到哈佛大学社会学系研究性别问题。因女教师的缺乏引起的不安当时就初露端倪了。

问：你们的研究生学习小组讨论了哪些智识问题？

答：我们讨论了现代化理论和马克思主义理论。请记住，那是一个马克思主义思想在年轻人中流行的时代。我们准备研究欧洲历史，以探究这些理论是否正确。来自第三世界、拉丁美洲和其他地方的学生也参加了研究小组，他们讨论了他们所在地区的历史个案。因此，我们中的许多人都在学着在关于分层和政治的抽象理论与我们阅读或听说实际个案的历史时看到或听到的经验模式之间来回转换。

我和一些非常令人兴奋的人一起学习，他们后来做了很多了不起的事情。彼得·埃文斯比我早几年。当时我并不认识他，但他就在那儿。哈里特·弗里德曼（Harriet Friedman）继续做着非常有趣的研究。另一位研究生克劳德·费舍尔（Claude Fischer）是少数几个支持越南战争的人之一。我确实从哈里森·怀特的学生们那里学到了很多，他们从事网络分析，比如罗纳德·布雷格（Ronald Breiger）和约翰·帕吉特（John Padgett）。我们组成学习小组一起学习，即使我们在不同的研究领域跟不同的教授一起工作。20世纪70年代的哈佛社会学系对这种学习是很有帮助的，因为当时的教员包括不同领域的重要人物，但是这个系又足够小，小到所有的学生都相互认识。

问：让我们说说您的论文，这是您第一本书《国家与社会革命》（Skocpol 1979）的基础。我们已经讨论了您如何得出您的话题，即对法国、俄国和中国革命的比较分析。我想把重点放在研究过程的具体细节上。您是如何推进您关于革命的广泛比较研究的想法的？在这三个个案中，您首先关注的是哪一个？

答：我没有从哪个特定的个案开始。我在摩尔的研讨班上读过关于欧洲的东西，对法国大革命有所了解。通过阅读摩尔的著作（Moore 1950，1954），我对俄国有了一些了解。我在念研究生之初和傅高义（Ezra Vogel）一起参加的一个研讨班上了解了中国革命的历史。当我意识到法国革命和中国革命有惊人的相似之处时，尤其是在这些例子中被推翻的政权类型方面，我很确定那些最终发展成《国家与社会革命》的想法出现了。这是发生在世界不同地区的两种恐怕类型很不一样的革命,我分别了解了它们。我不记得哪一个是我先知道的,我也不认为这有什么关系,因为"欸"时刻是注意到它们之间的相似性。

问:除了阅读有关这些历史个案的材料,您还读了一些有关革命的理论吗?

答:是的。但我先学了历史,这就有可能在我所知道的历史和理论之间产生一种紧张关系。比较历史也使我能够看到我想要理论化的新模式。我注意到法国和中国的相似之处,然后我开始思考"这些国家有什么样的政权",我意识到法国和中国被推翻的旧政权有很多相似性。喏,这两个个案也有很大的差异。例如,从1911年到1949年,中国革命持续了近四十年,而法国革命则短得多。但我在巴林顿·摩尔的研讨会上了解到,通过注意不同个案之间相似的分析过程,你可以找到一些方法来比较历史次序,而不用逐字逐句地看年表。

我不像现在的很多研究生,他们被告知必须阅读社会科学文献,尤其是期刊或最新图书上的当前文献,而我不只是阅读文献。如果我只是那样做,我就会想:"哦,这是蒂利的革命理论(Tilly 1978),这是特德·古尔的革命理论(Gurr 1970)。"但因为我之前读了很多关于革命的经验材料,我有一些东西可以让这些理论与之处于紧张状态。摩尔研讨班的教益是,先学习历史,然后用我现在称之为分析归纳[6]的方法是可行的。分析归纳法在今天不会被很多方法论专家认可。但那又怎样?创造性来自于将意想不到的事物并置对比。我就是这么做的。

问:除了法国、俄国和中国这三个革命成功的个案外,您还分析了英国、日本和普鲁士/德国等革命失败的对比个案。您是在什么阶段将其他个案纳入分析的?

答:我最后才纳入那些个案。第一步是对法国和中国出人意料的相似

---

[6] 分析归纳法最早被描述为一种资料分析方法,见 Znaniecki(1934)。

性感到好奇。然后我把俄国也算进来。最后，当我在写论文的阶段，我试图趋近弄成一个可控比较。于是我找了找失败的个案。我借鉴了从巴林顿·摩尔的研讨班中学到的东西，因为在那些研讨班上，我们已经写了大量关于普鲁士和英国这两个个案历史的东西。至于日本，我通过阅读比较日本和中国发展的著作，对这个个案产生了浓厚的兴趣。

问：您为什么关心构建可控比较？巴林顿·摩尔的研究并没有对这一方法论问题给予太多关注。

答：你说得对。当我作为研究生准备考试时，我偶然发现了阿伦·李帕特（Lijphart 1971）、约翰·斯图亚特·密尔（Mill 1874）以及马克·布洛赫（Marc Bloch），布洛赫写过一篇关于比较历史的著名文章（Bloch 1967；另参见 Sewell 1967）。我学过统计学方法，我记得我被李帕特对统计学和比较方法之间的类比深深吸引。如果不进行可控比较，我想我无法确定一个假说是否能够真正解释为什么一个结果会发生或不会发生。我在基础统计方法课上，在我跟乔治·霍曼斯的合作和谈话中，都学到了这个观点。

问：我们讨论了您如何将历史个案材料与现有的革命理论进行并置对比，从而产生关于革命的原因和后果的新观点。您能谈谈您在写论文的过程中使用历史证据的其他方法吗？

答：我起草了调查表，以组织和指导我使用二手证据。使用二手证据很棘手，因为其他学者在做这项研究时并没有考虑到你的问卷。不同历史领域的争论可能相当不同，因此，历史学家可能不会像研究中国或俄国那样研究法国。为了解决这个问题，我准备了一份系统的调查表，收集我需要的证据，以便处理我的假说以及竞争性假说。我尽可能去获取一手著作。我甚至读了不少博士论文。如果我找不到我想要的信息，我可能永远也得不到，因为我使用的是二手证据。但至少我知道我错过了什么。

问：您是如何设计这些调查表的？是什么引导您选择问题？

答：关于革命的起因，我有自己的初步理论：国家的崩溃至关重要；

国家的崩溃可能源于国际压力和阶级之间的冲突；而农民村庄的结构是决定农民能否揭竿而起的非常重要的因素。我系统地寻找这些事情的证据，不管历史学家是否对此感兴趣。我还必须寻找证据来检验对革命的替代解释，比如马克思主义或"相对剥夺感"假说[7]。于是，我的调查表就问，比如，阶级意识和组织发生了什么变化？通货膨胀和面包价格发生了什么变化？我试图系统地研究成功革命的正面个案和没有革命的控制个案，看看这些领域发生了什么。这种技术有助于确保我使用二手证据的依据是由我正在探讨的理论议题引导的，而不是受历史学家碰巧写到的东西引导的。因此，虽然我确实对历史文献进行了详细的研究，但我并没有花很多时间与真正的历史学家交谈。这让我后来陷入了麻烦，在《国家与社会革命》出版之后，每一群历史学家都准备说："她没有正确地理解我们的个案。"但我认为，在做研究时，让自己远离历史学家是很重要的。

问：如果您及时咨询历史学家会发生什么？

答：我可能就得陷入根据历史学家的看法准确描述每一个个案的无望追求之中。但这不是比较历史的意义所在。比较历史要分析性地盘问个案和提出新问题。

研究：比较视角下的国家、革命和社会政策

《国家与社会革命》

问：您的第一本书《国家与社会革命》脱胎于博士论文。这本书是在您完成论文四年后出版的。为出版而修改论文的过程需要做些什么？

答：我写完论文后好几个月都没看一眼。我的论文还没写完时，就被哈佛大学社会学系聘为教员，又差点被炒鱿鱼，因为我的教学负担让我无法完成论文。我必须完成论文，以免被自己念博士的地方解雇，那样的话

---

[7] 关于"相对剥夺感"导致叛乱的论点，参见 Gurr (1970)。

就是灾难性的了。我有一种当断则断的品性，如果快撞到墙了，我总能找到办法渡过难关。我可以长久地做这一个项目，许多宏观社会科学家确实会长久地做一个项目。但当它到了必须得完成的时候，我就完成了。我写完了论文。但是我觉得我好像在鬼门关转了一圈似的，所以我把论文搁了一段时间。不到一年，我又回到了论文上，剑桥大学出版社的编辑小沃尔特·利平科特（Walter Lippincott Jr.）过来找我。他读过一篇我发表在《社会与历史比较研究》上的文章，这篇文章概述了我的论点的各个方面（Skocpol 1976）。利平科特说我的论文能变成一本很棒的书。所以，我回去修改论文，改了不少。我对法国、俄国和中国革命的结果做了更多的补充，这意味着我对这三个个案中国家权力是如何实现重新集中化的有了进一步的认识。我还试图加强关于革命爆发的因果论证。为了做到这一点，我对论文的章节进行了重新配置。总的来说，在重写阶段，我更多考虑的是我该如何表达论点。

问：您采取了哪些具体步骤来澄清你的论点？

答：我调整了个案的顺序，没有在每一章里都按照同样的顺序呈现它们。例如，在第二章和第三章，分别关于国家崩溃和农民起义的章节中，我最初按时间顺序展示了这些个案——法国、俄国和中国。在修改手稿的过程中，我改变了顺序，突出了异同。在重写阶段，我认为这是完全合理的，因为把这些个案从时代处境中拉出来，可以更容易地比较导致国家崩溃进而使农民揭竿而起或以革命方式动员起来的结构特征。我准备既说这三个个案有什么共同之处，又讲它们如何变得不同。我不觉得我必须在强调不同个案之间的相似性或不同点之间做出选择，因为到那时我已经清楚地知道自己在论证什么了。

问：仅仅改变您展示个案的顺序是否有助于您看到新的模式和潜在的解释？

答：是的。我记得当我改变展示个案的顺序时，我注意到了关于国家崩溃过程的新东西。在比较工作中，人们常常认为他们必须根据时间和年表来叙述他们的个案。你当然不需要这样做,事实上,或许就不应该这样做。按照你试图理解的因果过程的主线来叙述通常会更好。在《国家与社会革命》中,这意味着先叙述国家崩溃、农民起义,最后讲国家的重建。当你在做历史个案分析时,第一次你可能看不大清个案的哪些方面支持或反对你的论点。我在写《国家与社会革命》的过程中学到的经验是,在你研究历史社会科学时,你不仅仅是在做描述。你要看的是一个特定的因果论证或过程是否真能阐明从资料中发现的模式。坦率地说,当你研究历史学家的著作时,你经常会注意到他们没有看到的模式。我有过很多次这种感觉。例如,我正在读一本关于法国大革命的著作,作者是一位准马克思主义历史学家,他围绕阶级冲突的观点对一切进行了排序。好吧,我感兴趣的是追踪国家崩溃的过程,那些导致强制机关在行政上瓦解的事件,以及这些事件是如何为底层农民起义创造机会的。这样一来,我就注意到了证据中的模式,而准马克思主义历史学家会在他们自己的论点中只报道而不开发证据。

问:在您把论文变成一本书的过程中,有没有对第一章——理论章,做很多修改?

答:我不记得我是否改了很多。我在这篇论文中花了很多时间试图阐述替代理论和我自己的论点。所以,第一章的材料可能比论文其他章节都更加丰富。尽管如此,我在修改怎样展示自己的理论视角和论点方面,可能比在论文中做得更好。这本书的导言与之前许多比较历史分析的著作有很大的不同,因为我想成为一个系统的社会科学家。

问:您在《国家与社会革命》第一章中对方法和替代解释的明确讨论,是您的书有别于摩尔的《独裁与民主的社会起源》的一大特点。

答:摩尔并不反对将各种备择假设弄得相互对立,但他当然不赞成花太多时间讨论理论。在他的书中,他引入了竞争性假说,但寓之于叙事。我试着把我在社会学专业方法论中学到的"直截了当"的一面,与我在学生学习小组和摩尔那里所学到的东西结合起来。

问：《国家与社会革命》的结论一章明确界定了一组范围条件，限定了您希望您的论证适用的个案范围。那是论文里的材料还是您在修改时加上去的？

答：我的确在书的结论中比在论文中更清楚地表达了我的观点，也就是我希望我的论证能走多远。我甚至考虑过把墨西哥革命作为一个个案加进去，我为此做了相当多的工作。墨西哥革命在很多方面符合这个模型，但我最终没有把它写进书里。首先，我总是拿三说事，我已经有三个个案了。这只是一个另类的个性特征。其次，我觉得墨西哥的个案涉及了一种不一样的地缘政治环境，一种超出了我的模型范围的环境。因此，我在书中阐明了论文里隐含的我的模型的国际和制度条件。

问：《国家与社会革命》的一个主要理论论点是国家可以是一个自主的行动者，一个不受阶级和其他社会力量俘获的行动者。您还记得您是怎么得出这个见解的吗？

答：这个想法一定是来自对韦伯与马克思观点冲突的思考。我还是个研究生的时候，社会学家们就被训练得成天让马克思和韦伯相互叫板。我念本科时读过 C. 赖特·米尔斯的书，他结合了韦伯派和马克思主义的传统，提出了非常有力的论点，即官僚和精英是独立于阶级权力之外的（Mills 1956）。摩尔还教过莫斯卡和帕累托的内容，他们都是精英理论家。我很早就读过奥托·欣茨（Otto Hintze 1975）的著作。查尔斯·蒂利（Charles Tilly 1975）关于西欧民族国家形成的文集也对我提出国家有潜在的自主性的论点产生了影响。还有我对摩尔著作（Skocpol 1973）的批评，在我看来，摩尔所描述的很多东西都可以通过假定不同环境中有条件的国家自主的可能性得到更好的分析。让我好奇的是，如果不像阶级结构那样只使用一种宏观逻辑，而是使用两到三个交叉的逻辑，让它们创建不同的组合，那么跨时间、跨国家的差异还能被解释多少。所以，我研究了阶级结构和生产方式是如何与地缘政治以及不同的国家形成模式相互交叉的。我从来没有对单因素决定论感兴趣，这对我来说几近无聊。

问：20世纪60年代末、70年代初关于国家自主性的新马克思主义之争（Miliband 1969, 1970; Poulantzas 1969）是否也影响了您对国家和社会阶级之间关系的思考？

答：我们在研究生学习小组中阅读了所有关于国家自主性的马克思主义者之间的辩论，我对这些非常感兴趣。但我准备比马克思主义者走得更远，因为他们争论的是国家自主性，但归根结底，他们从未真正为国家行动者的自主行动设定基础。最终发表在《把国家带回来》中的有关国家自主性的观点，我很早就想出来了，主要是在我对革命的研究中思考欧洲君主和农政官僚的背景之下提出的（Skocpol 1985a）。

问：哪些具体著作是您在写《国家与社会革命》时所想企及的样板？

答：巴林顿·摩尔的《社会起源》（1966）。我也被查尔斯·蒂利的著作深深吸引，尤其是他对涂尔干（1981）的批判。佩里·安德森的《绝对主义国家的系谱》（Anderson 1974a）与《从古代到封建主义的过渡》（Anderson 1974b）以及李普塞特的《政治人》（1960a）也很重要。他们似乎没有一位是完全正确的，这使事情变得令人兴奋，因为给我留下了余地。但这些著作都事关重大且重要的问题。他们大胆地盘问历史，进行比较。他们让社会科学看起来很重要，可以说说人类的状况。

问：您觉得为什么《国家与社会革命》会引起如此大的轰动并产生如此持久的影响？毕竟社会科学类图书出版20年后，很少还有人记得它们，更别说有人读了。

答：是的，而我每年仍从那本书获得可观的版税。但我可能是最不知道你问题答案的人。我头一次从哈佛大学出来找工作的时候，就感觉到这本书正激发出想象力。我在社会学系接受了很多采访，展示了这本书的主题。这些采访中的听众主要是研究当代美国问题的人，但我关于法国、俄国和中国革命中组织起来的过程群集而至的论点总是产生一种"欸"的效应。在任何优秀的社会科学研究中，你都希望人们突然发现他们从未见过的东西；你想要创造一种格式塔（gestalt 完形），让他们以一种新的方式看待事物。我能够通过将人们认为非常非常不一样的革命并置一处来实现这点。也许他们认为这三次革命不一样，是因为它们发生在不同的时间、不同的地点，或者因为法国革命是资产阶级革命，而俄国和中国革命是共产主义革命。此外，由于我以一种非常单调乏味的方式将这个论点阐述为一系列关于必要和充分变量的假说，习惯于统计推理的人会欣赏我的工作。比如，我记得威斯康星大学的社会学家杰拉尔德·马维尔（Gerald Marwell）就说："当我读到这本书时，我发现它是社会科学。"

问：社会科学相对于什么？

答：与标准的比较历史相对，像马维尔这样的人对比较历史的反应会是："我不明白这是什么"，或者"这是历史，不是社会科学"。因此，《国家与社会革命》足够跨界，从而可以在社会科学中获得广泛赞誉。很多历史学家对这本书感到愤怒，因为他们觉得我闯进了他们的地盘，既不懂语言，也不尊重他们那些个案的特殊性。然而，在社会科学领域，这本书给人们提供了一种思考革命的方式，超越了我研究的那三场革命。我仔细地限定了我的论点，说它只是关于农政官僚制，而非所有类型的政权。但因为这本书提供了一把理论钥匙——国家崩溃和重建的模式——它就提供了一个人们可以拿来分析其他类型革命的模板，比如墨西哥革命和第三世界其他的革命。当我第一次出去找工作时，我展示了我的论点，人们可能会问："那伊拉克呢？"我很早就学会了在回答这类问题时要谨慎、恭敬。我会答道："这是我准备如何讨论这个个案的思路，这是我要问的问题。"通过这种方式，我能够展现出我的书提供了一套理论分析，可以帮助其他人对他们的研究个案提出问题和假说。其他学者也注意到了这一点，并且《国家与社会革命》成为模板本身也就说明了它的影响。这并不是说它不能被挑战，也不是说它是最终定论。任何一本书都不可能做到。但人们看到这本书兴奋不已。有些人拾起了那些假说，并把它们应用到其他革命实例中；另一些人则拾起了比较历史的方法，并将其应用于其他类型的现象。

问：您知道这本书给其他学者提供了可以抓住的全部把手吗？

答：当然没有。我只是想搞懂一个重要的主题，找出我讨论的个案中的规律，完成我正在开发的一个看起来挺新鲜的论点。我没想到我的工作能产生如此大的影响。这也就是一转念而已。我沉浸在数百年的历史中，试图掌握我需要掌握的所有材料。我读了成百上千的图书和文章来写《国家与社会革命》。这本书出版后获得了很多好评并得了奖，其中包括美国社会学协会的"杰出学术贡献奖"，这是社会学的一个主要奖项，通常颁给那些更资深的学者。当时不少宏观社会学著作获得了重要奖项，如沃勒斯坦的《现代世界体系》（1974）。[8] 我的工作赶上了人们对社会学宏观研究敬意渐升的潮流。

问：《国家与社会革命》受到了广泛的好评，但也遭到了尖锐的批评。您认为对这本书的哪些批评最中肯，哪些最没道理？

答：有人批评我的结构性解释路径让行动者脱离了历史，这是最站不住脚的。我认为这种批评不成立。我的书部分意义上被看成是对结构功能主义的批判，它比那种类型的研究更加以行动者为中心。这本书没有让行动者完全掌控结果，因为它分析了行动者之间的相互影响如何产生出意想不到的结果。然而，在《国家与社会革命》中，行动者无处不在，他们组织起来互动是冲突和意外结果的根源。另一方面，这本书没有过多地关注意识形态的作用，它本可以做得更多些。

问：您为什么不大重视观念的作用？

答：因为我反对那些认为革命性意识形态本身就足以引起革命的理论。我与威廉·瑟维尔（William Sewell）就这个问题进行了富有成效的交流，以回应他对这本书的批评，我承认在某些方面，他对意识形态在革命中的作用的看法是正确的（Sewell 1985；Skocpol 1985b）。[9] 我写了一篇关于伊朗革

---

〔8〕 沃勒斯坦的书于1975年荣获美国社会学协会索罗金杰出贡献奖。

〔9〕 两篇文章都重印于 Skocpol（1994）。

命的文章，试图把意识形态纳入我的模型中——伊朗革命刚好发生在《国家与社会革命》出版之后（Skocpol 1982）。

问：另一种对《国家与社会革命》的批评来自国别专家，他们认为您把"他们"的个案搞错了。

答：中国问题专家对这本书最不屑一顾。[10] 这有若干原因。首先，中国研究相当偏狭保守，因为大多数专家在学习语言上投入了大量时间精力。事实上，中国研究学界自有其独立的传统，中国研究学者通常不会介入那些处理欧洲模式的理论。其次，在我写《国家与社会革命》的时候，中国革命本身还在以某种方式展开之中，这意味着我可以依据的关于中国的学术在政治上是高度极化对立的。因此，我不得不说革命的结果在中国个案上没有在其他个案那么确定。我仍然不认为这本书的主题思想有什么根本性错误，不过对于中国个案，当时还没有成熟的二手文献可资借鉴。

问：一些历史学家也批评《国家与社会革命》。[11] 您对这些批评有何评价？

答：这本书受到了历史学家的挑战，但我也被邀请参加历史学会议为它辩护。我与历史学家打交道的最生动的记忆之一来自伯克利，在那里我给研究法国、俄国和中国的历史学家做了一次报告。这次报告实际上是在整个历史系面前为我的书辩护。虽然我不能说我完全可以说服历史学家，但我完全可以控制特定事件，因为我让与会的历史学家相信我已经读过了专家们写的所有东西，知道他们书中的证据和论点，并且明白为什么有的我用了、有的我拒了。我使他们相信我懂我研究的历史。我与历史学家打交道的技巧之一是阅读历史学家们必读的几代历史学家的著作。历史这行，任何一代人的解读都是极端极权的。同时，年轻的历史学家也会远离彼此的地盘，避免研究同一个问题。但如果你读过几代人的书，你会得到一些

---

[10] 例如参见 Perry（1980）的评论。

[11] 例如参见 Kiernan（1980）的评论。

不同的视角。

问：第一本书赢得如此现象级的成功并受到广泛讨论，有什么不好的地方吗？

答：当然，因为人们一直在猜测我是否还能再做一次，尤其是我是女的。当我在哈佛和其他地方争取终身教职时，这是一个大问题。我会再做一次吗？这本书被认为是本垒打，确实如此。在《国家与社会革命》出版后不久，我得到了芝加哥大学的聘书，这是一个顶尖的社会学系。我清楚地记得我在那里主讲的研讨会，它令人振奋，几位非常有影响力的社会科学家参加了这次面谈，包括詹姆斯·科尔曼、莫里斯·雅诺维茨和威廉·朱利叶斯·威尔逊（William Julius Wilson）。我知道他们在考虑我的终身教职。我能应付自如，不仅是因为报告本身，还因为我处理问题的方式。一个人如何处理问题很重要。如果你能听到问题，并与之进行智力游戏，你就能展现出你有能力处理意想不到的事。这就是我能做的。我喜欢比较历史，认为它是一种强大的思维工具。同时，我知道我有一套理论。我能够展示出我对研究个案了解全面，并展现我的模型如何可以处理其他个案。从1978年我把这本书寄给出版商，到1979年出版，我一直在旅行，受邀做报告。我是那时候最为大家认可的年轻学者之一。

问：在您职业生涯的早期阶段受到如此多的关注，这一定很让人兴奋。

答：我认为自己还年轻。但我当时在哈佛，我那些资历浅的教员同事们也很有名，所以我可能没有意识到，一个年轻学者受到这么多关注是不寻常的。我当然是到处展示我的工作，它得到了大家带有敬意的兴趣和关注。人们在争论这本书，我也受到很多攻击。老人叫我马克思主义者，年轻人叫我非马克思主义者。有争议总的来说是件好事。我总觉得有人和我争论总比没人理要好。

《眼光和方法》

问：在《国家与社会革命》之后，您的下一本书是1984年主编的

《历史社会学的眼光和方法》(Skocpol 1984)。《眼光和方法》的独到之处是每一章都聚焦于一位历史社会学巨匠的工作和事业。能谈谈这个项目的起源吗？您想达成什么目标？

答：作为一名年轻教员，我觉得比较历史研究有很大潜力，但这一领域已经成为孤立的、伟大的先辈巨匠的保留地。要开发这一领域的潜力，就得深思熟虑，把这些老人家们已经做的工作正规化和制度化。这就要求阐明比较历史研究的各种模型，查证那些人们可以争论的实质性和方法论文献。虽然我还是一个年轻学者，但我已经把自己看作一个议程设定者和制度建设者。人们对《国家与社会革命》的反应可能给了我信心，我相信自己能做到这些。当时我意识到历史社会学制度建设还有其他模式。例如，查尔斯·蒂利正经由方法论来完成制度建设的任务，越来越多地转向暴力的定量研究。[12] 伊曼纽尔·沃勒斯坦提出了一套宏大的理论，并要求人们接受它（Wallerstein 1974）。沃勒斯坦的路径让我感到不舒服，我觉得创建一套宏大理论，并试图让人们接受，可能会引向一条死胡同。因为我在哈佛教书，我周围都是非常聪明的研究生和本科生，他们想要取得自己的成就。所以，与其创造一套"斯考切波理论"，不如试着创造一种研究路径感、一种问题议程感，并就如何最好地解决这些问题展开友好讨论。我还想围绕比较历史研究建立一种"我们"的感觉。因此，我萌生了举办一次会议的念头，邀请那些在做着出色的、令人兴奋的研究的年轻些的历史比较社会学家与会，来展示和评论那些长者的工作，甚至是先辈巨匠的工作。我还提议编制一份关于比较社会学和历史社会学的方法论参考书目。我不确定会议会不会成功，因为从某种程度上来说，这是一次为了写出一些关于所有这些年长学者工作的东西的学术活动。但是这次会议结果令人着迷、让人振奋。年轻的比较历史学者对阶级关系的作用，以及阶级冲突之于地缘政治和政治组织在解释社会变迁方面的作用，展开了各种有趣的、实质性的讨论。

---

[12] 例如参见 Tilly with Shorter (1974)。

问：《眼光和方法》集中在九位重要学者的工作上。[13] 您是如何决定把谁包括进来的？

答：我收录的学者都是当时历史社会学的巨擘，也包括一些我想收录的、年轻学者愿意写的其他大人物。我想费尔南·布罗代尔也被考虑过的，但丹尼尔·奇洛（Daniel Chirot）想写马克·布洛赫，所以就换成了布洛赫。* 整理这本书需要与撰写这些章节的年轻学者们讨价还价。

问：《眼光和方法》聚焦的所有学者都主要研究欧洲。事实上，很多学者就是欧洲人。您是否考虑过纳入非欧洲学者或研究非欧洲区域的学者？

答：我和当时大多数社会学家一样，理论底子是涂尔干、马克思和韦伯。因此，他们的工作塑造了对理论思想进行重新思考的地带。如果试图引进研究第三世界的发展理论家，那恐怕步子迈得太大了。

问：您对《眼光和方法》的总体评价如何？它实现了您设定的目标吗？

答：我认为这本书并不完全成功。当我在争取终身教职时，有人提出的一个中肯的批评是，对于一本评注式编著来说，《眼光和方法》是一笔太大的投资。我这样做是因为我想做一项制度建设活动，而这一努力无疑取得了成功。会议本身以及把人们聚在一起的过程，帮我确立了我试图实现的这条研究路径的自觉意识。

问：如果您能重新做一遍《眼光和方法》，会有什么不同做法？

答：我可能不会这么做。我认为这是一本影响深远的好书。但是，在我看来，它不像《把国家带回来》（Evans, Rueschemeyer, and Skocpol 1985）那么重要，那才是一本从根本上设置议程的书。

---

[13] 佩里·安德森、莱因哈德·本迪克斯、马克·布洛赫、S. N. 艾森斯塔特、巴林顿·摩尔、卡尔·波拉尼、E. P. 汤普森、查尔斯·蒂利，以及伊曼纽尔·沃勒斯坦。

* 马克·布洛赫与费尔南·布罗代尔分别是法国"年鉴史学派"第一代和第二代的核心代表人物。——译者注

《把国家带回来》

问：能谈谈您和社会学家彼得·埃文斯和迪特里希·瑞彻迈耶合作主编的文集《把国家带回来》的缘起吗？

答：彼得和迪特里希当时都在布朗大学，有一天他们带着一份计划书来哈佛见我。他们说，社会科学研究理事会有这些叫作研究规划委员会的东西，也许我们应该试着建一个。我想是彼得真正看到了他所做的关于巴西的国家和经济发展的研究（Evans 1979），以及我当时正在做的关于国家和政治的研究之中，蕴藏着许多趋同的分析可能性。我们的联合讨论没完没了。我们没完没了地开会，围坐在那儿，试着搞出立场文件寄给社会科学研究理事会。社会科学研究理事会对我们提出成立研究规划委员会的建议给予了积极回应，但他们要求我们筹集资金。我们有想法，但没钱。不管怎样，要先干起来，我们决定为筹建研究规划委员会召开一次会议。会议结束后，我们决定合出一本书——《把国家带回来》，这是我做过的最有条理、最细致周密的议程设置工作。我们根据国家作为行动者和结构可能如何影响经济发展、公共政策和民主等重要结果的观念，决定哪些内容应包括进来，哪些内容不包括进来。我们想发表会上展示的一部分论文，但不发表另外的那些。这意味着我们必须对比我们资历深的、有权有势的人说不。我们甚至重写了几篇文章，把它们寄回给作者，说："就是这样。这样说出你的想法了吗？"我们还征集了一些新文章，因为我们想让这本书列出一个可资参考的理论框架，把许多不同文献中的问题和方法具体化。与此同时，我们从应邀与会的人士中挑选了一些人，并编写了一份长达百页的提案，该提案被社会科学研究理事会接受，从而导致了"国家和社会结构委员会"的成立。委员会成员包括政治学家彼得·卡赞斯坦、史蒂文·克拉斯纳（Steven Krasner）和艾拉·卡茨尼尔森。因此，我们开始进军政治学领域。那时我也是一名政治学家，因为我刚转到了芝加哥大学，在那里我是社会学系和政治学系双聘教师。我们多次举行委员会会议，并出版了一份通讯。但我认为《把国家带回来》是这一过程中最具影响力的产品。那本书目前仍被大量引用。

问：您和埃文斯、瑞彻迈耶一起为《把国家带回来》合作时，你们之间有什么样的"化学反应"？

答：深厚的友情。我们一次又一次地会面，花了很长时间讨论渗透到我们全部工作中的想法，包括埃文斯关于政治-社会协同作用和内嵌自主性的工作（Evans 1995）、我在《保护士兵和母亲》方面的工作（Skocpol 1992），以及瑞彻迈耶关于民主化的工作（Rueschemeyer, Stephens, and Stephens 1992）。迪特里希比我和彼得资历深，年长一代，他是一位了不起的知识分子。他将经典社会学理论的统领知识与理解民主化等实质性问题的热情结合了起来。彼得和我经常商量如何推进这个项目，但这不是我们一起做同样的经验研究项目式的合作。相反，我们围绕着共同的理论观点进行合作，这些观点隐含在我们正在进行的不同经验研究项目中，以及我们所敬重的其他人的工作中。我们试图在社会科学的各个学科之间建立对这些观点的明确意识。我们想在政治学和社会学中进一步发展某种研究风格和理论论证思路。我认为，我们给了做比较政治的人一些东西，让他们可以借此"钓"出更专门化的研究，借此帮助他们发现手头研究问题背后更具一般性的理论兴趣。

问：有一种对《把国家带回来》的批评意见，尤其是来自政治学理性选择学者的批评，认为"国家"是一个过于聚合的甚至物化的概念。例如，我听说罗伯特·贝茨告诉学生，当他开始一个项目时总得问问自己："我将与哪些政治角色对话？我该和谁共进午餐来开始了解这个问题？"您不能邀请国家共进午餐吧。

答：你当然可以邀请政府官员共进午餐，他们是权威关系和资源流动的同一整体机构的一部分，这一事实使他们所在的组织成为一个国家。没必要通过把国家物化来认可这个事实。组织是真实的，它们就像权威关系、资源流动以及人们头脑中的想法一样真实。事实上，《把国家带回来》的一个中心论点是，必须按照特定的政策制定路线，并考虑到国家能力的意义，把国家按照组织的和具体的方式分解来看。事实上，我不相信在理性选择前提和经验性历史制度主义者所做的事情之间,存在像某些人争论的那么多矛盾。《把国家带回来》并不是作为跟理性选择理论的辩论来写的。

问:那么与它对立的是什么?

答:任何形式的还原论,特别是马克思主义的还原论。但它主要是一本正面立论的书,其中写道:"这里有一些强有力的问问题的方法,可以拿来讨论国家行为和国家结构的影响,这些方法在迥然不同的文献中被证明卓有成效。如果我们系统地思考这些提问题的方式,我们就能获得新的适用范围或分析思路的灵感。"这是一本议程设置类的书。

问:另一种对《把国家带回来》的批评是,大量文献已经聚焦于国家,因此没有必要"把国家带回来"。[14] 您对此有何回应?

答:很明显,《把国家带回来》是建立在许多此前文献的基础上的,这些文献从经验上或理论上处理了国家组织和政策制定者的问题。这一点在导言那一章中已得到承认。我们所做的是强调众多不同的文献所共享的议程和概念。

比较视角下的美国社会政策

问:20世纪80年代,您的工作越来越侧重于福利国家的比较研究和社会政策的历史分析。这个话题与您先前对革命的关注有很大的不同。这种转变的动机是什么?

答:在《国家与社会革命》出版后不久,我就到了不想再写革命的地步。作为一名学者,我的策略是界定富有成效的问题,并用它们来琢磨理论议题,而且我希望继续研究新的问题。我不想成为革命方面的专家,在《国家与社会革命》之后,我很快地就往前走了。早在1980年,我就已经发表了一篇关于"新政"的文章(Skocpol 1980)。

---

[14] 例如参见 Almond(1988)。

问:"新政"有什么地方引起了您的兴趣?

答:"新政"是有关马克思主义国家理论辩论的核心。面对这些理论分歧,我采取了"巴林顿·摩尔操作法",也就是学习"新政"的历史。我早期曾与当时哈佛大学的研究生肯尼斯·菲内戈尔德(Kenneth Finegold)合写过一篇文章,探讨了美国背景下关于国家自主性的理论观点(Skocpol and Finegold 1982;另见 Skocpol and Finegold 1990; Finegold and Skocpol 1995)。

问:您的比较历史背景如何影响您研究美国政治的路径?

答:很多关于美国政治的研究都想当然地把整个大背景视为理所当然,只关注某一个过程,比如投票、某一种组织类型(如利益集团或政党),或者联邦政府的某一部分。如果你以比较历史的背景来研究美国政治,你就更有可能从大处着眼来考虑长期的变化轨迹,并提出有关政策制定、政治及制度发展的问题,这些问题都是基于对比较变异的清醒意识。我的工作就是这样。当我开始研究美国福利国家时,我沉浸在关于欧洲福利国家和社会民主模式发展的比较研究文献中,这是美国个案中所缺少的模式。当我着手处理美国个案时,我脑子里装着这些事情(Skocpol and Orloff 1984; Skocpol and Weir 1985; Weir, Orloff, and Skocpol 1988)。

问:1992 年您出版了《保护士兵和母亲》一书,讨论了美国社会政策的历史发展。在序言中,您讲述了您是如何偶然发现一本被遗忘的旧书——艾萨克·马克斯·鲁比诺(Isaac Max Rubinow)的《社会保险,特别是美国的状况》(1968),书中将内战退伍军人的养老金描述为一项主要的社会政策。[15] 找到鲁比诺的书有助于您形成自己的见解,即美国实际上是一个早熟的福利国家,而不是像传统观点认为的那样落后于欧洲国家。这次碰巧发现对《保护士兵和母亲》有多重要?如果您不是碰巧发现鲁比诺的书,您自己的书会大不一样吗?

答:是的,结果可能会不一样,因为标准文献中,无论比较的还是具

---

[15] 鲁比诺的这本书于 1913 年首次出版。

体讲美国的,都没有强调把内战养老金作为一项主要的社会政策。我在《保护士兵和母亲》中的论点发展的过程是一个经典的例子,说明了为什么人们应该对广为接受的范畴持怀疑态度,并对惊喜、对发现新事物持开放态度。历史学家马克·布洛赫认为,比较历史使我们有可能注意到一些事情惊人的相似或惊人的不同,否则你可能就看不到了(Bloch 1967)。这反过来又催生了问题和理论。即使你只看一个个案、一段历史,注意到一些不应该存在的东西,也会激发问题和理论化。鲁比诺字面上是说,内战养老金是一项重要的社会政策,它将很快使美国在公共福利方面超过欧洲。当我读到这里时,我感到很好奇,因为仅从经验断言,1913 年发生的大量政府社会支出事实上相当于老年养老金的话,那就跟将美国视为社会供给落后者的整套文献的说法相悖了。起初我对鲁比诺的说法持怀疑态度,但我决定调查这件事,因为我有一种预感,它可能会引向某些东西。当我意识到鲁比诺在经验上并没有错的时候,我把他对内战养老金的观察和我关于美国早期的阅读经验联系起来,尤其是斯蒂芬·斯科夫罗内克(Stephen Skowronek)关于分赃政党在 19 世纪美国政治中的中心作用的著作(1982)。我开始认为内战时期的养老金和分赃政党之间有密切的联系,因为我知道共和党人提议了养老金。这让我意识到鲁比诺的观察并不是一个偶然事实,而是一个我可以用我正在发展的关于恩授分赃政治逻辑的理论来解释的事实。所以,我既从阅读历史中学习,也从那个时代的诠释者——鲁比诺那里学习,通过他的视角看到的和我们现在看到的很不一样。

问:追踪偶然发现产生的直觉并不符合科学如何运作的常规模式。如果有人认为引向《保护士兵和母亲》的发现和洞察过程只不过是特别的、凭直觉的、在科学上是无效的,您会如何回应?

答:正常的科学模式下,创新并不重要,我们要做的不过就是检验现有的理论,这只是一个非常枯燥、过度开发的研究领域自负的表现,它相信自己已经拥有了所有必需的问题和理论,因此只是怎么发挥出来罢了。一个建制化的团体会这样想也是可以理解的,但这是一种学术上的自负。在社会科学中以这种方式处理问题是没有希望的,因为我们的问题和视角会随着我们对社会规范性关切的变化而变化。我认为严谨地检验理论非常重要，但是发现的感觉也同等重要。从人类的角度来说，发现的感觉更重要，否则我们会对我们的工作感到厌倦。当我发现一些东西时，我很兴奋。当我发现鲁比诺的书时，我已经是一位终身教授了，我觉得没有必要向任何人证明任何事情，除了向我自己。我发现了一些新的东西，我不会让它溜掉。因此，我开始努力跟随智识的引导，无论它将把我带到哪里。

问：与您早期的研究（特别是《把国家带回来》）相比，《保护士兵和母亲》一个新颖的方面是，您从以国家为中心转向了您所称的"以政治体为中心"*的研究路径，更加强调国家和社会行动者之间的互动。您为什么要做这种转向？

答：这主要就是一个标签的改变罢了，因为在我所有的著作中，我关注社会群体与政治和国家的互动。这一变化的主要目的是提醒人们注意到这样一个事实，《保护士兵和母亲》不能被仅仅当成一本关于官僚行动的书而不予考虑。不幸的是，以国家为中心的标签导致一些人对使用这个标签的工作不屑一顾，认为这是一系列关于官僚们无所不用其极的假设。这并不是《把国家带回来》说的东西。在我为那本书所作的导言性文章中，我提出，在某些资源和集体互动条件下，官僚们、政党领导人，以及国家或政治组织的其他官员可能是自主的行动者（Skocpol 1985a）。[16] 但我也认为，国家和政治组织的影响可以用另一种方式来看待，即强调国家和制度如何影响了涉足政治的群体的目标、认同和联盟。《保护士兵和母亲》强调了后一套理念，我在《把国家带回来》中称之为"托克维尔式"。我记

---

* 以政治体为中心（polity-centered）中的"polity"并不是政治学中常使用的"政体"（政府的组织形式）意义，而是指"有组织体制的社会群体"这层含义，在英文中 polis-polity-politics 构成同源词，但语境不同，语义是有很大差别的，所以这里译作"政治体"，以免与"政体"或"城邦"的意义混淆。顺便一提，社会运动理论中的"polity model"中文常译作"政体模型"就有这个问题，应称为"政治体模型"，在政治体中，国家与社会相互作用，相互影响。——译者注

[16] 斯考切波称此为关于国家作用的"韦伯式"视角，从而与这里讨论的"托克维尔式"视角相对立。

得我在哈佛大学的同事彼得·霍尔（Peter Hall）给我发了一封电子邮件，写道："你在《保护士兵和母亲》中真正谈论的是组织起来的政治体（structured polity）的研究路径。"我决定采用这个标签，在这本书的理论导论中，我详细阐述了一个组织起来的政治体——或者说托克维尔式政治体——的研究路径意味着什么。因此，研究路径转向以政治体为中心是研究重点的转变，这也与我从研究非民主处境下的革命爆发问题转向研究民主处境下的政治问题有关系。

问：与您的第一本书《国家与社会革命》相比，您如何评价《保护士兵和母亲》的影响？

答：《国家与社会革命》的影响更大，因为它的比较范围和方法。但《保护士兵和母亲》是一本比较有见地的全国性个案研究，是一本更好的书，它也是我最中意的。

问：为什么《保护士兵和母亲》是您最中意的书？

答：首先，它诠释了我自己国家的历史，我是一个非常爱国的美国人。我没什么特别的天下情怀。此外，《保护士兵和母亲》是基于原始的、一手材料的研究。这本书对妇女协会在政策制定中的作用有了前所未有的发现。最后，我认为这本书精雕细琢十分漂亮。我花了很长时间来写作，大约八年，我在写作中获得了我在《国家与社会革命》中没有得到的力道和优雅。因为这些原因，它是我最中意的书。

问：为什么写《保护士兵和母亲》花了这么长时间？

答：因为我觉得我在写一本不一样的书。我着手写的是关于整个美国福利国家发展的分析。写到大约四分之三的时候，我突然意识到我应该把这本书的时间限制在19世纪70年代到20世纪20年代，因为我对这一时期有一个强有力的原创论点。

关于公民参与的当前研究

问：您目前的研究侧重美国公民参与转型的长期模式。您是如何对这个话题感兴趣的？

答：就跟往常一样，通过判定有什么谜题待解，也就是我注意到历史上的一些事并不符合公认的理论智慧。在20世纪90年代爆发的有关美国公民参与的辩论中出现了一个核心命题：志愿精神是地方性的。[17] 我对这个想法非常怀疑，因为我在《保护士兵和母亲》研究中已经看到了证据，巨大的、分布广泛的志愿者联盟具有映照美国国家结构的有趣特性。我不知道有多少大型的志愿者协会存在，于是我召集了一个学生团队，通过收集这些协会的经验数据来找出答案。我们想知道有多少会员众多的协会，是什么时候成立的，又是什么样子的。我们有了一个惊人的发现：从历史上看，美国的志愿服务在大型联盟中非常制度化，这些联盟模仿并平行于美国国家的结构，且培育地方性活动。这种模式一直存在到20世纪60年代越南战争和民权斗争同时发生，当时党派极化开始出现，并从根本上把原来的志愿团体转变为专业式管理的实体。我最近完成了一本相当大的书——《削弱的民主》（Skocpol 2003a），该书讨论了志愿者组织在美国的出现和1965年之后它们的彻底转型。[18] 《削弱的民主》覆盖了全部美国历史，尽管它不像我已经出版的别的书那样长、那样细节充实。既然我已经描绘了美国社会和政治的一个主要结构性特征，即大型志愿者协会的兴衰，我就有兴趣解释20世纪60年代和70年代转型的重大关头。这个关头对美国的文化和政治有着各种各样的影响。

问：您将来还会做比较研究吗？

答：我也许会。志愿者协会映照了美国国家组织的这一想法提出了一个问题，在其他地方，公民社会是否也映照了国家？战争对志愿者协会的

---

〔17〕 例如参见 Joyce and Schambra（1996）。

〔18〕 另见 Fiorina and Skocpol（1999）。

影响也引发了比较问题。所以我可能会回去做比较研究。不管我做不做，我都将一直是个擅长比较、消息灵通的美国政治专家。

问：您有一个相当独特的优势，因为您在比较政治和美国政治两个领域都工作了很长时间。您如何看待这两个领域之间的联系？这些领域的学者如何才能最好地相互取长补短呢？

答：美国政治需要我们长期以来在真正的比较政治的最佳著作中看到的视野广度和时间深度，美国这个"个案"应该在各种研究设计中与其他国家进行比较。

问：概括一下对您的工作的讨论，您最好的观点和最重要的贡献是什么？

答：对我而言这很难说，但我想我已经阐明了国家行动者和政治组织领导人可以对政治结果产生独立影响的一些方式。我探讨了政府制度和政治组织间接塑造政治行动者的目标、认同、利益和联盟的一些方式。这些是我在解释革命、社会政策的发展以及美国志愿者协会的出现和转型的背景下得出的核心观点。我还展现了基于经验的、分析严谨的历史比较研究的可行性和威力。我已经给出了一些例子来说明如何做到这一点，以及其他人可以往前推进的方法。

问：您觉得有没有什么著作被忽视了，没有得到您希望的关注？

答：我平生写了很多书和文章，以后还会写更多。主要的著作已经得到了很多关注，我是被引用得最多的社会科学家之一。所以，我没有任何抱怨。我想我希望《回旋镖》（Skocpol 1996）在商业上取得更大的成功。那本书是在当前政策阶段进行商业性图书出版的一次冒险，因为我的出版商生病了，出版晚了一个月，比约翰逊和布罗德的《体制》（Johnson and Broder 1996）晚了一个月，这损害了它的销路。尽管如此，我的书依然在。我感到非常自豪的是，在我的主要著作出版多年之后，人们仍然在课堂上教授它们，学生们仍然给我发电子邮件，告诉我他们对我的研究感到兴奋。我写的最重要的东西不是为当下写的。好的比较历史研究应该提供持久的视角，而不是在报纸标题变化时就消失了。

研究历程

科学

问：您认为自己是科学家吗？

答：我当然是，而且一直都是。我对后现代主义以及所谓我们不是在用经验证据来检验理论观点的看法没有任何耐心。我对哲学上关于世界是否真实的争论也不感兴趣。我感兴趣的是提出和检验假说。

问：我们今天要研究的现象，明天可能不会以任何有意义的方式存在。一门研究社会和政治世界的科学，在许多方面却都是不可预测和不断变化的，那它还可能成为科学吗？

答：我们提出的问题肯定来自紧迫的现实议题，来自规范性关切，并随着时间自然而然地变化。我们看待过去的视角是不断变化的，这并不困扰我。但是一旦你对存在于一段时间和一定空间的现象有了疑问，那么察看变异和考虑处理变异的假说就很重要了。这需要系统的证据来支持或反驳你的假说。这个调研过程部分是归纳的，部分是演绎的，它当然与科学有关，尽管它并非一种同时对所有事物建模的渴望。这是社会科学。

研究问题

问：您的研究往往集中在重大的、对人类而言至关重要的问题上，比如革命的起因和后果，以及国家社会政策的历史根源。您为什么聚焦于这类问题？

答：这种关注既出于个人原因，也出于我对学者天职的理解。在美国，我们最终会得到报酬不错的终身工作，我认为我们不应该"凝视肚脐"自我耽溺。我们的工作必须关涉对社会重要的问题，有时高度技术性的科学工作是最好的方式。但对我们许多人来说，包括我自己在内，不能只盯着专家们，专家以外的受众意识很重要。学者这一角色的一个重要部分是去接触公民大众或本科生，他们不是专家，要以他们能够理解的方式讨论你的工作的各个方面。就个人层面而言，当你在研究一些你能想象到的、可能很重要的事情时，比如弄清革命是如何发生的，或者理解美国福利国家是如何发展的，做一名学者会有趣多了。我相信比较历史研究可以为把握未来的可能性提供抓手，并且我的研究与我的政治联系非常密切，尤其是当我在研究我自己的社会时。

一个重要研究问题的界定，部分意义上既有学术的一面，也有现实世界的一面（Skocpol 2003b）。有些人说，只有从以前的学术辩论或理论中产生的困惑才值得追求。我发现这种看法非常有问题，因为如果你把注意力局限在内部学术辩论产生的困惑上，你很可能会错过正在发生的最有趣的事情。新问题往往来自于现实世界的发展，或者来自于再次回顾历史并注意到其他人以前从未见过的东西。应该说，一个重要问题面向的是两部分听众：你应该既能够想着向你阿姨解释为什么这个问题很重要，又能够做学术演讲说："我们应该考虑这个议题，如果我们搞清楚了，我们就在更大范围的理论辩论中获得了优势。"

问：但也许还是有些问题，我们作为社会科学家希望加以研究，但它们即便不是不可能，也很难向我们的七大姑八大姨解释清楚。那我们应该把这些问题从我们的研究议程中移除吗？

答：我确实认为我们社会科学家研究的东西没有什么是不能向你阿姨解释清楚的。人们认为他们必须用行话交谈，但实际上没必要。你不必向非学术性的听众解释论证里所有错综复杂的地方或学术辩论，但你应该能够告诉人们为什么他们应该关心，你为什么关心，以及你所研究的问题的答案。我们提出的问题应该具有这个维度。

问：所有社会科学家都应该关注对人类而言重要的问题吗？对于那些从事"基础研究"的人来说是否得留有余地？毕竟基础研究与那些对非专

业人士来说重要的问题之间还有几步之差。

答：当然，对于那些正在开发可能对其他学者有用的技术或知识来源的专家来说，还是要有余地的。但如果你的思想流派试图接管整个学科各个领域，并且对非学术领域重要的议题嗤之以鼻，就会变得很危险。当然，统计方法学家绝对还是有一席之地的，例如，他们可以做一些非常深奥的工作，依然会对其他人做出重要贡献。同样，在从事比较历史研究的学者共同体中，有一些人对与现在相距甚远的时代和地方的制度发展和变化过程感到困惑并勤力研究，这也是非常好的。首先，这些问题从本质上讲是有趣的；其次，研究这些问题的人可能会意外地产生一些想法，会是种方法论或理论上的贡献，对我们其他人都有好处。我并不是在主张一种纯粹实用的社会科学，只解决紧迫的当代公共问题。我主张多样性，因为我们是一个复杂的共同体，我非常非常介意把我们的赌注押在一个学科上，甚至是一个学科中的一个领域上。我们需要找到建设多元主义的方法，因为这是创造力的源泉。年轻学者做出来的最有趣的工作是由那些有意识地将前辈们为之奋斗的事情结合起来的人做成的。我们需要为它保留空间。

论证

问：您最早的两篇文章是对巴林顿·摩尔和伊曼纽尔·沃勒斯坦主要著作的批评（Skocpol 1973, 1977）。这些批评有助于您构建自己关于革命和长期发展过程的原创论点。与其他学者的著作进行交流和争论的技巧是你有意为之的吗？

答：我总是通过批评别人的工作来理清自己的思路。看到别人有一部分是对的，一部分是错的，最让我兴奋。我一直认为社会科学是一个喜好争论的领域。我主要的研究项目总是以一种反对公认的智慧或对话者的观点开始的，尤其是那些我尊重其工作的重要人物。我不喜欢和我认为无足轻重的人争论。我更喜欢和那些既是错的又有部分是正确的人争论，特别是在识别重要议题和问题、提出正确的问题，并将辩论置于一个适当大胆的层面上。摩尔和沃勒斯坦正好都符合这些标准。

问：这种通过与别人的错误进行争论来激发您思维的策略有什么不足吗？

答：当然。如果你太忘乎所以，你会与别人争论却忘了发展自己的想法。当我成为一个成熟的学者，确立了自信，我就更专注于发展自己的想法。尽管如此，我对美国公民参与的最新一轮研究，在一定程度上是受我的信念驱动的，我认为许多研究社会资本的人都搞错了。我没有停止用与搞错的人争论的方式来澄清自己的想法，这让事情变得有趣。比如，作为一名研究生，我觉得我熟悉像沃勒斯坦、蒂利、佩里·安德森和莱因哈德·本迪克斯这样的资深学者，因为我完全通晓他们的研究，尽管那时我从未亲眼见过他们。当我最终见到他们时，我熟悉他们的研究并有自己详尽的体会。我有另外的解释，我不是仅仅对他们说："你对法国的看法错了。"我已经发展出了一种不同的思路来分析这些宏观比较学者正在处理的一系列个案。

历史分析

问：历史分析在您的工作中发挥着基础性的作用。您喜欢研究历史的什么？

答：我喜欢关于个人生活的故事，尤其是关于社会结构中有意和无意的影响是如何发挥作用的故事。我对大的变迁模式很感兴趣，想要看到并理解它们。我发现一手的历史研究让人上瘾，因为追根溯源很有乐趣。

问：您做了很多档案研究工作吗？

答：不。我主要处理组织文件和政府文件。就像我做的那样，追踪美国各州和地方各级组织的历史数据，需要做些侦探工作来找到数据在哪里，以及如何获取这些数据，只要有必要，我就会用一切手段。比如，在我最近对非裔美国兄弟会团体的研究中，我从古董店和 E-bay 等互联网上获得了很多信息，在那些地方我可以找到我想要的信息，我在图书馆倒未必找得到这些。

问：什么样的技能可以帮助您进行广泛的比较历史研究？

答：从一开始，我就有能大量阅读材料并发现与因果论证相关模式的能力。例如，我可以通读变化模式的历史记录，特别是当我能够跨时间或跨个案比较它时，我就可以着手提出有关那些能以这样或那样的方式引导事件的制度条件的假说。人们觉得他们需要先弄出一套理论，然后再去研究经验材料。但我经常通过阅读长期变迁的历史过程来产生我的理论观点。下一步是更严格地阐述这些观点，并将它们与现有的观点和理论进行对比。马克·布洛赫就这一过程写了一篇很好的文章，他说，通过学习和比较历史，你可以对正在发生的事情形成一个假说（Bloch 1967）。布洛赫把比较历史看作理论灵感的源泉，对我来说的确如此。此外，我有很强的本事不去纠缠细节，有能力看到森林的轮廓，而不仅仅是看到树木。

问：在作比较历史研究时，反讽的眼光是一项重要技能吗？

答：这当然是我做的那种比较历史。我对历史如何不像它的创造者所希望的那样发展很感兴趣。这是我的工作中结构主义的一面。意想不到的后果是从事历史社会科学研究的一个极其重要的理由。从今天的争议来看，当代理性选择学者所做的很多工作都是功能主义循环论证，它审视一项制度，问它服务于谁的利益，然后假定那些利益得到满足的人就是设计这项制度的人。好吧，我不认为有很多制度是刻意设计的。我认为它们是在冲突中发展起来的，在这种冲突中，行动者可能无法实现他们所设定的目标。意想不到的后果也是我最初对革命产生兴趣的一个重要原因。革命在某种程度上彻底挫败了始作俑者的希望。对历史的尖锐讽刺保持警觉是巴林顿·摩尔在他的研讨班上传授的东西。

问：您提到您从历史研究中获得了一种效能感，部分意义上是因为您认为比较历史研究可以阐明未来的政治可能性。您能从自己的工作中举个例子吗？

答：在研究美国社会政策发展的过程中，我发现美国历史上有过跨越阶级界限的广泛社会计划，这些计划使具有选举影响力的选民受益。这类计划通常寿命长，并且能够随着时间的推移而成长，从而为大批人提供保障。这种对美国社会政策历史模式的认识可以用来想象未来的政策选项，要么维持这些计划，要么解构这些计划。你每天在新闻中看到的关于社会保障的斗争就是一个很好的例子。那些希望社会保障私有化的人非常清楚，在民主国家，尤其是在美国这样的民主国家，跨阶级的计划更有可持续性。因为他们不希望政府有一个强有力的社会政策，他们想通过让中产阶级退出来取消对社会保障计划的跨阶级支持。我的历史研究工作给了我一种思考当代政治的方法，这种方法超越了表面现象，并在我与关心当前政策选择的人交谈时，为我的政治判断提供了依据。

问：虽然现在和过去很相似，但它永远不等于过去，因为有些因素总是随着时间而改变。您如何防范与过去错误类比的风险？

答：你在研究中获得的处境信息越多，对注意到处境中的变化就越有准备，这些变化会对核心过程产生影响。这使得历史研究者可以更好地避免做过度概括。然而，没有完美的方法来防止错误的类比。现在和未来不是完全确定的，它们当然不在我们的控制之中。

社会理论

问：阅读社会和政治理论在您的研究中发挥了什么作用？

答：它发挥了巨大作用。在学习理论方面，我的优势在于，我的职业生涯是作为社会学家开始的，而不是作为政治学家开始的。在政治学中，理论通常意味着规范的、哲学的反思，而在社会学中，当我还是学生时，理论指的是像马克思、韦伯、涂尔干这样的经典理论家的著作，他们虽然肯定有规范性的兴趣，但也声称要解释经验性的规律性。在社会学中，经典理论家和解释性社会科学之间存在着强有力的联系。从一开始，我就习惯了尊重宏观理论化的艺术，学会了在理论著作和经验规律之间游刃有余。

问：您对在学生时代被广泛讨论的马克思主义理论有什么看法？

答：我喜欢马克思主义致力于分析社会变革中的冲突和冲突过程。此外，我发现阶级政治的想法是一个有趣的假说。

问：包括您在哈佛的一些资深同事在内的许多人认为，您在职业生涯早期阶段是个马克思主义者。为什么会这样？

答：当我还是一名研究生时，我毫无疑问是反越战学生运动的支持者。在那个时候，"马克思主义者"仅仅是指任何读过马克思主义理论的人，我当然读过。同时，作为一名研究生，我被《哈佛深红报》[19]的记者们说服，在一张卡尔·马克思的画像前拍了张照。他们一遍又一遍地播放我的照片。我不认为任何认真思考过我的工作或政治立场的人会认为我是马克思主义者，我不是。我是一名温和到保守的社会民主派，这意味着我相信在资本主义社会中可以利用民主政府来扩大机会和适度地重新分配财富。我的社会价值观相当保守。我的政治立场在欧洲是众所周知的，但在美国却没有这样的标签，新政自由主义大概很接近。

定量分析与数据

问：能谈谈定量统计分析在您的工作中所起的作用吗？

答：我使用统计工具，或者更准确地说，当一个明确的假设和适当的数据从一个大的项目中提炼出来时，我会与使用统计工具的人合作。我认为，统计数据不应该决定我们提出的问题，也不应该驱动我们收集的数据。然而，当我们在寻找问题的答案的过程中，我们发现了经过适当的统计技术检查的数据，特别是，如果我们有些假说，想要检验一下强有力的对立假说，那么我们应该发挥统计方法的优势。我在《美国政治科学评论》的一篇统计文章中这样做了，这篇文章检验了《保护士兵和母亲》中的命题（Skocpol et al. 1993）。当我使用统计方法时，我与合作者一起工作，他们可以非常清楚地向我解释为什么所讨论的统计方法适用于我们想要测试的数据和假说。

---

[19]《哈佛深红报》(*The Harvard Crimson*) 是一份哈佛大学的本科生报纸。

问：目前政治学中时髦的是采用"多重方法"（multi-method）研究策略，即结合个案研究、少数个案比较、大样本比较的统计分析或数学模型。如果您使用统计技术而不是仅仅依靠少数个案比较，《国家与社会革命》（Skocpol 1979）会不会更好？

答：不会，因为我处理的是一种世界上非常罕见的现象——革命。那些用统计学方法研究革命的学者们被迫将他们的革命概念淡化为"暴力"或"一般冲突插曲"，导致了毫无意义的混乱。他们缺乏对重大的、相对罕见的事件的敏锐关注，让统计数据左右了大局。现在或许革命的某些方面可以用统计方法来检验。我不知道，但是我不排除按照蒂利的《旺代》（Tilly 1964）的思路选择性地使用统计分析，也就是提出一套有关法国大革命结构产生的跨地方、跨群体变异影响的全面论证，并且在统计上有足够的数据来检验这些影响。也许在《国家与社会革命》中可以从统计学上找到办法来检验哪些农民村庄比其他的更有可能造反，或者用数学模型来模拟军队溃散的过程。我没有发现哪些数据能让我做这些事。如果我得到了这些数据，那么使用这些方法是完全合适的。然而，即使我在《国家与社会革命》中使用了统计分析或形式模型，这些分析也只不过构成一个更大范围论证中的一部分，它们不会是更大的论证本身。

人们批评《国家与社会革命》没有采用随机抽样，这种批评很荒谬。如果从世界上所有的政治体中随机抽取样本，我可能就没法对任何革命作出研究结论。《国家与社会革命》使用了它得以用来提出一些假说的最强有力的方法。这些假说随后扩展到其他个案中，并在此过程中进行了修正。我们现在对革命和它们的缺位有了深刻认识，这一认识的发展不是一开始就跳到最一般性的问题和最一般性的数据集，而是通过研究有限的个案集合来理解不同类型的政权在革命和其他类型的转型中的脆弱性。[20] 通过从理论上将有限个案集合研究的累积结果联系起来，就可以实现强有力的一般化概括。在大量不同的文献中，比较政治至多只能做到这一点。

---

[20] 参见 Goldstone（2003）。

问：在《保护士兵和母亲》以及您目前的公民参与研究中，您收集并分析了大量新数据。您认为定量数据应该如何应用于社会科学？

答：我对数据集目前在社会学和政治学中的运用方式感到失望。计算机和强大的统计技术的出现，加上研究生要快速完成学业的巨大压力——我读研究生时不是这样的——已经导致许多人抓起一套罐装好的数据集就运行一堆检验程序，然后搞定。这是最不幸的。因为我们需要新的、系统性的数据集，而构建新的数据集并使其可用需要时间。

问：事实上，构建数据集通常是一个缓慢的、乏味的、劳动密集型的过程。从构建原始数据集中可以获得什么智力回报？

答：这通常能让你解决那些无法用罐装数据解决的问题。例如，在我目前的工作中，我感兴趣的是二战后美国公民参与和公民组织的转型。在这一领域工作的大多数学者所依赖的罐装数据集是关于公民参与的非常模糊的、一般性的全国问卷调查。这些调查通常既不具体说明受访者参加的活动，也不具体说明他们参加的组织，而且最多只覆盖了20世纪70年代到90年代。基于这些数据，你根本无法了解公民参与在长期内是如何变化的，以及谁在改变。我已经着手发现关于志愿者协会以及它们如何随着时间而变化的新型数据。我还挖掘了一百多年来马萨诸塞州联邦参议员以及他们在官方传记中列出的协会数据。如果你愿意月复一月地来输入，这些数据是完全可以量化的。一旦完成，你会得到一组可比较的人以及他们在很长一段时间内与之有关联的类型非常不同的协会的数据。这使得我们能够准确地描述变革发生的时间，然后开始更严谨地假设变革发生的原因。这就是我所谓的疑问或问题驱动型研究。首先，你要弄清楚疑问或问题是什么、你的理论观点是什么，然后你要寻找你需要用来精炼和检验你的观点的那类数据。您可能不得不勉强接受技术含量较低或不完整的数据，并且可能必须对各种形式的数据做三角定位（triangulate）。但那又怎样呢？如果问题很重要，那么这就是你需要做的。另外，你或许会发现非常细致的新数据。人们很可能墨守成规，掉进某一种数据收集和分析模式的陷阱，在社会科学的许多领域都存在这样的例子，结果，他们错过了重大问题和重要想法。

问：如何在社会科学领域开发更强大的数据基础设施？

答：我相信，无论好坏，数据的可获取性都会影响研究的模式。行为主义最初出现的时候，头一次把社会科学数据集放在一起产生了很多兴奋感。那确实是一个充满创造力的时期。在哈佛，我希望通过建立数据集、将其存档并提供给其他人，为历史和制度研究奠定更坚实的理论和方法论基础。许多历史制度主义研究都依赖于关于组织和组织配置的数据，但在设计系统的方法来发现、编码和提供这些数据方面，我们还远远没有达到应有的创造性。我们需要更加明确历史制度研究的数据要求。未来十年，随着数据收集和自觉的数据共享的不断完善，历史制度研究的理论观点将真正开花结果。

实地调查

问：实地调查在您的研究中起了什么作用？

答：我不做实地调查，但我认为它很重要，因为它能给人带来惊喜。我认识的每一位做实地调查的人都说，他们先提出假说和理论，然后去做实地调查，结果发现他们事先想出来的东西有一半都会被扔到窗户外面去。他们意识到有些事情是他们应该去思考的，但在去做实地调查之前，他们从来没有考虑过。我认为我们需要为研究生培养和学术常规工作留出做实地调查的时间。

问：尽管您说您不做实地调查，但您在写那本关于克林顿总统失败的医疗保险政策改革倡议的书——《回旋镖》（Skocpol 1996）时，确实采访过一些重要的政治人物。

答：那是我对实地调查的初次尝试。那些人是我所接触过的最有权势的政治人物，他们在我研究的政治领域里确实有所作为。我从对美国社会政策如何运作的历史感，到阅读备忘录，再到与那些参与了失败的政策插曲的人交谈，来来回回，反反复复。但我没有进行结构化访谈。我主要是看文件，在这个过程中我和人们交谈。我的历史研究给了我新的视角。例如，艾拉·马加齐纳（Ira Magaziner）是克林顿总统的高级政策顾问，也是医疗保险改革方案的关键设计者，我能向他提出一些意见，说说他的政策失败的原因，他说："天哪，我真希望你能事先告诉我们这些。"这很有趣。虽然这类工作不是我的主要比较优势，但我可以再做一次。在我职业生涯的这个阶段，我可以自由地尝试不同的收集证据技术的结合方式。

批评者

问：您如何回应对您著作的批评？如何选择回应哪些批评者？

答：实际上我不怎么回应批评者。

问：呃，但您确实回答了威廉·瑟维尔的批评，他说《国家与社会革命》没有强调解读式分析和观念的重要性（Sewell 1985；Skocpol 1985 b）。您也回应了伊丽莎白·尼科尔斯对这本书方法论的批判（Nichols 1986；Skocpol 1986）。最后，您在《现代世界里的社会革命》（Skocpol 1994，301-44）一书的结论一章谈到了理性选择和马克思主义对您革命研究的批评。是什么促使您去回应一些批评者的意见？您从这个过程中得到了什么？

答：我对回应谁非常挑剔。谢绝十次才会回应一次。我年轻的时候就和尼科尔斯交流过。我很荣幸我做到了。但在我快写完《现代世界里的社会革命》结论一章的时候，那确实是一场跟瑟维尔、迈克尔·布洛维（Michael Burawoy）的马克思主义路径以及理性选择理论学者的艰难的辩论——我知道那是我最后一回写革命了。我打算把自《国家与社会革命》以来写的与革命有关的文章收在那本书里，最后再回顾一下这个领域。我回应的批评者都是终身教授，这对我来说很重要，因为我不会用我和一位年轻学者辩论时的语气。他们都采取了非常强硬的立场，以《国家与社会革命》为模板来论证他们的观点。因此，我利用这个机会来解释为什么我认为《国家与社会革命》以及由此产生有关革命研究的历史分析文献，比他们提出的任何替代解释都要完善。我想人们会发现我说的话很有启发性。但我选择在一本包含我自己著作的书里做这个尝试。事实上，为了让瑟维尔的文章重印在我的书里，我甚至不得不自掏腰包，因为我觉得不把他的著作收进书中而对其进行评论是不公平的。

一般来说，我只在我认为不是吹毛求疵而是澄清理论或方法论问题时，才对批评者作出答复。我对吹毛求疵不感兴趣。年长的学者通常认为他们被误解和曲解了，但我对此不感兴趣。我几乎从来没有写过我被误解或曲解。在我看来，一旦某样东西出版了，它就在旁观者的眼中。从一个人的角度来看是误解，而从另一个人的角度来看，那只是一种创造性的方式，要么应用什么东西，要么与之争论。

问：除了澄清理论或方法论上的争论之外，您是不是还有其他动机来回应某些特定的批评者？比如，您感到享受？

答：当然。我对与人争论没有任何困扰。我真的很喜欢为《现代世界里的社会革命》写的最后一章，我可能有点忘乎所以了。瑟维尔呼吁进行解读式个案研究，而理性选择的人呼吁建立抽象的形式模型，他们从相反的方向向我提出了挑战，这尤其令人愉快。我试图展现的是，阿图尔·科利恰如其分地描述为"在岩石和软地之间"的比较历史，如何解决解读主义和理性选择研究路径的一些问题。比较历史允许以一种纯解读式个案研究做不到的方式进行理论化、一般化、因果分析和假说检验，但它也比理性选择理论家所提倡的形式模型更贴近历史过程和处境。我还纳入了布洛维对我的革命研究的马克思主义批评，因为他是我的老朋友和老对手。他写了一篇怪里怪气的文章，大意是"即使错了也要做个马克思主义者"（Burawoy 1989）。所以，我反击了。

合作

问：能谈谈合作在您的工作中扮演的角色吗？

答：我的大部头著作都是独著的，但我有一个习惯，就是与研究生或同事合作写文章和编辑书。通过与我组建的研究团队的一系列合作，我开展了目前的美国公民参与项目。组织研究团队是我从我的物理学家丈夫和芝加哥大学的教学中学到的，芝加哥大学比哈佛大学更注重研究团队。我被迫离开哈佛五年的巨大收获之一是，我在一所伟大的大学里度过了一段时间，在那里，合作式智识生活以及与研究生团队一起工作更加普遍。[21]我非常喜欢和研究团队一起工作。

问：您提到你们的合作往往会产生文章而不是书。您是怎么写文章的？

答：把一个论点凝练成一篇期刊文章是一种很能锻炼人的练习，尤其是我总在发展的那种复杂的论点。最近，我更加致力于在主流期刊上发表文章，因为我认为在期刊上为新的研究风格创造空间是非常重要的。我非常自豪与马歇尔·甘兹（Marshall Ganz）一起在《美国政治科学评论》（Skocpol, Ganz, and Munson 2000）上发表的那篇关于"组织者的国家"的文章。我也为我最近在《美国政治科学学报》（Crowley and Skocpol 2001）上发表的合著文章感到非常自豪。

学院外参与

问：您认为自己是公共知识分子吗？

答：是。我不时地向非学术领域的听众讲述当今的政策和政治议题。我有明确的党派立场，写过一些文章和书籍，用有根据的社会科学知识佐证党派立场。[22]我把那些著作和我的学术著作区别对待。

问：作为一名公共知识分子和一名社会科学家，您如何平衡自己的两种角色？两者都做好困难吗？

答：作为一名公共知识分子，我不如那些以此为业的人有效率。与二三十年前相比，如今的学院派学者更容易接触到媒体，几年前我曾试图更专注于发挥公共知识分子的作用。我最终决定，我不想把时间花在培育媒体资源上，围着华盛顿转悠，只考虑非常短期的政策和政治问题。我更满意自己在那些议题上秉持一名教师和学者的距离感和视角。

---

[21] 正如前面谈到的，斯考切波在1981年没有获得哈佛终身教职，转往芝加哥大学任教，直到1986年重返哈佛获得终身教职。

[22] 例如参见 Skocpol（2000）和 Greenberg and Skocpol（1997）。

问：做一名兼职公共知识分子，对您作为一名社会科学家的工作是否有所增益？

答：参与有关社会保障、福利和医疗保险的当代辩论，无疑是对我的有关社会政策发展的一些观点的有益检验。但如果作出了成为一名专业的、公众可见的知识分子所必需的那种承诺，我就会失去做严肃学术研究的能力。我把公共知识活动当作业余爱好。

问：克林顿总统曾邀请您和其他学者参加有关社会政策的讨论。能谈谈那次经历吗？

答：1993年的白宫晚宴、1995年初的戴维营，我亲眼见到克林顿夫妇在工作，以及亲身参加交换意见，这些事都很有趣。这感觉就像一场具有公共目的氛围的高层次的知识分子研讨会。不过我从来没有觉得这有啥大不了的，它就是一个度过美妙的一天的机会而已。

问：如果有机会，您还会再参加这样的活动吗？

答：我对被邀请去跟布什夫妇闲谈并不是特别感兴趣。如果是民主党掌权，我会感兴趣。联邦参议员爱德华·肯尼迪去年邀请我参加一个讨论，我参加了。我偶尔会去华盛顿与国会中的民主党人会面，讨论医疗保险和美国社会政策，尤其是在我的书《消失的中产阶级》（Skocpol 2000）出版之后。我和斯坦利·格林伯格（Stanley Greenberg）保持着联系。[23] 我们在"9·11"恐怖袭击后召集了一批温和的民主党政策知识分子。[24] 我们决定，对爱国主义的呼吁应扩大到包括批评政府向富人提供赠品，以及制定一项以美国人爱国团结为基础的政府作为的社会政策新议程。

总的来说，对当今大多数美国政客而言，我的研究有点太宽泛了，而他们深受民意调查驱策，主要担心自己明天能从民意调查机构那里看到什

---

[23] 格林伯格多年来一直担任民主党全国委员会的主要民意调查顾问。他还担任过比尔·克林顿总统、纳尔逊·曼德拉总统和托尼·布莱尔首相的民意调查顾问。

[24] 这群温和的民主党政策知识分子为 Greenberg and Skocpol（1997）做出过贡献。

么。我喜欢与包括决策者在内的听众交谈，倾听他们的问题，并看到他们有时（尽管并不总是）对我提供的更广阔的视角感兴趣。但我主要只想做一个坐而论道的学者。因为我是一个结构主义者，我倾向聚焦于人们背后的资源模式和权力关系。因此，我向政策制定者传达的信息往往是令人不快的惊诧。

问：您说您的研究太宽泛，无法吸引那些盯着短期利益的、民意调查驱动的政客。比较历史研究者在向政府官员提供建议方面有什么优势吗？

答：考虑从长远来看政策如何产生效果，肯定是有好处的。例如，为了实现有效的减贫政策，你需要在群体之间架起桥梁，而不是只针对穷人，这一观点不是能通过问卷调查和民意调查得出的。随着时间的推移，你会从对美国政治的理解中领悟到这一洞见。扎实的社会科学总是与政策相关。

问：您曾经希望担任公职吗？

答：从来没有。除了当教授，我什么都不想做。

同事、机构联系和学生

从哈佛到芝加哥再回到哈佛

问：您在哈佛大学获得博士学位后，从1975年到1981年一直是社会学系的一员。当您第一次被哈佛聘用时，有没有收到其他的工作邀请？

答：我收到了好几份工作邀请，但都不是来自大地方的。哈佛是我得到聘用通知的最重要的地方。我被哈佛聘用是因为他们想要女性，也因为我的大多数教授认为我比较靠谱，因为我是他们熟悉的人。

问：1981年哈佛没有给您终身教职，您曾以性别歧视为由对这一决定提出异议。五年后，哈佛发现您的不满是有道理的，于是给了您终身教授职位,您接受了。[25] 这段时间,您作为社会学和政治学的终身教授在芝加哥大学任教。能谈谈哈佛拒绝给您终身教职的决定吗?对于事情的结果,您有什么看法?

答:我认为我做任何事情都不会改变哈佛大学最初做出的终身教职决定。对哈佛社会学系和我来说,这都是注定的。我选择了与之斗争,这耗费了我五年时间。我在芝加哥大学度过了一段美好时光,但为了回到哈佛,我付出了很大的努力。我为那场斗争感到骄傲。尽管如此,它还是让我失去了担任机构领导的机会。当我离开芝加哥大学的时候,我放弃了机构领导职位,当我用我的方式回到哈佛时,我在那里弄不到一个领导职位。我想,如果我有一个更正常的职业生涯,我会有更多的机会在机构中发挥领导作用。不过另一方面,那样的话我也不会去芝加哥大学了,在那里我得到了社会学和政治学的双聘任命,这为我开辟了一条全新的道路。

问:能谈谈您在芝加哥大学度过的五年吗?这五年是什么样的?

答:既辛苦又精彩。这很辛苦,因为我过得像个研究生。我丈夫住在新泽西,每年秋天我都会把车加满油,然后开车去芝加哥,远离我的丈夫,独自住在一套公寓里。那段时间,我过着相当孤独和复杂的生活,在很多方面,我都得靠自己。但在芝加哥大学也非常令人兴奋,因为这是一个非常棒的、充满智慧的地方。

问:在芝加哥,您与哪些同事互动交流得最多?

答:威廉·朱利叶斯·威尔逊(William Julius Wilson)、艾拉·卡茨尼尔森和我一起组建了一个研究中心,最终被称为"工业社会研究中心"。它聚焦于美国和其他工业民主国家的政治和社会。我还与莫里斯·雅诺维茨和研究生玛格丽特·韦尔(Margaret Weir)互动较多。我组建了研究团队,其中包括我的一些最优秀的学生。我在社会学系和政治学系的同事们都很尊敬我,也很高兴我能来。那是一段充满智慧的时光。但是当我夏天回到

---

[25] 关于这一事件,参见 Skocpol(1988)。

新泽西的时候,除了我丈夫,我几乎是一个人住。我的生活结合了长时间的独处和芝加哥大学浓厚的智识氛围。

问:能谈谈您1986年以社会学终身教授的身份回到哈佛后的经历吗?

答:总的来说,哈佛不像芝加哥,是一个合作比较少的地方。当我第一次回到哈佛的时候,我感到非常孤独,因为在社会学系我得靠自己,而且因为经历了一个终身教职官司的挑战,我遇到了很大的麻烦。社会学系的同事们想把我赶出这个系。所以,我主要和研究生来往。但是,自从我1995年加入政府系以来,我一直很开心,有很多我尊重也喜欢的同事。直到2004年保罗·皮尔逊去伯克利前,我和他合作教学,建立在我们共同兴趣的基础上,为历史制度研究提出理论前提(Pierson and Skocpol 2002)。我还与罗伯特·帕特南进行了许多有趣的智识交流,特别是自我开始研究公民参与这一话题之后。

问:您和哈佛大学倡导理性选择理论的同事,如肯尼斯·谢普瑟(Kenneth Shepsle)、詹姆斯·阿尔特(James Alt)和罗伯特·贝茨的关系如何?

答:总的来说,挺好。我的同事们之间相互尊重。我非常喜欢莫里斯·菲奥莉娜(Morris Fiorina),她后来转去了斯坦福大学。我也非常喜欢谢普瑟和贝茨。自从我的一些理性选择同事退隐到社会科学基础研究中心(CBRSS)[26],我不像以前那样经常见到他们了。哈佛的政府系足够大,我们可以有各自独立的智识世界,这既是好事也是坏事。一方面,没有太多的紧张关系,因为每个人都有空间。另一方面,我怀念政府系的早年时光,那会儿不同理论视角的人会参加同一个研讨会。

问:通过与谢普瑟和贝茨这样的同事交流,您学到了什么?

---

[26] 社会科学基础研究中心(the Center for Basic Research in the Social Sciences, CBRSS)是1998年哈佛大学成立的一个跨学科中心,旨在开发和传播基础社会科学研究工具。该中心的成员包括哈佛政治学家詹姆斯·阿尔特、罗伯特·贝茨、加里·金和肯尼斯·谢普瑟。

答：看理性选择学者是如何为事物建模的，这很有趣。我不同意他们做的很多事情，但至少他们是清晰的。如果你把历史和不那么功能主义的制度观引入到关于美国理性选择文献提出的假说中去，想想会有什么不同，这很有趣。我一直对贝茨的工作很感兴趣，因为他对政权的组织以及政权与社会权力和利益的交叉有着强烈的感觉。辩论家贝茨陷入了无法自持的孤立无援境地，但我觉得他的经验性研究工作非常适意。

问：回到哈佛后，您有没有考虑过再换到其他的大学？

答：有那么几次，我曾经考虑过耶鲁、普林斯顿和斯坦福。但双职的转移很难实现，最终，哈佛还是我最好的归宿。

机构建设

问：在您的职业生涯中，您参与了不少机构建设活动，例如美国社会学协会（ASA）的比较和历史社会学组。是什么促使您参与到这些活动中去的？从这些活动中您得到了什么？

答：作为一名年轻的教师，我自觉地以一种我的老师们从未做过的方式，致力于为比较历史研究建立专业空间。在20世纪70年代和80年代，我和其他人一起建立了美国社会学协会的历史比较组。我们试图在社会学内部为我们所使用的研究方法和模型确立一个标签。我们对自己所做的事有一种真实的兴奋感，我记得我们也有过争吵。我们努力不让比较历史社会学被定义为要么马克思主义的、要么韦伯式的。我刻意在政治上组织人们保持一种多样性，搭一顶大帐篷。

那是在社会学内部建章立制的好时机，因为当时没有占主导地位的方法论或理论。我对学科制度建设的运作方式进行了结构性分析。你可以组建一个组，让人们发表文章和出书，并营造一种包罗万象的、令人兴奋的研究路径的感觉。然后各高校相关的系就会开始在该领域招聘。事情就是这样做成的。到20世纪80年代初，社会学就业公告开始刊登广告招聘从事比较历史研究的人。我在哈佛和芝加哥的学生受惠于这些新的机会。我是一个非常自觉的帝国缔造者，不是在知识意义上，而是在试图吸引聪明学生的意义上。20世纪80年代中期，当我回到哈佛时，我特意参加了政治学和社会学的会议，这样我就可以把一个机构和学科的学生介绍给另一个机构和学科的学生。建立这种联系是加强学生在就业市场上相互帮衬和建立知识联系的重要途径。

问：除了美国社会学协会比较和历史社会学组，另一个您参与的制度性举措是社会科学研究理事会的国家与社会结构委员会，它是连同您与彼得·埃文斯和迪特里希·瑞彻迈耶的合作项目《把国家带回来》（Evans, Rueschemeyer, and Skocpol 1985）一起出现的。然而，该委员会存在的时间非常短，从未真正制度化。发生了什么事？

答：我们没钱了。我们有一些令人兴奋的想法，能让这个领域的研究成果具体化，但是我们无法筹集到足够的资金，社会科学研究理事会不想资助这个委员会，因为他们想赞助那些从各种基金会自行获得资金的项目。我们的委员会发起赞助了几本书，例如，一本由瑞彻迈耶和我主编的关于国家和社会知识的文集（Rueschemeyer and Skocpol 1996），一本由彼得·霍尔主编的关于凯恩斯政策各种理论路径的文集（Hall 1989），以及一本由艾拉·卡茨尼尔森和马丁·谢弗特主编的关于战争和贸易的文集（Katzelson and Shefter 2002）。

问：国家与社会结构委员会对比较政治领域的影响还是要比加布里埃尔·阿尔蒙德在20世纪50年代和60年代初领导的社会科学研究理事会比较政治委员会弱得多，比较政治委员会基本上影响了这一领域十多年。

答：如果我们想的话，也许可以更进一步，但我不确定我们是否需要这样做。我们并不是要创建一个子学科。相反，我们试图使问题议程和分析思路具体化，这些问题议程和分析思路在各种不同的实质性文献中都是激动人心和富有成果的。《把国家带回来》实现了这一目标。经过我们之间多年的讨论，以及《把国家带回来》的出版后，确实没有必要通过我们直接控制的项目去追求我们的议程，部分原因是我们的努力，探讨国家作为行动者与考虑国家的行动和结构如何影响政治和政策过程已经融入了政治社会学和政治学的研究工作中。我很抱歉社会科学研究理事会把我们这个委员会砍掉了，因为它有一份很好的通讯，发行量很大，大约有3000名跨越了学科界限的订阅者。尽管如此，我还是觉得没有迫切的必要去重新恢复它了。

问：您还积极参与了美国政治科学协会（APSA）的工作，并在2002—2003年间担任协会主席。在此期间，美国政治科学协会及其旗舰期刊《美国政治科学评论》（APSR）受到了"改革运动"的批评。[27] 您如何评价改革运动提出的问题？在您担任美国政治科学协会主席期间，您想给它带来什么变化？

答：包括我在内的许多政治学家都赞成，即便在改革运动出现之前，《美国政治科学评论》也应该向更多样化的学术风格开放其版面。我在2002—2003年担任主席时，这些改革都在顺利进行，我只是支持它们罢了。我不认为自己是任何一个派系的主席，而是整个美国政治科学协会的主席。我努力促进和维持多元化的智识接触和包容性的治理风格。这并不难，因为美国政治科学协会相当开放，并且运转良好。作为主席，我的具体举措包括：（1）发起一个任务小组研究如何培育出色的、多元化的政治学研究生教育，以及（2）发起一个关于不平等和美国民主的特别小组，研究在经济不平等日益加剧的时代，参与、治理和制定公共政策方面发生了什么变化。我本人曾在后一个任务小组服务。两个任务小组都运转良好，并发表了重要的报告，对此我感到非常自豪。

教学

问：能谈谈教学在您职业生涯中所扮演的角色吗？

---

[27] 2000年，一名学者以"改革先生"的名义散发了一份匿名宣言，呼吁改革《美国政治科学评论》、美国政治科学协会和整个政治学专业。改革先生呼吁关注政治学专业的一些现状：许多领导者要么不读《美国政治科学评论》，要么不向它投稿，美国政治科学协会的管理理事会和《美国政治科学评论》的编辑委员会是由其前任以非民主的方式选的，《美国政治科学评论》侧重技术方法，而不关注政治的重要实质性问题。这位学者的抱怨引起了众多政治学家的共鸣，并在该领域引发了大量讨论和争论。关于改革运动，见Eakin (2000), Monroe (2005)，以及本书第11章中对运动领袖詹姆斯·斯科特的访谈。

答：教学起了极大的作用。教哈佛本科生是一件非常愉快的事。每次我得为讲座课和研讨班拟定我要说的话时，我都会注意到一些新的东西，特别是关于事物是如何在大的图景中搭配起来的。研究生对我来说尤其重要。我向研究生学习，我一直幸运地吸引着勤奋、优秀的学生。我与他们合作，与我合作最密切的人总是教会我一些东西。我爱教书。

问：最优秀的学生有什么品质？

答：和我一起工作关系最密切的学生通常都是自学成才的人，他们工作非常非常努力。我和一些学生合作过，他们为一个项目构想带来了不同的视角。我通常在这些合作中框定研究问题，因为我组建团队是要开始调查一个话题。但是如果某个学生准备提出新的论证思路，是非常受欢迎的。我也曾与那些擅长定量方法的学生合作，他们教会我这些技术的价值。在我目前关于公民参与的项目中，涉及大量寻找信息来源的活儿，我一直在和那些优秀的、就像好侦探一样的学生们一起工作。

问：您鼓励学生写题目大、抱负大的博士论文吗？

答：是的，但通常不会越出我从事的大型研究项目。我的大多数优秀学生都和我一起做项目，然后就他们自己定义的不同主题写博士论文。这把我吸引到很多很多涉及地图上各个角落的不一样的话题上。

问：您是否要求那些想跟您做博士论文的学生，也得和您一起做您领衔的合作项目？

答：不是的。有一些学生，我只是在博士论文上跟他们一起工作。另一些学生，我与他们合作一段时间，然后他们跟别的导师做博士论文。各种情况都有。总的来说，我在研究工作坊和研究生有很多互动。我在芝加哥大学时，被介绍参加了他们持续开展的每周教员和学生研究工作坊。当我回到哈佛，我提出组织一个类似的研究工作坊的想法，现在我们文理学院有几十个这样的项目。我实践了我所宣扬的：我总是参加研究工作坊并从中学到很多东西。其中最让我兴奋的可能是当我第一次回到哈佛的时候，我创建了"政治与社会组织比较研究"工作坊（CROPSO）。这个工作坊持续了大约五年，参与者包括政治学领域的比较学者和美国政治研究专家以及社会学家。这是一个著名的工作坊，从中产生了很多东西。近年来，我也很喜欢参加"美国政治研究工作坊"。

问：您对训练研究生有什么总体的教学哲学或方法吗？

答：在博士论文上我彻底放手。但与学生的合作研究，我抓得很紧。我参与所有方面，希望学生也这样做。很多研究生的教学工作都涉及在研讨班上讨论文献或问题，我的哲学是鼓励学生进行大量的讨论，并创建学生能在团队中一起工作的组织，因为我认为学生可以从彼此身上学到很多东西。

比较政治的成就与未来

问：自从30年前您读研究生以来，我们在比较政治方面学到了什么？

答：我们已经学到了极多的东西。我们已经了解了众多关于从威权主义向民主政体转型的条件。我们已经了解了革命的根源和结果。我们对族群冲突何时出现以及如何解决已经知道得相当多了。我们对西方福利国家的起源和发展以及压缩这些福利国家的努力已经积累了大量知识。关于这些话题有大量的文献，关于这些主题的假说已经扩展到更多的个案之中并得到凝练细化。我们也理解了世界政治多样性背后的很多东西。如果你回到战后初期，这个研究领域被宽泛而空洞的模型所主导，认为每个社会都会走上同一条道路。这些一般性模型是错的，它们已经被各种涉及重要结果的可靠的、中层的（middle-level）一般化概括所取代。

问：什么样的研究计划最容易产生累积的、持久的政治知识？

答：可能没有任何一种单一的知识积累模式，因为这个过程可能取决于所研究的现象的性质。杰克·戈德斯通（Jack Goldstone）在他给詹姆斯·

马奥尼和迪特里希·瑞彻迈耶主编的《社会科学中的比较历史分析》文集中写的那篇论文中（2003）主张，在革命的研究中——这是一种天生只有一打左右少数个案的宏观现象——进步是用对最终与普遍个案联系在一起的少数个案集合进行有限的一般化概括取得的。关于革命的文献主要是通过比较历史和少数个案或中等数量个案研究发展起来的。相比之下，埃德温·阿门塔（Edwin Amenta）在同一本书中提出，福利国家文献累积的方式非常不同（2003）。在对福利国家的研究中，有一些方法可以明确表达出因变量，这些因变量既适用于基于个案的研究，也适用于统计研究。此外，无论他们采用哪种方法，研究福利国家的学者都完全乐意进行互动交流。他们参加同样的会议，并在不浪费时间争论技术的情况下大量"交叉施肥"。这是一个很好地通过我所说的"接触式多元主义"方式积累起研究文献的例子。我猜，还有更多的问题适合于这种积累知识的方式。这就是为什么我们如果在理论和方法上陷入混战就会非常糟糕。相反，我们需要通过将各种学者共同体和网络，包括混合使用不同方法来解决相同问题的人，结合起来，促进问题驱动的研究。就理论而言，不用说，我们需要多元主义。只有一种文献，相信入股单一理论是最可靠的进步之路——有关美国国会研究的理性选择理论化，以及试图将该理论推广到其他立法机构的研究中。但即使是那些文献里，你仔细观察，会发现在主张理性选择的学者之间，仍存在着激烈竞争着的不同理论。所以，像埃里克·谢克勒（Eric Schickler）这样的学者介入进来，用带入的另一种方法（以个案为基础的比较研究）为支撑，把他们打得落花流水（Schickler 2001）。通过对美国国会40个制度变迁个案的严谨分析，谢克勒得以解决争议，并将不同的理性选择学者（这些学者一直在为彼此的观点争论不休）的贡献融会贯通。这个例子再次显示了方法论和理论多元主义的价值。我认为，对族群政治的研究已经成熟，也可以进行类似的不同路径的融合。这种融合能否发生，将取决于一流学者能否通过自己的亲身实践发挥不同研究路径的比较优势，以及是否愿意秉持多元主义和宽容立场。"宽容"其实并非一个恰当的词，因为它意味着被动性。一流的学者应该积极接触，思想开放，他们需要彼此见面和沟通。

782 激情、技艺与方法：比较政治访谈录

问：比较政治领域的学术领导层是否存在缺陷？

答：我们需要更好的领导层，这种领导层正在出现，我感觉到了一种新的气象。没了霸权，理性选择运动正在失去动力，也就造成了对于其他研究路径的价值认可日渐增加的局面。同时，一些不做理性选择的人也在一起行动。我们越接近于在这些群体之间保持平衡，就越有利于那些希望跨研究路径搞合作的人。

对长期知识发展的研究表明，创新往往出现在人们走到一起、混合不同观点的时代和地方。我在芝加哥大学社会学系的已故同事约瑟夫·本-大卫（Joseph Ben-David）的研究表明，竞争使西方科学具有创新性。在美国，多个研究中心的存在，以及竞争性的多元化大学体系，一直是创新的引擎。这意味着在创建社会科学研究生专业项目时，我们最不应该做的就是树立某种理论或方法论上的正统。相反，我们应当精心设计研究生项目，培养各种研究风格的优秀实践者，从而让学生们接触到不同风格之间的张力。反过来，学生有责任成为积极的选择者。今天的研究生时常向我抱怨，他们被迫去做 X、Y 或 Z。我跟他们说："你们没你们想的那样被逼无奈做这个干那个。去组成学习小组，做出不同的选择。"职业压力很大，但远没有人们想象的那么大。我和很多研究生交谈过，他们说他们感到很受限制。他们选择研究问题似乎是出于某种义务感，他们研究某个特定的话题，因为这是他们在进入下一个职业阶段时被期望要做的事情。我不确定是否有足够多的人会服从自己的直觉，相信自己的好奇心能引导他们找到一个重要的问题。如今过于强调在模型上追求下一条曲线，而不是从模型退后一步，想一想它在多大程度上提示了我们现实世界中的重要问题。

问：您强调创新作为社会科学进步的发动机作用。有些人会说，对创造力和创新的强调实际上是通过"抑制"知识的层层累积来阻止进步。一门健康的学科需要足够多的从事渐进式、常规科学研究的人，而不是那些试图取得重大的、有突破范式意义成果的自觉的特立独行者。您如何回应这种思路？

答：当今许多政治学学者认为他们正在努力模仿自然科学，如果我们看一看自然科学，注意到某种令人震惊的新经验模式的能力，或者认识到某种已经应用的格式塔是错的的能力，都与基础性研究的突破时刻相关。与此同时，如果你有一套很有前途的理论，你的确需要通过系统地收集证据来检验它。显然这两方面我们都需要。问题不在于个人做了什么，而在于我们如何架构我们的学科、我们的辩论、我们的学习共同体和我们的教学，以便保持创新的可能性。我当然不想给人留下这样的印象：今天的研究生应该努力成为巴林顿·摩尔。这恰恰是我作为一个年轻学者时想要摆脱的。尽管如此，如果你是位研究生，比如说对国会各专门委员会的运作感兴趣，你应该让自己接触一些不同的路径方法去研究这个问题。你应该意识到，将这些相互可替代的路径方法并置一处，可能会产生一些意想不到的洞察力。

问：总的来说，您对政治学相较于社会学的现状有何评价？社会学是您接受训练并开启职业生涯的领域。

答：过去的十年里，政治学处于一个非常激动人心的阶段。它在理论上和方法论上变得更加多元，并且不断发展壮大，越来越多的人参与其中。现实世界中的政治总是不断抛出各式各样的新难题和新惊喜——有时可能太多了。我对社会学的整体感觉不像我对某一个研究领域的感觉那么好，因为我和社会学的联系减弱了。本人投身于政治学。我确实感觉到比较历史社会学被制度化了，但我不认为当前社会学有什么特别前沿的事情正在发生，或许现在有更多的人在关注小问题。这是我的一些社会学行当的朋友告诉我的。另一方面，我相信政治学将保持活力、多元和强大。

问：是什么让您对政治学的未来如此有信心？

答：政治学家研究并接触现实世界的政治冲突、公共政策制定以及民主和非民主政府的运作。因此，我们有真实世界里的听众——记者、政治家和一般公众——他们想听我们说些什么。这为这门学科提供了强有力的锚点，可以防止政治学误入晦涩难懂的歧途。我看到政治学领域有很多优秀的学者，他们经常跨越理论和方法论的分歧相互交流，并将各种研究路径结合起来。政治学今天面临的问题是，当我们有这么多不同的专门领域、不同的方法论和理论倾向时，我们是否能够作为一门学科团结一致。我们会分裂吗？到目前为止，政治学将其冲突限制在人为的盒子里，把美国政治研究和国际关系研究与比较政治分开，把规范研究与经验研究分开。我们能不能在不发生分裂的情况下，从这样一种状态进入到一种更具流动性、领域更加交叉并且更加专门化的新状态呢？

女性与专业

问：在过去三十年中，女性学者在比较政治及政治学领域总体上的机会是如何变化的？

答：政治学领域的女性学者比以前多了，但还是没有社会学领域女性的比例高。在比较政治中，女性现在在新科博士、年轻学者和终身职学者中都非常重要。女性的机会一直在增加，因此，数字正朝着更佳的性别平衡方向转变。

问：如今在比较政治中，女性仍然面临着与男性不同的挑战吗？

答：是的，在家庭问题以及与之相交织的决定终身职位的职业决择时机方面，女性仍然面临着棘手的挑战。但同样的问题现在也影响着许多男性年轻学者。我想很多女性会说比较政治和政治学总体上都是男性主导的。尽管如此，令人欣慰的是，妇女将自己局限于性别问题研究，而男性却没有认识到性别问题对该领域主流文献的重要性的趋势有所弱化。我在经验研究中看到了更多的互相启发、互相提高的现象。例如，米歇尔·斯韦茨（Michele Swers），我是她在哈佛的论文委员会主席，她刚刚出版了一本精彩的书，讨论女性议员对美国国会参议院政策制定的影响（Swers 2002）。这本书是定量的、以访谈为基础的、严谨的，尽管它碰巧与性别有关，但它也探讨了一个更为广泛的问题，即立法者的身份认同是否会造成差异。与此类似，穆尼拉·查拉德（Mounira Charrad）的精彩著作将关于家庭和妇女权利的不同决策模式与突尼斯、阿尔及利亚和摩洛哥在国家建设上的差别联系起来（Charrad 2001）。马拉·吞（Mala Htun）的研究比较了独裁统治下和民主制度下拉丁美洲的性别权利（Htun 2003）。这些都是聚焦于性别但又都对社会科学做出了更广泛的贡献，而不是局限于女性研究文献的优秀著作的例子。讽刺的是，政治学领域的性别革命姗姗来迟，可能意味着它来得更好，因为它似乎更少些女性"强迫聚居化"（ghettoization）的倾向。我希望这是真的，因为有关性别和女性的问题阐明了政治的广泛进程，它们并不是隔绝独立的东西。

总结

问：您对那些正在接受成为政治学家训练的学生有什么忠告？

答：跟着感觉走，对某件事充满激情，不要放弃。当你的直觉和好奇心指引你去做别的事情时，不要让别人告诉你去研究某个问题或者以某种特定的方法来做出贡献。牢记你当初为什么来读研究生，不忘初心，让它为你服务。要让自己接触到各式各样的教员，了解他们能提供什么。通过多样化，为自己腾出空间。不要只向一个人学或只学一种研究路径，要向更多的人请教，向不同的人学习是创造原创组合的好办法。如果人家告诉你只有一条道能找到工作，不要相信。根据我的观察，得到工作的人总是对某个话题充满激情，并坚定地追求它，并且通常是具备多种方法的组合。这种情况将继续成立，因为归根结底，大多数大学和学院的大多数系所需要的人，他们的工作一定不仅仅是只有信徒和专家才感兴趣的。最后，对你手头的工作得乐在其中，在意你正在做什么。如果你这么着觉得不爽，那么你就该做些别的事情。

附　录
访谈时间与地点

受访对象	采访时间	采访地点	采访者
加布里埃尔·A. 阿尔蒙德	2002年3月20日	加利福尼亚州帕洛阿尔托	芒克
罗伯特·H. 贝茨	2002年3月2日	康涅狄格州伍德斯托克	斯奈德
大卫·科利尔	2003年7月8日	加利福尼亚州伯克利	芒克
罗伯特·A. 达尔	2002年3月4日	康涅狄格州纽黑文	斯奈德
塞缪尔·P. 亨廷顿	2001年5月31日和6月11日	马萨诸塞州坎布里奇	斯奈德
大卫·D. 莱廷	2001年11月18—19日	加利福尼亚州帕洛阿尔托	芒克
阿伦·李帕特	2003年8月5日	加利福尼亚州圣迭戈	芒克
胡安·J. 林茨	2001年4月25—26日	康涅狄格州哈姆登	斯奈德
巴林顿·摩尔	2002年5月13日	马萨诸塞州坎布里奇	斯奈德
吉列尔莫·奥唐纳尔	2002年3月23日	加利福尼亚州帕洛阿尔托	芒克
亚当·普沃斯基	2003年2月24日	纽约州纽约市	芒克
菲利普·C. 施密特	2002年12月4—5日	印第安纳州圣母镇	芒克
詹姆斯·C. 斯科特	2001年7月20、28日	康涅狄格州达勒姆	斯奈德
西达·斯考切波	2002年5月14日	马萨诸塞州坎布里奇	斯奈德
阿尔弗雷德·斯捷潘	2003年10月15—16日	罗得岛州小康普顿	斯奈德

参考文献

Acemoglu, Daron, and James A. Robinson. 2006. *Economic Origins of Dictatorship and Democracy*. New York: Cambridge University Press.

Achen, Christopher H. 1983. "Towards Theories of Data: The State of Political Methodology." In *Political Science: The State of the Discipline*, ed. Ada W. Finifter, 69–93. Washington, DC: American Political Science Association.

Adcock, Robert. 2003. "The Emergence of Political Science as a Discipline: History and the Study of Politics in America, 1875–1919." *History of Political Thought* 24, no. 3: 481–508.

———. 2005. "The Emigration of the 'Comparative Method': Transatlantic Exchange and Comparative Inquiry in the American Study of Politics, 1876–1903." Paper presented at the American Political Science Association (APSA) Annual Convention, Washington, DC, September 1–4, 2005.

Adcock, Robert, Mark Bevir, and Shannon Stimson, eds. 2007. *Modern Political Science: Anglo-American Exchanges Since 1870*. Princeton, NJ: Princeton University Press.

Adcock, Robert, and David Collier. 2001. "Measurement Validity: A Shared Standard for Qualitative and Quantitative Research." *American Political Science Review* 95, no. 3 (September): 529–46.

Alford, Robert R., and Roger Friedland. 1985. *Powers of Theory: Capitalism, the State, and Democracy*. New York: Cambridge University Press.

Allison, Graham T. 1971. *Essence of Decision: Explaining the Cuban Missile Crisis*. Boston: Little, Brown.

Almond, Gabriel A. 1945. "The Political Attitudes of Wealth." *Journal of Politics* 7, no. 3 (August): 213–55.

———. 1950. *The American People and Foreign Policy*. New York: Harcourt, Brace.

———. 1954. *The Appeals of Communism*. Princeton, NJ: Princeton University Press.

———. 1956. "Comparative Political Systems." *Journal of Politics* 18, no. 3 (August): 391–409.

———. 1960. "Introduction: A Functional Approach to Comparative Politics." In *The Politics of the Developing Areas*, ed. Gabriel A. Almond and James Coleman, 3–64. Princeton, NJ: Princeton University Press.

———. 1970. "Introduction: Propensities and Opportunities." In *Political Development: Essays in Heuristic Theory*, Gabriel A. Almond, 3–27. Boston: Little, Brown.

———. 1983. "Corporatism, Pluralism, and Professional Memory." *World Politics* 35, no. 2 (January): 245–60.

———. 1988. "The Return to the State." *American Political Science Review* 82, no. 3: 853–74.

———. 1990. *A Discipline Divided: Schools and Sects in Political Science*. Newbury Park, CA: Sage Publications.

———. 1991. "Capitalism and Democracy." *PS: Political Science & Politics* 26, no. 3: 467–74.

———. 1996. "Political Science: The History of the Discipline." In *The New Handbook of Political Science*, ed. Robert Goodin and Hans-Dieter Klingemann, 50–96. Oxford: Oxford University Press.

———. 1997. "A Voice from the Chicago School." In *Comparative European Politics: The Story of a Profession*, ed. Hans Daalder, 54–67. New York: Pinter.
———. 1998. *Plutocracy and Politics in New York City*. Boulder, CO: Westview Press.
———. 2002. *Ventures in Political Science: Narratives and Reflections*. Boulder, CO: Lynne Rienner.
Almond, Gabriel A., R. Scott Appleby, and Emmanuel Sivan. 2003. *Strong Religion: The Rise of Fundamentalisms around the World*. Chicago: University of Chicago Press.
Almond, Gabriel A., and G. Bingham Powell Jr. 1966. *Comparative Politics: A Developmental Approach*. Boston: Little, Brown.
———. 1978. *Comparative Politics: Systems, Processes, and Policy*. Boston: Little, Brown.
Almond, Gabriel A., G. Bingham Powell Jr., Kaare Strøm, and Russell J. Dalton, eds. 2000. *Comparative Politics Today*. 7th ed. New York: Addison Wesley Longman.
Almond, Gabriel A., Taylor Cole, and Roy C. Macridis. 1955. "A Suggested Research Strategy in Western European Governmentand Politics." *American Political Science Review* 49, no. 4: 1042–49.
Almond, Gabriel A., and James S. Coleman, eds. 1960. *The Politics of the Developing Areas*. Princeton, NJ: Princeton University Press.
Almond, Gabriel A., Scott Flanagan, and Robert Mundt, eds. 1973. *Crisis, Choice, and Change: Historical Studies of Political Development*. Boston: Little, Brown.
Almond, Gabriel A., and Stephen J. Genco. 1977. "Clouds, Clocks, and the Study of Politics." *World Politics* 29, no. 4: 489–522.
Almond, Gabriel A., and Harold D. Lasswell. 1934. "Aggressive Behavior by Clients Toward Public Relief Administrators: A Configurative Analysis." *American Political Science Review* 28, no. 4 (August): 643–55.
Almond, Gabriel A., and Sidney Verba. 1963. *The Civic Culture: Political Attitudes and Democracy in Five Nations*. Princeton, NJ: Princeton University Press.
Alt, James E., and Kenneth A. Shepsle. 1990. "Editors' Introduction." In *Perspectives on Positive Political Economy*, ed. James E. Alt and Kenneth A. Shepsle, 1–5. NewYork: Cambridge University Press.
Althusius, Johannes. 1964. *The Politics of Johannes Althusius*. Boston: Beacon Press.
Althusser, Louis. 1968. *For Marx*. London: Verso/NLB.
Althusser, Louis, and Etienne Balibar. 1969. *Reading Capital*. London: Verso.
Alvarez, Michael, José Antonio Cheibub, Fernando Limongi, and Adam Przeworski. 1996. "Classifying Political Regimes." *Studies in Comparative International Development* 31, no. 2 (Summer): 1–36.
Amadae, S. M. 2003. *Rationalizing Capitalist Democracy: The Cold War Origins of Rational Choice Liberalism*. Chicago: University of Chicago Press.
Amadae, S. M., and Bruce Bueno de Mesquita. 1999. "The Rochester School: The Origins of Positive Political Economy." *Annual Review of Political Science* 2: 269–95.
Amenta, Edwin. 2003. "What We Know About the Development of Social Policy: Comparative and Historical Research in Comparative and Historical Perspective." In *Comparative Historical Analysis in the Social Sciences*, ed. James Mahoney and Dietrich Rueschemeyer, 91–130. New York: Cambridge University Press.
Anderson, Benedict O'G. 1991. *Imagined Communities: Reflections on the Origins and Spread of Nationalism*. New York: Verso.
Anderson, Perry. 1974a. *Passages from Antiquity to Feudalism*. London: New Left Books.
———. 1974b. *Lineages of the Absolutist State*. London: New Left Books.
———. 1977. "The Antinomies of Antonio Gramsci." *New Left Review* no. 100: 5–80.
Apter, David E. 1961. *The Political Kingdom in Uganda: A Study in Bureaucratic Nationalism*. Prince-

ton, NJ: Princeton University Press.

——. 1965. *The Politics of Modernization*. Chicago: University of Chicago Press.

——. 1996. "Comparative Politics, Old and New." In *The New Handbook of Political Science*, ed. Robert Goodin and Hans-Dieter Klingemann, 372-97. Oxford: Oxford University Press.

Arendt, Hannah. 1951. *The Origins of Totalitarianism*. New York: Harcourt Brace.

Aristotle. 1946. *Politics*. Oxford: Clarendon Press.

Aron, Raymond. 1968. *Democracy and Totalitarianism*. London: Weidenfeld and Nicolson.

Arrow, Kenneth J. 1951. *Social Choice and Individual Values*. New York: Wiley.

Arthur, W. Brian. 1994. *Increasing Returns and Path Dependence in the Economy*. Ann Arbor: University of Michigan Press.

Baer, Michael A., Malcolm E. Jewell, and Lee Sigelman, eds. 1991. *Political Science in America: Oral Histories of a Discipline*. Lexington: University Press of Kentucky.

Banks, Arthur S., and Robert B. Textor. 1963. *A Cross-Polity Survey*. Cambridge: MIT Press.

Barro, Robert J. 1997. *Determinants of Economic Growth: A Cross-Country Empirical Study*. Cambridge: MIT Press.

Barry, Brian. 1970. *Sociologists, Economists and Democracy*. London: Collier-Macmillan.

——. 1975a. "Political Accommodation and Consociational Democracy." *British Journal of Political Science* 5, no. 4 (October): 477-505.

——. 1975b. "The Consociational Model and Its Dangers." *European Journal of Political Research* 3, no. 4 (December): 393-415.

Bartels, Larry M., and Henry E. Brady. 1993. "The State of Quantitative Political Methodology." In *Political Science: The State of the Discipline II*, ed. Ada W. Finifter, 121-59. Washington, DC: American Political Science Association.

Bates, Robert H. 1971. *Unions, Parties, and Political Development: A Study of Mineworkers in Zambia*. New Haven, CT: Yale University Press.

——. 1976. *Rural Responses to Industrialization: A Study of Village Zambia*. New Haven, CT: Yale University Press.

——. 1981. *Markets and States in Tropical Africa: The Political Basis of Agricultural Policies*. Berkeley: University of California Press.

——. 1983. *Essays on the Political Economy of Rural Africa*. Berkeley: University of California Press.

——, ed. 1988. *Toward a Political Economy of Development: A Rational Choice Perspective*. Berkeley: University of California Press.

——. 1989. *Beyond the Miracle of the Market: The Political Economy of Agrarian Development in Kenya*. New York: Cambridge University Press.

——. 1990. "Macropolitical Economy in the Field of Development." In *Perspectives on Positive Political Economy*, ed. James Alt and Kenneth Shepsle, 31-56. New York: Cambridge University Press.

——. 1996. "Letter from the President: Area Studies and the Discipline." *APSA-CP: Newsletter of the APSA Organized Section in Comparative Politics* 7, no. 1 (Winter): 1-2.

——. 1997a. *Open-Economy Politics: The Political Economy of the World Coffee Trade*. Princeton, NJ: Princeton University Press.

——. 1997b. "Comparative Politics and Rational Choice: A Review Essay." *American Political Science Review* 91, no. 3 (September): 699-704.

——. 1997c. "Area Studies and the Discipline: A Useful Controversy?" *PS: Political Science & Politics* 30, no. 2 (June): 166-69.

——. 1997d. "Area Studies and Political Science: Rupture and Possible Synthesis." *Africa Today* 44, no. 2: 123-31.

———. 2001. *Prosperity and Violence*. New York: W. W. Norton.

———. 2003. [Review of Scott, *Seeing Like a State*.] *APSA-CP: Newsletter of the APSA Organized Section in Comparative Politics* 14, no. 2 (Summer): 25-26.

———. 2005. "Political Insecurity and State Failure in Contemporary Africa." *Working Paper* no. 115, Center for International Development, Harvard University.

Bates, Robert H., Rui J. P. de Figueiredo Jr., and Barry R. Weingast. 1998. "The Politics of Interpretation: Rationality, Culture, and Transition." *Politics and Society* 26, no. 2 (June): 221-56.

Bates, Robert H., Avner Greif, Margaret Levi, Jean-Laurent Rosenthal, and Barry Weingast. 1998. *Analytic Narratives*. Princeton, NJ: Princeton University Press.

Bates, Robert H., Avner Greif, and Smita Singh. 2002. "Organizing Violence." *Journal of Conflict Resolution* 46, no. 5 (October): 599-628.

Bates, Robert H., and Michael F. Lofchie, eds. 1980. *Agricultural Development in Africa: Issues of Public Policy*. New York: Praeger.

Bates, Robert H., and Da-Hsiang Donald Lien. 1985. "A Note on Taxation, Development, and Representative Government." *Politics and Society* 14, no. 1: 53-70.

Bates, Robert H., V. Y. Mudimbe, and Jean O'Barr, eds. 1993. *Africa and the Disciplines: The Contributions of Research in Africa to the Social Sciences and Humanities*. Chicago: University of Chicago Press.

Baum, W. C., G. N. Griffiths, R. Matthews, and D. Scherruble. 1976. "American Political Science before the Mirror: What our Journals Reveal about the Profession." *Journal of Politics* 38, no. 4 (November): 895-917.

Becker, Howard S. 1998. *Tricks of the Trade: How to Think about Your Research While You're Doing It*. Chicago: University of Chicago Press.

Bendix, Reinhard. 1956. *Work and Authority in Industry: Ideologies of Management in the Course of Industrialization*. New York: Wiley.

———. 1964. *Nation-Building and Citizenship: Studies of Our Changing Social Order*. NewYork: Wiley.

———. 1980. *Kings or People: Power and the Mandate to Rule*. Berkeley: University of California Press.

———. 1986. *From Berlin to Berkeley: German-Jewish Identities*. New Brunswick, NJ: Transaction Books.

———. 1990. "How I Became an American Sociologist." In *Authors of Their Own Lives: Intellectual Autobiographies by Twenty American Sociologists*, ed. Bennett M. Berger, 452-75. Berkeley: University of California Press.

Benhabib, Jess, and Adam Przeworski. 2006. "The Political Economy of Redistribution Under Democracy." *Economic Theory* 29, no. 2 (October): 271-90.

Bennett, Andrew, Aharon Barth, and Ken Rutherford. 2003. "Do We Preach What We Practice? A Survey of Methods in Political Science Journals and Curricula." *PS: Political Science & Politics* 36, no. 3 (July): 373-78.

Bentley, Arthur. 1908. *Process of Government*. Chicago: University of Chicago Press.

Benton, Ted. 1984. *The Rise and Fall of Structural Marxism: Althusser and His Influence*. London: Palgrave Macmillan.

Berelson, Bernard R., Paul F. Lazarsfeld, and William N. McPhee. 1954. *Voting: A Study of Opinion Formation in a Presidential Campaign*. Chicago: University of Chicago Press.

Berg, Elliot. 1981. *Accelerated Development in Sub-Saharan Africa: An Agenda for Action*. Washington, DC: World Bank.

Berger, Bennett M., ed. 1990. *Authors of Their Own Lives: Intellectual Autobiographies of Twenty American Sociologists. Berkeley: University of California Press.

Berger, Suzanne. 1981. "Introduction." In *Organizing Interests in Western Europe: Pluralism, Corporatism and the Transformation of Politics*, ed. Suzanne Berger, 1–23. New York: Cambridge University Press.

Bernhard, Michael. 2002. [Review of Moore's *Moral Purity and Persecution in History and Moral Aspects of Economic Growth and Other Essays.*] *Studies in Comparative International Development* 37, no. 1 (Spring): 116–20.

Bien, David D. 1960. *The Calas Affair*. Princeton, NJ: Princeton University Press.

Bienen, Henry. 1967. "What Does Political Development Mean in Africa?" *World Politics* 20, no. 1 (October): 128–41.

Binder, Leonard, James Coleman, Joseph LaPalombara, Lucian Pye, Sidney Verba, and Myron Weiner. 1971. *Crisis and Sequences in Political Development*. Princeton, NJ: Princeton University Press.

Bloch, Marc. 1961. *Feudal Society*. Chicago: University of Chicago Press.

———. 1967. "A Contribution towards a Comparative History of European Societies." In *Land and Work in Medieval Europe: Selected Papers by Marc Bloch*, Marc Bloch, 44–81. New York: Harper & Row.

Blondel, Jean. 1999. "Then and Now: Comparative Politics." *Political Studies* 47, no. 1: 152–60.

Bobbio, Norberto. 1984. *The Future of Democracy*. Minneapolis: University of Minnesota Press.

Bogaards, Matthijs. 2000. "The Uneasy Relationship Between Empirical and Normative Types in Consociational Theory." *Journal of Theoretical Politics* 12, no. 4: 395–423.

Boix, Carles. 1998. *Political Parties, Growth and Equality: Conservative and Social Democratic Economic Strategies in the World Economy*. New York: Cambridge University Press.

Boix, Carles, and Susan Stokes. 2003. "Endogenous Democratization." *World Politics* 55, no. 4 (July): 517–49.

Bracher, Karl Dietrich. 1952. "Auflösung einer Demokratie: Des Ende der Weimarer Republik als Forschungsproblem." In *Faktoren der Machtbildung*, ed. Akadij Gurland, 39–98. Berlin: Duncker and Humblot.

———. 1955. *Die Auflösung der Weimarer Republik: eine Studie zum Probelm des Machtverfalls in der Demokratie*. Villingen/Schwarzwald: Ring-Verlag.

Brady, Henry E., and David Collier, eds. 2004. *Rethinking Social Inquiry: Diverse Tools, Shared Standards*. Lanham, MD: Rowman & Littlefield and the Berkeley Public Policy Press.

Bresser Pereira, Luiz Carlos, José María Maravall, and Adam Przeworski. 1993. *Economic Reform in New Democracies*. New York: Cambridge University Press.

Brooker, Paul. 2000. *Non-Democratic Regimes: Theory, Government and Politics*. New York: St. Martin's Press.

Bryce, James. 1921. *Modern Democracies*. New York: Macmillan.

Brzezinski, Zbigniew K. 1962. *Ideology and Power in Soviet Politics*. New York: Praeger.

Brzezinski, Zbigniew K., and Samuel P. Huntington. 1964. *Political Power: USA/USSR*. New York: Viking Press.

Buchanan, James, and Gordon Tulloch. 1962. *The Calculus of Consent*. Ann Arbor: University of Michigan Press.

Burawoy, Michael. 1989. "Two Methods in Search of Science: Skocpol versus Trotsky." *Theory and Society* 18: 759–805.

Camerer, Colin F., and Rebecca Morton. 2002. "Formal Theory Meets Data." In *Political Science: The State of the Discipline*, ed. Ira Katznelson and Helen V. Milner, 784–804. New York and Washington, DC: W. W. Norton and the American Political Science Association.

Campbell, Angus, Philip E. Converse, Warren E. Miller, and Donald E. Stokes. 1960. *The American Voter*. New York: Wiley.

Campbell, Donald Thomas. 1988. *Methodology and Epistemology for Social Science: Selected Papers*. Chicago: University of Chicago Press.

Campbell, Donald T., and Julian C. Stanley. 1966. *Experimental and Quasi-Experimental Designs for Research*. Boston: Houghton Mifflin.

Cardoso, Fernando H. 1973. "Associated-Dependent Development: Theoretical and Practical Implications." In *Authoritarian Brazil: Origins, Policies, and Future*, ed. Alfred Stepan, 142–78. New Haven, CT: Yale University Press.

Cardoso, Fernando H., and Enzo Faletto. 1979. *Dependency and Development in Latin America*. Berkeley: University of California Press.

Centers, Richard. 1949. *The Psychology of Social Classes: A Study of Class Consciousness*. Princeton, NJ: Princeton University Press.

Charrad, Mounira. 2001. *States and Women's Rights: The Making of Postcolonial Tunisia, Algeria, and Morocco*. Berkeley: University of California Press.

Chayanov, A. V. 1966. *The Theory of Peasant Economy*, ed. Daniel Thorner et al. Homewood, IL: R. D. Irwin.

Chehabi, H. E., and Juan J. Linz. 1998a. "A Theory of Sultanism I: A Type of Nondemocratic Rule." In *Sultanistic Regimes*, ed. H. E. Chehabi and Juan J. Linz, 3–25. Baltimore: Johns Hopkins University Press.

——, eds. 1998b. *Sultanistic Regimes*. Baltimore: Johns Hopkins University Press.

Chubb, Basil. 1970. *The Government and Politics of Ireland*. Stanford, CA: Stanford University Press.

Coase, Ronald. 1960. "The Problem of Social Cost." *Journal of Law and Economics* 3, no. 1 (October): 1–44.

Cohen, G. A. 1978. *Karl Marx's Theory of History: A Defense*. Princeton, NJ: Princeton University Press.

Cohen, Jean L., and Andrew Arato. 1992. *Civil Society and Political Theory*. Cambridge: MIT Press.

Coker, Francis W. 1934. *Recent Political Thought*. New York: D. Appleton-Century.

Coleman, James S. 1990a. "Columbia in the 1950s." In *Authors of Their Own Lives: Intellectual Autobiographies by Twenty American Sociologists*, ed. Bennett M. Berger, 75–103. Berkeley: University of California Press.

——. 1990b. *Foundations of Social Theory*. Cambridge, MA: Harvard University Press.

Collier, David. 1975. "Timing of Economic Growth and Regime Characteristics in Latin America." *Comparative Politics* 7, no. 3 (April): 331–59.

——. 1976. *Squatters and Oligarchs: Authoritarian Rule and Policy Change in Peru*. Baltimore: Johns Hopkins University Press.

——. 1978. "Industrial Modernization and Political Change: A Latin American Perspective." *World Politics* 30, no. 4: 593–614.

——, ed. 1979. *The New Authoritarianism in Latin America*. Princeton, NJ: Princeton University Press.

——. 1991. "The Comparative Method: Two Decades of Change." In *Comparative Political Dynamics: Global Research Perspectives*, ed. Dankwart A. Rustow and Kenneth Paul Erickson, 7–31. New York: HarperCollins.

——. 1993. "The Comparative Method." In *Political Science: The State of the DisciplineII*, ed. Ada W. Finifter, 105–19. Washington, DC: American Political Science Association.

——. 1995. "Trajectory of a Concept: 'Corporatism' in the Study of Latin American Politics." In

Latin America in Comparative Perspective: New Approaches to Methodsand Analysis, ed. Peter H. Smith, 135–62. Boulder, CO: Westview Press.

———. 1998a. "Comparative Method in the 1990s." *APSA-CP: Newsletter of the APSA Organized Section in Comparative Politics* 9, no. 1 (Winter): 1–2, 4–5.

———. 1998b. "Comparative-Historical Analysis: Where Do We Stand?" *APSA-CP: Newsletter of the APSA Organized Section in Comparative Politics* 9, no. 2 (Summer): 1–2, 4–5.

———. 1999a. "Data, Field Work and Extracting New Ideas at Close Range." *APSA-CP: Newsletter of the APSA Organized Section in Comparative Politics* 10, no. 1 (Winter): 1–2, 4–6.

———. 1999b. "Building a Disciplined, Rigorous Center in Comparative Politics." *APSA-CP: Newsletter of the APSA Organized Section in Comparative Politics* 10, no. 2 (Summer): 1–2, 4.

Collier, David, and Robert N. Adcock. 1999. "Democracy and Dichotomies: A Pragmatic Approach to Choices About Concepts." *Annual Review of Political Science* 2: 537–65.

Collier, David, Henry E. Brady, and Jason Seawright. 2004. "Sources of Leverage in Causal Inference: Toward an Alternative View of Methodology." In *Rethinking Social Inquiry: Diverse Tools, Shared Standards*, ed. Henry E. Brady and David Collier, 229–66. Lanham, MD: Rowman & Littlefield Publishers and the Berkeley Public Policy Press.

Collier, David, and Ruth Berins Collier. 1977. "Who Does What, to Whom, and How: Toward a Comparative Analysis of Latin American Corporatism." In *Authoritarianism and Corporatism in Latin America*, ed. James M. Malloy, 489–512. Pittsburgh: University of Pittsburgh Press.

Collier, David, and Steven Levitsky. 1997. "Democracy With Adjectives: Conceptual Innovation in Comparative Research." *World Politics* 49, no. 3 (April): 430–51.

Collier, David, and James E. Mahon Jr. 1993. "Conceptual Stretching Revisited: Adapting Categories in Comparative Analysis." *American Political Science Review* 87, no. 4: 845–55.

Collier, David, and Richard Messick. 1975. "Prerequisites Versus Diffusion: Testing Alternative Explanations of Social Security Adoption." *American Political Science Review* 69, no. 4: 1299–1315.

Collier, Ruth Berins. 1982a. *Regimes in Tropical Africa: Changing Forms of Supremacy, 1945–75*. Berkeley: University of California Press.

———. 1982b. "Popular Sector Incorporation and Political Supremacy: Regime Evolution in Brazil and Mexico." In *Brazil and Mexico: Patterns of Late Development*, ed. Sylvia Ann Hewlett and Richard Weinhert, 57–109. Philadelphia: Institute for the Study of Human Issues.

———. 1992. *The Contradictory Alliance: State-Labor Relations and Regime Change in Mexico*. Berkeley: International and Area Studies Press.

———. 1993. "Combining Alternative Perspectives: Internal Trajectories Versus External Influences as Explanations of Latin American Politics in the 1940s." *Comparative Politics* 26, no. 1 (December): 1–30.

———. 1999. *Paths Toward Democracy: Working Class and Elites in Western Europe and South America*. New York: Cambridge University Press.

Collier, Ruth Berins, and David Collier. 1979. "Inducements versus Constraints: Disaggregating 'Corporatism.'" *American Political Science Review* 73, no. 4 (December): 967–86.

———. 1991. *Shaping the Political Arena: Critical Junctures, the Labor Movement, and Regime Dynamics in Latin America*. Princeton, NJ: Princeton University Press.

———. 2002. *Shaping the Political Arena: Critical Junctures, the Labor Movement, and the Regime Dynamics in Latin America*. Notre Dame, IN: University of Notre Dame Press.

Colomer, Josep M. 1991. "Transitions by Agreement: Modeling the Spanish Way." *American Political Science Review* 85, no. 4 (December): 1283–1302.

———. 1995. *Game Theory and the Transition to Democracy: The Spanish Model*. Aldershot, England:

E. Elgar.

Colson, Elizabeth. 1974. *Tradition and Contract: The Problem of Order.* Chicago: Aldine Publishing.

Cook, Thomas D., and Donald T. Campbell. 1979. *Quasi-Experimentation: Design and Analysis Issues for Field Settings.* Boston: Houghton Mifflin.

Cortés, Fernando, Adam Przeworski, and John Sprague. 1974. *Systems Analysis for Social Scientists.* New York: Wiley Interscience.

Coser, Lewis A. 1956. *The Functions of Social Conflict.* Glencoe, IL: The Free Press.

———. 1984. *Refugee Scholars in America: Their Impact and Their Experiences.* New Haven, CT: Yale University Press.

Cox, Gary. 1997. *Making Votes Count: Strategic Coordination in the World's Electoral Systems.* New York: Cambridge University Press.

Crepaz, Markus M. L., and Arend Lijphart. 1995. "Linking and Integrating Corporatism and Consensus Democracy: Theory, Concepts and Evidence." *British Journal of Political Science* 25, no. 2 (April): 281–88.

Crick, Bernard. 1959. *The American Science of Politics: Its Origins and Conditions.* Berkeley: University of California Press.

Crowley, Jocelyn Elise, and Theda Skocpol. 2001. "The Rush to Organize: Explaining Associational Formation in the United States, 1860s–1920s." *American Journal of Political Science* 45, no. 4 (October): 813–29.

Cutright, Philips. 1963. "National Political Development: Its Measurement and Social Correlates." In *Politics and Social Life*, ed. Nelson W. Polsby, Robert A. Dentler, and Paul A. Smith, 569–81. Boston: Houghton Mifflin.

Daalder, Hans. 1993. "The Development of the Study of Comparative Politics." In *Comparative Politics: New Directions in Theory and Method*, ed. Hans Keman, 11–30. Amsterdam: VU University Press.

———, ed. 1997a. *Comparative European Politics: The Story of a Profession.* New York: Pinter.

———. 1997b. "A Smaller European's Opening Frontiers." In *Comparative European Politics: The Story of a Profession*, ed. Hans Daalder, 227–40. New York: Pinter.

Dahl, Robert A. 1940a. "Socialist Programs and Democratic Politics: An Analysis." Ph. D. dissertation, Department of Government, Yale University.

———. 1940b. "On the Theory of Democratic Socialism." *Plan Age* 6, nos. 9–10 (November–December): 325–56.

———. 1950. *Congress and Foreign Policy.* New York: W. W. Norton.

———. 1956. *A Preface to Democratic Theory.* Chicago: University of Chicago Press.

———. 1957. "The Concept of Power." *Behavioral Science* 2, no. 3 (July): 201–15.

———. 1961a. *Who Governs? Democracy and Power in an American City.* New Haven, CT: Yale University Press.

———. 1961b. "The Behavioral Approach to Political Science: Epitaph for a Monument to a Successful Protest." *American Political Science Research* 55, no. 4 (December): 763–72.

———. 1963. *Modern Political Analysis.* Englewood Cliffs, NJ: Prentice-Hall.

———, ed. 1966a. *Political Oppositions in Western Democracies.* New Haven, CT: YaleUniversity Press.

———. 1966b. "Some Explanations." In *Political Oppositions in Western Democracies*, ed. Robert A. Dahl, 348–86. New Haven, CT: Yale University Press.

———. 1967. *Pluralist Democracy in the United States: Conflict and Consent.* Chicago: Rand McNally.

———. 1968. "Power." In *International Encyclopedia of the Social Sciences*, vol. 12: 405–15, ed. David Sills. New York: The Free Press.

———. 1971. *Polyarchy.* New Haven, CT: Yale University Press.

———, ed. 1973. *Regimes and Oppositions*. New Haven, CT: Yale University Press.
———. 1982. *Dilemmas of Pluralist Democracy*. New Haven, CT: Yale University Press.
———. 1985. *A Preface to Economic Democracy*. New Haven, CT: Yale University Press.
———. 1989. *Democracy and Its Critics*. New Haven, CT: Yale University Press.
———. 1993. "Why All Democratic Countries Have Mixed Economies." In *Democratic Community*, ed. John Chapman and Ian Shapiro, 259-82. New York: New York University Press.
———. 1997a. "From Personal History to Democratic Theory." In *Toward Democracy: A Journey, Reflections: 1940-1997*, vol. 1, Robert A. Dahl, 3-15. Berkeley: Institute of Governmental Studies Press, University of California, Berkeley.
———. 1997b. "A Brief Intellectual Autobiography." In *Comparative European Politics: The Story of a Profession*, ed. Hans Daalder, 68-78. New York: Pinter.
———. 1997c. "From Immigrants to Citizens: A New Yet Old Challenge to Democracies." In *Toward Democracy: A Journey, Reflections: 1940-1997*, vol. 1, Robert A. Dahl, 229-50. Berkeley: Institute of Governmental Studies Press, University of California, Berkeley.
———. 1998. *On Democracy*. New Haven, CT: Yale University Press.
———. 1999. "Can International Organizations be Democratic? A Skeptic's View." In *Democracy's Edges*, ed. Ian Shapiro and Casiano Hacker-Cordon, 19-36. New York: Cambridge University Press.
———. 2001a. "Political Equality in the Coming Century." In *Challenges to Democracy: Ideas, Involvement and Institutions*, ed. Keith Dowding, James Hughes, and Helen Margetts, 3-17. New York: Palgrave.
———. 2001b. "Is Postnational Democracy Possible?" In *Nation, Federalism, and Democracy: The EU, Italy, and the American Federal Experience*, ed. Sergio Fabbrini, 35-46. Bologna: Editrice Compositori.
———. 2001c. *How Democratic is the American Constitution?* New Haven, CT: Yale University Press.
———. 2005. *After the Gold Rush, Growing Up In Skagway*. Philadelphia, PA: XLibris.
———. 2006. "Reflections on Human Nature and Politics: From Genes to Political Institutions." In *The Art of Political Leadership: Essays in Honor of Fred I. Greenstein*, ed. Larry Berman, 3-16. Lanham, MD: Rowman & Littlefield.
Dahl, Robert A., Mason Haire, and Paul F. Lazarsfeld, eds. 1959. *Social Science Researchon Business: Product and Potential*. New York: Columbia University Press.
Dahl, Robert A., and Charles E. Lindblom. 1953. *Politics, Economics, and Welfare: Planning and Politico-Economic Systems Resolved into Basic Social Processes*. NewYork: Harper & Row.
Dahl, Robert A., and Edward R. Tufte. 1973. *Size and Democracy*. Stanford, CA: Stanford University Press.
Dalton, Russell J. 1991. "Comparative Politics of the Industrial Democracies: From the Golden Age to Island Hopping." In *Political Science: Looking to the Future*, vol. 2: *Comparative Politics, Policy, and International Relations*, ed. William Crotty, 15-43. Evanston, IL: Northwestern University Press.
David, Paul A. 1985. "Clio and the Economics of QWERTY." *American Economic Review* 75, no. 2 (May): 332-37.
Dawidoff, Nicholas. 2003. *The Fly Swatter: Portrait of an Exceptional Character*. New York: Viking.
de Miguel, Amando. 1993. "The Lynx and the Stork." In *Politics, Society and Democracy: The Case of Spain*, ed. Richard Gunther, 3-10. Boulder, CO: Westview Press.
Dershowitz, Alan. 2001. *Letters to a Young Lawyer*. New York: Basic Books.
de Soto, Hernando. 1989. *The Other Path*. New York: Harper & Row.
Deutsch, Karl W. 1953. *Nationalism and Social Communication: An Inquiry into the Foundations of Nationality*. Cambridge: MIT Press.

———. 1961. "Social Mobilization and Political Development." *American Political Science Review* 51, no. 3 (September): 494–514.

———. 1963. *The Nerves of Government*. New York: The Free Press.

———. 1966. "The Theoretical Basis of Data Programs." In *Comparing Nations: The Use of Quantitative Data in Cross-National Research*, ed. Richard L. Merritt and Stein Rokkan, 27–55. New Haven, CT: Yale University Press.

———. 1968. *The Analysis of International Relations*. Englewood Cliffs, NJ: Prentice-Hall.

Deutsch, Karl W., Harold D. Lasswell, Richard L. Merritt, and Bruce M. Russett. 1966. "The Yale Political Data Program." In *Comparing Nations: The Use of Quantitative Data in Cross-National Research*, ed. Richard L. Merritt and Stein Rokkan, 81–94. New Haven, CT: Yale University Press.

Diamant, Alfred. 1960. *Austrian Catholics and the First Republic: Democracy, Capitalism, and the Social Order, 1918-1934*. Princeton, NJ: Princeton University Press.

Diamond, Larry. 1999. *Developing Democracy: Toward Consolidation*. Baltimore: Johns Hopkins University Press.

Diamond, Larry, Juan J. Linz, and Seymour Martin Lipset, eds. 1988–89. *Democracy in Developing Countries*. 3 vols. Boulder, CO: Lynne Rienner.

Di Tella, Torcuato. 1971–72. "La búsqueda de la fórmula política argentina." *Desarrollo Económico* (Buenos Aires) 11, nos. 42–44: 317–25.

Doggan, Mattei. 1996. "Political Science and the Other Social Sciences." In *The New Handbook of Political Science*, ed. Robert Goodin and Hans-Dieter Klingemann, 97–130. Oxford: Oxford University Press.

Domínguez, Jorge I. 2001. "Samuel Huntington and the Latin American State." In *The Other Mirror: Grand Theory through the Lens of Latin America*, ed. Miguel Angel Centeno and Fernando López-Alves, 219–39. Princeton, NJ: Princeton University Press.

Dos Santos, Theotônio. 1968. *Socialismo o fascismo: el dilema Latinoamericano*. Santiago, Chile: Editorial Prensa Latinoamericana.

———. 1977. "Socialismo y fascismo en América Latina hoy." *Revista Mexicana de Sociología* 39, no. 1: 173–90.

Downs, Anthony. 1957. *An Economic Theory of Democracy*. New York: Harper & Row.

Driver, Cecil. 1946. *Tory Radical: The Life of Richard Oastler*. New York: Oxford University Press.

Dryzek, John S., and Stephen T. Leonard. 1988. "History and Discipline in Political Science." *American Political Science Review* 82, no. 4 (December): 1245–60.

Duguit, Léon. 1919. *Law in the Modern State*. New York: B. W. Huebsch.

Dunlop, John T., Frederick H. Harbison, Clark Kerr, and Charles A. Myers. 1960. *Industrialism and Industrial Man: The Problems of Labor and Management in Economic Growth*. Cambridge, MA: Harvard University Press.

Dunn, John. 1979. "Practicing History and Social Science on 'Realist' Assumptions." In *Action and Interpretation: Studies in the Philosophy of the Social Sciences*, ed. Christopher Hookway and Philip Pettit, 145–75. Cambridge: Cambridge University Press.

Durkheim, Emile. 1951. *Suicide: A Study in Sociology*. Glencoe, IL: The Free Press.

———. 1982. *The Rules of Sociological Method, and Selected Texts on Sociology and its Method*. London: Macmillan.

———. 1995. *The Elementary Forms of Religious Life*. New York: The Free Press.

Duverger, Maurice. 1954. *Political Parties*. New York: Wiley.

Eakin, Emily. 2000. "Political Scientists are in a Revolution Instead of Watching." *New York Times*, November 4.

Easton, David. 1953. *The Political System: An Inquiry into the State of Political Science*. New York: Alfred A. Knopf.
———. 1965a. *A Framework for Political Analysis*. Englewood Cliffs, NJ: Prentice-Hall.
———. 1965b. *A System Analysis of Political Life*. New York: Wiley.
Easton, David, John G. Gunnell, and Luigi Graziano, eds. 1991. *The Development of Political Science: A Comparative Survey*. New York: Routledge.
Easton, David, John G. Gunnell, and Michael B. Stein, eds. 1995. *Regime and Discipline: Democracy and the Development of Political Science*. Ann Arbor: University of Michigan Press.
Eckstein, Harry. 1963. "A Perspective on Comparative Politics, Past and Present." In *Comparative Politics*, ed. Harry Eckstein and David Apter, 3–32. New York: The Free Press.
———. 1966. *Division and Cohesion in Democracy: A Study of Norway*. Princeton, NJ: Princeton University Press.
———. 1975. "Case Study and Theory in Political Science." In *Handbook of Political Science*, vol. 7: *Strategies of Inquiry*, ed. Fred I. Greenstein and Nelson W. Polsby, 79–137. Reading, MA: Addison-Wesley.
———. 1998. "Unfinished Business: Reflection on the Scope of Comparative Politics." *Comparative Political Studies* 31, no. 4: 505–34.
Eckstein, Harry, and David Apter, eds. 1963. *Comparative Politics: A Reader*. New York: The Free Press.
Eggan, Fred. 1954. "Social Anthropology and the Method of Controlled Comparison." *American Anthropologist* 56, no. 5: 743–63.
Eisenstadt, S. N. 1966. *Modernization: Protest and Change*. Englewood Cliffs, NJ: Prentice-Hall.
Eisermann, Gottfried. 1987. *Vilfredo Pareto: Ein Klassiker der Soziologie*. Tübingen, J. C. B. Mohr.
Elkins, Zachary. 2000. "Gradations of Democracy? Empirical Tests of Alternative Conceptualizations." *American Journal of Political Science* 44, no. 2 (April): 293–300.
Elliott, William Yandell. 1928. *The Pragmatic Revolt in Politics: Syndicalism, Fascism, and the Constitutional State*. New York: Macmillan.
Elster, Jon. 1982. "Marxism, Functionalism and Game Theory." *Theory and Society* 11, no. 4: 453–82.
———. 1985. *Making Sense of Marx*. New York: Cambridge University Press.
———. 1999. *Alchemies of the Mind: Studies in Rationality and the Emotions*. New York: Cambridge University Press.
———. 2000. "Rational Choice History: A Case of Excessive Ambition." *American Political Science Review* 94, no. 3 (September): 685–95.
Emerson, Rupert. 1960. *From Empire to Nation: The Rise of Self-Assertion of Asian and African Peoples*. Cambridge, MA: Harvard University Press.
España-Nájera, Annabella, Xavier Márquez, and Paul Vasquez. 2003. "Surveying the Field: Basic Graduate Training in Comparative Politics." *APSA-CP: Newsletter of the Organized Section in Comparative Politics of the American Political Science Association* 14, no. 1 (Winter): 28–34.
Evans, Peter. 1979. *Dependent Development: The Alliance of Multinational, State, and Local Capital in Brazil*. Princeton, NJ: Princeton University Press.
———. 1995. *Embedded Autonomy: States and Industrial Transformation*. Princeton, NJ: Princeton University Press.
Evans, Peter, Harold Jacobson, and Robert Putnam, eds. 1993. *Double-Edged Diplomacy: An Interactive Approach to International Politics*. Berkeley: University of California Press.
Evans, Peter, Dietrich Rueschemeyer, and Theda Skocpol, eds. 1985. *Bringing the State Back In*. New

York: Cambridge University Press.
Fainsod, Merle, and Lincoln Gordon. 1941. *Government and the American Economy*. New York: W. W. Norton.
Farr, James. 1999. "John Dewey and American Political Science." *American Journal of Political Science* 43, no. 2: 520-41.
Farr, James, and Raymond Seidelman, eds. 1993. *Discipline and History: Political Science in the United States*. Ann Arbor: University of Michigan Press.
Fearon, James D., and David D. Laitin. 1996. "Explaining Interethnic Cooperation." *American Political Science Review* 90, no. 4: 715-35.
———. 2000. "Violence and the Social Construction of Ethnic Identities." *International Organization* 54, no. 4 (October): 845-77.
———. 2003. "Ethnicity, Insurgency, and Civil War." *American Political Science Review* 97, no. 1 (February): 75-90.
Fenno, Richard F. 1977. "U. S. House Members and Their Constituencies: An Exploration." *American Political Science Review* 71, no. 3 (September): 883-917.
Finegold, Kenneth, and Theda Skocpol. 1995. *State and Party in America's New Deal*. Madison: University of Wisconsin Press.
Finer, Herman. 1932. *The Theory and Practice of Modern Government*. 2 vols. London: Methuen.
Finer, Samuel E. 1962. *The Man on Horseback: The Role of the Military in Politics*. New York: Praeger.
Fiorina, Morris P., and Theda Skocpol, eds. 1999. *Civic Engagement in American Democracy*. Washington, DC: Brookings Institution Press and Russell Sage Foundation.
Fishlow, Albert. 1973. "Some Reflections on Post-1964 Brazilian Economic Policy." In *Authoritarian Brazil: Origins, Policies, and Future*, ed. Alfred Stepan, 69-118. New Haven, CT: Yale University Press.
Fishman, Robert M. 1990. *Working Class Organization and the Return to Democracy in Spain*. Ithaca, NY: Cornell University Press.
———. 2005. "On the Continuing Relevance of the Weberian Methodological Perspective (With Applications to the Spanish Case of Elections in the Aftermath of Terrorism)." *Working Paper* no. 317. Notre Dame, IN: Kellogg Institute for International Studies, University of Notre Dame.
Freeman, Edward. 1873. *Comparative Politics*. London: Macmillan.
Frenkel, Roberto, and Guillermo O'Donnell. 1979. "The 'Stabilization Programs' of the IMF and Their Internal Impacts." In *Capitalism and the State in U. S. -Latin American Relations*, ed. Richard Fagen, 171-216. Stanford, CA: Stanford University Press.
Frey, Frederick W. 1970. "Cross-cultural Survey Research in Political Science." In *The Methodology of Comparative Research*, ed. Robert T. Holt and John E. Turner, 173-294. New York: The Free Press.
Friedrich, Carl J. 1937. *Constitutional Government and Politics: Nature and Development*. New York: Harper.
———. 1963. *Man and His Government: An Empirical Theory of Politics*. New York: McGraw-Hill.
Friedrich, Carl J., and Zbigniew K. Brzezinski. 1956. *Totalitarian Dictatorship and Autocracy*. Cambridge, MA: Harvard University Press.
Friedrich, Carl J., Harold D. Lasswell, Herbert A. Simon, Ralph J. D. Braibanti, G. Lowell Field, and Dwight Waldo. 1953. "Research in Comparative Politics: Comments on the Seminar Report." *American Political Science Review* 47, no. 3 (Sep-tember): 658-75.
Furtado, Celso. 1970. *Economic Development of Latin America*. Cambridge: Cambridge University Press.
Fustel de Coulanges, Numa Denis. 1882. *The Ancient City: A Study on the Religion, Laws, and Institu-

tions of Greece and Rome. 4th ed. Boston: Lee and Shepard.

Galenson, Walter. 1959. *Labor and Economic Development*. New York: Wiley.

Gallie, W. B. 1956. "Essentially Contested Concepts." *Proceedings of the Aristotelian Society* 51: 167–98.

Gandhi, Jennifer, and Adam Przeworski. 2006. "Cooperation, Cooptation, and Rebellion under Dictatorships." *Economics and Politics* 18, no. 1 (March): 1–26.

Garrett, Geoffrey. 1998. *Partisan Politics in the Global Economy*. New York: Cambridge University Press.

Gaspari, Elio. 2003. *O Sacerdote e o Feiticeiro: A Ditadura Derrotada*. São Paulo: Companhia das Letras.

Gates, Scott, and Brian D. Humes. 1997. *Games, Information, and Politics: Applying Game Theoretic Models to Political Science*. Ann Arbor: University of Michigan Press.

Gay, Peter. 1998. *My German Question: Growing Up in Nazi Berlin*. New Haven, CT: Yale University Press.

Geddes, Barbara. 1991. "How the Cases You Choose Affect the Answers You Get: Selection Bias in Comparative Politics." In *Political Analysis*, vol. 2, 1990, ed. James A. Stimson, 131–49. Ann Arbor: University of Michigan Press.

———. 2003. *Paradigms and Sand Castles: Theory Building and Research Design in Comparative Politics*. Ann Arbor: University of Michigan Press.

Geertz, Clifford. 1973. *The Interpretation of Cultures: Selected Essays*. New York: Basic Books.

Gellner, Ernest. 1983. *Nations and Nationalism*. Oxford: Blackwell.

George, Alexander L. 1979. "Case Studies and Theory Development: The Method of Structured, Focused Comparison." In *Diplomacy: New Approaches in History, Theory and Policy*, ed. Paul Gordon Lauren, 43–68. New York: The Free Press.

George, Alexander L., and Andrew Bennett. 2005. *Case Studies and Theory Development in the Social Sciences*. Cambridge: MIT Press.

George, Alexander L., and Timothy J. McKeown. 1985. "Case Studies and Theories of Organizational Decision Making." In *Advances in Information Processing in Organizations 2*, ed. Robert F. Coulam and Richard A. Smith, 21–58. Greenwich, CT.: JAI Press.

Gerber, Alan S., and Donald P. Green. 2000. "The Effects of Canvassing, Telephone Calls, and Direct Mail on Voter Turnout: A Field Experiment." *American Political Science Review* 94, no. 3 (September): 653–63.

Gerschenkron, Alexander. 1962. *Economic Backwardness in Historical Perspective*. Cambridge, MA: Harvard University Press.

———. 1966. *Bread and Democracy in Germany*. New York: H. Fertig.

———. 1968. *Continuity in History and Other Essays*. Cambridge, MA: Harvard University Press.

Gershman, Carl. 1997. "The Clash within Civilizations." *Journal of Democracy* 8, no. 4 (October): 165–70.

Gerth, H. H., and C. Wright Mills, eds. 1946. *From Max Weber: Essays in Sociology*. New York: Oxford University Press.

Gillespie, Charles Guy. 1991. *Negotiating Democracy: Politicians and Generals in Uruguay*. New York: Cambridge University Press.

Gilman, Nils. 2003. *Mandarins of the Future: Modernization Theory in Cold War America*. Baltimore: Johns Hopkins University Press.

Goldstone, Jack A. 2003. "Comparative Historical Analysis and Knowledge Accumulation in the Study of Revolutions." In *Comparative Historical Analysis in the Social Sciences*, ed. James Mahoney and Dietrich Rueschemeyer, 41–90. New York: Cambridge University Press.

Goldthorpe, John H. 2000. *On Sociology: Numbers, Narratives, and the Integration of Research and Theo-*

ry. Oxford: Oxford University Press.

González, Luis E. 1991. *Political Structures and Democracy in Uruguay*. Notre Dame, IN: University of Notre Dame Press.

Goodnow, Frank. 1900. *Politics and Administration*. New York: Macmillan.

Gramsci, Antonio. 1991. *Prison Notebooks*. New York: Columbia University Press.

Grann, David. 2004. "Mysterious Circumstances: The Strange Death of a Sherlock Holmes Fanatic." *The New Yorker* (December 13): 58–73.

Green, Donald P., and Ian Shapiro. 1994. *Pathologies of Rational Choice: A Critique of Applications in Political Science*. New Haven, CT: Yale University Press.

Greenberg, Stanley B., and Theda Skocpol, eds. 1997. *The New Majority: Toward a Popular Progressive Politics*. New Haven, CT: Yale University Press.

Greenstone, J. David. 1969. *Labor in American Politics*. New York: Knopf.

Grew, Raymond, ed. 1978. *Crises of Political Development in Europe and the United States*. Princeton, NJ: Princeton University Press.

Grofman, Bernard, and Arend Lijphart, eds. 1986. *Electoral Laws and Their Political Consequences*. New York: Agathon.

———. 2002. *The Evolution of Electoral and Party Systems in the Nordic Countries*. New York: Agathon.

Grofman, Bernard, Arend Lijphart, Robert McKay, and Howard Scarrow, eds. 1982. *Representation and Redistricting Issues*. Lexington, MA: Lexington Books.

Grossman, Gene M., and Elhanan Helpman. 2001. *Special Interest Politics*. Cambridge: MIT Press.

Guetzkow, Harold. 1950. "Long Range Research in International Relations." *The American Perspective* 4, no. 4: 421–40.

Gunnell, John. 1993. *The Descent of Political Theory: The Genealogy of an American Vocation*. Chicago: University of Chicago Press.

———. 2004. *Imagining the American Polity: Political Science and the Discourse of Democracy*. University Park: Pennsylvania State University Press.

Gurr, Ted. 1970. *Why Men Rebel*. Princeton, NJ: Princeton University Press.

Haas, Ernst B. 1958. *The Uniting of Europe: Political, Social, and Economic Forces, 1950–1957*. Stanford, CA: Stanford University Press.

Haas, Ernst B., and Philippe Schmitter. 1964. "Economics and Differential Patterns of Political Integration: Projections about Unity in Latin America." *International Organization* 18, no. 3: 705–37.

Hall, Peter A., ed. 1989. *The Political Power of Economic Ideas: Keynesianism across Nations*. Princeton, NJ: Princeton University Press.

Hall, Peter A., and David Soskice, eds. 2001. *Varieties of Capitalism: The Institutional Foundations of Comparative Advantage*. Oxford: Oxford University Press.

Hall, Peter A., and Rosemary Taylor. 1996. "Political Science and the Three New Institutionalisms." *Political Studies* 44, no. 5: 936–57.

Harrison, Lawrence E., and Samuel P. Huntington, eds. 2000. *Culture Matters: How Values Shape Human Progress*. New York: Basic Books.

Hartz, Louis. 1955. *The Liberal Tradition in America: An Interpretation of American Political Thought since the Revolution*. New York: Harcourt, Brace.

———. 1964. *The Founding of New Societies: Studies in the History of the United States, Latin America, South Africa, Canada, and Australia*. New York: Harcourt, Brace & World.

Heberle, Rudolf. 1945. *From Democracy to Nazism: A Regional Case Study on Political Parties*. Baton Rouge: Louisiana State University Press.

Heller, Hermann. 1934. *Staatslehre*. Leiden: A. W. Sijthoff's Uitgeversmaatsch appif N. V.

Hempel, Carl G. 1965. *Aspects of Scientific Explanation, and Other Essays in the Philosophy of Science.* New York: The Free Press.

———. 1966. *Philosophy of Natural Science.* Englewood Cliffs, NJ: Prentice-Hall.

Hermet, Guy. 2001. *Les populismes dans le monde: Une histoire sociologique XIXème-XXème siècle.* Paris: Fayard.

Hintze, Otto. 1975. *The Historical Essays of Otto Hintze*, ed. Felix Gilbert. New York: Oxford University Press.

Hirschman, Albert O. 1963. *Journeys Toward Progress: Studies of Economic Policy-Making in Latin America.* New York: Twentieth Century Fund.

———. 1970. "The Search for Paradigms as a Hindrance to Understanding." *World Politics* 22, no. 3 (April): 329-43.

———. 1971. "The Political Economy of Import-Substituting Industrialization in Latin America." In *A Bias For Hope: Essays on Development*, Albert O. Hirschman, 85-123. New Haven, CT: Yale University Press.

———. 1992. "In Defense of Possibilism." In *Rival Views of Market Society and Other Recent Essays*, Albert O. Hirschman, 171-75. Cambridge, MA: Harvard University Press.

———. 1995. *A Propensity to Self-Subversion.* Cambridge, MA: Harvard University Press.

Hochschild, Adam. 1998. *King Leopold's Ghost: A Story of Greed, Terror, and Heroism in Colonial Africa.* Boston: Houghton Mifflin.

Holcombe, Arthur Norman. 1930. *The Chinese Revolution: A Phase in the Regeneration of a World Power.* Cambridge, MA: Harvard University Press.

———. 1940. *The Middle Classes in American Politics.* New York: Russell & Russell.

———. 1948. *Human Rights in the Modern World.* New York: New York University Press.

Hollingsworth, J. Rogers, Philippe C. Schmitter, and Wolfgang Streeck, eds. 1994. *Governing Capitalist Economies: Performance and Control of Economic Sectors.* NewYork: Oxford University Press.

Holstein, Günther. 1950. *Historia de la Filosofía Política.* Madrid: Instituto de Estudios Políticos.

Holt, Robert T., and John M. Richardson Jr. 1970. "Competing Paradigms in Comparative Politics." In *The Methodology of Comparative Research*, ed. Robert T. Holtand John E. Turner, 21-71. New York: The Free Press.

Homans, George Caspar. 1941. *English Villagers of the Thirteenth Century.* Cambridge, MA.: Harvard University Press.

———. 1950. *The Human Group.* New York: Harcourt Brace.

———. 1964. "Bringing Men Back In." *American Sociological Review* 29, no. 5 (December): 809-18.

———. 1984. *Coming to My Senses: The Autobiography of a Sociologist.* New Brunswick: Transaction Books.

Horowitz, Donald L. 1985. *Ethnic Groups in Conflict.* Berkeley: University of California Press.

———. 1990. "Comparing Democratic Systems." *Journal of Democracy* 1, no. 4 (Fall): 73-79.

———. 2001. *The Deadly Ethnic Riot.* Berkeley: University of California Press.

Hoselitz, Berthold F. 1960. *Sociological Aspects of Economic Growth.* Glencoe, IL: The Free Press.

Htun, Mala. 2003. *Sex and the State: Abortion, Divorce, and the Family under Latin American Dictatorships and Democracies.* New York: Cambridge University Press.

Hudson, Helen. 1966. *Tell the Time to None.* New York: Dutton.

Huntington, Samuel P. 1950. "A Revised Theory of American Party Politics." *American Political Science Review* 44, no. 3 (September): 669-77.

———. 1951. "Clientelism: A Study in Administrative Politics." Ph.D. dissertation, Department of

Government, Harvard University.

———. 1952. "The Marasmus of the ICC: The Commission, the Railroads, and the Public Interest." *Yale Law Journal* 61 (April): 467–509.

———. 1957. *The Soldier and the State: The Theory and Politics of Civil-Military Relations*. Cambridge, MA: Belknap Press of Harvard University Press.

———. 1961. *The Common Defense: Strategic Programs in National Politics*. New York: Columbia University Press.

———, ed. 1962. *Changing Patterns of Military Politics*. New York: The Free Press of Glencoe.

———. 1965. "Political Development and Political Decay." *World Politics* 17, no. 3: 378–414.

———. 1968. *Political Order in Changing Societies*. New Haven, CT: Yale University Press.

———. 1981a. "Reform and Stability in a Modernizing Multi-Ethnic Society." *Politikon* 8 (December): 8–26.

———. 1981b. *American Politics: The Promise of Disharmony*. Cambridge, MA: Harvard University Press.

———. 1982. "Reform and Stability in South Africa." *International Security* 6, no. 4 (Spring): 3–25.

———. 1984. "Will More Countries Become Democratic?" *Political Science Quarterly* 99, no. 2 (Summer): 193–218.

———. 1991. *The Third Wave: Democratization in the Late Twentieth Century*. Norman: University of Oklahoma Press.

———. 1996. *The Clash of Civilizations and the Remaking of World Order*. New York: Simon and Schuster.

———. 2004. *Who Are We? The Challenges to America's National Identity*. New York: Simon and Schuster.

Huntington, Samuel P., and Jorge I. Dominguez. 1975. "Political Development." In *Handbook of Political Science*, vol. 3: *Macropolitical Theory*, ed. Fred I. Greenstein and Nelson W. Polsby, 1–114. Reading, MA: Addison-Wesley.

Huntington, Samuel P., and Clement H. Moore, eds. 1970. *Authoritarian Politics in Modern Society: The Dynamics of Established One-Party Systems*. New York: Basic Books.

Huntington, Samuel P., and Joan Nelson. 1976. *No Easy Choice: Political Participation in Developing Countries*. Cambridge, MA: Harvard University Press.

Inglehart, Ronald. 1977. *The Silent Revolution: Changing Values and Political Styles among Western Publics*. Princeton, NJ: Princeton University Press.

———. 1990. *Culture Shift in Advanced Industrial Society*. Princeton, NJ: Princeton University Press.

———. 1997. *Modernization and Postmodernization: Cultural, Economic, and Political Change in 43 Societies*. Princeton, NJ: Princeton University Press.

———, ed. 2003. *Human Values and Social Change: Findings from the Values Surveys*. Boston: Brill.

Isaac, Jeffrey C. 2002. "Robert A. Dahl." In *American Political Scientists: A Dictionary*. 2nd ed., ed. Glenn H. Utter, and Charles Lockhart, 75–78. Westport, CT: Greenwood Press.

Iversen, Torben. 1999. *Contested Economic Institutions: The Politics of Macroeconomics and Wage Bargaining in Advanced Democracies*. New York: Cambridge University Press.

Iversen, Torben, Jonas Pontusson, and David Soskice, eds. 2000. *Unions, Employers, and Central Banks: Macroeconomic Coordination and Institutional Change in Social Market Economies*. New York: Cambridge University Press.

Jackall, Robert. 2001. "The Education of Barrington Moore, Jr." *International Journal of Politics, Culture and Society* 14, no. 2: 675–81.

Jackman, Robert W. 1985. "Cross-National Statistical Research and the Study of Comparative Politics." *American Journal of Political Science* 29, no. 1: 161–82.

———. 2001. "Cross - country Quantitative Studies of Political Development." *Revista de Ciencia Política (Santiago, Chile)* 21, no. 1: 60–76.

Jameson, Frederic. 1981. *The Political Unconscious: Narrative as a Socially Symbolic Act.* Ithaca, NY: Cornell University Press.

Janos, Andrew. 1986. *Politics and Paradigms: Changing Theories of Change in Social Science.* Stanford, CA: Stanford University Press.

Janowitz, Morris. 1960. *The Professional Soldier: A Social and Political Portrait.* Glencoe, IL: The Free Press.

Johnson, Haynes B., and David S. Broder. 1996. *The System: The American Way of Politics at the Breaking Point.* Boston: Little, Brown.

Johnson, James. 2003. "Conceptual Problems as Obstacles to Progress in Political Science: Four Decades of Political Culture Research." *Journal of Theoretical Politics* 15, no. 1 (January): 87–115.

Johnson, John J. 1964. *The Military and Society in Latin America.* Stanford, CA: Stanford University Press.

Jowitt, Kenneth. 1992. *New World Disorder: The Leninist Extinction.* Berkeley: University of California Press.

Joyce, Michael S., and William A. Schambra. 1996. "A New Civic Life." In *To Empower People: From State to Civil Society*, 2nd ed., ed. Michael Novak, 11–29. Washington, DC: AEI Press.

Kahin, George McT., Guy J. Pauker, and Lucian W. Pye. 1955. "Comparative Politics of Non-Western Countries." *American Political Science Review* 49, no. 4: 1022–41.

Kaplan, Robert D. 2001. "Looking the World in the Eye." *The Atlantic Monthly* 288, no. 5 (December): 68–82.

Karl, Terry Lynn. 1986. "Petroleum and Political Pacts: The Transition to Democracy in Venezuela." In *Transitions from Authoritarian Rule: Latin America*, ed. Guillermo O'Donnell, Philippe C. Schmitter, and Laurence Whitehead, 196–219. Baltimore: Johns Hopkins University Press.

Karl, Terry Lynn, and Philippe C. Schmitter. 1991. "Modes of Transition in Latin America, Southern and Eastern Europe." *International Social Science Journal* 128 (May): 269–84.

———. 1992. "The Types of Democracy Emerging in Southern and Eastern Europe and South and Central America." In *Bound to Change*, ed. Peter M. E. Volten, 55–68. New York: Institute for East-West Studies.

———. 1995. "From an Iron Curtain to a Paper Curtain: Grounding Transitologists or Students of Postcommunism?" *Slavic Review* 54, no. 4 (Winter): 965–78.

Kasfir, Nelson. 1979. "Explaining Ethnic Political Participation." *World Politics* 31, no. 3: 365–88.

Katz, Barry M. 1989. *Foreign Intelligence: Research and Analysis in the Office of Strategic Services, 1942–45.* Cambridge, MA: Harvard University Press.

Katz, Elihu, and Paul F. Lazarsfeld. 1955. *Personal Influence: The Part Played by People in the Flow of Mass Communications.* Glencoe, IL: The Free Press.

Katzenstein, Peter J., Peter B. Evans, James C. Scott, Susanne Hoeber Rudolph, Adam Przeworski, Theda Skocpol, and Atul Kohli. 1995. "The Role of Theory in Comparative Politics: A Symposium." *World Politics* 48, no. 1 (October): 1–49.

Katznelson, Ira. 2003. *Desolation and Enlightenment: Political Knowledge after Total War, Totalitarianism, and the Holocaust.* New York: Columbia University Press.

Katznelson, Ira, and Helen V. Milner, eds. 2002. *Political Science: The State of the Discipline.* New York and Washington, DC: W. W. Norton and the American Political Science Association.

Katznelson, Ira, and Martin Shefter, eds. 2002. *Shaped by War and Trade: International Influences on American Political Development*. Princeton, NJ: Princeton University Press.

Keck, Margaret E. 1992. *The Workers' Party and Democratization in Brazil*. New Haven, CT: Yale University Press.

Keech, William, Robert Bates, and Peter Lange. 1991. "Political Economy within Nations." In *Political Science: Looking to the Future*, vol. 2: *Comparative Politics, Policy, and International Relations*, ed. William Crotty, 219-63. Evanston, IL: Northwestern University Press.

Keller, Suzanne I. 1963. *Beyond the Ruling Class: Strategic Elites in Modern Society*. New York: Random House.

Kelsen, Hans. 1929. *Vom Wesen und Wert der Demokratie*. Tübingen: Mohr.

Kendall, Patricia L., and Paul F. Lazarsfeld. 1950. "Problems of Survey Analysis." In *Continuities in Social Research: Studies in the Scope and Method of "The American Soldier,"* ed. Robert K. Merton and Paul F. Lazarsfeld, 133-96. New York: The Free Press.

Keohane, Robert. 2003. "Disciplinary Schizophrenia: Implications for Graduate Education in Political Science." *Qualitative Methods—Newsletter of the APSA Organized Section on Qualitative Methods* 1, no. 1 (Spring): 9-12.

Kiernan, V. G. 1980. [Review of Skocpol's *States and Social Revolutions*.] *English Historical Review* 95 (July): 638-41.

King, Gary. 1991. "On Political Methodology." *Political Analysis* 2: 1-30.

———. 1995a. "Replication, Replication." *PS: Political Science & Politics* 28, no. 3 (September): 444-52.

———. 1995b. "A Revised Proposal, Proposal." *PS: Political Science & Politics* 28, no. 3 (September): 494-99.

King, Gary, Robert O. Keohane, and Sidney Verba. 1994. *Designing Social Inquiry: Scientific Inference in Qualitative Research*. Princeton, NJ: Princeton University Press.

King, Gary, Christopher J. L. Murray, Joshua A. Salomon, and Ajay Tandon. 2004. "Enhancing the Validity and Cross-Cultural Comparability of Measurement in Survey Research." *American Political Science Review* 98, no. 1 (February): 191-207.

Klamer, Arjo. 1984. *The New Classical Macroeconomics: Conversations with the New Classical Economists and Their Opponents*. Brighton: Weatsheaf Books.

Krehbiel, Keith. 1991. *Information and Legislative Organization*. Ann Arbor: University of Michigan Press.

Kuhn, Thomas S. 1962. *The Structure of Scientific Revolutions*. Chicago: University of Chicago Press.

———. 1977. "The Essential Tension: Tradition and Innovation in Scientific Research." In *The Essential Tension: Selected Studies in Scientific Tradition and Change*, Thomas S. Kuhn, 225-39. Chicago: University of Chicago Press.

Kurtz, Marcus J. 2000. "Understanding Peasant Revolution: From Concept to Theory and Case." *Theory and Society* 29, no. 1 (February): 93-124.

Ladd, Everett Carl, Jr., and Seymour Martin Lipset. 1975. *The Divided Academy: Professors and Politics*. New York: McGraw-Hill.

Laitin, David D. 1977. *Politics, Language, and Thought: The Somali Experience*. Chicago: University of Chicago Press.

———. 1978. "Religion, Political Culture and the Weberian Tradition." *World Politics* 30, no. 4 (July): 563-92.

———. 1986. *Hegemony and Culture: Politics and Religious Change among the Yoruba*. Chicago: University of Chicago Press.

———. 1988. "Political Culture and Political Preferences." *American Political Science Review* 82, no. 2 (June): 589–93.

———. 1989. "Linguistic Revival: Politics and Culture in Catalonia." *Comparative Studies in Society and History* 31, no. 2 (April): 297–317.

———. 1992a. *Language Repertoires and State Construction in Africa*. New York: Cambridge University Press.

———. 1992b. "Language Normalization in Estonia and Catalonia." *Journal of Baltic Studies* 23, no. 2 (Summer): 149–66.

———. 1994. "Retooling in Comparative Research." *APSA-CP: Newsletter of the APSA Organized Section in Comparative Politics* 5, no. 2 (Summer): 1, 3, 23, 32.

———. 1995a. "National Revivals and Violence." *Archives Européennes de Sociologie* 36, no. 1: 3–43.

———. 1995b. "Disciplining Political Science." *American Political Science Review* 89, no. 2 (June): 454–56.

———. 1998a. *Identity in Formation: The Russian-speaking Populations in the Near Abroad*. Ithaca, NY: Cornell University Press.

———. 1998b. "Toward a Political Science Discipline: Authority Patterns Revisited." *Comparative Political Studies* 31, no. 4 (August): 423–43.

———. 1999a. [Review of Scott, *Seeing Like a State*.] *Journal of Interdisciplinary History* 30, no. 1 (Summer): 177–79.

———. 1999b. "Identity Choice Under Conditions of Uncertainty: Reflections of Selten's Dualist Methodology." In *Competition and Cooperation: Conversations with Nobelists about Economics and Political Science*, ed. James Alt, Margaret Levi, and Elinor Ostrom, 273–302. New York: Russell Sage Foundation.

———. 2000. "What is a Language Community?" *American Journal of Political Science* 44, no. 1: 142–55.

———. 2002. "Comparative Politics: The State of the Subdiscipline." In *Political Science: The State of the Discipline*, ed. Ira Katznelson and Helen V. Milner, 630–59. New York and Washington, DC: W. W. Norton and the American Political Science Association.

———. 2003. "The Perestroikan Challenge to Social Science." *Politics and Society* 31, no. 1 (March): 163–84.

———. 2004a. "The Political Science Discipline." In *The Evolution of Political Knowledge: Democracy, Autonomy, and Conflict in Comparative and International Politics*, ed. Edward Mansfield and Richard Sisson, 11–40. Columbus: Ohio State University Press.

———. 2004b. "Whither Political Science? Reflections on Professor Sartori's claim that 'American-type political science… is going nowhere. It is an ever growing giant with feet of clay.'" *PS: Political Science & Politics* 37, no. 4 (October): 789–91.

Laitin, David D., and Guadalupe Rodríguez Gómez. 1992. "Language, Ideology and the Press in Catalonia." *American Anthropologist* 94, no. 1 (March): 9–30.

Laitin, David D., and Carlotta Solé. 1989. "Catalan Elites and Language Normalization." *International Journal of Sociology and Social Policy* 9, no. 4 (October): 1–26.

Laitin, David D., Carlotta Solé, and Stathis N. Kalyvas. 1994. "Language and the Construction of States: The Case of Catalonia in Spain." *Politics & Society* 22, no. 1 (March): 5–29.

Lakoff, George. 1987. *Women, Fire, and Dangerous Things: What Categories Reveal about the Mind*. Chicago: University of Chicago Press.

Lane, Robert E. 1962. *Political Ideology: Why the American Common Man Believes What He Does*. New

York: The Free Press.

Lanzalaco, Luca, and Philippe Schmitter. 1989. "Regions and the Organization of Business Interests." In *Regionalism, Business Interests and Public Policy*, ed. William D. Coleman and Henry J. Jacek, 201–30. London: Sage.

LaPalombara, Joseph. 1964. *Interest Groups in Italian Politics*. Princeton, NJ: Princeton University Press.

Lassman, Peter, and Ronald Speiers, eds. 1994. *Weber: Political Writings*. New York: Cambridge University Press.

Lasswell, Harold Dwight. 1936. *Politics: Who Gets What, When, How*. New York: McGraw-Hill.

Lasswell, Harold Dwight, and Abraham Kaplan. 1950. *Power and Society: A Framework for Political Inquiry*. New Haven, CT: Yale University Press.

Lasswell, Harold Dwight, and Daniel Lerner, eds. 1965. *World Revolutionary Elites: Studies in Coercive Ideological Movements*. Cambridge: MIT Press.

Laver, Michael. 1998. "Models of Government Formation." *Annual Review of Political Science* 1: 1–25.

Lazarsfeld, Paul F. 1955. "The Interpretation of Statistical Relations as a Research Operation." In *The Language of Social Research: A Reader in the Methodology of Social Research*, ed. Paul F. Lazarsfeld and Morris Rosenberg, 115–25. New York: The Free Press.

Lazarsfeld, Paul F., Bernard R. Berelson, and Hazel Gaudet. 1944. *The People's Choice: How the Voter Makes Up His Mind in a Presidential Campaign*. New York: Duell, Sloan and Pierce.

Lazarsfeld, Paul F., and Anthony R. Oberschall. 1965. "Max Weber and Empirical Social Research." *American Sociological Review* 30, no. 2 (April): 185–99.

Lehmbruch, Gerhard. 1967. *Proporzdemokratie: Politisches System und politische Kultur in der Schweiz und in Österreich*. Tübingen: J. C. B. Mohr.

Lehmbruch, Gerhard, and Philippe C. Schmitter, eds. 1982. *Patterns of Corporatist Policy-Making*. Beverly Hills, CA: Sage Publishers.

Lenin, V. I. 1939. *Imperialism: The Highest Stage of Capitalism*. New York: International Publishers.

Lévi-Strauss, Claude. 1986. "The Structural Study of Myth." In *Critical Theory Since 1965*, ed. Hazard Adams and Leroy Searle, 809–22. Tallahassee: University Presses of Florida.

Levitsky, Steven. 1998. "Institutionalization and Peronism: The Concept, the Case, and the Case for Unpacking the Concept." *Party Politics* 4, no. 1: 77–92.

Lichbach, Mark Irving. 1997. "Social Theory and Comparative Politics." *Comparative Politics: Rationality, Culture and Structure*, ed. Mark I. Lichbach and Alan S. Zuckerman, 239–76. New York: Cambridge University Press.

———. 2003. *Is Rational Choice Theory All of Social Science?* Ann Arbor: University of Michigan Press.

Lichbach, Mark Irving, and Alan S. Zuckerman, eds. 1997. *Comparative Politics: Rationality, Culture and Structure*. New York: Cambridge University Press.

Lieberson, Stanley. 1991. "Small N's and Big Conclusions: An Examination of the Reasoning in Comparative Studies Based on a Small Number of Cases." *Social Forces* 70, no. 2: 307–20.

Lijphart, Arend. 1966. *The Trauma of Decolonization: The Dutch and West New Guinea*. New Haven, CT: Yale University Press.

———. 1968a. *The Politics of Accommodation: Pluralism and Democracy in the Netherlands*. Berkeley: University of California Press.

———. 1968b. "Typologies of Democratic Systems." *Comparative Political Studies* 1, no. 1 (April): 3–44.

———. 1969. "Consociational Democracy." *World Politics* 21, no. 2 (January): 207–25.

———. 1971. "Comparative Politics and the Comparative Method." *American Political Science Review* 65, no. 3 (September): 682–93.

——. 1974a. "The Structure of the Theoretical Revolution in International Relations." *International Studies Quarterly* 18, no. 1 (March): 41-74.

——. 1974b. "International Relations Theory: Great Debates and Lesser Debates." *International Social Science Journal* 26, no. 1: 11-21.

——. 1975. "The Comparable-Cases Strategy in Comparative Research." *Comparative Political Studies* 8, no. 2: 158-77.

——. 1977. *Democracy in Plural Societies*. New Haven, CT: Yale University Press.

——. 1980. "The Structure of Inference." In *The Civic Culture Revisited*, ed. Gabriel Almond and Sidney Verba, 37-56. Boston: Little, Brown.

——. 1981. "Karl W. Deutsch and the New Paradigm in International Relations." In *From National Development to Global Community: Essays in Honor of Karl W. Deutsch*, ed. Richard L. Merritt and Bruce M. Russett, 233-51. London: Allen and Unwin.

——. 1984. *Democracies: Patterns of Majoritarian and Consensus Government in Twenty-One Countries*. New Haven, CT: Yale University Press.

——. 1985. *Power-Sharing in South Africa*. Berkeley: Institute of International Studies, University of California.

——. 1992. "Democratization and Constitutional Choices in Czechoslovakia, Hungary and Poland, 1989-91." *Journal of Theoretical Politics* 4, no. 2: 207-23.

——. 1994. *Electoral Systems and Party Systems: A Study of Twenty-Seven Democracies*. New York: Oxford University Press.

——. 1996a. "The Framework Document on Northern Ireland and the Theory of Power Sharing." *Government and Opposition* 31, no. 3 (Summer): 267-74.

——. 1996b. "The Puzzle of Indian Democracy: A Consociational Interpretation." *American Political Science Review* 90, no. 2 (June): 258-68.

——. 1997. "About Peripheries, Centres and Other Autobiographical Reflections." In *Comparative European Politics: The Story of a Profession*, ed. Hans Daalder, 241-52. New York: Pinter.

——. 1998. "South African Democracy: Majoritarian or Consociational?" *Democratization* 5, no. 4 (Winter): 144-50.

——. 1999a. *Patterns of Democracy: Government Forms and Performance in Thirty-Six Countries*. New Haven, CT: Yale University Press.

——. 1999b. "Australian Democracy: Modifying Majoritarianism." *Australian Journal of Political Science* 34, no. 3 (November): 313-26.

——. 2000. "Turnout." In *International Encyclopedia of Elections*, ed. Richard Rose, 314-22. Washington, DC: CQ Press.

——. 2003. "Majoritarianism and Democratic Performance in the Fifth Republic." *French Politics* 1, no. 2: 225-32.

——. 2004. "Constitutional Design for Divided Societies." *Journal of Democracy* 15, no. 2 (April): 96-109.

Lijphart, Arend, and Markus M. L. Crepaz. 1991. "Corporatism and Consensus Democracy in Eighteen Countries: Conceptual and Empirical Linkages." *British Journal of Political Science* 21, no. 2 (April): 235-46.

Lijphart, Arend, and Bernard Grofman, eds. 1984. *Choosing an Electoral System*. New York: Praeger.

Lindblom, Charles E. 1997. "Political Science in the 1940s and 1950s." In *American Academic Culture in Transformation: Fifty Years, Four Disciplines*, ed. Thomas Bender and Carl E. Schorske, 244-70. Princeton, NJ: Princeton University Press.

Linz, Juan J. 1959. "The Social Bases of West German Politics." Ph. D. dissertation, Columbia University.

———. 1964. "An Authoritarian Regime: Spain." In *Cleavages, Ideologies and Party System: Contributions to Comparative Political Sociology*, ed. Erik Allardt and Yrjö Littunen, 291–341. Helsinki: Westermarck Society.

———. 1966. "Michels e il suo contributo alla sociologia política." Introduction to *La sociologia del partito politico nella democrazia moderna*, Roberto Michels, 7–119. Bologna: Il Mulino.

———. 1967. "Cleavages and Consensus in West German Politics in the Early Fifties." In *Party Systems and Voter Alignments: Cross-National Perspectives*, ed. Seymour M. Lipset and Stein Rokkan, 283–321. New York: The Free Press.

———. 1970. "From Falange to Movimiento-Organización: The Spanish Single Party and the Franco Regime, 1936–1968." In *Authoritarian Politics in Modern Society: The Dynamics of Established One-Party Systems*, ed. Samuel P. Huntington and Clement H. Moore, 128–203. New York: Basic Books.

———. 1971. *Elites locales y cambio social en la Andalucía rural: Estudio socio-económico de Andalucía*. Madrid: Estudios del Instituto de Desarrollo Económico.

———. 1972. "Intellectual Roles in Sixteenth and Seventeenth Century Spain." *Daedalus* 101 (Summer): 59–108.

———. 1973a. "Opposition to and under an Authoritarian Regime." In *Regimes and Oppositions*, ed. Robert A. Dahl, 171–259. New Haven, CT: Yale University Press.

———. 1973b. "Early State-Building and Late Peripheral Nationalisms against the State: The Case of Spain." In *Building States and Nations*, vol. 2, ed. S. N. Eisenstadt and Stein Rokkan, 32–116. London: Sage.

———. 1973c. "The Future of an Authoritarian Situation or the Institutionalization of an Authoritarian Regime: The Case of Brazil." In *Authoritarian Brazil: Origins, Policies, and Future*, ed. Alfred Stepan, 233–54. Princeton, NJ: Princeton University Press.

———. 1975. "Totalitarianism and Authoritarian Regimes." In *Handbook of Political Science*, vol. 3: *Macropolitical Theory*, ed. Fred Greenstein and Nelson Polsby, 175–411. Reading, MA: Addison-Wesley.

———. 1976. "Some Notes Toward a Comparative Study of Fascism in Sociological Historical Perspective." In *Fascism: A Reader's Guide*, ed. Walter Laqueur, 3–121. Berkeley: University of California Press.

———. 1978. *The Breakdown of Democratic Regimes: Crisis, Breakdown, and Reequilibration*. Baltimore: Johns Hopkins University Press.

———. 1980. "Political Space and Fascism as a Late-Comer." In *Who Were the Fascists?* ed. Stein U. Larsen, Bernt Hagtvet, and J. P. Myklebust, 153–89. Bergen: Universitets Forlaget.

———. 1981. "Some Comparative Thoughts on the Transition to Democracy in Portugal and Spain." In *Portugal Since the Revolution: Economic and Political Perspectives*, ed. Jorge Braga de Macedo and Simon Serfaty, 25–45. Boulder, CO: Westview Press.

———. 1985a. "From Primordialism to Nationalism." In *New Nationalisms of the Developed West: Toward Explanation*, ed. Edward A. Tiryakian and Ronald Rogowski, 203–53. Boston: Allen and Unwin.

———. 1985b. "Democracy: Presidential or Parliamentary: Does It Make a Difference?" Unpublished manuscript.

———. 1986. *Conflictoen Euskadi*. Madrid: Espasa Calpe.

———. 1990a. "Perils of Presidentialism." *Journal of Democracy* 1, no. 1 (Winter): 51–69.

———. 1990b. "The Virtues of Parliamentarism." *Journal of Democracy* 1, no. 4 (Fall): 84–91.

──────. 1990c. "Transition to Democracy." *Washington Quarterly* 13, no. 3 (Summer): 143-64.

──────. 1992. "Types of Political Regimes and Respect for Human Rights: Historical and Cross-national Perspectives." In *Human Rights in Perspective: A Global Assessment*, ed. Asbjørn Eide and Bernt Hagtvet, 177-222. Cambridge, MA: Blackwell.

──────. 1993. "Innovative Leadership in the Transition to Democracy and a New Democracy: The Case of Spain." In *Innovative Leadership in International Politics*, ed. Gabriel Sheffer, 141-86. Albany: State University of New York Press.

──────. 1994. "Presidential or Parliamentary Democracy: Does It Make a Difference?" In *The Failure of Presidential Democracy*, vol. 1, ed. Juan J. Linz and Arturo Valenzuela, 3-87. Baltimore: Johns Hopkins University Press.

──────. 1997a. "Between Nations and Disciplines: Personal Experience and Intellectual Understanding of Societies and Political Regimes." In *Comparative European Politics: The Story of a Profession*, ed. Hans Daalder, 101-14. London: Pinter.

──────. 1997b. "Totalitarianism and Authoritarianism, My Recollections on the Development of Comparative Politics." In *Totalitarismus Eine Ideengeschichte des 20: Jahrhunderts*, ed. Alphons Söllner et al., 141-52. Berlin: Akademie Verlag.

──────. 2000. *Totalitarian and Authoritarian Regimes*. Boulder, CO: Lynne Rienner.

──────. 2001a. "Presidential Government." In *International Encyclopedia of the Social and Behavioral Sciences*, vol. 17, ed. Neil J. Smelser and Paul B. Bates, 12000-6. New York: Elsevier Science.

──────. 2001b. "Nationalstaaten, Staatsnationen und Multinationale Staaten." In *Staat, Nation, Demokratie: Festschrift für Hans-Jürgen Puhle*, ed. Marcus Gräser et al., 27-37. Göttingen: Vandenhoeck und Ruprecht.

──────. 2002. "Parties in Contemporary Democracies: Problems and Paradoxes." In *Political Parties: Old Concepts and New Challenges*, ed. Richard Gunther, José Ramón Montero, and Juan J. Linz, 291-317. Oxford: Oxford University Press.

──────. 2003a. "Faschismus und nicht demokratische Regime." In *Totalitarismus und politische Religionen*, vol. III: *Deutungsgeschichte und Theorie*, ed. Hans Maier, 247-325. Paderborn: Ferdinand Schöningh.

──────. 2003b. *Fascismo, autoritarismo, totalitarismo: Connessioni e differenze*. Rome: Ideazione.

──────. 2006a. "Robert Michels and His Contribution to Political Sociology in Historical and Comparative Perspective." In *Robert Michels, Political Sociology, and the Future of Democracy*, ed. H. E. Chehabi. New Brunswick, NJ: Transaction Publishers.

──────. 2006b. *Robert Michels, Political Sociology, and the Future of Democracy*, ed. H. E. Chehabi. New Brunswick, NJ: Transaction Publishers.

Linz, Juan J., and Amando de Miguel. 1966. *Los empresarios ante el poder público: El liderazgo y los grupos de intereses en el empresariado español*. Madrid: Instituto de Estudios Políticos.

──────. 1968. "La élite funcionarial española ante la reform administrative." *Anales de Moral Social y Economica* 17: 199-249.

──────. 1974. "Founders, Heirs and Managers of Spanish Firms." *International Studies of Management and Organization* 4: 7-40.

Linz, Juan J., with Rocío de Terán. 1995. "La sociedad." In *Historia de España. España actual: España y el Mundo 1939-1975*, ed. J. Andrés-Gallego et al., 117-231. Madrid: Gredos.

Linz, Juan J., and Seymour Martin Lipset. 1956. "The Social Bases of Political Diversity in Western Democracies." Stanford, CA: Center for Advanced Study in the Behavioral Sciences, unpublished manuscript.

Linz, Juan J., Francisco Andrés Orizo, Manuel Gómez-Reino, and Darío Vila. 1982. *Informe sociológico*

sobre el cambio político en España 1975–1981. Madrid: Fundación FOESSA, Euramérica.
Linz, Juan J., and Alfred Stepan, eds. 1978. *The Breakdown of Democratic Regimes.* 4 vols. Baltimore: Johns Hopkins University Press.
Linz, Juan J., and Alfred Stepan. 1996. *Problems of Democratic Transition and Consolidation: Southern Europe, South America, and Post-Communist Europe.* Baltimore: Johns Hopkins University Press.
———. Forthcoming. *Federalism, Democracy, and Nation.*
Linz, Juan J., and Arturo Valenzuela, eds. 1994. *The Failure of Presidential Democracy.* 2 vols. Baltimore: Johns Hopkins University Press.
Lipset, Seymour Martin. 1950. *Agrarian Socialism.* Berkeley: University of California Press.
———. 1959. "Some Social Requisites of Democracy: Economic Development and Political Legitimacy." *American Political Science Review* 53, no. 1 (March): 69–105.
———. 1960a. *Political Man: The Social Bases of Politics.* New York: Doubleday/Anchor Books.
———. 1960b. "Party Systems and the Representation of Social Groups." *European Journal of Sociology* 1, no. 1: 50–85.
———. 1962. "Michels' Theory of Political Parties." Introduction to *Political Parties: A Sociological Study of the Oligarchical Tendencies of Modern Democracy,* Robert Michels, 15–39. New York: The Free Press.
———. 1963. *The First New Nation: The United States in Historical and Comparative Perspective.* New York: Basic Books.
———. 1964. "Ostrogorski and the Analytical Approach to the Comparative Study of Political Parties." Introduction to *Democracy and the Organization of Political Parties,* Moisei I. Ostrogorski, ix–lxv. New York: Doubleday.
———, ed. 1969. *Politics and the Social Sciences.* New York: Oxford University Press.
———. 1990. "The Centrality of Political Culture." *Journal of Democracy* 1, no. 4 (Fall): 80–83.
———. 1995. "Juan Linz: Student, Colleague, Friend." In *Politics, Society, and Democracy: Comparative Studies,* ed. H. E. Chehabi and Alfred Stepan, 1–11. Boulder, CO: Westview Press.
———. 1996. "Steady Work: An Academic Memoir." *Annual Review of Sociology* 22: 1–27.
Lipset, Seymour Martin, and Reinhard Bendix. 1966. "The Field of Political Sociology." In *Political Sociology,* ed. Lewis Coser, 26–47. New York: Harper & Row.
Lipset, Seymour Martin, Paul Lazarsfeld, Allen H. Barton, and Juan J. Linz. 1954. "The Psychology of Voting: An Analysis of Political Behavior." In *Handbook of Social Psychology,* vol. 2, ed. Gardner Lindzey, 1124–75. Reading, MA: Addison-Wesley.
Lipset, Seymour Martin, and Stein Rokkan, eds. 1967a. *Party Systems and Voter Alignments.* New York: The Free Press.
———. 1967b. "Cleavage Structures, Party Systems, and Voter Alignments: An Introduction." In *Party Systems and Voter Alignments: Cross-National Perspectives,* ed. Seymour M. Lipset and Stein Rokkan, 1–64. New York: The Free Press.
Lipset, Seymour Martin, Martin A. Trow, and James S. Coleman. 1956. *Union Democracy.* Glencoe, IL: The Free Press.
Lipton, Michael. 1977. *Why Poor People Stay Poor: Urban Bias in World Development.* Cambridge, MA: Harvard University Press.
Lowi, Theodore J. 1964. "American Business, Public Policy, Case Studies, and Political Theory." *World Politics* 16, no. 4: 677–715.
Luce, R. Duncan, and Howard Raiffa. 1957. *Games and Decisions: Introduction and Critical Survey.* New York: Wiley.
Luebbert, Gregory M. 1991. *Liberalism, Fascism, or Social Democracy: Social Classes and the Political*

Origins of Regimes in Interwar Europe. New York: Oxford University Press.

Lustick, Ian S. 1997. "Lijphart, Lakatos, and Consociationalism." *World Politics* 50, no. 1 (October): 88–117.

Macridis, Roy. 1955. *The Study of Comparative Government*. Garden City, NJ: Doubleday.

Macridis, Roy, and Richard Cox. 1953. "Research in Comparative Politics. Seminar Report." *American Political Science Review* 47, no. 3 (September): 641–57.

Mahoney, James. 2000. "Path Dependence in Historical Sociology." *Theory and Society* 29, no. 4 (August): 507–48.

Mahoney, James, and Dietrich Rueschemeyer, eds. 2003. *Comparative Historical Analysis in the Social Sciences*. New York: Cambridge University Press.

Mailer, Norman. 1968. *Miami and the Siege of Chicago: An Informal History of the Republican and Democratic Conventions of 1968*. New York: Signet Books/New American Library.

Mainwaring, Scott. 1998. "Introduction: Juan Linz and the Study of Latin American Politics." In *Politics, Society and Democracy: Latin America*, ed. Scott Mainwaring and Arturo Valenzuela, 1–26. Boulder, CO: Westview Press.

Mainwaring, Scott, Guillermo O'Donnell, and J. Samuel Valenzuela, eds. 1992. *Issues in Democratic Consolidation: The New South American Democracies in Comparative Perspective*. South Bend, IN: University of Notre Dame Press.

Mainwaring, Scott, and Matthew S. Shugart, eds. 1997. *Presidentialism and Democracy in Latin America*. New York: Cambridge University Press.

Mainwaring, Scott, and Arturo Valenzuela, eds. 1998. *Politics, Society and Democracy: Latin America*. Boulder, CO: Westview Press.

Mair, Peter. 1996. "Comparative Politics: An Overview." In *The New Handbook of Political Science*, ed. Robert Goodin and Hans-Dieter Klingemann, 309–35. Oxford: Oxford University Press.

Malia, Martin. 2000. "Blood Rites, Must Violence Always Be the Midwife of History?" *Los Angeles Times Book Review*, May 28.

Malinowski, Bronislaw. 1931. "Culture." In *Encyclopaedia of the Social Sciences*, vol. 4, ed. Edwin R. A. Seligman and Alvin Johnson, 621–46. New York: Macmillan.

———. 1967. *A Diary in the Strict Sense of the Term*. London: Routledge and Kegan Paul.

Manin, Bernard. 1997. *The Principles of Representative Government*. New York: Cambridge University Press.

Mannheim, Karl. 1936. *Ideology and Utopia: An Introduction to the Sociology of Knowledge*. New York: Harcourt Brace Jovanovich.

Manoïlesco, Mihaïl. 1934. *Le Siècle du Corporatisme*. Paris: Alcan.

March, James G. 1955. "An Introduction to the Theory and Measurement of Influence." *American Political Science Review* 49, no. 2 (June): 431–51.

———. 1956. "Influence Measurement in Experimental and Semiexperimental Groups." *Sociometry* 19: 260–71.

———. 1957. "Measurement Concepts in the Theory of Influence." *Journal of Politics* 19, no. 2 (May): 202–26.

Marcuse, Herbert. 1955. *Eros and Civilization: A Philosophical Inquiry into Freud*. Boston: Beacon Press.

———. 1964. *One-Dimensional Man: Studies in the Ideology of Advanced Industrial Society*. Boston: Beacon Press.

———. 1968. "The Struggle Against Liberalism in the Totalitarian View of the State." In *Negations: Essays in Critical Theory*, Herbert Marcuse, 3–42. Boston: Beacon Press.

Martínez, Robert E. 1993. *Business and Democracy in Spain*. Westport, CT: Praeger.

Marty, Martin E., and R. Scott Appleby, eds. 1995. *Fundamentalisms Comprehended*. Chicago: University of Chicago Press.

Marx, Karl. 1930. *Capital*. 2 vols. New York: E. P. Dutton.

———. 1952. *Class Struggles in France, 1848 to 1850*. Moscow: Progress Publishers.

Maynard-Smith, John. 1982. *Evolution and the Theory of Games*. New York: Cambridge University Press.

Mayr, Ernst. 2001. *What Evolution Is*. New York: Basic Books.

Mazrui, Ali A. 1966. "The English Language and Political Consciousness in British Colonial Africa." *Journal of Modern African Studies* 4, no. 3: 295–311.

Mazzuca, Sebastián. 2001. "State, Regime, and Administration in Early Modern Europe: What Have We Learned?" Paper presented at the American Political Science Association (APSA) Annual Convention, San Francisco, August 30–September 2, 2001.

McClelland, David C. 1961. *The Achieving Society*. Princeton, NJ: Van Nostrand.

McCloskey, Donald N. 1983. "The Rhetoric of Economics." *Journal of Economic Literature* 21, no. 2 (June): 481–517.

———. 1986. *The Rhetoric of Economics*. Madison: University of Wisconsin Press.

———. 1990. *If You're So Smart: The Narrative of Economic Expertise*. Chicago: University of Chicago Press.

McConnell, Grant. 1966. *Private Power and American Democracy*. New York: Knopf.

McGuire, William J. 1997. "Creative Hypothesis Generating in Psychology: Some Useful Heuristics." *Annual Review of Psychology* 48: 1–30.

McManners, John. 2000. [Review of Moore's *Moral Purity and Persecution in History*.] *English Historical Review* 115, no. 464 (November): 1250–51.

Merelman, Richard M. 2003. *Pluralism at Yale: The Culture of Political Science in America*. Madison: University of Wisconsin Press.

Merriam, Charles Edward. 1921. "The Present State of the Study of Politics." *American Political Science Research* 15, no. 2 (May): 173–85.

———. 1925. *New Aspects of Politics*. Chicago: University of Chicago Press.

Merritt, Richard L., Bruce M. Russett, and Robert A. Dahl. 2001. "Karl Wolfgang Deutsch 1912–1992." In *Biographical Memoirs*, vol. 80, National Academy of Sciences. Washington, DC: National Academy Press.

Merton Robert K. 1968. *Social Theory and Social Structure*. 3rd ed. New York: The Free Press.

———. 1996a. "The Uses and Abuses of Classical Theory." In *Robert K. Merton: On Social Structure and Science*, ed. Piotr Sztompka, 23–33. Chicago: University of Chicago Press.

———. 1996b. "A Life of Learning." In *Robert K. Merton: On Social Structure and Science*, ed. Piotr Sztompka, 339–59. Chicago: University of Chicago Press.

Michels, Robert. 1962. *Political Parties: A Sociological Study of the Oligarchical Tendencies of Modern Democracy*. New York: The Free Press.

Migdal, Joel. 1983. "Studying the Politics of Development and Change: The State of the Art." In *Political Science: The State of the Discipline*, ed. Ada W. Finifter, 309–38. Washington, DC: American Political Science Association.

Miliband, Ralph. 1969. *The State in Capitalist Society*. New York: Basic Books.

———. 1970. "The Capitalist State: Reply to Nicos Poulantzas." *New Left Review* no. 59: 53–60.

Mill, John Stuart. 1874. *A System of Logic: Raciocinative and Inductive*. New York: Harper & Brothers Publishers.

Miller, Gary J. 1997. "The Impact of Economics on Contemporary Political Science." *Journal of Economic Literature* 35, no. 3: 1173–204.

Mills, C. Wright. 1956. *The Power Elite*. New York: Oxford University Press.
———. 1959. "On Intellectual Craftsmanship." In *The Sociological Imagination*, C. Wright Mills, 195–226. New York: Oxford University Press.
Mitchell, William C. 1969. "The Shape of Political Theory to Come: From Political Sociology to Political Economy." In *Politics and the Social Sciences*, ed. Seymour M. Lipset, 101–36. New York: Oxford University Press.
Monroe, Kristen Renwick, ed. 2005. *Perestroika! The Raucous Rebellion in Political Science*. New Haven, CT: Yale University Press.
Moore, Barrington, Jr.. 1941. "Social Stratification: A Study in Cultural Sociology." Ph. D. dissertation, Yale University.
———. 1942. "The Relation between Social Stratification and Social Control." *Sociometry* 5, no. 3: 230–50.
———. 1945. "The Communist Party of the USA: An Analysis of a Social Movement." *American Political Science Review* 39, no. 1 (February): 31–41.
———. 1950. *Soviet Politics: The Dilemma of Power. The Role of Ideas in Social Change*. Cambridge, MA: Harvard University Press.
———. 1953. "The New Scholasticism and the Study of Politics." *World Politics* 6, no. 1 (October): 122–38.
———. 1954. *Terror and Progress USSR: Some Sources of Change and Stability in the Soviet Dictatorship*. Cambridge, MA: Harvard University Press.
———. 1958. "Strategy in Social Science." In *Political Power and Social Theory: Six Studies*, Barrington Moore, Jr., 111–59. New York: Harper Torchbooks.
———. 1965. "Tolerance and the Scientific Outlook." In *A Critique of Pure Tolerance*, Robert Paul Wolff, Barrington Moore, Jr. and Herbert Marcuse, 53–79. Boston: Beacon Press.
———. 1966. *Social Origins of Dictatorship and Democracy: Lord and Peasant in the Making of the Modern World*. Boston: Beacon Press.
———. 1970. "Reply to Rothman." *American Political Science Review* 64, no. 1 (March): 83–85.
———. 1972. *Reflections on the Causes of Human Misery and upon Certain Proposals to Eliminate Them*. Boston: Beacon Press.
———. 1978. *Injustice: The Social Bases of Obedience and Revolt*. White Plains, NY: M. E. Sharpe.
———. 1984. *Privacy: Studies in Social and Cultural History*. Armonk, NY: M. E. Sharpe.
———. 1998. *Moral Aspects of Economic Growth, and Other Essays*. Ithaca, NY: Cornell University Press.
———. 2000. *Moral Purity and Persecution in History*. Princeton, NJ: Princeton University Press.
———. 2001. "Ethnic and Religious Hostilities in Early Modern Port Cities." *International Journal of Politics, Culture, and Society* 14, no. 4 (Summer): 687–727.
Morton, Rebecca B. 1999. *Methods and Models: A Guide to the Empirical Analysis of Formal Models in Political Science*. New York: Cambridge University Press.
Mosca, Gaetano. 1939. *The Ruling Class*. New York: McGraw-Hill.
Moses, Jonathon, Benoît Rihoux, and Bernhard Kittel. 2005. "Mapping Political Methodology: Reflections on a European Perspective." *European Political Science* 4, no. 1: 55–68.
Munck, Gerardo L. 2001. "Game Theory and Comparative Politics: New Perspectives and Old Concerns." *World Politics* 53, no. 2 (January): 173–204.
———. 2005. "Measuring Democratic Governance: Central Tasks and Basic Problems." In *Measuring Empowerment: Cross-Disciplinary Perspectives*, ed. Deepa Narayan, 427–59. Washington, DC: World Bank.

Munck, Gerardo L. , and Jay Verkuilen. 2002. "Conceptualizing and Measuring Democracy: Evaluating Alternative Indices." *Comparative Political Studies* 35, no. 1: 5–34.
Murray, Charles A. 1984. *Losing Ground: American Social Policy, 1950–1980*. NewYork: Basic Books.
Namier, Lewis Bernstein. 1930. *England in the Age of the American Revolution*. London: Macmillan.
Nasar, Sylvia. 1999. *A Beautiful Mind: A Biography of John Forbes Nash, Jr.* New York: Simon and Schuster.
Neumann, Franz. 1957. *The Democratic and the Authoritarian State*. Glencoe, IL: The Free Press.
Neumann, Sigmund. 1942. *Permanent Revolution: Totalitarianism in the Age of International Civil War*. New York: Harper.
New York Times. 2002. "David Riesman, Sociologist Whose 'Lonely Crowd' Became a Best Seller, Dies at 92. " May 11.
Newton, Ronald. 1974. "Natural Corporatism and the Passing of Populism in Spanish America." *Review of Politics* 36, no. 1: 34–51.
Nichols, Elizabeth. 1986. "Skocpol on Revolution: Comparative Analysis vs. Historical Conjuncture." *Comparative Social Research* 9: 163–86.
Nkurunziza, Janvier D. , and Robert H. Bates. 2003. "Political Institutions and Economic Growth in Africa." *Working Paper* no. 98, Center for International Development, Harvard University.
Nolle-Neumann, Elisabeth. 1995. "Juan Linz's Dissertation on West Germany: An Empirical Follow-up, Thirty Years Later." In *Politics, Society, and Democracy: Comparative Studies*, ed. H. E. Chehabi and Alfred Stepan, 13–41. Boulder, CO: West- view Press.
Norris, Pippa. 1997. "Towards a More Cosmopolitan Political Science?" *European Journal of Political Research* 30, no. 1 (Spring): 17–34.
———. 2004. "From the Civil Culture to the Afrobarometer." *APSA-CP: Newsletter of the APSA Organized Section in Comparative Politics* 15, no. 2: 6–11.
North, Douglass C. 1981. *Structure and Change in Economic History*. New York: Norton.
———. 1990. *Institutions, Institutional Change, and Economic Performance*. New York: Cambridge University Press.
North, Douglass C. , and Robert Paul Thomas. 1973. *The Rise of the Western World*. New York: Cambridge University Press.
O'Donnell, Guillermo. 1973. *Modernization and Bureaucratic Authoritarianism: Studies in South American Politics*. Berkeley: Institute of International Studies, University of California.
———. 1978a. "Permanent Crisis and the Failure to Create a Democratic Regime: Argentina, 1955–66." In *The Breakdown of Democratic Regimes: Latin America*, ed. Juan J. Linz and Alfred Stepan, 138–77. Baltimore: Johns Hopkins University Press.
———. 1978b. "Reflections on the Patterns of Change in the Bureaucratic Authoritarian State." *Latin American Research Review* 12, no. 1 (Winter): 3–38.
———. 1978c. "State and Alliances in Argentina, 1956–1976." *Journal of Development Studies* 15, no. 1 (October): 3–33.
———. 1979a. "Tensions in the Bureaucratic-Authoritarian State and the Question of Democracy." In *The New Authoritarianism in Latin America*, ed. David Collier, 285–318. Princeton, NJ: Princeton University Press.
———. 1979b. "Notas para el estudio de procesos de democratización a partir del estado burocrático-autoritario." *Estudios CEDES* 2, no. 5 (Buenos Aires).
———. 1982. "Notas para el estudio de procesos de democratización política a partir del Estado Burocrático-Autoritario." *Desarrollo Económico* (Buenos Aires) 22, no. 86 (July–September): 231–47.

———. 1988. *Bureaucratic Authoritarianism: Argentina, 1966–1973, in Comparative Perspective*. Berkeley: University of California Press.

———. 1993. "On the State, Democratization and Some Conceptual Problems (A Latin American View with Glances at Some Post-Communist Countries)." *World Development* 21, no. 8 (August): 1355–70.

———. 1996. "Illusions about Consolidation." *Journal of Democracy* 7, no. 2 (April): 34–51.

———. 1999a. "Notes for the Study of Processes of Political Democratization in the Wake of the Bureaucratic-Authoritarian State." In *Counterpoints: Selected Essays on Authoritarianism and Democratization*, Guillermo O'Donnell, 109–29. Notre Dame, IN: University of Notre Dame Press.

———. 1999b. *Counterpoints: Selected Essays on Authoritarianism and Democratization*. Notre Dame, IN: University of Notre Dame Press.

———. 2001. "Democracy, Law, and Comparative Politics." *Studies in Comparative International Development* 36, no. 1 (Spring): 7–36.

———. 2004. "Human Development, Human Rights, and Democracy." In *The Quality of Democracy: Theory and Practice*, ed. Guillermo O'Donnell, Jorge Vargas Cullell, and Osvaldo Iazzetta, 9–92. Notre Dame, IN: University of Notre Dame Press.

O'Donnell, Guillermo, and Philippe C. Schmitter. 1986. *Transitions from Authoritarian Rule: Tentative Conclusions about Uncertain Democracies*. Baltimore: Johns Hopkins University Press.

O'Donnell, Guillermo, Philippe C. Schmitter, and Laurence Whitehead, eds. 1986. *Transitions from Authoritarian Rule: Prospects for Democracy*. 4 vols. Baltimore: Johns Hopkins University Press.

Offe, Claus, and Philippe C. Schmitter. 1998. *Democracy Promotion and Protection in Central and Eastern Europe and the Middle East and North Africa: A Comparative Study of International Actors and Factors of Democratization*, unpublished manuscript.

Olson, Mancur. 1965. *The Logic of Collective Action*. Cambridge, MA: Harvard University Press.

Orwell, George. 1950. *Shooting an Elephant and Other Essays*. New York: Harcourt, Brace.

Pareto, Vilfredo. 1963. *The Mind and Society: A Treatise on General Sociology*. 4 vols., ed. Arthur Livingston. New York: Dover.

Parsons, Talcott. 1951. *The Social System*. Glencoe, IL: The Free Press.

Parsons, Talcott, and Edward Shils. 1951. *Toward a General Theory of Action*. Cambridge, MA: Harvard University Press.

Pasquino, Gianfranco. 2005. "The Political Science of Giovanni Sartori." *European Political Science* 4, no. 1: 33–41.

Pauker, Guy. 1959. "Southeast Asia as a Problem Area in the Next Decade." *World Politics* 11, no. 3 (April): 325–45.

Payne, Stanley G. 1995. *A History of Fascism, 1914–1945*. Madison: University of Wisconsin Press.

Perry, Elizabeth J. 1980. [Review of Skocpol's *States and Social Revolutions*.] *Journal of Asian Studies*, 39, no. 3 (May): 533–35.

———. 1993. *Shanghai on Strike: The Politics of Chinese Labor*. Stanford, CA: Stanford University Press.

Persson, Torsten, and Guido Tabellini. 2000. *Political Economics: Explaining Economic Policy*. Cambridge: MIT Press.

———. 2003. *The Economic Effects of Constitutions: What Do The Data Say?* Cambridge: MIT Press.

Pierson, Paul. 2000. "Increasing Returns, Path Dependence, and the Study of Politics." *American Political Science Review* 94, no. 2 (June): 251–67.

Pierson, Paul, and Theda Skocpol. 2002. "Historical Institutionalism in Contemporary Political Science." In *Political Science: The State of the Discipline*, ed. Ira Katznelson and Helen V. Milner,

693-721. New York and Washington, DC: W. W. Norton and the American Political Science Association.

Pitkin, Hannah Fenichel. 1967. *The Concept of Representation*. Berkeley: University of California Press.

Plato. 1946. *The Republic*. New York: Oxford University Press.

Plumb, J. H. 1966. "How it Happened." *New York Times Book Review* 71 (October 9).

Polanyi, Karl. 1957. *The Great Transformation*. Boston: Beacon Press.

Popkin, Samuel L. 1979. *The Rational Peasant: The Political Economy of Rural Society in Vietnam*. Berkeley: University of California Press.

Popper, Karl. 1945. *The Open Society and its Enemies*. London: Routledge & Kegan Paul.

———. 1959. *The Logic of Scientific Discovery*. New York: Basic Books.

———. 1972. "Of Clouds and Clocks: An Approach to the Problem of Rationality and the Freedom of Man." In *Objective Knowledge: An Evolutionary Approach*, Karl Popper, 206-55. Oxford: Clarendon Press.

Poulantzas, Nicos. 1969. "The Problem of the Capitalist State." *New Left Review* no. 58: 67-78.

Prebisch, Raúl. 1963. *Hacia una dinámica del desarrollo latinoamericano*. México: Fondo de Cultura Económica.

Przeworski, Adam. 1966. "Party System and Economic Development." Ph. D. dissertation, Northwestern University.

———. 1985a. *Capitalism and Social Democracy*. New York: Cambridge University Press.

———. 1985b. "Marxism and Rational Choice." *Politics and Society* 14, no. 4 (December): 379-409.

———. 1986. "Some Problems in the Study of the Transition to Democracy." In *Transitions from Authoritarian Rule: Comparative Perspectives*, ed. Guillermo O'Donnell, Philippe Schmitter, and Laurence Whitehead, 47-63. Baltimore: Johns Hopkins University Press.

———. 1990. *The State and the Economy Under Capitalism*. New York: Harwood Academic Publishers.

———. 1991. *Democracy and the Market: Political and Economic Reforms in Eastern Europe and Latin America*. New York: Cambridge University Press.

———. 1992. "The Neoliberal Fallacy." *Journal of Democracy* 3, no. 3 (July): 45-59.

———. 1996. "A Better Democracy, A Better Economy." *Boston Review* 21, no. 2 (April-May).

———. 1997. "Democratization Revisited." *Items* (SSRC) 51, no. 1 (March): 6-11.

———. 1999. "Minimalist Conception of Democracy: A Defense." In *Democracy's Value*, ed. Ian Shapiro and Casiano Hacker-Cordón, 23-55. New York: Cambridge University Press.

———. 2003. *States and Markets: A Primer in Political Economy*. New York: Cambridge University Press.

———. 2004a. "Institutions Matter?" *Government and Opposition* 39, no. 4 (September): 527-40.

———. 2004b. "Economic Development and Transitions to Democracy: An Update." Unpublished manuscript, Department of Politics, New York University, March 1.

———. 2005. "Democracy as an Equilibrium." *Public Choice* 123, no. 3: 253-73.

Przeworski, Adam, et al. 1995. *Sustainable Democracy*. New York: Cambridge University Press.

Przeworski, Adam, Michael E. Alvarez, José Antonio Cheibub, and Fernando Limongi. 1996. "What Makes Democracies Endure?" *Journal of Democracy* 7, no. 1 (January): 39-55.

———. 2000. *Democracy and Development: Political Institutions and Well-Being in the World, 1950-1990*. New York: Cambridge University Press.

Przeworski, Adam, and Fernando Limongi. 1993. "Political Regimes and Economic Growth." *Journal of Economic Perspectives* 7, no. 3 (Summer): 51-69.

———. 1997. "Modernization: Theory and Facts." *World Politics* 49, no. 2: 155-83.

Przeworski, Adam, and Covadonga Meseguer. 2002. "Globalization and Democracy." Paper presented at the Seminar on Globalization and Inequality, Santa FeInstitute.

Przeworski, Adam, and John Sprague. 1986. *Paper Stones: A History of Electoral Socialism*. Chicago: University of Chicago Press.

Przeworski, Adam, and Henry Teune. 1970. *The Logic of Comparative Social Inquiry*. New York: Wiley.

Przeworski, Adam, and James Raymond Vreeland. 2000. "The Effect of IMF Programson Economic Growth." *Journal of Development Economics* 62: 385-421.

———. 2002. "A Statistical Model of Bilateral Cooperation." *Political Analysis* 10, no. 2: 101-12.

Przeworski, Adam, and Michael Wallerstein. 1982. "The Structure of Class Conflictin Democratic Capitalist Societies." *American Political Science Review* 76, no. 2 (June): 215-38.

Putnam, Robert D. 1976. *The Comparative Study of Political Elites*. Englewood Cliffs, NJ: Prentice-Hall.

———. 1988. "Diplomacy and Domestic Politics: The Logic of Two-level Games." *International Organization* 42, no. 3: 427-60.

———. 2000. *Bowling Alone: The Collapse and Revival of American Community*. New York: Simon and Schuster.

Putnam, Robert D., with Robert Leonardi and Raffaella Y. Nanetti. 1993. *Making Democracy Work: Civic Traditions in Modern Italy*. Princeton, NJ: Princeton University Press.

Pye, Lucian W. 1958. "The Non-Western Political Process." *Journal of Politics* 20, no. 3: 468-86.

———. 1966. *Aspects of Political Development*. Boston: Little, Brown.

Pye, Lucian W., and Sidney Verba, eds. 1965. *Political Culture and Political Development*. Princeton, NJ: Princeton University Press.

Rae, Douglas W. 1967. *The Political Consequences of Electoral Laws*. New Haven, CT: Yale University Press.

Redfield, Robert. 1930. *Tepozlan: A Mexican Village*. Chicago: University of Chicago Press.

Reynolds, Andrew, Alfred Stepan, ZawOo, and Stephen Levine. 2001. "How Burma Could Democratize." *Journal of Democracy* 12, no. 4 (October): 95-108.

Ricci, David. 1984. *The Tragedy of Political Science: Politics, Scholarship, and Democracy*. New Haven, CT: Yale University Press.

Riesman, David. 1953. *The Lonely Crowd*. Garden City, NY: Doubleday.

Riker, William H. 1964. *Federalism: Origin, Operation, Significance*. Boston: Little, Brown.

———. 1975. "Federalism." In *Handbook of Political Science*, vol. 5, ed. Fred Greensteinand Nelson W. Polsby, 93-172. Reading, MA: Addison-Wesley.

———. 1977. "The Future of a Science of Politics." *American Behavioral Scientist* 21, no. 1: 11-38.

———. 1990. "Political Science and Rational Choice." In *Perspectiveson Positive Political Economy*, ed. James E. Alt and Kenneth A. Shepsle, 163-81. New York: Cambridge University Press.

Rivista Italiana di Scienza Politica. 2003. A Special Issue with articles on Downs, Easton, S. E. Finer, Linz, Lipset, Verba. *Rivista Italiana di Scienza Politica* 33, no. 3 (December).

Robertson, Graeme B. 2004. "Leading Labor: Union, Politics and Protest in New Democracies." *Comparative Politics* 36, no. 3 (April): 253-72.

Rodrik, Dani, ed. 2003. *In Search of Prosperity: Analytic Narratives on Economic Growth*. Princeton, NJ: Princeton University Press.

Roemer, John. 1982. *A General Theory of Exploitation and Class*. Cambridge, MA: Harvard University Press.

———, ed. 1986a. *Analytical Marxism*. New York: Cambridge University Press.

———. 1986b. "Introduction." In *Analytical Marxism*, ed. John Roemer, 1-7. New York: Cambridge

University Press.
Rogowski, Ronald. 1993. "Comparative Politics." In *Political Science: The State of the Discipline II*, ed. Ada W. Finifter, 431-50. Washington, DC: American Political Science Association.
———. 1995. "The Role of Theory and Anomaly in Social-Scientific Inference." *American Political Science Review* 89, no. 2 (June): 467-70.
Rokkan, Stein. 1970. "International Cooperation in Political Sociology." In *Mass Politics: Studies in Political Sociology*, ed. Erik Allardt and Stein Rokkan, 1-20. New York: The Free Press.
———. 1975. "Dimensions of State Formation and Nation-Building: A Possible Paradigm for Research on Variation within Europe." In *The Formation of National States in Western Europe*, ed. Charles Tilly, 562-600. Princeton, NJ: Princeton University Press.
Rokkan, Stein, with Angus Campbell, Per Torsvik, and Henry Valen. 1970. *Citizens, Elections, Parties: Approaches to the Comparative Study of the Processes of Development*. New York: David McKay.
Ross, Dorothy. 1991. *The Origins of American Social Science*. New York: Cambridge University Press.
Rothman, Stanley. 1970a. "Barrington Moore and the Dialectics of Revolution: An Essay Review." *American Political Science Review* 64, no. 1 (March): 61-82.
———. 1970b. *European Society and Politics*. Indianapolis, IN: Bobbs-Merrill.
Rubinow, Isaac Max. 1968. *Social Insurance, With Special Reference to American Conditions*. New York: Arno Press.
Rueschemeyer, Dietrich, and Theda Skocpol, eds. 1996. *States, Social Knowledge, and the Origins of Modern Social Policies*. New York and Princeton, NJ: Russell Sage Foundation and Princeton University Press.
Rueschemeyer, Dietrich, John D. Stephens, and Evelyne Huber Stephens. 1992. *Capitalist Development and Democracy*. Chicago: University of Chicago Press.
Russett, Bruce M., Hayward R. Alker Jr., Karl W. Deutsch, and Harold D. Lasswell. 1964. *World Handbook of Political and Social Indicators*. New Haven, CT: Yale University Press.
Rustow, Dankwart A. 1964. "The Military: Turkey." In *Political Modernization in Japanand Turkey*, ed. Robert E. Ward and Dankwart A. Rustow, 352-88. Princeton, NJ: Princeton University Press.
———. 1970. "Transitions to Democracy: Toward a Dynamic Model." *Comparative Politics* 2, no. 3 (April): 337-63.
Samuelson, Paul A. 1947. *Foundations of Economic Analysis*. Cambridge, MA: Harvard University Press.
———. 1948. *Economics: An Introductory Analysis*. New York: McGraw-Hill.
Sartori, Giovanni. 1966. "European Political Parties: The Case of Polarized Pluralism." In *Political Parties and Political Development*, ed. Joseph LaPalombara and Myron Weiner, 137-76. Princeton, NJ: Princeton University Press.
———. 1969. "From the Sociology of Politics to Political Sociology." In *Politics and the Social Sciences*, ed. Seymour M. Lipset, 65-100. New York: Oxford University Press.
———. 1970. "Concept Misformation in Comparative Politics." *American Political Science Review* 64, no. 4: 1033-53.
———. 1976. *Parties and Party Systems: A Framework for Analysis*. New York: Cambridge University Press.
———. 1987a. *The Theory of Democracy Revisited*, Part 1: *The Contemporary Debate*. Chatham, NJ: Chatham House Publishers.
———. 1987b. *The Theory of Democracy Revisited*, Part 2: *The Classical Issues*. Chatham, NJ: Chatham House Publishers.
———. 1997. *Comparative Constitutional Engineering: An Inquiry into Structures, Incentives, and Outcomes*. 2nd ed. New York: New York University Press.

Schelling, Thomas C. 1960. *The Strategy of Conflict*. Cambridge, MA: Harvard University Press.

Scheuch, Erwin K. 2003. "History and Visions in the Development of Data Services for the Social Sciences." *International Social Science Journal* 55, no. 3: 385-99.

Schickler, Eric. 2001. *Disjointed Pluralism: Institutional Innovation and the Development of the U. S. Congress*. Princeton, NJ: Princeton University Press.

Schlesinger, Arthur, Jr. 1965. *A Thousand Days: John F. Kennedy in the White House*. Boston: Houghton Mifflin.

Schluchter, Wolfgang. 1979. "Value-Neutrality and the Ethic of Responsibility." In *Max Weber's Vision of History: Ethics and Methods*, Guenther Roth and Wolfgang Schluchter, 65-116. Berkeley: University of California Press.

Schmidt, Steffen W., Laura Guasti, Carl H. Lande, and James C. Scott, eds. 1977. *Friends, Followers, and Factions: A Reader in Political Clientelism*. Berkeley: University of California Press.

Schmitter, Philippe C. 1968. "Development and Interest Politics in Brazil: 1930-1965." Ph. D. dissertation, Department of Political Science, University of California, Berkeley.

———. 1969. "New Strategies for the Comparative Analysis of Latin American Politics." *Latin American Research Review* 4, no. 2: 83-110.

———. 1971. *Interest Conflict and Political Change in Brazil*. Stanford, CA: Stanford University Press.

———. 1974. "Still the Century of Corporatism?" *Review of Politics* 36, no. 1: 85-131.

———. 1975. *Corporatism and Public Policy in Authoritarian Portugal*. Beverly Hills, CA: Sage Publications.

———. 1977. "Modes of Interest Intermediation and Models of Societal Change in Western Europe." *Comparative Political Studies* 10, no. 1 (April): 7-38.

———. 1978. "The Impact and Meaning of 'Non-Competitive, Non-Free and Insignificant' Elections in Authoritarian Portugal, 1933-1974." In *Elections without Choice*, ed. Guy Hermet, Richard Rose, and Alain Rouquié, 145-68. London: Macmillan.

———. 1979a. "The 'Regime d'Exception' That Became the Rule: Forty-eight Years of Authoritarian Domination in Portugal." In *Contemporary Portugal: The Revolution and its Antecedents*, ed. Lawrence S. Graham and Harry M. Makler, 3-46. Austin, TX: University of Austin Press.

———. 1979b. "Speculations About the Prospective Demise of Authoritarian Regimes and its Possible Consequences." *Working Papers* no. 60. Washington, DC: The Wilson Center, Latin American Program.

———. 1980. "The Social Origins, Economic Bases and Political Imperatives of Authoritarian Rule in Portugal." In *Who Were the Fascists*? ed. Stein Ugelvik Larsen, Bernt Hagtvet, and Jan P. Myklebust, 435-66. Bergen, Oslo, and Tromsø: Universitetsforlaget.

———. 1981. "Interest Intermediation and Regime Governability in Contemporary Western Europe and North America." In *Organizing Interests in Western Europe: Pluralism, Corporatism and the Transformation of Politics*, ed. Suzanne Berger, 287-327. New York: Cambridge University Press.

———. 1983. "Democratic Theory and Neo-Corporatist Practice." *Social Research* 50, no. 4 (Winter): 885-928.

———. 1985. "Neo-Corporatism and the State." In *The Political Economy of Corporatism*, ed. Wyn P. Grant, 32-62. London: Macmillan.

———. 1989. "Corporatism is Dead! Long Live Corporatism! Reflections on Andrew Shonfield's *Modern Capitalism*." Government and Opposition 24, no. 1: 54-73.

———. 1990. "Sectors in Modern Capitalism: Modes of Governance and Variations in Performance." In *Labour Relations and Economic Performance*, ed. Renato Brunettaand Carlo Dell'aringa, 3-39. London: Macmillan.

———. 1993. "Comparative Politics." In *The Oxford Companion to the Politics of the World*, ed. Joel Krieger, 171-77. New York: Oxford University Press.

———. 1995. "Transitology: The Sciences or the Art of Democratization?" In *The Consolidation of Democracy in Latin America*, ed. Joseph Tulchin with Bernice Romero, 11-41. Boulder, CO: Lynne Rienner.

———. 1997a. "The Emerging Europolity and its Impact upon National Systems of Production." In *Contemporary Capitalism: The Embeddedness of Institutions*, ed. J. Rogers Hollingsworth and Robert Boyer, 395-430. New York: Cambridge University Press.

———. 1997b. "Autobiographical Reflections: Or How to Live With A Conceptual Albatross Around One's Neck." In *Comparative European Politics: The Story of a Profession*, ed. Hans Daalder, 287-97. New York: Pinter.

———. 1999. *Portugal: do autoritarismo à democracia*. Lisbon: Instituto de Ciências Sociais da Universidade de Lisboa.

———. 2000a. *How to Democratize the EU...and Why Bother?* Lanham, MD: Rowman & Littlefield Publishers.

———. 2000b. "Designing a Democracy for the Euro-Polity and Revising Democratic Theory in the Process." In *Designing Democratic Institutions*, ed. Ian Shapiro and Stephen Macedo, 224-50. New York: New York University Press.

———. 2002. "Seven (Disputable) Theses Concerning the Future of 'Transatlanticised' or 'Globalised' Political Science." *European Political Science* 1, no. 2 (Spring): 23- 40.

———. 2003. "Democracy in Europe and Europe's Democratization." *Journal of Democracy* 14, no. 4 (October): 71-85.

Schmitter, Philippe C., and Imco Brouwer. 2000. "Analysis of Macro DPP Impact." Florence and Berlin: European University Institute and Humboldt-Universitätzu Berlin.

Schmitter, Philippe C., and Nicolas Guilhot. 2000. "From Transition to Consolidation: Extending the Concept of Democratization and the Practice of Democracy." In *Democratic and Capitalist Transitions in Eastern Europe: Lessons for the Social Sciences*, ed. Michel Dobry, 131-46. Dordrecht: Kluwer Academic Publishers.

Schmitter, Philippe C., and Ernst B. Haas. 1964. *Mexico and Latin American Economic Integration*. Berkeley: University of California, Berkeley, Institute of International Studies.

Schmitter, Philippe C., and Patrick Hutchinson. 1999. "Se déplaçant au Moyen-Orient et en Afrique du Nord, ⟨transitologues⟩ et ⟨consolidologues⟩ sont-ils toujours assurés de voyager en toute sécurité?" *Annuaire de L'Afrique du Nord* (Paris) 38: 11-35.

Schmitter, Philippe C., and Terry Lynn Karl. 1991. "What Democracy is...and What it is Not." *Journal of Democracy* 2, no. 3 (Summer): 75-88.

———. 1994. "The Conceptual Travels of Transitologists and Consolidologists: How Far to the East Should They Attempt to Go?" *Slavic Review* 53, no. 1 (Spring): 173-85.

Schmitter, Philippe C., and Gerhard Lehmbruch, eds. 1979. *Trends Toward Corporatist Intermediation*. Beverly Hills, CA: Sage Publishers.

Schrodt, Philip A. 2006. "Beyond the Linear Frequentist Orthodoxy." *Political Analysis* 14, no. 3: 335-39.

Schumpeter, Joseph A. 1942. *Capitalism, Socialism and Democracy*. New York: Harper & Brothers.

Schweinitz, Karl de, Jr. 1959. "Industrialization, Labor Controls, and Democracy." *Industrial Development and Cultural Change* 7, no. 4: 385-404.

———. 1964. *Industrialization and Democracy*. New York: The Free Press of Glencoe.

Scott, James C. 1968. *Political Ideology in Malaysia: Reality and the Beliefs of an Elite*. New Haven, CT:

Yale University Press.

———. 1969a. "The Analysis of Corruption in Developing Nations." *Comparative Studies in Society and History* 11, no. 3 (June): 315–41.

———. 1969b. "Corruption, Machine Politics, and Political Change." *American Political Science Review* 63, no. 4 (December): 1142–58.

———. 1972a. *Comparative Political Corruption*. Englewood Cliffs, NJ: Prentice-Hall.

———. 1972b. "Patron-Client Politics and Political Change in Southeast Asia." *American Political Science Review* 66, no. 1: 91–113.

———. 1976. *The Moral Economy of the Peasant: Rebellion and Subsistence in Southeast Asia.* New Haven, CT: Yale University Press.

———. 1977a. "Protest and Profanation: Agrarian Revolt and the Little Tradition, Part I." *Theory and Society* 4, no. 1 (Spring): 1–38.

———. 1977b. "Protest and Profanation: Agrarian Revolt and the Little Tradition, Part II." *Theory and Society* 4, no. 2 (Summer): 211–46.

———. 1985. *Weapons of the Weak: Everyday Forms of Peasant Resistance.* New Haven, CT: Yale University Press.

———. 1990. *Domination and the Arts of Resistance: Hidden Transcripts.* New Haven, CT: Yale University Press.

———. 1998. *Seeing Like a State: How Certain Schemes to Improve the Human ConditionHave Failed.* New Haven, CT: Yale University Press.

Scott, James C., and Benedict J. Tria Kerkvliet, eds. 1986. *Everyday Forms of Peasant Resistance in South-East Asia.* London: Frank Cass.

Seidelman, Raymond M., and Edward J. Harpham. 1985. *Disenchanted Realists: Political Science and the American Crisis, 1884–1984.* Albany: State University of NewYork Press.

Sen, Amartya. 1977. "Rational Fools: A Critique of the Behavioral Foundations of Economic Theory." *Philosophy and Public Affairs* 6, no. 4: 317–44.

Sewell, William H., Jr. 1967. "Marc Bloch and the Logic of Comparative History." *History and Theory* 6, no. 2: 208–18.

———. 1985. "Ideologies and Social Revolutions: Reflections on the French Case." *Journal of Modern History* 57, no. 1: 57–85.

Sharpe, Kenneth E. 1977. *Peasant Politics: Struggle in a Dominican Village.* Baltimore: Johns Hopkins University Press.

Shea, Christopher. 1997. "Political Scientists Clash Over Value of Area Studies." *Chronicle of Higher Education* 43, no. 18, January 10.

Shepsle, Kenneth A. 1978. *The Giant Jigsaw Puzzle: Democratic Committee Assignments in the Modern House.* Chicago: University of Chicago Press.

Shugart, Matthew S., and John Carey. 1992. *Presidents and Assemblies.* New York: Cambridge University Press.

Sibley, Elbridge. 2001. *Social Science Research Council: The First Fifty Years.* New York: Social Science Research Council.

Sikkink, Kathryn. 1991. *Ideas and Institutions: Developmentalism in Brazil and Argentina.* Ithaca, NY: Cornell University Press.

Simmel, Georg. 1908. *Soziologie.* Berlin: Duncker & Humblot.

———. 1950. *The Sociology of Georg Simmel.* Glencoe, IL: The Free Press.

———. 1995. "Soziologie der Konkurrenz." In *Aufsätze und Abhandlungen, 1901–1908*, vol. 1, ed. Rüdiger Kramme, Angela Rammstedt, and Ottheim Rammstedt, 221–46. Frankfurt am Main: Suhrkamp.

Simon, Herbert A. 1957. *Models of Man*. New York: Wiley.

Skidmore, Thomas E. 1967. *Politics in Brazil, 1930-1964: An Experiment in Democracy*. New York: Oxford University Press.

———. 1973. "Politics and Economic Policy Making in Authoritarian Brazil, 1937-71." In *Authoritarian Brazil: Origins, Policies, and Future*, ed. Alfred Stepan, 3-46. NewHaven, CT: Yale University Press.

Skocpol, Theda. 1973. "A Critical Review of Barrington Moore's Social Origins of Dictatorship and Democracy." *Politics and Society* 4, no. 1 (Fall): 1-35.

———. 1976. "France, Russia, China: A Structural Analysis of Social Revolutions." *Comparative Studies in Society and History* 18, no. 2 (April): 175-210.

———. 1977. "Wallerstein's World Capitalist System: A Theoretical and Historical Critique." *American Journal of Sociology* 82, no. 5: 1075-90.

———. 1979. *States and Social Revolutions: A Comparative Analysis of France, Russia, and China*. New York: Cambridge University Press.

———. 1980. "Political Responses to Capitalist Crisis: Neo-Marxist Theories of the State and the Case of the New Deal." *Politics and Society* 10, no. 2: 155-201.

———. 1982. "Rentier State and Shi'a Islam in the Iranian Revolution." *Theory and Society* 11, no. 3: 265-83.

———, ed. 1984. *Vision and Method in Historical Sociology*. NewYork: Cambridge University Press.

———. 1985a. "Bringing the State Back In: Strategies of Analysis in Current Research." In *Bringing the State Back In*, ed. Peter Evans, Dietrich Rueschemeyer, and Theda Skocpol, 3-37. New York: Cambridge University Press.

———. 1985b. "Cultural Idioms and Political Ideologies in the Revolutionary Reconstruction of State Power: A Rejoinder to Sewell." *Journal of Modern History* 57, no. 1: 86-96.

———. 1986. "Analyzing Causal Configurations in History: A Rejoinder to Nicholls." *Comparative Social Research* 9: 187-94.

———. 1988. "An 'Uppity Generation' and the Revitalization of Macroscopic Sociology: Reflections at Mid-Career by a Woman from the Sixties." *Theory and Society* 17, no. 5: 627-43.

———. 1992. *Protecting Soldiers and Mothers: The Political Origins of Social Policy in the United States*. Cambridge, MA: Harvard University Press.

———. 1994. *Social Revolutions in the Modern World*. New York: Cambridge University Press.

———. 1996. *Boomerang: Clinton's Health Security Effort and the Turn Against Government in U. S. Politics*. New York: W. W. Norton.

———, ed. 1998. *Democracy, Revolution, and History*. Ithaca, NY: Cornell University Press.

———. 2000. *The Missing Middle: Working Families and the Future of American Social Policy*. New York: W. W. Norton.

———. 2003a. *Diminished Democracy: From Membership to Management in American Civic Life*. Norman: University of Oklahoma Press.

———. 2003b. "Doubly Engaged Social Science: The Promise of Comparative Historical Analysis." In *Comparative Historical Analysis in the Social Sciences*, ed. James Mahoney and Dietrich Rueschemeyer, 407-28. New York: Cambridge University Press.

Skocpol, Theda, Marjorie Abend-Wein, Christopher Howard, and Susan Goodrich Lehmann. 1993. "Women's Associations and the Enactment of Mothers' Pensions in the United States." *American Political Science Review* 87, no. 3 (September): 686-701.

Skocpol, Theda, and Kenneth Finegold. 1982. "State Capacity and Economic Intervention in the Early

New Deal." *Political Science Quarterly* 97, no. 2: 255-78.

———. 1990. "Explaining New Deal Labor Policy." *American Political Science Review* 84, no. 4 (December): 1297-1304.

Skocpol, Theda, Marshall Ganz, and Ziad Munson. 2000. "A Nation of Organizers: The Institutional Origins of Civic Voluntarism in the United States." *American Political Science Review* 94, no. 2 (September): 527-46.

Skocpol, Theda, and Ann Shola Orloff. 1984. "Why not Equal Protection?" *American Sociological Review* 49, no. 6: 726-50.

Skocpol, Theda, and Margaret Somers. 1980. "The Uses of Comparative History in Macrosocial Inquiry." *Comparative Studies in Society and History* 22, no. 2 (October): 174-97.

Skocpol, Theda, and Margaret Weir. 1985. "State Structures and the Possibilities for 'Keynesian' Responses to the Great Depression in Sweden, Britain, and the United States." In *Bringing the State Back In*, ed. Peter Evans, Dietrich Rueschemeyer, and Theda Skocpol, 107-63. New York: Cambridge University Press.

Skowronek, Stephen. 1982. *Building a New American State: The Expansion of National Administrative Capacities, 1877-1920*. New York: Cambridge University Press.

Smelser, Neil J. 1968. "The Methodology of Comparative Analysis of Economic Activity." In *Essays in Sociological Explanation*, ed. Neil J. Smelser, 62-75. Englewood Cliffs, NJ: Prentice-Hall.

———. 1973. "The Methodology of Comparative Analysis." In *Comparative Research Methods*, ed. Donald P. Warwick and Samuel Osherson, 42-86. Englewood Cliffs, NJ: Prentice-Hall.

———. 1976. *Comparative Methods in the Social Sciences*. Englewood Cliffs, NJ: Prentice-Hall.

Smelser, Neil, and Richard Swedberg. 1994. "The Sociological Perspective on the Economy." In *Handbook of Economic Sociology*, ed. Neil Smelser and Richard Swedberg, 3-26. Princeton, NJ: Princeton University Press.

Smith, Brian. 1982. *The Church and Politics in Chile: Challenges to Modern Catholicism*. Princeton, NJ: Princeton University Press.

Sokoloff, Kenneth, and Stanley L. Engerman. 2000. "History Lessons: Institutions, Factor Endowments, and Paths of Development in the New World." *Journal of Economic Perspectives* 14, no. 3: 217-32.

Somit, Albert, and Joseph Tanenhaus. 1967. *The Development of American Political Science: From Burgess to Behavioralism*. Boston: Allyn & Bacon.

Stark, David, and László Bruzst. 1998. *Postsocialist Pathways: Transforming Politics and Property in East Central Europe*. New York: Cambridge University Press.

Stein, Howard, and Ernest J. Wilson, eds. 1993. "Robert Bates, Rational Choice and the Political Economy of Development in Africa." A special issue of *World Development* 21, no. 6: 1033-81.

Stepan, Alfred. 1965. "The Military's Role in Latin American Political Systems." *Review of Politics* 27, no. 4 (October): 564-68.

———. 1966. "Political Development Theory: The Latin American Experience." *Journal of International Affairs* 20, no. 2: 223-53.

———. 1971. *The Military in Politics: Changing Patterns in Brazil*. Princeton, NJ: Princeton University Press.

———, ed. 1973a. *Authoritarian Brazil: Origins, Policies, and Future*. New Haven, CT: Yale University Press.

———. 1973b. "The New Professionalism of Internal Warfare and Military Role Expansion." In *Authoritarian Brazil: Origins, Policies, and Future*, ed. Alfred Stepan, 47-68. New Haven, CT: Yale University Press.

———. 1978. *The State and Society: Peru in Comparative Perspective*. Princeton, NJ: Princeton University Press.

———. 1985. "State Power and the Strength of Civil Society in the Southern Cone of Latin America. " In *Bringing the State Back In*, ed. Peter Evans, Dietrich Rueschemeyer, and Theda Skocpol, 317–43. New York: Cambridge University Press.

———. 1986. "Paths toward Redemocratization: Theoretical and Comparative Considerations. " In *Transitions from Authoritarian Rule: Comparative Perspectives*, ed. Guillermo O'Donnell, Philippe Schmitter, and Laurence Whitehead, 64–84. Baltimore: Johns Hopkins University Press.

———. 1988a. *Rethinking Military Politics: Brazil and the Southern Cone*. Princeton, NJ: Princeton University Press.

———. 1988b. "The Last Days of Pinochet?" *New York Review of Books* 35, no. 9 (June 2).

———, ed. 1989. *Democratizing Brazil: Problems of Transition and Consolidation*. NewYork: Oxford University Press.

———. 1990. "On the Tasks of a Democratic Opposition. " *Journal of Democracy* 1, no. 2 (Spring): 41–49.

———. 1998. "Modern Multinational Democracies: Transcending a Gellnerian Oxymoron. " In *The State of the Nation: Ernest Gellner and the Theory of Nationalism*, ed. John A. Hall, 219–39. New York: Cambridge University Press.

———. 1999. "Federalism and Democracy: Beyond the U. S. Model. " *Journal of Democracy* 10, no. 4 (October): 19–34.

———. 2000. "Religion, Democracy, and the 'Twin Tolerations. ' " *Journal of Democracy* 11, no. 4 (October): 37–57.

———. 2001a. "Toward a New Comparative Politics of Federalism, (Multi) Nationalism, and Democracy: Beyond Rikerian Federalism. " In *Arguing Comparative Politics*, Alfred Stepan, 315–61. New York: Oxford University Press.

———. 2001b. "The World's Religious Systems and Democracy: Crafting the 'Twin Tolerations. ' " In *Arguing Comparative Politics*, Alfred Stepan, 213–53. New York: Oxford University Press.

———. 2004. "Electorally-Generated Veto Players in Unitary and Federal Systems. " In *Federalism and Democracy in Latin America*, ed. Edward L. Gibson, 323–61. Baltimore: Johns Hopkins University Press.

———. 2005. "Ukraine: Improbable Democratic 'Nation State' but Possible Democratic 'State Nation' ?" *Post-Soviet Affairs* 21, no. 4 (October–December): 279–308.

Stepan, Alfred, Juan J. Linz, and Yogendra Yadav. Forthcoming. *Non Nation-State Democracies*. Baltimore: Johns Hopkins University Press.

Stepan, Alfred, with Graeme B. Robertson. 2003. "An 'Arab' More than 'Muslim' Electoral Gap. " *Journal of Democracy* 14, no. 3 (July): 30–44.

Stepan, Alfred, and Graeme B. Robertson. 2004. "Arab, Not Muslim Exceptionalism. " *Journal of Democracy* 15, no. 4 (October): 140–46.

Stepan, Alfred, and Cindy Skach. 1993. "Constitutional Frameworks and Democratic Consolidation: Parliamentarism versus Presidentialism. " *World Politics* 46, no. 1 (October): 1–22.

Stouffer, Samuel A. , Arthur A. Lumsdaine, Marion Harper Lumsdaine, Robin M. Williams Jr. , M. Brewster Smith, Irving L. Janis, Shirley A. Star, and Leonard S. Cottrell Jr. 1949. *The American Soldier*. Princeton, NJ: Princeton University Press.

Streeck, Wolfgang, and Philippe C. Schmitter, eds. 1985. *Private Interest Government: Beyond Market and State*. Beverly Hills, CA: Sage Publishers.

Summers, Robert, and Alan Heston. 1991. "The Penn World Table (Mark 5): An Expanded Set of International Comparisons, 1950–1988. " *Quarterly Journal of Economics* 106, no. 2: 327–68.

Sumner, William Graham. 1959. *Folkways: A Study of the Sociological Importance of Usages, Manners, Customs, Mores, and Morals.* New York: Dover.

Sumner, William Graham, and Albert Galloway Keller. 1927. *The Science of Society.* 4 vols. New Haven, CT: Yale University Press.

Swedberg, Richard. 1990. *Economics and Sociology, Redefining Their Boundaries: Conversations with Economists and Sociologists.* Princeton, NJ: Princeton University Press.

———, ed. 1991. *Joseph A. Schumpeter: The Economics and Sociology of Capitalism.* Princeton, NJ: Princeton University Press.

Swers, Michele L. 2002. *The Difference Women Make: The Policy Impact of Women in Congress.* Chicago: University of Chicago Press.

Szanton, David L., ed. 2004. *Politics of Knowledge: Area Studies and the Disciplines.* Berkeley: University of California Press.

Sztompka, Piotr. 1996. "Introduction." In *Robert K. Merton: On Social Structure and Science*, ed. Piotr Sztompka, 1–20. Chicago: University of Chicago Press.

Taagepera, Rein, and Matthew Shugart. 1989. *Seats and Votes: The Effects and Determinants of Electoral Systems.* New Haven, CT: Yale University Press.

Tawney, R. H. 1954. "The Rise of the Gentry, 1558–1640." In *Essays in Economic History*, ed. E. M. Carus-Wilson, 173–214. London: Edward Arnold.

———. 1967. *The Agrarian Problem in the Sixteenth Century.* New York: Harper & Row.

Taylor, Charles Lewis, and Michael C. Hudson. 1972. *World Handbook of Political and Social Indicators II.* New Haven, CT: Yale University Press.

Taylor, Charles Lewis, and David A. Jodice. 1983. *World Handbook of Political and Social Indicators III.* New Haven, CT: Yale University Press.

Thelen, Kathleen. 1999. "Historical Institutionalism in Comparative Politics." *Annual Review of Political Science* 2: 369–404.

Thompson, E. P. 1964. *The Making of the English Working Class.* New York: Pantheon.

———. 1971. "The Moral Economy of the English Crowd in the Eighteenth Century." *Past and Present* 50 (February): 76–136.

Tilly, Charles. 1964. *The Vendée.* Cambridge, MA: Harvard University Press.

———, ed. 1975. *The Formation of National States in Western Europe.* Princeton, NJ: Princeton University Press.

———. 1978. *From Mobilization to Revolution.* Reading, MA: Addison-Wesley.

———. 1981. "Useless Durkheim." In *As Sociology Meets History*, Charles Tilly, 95–108. New York: Academic Press.

Tilly, Charles, with Edward Shorter. 1974. *Strikes in France, 1830–1968.* New York: Cambridge University Press.

Tocqueville, Alexis de. 1955. *The Old Régime and the French Revolution.* Garden City, NY: Doubleday.

———. 1969. *Democracy in America.* Garden City, NY: Anchor Books.

Tolstoy, Leo. 1967. *War and Peace.* New York: Modern Library.

Truman, David. 1951. *The Governmental Process.* New York: Alfred A. Knopf.

———. 1955. "The Impact of the Revolution in Behavioral Science on Political Science." In *Research Frontiers in Politics and Government: Brookings Lectures*, Stephen K. Bailey, Herbert A. Simon, Richard C. Snyder, Robert A. Dahl et al., 202–31. Washington, DC: Brookings Institute.

Turner, Henry Ashby. 1996. *Hitler's Thirty Days to Power: January 1933.* Reading, MA: Addison-Wesley.

United Nations Development Programme (UNDP). 2004. *Democracy in Latin America: Toward a Citizens'*

Democracy. New York: UNDP.

Van Den Berghe, Pierre L. 1981. *The Ethnic Phenomenon*. New York: Elsevier.

Van Schendelen, M. P. C. M. 1984. "The Views of Arend Lijphart and Collected Criticisms." *Acta Politica* 19, no. 1 (January): 19-55.

Velasco Grajales, Jesús. 2004. "Seymour Martin Lipset: Life and Work." *Canadian Journal of Sociology* 29, no. 4 (Fall): 583-601.

Verba, Sidney, Norman H. Nie, and Jae-on Kim. 1978. *Participation and Political Equality: A Seven Nation Comparison*. New York: Cambridge University Press.

Verba, Sidney, and Lucian W. Pye, eds. 1978. *The Citizen and Politics: A Comparative Perspective*. Stamford, CT.: Greylock Press.

von Neumann, John, and Oskar Morgenstern. 1944. *The Theory of Games and Economic Behavior*. Princeton, NJ: Princeton University Press.

Waldo, Dwight. 1975. "Political Science: Tradition, Discipline, Profession, Science, and Enterprise." In *Handbook of Political Science*, vol. I: *Political Science: Scope and Theory*, ed. Fred I. Greenstein and Nelson W. Polsby, 1-130. Reading, MA: Addison-Wesley.

Wallerstein, Immanuel. 1974. *The Modern World-System: Capitalist Agriculture and the Origins of the European World-Economy in the Sixteenth Century*. New York: Academic Press.

Ward, Robert E., and Dankwart A. Rustow, eds. 1964. *Political Modernization in Japan and Turkey*. Princeton, NJ: Princeton University Press.

Weber, Marianne. 1975. *Max Weber: A Biography*. New York: Wiley.

Weber, Max. 1921. *Gesammelte Politische Schriften*. Munich: Drei Masken Verlag.

——. 1946a. "Science as a Vocation." In *From Max Weber: Essays in Sociology*, ed. Hans H. Gerth and C. Wright Mills, 129-56. New York: Oxford University Press.

——. 1946b. "Politics as a Vocation." In *From Max Weber: Essays in Sociology*, ed. Hans H. Gerth and C. Wright Mills, 77-128. New York: Oxford University Press.

——. 1949. *The Methodology of the Social Sciences*, ed. Edward A. Shils and Henry A. Finch. New York: The Free Press.

——. 1951. *The Religion of China: Confucianism and Taoism*. Glencoe, IL: The Free Press.

——. 1958a. *The Religion of India: The Sociology of Hinduism and Buddhism*. Glencoe, IL: The Free Press.

——. 1958b. *The Rational and Social Foundations of Music*. Carbondale: Southern Illinois University Press.

——. 1958c. *The Protestant Ethic and the Spirit of Capitalism*. New York: Scribner.

——. 1967. *Ancient Judaism*. New York: The Free Press.

——. 1978. *Economy and Society: An Outline of Interpretive Sociology*. Berkeley: University of California Press.

Weber, Ronald E., and William R. Shaffer. 1972. "Public Opinion and American State Policy-Making." *Midwest Journal of Political Science* 16, no. 4 (November): 683-99.

Weibull, Jörgen W. 1995. *Evolutionary Game Theory*. Cambridge: MIT Press.

Weiner, Myron. 1978. *Sons of the Soil: Migration and Ethnic Conflict in India*. Princeton, NJ: Princeton University Press.

Weingast, Barry R. 2002. "Rational Choice Institutionalism." In *Political Science: The State of the Discipline*, ed. Ira Katznelson and Helen V. Milner, 660-92. New York and Washington, DC: W. W. Norton and the American Political Science Association.

Weir, Margaret, Ann Shola Orloff, and Theda Skocpol, eds. 1988. *The Politics of Social Policy in the United States*. Princeton, NJ: Princeton University Press.

Whitehead, Lawrence. 1986. "International Aspects of Democratization." In *Transitions from Authoritarian Rule: Comparative Perspectives*, ed. Guillermo O'Donnell, Philippe Schmitter, and Laurence Whitehead, 3–46. Baltimore: Johns Hopkins University Press.

Wiarda, Howard J. 1974. "Corporatism and Development in the Iberic-Latin World: Persistent Strains and New Variations." *Review of Politics* 36, no. 1: 3–33.

———, ed. 2002. *New Directions in Comparative Politics*. 3rd ed. Boulder, CO: Westview Press.

Wildavsky, Aaron. 1987. "Choosing Preferences by Constructing Institutions: A Cultural Theory of Preference Formation." *American Political Science Review* 81, no. 1: 3–22.

Wolf, Eric R. 1969. *Peasant Wars of the Twentieth Century*. New York: Harper & Row.

Wolpert, Lewis, and Alison Richards. 1988. *A Passion for Science*. Oxford: Oxford University Press.

Worcester, Kenton W. 2001. *Social Science Research Council, 1923–1998*. New York: Social Science Research Council.

Xiaotong, Fei. 1953. *China's Gentry: Essays in Rural-Urban Relations*. Chicago: University of Chicago Press.

Young, Crawford. 1976. *The Politics of Cultural Pluralism*. Madison: University of Wisconsin Press.

Young, H. Peyton. 1998. *Individual Strategy and Social Structure: An Evolutionary Theory of Institutions*. Princeton, NJ: Princeton University Press.

Zagorin, Perez. 1990. *Ways of Lying: Dissimulation, Persecution, and Conformity in Early Modern Europe*. Cambridge, MA: Harvard University Press.

Zakaria, Fareed. 2003. *The Future of Freedom: Illiberal Democracy at Home and Abroad*. New York: W. W. Norton.

Znaniecki, Florian. 1934. *The Method of Sociology*. New York: Farrar & Rinehart.

Zolberg, Aristide R. 1965. *Creating Political Order: The Party-States of West Africa*. Chicago: Rand McNally Publishers.

Zuckerman, Alan S. 1991. *Doing Political Science: An Introduction to Political Analysis*. Boulder, CO: Westview Press.

姓名索引

(页码为原版页码,见本书边码)

Abel, Theodore, 西奥多·阿贝尔 153
Abernathy, David B., 大卫·B. 阿伯内西 74
Acemoglu, Daron, 达龙·阿西莫格鲁 494
Ackerman, Bruce, 布鲁斯·阿克曼 299
Adas, Michael, 迈克尔·阿达斯 376
Agrawal, Arun, 阿伦·阿格拉瓦尔 377, 384, 531
Akyeampong, Emmanuel, 伊曼纽尔·阿基安蓬 547
Alberti, Giorgio, 吉奥吉欧·阿尔伯蒂 564, 566
Aldrich, John H., 约翰·H. 奥尔德里奇 547
Alesina, Alberto, 阿尔贝托·阿莱西纳 494, 624
Alker, Hayward R., 海沃德·R. 阿尔克 511
Allardt, Erik, 埃里克·阿拉德 193, 419
Allison, Graham, 格雷厄姆·艾利森 542
Almond, Gabriel A. 加布里埃尔·A. 阿尔蒙德, 见主题索引
Alt, James, 詹姆斯·阿尔特 698
Althusius, Johannes, 约翰尼斯·阿尔图修斯 127, 245
Althusser, Louis, 路易斯·阿尔都塞 363, 656
Alvarez, Michael, 迈克尔·阿尔瓦雷斯 492
Amenta, Edwin, 埃德温·阿门塔 703
Anderson, Benedict, 贝内迪克特·安德森 383, 445, 446
Anderson, Perry L., 佩里·L. 安德森 546, 607, 635, 668, 673n13, 685
Apter, David E., 大卫·E. 阿普特 245, 264, 276–77, 278, 284, 298, 309, 310, 312, 442, 605
Arato, Andrew, 安德鲁·阿拉托 446, 449
Archer, Ronald, 罗纳德·阿彻 575
Arendt, Hannah, 汉娜·阿伦特 97, 161, 182
Aristotle, 亚里士多德 29, 34, 66, 225, 298, 301, 340, 441, 481, 552

Aron, Raymond, 雷蒙·阿隆 162
Arrow, Kenneth J., 肯尼斯·J. 阿罗 79, 123

Baczko, Bronislaw, 布罗尼斯拉夫·巴扎科 459
Bailey, F. G., F. G. 贝利 372–73
Balogh, Thomas, 托马斯·巴洛格 396
Banfield, Edward, 爱德华·班菲尔德 69
Banks, Jeffrey S., 杰夫·S. 班克斯 544
Barro, Robert, 罗伯特·巴罗 474
Barros, Alexandre, 亚历山大·巴罗斯 562
Barry, Brian, 布莱恩·巴里 251, 253, 342, 449
Bartell, Ernest J., 欧内斯特·J. 巴特尔 282
Barton, Allen H., 艾伦·H. 巴顿 154, 155
Bates, Robert H. 罗伯特·H. 贝茨, 见主题索引
Beck, Nathaniel L., 纳撒尼尔·贝克 489, 594
Becker, Gary S., 加里·S. 贝克尔 628, 634
Beer, Samuel H., 塞缪尔·H. 比尔 213, 214, 559
Bell, Daniel, 丹尼尔·贝尔 165, 657, 658, 659
Bénabou, Roland, 罗兰·贝纳布 494
Benda, Harry J., 哈里·J. 本达 356
Ben-David, Joseph, 约瑟夫·本-大卫 704
Bendix, Reinhard, 莱因哈德·本迪克斯 98–99, 157, 178, 198, 309, 311, 312, 588, 608, 635, 657, 660, 673n13, 685
Benhabib, Jess, 杰西·本哈比 484, 489, 491, 494
Benhabib, Seyla, 塞拉·本哈比 432
Bennett, Andrew, 安德鲁·班尼特 594–95
Bentley, Arthur F., 阿瑟·本特利 37n7, 415–16
Berelson, Bernard R., 伯纳德·R. 贝雷尔森 509, 545
Berg, Elliot, 埃利奥特·伯格 520

姓名索引 *829*

Berlin, Isaiah，以赛亚·柏林 448
Bermeo, Nancy G.，南希·G. 贝尔梅奥 448
Bernard, Claude，克劳德·伯纳德 27
Bienen, Henry，亨利·比南 609-10
Billington, James H.，詹姆斯·H. 比灵顿 289
Binder, Leonard，伦纳德·宾德 342, 501, 559
Bloch, Marc L. B.，马克·L. B. 布洛赫 104, 359, 663, 673, 678, 686
Blondel, Jean Fernand Pierre，让·费尔南德·皮埃尔·布隆德尔 266
Bobbio, Norberto，诺伯托·博比奥 193, 333, 475
Boix, Carles，卡尔斯·博伊克斯 470, 646
Boneo, Horacio，奥拉西奥·博内欧 279
Bonnell, Victoria E.，维多利亚·E. 邦内尔 588, 657n3
Bourdieu, Pierre，皮埃尔·布迪厄 370
Bracher, Karl Dietrich，卡尔·迪特里希·布拉赫 164, 169, 418
Brady, Henry E.，亨利·E. 布雷迪 557, 582-86, 590
Braudel, Fernand P.，费尔南德·P. 布罗代尔 673
Breiger, Ronald L.，罗纳德·L. 布雷格 661
Bresser Pereira, Luis Carlos，路易斯·卡洛斯·布雷塞尔-佩雷拉 491
Brewster, Kingman, Jr.，小金曼·布鲁斯特 142
Broder, David，大卫·布罗德 682
Brodie, Bernard，伯纳德·布罗迪 69
Brooker, Paul，保罗·布鲁克 472
Brown, Archie，阿奇·布朗 448
Brubaker, Rogers，罗杰斯·布鲁贝克 445, 446
Bruszt, László，罗兹洛·布鲁斯特 446
Bryce, James，詹姆斯·布赖斯 42n15
Brzezinski, Zbigniew K.，兹比格涅夫·K. 布热津斯基 161, 182, 210, 217, 225, 472
Buchanan, James，詹姆斯·布坎南 603
Bull, Hedley N.，赫德利·N. 布尔 254
Bundy, McGeorge，麦克乔治·邦迪 110
Burawoy, Michael，迈克尔·布洛维 692-93
Burgess, Ernest，厄内斯特·伯吉斯 89
Burgess, John W.，约翰·W. 伯吉斯 35, 42
Burke, Edmund，埃德蒙·伯克 225

Cain, Bruce E.，布鲁斯·E. 凯恩 542
Calvert, Randall L.，兰德尔·L. 卡尔弗特 544

Campbell, Angus，安格斯·坎贝尔 54
Campbell, Donald T.，唐纳德·T. 坎贝尔 460
Caputo, Dante M.，但丁·M. 卡普托 279
Cardoso, Fernando H.，费尔南多·恩里克·卡多佐 57, 280-81, 285-87, 288-89, 292, 302, 413-14, 468, 498, 570, 574
Cavalcanti, Pedro Celso，佩德罗·塞尔索·卡瓦尔康蒂 461
Cavarozzi, Marcelo，马塞洛·卡瓦罗西 279, 292
Centers, Richard，理查德·赛特斯 154
Chandra, Kanchan，坎钱·钱德拉 623, 639
Charrad, Mounira，穆尼拉·查拉德 707
Chayanov, Alexander V.，亚历山大·V. 查亚诺夫 359
Chehabi, Houchang E.，侯昌·E. 且哈比 150, 194
Cheibub, José Antônio，何塞·安东尼奥·切布 492
Chirot, Daniel，丹尼尔·奇洛 673
Coase, Ronald H.，罗纳德·H. 科斯 522
Coatsworth, John，约翰·科茨沃斯 342
Cohen, Abner，艾伯纳·科恩 626
Cohen, Bernard，伯纳德·科恩 73
Cohen, Gerald A.，杰拉德·A. 科恩 490
Cohen, Jean L.，珍·L. 科恩 446, 449
Coker, Francis W.，弗兰西斯·W. 科克尔 115, 118
Coleman, James S. [Samuel]，詹姆斯·塞缪尔·科尔曼 628, 634, 671
Coleman, James S. [Smoot]，詹姆斯·斯穆特·科尔曼 44, 227
Collier, David．大卫·科利尔，见主题索引
Collier, Ruth Berins，露丝·贝因斯·科利尔 556, 559, 562, 564, 569-70, 572-78, 588, 590, 591, 621, 647
Colomer, Josep，约瑟夫·科洛梅尔 204
Colson, Elizabeth，伊丽莎白·科尔森 516, 532-33, 536-37, 542
Comte, Auguste，奥古斯特·孔德 28n38, 153
Conde Garcia, Francisco Javier，弗朗西斯科·哈维尔·贡德·加西亚 153
Converse, Philip，菲利普·康威斯 54
Cortés, Fernando，费尔南多·科尔特 491
Coser, Lewis A.，刘易斯·A. 科塞 314, 661
Coser, Rose Laub，罗斯·劳布·科塞 661
Cotler, Julio，胡里奥·科特勒 280, 292, 419,

566, 571
Cowhey, Peter, 彼得·考伊 609
Cox, Gary, 加里·考克斯 495, 533, 544, 552, 632
Crepaz, Markus, 马库斯·克雷帕兹 269
Cutright, Phillips, 菲利普·卡特赖特 588

Daalder, Hans, 汉斯·达尔德 125, 127, 143, 245, 265, 266
Dahl, Robert A. 罗伯特·A. 达尔, 见主题索引
Dahrendorf, Ralf, 拉尔夫·达伦多夫 161, 447, 449
Davis, Deborah, 戴慧思 376
Davis, Kingsley, 金斯利·戴维斯 156, 159
Davis, Lance Edwin, 兰斯·埃德温·戴维斯 542
De Felice, Renzo, 伦佐·德·费利斯 164
de Galíndez, Jesús, 赫苏斯·德-加林德斯 183
de Miguel, Amando, 阿曼多·德-米格尔 191, 194, 195
de Miguel, Jesús, 赫苏斯·德-米格尔 194
De Schweinitz, Karl, Jr., 小卡尔·德·施魏尼茨 98-99, 460, 474
de Sola Pool, Ithiel, 伊契尔·德·索勒·普尔 509
De Soto, Hernando, 埃尔南多·德·索托 569
Desprès, Emile, 埃米尔·德普雷 353
de Terán, Rocío, 罗西奥·德·特拉安 195, 434
Deutsch, Karl W., 卡尔·W. 多伊奇 15, 46, 78, 140-41, 170, 227, 241, 247, 254, 406, 501, 603, 606
Dew, Edward M., 爱德华·迪尤 242
Dewey, John, 约翰·杜威 91
Diamant, Alfred, 阿尔弗雷德·迪亚曼特 588
Diamond, Larry, 拉里·戴蒙德 151, 194, 220, 271
Diaz-Alejandro, Carlos Federico, 卡洛斯··费德里科·迪亚斯-亚历杭德罗 442
Diermeier, Daniel, 丹尼尔·迪尔迈耶 525
Di Palma, Giuseppe, 朱塞佩·迪·帕尔马 589
Di Tella, Torcuato S., 托卡托·S. 迪·特拉 317
Dos Santos, Theotonio, 特奥多尼奥·多斯桑托斯 284
Dove, Michael, 迈克尔·德芙 376
Downs, Anthony, 安东尼·唐斯 79, 353
Driver, Cecil, 塞西尔·德赖弗 115, 122

Duguit, Léon, 莱翁·狄骥 118
Dunn, John, 约翰·邓恩 382
Durkheim, Emile, 埃米尔·涂尔干 155, 173, 299, 403, 512, 608, 668, 673, 687
Duverger, Maurice, 莫里斯·杜瓦杰 345, 495
Dworkin, Ronald M., 罗纳德·M. 德沃金 448

Easton, David, 大卫·伊斯顿 341, 560, 607
Eckstein, Harry, 哈里·埃克斯坦 23-4, 196, 264, 333, 622-23
Eckstein, Susan, 苏珊·埃克斯坦 202
Edelman, Murray, 默里·埃德尔曼 366-67, 382
Eggan, Fred, 弗雷德·伊根 557
Ehrmann, Henry W., 亨利·埃尔曼 69, 168, 205
Einaudi, Luigi Roberto, 路易吉·罗伯托·伊诺第 406
Eisenstadt, Shmuel N., 什穆埃尔·N. 艾森斯塔特 21, 179, 221, 303, 673n13
Elliott, William Y., 威廉·Y. 埃利奥特 212-13, 215
Elman, Colin, 科林·埃尔曼 595
Elster, Jon, 乔恩·埃尔斯特 446, 449, 483, 484, 489, 490, 499, 526, 630, 632
Emerson, Rupert, 鲁伯特·爱默生 559
Epstein, Edward C., 爱德华·C. 爱泼斯坦 567
Epstein, Leon, 利昂·爱泼斯坦 374, 376
Erikson, Robert S., 罗伯特·S. 埃里克森 594
Evans, Peter B., 彼得·B. 埃文斯 442, 454, 661, 674-75, 700

Fainsod, Merle, 默尔·范索德 213-14, 215
Faletto, Enzo D., 恩佐·D. 法莱托 57, 281, 285-87, 302
Faría, Vilmar E., 威尔玛·E. 法里亚 278
Farneti, Paolo, 帕欧罗·法内蒂 419
Farrell, R. Barry, R. 巴里·法雷尔 460, 461
Fearon, James D., 詹姆斯·D. 费伦 625-27, 629, 631, 633, 645
Fenno, Richard F., 理查德·F. 芬诺 544, 583
Ferejohn, John, 约翰·费里约翰 83, 489, 542
Ferree, Karen, 凯伦·费瑞 529
Fesler, James W., 詹姆斯·W. 费斯勒 122
Feynman, Richard, 理查德·费曼 529
Finegold, Kenneth, 肯尼斯·菲内戈尔德 677
Finer, Herman, 赫尔曼·芬纳 42n15, 80, 116,

姓名索引 *831*

Finer, Samuel E., 塞缪尔·E. 芬纳 448
Finifter, Ada, 艾达·芬尼弗特 625
Fiorina, Morris P., 莫里斯·P. 菲奥里纳 530, 542, 698
Fischer, Claude S., 克劳德·S. 费舍尔 661
Fishkin, James S., 詹姆斯·S. 菲什金 130
Fishlow, Albert, 阿尔伯特·菲什洛 413, 442
Fishman, Joshua A., 约书亚·A. 菲什曼 170
Fishman, Robert M., 罗伯特·M. 菲什曼 197
Flanagan, Scott, 斯科特·弗拉纳根 73, 75
Fox, William T. R., 威廉·T. R. 福克斯 69, 73, 211
Foxley, Alejandro, 亚历杭德罗·福克斯雷 281, 282
Freedman, David, 大卫·弗里德曼 590, 591
Freedman, Paul, 保罗·弗里德曼 376
Freeman, Edward, 爱德华·弗里曼 42n13
Frenkel, Roberto, 罗伯托·弗伦克尔 281
Freud, Sigmund, 西格蒙德·弗洛伊德 98, 300
Freyer, Hans, 汉斯·弗莱尔 153
Friedman, Edward, 爱德华·弗里德曼 358, 375
Friedman, Harriet, 哈里特·弗里德曼 661
Friedrich, Carl J., 卡尔·J. 弗里德里希 42n15, 80, 161, 168, 182, 213, 215–16, 230, 472
Fromm, Erich, 埃里希·弗洛姆 93
Furtado, Celso, 塞尔索·富尔塔多 285, 400

Galenson, Walter, 沃尔特·盖伦森 474
Gallie, Walter Bryce, 沃尔特·布赖斯·加利 580
Gandhi, Jennifer, 詹妮弗·甘地 472
Ganz, Marshall, 马歇尔·甘兹 694
Garretón, Manuel Antonio, 曼努埃尔·安东尼奥·加勒东 280–81, 292
Garrett, Geoffrey, 杰弗里·盖瑞特 646
Garton Ash, Timothy, 蒂莫西·加顿·阿什 449
Geertz, Clifford, 克利福德·格尔茨 230, 379, 382, 560, 613, 626
Gellner, Ernest, 厄内斯特·盖尔纳 445–46
Genco, Stephen J., 史蒂夫·J. 占科 73
George, Alexander L., 亚历山大·L. 乔治 74, 406, 579, 582, 595 Gerber, Alan, 381
Geremek, Bronislaw, 布罗尼斯瓦夫·热列梅克 446–47
Germani, Gino, 吉诺·赫尔马尼 404

Gerring, John, 约翰·盖林 595
Gerschenkron, Alexander P., 亚历山大·P. 格申克龙 96, 110, 320, 569, 578, 621
Gershman, Carl, 卡尔·格什曼 219
Gerth, Hans Heinrich, 汉斯·海因里希·格特 654
Gibson, Edward L., 爱德华·L. 吉布森 448
Gillespie, John V., 约翰·V. 吉莱斯皮 588
Gillespie, Michael A., 迈克尔·A. 吉莱斯皮 546
Giuliano, Elise, 埃莉斯·朱利亚诺 623
Glickman, Harvey, 哈维·格利克曼 507
Gluckman, Max, 马克斯·格拉克曼 515–16
Golden, Miriam, 米里亚姆·戈尔登 637
Goldstone, Jack A., 杰克·A. 戈德斯通 703
Gómez Reino, Manuel, 曼努埃尔·戈梅斯-雷诺 194
Goodman, Louis W., 路易斯·沃尔夫·古德曼 180, 571
Goodnow, Frank, 弗兰克·古德诺 37n7
Gosnell, Harold F., 哈罗德·戈斯内尔 41n12, 67, 73, 211
Gourevitch, Peter, 彼得·古里维奇 508
Gramsci, Antonio, 安东尼奥·葛兰西 351, 363–64, 372, 395, 626
Grant, Ruth W., 露丝·W. 格兰特 546
Green, Donald, 唐纳德·格林 124, 381, 384, 644
Greenstein, Fred I., 弗雷德·I. 格林斯坦 144, 147
Greenstone, J. David, 大卫·J. 格林斯通 562
Greif, Avner, 阿夫纳·格雷夫 525, 528
Grofman, Bernard, 伯尼·格罗夫曼 267, 268
Grossman, Gene M., 吉恩·M. 格罗斯曼 554
Guetzkow, Harold S., 哈罗德·S. 格兹科夫 460
Gurr, Ted Robert, 特德·罗伯托·古尔 662

Haas, Ernst B., 恩斯特·B. 哈斯 15, 264, 308, 309–10, 315, 561, 562, 589, 604, 606, 608, 610–12, 615, 626, 635
Hahn, Robert W., 罗伯特·W. 哈恩 523
Hall, John A., 约翰·A. 霍尔 446
Hall, Peter A., 彼得·A. 霍尔 522, 679, 700
Hall, Stuart, 斯图尔特·霍尔 372
Hamilton, Alexander, 亚历山大·汉密尔顿 34
Hampshire, Stuart, 斯图尔特·汉普什尔 300

Handelman, Howard，霍华德·韩德尔曼 567
Hanke, Lewis U.，刘易斯·U. 汉克 404
Hansen, John Mark，约翰·马克·汉森 632
Hardin, Russell，拉塞尔·哈丁 489, 632
Hardoy, Jorge，霍尔赫·哈多伊 279
Harms, Robert，罗伯特·哈姆斯 376
Harper, Samuel N.，塞缪尔·N. 哈珀 67
Harrison, Lawrence E.，劳伦斯·E. 哈里森 229
Hart, Jeffrey，杰弗里·哈特 603
Hartlyn, Jonathan，乔纳森·哈特林 572
Hartz, Louis，路易斯·哈茨 212, 213, 218
Hassner, Pierre，皮埃尔·哈斯奈 446
Heberle, Rudolf，鲁道夫·赫贝勒 154
Hegel，黑格尔 98, 386
Heller, Hermann，赫尔曼·黑勒 154, 181
Hellmann, Donald C.，唐纳德·C. 赫尔曼 604
Helpman, Elhanan，伊勒哈难·埃普曼 554
Hempel, Carl Gustav，卡尔·古斯塔夫·亨普尔 113, 122, 135, 355, 381, 508
Hermet, Guy R.，盖伊·R. 埃赫梅 208
Herodotus，希罗多德 77
Herring, (Edward) Pendleton，爱德华·彭德尔顿·赫林 69, 73, 76, 143
Herskovits, Jean，珍·赫斯科维茨 613–14
Hesburgh, Theodore，西奥多·赫斯伯格 282, 396
Hindman, Matthew，马修·辛德曼 529
Hintze, Otto，奥托·欣茨 667
Hirschman, Albert O.，阿尔伯特·O. 赫希曼 94, 178, 204, 206, 288–89, 311, 320, 324, 384, 396, 403, 420, 432, 570–71
Hixson, William. B.，威廉·希克森 652
Hobbes, Thomas，托马斯·霍布斯 225, 299, 537, 605
Hochschild, Adam，亚当·霍赫希尔德 507
Hoffman, Philip T.，菲利普·霍夫曼 525
Hoffman, Stanley，斯坦利·霍夫曼 110, 307–8
Holcombe, Arthur N.，阿瑟·N. 霍尔库姆 212
Hollinger, William，威廉·霍林格 354
Holmes, Stephen，斯蒂芬·霍尔姆斯 446, 489, 632, 648
Holstein, Guenther S.，冈瑟·S. 荷尔斯泰因 153–54
Homans, George，乔治·霍曼斯 93–94, 173, 516, 545, 559, 657, 658, 659, 663
Horowitz, Donald，唐纳德·霍洛维茨 228, 623

Hoselitz, Berthold F.，贝特霍尔德·F. 霍塞利茨 179
Htun, Mala，马拉·吞 707
Huber, Evelyne，伊芙琳·胡贝尔 448
Hughes, H. Stuart，H. 斯图尔特·休斯 559
Humphreys, Macartan，马卡尔腾·汉弗莱斯 529, 645–46
Huntington, Samuel P. 塞缪尔·P. 亨廷顿，见主题索引
Hutchins, Robert M.，罗伯特·梅纳德·哈钦斯 92

Ilchman, Warren F.，沃伦·F. 伊尔奇曼 605
Inglehart, Ronald，罗纳德·英格尔哈特 80–81, 227, 229, 617, 646
Iversen, Torben，托本·艾弗森 646

Jacob, Philip E.，菲利普·E. 雅各布 461
Jameson, Fredric，詹明信 387
Janda, Kenneth F.，肯尼斯·F. 让达 460
Janowitz, Morris，莫里斯·雅诺维茨 90, 410, 671, 697
Jaquette, Jane，简·亚奎特 566
Jay, John，约翰·杰伊 34
Jerez, Miguel，米格尔·赫雷斯 194
Johnson, Chalmers，查尔默斯·约翰逊 311
Johnson, Haynes，海因斯·约翰逊 682
Johnson, James，詹姆斯·约翰逊 481
Johnson, John J.，约翰·J. 约翰逊 411
Johnson, Walter，沃尔特·约翰逊 211
Jones, Victor，维克多·琼斯 73
Jowitt, Kenneth T.，肯尼斯·T. 乔伊特 313, 589

Kahl, Joseph A.，约瑟夫·A. 卡尔 462
Kahneman, Daniel，丹尼尔·卡尼曼 534n11
Kaniyathu, Sunny，萨尼·卡尼亚休 479
Kapferer, Bruce，布鲁斯·卡普费雷尔 515–16
Kaplan, Abraham，亚伯拉罕·卡普兰 146, 275
Kaplan, Morton，莫顿·卡普兰 341
Karl, Terry Lynn，特瑞·林恩·卡尔 325, 327, 329, 338, 339, 343, 346
Kasfir, Nelson，纳尔逊·卡斯菲尔 623
Katz, Friedrich，弗里德里希·卡茨 342
Katzenstein, Peter J.，彼得·卡赞斯坦 603, 609, 675

Katznelson, Ira I., 艾拉·I. 卡茨尼尔森 342, 449, 567, 675, 697, 700

Kaufman, Robert R., 罗伯特·R. 考夫曼 570-71

Kearns Goodwin, Doris, 多丽丝·卡恩斯·古德温 508

Keck, Margaret E., 玛格丽特·E. 凯克 377, 448, 452

Keller, Albert Galloway, 阿尔伯特·加洛韦·凯勒 88, 89, 90

Keller, Suzanne, 苏珊娜·凯勒 179

Kelly, William W., 威廉·W. 凯利 376

Kelsen, Hans, 汉斯·凯尔森 154, 458

Kendall, Wilmoore, 威尔穆尔·肯德尔 122

Keohane, Nannerl, 南内尔·基欧汉 547

Keohane, Robert O., 罗伯特·O. 基欧汉 56, 480, 547, 584-85, 587, 598-600, 603, 608, 615-16

Kerr, Clark, 克拉克·克尔 588

Key, Jr., V. O., 小 V. O. 基 41n12, 73, 121, 122, 214

King, Gary, 加里·金 56, 480, 481, 550, 584-85, 587, 594, 608, 615-16, 631, 637, 642, 698n26

Kirchheimer, Otto, 奥托·基希海默 6-7, 91, 168, 205, 403

Kis, János, 亚诺什·基什 443, 446

Kitschelt, Herbert., 赫伯特·基切尔 546

Klein, Herbert S., 赫伯特·S. 克莱恩 561

Kluckhohn, Clyde K. M., 克莱德·K. M. 克拉克洪 76

Knight, Frank, 弗兰克·奈特 65

Knorr, Klaus E., 克劳斯·E. 克诺尔 69

Kohli, Atul, 阿图尔·科利 637, 693

Kolakowski, Leszek, 莱谢克·科拉科夫斯基 440, 459

König, René, 雷内·科尼希 154

Kornberg, Allan, 艾伦·科恩伯格 546

Kornhauser, William, 威廉·康豪瑟 311, 314, 605

Krasner, Stephen D., 史蒂文·D. 克拉斯纳 675

Krehbiel, Keith, 基思·克雷比大 533

Kropotkin, Peter, 彼得·克鲁泡特金 372

Kuhn, Thomas S., 托马斯·S. 库恩 27n37, 254, 482

Kurth, James, 詹姆斯·库尔斯 571

Kymlicka, Will, 威尔·金利卡 446

Lacey, Hugh, 休·莱西 608

Lagos, Ricardo, 里卡多·拉各斯 280, 438

Laitin, David D. 大卫·D. 莱廷, 见主题索引

Lakoff, George, 乔治·莱考夫 580

Lakoff, Sanford, 桑福德·莱考夫 632

Landé, Carl H., 卡尔·H. 朗德 357

Lane, Robert E., 罗伯特·E. 莱恩 15, 73, 121, 141, 242, 355, 356, 357, 358, 606

Lange, Peter, 彼得·兰格 514, 546, 549, 635-36, 646

Langer, William, 威廉·兰格 90-91

LaPalombara, Joseph, 约瑟夫·拉帕隆帕拉 69, 320, 357, 442

Lapidus, Ira M., 艾拉·M. 拉皮德斯 605

Laqueur, Walter, 沃尔特·拉克尔 169

Laski, Harold J., 哈罗德·J. 拉斯基 118

Lasswell, Harold D., 哈罗德·D. 拉斯韦尔 41n12, 44n19, 65, 67, 70, 73, 90-91, 141, 146, 211, 228, 275, 276, 509, 560

Lazarsfeld, Paul F., 保罗·F. 拉扎斯菲尔德 143, 154, 155-56, 185, 509, 512, 545, 561

Lechner, Norbert, 诺伯特·莱希纳 280

Lehmbruch, Gerhard, 格哈德·莱姆布鲁赫 200, 245, 321-22, 334, 339

Lehrer, Thomas A., 托马斯·A. 莱勒 511

Leites, Nathan Constantin, 内森·康斯坦丁·莱特斯 560

Lepsius, M. Rainer, M. 莱纳·雷普修斯 419

Lerner, Daniel, 丹尼尔·勒纳 78, 509, 510, 511, 533

Levi, Margaret, 玛格丽特·利维 525, 603, 609

Lévi-Strauss, Claude, 克劳德·列维-斯特劳斯 379

Lewis, John W., 约翰·W. 刘易斯 74

Leyburn, James G., 詹姆斯·G. 莱伯恩 89

Lichbach, Mark, 马克·利希巴赫 642

Liddle, R. William, R. 威廉·利德尔 242

Lieber, Francis, 弗朗西斯·利伯 34

Lien, Donald Da-Hsiang, 连大祥 531

Lijphart, Arend, 阿伦·李帕特, 见主题索引

Limongi, Fernando, 费尔南多·利蒙吉 470, 474, 492

Lindblom, Charles, 查尔斯·林德布洛姆 73, 117, 123, 143, 148, 205, 276, 355, 365,

383, 441-42, 606

Linz, Juan J. 胡安·J. 林茨，见主题索引

Lippincott, Jr., Walter, 小沃尔特·利平科特 665

Lippmann, Walter, 沃尔特·李普曼 398

Lipset, Seymour Martin, 西摩·马丁·李普塞特 15, 44n19, 45, 47, 48, 69, 72, 78, 98-99, 140, 151, 154, 155, 156, 157-58, 160, 193, 198, 206, 227, 245, 253, 258, 264, 273, 309, 310, 312, 313-15, 405, 450, 456, 465-66, 470, 473, 511-12, 552, 559, 589, 606-7, 644-45, 648, 657-58, 659, 668

Lipton, Michael, 迈克尔·利普顿 520

Locke, John, 约翰·洛克 299

Lofchie, Michael, 迈克尔·洛夫奇 520

López, Sinesio, 西内西奥·洛佩兹 566

Lorwin, Val R., 沃尔·洛温 125, 265

Lowenthal, Abraham, 亚伯拉罕·洛温塔尔 180, 288-89, 335, 567, 571

Lowi, Theodore J., 西奥多·洛维 559-60, 562, 563

Luce, R. Duncan, R. 邓肯·卢斯 123, 483

Luebbert, Gregory M., 格雷戈里·吕贝特 589, 592

Lukacs, Georg, 格奥尔格·卢卡奇 656

Lukes, Steven M., 史蒂文·M. 卢克斯 396, 440, 446

Lustick, Ian S., 伊恩·S. 拉斯提克 253, 609, 636

Luxemburg, Rosa, 罗莎·卢森堡 477

Lynd, Robert S., 罗伯特·S. 林德 156

Machiavelli, 马基雅维利 34, 135, 225, 289, 299, 325, 328, 331, 336

MacRae, Duncan, Jr., 小邓肯·麦克雷 563-64

Macridis, Roy C., 罗伊·麦克里迪斯 70

Madison, James, 詹姆斯·麦迪逊 34

Mahoney, James, 詹姆斯·马奥尼 575, 597, 703

Mailer, Norman, 诺曼·梅勒 607-8

Mainwaring, Scott, 斯科特·梅因瓦林 448

Malinowski, Bronislaw K., 布罗尼斯拉夫·K. 马林诺夫斯基 106-7

Manin, Bernard, 伯纳德·马宁 481, 489

Mannheim, Karl, 卡尔·曼海姆 153, 182

Manoïlescu, Mihaïl, 米哈伊尔·曼诺伊勒斯库 316, 319, 320, 338

Mansbach, Richard, 理查德·曼斯巴赫 603

Mansfield, Harvey, C. Sr., 老哈维·C. 曼斯菲尔德 115

Maravall, José María, 何塞·玛利亚·马拉沃尔 292, 468, 491

March, James G., 詹姆斯·G. 马奇 146

Marcuse, Herbert, 赫伯特·马尔库塞 6, 91, 94, 97-98, 107, 190, 607

Marshall, Alfred, 阿尔弗雷德·马歇尔 36

Martínez, Robert, 罗伯特·马丁内斯 197

Martins, Luciano, 卢西亚诺·马丁斯 292

Marwell, Gerald, 杰拉尔德·马维尔 669

Marx, Karl, 卡尔·马克思 24, 117, 190, 299-300, 312, 464, 466, 479, 656, 667, 673, 687, 688

Mayhew, David R., 大卫·R. 梅休 276

Mayr, Ernst, 恩斯特·迈尔 83

Mazrui, Ali A., 阿里·A. 马兹鲁伊 610

McClelland, David C., 大卫·C. 麦克莱兰 229

McCloskey, Donald/Dierdre N., 唐纳德/迪尔德丽·N. 麦克洛斯基 369, 371

McCloskey, Herbert, 赫伯特·麦克洛斯基 140, 312

McCloskey, Robert Green, 罗伯特·格林·麦克洛斯基 212, 214

McConnell, Grant, 格兰特·麦康奈尔 14, 551-52, 562-63

McCubbins, Mathew D., 马修·D. 麦卡宾 632

McGuire, James W., 詹姆斯·W. 麦圭尔 575

McKee, James, 詹姆斯·麦基 654

McPhee, William N., 威廉·N. 麦克菲 509, 545

Mead, George Herbert, 乔治·赫伯特·米德 65

Mendes, Cándido, 坎迪多·门德斯 281

Merriam, Charles E., 查尔斯·E. 梅里亚姆 41, 65, 67, 70, 73, 76, 211, 212

Merritt, Richard, 理查德·梅利特 242

Merton, Robert, 罗伯特·默顿 28, 155, 159, 199, 206, 545, 628

Meyer, Alfred G., 阿尔弗雷德·G. 迈耶 652

Michels, Robert, 罗伯特·米歇尔斯 181, 389n12, 403, 512

Miguel, Edward, 爱德华·米格尔 647

Miliband, Ralph, 拉尔夫·米利班德 477, 484, 667

Mill, John Stuart, 约翰·斯图亚特·密尔 479, 508, 663
Miller, Gary, 加里·米勒 542
Miller, Warren, 沃伦·米勒 54
Millikan, Max, 马克斯·米利肯 511
Mills, C. Wright, C. 赖特·米尔斯 113, 179, 654, 667
Milutín, Lila, 莱拉·米卢廷 569
Mintz, Sidney W., 西德尼·明茨 442
Mitchell, Clyde, 克莱德·米切尔 515-16
Mollenkopf, John H., 约翰·莫伦科普夫 657n3
Montero, José Ramón, 何塞·雷蒙·蒙特罗 194
Montesquieu, 孟德斯鸠 34, 84, 298
Moore, Clement Henry, 克莱门特·亨利·摩尔 210, 313
Moore, Jr., Barrington. （小）巴林顿·摩尔, 见主题索引
Morgenstern, Oskar, 奥斯卡·摩根斯坦 79, 254
Morgenthau, Hans J., 汉斯·J. 摩根索 212, 341
Morse, Richard McGee, 理查德·麦吉·摩尔斯 442
Mosca, Gaetano, 加埃塔诺·莫斯卡 103, 109, 117, 656, 667
Most, Benjamin A., 本杰明·A. 莫斯特 571
Mulford, David, 大卫·马尔福德 519
Mundt, Robert J., 罗伯特·J. 蒙特 73, 75
Munger, Michael C., 迈克尔·C. 芒格 547
Murdock, George P., 乔治·彼得·默多克 89-90, 92
Murra, John V., 约翰·V. 穆拉 558
Murray, Charles, 查尔斯·默里 369
Myerson, Roger B., 罗杰·B. 迈尔森 525

Nagel, Ernest, 欧内斯特·内格尔 155
Nagel, Jack, 杰克·内格尔 603
Namier, Lewis B., 刘易斯·B. 纳米尔 104
Nash, John, 约翰·纳什 517
Nelson, Joan M., 琼·M. 纳尔逊 210
Neumann, Franz Leopold, 弗朗茨·利奥波德·诺伊曼 7, 91, 161, 168, 182, 205
Neumann, Sigmund, 西格蒙德·诺伊曼 161, 182, 205
Neustadt, Richard E., 理查德·E. 纽施塔特 403
Newton, Ronald C., 罗纳德·C. 牛顿 320
Nichols, Elizabeth, 伊丽莎白·尼科尔斯 692

Nie, Norman H., 诺曼·H. 尼 560
Niebuhr, Reinhold, 莱因霍尔德·尼布尔 216
Noelle-Neumann, Elisabeth, 伊丽莎白·诺埃尔-诺伊曼 157
Noll, Roger G., 罗杰·G. 诺尔 542, 544
Nolte, Ernst, 恩斯特·诺尔特 169
North, Douglass C., 道格拉斯·C. 诺斯 521, 522
North, Liisa L., 莉莎·L. 诺斯 566
Nunes, Sedes, 塞德斯·努内斯 319

Odegard, Peter H., 彼得·H. 奥迪加德 76
O'Donnell, Guillermo. 吉列尔莫·奥唐纳尔, 见主题索引
Offe, Claus, 克劳斯·奥菲 157, 339
Olson, Mancur, 曼瑟尔·奥尔森 603
Orizo, Francisco Andrés, 弗朗西斯科·安德烈斯·奥利佐 194
Osiatynski, Wiktor, 维克托·奥夏滕斯基 446
Ostrogorski, Moisei Y., 莫伊塞·Y. 奥斯特洛廓尔斯基 512
Ostrom, Elinor C. A., 埃莉诺·C. A. 奥斯特罗姆 588
Ostrom, Vincent A., 文森特·A. 奥斯特罗姆 588
Oszlak, Oscar, 奥斯卡·奥茨雷克 279

Packenham, Robert A., 罗伯特·A. 帕肯汉姆 74
Padgett, John F., 约翰·F. 帕吉特 661
Pareto, Vilfredo, 维尔弗雷多·帕累托 103, 117, 153, 161, 164, 181, 190, 206, 656
Park, Robert, 罗伯特·帕克 89
Parsons, Talcott, 塔尔科特·帕森斯 44, 49, 76, 93, 95, 103, 104, 112, 160-61, 228, 345, 559, 560, 607, 622, 657
Pasquino, Pasquale, 帕斯夸里·帕斯奎诺 489
Patterson, Samuel C., 塞缪尔·C. 帕特森 622
Pauker, Guy, 盖伊·鲍克 411
Payne, Stanley, 斯坦利·佩恩 169, 185
Pennock, J. Roland, J. 罗兰·彭诺克 603
Perry, Elizabeth J., 裴宜理 533
Persson, Torsten, 托尔斯腾·佩尔松 494, 554
Phillips, Anne, 安妮·菲利普斯 446
Pierson, Paul, 保罗·皮尔逊 589, 698
Piscatori, James, 詹姆斯·皮斯克托里 449

Pitkin, Hanna F., 汉娜·F. 皮特金 310, 588-89, 604, 611
Pizzorno, Alessandro, 亚历山德罗·皮佐诺 290
Plato, 柏拉图 24, 33-34, 117, 137, 225
Plotke, David, 大卫·普罗特克 657n3
Plott, Charles R., 查尔斯·R. 普罗特 542
Plumb, J. H., J. H. 普拉姆 100
Polanyi, Karl P., 卡尔·P. 波拉尼 353, 357, 384, 673n13
Polsby, Nelson W., 纳尔逊·W. 波尔斯比 139, 143, 575
Popkin, Samuel L., 塞缪尔·L. 波普金 351, 359-61, 519, 521, 632
Popper, Karl R., 卡尔·R. 波普尔 83, 355, 381, 475
Portes, Alejandro, 亚历杭德罗·波特斯 593
Posner, Daniel, 丹尼尔·波斯纳 623
Poulantzas, Nicos, 尼科斯·普兰查斯 484, 667
Powell, G. Bingham, G. 宾汉姆·鲍威尔 64, 73, 74-75
Prebisch, Raul, 劳尔·普雷什维 311
Prewitt, Kenneth, 肯尼斯·普鲁伊特 593
Przeworski, Adam. 亚当·普沃斯基, 见主题索引
Puhle, Hans-Jürgen, 汉斯-于尔根·浦勒 183
Putnam, Robert D., 罗伯特·D. 帕特南 228, 454, 603, 637, 698
Pye, Lucian W., 白鲁恂 71, 73, 75, 221, 229, 270, 405n6, 510, 511

Rabin, Matthew, 马修·拉宾 627
Rabinow, Paul, 保罗·拉宾诺 593
Rae, Douglas W., 道格拉斯·W. 雷 384, 495
Raiffa, Howard, 霍华德·雷法 123, 483
Rawls, John B., 约翰·B. 罗尔斯 432
Raz, Joseph, 约瑟夫·拉兹 299, 432, 448
Redfield, Robert, 罗伯特·雷德菲尔德 557
Remmer, Karen L., 卡伦·L. 雷默 562
Retzlaff, Ralph, 拉尔夫·雷兹拉夫 562
Riesman, David, 大卫·理斯曼 92-93
Riker, William H., 威廉·H. 赖克 53n49, 184, 424, 543, 544, 642
Rivers, Douglas, 道格拉斯·里弗斯 542
Robertson, Graeme, 格雷姆·罗伯逊 427, 452
Robinson, James A., 詹姆斯·A. 罗宾逊 494
Roemer, John E., 约翰·E. 罗默 484, 490, 500

Rogowski, Ronald L., 罗纳德·L. 罗戈夫斯基 549, 635-36, 646
Rokkan, Stein, 斯坦因·罗坎 46n29, 47, 72, 125, 126, 127-28, 140, 143, 160, 170, 180, 192, 193, 265, 266, 405, 607, 634-35, 647-48
Rosberg, Carl, 卡尔·罗斯贝格 605
Rosch, Eleanor, 埃莉诺·罗施 580
Rose, Richard, 理查德·罗斯 192, 193, 272
Rosenthal, Jean-Laurent, 让-劳伦·罗森塔尔 525, 526
Ross, George, 乔治·罗斯 657n3
Roth, Alvin, 阿尔文·罗斯 534
Rothman, Stanley, 斯坦利·罗斯曼 101
Rothschild, Michael, 迈克尔·罗斯柴尔德 557-58
Rousseau, 卢梭 24, 113, 117
Rubinow, Isaac Max, 艾萨克·马克斯·鲁比诺 677-78
Rudolph, Lloyd I., 劳埃德·I. 鲁道夫 559
Rudolph, Susanne Hoeber, 苏珊娜·霍珀·鲁道夫 559
Rueschemeyer, Dietrich, 迪特里希·瑞彻迈耶 597, 674-75, 700, 703
Ruggie, John G., 约翰·G. 鲁吉 449, 609
Rupnik, Jacques, 雅克·鲁普尼克 446
Russett, Bruce M., 布鲁斯·M. 拉塞特 141, 242, 385
Rustow, Dankwart A., 丹克沃特·A. 吕斯托 248, 405, 411

Sábato, Jorge Federico, 霍尔赫·费德里科·萨巴托 279
Samuelson, Paul, 保罗·萨缪尔森 507-8, 641
Sartori, Giovanni, 乔万尼·萨托利 47, 140, 193, 199, 200, 206, 252, 454, 579-80, 595
Schaar, John H., 约翰·H. 沙尔 604
Schattschneider, Elmer E., 埃尔默·E. 沙特施奈德 76
Schelling, Thomas C., 托马斯·C. 谢林 469, 603, 618
Schickler, Eric, 埃里克·谢克勒 704
Schlesinger, Arthur M., Jr., 小阿瑟·M. 施莱辛格 216
Schmitt, Carl, 卡尔·施密特 458
Schmitter, Philippe C. 菲利普·C. 施密特, 见

主题索引

Schrodt, Philip A., 菲利普·A. 施罗德 598
Schuman, Fred, 弗雷德·舒曼 65, 73
Schumpeter, Joseph Alois, 约瑟夫·阿洛伊斯·熊彼特 29, 117, 179, 202, 205-6
Schwartz, Benjamin I., 本杰明·I. 史华慈 110
Scott, James C. 詹姆斯·C. 斯科特, 见主题索引
Scriven, Michael J., 迈克尔·J. 斯克里文 608
Scudder, Thayer, 塞耶·斯卡德尔 520, 542
Seawright, Jason, 杰森·西莱特 582, 586, 590
Sen, Amartya K., 阿玛蒂亚·K. 森 384, 432
Sepawsky, Albert, 阿尔伯特·西坡斯基 73
Serra, José, 何塞·塞拉 281, 571
Sewell, Jr., William H., 小威廉·H. 瑟维尔 632, 670, 692-93
Shain, Yossi, 约西·沙恩 194
Shapiro, Ian, 伊恩·夏皮罗 124, 377, 386, 390, 644
Shapiro, Martin, 马丁·夏皮罗 632
Sharkansky, Ira, 艾拉·夏坎斯基 358
Sharpe, Kenneth E., 肯尼斯·E. 夏普 450
Shefter, Martin, 马丁·谢弗特 700
Shepsle, Kenneth A., 肯尼斯·A. 谢普瑟 533, 550, 554, 698
Shils, Edward, 爱德华·席尔斯 76, 560
Shirk, Susan L., 谢淑丽 632
Shklar, Judith N., 朱迪丝·N. 施克莱 103
Shleifer, Andrei, 安德烈·施莱弗 624
Shugart, Matthew F., 马修·F. 舒加特 200, 267, 268
Sikkink, Kathryn, 凯瑟琳·斯金克 448, 452
Silk, Edmund T., 埃德蒙·T. 西尔克 127
Simmel, Georg, 格奥尔格·齐美尔 153, 173, 182, 436
Simon, Herbert, 赫伯特·西蒙（司马贺）41n12, 628
Singh, Naunihal, 努尼哈尔·辛格 529
Singh, Smita, 斯米塔·辛格 529
Siu, Helen F., 萧凤霞 376
Skach, Cindy, 辛迪·斯卡奇 448
Skidmore, Thomas E., 托马斯·E. 斯基德莫尔 413
Skocpol, Theda. 西达·斯考切波, 见主题索引
Skowronek, Stephen, 斯蒂芬·斯科夫罗内克 678

Smelser, Neil J., 尼尔·J. 斯梅尔瑟 263, 264-65, 310, 588, 605, 611-12, 615, 628
Smith, Brian H., 布莱恩·H. 史密斯 450
Smith, Peter H., 彼得·H. 史密斯 202
Smith, Rogers, 罗杰斯·史密斯 377, 379
Smith, Vernon, 弗农·史密斯 534n11
Smolar, Aleksander, 亚历山大·斯莫拉 446
Snyder, Jack L., 杰克·L. 斯奈德 449
Snyder, Richard C., 理查德·C. 斯奈德 460
Soares, GláucioAry Dillon, 格劳西奥·阿里·狄隆·索亚雷斯 462
Somers, Margaret, 玛格丽特·索默斯 588
Soros, George, 乔治·索罗斯 443, 444, 447, 541
Soskice, David, 大卫·索斯凯斯 646
Speier, Hans, 汉斯·斯拜耳 154
Spence, Jonathan, 史景迁 376
Spragens, Thomas A., 托马斯·A. 斯普拉格斯 546
Sprague, John, 约翰·斯普拉格 488, 491
Spykman, Nicholas J., 尼古拉斯·J. 斯皮克曼 211
Stark, David, 大卫·斯塔克 446
Stepan, Alfred. 阿尔弗雷德·斯捷潘, 见主题索引
Stigler, Stephen M., 斯蒂芬·M. 施蒂格勒 557
Stiglitz, Joseph M., 约瑟夫·M. 斯蒂格利茨 558
Stokes, Donald, 唐纳德·斯托克斯 54
Stokes, Susan C., 苏珊·C. 斯托克斯 470
Stolper, Wolfgang F., 沃尔夫冈·斯托尔珀 68
Stone, Lawrence, 劳伦斯·斯通 378
Stouffer, Samuel, 塞缪尔·斯陶弗 545
Streeck, Wolfgang, 沃尔夫冈·施特雷克 322, 339
Streeten, Paul Patrick, 保罗·帕特里克·斯特雷腾 396
Suarez, Pablo, 巴勃罗·苏亚雷斯 462
Summers, Larry, 拉里·萨默斯 547
Sumner, William Graham, 威廉·格雷厄姆·萨姆纳 89
Suny, Ronald, 罗纳德·萨尼 632
Swers, Michele, 米歇尔·斯韦茨 707

Taagapera, Rein, 瑞恩·塔格培拉 200, 267
Tabellini, Guido E., 圭多·E. 塔贝里尼 494,

554

Tarrow, Sidney，西德尼·塔罗 313，635-36，637

Tawney, R. H.，R. H. 托尼 98

Taylor, Charles，查尔斯·泰勒 432

Teune, Henry，亨利·图恩 313，462，478-79，491

Thatcher, Sanford，桑福德·撒切尔 418，589

Thompson, E. P.，E. P. 汤普森 104，360，373，673n13

Tilly, Charles，查尔斯·蒂利 72，110，662，667，668，672，673n13，685，689

Tilman, Robert O.，罗伯特·O. 蒂尔曼 357

Tinbergen, Jan，简·廷伯根 353

Tiryakian, Edward A.，爱德华·A. 提里亚基安 170

Tobin, James，詹姆斯·托宾 123

Tocqueville, Alexis de，阿列克西·德·托克维尔 29，84，118-19，125，218，298，314，656，679

Toennies, Ferdinand，斐迪南·滕尼斯 153

Tom, Henry Y. K.，亨利·Y. K. 汤姆 419

Truman, David B.，大卫·B. 杜鲁门 41n12，73，76，121，415

Tufte, Edward R.，爱德华·R. 塔夫特 126，130，143

Tulloch, Gordon，戈登·图洛克 603

Turner, Henry Ashby，亨利·阿什比·特纳 165

Turner, Victor，维克多·特纳 515

Uphoff, Norman T.，诺曼·T. 乌普霍夫 605

Useem, John，约翰·尤西姆 654

Useem, Ruth Hill，露丝·希尔·尤西姆 654

Valdés, Ernesto Garzón，埃内斯托·加尔松·瓦尔德斯 299

Valenzuela, Arturo A.，阿图罗·A. 瓦伦祖拉 151，181，182，194，202-3，290，419，433

Valenzuela, J. Samuel，塞缪尔·J. 瓦伦祖拉 203

Van Den Berghe, Pierre，皮埃尔·范·登·贝格 254

Verba, Sidney，西德尼·维巴 45，56，64，73，74，75，80，128-29，229，255，415，480，584-85，587，608，615-16，617，646

Vichniac, Judith Eisenberg，朱迪思·艾森伯格·维希尼克 111，657n3

Vila, Darío，达里奥·维拉 194

Vogel, Ezra F.，傅高义 662

von Hayek, Friedrich A.，弗里德里希·A. 冯·哈耶克 353

Von Neumann, John，约翰·冯·诺伊曼 79

Vreeland, James R.，詹姆斯·R. 弗里兰 478

Waldron, Jeremy，杰里米·沃尔德伦 299

Wallerstein, Immanuel，伊曼纽尔·沃勒斯坦 660，670，672，673n13，684-85

Wallerstein, Michael，迈克尔·沃勒斯坦 464，480，484，492

Waltz, Kenneth N.，肯尼斯·N. 沃尔兹 603，626

Ward, Robert E.，罗伯特·E. 沃德 70，405

Webb, Harold，哈罗德·韦布 654

Weber, Marianne，玛丽安·韦伯 68，609

Weber, Max，马克斯·韦伯 6n11，11，13n17，24-25，26，27，28，29，44，66，68，76，82，103-4，107，118，146，152n1，153，166，168，178，181，182，183，186，190，191，285，299-300，312，337，403，437，455，559，587，608-9，627，654，656，673，679n16，687

Weber, Ronald E.，罗纳德·E. 韦伯 588

Weffort, Francisco，弗朗西斯科·韦福特 280-81

Weiner, Myron，迈伦·维纳 69，73，75，510，511，513，518，544

Weingast, Barry，巴里·温加斯特 83，525，544

Weir, Margaret，玛格丽特·韦尔 697

White, Harrison C.，哈里森·怀特 658，661

White, Leonard D.，列奥纳德·D. 怀特 41n12，67-68

Whitehead, A. N.，A. N. 怀特海 27

Whitehead, Laurence，劳伦斯·怀特海德 288-89，290，291，292，420，423，449，465

Whorf, Benjamin Lee，本杰明·李·沃尔夫 626

Wiarda, Howard，霍华德·威亚尔达 320

Wiatr, Jerzy J.，杰西·J. 威亚特 193，466

Wilcox, Wayne A.，韦恩·A. 威尔科克斯 404

Wildavsky, Aaron B.，亚伦·B. 威尔达夫斯基 23，246，622，625

Wilde, Alex，亚历克斯·王尔德 202

Wilensky, Harold，哈罗德·维伦斯基 588

Wilkinson, Steven，史蒂文·威尔金森 623
Wilks, Ivor G. H.，艾弗·G. H. 威尔克斯 516
Wilson, William Julius，威廉·朱利叶斯·威尔逊 671, 697
Wittgenstein, Ludwig J. J.，路德维希·J. J. 维特根斯坦 626
Wolf, Eric R.，埃里克·R. 沃尔夫 359
Wolfers, Arnold，阿诺德·沃尔弗斯 211
Wolff, Robert P.，罗伯特·保罗·沃尔夫 94, 110
Wolfinger, Raymond E.，雷蒙德·E. 沃尔芬格 139, 143-44
Wolin, Sheldon，谢尔登·沃林 310, 312, 604, 608
Wright, Quincy，昆西·赖特 41n12, 212

Xiaotong, Fei，费孝通 359

Yadav, Yogendra，约根德拉·亚达夫 436
Young, Crawford，克劳福德·扬 623

Zakaria, Fareed，法里德·扎卡里亚 220
Zinnes, Dina A.，迪娜·A. 辛尼斯 588
Zolberg, Aristide R.，阿里斯蒂德·R. 佐尔伯格 342, 501, 559, 567, 623

主题索引

(页码为原版页码,见本书边码)

Almond, Gabriel A., 加布里埃尔·A. 阿尔蒙德 5, 6, 11, 27n35, 41n12, 43, 44, 45, 48n34, 128-29, 141, 155, 158, 179, 227, 228, 229, 241, 244-45, 255, 269, 270, 313, 333, 346, 355, 405, 415, 579, 605, 617, 646, 700; biographic information, 生平信息 63-64; The Civic Culture, 《公民文化》 45, 64, 80, 128-29, 229, 405, 415-16, 617, 646; on classical social theory, 关于经典社会理论 66, 75; on collaborators, 关于合作者 65-66, 73, 74-75, 80, 85; on colleagues, 关于同事 68-69, 72, 73-74; comparative politics, 比较政治 82-84; on concept formation, 关于概念形成 77-78; on country cases, 关于国别个案 75, 82; on craft and methods, 关于技艺与方法 76-82; Crisis, Choice, and Change, 《危机、选择与变革》64, 72, 78-79, 80, 82; dissertation, 博士论文 67; education, 教育 65-67; on field research, 关于实地研究 75, 77-78; formative experiences, 成长经历 64-65, 68; and Great Depression of 1929, 与1929年大萧条 64-66; institutional affiliations, 机构联系 68-69, 73-74; institutional roles, 制度性角色 69-71, 74; intellectual influences, 思维影响 66; on language skills and training, 关于语言技能和训练 66, 68, 75; mentors, 导师 73; parents, 双亲 65, 77; on political theory, 关于政治理论 75; The Politics of the Developing Areas, 《发展中地区的政治》44, 63-64, 70-71, 76-77, 227, 270, 355, 605; research, 研究 future, 未来 85; on research and real world events, 关于研究与现实世界中的事件 81-82; on science and normative values, 关于科学与规范性价值 70-71, 81-82; on students, 关于学生 73-75; on teaching, 关于教学 75; traveling, 旅行 84; war time experience, 战时经历 68; writings, favorite, 中意的著作 81; young scholars, advice to, 给年轻学者的建议 84

American Academy of Arts and Sciences, 美国人文与科学院 election to, 选入 64, 114, 151, 211, 235, 274, 352, 393, 457, 505, 557, 602, 650

American Council of Learned Societies (ACLS), 美国学术团体协会 316

American Historical Association (AHA), 美国历史协会 35

American Political Science Association (APSA), 美国政治科学协会 35, 382, 388-89, 550-51, 700-701; presidents of, 主席 64, 114, 211, 235, 650, 700-701

Comparative Politics Section, 比较政治组 52, 549-50, 592-93, 635-36; presidents of, 主席 505, 557, 602

Political Methodology Section, 政治方法论组 51n43, 594, 596-97

Qualitative Methods Section, 定性方法组 56n60, 557, 594-97

American Political Science Review (APSR), 《美国政治科学评论》149, 382, 389, 497, 641, 700-701

American politics, 美国政治 220, 676-81. See also under comparative politics 另见比较政治

American Sociological Association (ASA), 美国社会学协会 388; Comparative and Historical Sociology Section, 比较和历史社会学组 699

analytic narratives. 分析叙事 See under methods 见方法

anthropology. 人类学 See under comparative politics 见比较政治

area studies. 区域研究 See under comparative politics 见比较政治

Arizona State University, 亚利桑那州立大学 586, 595

authoritarianism. 威权主义 See under concepts; theories 见概念;理论

Bates, Robert H., 罗伯特·H. 贝茨 5, 8, 10, 14, 15, 16, 19, 365, 379, 454, 482, 499, 618–19, 630, 638, 640, 646, 675, 698; on African Studies, 关于非洲研究 527, 537–38, 540, 553; *Analytic Narratives*,《分析叙事》505, 525–27; on area studies, 关于区域研究 549–550, 553; biographic information, 生平信息 504–5; on collaborators, 关于合作者 520, 525; on colleagues, 关于同事 542, 544, 546–47; on comparative politics, 关于比较政治 522, 524–25, 526, 534, 537, 543, 545–46, 552–54; on country cases, 关于国别个案 525–26; on craft and methods, 关于技艺与方法 530–39; dissertation, 博士论文 512–13; education, 教育 507–17; on field research, 关于实地研究 511, 528, 535–37; formative experiences, 成长经历 505–7; influences, intellectual, 思维影响 508, 511–12; institutional affiliations, 机构联系 542–47; institutional roles, 制度角色 549–50; on language skills and training, 关于语言技能和训练 535–36; *Markets and States in Tropical Africa*,《热带非洲的市场与国家》504, 519–21, 532, 538; mentors, 510; on normative values and research, 关于规范性价值与研究 541–42; parents, 双亲 505–6; policy recommendations and consulting, 政策建言与咨询 523, 540–41; on rational choice theory and formal models, 关于理性选择与形式模型 525, 527, 528, 530, 531–35, 536–37, 547–48; research, 研究 520, 525, 527–29, 539; on research and real world events, 关于研究与现实世界事件 511, 548; on research questions, 关于研究问题 511, 530–31; on science, 关于科学 529–30; on students, 关于学生 529, 539, 544–45, 547, 551–52; on teaching, 关于教学 543–45, 551–52; and Vietnam War, 越南战争 512, 514; work in government, 政府工作 508; young scholars, advice to, 给年轻学者的建议 554–55

behavioralism. 行为主义 See under theoretical approaches 见理论路径

Berkeley. 伯克利 See University of California, Berkeley 见加州大学伯克利分校

Brooklyn College, 布鲁克林学院 64, 68

Brown University, 布朗大学 674

Bryn Mawr College, 布林莫尔女子学院 603, 609

California Institute of Technology (Caltech), 加州理工学院 517, 519, 529–30, 542–46, 625, 626

Carnegie Foundation, 卡内基基金会 73

Carnegie-Mellon University, 卡内基-梅隆大学 543

case studies. 个案研究 See under methods 见方法

Center for Advanced Study in the Behavioral Sciences, 行为科学高等研究中心 43n16, 74, 76, 79, 123, 140, 143, 157, 169, 170, 265, 525

Central European University (CEU), 中欧大学 443–47

Chicago. 芝加哥 See University of Chicago 见芝加哥大学

civil-military relations. 文武关系 See under theories 见理论

Civil Rights Movement, 民权运动 6, 8, 48, 390–91, 506, 514, 651, 653–54, 681

class analysis. 阶级分析 See theoretical approaches, Marxism 见理论路径, 马克思主义

classics. 经典 See social theory, classical 见经典社会理论

collaborative research. 合作研究 See under names of interviewees 见受访者名下

Collier, David, 大卫·科利尔 5, 8, 17–18, 56, 273, 287, 454, 621, 636; biographic information, 生平信息 556–57; on collaborators, 关于合作者 569–71, 582, 586, 590–91; on colleagues, 关于同事 561, 571, 588–90; comparative politics, 比较政治 594, 597–600; on concept formation, 关于概念形成 578–81; dissertation, 博士论文 563–69; education, graduate, 研究生教育 558–63; on field research, 关于实地研究 564–69; formative experiences, 成长经历 557–58, 561; institutional affiliations, 机构联系 587–88; institutional roles, 制度角色 592–97; mentors, 导师 567; on methodology, 关于方法论 578–87, 598–99; *The New Authoritarianism in Latin America*,《拉丁美洲的新威权主义》273, 287, 556, 570–73, 585, 590; parents, 双亲 557–58, 561; on research, 关于研究 572–73, 575–76, 586, 590–91; *Rethinking Social Inquiry*,《反思社会调研》557, 582–85, 586, 590, 591, 596, 598; on science and normative values, 关于科学和规范

性价值 586-87; *Shaping the Political Arena*, 《塑造政治舞台》17-18, 556, 570, 572-79, 583, 588, 589, 590, 593, 621; on students, 关于学生 571, 575, 581, 590, 591; on teaching, 关于教学 591; traveling, 旅行 561; and Vietnam War, 越南战争 563; young scholars, advice to, 给年轻学者的建议 599-600

Columbia University, 哥伦比亚大学 35, 155-56, 158, 177-78, 202-3, 216, 403-5, 442-43, 449, 509, 545

Committee on Comparative Politics (SSRC). 比较政治委员会 See Social Science Research Council (SSRC) Committee on Comparative Politics 见社会科学研究理事会比较政治委员会

Committee on Political Behavior (SSRC). 政治行为委员会 See Social Science Research Council (SSRC) Committee on Political Behavior 见社会科学研究理事会政治行为委员会

Committee on Political Sociology (ISA and IPSA), 政治社会学委员会 46n29, 161, 192

comparative historical analysis. 比较历史分析 See under theoretical approaches 见理论路径

comparative methods. 比较方法 See under methods 见方法

comparative politics：比较政治（学）in pre-1920, 20世纪20年代前 33-41; in 1920s to 1940s, 20世纪20—40年代 41-43, 116, 144-45, 227; in 1950s and 1960s, 20世纪50-60年代 43-48, 227, 229; in 1970s and 1980s, 20世纪70—80年代 47-52; in 1990s and 2000s, 20世纪90年代与21世纪52-58; achievements of field, 该领域的成就 29, 144-45, 200-201, 227-28, 269-71, 300-301, 344-46, 383-84, 453-54, 494-95, 552-53, 597-98, 644-45, 702-4; and American politics, 与美国政治 41-43, 51-52, 53, 54, 55, 69, 122, 231-32, 270, 343, 346, 347-48, 500-502, 544, 548, 677, 681, 696, 706; and anthropology, 与人类学 44, 70, 76, 89-90, 230, 310, 372-73, 378, 379, 432, 513, 515-16, 543, 557, 605, 618-19, 652; and area studies, 与区域研究 46, 50, 52, 57, 67, 202-3, 346-47, 500, 501-2, 537-38, 540, 549-50, 552-53, 592, 593, 636, 638, 652; and economics, 与经济学 33, 36, 53, 57, 65, 75, 76, 205-7, 228, 301-2, 353, 360, 387-88, 396, 484-85, 493, 494-95, 504, 507, 522, 524-25, 534, 537, 543, 545-46, 554, 605, 613, 634, 641, 647, 651; in Europe, 欧洲的 46, 193-94, 266, 347, 458; future of field, 该领域的未来 82-84, 131-34, 146-48, 202-7, 231-32, 271-72, 301-4, 347-50, 387-88, 497-502, 553-54, 597-99, 645-48, 704-6; graduate training in, 研究生训练 1-3, 9-11, 13-14, 16, 20-21, 27-29, 30-31, 146-47, 198, 226-27, 232, 349, 380, 383-84, 390-91, 451, 453, 493-94, 497, 501-2, 503, 526, 594, 598-600, 638-41, 705-6; and history, 与历史 35-36, 88, 89, 104, 184-85, 275, 301, 378, 379, 396, 404, 493, 543, 549, 651, 671, 685; and International Relations, 与国际关系 211, 228, 231, 239, 241, 247, 307, 309-10, 349-50, 449, 606, 608, 642-43, 706; and Perestroika movement, 与"改革"运动 55, 351, 380, 381n7, 388, 389, 550-51, 700-701; and psychology, 与心理学 44, 70, 76, 228, 301, 358, 545, 606, 641; shortcomings of field, 该领域的缺陷 9-11, 13-14, 20-22, 27-30, 145-46, 201-2, 228-31, 301, 345-49, 495-97, 641-44; and sociology, 与社会学 33, 36, 44, 53, 70, 76, 80, 88-89, 151, 153, 173, 228, 301, 309, 404, 458, 498, 559, 605, 606, 652-55, 660, 672-73, 675, 687, 705-6; term, first use of, 名称首次使用 42n13. See also concepts; methods; political science; theoretical approaches; theories 另见概念；方法；政治学；理论路径；理论

concept formation. 概念形成 See under methods 见方法

concepts：概念 authoritarianism, 威权主义 150, 161-63, 182, 454; bureaucratic authoritarianism, 官僚威权主义 273, 284, 298, 454; civil society, 市民社会 422, 680-81; consociationalism, 协合主义 245; corporatism, 法团主义 22, 23, 305, 316, 319, 333-34, 454; democracy, 民主 114, 127-28, 131, 145-46, 295-96, 338, 475-77; democracy, consensus, 共识型民主 249; democracy, consociational, 协合式民主 234, 247, 454; democracy, delegative, 委托民主 274; power, political, 政治权力 28, 146; social capital, 社会资本 454; sultanism,

主题索引 *843*

苏丹制 24-25, 150, 183; totalitarianism, 极权主义 161-63, 230

consociationalism, term, first use of, 协合主义, 名称首次使用 245

Consortium on Qualitative Research Methods (CQRM), 定性研究方法联盟 56n60

Cornell University, 康奈尔大学 559, 562, 603

corporatism. 法团主义 See under concepts; theories 见概念

craft and methods. 技艺与方法 See under names of interviewees 见受访者名下

critical junctures. 紧要关头 See under theoretical approaches 见理论路径

culture, political. 政治文化 See under theories 见理论

Dahl, Robert A., 罗伯特·A. 达尔 5, 6, 9, 11, 12-13, 21, 24, 28, 29, 72, 73, 105, 156, 205, 241-42, 247-48, 252-53, 265, 276, 277, 278, 290, 296, 303, 350, 356, 420, 441-42, 606; on behavioralism, 关于行为主义 121-22, 124-25; biographic information, 生平信息 113-14; on classical social theory, 关于经典社会理论 116-19; on collaborators, 关于合作者 126-27, 142-43; on colleagues, 关于同事 140-42; comparative politics, 比较政治 116, 124-26, 131-34, 144-48; on concept formation, 关于概念形成 127-28, 131, 145-46; on craft and methods, 关于技艺与方法 136-37; on democracy and democratic theory, 关于民主和民主理论 129-134, 145-46; dissertation, 博士论文 119-20; education, 教育 115-18; on field research, 关于实地研究 139-40; formative experiences, 成长经历 138; and Great Depression of 1929, 与 1929 年大萧条 138; influences, intellectual, 思维影响 116-19, 128-29; institutional affiliations, 机构联系 140-42; institutional roles, 制度性角色 121-22, 124, 141-42; on language skills and training, 关于语言技能和训练 137-38; mentors, 导师 115; opportunities, missed, 错过的机会 130-31; on pluralism, 关于多元主义 118; policy recommendations and advice to politicians, 给政治家的政策建言与建议 148; Political Oppositions in Western Democracies, 《西方民主国家的政治反对派》 114, 125-27, 253, 606; on political power, 关于政治权力 120, 146; on political theory, 关于政治理论 134, 146-47; Polyarchy, 《多头政体》 72, 114, 127-29, 136, 144, 276; A Preface to Democratic Theory, 《民主理论的前言》 72, 113, 123, 129, 252, 606; on rational choice theory, 关于理性选择理论 123-25, 147; on research, 关于研究 126-27, 142-43; on research and real world events, 关于研究与现实世界事件 137-38, 144, 148; on research questions, 关于研究问题 134, 136-37, 146-47; on science and normative values, 关于科学与规范性价值 134-36; on students, 关于学生 143-44; on teaching, 关于教学 143-44; traveling, 旅行 125, 137-38; war time experience, 战时经历 120-21, 138; Who Governs?, 《谁统治?》 72, 113, 123, 134-35, 136, 139, 144, 606; work in government, 政府工作 115, 120; young scholars, advice to, 给年轻学者的建议 138-39, 149

Dartmouth College, 达特茅斯学院 306, 307

democracy. 民主 See under concepts; theories 见概念; 理论

democracy, consensus. 共识型民主 See under concepts 见概念

democracy, consociational. 协合式民主 See under concepts; theories 见概念; 理论

democracy, delegative. 委托民主 See under concepts 见概念

Department of Justice, 司法部 90-91

dependency. 依附 See under theoretical approaches 见理论路径

Dependency and Development in Latin America, 《拉丁美洲的依附与发展》 57, 285-87, 302, 574

Designing Social Inquiry, 《设计社会调研》 56, 480, 525-26, 584-85, 587, 615, 616, 608, 615-16

Duke University, 杜克大学 517, 546-47

economic development. 经济发展 See under theories 见理论

economics. 经济学 See under comparative politics 见比较政治

Economic Theory of Democracy, An, 《民主的经济理论》 79, 353

education. 教育 See under names of interviewees；见受访者名下 see comparative politics, graduate training in 见比较政治，研究生训练

Elmira College，埃尔米拉学院 235，240，243

ethnic conflict. 族群冲突 See under theories 见理论

ethnography. 民族志 See field research 见实地研究

European Consortium for Political Research (ECPR)，欧洲政治研究联合会 46n29，126，193-94，266-67，321，334-35

European Union (EU)，欧洲联盟 132，305，306，330，348，350

European University Institute (EUI)，欧洲大学研究院 306，325，341，343-44

fascism. 法西斯主义 See under theories 见理论

federalism. 联邦制 See under theories 见理论

field research，实地研究 10，25-26，30. See also under names of interviewees 另见受访者名下

Ford Foundation，福特基金会 43n16，278，279，280，315，515，540，567

formal methods. 形式方法 See under methods 见方法

game theory. 博弈论 See theoretical approaches, rational choice theory 见理论路径，理性选择理论

Georgetown University，乔治敦大学 181，433

Great Depression，大萧条 5，6. See also under names of interviewees 另见受访者名下

Harvard University，哈佛大学 34-35，93-94，110-11，212-215，225-27，509，514，517，537，547，550，557，655，657-61，672，688，694，696-99，702

Haverford College，哈弗福德学院 507-8

historical institutionalism. 历史制度主义 See under theoretical approaches 见理论路径

history. 历史 See under comparative politics 见比较政治

Humboldt University，洪堡大学 182

Huntington, Samuel P.，塞缪尔·P. 亨廷顿 5，18，19，20，23，29，47，72，82，98-99，128，254，277，414，457，467，511-12，559，605，624，638，639，659-60；biographic information，生平信息 210-11；The Clash of Civilizations，《文明的冲突》72，211，219，230；on colleagues，关于同事 215-16；comparative politics，比较政治 226-32；on country cases，关于国别个案 222；on craft and methods，关于技艺与方法 221-24，232；on democratization，关于民主化 219-20；dissertation，博士论文 214；education，教育 211-15；on field research，关于实地研究 223；influences, intellectual，思维影响 211-13，216；institutional affiliations，机构联系 215-16；mentors，导师 212-13；modernization theory，现代化理论 218；policy recommendations and advice to politicians，给政治家的政策建言与建议 224，225；on political culture，关于政治文化 229-30；on political elites and leadership，关于政治精英与领导 228；Political Order in Changing Societies，《变化社会中的政治秩序》19，23，47，98-99，128，210，217，218，221，222，225，277，511-12，559，605，659-60；on political theory，关于政治理论 214，225-26；on research，关于研究 226；on research and real world events，关于研究与现实世界事件 221；on research questions，关于研究问题 217，221，230-31；on science and normative values，关于科学与规范性价值 224；on students，关于学生 226-27；on teaching，关于教学 226-27；traveling，旅行 223-24；and Vietnam War，越南战争 223；work in government，政府工作 211，220，223；writings or ideas, best，最好的著作或想法 217-18；young scholars, advice to，给年轻学者的建议 232-33

Indiana University at Bloomington，印第安纳大学（布卢明顿）557，587-88

interest groups. 利益集团 See under theories 见理论

International Political Science Association (IPSA)，国际政治科学协会 37n9，274，281，435，595

International Relations. 国际关系 See under comparative politics 见比较政治

International Sociological Association (ISA)，国际社会学协会 154，164，490

Interuniversity Consortium for Political and Social Research (ICPSR)，大学校际政治与社会研

究联合体 51n43

Johns Hopkins University，约翰斯·霍普金斯大学 35

Laboratory on Comparative Ethnic Processes（LiCEP），比较族群过程实验室 639-40

Laitin, David D.，大卫·D. 莱廷 5, 8, 15, 16, 19, 23-24, 25-26, 29, 57, 267, 365-66, 454, 482, 549; biographic information，生平信息 601-2; on classical social theory，关于经典社会理论 620; on collaborators，关于合作者 625-27; on colleagues，关于同事 626, 632-35; comparative politics，比较政治 638-48; on craft and methods，关于技艺与方法 612-20, 627-32; dissertation，博士论文 604, 609-12, 639; education，教育 603-12; "Explaining Interethnic Cooperation,"解释族群间合作 601, 625-27; on field research，关于实地研究 610-13, 614-15, 617-19, 639; formative experiences，成长经历 602, 611; Hegemony and Culture,《霸权与文化》601, 613-14, 615-16, 624, 626; ideas, key，核心思想 623-24; institutional affiliations，机构联系 632, 634; institutional roles，制度角色 632, 635-40; on language skills，关于语言技能 610, 611, 615, 619-20; on methodology，关于方法论 615-16, 627-32; parents，双亲 602; on political theory，关于政治理论 604, 642; on research，关于研究 626-27, 629, 631; on research questions，关于研究问题 642; on research workshops，关于研究工作坊 639-40; on science and normative values，关于科学与规范性价值 608, 611-12, 621, 642; on students，关于学生 620, 639, 640-41; on teaching，关于教学 639-41; and Vietnam War，越南战争 603, 607-8, 610

language. 语言 See under theories 见理论

language skills and training，语言技能和训练 10. See also under names of interviewees 另见受访者名下

Latinobarometer，拉美晴雨表 176

Lijphart, Arend，阿伦·李帕特 5, 7, 13, 19, 21, 23-24, 29, 200, 311, 454, 579, 615, 621, 623, 636, 663; biographic information，生平信息 234-35; on collaborators，关于合作者 268-69; on colleagues，关于同事 264-67; comparative politics，比较政治 269-72; on country cases，关于国别个案 258-59; on craft and methods，关于技艺与方法 248-49, 255-56, 258-63; Democracies,《民主》247-49, 251; dissertation，博士论文 241, 242-44, 246; education，教育 237-42; on field research，关于实地研究 246, 260-61; formative experiences，形成经历 235-37; institutional affiliations，机构联系 243, 246-47, 264-67; on language skills and training，关于语言技能和训练 238, 261; on methodology，关于方法论 263-64; opportunities missed，错过的机会 254-55; parents，双亲 236-37; Patterns of Democracy,《民主的模式》249-51; policy recommendations and advice to politicians，给政治家的政策建言与建议 256-58, 271; on political theory，关于政治理论 263; The Politics of Accommodation,《迁就的政治》244-46, 251, 256; on research，关于研究 268-69; on research and real world events，关于研究与现实世界事件 237; on science and normative values，关于科学与规范性价值 255-56; on students，关于学生 268-69; on teaching，关于教学 269; traveling，旅行 239, 262; war time experience，战时经历 235-37; writings, favorite，中意的著作 252; young scholars, advice to，给年轻学者的建议 272

Lincoln College，林肯学院 507

Linz, Juan J.，胡安·J. 林茨 5, 7, 9, 10, 12, 16-17, 19-20, 21, 24, 25, 50, 69, 140, 276, 286, 290, 298, 322-23, 392, 392, 403-4, 405, 413, 418-19, 421-424, 426-27, 429, 433-36, 437, 442, 454, 469, 472, 501, 621, 634-35, 648; on area studies，关于区域研究 202-3; biographic information，生平信息 150-51; The Breakdown of Democratic Regimes,《民主政权的崩溃》50, 150, 163-66, 286, 392, 418-19; on classical social theory，关于经典社会理论 153-54, 181-82; on collaborators，关于合作者 194-95; comparative politics，比较政治 198, 200-207; on concept formation，关于概念的形成 155, 162, 182-84; on country cases，关于国别个案 202-3; on craft and methods，关于技艺与方法 172-92; on democratization，关于民主化 169-70, 174; dissertation，博士论文 157; education，教育

152–58; on fascism, 关于法西斯主义 168–69; on federalism, 关于联邦制 171–72, 174, 184; on field research, 关于实地研究 186–88; formative experiences, 成长经历 151–54; influences, intellectual, 思维影响 153–54; institutional affiliations, 机构联系 153–54, 158, 192–94; on language skills and training, 关于语言技能和训练 157; mentors, 导师 153, 155–58; on nationalism, 关于民族主义 170–171, 180, 183; non-democatic regimes, life under, 在非民主政权下的生活 153; on normative biases, 关于规范性偏差 169–70, 188–189; opportunities missed, 错过的机会 191–92; parents, 双亲 152; policy recommendations and advice to politicians, 给政治家的政策建言与建议 194; political institutions, 政治制度 167–68; political leadership, 政治领导 162–65, 201–2; presidentialism, 总统制 151, 166–67, 180–81; *Problems of Democratic Transition and Consolidation*, 《民主转型与巩固的问题》151, 169–170, 195, 393, 421–23, 433, 435, 446, 635; on rational choice theory, 关于理性选择理论 203–7; on research, 关于研究 194–95; on research and real world events, 关于研究与现实世界事件 178; on research questions, 关于研究问题 178–81; on science, 关于科学 172–78, 205; "Spain: An Authoritarian Regime," 西班牙：一种威权政体 161–63, 193; on structural functionalism, 关于结构功能主义 159–61; on students, 关于学生 196–200; on survey research, 关于问卷调查研究 185–86; on teaching, 关于教学 195–98; war time experience, 战时经历 152; writings or ideas, best, 最好的著作或想法 170–71; young scholars, advice to, 给年轻学者的建议 158, 188, 198–99

London School of Economics, 伦敦经济学院 116

Manchester University, 曼彻斯特大学 515–17

Marxism. 马克思主义 *See under* theoretical approaches 见理论路径

Massachusetts Institute of Technology (MIT), 麻省理工学院 15, 509–11, 513–14

McCarthyism, 麦卡锡主义 140, 395, 558, 602

methods, 方法 37, 45–46, 50–52, 54, 56–57; analyticnarratives, 分析叙事 498–99, 525–27, 630–31; case, critical, 关键个案 314; case, deviant, 异常个案 243, 245, 258; case studies, 个案研究 258, 525–26, 499; comparative methods, 比较方法 222–23, 263–64, 478, 479, 538–39, 579, 615–16, 663; of concept formation, 关于概念形成（的方法）155, 182–84, 579–81; counterfactual analysis, 反事实分析 479–80, 496; of data collection, 数据资料收集（的方法）412, 478–79, 485–86, 690–91; deductive methods, 演绎方法 482–84; experimental methods, 实验方法 381, 534; factor analysis, 因子分析 249, 258, 486; formal methods, 形式方法 123–24, 482–84, 525, 527, 530–35, 628; multi-methods, 多重方法 627–31, 689; qualitative methods, 定性方法 384, 582–85; quantitative methods and statistics, 定量方法与统计学 121, 222, 495–96, 582–84, 598, 688–91; and survey research, 问卷调查研究 129, 185–86, 427; and typologies, 分类法 76–77, 161–62

Michigan State University, 密歇根州立大学 651–55

MIT. *See* Massachusetts Institute of Technology 见麻省理工学院

modernization theory. 现代化理论 *See under* theoretical approaches 见理论路径

Moore, Jr., Barrington, （小）巴林顿·摩尔 5, 6–7, 12, 15–16, 17, 18–19, 21, 29, 57, 71–72, 128, 164, 222–23, 277, 303, 359, 365, 383, 465–66, 473, 499–500, 511, 546, 574, 578, 588, 605, 628, 648, 653, 655–658, 660, 661, 662, 663, 666, 667, 668, 673n13, 677, 684–85, 686, 705; on area studies, 关于区域研究 96, biographic information, 生平信息 86–87; on classical social theory, 关于经典社会理论 103–4; on collaborators, 关于合作者 107–8; on colleagues, 关于同事 92–94; on country cases, 关于国别个案 96; on craft and methods, 关于技艺与方法 95, 97, 104–7; on critics, 关于批评 95, 100, 101; dissertation, 博士论文 90; education, 教育 87–90; on field research, 关于实地研究 106–7; formative experiences, 成长经历 87–88; on historical analysis, 关于历史分析 104–6; influences, intellectual, 思维影响 89, 97–99; institutional affiliations, 机构联系 92–94; institutional roles, 制度角色 110 – 11; on language skills and training, 关于语言技能和训练 88, 105; mentors, 导师 88, 89 – 90; opportunities missed, 错过的机会 108 – 9; parents, 双亲 87, 102; research, 研究 107 – 8; on research and real world events, 关于研究与现实世界事件 102 – 3; on science and normative values, 关于科学与规范性价值 102 – 3; *Social Origins of Dictatorship and Democracy*,《独裁与民主的社会起源》7, 15, 17, 19, 57, 71 – 72, 86, 88, 90, 91, 95, 96 – 101, 103, 105, 107, 108, 110, 128, 277, 359, 365, 383, 465 – 66, 499 – 500, 511, 546, 574, 605, 607, 628, 653, 655, 656, 658, 660, 666, 667, 668; on students, 关于学生 110; on teaching, 关于教学 109 – 11; traveling, 旅行 108; war time experience, 战时经历 90 – 92; work in government, 政府工作 90 – 92; writings, 著作 100 – 103; young scholars, advice to, 给年轻学者的建议 111

National Academy of Sciences, election to, 选入国家科学院 64, 114
nationalism. 民族主义 *See under* theories 见理论
National Science Foundation (NSF), 国家科学基金 51n43, 540, 569, 586, 640, 641, 655
New School for Social Research, 社会研究新学院 154
New York University, 纽约大学 267, 457, 488 – 89
Northwestern University, 西北大学 15, 43, 69 – 70, 457, 458, 459 – 61
Notre Dame, 圣母（镇）*See under* University of Notre Dame 见圣母大学

O'Donnell, Guillermo, 吉列尔莫·奥唐纳尔 5, 7 – 8, 18, 50, 144, 167, 306, 320, 323 – 24, 326, 327, 328, 329, 335, 339 – 40, 340, 347, 401, 419, 420, 423, 442, 448, 450, 454, 465, 468 – 69, 499, 501, 561, 570 – 72, 577, 578, 585, 593; biographic information, 生平信息 273 – 74; on classical social theory, 关于经典社会理论 299 – 300; on collaborators, 关于合作者 290 – 91; on colleagues, 关于同事 278, 280 – 81; comparative politics, 比较政治 300 – 304; on concept formation, 关于概念的形成 295 – 96, 298 – 99; on country cases, 关于国别个案 293, 297 – 98; on craft and methods, 关于技艺与方法 297 – 300, 303 – 4; dissertation, 博士论文 277 – 78; education, 教育 274 – 77; formative experiences, 成长经历 274 – 75; influences, intellectual, 思维影响 275 – 76, 277, 285 – 86, 299 – 300; institutional affiliations, 机构联系 275, 278 – 79, 281 – 82; institutional roles, 制度角色 278 – 79, 282 – 83; on mentors, 关于导师 277, 298; military governments, life under, 军政府统治下的生活 278 – 81; *Modernization and Bureaucratic Authoritarianism*,《现代化与官僚威权主义》273, 277 – 78, 283 – 87, 570 – 72; opportunities missed, 错过的机会 281; parents, 双亲 275, 276; policy recommendations and advice to politicians, 给政治家的政策建言与建议 283, 284 – 85, 293 – 94; on political theory, 关于政治理论 299 – 300; on research, 关于研究 290 – 91, 294 – 96; on research and real world events, 关于研究与现实世界事件 283, 297; on research questions, 关于研究问题 296 – 97; on science and normative values, 关于科学与规范性价值 296 – 97; *Transitions from Authoritarian Rule*,《从威权统治转型》50, 273 – 74, 288 – 94, 306, 323 – 29, 335, 340, 420, 423, 445, 465 – 69; writings, favorite, 中意的著作 287; writings, non-academic, 非学术著作 291, 292 – 93, 297; young scholars, advice to, 给年轻学者的建议 304
Office of Strategic Services (OSS), 战略服务局 5, 6 – 7, 91
Oxford University, 牛津大学 396 – 97, 447 – 49

Parties and Party Systems,《政党与政党体制》47
Peace Corps, 和平队 9, 602, 610 – 11
Perestroika movement in political science. 政治学中的"改革"运动 *See under* comparative politics 见比较政治
pluralism. 多元主义 *See under* theoretical approaches 见理论路径
political culture. 政治文化 *See under* theories 见理论
political development. 政治发展 *See under* theories 见理论
political institutions. 政治制度 *See under* theories 见理论

Political Man,《政治人》45, 98-99, 157, 264, 511-12, 559, 606, 668
political parties. 政党 See under theories 见理论
political regimes. 政体（政治体制）See under theories 见理论
political science：政治学 and classical social theory, 与经典社会理论 27-29, 36; and economics, 与经济学 36; and history, 与历史 35-36; origin of, 起源 33-37, 41; and sociology, 与社会学 36, 37, 45
political theory. 政治理论 See under names of interviewees 见受访者名下
Politics：Who Gets What, When, How,《政治学：谁得到什么？何时和如何得到？》44n19
positivism, 实证主义 122, 135, 355
power, political. 政治权力 See under concepts 见概念
Process of Government,《政府过程》37n7
Przeworski, Adam, 亚当·普沃斯基 5, 7, 8, 9-10, 12, 15, 20, 24, 55, 207, 287, 290, 292, 313, 326-27, 329, 342, 621, 633, 640, 646, 647; biographic information, 生平信息 456-57; on collaborators, 关于合作者 484, 491-92; on colleagues, 关于同事 465, 481, 488-90; communist rule, life under, 共产党统治下的生活 457-59, 461-62, 491; comparative politics, 比较政治 493-502, 503; on country cases, 关于国别个案 485-88; on craft and methods, 关于技艺与方法 481-88; *Democracy and Development*,《民主与发展》55, 287, 456, 470-71, 473-74, 475, 486, 492, 647; dissertation, 博士论文 460-61; education, 教育 458-60; on formal models, 关于形式模型 482-85; formative experiences, 成长经历 457-58; institutional affiliations, 机构联系 460-63, 488-89; on language skills, 关于语言技能 488; *The Logic of Comparative Social Inquiry*,《比较社会调研的逻辑》457, 478-80; on methodology, 关于方法论 477-80; parents, 双亲 458; on political theory, 关于政治理论 481-82; on research, 关于研究 474-75, 491-92, 502-3; on research questions, 关于研究问题 481, 494, 496-97; on science, 关于科学 482; on statistics, 关于统计学 485-86; on students, 关于学生 472, 474, 478, 479, 488, 491-92, 493-94; on teaching, 关于教学 491, 492-93;

writings or ideas, best, 最好的著作或想法 480; writings non-academic, 非学术著作 488; young scholars, advice to, 给年轻学者的建议 503
Princeton University, 普林斯顿大学 64, 73, 279
Principia College, 普林西庇亚学院 235, 237-38
psychology. 心理学 See under comparative politics 见比较政治

qualitative methods. 定性方法 See under methods 见方法
quantitative methods. 定量方法 See under methods 见方法

RAND Corporation, 兰德公司 406, 410
rational choice theory. 理性选择理论 See under theoretical approaches 见理论路径
religion. 宗教 See under theories 见理论
research questions, 研究问题 17-19, 22-27. See also under names of interviewees 另见受访者名下
revolutions. 革命 See under theories 见理论
Rockefeller Foundation, 洛克菲勒基金会 73, 315
Rust College, 拉斯特学院 653

Schmitter, Philippe C., 菲利普·C. 施密特 5, 8, 11, 14, 15, 20, 22, 23, 24, 25, 50, 200, 273, 289-94, 420, 423, 454, 465, 468-69, 488, 502, 561-63, 567; biographic information, 生平信息 305-6; on classical social theory, 关于经典社会理论 213, 336; on collaborators, 关于合作者 323-24, 339; on colleagues, 关于同事 322-23, 326-27, 341-44; comparative politics, 比较政治 344-50; on concept formation, 关于概念的形成 315-16, 318-20, 333-34, 337-39; on country cases, 关于国别个案 323, 336-37; on craft and methods, 关于技艺与方法 336-39; dissertation, 博士论文 313-16; education, 教育 307-13; on field research, 关于实地研究 314-19, 337-39; formative experiences, 成长经历 306-9; institutional affiliations, 机构联系 315, 319, 341-44; on language skills and training, 关于语言技能和训练 309, 311, 314-15; opportunities missed, 错过的机会 316-18; on originality in the social sciences, 关于社会科学中的原创性 332-33;

parents, 双亲 306-7; policy recommendations and advice to politicians, 给政治家的政策建言与建议 340-41; on political theory, 关于政治理论 336; on research, 关于研究 323-24, 326-27, 329-30, 339-40; on science and normative values, 关于科学与规范性价值 312, 340; "Still the Century of Corporatism?," 仍旧是法团主义的世纪？319-21; on students, 关于学生 337, 342, 344; on teaching, 关于教学 344; *Transitions from Authoritarian Rule*,《从威权统治转型》50, 273-74, 288-94, 306, 323-29, 335, 340, 420, 423, 445, 465-69; and Vietnam War, 越南战争 310, 314; writings, non-academic, 非学术著作 328, 333-36; young scholars, advice to, 给年轻学者的建议 350

science and normative values, 科学与规范性价值 11-14, 31. See also under names of interviewees 另见受访者名下

Scott, James C., 詹姆斯·C. 斯科特 5, 8, 11-12, 13, 15, 16, 21, 25, 519, 531, 533, 539, 548; on agrarian studies, 关于农政研究 359, 377, 379; on area studies, 关于区域研究 356-57, 358, 380; on behavioralism, 关于行为主义 355-56; biographic information, 生平信息 351-52; on colleagues, 关于同事 365, 374-77; comparative politics, 比较政治 380, 383-84, 387-88, 390-91; on country cases, 关于国别个案 368; on craft and methods, 关于技艺与方法 369-74; on critics, 关于批评 360-61, 365-66; dissertation, 博士论文 357; education, 教育 353-57, 390-91; on field research, 关于实地研究 362, 368, 372-73; formative experiences, 成长经历 352-54; influences, intellectual, 思维影响 353, 357; institutional affiliations, 机构联系 374-78; institutional roles, 制度角色 377-78; on language skills and training, 关于语言技能和训练 354, 364, 367-68; mentors, 导师 356-57; *The Moral Economy of the Peasant*,《农民的道义经济》351, 358-61, 519, 533; parents, 双亲 352-53; Perestroika movement, "改革"运动 380, 381n7, 388-89; on political and social theory, 关于政治和社会理论 363-64, 372; Program in Agrarian Studies at Yale, 耶鲁农政研究项目 365, 377-79; on rational choice theory, 关于理性选择理论 360-61, 380, 386, 387, 388; on reading fiction, 关于阅读小说 353, 362-63, 370; on research, 关于研究 367-69, 373-74; on research and real world events, 关于研究与现实世界事件 359, 364, 391; on research questions, 关于研究问题 365, 383-84; on science, 关于科学 366, 380-82; the "Scott-Popkin debate," 斯科特-波普金之争 351, 360-61, 548; on students, 关于学生 378-80, 383-84, 390-91; on teaching, 关于教学 377-78, 379-80, 384, 390; and Vietnam War, 越南战争 358-59, 374-75; *Weapons of the Weak*,《弱者的武器》351, 361-64, 369-70, 373; on writing, 关于写作 370-72; writings, favorite, 中意的著作 362, 367; young scholars, advice to, 给年轻学者的建议 390-91

Skocpol, Theda, 西达·斯考切波 5, 8, 13, 14, 15, 17, 18, 21, 22-23, 24, 27, 29, 49, 110, 222, 333, 574, 588; biographic information, 生平信息 649-50; *Bringing the State Back In*,《把国家带回来》181n18, 332-33, 415, 649-50, 668, 674-76, 700; on classical social theory, 关于经典社会理论 687-88; on collaborators, 关于合作者 675; on colleagues, 关于同事 697-98; comparative politics, 比较政治 677, 681, 696, 702-6; on country cases, 关于国别个案 670-71; on craft and methods, 关于技艺与方法 684-92; on critics, 关于批评 670, 689, 692-93; dissertation, 博士论文 658, 659, 661-64; education, 教育 651-61; on field research, 关于实地研究 691-92; formative experiences, 成长经历 651, 653-55; influences, intellectual, 思维影响 653, 654, 660; institutional affiliations, 机构联系 696-99; institutional roles, 制度角色 697, 699-701; mentors, 导师 657-58; on methodology, 关于方法论 663, 666, 688-90; opportunities missed, 错过的机会 682; parents, 双亲 650-51; policy recommendations and advice to politicians, 给政治学家的政策建言与建议 694-96; on quantitative analysis and data, 关于定量分析与数据 688-91; on research, 关于研究 680-81, 689, 693-94, 701-2; on research and real world events, 关于研究与现实世界事件 683, 686-87, 706; on research questions, 关于研究问题 683-84, 690-91; on science, 关于

科学 678-79, 682-83, 705; *States and Social Revolutions*, 《国家与社会革命》 18, 222, 574, 649, 662, 664-72, 680, 689, 692-93; on students, 关于学生 701-2, 704-5; on teaching, 关于教学 701-2; and Vietnam War, 越南战争 654-55, 659, 688; on women in social sciences, 关于社会科学界的女性 660-61, 696-97, 706-7; writings, 著作 680-82, 694-95; young scholars, advice to, 给年轻学者的建议 704-5, 707

social democracy. 社会民主 *See under* theories 见理论

Social Science Citation Index (SSCI), 社会科学引文索引 385

Social Science Research Council (SSRC), 社会科学研究理事会 41, 46, 143, 316, 462, 570, 593, 638, 639, 674-75, 700

Social Science Research Council (SSRC) Committee on Comparative Politics, 社会科学研究理事会比较政治委员会 43, 63, 69-71, 72, 73, 158, 179, 349, 405, 700

Social Science Research Council (SSRC) Committee on Political Behavior, 社会科学研究理事会政治行为委员会 43, 69-70, 121, 124

Social Science Research Council (SSRC) Committee on States and Social Structures, 社会科学研究理事会国家与社会结构委员会 675, 699-700

social theory, classical, 经典社会理论 24-25, 28-29. *See also under* names of interviewees 另见受访者名下

sociology. 社会学 *See under* comparative politics 见比较政治

Stanford University, 斯坦福大学 73-74, 202, 306, 341, 343, 403, 602, 603, 632, 634

state. 国家 *See under* theories 见理论

statistics. 统计学 *See under* methods 见方法

Stepan, Alfred, 阿尔弗雷德·斯捷潘 5, 8, 9, 15, 16-17, 150, 151, 163, 166-67, 169, 170, 172, 187, 192, 195, 202, 276, 278, 286, 290, 502, 567, 621, 635; biographic information, 生平信息 392-93; *The Breakdown of Democratic Regimes*, 《民主政权的崩溃》 50, 150, 163-66, 286, 392, 418-19; on collaborators, 关于合作者 404, 413-14, 418-19, 421-22, 433; on colleagues, 关于同事 432, 441-42, 445-47, 448-49; comparative politics, 比较政治 451, 453-54; on country cases, 关于国别个案 430-31, 451, 453-54; on craft and methods, 关于技艺与方法 429-36; dissertation, 博士论文 406-12; education, 教育 395-97, 403-5, 416; on federalism, 关于联邦制 424-27, 435; on field research and interviews, 关于实地研究与访谈 401-2, 409-11, 417-18, 429-31; formative experiences, 成长经历 394-95; institutional affiliations, 机构联系 441-49; institutional roles, 制度角色 412, 442-47; on language skills and training, 关于语言技能和训练 400-401, 451; mentors, 导师 403-4; military experience, 行伍经历 396, 398-399; *The Military in Politics*, 《政治中的军队》 392, 406-12, 421; on normative values and research, 关于规范性价值与研究 437; parents, 双亲 394; policy recommendations and advice to political actors, 给政治行动者的政策建言与建议 425-27, 437-40; on political theory, 关于政治理论 432; *Problems of Democratic Transition and Consolidation*, 《民主转型与巩固的问题》 151, 169-170, 195, 393, 421-23, 433, 435, 446, 635; on religion and politics, 关于宗教与政治 427-29; on research, 关于研究 414-15, 418-19, 421-22, 427-28, 433-37; on research and real world events, 关于研究与现实世界事件 413-14, 418; on research questions, 关于研究问题 454-55; on science, 关于科学 422, 429; *The State and Society*, 《国家与社会》 392-93, 415-18; on students, 关于学生 435-36, 447, 450-53; on survey research, 关于问卷调查研究 427; on teaching, 关于教学 435-36, 449-53; traveling, 旅行 397-98, 400-401, 431; and Vietnam War, 越南战争 399; work as journalist, 记者工作 399-403; on writing, 关于写作 432-33; writings, 著作 402-3; young scholars, advice to, 给年轻学者的建议 454-55

structural functionalism. 结构功能主义 *See under* theoretical approaches 见理论路径

sultanism. 苏丹制 *See under* concepts 见概念

survey research. 问卷调查研究 *See under* methods 见方法

Swarthmore College, 斯沃斯莫尔学院 602-3, 604-5

teaching. 教学 See under names of interviewees 见受访者名下

theoretical approaches 理论路径

  behavioralism, 行为主义 41-46, 113-14, 121-22, 124-25, 204-5, 270-71, 348-49, 355-56, 604; critique of, 对行为主义的批判 47-51, 340, 345-46, 348-49, 530, 646, 649

  comparative historical analysis, 比较历史分析 17-18, 57, 86, 101, 574, 577, 597-98, 672-75, 677, 693; critique of, 对比较历史分析的批判 499-500

  critical junctures, 紧要关头 556, 574-75, 577

  dependency, 依附 16, 19, 57, 204, 285-87, 302-3, 413, 519; critique of, 对依附论的批判 416, 468

  historical institutionalism, 历史制度主义 56, 691

  Marxism, 马克思主义 7, 45, 67, 91, 97, 159, 204, 280, 285-86, 300, 459, 463-64, 477, 484, 490-91, 513, 519, 607, 661, 692-93; critique of, 对马克思主义的批判 69, 107, 117, 119, 150, 165, 169, 243, 321-22, 392, 415-16, 484-85, 489-90, 649, 667-68, 676, 688

  modernization, 现代化 16, 45, 48, 71 218, 513; critique of, 对现代化理论的批判 284-85, 429

  path dependence, 路径依赖 420, 522-23

  pluralism, 多元主义 118, 314; critique of, 对多元主义的批判 305, 313-14, 315-16, 319-21, 333, 392, 405, 415-16, 562-63, 650

  rational choice theory, 理性选择理论 12, 16, 19, 26, 53, 55-56, 57, 79, 123, 147, 203-7, 232, 285, 387, 467-69, 498, 533-35, 536-37, 547-48, 628, 642, 698; critique of, 对理性选择理论的批判 82-84, 124, 203-7, 272, 327, 340, 345-46, 348-49, 361, 380, 388, 528, 686, 704

  semiotics, 符号学 382-83

  structural functionalism, 结构功能主义 44-45, 47, 49, 51, 63-64, 75-78, 95, 159-61, 227, 345, 348-49; critique of, 对结构功能主义的批判 345-46, 348-49, 355, 405, 628, 657, 670

theories：理论 of authoritarianism, 威权主义 161-63, 413; of civil-military relations, 文武关系（军政关系）217-18, 392, 406-8, 411-12, 414, 420-21; of consociational democracy, 协合式民主 200, 234, 244-51, 253-54, 623; of corporatism, 法团主义 200, 305, 319-22; of democratic breakdowns, stability, and consolidation, 民主的崩溃、稳定、与巩固 150, 164-67, 169-71, 244-45, 273, 283-87, 418-19, 469-73, 570; of democratic quality, 民主的质量 130, 131-34, 250-51, 274, 294-95, 350, 475-77; of democratization and democratic transitions, 民主化与民主转型 86, 151, 169-70, 200, 219-20, 273-74, 289-93, 306, 324-28, 330-31, 393, 405, 419-23, 465-73; of economic development, 经济发展 473-75, 504-5, 522, 524, 527, 553; of electoral laws, 选举法 200, 252, 552; of ethnic and cultural conflict, 族群与文化冲突 211, 601, 626-27; of fascism, 法西斯主义 86, 168-69; of federalism, 联邦制 171-72, 424-27; of interest groups, 利益集团 69, 305, 315-16, 319-22, 333; of language, 语言 609-10, 613-14; of nationalism, 民族主义 170-71, 424-27; of political culture, 政治文化 24, 64, 80, 229-30, 244-45, 320, 333, 554, 613-14, 622-24; of political development, 政治发展 78-80, 210, 217-18, 506; of political elites and leadership, 政治精英与领导 79, 117-18, 162-65, 179-80, 201-2, 228; of political institutions, 政治制度 167-68, 248-51, 522, 539; of political order, 政治秩序 210, 217-18, 528-29, 536-37, 553; of political parties, 政党 252, 313-14; of political regime change and stability, 政体变迁（政权更迭）与稳定 573-74, 575; of regional integration, 地区一体化 306; of religion, 宗教 427-29, 613-14; of revolutions, 革命 351, 358-61, 649, 662, 665-68, 689, 692-93, 703; of social democracy, 社会民主 463-65; of social policy, 社会政策 677-78, 687; of state, 国家 392-93, 415-16, 477, 484, 650, 667-68, 677, 679, 688, 700; of totalitarianism, 极权主义 97-98, 161-163, 230, 346-47; of welfare state, 福利国家 650, 676-79, 703

Theory and Practice of Modern Government,《现代

政府的理论与实践》42n15, 80, 116, 144
totalitarianism. 极权主义 See under concepts; theories 见概念；理论
Tufts University, 塔夫茨大学 564
typologies. 分类法 See under methods 见方法

University of Buenos Aires, 布宜诺斯艾利斯大学 274, 275
University of California, Berkeley, 加利福尼亚大学伯克利分校 15, 235, 246–47, 264–65, 279, 306, 309–12, 403, 557, 574, 588–90, 602, 626, 671
University of California, Los Angeles, 加利福尼亚大学洛杉矶分校 520, 537, 592
University of California, San Diego, 加利福尼亚大学圣迭戈分校 235, 247, 267, 602, 632
University of Chicago, 芝加哥大学 14, 41, 64–65, 67, 73, 76, 89, 92–93, 211–12, 306, 341–43, 457, 462–63, 488–89, 517, 557, 559–61, 602, 603, 632–34, 671, 694, 697, 702; Chicago School, 芝加哥学派 41, 43, 43n16
University of Geneva, 日内瓦大学 319
University of Indiana. 印第安纳大学 See Indiana University at Bloomington
University of Leiden, 莱顿大学 235, 247, 265–66
University of Madrid, 马德里大学 152–53
University of Michigan, 密歇根大学 51n43, 279, 545
University of Notre Dame, 圣母大学 274, 282, 394–95, 396, 589, 592
University of Pennsylvania, 宾夕法尼亚大学 461, 488
University of Rochester, 罗切斯特大学 53n49, 386, 543–44

University of Warsaw, 华沙大学 457, 458–59, 461
University of Washington, 华盛顿大学 115, 592
University of Wisconsin at Madison, 威斯康星大学麦迪逊分校 358, 374–76

Vietnam War, 越南战争 6, 8, 9, 48, 223, 310, 314, 358–59, 374–75, 390, 398–99, 494, 512, 514, 563, 603, 654–55, 659, 661, 681, 688

Washington University, 华盛顿大学 457, 461, 462, 488, 543
welfare state. 福利国家 See under theories 见理论
Williams College, 威廉姆斯学院 87–88, 353–54
women in comparative politics and social sciences, 比较政治与社会科学界的女性 660–61, 696–97, 706–7
Woodrow Wilson Center, 伍德罗·威尔逊中心 180, 288–90, 323, 465
World Values Survey, 世界价值观调查 55, 227
World War II, 第二次世界大战 5, 6, 7, 42, 48, 68, 73, 82, 90, 116, 120–21, 137, 138, 178, 229, 235–37, 244, 306, 353, 356, 408–9, 457–58. See also under names of interviewees 另见受访者名下

Yale University, 耶鲁大学 43n16, 64, 73–74, 156, 211, 240, 274, 358, 375–76; Department of Political Science, 政治学系 121–22, 240–42, 276–77, 377, 386, 441–42, 606; Department of Sociology, 社会学系 89; Institute of International Studies, 国际问题研究所 68–69; Program in Agrarian Studies, 农政研究项目 365, 377–79; Yale Political Data Program, 耶鲁政治数据项目 46

译后记

这本首版于 2007 年的访谈录几乎就是一部当代美国比较政治研究的"纪传体"学术史，浓缩了比较政治的"黄金时代"。相信读者读完书中十五位"业内大咖"的学思历程以及本书开头两篇长文综述，不仅会对比较政治研究领域的大致轮廓形成更加清晰的认识，更会对政治学的现实关切与研究过程有不少感触。尽管本人从来不觉得比较政治或政治学是所谓"显学"，但我相信，国内从事社会科学任何领域研究和教学工作的同仁，以及未来可能投身学界的研究生们，都可以把这本书当作一面"镜子"，从中得到激励与启发，看到许多实实在在的经验与教训。

受邀移译本书，既属荣幸，亦是大考。尽管译者沉浸政治学多年，且三个阶段的学位论文恰好分属国际政治、比较政治、中国政治三个领域，但翻译起这本巨著来，仍时常感到吃力。一则所学有限，像书中涉及的拉美研究和非洲研究文献，此前两眼一抹黑，"边翻译边恶补"几近常态；二则笔力不逮，原以为访谈文录不会那么"绕"，仔细读了才发现书中大半文字还是"从句套从句"，要顺成流畅的中文表达，考验的实在并非英文阅读能力，而是中文写作能力——尤其是不用翻译体中文写作的能力。

饶是如此，译者也希望尽己所能对得起这本书的价值，所以终究不敢假手于人，宁可慢慢来，自己从头翻到尾。翻译工作只能是业余活动，保证质量难免拖拉，开头两章反复斟酌，竟磨了半年光景。中间又因为本人调动单位，译事停顿了很长时间，到 2018 年底方告完成。不巧赶上出版大环境变化，译稿又耽搁两年，如今终于能在刘海光兄和田雷教授两位著名的"学界出版人"不懈努力下跟读者见面，着实令人鼓舞，亦需表达歉意。希望这个译本的质量能经得起考验，对得起读者。

政治学是西洋舶来品，学术译著通常都得在两个语言频道上纠结挣扎，这里简单啰唆几句，交待一下自己翻译本书采取的立场和考量。

首先是文体。本书主体部分是十五篇访谈录，但除了阿尔蒙德、摩尔、达尔、亨廷顿这四位的访谈文本相对比较简洁之外，其余访谈中都有不少长篇段落，与一般的学术论著文体相近（或许是经过整理加工的缘故），开头的两篇更是标准的学术论文。译者在翻译时，在"存真"的前提下，以"可读"为原则，尽可能把一些英文长句适当截断，力求读起来顺畅，同时也希望最大限度保留其中的一些口语化表达，力求看上去活泼。译者试图在严格遵照原义的前提下，让译本更符合中文文法和文体习惯。

其次是译名。英文政治学术语与中文名词各自有其"语义场"，大多数情况下不能"严丝合缝"。比如中文"专制"一词，可以对译 despotism、absolutism、dictatorship、autocracy 乃至 tyranny，各自词源有异、语境不同。如果是在通俗读物中，或同一论著用词一致，那么不加区分地说成"专制"亦无不可。但在这本书中，不同年代、不同作者的使用习惯是不一致的，这就需要把这些不一样的英文术语尽可能区分开。摩尔的名著译为《独裁与民主的社会起源》，就是基于这层考虑——dictatorship 和 autocracy 按其词源，前者早出，指古罗马"独裁官"之治，中译马列著作习称"专政"，也是考虑到它区别于"专制"；autocracy 则是中世纪才出现的按照古希腊文构词法造出来的说法，所谓"一人之治"，亦"独裁"也，但在近年的英文政治学文献中基本都当作了与"民主"相对的"不民主"政体的统称。至于"专制"，严格来说对应的是 despotism，是自古以来欧洲人对近东、中东乃至远东异域政制的污名。书中涉及的一些著作已有中译本，译者不采用市面通译，主要是考虑到这本书中的术语译名既要一致、又需准确。另如 polity，中文既有"政体"（政府组织形式）也有"政治体"（具有共同政治认同的社会群体）的意思，国内一些学者论著往往不加分辨都称为"政体"，译者认为这样不妥当，且不合乎中文里"政体"既定的涵义，所以在翻译时将所有明显是指"政治体"的地方都译为"政治体"，只有 Polity IV 这个数据库，因其一语双关，还是说成"政体"。类似的还有 regime 一词，只有 regime type 可称为"政体"，regime 单用则应译为"政权"或"体制"（如监管体制）更准确——当然除了国际关系领域约定俗成的"国际机制"。

另一种情况则是现有中译说法在笔者看来不妥当,便刻意改换了译法。比如李普塞特和罗坎1967年主编的那本文集中,cleavage 往往被国内学者译作"分裂",其实那是指"裂而未分"的状态,社会群体之间有客观或主观存在的界限,但未必就分崩离析,说成"分裂"不但过于强烈,且无法和 divided 区别开,所以译者称为"裂隙";alignment 往往被译作"结盟"或"联盟",更不妥当,它不是 coalition,而是说选民选择支持哪个政党,也就是"向谁看齐、站哪一条队",因此译者改译为"站位"。亨廷顿的《美国政治》副标题 the promise of disharmony,国内最早的中译本译作《失衡的承诺》,两词皆误,应为"不和谐的预兆",promise of sth. 某某的预兆;且亨廷顿用这个 promise 显然亦有基督教里所谓"应许"的意味,实在不是中文里"承诺"的意思。再如将李帕特所用的 accommodation 译为"迁就",consociationalism 译为"协合主义"[协(同)合(作)],也是如此考量。译者希望全书译名尽可能不发生相互混淆,尽可能不多加括号,并能最大限度地让中文说法贴合英文所指,至于效果如何,尚请读者评判。

当然,也有一些说法,如法团主义、民粹主义,本人并不赞成这样的译名;但一来原词原本就在不同语境下有不同所指,二来中文里积习日久,不妨从众。还有 commitment 一词,中文里不管是"本体论承诺"还是"可信承诺",皆说"承诺"。其实"本体论承诺"的讲法源自蒯因,强调把研究对象客观上是什么的"本体论事实"与研究者们在语言约定意义上把它当作是什么的"预设立场"分开来,中文说"本体论承诺"实在有些不知所云。但既然国内语言哲学界也是这么用了,译者也姑且从众——当然,有必要多说一句,有些中文政治学译著中的"承诺"其实是"责任"或"举动"罢了。至于人名,译者皆按照新华社译名手册的通例译出,只有普沃斯基和李帕特两位,名字中皆有不发音的字母,前者音近"切沃斯基",但我还是从众写作"普沃斯基",后者则不采用"利普哈特"的说法,译作"李帕特"。

再次是夹注。因本书原采用了"作者—年代"引注体例,如果按照通行的译著规则,将英文书名、术语等统统加括号列出来,势必影响读者的阅读体验。考虑到译者已将正文之后的人名索引、名词索引完整译出,亦附有征引文献，正文中除了首次出现的人名、非英文的专名及少量可能混淆或需要列明的英文原词以括号夹注方式注明之外，一般的英文书名和专业名词不再另行注明。另外，正文中有些译者认为需要补充说明的地方，加了一些"译者注"供读者参考。

最后，本书只在若干中文文义上确有必要的地方使用了"比较政治学"来翻译 comparative politics，其余绝大多数情况下，包括本书书名，译者坚持使用了"比较政治"这个称谓。译者认为，比较政治与本国政治、国际关系皆是政治学这个"学科"之下经验研究的分支领域；比较政治与本国政治皆以国内政治现象为主要研究对象；比较政治被理解为对外国国内政治的研究，只不过是美国政治学特殊发展历程中形成的特定惯例，并不存在什么独立的"比较政治学科"。20世纪50年代之后，比较政治研究才因为冷战时代的现实需求和美国政治研究领域"行为主义革命"的学科内部冲击，逐渐转向"科学化"，成为政治学各分支研究领域中理论贡献最为显著的研究领域。译者并不同意"比较政治学"是以"比较方法"界定的"学科"的说法。"比较政治"这个名词只不过是"比较政府""比较公法"时代，英国历史学家弗里曼受比较语文学的影响生造出来的一个称谓，在美国的政治学"学科化"过程中被政治学家们逐步接受。19世纪末20世纪初，随着美国政治学家对本（美）国政治研究的强化，比较政治才逐渐在美国的政治学建制中被缩减为对"外国政治"的研究。这个称谓的起源与20世纪50年代之后的"科学"或"科学方法"没有什么关系，它只不过是19世纪末20世纪初美国政治学"本土化"的副产品，而后沿袭为美国的政治学建制中区别于本国政治研究的、对外国国内政治的研究。20世纪50年代之后比较政治研究的繁荣，就是政治学自身的发展，本国政治与比较政治的人为两分早已不合时宜。尤其是伴随着全球化的深入发展，全球性问题和跨国政治现象大量涌现，已经使得国内政治和国际关系的两分法变得愈发可疑。21世纪业已进入第三个十年，更没有必要用"比较政治学"这顶帽子来彰显"学科意识"，相反，比较政治研究的进步将会越来越依赖跨学科、多学科的知识交叠。对于比较政治"学"的名目和演生史，译者另有长文专门讨论，在此不再赘述。

如上说明，其实也反映了译者在目下的学术业绩考评体制下，仍愿不惜工本承担本书翻译工作的深层关切——翻译不只是为了向别人学习,而是给建设中国自己的学术话语作必要的知识储备。尤其是对于政治学这样的"西洋舶来品",翻译西方学术著作不是为了传播西学、仰望崇拜,而应作镜鉴、反躬自省。中国有三千年未尝中断的、丰富的政治实践与政治思想,但自20世纪80年代国内政治学重建以来,我们的政治学话语系统远未实现"自如"。四十年后的当下,中国社会科学学术愿景,既非回归"乾嘉考据",亦非只管"放眼拿来"。

译事维艰,学养有限,虽则译稿完成之后本人又完整地校改过两遍,且在清样排出后在编辑校改基础上又有不少改动,但一定还会存在不少疏漏和译文考虑不周之处,还请方家不吝指正。

本书翻译工作也是译者承担的北京大学学科建设项目"比较政治的学科流变与中国经验"的一部分,亦得到北京大学国际关系学院领导和同事们的大力支持和帮助,在此一并致谢。

汪卫华

2021年2月6日 记于北京大学